lawschool
法窓
오덧세이

오창수 著

Prologue

로스쿨 法窓 오디세이

나의 케렌시아를 찾아서
- 은퇴(retire) : 타이어 갈아 끼우기 -
〈머리말을 겸하여〉

1.

공무원의 정년은 다른 법률에 특별한 규정이 있는 경우를 제외하고는 60세로 하고(국가공무원법 제74조 제1항), 공무원은 그 정년에 이른 날이 1월부터 6월 사이에 있으면 6월 30일에, 7월부터 12월 사이에 있으면 12월 31일에 각각 당연히 퇴직된다(국가공무원법 제74조 제1항).

2013. 5. 22. 개정된 '고용상 연령차별금지 및 고령자 고용촉진에 관한 법률'(이하 '고령자고용법') 제19조 제1항은 "사업주는 근로자의 정년을 60세 이상으로 정하여야 한다."라고 정하고, 같은 조 제2항은 "사업주가 제1항에도 불구하고 근로자의 정년을 60세 미만으로 정한 경우에는 정년을 60세로 정한 것으로 본다."라고 규정하고 있다. 고령자고용법 제19조가 시행된 이후에는 근로자의 정년을 60세 미만이 되도록 정한 근로계약, 취업규칙이나 단체협약은 위 규정에 위반되는 범위에서 무효라고 보아야 하고, 이때의 '정년'은 실제의 생년월일을 기준으로 산정하여야 한다(대법원 2018. 11. 29. 선고 2018두41082 판결).

그런데 교육공무원의 정년은 62세로 하고 다만, 고등교육법 제14조에 따른 교원인 교육공무원의 정년은 65세로 한다(교육공무원법 제47조 제1항). 교육공무원(임기가 있는 교육공무원을 포함한다)은 그 정년에 이른 날이 3월에서 8월 사이에 있는 경우에는 8월 31일에, 9월에서 다음 해 2월 사이에 있는 경우에는 다음 해 2월 말일에 각각 당연히 퇴직한다(교육공무원법 제47조 제2항). 따라서 대학교원은 정년이 65세로 정년에 이른 날이 3월에서 8월 사이에 있는 경우에는 8월 31일에 당연히 퇴직한다. 학기 중에 (강의하다 말고) 퇴직하는 경우 강의의 연속성이 파괴되는 점 등을 고려하여 교육공무원의 경우 학기말을 정년퇴직일로 보도록 한 것이다.

2.

　　교육공무원의 정년퇴직은 퇴직 당일이 되는 0시부터 바로 그 효과가 발생한다. 나는 1956년 8월 19일(양력)생이므로 만 65세가 되는 2021. 8. 31. 00:00부로 대학에서 정년을 맞고 이 날부로 공직자의 신분에서 벗어난다. 나는 8월 31일 학교에 가지도 않을 것이고 이미 여름방학 중일 것이므로 1학기 기말고사를 마치고 주변을 정리한 후 8월 전에 학교 연구실을 깨끗이 비울 생각이다. 무슨 미련이 있다고 공무원 신분이 소멸되는 정년퇴직 당일까지 학교에 나가서 주위의 눈총을 받을 일도 없다. 요새는 학교에서 정년퇴직 기념식도 거의 하지도 않고 학교에서 기념식을 열어주어도 참석하지 않는 정년퇴직 교원들도 많다. 전에는 물리적인 나이 65세가 대단하게 보였으나 요새 느낌으로는 새파란 젊은이와 별반 다르지도 않다.

　　은퇴를 영어로 retire라고 하는데 우리말로 쉽게 말하면 새로운 길을 가기 위하여 타이어교환, 타이어를 갈아 끼우는 것을 말한다. 지금까지 타이어도 교환하지 않고 사법연수원을 마친 1987년부터 2021년까지 출퇴근 법조 생활 20년과 교수생활 15년, 35년을 정신없이 달려왔지만 이제 숨 고르기도 하고 타이어를 갈아 끼워야 할 시점이다. 이제 다시 인생을 Reset할 시점이다. 폐차하기에는 이르고 잘 고치고 수리하면 내 몸도 어느 정도 쓸 만 할 것이다. 학교에 오래 있다 보니 섭섭하다기보다는 정체된 시간이었고, 변화가 필요한 시간이다.

　　요새 우리나라 사람들의 기대여명을 보더라도 지금 65세인 사람은 평균 약 21년을 더 산다. 65세에 정년퇴직해도 교통사고 등 불의의 사고나 갑자기 발견된 암이 없으면 적어도 20여 년 인생이 남아있다. 짧지 않은 인생이다. 인생 후반기에 무엇을 하며 살아갈까? 연금으로 술 사먹고 사는 "연금술사"들도 있으나 내 후반기 인생이 그럴 처지는 아니고, 그렇다고 아수라(阿修羅) 세계의 법조계로 다시 돌아가 복작거리며 살고 싶은 생각도 없다. 당분간은 출퇴근이 없는 세계에서 나 자신을 돌아보고 마지막 남은 생애를 즐기며 살 수 있는 시간을 모색하고 싶다.

　　고령화 사회를 맞아 개인의 죽음을 둘러싼 상속, 증여, 유언집행, 성년후견, 연명치료, 존엄사, 유언신탁, 장례 및 묘지문화, 기부문화 등 『Life-ending Service』를 제공하는 종합 서비스업체를 변호사, 세무사, 금융기관 및 공공기관 퇴직자 등과 함께 만들어보았으면 하는 생각도 갖고 있다. 과수원에서 신품종 귤과 아열대 식물을 재배하면서 꽃도 키우고 나무도 키우며 유유자적 살아보는 것도 생각하고 있다.

그러나 무엇보다 젊은 사람도 아니고 일 때문에 스트레스를 받는 것은 피하고 싶다. 편하게 즐기면서 할 수 있는 일을 찾아야 한다. 고향 동네에 나의 케렌시아(querencia)를 만들어 친한 친구나 제자들과 함께 노변정담(爐邊情談)도 나누고 텅 빈 충만함을 느끼며 인생 후반기를 즐기고 싶은 생각도 있다. 틈틈이 국내든 외국이든 '한 달 살이'를 위해 떠나보고도 싶다. 대한민국에도 걸을만한 좋은 길들도 도처에 널려있다. 동해의 해파랑길과 남해의 남파랑길, 서해의 서파랑길을 이어 DMZ 평화의 길을 잇는 4,500km의 한반도 둘레길을 걸어보고 싶기도 하다.

투우(鬪牛)에서 마지막 일전을 앞두고 소가 숨을 고르는 영역을 스페인어로 '케렌시아(querencia)'라고 한다. "싸우던 소가 지쳤을 때 찾게 되는 안식처"가 바로 케렌시아다. 젊은 날의 결기와 열정은 수그러들었지만 여백이 있는 삶, 완숙한 삶을 위해 나의 케렌시아를 찾아갈 것이다. 그 동안 유보해두었던 자유와 행복을 찾아 나만의 시간을 찾아갈 것이다.

3.

나의 인생 2모작은 '與로스쿨同樂', 로스쿨과 함께 즐겁게 산 인생이었다. 이제 세월이 흘러 인생 3모작을 위해 환승열차를 갈아탈 때가 되었다. 이 책은 내가 20여년의 변호사생활을 접고 2007. 3.부터 2021. 8.까지의 15년여의 학교생활을 마치면서 이런 저런 잡상들을 모아 만들었다.

부끄러운 책이지만 내 인생의 중간결산의 의미로 감히 이 책을 내놓는 만용을 부렸다. 나는 그때그때 이런 저런 생각들을 나의 오두막(https://cafe.naver.com/homoviator)에 써 두었다가 「법의 그물망」 등 책으로 외부에 발표하기도 했다.

그동안 도움을 준 제주대학교 로스쿨과 나의 저서들을 출간해준 도서출판 학연과 행인출판사, 학교라는 공간에서 인생 2모작을 함께 해준 동료교수와 교직원, 학생 등 모든 분들에게 감사를 드린다. 여기까지 달려오는 동안 든든한 힘이 되어준 사랑하는 나의 가족들에게도 고마움을 전한다. 우리 가족들의 든든한 기둥이셨던 아버님이 돌아가신 지도 어느 새 1년 반이 지났다. 삼가 아버님 영전에 머리 숙여 명복을 빈다.

감사합니다.

2021. 8. .
제주바다를 바라보던 아라벌을 떠나며
오 창 수

목 차

로스쿨 法窓 오디세이

Prologue / iii

제1편 로스쿨 法窓 오디세이

01. 로스쿨 13년의 회고 ··· 3
02. 로스쿨 법학교육의 현주소 ·· 10
03. 로스쿨 출신 변호사들의 미래 ··· 13
04. 로스쿨과 변호사시험 – 어떻게 공부할 것인가 – ············ 15
05. 시민이 바라본 법원과 미래 사법을 위한 제언 ················ 39
06. 한국의 재판제도 – 일본, 중국의 재판제도와의 비교를 겸하여 – ············ 56
07. Court Museum ·· 89
08. 어떤 양형 이유 ·· 104
09. 지금부터 재판을 시작하겠습니다 – 법과 현실의 아이러니 – ············ 118
10. 법의 언어로 세상을 바꾼 긴즈버그 대법관 ···················· 132
11. 나잇값과 법 ··· 135
12. 미술과 법 ··· 152
13. 대한민국의 법률가들 – 선출되지 않은 권력의 탄생 ···· 171
14. 법과 유머 ··· 189
15. 온라인 주요 법률정보 Source ·· 198

제2편 법리와 인간

- 01. 법과 인간상(人間像) ·· 205
- 02. 민법학의 뿌리와 줄기 ·· 211
- 03. 사적 자치란 무엇인가? - 사적 자치와 후견적 관여를 중심으로 - ·············· 224
- 04. 물권과 채권의 준별과 융합 - 물권과 채권 '따로국밥'인가? - ··················· 253
- 05. '피(被)'자(字) 붙은 사람들 : '피'보는 사람들 ·· 265
- 06. '가(假)' 자(字)의 세계 ·· 269
- 07. 매매 : 賣買인가, 買賣인가? ·· 275
- 08. 초일산입과 불산입의 기간계산 ··· 278
- 09. falsa demonstratio non nocet(誤表示 無害의 원칙) ································· 290
- 10. 로마법 맛보기 ··· 298
- 11. 계자(繼子)와 계모(繼母) ··· 305
- 12. 고유정 사건과 법의 거미줄
  - 상속, 친권상실, 미성년후견인 지정, 유아인도 등을 중심으로 - ············ 311
- 13. 양창수 교수의 「민법연구 제10권」 片想 ·· 320
- 14. 산과 법 - 국립공원 관련 법령의 이해 - ··· 365
- 15. 법언(法諺)의 세계 ·· 396

제3편 眼光紙背徹

- 01. 劉基天의 '自由社會' 論 ··· 403
- 02. 자유주의와 개인주의의 가치 ·· 407
- 03. 왜 그들은 우리를 파괴하는가 ·· 417

04. 이어도는 없다! ·· 423
05. 노모스의 뜨락 ··· 430
06. 역사의 격랑에 오늘을 묻다
    - 인간·상식·법으로 정의를 찾아 헤맨 문인구 회고록 - ················ 433
07. 김훈 산문의 정제미
    - 김훈 산문집 『라면을 끓이며』(문학동네, 2015)를 읽고 - ············ 436
08 경계인을 넘어서 - 절대 자유와 절대 독립을 위한 열정 - ················ 454
09. 보우(普雨)를 찾아서 - 강 준 장편소설 『붓다, 유혹하다』 ··············· 458
10. 인조의 나라 - 주자학은 조선후기를 어떻게 망쳤나 - ···················· 463

제4편 살며 생각하며

01. Homo Viator - 나는 떠돈다. 고로 나는 존재한다 - ····················· 479
02. 남상(濫觴)과 나비효과와 초(超)연결사회 ································ 485
03. 법조 출신 정치인들의 말로(末路) ··· 490
04. 동아합동법률사무소의 인연들 ·· 500
05. 左(왼쪽), 右(오른쪽)의 우열 - 좌배석과 우배석 - ······················ 505
06. 추상(追想) 독일어 명문 ·· 509
07. 우리말 맞춤법과 띄어쓰기의 어려움 ·· 517
08. 人不知而不慍 不亦君子乎 - 남들이 나를 알아주지 않아도 - ··········· 525
09. Carpe diem ··· 536
10. Sein zum Tode : Memento mori - 죽음도 삶의 일부분이다 - ········ 548
11. 묘비명 연습 ··· 552
12. 망상(妄想) 생전장례식 ··· 563

로스쿨법창오디세이

제1편

로스쿨 法窓 오디세이

01. 로스쿨 13년의 회고
02. 로스쿨 법학교육의 현주소
03. 로스쿨 출신 변호사들의 미래
04. 로스쿨과 변호사시험 – 어떻게 공부할 것인가 –
05. 시민이 바라본 법원과 미래 사법을 위한 제언
06. 한국의 재판제도 – 일본, 중국의 재판제도와의 비교를 겸하여 –
07. Court Museum
08. 어떤 양형 이유
09. 지금부터 재판을 시작하겠습니다 – 법과 현실의 아이러니 –
10. 법의 언어로 세상을 바꾼 긴즈버그 대법관
11. 나잇값과 법
12. 미술과 법
13. 대한민국의 법률가들 – 선출되지 않은 권력의 탄생
14. 법과 유머
15. 온라인 주요 법률정보 Source

01 로스쿨 13년의 회고

1.

내가 20여 년 동안의 서울에서의 변호사생활을 접고 2007년 3월 1학기부로 고향 제주의 대학으로 일터를 옮긴 지 15년 가까이 되었고 이제 정년을 앞두고 있다. 2009년 3월 1학기부터 법학전문대학원(이하 '로스쿨'이라 함) 1기 신입생을 받아 2021년 3월 13기 신입생이 들어왔고, 변호사시험은 2012년 제1회부터 2021년 제10회까지 시행되었다. 그러고 보니 나는 대한민국 법조인 양성시스템의 일대 전기가 된 로스쿨 초창기를 함께 한 로스쿨의 산증인이다.

2년여 동안 로스쿨 유치를 위해 전국의 40여 개 대학은 로스쿨 개원에 맞추어 물적, 인적 인프라를 갖추기 위한 경쟁이 치열했고, 결국 수도권에 14개교, 지방에 9개교 합계 25개 대학 정원 2,500명의 로스쿨이 출범하게 되었다. 제주대는 서강대, 건국대, 강원대와 함께 소규모 최소정원 40명을 배정받았다.

2009. 3. 2. 제주대 로스쿨 제1기 입학식에서 나는 법조선배 겸 로스쿨 교수로서 다음과 같은 격려사 내지 당부의 말을 했다.

안녕하십니까?
저는 앞으로 제주대학교 법학전문대학원에서 민사소송법과 민사집행법을 담당하게 될 오창수 교수입니다. 먼저 여러분들의 제주대학교 법학전문대학원 입학을 진심으로 환영합니다. 좋은 말씀을 해주실 교수님들도 많은데 감히 제가 엄숙한 입학식 자리에서 여러분들에게 예비법조인으로 나아갈 길에 관하여 당부의 말씀을 드리게 된 것을 무한한 영광으로 생각합니다.
능력이 미치지는 못하지만 여러분보다 먼저 법조의 길을 걸어간 사람으로서 앞으로 여러분이 걸어가야 할 길에 관해 몇 마디 하고자 합니다.
진부한 질문이지만 여러분은 어떠한 동기로 법학전문대학원에 입학하셨습니까?
전에 보면 사법시험 수석합격자나 사법연수원 수석수료생이 가난하고 억울한 사람 편에서 법관으로서 포부를 펼쳐 보이겠다고 하는 것을 보거나 들은 적이 있습니다. 과연 가난하고 억울한 사람의 편이 되어야 사법이 바로 서고 정의가 실현되는 것일까요? 법학공부를 할 만큼 한 사람의 입에서 나오는 이 말이 과연 아무런 문제가 없는 것일까요?
저는 여기서 법조의 길을 가려는 여러분의 자세를 이야기 하고자 합니다.
저는 종교도 없고 믿는 것도 없고 오로지 저의 주먹만(?) 믿고 살고 있지만, 성경의 구절을 인용해보겠습니다. 물론 하나님도 언제나 객(客)이나 고아와 과부를 환난에서 살피고 억울한 자를 일으켜 세우는 일에 지상명령을 두셨습니다. 그러나 하나님은 유독 재판할 때만은 가난한 사람 편도, 부유한 사람 편도 들어서는 안 되고, 세도가 있거나 없거나, 귀하거나 천하거나를 하나같이 여기라고 하셨습니다.

"가난한 자의 송사라고 편벽되어 두호(斗護)하지 말지니라."(구약 출애굽기 23:4)
"너희는 재판할 때 불의를 행치 말며 가난한 자의 편을 들지 말며 세력 있는 자라고 두호하지 말고 공의로 사람을 재판하지 말라."(구약 레위기 19:15)
"재판은 하나님께 속한 것인즉 너희는 재판에 외모를 보지 말고 귀천(貴賤)을 일반으로 듣고 사람의 낯을 두려워 말 것이며"(구약 신명기 1:17)

사법은 누구 편을 드는 것이 아닙니다. 구약 성경 잠언에 이런 말도 있습니다.

"송사에 원고의 말이 바른 것 같으나 그 피고가 와서 밝히느니라."(잠언 18:17)

그래서 사법은 양쪽의 이야기를 들어야 합니다. 적정과 공평이야말로 재판제도의 핵심입니다. 변호사실무를 하다가 간혹 의뢰인의 말만 듣고 소장을 제출했다가 피고의 답변서를 받아보고는 원고의 말이 잘못된 것이라는 알고 당혹하게 되는 때를 경험할 수 있습니다. 여러분들은 앞으로 법조실무에 종사하면서 필연적으로 소송기록이든 수사기록이든 기록에 파묻혀 살 수밖에 없습니다. 기록더미에서 사건의 실체를 제대로 파악하기 위해서는 한쪽 말만 들어서는 안 됩니다.

인간사회의 하수종말처리장 같은 법정에는 가진 자와 배운 자, 잘난 자의 탐욕과 횡포만 있는 것이 아닙니다. 못 가진 자, 못 배운 자, 못난 자의 억지와 막무가내도 난무합니다. 세상에는 샤일록처럼 못 가진 자를 착취하고 이용하는데 급급한 냉혈한만 있는 것이 아니고, 법을 교묘하게 악용하여 자신들의 주장을 관철시키기 위해 회사를 도산시키는 억지 근로자도 분명히 있습니다. 자기에게 유리하면 법을 들먹이고, 불리하면 법을 내팽개치는 풍조도 있습니다.

피고인의 인권만 강조하며 피고인측에 관대한 법관은 결국 피해자와 그 가족에게는 가혹한 법관이 될 것이고, 피해자의 입장만 두둔하는 법관은 피고인과 그 가족에게는 냉혹한 법관이 될 것입니다.

만약에 사랑하는 당신의 딸이 길을 가다가 강호순에게 당하고 죽었는데 당신은 판사가 그런 피고인에게 관용을 베푸는 것을 용납할 수 있겠습니까? 그런데 만일에 또 착하기만 하던 당신의 하나뿐인 귀한 아들이 못된 친구들의 꾐에 빠져 살인이라는 무지막지한 일을 저질렀는데, 판사가 그 정황도 참회도 들어보지 않고 당신의 아들에게 극형을 내린다면 당신은 그 판사를 원망하지 않을 수 있겠습니까?

사법은 언제나 누구 편을 드는 것이 결코 아닙니다. 누구의 편을 들어서는 사법적 정의가 실현될 수 없습니다. 사람의 얼굴에 귀가 두 개가 있는 의미를 알아 새겨야 합니다. 최근에 불거진 서울중앙지방법원 형사단독판사들의 행태도 이런 관점에서 보면 분명히 문제가 있습니다. 여러분은 로스쿨에서 남의 말을 잘 듣고 형평감각을 가질 수 있도록 훈련을 쌓아야 합니다.

경제학자 알프레드 마샬은 케임브리지 대학에서 경제학도들에게는 '냉철한 머리와 따뜻한 가슴(Cool head but warm heart)'이 필요하다고 했는데 모든 사회과학 특히 법학을 공부하는 사람들에게도 이 말은 그대로 적용됩니다. 사회현실을 분석하는 데는 냉철한 이성이 필요하지만 한편으로는 그 현실 문제를 해결하는 데는 뜨거운 감성도 필요합니다.

여러분들 중에는 법학을 전공하신 분들 이외에 경영학, 행정학, 정치학, 경제학, 공학, 의학, 약학, 문학 등 이미 다양한 학문의 세계와 현장 경험을 보유하신 분들이 많습니다. 법학전문대학원 3년간은 오로지 법학에만 일로매진하여야 합니다.

이 3년 동안에 법학의 기초와 실무를 함께 다 체득하여야 하는 어려운 과제가 여러분들 앞에 놓여있습니다. 이 3년이 그리 긴 시간이 결코 아닙니다. 생활을 단순화시키고 절제의 미덕을 발휘하여만 소기의 성과를 거둘 수 있습니다.

법학전문대학원 도서관의 불이 밤새 켜져 있어야 합니다.

사회일각에서는 사법시험에 합격하고 2년간의 사법연수원 과정을 수료해도 법이 무엇인지 제대로 모르는데, 로스쿨 3년으로 뭘 하겠다는 것이냐는 비판과 질타도 있습니다. 이런 오해와 우려를 불식시키기 위해서는 여러분들의 각고의 노력이 필요합니다. 그리고 법학은 꾸준히 연마해갈 수밖에 없습니다. 법조실무에 진출해서도 언제나 배움의 자세를 견지해야 합니다. 변화하는 세계와 진화하는 사회에 적절히 대응하기 위해서는 꾸준한 탐구가 필요합니다.

빠듯하게 짜인 듯한 몇 개의 강좌만으로 법학의 모든 것을 결코 커버할 수 없습니다. 법학전문대학원의 주체는 바로 여러분들이고, 학교와 교수는 여러분들의 보조자입니다. 특히 1학년 과정에서 법학의 기초를 완벽하게 다져놓아야만 2학년부터 진행될 심화과정과 실무과정을 따라갈 수 있습니다.

앞으로 여름방학과 겨울방학은 쉬는 기간이 아니라 학기과정 이상으로 심혈을 기울여 공부해야 할 시기임을 명심하시기 바랍니다. 인생3락을 快食, 快眠, 快便이라고 합니다만 먹고 자고 싸는 시간 이외에는 거의 전 시간을 법서와 씨름하여야 합니다. 공부에는 왕도가 없다고 합니다. 책을 많이 보고 읽고 쓰는 것 이외에 뚜렷한 방도가 없습니다. Input(투자)만큼 Output(성과)이 산출됩니다.

여러분들의 성패는 바로 법학전문대학원의 성패와 연결됩니다.

여러분들의 꿈과 희망이 헛되지 않도록 우리 교수진들도 열과 성을 다할 것입니다.

앞으로 곧 학생담당 부원장님과의 개별 면담을 마치고 곧 배정될 지도교수님들이 여러분들의 '멘토'로서 전공과목 이외에 변호사시험 준비와 인생설계를 하는 데 반려가 될 것입니다. 여러분과 교수들은 어쩌면 함께 길을 가야 하는 운명공동체입니다.

여러분들이 터를 잡고 있는 이곳 제주는 세계자연유산인 한라산과 정겨운 오름들, 정다운 올레길, 오염되지 않은 쪽빛 청정바다 등 외국의 어느 나라에도 뒤지지 않는 멋진 풍광이 펼쳐지는 천혜의 자연환경을 갖고 있습니다. 공부를 하는 과정에서 호연지기를 기르기 위해서도, 공부로 인한 스트레스를 잠시 날려버리기 위해서도 요령껏 제주의 멋진 풍광도 즐길 수 있기를 기대합니다.

이제 여러분과 저는 같은 배를 탔습니다.

앞으로 강의시간에 뵙겠습니다.

감사합니다.

2.

로스쿨 1기생들 중에는 공부를 많이 한 학생들도 많았고 나이가 많은 학생들도 많았다. 초창기에는 독립된 로스쿨 건물이 완공되기 전이라 제2도서관 등지에서 흩어져 강의를 해야 했지만 열심히 공부를 한 것으로 기억한다. 1기생 1학년생들을 대상으로 법조윤리, 법문서작성론, 법정보조사론과 민사소송법을 강의했다. 연구년을 맞아 제주대에 오신 서울대 법전원 호문혁 교수님과 학생들을 안내하여 한라산과 오름도 여러 차례 다녔다. 그때는 그 정도의 마음의 여유들이 있던 때였다. 1학기를 마치고 학술교류협정을 맺고 있던 서울대 법전원 교수 12명이 제주에 내려와 내가 이 분들을 안내하여 한라산 백록담을 오르기도 했다. 성낙인, 이흥재, 정종섭, 조국 교수 등과 한라산을 함께 올랐다. 법률상담센터 소장을 맡아 학생들을 대동하고 우도에 법률상담을 다녀오기도 했다.

2010년 하승수 교수가 서울로 가면서 교무담당 부원장을 맡게 되어 체질에 맞지 않는 이런 저런 학사일정을 처리하게 되었다. 로스쿨 건물이 완공되어 산뜻하고 쾌적한 공간에서 가르치고 연구할 수 있는 여건이 마련되었다. 1기가 2학년이 되면서 요건사실론, 민사집행실무 등 본격적인 실무과목을 가르칠 수 있게 되었다. 여름방학에는 학생들과 함께 캐나다 밴쿠버 UBC로 해외연수를 다녀오기도 했다.

2011년 1기생들이 3학년이 되면서 민사소송법사례연구와 민사변호사실무를 강의하면서 본격적으로 변호사시험을 대비하여 모의고사 문제와 기록형 문제를 만들어야 했다. 여름방학에는 3기생들과 하와이대학 해외연수를 다녀왔다. 변호사시험 합격률이 낮아지고 3기 초시 합격률이 극히 저조하면서 교수들은 얼굴을 들지 못할 지경이었다.

2014년 대학에 들어와 처음으로 안식년이라고 하는 재충전의 시간을 가졌다. 젊었으면 외국의 대학으로 나가 공부도 하고 세상구경도 할 터이지만 나이도 많이 들었고 강의만 면제받고 학교에 왔다 갔다 하면서 1년 세월을 보냈다. 여름에 알프스 몽블랑 둘레길(TMB)을 돌고 온 게 추억으로 남는다.

로스쿨 1기부터 10기까지 총 418명이 입학하여 338명이 석사학위를 취득하고 졸업하였으며, 2012년 제1회 변시부터 2021년 제10회 변시까지 총 242명이 합격하였다. 제주대 40명 입학생 중 휴학이나 자퇴를 제외한 학생 중 매 기수 당 최고 34명, 최저 23명이 합격하였다. 40명 입학생 중 자퇴생을 제외하고 졸업생이 30명이 되지 않는 상황에서 25명 내외가 변호사시험에 합격하였다. 1기부터 10기까지 인연을 맺었던 지도학생 13명이 변호사시험에 합격하였다. 제대로가 배출한 신규 법조인들이 전국 각지에서 판사, 검사, 군법무관, 경찰간부, 지방자치단체 등 공공기관, 사기업체의 사내변호사, 로펌 및 개인 법률사무소 송무변호사로서 활약하고 있다.

3.

　　변호사시험 합격률이 50%대로 주저앉으며 앞으로는 요행이나 운으로 변호사시험에 합격할 수는 없게 돼 있다. 까딱하다가는 로스쿨에 들어와 아무 것도 얻지 못하고 3년 이상의 아까운 시간과 인생을 낭비하는 지경에 이를 수도 있다. 이미 그러한 조짐이 현실화되고 있다. 로스쿨은 이제 불안과 희망이 공존하는 공간이 되고 말았다. 비법학사들도 3년 만에 변호사도 될 수 있고, 변시 낭인도 될 수 있다. 극과 극이다. 변호사시험에 합격하고 변호사가 됐다고 하여 옛날처럼 인생역전을 기대할 수도 없다. 당장 개업하기도 쉽지 않고, 가고 싶은 대형 로펌의 문은 좁고 로스쿨 출신 변호사들에 대한 기존 법조사회의 냉대와 냉랭한 현실이 기다리고 있다.

　　로스쿨도 이제는 냉가슴을 앓으며 이러지도 못하고 저러지도 못하는 딜레마에 빠져 있다. 변호사시험 합격률 때문에 로스쿨의 설치목적은 이미 빛을 잃고 있다. 로스쿨 졸업생은 최대 5년까지 변호사시험을 치를 수 있는데, 시험인원은 점점 누적되고, 합격률이 자연스럽게 하락하리라는 것은 당연지사. 이른바 '오탈자'의 문제를 포함하여 로스쿨을 도입할 때부터 이미 예상했고 우려했던 악몽이 현실화되고 있다.

　　이를 타파하기 위하여는 변호사시험 합격정원을 늘리는 수밖에 없는데 이 역시 변호사단체의 반발 등 사회적 합의가 쉽지 않은 현실이다. 로스쿨에서 실무능력이 검증되지 않은 변호사들을 배출하고 있다는 비판도 들린다. 다양한 학부출신을 선발하여 이들을 전문역량을 가진 법조인으로 양성하겠다는 로스쿨의 설립취지는 물 건너갔고 로스쿨이 변호사시험을 위한 입시학원으로 전락하고 있다. 로스쿨생들이 옛날처럼 신림동 학원 강사들의 책을 주로 보고 있다. 신림동을 없애기 위하여 로스쿨을 만들었는데 다시 신림동으로 몰려가게 생겼다.

　　다양한 인생경험이라고는 거의 없는 나이 어린 20대 SKY 대학 출신이 합격자의 주축을 이루고 있다. 30세가 넘으면 서울권 로스쿨 입학 자체가 어렵다. 서울대 로스쿨은 전원이 쌩쌩한 20대이고 지방대 출신은 없다. 변호사시험 합격률을 높이기 위하여 로스쿨들은 합격이 어려울 것 같은 학생들을 아예 졸업을 유예시켜 합격률을 높일 궁리만을 하고 있다. 특히 합격률에 연연하는 지방대 로스쿨의 경우는 달리 방법이 없고 대책도 없다.

　　그렇다면 이런 제도적 상황에서 로스쿨생들은 어떻게 해야 할 것인가? 답은 하나, 단단한 실력을 갖추는 일밖에 없다. 어차피 세상은 경쟁이다. 변호사뿐만 아니라 의사, 회계사 다 마찬가지다. 변시의 자격시험화가 가장 좋은 방법이기는 하지만 이 사회가 이를 그대로 들어줄 것 같지도 않다. 변시의 자격시험화의 전제조건은 교육의 질과 평가 기준의 균등성인데, 현실여건은 이를 담보하지 못하고 있다. 사법시험 존치론은 여전히 불씨가 꺼지지 않고 있다. 21대 국회에서 여당이 방송통신대에 온라인 로스쿨을 설치하는 법안을 발의하였다. 로스쿨을 둘러싼 외부적 환경이 호락호락하지 않은 상황이 되고 있다.

교육, 연구, 봉사라는 대학의 본분 중 로스쿨은 연구보다 교육에 역량을 집중할 수 있어야 한다. 로스쿨은 일반대학원의 석·박사과정처럼 학생들을 학자로 만드는 곳이 아니고 법률실무가를 만들어내는 전문대학원이다. 석사논문을 쓰지 않고도 전문석사학위를 주는 곳이다. 학부나 일반 대학원과는 다른 교육이 이루어져야 한다. 변호사시험 합격률에 목을 매달고 있는 학교의 경우 교수들이 양계장 닭처럼 논문쓰기에만 매달리도록 만드는 것보다 학생들을 어떻게 잘 가르치고 교육할 것인가에 로스쿨의 방점이 놓여야 한다. 그런 의미에서 교수들 입장에서는 강의의 질을 높일 수 있는 방안을 모색해야 한다. 듣기가 거북스러운 말이지만 로스쿨 교수들의 강의를 듣지 않는 게 낫고 강의를 들으면 오히려 손해 본다는 말이 떠돌고 있을 정도로 학생들은 로스쿨 교수들의 강의를 신뢰하지 못하고 있다. 학생들로부터 이런 말을 듣고 있다고 하니 나 자신도 학교를 그만두고 싶을 정도로 창피하고 부끄럽다.

학생들이 변호사실무에 반드시 필요한 공부는 제쳐두고 학점 위주의 편한 과목만 수강하는 경향도 반성할 일이다. 학생들이 어려움을 기피하거나 회피하고 안일함만을 찾는다면 더 이상 공부하는 학생이라고 할 수 없다. 근본적으로는 공부는 학생들이 하는 것이지 교수가 하는 것이 아니다. 교수는 학생들에게 가르침(教)을 통해 배움을 줄 수는 있어도(授) 학생들에게 익힘(習)을 줄 수는 없다. 익히고 깨닫는 것은 온전히 학생 본인들의 몫이다.

"계란을 안에서 깨면 병아리가 되고 계란을 밖에서 깨면 '후라이'가 된다." 결국 알을 깨고 나오는 것은 바로 병아리 자신이다. 변호사가 되고자 하는 머리가 큰 학생들에게 교수가 이래라 저래라 하는 것이 피차 자존심이 상하는 일이다. 교수들이 아무리 노력해도 학생들이 따라주지 않으면 역시 공염불(空念佛)이다. 교수와 학생 사이에 상호 '줄탁(啐啄)'으로 신뢰가 형성되지 않으면 만사휴의(萬事休矣)다.

삶에 대한 진지한 자세를 견지하지 못한다면 변호사로서 성공할 수 없다. 변호사는 남의 일을 대신 해주고 그에 대한 대가로서 수임료를 받아 생활하는 직업이다. 사건이 그냥 변호사 사무실로 굴러 들어오는 것이 아니다. 진지하지 못한 변호사에게 누가 사건을 맡기고 수임료를 주겠는가? 남의 돈 받아먹는 것이 얼마나 어려운 일인지는 변호사 현업에 종사하면서 깨닫게 될 것이다.

로스쿨 졸업과 변호사시험합격은 이제 시작일 뿐이다. 변호사자격을 얻었다고 누가 알아서 대우해주는 것이 아니다. 계속되는 배움과 연찬의 과정이다. 변호사뿐만이 아니다. 다른 영역도 다 마찬가지다. 의대나 의전원 나왔다고 바로 의사행세하기가 쉽지 않다. 한의대 나왔다고 바로 침을 놓지 못한다. 의사나 한의사자격을 취득하고, 인턴, 레지던트, 전공의와 전문의과정 등 거의 10여 년의 수련기간을 거쳐야 환자를 볼 수 있다. 법조 영역이라고 해서 다를 것이 없다. 그런데 사람들은 응급환자가 생기면 의사가 누구인지 묻지 않고 가까운 병원 응급실로 간다. 그러나 사람들이 소송사건이 생기면 아무 법률사무소나 찾지 않는다. 사람들은 다양한 연고를 찾는다. 사건 하나 수임하기가 얼마나 어려운지는 실무를 하면서 경험하게 된다. 평소 변호사는 인간관계와 대사회관계를 항상 염두에 두어야 한다. 그리고 신뢰를 잃지 말아야 한다. 한번 깨진 신뢰는 여간해서는 복구하기 어렵다.

　로스쿨 초창기를 몸으로 겪으며 로스쿨의 녹을 먹으며 15년의 시간을 보낸 입장에서 앞으로 로스쿨이 원래 기대한 방향으로 잘 굴러가기를 바랄 뿐이다.

02 로스쿨 법학교육의 현주소

1.

　로스쿨 졸업 후 변호사시험을 치르고 변호사로 자리를 잡기 시작한 제자들로부터 매일 선배 변호사로부터 깨지느라 정신이 없다는 전화를 받는다. 로스쿨에서는 강의조차 들어보지 못한 도시 및 주거환경정비 사업법에 의한 도시 재개발이나 재건축사업 등 도무지 알 수 없는 사건들뿐이라는 것이다. 나는 변호사가 되어서도 계속 공부해야 하고, 특별연수 등을 통하여 실력을 쌓아가야 한다고 조언해주기는 하였지만 로스쿨 수료생을 대책 없이 거친 황야로 내보낸 것 같은 자괴감도 들었다. 사실 현재의 로스쿨 3년 공부로 바로 현업에서 변호사로서의 능력을 발휘할 수 없게 되어 있다.

　졸업학점이 90학점 내외의 현재의 로스쿨 체제 하에서는 변호사시험이나 기본법 공부에도 허덕대는 마당에 소송실무나 특별소송실무에 관한 교육은 손을 대지 못하고 있는 실정이다. 사법시험에 합격할 정도로 기본적인 법학공부가 되어 있는 사람들을 대상으로 사법연수원에서 2년간 민·형사실무와 검찰실무 위주로 실무교육을 하는 경우와 로스쿨은 판이하게 다르다. 지금까지의 경험에 의하면 비법학사 출신에다 기본적인 법학공부가 되어 있지 않은 학생들에게 3년 만에 기본적인 법학지식은 물론 실무지식까지 가르치고 변호사로 만들어낸다는 것이 물리적으로 불가능한 상황임을 절감하고 있다. 과거 법학부를 졸업하고 사법시험을 오래 준비하던 인적 자원이 자연스럽게 고갈되면서 전혀 법학을 공부한 경험이 없는 다수의 학생들은 거대한 법학의 벽 앞에서 허우적거릴 수밖에 없다. 이런 상황에서 로스쿨생들은 변호사시험에 대한 심리적 압박으로 우울증을 겪기도 한다.

　학생들은 학점 때문에 실무에 필요한 과목보다는 P/F과목이나 시험도 보지 않고 학점취득에 용이한 과목 위주로 수강하는 경향이 농후하다. 근본적으로는 지금의 로스쿨에서의 법학교육이 기존 법학부에서의 법학교육의 패러다임을 크게 벗어나지 못하고 있는 점에 근본적인 문제가 있다. 로스쿨 체제가 되었어도 종래의 교과서가 바뀐 것도 거의 없다. 로스쿨 교수들을 보면 창피하다는 학생들도 상당수 있다. 지금 체제로는 국민의 다양한 기대와 요청에 부응하는 양질의 법률서비스를 제공하기 위하여 풍부한 교양, 인간 및 사회에 대한 깊은 이해와 자유·평등·정의를 지향하는 가치관을 바탕으로 건전한 직업윤리관과 복잡다기한 법적 분쟁을 전문적·효율적으로 해결할 수 있는 지식 및 능력을 갖춘 법조인을 양성하고자 하는 로스쿨의 교육이념을 실현하는 것이 사실상 어려운 상황이다.

여기에 로스쿨에서의 법학교육의 딜레마가 있다. 법학의 기본기가 되어 있지 않은 상당수 학생들에게 법학의 기본교육을 팽개치고 실무교육 위주의 교과목을 운영할 수도 없고, 졸업 후 현업에 종사할 수 있는 변호사를 양성하기 위하여는 실무교육을 중시하지 않을 수도 없는 이율배반적인 요소가 상존하고 있다. 다양하고 수준이 각양각색인 학생들을 두고 세미나식이나 토론식 수업을 이끌어가기도 어렵다. 학교강의보다 학원가 '인강'에 의지하여 공부하는 학생들도 많다. 로스쿨에 민법, 상법, 형법 교수나 민사소송법, 형사소송법 교수는 있지만 실체법과 절차법을 아우르는 민사법, 형사법을 강의할만한 교수가 과연 몇이나 있는지도 의문이다. 민법총칙, 물권법, 채권법 이런 식 강의가 실제의 민사문제해결에 어떤 유용성이 있는지도 모르겠다. 로스쿨 교육내용이 과거 법학부 교육내용과 달라진 게 거의 없다면 로스쿨을 설치한 취지가 무색해진다.

2.

로스쿨이라면 기존 법학부와는 달라도 뭐가 달라야 할 것인데 뭐가 달라진 것인지 알 수 없는 상황이다. 로스쿨이 그냥 변호사시험 합격자만 만들어놓으면 그 다음은 본인들의 역량에 따라서 알아서 할 것이라는 일부의 주장은 너무 무책임한 것이 아닐까? 법원이나 변호사단체 등 기존 실무법조계에서는 로스쿨에서의 법학교육을 그리 애정 어린 시선으로 바라봐주지 않고 있다. 모의시험 채점을 의뢰받았던 변호사들이 대부분 과락인 답안지에 아연실색하면서 로스쿨생들의 수준에 대하여 혹평을 넘어 악평을 하는 것을 들었다.

변호사시험 답안을 채점하고 있는 변호사 등 외부 채점위원들은 도무지 기본조차 갖추지 못한 답안지가 상당수인 상황에서 합격예정인원 1,500명을 채우기는 어려움도 없다고 생각하고 있을 것이다. 이런 상황에서는 변호사시험 합격자를 1,500명으로 하든 몇 명으로 하든 상당수는 변호사 시장으로 나간다 하더라도 고전할 것이 틀림없다. 로펌 등에서 로스쿨 수료생들의 채용을 꺼리는 이면에는 로스쿨 수료생들의 실력이 검증되지 않은 면도 있고 아직은 이들을 신뢰하지 못하고 있는 사정이 크게 작용하고 있다. 로스쿨을 졸업하고 변시에 합격하여 변호사시장에 나오는 로스쿨 졸업생들 중 로클럭이나 검사, 대형로펌에 입사하는 일부를 제외하고는 취업시장에서부터 한파를 맛본다. 변호사로서 들어가 꿈을 펼칠 만한 공간을 찾지 못하고 어쩔 수 없이 원치 않은 개업시장으로 내몰리고 있다.

학생들도 열심히 공부하여야 하지만 교수들도 정신을 차리지 않으면 로스쿨 제도의 안착은 공염불이 될 수 있다. 해가 갈수록 더 노력해야 하는 학생들이 많은 실정이다. 1학년 학생들 중 일부가 학점 때문에 기본법 수강을 미루고 편한 과목 위주로 수강한다고 하는데 이는 있을 수 없는 일이다. 1학년 때 민법, 형법 등 기본과목을 다져두지 않으면 2학년 때부터 본격 수강하여야 하는 소송법과 실무과목을 쫓아갈 수 없다. 3년이라는 시간이 긴 것 같지만 그리 시간이 널널한 것이 아니다. 그야말로 눈 깜짝할 사이에 3년 시간이 흘러가버린다. 변호사업계가 불황인 상황에서 로스쿨 수료생들에게 당장 취업의 문이 쉽게 열리라고는 기대하기 힘들다. 기존 조직과의 마찰 등 정부나 지자체가 로스쿨 수료생들을 많이 채용하기를 기대하기도 어렵다. 그렇다고 떠밀려서 변호사사무실을 내고 개업하는 것도 쉬운 일이 아니다.

변호사는 기본적으로 사건이 있어야 하는데 사무실에서 죽치고 기다려봐야 사건이 없으면 사무실 유지와 우선 먹고살기가 초조해진다. 사건이 없다 보면 변호사윤리와는 거리가 먼 유혹이 생긴다. 로톡과 변협과 간의 일대 혈전이 벌어지고 있다. 일부 변호사들이 온갖 범죄로 형사처벌을 받고 있는 작금의 상황은 남의 일이 아니다. 지금 상황에서는 로스쿨을 수료하고 변호사자격을 얻었다 하더라도 몇 년 고생할 각오를 하지 않으면 안 된다. 옛날처럼 변호사자격만 있으면 돈도 벌고 사회적 지위를 얻을 수 있다고 하면 이는 오산이다.

옛날부터 세상에 쉬운 일은 없었다. 의사나 변호사나 대량으로 쏟아지는 세상에서는 더 더욱 쉬운 일이란 없다. 먹고 잠자는 시간을 제외한 전 시간을 배우고 익히는 시간으로 채워도 부족하다. 탄탄한 실력을 갖추는 일만이 험한 세상에서 살아가기 위한 첩경임을 잊어서는 안 된다.

"'삶은 경쟁이다'라는 정신은 아이들에게 모험에 나서면 안 된다는 강력한 메시지를 전달한다. 모험에 나섰다간 시험 점수로 C를 받을 수도 있고 그러면 좋은 대학이나 로스쿨이나 다른 경쟁적인 곳에 들어갈 기회가 그만큼 줄어들기 때문이다. 그러나 우리는 성공이라는 게 반드시 정해진 방향으로 남보다 빨리 달려가는 것이 아니라는 사실을 알고 있다. 삶은 열정을 찾는 것, 모험에 나서는 것, 새로운 방향으로 달려가는 것, 실패를 딛고 일어나는 것이기도 하다." -찰스 윌런 『지독하게 리얼하게 10.5』

03 로스쿨 출신 변호사들의 미래[1]

"人貧智短(인빈지단) 馬瘦毛長(마수모장)"이라는 말이 있다. "사람은 가난하면 지혜로움이 줄어들고, 말은 야위면 털만 길다"는 말이다.

대법관과 중앙선거관리위원회 위원장직을 퇴직하고 부인의 마트에서 일을 보면서 이 시대의 사표로 추앙받던 분이 '無恒産無恒心(무항산무항심)'을 말하며 어느 로펌의 고문변호사로 들어갔다. 그런데 맹자가 말한 '무항산무항심'은 일국의 대법관을 지낸 분이 쓸 수 있는 말이 아니다. 이 말은 '일반 백성들은 일정한 생업이 없으면 사람이 지녀야 할 착한 마음도 없어진다.'는 뜻이다.

관자(管子)는 '倉廩實而囹圄空(창름실이영어공)', '창름' 즉 곳간이 차면 '영어' 즉 감옥이 텅 비게 된다고 말했다. 먹고살기에 급급한데 무슨 삶의 지혜가 생길 것인가? 최소한 의식주에 신경을 쓰지 않을 정도가 되어야 자신의 삶을 살 수 있고, 문화도 즐길 수 있고, 삶도 관조할 수 있다는 이야기일 것이다.

경제적 자립이야말로 모든 생활의 초석이고, 안정된 일자리야말로 자신의 발전을 위한 물적 기반이다. 그런데 갈수록 세상은 먹고살기가 팍팍해지고 있다. 9급이나 7급 공무원시험 경쟁률이 수십 대 일, 아니 백대 일을 넘고 있는 세상이다. 고용 없는 성장시대에 일류대학을 졸업해도 기업에 취업하기가 쉽지 않은 시대이다. 전문직도 예외가 아니다.

옛날 이름 하나로 고소득을 보장해주던 의사나 변호사, 공인회계사 등도 요새는 알고 보면 팍팍한 경우가 많다. 작년에 이어 올해도 로스쿨 수료생들이 변호사시장으로 쏟아져 나오고 있다. 이들이 일자리를 찾지 못하고 헤매다가 자칫하면 이들의 삶이 비루해질 수 있다. 배고픈 변호사는 배고픈 사자보다 더 무섭다는 말도 있다. 자칫하면 이들이 법조인으로 정도를 걷지 못하고 불법, 탈법의 온갖 유혹에 현혹되기 쉽다.

이들 변호사들을 배출하는 로스쿨에서 로스쿨생들을 가르치는 입장에서 가슴이 아프다. 서초동 송무시장은 포화라고 한다. 상당수 젊은 개업 변호사들이 일감을 찾지 못해 좌불안석이다. 지난해 사법시험과 법원행정고시를 함께 합격한 사람들이 변호사를 하지 않고 법원공무원을 지망하고 있는 실정이다. 정부나 지방자치단체의 5급 사무관자리로 가던 변호사들이 6급, 7급으로 격이 떨어

---

[1] 제주일보 2013. 11. 13. 자 시론

지고 있다. 옛날에는 감히 상상도 할 수 없었던 일들이 벌어지고 있다.

만만치 않은 세상이다. 이제는 변호사는 쉽게 돈을 벌 수 있다는 고정관념이나 환상을 과감하게 떨쳐버릴 때가 되었다. 그래야 변호사로 살아남을 수 있다. 눈높이를 낮추고 변호사의 손길을 필요로 하는 사회의 이곳저곳으로 스폰지처럼 스며들어야 한다. 소송을 주로 맡는 송무시장이 아닌 비송무시장으로도 과감하게 눈길을 돌려야 한다. 로스쿨 출신 변호사들의 미래는 이곳에 있다. 법원 주변에만 변호사들이 몰려 있어서는 생존하기 어렵다.

어렵지 않은 세상은 없었다. 그 어려운 곳에서 자신의 활로를 찾는 자들에게만 지혜의 문이 열릴 수 있다. 이제는 변호사를 '免飢難富(면기난부)'의 직업이라고 말한다. 기아는 면할 수 있지만 부자 되기는 어려운 직업이라는 말이다. 일부 대형 로펌에서 고소득으로 윤택한 생활을 하고 있는 변호사들이 없는 것이 아니지만 이들도 심신이 피로하기는 마찬가지다. 한편 눈높이만 맞추면 적어도 변호사를 하면서 굶어 죽을 일은 없다. 신뢰와 성실을 모토로 사건을 맡다보면 자신감이 생길 수 있다. 변호사라는 직업은 단기승부를 노리는 직업이 아니다. 그러한 진지하고 정열적인 자세가 중요한 것이다. 내가 로스쿨생들에게 하는 말이다.

04 로스쿨과 변호사시험
- 어떻게 공부할 것인가[1] -

> 눈부신 아침은
> 하루에 두 번 오지 않습니다.
> 찬란한 그대 젊음도
> 일생에 두 번 다시 오지 않습니다.
> 어질머리 사랑도
> 높푸른 꿈과 이상도
> 몸부림친 고뇌와 보석과 같은 눈물의 가슴앓이도
> 무수히 불 밝힌 밤을 거쳐서야 빛이 납니다.
> 젊음은 용기입니다.
> 실패를 겁내지 않는
> 실패도 할 수 있는 용기도
> 오롯 그대 젊음의 것입니다.
>
> - 유안진, "실패할 수 있는 용기"

> 생각을 조심하라, 말이 된다.
> 말을 조심하라, 행동이 된다.
> 행동을 조심하라, 습관이 된다.
> 습관을 조심하라, 성격이 된다.
> 성격을 조심하라, 운명이 된다.
> 우리는 생각하는 대로 된다.
>
> - 마가렛 대처(1925-2013)

---

[1] 로스쿨 신입생들을 위한 Pre-Law School 특강 강의안임.

〈1〉

2009년 우리나라에 새로운 법조인양성시스템으로 '법학전문대학원'(이하 '로스쿨'이라 함) 체제가 도입된 지 12년이 되었다. 로스쿨 1기부터 10기까지 로스쿨은 **1만 6,043명**의 신(新) 법조인을 배출하였다. 전국 25개 로스쿨의 입학정원 2,000명 중 매년 1,700명 내외의 신규 변호사가 배출되고 있다.

한국의 변호사 수는 1906년 3명으로 시작해 2008년 1만 명을 넘어 변호사 수가 1만 명이 되기까지 100년여의 시간이 걸렸으나, 2009년 도입된 로스쿨 출신 변호사가 2012년부터 본격적으로 배출되면서 변호사 수가 1만 명이 더 늘어나기까지 불과 7년밖에 걸리지 않았다. 다시 1만 명이 늘어 3만 명이 될 때까지 5년밖에 걸리지 않았다. 2021. 7. 1. 현재 대한변호사협회에 등록된 **30,508명**의 변호사(개업 변호사 24,971명)가 법정에서, 아니면 기업의 사내변호사나 공공기관 소속 변호사로서 법률 관련 실무에 종사하고 있다.

2017. 12. 31.부로 사법시험이 폐지되면서 로스쿨 체제는 자리를 잡아가고 있다. 그런데 변호사시험(이하 '변시'라 함) 합격률이 낮아지면서 로스쿨이 변시 학원화하고 있다. 사법시험의 메카 신림동을 없애기 위해 로스쿨을 만들었는데 사라져가던 신림동이 화려하게 부활하고 있다. 올해(2021년) 제10회 변시에서 총 응시자 3,156명 중 1,706명이 합격하여 응시자 대비 **54.1%**의 합격률이었다. 50% 내외의 변시 합격률로 이른바 '변시 낭인', '오탈자'가 생겨나고 로스쿨제도에 대한 비판의 목소리가 곳곳에서 들리고 있다.

이렇게 되면 갈수록 로스쿨생들은 변시에 목을 매달게 될 것이고, 변시 과목과는 거리가 있는 선택과목 또는 특성화과목이나 전문과목은 냉대를 받을 것이 뻔하다. 이미 그러한 방향으로 로스쿨이 흘러가고 있다. 학생들이 학점관리 내지 성적관리에만 연연하다 보니 기본적인 필수과목에도 심층적인 공부를 하지 못하고 있다. 결국 국민의 다양한 기대와 요청에 부응하는 양질의 법률서비스를 제공하기 위하여 풍부한 교양, 인간 및 사회에 대한 깊은 이해와 자유·평등·정의를 지향하는 가치관을 바탕으로 건전한 직업윤리관과 복잡다기한 법적 분쟁을 전문적·효율적으로 해결할 수 있는 지식 및 능력을 갖춘 법조인의 양성이라는 로스쿨의 도입취지는 공허한 메아리가 될 수밖에 없다. 변시 합격자수를 확대하지 않는 한 변시 합격을 위한 로스쿨생들의 경쟁은 사생결단식으로 치열할 수밖에 없다. 녹록치 않은 현실이 여러분들을 기다리고 있다.

그런데 여기서 로스쿨생들은 학교공부와 변시와 변호사로서의 실무능력이 별개가 아니라는 사실을 직시해야 한다. 학교공부 따로 시험공부 따로 있는 것이 아니다. 성적관리를 위해 교과목은 성적을 쉽게 잘 받을 수 있는 과목만 선택하고 변시공부를 별도로 하는 것은 엄청난 이중낭비이다. 변시는 변호사로서의 실무능력을 검증하기 위한 시험이다. 로스쿨은 법학자를 양성하는 곳이 아니라 변호사를 만들어내는 교육기관이다. 현재는 여러 가지 제약조건이 많이 있지만 로스쿨 수료생이라면 현업 변호사로서 기본적인 실무능력을 갖추어야 한다. 법학은 철두철미 실천학문이고, 그 자체가 분쟁해결을 위한 학문이다. 이론과목과 실무과목이 나누어지는 현재의 상황이 계속된다면 로스쿨은 희망이 없다. 이론법학과 실무법학은 실천법학으로 통합되어야 한다.

변호사라고 하는 직업이 말처럼 그렇게 쉬운 직업이 결코 아니다. 로스쿨이라는 곳이 이것저것 해보고 취업도 안 되니 한가로이 들어가는 학교가 결코 아니다. 변호사라는 직업은 인생의 도피처로 삼을 수 있는 그렇게 한가한 직업이 될 수가 없다. 일부 학생들을 보면 법조 직업에 대한 뚜렷한 주관도 없이 대학졸업 후 현실 도피처로 로스쿨을 선택한 듯 보이는 학생도 있고, 로스쿨만 졸업하면 자판기식으로 변호사가 되는 줄 알고 겉멋만 든 학생들도 없지는 않다. 무엇 때문에 로스쿨에 들어왔는지 알 수 없는 학생들도 있다. 변호사를 직업으로 택하려고 로스쿨에 들어온 학생들이라면 변호사라는 직업에 대한 냉철한 재인식이 필요하다. 변호사라는 직업이 누구나 쉽게 할 수 있는 그런 직업이라면 로스쿨도 필요 없고 변호사시험도 필요 없다. 설사 변시에 합격한다고 해도 무늬만 변호사이지 기초적인 법률지식도 없는 변호사라면 누가 그런 변호사를 신뢰하겠는가?

로스쿨 3년 과정에서 변호사로서 활동하는데 필요한 기본적인 내용을 습득하려면 우선 기본법에 충실한 것이 전제되어야 한다. 그리고 변호사라면 기본적인 송무능력을 갖추어야 한다. 현재 각 로스쿨에서 전문과목 내지 특성화과목이 많이 개설되어 있고, 일각에서 특성화를 강조하기도 하지만 기본법을 떠난 전문과목이나 특성화과목은 그 내실이 튼튼할 수 없다. 무엇보다 3년이라는 시간은 기본법을 확실히 꿰차는데도 부족한 시간임은 누구나 절감할 것이다.

누구나 generalist가 된 후에 specialist가 되는 것이 정도(正道)이다. generalist도 되지 못한 사람이 specialist가 된다는 것은 어불성설(語不成說)이고, 언어도단(言語道斷)이다. 신참 변호사가 초장부터 자기의 전문영역을 설정한다 해도 누가 알아주지도 않는다. 변호사로서 기본적인 업무능력을 키우면서 일정한 경륜을 갖춘 변호사라야 자기만의 전문영역에서 특화할 수 있다. 로스쿨은 변호사로서의 generalist가 될 수 있는 일반적인 자격을 갖추는 곳이다.

그러면 변호사로서의 기본적인 업무능력을 키우기 위해서는 어떻게 해야 하는가?
우선은 기본법에 충실해야 한다. 변시 과목이기도 한 공법, 민사법, 형사법은 변호사로서 활동하는데 가장 기본적이고 핵심적인 실무분야이다. 실무경험에 의하면 그 중에서도 중요도에 있어서는 민사가 제일 중요함은 두말할 나위가 없다. 전국 지방법원에서 접수되는 사건의 70% 이상이 민사사건이다. 요새 형사사건은 거의 국선화가 이루어지고 있어 검찰이나 법원출신이 아닌 연수원이나 로스쿨 출신 변호사들이 형사사건을 많이 수임할 수 있는 업무환경에서 점점 멀어지고 있다. 헌법재판이나 행정법 사건들은 생각보다 그리 많지 않다. 그렇다면 변호사는 민사로 먹고 살아야 한다는 이야기이다.

그러나 민법, 상법 등 실체법과 민사소송법, 민사집행법 등 절차법을 아우르는 민사법은 범위가 실로 방대하고, 해도 해도 끝이 없을 정도로 까딱하면 '밑 빠진 독에 물 붓기' 식 공부가 될 수 있다. 민사실체법 및 절차법과 관련된 중요한 특별법도 익혀야 한다. 읽어야 할 판례가 수북이 쌓여 있고, 새로운 판례가 계속 쏟아지고 있다. 제대로 배우고 익히지 않으면 똑 같은 문제를 1년 후에 푼다고 해도 제대로 풀지 못할 수가 있다. 책을 몇 차례 읽은 후에는 반드시 서브노트 형태로 정리하면서 써 보아야 한다. 로스쿨 3년은 '시간' 싸움이고 '다독(多讀)' 싸움이다. 우선 책의 회독수를 늘려야 한다. 책을 한두 번 읽고는 객관식 문제도 제대로 풀지 못한다. 특히 민사법은 변호사를 하려고 하는 사람으로서는 반드시 극복해야 할 난마(亂麻)와도 같은 과목이다.

⟨2⟩

> Lex non cogit ad impossibillia.
> The Law does not force to impossibilities.
> **법은 불가능을 강요하지 않는다.**

변시 과목인 민사법(민법, 상법, 민사소송법), 형사법(형법, 형사소송법), 공법(헌법, 행정법) 3개 영역(이는 종전의 사법시험에서의 기본 7법 과목이다)은 변호사라면 기초적으로 습득해야 할 분야이다. 로스쿨 수료 후 현업 변호사가 아닌 정부나 기업체 등 여타의 직역으로 진출하는 경우에도 적어도 기본적인 민사, 형사, 공법 지식은 지니고 있어야 한다. 조세, 국제거래, 환경, 노동, 보험, 부동산, 재개발·재건축, 지식재산권, 엔터테인먼트 등 자기만의 전문영역을 특화하는 경우에도 이러한 기본법 지식을 전제로 하지 않으면 사상누각(沙上樓閣)이다.

변시는 변호사에게 필요한 직업윤리, 법률지식 등 법률사무 수행능력 검정, 로스쿨 교육과정과 유기적으로 연계하여 시행하는 것을 기본원칙으로 하고 있다. 종전 사법시험과 달리 논술형 시험에서는 각 영역별 실체법 및 절차법 쟁점을 혼합한 통합형 문제를 출제하고 기록형을 통하여 실무능력을 평가하도록 되어 있다.

변시 합격은 선택형 필기시험과 논술형 필기시험의 점수를 일정한 비율로 환산하여 합산한 총득점을 기준으로 한다. 논술형 시험 만점과 선택형 시험 만점의 비율은 3 : 1이고, 공법·형사법 과목 만점과 민사법 과목 만점의 비율은 1 : 1.75이다. 각 과목별 필기시험의 합격 최저점수(과락)는 각 과목 만점의 40%(법조윤리는 70%)이다. 법조윤리는 대부분 1학년 1학기에 법조윤리 과목을 수강한 후 1학년 여름(8월)에 시험을 치르고 객관식 40문제에서 28문제 이상만 맞추면 되는 부담이 없는 시험이다. 법조윤리는 응시자 대부분 합격하는 시험으로 변시에서의 중요성은 무시해도 될 것이다(다만, 2017년 8회 법조윤리 시험에서 합격률이 59.4%로 폭락하여 난리가 난 일이 있었음).

변시의 출제기준은 로스쿨 과정의 충실한 이수를 전제로 기본적으로 사법연수원 1년 정도의 실무능력 구비 여부를 검증하고, 실제 빈번하게 발생하지 않는 사례와 관련된 법리, 법적 문제 해결에 활용되지 않는 강학상 논의 등은 출제에서 제외된다고 되어 있지만 실제는 그렇지 않은 경우도 있다.

특히 논술형의 경우는 실무에서 빈발하는 사례 중심으로 출제된다. 단편적인 지식을 암기하여 서술할 수 있는 문제는 배제하고, 사고력·이해력·판단력·창의력·표현력·응용력 등을 종합적으로 검정할 수 있는 수준 높은 문제가 출제된다. 그러나 시험회수가 늘어가면서 지엽적이고 단편적인 문제들이 출제되는 경향도 감지할 수 있다.

선택형은 법률지식 측정형 위주로 통합형은 30% 이내로 출제하고(공법 10~15%, 민사법 15%, 형사법 25%), 논술형 시험 중 **사례형**은 법률사례 문제에 대한 논술형 답안작성 방식(논점추출형, 쟁점제시형, 주장제기형)으로 통합형 문제는 과목당 1문항이 출제된다(형사법은 사례형 2문 모두 통합형). 논술형 중 **기록형**은 30~50쪽 내외의 사건기록을 제공하고 법률적 쟁점을 분석, 결론을 도출하여 최종적으로 소장, 준비서면, 변론요지서 등 필수적인 법률서면을 작성하는 방식으로 구성된다. 지금까지 민사는 소장 작성 중심으로, 형사는 변론요지서, 보석허가청구서 등의 서면을, 공법의 경우 행정심판청구서, 헌법소원심판청구서 등의 서면작성을 요구하였다. 민사 소장은 피고의 예상항변까지 고려한 종합 준비서면 형태로 작성할 것을 요구한다.

변호사시험의 각 영역별 문항 수, 배점 및 시험시간은 다음과 같다.

유형	과목	공법	민사법	형사법	선택과목
선택형		40문/70분 (100점)	70문/120분 (175점)	40문/70분 (100점)	
논술형	사례형	2문/2시간 (200점)	3문/3시간30분 (350점)	2문/2시간 (200점)	2문/2시간 (160점)
	기록형	1문/2시간 (100점)	1문/3시간 (175점)	1문/2시간 (100점)	

공법과 형사법은 만점 각 **400점**, 민사법은 **700점**, 선택과목은 **160점**으로 총 **1,660점**이다. 합격선은 900점 가까이에서 사정된다. 민사법 과목이 거의 당락을 가르게 돼 있다. 또 중요한 것은 선택형과 기록형의 만점 비율이 동일하게 돼 있다. 따라서 시험전략으로는 선택형에서 적어도 70~80% 정도는 득점해야 사례형이나 기록형에서 미진한 부분을 커버할 수 있다. 앞으로 선택형 시험범위 등에서 조정될 여지가 있으나 현재 생각보다 선택형의 비중이 높은 점을 명심해야 한다.[2]

위 표에서 알 수 있듯이 사례형의 배점 비율이 선택형과 기록형을 합한 것과 동일하게 돼 있으므로 변호사시험의 관건은 사례형 문제에 달려있다. 사례형 문제를 통해 주어진 사례에 대한 응시자의 쟁점추출능력, 예상되는 공격방어 계획의 수립능력, 자신에게 유리한 논거를 찾아서 체계화하는 능력 등을 종합적으로 평가할 수 있다. 상당한 공부량이 없어서는 제대로 대처하기 쉽지 않게 돼 있다.

---

[2] 법무부는 2019. 12. 23. 헌법과 민법·형법 등 이른바 기본 3법 과목에 대해서만 선택형 필기시험을 실시하는 내용의 '변호사시험법 일부개정안'을 입법예고했다. 법무부는 선택형 필기시험과 논술형 필기시험 간의 환산비율을 조정하는 개정안도 입법예고했다. 기존에 논술형 필기시험 만점을 선택형 필기시험 만점의 300%로 환산하던 것을 700%로 환산하도록 해 논술형 필기시험 배점을 높였다.

이하에서 민사법 사례형 시험을 중심으로 논술형(사례형)에 대한 대응방안을 생각해보자.

사례형 중 **쟁점제시형**은 문제에서 쟁점을 구체적으로 제시하고 그에 대한 응시자의 해결을 요구하는 형태이고, **논점추출형**은 사례가 포함하고 있는 법률적 쟁점을 응시자 스스로 도출하여 해결하는 형태이며, **주장제기형**은 변호사로서 해당 사례 해결을 위해 주장 가능한 방법을 제시 요구하는 형태의 문제이다. 응시자로서는 각 문제의 형태를 먼저 파악하고 그에 적합한 답안을 구성해야 한다. 중구난방은 보나마나 과락이다.

민사법 사례형은 3개의 문제로 구성되는데, 1문은 통합형으로 150점 만점이고, 2개의 문제는 민법과 상법(회사법) 문제로 각 100점 만점이다. 그런데 문제들이 정확하게 민법, 민사소송법 문제로 나뉘는 것이 아니고 민법과 민사소송법, 민사집행법 문제까지 섞여서 출제되는 경우가 많아지고 있다. 시험시간이 3시간 30분이므로 1문에 1시간 30분, 2문과 3문에 각 1시간을 배정하는 것을 기본으로 하고, 문제의 난이도에 따라 시간을 적의 배분하면 될 것이다. 시험시간이 부족하다고들 하는데 시험 자체가 제한된 시간 내에 정확한 답안의 핵심을 기술하는 능력이 있는지 검증하는 것이다.

우선 문제지를 받아들면 3개의 문제를 통독한 다음 쉬운 문제부터 써가는 것이 좋다. 어려운 1번 문제부터 쓰다가 나중에 쉬운 3번 문제는 손도 대지 못하는 우를 범하지 말아야 한다. 사례형 문제의 지문이 길어지는 경향이 있으므로 문제를 몇 차례 자세히 읽으면서 쟁점을 파악하고 메모를 해두어야 한다. 사례형 문제에 접근하면서 교과서에 나와 있는 추상적인 법명제를 달달 암기하여 붙여놓는 것은 좋은 인상을 주기 어렵다.

변호사시험의 사례형이나 기록형에 대한 적응력을 높이기 위해서는 종래와 같은 패턴으로 민법을 총칙, 물권법, 채권법을 아무런 체계나 연관 없이 읽어가는 것은 별 도움이 되지 않는다. 실제의 사례들은 물권과 채권이 섞여 있어 민사법을 전체적으로 조감하지 않으면 좋은 답안이 나올 수가 없다. 어떤 식으로 공부해야 민사법 사례형 문제에 대한 적응력을 키울 수 있을까?

〈3〉

로스쿨에 들어왔으면 가능한 빨리 민법 전체에 대한 윤곽을 그릴 수 있어야 한다. 무엇보다 법학을 처음으로 공부하는 학생이나 법학사출신도 민법 전체를 통독할 것을 권한다. 시중에 민법 입문서가 많이 나와 있지만 기존의 교과서의 양만 줄여 놓은 것들은 큰 도움이 되지 않는다. 입문서 중 **양창수** 교수(전 대법관)의 『**민법입문**』(제7판, 박영사, 2018)이나 MOOC 강좌의 교재이기도 한 **명순구** 교수(고대)의 『민법학원론』(박영사, 2016) 등은 민법 전체에 대한 가이드이면서 초심자들의 입문서로서의 역할을 하고 있는 책으로 읽어볼 만한 책들이다. 로스쿨 정식 입학 전에 이런 책들을 몇 차례 통독하여 민법 전체의 그림을 그린 후에 개별 교과서를 읽어보기를 권한다.

민법은 그야말로 만법의 기본법이다. 다른 것은 다 덮어 놓고 우선 오로지 민법 교과서와 민법전만 가지고 집중적으로 처음부터 끝까지 읽어보았으면 하는 생각이다. 이를 통해 초심자들은 민법의 전체적인 조감도를 그려볼 수 있을 것이고, 기존에 공부를 많이 한 학생들은 민법을 새롭게 재조명해볼 수 있을 것이다. '악마의 성서'(Bibel des Teufels – Heine)인 법전을 언제나 가까이 하면서 법전에 익숙해져야 한다. 변시 시험장에서 시험용 법전이 제공되므로 시험용 법전을 활용하면 시험장에서도 익숙하게 사용할 수 있다.

실무상 발생하는 문제는 총칙 문제, 물권법, 채권법 문제 이런 식으로는 잘 생기지 않는다. 총칙, 물권, 채권뿐만 아니라 가족법까지 섞이고, 상법, 소송법, 집행법, 행정법, 형사법까지 짬뽕되어 발생하는 경우가 많다. 어느 한편의 단편적인 지식만으로는 결코 실제 사회에서 발생하는 법률문제에 대한 정확한 답을 얻을 수 없는 경우가 많다. 공법이나 형사법에 비해 민사법은 그 범위가 방대하므로 평소에 착실하게 다져두지 않고서는 성질상 단기간에 벼락치기 공부로 때울 수가 없다.

그리고 책은 한두 번 읽는다고 그 뜻이 다 이해되거나 섭렵(涉獵)될 수는 없는 일이다. 책 한두 번 읽어서 공부가 완결될 수 있다면 세상에 그만큼 쉬운 일은 없을 것이다. 무엇보다 법학에서 완성이란 있을 수 없다. 계속 공부하는 과정이 있을 뿐이다. 법학 자체가 사회와 인간에 관한 깊은 성찰을 요하는 것인데 어찌 몇 년 공부로 이를 커버할 수 있겠는가? 로스쿨을 졸업하고 변호사로 진출하는 경우에도 계속 공부하는 과정의 연속이다. 이는 사회의 다른 분야도 마찬가지다. 연찬과 자기연마를 게을리 해서는 바로 도태되는 사회가 법조사회이다.

통독을 하더라도 어떤 법이든 3~4회독은 해야 그나마 얼추 해당 법의 윤곽을 그려볼 수 있다. 그리고 몇 년 공부해도 잘 모르는 부분은 어느 곳에나 있다. 교수들도 잘 알지 못하면서 가르치는 경우가 있고, 판사들도 잘 모르면서 재판을 하는 경우도 있다. 공부는 하면 할수록, 파면 팔수록 深淵이고 茫茫大海라는 사실은 법학의 대가들도 자인하고 있다. 책을 읽다가 뜻이 잘 와 닿지 않는다고 너무 그것에 집착하지 말라. 모르면 모른 대로 넘겨버리는 것도 지혜라면 지혜이다. 다음에 再讀, 三讀할 때 몰랐던 내용이 자연스럽게 떠오를 수도 있다.

스터디그룹이니 동영상 수강이니 뭐니 하면서 여러 가지 공부방법이 있을 수 있으나, 내가 보기에는 혼자 공부를 하여 어느 정도 개념을 잡은 후에 스터디도 가능한 것이다. 아울러 로스쿨 학교 강의는 전체 법학공부의 극히 일부라는 사실을 명심해야 한다. 혼자 공부해야 할 것이 몇 배나 많다는 사실은 실무에 종사하면서 점차 알게 될 것이다. 로스쿨 3년은 기본법을 제대로 익히기에도 벅찬 시간이다.

책을 몇 회독 한 후에는 반드시 서브노트든 어떤 방식이든 자기 나름대로 쓰고 정리해 보아야 한다. 써보고 적어보지 않고는 정리가 되지 않는다. 다윈의 '적자생존(適者生存)'이 아니고 손으로 적어야 하는 '적자(WRITING)생존'이다! 적어야 생존할 수 있다. 머리로만 굴려보아야 아무런 의미가 없다. '인강'이나 동영상으로 흘려보낸 화면은 머리에 꽉 자리를 잡지 못한다. 판사들이 결심(結審)하고 판결을 쓸 때에 비로소 심리미진 사실을 발견하고 변론재개를 하는 것도 판결초고를 써보기 때문이다. 아무리 책을 많이 읽고 연구를 많이 한 교수도 논문이나 저술이라는 형태로 써보지 않고는 자신의 입장이 정리가 되지 않는다. **"기록은 기억을 지배한다."** 써야 생각하게 되고 쓰면서 정리하게 된다. 짧은 글이라도 매일 써라. 그래야 생각하게 된다. 글쓰기는 생각의 근력(筋力)을 키우는 일이다.

아무리 한글 전용시대라고는 하지만 적어도 법률실무의 영역에서 소장이나 준비서면과 판결문을 쓸 때 한글로 쓰는 것을 제외하고는 도처에 한자가 깔려있다. 토지조사부, 구 등기부, 제적등본, 족보 등 한자를 읽지 못하고서는 법률실무를 제대로 처리할 수가 없는 경우가 많다. 무엇보다 한중일 동양 문화권에서 살면서 한자를 모르면 사실상 文盲이라고 해도 과언이 아니다. 앞으로 민법조문도 전부 한글로 바뀔 것으로 기대되지만 현재 시행 중인 민법 조문은 유감스럽게도 전부 한자로 되어 있다. 2021년 제10회 변시부터 한글전용 기본법 법전이 제공되어 있으므로 한자 부담이 덜어졌지만 법률용어를 제대로 이해하기 위하여는 한자를 익힐 필요가 있다.

법학공부와 관련하여 학원가에서 보는 잘 '정리된 것과 같은' 정리서는 단지 참고자료로만 활용할 필요가 있지 처음부터 너무 여기에 의존해서는 안 된다. 그리고 기본적인 법률용어나 개념들은 외워야 한다. 아무리 법학이 이해를 요하는 과목이라고는 하지만 암기가 병행되지 않으면 空念佛이다. 어차피 많이 아는 것만으로는 부족하고 자기가 알고 있는 것을 암기를 통해 잘 표현할 수 없으면 시험이라는 관문에서 주저앉을 수밖에 없다는 사실을 명심하기 바란다. 사법시험이나 변시에서 단 몇 점 차이로 계속 낙방하는 사람에게는 어딘가 문제가 있다. 표현력이나 아니면 잘 알아먹지 못하게 쓰는 글씨도 일조를 할 것이다. 시험은 철두철미 의사주의가 아니라 **표시주의**가 적용되는 영역이다.

하루 24시간 중 중 수면시간과 식사시간, 휴식시간을 제외하고 몇 시간을 공부에 투자할 수 있는지 헤아려보라. 어차피 로스쿨 3년은 똑같은 조건에서 '시간싸움'이고, 많이 읽는 '다독(多讀)싸움'이고, 교과서와 판례 등 엄청나게 읽어야 할 '양(量)과의 싸움'이 될 수밖에 없다. 이러한 싸움에서 이길 수 있는 요령을 체득하는 것이야말로 변시 합격의 요체가 된다. 학기 중 수업이 있는 주중에는 수업준비 등으로 자기만의 시간을 확보하기 어렵다. 주말이나 방학 같은 때에는 하루 최소 10시간 이상 자기만의 집중적인 공부에 투자할 수 있어야 한다. 그리고 공부는 체력으로 하는 것이다. 평소 체력단련에도 신경을 써야 한다.

시중에는 어지러울 정도로 수많은 교과서와 정리서, 기출문제집들이 나와 있으나, 서로 비슷비슷한 체계와 내용을 담고 있는 책들이 대부분이다. 그리고 교과서라고 하는 것들은 실무상의 문제해결에 포인트를 맞춘 것이 아니라 민법의 편제순에 따라 학리적 내용을 위주로 구성돼 있다 보니 이런 책들을 보더라도 실제의 민사 통합형 문제들을 해결하는 능력을 배양하는 데는 역부족일 수밖에 없다.

그런 의미에서 양창수 전 대법관님과 그의 제자 교수들이 공저 형식으로 펴낸 민법 시리즈는 로스쿨에서의 민법공부 및 변호사시험을 대비하기 위한 교재로는 지금까지의 교재에 비하여 비교적 잘 편성된 것으로 보인다(2018년 제3판이 나와 있다). 이 책은 민법의 체계적 서술에 관한 종래의 고답적 방식을 버리고 민법이 실제생활에 작동하는 면에 포착하여 참신하게 구성돼 있다. 이 교재는 민법 Ⅰ, Ⅱ, Ⅲ, Ⅳ권으로 구성되어 있는데 Ⅰ권은 계약법, Ⅱ권은 권리의 변동과 구제, Ⅲ권은 권리의 보전과 담보, Ⅳ권은 친족법과 상속법(未刊)이다. 다른 책으로 공부한 학생도 이 책으로 민법의 체계를 한번 점검해보는 것도 좋다.

민법공부가 잘 돼 있으면 민사소송법 등 절차법공부도 어렵지 않다. 민사법에 정통하지 않은 법률가는 좋은 법률가가 될 수 없음을 명심하고 자기점검과 치열한 공부를 게을리 하지 말기를 바란다. 부단한 수련이 없으면 제대로 된 변호사가 될 수 없다. 변호사를 직업으로 택할 사람들이라면 숙명적으로 민사법과 친해져야 한다. 그리고 공부는 즐겁게 해야 한다.

로스쿨 3년 중 1학년 때가 가장 중요하다. 1학년은 로스쿨 기간의 1/3이지만 실제로 1/2 이상으로 중요한 기간이다. 1학년 때에 민법, 헌법, 형법 등 기본법에 관한 지식을 확실히 쌓아두지 못하면 2학년으로 이어지는 절차법이나 종합과목 공부를 하는데 애로를 겪을 수밖에 없다. 1학년을 충실하게 보내지 못하면 로스쿨에 들어온 여러분의 선택을 후회하는 상황이 올지도 모른다.

혹시 학부생이라면 마지못해 학점을 위한 불쾌한 공부를 할 수도 있지만 학부를 졸업하고 스스로의 판단으로 로스쿨에 들어왔다면 스스로의 책임 하에 즐겁고 유쾌한 공부를 하지 않으면 안 된다. "계란을 밖에서 깨면 '후라이'가 되고, 계란을 안에서 깨고 나오면 병아리가 된다." 병아리가 되지 못하고 후라이가 되는 어리석음을 범하지 말기 바란다.

〈4〉

> 學而時習之 不亦說乎
> 有朋 自遠方來 不亦樂乎
> 人不知而不慍 不亦君子乎.
> - 論語, "學而篇"

그러면 법학공부를 어떻게 하는 것이 가장 효율적인 방법일까? 법학공부든 다른 공부든 공부에 왕도란 있을 수 없으나, 법학공부를 하는 하나의 방법을 들어보기로 한다. 공부의 요체는 배우는 '學'보다 익히는 '習'에 방점이 있다. '習'자는 어린 새가 날개(羽)를 퍼드덕거려 스스로(自 → 白) 날기를 연습한다고 하여 '익히다'를 뜻하는 習이 된 것이다. 어린 새는 어미 새로부터 날기를 배우는 것에서 더 나아가 스스로 퍼드덕거리며 날기를 연습해야 자신의 힘으로 하늘로 날 수 있는 것이다. 공부도 마찬가지다. 스스로 익히려는 노력이나 자세가 없으면 배움으로 끝나고 더 이상 Aufheben하거나 飛上할 수 없다. 공부는 배우고 익히는 것이다. 익힐 習자가 들어있는 한자들, 예컨대 豫習, 復習, 自習, 練習 등은 모두 스스로 익힌다는 의미가 들어있다. 여기서 법학을 제대로 익히는 방법이 있는가? 물론 사람마다 익히는 방법이 다양하게 있을 수 있으므로 절대적인 것이란 있을 수 없다. 어쨌든 익히는 방법을 나름대로 터득해야 한다.

우선 기본법 과목의 기본서를 두 세 차례 통독해야 한다. 기본서는 정평 있는 것을 선택해야 한다. 처음부터 학원가 정리용 책들에 너무 의존하는 것은 경계할 일이다. 처음에는 책을 읽으면서 모르는 것이 있더라도 일단 넘어가자. 처음부터 다 알면서 책을 읽을 수는 없는 노릇이다. 그리고 법학이 한두 번 읽고 모두 익힐 수 있는 성질의 학문도 아니다. 기본서를 두 세 차례 읽으면서 각 과목의 전체적인 줄거리나 흐름을 먼저 파악해야 한다. 최소한 1시간에 20페이지 이상을 읽을 수 있는 속독술이 필요하다. 방학 중에는 하루에 10시간 이상을 공부한다고 할 때 5~600페이지 책은 이틀 만에 읽어내야 한다. 앞으로 법률실무에 종사하기 위해서도 속독술은 필요하다. 수 천 페이지, 아니 수 만 페이지가 되는 기록들을 읽어내려면 속독 외에는 달리 대안이 없다. 컴퓨터가 대신 읽어주는 것도 아니다. 숱한 기록 중에서 법적으로 의미 있는 것들을 끄집어내야 한다. 책을 많이 읽다보면 필요한 것과 필요하지 않은 것, 중요한 것과 중요하지 않은 것이 구별할 수 있는 내공이 생기게 된다.

기본서의 윤곽과 전체적인 흐름을 파악한 후에는 정독(精讀)을 하면서 요약하는 훈련을 해야 한다. 이때부터는 별로 중요하지 않은 것들은 과감하게 사상(捨象)해도 좋다. 책을 읽은 후에는 책을 덮고 자신의 읽은 단원의 목차를 큰 제목부터 소제목까지 기억해내고 써 보는 것이다. 10분 전, 혹은 한 시간 전에 읽은 부분이 생각나지 않으면 열흘 후 아니 몇 달 후에는 더 생각나지 않을 것임은 불문가지이다.

책을 읽는 것에 그치지 말고 반드시 써보아야 한다. 써야 정리가 된다. 요새 인터넷의 영향으로 학생들의 글체가 남들이 알아보기 힘든 것들이 많은데 이런 과정을 거치면서 글씨 쓰는 연습도 해야 한다. 현재 변시에서 컴퓨터 타자기로 답안작성을 하지 못하는 이상 어쩔 수 없는 일이다. 글체가 명필을 요구하는 것은 아니지만 남들이 알아볼 정도는 되어야 한다. 아무리 실력이 있는 사람도 시험에서 제대로 표시하지 못하면 좋은 평가를 받지 못할 것임은 자명한 일이다. 시험은 의사주의가 아니라 '표시주의'가 지배하는 영역이다. 그리고 **'일과성(一過性)'**이다. 단 한 번에 모든 것을 걸어야 하는 것이 시험이고 인생이다. 시험 한 번 떨어지면 1년이라는 시간을 남들 눈치 보면서 다시 기다려야 한다. 유감스럽지만 초시에 합격하지 못하는 경우 불행하게도 오탈자로 갈 확률이 높아진다.

어차피 시험은 제한된 시간 내에 문제의 핵심적인 내용만을 간추려 기술할 수 있어야 하는데 이러기 위해서는 확실하게 자기 지식으로 익혀있지 않으면 안 된다. 단순히 법전의 조문만을 열거하거나 조문 내용을 옮겨 쓰는 내용의 답안은 큰 의미가 없다. 얼마 되지 않는 내용을 번잡하게 주저리주저리 늘여서 쓰는 것이 아니라 많은 내용을 요약해서 쓸 수 있는 훈련을 해야 한다. 그렇다고 근거제시도 없이 결론만 간단히 쓰는 답안이 제대로 된 답안이 될 수 없음은 자명하다.

이는 판사든 변호사든 법률실무가에게 요구되는 기본적인 속성임을 잊어서는 안 된다. 법률가와 정치인의 차이가 바로 이곳에 있다. 정치인은 별 것이 아닌 것을 갖고도 몇 시간 떠들 수도 있고, 국회에서 filibuster(의사진행 방해)를 통해 의사진행방해를 할 수도 있다. DJ는 6대 국회에서 1964년 4월 김준연 의원의 구속동의안 상정을 막기 위해 319분(5시간 19분) 동안 filibuster 연설을 했다. 역대 최장시간 국회 연설 기록으로 기네스북에 올라 있다. 그러나 법률가는 다르다. 변호사가 법정에서 변론을 할 때 이런 식 변론을 하다가는 당장 제지를 받게 된다. 변호사는 사건의 핵심을 요약하여 正鵠(정곡)을 찌르는 변론을 해야 한다.

그리고 모든 과목을 주제별로 정리해 두어야 한다. 과목별 써브노트가 반드시 필요하다는 이야기이다. 정리해놓지 않으면 산만해지고 나중에 뭐가 어디에 있는지 찾지 못하고 헤맬 수가 있다. 앞으로 법률실무에 종사할 때도 기록이든 뭐든 정리하는 습관을 들여야 한다. 판사들도 메모를 잘 하는 판사가 사건을 장악하고 재판을 잘 하는 판사들이다. 강의자료와 모의고사 문제와 판례 등 잡다한 자료들에서 유의미한 것들을 함께 모아 일목요연하게 정리할 필요가 있다. 써브노트는 처음에는 두꺼워졌다가 시간이 갈수록 얇아지게 되어 있다. 두꺼워진 노트에서 자신이 확실히 알고 있는 것들은 떼어내 버리면 된다.

법학이 이해를 요하는 과목이라는 이유로 암기를 무시해도 좋다는 이야기는 절대 아니다. 이해와 암기가 병행되어야 한다. 민법학의 대가인 고 곽윤직 교수님도 법학의 초심자들에게 암기를 강조하는 것을 옛날에 들은 적이 있다. 이해가 선행되지 않은 맹목적 암기가 위험할 수도 있으나, 이해의 깊이를 위해서도 중요한 개념이나 요건 등은 암기해야 된다. 그리고 많이 읽다 보면 자연스럽게 외워지는 것들도 있다. 암기가 되어 있어야 단시간 내에 시험답안을 작성하면서 술술 쓸 수가 있다. 개념 하나 정확하게 쓰지 못하고 헤맨다면 법학공부를 했다고 할 수가 없다.

민법전에서 판덱텐(Pandekten) 체계에 따라 총칙, 물권, 채권 식으로 나뉘어졌다고 민법강의도 민법총칙, 물권법, 채권법 식으로 강의하는 것이 마음에 들지는 않지만(이런 식 강의가 민법을 체계적으로 학습하는 데 유용한 것인지는 의문이 든다) 예를 들어 민법총칙편의 表見代理 부분을 읽었다고 치자. 교재에서 읽어본 表見代理 부분을 돌이켜 한 번 기억해보자. 과연 어떠한 내용들이 들어 있는가?
우선 큰 제목부터 기억해본다. 제목이 자세하고 소제목이 여러 개 쪼개질수록 이해가 깊다는 방증이다. 사이사이에 여러 가지 의문들이나 판례의 사안 같은 것들을 계속 기억해내면서 제목과 제목 사이를 보충하도록 노력해보아야 한다. 이러한 과정에서 이해가 깊어지고 그야말로 익히는 習이 완성되는 것이다. 이런 과정을 거쳐 그야말로 확실하게 자신의 지식이 되는 것이다.

강의실로 가는 길에서, 도서관으로 가는 길에서, 기숙사로 가는 길에서 머리 속은 이런 것들로 가득 차 있어야 한다. 잡생각이나 허튼 생각을 할 겨를이 없다. 책을 읽었던 내용 중에서 계속 의문이 감돌고 있던 것들이 책 속에서 또는 교수나 동료와의 대화를 통해서 의문점이 해소되면서 지식의 깊이가 깊어진다. 유유자적하거나 놀 시간은 더 더욱 없다. 3년이라는 시간은 쏜살같이 지나간다.

> **〈표현대리하면 떠오르는 것〉**
> 1. 표현대리의 의의
>   → 표현대리의 개념
>   → 표현대리와 유권대리, 무권대리의 구별?
> 2. 민법 제125조(대리권 수여 표시에 의한 표현대리)
>   (1) 본인이 대리인에게 대리권을 수여한 것을 상대방에게 표시한 사실(수권의 표시)
>   (2) 대리인으로 표시된 자가 본인을 위한 것임을 표시하고 법률행위를 한 사실
>   (3) 위 법률행위가 대리권의 범위 내에 속하는 사실
>   (4) 제3자의 선의·무과실 → 증명책임?
> 3. 민법 제126조(권한을 넘은 표현대리, 월권대리)
>   (1) 기본대리권의 존재
>   (2) 권한을 넘은 대리행위가 있을 것
>   (3) 정당한 이유 → 증명책임?
>   ※ 일상가사대리권도 기본대리권이 되는가?
>   ※ 본인의 성명을 모용한 경우는?
> 4. 민법 제129조(대리권 소멸 후의 표현대리)
>   (1) 존재하였던 대리권이 소멸할 것
>   (2) 상대방(원고)의 선의·무과실 → 증명책임?
> 5. 표현대리의 효과
>   (1) 본인에의 효과귀속
>   (2) 강행법규 위반과 표현대리
>   (3) 표현대리의 주장과 변론주의
>   (4) 표현대리와 유권대리, 무권대리의 추인 주장의 소송상 취급 등
>   (5) 민법상 표현대리 규정이 소송행위에도 유추적용되는가?

이와 같은 공부는 기쁘고 즐거워야 한다. 학습량이 늘어날수록 공부가 즐거워진다. **學而時習之 不亦說乎!!** 억지로 하는 공부가 재미있을 리 만무하다. 공부에서 기쁨과 즐거움을 찾지 못한다면 그것은 불행한 일이다. 어차피 법학지식은 나중에 법조실무가로 종사하면서 바로 쓰이게 될 실용지식이다. 법학은 현실세계의 분쟁을 해결하는 실천학문이다. 이론만을 위한 학문이 아니다. 공부가 제대로 되어 있지 않으면 매사 자신이 없어지고 일과 직업에 흥미를 잃게 된다. 인생은 자기가 하는 일에 자신이 있고 즐거울 때만이 의미가 있다.

학기 초에는 수강신청을 둘러싸고 로스쿨생들 사이에 진풍경이 벌어진다. 수강과목 선정을 위한 치열한 눈치작전을 보면서 상대평가로 인한 불이익을 받지 않기 위한 그들의 처절한 속내를 이해하지 못하는 것은 아니지만 이게 교육적으로 바람직한 것인지는 의문이 든다.

수요자인 학생들에게 수강신청 변경기간을 마련한 것은 학생들에게 자신의 공부를 위해 최선의 선택을 할 수 있는 기회를 부여하고자 함에 있는 것이지 학점관리만을 위해 눈치를 보며 이 과목

저 과목에 '넣었다 뺐다'를 반복하게 만들기 위한 것이 아니다. 다수 학생들은 힘든 공부를 싫어하고 적당하게 좋은 학점 받기만을 원하지만, 이런 식으로 받은 학점이 무슨 소용이 있을 것인가? 단언컨대 이런 식 학점 받아보아야 쓸 데가 별로 없다. 자신이 선택한 변호사로서 필요한 과목이라면 과감하게 선택하여 수강해야 한다.

학생들은 자신의 진로와 관련한 과목선택이 아니라 '어떻게 하면 B나 C를 맞지 않을까'에만 주된 관심이 있고, 어떻게 하여 A학점을 받을 것인가에 관한 진지한 고민은 안중에도 없다. P/F 과목에는 당연히 P를 전제로 하고 학생들이 몰린다. 참으로 안타까운 일이다. 도대체 '실패도 겁내지 않는, 실패할 수도 있는 용기'를 찾아볼 수 없다. 성적이야 노력한 만큼 나오게 되어 있는 것인데 노력 자체를 꺼리는 것을 학생의 본분이라고 할 수 있을까? 그리고 노력했는데 점수가 나오지 않았다고 실망할 일도 아니다. 학생들의 노력을 선생이 알아보지 못할 수도 있는 것이다. 좋은 학점 받은 학생이 사회에서도 좋은 학점 받으리라는 보장도 없다. 법조사회에 나가면 '성적'보다 변호사다운 '성격'이 중요하다.

학기 초에 학생들이 수강신청할 때 공부 잘하는 학생들이 수강하는 과목을 전부 기피하거나 회피한다고 하는데 참으로 답답한 일이 아닐 수 없다. 이들과 경쟁을 해서 이겨야겠다는 마음가짐이 있어야 한다. 까짓 학점이 뭐 중요한가? 이런 식으로라면 나중에 변호사 할 때 상대방이 부장판사나 대법관 출신 변호사를 선임했다면 사건을 맞지 않겠다고 하는 이야기와 다를 바 없다. 상대방이 대법관 출신이든 누구든 당당하게 의뢰인을 위하여 사건을 맡아서 처리해줄 수 있어야 할 것이 아닌가? 변호사에게 사건이 그냥 흘러들어오는 것이 아니다. 어떻게 먹고 살자고 그런 짓을 하는가? 수강신청을 하면서 눈치 보기나 하고 이리 저리 넣었다 뺐다 하는 학생은 공부와 거리가 먼 학생이 아니면 인생을 진지하게 사는 학생이 아닌 경우가 많다.

팽이는 돌아야 쓰러지지 않는다. 돌기를 포기한 팽이는 더 이상 팽이가 아니다. 백패스에 주력하는 인생에서 행복이라는 골은 자주 터지지 않는다. 축구나 인생에서 행복이라는 골을 넣기 위해서는 과감하게 공격전술로 나가야 한다. 변호사시험 성적이 공개되는 세상이고, 석차까지 공개하라는 행정법원의 판결까지 있는 마당에 변호사시험에 대충 합격할 정도만 공부만 할 수는 없고, 매사 최선을 다하는 자세가 중요하다. 獅子搏兎(사자박토), "사자는 토끼를 잡을 때도 신중을 다하고, 최선을 다한다."

⟨5⟩

> 學者必具慧勤寂三者, 乃有成就.
> 不慧則無以鑽堅; 不勤則無以積力; 不寂則無以顓精.
> 此三者, 爲學之要也.
> - 申櫶(신헌), 琴堂記珠(금당기주)

"배우는 사람은 반드시 慧(혜)와 勤(근)과 寂(적) 세 가지를 갖추어야만 성취가 있다. 지혜롭지 않으면 굳센 것을 뚫지 못한다. 부지런하지 않으면 힘을 쌓을 수가 없다. 고요하지 않으면 오로지 정밀하게 하지 못한다. 이 세 가지가 학문을 하는 요체다."

학문을 하는데 갖추어야할 세 가지 덕목을 뜻하는 '爲學三要'는 申櫶의 琴堂記珠라는 기록 속에 들어 있는 말로, 茶山 丁若鏞이 제자 草衣 선사에게 준 학문에 대한 경계의 말이라고 한다. 다산은 위학삼요로 慧(지혜), 勤(근면), 寂(고요)을 주문하고, 이 세 가지를 갖추어야 鑽堅(찬견), 積力(적력), 顓精(전정)을 성취할 수 있음을 설파하고 있다. 지혜로 난관을 돌파하고, 근면으로 힘을 축적하며, 침묵으로 정밀함을 더해야 한다는 것이다. 여기서 '위학삼요'를 이익으로 원용하여 로스쿨생들에게 '爲法學三要'를 제시해 본다. 이름 하여 '법학을 공부하기 위한 세 가지 덕목'이다.

첫째, 學(학), 열심히 배우는 것이다. 우선 열심히 읽고 배워야 한다. 로스쿨 3년은 많이 읽어야 하는 '다독(多讀)싸움'의 시간이고, 가능한 한 읽을 시간을 확보해야 하는 '시간싸움'의 시간이다. 배움의 길은 끝이 없다. 공부 외의 이런 저런 잡다한 일들은 변호사가 될 때까지 전부 유보할 각오가 되어 있어야 한다. 인생 20대는 인생 나무의 뿌리와 밑둥을 단단히 키우는 시기이다. 축록자(逐鹿者)는 불고토(不顧兔)라, 사슴을 쫓는 자는 토끼새끼를 돌아보지 않는다.

둘째, 習(습), 자기 것으로 만들고 익히는 것이다. 공부는 배우고 익히는 것이다. 배우기만 하고 익히지 않는 것은 반쪽 공부밖에 되지 않는다. 사실 공부는 배우는 學보다 익히는 習이 더 중요하다. to study보다 to learn이 더 중요하다는 이야기이다. 習과 learn의 익힌다는 것은 깨달음의 의미를 담고 있다. 배우기만 하고 익히거나 깨닫지 못하면 별 소용이 없다. 익힌 지식만이 실제로 써먹을 수 있는 지식이다. 자기 것으로 만들고 익히기 위하여는 소리 내어 읽고 쓰고 암기해야 한다. 중요한 법률개념이나 소송형태별 요건사실들은 외워서 쓸 수 있을 정도가 되어야 한다. 부지런히 익혀야 積力(적력), 즉 힘을 쌓을 수 있고, 제대로 익혀야 힘을 주는 지식이 되고, 이때 비로소 '아는 것이 힘'이 된다.

그런데 선생도 학생들에게 敎(가르침)를 통하여 배움을 줄 수는 있지만 익힘을 줄 수는 없다. 익히고 깨닫는 것은 온전히 학생 본인의 몫이다. 누가 대신 해줄 수 없는, 대리에 친하지 않은 행위가 바로 習이다. 다시 말하면 공부는 누가 대신 해주는 것이 아니고 고독한 수행자처럼 본인 혼자 하는 것이다. 요새 학생들이 동영상 강좌에 사활을 걸고 있는 듯 하지만 이는 공부의 보조자료일 뿐이다.

셋째, **徹**(철), 철저하고 치밀해야 한다. 처음부터 끝까지 徹頭徹尾(철두철미)는 법조인의 생명이다. '대충대충', '그럭저럭'이라는 말은 법조인의 직분과 어울리지 않는 말이다. 책을 읽거나 사건기록을 보더라도 '眼光(안광)이 紙背(지배)를 徹(철)'할 정도로 즉, '눈빛이 책의 종이 뒤쪽을 뚫을' 정도로 정사(精査)해야 한다. 자세히 읽고 정신 들여 읽는 것이 精讀(정독)이다. 顓精(전정)의 顓은 '오로지 전'이다. 오로지 精緻(정치)하고 精密(정밀)하기 위해서는 외부의 잡다한 일로부터 자신을 차단하여 고요와 寂黙(적묵)의 시간 속에서만 가능하다.

공부를 할 때는 檢索(검색)보다는 思索(사색)이 중요하다. 치밀하지 못하고 산만하거나 덤벙거리는 성격으로는 판사나 검사는 물론 변호사 일도 제대로 할 수가 없다. 완벽주의는 아니더라도 꼼꼼한 일처리는 법률가의 소명이자 본분이다.

學而不思則罔 思而不學則殆(論語 爲政篇). 생각 없이 배우기만 하는 사람은 어리석게 되고, 생각만 하고 배우지 않는 사람은 위험에 처하게 된다. 남의 지식을 배우더라도 비판적 사고를 통하여 자신의 지식으로 내면화하는 과정이 있어야 하고, 배움이 없이 자신의 사고만으로 지식을 체계화하는 사람은 객관성을 잃고 독선과 아집에 빠지기 쉽다.

Papillon asked what crime it was.
He replied, "The crime of a wasted life."
Papillon wept, "Guilty, guilty."
The judge pronounced the sentence of death.

영화 '빠삐용'에서 주인공은 "너는 인생을 낭비한 죄"라는 소리를 듣고 힘없이 고개를 떨군다. 여러분이 훗날 '인생을 낭비한 죄'로 기소되지 않기를 바란다. 인생을 낭비하지 말고 로스쿨 3년이 여러분들의 일생에 있어 가장 중요한 **轉機**(turning point)가 되기를 바란다.

〈6〉

> 계약의 자유는 사적자치가 실현되는 가장 중요한 수단으로서, 이는 계약체결의 자유·상대방 선택의 자유·방식의 자유·계약의 변경 또는 해소의 자유를 포함한다. 다만, 이러한 계약의 자유는 공동체의 전체 질서와의 관계에서 제약을 받을 필요가 있는 경우가 있다. 그리하여 헌법 제23조 제1항은 "모든 국민의 재산권은 보장된다. 그 내용과 한계는 법률로 정하여야 한다"고 규정하고, 제2항은 "재산권의 행사는 공공복리에 적합하도록 하여야 한다"고 규정함으로써, 재산권 행사의 내용에 포함될 수 있는 계약의 자유 역시 법률의 규정에 의하여 규제될 수 있도록 하고 있다.
> - 대법원 2009. 3. 19. 선고 2008다45828 전원합의체 판결

우리 사법질서의 대원칙 내지 민법의 3대 원칙은 소유권 내지 재산권보호 원칙, 계약이행(준수)의 원칙, 자기책임의 원칙이다. 민법 교과서는 근대민법의 3대 원칙으로 '소유권절대'의 원칙, '계약자유'의 원칙, '과실책임'의 원칙을 드는 경우가 많다. 그런데 엄밀히 말하면 이들 3원칙은 '인간의 존엄'이라고 하는 헌법상의 이념으로부터 도출되는 '사적 자치의 원칙'에서 연원하는 것으로 볼 것이다.

위와 같은 사법질서의 대원칙은 그 대전제인 '정의' 내지 '형평'의 이념에 봉사하여야 한다. "법은 정의에의 의지이다"(Recht ist Wille zur Gerichtigkeit. - G. Radbruch). "정의는 각자에게 그의 권리를 주는 항상불변(恒常不變)하는 의지다"(Ulpianus). 물론 여기서 정의 내지 형평의 이념은 법관의 주관적 이념이 아니라 그 시대, 그 사회의 보편타당한 객관적인 이념이다. 正義를 定意하면 Summ cuique!(각자에게 그의 몫을!)로 요약할 수 있다.

소유권 내지 재산권을 보호하기 위하여 물건 내지 권리의 원래 주인에게 돌려주는 것이 물권적 청구권 내지 부당이득반환청구권이라면 계약이행(준수)의 원칙에 따라 자신이 한 약속을 자신이 지키도록 하는 것이 채권적 청구권이고, 자신이 한 잘못 만큼 손해를 배상하도록 하는 것이 불법행위에 의한 손해배상청구권이다. 결국 권리침해를 당한 당사자가 소송절차에서 상대방 당사자에게 청구할 수 있는 규범으로는 크게 물권적 청구권, 채권적 청구권, 부당이득반환청구권, 불법행위로 인한 손해배상청구권이 있다.

개별 사안에서 청구권규범 내지 청구권발생규정을 포착하기 위하여는 먼저 **〈계약 → 사무관리 → 물권적 청구권 → 불법행위 또는 부당이득〉**의 순서로 논의를 전개해나가는 것이 보통이다. 계약에 기한 청구권 즉 채권적 청구권이 개별 사안의 특유한 사정에 대하여 가장 많은 고려를 행하여 정해진 것이므로 우선 당사자 사이에 일정한 계약이 성립되는지 여부를 살펴보아야 한다. 다음에는 위임계약법의 보충법인 사무관리 여부를 따져본다. 그 후에 소유권 등 물권에 기한 물권적 청구권을 살펴보고, 불법행위에 기한 손해배상청구권과 부당이득반환청구권을 따져보게 된다. 사무관리에 기한 비용상환청구권은 재판실무에서는 극히 예외적으로만 문제되고 있으므로 결국 당사자가 상대방에게 청구할 수 있는 권리의 내용은 크게 채권적 청구권, 물권적 청구권, 불법행위에 기한 손해배상청구권, 부당이득반환청구권이고, 민사실무의 대종은 이들 권리를 둘러싼 분쟁을 해결하는 것이다.

〈7〉

다음과 같은 기초사례를 중심으로 민사법이 커버하는 분야를 개관해보기로 하자.

〈기초사실〉 甲은 2019. 4. 1. 가게 확장을 위해 급전이 필요하다는 乙에게 돈 1,000만원을 1년만 쓰도록 하고 이 돈을 빌려주었다. 그런데 乙은 1년이 지났는데도 위 돈을 갚을 생각을 하지 않고 있다가 乙은 2020년 말까지 갚겠다고 다시 말하였으나 그때까지도 변제하지 않았다. 甲이 乙에게 빌려준 돈을 받기 위해 乙의 집에 가서 다투다가 乙이 甲의 스마트폰을 떨어뜨려 망가지게 함으로써 甲은 100만 원 상당의 스마트폰을 못 쓰게 되었다.
1. 甲과 乙의 법률관계는 어떻게 되는가?
2. 甲이 乙이 빌려간 돈과 손해배상을 받기 위한 방법으로는 어떠한 것들이 있는가? 甲이 乙을 상대로 소를 제기한 경우 소송절차는 어떻게 진행하는가?
3. 甲은 乙을 차용금사기로 고소할 수 있는가?
4. 甲이 乙에게 수차 변제를 독촉했으나, 乙이 요리조리 피하기만 하여 甲은 乙의 집 주차장에 세워 놓은 1,000만 원 상당의 乙의 승용차를 몰고 오려고 한다. 이것이 허용되는가?
5. 甲은 乙이 서울시청 직원임을 알고 서울시장 앞으로 민원을 제기하자 서울시장은 乙을 불러 빨리 해결하지 않으면 신상에 좋지 않을 것이라고 하여 乙은 그때서야 부랴부랴 친척으로부터 돈을 빌려 甲에게 빌린 돈을 갚았다. 甲과 서울시장의 행위를 어떻게 평가할 것인가?
6. 甲으로부터 상담을 받은 A 변호사가 취해야 할 조치는?
7. 甲이 乙을 상대로 대여금청구의 소를 제기한 경우 당사자와 법원의 역할은 어떻게 정해지는가?
8. 법원에서는 甲에게 乙의 사정이 어렵다고 하니 500만원만 받고 화해나 조정을 하라고 권하고 있다. 이 경우에 생각할 수 있는 문제점은 무엇인가?
9. 甲이 乙에 대한 승소확정판결을 받고 강제집행을 하기 위하여는 어떻게 해야 하는가?

1. 법률관계, 법률요건과 법률효과

甲이 乙에게 돈을 빌려주기 전까지는 甲은 乙과의 사이에는 법적으로 아무 관계가 아니었다. 그런데 甲이 乙에게 돈을 빌려주면서 甲과 乙 사이에는 비로소 '권리와 의무'라는 **법률관계**가 발생하고 법이 관여하게 된다. 甲이 乙에게 돈 1,000만 원을 빌려주고 乙은 甲으로부터 위 돈을 빌리기로 한 합의가 바로 소비대차 **계약**이다. 甲과 乙의 합의(계약)라는 법률요건에 따라 甲은 乙에게 변제기 후에 대여금의 반환을 청구할 권리를 가지고, 乙은 甲에게 대여금을 반환할 의무를 지게 된다.

민법에는 증여, 매매, 환매, 교환, 소비대차, 사용대차, 임대차, 고용, 도급, 여행계약, 현상광고, 위임, 임치, 조합, 종신정기금, 화해 등 전형계약을 규정하고 있고, 이 이외에도 다양한 비전형계약들이 있다. 이와 같은 법률관계가 형성되는 이유는 甲과 乙이 '그렇게 하기로' 합의했기 때문이다. 이들의 채무는 각자 그들이 의도한 결과이다. 소비대차계약은 법률행위의 일종이다. 또 민법에는 이러한 법률관계에 관한 규정을 만들어놓고 있다.

먼저 소비대차에 관한 민법규정을 살펴보자.

> ☞ 제598조(소비대차의 의의) 소비대차는 당사자 일방이 금전 기타 대체물의 소유권을 상대방에게 이전할 것을 <u>약정하고</u> 상대방은 그와 같은 종류, 품질 및 수량으로 반환할 것을 <u>약정함으로써 그 효력이 생긴다.</u>
> ☞ 제600조(이자계산의 시기) <u>이자있는 소비대차는 차주가 목적물의 인도를 받은 때로부터 이자를 계산하여야 하며</u> 차주가 그 책임 있는 사유로 수령을 지체할 때에는 대주가 이행을 제공한 때로부터 이자를 계산하여야 한다.
> ☞ 제603조(반환시기) ① <u>차주는 약정시기에 차용물과 같은 종류, 품질 및 수량의 물건을 반환하여</u>

> 야 한다.
> ② 반환시기의 약정이 없는 때에는 대주는 상당한 기간을 정하여 반환을 최고하여야 한다. 그러나 차주는 언제든지 반환할 수 있다.

 돈을 빌리면 갚아야 한다는 것은 초등학생도 다 아는 상식인데, 빌린 돈을 왜(무슨 근거로) 갚아야 하는 것인가? 법에 빌린 돈은 갚아야 한다고 되어 있기 때문인가? 그렇다면 법에 그런 규정이 없다면 갚지 않아도 된다는 이야기인가?
 甲은 乙과의 사이에 이자약정을 한 사실이 없다면 더 이상 약정이자는 청구할 수 없다. 그러나 변제기 이후에는 乙의 이행지체로 인한 손해배상책임을 부담하고 그게 바로 **지연손해금**이다. 지연이자라는 말도 쓰는데(은행 등 금융기관에서는 **연체이자**라는 말을 쓴다) 이것은 이자가 아니고 이행지체로 인한 손해배상이다.
 그리고 乙의 과실로 인한 스마트폰 파손에 관하여는 편의상 손해액을 100만원으로 볼 경우 乙은 불법행위로 인한 100만 원의 손해배상책임을 진다. 甲과 乙 사이에 100만 원을 지급할 권리의무관계가 형성된 것은 계약과 같은 당사자의 의사와는 관계없이 乙의 실수(과실)에 의한 파손이라는 사건 또는 사실 때문에 발생한 것이다. 이 사례에서 법률요건은 乙의 불법행위이고 법률효과는 손해배상채권의 발생이다. 즉 乙은 손해배상채무를 부담하기 위하여 甲의 스마트폰을 못 쓰게 한 것이 아니다. 이를 **법정채권**이라고 한다. 법정채권에는 불법행위 외에 사무관리와 부당이득이 있다.
 사람들의 생활관계가 변화하는 것처럼 법률관계도 발생, 변경 소멸이라는 과정을 통해 끊임없이 변동한다. 이러한 법률관계의 변동의 원인이 되는 것을 '**법률요건**'이라 하고, 그 결과가 되는 것을 '**법률효과**'라고 한다. 법률요건은 일정한 법률효과를 발생하게 하는 사실의 총체를 말하고, 이러한 법률요건을 구성하는 개개의 사실을 '**법률사실**'이라고 한다. 법이 관여할만한 가치가 있는 사실만이 법률요건으로 포섭되는 법률사실이 된다.

$$\boxed{\text{법률요건} \Rightarrow \text{법률효과}}$$

 법률사실은 사람의 정신작용을 요소로 하는 **용태**와 사람의 정신작용을 요소로 하지 않는 **사건**으로 구분된다. 사람의 정신작용을 요소로 하는 용태는 의사가 외부에 표현되는 외부적 용태와 마음속의 의식 즉 내부적 용태로 나누어지고, 외부적 용태는 적법행위와 위법행위로 나누어진다. 적법행위에는 의사표시와 준법률행위가 있고, 위법행위에는 채무불이행과 불법행위가 있다. 여기서 중요한 것이 의사표시인데, 하나 또는 여러 개의 의사표시를 요소로 하는 법률요건을 법률행위라고 한다.
 요건사실은 하나 또는 여러 개의 법률사실로 구성되고 여기에서 중요한 것이 법률행위이다. 법률행위는 권리의무의 발생·변경·소멸이라는 법률효과 발생의 가장 중요한 법률요건이다. 이중에서 계약이라는 법률요건에서 대부분의 권리의무가 발생한다. 계약에는 민법상의 전형계약뿐만 아니라 사회의 수요에 의해 발생하는 각종 비전형계약들이 있다.

법률효과로서 주어진 권리의 실현은 원칙적으로 자력구제가 인정되지 않고 국가(법원)의 공권력이 떠맡고 있다. 민사소송은 광의로는 이와 같은 권리를 법원에 주장하여 이를 실현하는 절차를 말하고, 협의로는 권리를 주장하고 법원의 심리판단을 받아 그 권리를 확정받는 것을 말한다. 권리자가 원고로서 법원에 권리의 확정을 요구하는 것이 청구 또는 소의 제기이다.

　법률효과가 발생하기 위하여 법이 요구하는 조건이 법률요건이다. 민사법이나 형사법이나 대개 법률요건을 조건적 명제로서 추상적으로 표현하고 있다. 민사법의 경우 법률효과는 권리의무의 발생, 행사, 소멸에 관한 것이 대부분이다. 법률효과 발생의 가장 중요한 법률요건이 법률행위다. 법률요건은 소송법상으로 청구원인이 되거나 아니면 공격방어방법이 된다.

　참고로 법률사실을 구체적으로 분류하면 다음과 같다.

법률사실					
	용태	외부적 용태	적법행위	법률행위	단독행위[3]
					계약[4]
					합동행위[5]
				준법률행위	표현행위	의사의 통지[6]
						관념의 통지[7]
						감정의 표시[8]
					사실행위	순수사실행위[9]
						혼합사실행위[10]
						疑似사실행위[11]
			위법행위	채무불이행	
				불법행위	
		내부적 용태	관념적 용태	선의, 악의, 착오, 사해의사 등	
			의사적 용태	소유·점유의 의사 사무관리에 있어서 본인의 의사 등	
	사건	사람에 관한 것	능력·권리의 취득	출생, 법인의 설립 등	
			능력·권리의 상실	사망, 법인의 청산 등	
		외계의 물건에 관한 것	권리의 취득	취득시효의 완성 등	
			권리의 상실	물건의 멸실, 소멸시효의 완성, 제척기간의 경과 등	

---

3) 유언과 같이 당사자 일방의 의사표시만을 요소로 하는 법률행위를 말한다.
4) 둘 이상의 당사자의 의사표시의 합치를 요소로 하는 법률행위를 말한다.
5) 사단법인설립행위와 같이 둘 이상의 의사표시의 합치가 요건이면서 계약과 달리 그것이 평행적·구심적이어서 각 당사자에게 동일한 법률효과를 가져오는 법률행위를 말한다. 사단법인설립행위도 계약에 속하고 합동행위의 개념을 인정하지 않는 견해도 있다.
6) 각종의 최고, 거절 등.
7) 채권양도의 통지, 채무의 승인 등.
8) 용서 등.
9) 매장물의 발견, 주소의 설정 등.
10) 점유의 취득, 무주물의 선점 등.
11) 사무관리, 부당이득 등.

2. 사적분쟁 해결절차

甲이 乙로부터 돈을 돌려받기 위해서는 여러 가지 민사분쟁 해결절차를 이용할 수 있다. 민사소송을 제기하거나, 지급명령(독촉절차)을 신청할 수 있고, 민사조정을 신청할 수도 있다. 전국 법원에 접수되는 민사사건 중 제일 많은 사건이 대여금청구사건이다. 소액사건은 거의 대부분이 대여금청구사건이라고 해도 과언이 아니다. 은행 등 금융기관의 여신업무는 대출이다. 돈을 빌려주고 갚는 법률관계는 민법상의 소비대차이다. 빌려준 돈을 받기 위하여 제기하는 소송이 대여금청구(반환)소송이다. 제1심 민사소송절차를 요약하면 다음과 같다.

(1) 민사소송절차는 소장의 제출로 시작하여 판결확정으로 종료한다. 소를 제기함에는 원칙적으로 소장이라는 서면을 제1심 법원에 제출하여야 한다.

(2) 소장이 접수되고 사건이 배당되면 합의부에서는 재판장이, 단독사건에서는 단독판사가 소장심사권을 행사한다. 소장부본의 송달에 의하여 소송계속의 효과가 발생하고 소장에 기재된 최고·해제·해지 등 실체법상의 의사표시의 효력이 생긴다. 소장이 송달불능이 된 경우 주소보정을 명한다.

(3) 피고가 원고의 청구를 다투는 경우에는 소장의 부본을 송달받은 날부터 30일 이내에 답변서를 제출하여야 한다. 다만, 피고가 공시송달의 방법에 따라 소장의 부본을 송달받은 경우에는 그러하지 아니하다. 법원은 피고가 위 기한 내에 답변서를 제출하지 아니한 때에는 청구의 원인이 된 사실을 자백한 것으로 보고 변론 없이 판결할 수 있다(무변론판결).

(4) 피고의 답변서가 제출되면 재판장은 사건을 검토하여 변론준비절차에 부칠 예외적인 사건과 변론기일을 정할 원칙적인 사건을 분류한다. 따라서 피고의 답변서 부제출로 인하여 무변론판결을 하는 경우 외에는 원칙적으로 재판장은 변론기일을 지정하여야 한다.

(5) 소가 제기되면 소송법상 소송계속의 효과가 발생하고, 실체법상 시효중단 및 법률상 기간준수 등의 효과가 생긴다. 법원이 소장부본을 피고에게 송달하면 비로소 법원, 원고, 피고 사이에 소송상 법률관계가 성립되고, 법원이 그 소송상청구에 대하여 심리를 개시할 수 있는 상태가 된다. 즉 소장부본 송달시점에서 소송계속이 발생한다. 소가 제기되면 소송법상으로는 소송계속의 효과가 생기고, 소송계속이 생기면 그로부터 다시 중복된 소제기의 금지 효과가 생기고 기타 소송참가, 소송고지의 기회가 생기며, 반소 등 소송 중의 소를 제기할 기회도 생긴다.

(6) 소가 제기되면 소송법상의 효과와 아울러 실체법상으로도 시효중단, 법률상 기간(제척기간) 준수의 효과, 연 12%의 소송이자(소송촉진 등에 관한 특례법상의 지연손해금)의 발생, 선의점유자의 악의의 의제(민법 제197조 제2항) 등의 효과가 따른다. 시효중단, 법률상 기간준수의 효력은 소 제기시, 즉 소장을 법원에 제출한 때에 발생하고, 소장부본이 피고에게 송달된 시점에 소송계속이 발생하는 것과 다르다. 시효중단, 기간준수의 효력은 소의 취하, 각하로 소급하여 소멸한다.

(7) 소송의 심리는 원고에 의해 제기된 소에 대하여 법원이 응답(판결)하기 위하여 그 기초가 되는 소송자료(사실자료와 증거자료)를 수집하는 것으로 민사소송절차의 중핵을 이룬다. 변론과 증거조사가 소송심리의 골격이다. 공정하고 신속·경제적인 재판을 확보하기 위한 소송심리의 제 원칙이 마련돼 있다.

(8) 소의 제기에 의하여 개시된 소송절차는 변론과 증거조사과정을 거쳐 종국판결로 종료된다. 법원이 일단 종국판결을 선고하여 판결이 성립되면 확정을 기다리지 않고 판결을 한 법원 자신도

이에 구속되어 스스로 철회하거나 변경하는 것이 허용되지 않는다(판결의 羈束力, 자기구속력). 그리고 판결이 확정되면 더 이상 그 판결이 취소·변경될 가능성은 없게 된다. 판결이 확정되면 형식적 확정력과 실체적 확정력(기판력)이 발생하고, 판결의 구체적 내용에 따라 집행력, 형성력 등이 생기기도 한다.

(9) 상소란 미확정판결에 대하여 당사자가 상급법원에 그 취소·변경을 구하는 불복신청방법을 말한다. 상소에는 항소·상고·항고 등 세 가지 종류가 있다. 상소제도의 목적은 오판으로부터의 당사자의 권리를 구제하고 법령해석의 통일을 기함에 있다.

3. 민사와 형사 – 차용금 사기와 채무불이행

현대사회에서 발생하는 다양한 사건사고는 합법과 불법의 경계가 모호한 때가 많다. 형사상의 차용금 사기와 민사상의 채무불이행의 구별도 마찬가지다. 채무자에게 돈을 빌려주었다가 돈을 돌려받지 못한 채권자로서는 이를 회수하기 위한 수단으로 형사고소와 민사소송 두 가지를 생각해 보는 것이 일반적이다.

사기죄는 타인을 기망하여 착오에 빠뜨리고 그 처분행위를 유발하여 재물을 교부받거나 재산상 이익을 얻음으로써 성립하는 것으로서, 사기죄가 성립하기 위하여는 기망행위와 피기망자의 착오 및 재산적 처분행위가 있어야 하고 이들 사이에는 인과관계가 있어야 할 것이며, 한편 일반적으로 대여 관계에 있어서 차용금을 변제할 의사나 능력이 없음에도 피해자를 기망하여 금원을 대여금 명목으로 지급받는 경우 피해자의 착오에 의한 재산적 처분행위는 대여금의 교부 그 자체로서 이로써 재물에 대한 사기죄가 성립하고, 그 이후에 차용금채무를 변제하지 아니한 것은 채무불이행에 불과하여 별도로 재산상 이익을 편취한 것이라고는 볼 수 없으며, 다만 또 다른 기망행위에 의하여 그 채무변제의 유예를 받거나 채무를 면제받은 경우 등 피해자의 별개의 처분행위가 있는 경우에 한하여 재산상 이익 편취에 의한 사기죄가 성립할 수 있을 것이다(대법원 2005. 11. 24. 선고 2005도7481 판결).

대한민국이 가입되어 있는 자유권규약 제11조는 '어느 누구도 계약상 의무의 이행불능만을 이유로 구금되지 아니 한다'라고 규정하여 채무불이행을 이유로 한 형사처벌을 금지하고 있다. 또한 사기죄의 주관적 구성요건인 편취의 범의는 피고인이 자백하지 않는 이상 범행 전후 피고인의 재력, 환경, 범행의 내용, 거래의 이행과정 등과 같은 객관적인 사정 등을 종합하여 판단할 수밖에 없다(대법원 2014. 11. 27. 선고 2014도3775 판결).

사기죄는 계약상의 의무를 이행하지 않았기 때문이 아니라 거래에서 일반적으로 예상하기 어려운 정도로 다른 사람을 속여 다른 사람의 재물·재산상의 이익을 취득함으로써 일반인의 평온한 재산적 거래질서를 어지럽혔다는 점에 그 처벌이유가 있으므로 사기죄가 성립하려면 그러한 정도의 기망행위가 있다는 점이 증명되어야 한다. 그렇지 않으면 각자 자신의 책임 하에 자율적으로 이루어져야 할 재산적 거래관계에 국가형벌권이 개입하게 됨으로써 자유적 거래관계를 제약하거나 혼란하게 할 우려가 있을 뿐만 아니라 자신의 채권을 쉽게 변제받기 위해 국가 형벌권을 빌어 채무자를 구금하려는 경우도 생길 우려가 있다. 특히 묵시적 기망행위 및 장래의 사실에 대한 기망행위의 인정은 신중하여야 한다. 적자 상태에 있는 사람이 다른 사람으로부터 돈을 차용하여 이를 변제하지 못하였다는 사정만으로 쉽사리 그를 사기죄로 처벌하여서는 아니 된다. 또 재산적 거래관계에 있어 상대방에 대한 신용의 평가는 자신의 책임 하에 이루어지는 것이 원칙이다.

4. 자력구제의 원칙적 불허

자력구제는 법적 평화를 깨는 것이므로 원칙적으로 허용되지 아니한다. 자력구제가 가장 신속하고 간단한 권리실현방법임은 부정할 수 없으나, 상대방이 저항을 하는 경우 평화로운 권리실현은 어려워진다. 폭력이 난무하고 사회의 평화가 깨질 뿐만 아니라 권리자가 승리하리라는 보장도 없다. 따라서 자력구제는 원칙적으로 금지하고 예외적으로만 허용한다(민법 제209조). 권리자의 권리를 보호하고 분쟁을 적법절차에 따라 해결하기 위하여 국가가 사법권을 독점하고 원칙적인 사적 분쟁해결방법으로 민사소송제도를 마련하였다.

5. 사건의 비법적 해결과 법치주의

甲과 서울시장의 행위는 법에 따라 사적 분쟁을 해결하는 방법으로서 정당한 행위라 할 수 없다. 법에 의한 분쟁해결이 아니라 인정과 호소에 의한 분쟁해결은 법치주의의 의식을 약화시킬 소지가 있다. 우리 주위에서 법률문제가 생겨도 청와대나 국회의원을 찾는 경향이 사라지지 않고 있으나 이는 법치주의를 저해하는 것으로 경계할 일이다.

6. 보전처분

A 변호사는 대여금청구의 소를 제기하기에 앞서 강제집행보전을 위하여 乙의 재산에 대하여 가압류신청을 하여 가압류집행을 해둘 필요가 있다. 통상 채권자는 채무자가 채무이행을 하지 않은 경우 채무자를 피고로 하는 본안소송을 제기하여 소송절차에 들어가게 되지만, 채무자는 본안소송에서 패소할 경우를 대비하여 다양한 형태로 강제집행을 회피할 방법을 찾는 경우가 많으므로, 채권자로서는 본안소송에 앞서 강제집행의 대상이 될 수 있는 채무자의 재산을 찾아내어 가압류·가처분 등 보전처분절차에 의하여 강제집행을 확보하여 두는 것이 필요하다. 실제로 애써 받아놓은 확정판결이 채무자의 교묘한 재산은닉 행위로 인하여 한 장의 휴지로 변해버리는 경우가 많다.

7. 소송에서 당사자와 법원의 역할

〈원고의 역할〉

민사소송에서 원고는 '**청구취지**'로 소송의 대상인 권리(법률효과)를 특정함과 아울러 '**청구원인**'에서 그와 같은 권리의 발생에 필요한 요건(법률요건)을 주장·증명하여야 한다. 민법 제598조는 소비대차의 법률요건을, 제603조는 소비대차의 법률효과를 규정하고 있다. 제600조는 이자약정 있는 소비대차의 법률효과를 규정하고 있다.

위 사례에서 甲은 乙로부터 대여금 1,000만원과 변제기인 2020. 4. 1.이후의 지연손해금(지연이자)을 받아낼 수 있다. 대여원금 청구의 소송물은 소비대차계약에 기한 대여금반환청구권이고, 지연손해금 청구의 소송물은 이행지체로 인한 손해배상청구권이다. 변제기까지의 이자는 약정(이자계약)이 있어야 청구할 수 있다. 약정이자를 지급받지 못한 경우의 이자청구는 이자계약(약정)에 의한 이자지급청구권이다. 변론주의원칙상 원고가 지연손해금을 청구하지 않는 이상 지연손해금을 인정받을 수 없다.

甲은 청구원인에서 대여원금 및 지연손해금청구의 요건사실을 특정하여 기재하여야 한다. 대여원금반환청구의 요건사실은 〈소비대차계약의 체결 + 목적물의 인도(금전의 교부) + 반환시기(변제기)의 도래〉가 된다. 소비대차와 같은 대차형 계약에서 반환시기에 관한 약정은 그 계약의 불가결의 요소가 되므로 목적물의 반환을 구하는 자가 반환시기에 관한 주장·증명을 하여야 한다. 지연손해금청구의 요건사실은 〈원본채권의 발생 + 반환시기 및 그 도래 + 손해의 발생과 범위〉가 된다. 그런데 여기서 반환시기는 원본채권의 발생사실 중에 포함되어 있고 반환시기가 확정기한이므로 반환시기 및 그 도래사실에 관하여는 별도의 주장·증명의 필요는 없다.

> ☞ **청구취지** : 피고는 원고에게 1,000만 원 및 이에 대한 2020. 4. 1.부터 이 사건 소장부본 송달일까지는 연 5%의, 그 다음날부터 다 갚는 날까지는 연 12%의 각 비율에 의한 돈을 지급하라.
>
> ☞ **청구원인** :
> **(사실상의 주장)** 원고는 2019. 4. 1. 피고에게 돈 1,000만원을 변제기 1년으로 정하여 대여하였습니다.
>
> **(법률상의 주장 : 권리주장)** 그렇다면 피고는 원고에게 위 대여원금 1,000만 원 및 이에 대한 변제기 다음날인 2020. 4. 1.부터 이 사건 소장부본 송달일까지는 민법이 정한 연 5%의, 그 다음날부터 다 갚는 날까지는 소송촉진 등에 관한 특례법이 정한 연 12%의 각 비율에 의한 지연손해금을 지급할 의무가 있습니다.

〈피고의 역할〉

피고는 위와 같은 원고의 주장을 **부인**하고 증명을 방해하거나, 원고가 주장한 법률요건이 인정됨을 전제로 그 권리의 발생, 존속, 행사에 장애가 될 사유(**항변**사유)를 주장·증명하여 원고의 청구를 물리칠 수 있다.

〈법원의 역할〉

원고가 주장하는 소의 소송목적의 값이 1,000만 원이므로 소액사건이다. 소액사건은 지방법원이나 지원의 단독판사 또는 시군법원 판사가 관할한다. 법원은 원고와 피고의 위와 같은 소송수행이 신의성실의 원칙에 입각하여 적정, 공평, 신속, 경제의 이상에 부합하게 소송절차가 진행될 수 있도록 소송을 지휘할 권한과 책임을 지게 된다. 소송심리에 있어서 **당사자**는 당사자처분권주의와 변론주의에 따라 소송물의 특정과 소송자료의 제출을 담당하고, **법원**은 직권주의에 따라 절차의 진행과 재판을 담당하는 역할분담이 이루어진다. 변론주의원칙상 법원은 당사자가 제출한 소송자료만으로 재판하여야 하고, 당사자가 주장·증명하지 않으면 법원은 다른 자료를 통하여 확인되더라도 이를 인정할 수 없고, 당사자 사이에 자백이 성립되면 법원이 이와 다르게 인정할 수 없는 사실을 주요사실이라고 하는 것이다.

소가 제기되면 법원은 먼저 원고가 구하는 청구권(**소송물**)이 무엇인지 특정하고, 그 청구권의 발생근거로 주장된 법률행위 또는 법률의 규정을 통해 그 발생에 필요한 **법률요건**을 특정한 다음, 그 법률요건에 해당하는 **요건사실** 및 요건사실을 충족하는 **주요사실**이 무엇인지를 파악하고, 그 각 요건사실 및 주요사실에 대한 피고의 답변태도를 통해 **요증사실**을 가린 뒤, **증거조사**에 들어간다. 이때 사실관계 중 어떤 사항을 요건사실 또는 주요사실로 볼 것인지는 1차적으로 원고의 책임 하에 정리해서 주장할 것이고(변론주의), 2차적으로 법원이 해당 법률요건과의 관계에서 이를 가려낸 뒤 이를 주된 심리의 대상으로 삼아야 할 것이되, 이 과정에서 주장에 불완전, 모순, 불분명한 점이 있으면 석명을 통해 명백히 하여야 한다(소송지휘권에 따른 직권진행주의).

8. 조정, 화해에 의한 분쟁해결

조정이나 화해가 융통성 있고 신속한 분쟁해결에 기여하는 면도 있으나, 이러한 방식의 분쟁해결은 당사자들의 합의 내지 양보를 전제로 하는 것이므로 권리자는 자신의 권리를 완전히 인정받지 못하고 의무자는 자신의 의무를 완전히 이행하지 않아도 되는 결과를 가져온다. 이러한 방식으로는 법치주의를 제대로 실현시키지 못하는 단점이 있음에 유의할 것이다.

9. 강제집행

甲이 乙에 대한 승소확정판결을 집행권원으로 이에 대하여 집행문을 부여받아(집행권원 + 집행문 = **집행정본**) 乙의 부동산에 대하여 강제경매를 신청하거나, 乙의 채권에 대하여 압류 및 추심명령이나 전부명령을 신청하여 채권을 회수한다. 강제집행절차도 판결절차와 함께 재판상의 권리보호절차로서 법질서의 유지를 궁극의 목적으로 한다. 그러나 판결절차는 권리 또는 법률관계의 존부의 확정, 즉 사법상의 이행청구권의 존부를 관념적으로 형성하는 것을 목적으로 하는 절차이고, 강제집행절차는 권리의 강제적 실현, 즉 국가의 집행기관이 채권자를 위하여 집행권원에 표시된 사법상의 이행청구권을 국가권력에 의하여 강제적으로 실현하는 법적 절차라는 점에서 차이가 있다.

법원의 기능은 판결절차를 담당하는 수소법원(受訴法院)과 집행절차를 담당하는 집행법원으로 나누어진다. 판결절차는 강제집행의 토대가 되는 집행권원을 만드는 절차이고, 강제집행은 그 집행권원의 내용을 실현시키는 절차이다. 강제집행은 임의경매와 달리 집행권원이 있어야만 개시될 수 있고, 강제집행에는 국가의 강제력이 따른다.

> You don't need to think that you were abandoned by the world.
> The world never took you before.
> **세상이 너를 버렸다고 생각하지 말라.**
> **세상은 너를 가진 적이 없다.**

시민이 바라본 법원과 미래 사법을 위한 제언[1]

Ⅰ. 들어가는 말

사회 곳곳에서 '소통'과 '참여'가 시대의 화두로 되어 있다. 법원도 예외가 아니다. 대법원은 양승태 대법원장 취임 이후 "국민은 법원 속으로, 법원은 국민 속으로"라는 슬로건으로 '국민과 소통하는 투명하고 열린 법원'을 구현하기 위해 노력하고 있다.

소통이란 서로의 뜻이 막힘없이 오고 가도록 하는 것이고, 그 목적은 서로를 정확히 이해하기 위한 것으로 국민의 사법에 대한 신뢰는 무엇보다 사법의 기능을 깊이 이해하는 바탕 위에서 사법절차의 투명성과 공정성을 눈으로 직접 확인할 수 있을 때 확고히 자리 잡을 수 있다.[2]

근래 들어 법원의 관심과 노력으로 시민들에 의한 사법 모니터링이 활발하게 이루어지고, 있고 법정의 모습도 엄격하고 경직된 분위기에서 당사자와의 소통을 위한 부드러운 분위기로 바뀌고 있음은 주목에 값한다.

제주지방법원도 지금까지의 관행에서 탈피하여 "국민과 소통하는 열린 법원"을 모토로 시민사법모니터 위촉 및 시민의 사법참여단 구성 등 시민의 사법참여활동을 확대하고, 법원견학, 찾아가는 법률교육, 법관 1일 명예교사, 사회적 약자 및 소외계층을 위한 봉사활동 등 다양한 소통 프로그램을 마련하고 국민들에게 다가가기 위한 노력을 경주하고 있다.

그러나 법원의 이런 노력에도 불구하고 아직도 시민들의 법이나 법원에 대한 인식과 정서는 유전무죄나 전관예우 등 부정적인 정서가 강하게 자리 잡고 있음을 부인할 수 없다.

국민들의 신뢰를 회복하기 위한 법원의 노력에도 불구하고 최근에 보도된 교도소 일당 5억 원을 선고한 광주고등법원의 이른바 "황제노역"의 사례는 사법과 법원에 대한 국민들의 불신을 증폭시키고 있다.[3] 현행법상 재판에 대하여는 헌법소원이 불가능함에도 불구하고(헌법재판소법 제68조 제1항) 재판소원 청구가 꾸준히 증가하고 있는 것도 재판에 대한 신뢰도가 높지 않고 재판결과에 승복하는 문화가 확고하게 자리 잡지 못하고 있음을 보여주고 있다.[4]

---

[1] 이 글은 2014. 4. 22. 제주지방법원과 제주대학교가 공동주최한 합동세미나에서 주제발표한 것을 보완한 것이다.
[2] 소통이라는 말은 '트다'라는 뜻의 '疎'와 '연결하다'라는 뜻의 '通'이라는 글자가 합쳐져 이루어진 것이고, 소통의 영어표현인 communication은 '공유하다'라는 뜻의 라틴어 'communicare'에서 온 것이라고 한다. 『소통과 참여』를 주제로 열린 2012년 10. 국제법률심포지움에서 차한성 법원행정처장(대법관)의 환영사 중에서.
[3] 허 모 전 대주그룹 회장의 '일당 5억 원 황제노역'이 허 전 회장의 화려한 법조계 인맥과 함께 향판(鄕判) 논란까지 번지고, 돈 있고 인맥 좋은 사람은 죄를 저질러도 처벌이 가볍다는 국민적 공분이 커지자 검찰은 갑작스레 노역을 중단시키고 미납벌금을 받아내기로 했다. 대법원도 악화된 국민여론을 반영하여 환형유치제도에 관한 개선안을 발표하고, 당시 재판장이었던 광주지방법원장의 사직과 지역법관(향판)제도 폐지검토로까지 이어졌으나, 법원이나 검찰이나 법절차의 공정성에 대한 국민의 신뢰가 무너진데 대한 책임에서 자유로울 수 없다.

여기서 우리 시민들은 법원을 어떻게 보고 있으며 미래 우리 법원이 나아갈 방향은 어떤 것인지에 관해 모색해보기로 한다. 우선 시민의 법에 대한 인식 내지 법의식과 정서를 일견해보기로 한다.

II. 시민의 법에 대한 인식과 정서

1. 시민의 법의식

시대가 많이 변했다고 하지만 시민들의 법에 대한 인식과 정서는 여전히 부정적이다. 한국법제연구원의 법의식 조사연구 자료를 통해 우리 국민의 법의식을 살펴보기로 한다.[5]

가. 법에 대한 인상

'법'이라는 단어를 들었을 때 연상되는 단어나 느낌에 대한 질문에 응답자의 대부분이 '권위적'(43.6%) 또는 '불공평'(32.6%)하다는 응답을 하여 법에 대하여 부정적인 인상을 가진 응답자가 전체의 2/3를 넘었다. '불공평하다'는 응답은 학력이 낮을수록, '권위적이다'라는 응답은 학력이 높을수록 높게 나타났다.

나. 법의 필요 정도와 법이 필요한 이유

법의 필요성을 묻는 질문에 대해 응답자의 대다수(97.7%)가 '필요하다'고 여기고 있었고, 법이 필요하다는 응답자를 대상으로 '법이 필요한 이유'에 대해 물은 결과, 응답자의 4명 중 3명 정도가 '사회질서 유지'를 위하여 법이 필요하다고 응답하였다. 그 외에 '약자를 보호하기 위하여'(14.6%), '국가의 통치를 위하여'(6.9%), '분쟁해결을 위하여'(4.3%) 등의 순으로 나타났다. 사회질서 유지를 위하여 법이 필요하다는 입장은 학력 및 계층이 높을수록, 반대로 약자를 보호하기 위하여 법이 필요하다는 입장은 학력 및 계층이 낮을수록 높아지는 경향이 있었다.

---

[4] 재판소원 청구는 지난 2008년 처음으로 100건을 넘어선 뒤 2009년 151건, 2010년 117건, 2011년 108건, 2012년에는 156건이 접수됐고, 2013년 7월 말까지 102건의 재판소원이 청구돼 재판소원 청구사건이 증가하고 있다. 현행 헌법재판소법은 법원 재판에 대한 헌법소원 심사를 허용하지 않고 있어 1988년 헌법재판소 설립 이후 지금까지 청구된 모든 재판소원은 인용된 사례가 단 한 건도 없다. 헌법재판소는 재판소원을 허용하는 헌법재판소법 개정 의견을 지난 6월 국회에 제출한 상태이나, 대법원은 재판소원은 헌법재판소가 사실상 4심을 하는 것이라며 강하게 반발하고 있다(문화일보 2013. 8. 27.자.)

[5] 한국법제연구원에서는 1991년, 1994년, 2008년 세 차례에 걸쳐 국민의 법의식을 조사·연구한 바 있다. 이하는 한국법제연구원, 『2008 국민법의식 조사연구』 p.102 이하를 참고 하였다. 2008년 당시의 국민의 법의식 조사연구이지만 지금도 국민들의 법의식에 큰 차이는 없으리라고 생각한다. 한국법제연구원은 2009년 법전문가의 법의식을 조사·연구한 바 있는데(『법전문가의 법의식조사연구』) 일반 국민과 판사, 검사, 변호사, 법학자, 각 부처의 법제담당자, 법무사 등 법률종사자의 법의식에는 차이가 있다.

다. 악법에 대한 인식

'악법도 법'[6]이므로 지켜야 한다고 생각하는 응답자가 전체의 과반수인 57.3%를 차지하고 있는 것으로 나타났다. 응답자의 과반수가 '사회공동체의 기본적인 질서유지를 위하여 악법도 지켜야 한다'고 생각하고 있고, 학력과 계층이 높을수록 악법이라도 법은 일단 지켜야 하는 것으로 생각하는 것을 알 수 있다.

라. 유전무죄에 대한 인식

우리 사회에서 '유전무죄, 무전유죄'라는 말이 통용된다는 것에 대해 동의한다는 응답이 65.2%로 나타났고, 동의한다는 응답은 학력 및 수입이 높을수록 상대적으로 높게 나타났다.

마. 법률서비스의 이용

법적 문제 발생시 법률상담, 법률서류작성 등의 법률서비스 이용경험에 대하여 물은 결과 70% 이상이 이용경험이 없는 것으로 나타났다. 이용경험이 있다는 의견은 여자보다 남자집단(32.8%)에서, 또한 학력이 높을수록 높은 것으로 나타났다.

법률서비스를 이용한 적이 있다는 응답자를 대상으로 서비스 이용이 용이했는지를 물은 결과 '어렵다'는 의견이 압도적으로 높게(81.8%) 나타났다. 이용이 어렵다는 의견은 계층이 낮아질수록 높은 것으로 나타나 일반 서민들을 대상으로 하는 법률서비스가 부족한 것으로 보인다.

법률서비스 이용이 어렵다는 응답자를 대상으로 '어려운 이유'를 물어본 결과, '내용이 어려워서'가 38.6%, '비용이 높아서'가 28.5%, '법조인들의 권위적인 태도 때문에'가 26.2%로 나타났다. '내용이 어려워서'라는 응답은 학력 및 계층이 높을수록 높게 나타났고, '비용이 높아서'라는 응답은 학력 및 계층이 낮을수록 높아지는 것으로 나타났으며, '법조인들의 권위적인 태도 때문에'는 학력이 낮을수록 많이 나타났다.

바. 분쟁해결방법으로서의 소송의 선택

법률문제가 발생한 경우 그 해결방법과 관련하여 전체 응답자의 69.1%가 소송을 통해 문제를 처리하는 것이 바람직하다고 응답하였다. 소송을 통한 문제해결이 바람직하다는 의견은 연령이 낮을수록, 대도시로 갈수록 높아졌으며, 직업별로는 학생집단(80.7%)에서 상대적으로 높게 나타났다.

---

[6] 소크라테스가 '악법도 법이다(Dura lex, sed lex)'라는 마지막 말을 하면서 독배를 마신 것으로 이런 저런 책들에 나와 있었는데 소크라테스가 그런 말을 한 적은 없다. 물론 소크라테스가 독배를 마실 당시의 상황이 그런 말을 한 것으로 여겨질 여지는 있었다. 소크라테스가 죽음을 앞두고 제자들에게 한 말은 "여보게, 크리톤. 아스클레피오스에게 닭 한 마리를 빚졌네. 자네가 대신 갚아주게."였다. 위키백과에 의하면 Dura lex, sed lex.는 2세기경 로마 법률가 도미티우스 울피아누스가 "이것은 진실로 지나치게 심하다. 그러나 그게 바로 기록된 법이다(Hoc quod quidem perquam durum est, sed ita lex a est.)"라고 한 데서 유래된다. 일본의 법철학자 오다카 도모오는 1930년대에 출판한 그의 책《법철학(法哲學)》에서 실정법주의를 주장하면서 소크라테스가 독배를 든 것은 실정법을 존중하였기 때문이며, "악법도 법이므로 이를 지켜야" 한다고 쓴 이후 이 말은 소크라테스가 한 것으로 와전되었다. 헌법재판소는 2004년 11월 7일에 초, 중, 고교 교과서에서 헌법에 대해 잘못된 내용을 찾아, 교육부에 수정을 요청할 때, 일부 중학교 사회 교과서에서 소크라테스가 '악법도 법이다'며 독약을 마셨다는 내용은 준법사례로 연결하기 적절하지 않다고 지적하였다. 그 동안 법실증주의를 옹호하는 주장으로 소크라테스가 악용되었다.

사. 법지식 수준

법이 어느 정도 어렵다고 생각하는지 물은 결과 응답자의 상당수(86.8%)가 어려워하는 것으로 나타났다. 법이 어렵다고 생각하는 가장 큰 이유는 '법조문과 법률용어가 딱딱하고 생소해서'가 가장 많았고(47%) 뒤를 이어 '법내용이 실제생활과 동떨어진 부분이 많아서'(33.6%), '법에 대해서 배울 기회가 없어서'(15.3%)의 순으로 나타났다.

스스로 법에 대해 어느 정도 알고 있는지에 물은 결과 우리나라의 국민 5명 중 4명 정도(79.5%)가 '모른다'고 응답하였다. 모른다는 의견은 남자보다 여자집단에서 높은 것으로 나타났고, 학력 및 계층이 낮을수록, 보수적인 성향을 가질수록 높게 나타났다.

아. 법 준수 실태

우리사회의 법 준수 실태가 어느 정도인지 물은 결과, '지켜지지 않는다'는 응답(62.8%)이 비교적 높게 나타났다. 지켜지지 않는다는 의견은 읍/면지역으로 갈수록, 학력 및 계층이 낮을수록 높은 경향을 보였다.

법이 지켜지지 않는 가장 큰 이유로는 '법대로 살면 손해를 보니까'(34.3%)가 가장 많았고, 그 다음으로 '법을 지키지 않는 사람이 더 많아서'(20.1%), '법을 지키는 것이 번거롭고 불편해서'(14.5%), '법을 잘 몰라서'(11.7%) 등의 순으로 나타났다.

본인이 법을 지키지 않은 이유로는 응답자의 다수(90.9%)가 법을 잘 지킨다고 응답하여 우리 사회의 법 준수 실태와 큰 차이를 보여주고 있다. 본인이 법을 지키지 않는 이유로는 '법대로 살면 손해를 보니까'(33.5%), '법을 지키는 것이 번거롭고 불편해서'(24.1%), '법을 잘 몰라서'(19.8%)의 순으로 나타났다.

자. 권력이나 재력이 재판에 미치는 영향

권력이나 재력이 재판에 어느 정도 영향을 미치는지에 대하여 영향을 미친다는 의견이 대다수(95.6%)로 나타났다.

국민의 여론이 재판에 영향을 미치는 것과 관련하여 전제 응답자의 4명 중 3명 이상(76.6%)이 바람직하다고 응답하였다.

2. 법에 대한 부정적 정서의 형성 원인

위와 같은 법의식조사에서 보는 바와 같이 우리 국민들의 법에 대한 인식과 정서는 부정적이다. 법의 영역이 그 동안 전문가들의 전유물 내지 전속공간처럼 되어 있었다. 위에서 본 '황제노역' 사례에서 보는 바와 같이 법원이 국민의 법감정을 외면한 판결을 하고도 '법대로 했다'고 당당할 수 있는지 되돌아 볼 필요가 있다.

사법부의 신뢰도를 묻는 한 설문조사에서는 조사대상 1106명 중 77.2%인 854명이 '사법부가 불공정한 판결을 한다'고 응답했고, 반면 '사법부를 신뢰한다'는 응답은 16.5%(182명)에 그쳤다.[7]

---

[7] 동아일보, 2013. 9. 17.자

법과 사법부에 대한 신뢰가 부정적으로 형성되게 된 원인으로 다음과 같은 것을 들 수 있다.

가. 역사적 경험

법의식은 법제도와 달리 급변하는 것이 아니라 역사와 사회변화에 따라 형성되어 가는 특징을 가진다. 근대사법의 역사가 짧은 우리나라는 조선시대를 거쳐 일제 강점기에 법을 수탈의 수단으로 악용하였고, 해방 후 권위주의 정부시대에 통치의 수단으로 법을 이용하면서 법에 대한 의식과 정서가 부정적으로 형성되었다. 민주화 시대 이후에도 법에 대한 부정적 정서가 쉽게 불식되지 않고 있다.

두 사람 사이에 상담이나 이야기를 하다가 "법대로 하자"는 이야기가 나오면 더 이상 인간관계를 끊자는 이야기로 들린다. 주위에 법률문제가 생겨도 법원을 찾는 것이 아니라 주위에 높은 사람이나 검찰·경찰에 아는 사람이 있는지부터 알아본다. 변호사를 선임해도 판사와 이야기가 잘 통할 것 같은 전관출신 변호사들을 찾는다. "유전무죄, 무전유죄"라는 의식이 사라지지 않고 있다. 알 만한 사람들도 변호사를 선임하는 것이 아니라 '변호사를 산다'고 거리낌 없이 말한다.

법원이나 검찰의 고위직 인사들뿐만 아니라 공정위나 국세청 출신 고위직 인사들이 로펌으로 몰려가 둥지를 튼다. 사회 곳곳에서 전관예우가 사라지지 않고 있는 풍토임을 부인할 수 없다. 전관에 대한 사회의 수요가 있는 한 전관예우는 사라지지 않는다.[8]

나. 영화와 언론매체

영화나 언론 매체는 법과 법원의 일그러진 모습을 생생하게 극대화하여 보여준다. 영화 "부러진 화살"과 "변호인" 등을 통해 보여주는 법과 법원의 모습은 답답할 뿐이다.

영화가 전달하는 메시지는 사뭇 강렬하다. 영화 "도가니"가 사법부나 입법부가 하지 못한 가해자 처벌과 관련법 개정 등을 이루어낼 정도로 영화의 힘은 스크린을 넘어 사회현실을 뒤바꿀 수 있다. 이형호 군 유괴 사건을 다룬 영화 "그놈 목소리"는 사형죄의 공소시효를 15년에서 25년으로 늘리는 데 결정적 역할을 했다. 1997년 발생한 '이태원 햄버거가게 살인사건'을 소재로 한 영화 "이태원 살인 사건"도 흥행은 미수에 그쳤지만, 영화를 본 시민들의 빗발치는 미국인 범인 송환요구에 법무부는 뒤늦게 미국에 범죄인 인도를 청구할 수밖에 없었다.

이러다 보면 Fiction과 Fact를 혼동하게 된다. 영화 "변호인"에서 자막을 통해 사실이 아니라 '허구'임을 밝혀도 관객들에게 이 자막은 사실을 강조하는 것으로 받아들여진다. 석궁테러사건을 소재로 한 영화 "부러진 화살"도 마찬가지다. 그만큼 우리사회에는 사법과 재판에 대한 불신이 팽배해 있다. 영화에서는 형사재판의 일그러진 모습이 부각되어 그려진다.[9]

영화 "부러진 화살"은 당시 민사사건 항소심 판결에 불만을 품고 재판장 집에 석궁을 들고 찾아가 상해를 입힌 김 모 교수와 박 모 변호사가 주인공이다. 영화가 당시의 공판기록을 토대로

---

[8] 앞으로 법조 일원화가 본격적으로 시행되면 거꾸로 로펌들의 '후관예우' 현상이 나타날 가능성도 있다. 재판연구원(로클럭)으로 일하다 로펌에서 일한 변호사가 법관으로 임용되는 경우가 많아지게 되면 로펌과 예비 판사 후보들이 상부상조의 고리를 형성할 수 있다는 우려가 나온다. 자신이 몸담았던 로펌이 수임한 사건에 대해 공정성 시비가 일 수 있다. 동아일보 2013. 11. 9.자
[9] 오창수, "'부러진 화살'을 생각한다" 「법의 그물망 ①」(한국학술정보 : 2012), p.258~274 참조.

했다고는 하지만 제한된 시간 내에 영상으로 의도하는 메시지를 전달하기 위해서는 결국 각색과정을 거치지 않을 수 없고 실체적 진실과 일정한 괴리가 없을 수 없다. 이게 영화의 본질이다. 영화는 순전히 피고인의 입장에서만 그려졌다. 영화에서 재판부는 피고인과 변호인의 혈흔감정과 피해자에 대한 증인신청을 기각할 뿐 관객들에게 속 시원한 해답을 주지 못한다. 이러다 보니 "이게 재판입니까? 개판이지"라는 피고인의 힐난이 관객들에게 들어 먹힌다. 관객들도 재판을 개판으로 알게 되고 이 사건에서 피고인이 석궁과 회칼을 들고 재판장의 집을 찾아가 위협을 주려고 했든, 화살을 쏘려고 했든 이 중차대한 피고인의 범죄행위를 망각의 숲으로 밀어버리고 만다. 급기야 재판장인 피해자가 화살을 맞지 않았는데도 할리우드액션 식으로 자해한 것으로까지 몰아가고 있다. 박 모 변호사는 인터뷰에서 "고위법관인 피해자 판사가 화살에 맞지 않았는데 맞았다고 거짓말한 것이 이 사건의 본질"이라고 반박하고 있다. 여기서 Fact와 Fiction이 뒤범벅이 되고 뒤죽박죽된다.

그러나 이 영화가 전하는 메시지처럼 우리 법원이 반성할 부분도 많다. 엘리트의식에 빠져있는 일부 법관들이 당사자나 변호인 또는 대리인이 하는 말을 들으려고 하지 않는 경우를 종종 경험하게 된다. 재판을 오래하다 보면 당사자들이 뻔한 것을 가지고 이리저리 주장하는 것에 진절머리가 날 수도 있다. 그러나 법관들은 평생 재판을 직업으로 하는 사람들이지만 대부분의 당사자들은 자신의 평생에 법정이라는 곳을 처음으로 경험하는 사람도 많다는 사실을 잊어서는 안 된다. 당사자들은 판사에게 하고 싶은 말이라도 한번 해보기를 바라는 경우가 많다. 법관으로서는 이런저런 선입감을 전부 배제하고 백지상태에서 당사자의 주장과 증거신청에 귀를 기울이는 자세가 필요한 것이다. 영화에서 문성근이 분한 재판장처럼 당사자의 말을 들으려고도 하지 않고 '기각'만을 일삼다가는 영화에서처럼 계란세례를 받거나 또 다른 석궁사건이 발생하는 것을 막을 수는 없다.

재판이라는 것은 결과 못지않게 과정도 중요한 것이다. 適正(Justice)과 공평(Fairness)이야말로 재판의 알파요 오메가이다. 이 사건 형사재판에서 피고인의 혈흔감정신청을 받아주고 피해자를 다시 증인으로 불러 물어보는 것이 뭐가 어려운 일이었는지 이해가 되지 않는다. 1심에서 증인으로 신문했다고 하더라도 2심에서 다시 불러서 물어볼 수 있는 것이다. 중복된 신문이나 인신모욕적인 신문을 제한하면 그만이다. 2심에서 피해자 증인신문신청을 기각한 것은 피해자가 차관급인 고법 부장판사라는 점을 고려한 것이라고 볼 수밖에 없는 일이다. 그렇다면 이는 적정과 공평을 해치는 일이다. 피해자가 고법부장판사이든 대통령이든 사건의 심리를 위해 필요하고 특히 이 사건에서처럼 피고인측에서 변호사도 바꾸고 강한 의혹을 제기하는 경우에는 차별 없이 증거조사를 했어야 하지 않을까.

또, 드마마나 영화에서 법정의 실제모습과 다르게 그려지는 경우도 있다. 예컨대, 실제의 법정에서 법봉을 사용하는 예가 없는데 드라마 속의 법대 위에 법봉이 놓여있는 경우가 많고, 판결 선고를 하면서 법봉을 두드리기도 한다. 소송법상 증인이 증언을 할 때 기립하여 엄숙히 하도록 만 되어 있지 손을 들라고 한 규정이 없는데 대부분의 증인들이 선서하면서 오른 손을 들고 있다.10) '검사의 법복에 관한 규칙'에는 검사가 법정에서 법복을 착용할 것을 명시하고 있으나 공판검사들은 대부분 정장차림으로 출정하고 있다.

---

10) 실제의 법정에서도 증인이 긴장된 표정으로 재판장 앞에 서서 가슴 근처에 오른손을 들고 증인 선서문을 낭독하는 예가 많다. 대부분의 증인이 손을 들고 선서를 하지만, 판사가 이를 교정해주는 일은 거의 없다(법률신문 2014. 2. 12.자.).

다. 사법과 재판의 속성

사법이나 재판의 속성이 어느 한쪽을 이기게 하거나 지게 하는 판단과정을 수반하는 것이므로 재판의 결과에 대하여 불만을 품는 당사자가 있게 마련이다. 그리고 변론주의나 증명책임 등 재판 원리를 이해하지 못하는 당사자로서는 자신이 믿고 있는 과거의 사실과 유리된 재판결과를 받아 들이기가 쉽지 않다.

승패가 있을 수밖에 없는 법원의 판단이 당사자 모두를 만족시킬 수 없는 내재적 한계도 있다.[11]

Ⅲ. 시민이 바라본 법원

1. 가서는 안 되는 법원

많은 사람들이 법원이라는 말을 들으면 일이 잘못된 사람, 범죄자, 감옥, 처벌, 재판 등 대부분 부정적인 말이 떠오르고, 법원이라고 하는 곳이 대다수 시민들에게 왠지 주눅이 들고 가서는 안 될 곳으로 인식하는 경향이 있다. 법원에서 배달된 출석요구서나 소환장을 받으면 덜컥 겁부터 난다.

그러나 법원은 분쟁의 평화적 해결장소이다. 당사자 사이의 분쟁을 종국적으로 해결하기 위해서는 제도적으로 법원을 찾지 않을 수 없다. 가서는 안 되는 법원이 아니라 언제나 쉽게 갈 수 있는 법원이 되어야 한다.

2. 법원의 기능과 역할에 대한 오해

시민들은 법원이 다 알아서 재판해주는 것으로 아는 경향이 있다. 소장만 내면, 답변서만 내면 법원에서 어련히 알아서 자기에게 유리한 재판을 해줄 것으로 아는 시민들이 많다.

그러나 법원은 중립적 심판기관이다. 그리고 법원은 알아서 재판해주는 곳이 아니다. 민사소송에서 사실과 증거의 수집·제출책임은 당사자에게 있다. 법원이 당사자의 이해관계가 첨예하게 대립하는 사건의 속성상 어느 일방 당사자에게 편파적으로 사건을 진행하는 경우 재판의 공정성 상실로 재판의 신뢰를 잃게 된다.

다음과 같은 법률우화를 생각해보자.

시골의 촌로 A가 자식의 학자금으로 모아둔 돈 500만원을 가지고 서울에 올라갔으나, 마침 밤 늦은 시간이라 한 여관에 묵게 되었다. A는 조용히 여관 주인 B를 불러 돈지갑을 내밀면서 하룻밤 잘 보관해 달라고 부탁하였다. 이튿날 아침 A가 여관을 나서면서 B에게 전날 밤 맡긴 돈을 돌려

---

[11] 한국갤럽은 2014. 3. 31.부터 사흘간 전국 성인 872명을 대상으로 법원의 판결에 대한 인식을 설문조사한 결과 '법원의 판결이 별로 공정하지 않다'는 응답이 64%로 전체 응답자의 절반을 넘었다고 4일 밝혔다. 구체적으로는 '별로 공정하지 않다'는 응답이 44%, '전혀 공정하지 않다'는 응답이 20%였으며 '어느 정도 공정하다'는 응답은 20%, '매우 공정하다'는 응답은 겨우 1%에 불과한 것으로 조사됐다(동아일보 2014. 4. 4.자).

달라고 하였으나, 당연히 돈지갑을 내줄 줄 알았던 B는 자기는 A의 돈에 대하여 전혀 아는 바가 없다고 잡아떼어 실랑이를 벌이다가, 두 사람은 법원에 가서 따지기로 하였다.

판사는 A의 말을 듣고 난 후 B에게 "당신은 어젯밤 A로부터 돈 500만원을 받은 사실이 있습니까?"라고 물었다. 그러자 B는 "저는 1원 한 장 받은 사실이 없습니다."라고 대답을 하였고, 판사는 다시 A에게 "당신이 여관 주인에게 돈을 맡길 때 보관증을 작성하였거나, 누구 본 사람이 있습니까?"라고 묻자, A는 "한 밤중에 조용히 여관주인을 불러 돈을 맡겼기 때문에 아무도 본 사람이 없고, 보관증도 작성하지 않았지만 제가 돈을 맡긴 것은 분명합니다."라고 대답하였다.

판사는 다음과 같은 판결을 내렸다. "원고 A가 여관 주인 B에게 돈 500만원을 맡겼다고 주장하나, 이를 인정할 아무런 증거가 없으므로 원고의 청구를 기각한다."

이렇게 농사를 지어 모아 두었던 돈 500만원을 찾지 못하게 된 A는 하늘이 원망스러웠고, B는 득의양양했다.

그로부터 며칠 후, 시골로 돌아갔던 A는 주위에서 돈을 빌려, 다시 500만원을 가지고 서울에 왔다. 그리고는 밤늦게 지난번에 투숙했던 여관에 들었으나, 이번에는 서울에 있는 아들과 동행이었다. A는 B에게 돈지갑을 내밀면서 밤새 잘 보관해 달라고 부탁하였고, 순진한 A의 돈을 떼어먹은 적이 있는 여관 주인은 꺼림칙하였으나 돈을 맡아두었다.

다음날 아침, A는 아들을 먼저 보내고 B를 찾아가 돈을 돌려 달라고 하였다. B는 이번에 돈을 맡길 때에는 A의 아들도 옆에서 지켜보았기 때문에 두말없이 보관하고 있던 돈 지갑을 내주었다.

그런데 A로부터 그가 맡겼던 돈을 돌려 달라는 소송이 제기되었다. 판사는 B에게 "당신은 A로부터 돈 500만원을 받아 보관한 사실이 있습니까?"라고 물었고, B는 "예, 그런 사실은 있으나, 그 다음날 아침에 A가 그 돈을 찾아갔습니다."라고 대답하였다.

판사는 다시 B에게 "당신이 A에게 돈을 줄 때, 돈을 돌려주었다는 증거나 누구 본 사람이 있습니까?"라고 물었고, 당황한 B는 "이른 새벽이라 아무도 본 사람도 없고, 문서도 작성하지 않았지만 제가 돈을 돌려준 것은 분명합니다."라고 대답하였다.

판사는 다음과 같은 판결을 내렸다. "피고 B가 원고 A로부터 돈 500만원을 받은 사실은 인정되나, 이를 돌려주었다는 증거는 전혀 없으므로, 피고는 원고에게 돈 500만원을 지급하라."

잃었던 돈을 되찾은 A는 환하게 법정을 나섰고, 엉큼한 여관 주인 B는 허탈하게 발걸음을 돌렸다.

위 우화와 같이 사실과 정반대의 판결이 선고될 수도 있다. 주장된 사실이 진위불명(眞僞不明)인 경우에 당해 사실이 존재하지 않는 것으로 취급됨으로써 받는 불이익을 '입증책임' 또는 '증명책임'이라고 하는데, 증명책임이나 변론주의 등 재판에 관한 법원리를 이해하지 못하거나 오해하여 법원에 대한 불신으로 이어지기도 한다.

형사사건의 경우에도 사건 당사자가 사건에 대해 100을 알고 있으면 경찰은 70, 검찰은 50, 그리고 법관은 20을 알게 된다는 말이 있다. 그만큼 법관의 인식능력에는 한계가 있을 수밖에 없다. 결국 법관은 진실과 거짓의 경계선이 모호한 법정에서 자신에게 주어진 제한된 사실관계를 토대로 실체적 진실에 부합하는 판결을 내려야 하는 숙명을 떠안고 사는 존재다.

3. 법원을 법률상담기관으로 오해

법원 인터넷 홈페이지의 "법원에 바란다"에 올라오는 글 중 상당수가 법률상담이나 구체적 사건에 대한 처리방향을 묻는 것들이 많은데 많은 사람들이 법원을 법률상담기관으로 오해하고 있다.

적정과 공평이 생명인 중립적 지위에 있는 법원이 민원인들에게 소송절차 안내의 범위를 넘어서 구체적 법률상담을 하는 것은 옳지 않다. 법률상담을 원하는 사람들은 상대방 당사자가 있고, 이해관계가 첨예하게 대립된 구체적 사건에 대한 법률상담을 하는 것이지 추상적 법 명제에 대한 상담을 원하는 것이 아니다. 상담을 받고자 하는 사람들 중에는 본인이 소송중이라는 사실 또는 소를 제기하려고 하는 사실을 숨기고 물어볼 수도 있다. 이러한 상황에서 법관이 법률상담을 하는 것은 오해를 불러일으킬 수 있다.[12]

법관윤리강령 제5조(법관의 직무외 활동)는 다음과 같이 규정하고 있다.
① 법관은 품위 유지와 직무 수행에 지장이 없는 경우에 한하여, 학술 활동에 참여하거나 종교·문화단체에 가입하는 등 직무외 활동을 할 수 있다.
② 법관은 타인의 법적 분쟁에 관여하지 아니하며, 다른 법관의 재판에 영향을 미치는 행동을 하지 아니한다.
③ 법관은 재판에 영향을 미치거나 공정성을 의심받을 염려가 있는 경우에는 법률적 조언을 하거나 변호사 등 법조인에 대한 정보를 제공하지 아니한다.

법관윤리강령은 법관에게는 고도의 공정성과 그러한 외관의 유지가 요구되므로 법관이 타인에게 법률적 조언을 하는 것을 금지하고 있다. 변호사단체나 법률구조공단 등 제3의 상담기관이 법률상담창구가 되어야 하지 법원이 직접 법률상담창구가 되어서는 안 된다. 독일의 경우 법률상담 남용법에 의해 법관의 법률상담을 금지하고 있다.

적정과 공평은 법원의 생명이다. 아무리 소통과 참여를 강조한다고 하더라도 법원이 법률상담을 하는 곳이 되어서는 안 된다. 법원이 국민과 직접 소통하는 자리는 법정이다. 법정은 대개 분노하고 상처받은 사람이 생전 처음이자 마지막으로 찾아오는 곳이다. 법원의 국민과의 소통은 이런 법정을 찾아오는 사람들의 이야기를 잘 들어주는 데 있다. 법관이 보기에는 당사자가 허튼 소리나 하고 말이 되지 않는 소리를 한다고 하더라도 잘 들어주는 자세가 필요하다. 당사자의 주장이나 증거신청을 무시하는 한 소통은 공염불이 된다.

---

[12] 고 한기택 판사는 법관은 사적으로도 법률상담을 해서는 안 된다고 했다. 한 판사는 친지들에게 법률에 관한 것을 상담해주는 것도, 조언해주는 것도 법에 걸린다고 하면서 친지들의 사적인 법률상담까지 거부했다고 하는데 시사하는 바 크다['한기택을 기억하는 사람들', 『판사 한기택』(궁리 : 2006)].

4. 어렵고 난해한 법

많은 사람들이 법률용어가 어렵고 판결문이 난해하다고 여기고 있다. 민사법정에서 판결 선고를 들은 당사자 중에 소각하와 청구기각을 구별하지 못하고, 형사법정에서 징역 6월에 집행유예 2년을 선고받은 피고인이 집행유예의 의미를 이해하지 못하고 머뭇거리는 예도 있다.

전문적인 법의 속성상 일반 국민 모두가 알기 쉬운 용어로 만드는데 한계가 있고, 판결문도 정형화된 틀이 있기 때문에 쉽게 쓰는 데는 한계가 있을 수밖에 없으나, 지속적으로 시민들의 눈높이에 맞는 방향으로 개선할 필요가 있다.

5. 고압적인 법원

법정의 법대(法臺)가 너무 높고 고압적인 재판부 때문에 할 말을 다 하지 못하는 예가 지적되고 있다.13) 판사의 고압적 태도와 당사자나 대리인에 대한 막말이나 모욕적인 법정 언행이 구설수에 오르기도 한다. 법정에서 재판장의 말투와 표정, 눈빛 하나하나가 당사자들에게는 매우 예민하게 다가온다.14)

직업법관이 보기에는 당사자들이 왜 그렇게 답답하고 요령부득인지 이해할 수 없을 것이나, 대리인을 선임하지 않은 당사자들은 법이라는 것을 모르고 평생 법정에 처음 나온 사람들이 대부분이고 나름대로 다 사연이 있음을 인식할 필요가 있다. 당사자들에게 '간단한 사건'은 없다.

6. 나홀로 소송의 경우

현재 소송목적의 값이 3,000만 원 이하의 소액사건이 전체 민사사건의 70%를 차지하고 있다.15) 소액사건은 대부분의 사건이 변호사를 대리인으로 선임하지 않은 '나홀로' 소송이다. 소액사건의 나홀로 소송의 경우 당사자들은 거의 '까막눈' 상태로 법원에 나온다. '입증', '석명' 등 판사가 하는 말이 무슨 말인지 알아듣지 못하는 당사자들이 많다.

소액사건은 한 기일에 진행해야 하는 사건수가 많아 충분한 구술심리가 어려운 상황이다.

---

13) 전직 판사였던 변호사들이 "법대 위에서 내려다보다가 아래에서 위로 올려다보니 세상이 참 다르다는 것을 느꼈다"고 말한다. "법대가 그렇게 높은 자리인지 정말 몰랐다"는 것이다.
14) 대법원은 2014. 3. 31. 재판에서 법관의 부적절한 언행을 막기 위해 민·형사 재판 단계별 진행 기법과 유의사항을 정리한 '법정진행 핸드북'을 발간했다. 대법원은 현직 판사들이 법정에서 '막말'을 해 물의를 빚자 지난해 3월 법정언행 컨설팅을 시범 도입해 운용했고, 법정진행 핸드북은 컨설팅 결과를 기초로 제작됐다(법률신문 2014. 3. 31.자).
15) 2020년 사법연감 통계를 통하여 제주지방법원(제1심)의 사건접수 실태를 살펴보면, 2019년 1동안 제주지방법원에 접수된 사건은 285,493건이고, 이중 소송사건(본안사건)은 13,537건, 비송사건(주로 등기, 가족관계등록 사건)은 206,449건이다. 전체 본안사건은 13,537건이고, 민사본안사건 중 합의사건이 573건, 단독사건이 2,903건, 소액사건이 4,941건이다. 가사본안사건은 805건이고 행정본안사건은 236건이다. 형사본안사건 중 합의사건이 320건, 단독사건이 3,754건이다.

Ⅳ. 시민과 법원의 소통

1. 국민의 눈높이에 맞춘 법률용어의 구사

법제처는 이미 국민 누구나 법령을 쉽게 읽고 이해할 수 있도록 법률의 한글화, 어려운 법률 용어의 순화, 한글맞춤법 등 어문 규범의 준수, 정확하고 자연스러운 법 문장의 구성, 체계 정비를 통한 간결화·명확화 등을 주요 내용으로 하는 알기 쉬운 법령 만들기 사업을 시행하고 있다.

법원에서도 알기 쉬운 법률용어 사용을 위하여 지속적인 노력을 기울이고 있고, 판결문의 문장도 단문으로 알기 쉽게 작성하도록 하고 있다.16)

법률가들이 자주 쓰는 '추정', '쌍불' 등의 용어도 당사자가 이해할 수 있도록 설명해줄 필요가 있고, 판결선고 시에도 그냥 '원고 청구 인용'으로 말하기 보다는 '원고의 청구를 받아들입니다.'는 식으로 설명해줄 필요가 있다. 그리고 주문만을 낭독하기 보다는 당사자가 출석한 사건의 경우 판결이유의 요지와 불복하는 경우의 절차를 알려줄 필요가 있다.

형사판결의 경우 "징역 6월에 처한다. 단 1년간 그 집행을 유예한다."고 선고하고 "돌아가세요"라고 해도 피고인이 집행유예의 의미를 모르고 머뭇거리고 있으면, "피고인은 징역 6월을 선고받았는데 1년간 형을 미뤄준다는 것입니다. 앞으로 1년간 또다시 범죄를 저지르면 형이 살아나 6개월 동안 교도소에 있어야 합니다."는 식으로 설명해줄 필요도 있다.

2. 누구나 쉽게 접근할 수 있는 법원

모든 국민들이 쉽게 접근할 수 있는 법원이 되어야 하고 친근한 법원이어야 한다. 법원은 대중교통으로 쉽게 접근할 수 있어야 하고 원거리 방문자를 위한 주차시설도 확보되어야 한다. 제주지방법원이 법원 정문 옆 담장을 허물고 법원올레와 산책로를 만든 것은 신선한 착상이다. 법원의 종합접수실을 은행처럼 편안한 분위기로 만들 필요도 있다. 앞으로 법원의 담장을 허물고 시민들이 법원 구내의 편의점이나 이발소 등을 자유로이 이용할 수 있게 하는 방안도 생각해볼 수 있다. "사법도 서비스다."

3. 재판절차와 소통

바람직한 법정언행이 법정에서의 충분하고도 원활한 소통의 출발점이다. 변론기일에 당사자들의 이야기를 차분히 들어주면 당사자들은 들어준 것만으로 고마워하고 지더라도 승복하는 확률이 높다. 법관은 입이 크지 말고 귀가 커야 한다. '兼聽卽明 偏聽卽闇(겸청즉명, 편청즉암)'이라는 말처럼 "두루 많이 들으면 현명해지고, 치우치게 들으면 도리에 어둡게 된다."

---

16) 최근에 개정된 법원 맞춤법 자료집에 의하면 판결문에 흔히 등장하는 어려운 한자어, 일본식 표현, 일상생활에서 거의 쓰지 않는 표현 등을 쉽게 고쳐 쓰도록 하고 있다. 예컨대, 금원→돈·금액, 경락→매각, 경락인→매수인, 가사(假使)→가령·설사, 기화→핑계·빌미, 나대지→빈집터, 당해→해당, 불비→못 갖춤, 보통인→일반인, 병합해→함께, 산입→포함, 성부→성립 여부, 시건→ 잠금, 외포→몹시 두려워함, 경료하다→마치다, 기망하다→속이다, 도과하다→경과하다·넘기다, 불상의→알 수 없는, 상당(相當)하다→타당하다·알맞다, 소훼한→불에 태운·태워 없앤, 시정된→잠긴, 안분해→일정한 비율에 따라 나눠, 이첩받다→넘겨받다 등.

법관이 당사자와 소통하면서 "그런데 이건 아까 말씀하신 건 뭐죠? 아까 말씀하신 것 중에 이건 어떻게 된 겁니까?" 등 핵심적인 질문으로 법관이 당사자에게 사건의 실체를 파악하려는 노력을 기울이고 있다는 믿음을 줄 수 있어야 한다.

그런데 당사자와 소통하고 싶어도 자세하게 이야기를 나눌 시간이 없을 정도의 법관의 과도한 업무량이 문제이다.[17]

4. 공정한 절차

시민들은 올바른 결론 못지않게 재판절차의 올바른 과정을 갈망한다. 훈계조의 일방적인 소통이 아니라 억울하지 않게 이야기를 들어줄 법관을 찾는다. 시민이 원하는 것은 관대한 법관이 아니라 공정하고 엄격한 법관이고, 어떤 법관을 만나든 판결이 같을 것이라고 하는 국민의 믿음이 있어야 사법이나 법원에 대한 신뢰가 확보된다. 법관에 따라 사건을 보는 눈이 다르고 양형에 편차가 심하다면 어떤 법관을 만나느냐는 운에 따라 사건이 결정되는 것으로 오해할 우려가 있다.

대법원이 앞으로 전국 법원의 모든 재판 과정을 녹음하도록 하는 법정녹음제도를 전면 실시하기로 한 것은 법관의 부적절한 언행을 방지하고 재판과정에 대한 국민의 불신을 차단하는 효과를 가져 올 것으로 기대된다.

5. 주요 판결문 공개

현재 판결문 인터넷 열람 및 방문열람, 판결사본 제공신청이 가능하지만 각급법원 홈페이지에서 적어도 언론에 보도되는 사건의 판결문은 공개할 필요가 있다. 현재 대법원 홈페이지에서 전국 법원 주요판결과 언론보도판결을 공개하고 있지만 그 양이 제한되어 있고, 제주지방법원의 경우 2012. 11. 19. 올레길 살인사건에 대한 국민참여재판 판결문이 공개된 이후 올라온 판결문이 잘 보이지 않는다.

미국 등에서와 같이 판결문 완전 공개로 사법권 행사를 적절하게 통제할 필요가 있다.

6. 시민법률교육의 활성화

판결에 대한 신뢰를 제고하기 위하여 시민들에 대한 법교육이 필요하다. 법률전문가가 아닌 일반 시민들이 법과 사법제도를 이해하는 것은 법의 지배와 국민의 재판절차 참가를 통해 사법의 국민적 기반을 확보하는데 선결조건이 된다. 법원에서 정기적으로 시민법률교실을 열거나 현장으로 찾아가는 법률교실을 여는 방법도 있고, 지방변호사회나 법학전문대학원과 연계하여 농·수·축산인이나 중·소상공인들을 상대로 법생활실천 프로그램을 운영하는 방안 등을 생각할 수 있다. 생활법률과 재판제도에 관하여 이해하기 쉬운 만화 등의 안내서를 발간하여 배포할 필요도 있다.

---

[17] 2012년 대법원을 제외한 전국 70여개 법원의 최근 3년간 판사 1인당 1년간 재판 처리 건수는 671건에 이른다고 한다. 법관의 확충이 시급한 과제이다.

7. 국민참여재판의 확대

제주지방법원의 경우 국민참여재판으로 판결이 선고된 사건이 2010년 7건에서 2011년 5건, 2013년 1건으로 해마다 줄어들고 있다.

국민참여재판은 사법 민주화와 재판에 대한 신뢰도 제고를 목적으로 도입된 것이므로 국민참여재판의 활성화 방안을 모색할 필요가 있다. 국민참여재판을 통한 법교육의 측면도 무시할 수 없다.

김소영 대법관이 대전고법 부장판사 시절 로또복권 당첨금 28억 원 소송에서 "시민솔루션 프로그램"에 따라 조정절차에 시민을 패널로 참여시켜 중재안을 제시하여 의미 있는 성과를 이룬 것처럼 언론의 관심을 끄는 사건의 조정절차에 시민을 참여시키는 방안도 도입할 필요가 있다.

8. 소송구조 확대

형사재판에서 국선변호인제도가 활성화되어 있는 것에 비해[18] 민사사건에서 소송구조제도는 활성화되지 못하고 있다. 무자력자들에게 법률구조공단으로의 안내 차원의 소극적 차원에서 벗어나 소송구조제도를 적극 활용할 수 있는 예산확보 등 적극적 대책이 마련될 필요가 있다.

V. 미래 사법을 위한 제언

일반 국민들의 사법부에 대한 기대와 욕구는 갈수록 커지고 있다. 사법부의 역량강화를 위해서는 재판절차의 투명성과 공정성 및 재판결과의 적정성이 제고될 수 있는 선진 사법제도가 마련되어야 한다. 법원이 재판만 하는 곳이라는 전통적인 등식에서 벗어나 국민들의 요구에 부응하기 위한 역량과 제도를 갖출 필요가 있다.

1. 국민의 재판절차 참여 확대

2008. 1. 1.부터 국민이 배심원으로 형사재판에 참여하는 국민참여재판이 시작되었고, 근자에 서울 일부 법원에서 민사재판의 경우에도 국민참여재판을 시범운영한 바 있다. 국민참여재판은 국민의 재판절차 참여를 통하여 사법의 민주적 정당성을 강화하고 투명성을 제고함으로써 국민으로부터 신뢰받고 존중받는 사법부를 확립할 수 있는 시금석이 될 것으로 기대된다.

가까운 미래에 국민의 재판절차 참여를 확대하고 법원에 대한 이해도를 높이며 사법의 민주적 정당성을 제고하기 위하여 형사재판뿐만 아니라 민사재판의 경우에도 배심제도를 도입할 필요가 있다.

---

[18] 일반 국선 변호사와 달리 국선전담변호사는 대법원 예산에서 월 800만원(경력 2년 이상)의 급여를 받고, 공동 사무실을 무상으로 제공받으며, 사무실 운영비로 매월 50만원씩 지원받는다. 중립적 재판기관인 법원이 국선전담변호사제도를 운용하는 것은 문제가 많다. 국선변호업무를 법원에서 분리하고 일본처럼 변호사단체가 국선변호관리재단을 운영하는 방안 등을 모색해야 한다.

2. 재판과정의 TV, 인터넷 중계

2013년 3월 대법원은 사법사상 최초로 공개변론의 재판 전 과정을 TV와 인터넷으로 생중계한 바 있으나, 가까운 미래에 국민적 관심이 집중되는 중요 사건을 중심으로 1심부터 TV나 인터넷을 통하여 생중계함으로써 열린 법원을 지향할 필요가 있다. 국민의 알권리 및 재판의 공정성과 신뢰 확보, 공개재판주의의 내실화를 위해 재판과정의 TV나 인터넷 중계가 필요하다.

3. 전자소송의 확대

2010년 4월 특허 분야에서 전자소송 서비스가 처음 시작된 이후 2011년 30%대를 넘어섰던 전자소송 이용률은 2013년 40%를 넘어선 이후 2013년 말 48.4%를 기록했다. 전자소송 이용률이 급속히 증가한 이유로는 전자적 송달로 송달기간이 단축되고, 시·공간에 구애받지 않고 인터넷을 이용해 소송서류를 제출하고 기록을 열람할 수 있는 등 절차적으로 투명한 점, 인지액 10% 감경으로 경제적인 이득을 보는 점 등을 꼽을 수 있다.[19]

미래에는 대부분의 사건이 전자소송으로 접수될 것으로 예상된다. 전자소송으로 소송을 진행할 경우 전자법정에서 전자문서와 멀티미디어 자료 등을 재판부와 당사자가 공유하면서 기록확인을 할 수 있으므로 생동감 있고 집중도 높은 재판진행을 할 수 있다.

대법원은 2014년 4월 28일 파산·개인회생 등 도산 사건에서도 전자소송을 시행했고, 2015년부터는 시·군 법원 사건도 전자소송을 시행했으며, 같은 해 3월 23일부터는 형사를 제외한 모든 재판 분야에서 전자소송을 시행 중이다. 전자소송 시행으로 국민들의 사법 접근성이 용이해질 수 있다. 다만 정보소외자들에 대하여 전자소송절차를 쉽게 이용할 수 있도록 하는 방안도 함께 마련될 필요가 있다.

4. 문제해결법원의 지향

미국에서 확산되고 있는 문제해결법원(Problem-Solving Courts)은 법원을 중심축으로 하여 다양한 전문가 집단과 단위조직이 결합하여 공동의 목표 달성을 위해 협력하는 방식으로 법원을 각종 사회문제해결의 중심센터로 만들자는 운동이다.

분쟁을 해결하는 전통적인 법원의 재판과정과 문제해결법원의 재판과정을 비교하면 다음과 같다.[20]

---

[19] 2020년 사법연감에 의하면 2019년 특허소송 844건과 행정소송 2만1847건이 모두 전자소송으로 진행됐다. 민사소송은 1심 합의사건 4만1648건, 단독사건 18만9318건, 소액사건 54만8043건이 전자소송으로 접수돼, 전체 접수건수의 82%가 전자소송으로 접수됐다.
[20] 사법발전재단, 「사법부의 어제와 오늘 그리고 내일(上)」, (2008), p.240 참조.

	전통적 재판과정	변환된 재판과정
재판의 목표	분쟁해결	문제해결, 분쟁회피
재판 결과	법적 결과	치료적 결과
재판 구조	대심적 구조	협력적 구조
주안점	신청 내지 사안에 주안	관심 내지 욕구에 기초
강조점	판결을 강조	판결 이후 및 대체적 분쟁해결을 강조
재판 도구	법의 해석 및 적용	사회과학의 해석 및 적용
법관의 지위	심판자로서의 법관	코치로서의 법관
관점	회고적	미래지향적
기반	선례 기반	계획 기반

미국의 경우 약물법원(drug court), 정신보건법원(mental health court), 지역사회법원(community court), 사회복귀법원(reentry court), 환경법원(environmental court), 음주운전법원(DUI court) 등 문제해결을 지향하는 수많은 유형의 전문법원이 설치되어 있다. 일부 법원은 법원으로서의 기능뿐만 아니라 지역사회와 협력하여 법원 내에서 각종 서비스를 제공함으로써 지역사회의 문화중심지 역할까지 수행하여 문제해결법원의 새로운 발전단계까지 나아간 곳도 있다.

이러한 문제해결법원이 전통적인 법원칙과 병립될 수 있는가라는 문제가 제기되고 있다.[21] 그러나 미래의 법원은 이미 발생한 분쟁에 법을 해석, 적용하는 심판자로서의 역할에 그치지 말고, 이와 함께 보다 적극적으로 분쟁의 배경에 있는 국민의 사회적, 법적 문제를 종국적으로 치료하기 위한 문제해결법원이 될 것을 요구받고 있다. 물론 우리 사회가 떠안고 있는 모든 법적 문제를 법원이 도맡아 근원적으로 해결하는 것은 가능하지도 않고 바람직하지도 않을 것이나, 법원이 미래의 우리사회가 요구하는 기능과 역할에 대해 고민하면서 문제해결법원의 이념과 운영방식의 도입을 검토할 때가 되었다.[22]

5. 사회적 약자 및 소수자를 위한 사법지원활동

장애인이나 다문화가정, 외국인 등 사회적 약자에 대한 사법지원업무를 담당하는 사법지원관제도 등이 마련되어야 한다.

6. 사법복지의 실현

법원이 종래의 심판자적 기능을 넘어 후견적 기능이 강조됨에 따라 가사재판의 경우 이혼 위기

---

[21] 여러 분야의 전문가의 관여, 공동체 안의 다른 기관, 단체와의 협력 등이 자칫하면 사법부의 독립성, 중립성, 불편부당성 등과 같은 근본원칙의 후퇴로 이어질 수 있고, 이와 반대로 사법권력의 확대를 우려하는 입장에서 보면 법원이 시시비비의 판단을 넘어 문제의 원인까지 해결하고자 나서고, 법적 판단 이외에 대상자에 대한 전문적 처우서비스까지 법원이 주관하려 한다면 법원의 업무범위와 재량이 과도하게 넓어질 것이라는 우려도 있다. 「사법부의 어제와 오늘 그리고 내일(上)」, p.246

[22] 일부 재판부가 형사재판 피고인이 재판과정에서 새로운 삶을 살고 사회구성원으로 거듭날 기회를 주는 이른바 '회복적 사법'을 시도하고 있다. 상습 폭행범에 대하여 처벌 대신 '금주 치유 프로그램'을 마련하여 피고인이 반성하는 모습을 관찰한 후 집행유예를 선고하였다(경향신문 2020. 12. 24.자).

의 부부를 위한 부부캠프 운영, 아동과 별거 중인 부모와의 관계회복을 위해 비양육친 캠프 등 전문가 상담 프로그램 활용, 소년재판 사건에서 청소년 문제 해결을 위한 직업체험교실, 범죄자에 대한 단순 처벌보다는 치료 또는 처우 강화 등 치료사법 내지 사법복지 실현을 위한 다양한 활동을 할 것이 요구되고 있다. 법원은 전통적인 사법기능 이외에 후견기능과 복지기능까지 떠맡아야 될 것이다.

7. 법원기능의 순화

법원이 원래의 법원의 기능에 충실 할 수 있도록 등기사무나 가족관계등록사무는 행정부에 이관할 필요가 있다.

8. 사법부의 구성과 민주적 정당성의 확보

현재 사법부의 구성에 있어 대법원장과 대법관의 경우 국회의 동의와 대법원장의 임명이라는 간접적인 민주적 정당성을 부여하고 있고, 일반 법관의 경우 대법원장이 임명하고 있다. 대법관 임명시 대법관제청자문위원회를, 법관 임명시 법관인사위원회를 두어 법원 외의 의견을 반영할 수 있을 뿐이다. 위와 같이 구성된 사법부가 그동안 선출되지 않은 권력이라는 이유로 민주적 정당성이 부족하다는 비판을 받고 있다.

사법부 구성의 민주적 정당성을 강화하는 방법으로 미국의 여러 주가 채택하고 있는 선거제는 정치적 중립성의 문제 등으로 채택하기 어렵다고 하더라도 일본의 최고재판소 재판관에 대한 국민심사제도와 같이 임명 후 첫 번째 도래하는 총선거에서 국민으로부터 직접 신임을 물어 민주적 정당성을 확보하는 방식 등을 모색하여야 할 것이다.23)

VI. 마치는 말

전통적으로 "법원은 판결하는 곳이지 봉사하는 곳이 아니다."24)라는 말이 있다. 국민들이 법원과 법관에게 따로 요구하는 것은 판결의 공명정대함과 현명함과 단호함, 법정의 질서정연함과 엄숙함이라는 것이다.

법원의 화두가 "국민과의 소통"에 있다고 근자에 각급 법원에서 각종 전시성 행사들을 많이 하고 있는데, 법원은 일반 행정부와 같이 국민의 민원을 해결해주는 기관이 아니라 당사자 간의 분쟁을 평화롭게 해결해주는 장소이다. 법원이 국민들에게 다가가려는 다양한 노력은 경하할 만한 일이나 국민들로부터 신뢰를 받을 수 있는 정확한 판결을 하는 것이 법원의 본분이 되어야 됨은 두말할 여지가 없다.

그러나 국민들은 법원과 사법에 대하여 종래의 심판자적 기능을 넘어 후견적 기능과 치료사법,

---

23) 「사법부의 어제와 오늘 그리고 내일(上)」, p.219 참조.
24) Pierre Séguier(쎄귀에르)가 한 말이라고 한다. Séguier는 17세기 프랑스의 법조 명문가 출신으로 파리고등법원 판사였다고 한다. 『김용담 대법관의 판결 마지막 이야기』(누름돌 : 2009)에서.

사법복지차원까지 기대와 요구를 하고 있다. 이러한 상황에서 법원은 국민들의 소리에 귀를 기울이면서 사법절차의 민주적 정당성을 확보하고 문제해결법원으로서의 역할을 해야 하는 시대적 상황에 직면하고 있다.

법원이 종래와 같은 심판자적 기능에 머무르지 않고 사법서비스의 공급자로서 사법서비스의 수요자인 국민들의 욕구와 기대를 반영할 수 있는 적극적 기능을 수행할 수 있도록 하는 능동적 자세가 요구된다고 할 것이다.

법원 구성원들이 "법원은 퍼펙트(완벽)하다."는 우월적 인식에서 벗어나 재판권이라는 것도 국민으로부터 위임받아 행사하는 것임을 인식하고 국민을 납득시킬 수 있는 재판을 하는 것이 사법부에 대한 신뢰도를 높이고 국민과 소통하는 투명하고 열린 법원을 지향하는 모티브가 될 것이다.

06 한국의 재판제도[1)
- 일본, 중국의 재판제도와의 비교를 겸하여 -

I. 대한민국 법원의 조직과 구성

1. 법원의 조직

대한민국 헌법 제101조 제1항은 "사법권은 법관으로 구성된 법원에 속한다."라고 규정하여 사법권을 법원에 맡기고 있다. 법원은 최고법원인 대법원과 각급법원으로 조직된다(동조 제2항). 이에 따라 법원조직법은 법원을 대법원, 고등법원, 특허법원, 지방법원, 가정법원, 행정법원, 회생법원의 7종류로 구분하고(동법 제3조 제1항), 지방법원 및 가정법원의 사무의 일부를 처리하게 하기 위하여 그 관할구역에 지원과 가정지원, 시법원 또는 군법원(이하 "시·군법원"이라 한다) 및 등기소를 둘 수 있으며, 다만, 지방법원 및 가정법원의 지원은 2개를 합하여 1개의 지원으로 할 수 있도록 하고 있다(동법 제3조 제2항).

(1) 대법원

대법원은 대법원장과 대법관 13인으로 구성되는데, 대법관 중 1인은 법원행정처장을 겸하여 심리에는 관여하지 않는다. 대법원장은 국회의 동의를 얻어 대통령이 임명하고, 대법관은 대법원장의 제청으로 국회의 동의를 얻어 대통령이 임명한다(헌법 제104조).[2)

대법원은 대법관 전원의 3분의 2 이상으로 구성되는 **전원합의체**와 대법관 3인 이상으로 구성되는 **소부**(현재 4인으로 구성)로 이원화하여 심리하고 있다. 먼저 소부에서 사건을 심리한 결과 관여 법관의 의견이 일치된 경우에는 그 부에서 재판할 수 있으나, 명령 또는 규칙이 헌법에 위반함을 인정하는 경우, 명령 또는 규칙이 법률에 위반함을 인정하는 경우, 종전 판례를 변경할 필요가 있는 경우, 부에서 재판함이 부적당한 경우, 부 구성 법관 사이에 의견 대립이 있는 경우 전원합의체에서 재판한다(법원조직법 제7조 제1항). 대법원 전원합의체의 재판장은 대법원장이 된다.

대법원은 고등법원, 지방법원 및 가정법원의 항소심 판결에 대한 상고심, 고등군사법원의 판결에 대한 상고심을 담당한다.

대법원장은 법원의 사법행정사무를 총괄하며, 대법관회의는 사법부의 행정에 관한 최고의결기관으로서 대법원장이 그 의장이 된다.

---

1) 이 글은 일본 법과대학원(로스쿨)생들에게 한국의 재판제도를 소개한 것으로 대법원 및 각급 법원 등의 홈페이지에 소개된 자료를 바탕으로 작성한 것이다.
2) 미국 연방대법원을 '지혜의 아홉 기둥'이라고 말한다. 미 연방대법원의 대법관은 대법원장을 포함 9명이다. 대법관은 영어로 일반 판사를 의미하는 judge가 아니라 Justice, 바로 '정의'다. 대법원은 'Supreme Court of Justice'다.

대법원 산하에 법원행정처, 사법연수원, 사법정책연구원, 법원공무원교육원, 법원도서관, 양형위원회가 각 설치돼 있다.

〈**일본**〉 일본의 최고법원은 **최고재판소**로 최고재판소 장관과 14인의 최고재판소 판사로 구성된다. 최고재판소 장관은 내각의 지명에 따라 천황이 임명하고, 14인의 최고재판소 판사는 내각에 의하여 임명되어 천황의 인증을 받는다. 최고재판소의 15인의 재판관 중 5인은 반드시 법률가의 자격을 요하지 않는다. 최고재판소의 재판은 장관을 포함한 최고재판소 판사 15인 전원으로 구성되는 **대법정**(정족수 9인)과 5인씩 구성하는 3개의 **소법정**에서 이루어진다. 일본의 사법행정권은 당해 재판소에 속하는 판사들로 조직된 재판관회의의 의결에 의해 행사되고 각 재판소의 장이 그 총괄자이다. 최고재판소의 사법행정사무 등을 보좌하기 위하여 최고재판소 사무총국이 설치돼 있고, 사법연수소, 재판소직원종합연수소, 최고재판소도서관 등이 설치돼 있다.

〈**중국**〉 중국의 최고법원인 **최고인민법원**은 법원장인 수석대법관과 1인의 1급 대법관, 13인의 2급 대법관으로 구성되어 있다. 최고인민법원에는 대법관을 제외한 고급 및 일반 법관 200여명이 있으며 대법관이 직접 참여하는 재판은 소수이고 대부분 위 법관들이 재판업무를 담당한다. 사법행정권은 최고인민법원장에게 있고, 사법행정사무를 관장하는 조직으로 최고인민법원 내의 사무청과 사법행정장비관리국이 있으며, 최고인민법원 소속의 국가법관학원이 있다.

(2) 고등법원

서울, 부산, 대전, 대구, 광주, 수원 등 **6개의 고등법원**이 설치되어 있다(2019. 3. 수원고등법원 설치). 제주, 전주, 청주, 창원, 춘천, 인천, 울산 등 고등법원이 설치되지 않은 지역에 **고등법원 원외재판부**가 설치되어 있다(2021. 3. 부산고등법원 울산재판부 설치). 고등법원의 재판은 판사 3인으로 구성된 합의부에서 행한다. 고등법원은 원칙적으로 지방법원 및 가정법원 합의부, 행정법원, 회생법원에서 재판한 사건의 항소심을 담당한다.

(3) 특허법원

대전에 설치된 특허법원은 특허, 실용신안, 디자인, 상표, 종자산업 관련 사건에 관한 전문법원으로서 특허권의 성립이나 효력을 다투는 분쟁을 심리한다. 1998. 3. 1. 고등법원급으로 창설된 특허법원이 특허심판원의 심결에 대한 불복소송을 제1심으로 관장하고, 그 판결에 불복이 있는 경우 대법원에 상고할 수 있도록 하면서, 특허심판원의 審決에 대한 불복소송은 **2심제**로 운영하고 있다.

또한 법원조직법 개정으로 2016. 1. 1.부터 **특허권 등 침해사건의 항소심** 사건을 관할하게 되었고, 특허권 등 침해사건은 지방법원 합의부(서울중앙, 부산, 대구, 광주, 대전지방법원)에서 1심을, 특허법원에서 2심을 관장하고, 불복하는 경우 대법원에 상고할 수 있어 **3심제**로 운영하고 있다.

(4) 지방법원 및 지원

지방법원 및 지원의 재판은 원칙적으로 **단독판사**가 행하나 합의 재판을 해야 할 경우에는 판사 3인으로 구성된 **합의부**에서 재판한다. 단독판사가 재판할 사건과 합의부가 재판할 사건은 민사사건의 경우 대체로 소송목적의 값(소송물가액)에 따라 정해지고, 형사사건의 경우 법정형에 따라 정해진다. 지방법원 및 지원은 통상 1심 재판을 담당하나, 지방법원 본원 항소부는 지방법원 단독판사의 재판에 대한 항소심(2심)을 담당한다.

전국에 **18개의 지방법원**이 설치돼 있다. 지방법원의 관할구역 내에 지원과 시군법원 등을 둘 수 있다. 현재 전국에 **40개의 지원**이 있다.

(5) 가정법원

가사사건과 소년보호사건 등을 전문적으로 처리하기 위하여 1963. 10. 1. 설치된 가정법원은 지방법원과 동급 법원으로서 **서울**에만 설치되어 있었으나, 2011. 4. 11. **부산**가정법원, 2012. 3. 1. **대전**, **대구**, **광주**가정법원과 산하 16개 지원이, 2016. 3. 1. **인천**가정법원과 부천지원이, 2018. 3. 1. **울산**가정법원이, 2019. 3. **수원**가정법원이 각 설치되었다. 가정법원 또는 가정법원의 지원이 설치되지 않은 지역에서는 지방법원 또는 지방법원의 지원이 그 역할을 수행하고 있다.

가정법원은 가사 및 소년보호사건 이외에도 1998년부터 '가정폭력범죄의 처벌 등에 관한 특례법' 시행과 더불어 **가정폭력사건**에 대한 심판권 및 2011. 10.부터 가정폭력 피해자가 가정법원에 직접 가정폭력 행위자의 격리 등을 청구할 수 있는 피해자보호명령에 대한 심판권을 가지게 되었으며, 2014. 9. 29. '아동학대범죄의 처벌 등에 관한 특례법' 시행과 더불어 **아동보호사건 및 피해아동보호명령사건**의 심판권도 가지게 되었다.

한편, 2013. 7. 1.부터 질병, 장애, 노령, 그 밖의 사유로 인한 정신적 제약이 있는 사람들을 보다 폭넓고 유연하게 보호하기 위한 **성년후견제도**를 시행하고 있다.

가사사건은 법관 3인으로 구성된 합의부 또는 단독판사가 담당하고, 소년보호사건, 가정보호사건, 아동보호사건은 단독판사가 담당한다. 가정법원에는 가사조정사건을 다루기 위한 조정위원회와 필요한 사항을 조사하는 조사관이 있다.

(6) 행정법원

행정법원은 1998. 3. 1. **서울**에 처음 설치되었다. 행정소송법상의 취소소송이나 당사자소송을 관할하는 지방법원급 전문법원이다. 행정법원이 설치되지 않은 지역의 행정사건은 행정법원이 설치될 때까지 해당 지방법원 본원이 이를 관할하고 있다. 행정법원은 조세, 토지수용, 근로, 일반행정 등 사건을 심판한다. 과거에는 행정적 전심 구제절차를 모두 거쳐야 법원에 행정소송을 제기할 수 있었으나, 행정법원 설립에 따라 법에 달리 규정되어 있지 않은 한 행정심판을 거치지 않고 곧바로 행정소송을 제기할 수 있게 되었다.

행정법원의 재판은 판사 3인으로 구성된 합의부에서 행하나, 행정법원 합의부가 단독판사가 재판하도록 결정한 사건은 단독판사가 재판한다. 행정법원은 행정소송법에서 정한 행정사건과 다른 법률에 의하여 행정법원의 권한에 속하는 사건의 1심 재판을 담당한다. 행정사건 중 공정거래위원회의 처분에 대한 불복의 소는 서울고등법원의 전속관할이고, 지방의회의원 및 지방자치단체장 선거무효소송과 당선무효소송은 고등법원의 관할이다(단 비례대표 시·도의원 선거 및 시·도지사선거에 관한 소송은 대법원 관할이다)

(7) 회생법원

2017. 3. 1. **서울회생법원**이 개설되었다. 회생·파산 사건은 그동안 서울중앙지방법원 파산부 등 전담재판부에서 맡아왔으나, 1997년 국제통화기금(IMF) 외환위기 이후 회생·파산사건이 급증하고 경제규모가 커지면서 관련사건 처리의 전문성과 신속성을 높일 필요가 있어 별도의 전문법원을 설립하였다. 회생법원은 기업이나 개인 회생·파산 사건은 물론 외국도산절차의 승인·지원 등 국제도산사건도 관할하게 된다.

서울회생법원은 회생·파산 합의부 10개, 조사확정합의부 4개, 민사합의·민사항소·항고부 2개, 개인회생단독 37개 재판부 등으로 구성됐다. 회생법원이 없는 지역에서는 지방법원본원이 그 역할을 수행하고 있다.3)

(8) 시·군법원

지방법원 소재지 내의 시·군법원의 재판은 단독판사가 이를 행한다. 시·군법원은 소액의 민사사건이나 벌금에 처할 형사사건, 협의이혼사건 등 경미한 민사·형사·가사 사건의 1심 재판을 담당한다.

현재 전국에 **100개**의 시·군 법원이 있다(제주지방법원 산하에 서귀포시법원이 있다). 시·군법원이 관할하는 사건은 소가가 **3천만 원**을 초과하지 않는 소액사건, **20만 원** 이하의 벌금 또는 구류나 과료에 처할 범죄사건 등이다.

〈日本의 하급 재판소 조직〉
(1) **고등재판소** : 고등재판소는 **본청 8개소**(東京, 大阪, 名古屋, 廣島, 福岡, 仙台, 札幌, 高松) **지부 6개소**가 설치되어 있다. 동경고등재판소의 특별지부로서 지적재산특별재판소가 설치돼 있다. 고등재판소는 지방재판소와 가정재판소의 판결, 간역재판소의 형사판결에 대한 항소, 지방재판소의 민사 제2심 판결에 대한 上告, 그리고 간역재판소의 판결에 대한 비약상고 및 지방재판소 또는 가정재판소의 결정에 대한 항고사건을 관할한다.
(2) **지방재판소** : 지방재판소는 **본청 50개소, 지부 203개소**에 설치돼 있다. 대다수의 사건은 단독재판관에 의해 처리되지만, 재판관 3인의 합의제에서 심리 및 재판하기로 결정한 사건, 그리고 사형, 무기 또는 단기 1년 이상의 징역 또는 금고에 해당하는 죄의 사건 및 간이재판소의 민사판결에 대한 항소사건 등을 담당한다. **재판원재판**은 원칙적으로 재판관 3인, 재판원 6인의 합의제로 구성한다.
(3) **가정재판소** : 재판관 1인 또는 3인의 합의제로 구성되고, 지방재판소와 그 지부의 소재지와

---

3) 선박 충돌 사고나 해상보험 관련사건, 선원법 관련사건 등 해사사건을 전담해 처리하는 전문법원인 '해사법원' 유치를 둘러싸고 인천과 부산이 각축을 벌이고 있다.

동일하게 **본청 50개소, 지부 203개소**가 설치돼 있다. 그 외에도 전국에 **77개의 가정재판소 출장소**가 있다.

(4) **간이재판소** : 재판관 1인으로 구성되는 간이재판소는 민사는 소송물가액이 140만 엔을 초과하지 않는 사건, 형사는 법정형이 벌금 이하의 형에 해당하는 사건 및 절도, 횡령 등 비교적 간단한 사건에 대한 제1심을 담당한다. 전국 **438개소**에 간이재판소가 설치되어 있다.

〈중국의 하급 법원 조직〉

(1) **고급인민법원** : 각 省, 自治區, 直轄市에 1개씩 전국에 **31개**가 설치되어 있다. 법률이 그 관할로 규정한 사건, 하급인민법원이 법률의 규정에 의해 이송한 사건, 최고인민법원이 법률에 의해 넘겨준 사건의 각 1심, 그리고 하급인민법원의 판결과 裁定에 대한 상소심 등을 관할한다.

(2) **중급인민법원** : 각 省, 自治區, 直轄市 내의 각 지역에 따라 또는 수요에 의해 중급인민법원이 설치돼 있다. 北京에는 2개의 중급인민법원이 있고, 전국적으로 346개가 설치돼 있다. 법률이 그 관할로 규정한 사건, 최고인민법원이 그 관할이라고 확정한 사건, 基層人民法院이 법률규정에 의해 이송 결정한 사건, 고급인민법원이 법률에 의해 넘겨준 사건의 각 1심, 그리고 기층인민법원의 판결과 재정에 대한 상소심 등을 관할한다.

(3) **기층인민법원** : 縣과 縣급 市, 自治懸 등에 설치되어 있으며 기층인민법원은 지역사정, 인구, 사건현황 등에 따라 인민법정을 설치할 수 있다. 전국에 설치된 기층인민법원은 3,135개, 인민법정은 약 11,000여개에 이른다. 법률에서 정한 사건을 제외한 모든 형사, 민사, 행정사건의 1심을 관할하며, 인민법정은 그 중 간단한 민사사건 및 형사사건 중 경미한 自訴 사건의 재판을 맡는다.

(4) **전문법원** : 전문법원으로 군사법원, 해사법원, 철로운수법원 등이 있다.

2. 법원의 구성

(1) 법관

대한민국 헌법은 "법관의 자격은 법률로 정한다."고 규정하고 있다(제101조 제3항), 법관에는 대법원장, 대법관, 판사가 있다. 대법원장, 대법관은 대법원에 두며 그 수는 대법원장을 포함하여 14인이다. 대법원장과 대법관이 아닌 법관을 판사로 하고, 고등법원, 특허법원, 지방법원, 가정법원, 행정법원 및 회생법원에 판사를 둔다(법원조직법 제5조). 2021. 7. 1. 현재 각급법원판사 정원법에 의한 각급법원 판사의 수는 **3,214명**이다.

대법원장은 국회의 동의를 얻어 대통령이 임명하고, **대법관**은 대법원장의 제청으로 국회의 동의를 얻어 대통령이 임명한다. 대법원장과 대법관은 국회의 인사청문절차를 거쳐야 한다. **판사**는 대법원인사위원회의 심의와 대법관회의의 동의를 얻어 대법원장이 임명한다(법원조직법 제41조). 판사의 보직은 대법원장이 행한다(법원조직법 제44조).

대법원장의 임기는 6년으로 중임할 수 없으나, 대법관의 임기는 6년으로 연임할 수 있고, 판사의 임기는 10년으로 연임할 수 있다. 대법원장과 대법관의 정년은 각각 70세, 판사의 정년은 65

세이다(법원조직법 제45조).

종래의 경력법관제에서 **법조일원화**제도의 채택으로 판사는 **10년 이상** 판사·검사·변호사 자격이 있거나, 변호사 자격이 있는 사람으로서 국가기관, 지방자치단체 등에서 법률에 관한 사무에 종사한 사람 또는 공인된 대학의 법률학 조교수 이상으로 재직한 사람 중에서 임용한다(법원조직법 제42조).4)

⟨**일본**⟩ 일본국 헌법은 재판관을 최고재판소 재판관과 하급재판소 재판관 2종류로 나누고 있고, 재판소법은 재판관을 최고재판소 장관, 최고재판소 판사, 고등재판소 장관, 판사, 판사보, 간이재판소 판사의 6종류로 분류하고 있다. 최고재판소는 최고재판소 장관 외에 14명의 최고재판소 판사로 구성된다.

최고재판소 재판관 중 적어도 10인 이상은 판사, 검찰관, 변호사, 법률학의 대학교수 등 법률가 중에서 임명되도록 규정하고 있다. 하급재판소 재판관은 최고재판소가 지명한 자의 명부 중에서 내각이 임명한다.

판사에 임명되기 위해서는 판사보, 검찰관, 변호사 등으로서의 10년 이상의 실무경험이 있어야 한다. 판사보는 법과대학원 과정을 수료한 후 신사법시험에 합격하고 1년간의 사법연수소의 사법수습과정으로 마친 사람 중에서 임명한다. 간이재판소 판사는 판사보, 검찰관, 변호사 등으로 3년 이상의 경험을 가진 자 중에서 임명되나, 그 외의 자로서 간이재판소 판사의 직무에 필요한 학식경험을 가진 자 중에서도 임명된다.

최고재판소 장관과 최고재판소 판사의 임기는 없다. 다만 최고재판소 장관은 임명 후 최초로 치러지는 총선거, 그리고 임명된 지 10년이 경과한 후 최초로 치러지는 총선거에서 국민심사절차를 거쳐야 하고, 최고재판소 판사도 임명 후 처음으로 행해지는 중의원 총선거에서 국민심사절차에 회부된다. 최고재판소 재판관을 제외한 재판관의 임기는 10년이고 재임될 수 있다. 최고재판소 재판관 및 간이재판소 판사의 정년은 70세이고, 그 외의 재판관의 정년은 65세이다.

일본에는 平成 27년(2016년) 12월 현재 3,350명의 재판관이 있고 이중 여성은 약 730명이다.

⟨**중국**⟩ 중국 법관법 제9조는 법관의 조건에 관하여 "중국의 국적을 가질 것, 만 23세 이상일 것, 중국의 헌법을 옹호할 것, 양호한 정치, 업무 소질과 양호한 품행의 소유자일 것, 신체가 건강할 것 등의 조건을 구비하여야 한다. 그 외에 단과대학이나 종합대학에서 법률전공 본과를 졸업하거나 또는 단과대학이나 종합대학에서 비법률전공 본과를 졸업하였지만 법률전문지식이 있는 자로서 법률업무에 2년 이상 종사하여야 하고, 그 중 고급인민법원과 최고인민법원의 법관을 담당하려는 자는 법률업무에 3년 이상 종사하여야 한다."고 규정하고 있다.

---

4) 법원조직법(2011.7.18. 법률 제10861호) 부칙 제2조(판사 임용을 위한 재직연수에 관한 경과조치) 제42조 제2항의 개정 규정에도 불구하고 2013년 1월 1일부터 2017년 12월 31일까지 판사를 임용하는 경우에는 **3년 이상** 제42조제1항 각 호의 직에 있던 사람 중에서, 2018년 1월 1일부터 2021년 12월 31일까지 판사를 임용하는 경우에는 **5년 이상** 제42조 제1항 각 호의 직에 있던 사람 중에서, 2022년 1월 1일부터 2025년 12월 31일까지 판사를 임용하는 경우에는 **7년 이상** 제42조 제1항 각 호의 직에 있던 사람 중에서 임용할 수 있다. 2026. 1. 1.부터 **10년**간의 변호사업무에 종사한 사람이 판사로 임용될 수 있다. 최근 대법원은 판사 지원에 필요한 법조 경력을 5년으로 줄이는 내용의 법원조직법 개정안에 대해 국회에 찬성 의견을 냈다(동아일보 2021. 6. 24.자).

초임법관의 채용은 엄격한 고시평가에의 방법에 의하고, 2002년부터 시행된 국가통일사법고시를 통과하여 자격을 취득하고, 법관의 자격을 구비한 자 중에서 우수한 자를 선발한다. 최고인민법원 원장은 전국인민대표대회에서 선거하고, 부원장, 정장, 부정장, 판사는 최고인민법원장의 제청에 의하여 전국인민대표대회 상무위원회가 임면한다. 지방 각급 인민법원 원장은 해당 지방 각급 인민대표대회가 선거하고, 부원장, 정장, 부정장, 판사는 각 본원 원장의 제청에 의하여 해당 각급 인민대표대회 상무위원회가 임면한다.

각급 인민법원장의 임기는 해당 각급 인민대효대회와 같이 5년이다.

중국 법관의 총원은 약 20만 명에 이른다.

(2) 재판연구관과 재판연구원(Law clerk)

대법원에 대법원장의 명을 받아 대법원 사건의 심리 및 재판에 관한 조사·연구 업무를 담당하는 **재판연구관**이 있다. 대법관별로 전속된 부장판사급 연구관도 있고, 고등법원판사급 공동연구관도 있다. 판사가 아닌 재판연구관도 있다. 한편, 법원조직법은 변호사의 자격이 있는 사람 중에서 **재판연구원**을 임용하여 각급 법원에 둘 수 있도록 하고 있다.

재판연구원은 계약직공무원으로 총 3년의 범위에서 기간을 정하여 채용할 수 있다. 재판연구원의 현재 정원은 300명이고, 2017년 1월부터 임용된 재판연구원은 최대 3년까지 근무할 수 있다. 재판연구원은 각급 법원에 배치되어 소속 법원장의 명을 받아 사건의 심리 및 재판에 관한 조사·연구 등의 업무를 수행한다.

(3) 법원공무원

대법원과 각급법원에 배치되어 재판의 부수사무를 처리하는 단독제 기관인 **법원사무관 등**이 있고, 2005. 7. 1.부터 **사법보좌관** 제도가 도입되어 소송비용액확정, 독촉절차, 공시최고절차, 소액사건심판법에 따른 이행권고결정 절차 등에서의 법원의 사무를 담당하고 민사집행법상의 집행절차에서 중심적으로 업무담당을 하고 있다. 법원사무관 이상 직급으로 5년 이상 근무한 자, 주사보 이상 직급으로 10년 이상 근무한 자는 일정 교육을 이수한 후 사법보좌관으로 선발될 수 있다.

〈일본〉 재판소에는 재판관 이외에 재판소 서기관, 사무관, 재판소 조사관 등의 직원이 있다.

〈중국〉 법원공무원시험이 따로 있고 이에 합격하면 서기원이 된다.

(3) 기타 법조 직역

검사는 공익의 대표자로서 범죄수사 및 공소제기를 담당하고, 범죄수사와 관련하여 사법경찰관리를 지휘·감독한다. 검사와 경찰의 수사권 조정을 둘러싼 논의가 이루어지고 있다. 검사는 가사사건에서 공익의 대표자로서 직무상의 당사자로 관여할 수 있다. 검사는 국가의 소송수행자로 지정될 수 있다.

2021. 7. 1. 현재 검사정원법에 의한 검사의 정원은 **2,292명**이다.

변호사는 민사·행정사건에서는 소송대리인으로, 형사사건에서는 피고인 또는 피의자의 변호인으로 형사재판에 참여한다. 법학전문대학원 과정을 마치고 변호사시험에 합격하면 변호사자격을 취득하고, 이후 6개월의 실무수습과정을 거치면 변호사로서 개업할 수 있다.

2021. 7. 1. 현재 대한변호사협회에 등록된 변호사는 개업변호사 24,971명, 준회원(휴업 + 미개업) 5,537명 합계 **30,508명**이다. 1.264개의 **법무법인**(구성원 5,111명 및 소속변호사 2,862명)과 68개의 **법무법인(유한)**(구성원 1,590명 및 소속변호사 2,862명)이 있고, 19개의 공증인가합동법률사무소(구성원 90명)와 348개 공동법률사무소(구성원 1,827명)가 있다. 제주에는 127명의 개업변호사와 39명의 준회원이 있다.

집행관은 지방법원에 소속되어 재판의 집행과 서류 송달 등을 담당한다. 집행관은 엄격한 의미에서 공무원은 아니지만, 직무에 관하여 소속 지방법원장의 감독을 받는다. 집행관은 일정 기간 이상 법원, 검찰청 공무원으로 근무한 자 중에서 지방법원장이 임명한다. 집행관의 임기는 4년이고, 연임할 수 없다. 2021. 7. 1. 현재 전국 법원에 450명의 집행관이 있다.

〈**일본**〉 일본의 검찰관은 검찰청에 소속되어 범죄수사, 공소제기 및 유지업무를 담당하고 형의 집행을 지휘·감독하는 것을 주된 직무로 하고 있다. 일본의 변호사도 민사사건의 대리인과 형사사건의 변호인 등 재판소의 소송사건 등에 관한 행위를 하고 있다.

〈**중국**〉 중국에서는 원칙적으로 수사는 公安이, 기소는 검찰이 하도록 분리되어 있으며, 검사는 반역사건, 공무원의 직무범죄 사건 등 일부 사건에 대해서만 수사권을 가진다. 검사는 공안에 대한 수사 감독권은 있으나 수사의 주재자로서의 지위는 갖고 있지 않다. 검찰이 법원에 기소하는 公訴를 위주로 하고 피해자 등이 직접 법원에 기소하는 自訴를 보충적으로 하는 公訴와 自訴 병존주의를 채택하고 있다. 중국의 변호사 제도는 2002년 시작된 국가통일사법고시를 통해 대량으로 律士(변호사)가 배출되고 있다. 변호사사무실은 대부분 조합 형태를 띠고 있다.[5]

II. 민사재판

1. 민사재판 개관

민사소송이란 민법·상법 등 사법에 의하여 규율되는 대등한 주체 사이의 경제상 또는 신분상 생활관계에 관한 소송을 말한다. 민사소송은 사법상의 권리관계를 그 대상으로 하고 널리 사법상의 권리관계의 확정·보전·실현을 과제로 하는 권리보호절차이다.

독일 등과 달리 한국, 일본, 중국 모두 변호사필수(강제)주의를 채택하지 아니하여 당사자 본인이 직접 소송을 수행할 수 있다.[6]

---

[5] 아시아 10대 대형 로펌 중 4위인 한국의 김앤장을 빼고 9개가 전부 중국계 로펌이다. 1위 다청 법률사무소는 변호사 변리사 등 다청에 소속된 전문가는 4,300여명에 달한다. 같은 중국계인 잉커는 3,220명, 중인이 1,221명이다(2016. 1. 현재).

[6] 2019년 1년 동안 전국법원에 접수된 본안사건 중 **민사사건이 71.7%**, 형사사건이 23.3%, 가사사건이 2.6%, 소년사건

2. 관 할

관할이란 재판권을 행사는 여러 법원 사이에서 재판권의 분담관계를 정해놓은 것을 말한다. 관할에는 같은 지역을 관할하는 제1심의 지방법원 단독판사와 합의부 사이에 관할의 부담을 정한 사물관할, 하급법원의 재판에 대하여 불복신청한 경우에 심판할 상급법원을 정하는 심급관할 등이 있다.

소송목적의 값(소가)이 **2억 원**을 초과하는 민사사건이 합의부 관할이고, 소가 2억 원 이하의 사건과 어음·수표금 청구사건 등 사안이 단순한 사건은 단독판사의 관할이다.7) 합의부 심판범위에서 제외되는 사건이라도 합의부에서 심판할 것으로 합의부가 결정한 사건(재정합의사건)은 합의사건이 되고, 소가 2억 원을 초과하는 사건이라도 단독판사가 심판할 것으로 합의부가 결정한 사건(재정단독사건)은 단독사건이 된다.

제1심은 지방법원이나 지원 합의부나 단독판사가 담당하고, 지방법원 단독판사의 재판에 대한 항소심은 지방법원 본원 합의부(항소부)가 관할하고 지방법원 합의부의 재판에 대한 항소심은 고등법원이 관할한다.8)

〈**日本**〉 간이재판소는 소가 140만 엔 이하의 청구사건을 관할하고, 지방재판소가 일반적인 제1심 재판소가 된다. 사물관할은 전속관할이 아니므로 訴價 140만 엔을 넘는 청구라도 당사자의 합의 또는 응소에 의하여 간이재판소가 관할권을 행사할 수 있고 그 반대의 경우도 가능하다. **지방재판소**의 제1심 판결에 대하여는 **고등재판소**에 抗訴할 수 있고, 고등재판소의 제2심 판결에 대하여는 **최고재판소**에 上告할 수 있으며, 간이재판소의 제1심판결에 대하여는 지방재판소에 항소할 수 있고, 지방재판소의 제2심판결에 대하여는 고등재판소에 상고할 수 있다.

〈**中國**〉 중국의 심급제도는 2심 종심제를 취하고 있기 때문에 제1심 사건에 대한 상소심은 직상급 법원이 처리하도록 구성돼 있다. 중국의 인민법원은 기층인민법원, 중급인민법원, 고급인민법원, 최고인민법원 4개로 구분되고, 대다수의 사건을 기층인민법원에서 해결한다.

3. 제1심 소송절차

> ☞ 소의 제기 → 답변서 제출 → 변론기일 지정(필요한 경우 변론준비절차) → 변론기일 및 증거조사기일 → 변론종결 → 판결선고 → 판결정본 송달

1.7%, 행정사건 0.7%의 순이다. 2020년 대법원 사법연감 참조.

7) 법원은 단독사건을 소액단독, 중액단독, 고액단독으로 분류하고 운영하고 있다. 소액단독은 소가 3,000만 원 이하의 사건으로 시·군법원 판사의 사물관할도 된다. 중액단독은 3,000만 원 초과 1억 원까지의 사건으로 전형적인 민사단독사건이다. 고액단독은 1억 원 초과 2억 이하의 사건으로 대체로 부장판사급 단독판사가 담당한다.

8) 2019년 제1심 민사본안사건 중 합의사건은 **5.4%**, 단독사건은 **22.8%**, 소액사건은 **71.8%**이다. 2020년 대법원 사법연감 참조.

⟨日本⟩

☞ 소의 제기 → 소장송달, 구두변론기일 지정 → 답변서 제출 → 구두변론기일 → (쟁점 및 증거의 정리, 계획심리) → 증거조사 → 구두변론 종결 → 종국판결 → 판결정본 송달

⟨중국⟩

☞ 기소 → 기소조건 심사 → 기소장 부본과 답변서 부본 송달 → 개정심리 → 법정조사 → 법정변론 → 평의와 선고

4. 간이한 사건 처리 절차

소가 3,000만 원 이하의 금전 기타 대체물이나 유가증권의 일정 수량의 지급을 목적으로 사건은 소액사건이다. 소액사건은 지방법원이나 지원의 단독판사 또는 시·군법원의 판사가 담당한다. 소액사건의 소송절차에서는 절차의 간이화와 신속한 재판 등의 지도이념에 따라 민사소송법과의 관계에서 여러 가지 특례가 인정된다.

소액사건의 경우 당사자의 배우자·직계혈족·형제자매 등은 법원의 허가 없이 소송대리인이 될 수 있고, 법원은 재량에 의하여 변론 없이 **이행권고결정**을 보내고 이에 대하여 피고가 2주 이내에 이의하지 아니하면 바로 집행력을 부여하여 강제집행을 할 수 있다.

⟨日本⟩ 소액소송절차는 60만 엔 이하의 금전 지급을 구하는 소에 관하여 원칙적으로 1회의 기일에 심리를 마치고 바로 판결을 선고하므로 즉시 조사할 수 있는 증거에 한하여 증거조사를 실시한다.

⟨中國⟩ 기층인민법원이 심리하는 사건으로서 권리의무관계가 명확하고 사실관계가 분명하며, 쟁의가 크지 않은 민사사건에 대하여는 간이절차를 적용한다. 간이절차에서는 기소와 수리를 말로 할 수 있고, 독임제로 재판을 하는 것이 원칙이며 심리절차가 간이하고, 사건은 입안일로부터 3개월 내에 심리를 종결해야 하며 연장할 수 없다.

5. 상소 제도

상소는 자기에게 불이익한 재판을 받은 당사자가 재판의 확정 전에 상급법원에 그 재판의 취소·변경을 구하는 불복신청을 말한다.

항소는 제1심 판결에 대한 불복신청으로 항소는 제1심 판결정본을 송달받은 날부터 2주 내에 제1심법원에 항소장을 제출하여야 한다. 제1심에서 한 소송행위는 당연히 항소심에서 그 효력이 있고, 당사자는 제1심에서 제출하지 아니한 공격방어방법을 제출할 수 있는 등 항소심에서 변론의 갱신권을 인정하고 있으므로 속심구조라 할 수 있다.

상고는 제2심 판결에 대한 불복신청으로 상고는 제2심 판결정본을 송달받은 날부터 2주 내에 원심법원에 상고장을 제출하여야 한다. 상고인이 상고장에 상고이유를 기재하지 아니한 때에는 대

법원에서 소송기록접수통지서를 받은 날부터 20일 내에 상고이유서를 제출하지 아니하면 상고법원은 변론 없이 상고를 기각한다. 상고를 하려면 원심판결에 불복이 있는 것만으로는 부족하고 판결에 영향을 미친 법령위반을 상고이유로 주장하여야 하며, 원심에서 적법하게 확정한 사실은 상고법원을 기속한다는 점에서 법률심이다.

상고심의 법률심으로서의 기능을 다하게 하기 위하여 대법원은 상고이유에 관한 주장이 일정한 사유를 포함하지 아니하는 경우에는 더 나아가 심리를 하지 아니하고 상고를 기각할 수 있는 심리불속행제도를 두고 있다.9)

〈일본〉 제1심 판결에 불복이 있는 당사자는 판결송달일로부터 2주 이내에 상급재판소에 抗訴할 수 있고, 항소심 재판소는 제1심과 동일한 방법에 의하여 사실인정을 행한다. 일본의 항소심도 속심구조이다. 고등재판소의 제2심 판결에 불복이 있는 당사자는 최고재판소에 상고할 수 있고, 간역재판소의 항소심(지방재판소) 판결에 대하여는 고등재판소에 상고할 수 있다. 고등재판소의 상고심판결에 대하여는 예외적으로 헌법해석의 잘못이 있거나 그밖에 헌법위반이 있다는 것을 이유로 할 때만 최고재판소에 특별상고를 할 수 있다.

〈中國〉 2심 종심제를 취하므로 제2심 절차는 2심 종심제를 구체화시키는 절차이다. 상소는 당사자가 각급 인민법원의 판결이나 재정에 불복하여 법정기간 내 상급법원의 판결을 구하는 소송행위로 제2심 인민법원은 상소사건에 관하여 합의정을 구성하고 개정 심리하여야 한다. 상소심은 상소 청구와 관련된 사실과 적용 법률에 대하여 심사하므로 사실심이자 법률심이다.

III. 가사재판

1. 가사재판 개관

가사재판은 가사소송법 그 밖의 법령에 의하여 가정법원이 처리할 소송·비송 및 조정사건에 대한 재판을 말한다.10) 현행 가사소송법은 가사에 관한 소송과 비송 및 조정에 대한 절차의 특례를 규정함을 목적으로 하고 있고(제1조), 가사소송절차에 관하여는 이 법에 특별한 규정이 있는 경우를 제외하고는 민사소송법에 따르도록 하고 있다(가사소송법 제12조 본문). 또한 가사비송절차에 관하여는 가사소송법에 특별한 규정이 없으면 비송사건절차법 제1편을 준용하도록 하고 있다(제34조 본문).11)

---

9) 대법원이 2018년 처리한 본안사건 중 심리불속행으로 기각한 비율은 **72.1%**인 것으로 조사됐다. 대법원 본안 사건의 70%가 넘는 사건들이 심리불속행으로 기각되는 현실은 국민의 재판을 받을 권리에 대한 실질적인 제약 내지 침해로 작용하고 있는 것은 아닌가 하는 우려도 있다. 법률신문 2020. 10. 12.자 참조.
10) 2019년도에 전국 법원에 접수된 가사사건은 합계 171,578건으로, 소송사건이 51,898건(30.2%), 비송사건이 84,080건(49%), 조정사건이 6,358건(3.7%), 신청사건이 29,247건(17.1%)을 차지하고 있다. 2020년 대법원 사법연감 참조.
11) 법무부는 '가사소송법 전부개정법률안'을 마련하였으나, 현재 국회를 통과하지 못했다.

(1) **가사소송** : 대립하는 당사자 사이의 분쟁에 대하여 법원에 주로 실체법상의 판단기준을 적용하여 당사자 주장의 당부를 판단하는 절차로 가사소송사건에는 혼인무효, 이혼무효, 인지무효, 친생자관계존부확인 등 **혼인관계 가사소송사건**(가류 사건), 사실상 혼인관계존부확인, 혼인취소, 이혼취소, 재판상 이혼, 친생부인 등 **부모와 자녀관계 가사소송사건**(나류 사건), 약혼해제 또는 사실혼 부당파기로 인한 손해배상청구 및 원상회복청구, 혼인무효·취소, 이혼무효·취소 또는 이혼을 원인으로 하는 손해배상청구 및 원상회복청구 등 **재산관계 가사소송사건**(다류 사건)이 있다.[12]
(2) **가사비송** : 법령에 규정된 가사비송사건을 가정법원이 후견적 입장에서 합목적적인 재량에 의하여 처리하는 절차로 성년후견개시심판과 종료, 실종선고와 그 취소, 성과 본의 변경 등 **상대방이 없는 가사비송사건**(라류 사건), 재산분할, 친권자 및 양육자 지정 및 변경, 면접교섭에 관한 청구, 친권상실선고 등 **상대방이 있는 가사비송사건**(마류 사건)이 있다.
(3) **가사조정** : 일정한 범위의 가사사건 및 그와 관련이 있는 민사사건의 청구에 관하여 당사자의 합의를 유도하기 위한 절차를 말한다. 가사조정사건은 가정법원에 설치된 가사조정위원회, 가사조정담당판사 또는 가사사건의 수소법원이 처리한다.

〈日本〉 가사사건을 가사심판사건, 가사조정사건 및 인사소송사건으로 분류하고, 가사심판사건은 성변경허가, 상속포기 등 갑류 사건과 친권자지정·변경, 양육비청구 등 을류 사건이 있다. 인사소송사건은 부부의 이혼, 자의 인지, 친자관계존부 확인 등 부부, 친자 등의 관계를 둘러싼 소송사건이다.

〈中國〉 가사재판제도는 가정분규에 대한 사법적 해결과 예방을 위한 제도로서 가사소송절차, 가사비송절차 및 가사사법기구의 구성 및 운영을 포함한다. 중국 민사소송법은 혼인가정사건에 대한 사법절차에 관한 체계적 절차규정을 마련하지 않아 실무에서는 가사재판은 일반 민사재판절차와 동일한 절차에 따라 처리되고 있다.

2. 관할 및 특징

(1) **관할** : 가사소송법이 정한 가사사건과 다른 법령에 의한 가사사건은 가정법원의 전속관할에 속한다. 다만, 가정법원 및 가정법원 지원이 설치되지 않은 지역에서는 해당 지방법원 및 지원이 가사사건을 관할한다.
(2) **특징** : 본인출석주의, 직권탐지주의, 절차의 공개와 비공개, 조정전치주의

〈일본〉 가사심판, 가사조정, 인사소송사건은 가정재판소의 관할이다. 가사재판의 특징은 한국과 유사하다.

---

[12] 2017년 제1심에 접수된 가사소송사건 중 재판상 이혼 사건이 35,621건으로 75%를 차지하고 있고, 친생자관계존부확인 사건이 9.5%, 손해배상 등(가사 다류 사건) 5.5%를 점하고 있다. 가사비송사건은 전체 가사사건의 46.3%를 차지하고 있다. 2017년 사법연감 참조.

⟨**중국**⟩ 가사재판제도는 일반 민사소송절차에 따라 인민법원에서 진행되고 있다. 절차적 측면에서 직권진행주의, 직권탐지주의 요소가 많아 일반 민사소송의 처분권주의, 변론주의가 제한되고 조정·화해가 중요한 분쟁해결수단이 되고 있다.

3. 가사재판절차

> ☞ 소장 제출 → 소장심사 → 소장 송달 → 가사조사관의 조사(답변서 제출 및 준비서면 공방의 성격을 겸함) → 기일 전 쟁점정리 절차(기일 전 증거신청 및 증거제출)→ 변론기일(증인 등 집중증거조사) → 판결 선고

⟨**일본**⟩ 가사심판사건에서는 재판관인 가사심판관이 당사자로부터 제출된 서류나 가정재판소 조사관이 행한 조사결과 등 여러 가지 자료에 근거하여 판단한다. 가사심판에 대하여는 고등재판소에 즉시항고를 할 수 있고, 가사심판이 확정되면 이행권고, 이행명령, 강제집행을 할 수 있다. 조정이 불성립하면 심판절차로 넘어가고 조정이 성립하면 가사심판이 확정된 것과 동일한 효력이 있다.

⟨**중국**⟩ 가사사건에는 이혼, 혼인무효·취소 등 혼인관계소송, 친생부인, 인지청구 등 친자관계소송, 입양무효·취소, 파양 등 입양관계소송 등이 있다.

IV. 민사집행

1. 민사집행의 개요

2002년의 개정법에 의하여 한국의 **민사소송법**은 판결절차를 규율하고, **민사집행법**은 강제집행과 담보권실행을 위한 경매, 형식적 경매, 보전처분절차를 규율하여 민사절차법을 2분화하였다.
판결기관과 집행기관이 분리되어 집행기관에는 집행관, 집행법원, 제1심 법원 등이 있다. 집행법원으로 되는 것은 지방법원이며, 종래 집행법원의 사무는 지방법원 단독판사의 업무였으나, 2005. 3. 24. 법원조직법 개정법률에 의하여 집행법원의 대부분의 업무는 사법보좌관의 업무가 되었다. 집행실무를 보면 금전집행 중 채권집행이 차지하는 비율이 압도적으로 높다.[13]

⟨**日本**⟩ 일본은 판결절차를 규율하는 **민사소송법**과 강제집행절차를 규율하는 **민사집행법**, 가압류가처분절차를 규율하는 **민사보전법** 등으로 민사절차법을 3分化하였다. 일본의 집행기관으로 집행관과 집행법원이 있다.

---

[13] 2019년 1년 동안 전국법원에 1,109,849건의 민사집행사건이 접수되었고, 이중 강제경매 3.4%, 임의경매 6%, 채권과 그 밖의 재산권에 대한 집행이 84.5%, 배당절차 2% 등이다. 2020년 대법원 사법연감 참조.

⟨중국⟩ 중국은 민사집행에 관하여 민사소송법 제3편에 34개의 조문을 두어 규정하고 있다. 민사소송법에 민사집행과 관련한 조문이 너무 적어 실무운영에 어려움을 겪고 있어 최고인민법원은 일련의 사법해석을 발표하여 민사집행실무의 수요에 응하고 있다. 중국은 각급 법원에 집행원을 두어 집행절차를 담당하도록 하고 있다. 대부분의 법원에서 집행원을 법관 중에서 임명하고 있다.

2. 압류채권자의 경합과 채권자평등주의

강제집행의 대상이 된 재산에 대하여 복수의 채권자 경합하고 그 채권자 전원의 권리를 만족시킬 수 없는 경우에 최초에 집행을 개시한 채권자와 그 집행절차에 사후적으로 참가한 다른 채권자를 어떻게 취급할 것인가에 관하여는 입법례가 나뉘어 있다.

압류채권자와 일반 채권자 모두를 평등하게 취급하여 채권자들 사이에 차등을 두지 않고 각 채권자의 채권액에 비례하여 평등한 만족을 두는 **평등주의**, 집행절차에 참가한 시간적 선후에 따라 우열을 정하는 **우선주의**, 일정한 시기를 기준으로 하여 그 시기 안에 배당을 요구한 채권자들 사이에서는 평등배당을 하되, 그 이후의 시기에 배당을 요구한 채권자들 사이에서는 우열을 정하는 **군단우선주의**가 있다.

평등주의에 의하면 각 채권자는 압류나 배당요구를 한 시간적 선후에 관계없이 각 채권액에 따라 안분적으로 배당받는다. **우선주의**에 의하면 채권자간 시간적 선후에 의하여 순위를 정하여 먼저 최초의 압류채권자가 전액변제를 받고 다음 순위의 채권자가 나머지에 대하여 변제를 받을 수 있게 하는 입장이다. 자기의 청구권의 실현을 근면하게 추구한 자에 대한 보상의 메리트가 있는 제도이다.[14]

민사집행법은 평등주의에 따라 다른 채권자의 이중압류와 배당요구를 인정한다. 그러나 배당요구자 자격을 집행권원 보유자에 한정하고, 배당요구시기 즉 집행참가시기를 매각기일 이전으로 제한함으로써 평등주의의 폐단을 시정코자 하였으나, 평등주의의 폐단은 근본적으로 시정되지 아니하였다.

⟨日本⟩ 일본은 평등주의에 철저하다. 평등주의는 프랑스, 이탈리아법이 따르고, 우선주의는 독일, 오스트리아법이 따른다. 미국법에서도 압류채권자에게 채무자의 재산에 lien(우선특권)을 준다. 군단우선주의는 스위스법이 따른다.

⟨中國⟩ 중국은 우선주의를 제한적으로 채택하고 있다. 채무자의 재산이 이미 압류된 경우에는 중복하여 압류할 수 없는 것을 원칙으로 한다. 그러나 금전채권에 대하여 압류가 경합하는 경우에는 압류의 선후에 따라 우선순위를 정하도록 하고 있다. 다만, 채무자의 재산이 모든 채권을 변제할 수 없는 경우에는 다른 채권자가 배당요구 신청을 할 수 있고, 그 경우에는 채권액에 비례하여 평등한 변제를 받게 된다.

---

14) 이시윤, 『신민사집행법[제7개정판]』, 박영사, 2016, p.289 참조.

3. 집행의 실효성 확보

채권자로 하여금 불성실한 채무자의 재산을 추적하여 강제집행을 쉽게 할 수 있도록 하기 위한 제도로 재산명시제도와 재산조회제도가 있고, 또 불성실한 채무자로 하여금 채무를 이행하도록 간접적으로 강제하는 제도로 채무불이행자명부제도가 마련되어 있다.

〈日本〉 일본은 집행의 실효성 확보를 위하여 재산개시절차를 마련하고 있다.

〈중국〉 중국은 집행의 실효성 확보를 위하여 집행방해행위에 대한 강제조치를 마련하고 있다. 그 내용은 구체적으로 구인, 감치, 과태료, 출국제한 등이다.

4. 집행절차

부동산에 대한 집행절차는 강제집행과 담보권실행을 위한 경매로 나누어지고, 강제집행의 방법으로는 강제경매와 강제관리가 있다. 부동산집행은 주로 강제경매에 의하고 있다. 강제경매는 채무자 소유의 부동산을 압류, 현금화하여 그 매각대금으로 금전채권의 만족을 얻는 집행방법이다. 민사집행법은 담보권실행을 위한 경매절차에서 강제경매절차에 관한 규정을 대부분 준용하도록 함으로서 집행절차의 통일을 기하고 있다. 등기된 선박이나 자동차, 건설기계, 항공기 집행도 강제경매에 준한다.

동산에 대한 강제집행은 유체동산에 대한 강제집행과 채권과 다른 재산권에 대한 강제집행으로 나누어진다. 주로 채권집행이 행해지는데 채무자가 제3채무자에 대하여 갖는 채권에 대하여 압류하고 추심명령이나 전부명령으로 집행이 이루어진다.

〈일본〉 일본 민사집행법이 정한 부동산집행의 방법으로는 강제경매와 강제관리가 있고, 동산에 대한 집행절차 역시 한국과 비슷하다. 채권 및 기타 재산권에 대한 강제집행은 집행의 대상이 권리라는 점에서 권리집행이라고도 한다. 권리집행은 채권집행, 기타 재산권에 대한 강제집행 및 소액소송채권집행으로 구분된다. 금전채권에 대한 강제집행에서 있어서 원칙적인 환가방법은 압류채권자가 스스로 피압류채권을 추심하는 것이다.

일본 민사집행법은 금전채권을 압류한 채권자는 채무자에게 압류명령이 송달된 날부터 1주일이 경과한 때에는 그 채권을 추심할 수 있다고 규정하여(제155조 제1항) 압류명령 송달일부터 1주일이 경과하면 압류의 효력으로부터 당연히 추심의 권능이 생기도록 하고 있으므로 한국과 같은 추심명령제도가 없다.

〈중국〉 중국에서는 집행대상인 재산의 종류에 따라 재산을 이전 또는 처분하는 것을 제한 또는 금지하는 집행조치를 調查封鎖, 압류, 凍結로 나누고 있다. 재산의 調查封鎖는 민사집행기관이 채무자와 관련이 있는 재산에 대하여 그 소재장소에서 封하여 보관함으로써 채무자가 이전하거나 처분하는 것을 금지하는 집행조치이다. 재산의 압류는 민사집행기관이 채무자의 재산을 일정한 장소에 운반하여 압류하고, 채무자의 점유, 사용 및 처분을 금지하는 집행조치이다. 재산의 凍結은 민사집행기관이 관련 기관 또는 개인에게 협조집행통지서를 발행하여 채무자의 예금, 주권, 주식배당금, 토지사용권 등에 대한 권리행사를 정지하고 채무자의 이전 또는 수령을 금지하는 집행조치이다.

민사집행기관은 재산이 **調査封鎖, 押留, 凍結**된 후 채무자로 하여금 지정된 기한 내에 법률문서가 확정한 의무를 이행할 것을 명령한다. 민사집행기관은 채무자가 지정된 기간 내에 의무를 이행한 경우에는 즉시 **調査封鎖, 押留, 凍結**을 해제하여야 하고, 채무자가 기간을 넘겨서도 여전히 의무를 이행하지 않는 경우에는 이미 압류된 재산을 경매 또는 임의매각을 할 수 있다.

5. 보전처분

보전처분은 본안소송 확정 전에 채권자가 채무자의 일반재산 또는 다툼의 대상에 대한 권리를 보전하여 후일 본안소송 확정시에 권리실현을 가능하게 하는 소송절차 및 집행절차를 말한다. 보전처분에는 금전채권의 집행보전을 위한 **가압류**와 특정물 이행청구권에 대한 집행보전을 위한 **다툼의 대상에 관한 가처분**, 다툼이 있는 법률관계에 관한 쟁송이 있을 것을 전제로 집행권원을 얻을 때까지 현상을 방치한다면 채권자가 현저한 손해를 입거나 급박한 위험에 처할 염려가 있는 등 소송목적달성이 어려운 경우 그 손해를 방지하기 위해 현상을 변경하여 임시의 지위를 형성하기 위한 **임시의 지위를 정하기 위한 가처분(임시지위가처분)**이 있다.

〈日本〉 일본의 민사보전이란 판결을 얻을 때까지 기간이 경과됨으로 인하여 권리실현이 불능 또는 곤란하게 될 위험으로부터 권리자를 보호하기 위하여 재판소가 잠정적인 조치를 강구하는 제도를 말한다. 민사보전은 가압류, 계쟁물에 관한 가처분, 임시지위를 정하는 가처분으로 나누어진다.

〈中國〉 중국에서 보전처분은 법원이 이해관계인의 신청 또는 직권으로 장래의 확정판결의 집행을 보전하기 위하여 채무자의 재산 또는 분쟁의 대상이 된 물건에 대하여 채무자의 처분을 제한하는 강제조치를 말한다. 보전처분의 시기에 따라 소송 중의 보전처분과 제소 전의 보전처분으로 구분되나, 중국에서는 한국이나 일본의 임시지위를 정하는 가처분 제도는 없다(다만 소 제기 이전에 법원이 지적재산권의 침해행위의 중지를 명하는 제도는 있다).

V. 도산재판

1. 도산절차의 의의

도산절차는 채무자가 도산에 처하였을 때 모든 채권자의 채권을 위하여 채무자의 모든 재산에 대하여 포괄적으로 행하는 청구권의 실현절차를 말한다. 채무자가 경제적 어려움으로 채무를 변제할 수 없거나 파탄상태에 직면한 경우, 채무자는 법원에 회생 또는 파산신청을 할 수 있다. 종전에는 서울중앙지방법원을 비롯한 전국의 지방법원에 설치된 도산사건 담당재판부가 도산사건을 신속하고 적정하게 처리해 왔는데 2017. 3.부터 서울에 회생법원이 설립되었다. '채무자 회생 및 파산에 관한 법률'에서 파산절차, 회생절차, 개인회생절차 등 도산절차를 규율하고 있다.

〈**일본**〉 개별법으로 도산절차를 규율하여 재건형 절차로서 회사갱생절차, 민사재생절차가 있고, 청산형 절차로서 파산절차가 있다.

〈**중국**〉 2007. 6. 1. 기업파산법이 시행되고 있으나, 개인파산에 관한 절차에 관하여는 법률이 없다.

2. 도산재판의 내용

(1) **회생절차** : 회생제도의 목적은 법원 감독 하에 채권자·주주·지분권자 등 이해관계인의 법률관계를 조정하여 채무자 또는 그 사업의 효율적인 회생을 도모하는 제도이다. **법인회생**과 **일반회생**이 있다. 법원은 채무자, 채권자 또는 주주의 신청에 따라 회생절차개시결정을 하고 관리인을 선임한다. 원칙적으로 채무자가 관리인으로 선임된다. 채무자가 개인, 중소기업, 건실한 기업지배구조의 공기업인 경우, 법원은 관리인을 선임하지 않고 채무자에게 재산 관리 및 처분 권한을 일임할 수 있다. 관리인은 법원의 감독을 받는다. 관리인은 채무자의 업무와 재산관리상태를 보고해야 하고, 회생계획안을 법원이 정한 기한 내에 제출해야 한다. 회생계획안이 관계인집회 또는 서면결의에서 부결되면 폐지되고, 가결되어 법원의 인가를 받으면 채권자와 주주의 권리는 회생계획에 따라 변경된다. 반면에 인가 후에도 회생계획을 수행할 수 없는 것이 명백하게 된 때에는 회생절차는 폐지가 되며, 확정된 이후에도 법원이 파산의 원인이 되는 사실이 있다고 인정하면 파산선고를 한다.
또한 2015. 7. 1.부터는 중소기업 등의 회생절차 접근성을 제고하기 위해서 채무액이 크지 않은 소액영업소득자가 회생절차를 쉽게 이용할 수 있도록 간이한 회생절차를 신설하여 절차와 비용의 획기적인 감소를 통한 회생절차 접근성을 제고하였다. 회생계획이 채무자에 의해 제대로 이행되고 장래에도 회생계획의 수행에 지장이 없다고 법원이 판단하는 경우 회생절차는 종결된다.

(2) **파산절차** : 파산절차는, 법원이 선임하는 파산관재인이 채무자의 재산을 환가하여 채권자에게 배당하는 절차이다. **법인파산**과 **개인파산**이 있다. 법원은 채권자나 채무자 신청에 따라 채무자가 지급불능상태에 있다고 판단되면 파산을 선고한다. 만약 채무자의 재산이 거의 없는 경우에는 배당절차를 생략할 수 있다. 채무자가 개인인 경우 남은 채무에 대하여 면책받을 수 있다. 그러나 낭비 또는 사기행위 등으로 파산에 이른 경우에는 면책이 허가되지 않는다.

(3) **개인회생절차** : 지급불능 상태에 있는 사람이 급여소득자 또는 영업소득자 등 일정한 소득을 얻고 있을 경우에 3~5년간 일정한 금액을 갚으면 채무를 면제받는 제도이다. 개인회생제도는 채무자가 채무를 조정하여 법원이 허가한 변제계획에 따라 채권자에게 분할변제를 하고 5년 이내 계획된 기간 내 일정 금액을 변제할 경우 남은 채무를 면책받을 수 있도록 한 것이다. 채무자는 채권자목록과 변제계획안을 제출해야 하고, 법원이 임명한 회생위원은 채

무자의 재산과 수입을 조사하고 변제계획에 관하여 법원에 각종 보고를 해야 한다. 법원이 변제계획안을 허가하면 채무자는 변제계획에 따라 변제해야 하고 변제계획을 모두 이행하면 채무자의 남은 채무를 면책받을 수 있다.

〈일본〉
(1) **민사재생절차** : **통상의 민사재생절차**에서 채무자는 사업을 계속하면서 재생계획대로 변제하고 나머지 채무는 면제를 받게 되며, 이 절차에서는 채무자를 감독하는 감독위원과 채무자에 대신하여 사업경영을 행하는 관재인이 선임되기도 한다. 통상의 민사재생절차를 간소화한 **개인채무자의 민사재생절차**는 장래에 있어 계속적으로 수입을 얻을 전망이 있고 무담보채무의 총액이 5,000만 엔 이하인 사람(소규모개인재생)과 그 중에서도 월급 생활자 등 장래의 수입을 확실하고 쉽게 파악할 수 있는 사람(급여소득자 등 재생)이 신청할 수 있다. 이 절차에서는 채무자는 일을 계속하면서 재생계획대로 변제하고 나머지 채무의 면제를 받게 된다.
(2) **회사갱생절차** : 주식회사의 재건에 관한 절차로 한국의 회생절차와 유사하다.
(3) **파산절차** : 재판소가 파산을 선고하여 파산관재인을 선임하고 그 파산관재인이 채무자의 재산을 금전으로 바꾸고 채권자에게 배당하는 절차이다.

〈중국〉 기업파산법은 개인사업자를 제외한 모든 기업법인(금융기관 포함)을 파산의 대상으로 한다. 관리인제도를 두어 인민법원에 그 업무를 보고하고 채권자회의와 채권자위원회의 감독을 받도록 하고 있다. 채무자 또는 채권자는 직접 인민법원에 채무자에 대한 회사정리절차의 개시를 신청할 수 있다. 채무자에게 만기가 도래한 채권을 변제할 수 없고, 자산이 전체 채무를 변제하기에 부족하거나 변제능력의 부족이 확실한 상황에 있는 경우 채무자는 인민법원에 파산을 신청할 수 있다.

Ⅵ. 형사재판

1. 형사절차 개관

형사절차는 크게 수사 재판 형의 집행으로 구분되는데, 이러한 수사절차 중 수사와 형의 집행을 제외한 공소의 제기로부터 판결의 선고에 이르기까지의 통상의 공판절차를 형사소송이라고 하고 형사소송이 형사절차의 중심을 이룬다.

형사소송법에는 당사자주의 요소뿐만 아니라 직권주의 요소도 있으나, 당사자주의를 기본구조로 하고 있다.

2. 수사절차

수사는 범죄사실을 조사하고 범인과 증거를 발견, 수집하여 공소를 제기할 것인지 여부를 결정하고 공소의 유지를 준비하는 수사기관의 활동이다.[15] 형사절차는 임의수사가 원칙이고 법률에 특별한 규정이 있는 경우에만 강제수사가 허용된다. **영장주의**에 따라 수사기관이 체포, 구금 등 강제처분을 하기 위하여는 법관이 발부한 영장이 필요하다.

한국의 인신구속제도는 체포와 구속으로 구분된다.

수사기관은 피의자가 죄를 범하였다고 의심할 만한 상당한 이유가 있고 수사기관의 출석요구에 응하지 아니하거나 응하지 아니할 우려가 있는 때에는 법관이 발부한 체포영장에 의하여 피의자를 체포할 수 있다. 체포영장에 의한 체포에는 긴급체포와 현행범 체포 등의 예외가 있다. 피의자를 구속하기 위하여는 검사의 청구에 의하여 법관이 적법한 절차에 따라 발부한 영장을 제시하여야 한다. 피의자가 죄를 범하였다고 의심할만한 상당한 이유가 있고, 일정한 주거가 없거나 증거를 인멸할 염려가 있는 경우 또는 도망하거나 도망할 염려가 있는 경우에 검사는 관할 지방법원 판사에게 청구하여 구속영장을 발부받아 피의자를 구속할 수 있다. 사법경찰관은 검사에게 신청하여 검사의 청구에 의하여 관할 지방법원 판사의 구속영장을 발부받아 피의자를 구속할 수 있다. 그러나 50만 원 이하의 벌금, 구류 또는 과료에 해당하는 사건에 관하여는 주거부정의 경우에 한하여 구속할 수 있다.

체포된 피의자에 대하여는 구속영장을 청구받은 판사는 지체 없이 필요적으로 피의자를 심문하여야 하고 특별한 사정이 없는 한 구속영장이 청구된 날의 다음날까지 심문하여야 한다(구속영장실질심사제). 심문할 피의자에게 변호인이 없는 때에는 지체 없이 국선변호인을 선정한다. 사법경찰관에 의한 구속기간은 10일이고(연장 불허) 검사에 의한 구속기간은 구속기간연장허가를 받아 최장 20일이다.

■ [참고] 한국의 석방제도

	구속적부심	구속집행정지	구속취소	보석
피의자	○	○	○	×
피고인	×	○	○	○

〈**일본**〉 체포된 피의자가 죄를 범한 것으로 의심할 만한 상당한 이유가 있고, 일정한 주거가 없으며, 범죄의 증거를 인멸할 것으로 의심하기에 충분한 상당한 이유가 있고, 도망하거나 도망할 것으로 의심할 만한 상당한 이유가 있는 때에는 검찰관은 구속을 청구하고 재판관이 발부한 영장에 의하여 피의자를 구속한다. 다만 30만 엔 이하의 벌금 등에 해당하는 사건에 대하여는 피의자가 일정한 주거가 없는 때에 한하여 구속할 수 있다.

한국의 인신구속제도는 체포된 피의자의 구속뿐만 아니라 미체포 피의자를 직접 구속하는 경우도 인정하고 있으나, 일본은 체포된 피의자에 대하여만 구속청구를 할 수 있는 체포전치주의를 취하고 있다. 일본에서는 체포가 선행되지 않은 피의자에 대하여는 체포 없이 바로 구속청구를 할 수 있다. 구속청구를 받은 재판관은 구속의 이유가 없다고 인정하는 때, 검찰관에의 송치나 구속청구에 대한 제한시간을 초과한 것에 대하여 정당한 사유가 인정되지 않을 때를 제외하고는 신속하게 영장을 발부한다. 한국과 같은 구속영장실질심사제가 없다. 구속청구를 한 날부터 10일 이내

---

15) 2021년부터 검·경 수사권 조정, 공수처 설치 등 이라는 형사사법시스템의 변혁에도 불구하고 일선 현장에서 혼선이 가중되고 있다.

에 공소를 제기하지 않는 때에는 검찰관은 즉시 피의자를 석방하여야 한다(10일 간의 구속기간 연장 가능).

〈중국〉 중국에서는 영장주의를 채택하고 있지 않으므로 검사가 형사절차상의 강제처분을 할 때 법관이 발부한 영장을 필요로 하지 않는다. 대다수의 강제처분은 수사기관 책임자의 허가만으로 집행할 수 있고, 公安도 검사의 허가를 받아 피의자를 구속할 수 있다. 피의자, 피고인의 구속은 인민검찰원의 허가 또는 인민법원의 결정을 거쳐서 이루어지고 공안기관이 집행한다.

3. 변호인

한국 형사소송법은 필요적 국선변호사건에 해당하지 않는 경우에도 피고인이 빈곤 그 밖의 사유로 변호인을 선임할 수 없는 경우에 피고인의 청구가 있는 때에는 법원은 국선변호인을 선정한다. 전담변호사로 하여금 국선변호 사건만을 처리하도록 하여 충실한 변호를 제공하기 위하여 **국선전담변호사제도**가 전국법원에서 시행되고 있다. 영장실질심사 단계부터 선정된 국선변호인이 수사단계 및 제1심 변호까지 담당하는 **구속사건 논스톱 국선제도**도 시행되고 있다.

〈일본〉 피의자, 피고인이 빈곤 등의 사유로 변호인을 선임할 수 없는 경우에 피의자, 피고인의 청구에 의하여 재판소가 변호인을 선정한다. 재판관이 직권으로 변호인을 선정할 수도 있다.

〈중국〉 중국은 가난한 사람 또는 특별한 사건의 당사자에 대하여 비용을 감면하거나 국가가 변호사비용을 지급하는 등의 방식으로 법률원조를 제공한다.

4. 형사공판절차

검사가 수사한 결과 범죄의 객관적 혐의가 인정되고 처벌의 필요가 있다고 판단하면 법원에 대하여 공소를 제기하여 심판을 구한다. 수사결과 범죄혐의가 없다고 판단하거나 처벌의 필요가 없다고 판단하면 불기소처분을 한다. 기소독점주의에 따라 검사만이 공소를 제기할 수 있고, 기소편의주의에 따라 공소를 제기할 것인지 여부도 검사의 재량에 달려 있다. 다만 기소편의주의에 대하여는 재정신청제도 등과 같은 일정한 제한이 있다.

지방법원 및 지원의 심판권은 원칙적으로 단독판사가 행사하고, 예외적으로 사형·무기 또는 단기 1년 이상의 징역 또는 금고에 해당하는 사건 등은 합의부가 심판한다. 약식절차는 공판절차를 거치지 아니하고 원칙적으로 서면심리만으로 피고인에게 벌금, 과료를 과하는 간이한 형사절차를 말한다. 약식절차에 의하여 재산형을 과하는 절차를 略式命令이라고 하고 약식명령에 불복이 있는 자는 약식명령을 고지받은 날부터 1주일 이내에 定式裁判을 청구를 할 수 있다. 범증이 명백하고 죄질이 경미한 범죄사건에 대하여 통상의 형사소송절차에 의하지 아니하고 간단하고 신속한 절차에 의하여 일정한 범위 내의 경미한 형을 선고하는 절차를 즉결심판이라고 한다.

공소가 제기된 사건 중 법원은 사건에 대한 쟁점을 정리하고 입증계획을 수립하는 공판준비기일을 지정할 수 있다. 공판중심주의에 따라 형사사건의 유·무죄와 양형에 관한 심증을 공개법정의 심리에 의하여 형성하는 것을 원칙으로 한다. 공판중심주의에서 증거조사는 형사심리절차의 핵심이다. 증거조사 이후에 피고인신문 → 검사의 최종의견진술 → 피고인측의 최종의견진술 → 변론종결 → 판결선고 순으로 진행된다. 피고인은 자기에게 불리한 재판에 대하여 상소할 수 있고, 검사는 피고인의 이익을 위하여든 불이익을 위하여든 상소할 수 있다. 피고인보호를 위하여 '불이익변경금지의 원칙'이 적용된다.

〈일본〉 수사가 종료된 후 검찰관이 공판청구를 하면 공판절차가 개시된다. 기소독점주의와 기소편의주의가 인정된다. 한국의 재정신청제도와 유사한 준기소절차(부심판청구절차)가 있다. 간이재판소는 벌금 이하의 형에 해당하는 사건, 선택형으로 벌금형이 규정되어 있는 죄 및 절도, 횡령, 盜品 등에 관한 죄에 관한 사건을 관할한다. 간이재판소의 형사판결에 대한 항소심은 고등재판소이며 상고심은 최고재판소이다. 일본의 즉결심판제도는 피익자가 사건에 대하여 자백하고 즉결심판절차에 의하여 재판을 받겠다고 동의할 때 집행유예판결을 전제로 간이한 절차를 거쳐 재판하는 제도로 한국의 즉결심판과는 다르다.

일본에서도 제1회 공판기일 전에 쟁점정리 등을 위한 공판준비를 위하여 공판전 정리절차가 거친다. 형사사건의 재판절차는 검찰관이 재판소에 기소장을 제출하여 공소를 제기함으로써 개시된다. 제1심의 소송절차는 모두절차, 증거조사절차, 변론절차, 판결선고절차로 이루어진다. 상소절차에서는 피고인을 위하여 '불이익변경금지의 원칙'이 적용되는 것은 한국과 같다.

〈중국〉 기소는 公訴와 自訴로 구분된다. 인민검찰원은 공안기관이 수사 종결하여 이송한 사건 및 자체 수사한 사건에 대하여 심사한 후 혐의사실이 명확하고 증거가 충분한 경우 관할권이 있는 인민법원에 공소를 제기한다. 自訴는 모욕, 비방사건 등 일정한 사건에 관하여 피해자 및 그 법정대리인 또는 근친속이 피고인의 형사책임을 추궁하기 위하여 관할권 있는 인민법원에 제기하는 것이다.

기층인민법원은 제1심 보통형사사건을 관할하나 형사소송법에서 상급법원이 관할하도록 규정한 사건은 제외한다. 중급인민법원은 반혁명사건, 국가안전을 해치는 사건 등으로 제1심으로 관할하고, 고급인민법원의 제1심 형사사건은 省, 자치구, 직할시급의 중대한 형사사건이다. 최고인민법원은 전국적으로 영향을 미칠 수 있는 중대 형사사건을 제1심 형사사건으로 관할한다. 간이절차는 기층인민법원이 제1심 형사사건의 심리에 적용하는 간이화된 절차를 말한다.

중국의 형사재판절차는 개정, 법정조사, 법정변론, 피고인의 최후진술, 평의와 선고의 다섯 단계로 이루어진다. 중국은 상소이유를 제한하는 규정이 없으므로 지방인민법원의 제1심판결에 불복하여 상소하면 상소 이유가 있는지를 묻지 않고 제2심 절차가 진행된다. 인민검찰원은 충분한 근거가 있고 원판결이나 재정에 명백한 착오가 있다고 인정하는 경우에 항소할 수 있다. 피고인만 상소한 사건을 재판하는 제2심 법원은 어떠한 이유로도 피고인의 형을 가중할 수 없다.

5. 국민참여재판

국민의 사법참여의 일환으로 '국민의 형사재판 참여에 관한 법률'이 2008. 1. 1. 시행됨에 따라 국민참여재판 제도가 본격 도입되었다. 국민참여재판의 특징으로는 배심원은 원칙적으로 법관의 관여 없이 평의를 진행한 후 만장일치로 評決에 이르러야 하는데, 만약 만장일치의 평결에 이르지 못한 경우 법관의 의견을 들은 후 다수결로 평결할 수 있고, 배심원은 표결을 통하여 양형에 관한 의견을 개진할 수 있을 뿐이며, 배심원의 평결은 법원을 기속하지 않고 단지 권고적 효력을 가진 다는 점이다.

국민참여재판은 시행 초기 다양한 국민의 의견을 재판에 반영한다는 취지와 신선함으로 인기가 높았지만 피고인들이 그간의 사례를 바탕으로 유·불리를 따져보니 낮은 형량을 선고받는데 꼭 유리하지는 않다는 인식이 생기고 있다.

〈국민참여재판 절차〉

> ☞ 검사의 공소제기 → 공소장 부본, 국민참여재판 의사확인서 송달 → 피고인의 의사확인서 제출 → 공판준비절차(공판준비기일 진행) → 배심원 선정절차 → 공판절차(집중심리, 연일개정) → 평의절차(배심원 대표 선출, 유무죄 평의, 평결, 양형토의) → 판결선고(즉일선고 원칙)

〈**일본**〉 일본은 平成 21년(2009년) 5. 21. **재판원제도**가 도입되었다. 재판원제도는 국민이 지방재판소의 형사재판에 참가하여 피고인의 유무죄 및 유죄의 경우에 어떠한 형을 선고할 것인가를 재판관과 함께 결정하는 제도이다. 한국의 국민참여재판제도와 다른 점은 재판원과 재판관이 함께 피고인의 유무죄 및 형의 내용을 결정하고 재판장이 판결을 선고하는 경에도 법대에 입회한다는 점이다.

〈**중국**〉 중국에서도 1심사건 중 사회적으로 영향력이 비교적 큰 형사사건에 대하여 직권으로 또는 형사사건의 피고인이 인민배심원이 참여한 합의부에서 재판받기를 신청하는 경우 인민배심재판을 한다. 합의부에서 차지하는 배심원의 비율은 1/3을 넘어야 하는데, 합의부 내에 1명에서 7명까지 인민배심원이 참여할 수 있으나, 판사와 인민배심원을 합하여 3인의 합의부를 구성하는 것이 일반적이다. 인민배심원은 재판에서 판사와 동일한 권한을 가진다.

Ⅶ. 소년보호재판

1. 의의 및 특징

소년보호재판은 19세 미만의 소년의 범죄사건 등에 대하여 소년의 환경을 변화시키고, 소년의 성품을 행동을 바르게 하기 위한 보호처분을 행하는 재판이다. 소년법은 소년보호재판 절차와 소년형사사건의 특례를 규정하고 있다.

형사소송절차는 원칙적으로 검사의 기소에 의하여서만 시작되는데 비하여 소년보호절차는 검사의 송치뿐만 아니라 법원·경찰서장의 송치나 보호자 또는 학교나 사회복리시설·보호관찰소의 장의 통고에 의해서도 시작된다. 소년심판은 법원이 소년에 대한 후견적 입장에서 직권에 의해 진행한다.

⟨소년보호재판 절차⟩

> ☞ 사건 접수(송치와 통고) → 소년조사관의 조사 및 전문가(소년분류심사원, 보호관찰소 등)의 진단 → 심리개시결정 → 심리 → 결정(보호처분, 불처분, 심리개시결정 취소 및 심리불개시결정)

⟨**일본**⟩ 일본 소년법은 소년사건처리 절차에 관한 특례를 규정하여 소년사건의 처리절차와 소년심판에서의 사실인정 절차의 적정화 등에 관한 규정을 두고 있다.

⟨일본의 소년보호재판 절차⟩

> ☞ 체포(경찰 48시간 이내 검찰관 송치) → 검찰(24시간 이내 재판관의 구류 질문, 20일 이내 가정재판소 송치) → 가정재판소(보호조치 결정, 형사처분이 타당한 경우 → 검찰청) → 소년감별소 → 심판(4주 이내 불처분, 소년원송치, 보호송치, 보호관찰 등)

⟨**중국**⟩ 미성년자보호법은 18세 미만의 자를 미성년자로 규정하고 있고, 소년법정에서는 14세 이상 18세 미만의 청소년을 그 심판대상으로 한다. 14세 미만의 자는 형사책임을 지지 않는다. 14세 이상 16세 미만의 자는 고의살인범죄, 고의상해로 중상해 또는 살인에 이르게 한 죄, 강간, 강도, 마약판매, 방화, 폭발, 마약투약의 범죄에 한하여 형사책임을 지고, 16세 부터는 일반적인 형사책임을 진다. 16세 미만의 미성년자로서 형사처벌을 하지 않는 경우 부모 또는 감호인이 교육·감독을 하고 필요하면 정부가법에 따라 수용교양에 처할 수 있다. 소년 피의자 또는 소년 피고인의 법정대리인은 소년에 관한 절차에 참가할 권리가 있다.

2. 소년보호재판의 내용

소년 보호사건은 가정법원 소년부 또는 가정법원이 없는 지역의 지방법원 소년부 단독판사가 심판한다. 2016. 3. 1.부터 소년법상 보호처분이 확정된 경우, 법원이 집행감독사건을 직권으로 개시하여 보호처분의 내용이 잘 집행되고 있는지 여부를 감독하고, 필요한 경우에는 직권으로 보호처분을 변경할 수 있도록 하는 제도가 도입되었다.

⟨보호처분 대상 소년(소년법 제3조)⟩

구 분	나 이	내 용
범죄소년	14세 이상 19세 미만	죄를 범한 소년
촉법소년	10세 이상 14세 미만	형벌 법령에 저촉되는 행위를 한 소년[16] (10세 미만의 **범법소년**은 형사처벌은 물론 보호처분도 불가)

			집단적으로 몰려다니며 주위 사람들에게 불안감을 조성하는 성벽이 있는 등 성격이나 환경에 비추어 앞으로 형벌법령에 저촉되는 행위를 할 우려가 있는 소년
	우범소년	10세 이상 19세 미만	

〈보호처분의 내용(소년법 제32조)〉

구 분	내 용
1	보호자 또는 보호자를 대신하여 소년을 보호할 수 있는 자에게 감호 위탁
2	수강명령(12세 이상)
3	사회봉사명령(14세 이상)
4	보호관찰관의 단기 보호관할
5	보호관찰관의 장기 보호관할
6	아동복지법에 따른 아동복지시설이나 그 밖의 소년보호시설에 감호 위탁
7	병원, 요양소 또는 '보호소년 등의 처우에 관한 법률'에 따른 소년의료보호시설에 위탁
8	1개월 이내의 소년원 송치
9	단기 소년원 송치(6개월 이내)
10	당기 소년원 송치(2년 이내)(12세 이상)

〈**일본**〉 가정재판소의 심판에 의해 처분이 가능한 비행소년은 범죄행위를 한 14세 이상 20세 미만의 소년(범죄소년), 법률에 저촉되는 행위를 한 14세 미만의 소년(촉법소년), 우범행위를 한 20세 미만의 소년(우범소년)이다.

경찰 등은 범죄소년을 검거한 경우 벌금 이하의 형에 해당하는 범죄에 대해서는 사건을 직접 가정재판소에 송치하고, 그 밖의 범죄에 대하여는 검찰에 송치한다. 한국과 달리 소년피의사건에 대하여 수사한 검사는 모든 사건을 법원에 송치하고 보호처분을 할 것인지, 형사절차를 거치게 할 것인지는 가정재판소가 정한다. 가정재판소가 조사 및 심판을 하기 위하여 신병을 확보할 필요가 있는 경우에는 **관호조치**를 취할 수 있다.

가정재판소에서 소년에 대하여 내릴 수 있는 처우결정으로는 심판불개시결정, 아동상담소 등 송치결정, 검사송치결정(연령초과), 검사송치결정(형사처분), 불처분결정, 보호관찰결정, 아동자립지원시설 또는 아동보호시설 송치결정, 소년원 송치결정이 있다.

〈**중국**〉 최고인민법원의 '소년형사사건의 처리에 관한 약간의 규정(시행)'에서는 소년법정은 소년범죄사건에 관하여 개정 전 전면적인 실질심사를 하도록 규정하고 있다. 심사결과에 따라 소년법원에서 재판하는 것이 적절하다고 보고 재판개시를 결정하거나, 증거부족을 이유로 무죄를 선고하거나 보충수사 또는 공소철회를 요구할 수 있다.

---

16) 정부는 촉법소년 기준을 만 13세(중학교 1학년)로 낮추는 등 관련 법 개정도 추진 중이다. 현재는 만 10세 이상 14세까지의 촉법소년은 형사처벌을 받지 않는다.

〈참고〉 한국의 가정보호재판

　배우자, 직계존·비속 등 일정한 가정구성원 사이에 신체적, 정신적 또는 재산상 피해를 수반하는 가정폭력행위가 발생한 경우, 검사 또는 법원 등은 이를 가정법원이나 지방법원에 송치할 수 있다. 가정법원이나 지방법원 판사는 **가정보호처분**을 내릴 수 있는데, 이는 가정폭력범죄로 파괴된 가정의 평화와 안정을 회복하고 건강한 가정을 육성하는 것을 목적으로 하고 있다. 가정법원은 가정보호 사건의 원활한 조사·심리 또는 피해자 보호를 위하여 필요하다고 인정하는 때에는 결정으로 행위자에 대하여 피해자 또는 가정구성원의 주거 또는 방실로부터 퇴거 등 격리를 명하거나 피해자의 주거 등에서 100m 이내 접근금지를 명하는 등의 임시조치를 할 수 있다.

　또한 가정법원은 가정보호사건에 대하여 가정보호사건조사관에게 사건을 조사하도록 한 다음, 그 조사보고 등에 기초하여 심리한 후에 종국결정을 하는 것을 원칙으로 한다. 판사는 한 가지 이상의 보호처분을 내릴 수 있다. 종국결정에는 행위자가 피해자에게 접근하는 행위를 제한하는 처분, 사회봉사명령·수강명령, 보호관찰처분, 감호위탁, 치료위탁 및 상담위탁처분 등이 있고, 이를 병과할 수 있다.

　한편 2011. 10.부터 가정폭력 피해자가 수사기관을 거치지 않고 직접 가정법원에 보호조치를 청구할 수 있는 **'피해자보호명령제도'**가 도입되었다. 피해자보호명령에는 가정폭력 행위자를 피해자 주거지로부터 퇴거시키는 등 격리하는 처분, 피해자의 주거·직장 등에서 100m 이내 접근을 금지하는 처분, 피해자에 대한 전기통신을 이용한 접근을 금지하는 처분, 친권자인 행위자의 피해자에 대한 친권행사를 제한하는 처분이 있다. 피해자보호명령 청구가 있는 경우 판사는 직권으로 피해자보호명령과 같은 내용의 임시보호명령을 할 수 있다.

Ⅷ. 행정재판

1. 행정재판의 의의 및 관할

　행정재판은 행정청이 행한 작위 또는 부작위 등의 위법 여부에 대한 다툼과 공법상 법률관계에 관한 다툼을 해결하는 것을 목적으로 하는 재판이다. 행정처분의 예로는 각종 과세처분, 운전면허 취소·정지처분, 공무원에 대한 징계처분, 각종 영업허가취소·정지처분, 각종 신청에 대한 거부처분 등을 들 수 있다. 재결의 예로는 토지수용위원회의 수용재결, 중앙노동위원회의 재심판정, 감사원의 변상판정 등을 들 수 있다. 그 밖에 공법상 법률관계에 관한 소송의 예로는 공무원 등의 지위 확인 소송, 공법상 계약에 관한 소송 등을 들 수 있다.

　한국은 일반법원의 하나로 전문법원인 행정법원을 설치하여 행정소송법에서 정한 행정사건과 다른 법률에 의하여 행정법원의 권한에 속하는 사건의 1심을 담당하도록 하고 있다. 이에 따라 서울행정법원이 설립되었고, 행정법원이 설립되지 않은 지역에서는 해당 지방법원 본원이 관할하고 있다. 일반 민사재판과 같이 제1심 행정법원 → 제2심 고등법원 → 제3심 대법원의 3심제 구조를 택하고 있다.

〈**일본**〉 별도의 행정재판소를 두지 않고 일반 사건과 마찬가지로 통상의 재판소가 행정재판을 담당하고 있다. 행정소송은 소가의 다소를 불문하고 지방재판소가 제1심을 담당하고 고등재판소, 최고재판소가 각각 항소심과 상고심을 담당하고 있다.

〈**중국**〉 별도의 행정법원을 두지 않고 일반 사건과 마찬가지로 통상의 법원이 행정재판을 담당하고 있다. 기층인민법원이 제1심 행정사건을 관할하고, 중급인민법원은 국무원 각부 또는 省, 자치구, 직할시 인민정부가 행한 구체적 행정행위에 대하여 제기하는 소송 등에 관하여 제1심 법원이 된다. 고급인민법원은 구역 내의 중대 복잡한 제1심 행정사건을 관할한다. 최고인민법원은 전국 범위의 중대하고 복잡한 제1심 행정사건을 관할한다.

2. 행정재판의 종류

(1) **항고소송** : 행정청의 위법한 처분 등이나 부작위로 인하여 권리이익을 침해받은 자가 그 위법을 다투기 위하여 제기하는 소송이다. 취소소송, 무효 등 확인소송, 부작위위법확인소송이 포함된다.
(2) **당사자소송** : 행정청의 처분 등을 원인으로 하는 법률관계에 관한 소송 그 밖의 공법상의 법률관계에 관한 소송으로서 그 법률관계의 한쪽 당사자를 피고로 하는 소송이다.
(3) **민중소송** : 국가 또는 공동단체의 기관이 법률에 위반되는 행위를 한 때에 직접 자기의 법률상 이익과 관계없이 그 시정을 구하기 위하여 제기하는 소송이다. 대통령, 국회의원, 지방의회의원, 지방자치단체장 선거의 효력을 다투는 선거소송 등이 이에 속한다.
(4) **기관소송** : 국가 또는 공공단체의 기관 상호간에 있어서 그 권한의 존부 또는 그 행사에 곤하여 다툼이 있는 때에 이에 대하여 제기하는 소송이다. 지방자치단체의 장이 지방의회의 의결에 관하여 대법원에 제기하는 소송 등이 이에 속한다.

〈**일본**〉 한국과 마찬가지로 항고소송, 당사자소송, 민중소송, 기관소송 4종류가 있다. 일본의 항소소송에는 취소소송, 무효등확인소송, 부작위위법확인소송 의무부여소송과 금지소송이 있다.

〈**중국**〉 행정소송법 제2조는 공민, 법인 또는 기타 조직은 행정기관과 행정기관 업무인원의 구체적 행정행위가 그 합법권익을 침해하였다고 인정하는 경우에는 인민법원에 소송을 제기할 권리가 있다고 규정하고, 동시에 제11조에서 인민법원의 수리범위를 구체적으로 열거하고 있다. 행정처벌에 관한 사건, 행정강제조치에 관한 사건, 경영자주권에 관한 사건, 부작위위법에 관한 사건, 撫恤金(무휼금)과 관련된 사건 등 신체권 또는 재산권에 대한 소송 등이 있다.

3. 행정재판의 특징

항고소송의 대상은 '**처분 등**', 즉 행정청이 행하는 구체적 사실에 관한 법집행으로서의 공권력의 행사 또는 그 거부와 그 밖에 이에 준하는 행정작용 및 행정심판에 대한 재결이다.[17] 따라서

---
17) 대법원은 최근 미국 시민권을 취득함으로써 병역의무를 면탈하였다는 이유로 2002년 법무부장관에 의해 입국이 금지된

일반적·추상적 법령 등 행정입법은 원칙적으로 항고소송의 대상이 되지 않는다.

원칙적으로 행정심판 임의적 전치주의를 택하고 예외적으로 필요적 전취주의를 택하고 있다(조세부과처분 등) 취소소송은 처분 등이 있음을 안 날부터 **90일**, 처분 등이 있은 날부터 1년 내에 제기하여야 한다. 취소소송에 있어 원고의 청구가 이유 있다고 인정하는 경우에도 처분 등을 취소하는 것이 현저히 공공복리에 적합하지 아니하다고 인정하는 때에는 법원은 그 청구를 기각할 수 있다(사정판결).

행정소송이 제기되더라도 행정처분의 효력이나 행정처분의 집행에는 아무런 영향이 없다. 이를 막기 위해 행정소송법에서는 법원이 직권으로 또는 원고의 신청에 따라 일정한 요건 아래 임시적으로 행정처분의 효력 또는 집행을 정지하는 '**집행정지제도**'를 인정하고 있다. 그러나 집행정지가 공공복리에 중대한 영향을 미칠 우려가 있을 때에는 허용되지 않는다.

〈**일본**〉 행정사건소송법은 자유선택제를 택하여 국민은 심사청구를 할 것인지, 심사청구를 거치지 않고 바로 취소소송을 제기할 것인지를 자유롭게 선택할 수 있다. 개별 법률에 따라 심사청구 전치주의를 택하고 있는 경우가 있다. 국민이 처분 또는 재결이 있음을 안 날부터 6개월이 경과하였을 때에는 취소소송을 제기할 수 없고, 국민이 처분을 알았는지 여부를 불문하고 처분 또는 재결이 있음을 안 날부터 1년이 경과한 때에도 취소소송을 제기할 수 없다. 한국과 같은 사정판결제도도 있다.

〈**중국**〉 인민법원의 사법심사권은 행정주체의 구체적 행정행위에 그치고 행정주체의 추상적 행정행위에 대하여는 심사하지 않는다. 행정소송법 제50조는 행정사건의 심리에서 조정을 적용하지 않는다는 원칙을 확립하고 있다. 인민법원에 행정사건을 심리하는 과정에서 행정기관의 결정을 존중하고 원칙적으로 이를 변경하지 못한다. 동일한 행정사건에 대한 행정기관의 재결은 반드시 인민법원의 재판에 복종하여야 하고, 사법적 결정은 최종적 원칙을 가진다.

IX. 특허재판

1. 특허재판의 의의

특허재판으로는 ① 특허법원이 전속관할권을 가지고 있는 특허권 등의 부여, 특허권 등의 유무효 판단 및 권리범위에 관한 재판, ② 특허법 제126조 등에 의한 특허권 침해금지소송, 민법 제750조에 의한 손해배상청구소송 및 특허법 제131조 등에 의한 신용회복조치청구소송, ③ 특허권의

스티브 승준 유(한국명: 유승준)가 2015년에 주로스엔젤레스(LA)총영사관 총영사에게 재외동포(F-4) 체류자격 사증 발급을 신청하였다가 거부되자 위 사증발급 거부처분의 취소를 청구한 사건에서 이 사건 입국금지결정은 법무부장관의 의사가 공식적인 방법으로 외부에 표시된 것이 아니라 행정 내부 전산망에 입력하여 관리한 것에 지나지 않으므로 항고소송의 대상이 될 수 있는 '처분'에 해당하지 않고, 이 사건 사증발급 거부처분은 재량행위이며, 피고는 재량권을 전혀 행사하지 않았으므로 사증발급 거부처분은 재량권 불행사로 위법하다고 판시하였다(대법원 2019. 7.11. 선고 2017두38874 판결).

귀속을 둘러싼 재판 등이 있다. ①은 특허심판원의 심결이 있음을 전제로 하여 그 심결의 위법여부를 따지는 것이므로 심결취소소송이라고도 한다.

특허재판은 특허심판원의 審決 또는 결정이 위법하여 취소할지를 가리는 심결취소소송과 특허권 등의 침해사건에 대한 1심 판결에 대해 불복하여 항소하는 특허권 등 침해소송(항소심)으로 구분된다. 특허사건을 전담하여 처리하는 전문법원인 특허법원(고등법원급)이 대전에 설치되어 있다.

〈일본〉 일본은 1959년 특허법 개정을 통하여 권리범위확인심판제도를 폐지하고 '判定制度'를 도입하였다. 특허심판소의 판정은 일종의 행정기관에 의한 감정으로서 그에 대한 취소소송은 허용되지 않는다. 따라서 일본 특허심판소의 판정취소에 관한 특허재판은 존재하지 않는다. 특허재판을 담당하는 기관으로 동경고등재판소의 특별지부로 지적재산고등재판소가 있다.

2. 관 할

종전에 특허심판원의 심결에 관하여는 특허법원이 사실심으로 전속관할을 가지고 특허법원의 판결에 대하여는 법률심인 대법원에 상고할 수 있었고, 특허침해소송은 다른 민사소송과 같이 일반 민사법원에서 관할하고 있었다.

그런데 심결취소소송은 종전과 같은 체제를 유지하면서 특허침해소송의 경우 2016. 1. 1.부터 특허재판 **관할집중제도**가 실시되고 있다.

'특허권, 실용신안권, 디자인권, 상표권, 품종보호권'의 침해에 따른 민사 본안사건(저작권 등 다른 지식재산권은 적용대상이 아님)의 제1심은 전국 고등법원 소재지 5개 지방법원 (서울중앙·대전·대구·부산·광주)의 전속관할로 하고 서울중앙지방법원에 '선택적 중복관할'을 인정하였다. 따라서 위 대상사건에 대해서는 누구나 '서울중앙지법'에 소제기가 가능하다. 위 대상 사건의 항소심은 특허법원의 전속관할이다.

〈일본〉 특허권·실용신안권 등의 권리에 관한 소는 제1심 재판을 동경지방재판소와 大阪지방재판소의 토지관할로 집중하였다. 여기서 말하는 특허재판에는 특허권자 등이 침해자에 대하여 제기하는 금지청구소송, 특허권자 등의 침해자에 대한 손해배상청구소송, 직무발명의 대가청구소송 등도 포함된다. 이들 소송에 대한 항소심은 동경고등재판소 특별지부인 지적재산고등재판소 하나뿐이다. 한편, 상표권·부정경쟁·의장권·상표권 등의 침해사건에 대하여는 전국 어디에서든지 소를 제기할 수 있고(항소심도 일반 민사사건과 동일하다) 동경과 大阪지방재판소에도 제소할 수 있는 관할집중이 인정되고 있다.

3. 특허재판 절차

특허소송에 대해서 3인의 판사가 한 재판부를 구성하는 합의부가 재판하고, 민사소송과 같이 서면공방과 집중심리절차를 거친다. 특허소송 중 특허심판원의 심결 또는 결정에 대한 취소소송은 변호사 이외에도 변리사가 소송대리를 할 수 있다. 특허법원에는 기계, 화학, 약품, 전기, 건설, 통신, 농림, 물리 등의 전문 기술분야별 기술심리관이 근무하고 있고, 이들은 재판부의 기술심리관

지정결정에 따라 구체적 사건의 심리에 참여함으로써 과학기술에 관한 재판부의 전문성을 높이는 역할을 하고 있다. 특허법원은 보통 제1회 변론기일 또는 변론준비기일에 당사자 또는 대리인에게 해당 사건의 기술적 사항을 설명하도록 하고, 필요한 때에는 관련 전문가를 증인으로 출석시켜 기술적 사항을 증언하도록 하고 있다. 이때 이해를 돕기 위해 빔프로젝터, 실물화상기, 대형모니터 등의 시청각장치를 이용할 수 있다. 특허법원 판결에 대하여 불복하는 경우에는 대법원에 상고할 수 있다.

〈일본〉 심결취소소송은 지적재산고등재판소가 전속관할을 갖고 있다. 한국의 특허법원의 심결취소율이 30%에 이르는데 비하여 일본 지적재산고등재판소의 심결취소율은 10% 내외에 불과하다. 특허권 침해소송의 항소심과 특허·실용신안의 심결취소소송에 대하여는 5인의 재판관이 심리하는 소위 대합의제가 도입되었다. 전문위원 제도와 기술조사관 제도도 있다.

X. 군사재판

1. 군사재판과 군사법원

헌법 제110조 제1항은 "군사재판을 관할하기 위하여 특별법원으로서 군사법원을 둘 수 있다."고 규정하고 있고, 이에 따라 군사재판을 관할할 군사법원의 조직, 권한, 재판관의 자격 및 심판절차와 군검찰의 조직, 권한 및 수사절차를 정함을 목적으로 하여 '군사법원법'이 시행되고 있다. 군사법원은 군사법원법이 규정하고 있는 일정한 사건에 한하여 재판권을 행사하는 특별법원이다.

2. 군사법원의 조직

제1심에 해당하는 보통군사법원과 항소심에 해당하는 고등군사법원이 있고, 최종심인 상고심은 대법원이다. 보통군사법원의 경우 육군은 사단급 이상 부대, 해군의 경우 함대급(일부 전단급) 이상 부대, 공군은 비행단급 이상 부대에 각 설치돼 있고, 그 외에 국방부 직속의 보통군사법원이 1곳 있다. 고등군사법원은 국방부에만 설치돼 있다.

〈일본〉 일본에는 군사재판소가 없다. 일본의 경우 군사재판 또한 일반 형사사건과 마찬가지로 지방재판소(1심), 고등재판소(2심), 최고재판소(3심)에 의해 처리되고 있고, 절차상의 특례도 인정되지 않고 있다.

〈중국〉 중국의 군사법원은 해사법원, 철로운수법원과 마찬가지로 특수법원의 지위를 가지며 3급으로 구성돼 있다. 군사법원은 주둔 군인의 범죄사건을 심판하는데, 自訴도 가능하다.

3. 군사재판의 특징

군사법원의 재판권은 현역 군인, 군무원, 사관생도, 국군부대의 간수 하에 있는 포로 등에 해당하는 사람이 범한 죄에 대하여 재판권을 가지며(신분적 재판권), 일반인도 군형법상의 일정한 죄를 범한 경우에는 군인에 준하는 것으로 보아 군사법원의 재판을 받게 된다, 그리고 군사법원은 계엄법과 군사기밀보호법 제13조의 죄와 그 미수범에 대하여 재판권을 가진다(그 밖의 재판권).

군사법원이 설치된 부대의 지휘관은 관할관으로서 군사법원의 행정사무를 관장 내지 지휘·감독할 뿐만 아니라 1심 판결에 대하여 감형을 할 수 있는 판결확인권을 가진다.

군사법원은 관할관이 지정하는 재판관으로 구성되는데, 정식재판에서는 군판사 2인과 일반장교인 심판관 1인으로 재판에 참여한다.18)

군사재판에 있어 수사소추기관인 군 검찰관은 현직 장교(법무관)로 고등검찰부 또는 보통검찰부에 소속되어 있다.

XI. 헌법재판

1. 헌법재판과 헌법재판소

헌법재판은 헌법의 규범내용이나 헌법문제에 대하여 다툼이 생긴 경우 이를 유권적으로 해결해 줌으로써 헌법의 규범적 효력을 지키고 헌법질서를 유지하여 헌정생활의 안정을 유지하려는 헌법재판기관의 재판을 말한다. 헌법은 법원과 독립된 헌법재판기관으로 헌법재판소에 관하여 규정하고 있다. 다만 헌법 제107조 제항은 "법률이 헌법에 위반되는지 여부가 재판의 전제가 된 경우에 법원은 헌법재판소에 제청하여 그 심판에 의하여 재판한다."고 규정하고, 제2항은 "명령·규칙 또는 처분이 헌법이나 법률에 위반되는 여부의 전제가 된 경우에는 대법원은 이를 최종적으로 심사할 권한을 가진다."고 규정하여 구체적 규범통제절차에서의 법률에 대한 **위헌심판권**과 명령·규칙·처분에 대한 **위헌심사권**을 분리하여 각각 헌법재판소와 대법원에 귀속시키고 있다.

1987년 헌법에 의하여 설치된 헌법재판소는 1988. 9. 1. 업무를 개시한 이래 수많은 헌법재판사건들을 처리해 왔다. 최근의 박근혜 대통령 탄핵심판사건을 통하여 보는 바와 같이 헌법재판소가 헌정질서에서 차지하는 비중은 압도적이다.

헌법재판소장은 국회의 동의를 얻어 대통령이 임명한다. 법관의 자격을 가진 헌법재판관 9인 중 3인은 국회에서 선출하는 자를, 3인은 대법원장이 지명하는 자를 대통령이 임명한다. 재판관의 임기는 6년으로 연임할 수 있다. 헌법재판관의 정년은 70세이다.

법에 특별한 규정이 없으면 심판은 재판관 전원으로 구성되는 전원재판부에서 관장하고, 재판부의 재판장은 헌법재판소장이 된다. 헌법소원심판의 경우에는 사전심사를 위하여 재판관 3인으로 구성되는 지정재판부를 둘 수 있다. 전원재판부에서 재판관 7인 이상의 출석으로 사건을 심리하며,

---

18) 군법회의법이 1987. 12. 4. 군사법원법으로 개정되면서(1988. 2. 25. 시행) 종전 군법회의에서 군법회의를 구성하던 **법무사가 군판사로** 명칭이 변경되었다. 1990. 1. 13. 사법서사법이 법무사법으로 개정되면서 **사법서사 명칭이 법무사로** 개칭되었다.

재판부는 종국심리에 관여한 재판관의 과반수의 찬성으로 사건에 관한 결정을 하되, 위헌결정, 탄핵결정, 정당해산결정 및 헌법소원심판의 인용결정 그리고 종전에 헌법재판소가 판시한 헌법 또는 법률의 해석적용에 관한 의견을 변경하는 경우에는 재판관 **6인 이상의 찬성**이 있어야 한다.

〈**일본**〉 일본에는 미국과 같이 독립된 헌법재판기관이 없다. 일본국 헌법 제81조에서 "최고재판소는 모든 법률, 명령, 규칙 또는 처분이 헌법에 적합한지 여부를 결정할 권한을 가진 종심재판소이다."라고 규정함으로써 위헌심사권을 재판소에 부여하고 있다. 최고재판소는 법률의 위헌판단에 대하여 사법소극주의적 태도를 취하고 있어 실제 법률을 위헌으로 판단한 예는 얼마 되지 않는다.

2. 헌법재판의 종류

(1) 위헌법률심판 : 법률의 위헌여부가 재판의 전제가 된 경우에는 사건을 심리하는 법원의 제청에 따라 헌법재판소가 그 법률의 위헌여부를 심판한다(구체적 규범통제). 법률에 대한 위헌제청권과 위헌결정권이 분리되어 전자는 법원이, 후자는 헌법재판소가 담당한다. 헌법재판소는 원칙적으로 제청된 법률 또는 법률조항의 위헌여부만을 결정한다. 위헌으로 결정된 법률이나 조항은 결정이 있은 날부터 효력을 상실하지만 형벌에 관한 법률 등은 소급하여 효력을 상실한다.

〈**일본**〉 재판소는 구체적 사건에서 적용할 법령 등의 위헌여부가 문제되는 경우 그에 대하여 심판할 수 있는 권한(구체적 규범통제권)은 가지지만, 일반적·추상적으로 법령이 헌법에 적합한지 여부를 판단할 권한(추상적 규범통제권)은 인정되지 않는다. 재판소에서 위헌이라고 판단된 법령은 당해 소송에서 적용되지 않는 것에 그치고 법령 자체가 효력을 상실하게 되는 것은 아니다.

(2) 탄핵심판 : 대통령, 국무총리, 국무위원 및 행정각부의 장, 헌법재판소 재판관, 법관 및 중앙선거관리위원회 위원, 감사원장 및 감사위원 그 밖에 법률에서 정한 공무원이 그 직무집행에서 있어서 헌법이나 법률을 위배한 경우에는 국회는 탄핵의 소추를 의결할 수 있다. 탄핵소추는 국회 재적의원 1/3 이상의 발의가 있어야 하고 그 의결은 국회 재적의원 과반수의 찬성이 있어야 한다. 다만 대통령에 대한 탄핵소추는 국회 재적의원 과반수의 발의와 국회 재적의원 2/3 이상의 찬성이 있어야 한다. 탄핵소추의 의결을 받은 자는 헌법재판소의 심판이 있을 때까지 그 권한행사가 정지된다. 헌법재판소는 재판관 6인 이상의 찬성으로 탄핵결정을 할 수 있는데, 탄핵심판청구가 이유 있는 때에는 헌법재판소는 피청구인을 당해 공직에서 파면하는 결정을 하여야 한다. 그러나 이에 의해 민사상이나 형사상의 책임이 면제되지는 않는다.[19]

〈**일본**〉 재판관에 대한 탄핵제도만 헌법에 규정하고 있는데, 국회의 소추에 따라 양원의원으로 구성된 **탄핵심판소**에서 탄핵심판을 한다.

---

19) 헌법재판소 2017. 3. 10. 11:21 선고 2016헌나1 대통령(박근혜) 탄핵 결정에 의하여 대한민국 제18대 대통령 박근혜는 대통령직에서 파면되고 뇌물죄 등으로 구속되어 형사피고인으로 형사재판을 받고 있다. 제16대 대통령 노무현은 헌법재판소 2004. 5. 14. 선고 2004헌나1 결정으로 대통령(노무현) 탄핵심판청구가 기각됨으로써 대통령직에 복귀하였다.

(3) 정당해산심판 : 정당의 목적이나 활동이 민주적 기본질서에 위배될 때에는 정부는 국무회의의 심의를 거쳐 헌법재판소에 정당해산심판을 청구할 수 있다. 국무회의가 위헌정당제소를 의결하면 법무부장관이 정부를 대표하여 정당해산심판청구서를 헌법재판소에 제출하여야 한다. 헌법재판소가 정당해산을 명하는 결정을 선고하기 위하여는 재판관 6인 이상의 찬성이 필요하다. 정당해산결정이 선고된 때에는 그 정당은 자동적으로 해산되고 해산된 정당과 유사한 목적을 가진 이른바 '대체정당'의 창설이 금지된다.[20]

〈**일본**〉 정당해산에 관한 일반적인 헌법규정이 없다. 독일과 터키를 제외한 대부분의 서구민주주의 국가에서는 정당해산에 관한 헌법규정이 없다.

(4) 권한쟁의심판 : 국가기관 상호간, 국가기관과 지방자치단체 간 및 지방자치단체 상호간에 권한의 존부나 범위에 관하여 다툼이 있을 때에는 당해 국가기관 또는 지방자치단체는 헌법재판소에 권한쟁의심판을 청구할 수 있다. 헌법재판소는 심판의 대상이 된 국가기관 또는 지방자치단체의 권한의 존부나 범위에 대하여 판단하고 나아가 권한침해의 원인이 된 피청구인의 처분을 취소하거나 그 무효를 확인할 수 있다.

〈**일본**〉 미국과 마찬가지로 최고국가기간 상호 간의 권한쟁의에 관한 규정을 특별히 두고 있지 않다.

(5) 헌법소원심판 : 권리구제형 헌법소원(헌법재판소법 제68조 제1항에 의한 헌법소원)과 규범통제형 헌법소원(헌법재판소법 제68조 제2항에 의한 헌법소원)으로 나누어 그 요건과 효과를 따로 규율하고 있다.

전자는 공권력의 행사 또는 불행사로 인하여 헌법상 보장된 기본권을 침해받은 자가 청구하는 헌법소원으로 법원의 재판은 헌법소원의 대상에서 제외된다. 후자는 법원에 위헌법률심판제청을 하였으나 기각된 경우에 제청신청 당사자가 헌법재판소에 제기하는 헌법소원으로 위헌법률심판절차로서의 성격을 가진다.

〈**日本**〉 헌법소원 제도가 없다.

---

[20] 헌법재판소 2014. 12. 19. 선고 2013다1 결정은 통합진보당 해산과 통합진보당 소속 국회의원들의 의원직을 상실하는 결정을 선고하였다.

XII. 결 론

이상에서 한국의 재판제도를 개관하면서 일본, 중국의 재판제도까지 단편적으로 비교해보았다. 한국, 일본, 중국 동양 3국이 유사하면서도 다른 재판제도를 가지고 있는 것은 각국의 정치 및 경제체제나 문화, 역사, 국민성 등의 상이에서 기인하는 것으로 볼 수 있다.

그러나 법이 추구하는 목적이 평화와 질서라면 한국, 일본, 중국이 사법공조나 법제교류 등을 통하여 법제의 통일을 추구하는 것도 동북아의 안정과 평화를 위한 초석이 될 것이다.

Court Museum

1. 대법원

자유, 평등, 정의 : 법원을 떠받치는 세 개의 기둥.

미국 연방대법원을 '지혜의 아홉 기둥'이라고 말한다. 미 연방대법원의 대법관은 대법원장을 포함 9명이다. 우리나라는 대법원장을 포함 14명이다(1명은 재판업무를 담당하지 않는 법원행정처장). 대법관은 영어로 일반 판사를 의미하는 **judge**가 아니라 **Justice**, 바로 '정의'다.

대법원이 친근한 모습이 아니고 성채와 같은 위압적인 모습이다. 좀 더 소박한 모습이었으면 좋았을 것이다.

2. 권위의 심리학

대개 법원이나 검찰청 건물들은 '권위'를 느낄 수 있도록 설계된다.

보통 사람들은 건물에 들어서기 전부터 주눅이 들거나 기가 죽도록 건물의 구조 하나하나가 '권위의 심리학'을 염두에 두고 설계된다.

법원이나 검찰 건물은 대부분 높게 그것도 언덕 위에 짓는다. 높이는 바로 권력을 상징한다. 기업 회장실도 건물 최고층에 자리를 잡는다. 법원의 문은 크고 장중하다. 건물 입구로 바로 들어가지 못하게 되어 있다. 건물 입구로 들어가기 위해서는 빙빙 돌며 계단을 타든 높게 올라가야 한다. 바깥세상과 다른 세계로 들어가는 것이라는 암시를 준다. 법정의 법대도 높다.

3. YS의 반송

YS가 심은 이 소나무의 가격이 3,000만 원 이상 호가한다. YS가 대통령 재직 당시 대법원이 서소문에서 서초동으로 이사했다.

원래 이 자리는 서울시청 신청사 부지였다. 서울시청이 이곳으로 청사를 이전하지 못하자 서울시청 부지와 서소문 대법원 부지를 교환하여 대법원이 이곳으로 오게 되었다. 서소문 옛 대법원 건물은 서울시립미술관으로 변

했고, 나머지 법원 청사들은 서울시청 별관으로 사용되고 있다.

이곳의 토지를 서울시청 청사부지로 수용당한 주민들이 수용목적이 소멸되었으므로 이 토지에 대한 환매권을 주장하면서 서울시를 상대로 소송을 제기했다. 그런데 이해 당사자인 대법원이 재판을 하는 어처구니없는 일이 생겼다. 대법원은 '공익사업의 변환'이라는 논리로 원고들의 청구를 모두 기각해버리고 말았다. 설마 이 자리에 청사를 옮기려고 하는 대법원이 순수하게 이 땅을 원래 주인에게 내주겠는가?

4. 대법원 대법정 중앙 홀

 대법원의 모든 방은 중앙 로비인 이곳으로 향하도록 설계된 중앙권위의 심리학이 발동된다. 이곳에서 대법관 이취임식과 신임법관 임명식 등 대법원의 주요 행사가 열린다.

5. 한국형 법의 여신

 정의의 여신상은 원래 안대로 눈을 가리고 한 손에 저울을 한 손에 칼을 들고 있는데, 대법원의 법의 여신상은 안대도 없이 눈을 뜬 채로 앉아 있다. 법조계의 고질인 전관예우가 눈을 감지 않은데서 비롯된 것을 보여주는 대법원 법의 여신상의 일그러진 寓話이다.

6. 이용훈 코트의 전원합의체

　독수리 5형제(이홍훈, 박시환, 김지형, 전수안, 김영란)가 포진했던 이용훈 코트의 대법원이 대법원 역사상 소수의견이 가장 많이 나왔고 생기가 넘쳤다. 최근에 이용훈 코트를 전체적으로 조망한 권석천 기자의 『대법원 이의 있습니다』(창비, 2017)라는 책이 나왔다.

7. 가인 김병로상

　길거리 사람 街人은 항일투사였다. 해방 후 미군정기 사법부장을 거쳐 대한민국 초대와 2대 대법원장을 지내면서 민법과 형법 초안도 직접 만들었다. 대법원은 대한민국 사법부의 초석을 놓으신 가인을 기려 매년 로스쿨생들을 대상으로 '가인 법정경연 변론대회'를 열고 있다. 가인 선생은 법조인으로 '**계구신독(戒懼愼獨** : 항상 경계하고 두려워하며 홀로 있을 때에도 사리에 어긋남이 없도록 말과 행동을 조심한다)'을 평생의 좌우명으로 삼았다.

8. 대법원 16층에서 보는 대검찰청

대법원에서 보는 반포 일대. 제일 왼쪽 건물은 대검 포렌식센터.
영원히 지워지지 않는 온갖 디지털 지문(컴퓨터, 스마트폰 등)을 복원하는 곳이다.

9. 대법원 16층 회의실에 붙어있는 역대 대법관 사진들

매년 두 차례(춘계와 추계) 민사집행법학회가 대법원 회의실에서 열린다. 내가 대법원 회의실에 가볼 수 있는 유일한 기회이다.

10. 법원전시관

Court Museum이라면 법원전시관이라기 보다 법원박물관이다. 내외국의 법의 상징물을 더 많이 전시했으면 하는 생각이다.

11. 서양의 법과 동양의 법 - 해치상

한자 '법(法)'에는 이 해태 한 마리가 웅크리고 있다. '法'의 원래 자는 '灋'으로, 여기에 나오는 '치(廌)'가 바로 해태의 또 다른 명칭이다. '물(水)처럼 공정하게, 해태(廌)가 뿔로 악한 사람을 제거(去)한다'는 뜻이 모여 '灋'이 된 것이다. 훗날 쓰기 복잡한 '廌'가 빠지면서 현재의 '法'이 되었다.

중국 신화 속 해태(獬豸)는 시비(是非)·선악(善惡)을 구별하는 상상 속 동물이었다. 바르지 못한 사람이나 죄인을 보면 뿔로 치받는다는 전설을 갖고 있다. 그러기에 우리나라 해태 상(像)과는 달리 중국의 해태에는 머리 중앙에 커다란 뿔이 하나 솟아 있다.

12. 사법연수원의 해치상

처음 대학에 들어갔을 때 정외과 이상우 교수(후에 서강대 교수를 거쳐 한림대 총장을 지냄)의 정치학개론을 선택과목으로 수강했는데 당시 젊은 이상우 교수가 '法' 자는 삼 水변에 갈 去자로 이루어진 한자이므로 물처럼 자연스럽게 위에서 아래로 흐르는 것이 法이고, 정치의 '治' 자는 삼 水변에 둑 台로 이루어진 글자이므로 물에 둑을 쌓아 물길을 아래에서 위로 돌릴 수 있는 것이 정치라고 하는 것을 듣고 그럴 듯하다는 생각을 했었다.

法이라는 말과 같이 법의 속성은 안정에 있고, 정치의 속성은 변혁에 있다. 법과 정치의 상관관계에 관하여 Rex가 우위냐, Lex가 우위냐를 둘러싸고 논란이 있는데, 法자와 治자가 이들의 상호관계를 잘 보여주고 있다.

13. 대검찰청의 해치상

대검에까지 해치가 있는 줄은 몰랐다.
부디 해치와 같이 치우침 없는 잣대로 악인을 몰아내주기를 바란다.

14. 광화문의 해태상

　광화문의 해태는 뿔이 없다. 해치와 해태는 같은 것이다. 광화문의 해치는 사악함을 물리치고 화기를 눌러 화재를 막아주는 영물로 여겨져 왔다. 뿔이 있고 법을 집행하는 상징이었던 중국의 '해치'가 우리나라에 들어오면서 수문장이라는 성격으로 바뀌고 뿔도 없어지는 식으로 한국식 해태가 된 것으로 풀이하는 사람이 있다.
　서울은 서울의 상징으로 해치를 선정하고 광화문 이순신 장군 동상 일대에 해치광장을 조성했다. 해치는 조선시대부터 서울의 변화를 지켜본 관찰자이자, 계층과 신분을 망라해 모두에게 친숙한 수호자라는 점이 반영되었다.

15. 검찰의 상징

　대법원은 자유, 평등, 정의! 검찰은 정의, 질서, 평화!
　변호사는 인권, 정의, 자유, 평등!
　법조 3륜에 다 들어 있는 것은 바로 정의!
　그러면 正義를 定義해보라!! 그것은 바로 Suum cuiqe!(Cicero)

16. 세계 3대 법전 – 하무라비법전

> **함무라비 법전**(기원전 1750년경)
> Code of Hammurabi (BC 1750)
>
> 기원전 18세기 무렵 메소포타미아를 통일한 바빌로니아 왕국의 함무라비 왕이 집권하였을 때 수메르 문명 이후 만들어진 여러 법규를 집대성한 성문 법전이다.
> 이 법전은 상해죄와 관련해 '눈에는 눈, 이에는 이' 라는 탈리오(Talio) 법칙을 규정하고 있으나 사적인 복수나 약탈 등은 인정하지 않았다.
> 정의의 실현, 사회적 약자의 보호 등의 입법 정신을 바탕으로 한 이 법전은 지금까지 서아시아 지역의 법률에 큰 영향을 주고 있다.
>
> 재판을 받기 위한 사람은 이 비석에 와서 내용을 읽고 들으라.
> 이 비석은 그대들에게 법을 가르치고 그대들의 권리를 지킬 것이다.
> - 아들이 그의 아버지를 때렸을 때에는 그 손을 자른다.
> - 자유인의 눈을 멀게 한 자는 그 눈을 멀게 한다.
> - 남의 노예의 눈을 멀게 하거나 뼈를 부러뜨리면 그 노예 가격의 반을 지불한다.

기원전 1750년 고대 바빌로니아의 함무라비왕이 공포한 하무라비법전은 '이에는 이, 눈에는 눈', '탈리오의 법칙(lex talionis)'으로 유명하다. 1901년 프랑스 탐험대가 페르시아의 고도 수사에서 발견한 이 법전은 현존하는 인류 최초의 성문법으로 알려져 있다.

그런데 함무라비 법전보다 300년가량 앞선 법전이 1952년 이스탄불 박물관에서 확인됐다. 수메르의 도시국가인 우르의 3왕조를 연 우르남무(기원전 2115~2095)가 설형문자로 기록한 법령이었다. 당시 수메르는 200년간 사르곤 왕조의 지배를 받다가 해방된 뒤 부흥기를 맞고 있었다. 크레이머가 판독한 것은 우르남무의 업적을 정리한 서문과 5개항의 법령이었다. 얼마 후 우르 유적에서 상태가 좋은 법전이 추가로 확인됐다. 점토판에 적힌 57개항 가운데 40개항이 판독됐다. 그중 '살인자와 절도범은 죽인다'는 제1·2조 등 몇몇 조항은 함무라비 법전과 유사하다.

하지만 '우르남무'의 법정신은 함무라비의 '탈리오 법칙'과 사뭇 다르다. 금전배상 위주로 법을 만들었다. 예컨대 유아납치범은 수감과 동시에 은 15세겔(1세겔은 8.3g)을 물어야 하고(3조), 남자가 첫 아내와 이혼하면 1미나(500g)를 내야 한다(9조). 다른 이의 눈을 상해하면 은 0.5미나(16조)를, 다리를 해치면 10세겔(17조)을 물어야 한다(경향신문 2016. 12. 1. 여적).

17. 로마법대전과 나폴레옹법전

로마법은 스토아 철학의 만민평등사상을 기반으로 하고 있다. 로마법은 유럽 각국에 영향을 미쳤고, 우리 법체계에도 로마법의 숨결이 흐르고 있다

프랑스 대혁명의 적자를 자처한 나폴레옹이 1799년 쿠데타로 정권을 잡자마자 서두른 일은 민법전을 편찬하는 일이었다. 최초의 근대적 민법전으로 평가받는 나폴레옹 법전은 그 이전까지 신분과 지역에 따라 복잡하게 형성돼 있던 법질서를 '절대적 소유권'과 '자유로운 계약'으로 간명하

게 재편했다. 법에 있어서 앙시앵 레짐(구체제)의 파괴였다. 자유로운 경제활동을 보장하여 시민계급의 이해를 대변한 이 법전은 현재까지 원형을 거의 유지한 채 시행되고 있다.

18. 세기의 재판 – 소크라테스 재판

소크라테스는 "악법도 법"이라는 말을 하지 않았다. 소크라테스는 죽기 직전에 "여보게, 크리톤. 아스클레피오스(의술의 신)에게 닭 한 마리를 빚졌다네. 자네가 대신 갚아주게"란 말을 남겼다.

또 다른 세기의 재판으로 갈릴레이 재판이 있다. 현대과학의 시조로 불리는 갈릴레이(1564~1642)는 우주의 비밀을 발견한 이탈리아의 천문학자이다. 그는 니콜라우스 코페르니쿠스(1473~1543)의 태양중심설이 명백한 사실임을 입증했다. 태양이 아니라 지구가 돈다는 코페르니쿠스의 지동설은 무려 1500년 동안 받아들여졌던 천동설을 부정했으므로 가톨릭의 격렬한 저항을 받았다. 1633년 로마교황청의 종교재판소는 갈릴레이를 로마로 소환한다. 그해 6월 22일 그는 마침내 종교 재판에서 지동설이 오류임을 자인하고 구차하게 목숨을 구걸하여 진리의 횃불로 여겨진 과학의 전통을 더럽혔다는 오명을 뒤집어썼다.

19. 솔로몬의 재판

그림에서 보는 바와 같이 두 여인이 한 아이를 두고 다투고 있다. 솔로몬 왕이 한 아이를 서로 자신의 아이라고 주장하는 두 여인에게 "아이를 둘로 나누어 반씩 나눠주라"고 말하자, 아이를 양보하며 죽이지 말라고 간청한 여인을 솔로몬 왕이 아이의 어머니로 판정한 것이 바로 솔로몬의 지혜의 재판으로 알려져 있다. 설마 친 엄마가 자기 아이를 둘로 쪼개는 것을 원할 리 없다는 변론과정에서 얻은 인상, 즉 변론 전체의 취지만으로 재판한 것이다.

그러나 현대의 재판에서는 이러한 솔로몬 식 변론 전체의 취지만으로 재판하는 것은 자칫하면 '원님재판'이 될 수 있다. 더더욱 솔로몬과 같은 지혜도 없는 보통의 판사들이 변론 전체의 취지를 빙자하여 안일하게 사실인정을 하는 것은 경계하여야 한다. 때문에 판례는 변론 전체의 취지는 독립적 증거원인이 아니고 보충적 증거원인으로 볼 뿐이다.

20. 대명률 직해

조선 건국 당시 가장 우수했던 대명률을 이두로 번역, 손질하여 배포하였다.

조선초기 통일법전 마련의 기초가 되었다(원본은 서울대규장각 한국학연구원 소장)

21. 경국대전

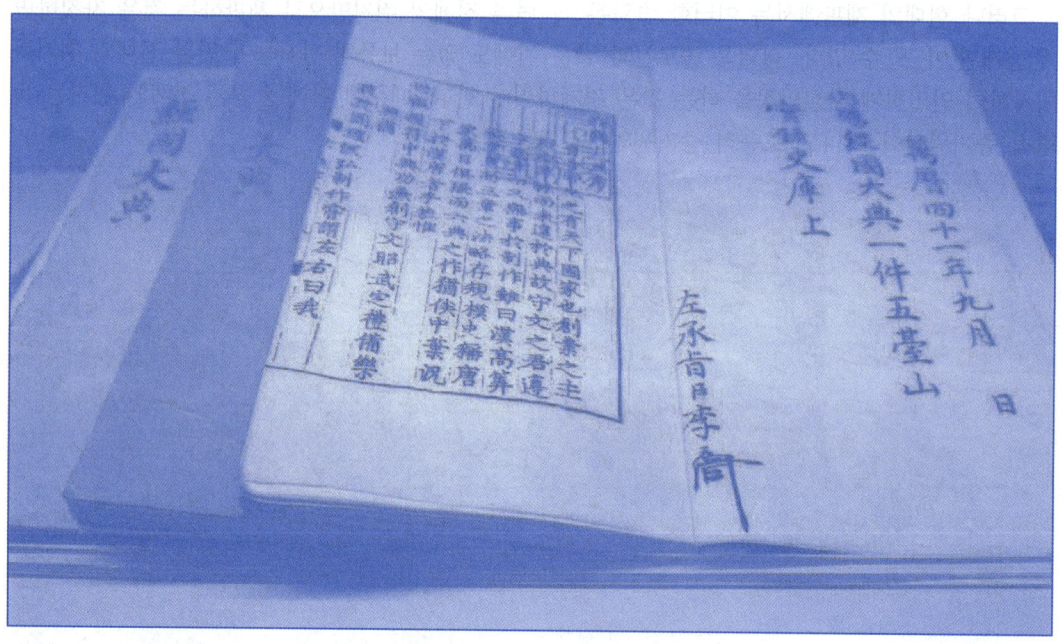

　민, 형사 법규를 조속히 정리해야 했던 조선 초기, 신생 법령 간 모순, 충돌사례를 종합하여 정리한 법전으로 현재 경국대전 최종본인 乙巳大典만 전한다고 한다.
　경국대전은 고려 말부터 조선 성종 초까지 100여 년간 반포된 법령, 교지, 조례 따위가 망라돼 있다. 세조 때 최항, 노사신, 강희맹 등이 집필을 시작해 성종 7년(1476년)에 완성됐다. 그 후 여러 차례 보완됐으나 기본 골격은 유지한 채 조선왕조 말기까지 계속 적용되었다.

22. 현존하는 조선의 판결서 : 경주부결송입안(慶州府決訟立案)

　시집간 딸이 젊은 나이에 요절했다. 사위가 곧바로 재혼하자 친정에서 "시집갈 때 가져간 재산을 돌려 달라."고 요구했다. 후처와 후처의 자식들에게 재산을 상속하는 것이 부당하다는 이유였다. 결혼한 뒤 자녀 없이 죽은 딸의 재산을 친정이 돌려받을 수 있을까?

위 '경주부결송입안'의 내용을 보면 친정에서 재산을 상당 부분 돌려받을 수 있었다. 당시에는 배우자보다 친정의 혈족 상속권을 중요하게 여겼기 때문이다. 고려시대와 조선 초까지는 결혼해 일찍 죽은 딸의 재산은 친정으로 귀속시켰다. 하지만 16세기 전후로 죽은 딸의 제사를 시댁에서 챙긴다는 이유로 시집 측에도 상속하는 경향이 생겨났다.

조선시대 상속 법규를 담은 '경주부결송입안'은 현존하는 가장 오래된 판결문이다. 1560년(명종 15년) 11월 1일부터 12월 10일 사이 40일간 진행된 조선시대 문신 집안 경주 손씨와 화순 최씨 간의 소송내용이 담겨 있다. 판결서에는 조서와 증거까지 기재돼 소송의 전체 모습을 한눈에 파악할 수 있다.

판결서에 따르면 화순 최씨 가문은 경주 손씨 가문에 조부와 손자 대에 걸쳐 2명을 시집 보냈다. 먼저 시집간 최씨는 결혼 당시 노비 32명을 데려갔다. 최씨는 사망하며 손자인 손광서에게 시집 온 같은 집안 최씨에게 노비를 상속했다. 하지만 손주며느리 최씨마저 이른 나이에 자식 없이 요절했다. 그러자 손주며느리 최씨의 오빠인 최득충이 사돈 집안을 상대로 "최씨 가문의 노비 32명을 돌려 달라"고 소송을 제기했다.

최씨 가문은 "누이동생의 재산을 손광서의 후처인 경주 김씨와 그의 소생들이 차지하는 것이 부당하다"며 "원래 재산의 주인인 친정에 노비를 돌려 달라"고 주장했다. 이에 대해 손씨 가문에서는 "사망한 최씨의 제사도 후처의 자식이 지내는 만큼 제사를 받드는 쪽이 재산을 상속해야 한다"고 반박했다.

재판부인 경주부에서는 '경국대전'을 적용해 양측이 16명씩 노비를 나눠 가지라는 판결을 내렸다. 법전에 따르면 자녀가 없는 여자의 경우 전체 재산의 5분의 4는 친정이, 5분의 1은 시집에서 갖도록 돼 있다. 단 시집에서 (죽은 며느리의) 제사를 지낼 경우 원래 몫에 10분의 3을 더하도록 돼 있다. 이에 따라 친정과 시집이 노비를 균등하게 분배한 것이다.

자녀 없이 사망한 경우 재산 처리는 당시로서는 매우 까다로운 문제였다. 경국대전의 내용도 조정에서 치열한 논의 끝에 내려진 결론이었다. 하지만 오늘날 법을 적용하면 결과는 다르다.

현행 민법 제775조 제2항에 따르면 부부는 서로 1순위 상속권한을 가진다. 부인이 자식 없이 사망할 경우 남편이 상속권을 갖게 된다. 현대 법에선 친정에서 사위의 재혼을 이유로 상속 분할을 요구할 수 없다는 것이다(중앙일보 2012. 10. 5.자)

조선에서는 '입안'이라고 하여 사람들 사이에서 이루어진 법률행위를 관청에서 증명해주는 제도가 있었다. 그 중 판결내용을 신청받아 증명해주는 입안이 결송입안 또는 결정입안이었다.

「경국대전」 호전 매매한조(戶典 賣買限條)를 보면 조선시대에도 사서증서 인증제도 – 공증인이 문서에 기재된 기명날인 또는 서명이 본인에 의한 것이 맞다는 것을 확인하는 행위 – 가 있었다. "전답이나 가옥·노비 등을 매매하였을 때에는 100일 내에 官에 보고하고 立案(관청의 관장 입회 하 증명서를 작성하고 그것을 관청이 확인하는 제도)을 받아야 한다." 이 입안이 근대적 의미의 공증제도와 궤를 같이 한다. 1961. 9. 23. 국내 최초로 '공증인법'(법률 제723호)이 제정·공포되었고, 대한공증인협회에서는 위 제정일인 9. 23.이 포함된 주를 공증주간으로 지정하여 격년마다 기념행사를 열고 있다.

23. 소지 (1874년)

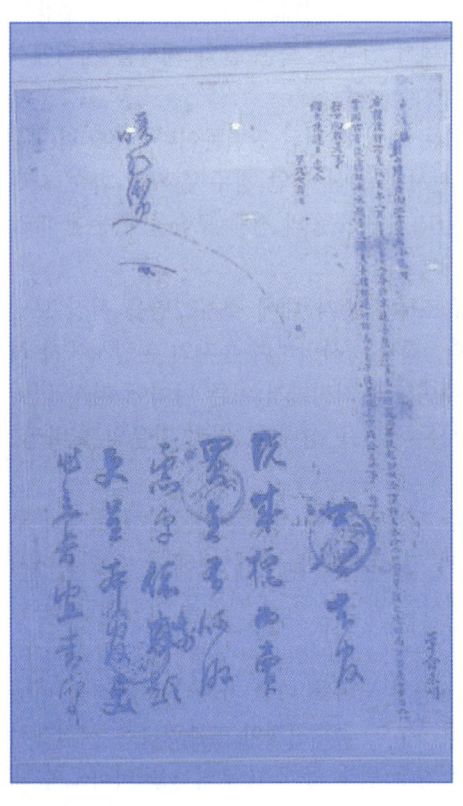

김제선 변호사 기증. 울산부의 김용하가 경상좌도 암행어사에게 아내의 산소를 쓰고 나서 '공증해 달라'고 청원한 소지.

어사의 판결을 초서체로 기재하였다. 어사의 상징인 마패를 세 군데 날인한 점이 눈에 띈다.

24. 법률 제1호 재판소구성법

재판소구성법은 開國 504년 3월 25일 법률 제1호로 공포되었고, 4월 1일부터 시행되었다(재판소구성법은 법원행정처 간행 「재판자료 제41집 主要 舊法令集[上]」에 실려 있다). 개국 504년은 서기 1895년이고(이성계가 조선을 개국한 1392년이 개국 1년이다), 음력 4월 1일은 양력으로 4월 25일이다. 建陽 1년(1896년)에 태양력이 시행되었고, 그 전에는 태음력을 사용하였다.

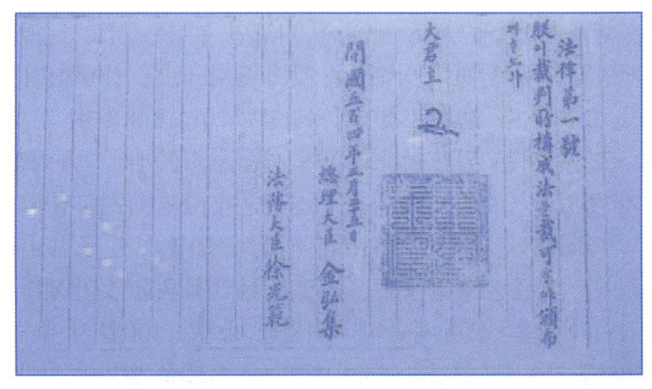

재판소구성법에 따라 1895. 4. 15. 최초의 근대적 재판기관인 한성재판소가 한성부 중부 등천방 혜정교변에 설치되었다.

2003년 전에는 5월 1일이 '법의 날'이었으나, 대한제국 최초의 근대적 법률인 '재판소구성법'이 시행된 4월 25일을 법의 날로 바꾸어 기념하고 있다.

25. 대한민국 법률 제1호 정부조직법

    1945년 8월 15일 해방 후 3년간의 미군정기간을 지내고 1948년 8월 15일 대한민국 정부수립에 맞추어 1948. 7. 17. 제정, 공포된 '정부조직법'이 정식 대한민국 법률 제1호이다. 2021. 6. 15. 법률 제18288호로 수산업법 일부개정법률이 공포, 시행될 때까지 73여 년 동안 1만 8,000여개의 법률이 제정되거나 개정, 폐지되었다.

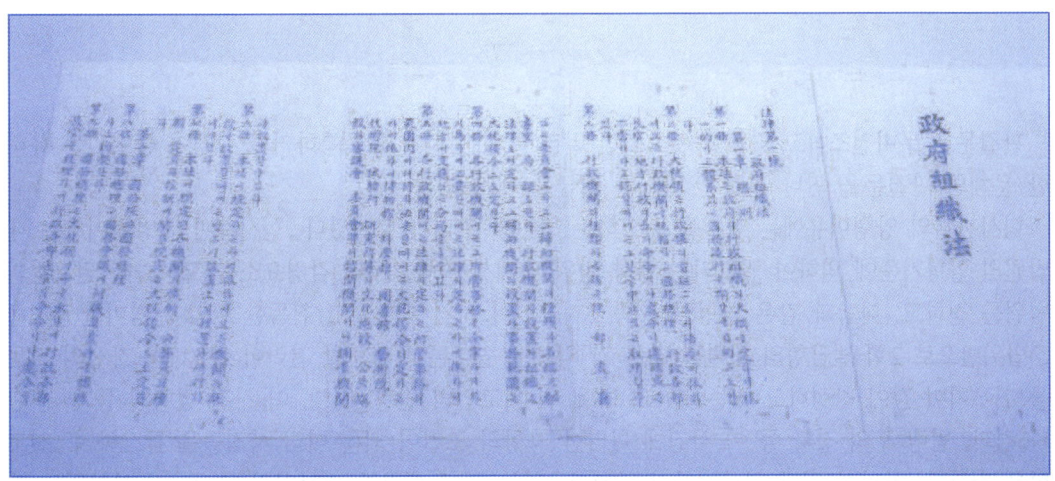

08. 어떤 양형 이유[1]

1.

판결문은 무미건조하고 딱딱한 것으로만 알려져 있는데 간혹 독특하거나 감성이 들어있는 유려한 문체의 판결문을 만나 잔잔한 미소를 머금을 때가 있다.

형사판결의 양형이유에는 판결을 선고하는 법관의 고뇌가 배어있다. 형사재판의 양형이유는 대법원의 양형기준에 의하여 권고되는 형량 범위 내에서 가중요소나 감경요소를 고려하여 권고형의 범위를 정하고, 다음과 같은 양형인자 즉, "피고인이 사건 범행으로 취득한 이익이 경미한 점, ○○법위반으로 2회 벌금형의 처벌을 받은 것 외에는 별다른 형사처벌 전력이 없는 점, 자신의 잘못을 뉘우치며 깊이 반성하고 있는 점, 그 밖에 위 피고인의 연령, 성행, 이 사건 범행의 동기, 수단과 결과, 범행 후의 정황 등 이 사건에 나타난 양형의 조건이 되는 여러 사정들을 참작하여" 선고형을 정한다. 따라서 일반 형사재판의 양형이유라는 것도 대부분 피고인의 구체적인 살아있는 삶을 사상(捨象)한 무미건조한 내용으로 추상화되어 있다.

형사판결문이라는 것이 공소사실을 토대로 범죄사실을 구성요건에 맞게 쓰고 증거의 요지와 법령의 적용을 형식적, 기계적으로 기재하는 것이 거의 정형화되어 있어 판사들의 그 형식에 구애받지 않고 자신의 생각을 표출해낼 수 있는 곳이 양형 이유 부분이다.

우선 기존 하급심 판결 중에서 눈에 띠는 양형이유를 몇 개 들어본다.

2.

1996년 12·12, 5·18 사건 항소심에서 한문에 능한 권 성(權 誠) 당시 서울고법 부장판사(후에 헌법재판관 역임)는 전두환·노태우 전 대통령에게 각각 사형과 무기징역을 선고한 원심을 파기하면서(무기와 징역 17년으로) 다음과 같이 선고했다(서울고법 1996. 12. 16. 선고 96노1892 판결). 권 성 부장은 '항복한 장수는 죽이지 않는다'는 뜻의 '항장불살(降將不殺)' 등 한문 실력을 유감없이 이 판결문에 털어 넣었다. '망동하다 덫에 걸린 민망함이 없지 않다'는 말이 역사에 길이 남을 판결문에 들어있다.

"양형이유

1. 피고인 전두환에 대하여

피고인 전두환은 12·12 군사반란을 주도하여 하극상의 방법으로 군의 기강을 파괴하였고, 5·

---

[1] 이 글은 2020년 제주지방변호사회보(통권 제9호)에 게재된 것을 보완한 것임.

17 및 5·18 내란을 일으켜 힘으로 권력을 탈취하면서 많은 사람을 살상하고 군사통치의 종식을 기대하는 국민에게 큰 상처를 주었으며, 불법으로 조성한 막대한 자금으로 사람을 움직여 타락한 행태를 정치의 본령으로 만들었다. 그 죄가 크다고 하지 않을 수 없다.

그러나 대통령 재임 중 6·29 선언을 수용하여 민주회복과 평화적 정권교체의 단서를 열은 것은 늦게나마 국민의 뜻에 순종한 것이다. 권력의 상실이 곧 죽음을 의미하는 정치문화로부터 탈피하여, 권력을 내놓아도 죽는 일은 없다는 원칙을 확립하는 일은, 쿠데타를 응징하는 것에 못지않게 이 시대에 꼭 필요한 일이다. 자고로 항장은 불살이라 하였으니 공화를 위하여 감일등하지 않을 수 없다.

2. 피고인 노태우에 대하여

피고인 노태우는 피고인 전두환의 참월하는 뜻을 시종 추수하여 영화를 나누고 그 업을 이었다. 그러나 수창한 자와 추수한 자 사이에 차이를 두지 않을 수 없으므로 피고인 전두환의 책임에서 다시 감일등한다.

3. 피고인 유학성, 황영시, 차규헌에 대하여

피고인 유학성, 황영시, 차규헌은 피고인 전두환의 상관이면서 그 당여가 되어 그 위세를 돕고 불궤의 뜻을 이루게 하였다. 피고인 노태우 보다 원래는 나을 것이 없다. 다만, 나누어 받은 권세와 이어 받은 업이 피고인 노태우에 미치지 못하므로 그보다는 책임을 줄이지 않을 수 없고 그 나이가 이미 높음을 고려하지 않을 수 없다. 특히 피고인 차규헌의 경우에는 반란과 내란에 가공한 정도가 피고인들 중 가장 가볍고, 망동하다 덫에 걸린 민망함이 없지 않다. 법이 허용하는 가장 가벼운 선까지 형을 내리기로 한다.

4. 피고인 최세창, 장세동에 대하여

두 사람은 막중한 공직의 책임을 사당의 은고보다 아래에 두었으니 딱한 일이다. 후인을 경계하기 위하여 책임을 묻지 않을 수 없다. 피고인 장세동은 이 사건이 일찍 처리되었다면 한 번에 끝낼 수도 있었던 영어의 고통을 세 차례 거듭하는 딱한 점이 있다. 가능한 한도까지 형을 내리기로 한다.

5. 피고인 허화평, 허삼수, 이학봉에 대하여

피고인 허화평, 허삼수, 이학봉은 자시하여 피고인 전두환의 우익이 되고 함께 그 뜻을 성취하였으며 아직도 앙연한 뜻이 은연중 배어나니 이치로 말하면 피고인 전두환 보다 책임이 가벼울 것이 없다. 다만, 피고인 전두환 보다 가벼운 죄로 기소되었고 세 사람 사이에도 그 행적에 차등이 있으므로 차이를 두기로 한다.

6. 피고인 이희성, 주영복, 정호용에 대하여

육군참모총장 겸 계엄사령관인 피고인 이희성과 국방부장관인 피고인 주영복은 헌법을 유린하는 내란세력으로부터 정부를 보위하고 국민의 생명을 지켜야 하는 막중한 책임을 다하지 못하고 오히려 내란세력에 추종하였으므로 그 책임이 무겁다. 다만, 힘에 밀려 내란세력에 끌려간 형적이 없지 않다. 그러나 다른 사람의 힘에 밀려 그 소임을 다하지 못하였다고 변명하는 것은 하료의 일이고, 피고인들과 같이 지위가 높고 책임이 막중한 경우에는 이러한 변명이 용납되지 않는다. 유죄로 인정되면 집행유예가 불가능하므로 딱하지만 어쩔 수 없는 일이다. 피고인 정호용은 12·12 사건에는 가담하지 않았지만 그 이후에는 더욱 적극적으로 피고인 전두환을 추수하였으므로 책임이 결코 가볍지 않다.

　7. 피고인 신윤희, 박종규에 대하여

　피고인 박종규는 적과의 전투가 아닌 상황에서 상명하복을 기계처럼 실천하였으니 민망한 일이다. 법이 허용하는 데까지 형을 내리기로 한다. 피고인 신윤희는 승세를 좇아 상관을 포박한 것이므로 비록 외양은 피고인 박종규와 유사하지만 내용은 다른 점이 없지 않다. 그러나 두 사람의 상명하복을 내세울 수 있는 점은 기본적으로 동일하므로 같은 형을 과하기로 한다."

　판결문은 한글로만 등록되었는데 이 판결문에 설시된 참월(僭越), 추수(追隨), 수창(首唱), 감일등(減一等), 망동(妄動), 당여(黨與), 불궤(不軌), 사당(私黨)의 은고(恩顧), 영어(囹圄), 자시(自恃), 앙연(盎然), 하료(下僚) 등 요새 젊은 사람들은 옥편을 찾지 않고서는 알 수 없는 말들이 난무하고 있다. '반란'이라고 했으면 쉽게 알 수 있는 말을 '불궤'라는 말을 써서 무슨 말인지 알 수 없게 썼다. 그러나 소설도 아닌 판결문에서 자신의 한문 실력을 뽐내는 것은 일반 국민들이 보기에는 그렇게 좋게만 보이지는 않는다.

3.

　2008년 베트남신부 살인사건에서 대전고법 김상준 부장판사(현 변호사)는 국제결혼정보업체에 1,000만 원을 지급하고 19세의 베트남 여인과 결혼한 후 언어적 소통의 어려움 등으로 결혼생활이 여의치 않아서 신부가 베트남으로 돌아가려고 하자, 사기결혼을 당했다고 생각하고 신부를 살해한 남편에 대하여 징역 12년을 선고한 원심을 수긍하면서 다음과 같이 판결문을 썼다(대전고법 2008. 1. 23. 선고 2007노425 판결).

　"이 사건 범행은 피고인이 그 경위가 어찌 되었던 간에 피고인과 결혼하여 피고인만을 의지하여 말도 통하지 않는 대한민국에 온 19세의 피해자를 무참하게 살해한 것으로 그 결과가 지극히 무거워 엄중한 책임을 묻지 않을 수 없다.

　피해자가 남긴 편지 내용을 보자. 피해자는 19살의 어린 나이에 피고인과 서로 이해하고 위해주는 애틋한 부부관계를 이루고, 한국어를 빨리 배워 한국생활에 적응하면서 따뜻한 가정을 이루겠다는 소박한 꿈을 품고 한국에 와 피고인과 동거를 시작하였다. 그러나 피고인의 피해자에 대한 배려의 부족, 어려운 경제적 형편 및 언어문제로 인한 의사소통의 어려움으로 인하여 원만한 결혼생활을 영위하지 못하였다. 피고인의 무관심과 통제로 인하여 피고인과 따뜻한 가정을 이루기는커녕 최소한의 인간다운 삶도 누리지 못하겠다고 생각하였던 것이다. 그러던 끝에 피고인과의 결혼생활을 청산하고 베트남으로 돌아가려고 하였을 것이다. 피고인은 피해자의 이와 같은 반응을 보고 피해자가 처음부터 피고인과 결혼할 생각 없이 사기결혼을 하였다고 오해한 것이 피고인이 이 사건 범행에 이른 주된 원인이 되었다. 거기에 피고인의 피해망상적 사고경향과 음주 중 폭력습벽이 더 해져 피고인이 피해자를 살해하기까지에 이르렀다. 이 사건 범행은 결국, 계획적이거나 미리 의도된 범행으로 보이지는 않으나, 피고인의 타인에 대한 배려의 부족, 피해망상적 사고경향 및 음주 중 폭력습벽에 기인한 것으로서 피고인의 이러한 그릇된 성행을 교정하기 위하여서도 상당한 기간 동안 피고인을 사회로부터 격리하는 형의 선고는 불가피하다고 판단된다.

한편, 시각을 바꾸어 이 사건과 같은 비극이 발생한 근본 원인을 돌아보고 싶다. 특히, 농촌지역을 중심으로 하여 한국 남성과 제3세계 여성 사이의 국제결혼이 급격히 늘어가고 있는 이 시점에서, 이 사건은 우리로 하여금 이런 국제결혼의 명암을 재조명해 보도록 하고 있다. 배우자감을 국내에서 찾을 처지가 되지 못했던 피고인이 결혼정보회사를 통하여 베트남 현지에 임하여 졸속으로 피해자를 만나게 된 전 과정을 보면서 스스로 깊은 자괴감을 느끼지 않을 수 없다. 피고인은 그저 피해자가 한국인과 비슷하게 생겼다는 이유로 단 몇 분 만에 피해자를 배우자감으로 선택하게 된다. 그 과정에서 피해자가 누구인지, 누구 집 자식인지, 무엇을 원하는지 아무도 알려 준 바 없었고, 그래서 이를 전혀 알 수 없었을 뿐더러, 또한 스스로 알고자 하지도 아니하였다. 목표는 단 한 가지 여자와 결혼을 한다는 것일 뿐, 그 이후의 뒷감당에 관하여 진지한 고민이 없다. 그러나 그러한 지탄을 피고인에 대해서만 집중할 수 없을 것 같다. 그것은 우리 사회의 총체적인 미숙함의 한 발로일 뿐이다. 노총각들의 결혼대책으로 우리보다 경제적 여건이 높지 않을 수도 있는 타국 여성들을 마치 물건 수입하듯이 취급하고 있는 인성의 메마름, 언어문제로 의사소통도 원활하지 못하는 남녀를 그저 한 집에 같이 살게 하는 것으로 결혼의 모든 과제가 완성되었다고 생각하는 무모함, 이러한 우리의 어리석음은 이 사건과 같은 비정한 파국의 씨앗을 필연적으로 품고 있는 것이다. 이 자리에서 우리는 21세기 경제대국, 문명국의 허울 속에 갇혀 있는 우리 내면의 야만성을 가슴 아프게 고백해야 한다. 혼인은 사랑의 결실로 소중히 보호되어야 한다. 그러나 그 가치를 온전히 지켜낼 능력이 우리에게 있는 것일까. 코리안 드림을 꿈꾸며 이 땅의 아내가 되고자 한국을 찾아온 피해자 공소외인 그녀의 예쁜 소망을 지켜줄 수 있는 역량이 우리에게는 없었던 것일까. 19세 공소외인의 편지는 오히려 더 어른스럽고 그래서 우리를 더욱 부끄럽게 한다. 이 사건이 피고인에 대한 징벌만으로 끝나서는 아니 되리라는 소망을 해 보는 것도 이러한 자기반성적 이유 때문이다.

　이 법원은 경제적인 어려움으로 고국을 떠나 말도 통하지 않는 타국사람과 결혼하여 이역만리 땅에 온 후 단란한 가정을 이루겠다는 소박한 꿈도 이루지 못한 채 살해되어 19세의 짧은 인생을 마친 피해자의 영혼을 조금이라도 위무하고 싶었다. 그 전제로 피고인이나 결혼을 알선한 결혼정보업체를 통하여 피해자의 가족들에게 피해자의 죽음을 알리려고 하였다. 결혼정보업체는 피해자의 성장배경, 생활환경 및 피해자의 가족들의 소재에 대한 이 법원의 사실조회에 대하여 아무런 답변을 하지 않았고, 관계 당국이나 피고인을 통하여서도 피해자의 가족들의 소재를 확인할 길이 없었다. 피해자의 가족들에게 피해자의 죽음을 알릴 길을 찾지 못한 채 이 사건 판결에 이른 것을 유감으로 생각하고 있다. 그로 인하여 피고인으로서도 피해자의 가족들로부터 용서를 받는 기회를 갖지도 못하였다.

　이와 같은 사정에 피고인의 연령, 성행, 전과관계, 범행의 동기, 경위, 결과 및 범행 이후의 정황 등 양형의 조건이 되는 여러 가지 사정들을 종합하여 보면, 피고인에 대하여 징역 12년을 선고한 제1심의 형량이 너무 무겁거나 가벼워 부당하다고 보이지 않는다."

　위 판결은 형사재판이 단순히 범죄자에 대한 징벌만을 목적으로 하는 것이 아니라 사회적 문제점을 다 같이 고민해 볼 수 기회가 될 수 있음을 보여주는 의미 있는 판결이다.

4.

2012년 11월 19일 서울서부지방법원 이성철 부장판사는 존속상해 피고사건의 항소심에서 피고인의 양형부당 주장에 대한 판단에서 '주자십회훈(朱子十悔訓)'을 원용하여 다음과 같이 썼다(서울서부지방법원 2012. 11. 19. 선고 2012노1012 판결).

"무릇 부모님은 자식을 낳아주고 길러주신 은인이시다. 그럼에도 피고인은 술을 마시고 별다른 이유 없이 피고인의 부모에게 입에 담기 어려운 욕설을 하고 부모의 얼굴을 주먹으로 수회 폭행하여 부모의 코와 광대뼈 등에 상해를 가하였다. 자식으로서 차마 있을 수 없는 행동이다. 또한 피고인은 2007년 존속상해죄와 상해죄로 징역 10월에 집행유예 2년의 형을 선고받은 전력이 있고, 그 이외에 가족 내 폭행 사건으로 수사받은 전력까지 고려하면 피고인을 엄히 처벌함이 마땅하다. 그러나 피고인이 선처와 이혼하고, 동생의 병환과 어려운 집안 사정에 화가나 술에 취해 우발적으로 이 사건 범행을 저지른 것으로 보이는 점, 피고인이 원심 판결 선고 후 3개월 이상 구금되어 있는 기간 자신의 잘못을 모두 인정하고 반성하고 있는 점, 피해자들인 피고인의 부모가 오직 자식의 앞날을 걱정하며 피고인에 대한 처벌을 원치 아니하고, 피고인의 동생인 ○○○도 피고인의 선처를 탄원하고 있는 점, 그밖에 피고인의 연령, 성행, 범행의 동기와 수단, 범행 후의 정황 등 기록과 변론에 나타난 양형의 조건이 되는 여러 가지 사정들을 종합하되 특히 피고인의 가정의 장기적인 화목과 평안을 고려하면, 원심의 형이 다소 무거워 보이므로 피고인의 양형부당 주장을 신중하게 받아들인다.{다만 향후 피고인에 대하여 재범의 위험을 방지하고 피고인의 가정의 평안을 위하여 주자(朱子, 朱熹)의 10가지 교훈 중 세 가지를 다음과 같이 인용한다.

- 불효부모 사후회(不孝父母 死後悔)
  부모에게 효도하지 않으면 돌아가신 뒤에 후회한다.
- 불친종족 소후회(不親宗族 疎後悔)
  가족에게 친하게 대하지 않으면 멀어진 뒤에 후회한다.
- 취중망언 성후회(醉中妄言 醒後悔)
  술에 취해 망령된 말을 하면 깬 뒤에 후회한다.}"

5.

2019년 여름 서울 출장을 마치고 제주로 돌아오는 길에 비행기 시간이 남아 『어떤 양형 이유』(김영사, 2019)라는 책을 구입하여 읽어보았다. 이 책을 쓴 사람은 박주영이라고 하는 현직 부장판사이다. 박주영이라고 하면 축구선수가 떠오르는데, 법조인대관에서 박주영을 검색해보았더니 8명이나 나온다. 여성이 6명이고 남성이 2명이다. 그런데 이름이 똑같은 남자(40기) 여자(39기) 박주영 판사가 광주지방법원에서 같이 근무하고 있다. 나머지 남자 박주영이 바로 이 책을 쓴 박주영 부장판사이다. 1968년생으로 사법연수원 28기, 변호사로 7년을 일하다가 판사로 임용되어 2006년부터 부산지방법원, 부산고등법원, 부산가정법원, 울산지방법원 판사를 거쳐 부장판사 승진 후 대전지방법원을 거쳐 현재 울산지방법원에서 근무하고 있는 것으로 나온다.

저자는 수도권에 근무하는 **경판**(京判)도, 순환근무 때만 지방으로 가는 **흑판**(黑判)도, 서울바닥만 돈다는 전설의 **백판**(白判)도 아니고 글자 그대로 시골판사, **향판**(鄕判)임을 자조하면서도 지역법관으로서의 비감한 사연들을 판결문이라고 하는 건조한 서사에 풀어놓고 있다. 지역 TO로 고법부장에 오른 모 향판은 자신을 '**농어촌특별전형**'이라고 했다는데, 법원행정처에서 특별관리를 위해 특별히 붙인 이름이라고 하는 **승포판**(승진을 포기한 판사)과 **출포판**(출세를 포기한 판사)들도 승진에서 밀리자 법관의 신분보장을 방패삼아 누구 눈치도 보지 않게 된다. 결국 그 피해는 사법수요자인 국민들에게 돌아간다.

이 책은 저자가 주로 형사재판이나 가사재판을 하면서 겪은 마음의 파동을 유려한 필체로 담담히 적어낸 한 법관의 자기고백서 내지는 참회록이다. 문장은 군더더기 없이 간결하다. 냉철한 이성보다 뜨거운 감성을 가지고 고뇌하면서 쓴 형사판결의 양형 이유는 이 땅에서 법의 이름으로 행해지는 재판제도의 빛과 그림자를 여과 없이 드러내고 있다.

저자가 이야기하는 바와 같이 형사재판절차는 기본적으로 피고인의 권리를 위해 디자인된 것이다. 그러나 선한 제도 뒤에 숨은 악인을 바라보는 피해자에게 형사재판절차는 그저 악인을 보호하는 악법일 뿐이다. 인간의 탐욕과 이기심이 어디까지 갈 수 있는지 그 파국이 어떤 모습인지 궁금하다면 인간사 하수종말처리장인 법정에 가보면 된다. '욕망이라는 이름의 전차'가 무한 질주하는 모습을 볼 수 있는 곳이 바로 법정이다.

6.

박주형 부장판사의 양형 이유는 독특하다. 재판기록은 일정 기간이 지나면 폐기하지만 판결문은 영구 보존되는 문서이므로 판결문에 사건의 내용과 양형이유를 상세히 기재해 그 사안을 항구적으로 알 수 있게 하려는 저자의 메시지가 이 사회에 잘 전달되기를 바란다.

가정폭력사건과 성폭력사건 등 쓴 양형 이유의 일부를 몇 개 인용해본다. 일반 하급심 형사판결문에서 여간해서는 볼 수 없는 명문이다.

"'가정이야말로 고달픈 인생의 안식처요, 큰 사람이 작아지고 작은 사람이 커지는 곳'(H. G. 웰스)이다. 가정이야말로 장에 나간 엄마를 걱정하며 애타게 기다리는 아이가 있는 곳이고, 해진 신발을 신고 가족을 위해 온갖 힘한 길을 마다않는 아버지가 사는 곳이다. ~ 해가 지면, 세상살이에 시달린 모든 이는 절인 배춧잎처럼 녹초가 되어 타박타박 집으로 돌아가고, 그곳에서 위로받고 잠이 든다. 가정 내 폭력은, 인간의 마지막 안식처를 파괴하고, 가족구성원들을 더 이상 의지할 곳 없는 극한의 상황으로 내몬다는 점만으로도 용서받을 수 없는 범죄다.

당원이 감히, 이 사건 피해자를 포함한 가정폭력의 피해자들이 장구한 세월 겪어왔을 고통의 무게를 전부 공감했노라고 말할 수는 없겠지만, 기록에 비치는 고통의 한 자락만으로도 충분히 고통스러웠다. ~ 이 사건의 피고인을 포함한 가해자들이 훈육의 목적으로, 혹은 세상살이의 고단함을 해소하기 위해, 혹은 이런저런 이유로 술기운을 빌려 저지른 악행의 결과는, 참혹하다.

거듭 강조하지만, 우리 사회의 가정폭력에 대한 불개입풍조는 극복되어야 한다. 가정은 사적 영역이므로 공권력 개입은 가급적 자제되어야 하고 신중해야 한다는 명제는, 그 가정이 가정으로서 최소한의 기능을 유지하고 있을 때만 성립될 수 있는 것이다. 큰 사람이 작은 사람을 학대하고, 가족 구성원 중 누군가가 폭력으로 누군가에게 고통만을 안겨주고 있다면, 그곳에는 더 이상 가정이라 불리며 보호받을 사적 영역이 존재하지 않는다.

폭력이 난무하는 곳보다 더한 공적 영역은 없다."

"자기결정권은 '항상 네 속에 있고 타자 속에서도 있는 인간성을 목적으로 취급하면서 행동하고, 절대로 수단으로 취급하면서 행동하지 말라'고 하는 칸트의 사상과 일맥상통한다. 성적 자기결정권을 침해하는 행위는 반드시 자신의 성적 만족만을 위해 타인을 수단시하는 범죄로서 인간의 존엄성을 짓밟는 심각한 범죄다. ~ '우리 아빠도 나를 그렇게 하지 않는데, 네가 뭐라고 내 몸을 함부로 만지냐는 생각이 들었다'는 한 피해학생의 진술이 정확하게 지적하듯, 성범죄에 대한 우리 사회 일반의 인식변화, 강제추행죄에 대한 법해석 경향 등을 두루 고려해볼 때, 성범죄 관련 법규의 수범자인 우리가 성범죄, 특히 성적 자기결정권과 관련해 항상 명심해야 할 과제는 간단하고 명료하다.

타인의 몸을 자유롭게 만질 수 있는 사람은 오직 그 타인뿐이다."

다음은 불법 고래포획업자로부터 매수한 밍크고래를 삶거나 회로 조리하여 판매한 식당주인에게 징역 1년의 실형을 선고하면서 쓴 양형 이유의 일부이다. 이 판결 직후부터 울산지방법원에서는 각종 행사에 고래 고기를 내놓지 않았다.

"우리 시대 고래는 더 이상 어족자원이 아니라, 생명성과 바다를 상징하는 경이로운 생명체이자, 위대한 자연 그 자체이다. 어떤 시구처럼, 아이들은 푸른 바다 위를 타앙탕 힘차게 꼬리치며 항진하는 고래를 보며 온갖 상상을 하고, 시인들은 기꺼이 생명을 노래한다. 전 인류의 노력으로 일부 고래의 개체수가 회복되고 있다는 연구결과에도, 고래의 멸종이라는 불길한 예감을 쉽사리 떨쳐낼 수 없는 이유는, 통제되지 않는 인간의 탐욕, 그것의 끝을 알 수 없기 때문이다. 고래가 자주 출몰한다는 울산 지역에서조차 산 고래 구경하기는 하늘에서 별 따기이나 죽은 고래는 식당마다 넘쳐난다. 피고인들에게 엄중한 책임을 물어 고래를 포획하고 유통·판매하는 것이 비난 가능성 높은 범죄라는 점을 거듭 환기하고자 함은, 도도새를 비롯해 인간의 탐욕으로 멸종되어 사라져 간 수많은 **비잠주복(飛潛走伏)**, 그 **숨탄것**들처럼, 고래를 더 이상 아이들의 그림책 속에서만 볼 수 있는 존재로 남겨둘 수 없기 때문이다. 죽은 고래 고기 몇 점을 앞에 두고 자연을 노래할 시인은 어디에도 없다."

〈주〉 '비잠주복(飛潛走伏)'은 나는 새, 헤엄치는 물고기, 달리는 짐승, 기는 벌레를 아울러 이르는 말이고, '숨탄것'은 가축을 그 생명을 소중히 여겨 이르는 말이다.

다음은 성전환자 강간사건의 피고인에게 집행유예를 선고하면서 한 훈계의 일부. 전에는 성전환자에 대한 강간을 강간이 아닌 강제추행죄로만 처벌했으나, 이 판결을 계기로 대법원에서 피해자가 성장기부터 남성에 대한 불일치감과 여성으로의 성귀속감을 나타냈고, 성전환 수술로 인하여 여성으로서의 신체와 외관을 갖추었으며, 수술 이후 30여 년간 개인적·사회적으로 여성으로서의 생활을 영위해 가고 있는 점 등을 고려할 때, 사회통념상 여성으로 평가되는 성전환자로서 강간죄의 객체인 '부녀'에 해당한다고 판시하였다(대법원 2009. 9. 10. 선고 2009도3580 판결).

"우리 사회에는 피해자와 같은 성소수자는 물론, 많은 분야에 소수자 지위에 있는 사람이 있으며, 여러 형태의 장애로, 질병으로, 가난으로, 고아로 참으로 고달프고 힘들게 사는 사람이 너무나 많이 있습니다. 그런데도 이들은 결코 자신의 운명을 원망하거나 남을 괴롭히며 살지 않았습니다. 그저 견뎌낼 뿐입니다. 피고인은 그런 사람들 중 한 사람을 운명적으로 조우했고, 아무런 잘못이 없는 피해자에게 실로 이해할 수 없는 크나큰 잘못을 저질렀습니다. 좋은 부모와 신체를 가진 피고인이 말입니다. (중략) 피고인은 주변을 둘러보기 바랍니다. 어려운 사람이 많이 보일 겁니다. 다가가서 무슨 일이든 좋은 일을 행하세요. 도움이 필요한 사람에게 도움을 주세요. 소수자의 곁에 사세요. 신은 그러라고 피고인에게 좋은 신체와 건강한 정신을 주신 겁니다. 이 말이 그냥 허공을 치지 않고, 피고인의 가슴에 새겨지기를 바랍니다. 피고인이 그렇게 마음먹고 행동하기 시작하면, 바로 그 지점에서 세상은 조금씩 변화할 겁니다."

이어서 부부 강간사건의 판결이유 일부. 부부강간은 이 판결을 계기로 다른 하급심판결의 상고로 대법원에서 종전 판례가 변경되어 혼인관계가 실질적으로 유지되고 있더라도 남편이 반항을 불가능하게 하거나 현저히 곤란하게 할 정도의 폭행이나 협박을 가하여 아내를 간음한 경우 강간죄가 성립한다고 판시하였고(대법원 2013. 5. 16. 선고 2012도14788, 2012도252 전원합의체 판결), 20

12. 12. 18. 형법상의 강간죄의 규정이 "폭행 또는 협박으로 **사람**을 강간한 자는 3년 이상의 유기징역에 처한다."로 개정됐다. 그런데 유감스럽게도 집행유예를 선고받고 나간 피고인은 1심판결 선고 후 5일 만에 스스로 목숨을 끊었다.

"부부 사이의 性은 남녀가 만나 가정을 이룸과 동시에 신으로부터 부여받은 성스럽고도 신비로운 산물이다. 부부는 자유롭고 계속적인 성생활을 통해 자녀 출산과 양육, 삶의 기쁨과 행복은 물론 유한한 인생에서 피할 수 없는 슬픔과 이에 대한 위로를 공유한다. 그러므로 부부는 상호간의 이해와 협력, 사랑과 존중을 토대로 원만하고 편안한 성생활을 유지할 필요가 있다.(중략)

부부는 혼인과 동시에 동거의무를 부담하는 관계상, 특별한 사정이 없는 한 처는 남편의 성적 요구에 응할 의무가 있다. 그러나 이 경우에도 처가 자신의 성적 자기결정권을 포기하거나 이론상으로도 같은 권리가 상실된 것으로 볼 것은 아니다. 성적 자기결정권은 그 권리의 성격상 특정인에 대해 이를 포괄적으로 행사하는 것이 아니라 구체적인 경우에 매번 개별적으로 행사하는 것이기 때문이다. 처는 남편에게 성적 자기결정권의 행사를 일단 유보하거나 의사와 인격을 존중하리라는 기대와 신뢰가 자리하고 있기 때문이다.

그러므로 남편의 성적 교섭 요구는 처의 소극적인 성적 자기결정권의 행사가 시작되는 지점에서 멈춰야 한다. 이때 남편은 현안으로 대두된 갈등 해소를 위해 대화와 설득 등으로 해법을 모색해야 한다. 그래도 여의치 않은 경우에는 동거의무 불이행을 전제로 한 이혼청구의 방법으로 사태 해결을 시도해야 한다. 국가가 명백하게 불법으로 규정한 폭력적인 방법 등을 동원해 상대를 굴복시키려는 시도를 부부 사이라고 용인할 것은 아니다."

다음 글은 선박건조 현장 산재사건 판결문의 양형 이유 중의 일부.

"'**저녁 있는 삶**'을 추구하는 이 시대 대한민국에서, '**삶이 있는 저녁**'을 걱정하는 노동자와 그 가족이 다수 존재한다는 현실은 서글프기 그지없다.(중략)

거듭 강조하지만, 우주상에 사람의 생명보다 귀중한 것은 있을 수 없다. 빈부나 사회적 지위, 근로조건의 차이가 현저한 餘命의 격차로 이어지는 사회는 암울하다. 개별 피고인들 전부에게 예외 없이 금고형과 징역형을 선택해 무겁게 처벌하는 이유는, 생명은 계량할 수 없는 고귀한 것임을 다시 한 번 환기하고자 함에 있다."

7.

저자가 가정법원 소년부에서 경험한 이야기는 청소년문제를 다루는데 시사하는 바가 있다. 가정법원에 처음 부임하여 주위로부터 들은 말은 아이들한테 속지 말라는 이야기였다. 판사로서 십수 년 근무하면서 산전수전 다 겪었는데 속을 일 없을 것이라고 자신했는데 그 말이 무슨 말인지 깨닫기까지 얼마 걸리지 않았다. 진심으로 걱정하고 선처해준 아이들은 열이면 열 재범해서 다시 왔다. 그 배신감과 무력감이란!

판사의 고뇌에 찬 결정이 누구의 삶에도 영향을 줄 수 없는 요식행위에 불과했다는 인식은 뼈아픈 것이었다. 더 이상 속지 말자고 생각하며 신경을 꺼버리니 재판은 그렇게 편했다는 이야기. 그러나 아이들의 고통의 실체는 다른 데에 있었다. 그 아이들은 보호자와 세상의 사랑을 모르고 '반쯤만 태어난 아이'들이었다. 늘 적대적이고 거칠기만 이 세상에서 어떻게든 살아남기 위해 하는 비행과 '하악질'은 자신들을 구해달라는 아이들의 간절한 절규였다.

8.

이 책에서 저자는 선인들의 명구를 적재적소에서 인용하고 있는데 몇 가지 들어본다.

도스토옙스키는 《죽음의 집의 기록》에서 **"인간은 모든 것에 익숙해질 수 있는 동물이다. 나는 이것이야말로 인간에 대한 가장 훌륭한 정의라고 생각한다."**고 했다. 적응과 망각은 놀라울 정도로 사람을 강하게 만든다.

"관찰보다는 애정이, 애정보다는 실전적 연대가, 실천적 연대보다는 입장의 동일함이 더욱 중요하다"(《감옥으로부터의 사색》)는 신영복 선생의 말씀이 옳다. 탐욕의 전방위 공세를 견디려면 우리도 가능한 모든 수단과 자원을 동원해야 한다. 같은 입장을 가진 사람들이 함께 작은 힘을 모으면서 그 외연을 확대해가야 한다.

윌리엄 포크너는 **"가장 서글픈 사실 중의 하나는 사람이 하루에 여덟 시간씩 매일 할 수 있는 일이란 일밖에 없다는 사실이다. 우리는 하루에 여덟 시간씩 계속 밥을 먹을 수도, 술을 마실 수도, 섹스를 할 수도 없다. 여덟 시간씩 할 수 있는 일이란 일밖에 없다"**(김현, 《행복한 책읽기》)고 말했지만, 세상 아버지들이 쉬지 않고 일하는 이유는 단지 일할 수 있기 때문만은 아니다. 가진 것이라고는 1인력에 불과한 세상 모든 아버지는 오롯이 자신의 노동으로 가족을 부양한다. 두꺼운 팔뚝이, 빠른 머리회전이, 성실함이, 튼실한 다리가, 온갖 모멸을 견디는 뚝심만이, 그의 소박한 자본이다.

우리는 모두 소수자다. 흑백 인종분리 교육의 부당함을 홀로 지적하며 **"우리 헌법은 색맹이다(Our Constitution is color-blind)"**라고 일갈한 존 마셜 할란(John Marshall Harlan) 대법관을 소환할 필요도 없다. 우리 헌법 역시 색맹이고 모든 종류의 차별을 부인한다. 우리 헌법은 남성도, 여성도, 이성애자도, 부자도, 중산층도, 크리스천도, 불자도 아니다.

"햇볕은 감미롭고, 비는 상쾌하고, 바람은 힘을 돋우며, 눈은 마음을 설레게 한다. **세상에 나쁜 날씨란 없다. 서로 다른 종류의 좋은 날씨가 있을 뿐이다.**"(존 러스킨) 세상에 나쁜 아이도 없다, 서로 다른 처지의 좋은 아이만 있을 뿐이다.

재판과 기억은 떼려야 뗄 수 없다. 기억은 법적 사실이라는 존재의 집이다. 기억이 없으면 사실도 없다. 문제는 기억이 믿을 게 못 된다는 점이다. 기억은 빠르게 소멸되고 기꺼이 왜곡된다. **현실과 상상을 구분하는 것은 아주 얇은 막 하나다**(Elizabeth F. Lofus). 법정에서 비일비재하게 발생하는 위증은 사실과 다른 진술을 하는 것을 처벌하는 범죄가 아니다. 기억에 반하는 증언을 처벌하는 것이다. 기억에 반하는 진술은 본질적으로 오류를 내포하기 마련이다. 그러나 인간은 영악해서 여기에도 대책을 세운다. 바로 誤기억(false memory)이다. 스스로 조작하고 신뢰해 강화한 오기억은 거짓말의 어수룩함을 덮는다. ~ 사실은 간단했으나 그의 기억과 태도는 완강하게 저항했다. 당시 재판장은 **"내 기억은 '내가 그것을 했다'고 한다. 내 자존심은 '내가 그것을 했을 리가 없다'고 말하며 요지부동이다. 결국 기억이 자존심에 굴복한다."** 는 니체의 말을 인용하며, 그의 심리상태를 인지부조화(cognitive dissonance)로 설명했다. 피고인에 대한 일종의 배려였다.

리암 니슨이 출연한 〈더 그레이(The Grey)〉라는 영화가 있다. 그중 잊히지 않는 대사가 있다. "오늘을 살고 오늘을 죽는다(Live and die on the day)." 우리는 매일을 망각으로 버티지만 역시 망각으로 하루하루 죽어간다.

프랑스의 철학자 알랭 핀킬크라우트는 저서 《잃어버린 인간성》에 이렇게 썼다. **"인간과 그 밖의 다른 대부분의 동물종을 구별 짓는 점은 '인간들은 서로를 같은 인간으로 인정하지 않는다'는 사실이다."** 고양이에게 다른 고양이는 언제나 하나의 고양이지만 인간에게 다른 인간은 일정한 조건을 갖춰야만 인간으로 받아들여진다는 것이다. 인류학자 레비스트로스는 이를 두고 이렇게 부연했다. "인간이란 종족에게 인간성이라는 개념은 언어집단이라는 경계에서 끝나버리며 때론 마을의 경계에서 끝나버리기도 한다." 그 경계 밖의 '인간', 즉 이방인은 단지 '하등한 존재'이거나 반드시 없애버려야 하는 존재로 취급당했다는 것이다. 무서운 인식이다.

소동파의 시구 중에 이런 말이 있다. **"인자함은 지나쳐도 화가 되지 않지만 정의로움은 지나치면 잔인하게 된다."** 정의는 본질적으로 불의와 부정을 배제한다. 하지만 불의와 부정을 단죄는 해도, 도려내고 폐기해선 안 된다. 거기 인간이 있기 때문이다. 인간을 다루는 이상 정의는 법의 전부가 될 수 없다. 사랑은 정의와 다르다. 사랑은 세상의 모든 사물에 조응한다. 사랑은 모든 사물의 메타포다.

9.

마지막으로 에필로그에 실려 있는 저자의 에피소드가 재미있다. 저자가 둘째를 낳고 출생신고를 할 때(출생신고는 생후 1개월 이내 해야 한다) 마지막 날이 되어 동사무소를 찾았다. 담당자가 하루가 지났다며 과태료 만 원을 내라고 했다. 초입불산입원칙에 따라 날짜를 따져봤지만 계산은 정확했고 담당자가 이 원칙을 모른다고 생각하고 점잖게 "초일은 빼셔야죠!"라고 말했다. 담당자의 상급자가 이리저리 알아보고 "하루 넘긴 게 맞답니다. 만 원 내세요."라고 했다. 싸우기도 뭐하고 해서 그냥 돈을 냈더니 담당자가 "사유서도 적어 내세요."라고 했다. 사유서를 들고 망설이는 저자에게 "바쁜데 뭐 합니까? 받아쓰세요. 법에 무지하여…" 얼굴이 화끈거렸지만 담당자가 불러주는 대로 받아 적었다. 졸지에 법에 무지한 변호사가 되어버린 저자가 나중에 우연히 법전을 보니 그 직원이 옳았다.

가족관계의 등록 등에 관한 법률 제44조 제1항은 "출생의 신고는 출생 후 1개월 이내에 하여야" 하고, 같은 법 제37조 제1항은 "신고기간은 신고사건 발생일부터 기산한다."고 되어 있다. 사망신고는 사망의 사실을 안 날부터 1개월 이내에 진단서 또는 검안서를 첨부하여 하여야 하도록 되어 있다(같은 법 제84조 제1항).

변호사라고 어디 가서 함부로 아는 척 하다가 큰 코 다칠 수 있으니 조심할지어다. 판사라고 다 아는 것도 아니다. 알면서도 모르는 척 하고 염화시중(拈華示衆)의 미소로 살아가는 것이 생활의 지혜라면 지혜이다.

10.

저자가 에 책을 쓴 후에 선고한 형사판결문 중에 눈에 띄는 양형이유 몇 개를 더 들어본다.

공과금 몇 만원이 없어 단전된 싸늘한 월세 방에서, 몇 달치 치 월세가 밀려서, 누군가에게 배신당해서, 사랑하는 이가 죽어서, 억울한 일을 당해서, 아무도 곁에 없어서… 누군가 생을 끝내는 이유는 차고 넘친다. 수많은 이가 무수한 이유로 스스로 목숨을 끊고 있는 이 순간에도, 우리는 그저 관성적으로 하루를 살고 또 하루를 죽는다. 살인과 강간이 끊이지 않고, 매일 서너 명이 직장에서 집으로 돌아오지 못하고, 익명이라는 베일 뒤에 숨어 저주를 퍼붓고, 서로 무시하고, 외면하고, 홀대하고, 핍박하고, 착취하는 이 세상을 두고 차마 아름답고 살만한 곳이라고 말할 자신은 없다. 그럼에도 **우리가 이 모진 삶을 계속 이어나가는 이유는 세상이 아름다워서가 아니다. 세상이 부조리하고 엉망진창임에도 우리가 미련스럽게 살아가는 이유는, 그것이 무릇 모든 숨탄것들의 거부할 수 없는 본능이기 때문이다.** 살아 있는 모든 것은 살고 싶다. 그 절대적이고 원초적인 욕망을 넘어설 수 있는 고통이, 이처럼 자주, 이처럼 도처에 존재한다는 사실이 서글프다. 생활고로, 우울증으로 세상에서 고립된 채 쓸쓸히 생을 마감하는 사람들이 도처에 있는 한 우리는 결코 잘 살고 있다고 말해서는 안 된다.(울산지방법원 2019. 12. 4. 선고 2019고합241 자살방조미수 사건)

조현병을 가진 두 아들의 아버지이자, 스물한 살 생일을 일주일 앞두었던 둘째 아들의 자살을 끝내 막을 수 없었던 퓰리처상 수상작가 론 파워스는 〈내 아들은 조현병입니다〉라는 책에서, 조현병 환자 가족의 애끓는 심정을 토로하며 이렇게 말했다.'미친 사람한테는 아무도 신경 쓰지 않습니다.(NO ONE CARES ABOUT CRAZY PEOPLE)' 그의 말을 다시 빌자면, 어쩌면 정신질환이라는 이 무서운 질병에 눈감고 외면하는 우리야말로 '질병인식불능증' 환자들일지도 모른다.

전도유망한 청년이, 사랑 넘치던 어머니가 갑자기 정신질환자가 되어 부모와 아이들을 살해하고, 길가는 낯선 사람을 해치고, 스스로 목숨을 끊는 사건을 수없이 목도한다. 말로 다 형용할 수 없는 참혹하고 안타까운 이 사건을 앞에 두고, 조현병으로 대표되는 정신질환자에 대한 사회적 관심이 다시 한 번 촉발되기를 바란다. 조현병을 가진 자식을 둔 부모가, '내 아이는 조현병입니다' 라고 당당히 밝히며 적극적으로 도움을 청할 수 있는 사회, 그 요청에 귀 기울이고 함께 걱정해 주는 사회가 되기를 간절히 희망한다.
누구도 신경 써 주지 않는 그 미친 사람이 바로, 내 아이일 수도 있다.(울산지방법원 2019. 10. 25. 선고 2019고합232 존속살해 등 사건)

나는 절벽 가장자리에서 뛰어내렸지만 마지막 순간에 뭔가가 팔을 뻗쳐 나를, 허공에 걸린 나를 붙잡아 주었다. 나는 그것이 사랑이었다고 믿는다. 사랑이야말로 추락을 멈출 수 있는, 중력의 법칙을 부정할 만큼 강력한 단 한 가지 것이다(폴 오스터). 폴 오스터의 말처럼, 아무리 생각해 봐도 타인에 대한 연민 외에는 이처럼 극단적인 절망과 고통에 맞설 답이 떠오르지 않는다. 인간애로 서로 깍지 낀 두 손만이 최후이자 최선의 안전망이다. 우리가 안전망이다.(울산지방법원 2020. 5. 29. 선고 2019고합365 살인 사건)

성범죄나 성매매와 관련한 우리 사회의 위선에 대해서도 지적하지 않을 수 없다. 형사합의부 사건의 5할 이상은 성범죄다. 그 중 상당수 피해자는 아동·청소년이다. 아동·청소년에 대한 노동착취나 노예제도는 문명국가에서는 상상도 할 수 없는 악행이거나 범죄다. 그럼에도 노동착취를 뛰어넘은 성착취가 우리 사회 곳곳에서 공공연히 자행된다. 성매매 알선과 강요 범죄는 물론 그 범죄의 토양이 되는 성매수 자체가 끊이지 않는다. 직장에서, 학교에서, 관공서에서, 사업장에서, 낮에는 멀쩡하고 평범하게 살아가는 사람들이 밤만 되면 성을 산다. 우린 모두 아동·청소년을 대상으로 한 성범죄에 극도로 분개하지만, 지금 이 순간에도 무수한 남성들이 여성과 아동·청소년을 단지 성적 욕구의 해소수단으로 삼으려 혈안이 돼 있다. 이들은 철저히 이중적이다. 자신의 아내와 딸에게는 상상조차 하지 않을 짓이지만, 남의 딸은 상관없다. 내 가족은 안 되지만, 남은 그저 욕망을 채워주는 도구일 뿐이다. 파렴치한 위선과 이기심이 판을 친다. 랜덤채팅창에서 오고가는 그 낯 뜨겁고 노골적인 표현들과 성에 대한 우리 사회의 이중적이고 위선적인 태도는 아무리 많은 사건을 처리해도 적응하기 어렵다. 우리는 지금, 진지한 성교육이나 건강하고 깊이 있는 성담론은 공론의 장에서 실종된 반면, 음험한 욕망은 무한히 분출되는 이상한 나라에 살고 있다.

이런 상황에서, 자발적으로 조건만남에 나섰다고, 스스로 나체 사진과 음란 영상을 찍어 전송했다고 아이들을 탓하거나 가해 남성들의 죄책을 줄여주는 것이 합당하겠는가. 아동·청소년이 가해자가 되거나 피해자가 되는 무수한 사건들을 보다보면, 아이들 중 상당수는 어른들이 쳐 놓은 거미줄에 걸려 신음하는 것이 아닌가 하는 생각이 들 때가 많다. PC방, 인터넷, 스마트폰, 게임, 폭력물과 음란물, 거리마다 넘쳐나는 술집과 숙박시설, 별다른 죄책감 없이 조건만남에 나서는 수많은 어른들, 외모지상주의에 돈이면 안되는 게 없다고 생각하는 천박한 상업주의까지, 어른들이 쳐 놓은 이 촘촘한 거미줄을 아이들이 무사히 통과하는 것이 과연 가능할까 하는 의구심을 지울 수 없다. 자제력이 떨어지는 어린 청소년들에게 왜 이런 거미줄에 걸렸냐고 과연 탓할 수 있겠는가. 거미줄을 걷어내는 노력이 절실하다.

거듭 강조하지만, 성범죄나 성매매 알선 또는 강요는 인간을 사물화하고 수단화하는 중범죄다. 몸은 소박하지만 누구나 갖고 있는 최소한의 자본이다. 그럼에도 노동을 살 수는 있지만, 몸 자체를 거래할 순 없다. 몸은 재화가 아니고 서비스도 아니다. 이것은 문명국가에서 오래 전에 확립된 굳건한 합의다. 몸을 사고파는 것은 인간을 사고파는 것이고, 인간성을 부정하는 것이며, 한 사람의 인격을 짓밟는 짓이다.

성매매에 나선 여성들은 어쩌면 우리 사회의 최하층에 속한 사람들이다. 중력조차 감당하지 못해 제 한 몸 건사하기 버거운 피라미드 최하층 약자들은, 가혹하게도 피라미드 상부의 무게까지 고스란히 떠안아야 한다. 가출 청소년이나 성매매에 나서는 청소년과 여성들은 대부분 가난으로, 폭력과 보호자의 부재로 떠도는 사람들이다. 이들을 대상으로 한 성범죄나 성매매 알선·강요 범죄는 사회적 최약자들에게 타고난 삶의 무게 위에 극한의 고통까지 짊어지게 한다는 점에서도 용서받을 수 없다. 특히 피고인들은 이들을 착취하고 폭행과 협박으로 유린했으며, 그 과정에서 사전 계획에 따라 조직적으로 행동하였다. 폭력의 폐해야 두말할 나위가 없지만, 취약한 여성들을 상대로 한 이와 같은 조직적 폭력은 비열하기 짝이 없다.

우주에는 단 하나의 신전이 있는데, 그건 바로 인간의 몸이다(노발리스). 타인의 몸을 흥정에 붙이고 거래하는 행위는 인간의 존엄성을 침해하고, 신의 전당을 파괴하는 범죄다. 돈으로 살 수 없는 것이 있다. 아니, 결코 사선 안 되는 게 있다.(울산지방법원 2020. 10. 18. 선고 2020고합73 등 사건)

09 지금부터 재판을 시작하겠습니다
- 법과 현실의 아이러니 -

1.

소설 쓰는 판사 정재민이 쓴 에세이집 『지금부터 재판을 시작하겠습니다』(창비, 2020)를 재미있게 읽어보았다. 이 책은 "소설 쓰는 판사의 법정 이야기"라는 부제가 붙어있는 것처럼 판사, 검사, 피고인 등이 형사법정에서 연출하는 드라마 아닌 드라마를 유려한 필체로 생생하게 엮어낸 형사법정 오디세이이다.

이 책의 저자는 이미 소설가로 인증을 받은 전직 판사인데 나는 이 작가가 '신동아'에 연재하던 '혼밥판사'의 이야기를 재미있게 본 바 있다. 그런데 이 작가의 경력이 범상치 않다. 사법연수원 32기로 2006년부터 2011년까지 대구 등지에서 판사를 지내고 2011년부터 2년간 외교부 영토법률자문관을 지냈고, 2014년 8월부터 2015년 12월까지 ICTY[1] 재판연구관을 지냈다.

저자는 그 후 2017년 2월 '사는 듯 사는 삶'을 살고 싶어 판사직을 사직하고 임시직이 아닌 정규직 방위사업청 팀장으로 잠수함 등 무기 체계를 수출하거나 만드는 일을 하고 있다. 고위법관이 감사원장이나 국민권익위위회위원장, 국가인권위원장 등으로 잠시 행정부로 자리를 옮기는 예는 있으나 전직 젊은 판사가 행정부 소속 공무원으로 전직하는 예는 과문인지 몰라도 들어보지 못했다. 그것도 전공인 법률과 큰 관련이 없는 것 같은 부서에서~

저자는 『독도 인 더 헤이그』『보헤미안 랩소디』『소설 이사부』 등 소설을 세 편 썼고, 또 다른 에세이 『혼판판사』를 최근 창비에서 펴냈다. 상금이 각각 1억 원인 세계문학상과 매일신문 포항국제동해문학상도 받았으니 일단 필력은 인정받은 셈이다.

'형사법정의 풍경과 판사의 마음 속 풍경을 스케치한' 이 책의 프롤로그에서 다른 재판은 '사건'을 재판하지만 형사재판은 '사람'을 재판하고, 다른 재판을 '돈'을 다루지만 형사재판은 '정의'를 다루며, 다른 재판은 '법적 효력'을 밝히지만 형사재판은 '진실'을 밝힌다는 저자의 말에 공감이 간다. '재판은 상처로 시작해서 상처로 끝난다'는 말도 진리다. 민·형사·가사재판 가리지 않고 상처로 끝나지 않는 재판은 없다. 판사는 상처를 받지 않을 것 같지만 재판을 하는 판사도 화재를 진압하는 소방관이 화상을 입는 것처럼 상처를 받는다.

이 책은 형사재판의 공판기일 처음부터 판결선고에 이르기까지 고뇌하는 법관이 형사법정의 법대에서 바라본 인간 군상들의 모습을 여과 없이 그리고 있다. 형사법정 이야기는 TV나 영화에서 많이 다루어지고는 있지만 극적 요소를 가미하다 보니 현실의 형사재판과 반드시 일치하지 않는 경우가 많고, 미스 함무라비와 같은 판사들의 세계를 보여주는 드라마가 없었던 것은 아니나 대부분의 법정드라마나 영화의 주인공은 검사나 변호사들이고 판사는 조연 정도에 불과하다. 이 책을 통해 일반인들이나 예비법조인인 로스쿨생들이 재판을 주재하는 판사의 세계를 엿보는 것도 괜찮

---

[1] ICTY(International Criminal Tribunal for Former Yogoslavia)는 유고 내전에서 벌어진 반인도적 범죄를 단죄하기 위해 1993년 3월 채택된 유엔 안전보장이사회 결의에 따라 두 달 뒤 네델란드 헤이그에 세워진 국제유고전범재판소이다. 한국의 권오곤 판사가 2001년부터 15년 동안 상임 재판관 및 부소장을 지냈다. 1990년대 유고 내전 당시 보스니아계를 잔혹하게 학살한 '발칸의 도살자' 3인방을 심판하는 국제전범재판이 마무리되면서 설립 24년만인 2017년 말 문을 닫았다.

겠다는 생각이 든다. 이 책을 따라가면서 느끼는 소회의 일단을 몇 자 적어본다.

2.

판사가 법정에 입정하여 착석한 후 하는 첫 멘트가 "지금부터 재판을 시작하겠습니다." 그런데 엄밀히 말하면 '재판'이란 소송사건에 관하여 재판기관이 하는 판단 내지 의사표시로서 소송법상 일정한 효과를 발생시키는 소송행위를 말하는데, 이러한 재판을 시작하는 것은 어폐(語弊)가 있고 정확히는 "지금부터 심리를 시작하겠습니다."고 해야 정확할 터인데 관행적으로 '재판을 시작한다'는 말을 쓰고 있다. 변호사들도 법정에 '재판(하러) 갔다'는 말을 무심코 쓰는데 변호사가 재판을 하는 것은 아닐 것이다. 여자들이 미용실에 '머리하러 간다'고들 하는데 도대체 무슨 머리(털)를 한다는 것인지? 사람들은 친지 결혼식에 참석하는 것을 '잔치 먹으러 간다'고 하는데 어떻게 잔치를 먹는다는 것인지? 소를 제기하는 것이지 절차(process)인 소송을 제기할 수가 없는 것인데 대법원조차 '소송을 제기한다'는 말을 판결문에 버젓이 쓰는 세상이니 이런 행태를 그리 탓할 만한 일도 아니다.

어쨌든 재판이 시작되면서 재판의 주인공인 피고인에게 스포트라이트가 비춰진다. 살다보면 이런 저런 권리의무에 얽혀 민사재판의 피고는 누구나 될 수 있으나(민사재판의 피고가 된 것을 형사재판의 피고인이 된 것처럼 비분강개(悲憤慷慨)할 필요는 없는 일이다) 형사재판의 피고인이 되는 것은 좀처럼 쉽지 않은 일이다. 그런데 구치소나 교도소에 접견을 갔다가 나와 같이 멀쩡한 사람들이 피고인으로 근무(?)하고 있는 것을 보고 깜짝 놀란 적이 있다. 서울구치소에서 보았던 유명한 정치인 피고인들은 기가 죽어있는 다른 '개털'과 달리 수의를 입었지만 구치소에서도 당당했던 '범털'들이었고 교도관들도 그들 앞에서 눈치를 보고 있었다.

책에는 '경위가 사건번호를 부르면 해당 피고인이 재판장이 보기에 법대 왼편에 자리를 잡는다.'고 되어 있는데 전에 판사가 직접 사건번호를 부르고 피고인을 호명했던 법정관행이 바뀌었나? 오랫동안 변호사 현업에서 떨어져 있다 보니 요새 법정 돌아가는 분위기를 모르겠다. 재판의 주재자는 법관인데 어떻게 경위가 사건번호를 부른다는 것인지 이해되지 않는다. 구속 피고인 등 수용자가 입은 수의에 달린 명찰을 보면 범죄의 종류를 알 수 있다. 마약사범은 파란색, 조직폭력배와 같은 요주의 인물은 노란색, 사형수나 공안수는 빨간색, 나머지 대부분은 흰색이다. 물론 영치금으로 사제 수의를 사 입을 수도 있고, 미결수용자의 경우 사복으로 환복하고 법정에 출석할 수도 있다.

판사가 피고인을 처음 볼 때마다 알려주는 말, 진술거부권과 관련하여 미란다원칙에 관하여 저자는 진술거부권 자체는 존재해야 하지만, 수사기관이 그런 권리가 있다는 사실을 말해주지 않았다고 해서 큰 죄를 지은 사람이 무죄로 풀려나야 한다고 생각하지는 않는다고 적고 있다. 그리고 법정에서 그렇게 열심히 진술거부권을 고지하지만 진술거부권을 행사하는 사람을 한 번도 본 적은 없다고 쓰고 있는데 이에 대하여는 이의(異議)가 있다.

미란다원칙(Miranda Rule)은 형사사법절차의 중요한 원칙이다. 외국영화든 한국영화든 영화 속의 경찰관들도 용의자나 피의자에게 "당신은 묵비권을 행사할 수 있고, 변호인을 선임할 수 있다"

는 미란다원칙을 고지하고 있다. 범죄 피의자를 위한 미란다원칙만이 아니라 범죄 피해자를 위한 미란다원칙도 시행되고 있다.

인권의 대명사로 알려지고 있는 미란다(E. Miranda)는 사실 알고 보면 벌을 받아야 마땅한 악마였다. 그는 1963년 3월 미국 애리조나주 피닉스 시의 한 극장 앞에서 18세 여성을 성폭행한 혐의로 경찰에 의해 체포됐다. 경찰서에서 그는 피해 여성으로부터 범인으로 지목받는다. 미란다는 무죄를 주장하며 완강하게 버텼으나 2시간의 경찰의 집요한 신문 끝에 그는 '이 진술서는 어떤 협박이나 형 면제의 약속에 의한 게 아니라 자신의 범행을 자백한 것이다'라는 범행자백 진술서를 쓰고 서명도 했다. 그런데 재판이 시작되면서 미란다는 노련한 변호사의 조력을 받으며 무죄를 주장하고, 강요된 자백에 따라 진술서를 억지로 썼다고 주장했다. 그러나 범죄사실이 너무나 명백하여 법원은 미란다의 주장을 받아들이지 않았다. 애리조나주법원은 그에게 납치에 대한 징역 20년과 성범죄에 대한 징역 30년을 각각 선고했다. 미란다는 애리조나주 대법원에 상고했다. 주대법원의 판결도 마찬가지였다. 그러나 그의 무죄를 주장하는 '미국자유시민연맹'은 미국 수정헌법 제5조와 제6조를 근거로 연방대법원으로까지 이 사건을 끌고 갔다.

1966년 6월 13일 미연방대법원은 대법관 〈5 대 4〉의 다수의견으로 미란다의 손을 들어주는 극적인 판결을 내렸다. 미란다원칙이 세상에 탄생하는 순간이었다. 연방대법원의 다수의견은 "애초에 경찰은 미란다에게 필요한 법적 권리를 고지하지 않았으며 이 때문에 피의자신문조서상의 자백은 증거로 쓸 수 없다"고 판시했다. 연방대법원은 미란다는 불리한 증언을 하지 않아도 될 권리와 변호사의 조력을 받을 권리를 침해당했다고 판시했다. 아무리 흉악한 범죄를 저지른 사람이라도 자신을 방어할 수 있는 기본 권리가 침해받아서는 안 된다는 것이다.

이렇게 법의 원칙은 현실의 모순 속에서 탄생한다. 법과 현실의 아이러니다. 미란다는 연방대법원의 무죄판결로 석방됐다. 그러나 미란다는 감옥에서 풀려난 후 동거 여인의 증언으로 다시 유죄가 확정돼 11년간 복역하다가 1972년 가석방됐다. 미란다는 그 4년 뒤인 1976년에 술집에서 싸움을 하다가 칼에 찔려 죽었다. 그런데 미란다를 살해한 용의자는 미란다원칙에 따라 묵비권을 행사했고 무죄로 풀려났다. 아이러니컬하게도 미란다는 자신을 살리기 위해 연방대법원이 만들어낸 미란다원칙으로 자신을 죽인 범인을 살려주는 결과를 가져오고 말았다. 저자는 미란다가 출소 후 술집에서 자기가 바로 그 유명한 미란다원칙의 미란다라고 자랑하다가 옆 사람과 시비가 붙어서 칼에 찔려 죽었다고 했는데 미란다가 미란다원칙을 자랑했는지는 알 수 없는 일이다.

저자가 음료수 '미린다'를 오랜 세월 '미란다'로 알고 있었다는 말에서 웃음이 나온다. 많은 사람들이 롯데칠성음료 '미린다'를 '미란다'로 착각하는 이유로 여러 가지 가설이 있으나, 라이벌 '오란씨'의 영향으로 '린'보다 '란'이 더 사람들 입에 더 붙어서 또는 미린다 광고의 '린' 위에 나뭇잎이 붙어있는 상표표기 디자인이다 보니 많은 사람들이 미린다를 미란다로 잘못 알아왔다는 설이 그럴듯하게 보인다. 이외로 많은 사람들이 잘못 알고 있는 제품이름들이 있다. 사람들이 크라운 '빅(Vic)파이'를 '빅(Big)파이'로 잘못 알기도 하고, 농심 '오징어집'을 '오징어칩'으로 잘못 알고 있기도 하다.

그건 그렇고 어느 누가 형법은 무엇이 범죄인지를 밝힘으로써 범죄로부터 선인(善人)을 보호하는 법전이고, 형사소송법은 범죄를 저지른 악마라도 적법절차에 따를 것을 보장해주는 '악마를 위한 법전'이라는 말을 한 적이 있다. 때려죽이고 싶은 악마에게도 적법한 절차가 보장되어야 한다는 것이 인권을 존중하는 형사소송법의 이념이다. 형사절차에서의 적법절차의 원칙은 피고인의 인권보장을 위해 양보할 수 없는 대원칙이다. 사실 형사피고인들 중에 때려죽이고 싶을 정도로 고약한 놈들이 없는 것이 아니다.

요새 사법농단 사건이나 조국 사태 재판에서 평생 법으로 먹고 사는 피고인들이나 증인들이 형사소송법전 속에 죽어있던 피고인의 권리들을 불러내고 있다. '정경심 재판 증인' 조국이 검사의 303개 질문에 "형소법 148조를 따르겠다"며 303회 이상 반복하여 진술거부권을 행사하는 진풍경이 벌어지고 있다. 조국은 "형사법 학자로서 진술거부권의 중요성을 역설해 왔다. 필요한 권리 행사에 대한 편견이 존재하지만 이 법정에서는 그러한 편견이 작동하지 않기를 소망한다"고 나름의 소견을 밝혔다. 형사소송법 제148조는 가족이 유죄 판결을 받을 사실이 발로될 염려 있는 증언을 거부할 수 있도록 규정하고 있다. 악마를 위한 법전에 그리 나와 있으니 판사도 답답하지만 이를 제지할 명분이 없다. 이 또한 법과 현실의 아이러니다.

3.

판사가 진술거부권을 고지한 후 인정신문을 하게 되는데, 저자는 까뮈의 소설 『이방인』의 주인공 뫼르소의 입을 빌어 반복적으로 인정신문을 하는 이유를 설명하고 있다. "나에 대한 신문이 시작되었다. 재판장이 내게 다정스럽게까지 생각되는 이조로 본인이 확실한가를 알아보는 인정신문을 다시 해서 짜증났으나 사실 그것은 아주 당연한 일이라는 생각이 들었다. 엉뚱하게 다른 사람을 재판하는 것은 말할 수 없는 실수이기 때문이다." 그러나 가끔 그러한 실수가 일어나는 것이 법정이기도 하다.

판사가 인정신문을 통해 피고인과 만나는 것은 서로 상대방의 눈빛과 목소리를 섞으면서 판사가 판사가 되고 피고인이 피고인이 되는 순간이다. 첫 인상이 그만큼 중요하다. 사람의 인성은 짧은 시간에 알 수 없는 일이고 사람의 인상은 그대로 노출된다. 불편한 인상도 있고 편안한 인상도 있다. 그러나 인간만큼 단순하지 않고 모순덩어리인 복잡한 종(種)은 없을 것이다. 피고인들도 마찬가지다.

판사의 인정신문이 끝나면 검사의 공소장 낭독이 시작된다. 검사들을 '칼잡이'라고 하는 것은 검사의 검(檢)자를 칼 검(劍)과 혼동한 것이다. 검(檢)자는 '봉함' 검으로 '잡도리하다' '단속하다'는 뜻이다. 사회가 잘못되지 않도록 단속하는 과정에서 검(劍)을 휘두르는 것처럼 보일 뿐이다. 기소독점주의와 기소편의주의 하에서 검사들은 기소권이라는 막강한 권한을 행사한다. 기소권보다 위력적인 것이 불기소권이다. 검경수사권 조정을 하면서 경찰에게 수사종결권을 주는 경우에도 마찬가지다. 기소해서는 안 될 사건을 기소하는 것 못지않게 마땅히 기소하여야 할 사건을 뭉개버리는 것만큼 더 큰 해악은 없다. 저자가 자신이 부모가 시골 지청에서 겪은 일화를 소개하면서 불완전한 사법시스템의 일원인 것에서 자괴감을 토로하고 있다. "음식 장사는 먹는 걸로 장난치면 안 되고, 의사는 병으로 장난치면 안 되며, 법조인은 정의로 장난치면 안 된다."

저자가 형사재판을 담당하면서 희귀병 환자라고 하면서 불출석하는 피고인을 불러내어 예수처럼 반신불수 환자(?)를 벌떡 일어나게 한 일화가 재미있다. 재판 중에 변호사, 검사뿐만 아니라 판사도 자리를 이탈해버리는 경우가 있다는 말에 실소(失笑)를 금할 수 없다. 퇴근시간이 한참 지났는데도 늦게까지 재판한다고 검사가 판사의 양해를 구하지 않고 그냥 나가 버리는 예가 있는 것은 그렇다 치고, 재판 중에 판사가 나가버린다? 합의부 재판 중에 어느 배석판사가 재판장에게 오늘 매우 중요한 약속이 있으니 재판을 일찍 끝내주기를 미리 부탁했는데, 재판장이 저녁시간이 지나도록 재판을 계속 진행하자 법정을 나가 버렸다는 것이다. 이런 사례는 처음 듣는 골 때리는 이야기이다. 당연히 화가 난 재판장이 배석판사의 일을 법원행정처에 제보했으나 의외로 재판장이 잘못했다는 판단을 받았다는 것. 근무시간 이후에 재판을 하기 위해서는 법원장의 별도 허가를 받아야 하는데 그런 허가 없이 재판을 계속한 것은 잘못이라는 것. 그런데 재판이라는 것이 여러 가지 돌발변수가 있어 정해진 시간에 끝낼 수 없는 속성을 지니고 있는데 오후 재판은 매번 법원장의 별도허가를 받아두어야 한다면 이게 가당키나 한 일인가? 판사들도 잘 모르는 요지경세상이다. 옛날에는 부장을 잘 만나야 배석이 편하다고 했는데 요새는 배석을 잘 만나야 부장이 편한 시대인가? 이 역시 '벙커'와 '벙키'가 공존하는 시대의 아이러니다.

형사재판은 입법, 사법, 행정의 삼권분립이 뚜렷하게 공존하는 공간이다. 피고인을 단죄하는 법률은 입법의 영역이고, 유무죄를 가리는 판사는 사법의 영역이며, 형벌권을 행사하는 검사는 행정의 영역이다. 피고인은 시민이고 변호인은 시민의 권리를 옹호한다. 형사재판은 이러한 각 영역이 견제와 균형의 긴장관계를 이루면서 사안의 실체적 진실을 밝혀가는 과정이다. 어느 일방의 독주는 허용되지 않는다.

재판이 재판으로 제대로 기능하기 위해서는 사법부의 독립이 필수적이다. 검사가 수사나 기소를 할 때는 윗사람의 결재를 받지만 판사가 재판할 때는 결재라는 것이 없다. 양승태 코트의 사법농단의 회오리가 비판받는 이유가 나변(那邊)에 있는가. 사법부가 겉으로는 사법부의 독립과 신뢰와 소통을 말하면서 밀실에서 행정부와 거래를 하는 듯한 사법부의 독립과 배치되는 짓을 했다는 점이다. 사법의 본체는 권력과 거리를 두고 사심 없이 오로지 법률에 따라 재판을 하면 되는 것이다.

4.

검사의 기소요지 진술 후 재판장이 처음으로 묻는 질문, "피고인, 공소사실을 인정하십니까?" 피고인이 공소사실을 인정하면 재판을 간단히 끝나게 되나, 부인하면 상황이 달라진다. 피고인은 잘못이 없어도 자백하는 수가 있고 잘못이 있어도 자백할 수 없는 때도 있다. 억울한 것이 있어도 솔직하게 말하지 못하고 그냥 자백으로 마무리하는 경우도 많고 괜히 이런 저런 억울한 사정을 이야기했다가 재판장으로부터 반성하지 않고 있다는 의심을 받지 않을까 노심초사하기도 한다. 판사와 검사로 둘러싸인 법정에서 고립무원의 피고인이 느끼는 심리는 복잡하고 다층적이다. 괘씸죄를 두려워해서 자백을 하는 피고인의 처지를 판사는 잘 헤아릴 필요가 있다.

옛날에 의사 출신으로 처음으로 고시 사법과에 합격한 전 모 변호사가 있었다. 나는 이 분을 변호사회 야유회 같은 곳에서 여러 번 뵈었는데 80이 넘어서도 목소리가 카랑카랑했고 쩌렁쩌렁 울렸다. 전 변호사가 형사 단독판사를 할 때 웃기는 일화가 있다. 예나 지금이나 형사단독 법정에는 구속, 불구속 잡범 피고인들로 북새통을 이룬다. 보아하니 피고인들로 법정은 가득 찼고, 이 사건들을 하나하나 제대로 심리하다가는 하루 종일 해도 시간이 부족할 것 같았다. 이때 전 판사는 기지를 발휘하여 피고인들 중에 공소사실을 인정하는 피고인들은 모두 앞으로 나오라고 하였다. 먼저 피고인석으로 나온 피고인으로부터 공소사실을 인정한다는 다짐을 받은 후 "수고했다."고 격려하면서 아주 가벼운 형을 선고할 것 같은 느낌을 주자 법정 곳곳에서 "저도 인정합니다. 저도 인정합니다."라고 하면서 피고인들 대부분이 손을 들고 아우성이었다. 피고인들은 세상에 피고인에게 "수고했다"고 하면서 격려해주는 판사를 여태 본 일이 없었다. 머뭇거리던 피고인들까지 전부 앞으로 나와 공소사실을 인정한다고 하여 수십 건의 사건을 간이공판절차로 간단히 해치우는 괴력(?)을 발휘하고는 유유히 법정을 떠났다는 전설 같은 이야기가 전해져온다. 팍팍한 형사법정에도 낭만이 있던 시절이었다.

구속영장, 발부와 기각 사이에는 하늘과 땅 차이가 있다. 구속은 피의자나 피고인을 절망의 심연으로 몰아넣는다. 사실상 구속이 처벌수단으로 활용되고 있다. 법은 불구속수사를 원칙으로 하고 일정한 요건이 구비되면 피의자의 구속을 허용한다고 하지만 검찰은 피의자의 구속에 사활을 걸고 언론들도 영장전담판사의 구속영장발부에 이목을 집중한다. 이 나라는 소위 '인질사법'에 의하여 형사재판을 담보하는 전근대적 국가가 아닌가 하는 의구심이 들 정도이다. 재판이 열리기도 전에 구속을 집행하면서 '무죄추정의 원칙'은 공염불이 되고 있다. 일부 검사나 수사관들이 '부인하면 구속한다'는 식으로 피의자를 압박하는 사례도 있다.

형사소송법은 피고인이 죄를 범했다고 의심할만한 상당한 이유가 있고(범죄가 소명된 경우), 주거부정, 증거인멸의 우려, 도망 우려 중 하나 이상에 해당하면 구속영장을 발부할 수 있는 것으로 되어 있다. 그러나 영장전담판사들이 구속영장을 발부하거나 기각하면서 부전지에 몇 줄 적어 넣는 발부사유나 기각사유라는 것들이 그야말로 영장전담판사 개개인의 주관적 판단이 담겨있는 경우가 많다. 판사에 따라 영장발부나 기각이 왔다 갔다 할 수 있는 '고무줄영장' 구조이다 보니 영장실질심사를 받는 피의자들은 좋은 판사 만나기만을 학수고대한다.

2020년 5월 서울역에서 발생한 묻지마 폭행사건과 8월 논현역에서 발생한 폭행사건은 30대 남성이 지나가는 여성들을 무차별 폭행한 사건으로 거의 흡사한 사건인데 구속영장발부는 정반대였다. 여성 피해자들을 폭행한 논현역 사건의 피의자는 경찰의 구속영장 신청 후 즉각 구속영장이 발부되었다. 그러나 서울역 사건 피의자에 대한 구속영장은 두 차례나 기각됐다. "집에서 잠을 자고 있어 도주나 증거 인멸 우려가 없었다"거나 "조현병 등에 따른 우발적, 돌출적 행위였다"라는 게 법원이 밝힌 기각사유다.

대법원은 "전체 법원의 일관성 있는 영장심사 원칙 및 발부 기준을 마련하라"는 국회법사위의 요구에, "영장 발부 여부에 관해 구속력 있는 일률적인 기준을 마련하는 것은 재판의 본질에 반한다."는 입장을 고수하고 있다. 대법원은 "객관적인 구속 기준 설정은 결국 구속 확대를 가져와 불구속 수사·재판의 원칙에 역행하게 될 우려가 있다"고 하는데, 대법원의 오만(傲慢)을 보는 것 같아 씁쓸할 따름이다.

불구속 피고인에게 형을 선고하면서 법정구속하는 것은 있을 수 있다(판사가 실형 선고시에 관행적으로 '도주우려가 있다'며 법정구속을 하면서도 정치인이나 거물급 피고인 등 특정인에게 '방어권 보장'을 내세우는 것은 형평에 맞지 않을 수 있다). 그러나 공소장일본주의에 따라 공소장만 읽어보고 예단 없이 첫 공판기일을 주재해야 하는데 수사기록을 다 읽어보고는 수사단계에서 구속영장이 기각된 피고인을 나쁜 놈이라는 이유로 구속영장을 준비하고 바로 첫 공판기일에 직권으로 구속하는 판사도 있다. 무슨 자기가 정의의 사도가 된 양 행동하는 이런 판사는 수양이 덜된 판사일 것이다. 판사 한 사람 잘못 만나 전체 인생이 송두리째 망가질 수 있는 사법시스템을 간과하고 있는 것은 아닌지도 모른다.

5.

저자가 토로하는 것처럼 민사재판이든 형사재판이든 사실확정(Fact Finding)의 어려움은 두말할 나위가 없다. 특히 과거의 특정시점에 무슨 일이 일어났는지 정확하게 복원한다는 것이 말처럼 쉬운 일이 아니다. 재판이라고 하는 것은 사실을 확정하고 확정된 사실에 법률을 적용하는 작업이다. 사건의 승패나 유무죄의 판단은 대부분 사실확정에서 판가름 난다. 법이야 법전과 판례, 책을 찾아보면 되지만 사실확정은 법전이나 책에 나와 있지 않다. 뚜렷한 증거는 없고 피고인과 피해자의 말이 정반대인 경우 사실의 퍼즐 맞추기는 실로 난감한 일이다.

저자가 이야기하는 것처럼 재판은 기억을 다루는 작업인데 기억의 부식이 심하고 시간이 지나면서 진실이 왜곡될 수도 있다. 판사의 기억 역시 마찬가지다. 저자도 한 공판기일에 서로 다른 사건의 증인 대 여섯 명이 증언을 일일이 기억하는 것이 힘들고 일주일만 지나도 사람을 때린 사람이 A였는지 B였는지부터 헷갈린다고 토로하고 있다. 예전에 어느 법정에서 재판장이 자기는 법정 문을 꽝 닫고 나가는 순간 당사자들이 법정에서 한 말을 모두 잊어버리니 당사자들에게 하고 싶은 말을 서면으로 작성해서 내라고 하는 말을 하는 것을 들은 적이 있다.

얼마 전에 언론에 회자되었던 곰탕집 성추행사건을 보자. A씨는 2017년 11월 대전의 한 곰탕집에서 일행을 배웅하던 중 옆을 지나가던 여성의 엉덩이를 움켜잡은 혐의(강제추행)로 재판에 넘겨졌다. 지인을 배웅하러 식당 입구로 나온 피고인과 화장실에 다녀온 피해자가 서로 선 채로 몸이 근접했다. 손과 둔부의 접촉이 있었다는 순간에 피해 여성은 등을 돌린 상태였다. 피고인이 움켜쥐었다는 것은 느낌에 따른 진술이다. 피고인과 피해자 두 사람의 진술은 엇갈렸다. 강제추행 발생 순간에 대한 목격자 증언이나 추행을 입증하는 CCTV 영상은 없었다. 피해자 진술이 사실상 유일한 증거다. 피해자는 피해 내용, 피고인이 보인 언동, 범행 후의 과정 등에 관해 일관되고 구체적으로 진술했고 내용도 자연스러웠던 점을 들어 1심은 피해자 진술이 믿을만하다고 봤다. 1심 재판부는 "피고인이 자신의 잘못을 반성하지 않고 있고, 피해자에게 용서를 구할 마음도 없어 보인다."며 징역 6월을 선고하고 법정구속했다. 이는 검찰이 구형한 벌금 300만원보다도 높은 형량이었다.

'무죄'나 '집행유예'를 기대하고 법정에 출석한 피고인에게 판사가 징역 6개월의 실형과 동시에 법정구속을 하면서 충격을 받은 피고인의 부인이 1심 선고가 끝난 직후인 2018년 9월, 청와대 국민청원 게시판에 '제 남편의 억울함을 풀어주세요'라는 제목의 청원 글을 올리고 사건 당일 CCTV

를 공개했다. 피고인과 피해자 여성이 서로를 지나치는 데 걸린 시간은 약 1.3초. 일부 누리꾼들은 "이 짧은 순간에 성추행 했을 수가 있냐"는 반응을 보였다. 해당 장면을 명확하게 포착한 증거가 없고, 추행의 정도가 심하지 않다는 것이었다. "피해자 진술만으로 징역형을 선고했다"며 재판부를 향한 비판의 목소리가 커졌다. 논란이 계속되며 해당 청원은 33만 명 이상의 서명을 받았다. 청와대는 해당 사건에 대해 "재판이 진행되는 사건에 대해 청와대가 언급하는 것은 삼권분립 원칙에 맞지 않는다는 점을 양해해주시면 좋겠다."고 밝혔다.

항소심도 피해자 진술의 신빙성을 믿었으나, 다만 피해자에 대한 추행의 정도가 그리 중하지 않아 1심의 양형은 무거워서 부당하다고 판시하고 징역 6월에 집행유예 2년을 선고했다. 우선 사건 당일 CCTV에 정확한 추행 장면은 잡히지 않았지만 피고인의 오른쪽 팔이 피해자 쪽으로 향하고, 몸을 기울이는 등 피해자가 말한 것과 같았다는 점을 들었다. 처음에 피고인이 "신체접촉조차 한 적 없다"고 주장하다가 당일 CCTV를 본 후 "영상을 보니 신체접촉을 했을 수도 있다고 생각한다."며 말을 바꾼 것이 피고인에게 결정적으로 불리하게 작용했다. 대법원도 2019. 12. 12. 징역 6월에 집행유예 2년을 선고한 원심을 확정했다.

여기서 1심 재판부가 피고인에게 실형을 선고하면서 법정구속을 한 것이 옳은 것이냐 하는 점이다. 아무리 강제추행이 인정된다고 하더라도 번개가 칠 정도의 1.3초 사이에 벌어진 일이고, 초범에, 검사가 벌금 300만 원을 구형한 사건에서 1심 판사가 징역 6개월의 실형을 선고하고 그것도 법정구속한 것은 일반적인 성추행사건의 양형감각과 부합하지 않는다. 판사가 부인하는 피고인에 대한 과도한 감정의 발로로 볼 수 있고, 다른 보통의 판사들이었다면 이 사건 판사처럼 실형을 선고하지는 않았을 것이다. 이 사건 피고인이 피해자 엉덩이를 움켜잡았을 수도 있지만 피해자의 진술 외에 객관적 증거에 의해 증명된 사실은 없다. 성추행사건에서는 왕왕 피해자의 진술이 객관적 진실이 되고 만다. 어쨌든 판사는 양형에 균형적인 감각을 가져야 하고 자신이 무슨 정의의 사도라고 과신하는 것은 억울한 피고인만 만들게 됨을 유의할 것이다.

저자는 형사재판실무에서 고의나 미필적 고의를 너무 쉽게 인정하고, 차용금사기에서 변제할 의사와 능력 중 어느 하나만 있으면 사기죄를 쉽게 인정하며, '공모' 또한 너무 쉽게 인정되는 경향이 있어 여러 명이 함께 있다가 돌연 한 명이 어떤 범행을 계획하거나 저지를 때 그것을 적극적으로 저지하지 않았다고 해서 곁에 있던 다른 사람도 '공동정범'으로 보는 경우가 허다함을 지적하고 있다. "검사의 공소사실과 이를 뒷받침하는 증거들에서 보이는 여러 불일치, 모순, 의문에는 애써 눈감으면서, 오히려 피고인의 주장과 증거에는 불신의 전제에서 현미경의 잣대를 들이대며 엄격한 증명을 요구하는 것은 형사법원이 취할 태도가 아니다." 이인복 대법관이 2011년 안산시장 수뢰혐의 사건에서 유죄판결을 한 원심을 파기하고 사건을 원심으로 환송하면서 한 판시를 형사재판을 담당하는 판사들이 새겨들어야 할 것이다.

6.

형사재판에서 피고인을 유죄로 인정하기 위하여는 '합리적 의심이 없을 정도'(beyond a reasonable doubt)로 범죄사실이 증명되어야 한다. 여기서 합리적 의심이라는 것은 피고인이 죄를 저질렀다는 의심이 아니라 반대로 죄를 저지르지 않았을 수도 있다는 의심을 말한다.

민사소송은 사적자치를 바탕으로 당사자처분권주의와 변론주의를 기반으로 하고 있으므로 당사자의 자백이나 청구의 포기·인낙 등으로 인하여 객관적 진실과는 다른 사실관계나 법률관계가 확정될 수도 있다. 그러나 'in dubio pro reo'(의심스러울 때에는 피고인의 이익으로)가 지배하는 형사소송에 있어서의 진실은 '실체적 진실'이 되지 않으면 안 되고, '합리적 의심의 여지가 없을 정도'의 증명이 필요하다. 법관의 심증이 거기까지 미치지 못하면 진위불명으로 처리하여 무죄를 선고할 수밖에 없는 것이 형사재판이다. 결국 검사가 공소사실을 합리적 의심의 여지가 없을 정도로 증명하지 못하면 유죄의 의심만으로 공소사실을 유죄로 인정할 수 없다. 형사재판에서는 민사재판에서와 같은 '변론 전체의 취지'라는 것이 없다.

민사소송법 증거법 시간에 증명도 수치를 계량화하여 90~99%의 심증을 얻었으면 '합리적 의심의 여지가 없는 증명(beyond a reasonable doubt)'으로, 80~90%의 심증을 얻었으면 '명백하고 설득력 있는 증명(clear and convincing evidence)'으로, 70~80%의 증명을 얻었으면 '증거의 우월(preponderance of evidence)'로, 55~70%의 증명을 얻었으면 '소명'으로 구별하여 이해하는 것도 한 방편이라고 강의하고 있다. 민사소송에서의 심증도는 명백하고 설득력 있는 증명 즉 '십중팔구는 확실하다'는 고도의 개연성의 확신이 있으면 되나, 형사소송에서 공소사실의 인정은 이보다도 증명도의 수치가 높은 '합리적 의심의 여지가 없는 증명'이어야 한다.

'합리적 의심'과 관련하여 최근 대법원이 '형사재판에서 범죄사실의 인정은 법관으로 하여금 합리적인 의심을 할 여지가 없을 정도의 확신을 가지게 하는 증명력을 가진 엄격한 증거에 의하여야 하고, 피고인이 고의적으로 범행한 것이라고 보기에 의심스러운 사정이 병존하고 증거관계 및 경험법칙상 고의적 범행이 아닐 여지를 확실하게 배제할 수 없다면 유죄로 인정할 수 없다'는 판례법리(대법원 2017. 5. 30. 선고 2017도1549 판결)를 재확인한 사건이 있다.

"여기 차가 가라앉아요, 문도 안 열려요. 아무것도 안 보여요. (물이) 목까지 올라왔어요…아, 저 잠겨요." 2018. 12. 31. 밤 10시 56분. 전남 여수 지역의 119에 다급한 목소리의 구조 요청 신고 전화가 걸려왔다. 신고자의 목소리는 4분여 만에 끊겼고, 결국 여수 금오도 선착장 인근 바다에서 침수된 차량과 함께 싸늘한 주검으로 발견됐다. 여수해경은 단순 차량 사고가 아닌 살인 사건으로 보고 숨진 A(당시 47세)씨의 남편 B(50)씨를 살인 혐의로 구속했다.

검찰 등은 보험설계사로 일하던 B씨가 단골식당에서 알게 된 종업원 A씨와 가까워진 뒤부터 범행을 계획했다고 봤다. 당시 B씨는 1억 원이 넘는 빚으로 개인회생을 신청한 데다 전처와 낳은 세 자녀에게 매달 200만원 가까운 생활비를 보내야 했다. B씨는 유부녀인 A씨가 남편과 별거하려는 사실을 알고 원룸 보증금을 대신 내주기도 했다. A씨는 12월 초 이혼신고를 마치고 4일 뒤 B씨와 혼인신고를 하면서 부부가 됐다.

B씨는 A씨와 교제를 시작한 직후 A씨 명의로 5건의 보험 상품에 가입했다. 사망 시 최대 12억 5000만원을 받는 조건이었다. 혼인신고 이튿날에는 자신의 자동차보험에 최대 5억원의 보험금을 받을 수 있는 손해보장 확대 특약 등까지 가입했다. 앞서 가입한 아내 명의 보험의 수익자는 자신 명의로 변경했다. B씨의 차량 사고로 아내가 사망하면 최대 17억 5000만원을 B씨가 수령하는 셈이다. 이런 조건을 완성한 B씨는 31일 오후 "해돋이를 보러 가자"며 아내를 자신의 승용차에 태워 금오도의 선착장으로 향했다. 날이 저물자 선착장 경사로에서 후진하던 B씨는 난간을 들이받고

차 상태를 확인한다며 혼자 운전석에서 내렸다. B씨는 차량 변속기를 중립(N)에 놓고 차량에서 빠져나왔고, 경사로에 있던 차량은 A씨를 태운 채 바다로 굴러 내려갔다.

1심은 보험금을 노린 살인이 맞다고 보고 남편에게 무기징역을 선고했다. 반면 2심은 1심과 달리 교통사고에 따른 사망으로 판단하고 금고 3년을 선고했고, 대법원은 2020. 9. 24. "A씨가 사건 2개월 전 남편의 권유로 보험계약을 새로 체결하고 사고 당시 기어가 중립 상태에 있었다는 점 등 의심스러운 사정은 있다"면서도 "남편이 승용차를 뒤에서 밀어 바다로 추락시켰음을 인정할 만한 아무런 직접 증거가 없다"고 판시하고 원심을 확정했다. 아내가 죽음에 이르게 된 과정까지의 정황이 남편의 살인으로 의심되더라도, 명백한 증거가 없다면 무죄로 봐야 한다는 형사재판의 엄격한 원칙에 따른 결과였다. 대법원은 95억 원에 달하는 보험금으로 관심을 끌었던 '캄보디아 만삭 아내 교통사고 사망 사건'에 대해서도 "범행 동기가 선명하게 드러나지 않는다"며 2017년 무죄 취지로 파기환송한 바 있다.

대법원은 "피고인이 피해자만 탑승하고 있던 승용차를 뒤에서 밀어 바다로 추락시켰음을 인정할 만한 아무런 직접적 증거가 없는 점, 이른바 '임계지점'의 존재가 확인되어 변속기나 사이드 브레이크의 상태로부터 살인의 고의를 추단할 수도 없는 점, 위와 같은 임계지점의 위치를 미리 파악하는 것이 매우 어렵고 현장 사정 상 그 정확한 위치에 정확한 방향으로 승용차를 정차하기 어려워 임계지점에 정차하는 방법으로 범행 여건을 인위적·의도적으로 조성하였다고 보기도 어려운 점, 피해자의 신체 유류물과 방파제 추락방지용 난간에서 발견된 충격흔이 피고인의 변명에 부합하는 등 피고인이 당황하여 변속기 조작 실수를 저질렀을 가능성을 배제할 수 없는 점, 피고인의 평소 보험 가입 행태에 비추어 사망 시에 지급되는 보험금 금액을 높인 것이 반드시 살인의 고의에 따른 것이라고 단정하기 어려운 점, 보험수익자 재변경 경위 및 동영상과 문자메시지 등으로 확인되는 피해자의 피고인에 대한 태도 등에 비추어 피해자가 보험수익자 변경을 요구하였을 가능성을 배제하기 어려운 점 등의 사정까지 더하여 종합적으로 살펴보면, 피해자의 사망이 피고인의 고의적 범행으로 인한 것이 아닐 수 있다는 합리적인 의심을 배제하기 어렵다"고 판시하였다 (대법원 2020. 9. 24. 선고 2020도5503 판결).

형사재판에서는 어떤 사실의 존부에 대해 확신을 가지지 못하면 'in dubio pro reo'라는 원칙의 적용으로 피고인에게 범죄의 증명이 없다는 이유로 무죄를 선고할 수밖에 없다. 따라서 판결에서 "어떤 사실이 인정되지 않는다."고 하는 것은 "그런 사실이 없다."고 판단한 것이 아니라 단지 그 사실을 인정할 증거가 부족하다는 뜻이다.

형사소송법상 '범죄사실의 증명이 없는 때에는 판결로써 무죄를 선고'하도록 되어 있고(제325조), 판결 주문에서도 "피고인은 무죄"라고 선고하는데, 무죄판결을 받은 악마 같은 피고인들이 죄가 없다고 설치지 않도록 하기 위해서도 미국의 경우와 같이 "Innocence(무죄)"가 아니라 "Not Guilty(유죄가 아님)"라고 선고하는 것이 옳겠다는 생각이 든다. 피고인이 무죄판결을 받았다고 해서 피고인에게 죄가 없다는 것을 확인해준 것이 아니라 판사가 유죄로 인정할 만큼 확신이 들지 않았다는 것뿐이다. 다시 말하면 무죄판결은 판사가 보기에 피고인에게 무죄라는 확신이 들 때가 아니라 피고인이 유죄라는 확신이 들지 않을 때 선고하는 것이다.

저자는 실체에 부합하지 않는 판결을 하지 않으려는 노력보다 변론주의, 입증책임, 증거법칙 등 기술적 '룰'과 양 당사자 사이의 기계적 중립에 어긋난 판결을 하지 않으려고 훨씬 더 많은 노력을 기울였고, 헷갈릴 때에는 안전한(?) 입증책임에 기대어 판결을 함으로써 진실을 직면하기 위해 필요한 용기를 더 내지 못했던 점을 부끄러워하고 있다.

7.

형사재판에서 증거조사절차가 끝나면 검사와 변호인이 차례로 최후변론을 한다. 앞서 본 곰탕집 성추행사건에서 보는 바와 같이 검사의 구형에 판사가 구속되는 것이 아니다. 민사의 경우 당사자처분권주의에 따라 법원은 원고의 청구취지의 범위를 넘어 판결을 선고하지 못하나 형사의 경우 당사자처분권주의라는 것이 없다.

피고인이 최후변론을 하고 나면 재판장이 변론종결을 하고 판결선고기일을 지정한다. 이제는 기록을 읽고 고민하고 판결문을 작성하는 시간이다. 판사로서는 제일 힘든 시간이다. 저자는 피고인들의 반성문이 형량을 감소시키는 데 큰 효과가 있는 것은 아니라고 단언한다. 저자는 재판은 기억과의 싸움이면서 편견과의 싸움이라고 하면서 판결을 할 때 토대로 삼는 '보편적 상식'이라는 것 역시 인류의 역사를 놓고 생각해보면 신뢰할 수 있을지 의문이라고 하고 있다. 저자는 판사를 그만두고 행정부에서 일을 하면서 판사 때 가지고 있던 편견의 뭉치를 숱하게 발견하게 되었다고 토로하고 있다.

정의의 핵심이 응징에서 형평으로 이동한 지 오래됐음에도 우리사회에서는 여전히 정의를 저울이 아니라 칼로만 이해하는 사람이 많다고도 지적하고 있다. Rudof von Jhering이 'Der Kampf ums Recht'(권리를 위한 투쟁)에서 설파하는 바와 같이 정의란 한 손에는 저울을 들고서 바른 것(das Recht)을 재고, 다른 손에는 칼을 들고서 바른 것을 주장하는 것이라 할 수 있다. 저울 없는 칼은 赤裸裸한 폭력이고, 칼 없는 저울은 법의 무기력이다. 이 양 요소는 상호 관련되어 있어서 완전한 법상태는 정의가 칼을 쓰는 힘과 저울을 다루는 기술이 합일되어 있는 곳에서만 누려진다.

형사재판은 사실확정, 유무죄의 판단에 못지않게 양형이 어렵다. 양형기준표라는 것이 큰 도움이 되지 않는 경우도 있다. 똑같은 사건인데도 나이가 들어갈수록 경력이 쌓일수록 피고인에게 선고하는 형량이 낮아지기도 한다. 판사경력이 일천할수록 피고인들의 범죄를 보면 분노가 일고 그 분노를 정의감이라고 착각하기도 한다.

판결선고일, 판사는 법정에서 판결을 선고하면서 주문을 낭독하고 피고인에게 판결이유를 간략하게 설명해준다. 법정영화나 드라마에서는 판결을 선고한 뒤 망치질을 하지만 우리나라 법정에는 법봉이나 망치가 없다. 판사가 법정에서 판결을 낭독하면 그 자체로 효력이 생기고 판결문에 적힌 형량과 판사가 낭독한 형량이 다를 때에는 판사가 낭독한 형량이 법적으로 유효하다. 민사와 달리 형사판결의 경우 판결정본송달이라는 것이 없어 법정에서 선고한 형량과 판결문의 형량이 다른 경우를 보기가 쉽지 않을 것이나, 판사가 판결문에 징역 10년을 적어놓았는데 실수로 징역 1년을 선고하면 징역 1년이 되는 것이다. 그러나 이 판결에 검사가 항소를 하기 때문에 피고인이 좋아하는 것도 한순간이다.

판사도 감정의 동물이라 집행유예를 선고하리라고 준비하여 법정에 나왔다가 선고기일에 피고인의 괘씸한 행태를 보고 실형을 선고하기도 하고, 그 반대의 경우도 있다. 판사가 피고인에게 징역 1년을 선고했는데 판결에 불만을 가진 피고인이 욕설을 하고는 법정 문을 걷어차고 나가자 판사가 경위를 통해 피고인을 다시 불러들여서 징역 2년으로 고쳐서 선고한 예도 있다.

몇 년 전에 실제로 이와 비슷한 사건이 있었다. 의정부지방법원 고양지원 형사단독사건의 1심 판결에서 '징역 1년'을 선고 받은 A는 "엉터리 재판"이라고 말하면서 판결에 불만을 표출했고 경위들에 의해 피고인 출입구를 거쳐 법정을 떠났다. 그러자 B 판사는 A를 다시 법정으로 불러 "징역 3년을 선고한다."고 판결을 번복했다. A는 "엉터리 재판이라고 불만을 토로하자 재판장이 징역 2년을 추가했다. 공정한 판결이 아니라 악감정이 실린 판결이라고 볼 수밖에 없다"며 "1심 선고 충격으로 교도소 안에서 정신과 치료를 받고 있으며 억울해서 수차례 자살충동도 일어났다"고 주장했다. 1심 판결 선고 당시 법정에 있었던 A의 지인들도 "판사가 징역 1년을 선고한 뒤 A가 불만을 표출하자 다시 불러 징역 3년으로 번복했다"고 말했다.

다수의 법조인들은 "판결은 선고한 순간 효력이 발생하고 번복할 수 없다. 단순 형량 착오로 잘못 낭독한 경우가 아닌 이상 재판장이 공판정에서 판결주문을 낭독해 선고한 판결을 취소하거나 변경한다는 것은 상상할 수 없는 일"이라고 보는데 항소심판결이 어떤 판결을 했는지는 알지 못한다.

피고인은 그렇다 치고 판사가 감정에 휘둘리면 곤란하다. B 판사는 "선고 도중에 피고인이 욕설을 하고 난동을 부려 선고가 마쳐지지 않은 상황에서 구두로 형량을 고칠 수 있기 때문에 구두로 형량을 정정해 선고한 것"이라고 해명했지만 수양이 덜 된 판사라는 비난을 피할 수 없다. 이런 경우에는 판사는 법정모욕으로 피고인을 감치재판에 회부하는 것이 정도이다. 실제로 판결선고 법정에서 종종 판결에 불만을 품은 당사자나 피고인에게 감치집행을 하는 예를 종종 본다.

'판결은 잘 쓰지만' 인간성이 틀려먹었다고 욕을 먹는 법관도 있고, 사람은 좋은데 '판결이 좀 시원치 않은' 법관도 있다. 판결은 법관의 천형이다. 정인진 변호사가 전에 쓴 글에 다음과 같은 것이 있다. "판결에는 부사와 형용사의 사용이 늘 절제되어 있다. 수사법 따위는 들어올 틈이 없다. 원고가 피고에게 준 돈의 액수는 정확해야 한다. 막연히 "막대한 액수의 돈을 주었다"라고 해서는 안 되는 것이다. 가슴을 저미는 사랑 따위도 판결에서는 묘사하는 일이 없다. "원고와 피고는 서로 사랑하였다" 따위의 문장은 판결에서 존재하지 않는다. 그들은 교제하거나 통정하거나 혼인할 뿐이며, 그게 아니면 교제를 중단하거나 통정관계를 끊거나 이혼할 뿐이다. 어떠한 사랑에도 진실은 있다고? 그럴 것이다. 그러나 그 사랑의 상대가 다른 사람과 혼인관계에 있을 경우 어쩌면 생애 최대의 결단이었을지도 모를 그의 행위는 판결에서 "1회 성교하여 간통하였다"라고 건조하게 표시될 뿐이다. 거기에 은유와 직유의 자유 같은 것은 허용되지 않는다. 생략이 주는 강한 암시적 효과 따위도 의도될 수 없다. 만약 그럴 경우 그 판결은 이유 불비의 위법을 저지르는 것이며, 파기를 면할 수 없다. 이것은 판결이, 그리고 판결이 표상하는 법률생활이 인간의 가장 원초적인 기반을 지키려는 노력이기 때문이다. 판결은 삶의 가장 중요한 바탕을 움켜쥐려는 인간의 벌거벗은 모습을 드러낸다. 그러기에 아무리 아름다운 말을 하던 사람, 아무리 아름다운 행동을 보여 주던 사람도 법적인 분쟁에 이르면 모두 어눌하고 초라한 모습을 보일 뿐이다."

8.

저자는 '사는 듯 사는 삶'을 살기 위해 기존 선택과는 다른 선택을 하며 살아왔다고 하고 있다. 사는 듯 사는 삶을 충분히 영위하기에는 판사 생활 자체의 한계가 적지 않아 행정부로 직장을 옮긴 저자가 소원대로 '허공에 머물며 멀찍이서 세상을 내려다보는 새의 삶이 아니라 온몸으로 대지를 뒹구는 뱀의 삶을' 살기를 바란다.

'사는 듯 사는 삶'을 살기 위해서는 하루 종일 같은 일만 하는 것에서 벗어나야 하고 새로운 것을 찾아 미지의 여행을 하여야 한다. 저자가 다시 '사는 듯 사는 삶'을 찾아 방위사업청을 떠날 날이 있을지도 모른다. 미상불(未嘗不) 저자는 2020년 11월 방위사업청을 떠나 법무부 법무심의관으로 자리를 옮겼다. 저자가 여기서 또 얼마나 머무를지는 알 수 없는 일이다. 추리소설 작가로 전직한 도진기 판사도 그렇고 저자와 같이 인생을 과감하게 사는 사람들이 부럽다. '죽을 때까지 살지 말고 살 때까지 사는 것'이 소원인 내가 공감하고 읽은 책이었다.

10 법의 언어로 세상을 바꾼 긴즈버그 대법관

1.

　진보의 아이콘으로 미 연방대법원의 최고령 대법관으로 재직하던 긴즈버그(Ruth Bader Ginsburg) 대법관이 2020. 9. 18. 87세의 나이로 타계했다.

　우리나라에서도 긴즈버그 대법관은 영화 〈루스 베이더 긴즈버그: 나는 반대한다〉, 〈세상을 바꾼 변호인〉 등을 통해 많이 알려진 분이고, 나도 그 영화를 보았다. 미국 역대 대법관들 중 생존 중에 최고령의 긴즈버그만큼 각광받았던 대법관은 흔치 않다. 보수화된 미연방대법원에서 거침없이 소수자들을 대변하며 반대의견을 내는 긴즈버그에 미국의 젊은이들이 열광했다.

　1933년 뉴욕 브루클린에서 태어난 긴즈버그는 코넬대를 졸업한 뒤 하버드 로스쿨을 다니다 컬럼비아 로스쿨로 편입해 수석 졸업했다. 로스쿨에서 여성을 보기 힘든 시절이었다. 졸업 뒤 그는 럿거스 로스쿨과 컬럼비아 로스쿨 교수로 재직하면서 성차별 관련 판례집을 만드는 등 여성과 성소수자 인권 강화에 참여했다.

　1980년 지미 카터 대통령의 지명으로 워싱턴 연방 항소법원 판사에 취임했고, 1993년 빌 클린턴 대통령에 의해 연방 대법관에 임명됐다. 샌드라 데이 오코너에 이어 미 역사상 두 번째 여성 연방대법관이자, 첫 번째 여성 유대인계 대법관이다. 그녀는 컬럼비아대 로스쿨 교수 시절 성을 뜻하는 용어로 생물학적 의미가 강한 섹스(sex) 대신 사회적 가치가 담긴 젠더(gender)라는 단어를 처음 사용한 것으로 유명하다. 그는 대법원에서도 낙태, 동성 결혼, 투표권, 이민 등 소수자를 대변하는 판결을 내렸다. 그는 미국에서 그는 이름 약자를 따 'RBG'로 불리며, 대중적 인기도 높았다.

　트럼프 대통령은 임기가 얼마 남지 않았음에도 불구하고 긴즈버그의 빈자리를 에이미 코니 배럿이라는 48세의 젊은 연방항소법원 판사로 채워놓음으로써 '보수 5명 대 진보 4명'이던 연방대법원은 '보수 6명 대 진보 3명'으로 재편되면서 '보수 절대 우위'를 굳혔다. 미 연방대법관의 임기가 정년이 없이 사실상 '종신(終身)'이기 때문에 2020년 48세인 배럿이 대법관이 되면서 앞으로 30~40년 재직하게 돼, 연방대법원의 보수 성향이 고착화될 가능성이 높다.

　사법권을 다룬 미 연방헌법 제3조는 연방 판사의 임기에 대해 '종신직'이라고 명시하지는 않았으나 "특별한 이유가 없는 한(during good behavior) 그 직을 유지한다"고 했다. 이 탓에, 실제로 1

797년 미 연방헌법이 제정된 이래 '특별한 사유'로 미 의회의 탄핵을 받은 연방대법관은 없었다. 미국은 국민의 기대수명이 38세에 불과했던 1776년 건국 당시 사법권 독립을 위해 대법관 종신제를 택했다. '지혜의 아홉 기둥'이라 불릴 정도로 대법관 9명이 절대적 존경을 받고, 공화와 민주 양당이 집권할 때마다 최대한 많은 대법관을 새로 임명하려고 치열한 경쟁을 벌이는 것 역시 개개인의 잘잘못이 아니라 종신제란 제도 때문이라는 지적이 있다. 민주당의 지미 카터 대통령은 4년 임기 중 단 한 명의 대법관도 지명하지 못했다. 트럼프 대통령은 같은 기간 3명의 보수 대법관을 지명했다.

'종신직'에 반대하는 측은 240여 년 전이나 지금이나 미국 대법관이 되는 나이는 통상 50대 초중반이어서, 이제는 한번 대법관이 되면 30년 안팎을 재직하는데 판결은 종종 사회의 변화상을 반영하지 못한다고 비판한다. 긴즈버그 대법관도 1993년부터 27년간 대법관으로 재직했다. 말년의 긴즈버그는 암 투병을 계속하며 입원과 퇴원을 반복했지만, 결코 사임하지 않았다. 아픈 몸을 이끌고 업무를 계속했다. 도널드 트럼프 대통령이 임기 중 입맛에 맞는 보수 법관을 임명하는 것을 막으려는 의도였으나, 그녀의 의도는 물거품이 되고 말았다. 외려 빨리 대법관직에서 사임함으로써 그 자리를 진보로 채워놓았어야 한다는 일각의 비판도 있다.

한국 대법원 대법관과 헌법재판소 재판관의 정년은 만 70세로 정해져 있다.

2.

법의 언어로 세상을 바꾼 루스 베이더 긴즈버그. 「Ruth Bader Ginsburg: In her own Words」를 우리말로 번역한 「긴즈버그의 말」(오현아 옮김, 마음산책, 2020)이 도서관에서 눈에 띄어 대출받아 읽어 보았다. 「긴즈버그의 말」에 나오는 몇 가지 메시지만 추려본다.

법은 사회를 위해 존재한다. 따라서 사회의 경험이 법에 반영되는 것은 당연하다.
법이 사람들의 생활 방식에 관계없이 무미건조하게 논리적이라면, 그것은 성공적인 제도로 자리 잡지 못할 것이다.

나는 스스로를 원전주의자(originalist)로 여기지만, 다른 종류의 원전주의자와는 구별했으면 한다. 다른 종류의 원전주의자는 이렇게 말할 것이다. "판사에게는 법을 제정할 권한이 없다. 법 제정은 입법부의 몫이다. 판사가 개인적 믿음과 생각을 헌법 조항에 투영하지 않으려면 헌법을 문자 그대로 읽을 필요가 있다. 200 몇 십 년 전으로 돌아가 미국 헌법 제정자들이나 수정헌법 제14조(노예 출신 흑인들의 권리를 보장할 목적으로 제정된 조항으로 모든 시민에게 법의 평등한 보호를 받을 권리가 있음을 명시한다) 제정자들이 … 어떻게 그런 결정을 내렸는지 파악할 필요가 있다." 그러면 나는 이렇게 대꾸한다. "그게 바로 내가 하는 일이다. 하지만 나는 그 제정자들을 - 헌법을 제정한 사람들은 모두 남자였다 - 오늘날의 우리 옆으로 데리고 한다." 평등의 가치를 높이 샀지만 노예 소유주였던 토머스 제퍼슨은 오랜 세월에 걸쳐 평등사상이 이렇게 널리 퍼진 걸 안다면 분명 환호를 보낼 것이다.

변호사가 되어 사무실을 개업하고 단지 실력만 좋다면 기술자와 다름없을 것이다. 그러나 진정한 전문직 종사자가 되고 싶다면 자신 너머의 일, 지역사회의 눈물을 닦아주고 자신보다 불행한 사람들의 삶을 더 나아지게 할 수 있는 일을 해야 한다.

무엇이 영구적일까? "의회는 언론 출판의 자유를 제한하는 어떤 법도 통과시킬 수 없다." 숨김없이 자기 생각을 말한 권리, 빅브라더 정부가 옳게 생각하고 말하고 글을 쓰라고 다그칠까 봐 노심초사하지 않아도 될 권리, 그것은 이루 말할 수 없이 중요하다.

판사는 그날의 날씨가 아니라 시대의 기후를 고려해야 한다.

대법관들은 결코 틀리지 않아서 최종적인 것이 아니라, 다만 최종적이기 때문에 틀리지 않는 것이다.
내가 제시한 반대의견 대부분이 언젠가는 법이 되리라 믿는다.

합치된 의견은 지루하기 쉽다. 불합치는 흥미를 끈다. 판사들 사이의 합치도가 높은 사건에 대해 언론이 거의 보도하지 않는 까닭이다.

도널드 트럼프가 대통령이 된다면 이곳이 어떻게 될지 상상할 수 없다. 이 나라가 어떻게 될지 상상조차 할 수 없다. 나라에는 4년일 수 있다. 법원에는 - 생각하고 싶지 않다. - 2016년 7월 10일 뉴욕타임스

교재로 널리 사용된 1968년 재산법 판례집에는 다음과 같은 희극적인 문장이 실려 있었다. "땅은 여자와 마찬가지로 소유의 대상이다." 지금은 아득한 시절이 된 그때로부터 우리는 먼 길을 왔다.

1959년에 컬럼비아대 로스쿨을 졸업했을 때 뉴욕의 로펌 중에서 나를 고용하려고 한 곳은 단 한 군데도 없었다. … 나는 세 가지 이유로 탈락이었다. 유대인이고 여자인데다 엄마였다. 첫 번째 이유는 한쪽 눈썹을 치켜세우게 했고, 두 번째 이유는 양쪽 눈썹을 치켜세우게 했으며, 세 번째 이유는 볼 것도 없이 나를 탈락시켰다.

"여성의 권리"라는 표현은 다소 문제가 있다. 인간의 권리다. 법의 평등한 보호를 받을 수 있는 모든 인간의 권리다.

미국 연방대법원의 웅장한 입구에는 "법 앞에 평등한 정의"라는 문구가 새겨져 있다. 그것은 야심에 찬 이성이다. 법률가들의 노력에 힘입어 인종과 젠더, 그 외 출생 신분은 이제 더 이상 과거처럼 정의에의 접근을 막는 장애물이 되지 못한다. 그러나 빈곤층과 심지어 중산층까지 법정에 서려면 재정적 장애에 맞닥뜨린다는 것 역시 부정할 수 없는 사실이다. 그들은 지갑이 두둑하거나 정치적 배경이 든든한 사람들과 안정적인 접근 수단을 향유하지 못한다.

11 나잇값과 법

나잇값을 해라, 나이 헛먹었나
그런 말이 있다.
나잇값이 헐값이 아니라는 얘기다.
참 비싼 대가를 치르며 우리는 나이를 먹었다.
그걸 돈으로 환산하거나 권력으로 대체하거나
명예로 계산할 수는 없다.
나이는 나이대로 상당한 값이 나가는 건
동서고금의 진리다.
함부로 대하다간 큰 코 다친다.
어떤 경우에도
나이가 많은 것은 적은 것보다는 값이 더 나간다.
깎는다고 깎여지지도 않을뿐더러
함부로 값을 매기려고 하거나
헐값에 넘기려고 해서도 안 된다.
어떤 값보다도 귀한 대접을 받아야 하는 것이니
늘 소중하게 지니고 살다가
저승으로 갈 적에 노잣돈으로 삼아야 한다.
- 최일화(1949~), "나잇값" ('문학청춘' 2017년 봄호)

1. 나잇값

위 시에서 나오는 말과 같이 참으로 비싼 대가를 치르며 우리는 나이를 먹는다. 나잇살은 먹고 나잇값은 한다. 나잇살은 먹었으나, 나잇값을 하면서 사는 게 쉽지 않은 일이다. 우물쭈물하다 보니 나도 이제 인생 6학년 중반인데 나잇값을 하지 못하고 여전히 4, 5학년 인생으로 살아가는 것은 아닌지 모르겠다. 내가 이런 나이를 먹었다는 게 당최 실감이 나지 않는다. 돌이켜보니 한 평생 살다 가는 것이 별 것이 아니라는 생각도 든다.

나이를 나타내는 한자어로 다음의 말들이 많이 쓰이고 있다.

☞ 10세(沖年) → 15세(志學) → 20세(남, 妙齡) 20세(여, 芳年) → 20세(弱冠, 弱年) → 30세(而立) → 40세(不惑) → 48세(桑壽) → 50세(知天命, 知命, 艾年) → 60세(耳順) → 61세(華甲, 還甲 또는 回甲) → 62세(進甲) → 70세(從心, 古稀) → 77세(喜壽) → 80세(傘壽) → 88세(米壽) → 90세(卒壽) → 91세(望百)

→ 99세(白壽) → 100세(上壽). 요새 웬만하면 희수(喜壽), 산수(傘壽), 미수(米壽), 졸수(卒壽)까지는 산다.

사람은 생존한 동안 권리의무의 주체가 된다(민법 제3조). 사람으로 태어나기 전인 태아의 경우나 사람이 죽은 후에도 일정한 범위 내에서 그에 따른 법적 효과가 부여되기도 한다. 사람이 태어나서 죽을 때까지 연령을 더하면서 사는 동안 연령의 변화에 따라 사람을 부르는 명칭이 법률에 따라 다양하다.

나이(연령)는 사람이 태어나서부터 일정한 시점까지의 기간을 뜻한다. 즉 연령은 사람의 출생에서부터 기산한 시간의 경과로서 일정한 능력이나 자격의 요건으로서 또는 보호의 대상으로서 각종 법령에 등장하고 있다. 일반적으로 기간계산의 경우 '초일불산입(初日不算入)의 원칙'이 적용되나, 연령계산에는 출생일을 산입한다(민법 제158조). 예컨대 2000. 9. 5.생인 경우 2020. 9. 4. 24:00(9. 5. 00:00)에 만 20세가 된다. 정년이 60세라 함은 60세가 도달하는 날까지를 말한다.

사람의 시기에 관하여 민법의 해석으로는 전부노출설을 취하고(따라서 제왕절개수술에 의하여 태아를 분만하는 경우에도 자궁의 절개에 의하여 태아는 사람이 된다), 형법은 영아살해죄를 규정하고 있어서 형법의 해석으로는 규칙적인 진통을 동반하면서 분만이 개시된 때(소위 진통설 또는 분만개시설)를 사람의 시기라고 본다.

2020년 기준 우리나라의 65세 이상 인구는 전체 인구의 15.7%였고, 2025년에는 20.3%, 2051년에는 40%를 넘을 전망이다. 2019년 기준 기대수명(막 태어난 아기가 살 것으로 예상되는 수명)은 남성 80.3년, 여성 86.3년으로 평균 **83.3년**이며, 65세의 기대 여명은 21.4년에 달한다. 지금 65세인 사람은 평균 약 21년을 더 산다는 말이다. 그러나 병 없이 건강하게 사는 수명을 나타내는 건강수명은 2018년 기준 70.4년으로 평균 12년 동안 골골거리며 살고 있다고 한다. 오래 사는 것이 중요한 것이 아니라 건강하게 오래 살 수 있어야 한다. 오래 사는 건 축복이지만 돈 없고(無錢長壽), 병들고(有病長壽), 할 일 없이(無業長壽) 혼자 오래 사는(獨居長壽) 것은 불행한 일이다.

2. 나이에 따른 호칭의 차이

사람이 태어나서 나이를 더하며 사는 동안 어떠한 명칭으로 호칭되고 있는지를 살펴보기로 한다.

(1) 태아(胎兒)

수태시(수정란이 모체에 착상한 때)부터 출생완료시까지 전 단계 자연인을 태아라 한다(체외에서 인공수정된 수정란은 모체에 삽입되어 자궁에 착상할 때 비로소 태아로 인정된다). 난자와 정자가 수정된 결과 생긴 세포를 **수정란**이라 하고(인간의 시작점/수정아) 수정 후 자궁에 착상되기 전까지(7~10일)의 생명체를 말한다. 수정란이 자궁에 착상된 이후부터 임신 8주까지 가장 빨리 발생분화가 이루어지는 시기의 생명체를 '**배아(胚芽)**'라 하고(이 시점에서 사람의 주된 구조가 다 만들어진다), 임신 8주 이후 출생 전까지의 생명체를 **태아**라고 한다. 배아 또는 태아는 모체에 종속된 존재가 아니라 독립된 개체이다. 임신 중이거나 분만 후 6개월 미만인 여성을 **임산부**라고 한다(모자보건법 제2조 제1호).

태아의 경우에도 불법행위에 기한 손해배상청구권(민법 제762조), 상속권(민법 제1000조 제3항), 유증(민법 제1064조), 인지(민법 제858조) 등에 관하여는 출생한 것으로 본다. 사인증여(死因贈與)의 경우에는 논란이 있다(판례는 증여에 있어서 태아의 수증 능력을 부인한다). 판례는 태아가 권리능력을 취득하더라도 현행법상 이를 대행할 기관이 없으니(태아인 동안에는 법정대리인이 있을 수 없으므로 법정대리인에 의한 수증행위도 할 수 없다), 태아로 있는 동안은 권리능력을 취득할 수 없고 살아서 출생한 때 출생시기가 문제의 시점까지 소급하여 그 때에 태아가 출생한 것 같이 보아준다는 이른바 정지조건설(停止條件說)을 취한다.

상해보험계약을 체결할 때 약관 또는 보험자와 보험계약자의 개별 약정으로 태아를 상해보험의 피보험자로 할 수 있고, 그 보험계약이 정한 바에 따라 보험기간이 개시된 이상 출생 전이라도 태아가 보험계약에서 정한 우연한 사고로 상해를 입었다면 이는 보험기간 중에 발생한 보험사고에 해당한다(대법원 2019. 3. 28. 선고 2016다211224 판결).

헌법재판소가 2019. 4. 11. 낙태죄가 헌법에 불합치한다고 결정을 내림에 따라 국회는 2020. 12. 31.까지 낙태죄를 규정한 형법을 개정해야 했으나 관련법을 정비하지 못함에 따라 입법공백이 생겼다. 종전 모자보건법상 예외적 낙태허용 한계시점은 **임신 24주**일로 정해져 있다(모자보건법 시행령 제15조 제1항).

의료인은 태아 성 감별을 목적으로 임부를 진찰하거나 검사하여서는 아니 되며, 같은 목적을 위한 다른 사람의 행위를 도와서도 아니 된다. 의료인은 **임신 32주** 이전에 태아나 임부를 진찰하거나 검사하면서 알게 된 태아의 성(性)을 임부, 임부의 가족, 그 밖의 다른 사람에게 알게 하여서는 아니 된다(의료법 제20조). 이를 위반한 경우 1년의 범위에서 의사면허자격을 정지시킬 수 있다(의료법 제66조 제4호). 헌법재판소가 2008. 8. 19. 선고 산부인과 의사 등이 "태아의 성 감별고지를 무조건 금지한 조항은 시대의 변화에 맞지 않고 의료인의 직업활동의 자유와 임부의 알권리 등을 침해한다."며 낸 헌법소원 사건에 대해 헌법불합치결정을 내림에 따라 2009. 12. 31. 위와 같이 의료법이 개정되었다.

(2) 신생아(新生兒)

모자보건법은 신생아를 <u>출생 후 28일 미만의 영유아</u>로 규정하고(제2조 제4호), 신생아의 사망은 보건기관(보건소 또는 의료기관)의 장이 시장·군수·구청장에게 보고하여야 한다(제8조 제3항). 신생아에 대한 특별한 보호를 위하여 가정폭력피해자의 신생아에 관한 의료(가정폭력방지 및 피해자보호에 관한 법률 시행령 제6조 제3호) 등이 규정되어 있다.

(3) 영아(嬰兒)

영아에 대한 직접적인 정의규정은 없다. 형법 제251조는 영아살해죄의 객체를 '분만직후의 영아'로 규정하고 있다. 영아살해의 객체가 되는 것은 산모의 분만 중 또는 분만 직후의 생존아를 말하는 것이고 생후 2개월을 경과한 때에는 형법에 규정된 영아라고 인정할 수 없으므로 이 경우에 형법 제250조의 일반살인죄를 적용한 하급심판결이 있다.

(4) 영유아(嬰幼兒)

모자보건법은 <u>출생 후 6년 미만의 자</u>를 영유아라 하고(제2조 제3호), 영유아보육법은 <u>6세 미만의</u>

취학 전 아동을 영유아로 규정하고(제2조 제1호), 보호자의 위탁을 받아 영유아를 보육하는 기관을 **'어린이집'**이라고 한다(제2조 제3호). 노선 여객자동차운송사업자는 여객이 동반하는 <u>6세 미만인 어린아이 1명</u>은 운임이나 요금을 받지 아니하고 운송하여야 한다. 다만, 어린아이의 좌석을 따로 배정받기를 원하는 경우에는 운임이나 요금을 받고 운송할 수 있다(여객자동차운수사업법 제8조 제6항). 참고로 항공기의 경우 항공운송약관에 따라 국내선은 생후 24개월까지는 좌석을 점유하지 않는다면 무료이고(국제선은 성인요금의 10%), 생후 24개월~만12세의 소아인 경우 성인요금의 75%이다).

(5) 유아(幼兒)

<u>만 3세로부터 초등학교 취학 전까지의 어린이</u>를 유아라 하고(유아교육법 제2조 제1호), 유아교육을 위하여 유아교육법에 의하여 설립·운영되는 학교를 **유치원**이라 한다. 근로기준법 제75조는 생후 1년 미만의 유아를 가진 여성근로자의 청구가 있는 경우에는 1일 2회 각각 30분 이상의 유급 수유시간을 주도록 하고 있다.

육아휴직에 관하여 일반 근로자와 공무원을 다르게 규정하고 있다.

☞ **남녀고용평등과 일·가정 양립 지원에 관한 법률 제19조(육아휴직)**
① 사업주는 근로자가 **만 8세 이하 또는 초등학교 2학년 이하의 자녀**(입양한 자녀를 포함한다. 이하 같다)를 양육하기 위하여 휴직(이하 "육아휴직"이라 한다)을 신청하는 경우에 이를 허용하여야 한다. 다만, 대통령령으로 정하는 경우에는 그러하지 아니하다.
② 육아휴직의 기간은 **1년 이내**로 한다.
③ 사업주는 육아휴직을 이유로 해고나 그 밖의 불리한 처우를 하여서는 아니 되며, 육아휴직 기간에는 그 근로자를 해고하지 못한다. 다만, 사업을 계속할 수 없는 경우에는 그러하지 아니하다.
④ 사업주는 육아휴직을 마친 후에는 휴직 전과 같은 업무 또는 같은 수준의 임금을 지급하는 직무에 복귀시켜야 한다. 또한 제2항의 육아휴직 기간은 근속기간에 포함한다.
⑤ 기간제근로자 또는 파견근로자의 육아휴직 기간은 「기간제 및 단시간근로자 보호 등에 관한 법률」 제4조에 따른 사용기간 또는 「파견근로자 보호 등에 관한 법률」 제6조에 따른 근로자파견기간에서 제외한다.
⑥ 육아휴직의 신청방법 및 절차 등에 관하여 필요한 사항은 대통령령으로 정한다.

☞ **국가공무원법 제71조(휴직)**
① 공무원이 다음 각 호의 어느 하나에 해당하면 임용권자는 본인의 의사에도 불구하고 휴직을 명하여야 한다(제1호 내지 6호 생략).
② 임용권자는 공무원이 다음 각 호의 어느 하나에 해당하는 사유로 휴직을 원하면 휴직을 명할 수 있다. 다만, 제4호의 경우에는 대통령령으로 정하는 특별한 사정이 없으면 휴직을 명하여야 한다.
4. 만 8세 이하 또는 초등학교 2학년 이하의 자녀를 양육하기 위하여 필요하거나 여성공무원이 임신 또는 출산하게 된 때

☞ **국가공무원법 제72조(휴직 기간)** 휴직 기간은 다음과 같다.
7. 제71조 제2항 제4호에 따른 휴직 기간은 **자녀 1명에 대하여 3년 이내**로 한다.

부부가 공평하게 육아를 분담해야 한다는 인식이 퍼지는 등 사회 분위기 영향으로 남성 육아휴직자가 늘고 있다. 민간 기업들이 나서서 남성 직원이 육아휴직을 쓰도록 장려하기도 한다. 육아휴직은 만 8세 이하나 초등학교 2학년 이하 자녀가 있으면 쓸 수 있고, 첫 3개월은 통상 임금의 80%, 최대 150만원까지, 이후는 통상 임금의 50%, 최대 120만원까지 정부 지원을 받을 수 있다. 육아휴직의 경우 취업규칙 등에 따로 정하지 않으면 육아휴직기간에 대해 임금을 지급할 사용자의 법적 의무는 없다. 그러나 직장과 가정의 양립지원을 위해 고용보험에서 육아휴직기간 동안 육아휴직급여를 지급함으로써 육아휴직제도의 활용을 꾀하고 있다.

공무원의 육아휴직의 경우 그 휴직기간은 자녀 1명에 대하여 3년 이내로 하고, 총 재직기간 동안 사용할 수 있는 휴직 횟수에 대한 특별한 제한도 없다. 자녀가 둘이면 6년, 셋이면 9년을 육아휴직 기간으로 사용할 수 있다. 육아휴직의 경우 다른 휴직사유와는 달리 임용권자는 특별한 사정이 없으면 반드시 휴직을 명하여야 하고, 휴직을 이유로 인사에 불리한 처우를 하여서는 아니 되며, 특히 공무원의 육아휴직은 그 기간(한 자녀 당 최대 3년)이 일반근로자의 육아휴직기간(1년)보다도 훨씬 장기이다. 이는 일반 근로자와 공무원인 근로자를 차별대우하는 것이 아닌가 하는 의문이 있다.

경찰대학 출신의 한 경찰관이 육아휴직을 이용하여 로스쿨에 재학 중 발각되어 감봉처분을 받고 지방경찰청장을 상대로 감봉처분취소의 소를 제기했다가 법원으로부터 육아휴직 중 로스쿨에 재학한 행위는 '휴직의 목적 외 사용'에 해당한다는 이유로 패소판결을 받은 사례가 있다(제주지방법원 2019. 5. 22. 선고 2018구합5301 판결).

(6) 아동(兒童)

모든 국민은 <u>보호하는 자녀 또는 아동이 6세가 된 날이 속하는 해의 다음 해 3월 1일에 그 자녀 또는 아동을 초등학교에 입학시켜야 하고</u>, 초등학교를 졸업할 때까지 다니게 하여야 하고(이에 불구하고 그가 보호하는 자녀 또는 아동이 5세가 된 날이 속하는 해의 다음 해 또는 7세가 된 날이 속하는 해의 다음 해에 그 자녀 또는 아동을 초등학교에 입학시킬 수 있다), 모든 국민은 보호하는 자녀 또는 아동이 초등학교를 졸업한 학년의 다음 학년 초에 그 자녀 또는 아동을 중학교에 입학시켜야 하고, 중학교를 졸업할 때까지 다니게 하여야 한다(초·중등교육법 제13조 제1항 내지 제3항).

아동복지법 제2조 제1호는 <u>18세 미만인 사람</u>을 아동으로 규정하고 있고, 입양특례법 제2조 제1호도 <u>18세 미만인 사람</u>을 아동으로 보고 있다(이 법에 따라 입양된 아동은 민법상의 친양자와 동일한 지위를 가진다. 동법 제14조). <u>한부모가족지원법상의 "아동"</u>이란 18세 미만(취학 중인 경우에는 22세 미만을 말하되, 병역법에 따른 병역의무를 이행하고 취학 중인 경우에는 병역의무를 이행한 기간을 가산한 연령 미만을 말한다)의 자를 말한다(제4조 제5호).

형법 제274조는 자기의 보호 또는 감호를 받는 16세 미만의 자를 그 생명 또는 신체에 위험한 업무에 사용할 영업자 또는 그 종업자에게 인도한 자(그 인도를 받은 자도 같다)는 5년 이하의 징역에 처하도록 하고 있다(아동혹사죄). 형법상 13세미만 부녀 간음 시 의제강간으로 처벌된다(형법 제305조). 13세 미만 여자와 성관계를 갖는 경우에는 동의와 대가성 여부를 불문하고 처벌을 받게 되나(친고죄), 13세 이상 18세의 청소년과의 성관계는 아동·청소년의 성보호에 관한 법률에 따라 성매매가 인정될 경우에 한하여 처벌받게 된다. 13세 이상 대상 성범죄가 20년 새 6배 이상 늘었지만 합의했다면 처벌 쉽지 않아 법무부는 미성년자 의제강간 기준 연령을 13세에서 16세로 상향하는 법 개정을 추진하고 있다.

(7) 소년(少年)

소년법은 <u>19세 미만인 자</u>를 소년으로 규정하고(제2조, 2008. 1. 1. 개정 전에는 20세 미만), 소년을 10세 이상 14세 미만의 소년, 12세 이상 18세 미만의 소년 등으로 나누어 규정하고 있다. 만 19세 미만의 범죄 또는 범죄자를 뜻하는 소년범은 나이에 따라 <u>만 9세까지는</u> '범법(犯法) 소년'으로 이 경우에는 잘못을 저지른다 해도 법적 처벌을 받지 않는다. <u>10~13세 소년범은</u> '촉법(觸法) 소년'으로 13세까지도 형사책임을 지지 않기 때문에 형사처벌 대신 소년법에 따른 보호처분을 받을 수 있다. 형법 제9조에 따라 촉법소년은 형사미성년자로서 소년형사사건이 아닌 '소년보호사건'으로 분류된다. <u>14~18세 소년범은</u> '범죄 소년'으로 14세부터 범죄의 경중에 따라 처벌 정도가 달라진다. 이 밖에 형법을 어길 우려가 있는 <u>10~18세 소년들은</u> '우범(虞犯) 소년'으로 분류한다.

소년법은 소년보호의 차원에서 18세미만의 소년에 대하여 사형 또는 무기형으로 처할 경우에는 15년의 유기징역으로 하고(제59조), 소년이 법정형 장기 2년 이상의 유기형에 해당하는 죄를 범한 때에는 그 형의 범위 안에서 장기와 단기를 정하여 선고하며(단, 장기는 10년, 단기는 5년을 초과하지 못한다, 동법 제60조 제1항), 18세 미만의 소년에 대하여는 환형유치(換刑留置) 선고를 하지 못한다(제62조).

그리고 징역 또는 금고의 선고를 받은 소년에 대하여는 특히 설치된 교도소 또는 일반 교도소 내에 특히 분계된 장소에서 그 형을 집행하고, 소년이 형 집행 중 23세에 달할 경우 일반교도소에서 집행할 수 있도록 하는 등(제63조) 특별규정을 두고 있다. 특정강력범죄를 범한 18세 미만의 소년에 대하여 사형 또는 무기형으로 처할 것인 때에는 20년의 유기징역으로 하고, 부정기형 선고 시에도 장기 15년, 단기 7년을 초과하지 못한다(특정강력범죄의 처벌에 관한 특례법 제4조).

근로기준법상 사용자는 **15세 미만인 사람**(초·중등교육법에 의한 중학교에 재학 중인 18세 미만자 포함)은 근로자로 사용하지 못하고(제64조 제1항), 임신 중이거나 산후 1년이 지나지 아니한 여성과 18세 미만 자를 도덕상 또는 보건상 유해·위험한 사업에 사용하지 못한다(제65조 제1항). 사용자는 여성과 18세 미만인 사람을 갱내에서 근로시키지 못하며, 15세 이상 18세 미만인 사람의 근로시간은 1일에 7시간, 1주일에 35시간을 초과하지 못한다. 단, 당사자 간의 합의에 의하여 1일에 1시간, 1주일에 5시간을 한도로 연장할 수 있다(제69조). 사용자는 18세 미만인 사람에 대하여는 그 연령을 증명하는 가족관계기록사항에 관한 증명서와 친권자 또는 후견인의 동의서를 사업장에 갖추어 두어야 한다(제66조).

사용자는 임산부가 아닌 18세 이상의 여성도 임신 또는 출산에 관한 기능에 유해·위험한 사업에 사용하지 못한다. 또 사용자는 18세 이상의 여성을 오후 10시부터 오전 6시까지의 사이 및 휴일에 근로시키고자 하는 경우에는 당해 근로자의 동의를 얻도록 하고, 임산부와 18세 미만자의 경우에는 오후 10시부터 오전 6시까지의 사이 및 휴일에 근로시키지 못한다(제70조). 사용자는 임신 중의 여성에 대하여 출산 전과 출산 후를 통하여 90일(한 번에 둘 이상 자녀를 임신한 경우에는 120일)의 출산전후휴가를 주어야 하며, 이 경우 휴가기간의 배정은 출산 후에 45일(한 번에 둘 이상 자녀를 임신한 경우에는 60일) 이상이 되어야 하고, 임신 중의 여성이 출산 전후를 통하여 90일의 출산전후휴가를 사용한 경우 최초 60일(한 번에 둘 이상 자녀를 임신한 경우에는 75일)은 유급으로 하도록 한다(제74조).

선박소유자는 16세 미만인 자를 선원으로 사용하지 못한다. 선박소유자는 18세 미만의 선원을 위험한 선내작업과 위생상 유해한 작업에 종사시켜서는 아니 된다(선원법 제81조). 만 18세 미만인 자는 경비지도사 또는 일반경비원이 될 수 없다(경비업법 제10조).

(8) 청소년(靑少年)

청소년기본법상 청소년이라 함은 <u>9세 이상 24세 이하인 사람</u>을 말하고(다만, 다른 법률에서 청소년에 대한 적용을 다르게 할 필요가 있는 경우에는 따로 정할 수 있다. 제3조 제1호), 청소년보호법 제2조 제1호는 **만 19세 미만인 사람**을 청소년으로 규정하고 다만, 만 19세에 도달하는 해의 1. 1.을 맞이한 사람을 제외하도록 하고 있다.

청소년보호법은 청소년 나이를 19세로 통일하고, 만 19세가 되는 연도에는 생년월일에 관계없이 그 해 1. 1.을 기준으로 만 19세로 보게 된다. 청소년유해업소의 업주는 청소년을 고용하여서는 아니 되며, 청소년출입·고용금지업소의 업주 및 종사자는 출입자의 나이를 확인하여 청소년이 당해 업소에 출입하거나 이용하지 못하게 하여야 한다(청소년보호법 제29조). 이에 위반한 경우 벌칙이 있다(동법 제58조, 제59조).

나이 확인절차 없이 청소년을 혼숙하게 한 모텔업주에게 과징금을 부과한 행정처분은 적법하다는 대법원 판결이 나왔다. 대법원은 2020. 7. 20 "해당 모텔은 이른바 '무인텔'로서 평소 종업원을 배치해 출입자의 나이를 확인하지도 않았고, 청소년 보호법 시행령에서 정한 설비를 갖춰 출입자의 나이를 확인하지도 않았다"고 밝혔다. 청소년보호법 시행령은 무인텔을 운영하는 경우 주민등록증 등의 신분증으로 출입자 나이를 확인하고, 신분증의 진위여부를 지문대조, 안면대조 등의 전자식별방식으로 확인할 수 있는 설비를 갖추도록 규정하고 있다. 대법원은 "그런데도 원심은 A사나 종업원이 투숙객들이 청소년임을 알면서도 혼숙하게 했다고 인정할 증거가 없으므로 제재처분을 할 수 없다고 판단했는데, 이러한 원심의 판단에는 청소년보호법 법리를 오해한 잘못이 있다"고 판시했다.

아동·청소년의 성보호에 관한 법률에 의한 **아동·청소년**도 19세 미만의 자를 말하고 다만, 19세에 도달하는 해의 1월 1일을 맞이한 자는 제외한다(제2조 제1호).

청소년보호법, **방송법**, **전기통신법** 등은 유해매체물의 접근이 금지되는 청소년의 나이를 **19세 미만**으로 규정하고 있으나, **영화 및 비디오물의 진흥에 관한 법률**은 청소년을 **18세 미만**의 자(초·중교육법에 따른 고등학교에 재학 중인 학생 포함)로 규정하고 있고(제2조 제18호), 영화의 상영등급을 전체관람가, 12세 이상 관람가, 15세 이상 관람가, 청소년관람불가, 제한상영가로 분류하고 있다(제29조). **공연법**은 연소자 유해 공연물을 관람시킬 수 없는 연소자를 **18세 미만**의 사람으로 정하고 있어서(제2조 제6호) 혼란을 초래하고 있다.

PC방은 청소년보호법상의 청소년출입금지업소가 아니라 **게임산업진흥에 관한 법률**의 적용을 받는다. 게임산업진흥에 관한 법률에서 정하고 있는 청소년은 **18세 미만**의 자(초·중등교육법에 의한 고교재학중인 학생 포함)로 규정되어 있다(제2조 제10호). 따라서 만 18세 이상이고 고교재학 중이지 않으면 밤 10시 이후 심야시간대에도 PC방 출입이 가능하다. 영화 및 비디오물의 진흥에 관한 법률의 적용을 받는 영화관의 경우 청소년관람불가의 청소년도 18세 미만의 자(초·중등교육법에 의한 고교재학중인 학생 포함)로 되어 있다.

노래방을 규율하는 **음악산업진흥에 관한 법률**도 청소년을 **18세 미만**의 자(초·중등교육법의 규정에 따른 고등학교에 재학 중인 학생 포함)로 규정하고 있다(제2조 제14호). 이 법에 의하면 노래연습장업자는 당해 영업장소에 대통령령이 정하는 출입시간 외에 청소년이 출입하지 아니하도록 하고(다만, 부모 등 보호자를 동반하거나 그의 출입동의서를 받은 경우 등은 제외), 이 규정을 위반하여 청소년을 출입하게 한 노래연습장업자는 2년 이하의 징역 또는 2천만 원 이하의 벌금에 처한다(법 제22조, 제34조 참조). 음악산업진흥에 관한 법률 시행령에 의하면 노래연습장에 청소년이 출입할 수 있는 시간이 오전 9시부터 오후 10시까지로 되어 있다(제8조). 그리고 위 법은 누구든지 영리를 목적으로 노래연습장에서 손님과 함께 술을 마시거나 노래 또는 춤으로 손님의 유흥을 돋우는 접객행위를 하거나 타인에게 그 행위를 알선하여서는 아니 되도록 하고 이 규정을 위반한 자는 1년 이하의 징역 또는 300만 원 이하의 벌금에 처하도록 하고 있다(법 제22조 제2항, 제34조 제4항).

식품위생법 제44조 제2항은 식품접객영업자는 청소년보호법 제2조의 규정에 의한 청소년을 유흥접객원으로 고용하여 유흥행위를 하게 하는 행위, 청소년 출입·고용금지업소에 청소년을 고용하거나 청소년을 출입하게 하는 행위, 청소년에게 주류를 제공하는 행위를 하여서는 아니 되고, 이에 위반하는 경우 시장·군수는 시행령으로 정하는 바에 따라 영업허가 또는 등록을 취소하거나 6개월 이내의 기간을 정하여 그 영업의 전부 또는 일부를 정지하거나 영업소 폐쇄를 명할 수 있다(제75조 제1항).

(9) 연소자(年少者)

18세 미만의 자를 말한다. 각종 시설 등의 이용 제한 기준연령으로 사용된다.

(10) 성년자(成年者)

2013. 7. 1.부터는 사람은 **19세**로 성년에 이르게 된다(민법 제4조). 미성년자는 권리능력은 있으나 행위능력은 없고, 이른바 제한능력자이다. 중국, 독일, 스위스 등은 18세로 성년이 되고 일본은 2018년 개정법에 의하여 성년자를 20세에서 18세로 인하하였다. 북한은 17세가 성년이다. 미성년자에게는 친권자 또는 미성년후견인 등 법정대리인이 있어야 한다. 성년자가 되어야 완전한 행위능력자이고 소송능력자가 된다.

(11) 고령자 · 준고령자(高齡者 · 準高齡者)

고용상 연령차별금지 및 고령자고용촉진에 관한 법률은 **55세 이상인 사람**을 고령자로, **50세 이상 55세 미만인 사람**을 준고령자로 정하고(동시행령 제2조) 고령자의 취업지원 및 고용촉진 등에 관하여 규정하고 있다. 사업주는 근로자의 정년을 60세 이상으로 정하여야 하고, 사업주가 근로자의 정년을 60세 미만으로 정한 경우에는 정년을 60세로 정한 것으로 본다(동법 제19조). 펄펄 나는 55세 이상인 사람을 고령자로 본 것은 우리들의 어감에 맞지 않는다.

(12) 노인(老人)

노인복지법상 노인은 **65세 이상**으로 되어 있다(경로우대). 국가 또는 지방자치단체는 65세 이상의 자에 대하여 국가 또는 지방자치단체의 수송시설 및 고궁·능원·박물관·공원 등의 공공시설을 무료로 또는 그 이용요금을 할인하여 이용하게 할 수 있다(노인복지법 제26조 제1항).

경로우대 제도는 1980년 70세 이상 노인을 대상으로 철도와 지하철 요금을 50% 할인해 주는 것으로 시작해 1982년부터는 65세 이상으로 연령이 낮춰져 지금까지 이어져 오고 있다. 현재는 지하철은 무임승차, KTX와 새마을, 무궁화 등 기차는 주중 30% 할인 혜택이 주어지고 있다. 또 국공립 박물관이나 미술관, 고궁 등도 무료로 입장할 수 있다. 최근 노인복지법에 따른 노인 기준 연령을 지금의 65세에서 상향 조정하는 방안이 검토되고 있다.

기초노령연금법은 65세 이상인 자로서 소득인정액이 대통령령으로 정하는 금액 이하인 자에게 연금을 지급하고, 노인장기요양보험법은 65세 이상 노인 또는 치매나 뇌혈관성 질환 등 노인성 질환을 앓고 있는 성인들에게 간병 및 신체·가사 활동 등을 지원하거나 상응하는 현금을 지급하도록 하고 있다.

UN은 65세 이상을 고령화 사회에 대한 통계기준연령으로 보고, 65세 이상 인구가 전체 인구의 7%에 이르면 **고령화사회**, 14% 이상이면 **고령사회**, 20% 이상이면 **초고령사회**로 분류하고 있다. 우리나라의 경우 2000년 고령화사회에 들어선 지 17년 만에 2017년 고령사회에 접어들었고, 2025년 대한민국은 초고령사회로 들어설 것으로 전망되고 있다.

이렇게 사람들은 대충 태아에서 신생아 → 영아 → 유아 → 아동 → 소년 → 청소년 → 연소자 → 성년자 → 고령자를 거쳐 노인으로 살다가 죽는다. 물론 고령자나 노인도 되지 못하고 소년시절에 죽는 사람도 있다. 암, 심장질환, 교통사고, 자살 등으로 제 명을 다 살지 못하고 세상을 등지는 것이다.

죽음에 대해 모르는 3가지가 있다. **"언제, 어디서, 어떻게 죽을지 모른다!"** 죽음에 대해 아는 3가지도 있다. **"누구나 죽고, 혼자 죽고, 죽는 순서가 없다!"** 세상에 죽음만큼 확실한 것은 없다. 알고 보면 우리들의 삶은 'Sein zum Tode'(죽음을 향한 존재)이다. "삶은 연기된 죽음에 불과하고"(쇼펜하우어), "태어난 순간 죽음은 시작된다."(F. 베이컨). 그런데 사람들은 겨우살이를 준비하면서도 죽음은 준비하지 않는다.

3. 사법상의 법률행위와 연령

가. 재산법상의 법률행위와 연령

(1) 성년 - 행위능력

만 19세로 성년이 된다(민법 제4조). 성년이란 사람이 독립하여 사회생활을 할 수 있을 정도의 판단능력에 관한 유무를 기준으로 법률이 획일적으로 정한 연령상의 경계라 할 수 있다. 미성년자가 법률행위를 함에는 친권자나 미성년후견인 등 법정대리인의 동의를 얻어야 한다. 미성년근로자를 보호하기 위하여 친권자 또는 후견인은 미성년자의 근로계약을 대리할 수 없으며, 미성년자는 독자적으로 임금을 청구할 수 있다(근로기준법 제65조, 66조).

(2) 책임능력

민법 제753조는 미성년자가 자신의 가해행위의 책임을 변식할 지능이 없는 때에는 손해배상책임이 없다고 규정한다. 이 경우에는 감독자가 원칙적으로 책임을 진다.

판례는 대체로 초등학교 졸업정도인 12세 내지 14세 정도부터 책임능력을 인정한다. 만 14세 이상의 자가 사고를 냈을 때 그 부모에게 손해배상청구를 하려면 부모의 감독·소홀을 피해자측에서 증명해야 한다는 것이 판례이다. 판례는 만 16세 남짓한 고등학교 1학년 학생이 무면허로 오토바이를 운전하다가 사고를 낸 경우, 사고당시의 연령과 수학정도 등에 비추어 불법행위에 대한 책임을 변식할 능력은 있으나, 경제적인 면에서 전적으로 그의 부모에게 의존하며 그들의 보호·감독을 받고 있었으므로, 부모로서는 그 자에 대하여 면허 없이 오토바이를 운전하지 못하도록 하는 등 보호감독을 철저히 할 주의의무가 있는데도 이를 게을리 한 잘못이 있다고 하여 그 부모에게도 교통사고에 대한 손해배상책임이 있다고 한 사례가 있다(대법원 1999. 7. 13. 선고, 99다19957 판결).

나. 가족법상의 행위와 연령

(1) 약혼연령

종전에는 남자 만18세, 여자 만16세에 달한 자는 부모 또는 후견인의 동의를 얻어 약혼할 수 있었으나(구 민법 제801조), 이는 불합리한 차별로 남녀평등에 반한다는 비판이 제기되어 2007. 12. 12. 개정민법 제801조는 남녀의 약혼연령을 18세로 일치시켰다.

(2) 혼인적령

종전에는 남자는 만 18세, 여자는 만 16세에 달한 자는 혼인할 수 있었으나(구 민법 제807조), 2007년 개정민법은 위 약혼연령에서와 같이 남녀의 혼인연령을 18세로 일치시켰다. 성년자는 부모의 동의 없이 혼인할 수 있다(민법 제808조). 최근의 초혼연령에 비추어 혼인적령에 관한 규정은 사실상 큰 의미가 없다. 다만, 미성년자가 혼인하면 성년자로 보고(민법 제826조의 2 : 성년의제), 한번 혼인을 하면 그 후 성년 전에 이혼을 하거나 일방의 사망으로 혼자가 되더라도 성년자임에는 변함이 없다("한번 성년이면 영원히 성년이다!"). 그러나 민법 이외의 법률 특히 공법이나 사회법규 등에서는 성년의제의 적용이 없다.

(3) 유언능력

만 17세에 달하는 자는 미성년자도 자유롭게 유언을 할 수 있다(민법 제1061조). 17, 18세의 미성년자가 유언을 하는 예는 많지 않을 것이다.

(4) 양자제도와 연령

양친은 성년자라야 한다(민법 866조). 성년에 달하면 남·녀, 기혼·미혼, 자식이 있든 없든 불문하고 누구든지 양친이 될 수 있다(양자를 들일 수 있다). 다만 존속 또는 연장자는 이를 양자로 할 수 없다(민법 제877조). 양자가 될 자는 연령과 관계없이 부모의 동의를 얻어야 한다(민법 제879조 제1항). 양자로 되는 자가 15세미만인 경우에는 법정대리인이 이에 갈음하여 입양의 승낙을 하여야 하며(민법 제869조), 15세 이상의 미성년자의 경우 부모의 또는 다른 직계존속이 없으면 후견인의 동의를 얻어야 하고 후견인이 동의를 할 경우에는 가정법원의 허가를 얻어야 한다(민법 제871조).

2008. 1. 1.부터 시행되고 있는 개정민법상의 친양자(親養子) 제도는 기존의 양자제도를 그대로 유지하면서 양자의 복리를 증진시키고 입양현실을 반영하기 위하여 양친과 양자를 친생자관계로 보아 종전의 친족관계를 종료시키고 양친과의 친족관계만을 가지며 양친의 성과 본을 따르도록 하는 양자제도를 말한다. 보통양자의 경우 입양을 하면 입양 후에도 친생부모와의 법률적 관계가 유지되지만, 친양자의 경우 입양을 하면 친생부모와의 법률적 관계가 단절된다.

친양자의 연령은 19세 미만이어야 하고 친생부모의 동의를 얻어 가정법원에 청구하도록 하고 있다. 부부 한쪽이 그 배우자의 친생자를 친양자로 하려는 때에는 1년 이상 혼인 중인 부부이면 된다. 친양자제도는 재혼가정뿐만 아니라 혼인기간 3년 이상 된 부부가 입양하는 경우에도 해당된다. 2012년 민법 개정으로 친생부모가 자신에게 책임이 있는 사유로 3년 이상 자녀에 대한 부양의무를 이행하지 아니하고 면접교섭을 하지 아니한 경우 또는 친생부모가 자녀를 학대 또는 유기하거나 그 밖에 자녀의 복리를 현저히 해친 경우에는 친생부모의 동의나 승낙이 없어도 가정법원이 친양자 입양을 허가할 수 있도록 하고 있다.

4. 공법상의 행위와 연령

(1) 취학능력

유치원에 입학할 수 있는 자는 만 3세부터 초등학교 취학 전까지의 어린이로 한다(유아교육법 제2조). 모든 국민은 그가 보호하는 자녀 또는 아동이 만 6세가 된 날이 속하는 해의 다음 해 3월 1일부터 만 12세가 되는 날이 속하는 다음 해 2월 말까지 그 자녀 또는 아동을 초등학교에 취학시켜야 한다(초·중등교육법 제13조 제1항). 모든 국민은 그가 보호하는 자녀 또는 아동이 초등학교를 졸업한 학년의 다음 학년초부터 만 15세가 되는 날이 속하는 다음 해 2월 말까지 그 자녀 또는 아동을 중학교에 취학시켜야 한다(동법 제13조 제3항).

(2) 범죄능력

형법 제9조는 14세 되지 아니한 자의 행위는 벌하지 아니한다고 규정하고 있다(이른바 '형사미성년자'). 소년법은 10세 이상 14세미만인 경우라고 하더라도 형벌법령에 저촉되는 행위를 할 우려가 있는 소년에게는 보호처분을 할 수 있도록 하고 있다.

범죄연령이 갈수록 낮아짐에 따라 법무부는 소년법을 개정하여 범죄를 저지른 경우 형사처벌 대신 보호처분을 받는 '촉법소년' 대상 연령을 종전의 '만 12세 이상 14세 미만'에서 '만 10세 이상 14세 미만'으로 바꾸었다. 또한 청소년 범죄를 다루는 소년법을 적용하는 연령 상한선이 20세 미만에서 19세 미만으로 낮아졌다. 10~11세 소년범도 앞으로는 보호관찰이나 사회봉사, 수강 명령 등 소년법이 정한 방법에 따라 보호처분을 받게 된다.

70세 이상의 자는 징역, 금고, 구류의 선고를 받은 경우 형의 집행을 정지할 수 있도록 하여 수형능력을 제한하고 있다(형사소송법 제471조). 경범죄처벌법은 18세 미만의 사람을 범칙자에서 제외하고 있다(동법 제5조 제2항 제4호).

(3) 증인선서능력

16세 미만인 사람을 증인으로 신문함에는 선서시키지 못한다(민사소송법 제322조, 형사소송법 제159조). 유아의 증언능력에 관하여 판례는 사고 당시 만 3세 3개월 내지 만 3세 7개월가량이던 피해자인 여아의 증언능력 및 그 진술의 신빙성을 인정한 사례가 있다(대법원 2006. 4. 14. 선고 2005도9561 판결).

(4) 선거권 및 피선거권

18세 이상의 국민은 대통령 및 국회의원, 지방의회의원 및 지방자치단체의 장의 선거권이 있다(공직선거 및 선거부정방지법 제15조). 선거일 현재 5년 이상 국내에 거주하고 있는 40세 이상의 국민은 대통령의 피선거권이 있고, 25세 이상의 국민은 국회의원, 지방의회의원 및 지방자치단체의 장의 피선거권이 있다(동법 제16조). 국민투표법은 19세 이상의 국민은 국민투표권이 있는 것으로 규정하고 있다(제7조).

(5) 국적취득능력

외국인이 귀화허가를 받기 위해서는 대한민국의 민법에 의하여 성년일 것이 요구된다(국적법 제5조 제1호).

(6) 병역의무

대한민국 국민인 남성은 18세부터 **병역준비역**에 편입된다(병역법 제8조). 병역의무자는 19세가 되는 해에 병역을 감당할 수 있는지를 판정받기 위하여 지방병무청장이 지정하는 일시·장소에서 **병역판정검사**를 받아야 한다. 다만, 군에서 필요로 하는 인원과 병역자원의 수급(需給) 상황 등을 고려하여 19세가 되는 사람 중 일부를 20세가 되는 해에 병역판정검사를 받게 할 수 있다(동법 제11조). 병무청장 또는 각 군 참모총장은 18세 이상으로서 군에 복무할 것을 지원한 사람에 대하여 신체검사를 거쳐 육군·해군 또는 공군의 현역병으로 선발할 수 있다(동법 제20조 제1항).

병역의무자로서 **6년** 이상의 징역 또는 금고의 형을 선고받은 사람은 병역에 복무할 수 없으며 병적에서 제적된다(동법 제3조 제3항). 병역판정검사, 재병역판정검사, 확인신체검사, 현역병입영 또는 사회복무요원·대체복무요원 소집 의무는 **36세**부터 면제되며, 면제된 사람(대체복무요원 소집 의무가 면제된 사람은 제외한다)은 **전시근로역**에 편입한다. 다만, 정당한 사유 없이 병역판정검사, 재병역판정검사, 확인신체검사, 현역병입영 또는 사회복무요원·대체복무요원 소집을 기피한 사실이 있거나 기피하고 있는 사람과 행방을 알 수 없었거나 알 수 없는 사람 등의 어느 하나에 해당하는 사람은 **38세**부터 면제된다(동법 제71조 제1항). 현역·예비역·보충역의 병, 전시근로역 및 대체역의 병역의무는 40세까지로 한다(동법 제72조).

현역의 복무기간은 육군 2년, 해군 2년 2개월(다만, 해병은 2년), 공군, 2년 3개월이고, 현역병이 징역·금고·구류의 형이나 군기교육처분을 받은 경우 또는 복무를 이탈한 경우에는 그 형의 집행일수, 군기교육처분일수 또는 복무이탈일수는 현역 복무기간에 산입하지 아니한다(동법 제18조 제2항, 제3항). 군복무기간의 단계적 감축에 따라 현역병 복무기간이 2020년부터 육군 18개월, 해군 20개월(해병대 18개월) 공군 21개월이다.

비상대비자원관리법은 대상자원을 중점관리대상자원지정업체의 종사자 등으로서 19세가 되는 해의 1. 1.부터 50세가 되는 해의 12. 31.까지의 대한민국 국민으로 정하고 있다(동법 제2조).

병무청 대체역 심사위원회는 2020. 7. 15. 전원회의를 개최하여 신청자 중 '양심의 자유'를 이유로 병역을 거부한 혐의로 기소됐다가 대법원에서 무죄판결이 확정된 사람들 35명에 대한 대체역 편입을 결정했다.

(7) 공무원임용

△ 7급 이상 : 20세 이상
△ 8급 이하 : 18세(교정·보호 직렬은 20세) 이상(공무원임용시험령 제16조)

(8) 기타

시장·군수 또는 구청장은 관할 지역 안에 주민등록이 된 자 중 **17세** 이상의 자에 대하여 주민등록증을 발급한다(주민등록법 제24조).

18세 미만인 사람은 운전면허를 받을 자격이 없고(원동기장치자전거 면허는 16세 미만인 사람), 19세 미만인 사람은 제1종 대형면허 또는 특수면허를 받을 수 없다(도로교통법 제82조). 18세 미만인 사람은 건설기계조종사면허를 받을 자격이 없다(건설기계관리법 제27조).

자동차보험약관에서 운전자의 연령을 기준으로 운전자 연령 만 48세 이상 한정운전 특별약관을 두는 경우가 있다.

국내에 거주하는 국민으로서 18세 이상 60세 미만인 자는 국민연금 가입 대상이 된다. 다만, 공무원연금법,「군인연금법,「사립학교교직원 연금법 및 별정우체국법을 적용받는 공무원, 군인, 교직원 및 별정우체국 직원, 그 밖에 대통령령으로 정하는 자는 제외한다(국민연금법 제6조).

5. 정년(停年)

가. 법률규정상의 정년

(1) 공무원(일반직)(국가공무원법 제74조, 지방공무원법 제66조)

△ 60세(공무원은 그 정년에 이른 날이 1월부터 6월 사이에 있으면 6월 30일, 7월부터 12월 사이에 있으면 12월 31일에 각각 당연퇴직).

(2) 교육공무원(교육공무원법 제47조)

△ 초·중등교원 : 62세(정년에 이른 날이 속하는 학기말)
△ 고등교육법에 의한 교원인 교육공무원(교수) : 65세(정년에 이른 날이 속하는 학기말)

(3) 경찰공무원(경찰공무원법 제24조)

△ 연령정년 : 60세(정년이 된 날이 1월에서 6월 사이에 있으면 6월 30일에, 7월에서 12월 사이에 있으면 12월 31일에 각각 당연퇴직)
△ 계급정년 : 치안감 4년, 경무관 6년, 총경 11년, 경정 14년

(4) 군인(군인사법 제8조)(현역정년)

△ 연령정년 : 원수 종신, 대장 63세, 중장 61세, 소장 59세, 준장 58세, 대령 56세, 중령 53세,

소령 45세, 대위 이하 43세, 준위 55세, 원사 55세, 상사 53세, 중사 45세, 하사 40세
△ 근속정년 : 대령 35년, 중령 32년, 소령 24년, 대위 이하 15년, 준위 32년
△ 계급정년 : 중장 4년, 소장 6년, 준장 6년

(5) 사법부 공무원

△ 대법원장 및 대법관 : 70세(임기 6년, 대법원장은 중임 불가, 대법관은 연임 가능), 판사 : **65세**(임기 10년 연임가능), 정년에 이른 날이 2월에서 7월 사이에 있는 경우에는 7월 31일에, 8월에서 다음 해 1월 사이에 있는 경우에는 다음 해 1월 31일에 각각 당연 퇴직. 법원조직법 제45조)
△ 검찰총장 : 65세, 검사 : 63세(검찰청법 제41조)
△ 헌법재판소장 및 헌법재판관 : 70세(임기 6년, 재판관 연임 가능, 헌법재판소법 제7조)
△ 감사원장 : 70세, 감사위원 : 65세(임기는 4년, 감사원법 제6조)
△ 공증인 : 75세 (정년이 되는 날이 1월에서 6월 사이에 있는 경우에는 6월 30일에, 7월에서 12월 사이에 있는 경우에는 12월 31일에 당연퇴직. 공증인법 제15조 제3항, 제4항)

나. 사기업의 정년

단체협약이나 취업규칙 등으로 노사협의에 의하여 정년을 정한다. 정년제가 있는 직종의 경우 예컨대 정년 60세까지라 함은 60세가 도달하는 날까지를 말하는 것이다.

다. 판례에 나타난 가동기간

가동개시연령은 원칙적으로 성년이 되는 20세부터이고, 남자의 경우에는 현역이 면제되는 등의 특별한 사정이 없는 한 현역복무기간이 가동기간에서 제외된다. 일반 도시 또는 농촌 일용노동자는 경험칙상 **65세**가 될 때까지 가동할 수 있다고 보는 것이 판례이다. 대법원은 1989년 가동연한을 55세에서 60세로 변경한 지 30년 만에 사회·경제적 변화를 고려해 연장을 결정했다. 대법원 전원합의체는 2019. 2. 21. 가동연한을 만 60세에서 65세로 5년 연장했다.

판례가 인정하는 가동기간은 다음과 같다.
(1) 변호사, 법무사, 목사 등 : 70세가 될 때까지
(2) 치과의사, 외과의사, 한의사, 약사, 건축사, 수산물중개인, 지물포경영자, 침구사, 예식장경비원, 성명철학자, 소설가, 소규모 주식회사의 대표이사 등 : 65세가 될 때까지
(3) 판소리 국악인(민요풍 가수), 의류임가공업자, 주방장조리사, 보험모집인, 전자오락실경영, 공인중개업자, 수입품판매업자, 정육점경영, 일용육체노동자, 농업종사자, 건축사, 건설회사 기술자, 개인택시운전사, 보험모집인 등 : 60세 → 65세로
(4) 잠수부, 야간업소 오르간연주자, 주류판매음식점 마담, 접객업소 얼굴마담 등 : 50세
(5) 가수, 프로야구선수 등 : 40세
(6) 다방종업원, 골프장 캐디 등 : 35세
(7) 호스티스, 음식주점 접대부 : 30세

이례적으로 가수의 경우 신해철의 경우 70세까지, 택시기사의 경우 73세까지 가동기간으로 인정한 서울중앙지방법원 판결이 있다.

6. 사망과 그에 따른 법률관계

사망으로 인하여 상속이 개시된다. 실종선고가 있으면 실종기간이 만료한 때 사망한 것으로 간주하므로 그것에 의하여 상속이 개시된다. 상속인은 상속이 개시된 날(사망일)부터 피상속인의 재산에 관한 포괄적 권리의무를 승계한다. 일반적으로 심장기능이 회복 불가능한 상태로 정지된 때를 사망의 시기로 보는 심장정지설이 종래의 통설이나, 호흡이나 심장은 정지된 후에도 회복될 수 있고 인공장치에 의하여 유지될 수 있지만 뇌기능이 정지된 때에는 더 이상 치료가 불가능하다는 이유로 이른바 뇌사설이 수용되고 있다.

매장 및 화장은 사망 또는 사산한 때부터 24시간을 경과한 후가 아니면 이를 하지 못한다(다만, 다른 법률에 특별한 규정이 있거나 임신 7월 미만의 사태(死胎) 기타 대통령령이 정하는 시체의 경우는 제외)(장사 등에 관한 법률 제6조).

공연히 허위의 사실을 적시하여 사자(死者)의 명예를 훼손한 자는 2년 이하의 징역이나 금고 또는 500만 원 이하의 벌금에 처한다(형법 제308조).

'장기 등 이식에 관한 법률'은 뇌사판정기준 및 뇌사판정절차에 따라 뇌 전체의 기능이 되살아날 수 없는 상태로 정지되었다고 판정된 자(뇌사자)의 경우 본인이 뇌사 또는 사망 전에 장기적출에 동의한 경우 등에 한하여 장기를 적출할 수 있도록 하고 있다. 다만 살아있는 자로서 16세 미만의 자의 장기(말초혈과 골수 제외)는 적출할 수 없고, 살아있는 자로서 16세 이상인 미성년자의 장기 등(말초혈과 골수 제외)은 배우자, 직계존비속, 형제자매 또는 4촌 이내의 친족에게 이식하는 경우를 제외하고는 이를 적출할 수 없다(동법 제11조 제3항, 제4항). 장기기증에 필요한 본인의 동의는 본인이 서명한 문서에 의한 동의 또는 민법의 유언에 관한 규정에 의한 유언의 방식에 의한 동의를 말한다(동법 제12조 제1항).

살아있는 사람의 장기 등은 본인이 동의한 경우에만 적출할 수 있다. 다만, 16세 이상인 미성년자의 장기등과 16세 미만인 미성년자의 말초혈 또는 골수를 적출하려는 경우에는 본인과 그 부모(부모가 없고 형제자매에게 말초혈 또는 골수를 이식하기 위하여 적출하려는 경우에는 법정대리인)의 동의를 함께 받아야 한다. 뇌사자와 사망한 자의 장기 등은 본인이 뇌사 또는 사망하기 전에 장기 등의 적출에 동의한 경우(다만, 그 가족 또는 유족이 장기등의 적출을 명시적으로 거부하는 경우는 제외), 본인이 뇌사 또는 사망하기 전에 장기등의 적출에 동의하거나 반대한 사실이 확인되지 아니한 경우로서 그 가족 또는 유족이 장기등의 적출에 동의한 경우(다만, 본인이 16세 미만의 미성년자인 경우에는 그 부모(부모 중 1명이 사망·행방불명, 그 밖에 대통령령으로 정하는 부득이한 사유로 동의할 수 없으면 부모 중 나머지 1명)가 장기 등의 적출에 동의한 경우로 한정)의 어느 하나에 해당하는 경우에만 적출할 수 있다(동법 제22조 제1항, 제3항).

"五十曰艾 服官政" - 禮記 曲禮上篇
"50세는 머리가 쑥처럼 희어지고 관복을 입고 정치를 할 수 있다."

나이 50을 뜻하는 말로 半百, 命年, 知命, 知天命이라는 말 이외에 艾年(애년)이라는 말도 있다. 여기서 艾자는 '쑥 애'자이다. 쑥은 잎의 앞면을 보면 푸르나 뒷면을 보면 희다. 즉 50은 흰머리가 나는 나이다. 예기의 곡례편에서는 50세가 되면 머리털이 쑥같이 희어진다고 하여 '艾年'이라고 하고 50세가 넘으면 '艾老'(애로)라고 했다. 50이 되어야 비로소 관복을 입고 정사에 나아갈 수 있다고 한 것은 인생의 경륜이 쌓인 사람이 정치를 해야 한다는 이야기일 것이다.

74세까지 장수한 공자는 논어 위정편(爲政篇)에서 다음과 같이 회고하였다. "나는 나이 열다섯에 학문에 뜻을 두었고(吾十有五而志于學), 서른에 뜻이 확고하게 섰으며(三十而立), 마흔에는 미혹되지 않았고(四十而不惑), 쉰에는 하늘의 명을 깨달아 알게 되었으며(五十而知天命), 예순에는 남의 말을 듣기만 하면 곧 그 이치를 깨달아 이해하게 되었고(六十而耳順), 일흔이 되어서는 무엇이든 하고 싶은 대로 하여도 법도에 어긋나지 않았다(七十而從心所欲不踰矩)."

또 예기(禮記)에서는 30대를 장년(壯年), 40대를 강사(强仕), 50대를 애년(艾年), 60대를 손가락만 놀린다하여 지사(指使)라 표기하고 있다. 두보(杜甫)의 人生七十古來稀에 보면 10대를 소년, 20대를 若年, 30대를 壯年, 40대를 初老, 50대를 中老, 60대를 耆老, 70대를 古稀라고 했다. 두보가 살았던 당시에는 평균수명이 얼마 되지 아니하여 40을 초로로 본 것도 무리가 아니다.

■ 연령 의미 성어[용어]

연령	성어	의미 / 유래
生	농장 (弄璋)	득남(得男), 아들을 낳으면 구슬{璋} 장난감을 주는데서 유래. 아들을 낳은 경사 - 농장지경(弄璋之慶)
	농와 (弄瓦)	득녀(得女), 딸을 낳으면 실패{瓦} 장난감을 주는데서 유래. 딸을 낳은 경사 - 농와지경(弄瓦之慶)
2세 -3세	제해 (提孩)	제(提)는 손으로 안음, 孩(해)는 어린아이, 유아가 처음 웃을 무렵(2-3세). *해아(孩兒)도 같은 의미로 사용.
15세	지학 (志學)	공자(孔子)가 15세에 학문(學問)에 뜻을 두었다는 데서 유래.
	육척 (六尺)	주(周)나라의 척도에 1척(尺)은 두 살반{二歲半} 나이의 아이 키를 의미. - 6척은 15세.* cf) 삼척동자(三尺童子)
16세	과년 (瓜年)	과(瓜)자를 파자(破字)하면 '八八'이 되므로 여자 나이 16세를 나타내고 결혼 적령기를 의미함. * 남자는 64세를 나타내면서 벼슬에서 물러날 때를 뜻함. - 파과(破瓜)
20세	약관 (弱冠)	20세를 전후한 남자. 원복(元服;어른 되는 성례 때 쓰던 관)식을 행한데서 유래.
	방년 (芳年)	20세를 전후한 왕성한 나이의 여자. 꽃다운{芳} 나이{年}를 의미.
30세	이립 (而立)	공자(孔子)가 30세에 자립(自立)했다는 데서 유래.
40세	불혹 (不惑)	공자(孔子)가 40세에 모든 것에 미혹(迷惑)되지 않았다는 데서 유래.
	강사 (强仕)	{예기}에 "四十日强 而仕 - 40세을 강(强)이라 하는데, 이에 벼슬길에 나아감{仕}"에서 유래. * 强(강) 마흔살

연령	성어	의미 / 유래
48세	상년 (桑年)	상(桑)의 속자(俗字)는 '十'자 세 개 밑에 나무 목(木)을 쓰는데, 이를 파자(破字)하면 '十'자 4개와 '八'자가 되기 때문.
50세	지명 (知命)	공자(孔子)가 50세에 천명(天命:인생의 의미)을 알았다는 데서 유래. "知天命"의 준말
60세	이순 (耳順)	공자(孔子)가 60세가 되어 어떤 내용에 대해서도 순화시켜 받아들였다는 데서 유래
61세	환갑 (還甲) 회갑 (回甲)	환력(還曆). 태어난 해의 간지(干支)가 되돌아간다는 의미. 곧 60년이 지나 다시 본래 자신의 출생년의 간지로 되돌아가는 것. 풍습에 축복(祝福)해 주는 잔치를 벌임
	화갑 (華甲)	화(華)자를 파자(破字)하면 십(十)자 여섯 번과 일(一)자가 되어 61세라는 의미.
62세	진갑 (進甲)	우리나라에서 환갑 다음해의 생일날. 새로운 갑자(甲子)로 나아간다(進)는 의미
70세	종심 (從心)	공자(孔子)가 70세에 마음먹은 대로 행동해도 법도에 어긋나지 않았다는 데서 유래. 從心所欲 不踰矩에서 준말.
	고희 (古稀)	두보(杜甫)의 시 '곡강(曲江)'의 구절 "人生七十古來稀{사람이 태어나 70세가 되기는 예로부터 드물었다}"에서 유래.
71세	망팔 (望八)	팔십 세를 바라본다는 의미. 70세를 넘어 71세가 되면 이제 80세까지 바라는 데서 유래.
77세	희수 (喜壽)	희(喜)자를 초서(草書)로 쓸 때 '七十七'처럼 쓰는 데서 유래. 일종의 파자(破字)의 의미.
80세	산수 (傘壽)	산(傘)자의 약자(略字)가 팔(八)을 위에 쓰고 십(十)을 밑에 쓰는 것에서 유래.
81세	반수 (半壽)	반(半)자를 파자(破字)하면 "八十一"이 되는 데서 유래
	망구 (望九)	구십 세를 바라본다는 의미. 81세에서 90세까지를 기원하는 장수(長壽)의 의미를 내포함. * '할망구'로의 변천
88세	미수 (米壽)	미(米)자를 파자(破字)하면 "八十八"이 되는 데서 유래. 혹은 농부가 모를 심어 추수를 할 때까지 88번의 손질이 필요하다는 데서 유래.
90세	졸수 (卒壽)	졸(卒)의 속자(俗字)가 아홉 구(九)자 밑에 열 십(十)자로 사용하는 데서 유래
	동리 (凍梨)	언{凍} 배{梨}의 뜻. 90세가 되면 얼굴에 반점이 생겨 언 배 껍질 같다는 데서 유래.
91세	망백 (望百)	백세를 바라본다는 의미. 역시 장수(長壽)의 축복,기원
99세	백수 (白壽)	백(百)에서 일(一)을 빼면 백(白)자가 되므로 99세를 나타냄. 파자(破字)의 뜻

12　미술과 법

1.

　미술과 법은 도무지 상용하지 못할 것 같은데 현실은 그렇지 않다. 미술이 법을 만나면 어떻게 될까? 김영철 변호사가 펴낸 **「법, 미술을 품다」**(뮤진트리, 2019)라는 책을 재미있게 읽어보았다. 김 변호사는 서울중앙지검 1차장검사 출신인데, 서울대 미술대학원에서 수년째 〈미술법〉을 인기리에 강의하고 있다고 한다.

　김 변호사는 사법연수원 14기 출신으로 검사시절에 국제조직범죄의 규제에 관한 연구로 경희대 대학원에서 박사학위를 받은 학구파이기도 한데, 우연히 찾아온 출강이라는 도전의 기회가 상상의 진리를 탐색하는 미술과 현실의 진리를 좇는 법률을 접목시켜 평생 논리적이며 지루한 법률가의 삶에서 활력과 행복을 가져다주었고, 그에게 예술은 영혼의 안식처이다.

　이 책은 과거 미술과 법률은 상호 갈등과 규제의 구조를 빚어오다 현대에 들어오면서 협조 또는 후원의 구조로 그 경향이 바뀌고 있는 추세에 맞추어 미술과 법의 관계를 조망하고 있다. 이 책을 통해 미술을 품은 법의 세계를 잠시 들여다보고, 최근에 문제되었던 조영남의 대작 사기 사건의 경과를 살펴보기로 한다.

　헌법 제22조 제1항은 "모든 국민은 학문과 예술의 자유를 가진다."고 규정하여 예술의 자유를 보장하고 있다. 예술의 자유에는 예술창작의 자유, 예술표현의 자유, 예술적 결사의 자유가 포함되고, 예술의 자유는 국가에 대한 방어권인 동시에 제도보장으로서의 성격을 갖는다고 배웠는데, 여기서 "예술"이라는 것이 도대체 무엇인가?

　40여 년 전 대학시절 헌법연습 시간에 당시의 젊은 허 영 교수님이 다음과 같은 사례로 강의했던 것이 기억난다. 당대의 유명한 가수(예를 들어 조용필)가 데뷔 30주년 기념 콘서트 '3분30초'를 연다고 대대적으로 광고하고 세종문화회관에 구름 같은 관중이 몰려들었다. 환호하는 만장한 관중 앞에 조용필이 나타나더니 그랜드 피아노 앞에 '3분30초' 동안 홀린 듯이 앉아 있다가 관중을 둘러보고는 그냥 나가버리는 것이었다. 관중들이 사기를 당했다고 야유를 보내면서 관람료 환불소동이 벌어졌다. 조용필은 필생의 예술혼을 불어넣은 시간이었는데 관중들이 예술을 이해하지 못하고 있다고 주장했다. 관중들이 조용필을 상대로 관람료 환불을 구하는 소를 제기하자 조용필은 헌법상의 예술의 자유를 주장하며 관람료를 환불할 이유가 없다고 맞섰다. 법원은 헌법상의 예술의 자유의 관점에서 이 사건을 어떻게 판단할 것인가? 대충 이런 스타일의 문제였던 것으로 기억한다.

또 이런 문제도 냈다. 백남준과 같은 유명한 설치미술가가 '21세기 환경전'을 예술의 전당에서 연다고 광고를 하고 수많은 관람객들이 전시장을 찾아보니 부잣집에서 나온 고급 쓰레기와 가난한 집에서 나온 연탄재 같은 잡다한 쓰레기를 전시하고 있었다. 관람객들이 이게 무슨 예술전시회냐고 항의하면서 관람료환불소동이 벌어졌고 역시 관람료반환 소송에서 백남준은 예술창작의 자유를 주장하고 있는데 법원은 어떻게 판단할 것인가?

예술을 바라보는 사회의 눈이 시대상황에 따라 가변적이므로 예술을 똑 부러지게 정의하는 것이 쉽지 않고, 나로서는 다다이즘(Dadaismus)에서와 같이 '예술가가 하는 모든 것들이 예술'(Alles, was Kuüstler spuckt, ist Kunst.)이라고 하는 정도로 만족해야 할 것 같다. 그러나 예술에 관한 절대적인 기준은 없다고 하더라도 그 시대의 보편적인 경험법칙에 의하여 예술가의 인격적인 전체성의 발현이라고 볼 수 있는지 여부가 최소한의 판단기준은 될 수 있을 것이다.

2.

[그림 1] 장 레옹 제롬, 〈피그말리온과 갈라테이아〉

고대에서는 미술이란 이상(Idea)에 대한 모방이자 재현이었으나(플라톤은 미술을 모방의 기술이라고 정의했다), 오늘날은 "미술(Art)이라는 것은 존재하지 않고 다만 미술가들이 있을 뿐"(Ernst Hans Josef Gombrich)일지도 모른다. 그리스신화에 나오는 피그말리온(Pygmalion) 이야기를 통해 고대의 예술개념을 이해할 수 있다. 키프로스의 왕 피그말리온은 섬 안의 여자들에게 환멸을 느끼고 조각에만 몰두하다가 스스로 가장 이상적으로 생각하는 여인을 조각해낸다. 그는 자신이 만든 조각상을 밤낮으로 어루만지며 사랑하게 되고, 키프로스의 섬의 수호신인 아프로디테 여신에게 조각상과 같은 여인을 아내로 맞게 해달라고 간절히 빈다. 기도를 마친 피그말리온이 집으로 돌아와 사랑하는 조각상에게 입을 맞추자 온기가 느껴지고 마침내 조각상은 기적처럼 사람으로 태어난다는 '구라' 같은 이야기(장 레옹 제롬의 〈피그말리온과 갈라테이아〉).

오늘날 작가의 생각과 관념 자체만으로도 예술작품으로 인정받을 수 있는 시대가 되었고, 미술품이 매력적인 투자의 대상이 될수록 미술작품으로 포용될 수 있는 범위도 넓어지고 있다. 고대에는 예술가를 기술을 가진 육체노동자로 여겨졌으나, 르네상스에 들어서면서 예술가는 물질에 정신을 부여하여 작품을 완성하는 장인으로 인정받기 시작했다. 그러나 근대로 접어들면서 소수의 부를 누리는 천재 예술가와 가난 속에서 혼자만의 길을 가는 소외된 천재의 이미지로 이분화되었다.

예술인의 법적 지위와 관련하여 1997년 한 동양화가가 보험회사를 상대로 손해배상청구를 하면서 동양화가로서의 자기 경력을 10년 이상이라고 주장하여 노동부 발간의 임금구조기본통계조사보고서상의 경력 10년인 '조각가, 화가, 사진사 및 관련창작예술가'의 수입으로 일실수입손해의 배상을 구하는 사건이 있었다. 원심은 단지 피해자에게 10년 이상의 경력이 인정되지 않는다는 이유만으로 피해자의 일실수입을 전경력 화가의 수입으로 산정하였으나, 대법원은 동양화가로서 5년 이상의 경력이 인정된다면 위 임금구조기본통계조사보고서상의 경력 5년 내지 9년인 '조각가, 화가, 사진사 및 관련 창작예술가'의 수입으로 피해자의 일실수입을 산정하였어야 할 것이라고 판시하고 원심을 파기한 사례가 있다(대법원 1997. 3. 11. 선고 96다53642 판결).

예술인복지법(2011.11.17. 제정, 2019.12.3. 개정)은 '예술인'을 정의하고 예술인의 지위와 권리를 규정하고 있다.[1] 이 법은 예술인의 표준계약서와 경력증명에 대한 조치 등을 규정하고 있다. 문화예술진흥방안과 관련하여 '건축물(예술품) 1퍼센트법'으로 알려진 건축물 미술작품 제도는 문화예술진흥과 도시문화 환경개선을 위해 연면적 1만 ㎡ 이상인 건축물을 신축 또는 증축할 때 건축비용의 1% 이하 범위에서 미술작품을 설치하도록 한 규정이다.[2] 거리의 빌딩 앞에서 보게 되는 조각품 등 설치미술들이 이 때문에 만들어진 것이다.

---

[1] 예술인복지법 제2조(정의) 이 법에서 사용하는 용어의 뜻은 다음과 같다.
  1. "문화예술"이란 문화예술진흥법 제2조 제1항 제1호에 따른 문화예술을 말한다.
  2. "예술인"이란 예술 활동을 업으로 하여 국가를 문화적, 사회적, 경제적, 정치적으로 풍요롭게 만드는 데 공헌하는 사람으로서 문화예술 분야에서 대통령령으로 정하는 바에 따라 창작, 실연(實演), 기술지원 등의 활동을 증명할 수 있는 사람을 말한다.
  제3조(예술인의 지위와 권리)
  ① 예술인은 문화국가 실현과 국민의 삶의 질 향상에 중요한 공헌을 하는 존재로서 정당한 존중을 받아야 한다.
  ② 모든 예술인은 인간의 존엄성 및 신체적·정신적 안정이 보장된 환경에서 예술 활동을 할 권리를 가진다.
  ③ 모든 예술인은 자유롭게 예술 활동에 종사할 수 있는 권리가 있으며, 예술 활동의 성과를 통하여 정당한 정신적, 물질적 혜택을 누릴 권리가 있다.
  ④ 모든 예술인은 유형·무형의 이익 제공이나 불이익의 위협을 통하여 불공정한 계약을 강요당하지 아니할 권리를 가진다.
[2] 문화예술진흥법 제9조(건축물에 대한 미술작품의 설치 등)
  ① 대통령령으로 정하는 종류 또는 규모 이상의 건축물을 건축하려는 자(이하 "건축주"라 한다)는 건축 비용의 일정 비율에 해당하는 금액을 회화·조각·공예 등 미술작품의 설치에 사용하여야 한다.
  ② 건축주(국가 및 지방자치단체는 제외한다)는 제1항에 따라 건축 비용의 일정 비율에 해당하는 금액을 미술작품의 설치에 사용하는 대신에 제16조에 따른 문화예술진흥기금에 출연할 수 있다.
  ③ 제1항 또는 제2항에 따라 미술작품의 설치 또는 문화예술진흥기금에 출연하는 금액은 건축비용의 100분의 1 이하의 범위에서 대통령령으로 정한다.
  ④ 제1항에 따른 미술작품의 설치 절차 및 방법 등에 관하여 필요한 사항은 대통령령으로 정한다.

[그림 2] 조나산 보로프스키(Jonathan Borofsky)의 "해머링 맨(Hammering Man)"

3.

[그림 3] 고야, 〈이성이 잠들면 괴물이 깨어난다〉

예전에는 법과 미술이 서로 관련이 없는 별개의 분야라고 여겨져 왔고, 사회의 안전을 위한다는 명목으로 미술활동에 법이 개입하는 경우가 많았으나, 지금은 법이 미술활동을 도와주는 후원자 내지 보호자의 역할을 떠맡는 시대가 되었다. 미술의 규제자로서의 법에서 미술의 후원자로서의 법으로 진화하고 있다. 여기서는 전자의 경우를 중심으로 살펴보기로 한다.

미술가의 창작의 자유가 현실의 국가보안법과 충돌하면서 미술과 자유의 문제가 클로즈업되었다. 고야(F. Goya)의 판화집 〈Los Caprichos〉에는 "이성이 잠들면 괴물이 깨어난다."는 판화가 있다. 이 그림은 한 남자가 책상에 엎드려 잠에 빠진 듯 보이고 남자의 뒤로 밤에 활동하는 올빼미와 같은 동물들이 보이고 있다. 고야는 이성을 되찾아 타락한 사회로부터 깨어나자는 의미로 이 그림을 만들었다. 고야가 살던 시대는 교회와 국가가 예술을 검열하고 그들의 요구에 맞는 작품만을 허용하던 시대였다. 위 그림 하단의 문구라고 하는 "상상이 이성과 결합되면 모든 예술의 어머니, 모든 경이로움의 원천이 된다."는 말과 같이 고야는 합리적인 이성과 예술가의 상상력이 동등하게 존중받는 사회를 갈망했다.

미켈란젤로가 교황 클레멘스 7세의 의뢰를 받아 1541년에 그린 〈최후의 심판(The Last Judgement)〉은 처음에는 신과 인간의 나체가 가득 채우고 있었으나, 교회가 작자에게 가리도록 명령했으나 듣지 않자 미켈란젤로 사후에 수정작업을 하여 중요부위를 잎사귀와 천으로 덮어버린 것을 300여 년이 지난 1980년대부터 복원작업을 시작하여 1993년 복원이 완료되어 덧칠된 화학물감의 절반 정도가 제거되었다고 한다. 히틀러는 1937년 전위미술을 탄압하려는 목적으로 '퇴폐미술전'을 열었고, 1050년대 미국은 매카시즘의 광풍으로 예술의 검열을 피해갈 수 없었다. 피카소가 그린 〈한국에서의 학살(Massacre in Korea)〉로 피카소는 공산주의첩자로 분류되어 25년간 FBI의 감시를 받기도 했다.

개명천지 시대인 2017년 한국에서는 '문화예술계 블랙리스트' 사건에서 보는 바와 같이 정치적 이데올로기가 예술의 자유를 농단하는 사태를 목도하고 있다. 국가보안법 제7조 제6항의 이적표현물 작성죄는 지금도 논란이 되고 있다. 시사풍자 만화 〈고바우영감〉[그림 4]도 정권의 탄압을 받았고, 1980년대 민중미술이 독재 및 군사정권에 대항하는 저항적 성격으로 정부와 알력을 빚기도 했다. 홍성담은 걸개그림 〈민족해방운동사〉로 국가보안법위반죄로 실형을 선고받기도 했다. 신학철의 〈모내기〉[그림 5]는 대법원에서 국가보안법위반으로 인정되었으나, 이시우의 비무장지대 사진은 대법원에서 최종 무죄를 선고받았다.

창작의 자유는 사회상규와 갈등을 빚기도 한다. 외국의 사례로는 자극적인 퍼포먼스, 동물학대, 종교에 대한 신성모독, 사체오욕 등이 있고, 국내의 사례로는 도라산역 벽화 철거사건, 슈즈트리 철거사건 등이 있다. 창작의 자유가 명예훼손과 충돌하기도 한다. 명예훼손죄가 성립하기 위하여는 작가 개인적인 의견이 아니라 사실을 적시해야 하고, 그 사실의 표현이 특정 인물의 사회적 가치 내지 평가를 침해할 가능성이 있을 정도로 구체성을 띠어야 한다. 국내에서 G20 홍보 포스터에 쥐 그림을 그래피티로 그려 넣었던 작가가 명예훼손죄가 아닌 공용물건손상죄로 벌금형을 선고받았고, 박근혜 대선후보가 박정희 전 대통령의 모습을 한 아기를 출산하는 장면이 그린 작가에 대하여 개인에 대한 비방이 아니라 작가의 가치관을 담은 창작물이라는 이유로 무죄를 선고받았다.

[그림 4] 고바우영감

[그림 5] 신학철, 〈모내기〉

[그림 6] 알렉상드르 카바넬, 〈비너스의 탄생〉, 1863년, 캔버스에 유채, 파리 오르세미술관.

[그림 7] 마네, 〈풀밭 위의 식사〉

음란의 규제로 창작의 자유가 위축되기도 했다. 19세기 파리의 '살롱전'에 출품된 비슷한 누드화 작품 중 하나는 찬사를 받으며 살롱전에, 하나는 외설스럽다는 비난을 받으며 낙선전에 전시되었다. 캬바넬의 〈비너스의 탄생〉[그림 6]은 누드 위에 떠 있는 천사들과 부끄러워 얼굴을 가린 모습 때문에 이 누드는 비너스의 탄생이라는 신화 속의 숭고한 장면을 표현했다는 찬사를 받아 최고의 작품으로 살롱전에 전시되었다. 그러나 마네의 〈풀밭 위의 식사〉[그림 7]는 신화 속의 여인이 아니라 현실의 여인이었고, 여성의 시선이 그림 밖에서 그녀를 바라보고 있을 관객을 뚫어지게 쳐다보고 있어 그녀를 바라보는 이를 당황스럽게 한다. 이 작품은 외설스런 그림으로 낙인찍혀 '낙선전'에 전시되었다.

[그림 8] 마네, 〈올랭피아〉

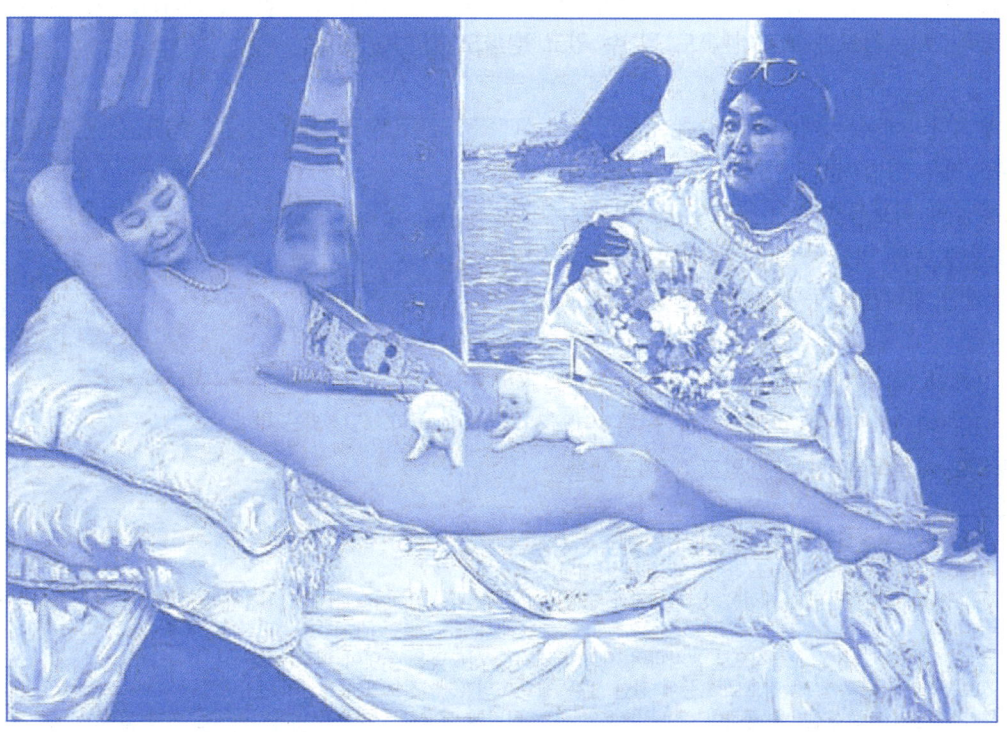

[그림 9] 박근혜 전 대통령을 풍자한 누드화를 파손한 해군 예비역 제독이 벌금형을 선고받은 데 이어 작가에게 그림값 900만 원도 물어주라는 판결이 있었다.

[그림 10] 파울 루벤스 〈시몬과 페로〉

마네의 또 다른 작품 〈올랭피아(Olympia)〉와 티치아노의 〈우르비노의 비너스〉[그림 8]은 신화 속의 여신이나 요정의 이름을 작품의 제목으로 올리고 검열을 받지 않고 명작으로 전해질 수 있었다. 특히 〈올랭피아〉를 박근혜 전 대통령으로 패러디한 그림[그림 9]으로 우리나라에서도 논란이 된 바 있다. 올랭피아는 당시 프랑스 매춘부등 사이에서 흔히 쓰이던 가명이었다. 같은 포즈의 누드화도 '비너스'라는 이름이 붙으면 명화가 되고, '창녀'라는 이름이 붙으면 음화가 된다!

이른바 사법농단 사건의 임종헌(전 법원행정처장) 피고인은 독일 화가 페테르 파울 루벤스의 '시몬과 페로'(로마인의 자비) 그림[그림 10]을 예로 들며, "이 그림을 처음 접한 사람은 포르노라고 하지만 사실 (두 사람은) 아버지와 딸"이라며 "포르노가 아니라 '성화'이고, 피상적으로 보이는 것만으로 판단할 수 없다"고 지적했다. 그러면서 "사법부가 '재판거래'를 통해 정치권력과 유착했다는 것은 사실이 아닌 가공의 프레임"이라며 "사법 농단 공소장은 미세먼지로 만든 신기루"라고 주장했다. 그림은 노인이 젊은 여성의 젖을 물고 있는 모습을 담고 있다. 언뜻 보기에는 외설적이지만 실상은 역모죄로 몰려 굶어 죽어가는 아버지를 위해 딸이 자신의 젖을 물리는 모습을 그리고 있다. 그림은 보는 각도에 따라 **性畵**도 될 수 있고 **聖畵**도 될 수 있다.

우리나라에서는 예술작품이 음란물로 분류될 경우 형법3)뿐만 아니라 출판문화산업진흥법,4) 정보통신망 이용촉진 및 정보보호 등에 관한 법률,5) 성폭력범죄의 처벌 등에 관한 특례법6) 등에서 처벌규정을 두고 있다.

고야의 〈벌거벗은 마하〉[그림 11]를 성냥갑 표면에 인쇄하여 판매하였다가 음화반포죄로 처벌받은 사례가 있고,7) 여고생들

[그림 11] 고야, 〈벌거벗은 마하〉

---

3) 형법 제243조(음화반포 등), 제244조(음화제조 등), 제245조(공연음란)
4) 출판문화산업 진흥법 제19조(간행물의 유해성 심의)
   ① 위원회는 간행물의 유해성을 심의한 결과 간행물이 다음 각 호의 어느 하나에 해당하면 유해간행물로 결정하여야 한다.
   2. 음란한 내용을 노골적으로 묘사하여 사회의 건전한 성도덕을 뚜렷이 해치는 것
5) 정보통신망 이용촉진 및 정보보호 등에 관한 법률 제44조의7(불법정보의 유통금지 등)
   ① 누구든지 정보통신망을 통하여 다음 각 호의 어느 하나에 해당하는 정보를 유통하여서는 아니 된다.
     1. 음란한 부호·문언·음향·화상 또는 영상을 배포·판매·임대하거나 공공연하게 전시하는 내용의 정보
6) 성폭력범죄의 처벌 등에 관한 특례법 제13조(통신매체를 이용한 음란행위) 자기 또는 다른 사람의 성적 욕망을 유발하거나 만족시킬 목적으로 전화, 우편, 컴퓨터, 그 밖의 통신매체를 통하여 성적 수치심이나 혐오감을 일으키는 말, 음향, 글, 그림, 영상 또는 물건을 상대방에게 도달하게 한 사람은 2년 이하의 징역 또는 2천만 원 이하의 벌금에 처한다.

이 돈을 벌기 위해 미성년자 매춘행위를 벌이는 현실을 그린 〈여고생 포르노그래피〉사건에서 음화전시·음화판매 등으로 유죄가 확정되었다.8) 중학교 미술교사 부부가 나체 사진 〈우리부부〉를 홈페이지에 올렸다가 결국 청소년의 성보호에 관한 법률 등 위반 혐의로 벌금 500만원을 선고받았다.9) 요구르트 제품의 홍보를 위하여 전라의 여성 누드모델들이 일반 관람객과 기자 등 수십 명이 있는 자리에서, 알몸에 밀가루를 바르고 무대에 나와 분무기로 요구르트를 몸에 뿌려 밀가루를 벗겨내는 방법으로 알몸을 완전히 드러낸 채 음부 및 유방 등이 노출된 상태에서 무대를 돌며 관람객들을 향하여 요구르트를 던진 행위가 공연음란죄에 해당한다고 한 사례도 있었다.10)

대법원은 최근에 음란의 개념에 관한 종래의 입장을 재확인하였다.

"형법 제245조 공연음란죄에서의 '음란한 행위'라 함은 일반 보통인의 성욕을 자극하여 성적 흥분을 유발하고 정상적인 성적 수치심을 해하여 성적 도의관념에 반하는 행위를 가리키는 것이고, 그 행위가 반드시 성행위를 묘사하거나 성적인 의도를 표출할 것을 요하는 것은 아니다. 그리고 경범죄 처벌법 제3조 제1항 제33호가 '공개된 장소에서 공공연하게 성기·엉덩이 등 신체의 주요한 부위를 노출하여 다른 사람에게 부끄러운 느낌이나 불쾌감을 준 사람'을 처벌하도록 규정하고 있는 점 등에 비추어 볼 때, 성기·엉덩이 등 신체의 주요한 부위를 노출한 행위가 있었을 경우 그 일시와 장소, 노출 부위, 노출 방법·정도, 노출 동기·경위 등 구체적 사정에 비추어, 그것이 <u>단순히 다른 사람에게 부끄러운 느낌이나 불쾌감을 주는 정도에 불과하다면 경범죄 처벌법 제3조 제1항 제33호에 해당할 뿐이지만, 그와 같은 정도가 아니라 일반 보통인의 성욕을 자극하여 성적 흥분을 유발하고 정상적인 성적 수치심을 해하는 것이라면 형법 제245조의 '음란한 행위'에 해당한다</u>고 할 수 있다.

한편 '음란'이라는 개념 자체는 사회와 시대적 변화에 따라 변동하는 상대적이고도 유동적인 것이고, 그 시대에 있어서 사회의 풍속, 윤리, 종교 등과도 밀접한 관계를 가지는 추상적인 것이므로, 결국 음란성을 구체적으로 판단함에 있어서는 행위자의 주관적 의도가 아니라 사회 평균인의 입장에서 그 전체적인 내용을 관찰하여 건전한 사회통념에 따라 객관적이고 규범적으로 평가하여야 한다."11)

미술과 관련된 범죄로는 미술품 도난사건, 문화재보호법과 선의취득, 미술품 횡령, 배임, 미술품의 위작문제 등이 있다. 국내에서 이중섭과 박수근 위작시비가 있었고, 천경자의 〈미인도〉와 관련하여 김재규과 보관 중이던 〈미인도〉[그림 12]가 압수되면서 국립현대미술관 수장고에 보관되다가 전시되었는데, 정작 작가인 천경자는 자신의 작품이 아니라고 하면서 논란이 된 적이 있다. 시가로 환산할 수 없는 훈민정음 상주본은 배 모씨의 농간에 휘말려 그 소재가 오리무중이다.

---

7) 대법원 1970. 10. 30. 선고 70도1879 판결.
8) 대법원 2002. 8. 23. 선고 2002도2889 판결.
9) 대법원 2005. 7. 22. 선고 2003도2911 판결.
10) 대법원 2006. 1. 13. 선고 2005도1264 판결.
11) 대법원 2020. 1. 16. 선고 2019도14056 판결.

[그림 12]

1911년 프랑스 루브르 박물관에서 발생한 레오나르도 다빈치의 〈모나리자〉 절도사건은 모나리자를 전 세계적으로 제일 유명한 그림 중 하나로 만들었다. 범인은 이탈리아 출신의 전직 루브르 박물관 직원이었는데, 그는 나폴레옹이 이탈리아 예술품들 약탈해간 것을 복수하기 위해 이러한 범죄를 계획했으며, 〈모나리자〉를 훔친 것은 조국인 이탈리아에 이를 다시 돌려놓고자 하는 애국심의 발로였다고 주장했다. 이 사건으로 〈모나리자〉는 프랑스로 돌아갔지만 그는 조국인 이탈리아에서는 영웅이 되었다

미술품가게에서 유명한 고려청자라는 말만 믿고 거액에 고려청자를 구입했는데 나중에 그 청자를 감정해보니 개밥그릇으로 판명된 경우 착오로 인한 의사표시로 취소하고 청자구입대금을 반환받을 수 있는가?

민법 제109조 제1항 단서에서 규정하고 있는 '중대한 과실'이라 함은 표의자의 직업, 행위의 종류, 목적 등에 비추어 보통 요구되는 주의를 현저히 결여한 것을 말한다. 판례는 고려청자로 알고 매수한 도자기가 진품이 아닌 것으로 밝혀진 경우, 매수인이 도자기를 매수하면서 자신의 골동품 식별 능력과 매매를 소개한 자를 과신한 나머지 고려청자 진품이라고 믿고 소장자를 만나 그 출처를 물어 보지 아니하고 전문적 감정인의 감정을 거치지 아니한 채 그 도자기를 고가로 매수하고 만일 고려청자가 아닐 경우를 대비하여 필요한 조치를 강구하지 아니한 잘못이 있다고 하더라도, 그와 같은 사정만으로는 매수인이 매매계약 체결시 요구되는 통상의 주의의무를 현저하게 결여하였다고 보기는 어렵다는 이유로 착오를 이유로 매매계약을 취소할 수 있다고 본 사례가 있다(대법원 1997. 8. 22. 선고 96다26657 판결).

브람스가 '헝가리 무곡' 표절 시비로 법정에 선 일이 있었다. 1852년 헝가리계의 바이올리니스트 에두아르드 레메니라는 인물이 브람스가 살고 있는 함부르크에서 독주회를 가졌다. 당시 피아노 반주자가 필요했던 레메니는 브람스에게 순회공연을 함께 하자고 제안했고, 1853년 봄에 두 사람은 연주 여행을 함께 떠났다. 그 당시 레메니는 음악가로서 어느 정도 명성을 누리고 있었던 터라, 브람스는 레메니의 명성에 기대어 독일의 주요 도시에서 공연했다. 브람스가 피아노를, 레메니가 바이올린을 연주했다. 그때의 여행에서 브람스는 레메니가 연주하는 집시 음악을 피아노 연주용으로 틈틈이 편곡해 두었다. 브람스의 '헝가리 춤곡집(Hungrian Dances)'은 이 연주 여행 때문에 만들어진 작품이었다.

그런데 1869년에 브람스의 헝가리 춤곡집이 악보로 출판되면서 두 사람 사이의 우정에 금이 가는 사건이 발생하게 된다. 브람스가 이렇게 자신의 이름으로 헝가리 춤곡을 출판해 성공을 거두자 바이올리니스트 레메니는 "브람스가 내 아이디어를 훔쳤다. 이건 표절이야!"라고 주장하면서 브람

스를 저작권 침해로 고소했다. 레메니가 '표절'을 주장하자 브람스도 출판권 확인소송을 제기했고 소송은 브람스가 승소했다. 거리의 악사가 연주하는 춤곡은 원작자를 알 수 없기 때문에 저작권을 침해한 것으로 볼 수 없다는 것이었다. '헝가리 무곡집'은 여러 편곡자에 의해 오케스트라용으로도 편곡돼 오늘날까지 연주되고 있고, 오늘날에 와서 '헝가리 무곡'이란 용어는 일단 브람스의 작품을 뜻하는 것으로 되어버렸다(음악평론가 이석렬의 인생은 안단테 [중앙일보] 입력 2020.03.17. 09:00).

4.

[그림 13] 영국 작가 마이클 케나의 '솔섬' 사진.

미술의 후원자로서의 법은 주로 저작권과 관련하여 문제된다. 우리나라의 경우 주로 갤러리나 전문관리업체, SACK(한국미술저작권관리협회)에서 미술품의 저작권을 관리하고 있다. 회화·서예·조각·판화·공예·응용미술 저작물 그 밖의 미술저작물도 저작물로서 보호를 받는다. 저작물은 인간의 사상 또는 감정을 표현한 창작물을 말한다(저작권법 제2조). 저작권의 보호기간은 저작자의 생존기간과 사망 후 70년간이다. 저작권과 관련하여 저작인격권과 저작재산권, 패러디, 퍼블리시티권과 추급권 등이 문제된다.

사진저작권과 관련하여 '솔섬 사건'이 문제된 바 있다. 2013년 마이클 케나의 한국 에이전트(공근혜 갤러리)가 대한항공의 광고에 사용된 솔섬 사진이 케나의 사진과 너무 유사하다고 주장하면서 대한항공을 상대로 3억 원의 손해배상청구소송을 제기하였다. 광고에 사용된 사진은 아마추어 사진작가가 대한항공 여행사진 공모전에 출품해 상을 받은 작품이었다. 서울중앙지방법원은 자연경관을 촬영하는 방식은 저작권의 보호 대상이 아니고 아이디어일 뿐이라는 내용으로 원고의 청구를 기각하였다. 법원은 두 사진의 구도 설정, 촬영한 시점, 빛의 방향이나

[그림 14] 대한항공이 광고에 사용한 아마추어 사진작가 김성필씨 '솔섬' 사진

양 조절, 촬영 방법을 통해 표현하고자 하는 바, 카메라 셔터 속도, 현상·인화 과정 등이 다르고, 특히 "동일한 피사체를 촬영하는 경우 이미 존재하는 자연물이나 풍경을 언제 어디서 어떻게 촬영하느냐의 선택은 일종의 아이디어로서 저작권의 보호 대상이 될 수 없다"고 판시했다. 서울고등법원도 원고의 항소를 기각하였다.

공동저작물 관련 사례로는 동화책 〈구름빵〉 사건이 있었고, 업무상 저작물 관련 사례로는 롯데월드의 〈너구리〉 캐릭터 사건이 있었다. 대법원은 저작물인 도안의 제작자가 도안의 수정의무의 이행을 거절함으로써 주문자측의 도안 변경에 이의하지 않겠다는 취지의 묵시적 동의를 하였다면 주문자측이 도안을 일부 변경한 다음 변경된 도안을 기업목적에 따라 사용하고 있다 하더라도 저작권법에 규정된 동일성유지권의 침해에 해당되지 아니한다고 판시하였다(대법원 1992. 12. 24. 선고 92다31309 판결).

[그림 15] 경주세계문화엑스포 상징건축물 공모전 당시 이타미 준이 출품한 디자인안 야경투시도

세계적 건축가 재일교포 이타미 준(유동룡), 사후에 유족들이 경주타워 저작권을 되찾았다. 경주의 랜드마크인 경주타워는 경주세계문화엑스포공원 안에 있다. 황룡사 9층 목탑을 실제높이 82m(아파트 30층 높이)로 재현해 음각으로 새겨놓은 디자인으로 유명하다. 실크로드를 통해 신라에 들어온 로만글라스를 상징하는 유리와 철골구조로 만들어졌다.

[그림 16] 경주타워와 경주엑스포공원 전경. [사진 경주세계문화엑스포]

경주세계문화엑스포(이하 엑스포)가 '경주세계문화엑스포 상징 건축물 설계 공모전'에 유동룡은 재일 한국인 건축가 '이타미 준'이라는 이름으로 경주타워 설계안을 출품했으나, 전체 2위인 우수상을 받았다. 3년이 지난 2007년 8월. 유 선생의 제자 한 명이 완공된 경주타워의 모습을 발견하면서 문제가 시작됐다. 유 선생이 출품한 설계안과 매우 흡사한 모습으로 경주타워가 세워지면서다. 관련 민·형사소송 끝에 경북도는 경주타워 앞에 경주타워의 설계자 이타미 준이라고 새긴 현판을 걸었다. 제주도 서귀포에 있는 핀크스 골프장의 포도호텔과 방주교회도 이타미 준의 작품이다.

[그림 17] 방주교회

문화재 약탈 및 문화재반환 사건으로 현재진행형인 금동관음보살좌상(관세음보살상) 사건이 있다. 2012. 10. 2. 오후 8시 일본 대마도에 있는 작은 절 觀音寺(간논지)에 도둑이 들어 나가사키현 지방문화재로 지정된 금동불상이 사라졌다. 그런데 2013. 1. 붙잡힌 절도범들은 모두 한국인이었다. 절도범들은 2016년 문화재보호법 위반 혐의로 대전지방법원에서 징역 1년부터 4년까지 징역형을 선고받았고 훔친 불상은 2014년 문화재보호법에 따라 국가에 몰수됐다.

[그림 18] 금동관음보살좌상

불상 소유권 다툼이 불거진 것은 불상의 안쪽에서 1330년쯤 충남 서산 부석사 스님과 속인들이 불상을 봉안했다는 기록이 발견되면서다. 한국 부석사에서는 왜구들이 불법으로 반출해간 보물이 돌아왔으니 절대 돌려줄 수 없다는 입장이었고, 일본에서는 훔쳐간 장물이니 반드시 돌려달라는 것이었다. 이 와중에 부석사가 그 불상에 대한 점유이전금지가처분신청을 하였고, 대전지방법원은 부석사의 주장을 받아들여 부석사 불상은 현재 대전 국립문화재연구소에 보관 중에 있다. 그러나 불상 절도범들이 서산 부석사 관세음보살상과 함께 절취하여 국내로 들여온 신라 동조여래불상은 부석사와 같은 주인도 나타나지 않고 2015. 7. 대마도 카이진 신사(海神神社)로 돌아갔다. 이후 부석사 측은 3년 동안 본안 소송을 내지 않다가 국가를 상대로 2016년 4월 불상을 돌려받기 위한 유체동산인도청구 소송을 제기했다.

대전지방법원은 2017. 1. 26. 대한불교조계종 부석사가 대한민국을 상대로 제기한 유체동산인도청구 소송에서 대한민국이 보유한 금동관음보살좌상을 충남 서산시 소재 부석사에 인도하라며 원고 승소 판결했다. 아울러 "피고는 원고의 보존능력을 이유로 가집행을 거부했지만 역사적, 종교적 가치를 고려할 때 원고가 최선을 다해 보존할 능력이 있다고 판단된다."며 가집행까지 붙였다. 대한민국은 위 판결에 대하여 항소를 제기함과 동시에 1심판결에 대한 강제집행정지신청을 하였고, 대전지방법원의 다른 재판부는 대한민국의 강제집행정지신청을 인용하였다. 2021. 7. 1. 현재 대전고등법원 제1민사부에 항소심 계속 중이다. 한국인 도둑들이 일본 대마도에서 훔쳐온 14세기 불상의 소유권을 두고 한국의 서산 부석사와 일본 대마도 관음사 사이의 다툼이 치열해지고 있다. 도난을 당한 일본 절이 재판에 참여할 의사를 밝히면서다.

부석사 불상 인도 판결은 도난을 통한 국내 반입이라는 전대미문의 '불법 탈환(장물)'을 법원이 합법화시켜줬다는 면에서 논란거리가 될 수 있고. 한일 간에 외교문제로까지 비화되고 있다. 항소심 법원은 3년째 고민을 하고 있다.

국회 기재위는 개인이 미술품이나 골동품을 계속적이고 반복적으로 팔아 차익을 얻더라도 20% 세율을 적용하는 기타소득으로 간주하는 소득세법 개정을 추진해 논란이 일고 있다. 현행법은 개인이 점당 양도가액 6천만 원 이상인 서화나 골동품을 팔 경우 기타소득으로 취급한다. 2008년 소득세법을 개정하여 개인의 예술품 양도차익 과세 근거를 마련하는 동시에 미술계의 시장 위축 우려를 감안해 기타소득과 5년 유예를 결정했다. 문제는 개인이 사업자처럼 수시로 거래하는 경우다. 소득세법(제19조)은 '개인이 영리를 목적으로 자기의 계산과 책임 하에 계속적·반복적으로 행하는 활동을 통하여 얻는 소득'은 사업소득으로 과세하도록 하고 있다. 김영무 김앤장 대표 변호사는 2014~2017년 미술품 49건을 팔아 300억 원 이상의 차익을 얻었다. 국세청은 이를 사업소득으로 판단해 2020년 초에 약 135억 원을 과세했다. 이에 김 변호사가 지난 4월 과세에 반발해 조세심판원에 심판청구를 했고, 결과를 기다리는 중이다. 이 와중에 기재부가 미술시장 활성화를 위하여 2021년부터는 김영무 변호사의 경우도 기타소득으로 간주하도록 소득세법 개정을 추진하게 되면서 조세형평성과 관련하여 논란이 되고 있다.

미술이 상품화되고 미술 시장이 커지면서 세법뿐만 아니라(미술품은 일반 물품과 달리 관세와 부가가치세 면세 대상이다) 보험법과 경매를 둘러싼 미술시장 관련법 등 여러 법적 문제가 우후죽순 생겨나고 있다.

5.

2009년 어느 날, 가수 조영남씨(이하 '조씨'라 함)는 평소 알고 지내던 화가 송모씨에게 그림 한 점에 10만원씩 줄 테니 주문하는 내용대로 그림을 그려달라는 부탁을 했다. 그는 송씨에게 과거 만들었던 콜라주 작품을 회화로 그려달라고 하기도 했고, 추상적으로 제공한 아이디어를 토대로 알아서 그림을 그려오라 하기도 했다. 그렇게 받은 그림에다 조씨는 배경색을 덧칠하거나 일부 요소를 추가하고 자신의 서명을 넣었다. 그중 21점을 2011년부터 2015년 사이 10여명에게 팔았고, 조씨가 그림 값으로 받은 돈은 총 1억8,000만 여원이었다. 송씨 같은 보조자를 썼다는 것과 같은 작업방식은 누구에게도 알리지 않았다.

2016년 조씨 사건이 드러난 계기는 대작화가가 머물던 하숙집 주인의 신고였다. 대작화가 방에서 그림이 트럭으로 실려 나가는데도 정작 대작화가는 형편이 넉넉지 않은 것에 분개해 수사기관에 알린 것이다. 그런데 이게 저작권법 위반이 되려면 대작화가가 피해자로서 조씨를 가해자로 고소해야 하는

[그림 19]

데 그렇지가 않았다. 대작화가가 '그림은 조영남 작품이고 나는 조수다'라고 하니, 검찰이 생각한 구도가 되지 않았다. 조씨의 그림을 사간 사람의 진술을 받아 '조영남 사기사건'으로 바꿨고, 검찰은 그를 사기혐의로 기소했다. 구매자들이 그림을 사면서 조씨가 직접 작업했다고 착각하게 했으니 사기죄가 성립한다는 논리였다.

제1심은 조씨에게 징역 10개월에 집행유예 2년을 선고했다. 재판부는 "송씨 등이 주된 창작자였다는 건 설명 가치가 있는 정보이며 신의칙상 고지의 의무가 있다"며 "구매자들을 기망한 거라 보는 게 타당하다"고 밝혔다. 그러나 제2심의 결론은 무죄였다. 제2심 재판부는 "송씨는 기술적 보조자일 뿐"이라고 봤다. 조씨가 작품을 직접 그렸는지가 반드시 필요한 정보라 단정하기는 어렵고, 보조자를 쓴 게 알려지면 그림의 구매가가 달라졌을지도 불명확하다고 지적했다. 따라서 사기 혐의가 성립하지 않는다는 판단이었다.

검사는 원심에 대하여 다음과 같이 주장하면서 상고하였다. ① 미술작품의 저작권이 대작화가인 송씨에게 있으므로 피고인 조씨는 저작권자로 볼 수 없다. ② 피고인 조씨에게 조수를 이용하여 미술작품을 제작하였음을 작품 구매자들에게 알려주어야 할 '고지의무'가 있음에도 불구하고, 이를 알리지 않은 채 작품을 판매한 것은 '부작위에 의한 기망행위'에 해당한다.

[그림 20] 권순일(왼쪽 두번째) 대법관이 28일 오후 서울 서초구 대법원 대법정에서 열린 가수 조영남씨의 '그림 대작(代作)' 사건에 대한 상고심 공개변론에 참석해 자리에 앉아 있다. 2020.05.28.[서울=뉴시스]

대법원 1부(주심 권순일 대법관)는 대법관 4인의 소부사건이지만 2020. 5. 28. 오후 2시 대법원 대법정에서는 이례적으로 상고심 공개 변론을 열었다. 검찰 측과 변호인은 '그림은 손으로 그리는 것인가' '프로와 아마추어의 기준' 같은 미술계의 흥미로운 주제를 놓고 날선 공방을 벌였다. 이날 법정에서 오간 주요 쟁점을 통해 현대미술에 대한 인식차를 살펴봤다.

검찰은 밀레와 반 고흐의 작품 사진을 나란히 보이며 "회화는 누가 그리느냐에 따라 전혀 다른 그림이 탄생하므로 직접 그리는지가 중요하다"는 논리를 폈다. 참고인으로 나온 화가 신제남도 "조씨는 본업이 가수이며 그림은 아마추어 수준"이라면서, 프로와 아마추어의 기준을 묻는 대법관에게 이렇게 답했다. "전공, 전시 경력, 협회 가입 여부 등의 근거가 있어야 프로다. 그것이 부족하면 아마추어다." 검찰 측 주장은 '그림은 손으로 그려야 한다'는 인식에 기반을 둔다. '손기술'이 중요하다고 보기에 전문 교육을 받았는지를 강조한다.

그러나 '미술을 전공해야 예술가가 된다'는 논리는 유독 한국에서 강한 편견이라는 게 미술계의 대체적인 지적이다. 1000억 원대에 작품이 거래되는 장미셸 바스키아(1960~1988)도 비(非)전공자이며, 백남준(1932~2006)도 미술이 아닌 미학과 음악사를 전공했다. 조씨의 변호인은 "20세기 이후 현대미술의 창작성은 손이 아닌 작가의 인식과 철학에 존재한다"며 "조영남은 작품의 본질이 칠하는 행위가 아닌 사상에 있다는 생각에 조수의 도움을 받은 것"이라고 반박했다. 변호인은 "이 사건이 유죄라면 데미안 허스트도 국내에선 사기죄가 성립한다."고 말했다. 영국의 유명 작가 허스트는 작품 제작을 공장에 맡긴다고 알려져 있지만 문제가 된 적은 없다.

예술에 대한 인식 차이가 송사로 번진 일은 외국에서도 있었다. 19세기 말 영국에서는 화가 휘슬러와 평론가 존 러스킨과 명예훼손 소송을 벌였다. 러스킨의 변호인은 "이틀 만에 그린 그림에 200기니(옛 영국 화폐단위)나 받는 게 공정하느냐"고 휘슬러를 비난했다. 당시 아카데미 화가들은 수개월간 역사화 한 편을 그리곤 했다. 휘슬러는 "손으로 그린 시간이 아닌 일생에 걸쳐 깨달은 지식의 가치에 매긴 값"이라고 응수했다. 휘슬러는 승소했다.

대법원 2020. 6. 25. 선고 2018도13696 판결은 조씨에게 무죄 판결한 원심을 확정했다. 대법원은 "미술작품의 가치평가 등은 전문가의 의견을 존중하는 사법자제 원칙을 지켜야 한다."며 원심판결을 유지했다. 조수 화가를 쓰는 게 미술계 관행이라는 조씨 측의 주장을 인정한 셈이다. 미술작품의 거래에서 그 작품이 친작(親作)인지 혹은 보조자를 사용하여 제작되었는지 여부가 작품 구매자들에게 반드시 필요하거나 중요한 정보라고 단정할 수 없고, 피해자들은 이 사건 미술작품이 '조영남의 작품'으로 인정받고 유통되는 상황에서 이를 구입한 것이었고, 피고인 조영남이 다른 사람의 작품에 자신의 성명을 표시하여 판매하였다는 등 이 사건 미술작품이 위작 시비 또는 저작권 시비에 휘말린 것이 아니었으며, 따라서 피해자들이 이 사건 미술작품을 피고인 조영남의 친작으로 착오한 상태에서 구매한 것이라고 단정하기 어렵다고 판단한 원심은 수긍할 수 있다고 판시했다.
대법원은 검찰이 상고심에서 새롭게 제기한 저작권법 위반 주장에 대해서도 애초 기소한 사실에 대해서만 심리해야 한다며 받아들이지 않았다.

위 사건은 미술작품 제작에 제3자가 관여하였는데 이를 구매자에게 알리지 않은 채 판매하였다면 사기죄가 성립하는지 여부에 대하여 판단한 국내 최초 사례이고, 위작·저작권 다툼 등 특별한 사정이 없는 한, 법원은 미술작품의 가치평가에 관하여 사법자제 원칙을 지켜야 한다고 판시한 점에 의의가 있다.

조영남이 어디선가 한 다음과 같은 말이 울림으로 다가온다. "지난번에도 말했지만 난 내가 대한민국에서 제일 행복한 남자라고 생각해요. 돈, 사랑, 명예, 재능, 빠짐없이 갖췄잖아. 특히 직업이 끝내주지. 나 좋아서 부른 노랜데 박수갈채는 물론 돈까지 척척 집어주니까. 아, 난 천벌을 받을 거야. 별로 노력한 것도 없이 이런 행운에 둘러싸여 있다니…."

세상은 특별한 '재주' 하나만 달고 태어나면 먹고사는데 지장이 없다.
예술은 언제 어디서나 오리무중이다.

13. 대한민국의 법률가들
– 선출되지 않은 권력의 탄생

1.

대한민국의 법률가들은 어떻게 탄생되었는가? 대한민국 법조 생태계의 뿌리를 탐구한 경북대 법전원 김두식 교수의 **〈법률가들 – 선출되지 않은 권력의 탄생〉**(창비, 2018)에서 그 연원을 추적할 수 있다. 김 교수가 〈불멸의 신성가족〉, 〈헌법의 풍경〉에 이어 치열하고 집요하게 추적하여 복원한 해방 후 한국 법조계 최초의 풍경들이 눈에 어른거리듯 이 책에 담겨 있다. 과거 일제 강점기(한글로 '일제시대'를 치니 '일제 강점기'로 자동으로 변환된다)와 해방공간에서 만들어진 우리 법조계의 연원과 틀을 추적하기 위해 수많은 자료와 회고록, 자서전 등을 참고하여 대한민국을 형성해가는 배후에서 판사, 검사, 변호사 등 법조계의 각 인물들의 성장환경과 법조인으로서의 자세, 주변 인물들의 연결고리까지 세세하게 파헤친 저자의 열정에 경의를 표한다. 이와 관련하여 읽을거리로는 문준용 교수의 〈법원과 검찰의 탄생: 사법부 역사로 읽는 대한민국〉과 한홍구 교수의 〈사법부: 법을 지배하는 자들의 역사〉 등이 있다. 법조인 열전으로 〈법에 사는 사람들〉(삼민사, 1984)이 훌륭한 법률가들의 밝은 면을 조명한 것이라면 이 책은 비교적 객관적인 잣대로 시대상황과 맞추어 법률가들의 어두운 면까지 조감하고 있다.

이 책에는 내가 아는 사람들도 많이 등장하고 있는데 이들 인물들을 중심으로 우리 법조사의 편린들을 들추어 보기로 한다(존칭은 생략). 먼저 법원, 검찰 등 관련 용어의 변천과정을 알아 둘 필요가 있다.

'**법원**'의 명칭은 일제 강점기에는 '법원'이, 해방직후 미군정 하에서 잠시 '재판소(공소원)'으로 쓰이다가 '법원(공소원)'으로, 1947. 1. 1.부터 '심리원'이, 1948. 6. 1. 미군정 하 (과도) 법원조직법이 시행되면서 다시 '법원'이 사용되었다. 서울지방법원의 경우 '경성지방법원' '경성지방재판소' '서울지방법원' '서울지방심리원' '서울지방법원'의 순서로 바뀌었고, 서울지방법원은 '서울민사지방법원'과 '서울형사지방법원'으로 분리되었다가 다시 통합되어 현재의 '서울중앙지방법원'이 되었다. 서울고등법원의 경우 '경성복심원' '경성공소원' '서울공소원' '서울고등심리원'을 거쳐 '서울고등법원'으로 바뀌었다. '지원'의 경우 1947. 1. 1. 기준으로 '지청'에서 '지원'으로 바뀌었다. 방순원 대법관이 목포지청 판사를 지낸 것으로 나오는데 지금의 광주지방법원 목포지원이다. 같은 동양 문화권에서 중국이 인민법원 시스템으로 '법원'이라는 명칭을 쓰고 있으나, 일본과 북한은 '재판소'라는 명칭을 쓰고 있다.

'법원'이 '심리원'으로 불리던 기간 동안 판사는 '심판관'으로 불렸고, 검사는 '검찰관'으로 불렸다. **대법관**의 경우 미군정 하에서 '대법원 재판관'이라고 불렸으나, 3공화국부터 5공화국까지는 '대법원판사'로 불리다가 1987년 헌법에 의해 '대법관'으로 바뀌었다. 영어로도 일반 법관은 'judge'이지만 대법관은 'justice'이다. 법원조직법상 법관으로는 대법원장과 대법관, 판사가 있다.

'검찰청'은 일제 강점기에는 법원에 소속되어 있었다. 서울지방검찰청은 '경성지방법원 검사국'이었고, 해방 후에도 1948. 8. 2. 미군정 하(과도) 검찰청법이 시행되기까지 이 체제를 유지하다가 법원이 '심리원' 명칭을 사용한 1947. 1. 1.부터 '서울지방검찰청' 명칭이 사용되었다.

'검찰총장'은 미군정 하에서 '대법원 검사장'으로 불리다가 '검사총장'으로 불렸고, 1946. 12. 16.부터 '검찰총장'으로 바뀌어 현재에 이르고 있다. 차장검사는 1948. 8. 2. 검찰청법이 시행되기 전에는 일제 강점기와 같이 '차석검사'라는 명칭이 사용되었다. 검찰청법상 검사의 직급은 검찰총장과 검사로 구분한다. 일반 기업체에서는 부장 밑에 차장이 있으나, 검찰, 경찰, 국정원 등 국가 권력기관에서는 차장이 부장보다 높은 2인자이다. 신설된 공수처에도 처장 밑에 실세 차장이 있다는 이야기가 있다.

일제 강점기에 법원과 검찰을 함께 관장했던 '법무국장' 직위는 미군정에서도 유지되었다. 미군 법무국장을 보좌하는 보좌관으로 출발한 조선인 최고위직은 '법무국장 대리'를 거쳐 1946. 3. 29. 군정법령 제46호에 따른 '사법부장'까지 이어지다가 '대법원장'이 되었다.

1945. 8. 15. 해방은 되었으나 미군정이 실시되면서, 과도기적으로 조선총독부 통치하의 사법제도가 대부분 그대로 유지되거나 군정재판소 형태로 실시되었다. 1946. 3. 29. 미군정법령 제64조에 의하여 현재와 같은 3권 분립 형태의 사법부(司法府)가 아니라 부처로서의 사법부(司法部, Department of Justice)가 설치되었다. 미군정 체제하에서 사법부는 현재의 사법부, 법무부, 법제처의 역할을 동시에 수행하였다.

1948. 5. 4. 군정법령 제192호로 과도 법원조직법을 공포하여 법원행정을 사법부(司法部)에서 대법원으로 이관하여. 사법부(司法府)가 되었고, 이때 사실상 사법업무가 행정부로부터 독립되었으나 여전히 미군정청 산하의 기구라는 한계가 있었다. 참고로 미국의 법무부는 DOJ(Department of Justice), 대한민국의 법무부는 MOJ(Ministry of Justice)로 법원도 Court of Justice라고 하여 모두 법(law)이 아닌 정의(justice)를 쓰고 있다.

1948. 7. 17. 제헌헌법이 공포되었고, 사법부가 3부 중 하나로 자리매김하였고, 1948. 8. 5. 이승만 대통령이 과도정부의 사법부장이던 김병로를 초대 대법원장으로 지명하였다. 김병로 대법원장은 같은 날 국회의 승인을 받았으나, 미군정의 사법권 이양 승인을 받지 못하여 취임하지 못한 채 중앙청 사법부장실에서 근무하고, 서소문 대법원 청사에는 과도정부 하의 김용무 대법원장이 근무하는 상황이 여전히 유지되었다. 그 후 1948. 9. 13. '대한민국 대법원은 과도정부 법원과 그

소속기관을 인수한다'는 내용의 대통령령 제3호(남조선과도정부기구의 인수에 관한 건)가 공포되고, 1948. 9. 13. 오전 11시에 사무이양식이 진행되었다. 같은 날 오후 4시에 가인 김병로 초대 대법원장이 취임하여, 행정부로부터 독립된 사법부가 실질적으로 수립되었다. 대법원은 이 날을 기념하여 2015년부터 매년 9월 13일을 '**법원의 날**'로 지정하여 기념행사를 하고 있다.

참고로 을미사변과 갑오개혁 후 1895. 3. 25.자로 공포된 법률 제1호 '**재판소구성법**'에 따라 근대식 재판소가 문을 열었으나 초기에는 지방행정관이 지방재판소 판사를 겸임했다. 1907년 정미조약에 따라 새로운 재판소구성법이 공포된 후에는 일본인 판검사들이 재판업무를 담당하다가 1909년 7월 12일 기유각서(한국의 사법 및 감옥사무를 일본정부에 위탁하는 건에 관한 각서)에 의해 한국의 재판소가 폐지되었고, 재판소의 감독권한이 대한제국의 법부에서 일제 통감부로 넘어갔다. 1910년 10월 통감부재판소가 조선총독부재판소로 변경되면서 이때부터 조선인 판사는 원, 피고가 모두 조선인인 민사사건과 피고인이 조선인인 형사사건만을 재판할 수 있었다.

재판소구성법은 **開國 504년 3월 25일 법률 제1호**로 공포되었고, 4월 1일부터 시행되었다. 개국 504년은 서기 1895년이고(이성계가 조선을 개국한 1392년이 개국 1년이다), 음력 4월 1일은 양력으로 4월 25일이다. 建陽 1년(1896년)에 태양력이 시행되었고, 그 전에는 태음력을 사용하였다. 재판소구성법에 따라 1895. 4. 15. 최초의 근대적 재판기관인 한성재판소가 한성부 중부 등천방 혜정교변에 설치되었다. 조선을 일본에 팔아먹은 '을사5적'(이완용, 박제순, 이근택, 이지용, 권중현)은 모두 당시의 재판소 판사 및 평리원 재판장 출신이었다.

2003년 전에는 5월 1일이 '법의 날'이었으나, 노동절에 밀려 대한제국 최초의 근대적 법률인 '재판소구성법'이 공포, 시행된 4월 25일(양력)을 법의 날로 바꾸어 기념하고 있다. 해방 후 3년간의 미군정기간을 지내고 1948년 8월 15일 대한민국 정부수립에 맞추어 1948. 7. 17. 제정, 공포된 '정부조직법'이 정식 대한민국 법률 제1호이다. 2021. 6. 15. 법률 제18288호로 수산업법 일부개정법률이 공포, 시행될 때까지 73여 년 동안 1만 8,000여개의 법률이 제정되거나 개정, 폐지되었다.

2.

일제 강점기 고등문관시험으로 알려진(법조인대관 등에서는 고등문관시험으로 쓰고 있다) **고등시험 사법과** 합격자들이 해방 이후 대한민국 법조계에서 **제1법률가군**을 형성했다. 1925년 조선인으로는 처음으로 훗날 법무부장관과 대법원장이 되는 **조진만(趙鎭滿)**이 이 시험을 통과했다. 조진만의 아들이 조언(趙彦) 전 사법연수원장과 조윤(趙胤) 전 서울고법 부장판사이다. 1931년 경성제대 출신으로는 최초로 **장후영(張厚永)**이 이 시험에 합격했고, 1933년에는 **이충영(李忠榮)**이 합격했다. 장후영은 미군정청 법제부장을 지내고 대한변협회장을 지냈다. 이충영의 아들이 서울대총장과 국무총리를 지낸 이수성이다. 그 이후 매년 한 자리 숫자의 조선인 합격자가 있었으나, 1937년 일본 고등시험합격자 256명 중 조선인이 17명으로 대폭 늘었다. 이들은 대부분 부모의 직업이 면장이나 부농, 친일파 등 여유가 있는 집안 출신들이었다. 개천에서는 용이 날 수가 없었다. 이 중 눈에 띠는 사람은 민복기, 손동욱, 오승근, 한복, 조평제 등이다.

김병로는 경성전수학교 교수 경력으로 조선총독부 판검사에 특채된 케이스이고, 김용무, 이인 변호사 등은 고등시험 시행 이전에 일본으로 건너가 일본 변호사시험을 통과했다. 판검사임용시험과 변호사시험을 분리 시행하던 일본의 법률가 선발시스템은 1923년에 고등시험 사법과로 통합되었고, 1922년부터 일본과 별도로 조선변호사시험이 시행되어 매년 서너 명의 조선 변호사들이 배출되었다. 고등시험 합격자들은 누릴 수 있는 것은 모든 것을 다 누린 복 받은 사람들이었다. 이들 시험에 합격한 사람들은 김병로를 빼고 대부분 친일인명사전에 친일파로 등재돼 있다.

가인 **김병로(金炳魯)**는 일제 강점기 종로경찰서 폭파를 실행한 '의열단' 김상옥 사건(1923년), 6·10 만세 사건(1926년), 여운형·안창호 등이 연루된 치안유지법 위반사건(1932년) 등에서 이인, 허헌 변호사와 3인방으로서 무료 변론을 도맡아했다. 해방 후 미군정기에 사법부장, 대한민국 초기에 1, 2대 대법원장을 연임(1948~1957년)했다. 대법원장 취임 직후 법전편찬위원회를 발족시켜 민법 초안을 직접 만들고 형사법, 형사소송법의 기틀을 닦았다. 가인의 손자인 김종인 현 국민의힘 비대위원장의 회고에 의하면 김종인의 부친은 3남1녀 중 차남이었는데 1940년에 고등시험에 합격하여 판검사를 할 수 있었음에도 할아버지가 '아버지가 독립운동 하는데 자식이 일본의 녹을 먹게 할 수는 없다'며 못하게 했다고 한다. 김종인의 부친은 변호사 개업을 준비하다가 1944년 병으로 작고했고, 그 후 김종인은 할아버지 가인 밑에서 컸다고 한다.

일제 강점기에 판사를 지내다 대한민국 정부 수립 후 대법원장을 지낸 사람은 초대 대법원장 가인 김병로, 2대 조용순(趙容淳), 3-4대 조진만, 5-6대 민복기 등 네 사람이다. 현 김명수 대법원장을 제외하고, 초대 김병로 대법원장부터 15대 양승태 대법원장까지 정부 수립 후 대법원장을 지낸 사람은 모두 13명이다. 이 중에서 가장 오래 대법원장직에 있던 사람이 5-6대 **민복기(閔復基)** 대법원장이다. 그는 1968. 10. 21.부터 1978. 12. 21.까지 10년 2개월 동안 사법부의 수장을 지냈다. 민복기는 대표적 친일파로 궁내부 대신을 지낸 민경석의 아들이고, 민복기의 아들인 민경택은 고시 사법과 8회 출신으로 판사와 검사를 지냈다. 민복기는 해방 후 이승만-박정희 정권 동안 법조인으로서 거칠 수 있는 다양한 요직, 즉 판사, 법무부 검찰국장, 대통령 비서관, 서울지검장, 검찰총장, 대법원 판사(대법관), 법무부차관, 법무부장관(16-18대), 대법원장 등을 모두 거쳤다. 경력으로 이 분을 따라갈 법조인은 없다.

1924년 설립된 경성제대는 식민지 최고의 교육기관으로 법문학부는 예과 2년 본과 3년 과정이었고, 1929년 첫 졸업생을 배출했다. 1937년 합격자 중 경성제대 출신 합격자 7명 중에서 가장 선배는 1932년 법문학부를 졸업한 안동 출신의 **김영재(金寧在)**였다. 법원 서기나 조선총독부의 하위관료로 일하면서 고등시험을 준비하는 것은 조선인 고학력자들의 중요한 출세경로였다. 김영재의 한 해 선배인 **정창운(鄭暢雲)**은 졸업 후 부산지방법원 진주지청 서기로 있다가 일본인 상관과 대판 싸우고 자리를 옮겨 1939년 고등시험 사법과에 합격했다. 정창운은 형법 책도 내고 해방 후 검찰총장을 지냈다.

기반이 있는 많은 조선인 청년들이 고등시험에 응시하기 위하여 부산에서 시모노세키로 향하는 관부연락선에 몸을 실었다. 당시 수험생들 사이에서는 시모노세키에서 도쿄로 가는 기차에서 후지산을 바라보면 시험에 떨어진다는 징크스가 있었다고 하는데, 후에 법무부장관과 중앙일보 회장을 지낸 유민 **홍진기**(洪璡基, 삼성 이건희 회장의 장인)가 1939년 도쿄로 가는 길에 후지산을 보고 시험에 떨어지고 1940년에 후지산을 외면하고 시험에 붙었다는 일화를 남겼다. 당시는 고등시험에 합격하고 신원조회와 천황에 대한 충성심 심사를 거쳐 사법관시보에 임용되어야 판검사가 될 수 있었다. 식민지 조선사회의 주류세력이 가졌던 시대적 한계였다. 4.19 당시 내무부장관이었던 홍진기는 부정선거와 발포책임으로 1심에서 사형을, 혁명재판소 상소부에서 무기징역을 선고받았을 때 경성제대 선배인 민복기의 변론과 적극적인 구명으로 살아났다. 제주도 성산포 섭지코지에 '유민미술관'이 있다.

김영재와 관련하여 김응섭, 김지섭, 홍범식(《임꺽정》의 홍명희의 부친), 김완섭 변호사(막내아들이 사법연수원장을 지낸 김재철), 장승원(장택상의 부친) 등에 관한 이야기들이 많이 나오나 나로서는 잘 알지 못하는 내용이다. 안동의 독립운동가 가문 출신으로 경성제대 출신의 김영재는 고등시험 행정과에 합격한 후 1937년 고등시험 사법과에 합격한 후 1939년에 1938년 합격자 임한경 등과 함께 사법관시보가 될 수 있었고, 검사로 해방을 맞았다. 1949년 남로당 프락치라는 오명을 쓰고 1차 법조 프락치 사건에 연루되어 오제도 검사에 의해 구속을 당한다.

홍진기는 전주지방법원 판사로, **조평재**(趙平載)는 평양에서 판사로 있다가 조평재가 판사를 사임하고 평양에서 경성으로 거처를 옮기면서 조카를 경성으로 데려와 경기공립중학교(경기고 전신)로 전학시켰는데 그 조카가 후일 서울대교수와 경제부총리가 되는 조순(趙淳)이다. 평양에서 **김갑수**(金甲洙)와 교류한 **이충영**(李忠榮)은 평양복심원 판사를 지내고 한국전쟁 때 납북되는 바람에 그의 처(강금복)가 어려운 형편에서 이수성(전 서울대총장, 국무총리), 이수인(전 국회의원) 형제를 키웠다고 한다. 김갑수는 훗날 진보당 사건의 주심 대법관으로 조봉암에게 사형을 선고했고, 홍진기는 법무부장관으로 사형을 집행했다.

한복(韓宓)의 '宓'자를 제대로 읽는 사람을 보지 못했는데 한복은 도쿄제대를 졸업하고 1937년 고등시험 사법과에 합격한 후 부산지방법원 등의 판사를 지냈고, 해방 후에는 초창기의 국제거래를 전문으로 하는 한복합동법률사무소를 차렸다(법조인대관에서는 '宓'자를 '필'로 읽어 한필합동법률사무소라고 되어 있다). 한복의 여동생이 소설가로 유명한 한무숙, 한말숙 자매이다. 한말숙의 남편이 가야금 명인으로 유명한 황병기 전 이대교수.

1937년 합격자 중에서 일본 사립대 본과출신 합격자로서 눈에 띠는 인물은 오승근과 권혁주, 손동욱이다. **오승근**(吳承根)은 내가 변호사를 하던 초기에 자주 뵌 분이다. 그런데 말년에 생활고 때문인지는 몰라도 기록봉투를 들고 법정을 드나드는 모습을 보고 안쓰러움을 느꼈던 기억이 있다. 오승근은 경성지방법원 판사로 있다가 해방을 맞았으나 판사직에서 물러난 후 조선정판사 위조지폐 사건의 변호인으로 참여했다. 나중에 나오는 바와 같이 젊었을 때에는 꽤 강단 있는 법조인이었다.

　권혁주는 만주에서 학습법관으로 임용되었다가 1943년 심판관직을 사임하고 일본으로 돌아가 창씨명을 **권일**(權逸)로 개명한 후 우익계열의 민단을 조직하여 고국에서 만주군 출신 박정희가 집권하자 한국에서 공화당 및 유정회 국회의원을 지냈다. 구차하게 자신의 처지를 변명한 〈권일회고록〉을 남겼다.

　손동욱(孫東頊)은 대구지방법원 조진만 부장판사 밑에서 고재호와 함께 사법관시보를 하고 1940년 대구지방법원 판사로 일했다. 해방 후 1959년 구 제도 하의 대법원판사로 법원에 돌아와 1964~1973년 대법관을 지냈다. 1971년 국가배상법 위헌판결에 가담했던 양회경, 방순원, 나항윤, 유재방 등과 함께 1973년 재임용에서 탈락했다. 위헌입장의 대법관 9인을 몰아낸 사람은 손동욱의 시험동기인 민복기 대법원장이었다.

　손동욱은 손지열 전 대법관(2019년 작고)의 부친으로 우리나라 사법사에서 부자(父子)가 대법관이 된 유일한 사례이다. 장인과 사위가 나란히 대법관이 된 경우는 고재호 대법관(장인)과 최종영 대법원장(사위), 한성수 대법관(장인)과 이회창 대법관(사위), 사광욱 대법관(장인)과 김형선 대법관(사위) 등 몇이 있으나 부자가 대법관이 되기는 쉽지 않다. 형제 대법관이 되기도 쉽지 않다. 부자가 대법관과 헌법재판관이 된 사례는 한성수 대법관의 아들이 한대현 전 헌법재판관이다. 한대현이 서울고등법원장 재임 중에 사표를 내려고 하자 한대현의 모친(이회창의 장모)이 "나라의 록을 먹는 사람이 하기 싫다고 마음대로 사표를 내는 것이 아니다"라고 역정을 내는 바람에 기다리다가 헌재 재판관이 되었다는 이야기를 이재성 전 대법관으로부터 들은 적이 있다.

　고등시험 사법과의 마지막인 1943년 합격자 중 눈에 띄는 인물로 백상기(百翔起), 권오병(權五丙), 주운화(朱雲化), 선우종원(鮮于宗源)이 있다. 백상기는 후에 법무부장관을 지냈고, 권오병은 검사장과 경희대 법대 교수, 문교부장관-법무부장관-문교부장관을 겹치기로 지내고 국회의원까지 지낸 이색적인 인물이다. 주운화는 검사 출신으로 3공 당시의 대법원판사(대법관)을 지냈다. 선우종원은 오제도와 함께 사상검사로 유명한 분이었는데, 나는 이 분이 변호사 할 때 법정에서 뵌 적이 있다. 1990년대 말 서울 어느 법정 대기시간에 내가 Sidney Sheldon의 "RAGE OF ANGELS"를 영문판으로 읽고 있었는데, 옆에 앉아계시던 이 분이 나에게 영어로 된 것을 다 읽을 수 있냐고 물어 보길래 '되게 재미있습니다'고 답해드린 적이 있다. 내가 이를 기억하는 것은 당시 이 분의 아들(鮮于仲晧)이 서울대총장을 하고 있었기 때문이기도 하다. 내가 선우 성씨 인물을 아는 사람은 이분들 외에 조선일보에서 극우 이데올로그로 필력을 날린 선우휘(鮮于輝)와 배우 선우은숙 밖에 없다.

　1949. 11. 7자 변호사법 부칙에는 "본법 시행 전 고등시험에 합격한 자는 본법에 의하여 수습변호사와 대등 이상의 자격이 있는 자로 간주한다."는 규정으로 고등시험 행정과 합격자도 변호사 자격을 부여받았다. 변호사자격을 부여받은 사람들이 대부분 사법과 합격자이거나 양과 합격자들이지만, 1941년 고등시험 행정과만 합격한 윤태림과 이사묵(李仕黙)은 해방 후 사법관시보로 임용되었다. '풍토법' 법철학자로 유명한 이항녕(李恒寧)은 1939년 고등시험 행정과에 합격하고 일제

강점기 하동군수 등을 지내고 해방 후 양산중학교장, 부산대, 고대 교수 등을 지내고 변호사로 개업했다가 홍익대 총장을 지냈다. 나는 이 분이 쓴 〈법철학개론〉 초판과 〈법철학적 인간학〉을 아직도 소장하고 있다. 이 분의 아들이 김앤장 대표변호사를 지낸 이재후 변호사이다.

3.

해방 후 조선변호사시험 출신들이 대한민국 법조계에서 **제2법률가군**을 형성했다. 우리 역사에는 모두 네 번의 변호사시험이 존재한다. 첫째는 대한제국 시대 잠깐 시행했던 **변호사시험**(대표적인 합격자로는 허헌 변호사가 있다), 둘째는 1922~1945년까지 조선총독부가 시행한 '**조선변호사시험**'(이 시험 합격자 중에 판검사가 된 사람은 없었다), 셋째는 해방 이후 1947~1949년까지 3회에 걸쳐 시행되었던 '**조선변호사시험**'(일종의 자격시험)이다. 이 시험은 1950년 '사법관시보의 임명수습 및 고시규정'에 따라 '**고등고시 사법과**'로 대체되었고 16회에 걸쳐 이 시험이 실시됐다. 그러다 1963년 '사법시험령'이 공포되면서 '**사법시험**'으로 이름을 바꾸었다. 1963년과 1964년에는 상·하반기로 한해 두 차례에 걸쳐 시험이 치러졌으나, 1965년 제5회 사법시험 때부터 매년 1차례 시험이 실시되었다.

사법시험에 합격한 예비 법조인들의 실무교육을 위해 '**사법관시보제**'가 있었으나, 1962년 4월 서울대에 **사법대학원**이 설치되면서 폐지됐다. 사법대학원을 마치면 판검사의 임용자격과 함께 석사학위도 받았다. 1971년 법원조직법 개정을 통해 대법원 산하에 신설된 **사법연수원**은 사시 합격자를 대상으로 한 2년간 법조실무교육의 요람이 됐다. 사법시험은 2007년 7월 사법개혁의 일환으로 법학전문대학원 설치·운영에 관한 법률과 변호사시험법이 제정되면서 2017년 사법시험이 폐지되었고 본격적인 법학전문대학원(로스쿨) 체제가 출범했다. 2017년까지 모두 59차례의 사법시험이 치러지는 동안 70만8000여명이 응시해 2.9%인 2만766명이 법조인이 되었다. 2012년부터 시행되고 있는 변호사시험은 우리 역사상 네 번째의 변호사시험이다.

우리나라 변호사시험 합격자의 할아버지뻘인 **허헌(許憲)** 변호사에 관하여 간단히 살펴본다. 가인(街人) 김병로, 애산(愛山) 이인과 함께 민족변호사 3인 중 1인으로 불리는 긍인(兢人) 허헌은 함북 명천 출신으로 구한말의 풍운아 이용익(李用翊)에 의탁하여 어린 시절을 보냈다. 이용익은 임오군란 때 빠른 발로 고종과 장호원으로 피난 간 민비의 메신저 역할을 하면서 고종의 신임을 얻어 궁내부 궁중재정을 담당했고, 1905년에는 고려대의 전신인 보성전문학교를 세웠다. 허헌은 이용익의 양손인 이종호와 친하게 지내는데 1907년 보성전문을 1회로 졸업하고 그 해 시행된 첫 번째 변호사시험에 합격했다. 허헌은 일본 메이지대학으로 유학을 가서 김립과 막역한 사이가 되었다. 허헌은 변호사 개업 직후인 1908년 평리원 판사에게 항의하다 변호사 제명을 당했다. 조선에 변호사제도가 도입된 이래 최초의 변호사징계였다. 1년 후 변호사자격을 회복한 허헌은 3.1운동 등 다양한 독립운동사건의 변호를 맡았다. 1919년 8월 이동휘가 상해 임시정부 국무총리에 취임하면서 비서실장이 된 허헌의 친구 김립이 모스크바 자금 유용혐의를 받고 김구의 지시에 의해 암살되면서 김구와 허헌의 사이가 틀어졌다. 허헌은 이용익과 이종호가 망명하고 학교재정이 엉망인 보성전문학교 교장을 맡았으나 역부족이었고, 학교는 손병희를 거쳐 김성수 일가에게 넘어갔다. 허헌은 1926년 미국, 유럽등지로 외유를 떠났고 미국까지는 딸 허정숙이 동행했다. 외유 중에 모스크바를 방문하여 훗날 소련 내각 부수상 겸 외무상이 되는 비신스키를 만났고, 1년 후 귀국하여 1927년 신간회 중앙집행위원장을 맡았다. 1929년 홍명희 등과 함께 광주학생운동 진상을 알리기 위한 민중대회를 준비하다가 일경에 체포되었다. 이인. 김용무 등 당대의 기라성 같은 변호사들의 변론에도 불구하고 허헌은 징역 1년 6개월의 실형을 선고받아 2년을 꼬박 복역했다. 변호사등록도 취소된 상태라 더 이상 변호사활동도 할 수 없었다. 허헌이 출소 후 얼마 되지 아니하여 이종호가 보성전문을 찾지 못하고 죽었다. 허헌은 해방 이후에도 김성수 그룹에 대한 반감으로 한민당과는 전혀 교류하지 않았다. 미국 유학에서 돌아온 허헌의 딸인 허정숙은 근우회 사건으로 같은 시기에 다른 사건으로 아버지와 함께 투옥됐다. 허헌은 1943년 단파라디오 밀청사건으로 다시 체포되었고 가혹한 고문을 받고 징역 1년을 선고받았다. 허헌은 해방 전에 보석으로 출감했으나, 해방이 되면서 허헌이 해방정국의 중심으로 등장하게 되었다.

일제 강점기 조선변호사시험은 변호사가 되기 이한 등용문이었고, 판검사가 될 수 없었던 대신 응시자격에 아무런 제한이 없었다. 무사독학(無師獨學)으로 변호사가 될 수 있었던 절호의 찬스였다. 물론 수험생들은 조선변호사시험보다 판검사가 될 수 있는 고등문관시험으로 불리는 고등시험 사법과를 더 선호했다. 만주를 통치할 고등관을 뽑기 위한 만주 고등문관채용고시가 따로 실시되자 고등시험 사법과, 조선변호사시험, 만주 고등문관채용고시까지 응시하는 수험생도 생겼다. 식민지 조선에서 출세할 수 있는 길은 이들 시험에 합격하는 것이었다.

조선변호사시험은 해방당일까지 시행되었으나, 고등시험 사법과는 1943년이 마지막 시험이 되었다. 1920년 경성전수학교를 졸업한 강공승(姜公承)은 20년 이상의 각고 끝에 창씨명으로 1944년 변호사시험에 합격하여 법률가의 꿈을 이루었는데, 1939년 경성법전을 졸업한 그의 아들 강동진이 그 해 고등시험 사법과에 합격하여 판사생활을 시작한 후였다.

1895년 최초의 국립 법학교육기관으로 설립된 **법관양성소**가 1909년 **법학교**로 개편되었다가 1910년 국권피탈 후 개칭한 이름이 **경성전수학교**다. 1922년에서 **경성법전**으로 승격했고, 해방 후 미군정의 결정으로 **경성대**와 통합하여 **서울대학교 법과대학**이 되었다. 1922~1945년까지 경성에서 시행된 조선변호사시험에서 연평균 7명 내외의 합격자를 배출했다. 1923~1943년까지 도쿄에서 시행된 고등시험 사법과에서는 연평균 300명 내외가 합격하였는데 조선인은 매회 평균 14명 내외가 합격하였다(조선인 최대 합격은 1942년 64명). 조선변호사시험에서는 고등시험 사법과와 달리 필기시험에 법전사용이 허용되지 않았고 이로 인한 불만이 많았다고 한다.

1936년 조선변호사시험 7명의 합격자 중 배정현과 홍순엽, 홍승만이 눈에 띈다. 경성제대 출신의 **배정현(裵廷鉉)**은 해방 후 1954년 고재호 대구고법원장 등과 함께 판검사 경력이 없는 순수 변호사 출신으로 대법관이 되었다. 훗날 4.19혁명으로 조용순 대법원장이 물러난 후 대법원장 직무대리를 맡았고, 1961. 5. 25. 치러질 예정이었던 대법원장 선거에 현직 대법관 중 유력한 유일 후보로 이름을 올렸으나, 5.16 군사정변으로 선거가 무산되면서 퇴임하였다. 1964년과 1971년 두 차례에 걸려 대한변협 회장으로 일했다. 배정현에 관하여는 재미있는 일화가 있다. 배정현이 성대(경성대)를 졸업하고 학자의 길을 가려고 독일 유학비용을 대주겠다는 부호 친족의 약속을 믿고 유학을 준비했으나 그 친족이 돈을 주지 않았다. 주변에서 송별연까지 얻어먹은 배정현은 친족을 상대로 소송을 제기했으나, 경성지방법원은 장안의 화재를 모은 소송에서 원고의 청구를 기각했다. 구두계약에 불과했던 약속을 서면으로 적법하게 취소했다는 이유였다. 요새로 말하면 서면에 의하지 않은 증여계약은 언제든지 해제할 수 있는 것이다(민법 제555조). 항소심인 경성복심원에서는 피고가 원고에게 1,000원을 주도록 하고 쌍방화해로 재판을 종결했으나, 배정현의 유학은 좌절되었다.

홍순엽(洪淳曄)은 목포지청에서 서기 겸 통역으로 일하다가 조선변호사시험에 합격하고 변호사를 하던 중 해방을 맞았고, 해방 후에도 변호사로 남았는데, 서울법대 교수 황산덕과 정비석의 자유부인 논쟁에 표현의 자유를 옹호하는 글을 쓰면서 그의 이름을 알리는 계기가 되었다. 황산덕(黃山德)은 1943년 고등시험 사법과와 행정과에 모두 합격한 형법학자 및 법철학자였다. 성균관대 총장을 지내고 박정희 정권 당시 법무부장관과 문교부장관을 연이어 지냈다. 나도 옛날 대학시절 황산덕의 책으로 형법총론과 법철학을 공부했다. 변호사로 일하며 대학에 출강하던 홍순엽은 1957년 미국 SMU에서 LL.M. 학위를 취득한 법조계의 글로벌 선구자였다. 1961년 9월 방순원, 이영섭과 함께 대법관이 되었고, 65세 정년인 1976. 11. 7일까지 15년을 꽉 채운 판사생활 전체가 대법관 경력인 이색 경력의 소유자였다.

홍승만(洪承萬)은 1945. 11. 서울지방법원 판사로 임명되었으나 당일자로 취소되고 변호사로 일하다가 훗날 대한변협회장과 공화당 국회의원 등을 지냈다.

1938년 조선변호사시험 합격자 10명 중 **윤길중**(尹吉重)은 1939년에 고등시험 사법과와 행정과까지 합격하고 군수 등을 하다가 해방 후 진보세력의 중추로 활약했으나, 전두환 시절 국보위와 민정당에 참여해 국회의원, 국회부의장을 지냈다. 1938년 합격자 중 **사광욱**(史光郁)은 1940년 형사경욱과 함께 고등시험 사법과에 합격하여 화재를 모았고 훗날 대법관이 되었다. 1939년 합격자 중에는 좌익진영에 가담한 윤학기 변호사가 있었다.

1940년 조선변호사시험 10명의 합격자 중에 눈에 띠는 인물은 김홍섭, 김용진, 이병린, 조재천, 최태원 등이 있다. 이들은 일제 강점기에 변호사개업을 했다가 김홍섭은 검사로 시작해 판사로 전관했고, **김용진**(金容晉)은 1941년 고등시험 사법과에도 합격하고 1942년 평양에서 변호사 개업을 했다가 해방 후 월남하여 서울에서 변호사를 하다가 1950년 서울지방법원 판사가 되었다. 후에 전주지방법원장과 단국대학 학장을 지냈다. 나는 이 분을 법정에서 몇 번 뵌 적이 있다. 지사형 변호사의 전범인 **이병린**(李丙璘)은 암울한 시대에 대한변협회장을 지냈고, 서울지방변호사 회관 내에 그의 흉상이 세워져 있다. 유신정권 당시 중앙정보부는 민주회복국민회의 공동대표인 이병린을 잡아넣지 못해 혈안이 되었다. 1975년 중앙정보부는 이병린의 사생활을 뒷조사하여 간통혐의로 구속하였다. 중정은 간통했다는 여자의 남편을 협박하고 종용하여 이병린을 간통죄로 고소하게 만들었다. 그러나 그 남편은 중정의 협박에 굴복하여 고소는 했지만 굳이 이혼까지 할 생각은 없었다. 중정은 남편이 형사고소를 취하하지 않는 한 이병린을 간통으로 망신을 주고 감옥소에 처박아 둘 수 있을 것으로 알고 방심을 하고 있었다. 그런데 유현석 변호사가 기지를 발휘하여 이 남편에게 간통죄 고소는 그대로 두고 이혼심판청구를 취하하게 만들어 버렸다. 간통죄 소추요건이 결여되게 만들어버린 것이다. 중정은 그야말로 닭 쫓던 개가 지붕 쳐다보는 격이 되고 말았다. 이병린 변호사는 석방되었고, 세상사 미련을 털고 시골 김천으로 내려가 변호사를 하면서 시름을 달래다 작고하였다.

조재천(曺在千)은 김홍섭과 함께 조선정판사 위조지폐 사건의 담당검사를 맡았고, 그가 1950년 경북지사로 재직 중에 대구사범 후배인 신랑 박정희와 신부 육영수의 결혼식에 청첩인으로 이름을 올렸다. 1951년 경북지사를 사임하고 변호사를 개업하던 조재천은 대구에서 세 차례 국회의원으로 당선되었고, 4.19 후에 법무부장관과 내무부장관이 되었으나 5.16으로 다른 각료와 함께 수감되었다. 5개월 후 기소유예로 석방되어 민주당 비례대표로 당선되어 4선 국회의원이 되었으나 1967년 총선에서 신민당의 김홍일, 공화당의 김갑수에 이러 3위로 낙선함으로써 실의에 빠져 있다가 1970년 작고했다. 독학으로 조선변호사시험에 합격한 최태원은 소설가 최인호의 아버지다.

사도법관으로 널리 알려진 전북 김제 출신의 **김홍섭(金洪燮)**은 조선변호사시험에 합격하고 김병로 아래에서 실무수습을 받은 후 1943년 경성지방법원에 변호사로 등록하고 1944년 김병로의 중매로 한민당의 보수정객 김준연의 셋째 딸과 결혼했다. 김홍섭은 1945. 10. 미군정이 임명한 첫 번째 조선인 판검사 그룹에 포함되어 경성지방재판소 검사국 검사로 임용되었으나, 1946. 5. 조선정판사 위조지폐 사건을 수사하는 과정에 회의를 느껴 1946. 12. 판사로 전관했다가 퇴직 후 뚝섬에서 농사를 지었다. 장인인 김준연과 김병로가 김홍섭의 든든한 후원자였고, 김홍섭은 1948. 12. 법원으로 복귀하여 전주지방법원장, 서울고등법원장 등을 지내다가 1965년 세상을 떴다. 김홍섭은 시간이 나면 형무소를 찾아가 사형수들과 대화하며 카톨릭 신앙을 전파한 사도법관으로 알려져 있다.

4.

1945. 8. 15. 벼락처럼 찾아온 해방은 조선변호사시험 합격자들에게 판검사 임용이라는 기회의 문이 열리기 시작했다. 미군정과 해방정국의 주도권을 잡기 위한 좌익세력의 건준과 우익세력의 한민당 등 정치세력들의 각축이 전개되면서 35년 만에 독립을 되찾은 신생 대한민국의 행로가 안개 속 파묻혔다.

미군은 조선으로 들어오기 전에 이미 점령지역의 치안확보를 위해 조선의 기존 법원을 활용한다는 방침을 정해놓고 있었다. 1945. 9. 8. 미군이 진주하고, 195. 10. 11. 미 군정청은 전국의 일본인 판검사 전원을 일시에 퇴진시키면서 조선인 판사 38명과 검사 25명을 임명하였다. 이날 퇴임자였던 장경근, 민복기, 이영섭, 최윤모 등은 같은 날짜에 조선인 판검사로 임용되었다. **장경근(張璟根)**은 1935년 고등시험 사법과에 합격하여 경성지방법원과 경성복심원에서 판사를 지내고 이승만 정권에서 내무부장관 등을 지냈다. 국회 법전편찬위원으로 신민법 제정에도 영향력을 발휘하였으나, 4.19 후 일본으로 밀항한 인물이다. 민복기와 이영섭은 훗날 대법원장을 지냈다. 일본의 식민지에서 미국의 점령지로 바뀌는 과정에서 법원의 명칭이 오락가락하는 해프닝도 있었고, 일제강점기와 마찬가지로 검찰청을 따로 분리하지 않고 일단 법원의 검사국에 소속시켰다.

1955. 10. 11.자 발령에는 김용무 대법원 재판장(대법원장), 이인 대법원 재판관(대법관), 이명섭 경성공소원 수석판사(서울고등법원장), 장경근 경성지방법원 수석판사(서울지방법원장) 등이 포함되었다, 1937년 고등시험 사법과 합격자 중 고병국, 민복기와 오승근이 경성지방재판소 판사에 임명되었다. 1932년 고등시험 합격자인 고병국은 임명과 동시에 사퇴하고 서울법대 학장과 경희대 총장 등을 지냈다. 일제 강점기부터 중단 없이 판사로 일한 인물로는 손동욱, 고재호 등이 있다. 법원과 검찰은 다른 어떤 기관보다 빠르게 조선인 손으로 넘어왔다. 이 과정에서 친일 판검사의 처리, 법률가의 절대적 부족, 특정 정파의 주도권 장악, 통역권력의 등장, 북한에서 내려오는 법률가들의 처리 등 난제에 직면하였다.

해방 당시 북한지역에 있던 법률가들은 10. 11. 자 인사에 포함되지 못하고 11. 19.자 인사에 일부만 포함되었다. 해방 당시 북한에는 김갑수, 한환진 등이 판사로, 김익진 등이 검사로 재직 중이었다. 남쪽에 있는 조선인 판검사들은 그 자리에 눌러앉아 있으면 충분했으나, 북에서 내려온 판검사들은 복직을 해야 했다. 김갑수는 법관 복직을 하지 못하고 미군정청 조사국장 등 법원 외곽을 떠돌다가 1953년에야 대법관으로 법원에 복귀했다. 한환진은 후에 대법관을 지냈고, **김익진(金翼鎭)**은 우리나라 민법학의 토대를 세운 김증한 교수와 김흥한 변호사의 아버지로 해방 후 검찰총장을 지냈다. 김증한의 아들이 서울시립대 교수를 지낸 김학동 교수. 최연희 전 국회의원이 김증한의 사위. 김익진은 충남 부여 출신으로 경성전수학교를 졸업하고 서기 겸 통역생으로 일하다가 평양에서 평양지방법원과 평양복심원 판사를 끝으로 평양에서 변호사로 개업했다. 그 후 월남하여 1948. 1. 대법관에 임용되었다. 이승만 대통령은 1949년 6월 김익진을 검찰총장으로 발탁했으나, 이승만 대통령의 눈 밖에 나 서울고등검찰청장으로 강등됐다가 사표를 거부하여 파면을 당했다.

5.

1949. 11. 19. 이후에 이루어진 판검사 임명에서 법원에서 일하면서 해방을 맞은 조선인 서기들이 판검사로 임용되면서 해방공간의 **제3의 법률가군**을 형성한다. 해방 당시를 기분으로 판검사, 변호사의 자격을 갖추지 못했던 '미자격자'들이 법률가가 된다. 서울지검장을 지낸 김종수(金鍾壽)의 표현대로 법원서기들에게 "별이 저절로 손에 들어오는" 시대가 열렸다. 법률가 공급이 절대적으로 부족한 상황에서 시험에 합격했지만 시보교육을 마치지 못한 사람들이나 법원에서 일하던 서기들을 재판현장에 투입할 현실적 필요가 생겼다. 식민지 시대 막강한 권한을 행사한 서기 겸 통역생은 '판임관'이었고, 판검사는 '고등관'이었다. 판임관에서 고등관으로 올라가는 것도 가능했다. 일본의 고등시험제도가 정착되면서 서기 출신 임용에도 제동이 걸렸으나, 서기 출신들이 판검사가 되지 못한 것은 아니었다. 1949. 11. 19.자 임명사령부터 서기 출신들이 본격적으로 판검사에 임용되기 시작하였다. 다만 전문학교 이상 졸업자로서 해방 당시 7년 이상 법원 또는 검사국의

서기로 근무한 자 중 소속장인 법원장 또는 검사장이 추천한 자로 한정되었다.

해방 후 1946년 **사법요원양성소시험**과 **특별임용시험**, 1948년 간이법원 판사시험, 1949년의 간이검찰청검사보시험, 1952년과 1956년의 **1회, 2회 판검사특별임용시험** 등을 통해 몇 차례 서기들에게 기회가 주어졌다. 서기 출신들이 마지막으로 판검사로 임용된 것은 1958년 11월이고, 그해 12월부터 다수의 8회 고등고시 사법과 출신들이 판검사에 임용되면서 서기들의 특별임용제도가 종결되었다. 고시 사법과 8회는 당시로는 유례없는 108명이 합격하여 대한민국 법조계의 한 시대를 풍미하게 되었다. 이회창 등 대법관 출신들이 수두룩했다. 1945~1958년 임용된 판사 517명과 검사 420명 중 서기 출신이 전체의 34.5%에 달했다.

서기 출신 임용자 중 유명한 인물로 이홍규 검사가 있다. 이회창의 아버지 **이홍규(李弘圭)**는 1905년 충남 예산 출신으로 경성법전 졸업 후 1930년부터 해주지방법원 등지에서 15년간 법원의 서기생활을 하고 1945. 12. 20. 순천지청 검사로 임명을 받았다. 이홍규는 광주지검에서 뇌물혐의로 사법부장의 사돈인 광주세무서장을 구속하면서 이름을 알리기 시작한다. 당시 사법부장은 법원과 검찰을 모두 관장하고 있던 김병로, 이홍규는 사법부장 명의로 '즉시석방'하는 전보를 받았음에도 석방하지 못하겠다고 버텼다. 청주지검에서는 이승만과 가까운 충북지사를 대통령이 조사하지 말라는 지시에도 불구하고 구속기소하는 강단을 보였다. 대통령이 이인 법무부장관에게 이홍규의 사표를 받으라고 했으나, 이인은 사표를 받지 않고 이홍규를 인천지청으로 전보시키고는 근무는 서울지검에서 하게 했다. 이홍규는 이로써 해방공간에서 상당한 세력을 누린 한민당과 평안도 세력과 담을 쌓게 되었다. 이회창이 황해도에서 태어나 광주 서석국민학교와 광주서중, 청주중학교를 거쳐 경기중학교로 전학하는 과정은 아버지 이홍규의 인사이동경로와 정확히 일치한다. 대쪽 같은 아버지의 성격을 물려받은 아들도 대쪽 같은 성격이 되었다. 그런데 이 대쪽 같은 성격이 법률가로서는 어울리나 정치의 세계에서는 잘 어울리지 않았던지 이회창은 두 번의 대통령선거에서 아쉽게도 DJ와 노무현에게 연달아 일격을 당했다.

이홍규는 서울지검 검사는 평북 출신의 충북지사를 수사한 여파로 오제도에 의해 1950. 3. 관제 빨갱이로 몰려 졸지에 구속되는 화를 입는다. 국가보안법 위반 혐의로 구속된 이홍규는 물고문, 전기고문에도 끝까지 버텼기 때문에 최종적으로 적용된 죄목은 수사를 하면서 피의자를 때렸다는 이유로 독직상해였다. 이홍규 사건의 주심판사는 후에 대법관이 되는 **양회경(梁會卿)**이었다. 양회경은 1942년 고등시험 사법과 출신으로 학구파 법관이었던 양삼승 화우 대표변호사가 그의 아들이다. 이홍규는 보석으로 풀려났고, 제1심 공판이 마무리되지 않은 상태에서 한국전쟁의 광풍에 휘말린다. 기록이 사라지는 바람에 이홍규는 '법원재난에 기인한 민형사사건 임시조치법'의 혜택을 입어 검찰의 공소취소처분을 받고 운 좋게 검사로 복귀했다.

서기 출신으로 또 유명한 사람 중에 **강석복(姜錫福)**이 있다. 1904년 함남 출신의 강석복은 경성법전을 졸업하고 1929년부터 주로 경성지방법원 관내에서 서기 겸 통역생으로 일하다가 해방을 맞고 1945. 12. 광주지방법원 판사로 임용되었다. 다음 해 검사로 전관하여 서울로 올라와 서울지검에서 1949. 3. 감찰위원회 고발사건인 임영신 상공부장관 독직사건을 맡았다. 당시 서울지검장인 최대교가 외압을 이겨내고 강석복 검사가 임영신을 업무상횡령 등의 혐의로 기소했다. 이 사건으로 이승만 대통령의 눈에 난 이인 초대 법무부장관이 사임했고, 1대 권승렬 검찰총장이 2대 법무부장관이 되었다. 2대 검찰총장은 김익진이 이어받았다. 이 사건으로 최대교 검사장과 강석복 검사도 옷을 벗었다. 최대교의 후임으로 이태희가 서울지검장이 되었다. 임영신 장관 등 관련자에게 무죄를 선고한 한격만 서울지방법원장은 후에 대법관, 검찰총장, 대한변협회장 등을 지냈다.

강석복 변호사는 내가 변호사를 할 당시 자주 접했던 분이다. '性과 건강' 등에 관한 이야기를 법률신문에 연재하기도 했고, 2002년 98세로 사망하기 전까지도 고령에도 불구하고 서울지방변호사회 야유회에 젊은 변호사들과 함께 참석하여 性과 관련한 걸쭉한 입담을 과시하기도 했는데 그 입담을 여기서 소개하지 못하는 게 유감이다.

사상검사 **오제도**(吳制道)는 1917년 평남 안주 출신으로 일본 와세다대 전문부를 졸업하고 1940년부터 신의주지방법원에서 서기 겸 통역생으로 일했다. 오제도는 해방을 맞아 월남했으나, 서기 기간 7년을 충족하지 못하여 1946. 9. 19. 실시된 특별임용시험에 합격하고 검사로 임용되면서 자신의 핸디캡을 극복하기 위한 방편으로 사상검사를 길을 걷는다. 해방정국과 대한민국 초창기의 웬만한 공안사건은 대부분 '천하의 오제도'의 손을 거쳤다. 워낙 척을 많이 진 오제도가 1952년 1월 보도연맹 면사 착복사건으로 구속영장이 청구되자 은신에 들어간 상태에서 징계절차가 진행되어 한격만 검찰총장은 오제도를 파면했다. 그런데 얼마 없어 이승만 대통령이 사면령을 내리면서 오제도는 1956년 7월 서울고검 검사로 복귀한 후 1957년 7월에는 서울지검 정보부장으로 돌아온다. 4.19 후 이승만이라는 권력의 끈이 사라지자 사표를 냈다. 극우세력의 상징인물 오제도는 1977년 무소속으로 종로, 중구에서 국회의원이 되었고, 전두환 정권 하에서 비례대표 국회의원까지 하면서 끈질긴 권력욕을 발산했다.

나는 이 책을 통해 이법회(以法會) 또는 이법회(懿法會)의 문제를 처음으로 접했다. 이법(以法)은 '법대로 하자'는 뜻이고, 의법(懿法)은 '법을 존중하고 기리자'는 뜻이다. 의법(懿法)의 懿는 '아름다울 의'자이다. 1945. 8. 15. 해방 당일 경성에서는 총 4일 동안 치러지는 조선변호사시험의 2일째 시험이 진행 중이었다. 오전 시험을 치루고 일본 천황의 항복 방송을 들은 일본인 감독들이 도망하는 바람에 시험은 자동적으로 중단되었다. 수험생들은 나라의 해방보다 시험합격이 무엇보다 중요했다. 시험을 주관할 나라가 어찌 될지는 아무도 알 수 없는 상황에서 이 시험 응시자들이 이에 대응하기 위하여 만든 조직이 이법회 내지 의법회였다. 이들은 응시자 전원에게 합격증을 달라고 요구하여 기어코 합격증을 받아냈다. 이로써 이들이 해방 후 시행된 제1회, 제2회 변호사시험에서 필기시험을 면제받고 초창기 대한민국 법조계의 중요한 인력풀이 되는 어두운 역사가 있다. 1945년 조선변호사시험 응시자들은 일제 강점기가 남긴 마지막 법률가들이었다.

1945년 변호사시험 출신으로 눈에 띄는 인물로는 강안희, 김명윤이 있다. **강안희**(姜顔熙)는 유일하게 1946년 사법요원양성소시험에도 합격하고 대법관을 지내고 1980년 4월 만 65세로 정년퇴임하면서 김재규 사건에서 비켜날 수 있었다. 홍일원도 비슷한 케이스이다. 김명윤은 YS의 최측근으로 국회의원, 야당 총재권한대행 등을 지냈다.

해방 후 미군정하에서 1947년 처음으로 실시된 **제1회 변호사시험** 최종 합격자 54명 중 이법회 출신이 17명이다. 눈에 띄는 인물로는 서일교, 김기옥, 김선, 편영완 등이다. **서일교(徐壹教)**는 법제처장, 총무처장관, 법원행정처장, 대법원판사를 역임했고, 김선(金璿)은 대한변협회장을 지냈다. 서일교의 아들인 서범정 변호사가 사법연수원 18기로 2009년 대검과학수사기획관에서 퇴임하고 법무법인 바른에서 변호사로 근무했는데 2014년 젊은 나이에 세상을 떠났다. 내가 학교로 일터를 옮기기 전에 일하던 동아합동법률사무소의 황계룡 변호사님이 서일교씨와 처남매부지간이었던 인연으로 동아합동 선배 변호사님들로부터 서일교씨에 관한 이야기는 많이 들었다.

1948년 시행된 **제2회 변호사시험** 최종 합격자 73명 중 김두현은 국회의원과 대한변협회장 등을 역임했고, 이일규는 대법원장을 지냈으며, 김중서는 대법관을 지냈다. 나는 김두현, 이일규 전원장과는 1994년 EU 연수를 함께 다녀왔다. 이법회 출신으로 필기시험을 면제받은 강봉근, 유태홍, 홍남순 등이 눈에 띈다.

1949년 시행된 **제3회 변호사시험** 합격자 중에는 김용철 전 대법원장, 문인구 전 대한변협회장, 안이준 경희대 교수 등 쟁쟁한 인물들이 많다. 나는 대학시절에 김용철 대법원판사로부터 민사소송법을, 안이준 교수로부터 민법을 배웠다.

유태홍과 홍남순은 출신은 비슷하나 가는 길은 완전히 달랐다. 유태홍은 서울형사지방법원 수석부장판사 시절 변호사가 판사에게 제동한 향응을 문제 삼아 판사에 대한 구속영장을 청구한 1차 사법파동을 겪으면서 판사들의 신망을 얻었으나, 전두환 정권에서 사법권을 수렁에 빠뜨리게 한 대법원장이라는 오명을 뒤집어썼다. 부결되기는 했지만 현직 대법원장으로 탄핵소추의 대상이 된 유일한 인물이기도 했다. 퇴임 후에는 한강으로 몸을 던지는 극단적 선택을 함으로써 86세 인생의 말로가 아름답지 못했다. 1차 사법파동을 겪으면서 이범렬 부장판사의 사표만 수리되었고, 그 후에 홍성우는 다시 사표를 제출하고 법원을 떠나 인권변호사의 대열에 합류하였다. 최영도, 금병훈, 목요상은 1973년 재임용에서 탈락되었다. 금병훈의 아들이 금태섭이다. 이범렬 변호사가 사법연수원 형사실무 특강을 하면서 변호사를 잘 하려면 소설책을 많이 읽어야 한다고 이야기하는 것을 들었다.

홍남순은 유태홍과 마찬가지로 이법회원으로 1948년 제2회 변호사시험에 합격했다. 1963년 광주고법에서 퇴직하면서 광주지역 민주화운동의 선두에 섰다. 김대중, 문익환, 윤보선, 한석헌, 정일형 등 민주화 인사들의 변호를 맡았다. 1980년 광주로 인해 홍남순은 계엄군법회의에서 무기징역을 선고받았으나, 육군고등군법회의와 대법원을 거치면서 징역 7년으로 확정되었다. 1981년 성탄절에 형집행정지로 석방되고 변호사자격이 회복된 후에도 민주화운동을 멈추지 않았고 광주의 큰 어른으로 존경을 받다가 2006년 94세의 나이로 세상을 떠났다.

1950년부터 제1회 고등고시 사법과가 시작되었는데, 1952년에 제1회 판검사특별임용시험이, 1956년에 제2회 판검사특별임용시험이 실시되었다. 인권변호사로 이름을 날린 고 유현석 변호사가 제1회 판검사특별임용시험 합격자 출신이다. 1958년 12월부터 고등고시 사법과 8회 출신들이 판검사로 임용되면서 명실상부한 사법부의 세대교체가 이루어진다. 고등고시 사법과는 16회까지 이어지다가 1963년 사법시험 1회를 시작으로 2017년 57회까지 사법시험이 이어졌다.

6.

해방 후 월남한 이북 출신 법조인에게는 군법무관이라는 새로운 진로가 놓여졌다. **김태청(金泰淸)** 은 고등시험 사법과 출신으로 해방 후 북한에서 검사로 임용되었으나, 사법분야를 사회주의자들이 장악하면서 1948. 7. 월남하여 홍영기(洪英基), 고원증(高元曾), 태윤기(太倫基) 등과 함께 1948년 법무장교로 선발되어 육사에서 훈련을 받고 법무 2기로 임관하였다. 당시 법무병과에는 양정수(楊正秀)와 같이 고등시험 사법과 출신들도 있었다. 김태청과 양정수는 훗날 대한변협회장을 지냈다.

한국전쟁으로 법무관 수요는 넘쳐났다. 한강인도교 폭파사건, 거창양민 학살사건, 김창룡 암살사건 등 수많은 사건들이 군법무관들의 손에 의해 처리되었다. 군법무관들의 제대 후 법률가 자격이 문제되자 이를 타개하기 위하여 군법무관임용법을 제정하고 1953년 한 해 동안 네 차례에 걸쳐 군법무관 임용시험이 시행되었다. 김태청, 양정수 등 법무관들이 출제하고 시험주관자인 법무감을 포함한 현역 법무관들이 응시하여 모두 법무관 자격을 부여하였다. 홍영기, 고원증, 고석태, 신직수 등이 이렇게 자격을 취득하고 후에 높은 자리를 차지한다. 고원증은 법무부장관, **신직수(申植秀)** 는 박정희가 사단장을 할 때 법무참모의 인연으로 검찰총장, 법무부장관, 중앙정보부장을 지냈다. 신직수는 홍석현 중앙일보 전 회장의 장인으로 홍진기와는 사돈이 된다.

군법무관들이 한국전쟁이 끝난 후 전역하여 대거 변호사로 개업하면서 1960년 기준 서울지역 변호사 300여 명 중 100명에 육박했다. 1960년 10월 고등시험 사법과, 조선변호사시험 등 이른바 '정통 고시' 출신들은 "서울변호사회가 군법무관 출신 변호사들에게 좌우되고 있으며 이로 인해 변호사들의 질적 저하가 초래되고 있다."고 하면서 서울제일변호사회를 창립하였다. 조평재, 민복기, 한복, 오승근, 유병진, 홍순엽, 장재갑, 양병호 등 쟁쟁한 변호사들이 서울제일변호사회에 가입하면서 20년 동안 서울에 두 개의 변호사회가 존재하다가 1980년 통합되어 서울통합변호사회를 결성하였고, 1983년 서울지방변호사회로 명칭을 변경하였다. '용시보'로 유명한 용태영 변호사가 1972년에 몇몇 변호사들을 모아 수도변호사회를 만들어 회장을 맡았으나 오래 가지 못했다. 나는 옛날 서울중앙법원 변호사공실에서 용 변호사가 수도변호사회 회장을 지낸 것을 자랑스럽게 이야기를 하는 것을 들었다. 현행 변호사법 제64조는 지방법원 관할 구역마다 1개의 지방변호사회를 두고 다만, 서울특별시에는 1개의 지방변호사회를 두도록 되어 있어 복수 변호사회 설립이 허용되지 않는다.

7.

해방 후 대한민국정부가 수립되기 전의 해방공간에서 법률가들은 자신이 처해 있는 위치에 따라 남북 분단 체제의 격랑에 휩쓸리는 변곡점을 맞는다. 해방정국을 떠들썩하게 한 김계조 사건을 기소한 사람은 김홍섭 검사였고, 담당판사는 오승근이었다. 오승근 판사는 현직 대법원장 김용무를 증인으로 소환하여 신문하는 강단을 보이기도 했다. 이 사건으로 촉발된 사법부 내분은 오승근이 사표를 내고 한민당 인맥인 김병로가 사법부장에 부임하면서 봉합되었고, 김병로는 김용무 대법원장, 이인 검사총장과 함께 미군정하의 'Big 3' 체제를 구성하였다. 우파 성향이 강한 민족주의자들인 이들과 어깨를 나란히 한 허헌은 좌익을 대표한 인물로 이 체제에서 완전히 배제되었다. 1946. 11. 조선공상당, 조선인민당 등을 합친 남로당이 출범하고 허헌 남로당 위원장은 1947년 12월 결국 38선을 넘어 북으로 올라갔다. 허헌의 딸 허정숙은 이미 김일성의 최측근이 되어 있었다. 북으로 간 허헌은 최고인민회의 의장, 김일성대 총장 등을 역임하여 1951년 8월 전시 김일성대의 재건을 위해 평양으로 돌아가던 중 청천강 지류에서 뗏목이 다리기둥에 부딪혀 파괴되는 사고로 사망했다.

1948. 8. 15. 정부수립 후 1948. 12. 1. 국가보안법이 시행되기 전에는 남로당 등 반국가단체 활동을 처벌할 수 없었다. 해방 직후의 조선공산당이나 건준은 합법정당이었다. 사상검사 오제도는 이 법 시행 전의 남로당 가입을 문제 삼아 김영재 서울지검 차장검사와 변호사들을 줄줄이 구속하기도 했고, 1946년 5월조선정판사 '위조지폐' 사건과 제1차, 제2차 법조프락치 사건으로 법조계는 조용한 날이 없었다. 조선정판사 사건의 수가검사였던 김홍섭은 사건이 끝나고 판사로 자리를 옮겼다. 이 사건 변호인들 중 오승근과 조평제를 제외하고 윤학기 변호사 등 나머지 변호사 7인은 한국전쟁 중에 사라졌다. 법조계 내부의 좌익판검사 척결작업이 진행되면서 많은 법률가들이 월북 또는 납북되었고, 진보적 법조인 상당수가 해방공간에서 사라진 인물이 되었다. 좌익 성향의 조평재와 홍순엽 변호사는 빨리 전향하여 살아남았다.

정부수립을 앞두고 제주4.3사건과 여순반란사건이 발생하였다. 5.10 총선의 결과물인 제헌국회에서는 국가보안법 제정을 추진하는 우익세력과 반민족행위처벌법 제정을 추진하는 소장파 의원들이 대립 중이었다. 1948. 8. 22. 반민족행위처벌법이 먼저 입법, 시행되었고, 1948. 12. 1. 국가보안법이 시행되면서 대규모 빨갱이 사냥이 시작되었다.

한국전쟁이 발발하자 김병로 대법원장과 극소수의 고위직들은 재빠르게 피란길에 올랐고, 유병진 판사, 오제도, 선우종원 검사와 같은 월남민 출신들도 본능적으로 한강을 넘었다. 오제도는 그 와중에 대전에서 '비상사태 하의 범죄처벌에 관한 특별조치령' 등을 만들어 부역자 처벌을 준비하는 수완을 발휘했다. 오제도와 같은 사상검사 선우종원은 피난지 경남 진해에서 조병옥 내무부장관에 의해 내무부 정보수사과장으로 발탁되었고, 1951년 1월 장면이 귀국하여 국무총리가 되자 그 비서실장에 임명되었다. 선우종원은 1952년 부산정치파동으로 국제공산당으로 몰리게 되자 일본으로 도망갔다가 무려 8년의 망명생활 끝에 4.19 후에야 귀국할 수 있었고, 귀국 후 조폐공사 사장을 맡았다. 5.16 후 선우종원은 반혁명 혐의로 징역 5년 형을 선고받았으나, 1963년 광복절 특사로 풀려났고, 박정희의 부름을 받고 1971년부터 5년간 국회사무총장을 맡았다. 실로 오뚜기 인생의 전형이라 할만 하다.

서울 수복 후 피난을 가지 못한 수많은 시민들이 이 명령에 의해 억울하게 처단되었다. 서울에서 숨어 지낸 민복기, 홍진조, 김홍섭, 방순원 등은 각자도생으로 살 길을 찾아야 했다. 김용무 전 대법원장, 이충영 변호사 등 수많은 법조인들이 납북되어 역사에서 사라졌다. 야만의 시대였다. 이

암울한 시기에도 대부분의 변호사들은 부역사건을 변론하며 돈을 벌었다. 인공 치하의 서울에서 지하에 숨어 지내던 민복기, 홍순엽, 방순원은 모두 5.16 후 1961년 9월 한꺼번에 대법관에 임명되었다. 대법원장을 지낸 이영섭과 유태흥은 한국전쟁 중 납북되었다가 돌아온 전력이 있다.

1946년 사법요원양성소 출신인 **유병진(柳秉震)** 판사는 그 명령에 의해 양산되는 억울한 피해자를 막기 위해 분투했으나 역부족이었다. 유병진은 〈재판관의 고민〉에서 "내가 만약 서울에 남아있었더라면 어떻게 되었을까?" 유병진은 재판관의 양심으로 그들에게 자신이 할 수 있는 것 이상을 요구할 수 없다고 생각했다. 유병진 판사는 1957년 국가보안법 위반으로 구속기소된 지금은 조선일보의 극우논객으로 변신한 서울대 정치학과 학생인 柳根一에게 무죄를 선고했고, 항소심인 서울고등법원 김홍섭 부장판사는 검사의 항소를 기각했다. 유병진 판사는 1958년 7월 진보당사건의 조봉암에게 징역 5년(간첩죄 부분 무죄)을 선고하면서 윤길중 등 나머지 피고인들에게 무죄를 선고했다. 이 판결로 유병진도 공산주의자로 몰려 판사 재임용에서 탈락했다. 조봉암 사건의 2심은 서울고등법원 김용진 부장판사에게 배당되었다. 변호인단은 김용진이 북한에서 판검사로 일하다가 월남해 서울지방법원 판사로 임용될 당시 오제도 검사의 도움을 받았다고 주장하면서 재판부 기피신청을 냈으나, 김용진의 조선변호사시험 동기인 김홍섭 부장판사가 기피신청을 기각했다. 김용진은 조봉암에게 원심을 파기하고 검찰의 구형에 맞추어 사형을 선고했고, 상고심의 주심 대법관 김갑수는 원심을 유지했다. 제헌국회의원과 초대 농림부장관, 제1, 2대 대통령 후보를 지낸 이 나라 진보의 씨앗 조봉암에게 사법살인으로 사형이 집행되고 52년 세월이 흘러 대법원은 2011. 1. 20. 재심으로 조봉암의 무죄를 선고했다. 망우리 공원묘지 만해 한용운 묘 인근에 죽산 조봉암의 묘가 있다.

8.

여성 법조인과 관련하여 한국전쟁 이전에는 여성 법률가가 전무했다. 정일형 전 외무부장관의 부인인 이태영 여사가 제2회 고등고시 사법과에 합격하여 최초의 여성 변호사가 되었다. 나는 전에 동아합동 변호사님들로부터 김흥한 변호사가 이태영 박사의 사위라는 말을 듣고 이태영 박사와 김흥한 변호사가 서울법대 동기생인데 어떻게 장모과 사위가 될 수 있는 것인지 이상하다는 생각을 많이 했었다. 이태영 박사는 1914년생이고 김흥한 변호사는 1924년생으로 장모와 사위의 나이차가 불과 10세 차이이다. 이태영 박사의 아들이 5선의 정대철 전 의원이고, 손자가 정호준 전 국회의원으로 3대(정확하게는 3세)가 내리 국회의원을 지낸 있는 대한민국 유일의 정치가문이기도 하다. 이태영과 김흥한은 1949년에 같이 서울법대를 졸업하지만 김흥한은 1949년 제3회 조선변호사시험에 합격하였으나, 이태영은 늦게 1952년 제2회 고등고시 사법과에 합격하여 대한민국 최초의 여성변호사의 길을 걷는다. 김흥한의 부친은 앞서 많이 등장한 대법관과 검찰총장을 지낸 김익진이다. 김흥한은 1949년 제3회 변호사시험에 합격하고 잠시 판사로 있다가 5년간의 미국유학을 마치고 귀국하여 4.19 이후 5.16.전까지 장면 총리의 비서실장으로 근무한다. 김흥한은 나이차가 많다는 이유로 결혼을 반대하는 장인이 될 정일형 박사를 설득하여 5.16 직전에 38세 나이로 14세나 어린 이태영의 딸과 결혼을 한다. 김흥한은 이 나라 민법학의 초석을 놓으신 고 金曾漢 교수의 동생으로 우리나라 법조계에 최초로 국제거래분야를 개척한 분이다. 김흥한 변호사는 196

0년대에 국제거래 전문 로펌인 '김장리'를 만든 분으로도 유명하다(2004년 작고).

    대한민국 최초의 여성 법관은 1954년 임관한 황윤석 판사(작고)이고, 1961년 황 판사가 사고로 사망한 뒤로 12년 동안 여성 법관이 없었다. 1973년에야 강기원·황산성·이영애 판사가 임관했다. 첫 여성 고등법원 부장판사는 1995년 이영애 판사(제13회 사법시험 수석), 2004년 첫 법원장 역시 이영애 판사였다. 마침내 대한민국 수립 이후 56년 만인 2004년 사법 사상 여성으론 처음으로 김영란 대법관이, 2년 후에는 두 번째로 전수안 대법관이 탄생했다.

14 법과 유머

1.

　교수들이 외부강의를 나가면 수강생들이 강의에 집중하도록 하는 자기만의 멘트가 있다. 나는 상황에 맞추어 다음과 같은 난센스 질문형 멘트를 종종 써 먹는다. 젊은 학생들에게 이런 이야기 했다가는 '아재개그'한다고 놀림만 당한다.

　너 자신을 알라, 사람들은 누구에게나 다 때가 있다. 누가 말했습니까?
　노루가 다니는 길을 무슨 길이라고 합니까?
　세상에서 가장 큰 풀은 무엇이고, 지구상에서 가장 작은 나무는 무엇입니까?
　우리나라에서 염소는 많이 키우나 양은 많이 키우지 않는 이유는 무엇입니까?
　삶은 무엇입니까?
　김밥이 죽으면 가는 곳은 어디입니까?
　세상에서 가장 지루한 중학교는 어느 중학교입니까?
　야채 중에서 가장 야한 야채는 무엇입니까?
　세상에서 가장 가난한 왕은 누구입니까?
　할아버지들이 제일 좋아하는 돈?
　우리가 살아가는데 꼭 필요한 3가지 '금'은 무엇입니까?
　요즘 아내들이 좋아하는 5가지 '쇠'는 무엇입니까:

　선생들이 강의할 때 조심해야 할 세 가지 금기가 있다. 기독교니 불교니 종교에 관한 언급을 삼가야 하고, 경상도가 어떻고 전라도가 어떻고 하는 지방색 이야기를 조심해야 한다. 이런 이야기를 하면 자신의 처지에 따라 수강생들은 민감하게 반응한다. 그리고 유머를 한답시고 남녀의 성에 관한 이야기를 하게 되면 당장 성희롱에 시달린다. 성적 이야기는 강의실이든 어디서든 학생들과의 대화 속에 끼워놓으면 안 된다. 말 몇 마디 무심코 했다가 설화(舌禍)를 입는 예를 종종 본다. 예전에 박시환 전 대법관이 사법연수원 특강에서 "잘나가는 로펌의 여자 변호사들은 시집을 못 가거나 시집을 가서도 이혼을 한다."고 말해 큰 논란을 빚었다. 한국여성변호사회가 반발했고, 박 전 대법관은 사과를 함으로써 수습했다.

　유머와 위트는 생활 속의 윤활유이다. 미국의 유머 사이트에는 정치인과 법률가를 풍자하는 유머들이 가득 차 있다. 미국에서는 유머 있는 사람을 알아준다. 링컨, 처칠 등은 유머에도 능했다.

John F. Kennedy 대통령도 유머에는 일가견이 있었다. 친동생 Robert Kennedy를 법무부장관에 임명하자 비난이 일었는데 그는 해명하면서 위트를 던졌다.

"Bobby wants to practice law, and I thought he ought to get a little experience."(내 동생 Bobby가 법률 서비스를 하고 싶어 한다, 내 생각은 경험이 좀 필요할 거라고 했다.) 여기서 'practice law'는 '변호사업을 시작하다'라는 관용구이지만 직역으로는 '법률 지식을 서비스에 활용하다'는 뜻도 된다. Kennedy는 이 두 가지 뜻을 활용하여 해명한 것인데 그 다음 날 미국인들은 한바탕 웃었다고 한다(한국일보 임귀열 영어 중에서).

인생을 살아오면서 알게 된 진리 4가지!
첫째, 어둠은 빛을 이길 수 없다.
둘째, 거짓은 참을 이길 수 없다.
셋째, 강함은 부드러움을 이길 수 없다.
넷째, 남편은 아내를 이길 수 없다.

인생사에서 양당 간에 결단을 내려할 때의 지침
갈까 말까 할 때는 가라!
살까 말까 할 때는 사지마라!
먹을까 말까 할 때는 먹지마라!
줄까 말까 할 때는 주라!
말할까 말까 할 때는 말하지 마라!

정년퇴직하면 가는 대학들이 있다.
하바드대 : 하루 종일 바삐 돌아 댕기는 대학
동경대 : 동네 경로당에 다니는 대학
하와이대 : 하루 종일 와이프와 이불 속에서 뒹구는 대학
방콕대 : 방에 콕 박혀서 두문불출하는 대학
동남아대 : 동네에 남아 아이들과 노는 대학
서울공대 : 서럽고 울적해서 공원에 가는 대학
과기대 : 과거는 잊고 기술을 배워 제2의 인생을 사는 대학
경희대 : 경사 난 곳만 찾아다니며 희희낙락거리는 대학
연세대 : 연금으로 세상 구경하며 노년을 보내는 대학
고려대 : 고상하게 여행을 다니는 대학
서강대 : 서로 위로하며 건강하게 사는 대학
부경대 : 부부가 함께 경로당에 다니는 대학
부산대 : 부지런히 산이나 다니는 대학
건국대 : 건강하게 국민연금으로 사는 대학
이화여대 : 이가 갈리는 직장 떠나 화려한 백수로 여행을 다니는 대학

제주대 : 제대로 세상 주인 한 번 되어 보는 대학
전남대 : 전생에 지은 죄가 많아 남을 위해 봉사하며 사는 대학
한양대 : 한가로이 양노원에 가는 대학
해병대 : 해피하게 평생 병 안 걸리는 대학
어느 대학으로 갈까 그것이 문제로다.

2.

미국의 유머 사이트에서 법률가를 풍자하는 유머 몇 개를 본다.

Several women appeared in court, each accusing the others of causing the trouble they were having in the apartment building where they lived.
The women were arguing noisily even in the court.
The judge, banging his gavel to quiet them said,
"We are going to do this in an orderly manner. I'll hear the oldest first."
The case was dismissed for lack of testimony.
(같은 아파트에 살고 있는 여자 수명이 서로 불편하게 군다고 상호 소를 제기하여 법정에 나왔다. 그녀들은 법정에 들어와서도 시끄럽게 큰 소리로 떠들어댔다.
판사는 정숙하라고 방망이를 내리쳤다.
"정숙하게 재판을 진행합시다. 제일 나이가 많은 사람부터 얘기해 보세요."
그랬더니 아무도 말하려 하지 않아 증거부족으로 사건은 간단히 기각되고 말았다.)

Carlson was charged with stealing a Mercedes Benz, and after a long trial, the jury acquitted him.
Later the day Carlson came back to the judge who had presided at the hearing.
"Your honor", he said, "I wanna get out a warrant for that dirty lawyer of mine."
"Why?" asked the judge.
"He won your acquittal. What do you want to have him arrested for?"
"Well, your honor, I didn't have the money to pay his fee, so he went and took the car I stole."
(벤츠를 훔친 혐의로 기소된 칼슨은 오랜 재판 끝에 배심원들로부터 무죄평결을 받았다.
바로 그날 그는 재판을 주관했던 판사를 찾아갔다.
"판사님, 저 못된 변호사를 잡아넣어 주십시오."
판사가 물었다.
"어째서요? 그 사람이 당신을 무죄로 해줬는데 어째서 잡아넣으라는 거지요?"
"글쎄 있잖아요, 판사님. 내가 변호사비용을 낼 돈이 없으니까 그 자식이 내가 훔친 차를 가져가 버렸지 뭡니까?")

A doctor and a lawyer were talking at a party.
Their conversation was constantly interrupted by people describing their ailments and asking the doctor for free medical advice.
After an hour of this, the exasperated doctor asked the lawyer,
"What do you do to stop people from asking you for legal advice when you're out of the office?"
"I give it to them," replied the lawyer, "and then I send them a bill."
The doctor was shocked, but agreed to give it a try.
The next day, still feeling slightly guilty, the doctor prepared the bills.
When he went to place them in his mailbox, he found a bill from the lawyer.
(파티에서 만난 의사와 변호사.
두 사람은 빈번히 이야기를 중단해야 했는데 불쑥 끼어들어서는 자신의 병에 관해 이야기하고 나서 의사에게 공짜 조언을 구하는 사람들 때문이었다.
이런 식으로 한 시간쯤 지나자 울화가 치민 의사가 변호사에게 물었다.
"밖에 나와서 사람들을 만났을 때 법률문제에 관해 물어오는 걸 제지하기 위해 어떻게 하십니까?"
"난 조언을 해주고는 그들에게 청구서를 보낸답니다."
변호사의 대답이 충격적이었지만 의사도 그렇게 해보기로 마음먹었다.
이튿날 여전히 마음이 내키지 않는데도 의사는 청구서를 작성했다.
그걸 우편함에 넣어두려고 나가 보니 변호사의 청구서가 이미 와 있었다.)

3.

법과 법률가와 관련된 유머로 회자되는 이야기 몇 개를 들어본다.

빌려준 돈 받는 법

어떤 남자가 변호사에게 상담한다.
"이웃집 사람이 50만 원을 빌려 간 채 안 빌렸다고 우기면서 갚지를 않아요.
좋은 방법이 없을까요?"
"뭔가 차용증 같은 거 썼나요?"
"아니요."
"그럼 500만 원을 돌려달라고 문자를 보내세요."
"빌려 간 돈은 50만 원인데요."
"그렇죠? 분명히 '50만 원밖에 안 빌렸는데 뭔 소리냐'라고 답장을 할 테니까 그게 증거가 될 겁니다."

사기의 특성
판사 : 어떻게 당신을 믿는 사람들을 상대로 사기를 칠 수가 있나요?
피고인 : 저를 믿지 않는 사람들은 사기를 당하지도 않기 때문이지요.

변호사였어요.
원고 측 변호사가 한 증인을 무례하게 신문하고 있었다.
변호사는 "당신 직업이 뭐라고 했죠"라고 물었다.
증인은 "날품을 팔아서 먹고 살아요"라고 말했다.
변호사는 "요즘 시대에 날품팔이의 사회적 지위가 어떻다고 생각하나요"라고 물었다.
증인은 "별로 높지 않은 것 같은데요"라면서도
"하지만 제 아버지보다는 낫다고 생각해요"라고 말했다.
"아버지는 뭘 하셨죠?"
"변호사였어요."

벼농사인데요
어느 중학교 1학년 교실에서 아버지 직업조사를 하고 있었다.
선생님이 "아버지 직업이 변호사인 사람 손들어 봐" 하고 이야기를 하니까
웬 촌놈 같은 놈이 손을 번쩍 들었다.
선생님이 다시 아버지가 변호사인가 하고 물어보니 이 학생이 대답하는 말이
"아뇨 '벼농사'인데요"

변호사와 미녀
한 미녀가 변호사와 나란히 비행기에 탔다.
그녀에게 반한 변호사가 그녀에게 재미있는 게임을 하자고 제안했다. 미녀는 피곤한 나머지 공손히 거절했으나, 변호사는 정말 재미있고 쉬운 게임이라고 거듭 강조하며 그녀를 괴롭혔다.
"이 게임 정말 쉽고 재미있습니다. 그냥 질문을 해서 대답을 못하면 벌칙으로 5불을 주는 거죠. 재미있을 것 같지 않아요?"
그녀는 다시 공손히 거절하고 고개를 돌려 잠을 청했다.
변호사가 다시 말했다. "좋아요, 좋아. 당신이 대답을 못하면 5불을 나한테 주고, 내가 대답을 못하면, 500 불을 주죠. 어때요?"
이 남자의 끈질김에 귀찮음을 느낀 미녀는 500불이라는 말에 찬성하고 말았다.
변호사가 첫 질문을 던졌다.
"달에서 지구까지 거리가 얼마죠?"
그녀는 아무 말 없이 바로 지갑에서 5 불을 꺼내 주었다. 그리곤 물었다.
"언덕을 오를 때는 다리가 세 개고, 언덕을 내려 올 때는 다리가 네 개인 게 뭐죠?"
의외로 어려운 질문에 당황한 변호사는 노트북을 꺼내 컴퓨터 안에 있는 데이터를 다 뒤졌다.

그러나 답을 찾을 수 없었다. 잠시 후, 그는 가능한 모든 동료에게 전화를 했고, E메일을 동료들에게 마구 보내기 시작했다. 그러나 결국 답을 찾지 못했다.
한 시간쯤 뒤 결국 그는 잠들어 있던 미녀를 깨웠다. 그리고는 그녀에게 조용히 500불을 꺼내 주었다. 그러자, 그녀는 고맙다는 한 마디를 하고 다시 잠을 청했다.
잠시 후 변호사가 그녀를 깨워 물었다.
"근데 답이 뭐죠?"
그러자, 그녀는 아무 말 없이, 5불을 꺼내 변호사에게 주었다.
그리곤, 다시 잠을 청했다.

변호사 친구의 깊은 우정...
친한 친구인 변호사 제임스와 폴이 꿩사냥을 갔다.
그런데 산속에서 집채만 한 곰이 두 사람을 노려보며 뛰어 오는 것이 보였다.
둘은 혼비백산을 해서 어쩔 줄을 몰라 했다.
그런데 제임스가 배낭 속에서 운동화를 꺼내 황급히 신기 시작했다.
폴이 말했다.
"야, 제임스, 운동화 신는다고 저 곰을 피할 수 있겠어..."
그러자 제임스가 말했다.
"나도 알아,... 그런데 너보다는 빨리 뛸 수 있잖아..."

이혼 전문변호사
어느 날, 한 여성이 눈탱이가 시퍼렇게 멍든 눈으로 이혼 전문변호사를 찾아왔다.
"남편이 이렇게 했는데 어떻게 해야 하죠?"
"맞기 전에 어떤 말을 했지요?"
그러자 여자는 화가 덜 풀린 듯 씩씩거리며 말했다.
"그래 잘났어, 그래도 사내라고. 당신이 해준 게 뭐가 있다고 그래!
때려 봐! 아예 죽여라! 꼴에 자존심은 있어서, 때리지도 못하지?"
그 얘기를 듣고 이혼 전문변호사는 한참을 말없이 고민하고 있다가 한마디 툭 던졌다.
"그래도 남편이 훌륭한 분이시네요. 죽이라고 했는데 이 정도로 끝냈으니 다행입니다."

직업별 싫어하는 사람
의사가 제일 싫어하는 사람 : '앓느니 죽겠다'는 사람
치과의사가 제일 싫어하는 사람 : '이 없으면 잇몸으로 산다'는 사람
산부인과 의사가 제일 싫어하는 사람 : '무자식 상팔자'라는 사람
한의사가 제일 싫어하는 사람 : '밥이 보약'이라고 하는 사람
학원장이 제일 싫어하는 사람 : 하나를 가르치면 열을 아는 사람
변호사가 제일 싫어하는 사람 : '법 없이도 살' 사람

어떤 판결
어느 성당 앞에 술집이 생겼다.
경건해야 할 성당 앞 분위기가 매우 이상해졌다.
그래서 신자 중에 일부는 '술집이 망했으면…' 하고 바라는 사람들도 있었다.
그러던 어느 날, 술집에 불이 나서 완전히 타 버렸다.
원인도 모르게 불이 난 것이다.
술집 주인은 성당 측을 고소했다.
법정에서 술집 주인은 이렇게 주장했다.
"성당에서 우리 집에 불이 나라고 기도했기 때문입니다."
그러자 신도대표가 이렇게 말했다.
"아니, 그게 말이 됩니까? 불나게 해달라고 기도한다고 해서, 정말로 불이 나겠습니까? 이건 말도 안 됩니다."
그러자 판사는 이렇게 판결했다.
"술집 주인은 하느님의 기도 능력을 믿으니, 천국에 가서 하느님께 보상을 받으시고 신도대표는 하느님 기도 능력을 믿지 않으니, 앞으론 기도하지 마시오."

아, 판사님!
고위 공직자의 비리와 관련된 재판에서 담당변호사가 증인을 다그쳤다.
"당신이 이번 재판의 대가로 5000만원을 받았습니까?"
증인은 마치 아무 말도 못 들은 듯이 창밖만 바라보고 있었다.
기다리다 못한 판사가 증인을 향해 물었다.
"증인, 질문에 답변을 해주시겠습니까?"
그러자 증인이 대답했다.
"아, 판사님! 저는 변호사가 판사님에게 하는 말인 줄 알았습니다."

법정에서
판사 : 당신이 총 쏘는 것을 직접 보았는가?
증인 : 총소리를 들었을 뿐입니다.
판사 : 그럼, 그것은 증거로 받아들일 수가 없다.
(증언대를 떠나면서 판사에게서 등을 돌린 증인은 큰소리로 웃었다.)
증인 : 판사님은 제가 웃는 것을 보았습니까?
판사 : 웃는 소리만 들었지.
증인 : 그럼, 그것도 증거로 받아들일 수 없겠네요?

무죄와 유죄
한 피고인이 무죄로 석방된 후 검사가 판사에게 한 마디 했다.
"모든 피고인들을 믿으려고 들 것 같으면 죄인은 결코 없을 거요."

판사가 대답했다.
"모든 검사들을 믿으려고 들 것 같으면 무죄는 결코 없을 거요"

범인은 누구?
한 식당의 테이블에 산타클로스, 양심 있는 변호사, 정직한 국회의원, 경찰이 앉아 있었다.
테이블 위에는 돈다발이 있었는데 갑자기 전기가 나가 암흑 상태가 됐다.
잠시 후 불이 켜지자 돈다발이 사라졌다. 누가 가져갔을까?
범인은… 경찰!
왜? 나머지는 실제 존재하는 사람들이 아니므로!

법관의 성적 흥분
마광수 교수의 소설 '즐거운 사라'가 음란물이라고 해서 기소된 사건에서
나는 이렇게 변론했다.
"단상의 재판관 여러분께서 이 소설을 읽고 성적으로 흥분하실 분은
한 분도 안 계시리라고 믿습니다. 무죄판결을 바랍니다."
그러나 1심 판결은 유죄였다. 역시 젊은 판사들이라서 흥분했던 모양.
항소심도 역시 유죄.
대법원은 보수성이 더 강하니 상고는 그만두자고 했더니,
누군가가 "대법관들은 나이도 좀 들고 했으니 쉽게 흥분하지 않을 것"이라며 상고를 하자고 주장하기에 그대로 따랐다.
결과는 '혹시나'에서 '역시나'로 끝났다.
"대법관들도 아직 노인은 아니어서 …"(A씨의 코멘트)
- 한승헌 변호사의 유머산책 "산민객담"에서-

25년 전 마광수가 소설 '즐거운 사라'를 냈다. 도발적 성애(性愛)를 다룬 음란물로 몰려 금서가 됐다.
담당 검사 김진태는 "이건 문학이 아니다"고 했다. '책 만 권을 읽었다'는 문청(文靑) 검사 소견이었다.
법학교수 안경환은 "헌법이 보호할 예술적 가치가 결여된 법적 폐기물"이라고 감정했다.
뒷날 원로 한승헌 변호사가 일갈했다.
"재판관 중에 이 소설을 읽고 성적(性的)으로 흥분한 분이 없을 테니 음란물이 아니다."
판사도 웃었다고 했다.(2017. 9. 7. 조선일보 만물상 중)

아내의 상급법원
"우리 집사람은 변호사가 돼야 했었어."
"무슨 의미야?"
"집사람과 논쟁을 벌일 때 좀 밀린다 싶으면 문제를 상급법원으로 가져가거든……

친정어머니 말이야."

남자에게 여자의 잔소리란?
남자에게 여자의 잔소리는 회원 가입 시 읽어야 하는 약관과도 같다.
하나도 못 알아듣고 길어서 읽지도 않지만 결국엔 다 동의하고 서명함.
그리고 나중에 일 생기면 약관 안 읽은 거 후회함.

뒤바뀐 소유권
이혼 법정에서 판사가 판결문을 읽었다.
"집은 부인에게 주고 아이는 남편이 양육한다." 그러자 남편이 하소연했다.
"판사님, 내 것이 분명한 집은 마누라에게 주고, 내 앤지 불분명한 아이는 저한테 주시면 어떡합니까?"

로스쿨생들의 대화
로스쿨생은 1학년 때부터 형법을 배우기 시작한다.
학생 1 : 야~~ 너 살인 했냐?(그대는 형법 재250조의 살인죄에 대한 공부를 하였느냐?)
학생 2 : 아니...아직.....
지나가던 넘 : 헉~~
학생 1 : 자식... 아직 그것 두 안 하구 모했냐?
학생 2 : 넌 했냐?
학생 1 : 난 존속살해까지 끝내구 이제 폭행하러 가잖냐....
아까 그 지나가던 넘 : 으~~~~ 112...112...112.....

여기는 강의실....
교수 : 자... 절도는 다 하고 왔겠지?
학생들 : 묵묵....
교수 : 어허....이 녀석들아. 절도죄는 완벽하게 마스터해야 다른 범죄가 쉬워진단 말이야!
학생들 : (생각... 우쒸.. 큰일이다.. 아직 강간도 못했는데...)
교수 : 다음 시간까지는 빠진 사람 없이 절도를 끝내고, 가능하다면 강도까지 한 번씩 해보고 올 것!!

예술 vs 외설
1. 눈물이 나면 예술이고, 군침이 돌면 외설이다.
2. 보고 마음(心)에 변화가 생기면 예술이고, 몸(身)에 변화가 생기면 외설이다.
3. 처음부터 봐야 이해가 가면 예술이고, 중간부터 봐도 상관 없으면 외설이다.
4. 감정이 상반신으로 오면 예술이고, 하반신으로 오면 외설이다.
5. 자막을 봐야 하면 예술이고, 자막이 필요 없으면 외설이다.

15 온라인 주요 법률정보 Source

시대는 바야흐로 Know-how의 시대가 아닌 Know-where의 시대! 인터넷에는 각종 정보가 홍수처럼 범람하고 있다. 법률정보도 예외가 아니다. 법률실무에 종사하면서 필요한 정보를 적시에 검색하여 활용할 수 있는 지혜가 필요하다. 법률실무가나 법학교수들이 자주 찾는 온라인상의 주요 법률정보 source로는 다음과 같은 것들이 있다.

1. 대한민국

가. 사법부

(1) 대법원 https://www.scourt.go.kr

대법원은 주요한 판례를 엄선하여 월 2회(매월 1일과 15일) 판례공보를 발간하여 외부에 공개하고 있고, 각급 법원은 각급법원(제1, 2심) 판결공보를 통해 매월 하급심판결을 공개하고 있으나, 그 양이 미미한 편이다. 대법원의 대국민서비스에서는 나의 사건검색, 인터넷등기소, 법원경매정보, 나홀로소송 등 다양한 법률정보를 제공하고 있다. 법률실무가들이 가장 많이 애용하는 사이트이다.

(2) 종합법률정보 https://glaw.scourt.go.kr/wsjo/intesrch/sjo022.do

대법원에서 제공하는 법률정보로 국회, 법제처, 헌법재판소 등 법률관계 기관들과 제휴하여 판례, 법령, 문헌, 행정규칙 등의 정보를 종합적으로 제공하고 있다. 문헌의 원문을 보기 위해서는 DVD-ROM을 이용하는 것이 편리하다. 아직 DB로 구축되지 않은 판결은 관할법원이나 대법원에 판결서 사본 제공 신청, 판결서 인터넷 열람신청 또는 직접 방문하여 판결서 열람을 신청할 수 있다.

(3) 법원도서관 https://library.scourt.go.kr

전국법원 및 법학분야에서 생성되고 있는 각종 재판자료와 판례·판결정보, 법률문헌 등 법률관련 정보들을 DB로 구축하여 제공하고 있다.

(4) 헌법재판소 https://www.ccourt.go.kr

헌법재판 관련 주요 법률정보와 더불어 헌법재판소공보 및 헌법재판소판례집을 포함한 각종 발간물, 헌법재판 판례정보 등을 전자형태로 제공하고 있다.

헌법재판연구원(https://ri.ccourt.go.kr/) 사이트에서 세계 각국 헌법 및 헌법재판 자료를 검색할 수 있다.

나. 행정부

(1) **법무부** http://www.moj.go.kr

　법무행정 및 법무정책 관련 법령정보 등을 제공하고 있고, 변호사시험 정보(http://www.moj.go.kr/moj/440/subview.do)에서 변호사시험 자료와 기출문제도 제공하고 있다.

(2) **법제처 국가법령정보센터** http://www.law.go.kr/

　현행법령, 조선총독부령 및 미군정법령 등 근대법령, 외국어 번역 법령, 판례정보, 법령해석례, 행정심판례, 행정규칙, 자치법규 등 다양한 국내 법령정보를 제공하고 있다. 그 외 법제처 홈페이지를 통해 법령입안심사기준, 생활법령정보, 세계법제정보센터에 접속하여 각종 법률정보를 확인할 수 있다.

(3) **알기 쉬운 생활법률정보** http://www.easylaw.go.kr/CSP/Main.laf

　다양한 생활법령정보를 주제별, 맞춤형 등으로 검색할 수 있다.

(4) **한국법제연구원 영문법령** http://elaw.klri.re.kr/kor_service/main.do

　한국법제연구원 법령번역센터에서는 주요 현행법령을 영문으로 번역하여 제공하고 있다. 한국법제연구원 홈페이지를 통해 일본법령 실시간 번역서비스도 제공하고 있다.

(5) **행정자치부 자치법규정보시스템** http://www.elis.go.kr/

　각 지방자치단체의 조례 및 규칙을 종합하여 비교 검색을 할 수 있다. 지역별 검색은 물론 입법예고, 법규명, 법규 내 단어, 소관부서, 최근 제·개정법규, 주민참여조례 등으로 접근할 수 있다.

(6) **외교부 조약정보** http://www.mofa.go.kr/www/wpge/m_3834/contents.do

　양자조약, 다자조약과 더불어 유관정보를 제공하고 있다. 조약에 관한 기초정보와 조약체결현황, 최근발효조약, 국제법 동향, 국제기구 정보 등의 자료를 볼 수 있다.

다. 국회

(1) **국회 의안정보시스템** http://likms.assembly.go.kr/bill/main.do

　법률안, 예산안, 동의안 등과 같은 안건(의안) 원문과 검토보고서, 심사보고서, 회의록 등을 제공한다.

(2) **국회 법률정보시스템** http://likms.assembly.go.kr/

　현행 및 폐지 법령, 현안이 되고 있는 법령 등을 제공하고 있다.

(3) **국회도서관 법률정보시스템** https://www.nanet.go.kr

　최신 외국입법정보, 주요국의 최신 법령판례, 외국법률 번역 DB, 외국 입법사례 DB, 국내 법률쟁점 DB, 국회 회의록 및 현행 법령·판례·법률문헌 검색, 국내외 의회·법령 웹 DB 등을 제공하고 있다.

라. 기타

(1) **법학전문대학원협회** http://info.leet.or.kr/

전국 25개 로스쿨 정보 및 자료 제공

(2) **로앤비** https://www.lawnb.com/

민간에서 제공하는 법률정보 사이트로 국내외 법령 및 판례는 물론이고, 법률문헌 도 검색하여 열람할 수 있다. 대법원 종합법률정보에 게재되지 않은 판례난 공개되지 않은 하급심 판례도 다수 포함되어 있다.

(3) **한술연구정보서비스** http://www.riss.kr/index.do

교육부 산하 한국교육학술정보원(KERIS)에서 제공하는 학술정보 서비스로 국내외의 학술지 및 학위논문과 연구보고서 등을 검새할 수 있다.

(4) **삼일아이닷컴** http://www.samili.com/

최신 제·개정 세법, 최신회계규정, 최신개정법률, 최신예규 등과 조세와 관련된 조세판례 등을 특화하여 제공한다.

(5) **대한변호사협회** http://www.koreanbar.or.kr/

협회안내, 회원명부, 간행물 안내, 변호사전용메뉴, 생활법률 관련사이트, 무료법률상담소등 안내로 구성되어 있고, 변호사징계정보도 검색할 수 있다.

(6) **서울지방변호사회** https://www.seoulbar.or.kr/

(7) **법률신문** https://www.lawtimes.co.kr/

(8) **대한법률구조공단** https://www.klac.or.kr/#

법률상담사례집, 온라인 법률상담 코너 등으로 구성

2. 일본

(1) **최고재판소 판례정보** https://www.courts.go.jp/

재판례 검색에서 최고재판소, 고등재판소, 하급재판소의 판결례를 검색할 수 있다.

(2) **법무성 홈페이지** http://www.moj.go.jp/

법무성의 조직, 각종 정보(형사사건, 형사정책, 부동산등기 등) 제공, 상담 창구 등으로 구성.

(3) **법령데이터제공시스템** https://www.e-gov.go.jp/law/

총무성에서 제공하는 법령정조제공 서비스로 현행 법령 이외 폐지되거나 실효된 법령도 확인할 수 있다.

(4) 일본법령 외국어역 데이터베이스시스템 https://www.japaneselawtranslation.go.jp/

　법무부에서 운영하는 영문판 일본법령 홈페이지

(5) Westlaw Japan https://www.westlawjapan.com/

　세계 주요 국가의 법률정보와 관련 정보를 망라하여 제공하고 있음. 유비각 등에서 발간하는 잡지들의 원문 DB가 다수 포함되어 있다.

(6) LexisNexis ASONE https://www.lexis-asone.jp/

　일본의 법령, 판례, 평석, 서적 등의 법률정보를 종합적으로 제공하는 DB.

3. 미국

(1) 미국연방법원 홈페이지 https://www.uscourts.gov/

(2) 법무부 홈페이지 https://www.justice.gov/

4. 독일

(1) 연방법원 홈페이지 https://www.bundesgerichtshof.de/

(2) 연방헌법재판소 홈페이지 https://www.bundesverfassungsgericht.de/

(3) 독일 법무부 홈페이지 https://www.bmjv.de/

(4) Juris https://www.juris.de/jportal/index.jsp

　독일의 판례, 법관련문서, 주법원판례, 각종 행정법규, 지법판례를 제공.

(5) 독일 법률관련 정보 링크 사이트 http://jur-online.de/

로스쿨법창오디세이

제**2**편

법리와 인간

01. 법과 인간상(人間像)
02. 민법학의 뿌리와 줄기
03. 사적 자치란 무엇인가? – 사적 자치와 후견적 관여를 중심으로 –
04. 물권과 채권의 준별과 융합 – 물권과 채권 '따로국밥'인가? –
05. '피(被)'자(字) 붙은 사람들 : '피'보는 사람들
06. '가(假)' 자(字)의 세계
07. 매매 : 賣買인가, 買賣인가?
08. 초일산입과 불산입의 기간계산
09. falsa demonstratio non nocet(誤表示 無害의 원칙)
10. 로마법 맛보기
11. 계자(繼子)와 계모(繼母)
12. 고유정 사건과 법의 거미줄
    – 상속, 친권상실, 미성년후견인 지정, 유아인도 등을 중심으로 –
13. 양창수 교수의 「민법연구 제10권」 片想
14. 산과 법 – 국립공원 관련 법령의 이해 –
15. 법언(法諺)의 세계

01 법과 인간상(人間像)

1.

우리나라의 법학 교과서나 법학 강좌이름은 예나 지금이나 대개 법명(法名)을 그대로 써서 헌법, 민법, 형법, 상법, 민사소송법 등으로 쓰고 있고, 변호사시험 과목으로는 공법, 민사법, 형사법 등으로 쓰고 있다.

그런데 미국의 경우 사람들이 헌법에 대한 친밀감을 갖도록 헌법 책 서명(書名)으로 "우리는 얼마나 자유로운가?"로 쓰는 예가 있다. 우리의 경우도 교과서나 강좌명도 진부하게 법명에 따를 것이 아니라 각 법의 핵심 키워드로 작명하면 좋지 않을까 생각해본다.

▷ 헌법 → 인간의 존엄과 가치, 인격(개성)의 신장, 우리사회의 권리장전(Bill of Right), Magna Charta, 자유의 헌법학
▷ 민법 → 자유(자율)와 책임, 자기결정과 자기책임, 사적 자치
▷ 형법 → 죄와 벌, 범죄와 형벌, 善人(착한 사람)을 위한 법, 죄 지은만큼 받는 벌
▷ 행정법 → 법치행정, 복지시대의 牧民心書
▷ 상법 → 샤일록을 위한 법, 장사꾼의 법
▷ 민사소송법 → 잃어버린 권리를 찾아서, 권리를 위한 투쟁
▷ 형사소송법 → 악마(피고인)를 위한 법

법이라고 하는 것이 갑자기 하늘에서 떨어진 것이 아니라 역사적, 시대적 산물이고 각 법마다 그 법이 전제로 하는 인간상 내지 인간관이 있다. 법학을 공부하면서 각 법이 전제하고 있는 인간상을 정확하게 그려낼 수 있어야 제대로 법학공부를 한 것이 된다.

2.

먼저 **헌법상의 인간상**은 어떠한 인간상인가? 인간의 존엄성을 규정한 헌법 제10조에서 우리 헌법질서가 이상으로 하고 있는 인간상을 추출할 수 있다. 헌법상의 인간상은 바로 인간의 존엄성으로 징표되는 자주적 인간상이다.

헌법재판소 판례가 이야기하는 바와 같이 '헌법상의 인간상은 자기결정권을 지닌 창의적이고 성숙한 개체로서의 국민'이고(헌법재판소 1998. 5. 28. 선고 96헌가5 결정 등), 국민 스스로 선택한 인생관·사회관을 바탕으로 사회공동체 안에서 각자의 생활을 자신의 책임아래 스스로 결정하고 형

성하는 성숙한 민주시민인바(헌법재판소 2000. 4. 27. 선고 98헌가16 결정), 이는 사회와 고립된 주관적 개인이나 공동체의 단순한 구성분자가 아니라, 공동체에 관련되고 공동체에 구속되어 있기는 하지만 그로 인하여 자신의 고유가치를 훼손당하지 아니하고 개인과 공동체의 상호연관 속에서 균형을 잡고 있는 인격체라 할 것이다(헌재 2003. 10. 30. 선고 2002헌마518 결정).

이러한 인간은 역사성이나 사회성에서 유리된 개인도 아니고 사회의 단순한 구성분자로서의 집단주의적 개인도 아니다. 결국 우리 헌법의 기초도 자유주의에 바탕을 두고 있음을 알 수 있다. 우리 헌법이 표방하고 있는 각종 기본권이나 각종 정치질서는 이와 같은 헌법상의 인간상을 헌법적으로 실현시키기 위한 제도적 장치라고 할 수 있다. 따라서 국가의 조세정책이나 복지정책의 한계도 바로 헌법 제10조와 헌법상의 인간상에 초점을 맞추어 설정되어야 한다.

여기서 헌법 제10조를 근거로 인간의 존엄권이라고 하는 독자적인 기본권이 인정될 수 있는가에 관하여 논란이 있다. 헌법 제10조에 단순한 선언적 의미 이상의 적극적이고 구체적인 내용을 포함하고 있으나, 그렇다고 여기에 인간의 존엄권이라는 독자적인 기본권을 인정하는 경우 헌법 제10조와 헌법 제37조의 관계가 애매해진다. 대학시절에 허영 교수님이 헌법 제10조와 기타의 기본권 사이의 관계는 주종의 관계가 아니라 기본권의 '핵'과 '껍질'의 관계라고 설명하시던 모습이 생각난다. 이 핵과 껍질의 관계 때문에 인간의 존엄과 가치가 기본권의 본질적 내용으로서의 의미를 갖게 되고 그것은 더 나아가 헌법 제37조 제2항에 의한 기본권침해의 한계규정으로서의 성격을 갖게 된다는 점이다.

아울러 헌법 제10조와 제37조 제1항과의 상승작용에 의하여 윤리적 가치의 표상인 인격체에게 그 개성신장을 위한 포괄적인 '행동의 자유'를 보장하고 있는 것이다. 다시 말하면 헌법 제37조 제1항이 말하는 것처럼 인간의 모든 권리와 자유가 헌법에 전부 열거될 수는 없는 것이기 때문에 구체적으로 열거되지는 않았으나 그렇다고 해서 결코 경시될 수 없는 자유가 헌법 제10조와 상승작용에 의해 개성신장을 위한 포괄적인 '행동의 자유' 형태로 보장되고 있는 것으로 보는 것이다. 예컨대, 헌법에 명시적으로 계약의 자유를 규정한 조문은 없다. 그렇다고 계약의 자유를 헌법상의 기본권이 아니라고 할 수 있는가? 사실 자본주의 시장경제질서 하에서 계약의 자유만큼 중요한 자유와 기본권도 없다. 계약의 자유도 개성신장을 위한 행동의 자유의 범주에 속하는 것이므로 헌법 제10조와 제37조 제1항의 상승작용에 의해 헌법적으로 보장받는 자유라고 이해해야 한다.

헌법에 명시적으로 열거되고 있는 기본권의 침해의 경우에는 제10조와 그 개별적인 기본권과의 핵과 껍질과의 관계 때문에 제10조가 그 침해의 한계규정이 되는 것이고, 계약의 자유와 같이 헌법에 구체적으로 명시되지 않은 기본권 침해의 경우에는 제10조가 제37조 제1항과의 상승작용에 의해서 갖는 포괄적인 행동의 자유보장이라는 기본권성 때문에 제10조는 그 침해에 대한 권리구제의 근거규정이 되는 것이다.

3.

민법상의 인간상은 어떤 인간상인가? 우리 민법이 전제하는 인간관 내지 인간상을 염두에 두지 않고는 민법을 전체적, 체계적으로 조망할 수 없다. 민법은 자본주의 경제질서를 떠받치는 법이다. 자본주의 경제질서를 떠받치는 두 기둥은 사적 소유권과 시장경제이다. 사적 소유권을 보장하는 법이 내 것과 네 것을 구별하는 물권법이고, 시장경제질서를 보장하는 법이 바로 계약법(채권법)이다. 내 것이 네 것이 되고 네 것이 내 것이 되는 사회주의체제에서 자유주의 민법은 존재할 수 없다. 계약이야말로 재화의 이전을 매개하는 중요한 법적 수단이다. 민법 역시 개인주의와 자유주의를 기반으로 하는 법체계이다.

프랑스 대혁명의 적자를 자처한 나폴레옹이 1799년 정권을 잡자마자 서둘른 것은 민법전 편찬이었다. 19세기 말 비스마르크의 영도 하에 통일을 이룬 독일도 우선과제로 민법전편찬을 서둘렀다. 일본도 메이지유신 직후부터 프랑스와 독일법을 열심히 계수하여 1898년 민법전을 시행했다. 대한민국도 정부수립 후 법전편찬 작업에 매달려 1958년 신민법을 만들었고(1958. 2. 22. 법률 제471호), 1960년 1월 1일부터 시행하였다.

혁명, 통일, 독립 등 격동기에 왜 민법전 제정이라는 한가한 과제에 매달렸을까? 그것은 재산권 질서의 정립이야말로 사회근대화의 필수적인 전제조건이기 때문이다. 시장경제가 가능하려면 우선 내 것과 네 것이 명확해야 도전적이고 창의적인 기업가정신이 발휘된다. 소유권과 시장경제야 말로 자본주의 사회의 전제조건이자 근간이다. 개인의 창의력을 보호해주는 법질서의 중추를 이루는 법이 바로 민법이다. 사유재산제도와 계약의 자유, 그리고 경쟁체제를 보장하는 법질서가 없이는 개인의 창의력은 발휘될 수가 없다.

개인의 창의력을 보호해주는 법질서의 중추를 이루는 법이 바로 민법이다. 사유재산제도와 계약의 자유, 그리고 경쟁체제를 보장하는 법질서가 없이는 개인의 창의력은 발휘될 수가 없다. 이 자유주의 민법을 토대로 우리의 경제가 이 만큼이라도 발전한 것이다. 집단주의, 전체주의, 몰개성주의 아래서는 개인은 물론 국가의 발전은 있을 수 없다.

민법의 대원칙 내지 최고원리는 바로 '私的自治'사적자치이다. 사적자치는 법질서에 先在하면서 법질서에 의해 실현된다. 쉬운 예를 들어 甲이 乙로부터 돈을 빌렸다면 乙이 이를 갚아야 하는 근거는 어디에 있는가를 생각해보라. 개인의사와 법질서 양자가 불가분적으로 사적자치 내지 계약의 효력근거가 된다. "신분에서 계약으로(from status to contract)" 사적자치에 의하여 지배되는 법이 바로 민법이다. Pacta sunt servanda(약속은 지켜져야 한다)! 사적 자치의 정당성은 "개인의 자기결정을 관철시키는 힘"에 있다.

私的自治의 원칙(Privatautonomie)은 바로 개인은 자기결정에 의하여 자기의사에 따라서 자기 법률관계를 스스로 형성할 수 있다는 원칙을 말한다. 민법상의 인간상은 나약하고 타율적인 인간이 아니라 스스로 결정하고 스스로 책임지는 주체적이며 자율적인 인간을 전제로 한다. 내가 좋아하는 말 중에 "隨處作主 立處皆眞"이라는 말이 있는데, 어디에 가든 주체적으로 살고, 어디서나 주인 노릇을 하라는 것이다. 타율이 아닌 자율의 삶을 살고, 내가 살고 있는 현재의 공간에서 나 자신이 주인이 되어야 한다는 뜻이다. 어떤 일이라도 주체적 역할을 할 때 그 일은 곧 온전한 내 일이 되고, 온전한 나의 삶이 된다.

인간은 생활을 위하여 의식주 등 재화와 이성과의 결합을 필요로 하는데 의식주 등 재화에 관한 법이 재산법이고 이성과의 결합을 토대로 한 가족관계에 관한 법이 가족법이다. 각 개인은 자기 일을 自己決定(Selbstbestimmung)에 의하여 自己責任(Selbstverwertung) 하에 自己支配(Selbstherrshaft) 하도록 하는 것은 하나의 당위이다.

계약자유의 원칙(또는 사적자치의 원칙)은 소유권 절대의 원칙, 과실책임의 원칙과 더불어 근대민법의 3대원칙을 구성한다. 계약은 사적자치를 구현하는 중요한 법적 형태로서 계약 당사자들은 그들의 계약내용을 그들의 의사와 필요에 따라 자유롭게 정할 수 있고 계약의 체결을 강제 당하지 않으며(계약자유의 원칙), 개인들의 생활의 물질적 기초인 소유권을 절대적으로 보호해 주고(사소유권 절대의 원칙), 개인은 고의 또는 과실로 위법하게 타인에게 가한 손해에 대하여만 손해배상책임을 진다(과실책임의 원칙).

그러나 소유권절대의 원칙이라기보다는 **'소유권 및 재산권보호'의 원칙**이 정확할 것이다. 재산권이 보호되어야 경제적 자유뿐만 아니라 정치적 자유도 보장된다. 계약자유의 원칙도 정확하게는 **계약이행의 원칙 내지 계약준수의 원칙**으로 불러야 한다. 계약자유의 원칙은 계약을 자유로이 체결하는 계약의 자유라기보다는 *Pacta sunt servanda!*(약속은 지켜져야 한다), 계약은 이행(준수)되어야 한다는 원칙을 말한다. 계약은 자기결정에 의한 자기구속을 의미한다. 일단 계약이 성립하면 이는 당사자 쌍방을 구속한다. 계약 당사자가 그리 하기를 원하였다(wollen)는 것에서 그러한 의무가 발생한다(sollen). 계약에 근거한 의무는 타율적으로 남이 부여한 것이 아니라 스스로 자신을 구속함으로써 발생한 것이다. 사적 자치 내지 계약의 효력근거는 개인의사와 법질서이다. 계약의 원활한 기능은 계약의 준수를 그 전제로 하고 있다. 법원도 계약의 해석자일 뿐 당사자를 위하여 계약을 재구성할 권한은 없다. **과실책임의 원칙**도 자신의 책임으로 발생한 손해는 자신이 배상하여야 한다는 의미에서 자기책임의 원칙으로 부르는 것이 보다 정확하다.

국가가 전체 사회의 질서유지와 공공복리의 목적을 위하여 개인 간의 계약도 부득이 규제하지 않을 수 없다고 하더라도 개인의 존엄과 가치를 존중하는 자유민주주의 기본가치는 고수하여야 하기 때문에 예외적으로 법률에 의해서만 제한될 수 있는 것임을 유의하여야 한다. 법원도 계약의 해석자일 뿐 당사자를 위하여 계약을 재구성할 권한은 없다. 형평과 정의, 신의칙이라는 이름으로 법원이 무분별하게 개인 간의 계약내용에 간섭하는 경우 사적자치의 원칙은 공허해지고 만다. 민법학의 뿌리 내지 기본원리에 관하여는 다음에 다시 살펴본다.

4.

민사소송법상의 인간상을 반영하는 말은 Ne proedat judex ex officio.(소 없으면 재판 없다), Narra mihi factum, narro tibi jus.(나에게 사실을 말하라. 너에게 권리를 주리라.) 등이 이에 해당할 것이다. 각 개인은 자기결정에 의하여 자기의사에 따라서 자기의 법률관계를 스스로 형성할 수 있다는 사적자치의 원칙이 민사소송법에 투영되면 당사자처분권주의와 변론주의로 나타난다. 사법상의 법률관계는 그 주체인 당사자가 자유로이 처분할 수 있는 법률관계에 관한 것이므로 이에 관하여 소송절차를 개시할 것인지, 어느 범위에서 심판을 구할 것인지도 당사자의 사적자치에 맡겨져 있다. 민사소송은 개인의 사적 분쟁을 해결하는 절차이고 당사자처분권주의가 인정되지 않는다면 사적 자치는 공허해지고 만다. 우리 민사소송법상의 인간상도 타율적인 나약한 인간이 아닌 자신의 삶을 스스로 개척해나가는 자율적 인간을 전제로 하는 자유주의를 그 바탕에 깔고 있다.[1]

우리 국민 중 많은 사람들이 소장만 내면 법원이 어련히 알아서 다 잘 해 줄 것으로 생각하는 경향이 많은데, 법원은 제3자의 입장에서 심판하는 입장에 있지 당사자를 대신하여 주장하거나 증거를 찾아 입증을 해주는 입장에 있지 않다. 우리 국민들의 이러한 의존성향이 복지국가적 경향이 맞물리면서 극단적으로 재판결과에 불신을 조장하는 면이 없지 않다. 재판은 승자와 패자가 있기 마련이다. 법률적으로 열악한 당사자를 위하여 대리인제도나 소송구조제도, 석명권과 법적관점 시사의무 등 변론주의를 보완하는 제도가 마련되어 있는 것이고, 소송을 주도적으로 이끌어가는 소송의 주체는 어디까지나 원고와 피고 즉, 당사자이다. 민사소송법상 당사자에게는 변론권, 증명(입증)권, 불복신청권 등 절차권이 보장되어 있다. 이런 절차권이 보장된 것을 전제로 확정판결에 기판력을 부여하고 있는 것이다.

소송자료(사실자료와 증거자료)의 수집·제출책임을 당사자에게 맡기고 법원은 당사자가 제출한 소송자료만을 토대로 재판을 하도록 하는 변론주의는 민사소송의 최고원칙이며 대원칙이다. 변론주의 역시 자유주의에 바탕을 두고 있다. 법원과 당사자가 협동하여 사안을 해명하여야 한다는 이른바 '협동주의'를 주장하는 견해가 있으나, 민사소송의 실체는 원고와 피고가 법원에서 소송물을 두고 공격과 방어를 하는 법정공방에 있고 실체적 진실을 발견하기 위한 협동작업으로 볼 것이 아니다. 원고와 피고 당사자가 스스로 소송을 수행하고 그 내용전개에 있어 결정적으로 내용을 행사할 수 있어야 개인의 자유와 자기책임이 보장되므로 아무리 사회적 민사소송관이 주창되는 시대상황이라 해도 변론주의의 기본가치는 존중되지 않으면 안 된다.

5.

형법이 지향하는 인간상 내지 인간관은 무엇인가? 인간의 행위에 대한 윤리적 가치판단을 내포하고 있는 형벌은 행위자의 행위가 그 행위자에게 윤리적으로 비난할 수 있을 때에만 그리고 원칙적으로 그 한도에서만 과해질 수 있다. 형법상의 인간상도 다른 자유주의 법들과 마찬가지로 자유

---

[1] 민사소송과 정치체제의 관계에 관하여는 강희원, "민사소송과 정치체제-민사소송법이론에 있어서 이데올로기", 민사소송 제 11권 제1호, p.11 이하 참조.

롭고 윤리적인 인격체로서의 인간상을 그 전제로 하고 있다.

그러면 과연 인간에게 범죄를 저지르지 않을 자유의지가 있는가? 과연 인간은 언제나 자유롭고 윤리적인 자기결정을 할 수 있는 소질을 갖고 있고 항상 책임 있는 결정을 할 수 있는 존재인가? 인간을 벌하는 것은 인간의 자유의지를 전제로 한다. 그러나 인간에게 자유의지가 없다고 모든 범죄인을 무죄 석방한다면 우리 사회는 어떻게 유지될 것인가? 모든 범죄인을 벌하지 않으면 안 된다는 것은 우리들의 실제적인 요구이다. 범죄자를 처벌하기 위하여는 우리는 마치(als ob) 인간에게 자유의지라고 하는 것이 존재하는 것처럼 행동하지 않으면 안 된다.

우리는 피고인이 다른 행위를 할 수가 있었던 것처럼 생각하여 그 범행을 비난하고 그 범행에 대하여 책임을 묻는 것이다. 칸트의 '양심의 법정'에서와 같이 모든 인간은 그 자신 내부에 모든 경험과 무관하게 선험적으로 선과 악을 인식하고 구별할 수 있는 능력을 가지고 있다고 보는 것이다. 오늘날의 형법상의 책임개념 즉 규범적 책임개념에 따르면 책임은 바로 '비난가능성'이다. 우리가 행위자에 대하여 그의 행위 때문에 가하는 비난, 즉 "너는 너의 개인적 통찰과 능력에 따라 달리 행위 했어야 했고 달리 행위 할 수 있었을 것이다."라는 비난이다. 이러한 개인적 행위책임을 개별책임 또는 행위책임이라고 하는 것이다. 사실 우리는 일상생활에서 '자유의지'의 허구와 가정을 가지고 있지 않다면 우리의 인생을 생각할 수도 없을 것이다.

02 민법학의 뿌리와 줄기

1.

민법은 만법의 기본법이다. 수천 년 동안 공고하게 형성되어온 민법의 법리는 촘촘하고 논리적인 법체계를 기반으로 개인과 공동체의 역학관계를 규율하고 있다. 수십 년 동안 민법을 공부했고, 민사재판도 숱하게 경험했지만 민법의 배후에 실존하고 있는 가치체계가 무엇인지, 민법의 법리가 사람에 따라 다르게 해석되는 근본적 이유가 무엇인지, 그리고 민법을 공부하면 공부할수록 미궁 속으로 빠져드는 것은 무엇 때문인지에 관하여 의문을 가져왔다.

로스쿨에서 민법을 공부하는 학생들은 교과서도 보지 않고 요약서나 기출 사례 또는 판례의 결론을 숙지하기에 바쁠 뿐 민법의 사상이나 뿌리에 관하여는 깊은 천착을 하지 못하고 있다. 어차피 평생 법으로 먹고 살아야 할 법률가라면 자칫 민법 공부가 밑 빠진 독에 물 붓기 식 공부가 되지 않도록 민법 공부를 제대로 찐득하게 할 필요가 있다.

서울대 법전원 권영준 교수가 펴낸 「민법학의 기본원리」(박영사, 2020)는 민법학의 뿌리와 줄기를 탐색하는데 의미 있는 소재를 제공하고 있다. 이 책은 크게 민법에서의 이론과 역할, 개인과 공동체, 법관의 역할에 포커스를 맞추어 민법학의 뿌리와 줄기를 추적함으로써 민법학 전반을 거대 담론의 장에서 역동적으로 조감하고 있다. 차제에 이 책을 읽어가면서 고답적이고 진부한 모습의 민법이 아니라 개인과 공동체 사이에서 역동적으로 기능하는 민법의 모습을 추적해보기로 한다.

2.

민법의 이론, 법리, 실무의 유기적 상호관계를 통하여 민법에서의 이론의 모습과 역할을 살펴보자. 권영준 교수에 의하면 **이론**(theory)은 법이 무엇인가, 또는 법이 어떠해야 하는가에 관하여 특정한 관점에서 가공된 포괄적인 논리체계 내지 가치체계이고, **법리**(doctrine)는 법을 해석하고 적용하는 과정에서 활용할 수 있도록 실정법과 판례 또는 학설을 소재로 만들어진 구체적 법명제들의 체계적 집합이다. **실무**(practice)는 법률가가 실제 사건을 대상으로 하여 이에 관한 법을 해석하고 적용하는 업무수행과정이다.

이론, 법리, 실무는 상호 유기적 관계를 맺으면서 민사재판에 영향을 미친다. 이론은 법리나 실무를 떠나서는 홀로 존재할 수 없다. 이 책은 그 중 법리와 실무의 배후에 존재하는 이론의 문제를 중점적으로 다루고 있다. 법리는 민사재판에서 구체적 판단이 논리적으로 정당하게 이루어질 수 있도록 도와준다. 법리는 체계적으로 구성된 법 논리체계이므로 요건사실론적 사고와 친화적이다.

예컨대 채권자 甲이 채무자 乙에 대한 대여금채권을 丙에게 양도한 경우 丙이 乙을 상대로 양수금청구를 하는 경우의 요건사실은 ① 甲이 乙에게 돈을 대여한 사실(양도대상채권의 존재), ② 甲에 丙에게 위 대여금채권을 양도한 사실(채권양도계약의 체결), ③ 甲이 乙에게 채권양도통지를 하거나 乙이 채권양도를 승낙한 사실(채권양도의 대항요건 구비)이다. 이러한 요건이 충족되면 특별한 사정이 없는 한 丙은 乙에게 양수금의 지급을 청구할 수 있다(④ 법률효과). 즉 ①+②+③=④라는 공식이 성립한다.

그런데 ①, ②, ③의 각각의 요건사실 내에서 세부요건들이 있다. ①의 요건과 관련하여 丙이 양수금을 청구하려면 우선 그 근거가 되는 甲의 乙에 대한 대여금채권이 존재하여야 한다. 이를 위해서는 그 하위요건으로 甲과 乙 사이에 유효한 소비대차계약이 체결되었어야 하고(①-1), 이에 따라 乙이 甲에게 돈을 인도하였어야 한다(①-2).

그리고 하위요건 ①-1도 다양한 세부요건들을 전제하고 있다. 우선 甲과 乙 사이에 소비대차계약에 따른 대여금반환채권이 발생하려면 甲과 乙이 계약당사자로 인정될 수 있어야 하고, 만약 甲이나 乙이 다른 사람 명의로 계약을 체결하였다면 누가 계약의 당사자인지 확정하여야 한다. 甲이나 乙이 제3자를 대리인으로 내세워 계약을 체결하였다면 그 제3자에게 대리권이 있는지, 그 권한의 범위는 어디까지인지 살펴야 한다. 甲이나 乙이 법인이나 비법인사단이라면 적법한 대표권을 가진 자가 甲이나 乙을 대표하여 소비대차계약을 체결하였는지를 살펴야 한다. 보다 근본적으로 甲과 乙 사이에 체결된 계약 자체가 소비대차계약으로 해석될 수 있는지도 살펴야 한다. 甲이 乙에게 돈을 빌려준 것이 아니라 돈을 증여한 것일 수도 있고, 투자한 것일 수도 있고, 乙이 돈을 갚은 것일 수도 있기 때문이다. 또한 甲과 乙 사이에 체결된 소비대차계약이 무효나 취소사유가 없는지 등 계약이 유효한지도 살펴야 한다. 만약 丙이 대여원금채권 외에 이자채권이나 지연손해금채권까지 행사하려는 경우라면 각 채권의 발생요건을 다시 살펴보아야 한다.

위 예에서 보는 바와 같이 민법의 경우 실정법과 판례에 의해 상당히 구체화되고 구조화된 법리체계가 존재한다. 민사재판실무는 주로 이러한 법리체계에 의지하고 있다. 물론 법리는 만고불변의 진리가 아니라 사후적으로 수정되거나 변경될 수도 있는 가변적인 것이다. 그러나 민법과 관련된 법리는 상당수가 오랜 세월 검증의 세파 속에서 살아남아 확립되어 왔다는 점에서 일단 그 보편적 타당성이 추정되나, 변화하는 현실의 요구에 부응할 수 있는 유연성도 가져야 한다.

물권변동에 관한 형식주의와 일반 국민들의 법의식의 간극을 메우기 위한 판례이론은 법리의 유연성을 확보하기 위한 노력의 일환이다. 구민법상의 의사주의가 현행 민법상의 형식주의로 바뀌면서 미등기 부동산이 속출했고, 이러한 미등기 부동산의 소유자를 보호하기 위하여 여러 차례 특별조치법이 제정되었다. 그러나 대법원은 그러한 간극을 메우기 위해 소유권이전등기청구권의 소멸시효완성을 막는 유연한 법리를 제시하였다.

대법원 1976. 11. 6. 선고 76다148 전원합의체 판결이 "시효제도의 존재이유에 비추어 보아 부동산 매수인이 그 목적물을 인도받아서 이를 사용수익하고 있는 경우에는 그 매수인을 권리 위에 잠자는 것으로 볼 수도 없고 또 매도인 명의로 등기가 남아 있는 상태와 매수인이 인도받아 이를 사용수익하고 있는 상태를 비교하면 매도인 명의로 잔존하고 있는 등기를 보호하기 보다는 매수인의 사용, 수익상태를 더욱 보호하여야 할 것이므로 그 매수인의 등기청구권은 다른 채권과는 달리 소멸시효에 걸리지 않는다고 해석함이 타당하다."고 판시한 것은 등기를 하지 않았어도 목적부동산을 인도받아 사용, 수익하는 자가 사실상 소유자로 보호받아야 한다는 당시의 법의식이나 부동산거래의 실정을 고려한 판결이다.[1] 우리 국민들의 법의식이 부동산을 사고팔면서 등기를 마쳐야 진정한 소유권자가 된다는 확고한 법의식이 자리잡아가고 있는 상황이라면 이 법리도 장래에 영원불변하게 유지될 수는 없을 터이고 다시 법리의 유연한 적용이 요구될 것이다.

판례가 구분소유적 공유관계를 상호명의신탁의 이론으로 현실과 법의 괴리를 메꾼 것과 사실상 도로의 부당이득반환청구와 관련하여 '배타적 사용수익권의 포기'의 법리를 확립한 것[2]도 비슷한 사례이다.

3.

이 책은 민사재판에 있어서 이론, 법리, 실무의 기능을 "안정화(법리) ⇒ 최적화(실무) ⇒ 정당화(이론)"로 정리하고 있다. 민사재판에 있어서 법리는 민사재판의 실체적 규범을 형성하는 것으로서, 법적 안정성과 예측가능성을 높이고 합리적 판단의 틀을 제공함으로써 분쟁과 관련된 비용을 최소화 한다(법리의 안정화 기능). 실무는 법리의 안정화 기능의 토대 위에서 최적화 기능을 수행한다. 이론은 법리와 실무를 정당화해주는 기능을 수행한다. 재판에서 등장하는 쟁점들은 궁극적으로 인간과 사회를 어떻게 바라볼 것인가 하는 근본적 가치결단으로 이어질 수밖에 없다.

법리는 특정한 법 분야를 대상으로 구체적 적용이 가능한 방식으로 전개되고, 이론은 많은 경우 법 분야를 망라하여 포괄적으로 전개된다. 법리는 법의 주된 모습을 형성하고, 실무는 사건의 맥

---

[1] 대법원 1999. 3. 18. 선고 98다32175 전원합의체 판결이 "부동산의 매수인이 그 부동산을 인도받은 이상 이를 사용·수익하다가 그 부동산에 대한 보다 적극적인 권리 행사의 일환으로 다른 사람에게 그 부동산을 처분하고 그 점유를 승계하여 준 경우에도 그 이전등기청구권의 행사 여부에 관하여 그가 그 부동산을 스스로 계속 사용·수익만 하고 있는 경우와 특별히 다를 바 없으므로 위 두 어느 경우에나 이전등기청구권의 소멸시효는 진행되지 않는다고 보아야 한다."고 판시한 것도 미등기전매가 행해지는 거래실정과 부동산가격이 상승하는 상황에서 매도인으로부터 등기이전을 받지 못하는 최종 매수인을 보호하는 것이 법 현실에 부합하다고 본 것이다.

[2] 대법원 2019. 1. 24. 선고 2016다264556 전원합의체 판결은 "대법원 판례를 통하여 토지 소유자 스스로 그 소유의 토지를 일반 공중을 위한 용도로 제공한 경우에 그 토지에 대한 소유자의 독점적이고 배타적인 사용·수익권의 행사가 제한되는 법리가 확립되었고, 대법원은 그러한 법률관계에 관하여 판시하기 위하여 '사용·수익권의 포기', '배타적 사용·수익권의 포기', '독점적·배타적인 사용·수익권의 포기', '무상으로 통행할 권한의 부여' 등의 표현을 사용하여 왔다. 이러한 법리는 대법원이 오랜 시간에 걸쳐 발전시켜 온 것으로서, 현재에도 여전히 그 타당성을 인정할 수 있다. 다만 토지 소유자의 독점적이고 배타적인 사용·수익권 행사의 제한 여부를 판단하기 위해서는 토지 소유자의 소유권 보장과 공공의 이익 사이의 비교형량을 하여야 하고, 원소유자의 독점적·배타적인 사용·수익권 행사가 제한되는 경우에도 특별한 사정이 있다면 특정승계인의 독점적·배타적인 사용·수익권 행사가 허용될 수 있다. 또한, 토지 소유자의 독점적·배타적인 사용·수익권 행사가 제한되는 경우에도 일정한 요건을 갖춘 때에는 사정변경의 원칙이 적용되어 소유자가 다시 독점적·배타적인 사용·수익권을 행사할 수 있다고 보아야 한다."고 판시하였다.

락 아래 법을 구체화하며, 이론은 법의 자양분을 제공한다. 법관은 정리된 틀로서의 법리와 정리되지 않은 현실 사이에서 '실무'적인 고민을 하게 되고, 여러 가지 '이론'적 고민과 결단을 하지 않을 수 없다. 이때 법관이 궁극적으로 의지하는 것은 누구에게 계약상의 권리 또는 의무를 지우는 것이 정의로운가 하는 형평감각이다.

법관은 부지불식간에 어떤 법리를 실제 사건에 적용함에 있어서 그 배후에 있는 가치의 지배를 받는다. 그런데 이론의 세계는 논리가 아닌 가치를 다루는 곳이므로 이곳에는 모든 사람들이 수긍할 수 있는 정답이라는 것이 존재하지 않는다. 대법원 전원합의체 판결에서 다수의견, 반대의견, 별개의견, 보충의견이 나뉘는 것은 각 의견별로 의지하고 있는 이론 내지 가치가 다르기 때문이고 그렇다고 다수의견이 언제나 정답인 것은 아니다. 대법원 전원합의체 판결도 시대상황에 따라 유연하게 바뀔 수 있다.

법관을 비롯한 실무가들의 일이 단순한 수공작업으로 퇴화하지 않으려면 그들의 직업적 삶 속에서 이론적인 고민이 스며들어야 한다. 하나의 체계적이고 거대한 이론 구조 하에서 모든 것을 설명하는 것이 한계가 있을지라도 다양한 현상의 배후에 있는 원리들의 존재를 부정할 수도 없다.

4.
이 책은 민법의 기본이론을 설명하는 축의 하나로 '개인과 공동체'를 들고 있다. 개인과 공동체의 관계를 어떻게 바라보고 이해할 것인가에 관하여 종래의 사적자치의 원칙(계약법), 과실책임의 원칙(불법행위법), 사유재산권 존중의 원칙(소유권법)과 시각을 달리하여 자율과 후견(계약법), 회복과 예방(불법행위법), 강고한 소유권과 유연한 소유권(소유권법)이라고 하는 색다른 안경으로 개인과 공동체를 바라보고 있다.

민법의 기본원리라고 일컬어지는 것들의 배후에는 자유주의적 사상과 공동체주의적 사상 또는 개인과 공동체의 긴장관계가 깔려 있다.

이른바 '카지노 판결'을 통하여 자유주의와 공동체주의에 관한 시각을 살펴보자. 이 사건의 사안은 다음과 같다. 피고는 폐광지역개발 지원에 관한 특별법(이하 '폐광지역지원법')에 따라 국내에서 유일하게 내국인 출입이 가능한 카지노업의 허가를 받아 '강원랜드 호텔&카지노'라는 상호로 카지노를 개장하여 운영하고 있다. 원고는 2003년부터 2006년까지 총 333회에 걸쳐 피고 운영의 카지노에서 게임을 하다가 약 231억 원 상당을 잃었다. 원고는 카지노에서 게임을 하면서 자신을 대신하여 베팅하여 주는 이른바 '병정'을 이용하여 피고의 내규에서 정한 베팅제한금액을 초과한 베팅을 하였고, 피고 소속 직원들은 이를 묵인하였다. 원고의 아들은 도박중독을 이유로 피고에게 원고의 카지노 출입을 금지해 달라는 요청서를 보냈다가 다음 날 바로 이를 철회하였고, 피고는 따로 출입제한조치를 하지 아니하고 원고의 카지노 출입을 허용하였다.
원고는 피고 소속 직원들이 원고가 '병정'들을 내세워 베팅한도액을 초과한 베팅을 하는 것을 묵인한 행위와 원고의 아들이 출입제한신청을 하였음에도 요청을 철회하였다는 사정만으로 도박 중독 상태에 있었던 원고의 출입을 제한하지 아니하고 카지노 출입을 허용한 것은 고객에 대한 보호의무 위반행위라고 주장하며 약 293억 원 상당의 손해배상을 구하는 소를 제기하였다.

제1심 및 원심에서는 피고가 원고에 대한 보호의무를 위반하였다고 보아 손해배상책임을 인정하였으나, 제1심은 원고의 전체 손실액 중 20%, 원심은 15% 책임을 인정하였다(인용금액 약 21억 원). 이 사건의 쟁점은 폐광지역지원법에 따라 내국인의 출입이 허용된 카지노를 허가받아 운영하는 피고가 카지노 이용자의 재산상 손실을 방지할 보호의무가 있는지 여부이다.

대법원 2014. 8. 21. 선고 2010다92438 전원합의체 판결의 다수의견은 다음과 같이 판시하고 원심을 파기환송하였다.

"(가) 개인은 자신의 자유로운 선택과 결정에 따라 행위하고 그에 따른 결과를 다른 사람에게 귀속시키거나 전가하지 아니한 채 스스로 이를 감수하여야 한다는 **'자기책임의 원칙'**이 개인의 법률관계에 대하여 적용되고, 계약을 둘러싼 법률관계에서도 당사자는 자신의 자유로운 선택과 결정에 따라 계약을 체결한 결과 발생하게 되는 이익이나 손실을 스스로 감수하여야 할 뿐 일방 당사자가 상대방 당사자에게 손실이 발생하지 아니하도록 하는 등 상대방 당사자의 이익을 보호하거나 배려할 일반적인 의무는 부담하지 아니함이 원칙이다. 카지노업, 즉 '전문 영업장을 갖추고 주사위·트럼프·슬롯머신 등 특정한 기구 등을 이용하여 우연의 결과에 따라 특정인에게 재산상의 이익을 주고 다른 참가자에게 손실을 주는 행위 등을 하는 업'(관광진흥법 제3조 제1항 제5호)의 특수성을 고려하더라도, 폐광지역지원법에 따라 내국인의 출입이 가능한 카지노업을 허가받은 자(이하 '카지노사업자')와 카지노이용자 사이의 카지노 이용을 둘러싼 법률관계에 대하여도 당연히 위와 같은 '자기책임의 원칙'이 적용된다.

(나) 카지노사업자가 카지노 운영과 관련하여 공익상 포괄적인 영업 규제를 받고 있더라도 특별한 사정이 없는 한 이를 근거로 함부로 카지노이용자의 이익을 위한 카지노사업자의 보호의무 내지 배려의무를 인정할 것은 아니다. 카지노사업자로서는 정해진 게임규칙을 지키고 게임진행에 필요한 서비스를 제공하면서 관련 법령에 따라 카지노를 운영하기만 하면 될 뿐, 관련 법령에 분명한 근거가 없는 한 카지노사업자에게 자신과 게임의 승패를 겨루어 재산상 이익을 얻으려 애쓰는 카지노이용자의 이익을 자신의 이익보다 우선하거나 카지노이용자가 카지노 게임으로 지나친 재산상 손실을 입지 아니하도록 보호할 의무가 있다고 보기는 어렵다.

다만 자기책임의 원칙도 절대적인 명제라고 할 수는 없는 것으로서, 개별 사안의 구체적 사정에 따라서는 신의성실이나 사회질서 등을 위하여 제한될 수도 있다. 그리하여 카지노이용자가 자신의 의지로는 카지노 이용을 제어하지 못할 정도로 도박 중독 상태에 있었고 카지노사업자도 이를 인식하고 있었거나 조금만 주의를 기울였더라면 인식할 수 있었던 상황에서, 카지노이용자나 그 가족이 카지노이용자의 재산상 손실을 방지하기 위하여 법령이나 카지노사업자에 의하여 마련된 절차에 따른 요청을 하였음에도 그에 따른 조처를 하지 아니하고 나아가 영업제한규정을 위반하여 카지노 영업을 하는 등 카지노이용자의 재산상실에 관한 주된 책임이 카지노사업자에게 있을 뿐만 아니라 카지노이용자의 손실이 카지노사업자의 영업이익으로 귀속되는 것이 사회 통념상 용인될 수 없을 정도에 이르렀다고 볼만한 특별한 사정이 있는 경우에는, 예외적으로 카지노사업자의 카지노이용자에 대한 보호의무 내지 배려의무 위반을 이유로 한 손해배상책임이 인정될 수 있다."3)

그러나 출입제한규정 위반과 관련하여 대법관 6인의 반대의견4)과 배팅한도액 제한규정 위반과 관련하여 대법관 2인의 반대의견5)이 있다. 대법원은 우리의 사법질서는 개인이 자신의 법률관계를 그의 자유로운 의사에 의하여 형성할 수 있다는 사적자치의 원칙과 개인은 자기에게 귀책사유가 있는 행위에 대하여만 책임을 지고 그렇지 아니한 타인의 행위에 대하여는 책임을 지지 아니한다는 자기책임의 원칙 등을 근간으로 하고 있음을 거듭 밝히고 있다.6)

자신이 스스로 선택하여 한 행위에 대한 책임을 타인에게 물을 수 있을까? 카지노와 같은 사행산업은 처음부터 그 이용자의 재산상실 위험이 내재하여 있으므로 카지노 이용자는 게임에 참여할지를 스스로 결정하고 그 결과 역시 받아들여야만 하는 것이고 돈을 잃었다고 하여 돈의 반환이나 손해배상청구를 허용하는 것은 불합리하다. 카지노와 같은 노름이든 뭐든 자신의 선택과 결정에 대하여는 자신이 책임을 지는 것이지 타인에게 이를 전가할 수는 없는 노릇이다. 다수의견의 결론이 옳다고 생각한다. 담배소송에서 원고들의 청구를 기각한 사유 중에 "흡연을 시작하는 것은 물론이고 흡연을 계속할 것인지 여부는 자유의지에 따른 선택의 문제로" 본 것7)도 같은 시각이다.

---

3) 이 사건의 경우 출입제한규정 위반행위 관련 피고가 관련 법령에 정해진 절차를 거쳐 카지노 이용자를 출입제한자 명단에 등재하고도 정당한 출입제한 해제절차를 거치지 아니하고 도박 중독 상태에 있는 카지노 이용자의 카지노 출입을 허용하였다면 그러한 행위는 카지노 이용자에 대한 보호의무 위반행위로 평가될 여지가 있을 것이나, 이 사건의 경우는 피고가 원고를 출입제한자로 등록하기도 전에 원고의 아들이 그 요청을 철회하여 원고에 대한 적법한 출입제한 요청조차 있었다고 보기 어려우므로, 피고에게 원고의 카지노 출입을 제한할 의무가 있다고 볼수 없고, 베팅한도액 제한규정 위반행위 관련 구 폐광지역지원법 시행령(2008. 12. 31. 대통령령 제21214호로 개정되기 전의 것. 이하 같다)에서는 '카지노 이용자의 과도한 사행심 방지를 위하여 거는 금액을 제한할 수 있다고 규정하고 있고, '폐광지역 카지노사업자의 영업준칙'에서는 피고의 일반 영업장에서의 카지노 게임 1회 베팅금액을 제한하는 규정을 두고 있지만 이러한 규정은 개별 이용자의 재산상 손실을 방지하기 위한 규정이라고 보기 어렵고 따라서 피고 소속 직원이 베팅한도액 제한규정을 위반하였다고 하여 피고가 영업정지 등 행정적 제재를 받는 것은 별론으로 하고 원고에 대한 보호의무를 위반하여 불법행위가 성립한다고 할 수는 없다.
4) 국가가 폐광지역의 경제 진흥이라는 정책목표를 정당한 재정집행을 통하여 이루려고 하지 않고 국민을 상대로 한 카지노업을 허용한 후 거기서 마련된 기금 등으로 달성하고자 한다면 카지노업의 폐해로부터 국민을 보호할 방법 또한 마련해야 할 필요가 있다. 특히 카지노이용자 중 심각한 병적 도박 중독의 징후를 보이는 이들은 대부분 자신의 의지로는 도박 충동을 자제하지 못하고 게임에 거는 금액을 키우거나 게임 횟수와 시간을 늘려 카지노게임에 과도하게 몰입하는 이들이어서 정상인과는 달리 카지노 이용을 조절하고 절제할 능력이 부족하여 카지노 이용으로 경제적·사회적 파탄에 내몰리게 되어 있으므로, 자기책임의 원칙만을 내세워 이러한 이들에 대한 보호를 거부할 것은 아니다.
5) 베팅한도액 제한규정은 카지노의 사회적 폐해를 억제하기 위한 공익보호규정인 동시에, 구체적인 카지노 게임에서 카지노이용자의 과도한 재산손실을 방지하기 위한 최소한의 안전장치로서 카지노이용자 개인의 재산상 이익을 보호하기 위하여도 반드시 지켜져야만 할 규정이다.
6) 따라서 타인의 채무에 대한 변제책임이 인정되는 것은 채무인수와 같이 당사자가 스스로의 결정에 따라 책임을 부담할 의사를 표시한 경우에 한정되는 것이 원칙이고, 예외적으로 법률의 규정에 의하여 당사자의 의사와 관계없이 타인의 채무에 대한 변제책임이 인정될 수 있으나, 그러한 법률규정을 해석·적용할 때에는 가급적 위와 같은 원칙들이 훼손되지 않도록 배려하여야 하고 특히 유추적용 등의 방법으로 그 법률규정들을 확대적용하는 것은 신중히 하여야 한다(대법원 2016. 8. 24. 선고 2014다9212 판결).
7) 대법원 2014. 4. 10. 선고 2011다22092 전원합의체 판결.

5.

계약법의 영역에서 개인과 공동체의 문제가 발현되는 모습을 살펴보자. 계약자유와 개인이 중심이 되는 계약법의 세계에서도 개인과 공동체의 역학관계가 존재한다. 계약법의 대원칙은 계약자유의 원칙이므로 계약법의 키워드는 마땅히 '자율'이어야 하고, 한편으로는 계약의 공동체 관련성을 염두에 두면 '후견'의 역할도 무시할 수 없다(개인적으로는 여기의 '후견'이라는 용어보다는 '배려' 정도의 용어가 적절할 것으로 본다)

계약은 계약 당사자들의 자율적 합의에 의해 성립하고 그들 세계의 법질서를 사적으로 형성한다. 개인이 자신의 법률관계를 그의 자유로운 의사에 의해 형성할 수 있다는 이른바 사적자치의 원칙의 발현이다. 자율 패러다임은 계약법의 기본 패러다임이다. 민법에서 직접 계약자유의 원칙을 선언하지는 않았으나, 수많은 민법 조항들이 이 원칙을 당연한 전제로 하여 규정되었다. 자율 패러다임은 자기결정을 핵심으로 하고, 여기서 계약 당사자의 의사가 절대적 지위를 갖는다. 당사자의 자율적 결정에 초점을 맞추어 계약을 정당화하려는 사고방식은 형평이나 정의, 신뢰보호와 같은 의사 외부적인 가치에 근거한 계약의 간섭을 제어하는 기능을 한다.

그러나 자율 패러다임의 적용범위에는 한계가 있다. 사회질서 또는 이를 실정법화한 민법 내외의 강행규정들에 의해 자율에는 일정한 테두리가 정해진다. 그리고 자율 패러다임은 충분한 정보의 토대 위에서 합리적이고 자유로운 의사결정을 해하는 인간상을 상정하는데, 현실세계에서는 구조적인 정보비대칭 현상이 심화된다. 아울러 계약에 있어서는 당사자가 자율적으로 결정한 내용 자체가 늘 명확하지는 않다. 아무리 당사자의 자기결정을 존중하려고 해도 그 내용을 확정하는 것 자체가 곤란한 경우가 많다. 이러한 상황에서 법원은 규범적 해석과 보충적 해석의 방법으로 '규범적' 관점에서 때로는 당사자의 '가정적 의사'까지 내세워 당사자나 내용을 확정할 수밖에 없다.

계약법도 법질서의 일부이므로 필연적으로 사회 관련성을 가지는 이상 공동체 주의와 연결된 후견 패러다임에 의한 보완이 요구된다. 계약의 사회적 맥락을 강조하게 되면서 우선 상대방의 신뢰보호를 계약법의 영역으로 끌어들이게 된다. 계약은 상대방에게 신뢰를 부여하여 그에 기초한 상대방의 행위 변화를 야기하였기 때문에 계약 당사자에게 구속력을 가지는 것으로 이해한다. 한편 강행규정이나 사회질서 등에 기초하여 계약의 효력을 완화하거나 부정함으로써 공동체의 이념과 가치에 의해 계약에 관여하게 된다. 그러나 위와 같은 후견 패러다임은 본질적으로 자율을 보완하는 지위에 있을 수밖에 없고, 자율 패러다임을 대체할 수는 없다.

자율과 후견의 상호관계는 일반적으로 계약내용이 확실하고 자세할수록 후견이 개입할 폭이 줄어들 것이고, 계약기간의 장기성과 후견을 불러오는 사회적 가치에 대한 공감대가 클수록, 당사자 간의 비대칭 상태가 심할수록 후견이 개입할 통로가 넓어진다.

민법 제2조의 신의칙은 후견적 사고가 개입하는 중요한 통로이다. 신의칙에 쉽게 기대는 법관은 그만큼 후견주의적 판결을 할 가능성이 높고, 반면 신의칙에 쉽게 기대지 않으려는 법관은 그만큼 자율주의적 판결을 할 가능성이 높다. 판례는 계약체결 전 책임, 계약의 해석, 부수적 의무의 인정 등 계약의 전 과정에 걸쳐 신의칙이 실제적인 영향력을 미치고 있음을 부인할 수 없다. 신의칙을 매개로 하여 신의칙상 부수의무로서 안전배려의무를 인정하기도 하고, 계속적 보증인의 책임 제한의 법리를 도출하기도 하였다. 권 교수는 이와 같은 현상은 신의칙을 지배원리로 내세우는 종래 민법학의 특징에다가 내심 원님재판을 기대하는 국민들의 성정, 자신의 사건에서 구체적 타당성을 갖춘 결론을 내야 한다는 법관의 강박 관념이 결합하여 나타난 현상으로 진단하고 있다.

민법 제103조는 사적자치와 사회질서의 경계설정에 관한 가이드라인을 제공함으로써 자율과 후견의 상호관계를 규율하고 있다.[8] 계약체결과정에서의 정보제공도 자율과 후견의 경계선에 걸쳐 있는 문제이다. 자율주의에서는 정보의 수집, 분석을 각 계약 당사자들의 몫으로 돌리려고 할 것이고, 후견주의에서는 정보비대칭 상태를 해소하기 위한 정보제공의무를 부과하고자 할 것이다. 이른바 KIKO 사건에서 대법원 전원합의체 판결은 금융기관이 일반 고객과 사이에 전문적인 지식과 분석능력이 요구되는 장외파생상품 거래를 할 경우에는, 고객이 당해 장외파생상품에 대하여 이미 잘 알고 있는 경우가 아닌 이상, 그 거래의 구조와 위험성을 정확하게 평가할 수 있도록 거래에 내재된 위험요소 및 잠재적 손실에 영향을 미치는 중요인자 등 거래상 주요 정보를 적합한 방법으로 명확하게 설명하여야 할 신의칙상 의무가 있다고 판시하였다.[9]

계약해석은 당사자들 사이에 실제 존재하는 자율적 합의를 발견, 승인, 관철하는 작업이다. 계약해석은 문언해석으로부터 출발하는 것이 일반적이고, 문언이 없거나 불명확한 경우에는 계약의 맥락을 면밀히 살펴볼 필요성이 생긴다.[10] 계약이 맥락이 분명하지 않은 경우에는 부득이 사후적으로 당사자의 의사가 재구성되어야 하는 경우가 있고, 이 경우에는 법원의 후견적 관여가 일어난다.

사정변경의 원칙은 계약은 준수되어야 한다는 계약법의 원칙과 긴장관계에 있다. 판례는 "계약 성립의 기초가 된 사정이 현저히 변경되고 당사자가 계약의 성립 당시 이를 예견할 수 없었으며, 그로 인하여 계약을 그대로 유지하는 것이 당사자의 이해에 중대한 불균형을 초래하거나 계약을 체결한 목적을 달성할 수 없는 경우에는 계약준수 원칙의 예외로서 사정변경을 이유로 계약을 해제하거나 해지할 수 있다."고 하여[11] 일반론으로서 사정변경의 원칙을 인정하고 있으나, 재판실무상 사정변경의 원칙에 기초한 당사자의 주장이 받아들여지는 예는 드물다.[12] 사정변경의 원칙의

---

8) 이와 관련하여 위약금약정과 명의신탁 약정의 사례는 [제2편] 3. 사적 자치란 무엇인가? 참조.
9) 대법원 2013. 9. 26. 선고 2012다1146,1153 전원합의체 판결.
10) 법률행위의 해석은 당사자가 그 표시행위에 부여한 의미를 명백하게 확정하는 것으로서, 당사자가 표시한 문언에서 그 의미가 명확하게 드러나지 않는 경우에는 문언의 내용, 법률행위가 이루어진 동기와 경위, 당사자가 법률행위로 달성하려는 목적과 진정한 의사, 거래의 관행 등을 종합적으로 고려하여 논리와 경험의 법칙, 그리고 사회일반의 상식과 거래의 통념에 따라 합리적으로 해석하여야 한다(대법원 2020. 5. 14. 선고 2016다12175 판결).
11) 대법원 2007. 3. 29. 선고 2004다31302 판결; 대법원 2020. 5. 14. 선고 2017다220058 판결.
12) 원고는 피고와 이 사건 사업을 홍보하기 위한 견본주택을 건축하기 위해 이 사건 토지를 임차하기로 하는 이 사건 임대차계약을 체결하였고, 이후 원고는 이 사건 토지에 견본주택을 건축할 수 없다는 사실을 알게 되었으므로 사정변경을 이유로 이 사건 임대차계약을 해지한다고 하면서 임대차보증금과 이미 지급한 차임의 반환을 청구한 사건에서 이 사건 임대차계약이 사정변경을 이유로 적법하게 해지되었다고 판단한 사례가 있다(대법원 2020. 12. 10. 선고 2020다254846 판결).

요건이 충족되면 계약해지권을 인정할 뿐 외국의 입법례와 같은 계약의 수정권은 인정하지 않는다.

6.

불법행위법의 영역에서 개인과 공동체의 문제가 발현되는 모습을 살펴보자. 불법행위에 관한 민법 제750조의 일반조항을 두고 있는 우리나라에서 불법행위법은 법관이 사안별로 법의 의도적 여백을 메워가면서 법형성작용을 분담하는 법의 속성을 가진다. 각종 사고로 인한 위험에 노출되어 있는 '위험사회'에서 불법행위법의 중요성이 부각되고 있다.

불법행위법의 목적으로 법경제학적 사고방식[13])에 의한 예방 패러다임과 교정적 정의론에 입각한 회복 패러다임이 있으나, 재판실무에서 중요한 것은 후자이다. 불법행위법은 근본적으로 불법행위로 인한 피해자의 손해를 전보하기 위한 규범체계이다. 그러나 불법행위법이 회복의 기능을 넘어 예방이나 경고메시지를 사회구성원들에게 보내는 의미도 있다. 그런데 현실적, 확정적 손해에 한정하여 배상을 허용하는 현행 법리[14]) 하에서는 이른바 회색지대에 존재하는 손해는 피해자의 위험부담으로 남게 되는 문제가 있다.

불법행위법에서 예방과 회복의 패러다임이 갈등관계에 놓이게 되는 것은 징벌적 손해배상과 관련하여 가해자가 야기한 손해보다 더 큰 책임을 부과하는 것이 정당화되는가 하는 점이다. 여러 특별법에서 3배 배상제도가 도입되고 있지만 징벌적 손해배상을 불법행위법의 일반적인 제도로 전면 수용하는 것은 우리 법체계에 비추어 맞지 않다. 과실상계와 위자료액수의 인정에 관하여는 법관의 재량이 크지만, 과실상계비율이나 위자료도 적정한 산정방안을 마련하고 있다. 불법행위로 인한 구제수단으로 원상회복이나 금지청구권을 인정할 수 있을 것인지에 관하여는 논란이 있다.

7.

소유권법의 영역에서 개인과 공동체의 문제가 발현되는 모습을 살펴보자. 이 책은 소유권의 다면성 탐구의 출발점으로 강고한 소유권과 유연한 소유권의 대비를 통하여 개인과 공동체라는 맥

---

13) 과실판단에 관한 대표적인 법경제학적 접근방법으로 평가되는 핸드공식을 대법원이 채용한 바 있다. 대법원 2019. 11. 28. 선고 2017다14895 판결 : 공작물의 하자 여부를 판단할 때에는 위험의 현실화 가능성의 정도, 위험이 현실화하여 사고가 발생하였을 때 침해되는 법익의 중대성과 피해의 정도, 사고 방지를 위한 사전조치에 드는 비용이나 위험방지조치를 함으로써 희생되는 이익 등을 종합적으로 고려하여야 한다. 이러한 법리는 '불합리한 손해의 위험'을 최소화하기 위한 조치로서 위험으로 인한 손해를 위험을 회피하기 위한 부담과 비교할 것을 요구한다는 측면에서 법경제학에서의 비용·편익 분석임과 동시에 균형접근법에 해당한다. 법관이 법을 만들어가는 속성을 지닌 불법행위법에서 법관이 수행해야 할 균형 설정의 역할이 중요함에도 불구하고, 이러한 균형 설정은 구체적 사안과의 관련성 속에서 비로소 실질적인 내용을 가지는 것이므로, 미리 세세한 기준을 작성하여 제시하기는 어려운 것이 현실이다. 이때는 이른바 'Hand Rule'을 참고하여, 사고 방지를 위한 사전조치를 하는 데 드는 비용(B)과 사고가 발생할 확률(P) 및 사고가 발생할 경우 피해의 정도(L)를 살펴, 'B〈 P·L'인 경우에는 공작물의 위험성에 비하여 사회통념상 요구되는 위험방지조치를 다하지 않은 것으로 보아 공작물의 점유자에게 불법행위책임을 인정하는 접근 방식도 고려할 수 있다.
14) 불법행위를 이유로 배상하여야 할 손해는 현실로 입은 확실한 손해에 한하므로, 가해자가 행한 불법행위로 인하여 피해자가 제3자에 대하여 채무를 부담하게 된 경우 피해자가 가해자에게 그 채무액 상당의 손해배상을 구하기 위해서는 채무의 부담이 현실적·확정적이어서 실제로 변제하여야 할 성질의 것이어야 하고, 현실적으로 손해가 발생하였는지 여부는 사회통념에 비추어 객관적이고 합리적으로 판단하여야 한다(대법원 2020. 7. 9. 선고 2017다56455 판결).

락에서 소유권을 파악하고 있다. 민법은 단순하고 명확한 강고한 소유권을 기반으로 공동체와의 관계에서 유연한 소유권으로 변화하는 모습을 볼 수 있다.

▷ 대물적·수직적 권리 vs 대인적·수평적 권리 : 전자는 사람과 물건 사이의 수직권 관계를 다투는 권리이고, 후자는 사람과 사람 사이의 수평적 관계를 다투는 권리이다.

▷ 강력한 권리 vs 부드러운 권리 : 전자는 물건을 배타적이고 전면적으로 지배할 수 있는 불사신의 권리이고, 후자는 때로는 후퇴할 줄도 알고 공존할 줄도 아는 부드러운 소유권이다.

▷ 단일한 권리 vs 복합적 권리 : 전자는 소유물을 사용, 수익, 처분할 수 있는 단일한 권리이고,[15] 후자는 소유권의 틀이 유연한 복합적 권리이다.

▷ 고정적 권리 vs 가변적 권리 : 전자는 물권법정주의를 기초로 한 고정적 소유권이고, 후자는 공동체와 현실의 요구에 따라 다면성이 인정되는 권리로 소유권의 관계적(분열적) 귀속 또는 상대적 소유권의 귀속을 긍정한다.

▷ 로마법적 권리 vs 게르만법적 권리 : 전자는 정주하는 자의 완벽한 소유권으로 로마법적 개인주의적인 소유권에 가깝고, 후자는 유목 중심의 게르만공동체 안에서 유연하게 활용할 수 있는 사회법적인 소유권에 가깝다.

▷ 대륙법적 권리 vs 영미법적 권리 : 전자는 지배권으로의 소유권을 강조하고, 후자는 개인이 부동산에 대하여 가지는 이익의 총체를 의미하는 것으로 본다.

▷ 배제의 권리 vs 형량의 권리 : 전자는 배제를 강조하는 권리(민법 제214조)이고, 후자는 공존을 강조하는 권리(민법 제217조)이다.

▷ 개인에 대한 강조 vs 공동체에 대한 배려 : 전자는 개인이 가지는 소유권을 강하게 보호하고,[16] 후자는 공동체에 대한 배려로 소유권이 행사되는 것을 강조한다.[17]

이 책은 강고한 소유권의 발현형태를 환경분쟁, 정보통신분쟁에 있어서 소유권의 역할을 중심으로 고찰하고 있다.

헌법(제35조 제1항)상의 환경권 규정에도 불구하고 판례는 사법상의 권리로서 환경권을 인정하지 않는다.[18] 그렇다면 환경침해를 이유로 그 침해의 구제나 예방을 구할 수 있는 권리는 무엇인가? 판례는 소유권에 기한 방해의 제거나 예방을 구할 수 있는 것으로 본다.[19] 강고한 소유권 개념을

---

[15] 소유권에 기한 청구는 하나의 소송물을 구성할 뿐이고 사용권이나 수익권, 처분권에 기한 청구가 별개의 소송물을 구성하는 것이 아니다. 소유권의 개별 권능만 분리하여 양도할 수도 없다.

[16] 판례는 권리남용에 주관적 요건까지 요구함으로써 권리남용금지의 원칙이 매우 예외적이고 좁게 적용되어야 함을 밝히고 있다.

[17] 출가한 딸이 자기 소유의 건물에서 임차하여 살고 있는 친정아버지와 남동생을 상대로 건물명도 및 퇴거를 구한 사건에서 이는 인륜에 반하는 행위로서 권리남용에 해당한다고 판시한 대법원 1998. 6. 12. 선고 96다52670 판결 참조.

[18] 환경권은 명문의 법률규정이나 관계 법령의 규정 취지 및 조리에 비추어 권리의 주체, 대상, 내용, 행사 방법 등이 구체적으로 정립될 수 있어야만 인정되는 것이므로, 사법상의 권리로서의 환경권을 인정하는 명문의 규정이 없는데도 환경권에 기하여 직접 방해배제청구권을 인정할 수는 없다(대법원 1999. 7. 27. 선고 98다47528 판결).

[19] 어느 토지나 건물의 소유자가 종전부터 향유하고 있던 경관이나 조망, 조용하고 쾌적한 종교적 환경 등이 그에게 하나의 생활이익으로서의 가치를 가지고 있다고 객관적으로 인정된다면 법적인 보호의 대상이 될 수 있는 것이라 할 것이므로, 인접 대지에 건물을 신축함으로써 그와 같은 생활이익이 침해되고 그 침해가 사회통념상 일반적으로 수인할 정도를 넘어선다고 인정되는 경우에는 토지 등의 소유자는 소유권에 기하여 방해의 제거나 예방을 위하여 필요한 청구를 할 수 있고, 이와 같은 청구를 하기 위한 요건으로서 반드시 건물이 문화재보호법이나 건축법 등의 관계 규정에 위반하여 건축되거나 또는 그 건축으로 인하여 소유자의 토지 안에 있는 문화재 등에 대하여 직접적인 침해가 있거나 그 우려가

환경분쟁 분야에 도구적으로 확장한 사례이다.

원래 정보는 물건을 객체로 삼은 소유권의 대상이 될 수 없으나, 이 책은 미국의 eBay vs BE 판결을 통해 소유권의 법리가 정보통신공간의 지배질서에 영향을 미칠 수 있음을 보여주고 있다.

한편, 유연한 소유권의 발현형태로 사실상 도로에 대한 소유권 행사의 경우를 살펴본다. 대법원은 배타적 사용수익권의 포기의 법리를 통해 공공재인 사실상의 도로에 대한 유연한 접근을 하고 있다. 토지 소유자인 원고는 그 토지에 매설된 우수관의 관리 주체인 피고(지방자치단체)를 상대로 우수관 철거와 함께 그 부분 토지 사용에 따른 차임상당의 부당이득반환을 구하는 소를 제기하였고, 이에 대하여 피고는, 원고의 아버지가 우수관 매설 당시 토지의 소유자로서 독점적·배타적인 사용·수익권을 포기하였으므로, 그 상속인인 원고의 이 사건 청구는 기각되어야 한다고 주장한 사례에서 최근의 대법원 전원합의체 판결은 독점적·배타적인 사용·수익권 포기에 관한 기존의 대법원 판례를 유지하였다.[20]

소유권 효력의 유연화를 볼 수 있는 사례를 보면, 원고는 자신 소유 토지의 상공이 피고(대한민국)가 충남경찰청 소속 헬기장에서 이·착륙하는 헬기의 항로로 사용함으로써 원고가 이 사건 토지 위의 건물을 장례식장 용도로 사용하지 못하고 있다. 원고는 이 사건 토지의 소유권에 터 잡아 피고를 상대로 이 사건 토지의 상공을 헬기의 이·착륙 항로로 사용하는 행위의 금지와 토지 공중 부분 사용에 따른 손해배상 등을 구하는 소를 제기하였다. 원심은 원고의 금지청구를 인용하고 손해배상청구는 기각하였으나, 대법원은 원고의 금지청구는 기각하고, 손해배상청구는 인용하여야 한다는 취지로 원심을 파기환송하였다.[21] 대법원은 공동체의 요청 앞에 소유권이 강고함이 언제

있을 것을 요하는 것은 아니다(대법원 1997. 7. 22. 선고 96다56153 판결).
20) 대법원 판례를 통하여 토지 소유자 스스로 그 소유의 토지를 일반 공중을 위한 용도로 제공한 경우에 그 토지에 대한 소유자의 독점적이고 배타적인 사용·수익권의 행사가 제한되는 법리가 확립되었고, 대법원은 그러한 법률관계에 관하여 판시하기 위하여 '사용·수익권의 포기', '배타적 사용·수익권의 포기', '독점적·배타적인 사용·수익권의 포기', '무상으로 통행할 권한의 부여' 등의 표현을 사용하여 왔다. 이러한 법리는 대법원이 오랜 시간에 걸쳐 발전시켜 온 것으로서, 현재에도 여전히 그 타당성을 인정할 수 있다. 다만 토지 소유자의 독점적이고 배타적인 사용·수익권 행사의 제한 여부를 판단하기 위해서는 토지 소유자의 소유권 보장과 공공의 이익 사이의 비교형량을 하여야 하고, 원소유자의 독점적·배타적인 사용·수익권 행사가 제한되는 경우에도 특별한 사정이 있다면 특정승계인의 독점적·배타적인 사용·수익권 행사가 허용될 수 있다. 또한, 토지 소유자의 독점적·배타적인 사용·수익권 행사가 제한되는 경우에도 일정한 요건을 갖춘 때에는 사정변경의 원칙이 적용되어 소유자가 다시 독점적·배타적인 사용·수익권을 행사할 수 있다고 보아야 한다.
토지 소유자가 그 소유의 토지를 도로, 수도시설의 매설 부지 등 일반 공중을 위한 용도로 제공한 경우에, 소유자가 토지를 소유하게 된 경위와 보유기간, 소유자가 토지를 공공의 사용에 제공한 경위와 그 규모, 토지의 제공에 따른 소유자의 이익 또는 편익의 유무, 해당 토지 부분의 위치나 형태, 인근의 다른 토지들과의 관계, 주위 환경 등 여러 사정을 종합적으로 고찰하고, 토지 소유자의 소유권 보장과 공공의 이익 사이의 비교형량을 한 결과, 소유자가 그 토지에 대한 독점적·배타적인 사용·수익권을 포기한 것으로 볼 수 있다면, 타인이 그 토지를 점유·사용하고 있다 하더라도 특별한 사정이 없는 한 그로 인해 토지 소유자에게 어떤 손해가 생긴다고 볼 수 없으므로, 토지 소유자는 그 타인을 상대로 부당이득반환을 청구할 수 없고, 토지의 인도 등을 구할 수도 없다. 다만 소유권의 핵심적 권능에 속하는 사용·수익 권능의 대세적·영구적인 포기는 물권법정주의에 반하여 허용할 수 없으므로, 토지 소유자의 독점적·배타적인 사용·수익권의 행사가 제한되는 것으로 보는 경우에도, 일반 공중의 무상 이용이라는 토지이용현황과 양립 또는 병존하기 어려운 토지 소유자의 독점적이고 배타적인 사용·수익만이 제한될 뿐이고, 토지 소유자는 일반 공중의 통행 등 이용을 방해하지 않는 범위 내에서는 그 토지를 처분하거나 사용·수익할 권능을 상실하지 않는다(대법원 2019. 1. 24. 선고 2016다264556 전원합의체 판결).
21) 토지의 소유권은 정당한 이익이 있는 범위 내에서 토지의 상하에 미치고(민법 제212조), 토지의 상공으로 어느 정도까지

나 관철되어야 하는 것은 아니고, 특히 개인의 토지소유권과 공동체의 이익이 충돌할 때에는 소유권의 방해가 곧바로 금지청구권으로 이어지는 것은 아니고 그 방해가 '참을 한도'를 넘어서는 경우에 비로소 금지청구권이 인정됨을 밝힘으로써 소유권의 사회적 구속성을 긍정하는 것으로 이해할 수 있다.

8.

이 책은 법관이 법률이나 계약을 해석함에 있어서 형식과 실질 중 어느 것을 더 중시하는지, 현실과 당위 중 어느 것을 더 중시하는지, 사전적 관점과 사후적 관점 중 어느 것을 더 중시하는지에 관하여 법관의 역학에 대한 고민을 하고 있다. 법관의 가치관과 성향이 민사재판에 어떠한 영향을 미치는가?

사법자제(소극)주의 입장에서는 법정 안정성을 중요한 가치로 삼고 법관의 중립적 지위를 강조한다. 법관의 주된 기능은 법을 발견하는 것이지 법을 창조하는 것이 아니다. 법률이나 계약을 해석할 때 문언을 중시하고 문제중심적 사고방식보다 체계중심적 사고방식에 친하다. 실질보다 형식의 가치를 중요하게 생각하고 기준보다 규칙, 직관보다 논리에 더 기대려는 입장이다. 랑델식 case-method로 알려진 랑델(C. Langdell)의 형식주의 법학이 이 입장에 서 있다.

사법적극주의 입장에서는 법적 안정성보다는 구체적 사건에서의 정의 즉 형평을 중요한 가치로 삼아 법관을 법률을 창조적으로 해석하고 적용하는 준입법자와 같은 존재로 본다. 법률이나 계약을 해석할 때 문언의 형식보다 그 안에 내포된 입법자 또는 당사자의 의사, 법률이나 계약의 목적을 중시한다. 논리적·연역적 사고보다 경험적·귀납적 사고에, 체계중심적 사고보다 문제중심적 사고에 더 친하다. 형식보다 실질의 가치를 더 중요하게 생각하는 입장이다. 독일의 자유법론과 이익법학, 미국의 법현실주의(O. W. Holmes)가 이 입장에 서 있다.

재판실무에서 형식과 실질의 긴장관계는 어떻게 발현되는가? 법률해석은 법의 언어에 규범적 생명력을 불어넣는 작업이라고 한다. 법률의 해석은 문리해석에서 출발한다. 대법원은 다음과 같이 이에 관한 일정한 지침을 제시하고 있다.

지 정당한 이익이 있는지는 구체적 사안에서 거래관념에 따라 판단하여야 한다. 항공기가 토지의 상공을 통과하여 비행하는 등으로 토지의 사용수익에 대한 방해가 있음을 이유로 비행 금지 등 방해의 제거 및 예방을 청구하거나 손해배상을 청구하려면, 토지소유권이 미치는 범위 내의 상공에서 방해가 있어야 할 뿐 아니라 그 방해가 사회통념상 일반적으로 참을 한도를 넘는 것이어야 한다. 이때 방해가 참을 한도를 넘는지 여부는 피해의 성질 및 정도, 피해이익의 내용, 항공기 운항의 공공성과 사회적 가치, 항공기의 비행고도와 비행시간 및 비행빈도 등 비행의 태양, 그 토지 상공을 피해서 비행하거나 피해를 줄일 수 있는 방지조치의 가능성, 공법적 규제기준의 위반 여부, 토지가 위치한 지역의 용도 및 이용 상황 등 관련 사정을 종합적으로 고려하여 판단하여야 한다. 한편 항공기의 비행으로 토지 소유자의 정당한 이익이 침해된다는 이유로 그 토지 상공을 통과하는 비행의 금지 등을 구하는 방지청구와 금전배상을 구하는 손해배상청구는 그 내용과 요건이 다르다고 할 것이므로, 참을 한도를 판단하는 데 고려할 요소와 중요도에도 차이가 있을 수 있다. 그중 특히 방지청구는 그것이 허용될 경우 소송당사자뿐 아니라 제3자의 이해관계에도 중대한 영향을 미칠 수 있으므로, 방해의 위법여부를 판단할 때는 그 청구가 허용될 경우 토지 소유자가 받을 이익과 상대방 및 제3자가 받게 될 불이익 등을 비교·형량해 보아야 한다(대법원 2016. 11. 10. 선고 2013다71098 판결).

"법은 원칙적으로 불특정 다수인에 대하여 동일한 구속력을 갖는 사회의 보편타당한 규범이므로 이를 해석함에 있어서는 법의 표준적 의미를 밝혀 객관적 타당성이 있도록 하여야 하고, 가급적 모든 사람이 수긍할 수 있는 일관성을 유지함으로써 법적 안정성이 손상되지 않도록 하여야 한다. 그리고 실정법이란 보편적이고 전형적인 사안을 염두에 두고 규정되기 마련이므로 사회현실에서 일어나는 다양한 사안에서 그 법을 적용함에 있어서는 구체적 사안에 맞는 가장 타당한 해결이 될 수 있도록, 즉 구체적 타당성을 가지도록 해석할 것도 요구된다. 요컨대, 법해석의 목표는 어디까지나 법적 안정성을 저해하지 않는 범위 내에서 구체적 타당성을 찾는 데 두어야 한다. 그리고 그 과정에서 가능한 한 법률에 사용된 문언의 통상적인 의미에 충실하게 해석하는 것을 원칙으로 하고, 나아가 법률의 입법 취지와 목적, 그 제·개정 연혁, 법질서 전체와의 조화, 다른 법령과의 관계 등을 고려하는 체계적·논리적 해석방법을 추가적으로 동원함으로써, 앞서 본 법해석의 요청에 부응하는 타당한 해석이 되도록 하여야 한다. 한편, 법률의 문언 자체가 비교적 명확한 개념으로 구성되어 있다면 원칙적으로 더 이상 다른 해석방법은 활용할 필요가 없거나 제한될 수밖에 없고, 어떠한 법률의 규정에서 사용된 용어에 관하여 그 법률 및 규정의 입법 취지와 목적을 중시하여 문언의 통상적 의미와 다르게 해석하려 하더라도 당해 법률 내의 다른 규정들 및 다른 법률과의 체계적 관련성 내지 전체 법체계와의 조화를 무시할 수 없으므로, 거기에는 일정한 한계가 있을 수밖에 없다."[22]

민사재판은 사실(현실)을 확정하고 확정된 사실에 법률(당위)을 적용하는 작업이다. 이 사실관계를 확정하는 과정에 당위에 관한 법관이 생각이 알게 모르게 개입할 수 있다. 특히 불법행위에 있어서 과실 판단에 '사회평균인'이라는 당위적 관점이 반영된다. 약관해석에서 '평균적 고객의 이해 가능성'을 기준으로 삼는 것도 마찬가지다. 그러나 사회평균인의 정체는 애매모호하다. 사회생활상 요구되는 주의의무는 사회공동체가 마땅히 지켜야 할 의무를 의미하고 이는 당위의 영역에 있는 규범적 평균인을 전제로 한다. 위법성 판단에 있어서도 현실적 관점과 당위적 관점이 함께 고려된다.

어떤 법적 판단을 할 때 미리 앞서 장래를 바라보는 사전적 관점과 현재 시점에서 과거를 돌아보는 사후적 관점이 작용할 수 있다. 사전적 관점은 장래의 불명확성에 대한 평가를 경시할 가능성이 있고, 사후적 관점은 후견편향에 빠질 위험이 있다. 후견편향은 어떤 사건이 발생한 경우 그 사건이 실제로 발생하기 전에는 그 사건이 일어날 것을 예측할 수 있었다고 믿는 경향성을 말한다.

이 책을 읽으면서 민법의 뿌리와 줄기라는 것이 거대한 난공불락의 성벽처럼 다가왔고 요동치는 사회현상 속에서 법의 실체를 탐구하여야 하는 법률가들의 역할이 막중함을 일깨워 주었다.

---

[22] 대법원 2009. 4. 23. 선고 2006다81035 판결. 구 임대주택법제15조 제1항에서 규정하는 '임차인'이란 어디까지나 그 법률이 정한 요건과 절차에 따라 임대주택에 관하여 임대사업자와 임대차계약을 체결한 당사자 본인으로서의 임차인을 의미하고, 이와 달리 당사자 일방의 계약 목적, 경제적 부담이나 실제 거주 사실 등을 고려한 '실질적 의미의 임차인'까지 포함한다고 변경, 확장해석하는 것은 법률 해석의 원칙과 기준에 어긋나는 것으로서 받아들일 수 없다고 판시한 사례.

사적 자치란 무엇인가?
- 사적 자치와 후견적 관여를 중심으로 -

1.

우리나라 민법 책에서 70년대까지만 해도 '계약자유'라는 말 이외에 '사적 자치'라는 말은 잘 보이지 않았던 것으로 기억하는데, 80년대 후반부터 '사적 자치'라는 말이 많이 쓰인 것으로 알고 있다. 민법총칙 교과서에 보면 앞부분에 '민법의 기본원리', '최고원리', '최고원칙', '제약원리', '수정원리', '존재원리', '실천원리', '행동원리', '계약자유의 원칙', '소유권절대의 원칙', '과실책임의 원칙' 등등 이른바 '3대원칙' 등등 '원리', '원칙' 등이 난무하고 있는데, 원리와 원칙은 어떻게 구별되는가? 왜 '민법의 기본원칙'이라고 하지 않고 **민법의 기본원리**라고 하는가? 왜 '사적 자치의 원리'라고 하지 않고 왜 **사적 자치의 원칙**이라고 하는가?

사적 자치에 의하여 지배되는 법이 바로 민법이다. 사적 자치의 정당성은 "개인의 자기결정을 관철시키는 힘"에 있다.

"사적 자치의 중요성을 강조하는 것은 특히 1970년 이후 독일 학계의 흐름이었다. 19세기 자유주의적 경제질서를 기초로 하여 성립한 독일민법을 지배하는 사상은 자유의 원칙이었고, 이것의 구체화된 표현으로서 사적 자치(Privatautonomie)가 논의되기 시작하였다. 사법에서 자유란 법적인 행동의 자유를 말하고 이것은 개별 행위자가 어떠한 국가의 규제나 명령이 아니라 자율적으로 타인과의 법률관계를 형성해나갈 수 있다는 것이다."(김동훈, "사적 자치의 헌법적·민사법적 의의", 법학논총, 제30권 제3호, p.44)

"유효하게 성립한 계약상의 책임을 공평의 이념 또는 신의칙과 같은 일반원칙에 의하여 제한하는 것은 사적 자치의 원칙이나 법적 안정성에 대한 중대한 위협이 될 수 있으므로, 채권자가 유효하게 성립한 계약에 따른 급부의 이행을 청구하는 때에 법원이 급부의 일부를 감축하는 것은 원칙적으로 허용되지 않는다."(대법원 2016. 12. 1. 선고 2016다240543 판결)

청헌 김증한 교수 30주기 추모논문집인 『우리 법 70년 변화와 전망-사법을 중심으로-』에 실려 있는 서울대 법전원 권영준 교수의 "한국 민법과 사적 자치"를 읽으면서 차제에 사적 자치의 의미를 음미하고, 사적 자치가 재판현장에서 발현되는 구체적 현실태를 살펴보기로 한다.

2.

사적 자치는 개인이 자신의 법률관계를 스스로 각자의 자유로운 의사에 의하여 형성할 수 있다는 사법의 대원칙을 말한다. 사적 자치는 개인(私)이 스스로(自) 다스림(治)을 뜻한다. 사적 자치는 개인의 자유와 자율을 보장하여 인격의 자유로운 발현, 나아가 인간의 존엄성을 확보하는 데 기여한다.

"우리의 사법질서는 개인이 자신의 법률관계를 그의 자유로운 의사에 의하여 형성할 수 있다는 **사적자치의 원칙**과 개인은 자기에게 귀책사유가 있는 행위에 대하여만 책임을 지고 그렇지 아니한 타인의 행위에 대하여는 책임을 지지 아니한다는 **자기책임의 원칙** 등을 근간으로 한다. 따라서 타인의 채무에 대한 변제책임이 인정되는 것은 채무인수와 같이 당사자가 스스로의 결정에 따라 책임을 부담할 의사를 표시한 경우에 한정되는 것이 원칙이고, **예외**적으로 법률의 규정에 의하여 당사자의 의사와 관계없이 타인의 채무에 대한 변제책임이 인정될 수 있으나, 그러한 법률규정을 해석·적용할 때에는 가급적 위와 같은 원칙들이 훼손되지 않도록 배려하여야 하고 특히 유추적용 등의 방법으로 그 법률규정들을 확대적용하는 것은 신중히 하여야 한다."(대법원 2016. 8. 24. 선고 2014다9212 판결).

대법원은 위 판결에서 사적자치의 원칙과 자기책임의 원칙을 우리의 사법질서를 구축하는 별개의 두 개의 축으로 보고 있다. 그런데 자기책임의 원칙이 사적 자치의 원칙의 일부를 이룬다고 본 판결도 있다.

"행위무능력자 제도는 사적자치의 원칙이라는 민법의 기본이념, 특히, 자기책임 원칙의 구현을 가능케 하는 도구로서 인정되는 것이고, 거래의 안전을 희생시키더라도 행위무능력자를 보호하고자 함에 근본적인 입법 취지가 있는바, 행위무능력자 제도의 이러한 성격과 입법 취지 등에 비추어 볼 때, 신용카드 가맹점이 미성년자와 신용구매계약을 체결할 당시 향후 그 미성년자가 법정대리인의 동의가 없음을 들어 스스로 위 계약을 취소하지는 않으리라 신뢰하였다 하더라도 그 신뢰가 객관적으로 정당한 것이라고 할 수 있을지 의문일 뿐만 아니라, 그 미성년자가 가맹점의 이러한 신뢰에 반하여 취소권을 행사하는 것이 정의관념에 비추어 용인될 수 없는 정도의 상태라고 보기도 어려우며, 미성년자의 법률행위에 법정대리인의 동의를 요하도록 하는 것은 강행규정인데, 위 규정에 반하여 이루어진 신용구매계약을 미성년자 스스로 취소하는 것을 신의칙 위반을 이유로 배척한다면, 이는 오히려 위 규정에 의해 배제하려는 결과를 실현시키는 셈이 되어 미성년자 제도의 입법 취지를 몰각시킬 우려가 있으므로, 법정대리인의 동의 없이 신용구매계약을 체결한 미성년자가 사후에 법정대리인의 동의 없음을 사유로 들어 이를 취소하는 것이 신의칙에 위배된 것이라고 할 수 없다."(대법원 2007. 11. 16. 선고 2005다71659,71666,71673 판결).

헌법재판소는 사적 자치의 원칙과 자기책임의 원칙을 별개의 원칙으로 파악하지 않고 자기책임의 원칙을 자기결정의 원칙과 함께 사적 자치의 원칙을 떠받치는 두 개의 기둥 중 하나로 파악하고 있다.

"헌법 제119조 제1항은 사유재산제도와 사적자치의 원칙 및 과실책임의 원칙을 기초로 하는 자유시장경제질서를 기본으로 하고 있음을 선언하고, 헌법 제10조는 국민의 행복추구권과 여기서 파생된 일반적 행동자유권 및 사적자치권을 보장하고 있는바, 사적자치의 원칙이란 인간의 자기결정 및 자기책임의 원칙에서 유래된 기본원칙으로서, 법률관계의 형성은 고권적인 명령에 의해서가 아니라 법인격자 자신들의 의사나 행위를 통해서 이루어진다는 원칙이다. 사적자치는 계약의 자유·소유권의 자유·결사의 자유·유언의 자유 및 영업의 자유를 그 구성요소로 하고 있으며, 그 중 계약의 자유는 사적자치가 실현되는 가장 중요한 수단으로서, 이는 계약체결의 자유·상대방선택의 자유·방식의 자유·계약의 변경 또는 해소의 자유를 포함하므로, 명의신탁약정에 있어서 그러한 계약을 체결할지, 누구와 체결할지, 그 내용과 효력은 어떻게 할지, 어떤 방식으로 계약할지, 그리고 약정된 명의신탁을 변경하거나 해소할지 등의 여부를 결정할 수 있는 자유는 기본적으로 사적 자치의 영역에 속한다고 할 것이다.

그러나 개인들은 사적·자치적 형성의 자유가 인정되는 범위 내에서 자신들의 이익추구만을 위하여 노력할 것이기 때문에, 이러한 사적 자치의 원칙 내지는 사적 자치권이라도 공동체의 전체질서와의 관계에서 제약을 받을 수밖에 없다.

따라서 그 본질적 부분이 훼손되지 않고 헌법상의 경제적 기본질서를 깨뜨리지 않는 한, 헌법 제37조 제2항에 규정된 국가안전보장, 질서유지 또는 공공복리를 위하여, 또한 헌법 제119조 제2항의 경제에 대한 규제와 조정의 기본원칙, 즉 "국가는 균형 있는 국민경제의 성장 및 안정과 적정한 소득의 분배를 유지하고, 시장의 지배와 경제력의 남용을 방지하며, 경제주체간의 조화를 통한 경제의 민주화를 위하여 경제에 관한 규제와 조정을 할 수 있다"는 규정에 의하여 제한받을 수도 있으며, 다만 그 제한이 계약의 자유나 소유의 자유 등을 전면적으로 부인하는 결과를 초래한다면, 이는 곧 사적 자치의 본질적 내용 침해가 되어 헌법에 위반된다고 할 것이다."(헌재 2001. 5. 31. 선고 99헌가18 등 결정).

"사적 자치의 원칙이란 자신의 일을 자신의 의사로 결정하고 행하는 자유뿐만 아니라 원치 않으면 하지 않을 자유로서 우리 헌법 제10조의 행복추구권에서 파생되는 일반적 행동자유권의 하나이다. 사적 자치의 원칙은 법률행위의 영역에서는 계약자유의 원칙으로 나타나는데 계약자유의 원칙은 계약의 체결에서부터 종결에 이르기까지 모든 단계에서 자신의 자유의사에 따라 계약관계를 형성하는 것으로서 계약의 내용, 이행의 상대방 및 방법의 변경뿐만 아니라 계약 자체의 이전이나 폐기도 당사자 자신의 의사로 결정하는 자유를 말한다."(헌재 2010. 5. 27. 선고 2008헌바61 결정)

사적 자치의 원칙은 자기결정(Selbstbestimmung), 자기지배(Selbstherrshaft), 자기책임(Selbstverwertung)을 포괄하는 대원칙이다. 사적 자치가 법률행위의 영역에서는 계약자유를 표상하는 **자기결정**으로, 물권법의 영역에서는 소유권 보호의 물적 토대가 되는 **자기지배**로, 불법행위법 영역에서는 과실책임의 원칙의 발현인 **자기책임** 의 원칙으로 나타난다.

사법의 대원칙인 사적 자치의 원칙을 민법전에 명문으로 규정할 것인지를 놓고 논란이 된 적이 있다. 2004년 민법개정 시안에서는 이영준 변호사의 주장으로 민법 제1조의2에 다음과 같은 규정을 두었다.

민법 제1조의2(인간의 존엄과 자율) ① 사람은 인간으로서의 존엄과 가치를 바탕으로 자신의 자유로운 의사에 좇아 법률관계를 형성한다.
② 사람의 인격권은 보호된다.

이 개정안에 대하여는 사적 자치의 원칙이 민법상 가장 중요한 대원칙이라는 점은 인정하지만 그러한 규정의 신설의 실익에 대해서는 다수의 견해가 회의적 태도를 보였다. 법률관계 형성의 주체를 '사람'으로 한정함으로써 법인이 빠지는 문제도 있고, '법률관계를 형성한다'고 하는 것이 의미가 분명하지 않으며, 민사관계에서는 자유로운 의사에 좇아서 형성하는 법률관계만 존재하는 것이 아니라 사람의 자유로운 의사와 무관하게 존재하는 법정채권관계와 같은 것도 있어서 민법의 모두(冒頭)에 사적 자치의 원칙을 단정적으로 선언하는 것은 사적 자치가 가지는 다면성을 지나치게 단순화한다는 등의 비판이 제기되었다.

2004년 민법개정안은 국회에서 제대로 심의도 하지 못한 채 국회 회기만료로 폐기되고 말았다. 이런 논의의 영향으로 2013년도에 완성된 2014년 민법개정시안에서는 이러한 사적 자치에 관한 일반규정은 입법화되지 못하였다. 다만, 2014년 개정시안 제3조의2에서 다음과 같이 '인격권' 보호의 이념을 구체화한 것이 눈에 띤다.

민법 제3조의2(인격권) 사람은 생명, 자유, 신체, 건강, 명예, 사생활의 비밀과 자유, 성명, 초상, 개인정보, 그 밖의 인격적 이익에 대한 권리를 가진다.

참고로 독일기본법 제2조는 "누구나 인격의 자유로운 전개의 권리를 갖는다."는 '행동의 자유'(Handlungsfreiheit)를 규정하고 있다.

3.

사적 자치의 원칙은 인간이 자신의 법적 운명을 스스로 결정할 수 있도록 자유와 책임을 부여함으로써 인간의 존엄과 가치를 고양하고자 하는 법 원칙이다.

그렇다면 사적 자치의 정당성의 근거는 어디서 찾을 수 있는가? 사적 자치의 헌법적 근거는 헌법 제10조와 제119조 제1항이다. 헌법 제10조는 국민의 행복추구권과 여기서 파생된 일반적 행동자유권 및 사적 자치를 보장하고, 헌법 제119조 제1항은 사유재산제도와 사적 자치의 원칙 및 과실책임의 원칙을 기초로 하는 자유시장 경제질서가 우리 헌법이 상정하는 경제질서임을 밝히고 있다. 헌법의 명문규정은 없으나, 사적 자치의 원칙은 사적 자치권이라는 기본권의 하나로서 당연한 원칙으로 인정되고 있다. 개인이 자유로이 자신의 법률관계를 형성해 나갈 수 있다는 의미를 갖는 사적 자치는 인간의 존엄과 가치의 실현을 위한 모든 자유권적 기본권의 토대가 되는 기본권으로 이해한다.

민법에서 사적 자치를 직접 천명한 규정은 없으나, 많은 규정들이 당사자가 자신의 법률관계를 스스로 결정할 수 있다는 것을 당연한 전제로 삼고 있다. 우리 민법을 구성하는 가장 핵심적인 개념인 법률행위는 사적 자치의 '核(core)'이다. 민법 제103조를 비롯하여 법률행위의 무효와 취소에 관한 제반 규정들은 오히려 사적 자치의 원칙을 당연한 전제로 예외적으로 법률행위에 대한 법의 개입을 허용하기 위하여 마련된 것으로 이해한다.

계약자유의 원칙을 중심으로 민법규정에서 사적 자치가 제한되는 경우를 살펴보면, 지상권의 최단존속기간의 제한(민법 제280조, 제281조 및 제284조), 전세권의 최장존속기간 및 최단존속기간의 제한(민법 제312조), 환매권행사기간의 제한(민법 제591조) 등의 **기간제한**, 임차권의 양도나 전대차 제한(민법 제629조), 저당권의 처분제한(민법 제361조), 질권설정자의 권리처분제한(민법 제352조), 대물반환의 예약(민법 제607조 및 제608조), 유류분반환제도(민법 제1112조 이하) 등의 **처분제한**, 지상권자와 지상권설정자의 지상물매수청구권(민법 제283조 및 제285조 제2항), 전세권설정자 및 전세권자의 부속물매수청구권(민법 제316조), 토지임차인의 지상물매수청구권(민법 제643조, 제644조), 건물임차인의 부속물매수청구권(민법 제646조 및 제647조) 등의 매매자유에 대한 제한, 반사회질서 법률행위(민법 제103조), 불공정한 법률행위(민법 제104조) 등 **법률행위 제한** 등이 있다.

사적 자치를 제한하는 민사특별법도 많다. 사적 자치의 전제가 충족되지 않는 영역에서 사회정책적 요청으로 특별법을 제정하여 한편으로는 사적 자치를 제한하지만 다른 한편으로는 사적 자치의 토대를 후견적으로 보충한다는 의미도 있다. 주택 및 상가건물 임대차보호법, 약관규제법, 할부거래법 등 소비자법, 하도급법 등이 이에 속한다.

권영준 교수는 실정법적 근거의 배후에 있는 사적 자치의 정당성의 근거로 사적 자치는 인간의 존엄성을 구현하는 데에 필수적인 가치이므로 사적 자치가 어떠한 결과를 가져오건 사적 자치 그 자체가 보호되어야 한다는 관점과 사적 자치는 사적 자치 자체에 내재한 가치보다는 사적 자치를 통하여 달성할 수 있는 효용 때문에 보호되어야 한다는 관점을 비교하여 설명하고 있다.

사적 자치가 사법 최고의 원칙이라고 하여도 궁극적으로 법질서 안에서 인정되는 것이므로 타인과의 관계 또는 공동체와의 관계에서 일정한 내재적 한계가 있다. 대법원도 이 점을 분명히 밝히고 있다. 사적 자치의 원칙과 그 한계의 설정을 두고 재판현장에서 각축이 벌어지는 것도 이 때문이다.

"사적 자치와 계약자유의 원칙은 사법의 기본원리로서 사법적인 법률관계를 규율하는 기초를 형성하고 있다. 그러나 이러한 원칙이 아무런 제한 없이 절대적으로 인정되는 것은 아니다. 우리 민법은 통칙에서 신의성실과 권리남용의 금지를 민법의 중요한 원칙으로 선언하고 있다. 신의성실의 원칙은 법질서 전체를 관통하는 일반 원칙으로서 실정법이나 계약을 형식적이고 엄격하게 적용할 때 생길 수 있는 부당한 결과를 막고 구체적 타당성을 실현하는 작용을 한다. <u>사적 자치나 계약자유도 신의칙에 따라 제한될 수 있고, 구체적 사안에서 그 적용 범위가 문제 될 뿐이다.</u>"(대법원 2018. 5. 17. 선고 2016다35833 전원합의체 판결).

또한 사적 자치의 원칙은 그 원칙이 기초로 하고 있는 전제가 충족되어야 비로소 그 정당성을 인정받을 수 있다. 사적 자치의 원칙은 충분한 정보의 토대 위에서 합리적이고 자유롭게 의사결정에 이르는 자율적인 인간상을 전제로 한다. 즉 ① 사적 자치의 당사자에게 충분한 정보가 제공되어야 하고(정보의 토대), ② 그가 그 정보를 제대로 인식·이해하고 합리적으로 판단할 수 있어야 하며(인지와 판단의 토대), ③ 상대방이 있는 경우에는 그 판단의 토대 위에서 대등하게 상대방과 협상할 수 있어야 한다(협상력의 토대).

이러한 사적 자치의 토대가 충족되지 못하는 영역에서는 사적 자치의 원칙도 후퇴하게 되고 그 자리에 **강행규정**을 매개로 하거나 공서양속 위반 금지(민법 제103조)나 신의칙(민법 제2조)이라는 **일반조항**을 매개로 하는 입법과 법원의 해석을 통한 후견적 요소가 개입하게 된다.

"사법상의 계약 기타 법률행위가 일정한 행위를 금지하는 구체적 법규정에 위반하여 행하여진 경우에 그 법률행위가 무효인가 또는 법원이 법률행위 내용의 실현에 대한 조력을 거부하거나 기타 다른 내용으로 그 효력이 제한되는가의 여부는 당해 법규정이 가지는 넓은 의미에서의 법률효과에 관한 문제의 일환으로서, 다른 경우에서와 같이 여기서도 그 법규정의 해석 여하에 의하여 정하여진다. 따라서 그 점에 관한 명문의 정함이 있다면 당연히 이에 따라야 할 것이고, 그러한 정함이 없는 때에는 종국적으로 그 금지규정의 목적과 의미에 비추어 그에 반하는 법률행위의 무효 기타 효력 제한이 요구되는지를 검토하여 이를 정할 것이다. 특히 금지규정이 이른바 공법에 속하는 것인 경우에는, 법이 빈번하게 명문으로 규정하는 형벌이나 행정적 불이익 등 공법적 제재에 의하여 그러한 행위를 금압하는 것을 넘어서 그 금지규정이 그러한 입법자의 침묵 또는 법흠결에도 불구하고 사법의 영역에까지 그 효력을 미쳐서 당해 법률행위의 효과에도 영향이 있다고 할 것인지를 신중하게 판단하여야 한다. 그리고 그 판단에 있어서는, 당해 금지규정의 배경이 되는 사회경제적·윤리적 상황과 그 추이, 금지규정으로 보호되는 당사자 또는 이익, 그리고 반대로 그 규정에 의하여 활동이 제약되는 당사자 또는 이익이 전형적으로 어떠한 성질을 가지는지 또 그 이익 등이 일반적으로 어떠한 법적 평가를 받는지, 금지되는 행위 또는 그에 기한 재화나 경제적 이익의 변동 등이 어느 만큼 반사회적인지, 금지행위에 기하여 또는 그와 관련하여 일어나는 재화 또는 경제적 이익의 변동 등이 당사자 또는 제3자에게 가지는 의미 또는 그들에게 미치는 영향, 당해 금지행위와 유사하거나 밀접한 관련이 있는 행위에 대한 법의 태도 기타 관계 법상황 등이 종합적으로 고려되어야 한다.(대법원 2010. 12. 23. 선고 2008다75119 판결; 대법원 2019. 6. 13. 선고 2018다258562 판결)

위 판결은 공인중개사 자격이 없어 중개사무소 개설등록을 하지 아니한 채 부동산중개업을 한 자에게 형사적 제재를 가하는 것만으로는 부족하고 그가 체결한 중개수수료 지급약정에 의한 경제적 이익이 귀속되는 것을 방지하여야 할 필요가 있고, 따라서 중개사무소 개설등록에 관한 구 부동산중개업법 관련 규정들은 공인중개사 자격이 없는 자가 중개사무소 개설등록을 하지 아니한 채 부동산중개업을 하면서 체결한 중개수수료 지급약정의 효력을 제한하는 이른바 강행법규에 해당한다고 판시한 사례이다.

4.

주지하는 바와 같이 우리 민법학에서 사적 자치와 공공복리의 관계를 어떻게 볼 것인가에 관하여 논란이 있다. 곽윤직 교수는 1986년판 민법총칙(p.79)에서 다음과 같이 **공공복리 우위**의 입장을 설파하고 있다.

"우리 민법은 자유인격의 원칙과 공공복리의 원칙을 최고원리 내지 이념으로 하며, 공공복리라는 이념의 실천원리 내지 행동원리로서 신의성실·권리남용금지·사회질서·거래안전의 여러 기본원칙이 있고, 다시 그 밑에 이른바 3대원칙이 존재한다고 할 수 있다. 이것이 우리 민법의 기본적인 원칙적 구조라고 할 수 있다. 이러한 의미에서 이른바 근대민법의 3대원칙은 우리 민법의 3대원칙이기도 하지만, 그러나 그것은 근대사회의 초기에 있어서 그의 절대자유를 자랑하던 그러한 3대원칙이 아님을 명심하여야 한다."

곽윤직 교수는 공공복리는 무엇을 뜻하는가에 관하여 다음과 같이 설시하고 있다(1992년 신정판 민법총칙, p.79 이하).

"공공복리는 Bentham이 말하는 '최대다수의 최대행복'을 의미한다고 말할 수 있다. 이를 좀 더 풀어서 적는다면, 개인의 사회적 활동의 자유와 사권의 절대적 보장 하에서 개인이 누리고 있었던 사적 이익의 자유로운 추구는 이제는 무제한으로 허용되지 않으며, 약한 지위에 있는 자를 돕고 강한 지위에 있는 자의 양보를 요구함으로써 국민 모두의 행복을 추구하는 것이 현대국가의 이념으로서의 공공복리인 것이다."

그러나 이와 같은 공공복리 우위의 입장에 대하여는 이영준 부장판사 등으로부터 신랄한 비판이 제기되었다. 이영준 부장판사는 1987년판 민법총칙(p.16~17)에서 **사적 자치 우위**의 입장을 다음과 같이 쓰고 있다.

"흔히 우리 민법은 자유인격의 원칙과 공공복리의 원칙을 최고원리로 하며, 공공복리라는 최고의 존재원리의 실천원리 내지 행동원리로 신의성실·권리남용금지·사회질서·거래안전의 여러 기본원칙이 있고, 다시 그 밑에 이른바 계약자유의 원칙·소유권절대의 원칙·과실책임의 원칙 등의 3대원칙이 존재한다고 설명한다. 그러나 사적 자치의 원칙은 우리 헌법이 선언하고 있는 개인의 존엄과 가치를 보장하기 위한 유일한 수단이다. 다른 한편 신의성실·권리남용금지·사회질서·거래안전 등은 원칙적으로 적용되는 '실천원리 내지 행동원리'가 아니고 예외적으로 적용되어야 할 제한규정에 불과하다. 그러므로 현행민법 하에서 신의성실·권리남용금지·사회질서·거래안전을 '실천원리 내지 행동원리'라 하여 사적 자치의 위에 올려놓는 이론은 근거 없는 것으로 허용되지 않는다. 뿐만 아니라 이러한 이론은 위와 같은 신의성실 등의 남용을 유발할 우려가 있는 것이다. 요컨대 사적 자치를 보장하여 경제구조를 확대하고 이에 의하여 이룰 수 있는 소득증대를 조세 등에 의하여 흡수함으로써 이것을 가지고 공공복리를 실현하는 것이 정도이다."

양창수 교수(전 대법관)는 사적 자치의 원칙에 대하여 '공공복리'라는 말은 쓰지 않고 '사회적 형평' 내지 '권리의 사회적 책임'이 제2의 이념이면서 소극적·제한적 이념임을 밝히고 있다(민법입문 〈제7판〉, 박영사, 2018, p.425~429).

"민법의 기본을 이루는 것은 개인의 존엄이라는 이념으로부터 도출되는 사적 자치의 원칙이라고 생각된다. 사적 자치란 각자가 자신의 법률관계를 그의 의사에 따라 자유롭게 형성할 수 잇다는 것을 말한다. 우리나라의 헌법은 최고의 가치를 '인간으로서의 존엄'에 둠을 선언하고, 각 개인은 행복을 추구할 권리를 가진다고 한다(제10조). 따라서 각자는 자신의 인간성을 자신의 의지에 따라 전개·형성하여 갈 수 있는 자유, 즉 '일반적 행동의 자유'를 가진다. 이것은 공동체라고 하더라도 그것이 진리를 독점하지 않는다는 믿음의 표현이다. 공동체는 무엇이 그 구성원 각자에게 '좋은 것'인가를 알 수 없으며, 만에 하나 안다고 하더라도 개인이 공동체가 일일이 지정하는 방식의 행동만을 하여야 한다면 그는 인격을 가진다고 하기 보다는 하나의 꼭두각시에 불과하다. 이와 같이 각 개인의 자유로운 자기형성을 공동체보다 앞세우는 이념이 민법에 투사된 것이 바로 사적 자치의 원칙이다. 이로부터 인격존중의 원칙, 계약자유의 원칙, 소유권존중의 원칙, 유책성의 원칙, 양성평등의 원칙 등이 도출되며, 이들 원칙들은 민법전상의 여러 제도로부터 귀납될 수 있다.

위와 같이 개인의 자유와 권리를 강조하는 시민법적 원칙이 우리 민법의 기본을 이루고 있다. 그러나 다른 한편으로 소유권, 계약, 불법행위 등은 하나의 사회적 제도로서 그에 관한 법률관계는 다른 모든 개인의 자유나 권리와 조화될 수 있도록 유지·발전되어야 한다. 만일 어떠한 권리가 주어졌다고 하여서 이를 무차별하게 추구해 나아간다면, 결국 권리와 권리의 끝없는 충돌이 있을 뿐이고, 법이 종국적인 목표로 하는 평화와 질서는 내내 달성되지 않는다. 이로부터 '사회적 형평' 내지 '권리의 사회적 책임성'이라고 부를 수 있는 제2의-그러나 단지 소극적·제한적인- 이념이 점차 명확하게 인식되고 있다. 예를 들면 헌법은 '재산권의 행사는 공공복리에 적합하도록 하여야 한다'고 정하고(제23조 제2항), 민법도 '권리의 행사와 의무의 이행은 신의에 좇아 성실하게 하여야 한다. 권리는 남용하지 못한다'고 정하는데(제2조), 이는 위와 같은 정신의 표현이라고 할 것이다."

한편, 양창수 교수는 민법연구 제10권(박영사, 2019, p.186~187)에서 민법의 기본원리를 논하면서 곽윤직 교수가 공공복리가 민법의 '최고원리'라고 하는 것과 사적 자치의 원칙이 민법의 '기본원리'라고 하는 것이 차원이 다른 것인지 여부를 나름대로 음미하면서 다음과 같은 의문을 던지고 있다.

"사적 자치의 원칙과 이러한 사권의 사회적 구속성은 반드시 서로 '제약'하는 관계에 있어야 하는 것일까요? 또 그러한 사회적 구속성에 의하여 사적 자치의 원칙이 '수정'되고 '제약'되는 것이라고 하여, 반드시 전자가 후자의 '상위원칙'이라고 하여야 할까요? 도대체 어떠한 의미의 '원칙' 또는 '원리' 간의, 어떠한 기준에 의한 위계인가요?"

권영준 교수는 우리 민법에서 발견되는 공동체적 요소 또는 후견적 요소는 중요한 의미를 가지지만 사적 자치를 민법의 기본원리의 지위에서 끌어내리는 쿠데타적 의미까지 가진다고 할 수는 없다고 한다. 이러한 요소는 자율의 결함을 보완하고 더욱 온전하고 책임 있는 자율로 나아가기 위한 도구로 볼 수 있고, 사적 자치와 공동체적·후견적 요소가 건전한 상호보완을 통하여 인간의 존엄성과 자율성을 고양시킬 수 있는 것으로 이해한다. 이 점에서 신의칙도 책임 있는 사적 자치의 구현을 뒷받침하는 기둥이다.

다음과 같은 판례의 태도는 이에 관하여 시사하는 바가 크다.
"헌법 제23조 제1항 전문은 "모든 국민의 재산권은 보장된다"라고 규정하고, 헌법 제119조 제1항은 "대한민국의 경제질서는 개인과 기업의 경제상의 자유와 창의를 존중함을 기본으로 한다"고 규정함으로써, 우리 헌법이 **사유재산제도**와 경제활동에 관한 사적자치의 원칙을 기초로 하는 **시장경제질서**를 기본으로 하고 있음을 선언하고 있다. 이는 국민 개개인에게 자유스러운 경제활동을 통하여 생활의 기본적 수요를 스스로 충족시킬 수 있도록 하고 사유재산의 자유로운 이용·수익과 그 처분을 보장해 주는 것이 인간의 자유와 창의를 보전하는 지름길이고 궁극에는 인간의 존엄과 가치를 증대시키는 최선의 방법이라는 이상을 배경으로 하고 있는 것이다. 그러나 한편, 헌법 제119조 제2항은 "국가는 … 시장의 지배와 경제력의 남용을 방지하기 위하여 … 경제에 관한 규제와 조정을 할 수 있다"고 규정함으로써, '독점규제와 공정거래유지'라는 경제정책적 목표를 개인의 경제적 자유를 제한할 수 있는 정당한 공익의 하나로 하고 있다. 이는 경제를 자유방임 상태에 둘 경우 경제적 자유에 내재하는 경제력 집중적 또는 시장지배적 경향으로 말미암아 반드시 시장의 자유가 제한받게 되므로 <u>국가의 법질서에 의하여 공정한 경쟁질서를 형성하고 확보하는 것이 필요하고, 공정한 경쟁질서의 유지가 자연적인 사회현상이 아니라 국가의 지속적인 과제라는 인식</u>에 그 바탕을 두고 있다.

다시 말하면 사유재산제도와 경제활동에 관한 사적자치의 원칙에 입각한 시장경제질서를 기본으로 하는 우리나라에서는 원칙적으로 사업자들에게 계약체결 여부의 결정, 거래상대방 선택, 거래내용의 결정 등을 포괄하는 **계약의 자유**가 인정되지만, 시장의 지배와 경제력의 남용이 우려되는 경우에는 그러한 **계약의 자유가 제한될 수 있다** 할 것이고, <u>이러한 제한 내지 규제는 계약자유의 원칙이라는 시민법 원리를 수정한 것이기는 하나 시민법 원리 그 자체를 부정하는 것은 아니며, 시민법 원리의 결함을 교정함으로써 그것이 가지고 있던 본래의 기능을 회복시키기 위한 것으로 이해할 수 있다.</u>"(대법원 2007. 11. 22. 선고 2002두8626 전원합의체 판결)[1]

생각건대 공공복리라는 이념을 민법의 최고원리로 보는 것은 민법의 자유주의적 토대를 간과한 것이다. 곽윤직 교수는 공공복리는 Bentham이 말하는 '최대다수의 최대행복'을 의미한다고 하는데 이러한 공공복리는 어느 한 국가가 추구하여야 할 이념일 수는 있어도 민법의 기본원칙으로 보기는 어렵다. 공리주의는 개인이 아니라 '최대다수의 최대행복'(the greatest happiness of the greatest number)을 판단기준으로 삼기 때문에 개인주의와 상치되는 면이 있다. 전체의 행복을 강조하는 공리주의는 다수를 위한 소수의 희생을 합리화한다는 치명적인 결함이 있다. 사적 자치와 신의칙 또는 권리의 사회적 구속성은 서로 배척하는 개념이 아니라 서로 포용하는 개념으로 이해한다. 내재적 제한이나 한계가 없는 절대적 권리라고 하는 것은 존재하지 않는다.

---

[1] 본 판결의 평석으로는 김재형, 민법판례분석, 박영사, 2015, p.2 이하 참조.

5.

　사적 차치가 가장 분명하게 발현되는 영역이 바로 계약법이다. 계약은 사적 자치를 구현하는 가장 중요한 법적 형태이다. 사적 자치는 계약법에서 계약자유의 원칙으로 구현된다. 사적 자치와 계약자유가 별개의 원칙이 아니라 사적 자치의 본질적 내용을 이루는 것이 계약자유의 원칙이다.

　계약자유의 원칙은 소유권 절대의 원칙, 과실책임의 원칙과 더불어 근대민법의 3대원칙을 구성한다. 계약은 사적자치를 구현하는 중요한 법적 형태로서 계약 당사자들은 그들의 계약내용을 그들의 의사와 필요에 따라 자유롭게 정할 수 있고 계약의 체결을 강제 당하지 않으며(계약자유의 원칙), 개인들의 생활의 물질적 기초인 소유권을 절대적으로 보호해 주고(사소유권 절대의 원칙), 개인은 고의 또는 과실로 위법하게 타인에게 가한 손해에 대하여만 손해배상책임을 진다(과실책임의 원칙). 계약자유의 원칙은 계약체결의 자유, 계약내용결정의 자유, 계약 상대방선택의 자유, 방식의 자유를 포함한다.

　"이른바 계약자유의 원칙이란 계약을 체결할 것인가의 여부, 체결한다면 어떠한 내용의, 어떠한 상대방과의 관계에서, 어떠한 방식으로 계약을 체결하느냐 하는 것도 당사자 자신이 자기의사로 결정하는 자유뿐만 아니라, 원치 않으면 계약을 체결하지 않을 자유를 말하여, 이는 헌법상의 행복추구권 속에 함축된 일반적 행동자유권으로부터 파생되는 것이라 할 것이다."(헌법재판소 1991. 6. 3. 선고 89헌바204 결정)

　전통적인 사적 자치의 원칙은 약관의 영역에서 변형될 수밖에 없다. '약관을 통한 계약의 시스템화'가 진행된다. 사적 자치의 한계를 벗어나는 약관조항을 무효로 선언하는 것은 사적 자치의 원칙에 반하는 것이 아니다.

　"약관은 사업자가 다수의 고객과 계약을 체결하기 위하여 일방적으로 작성한 것으로서 고객이 그 구체적인 조항내용을 검토하거나 확인할 충분한 기회를 가지지 못한 채 계약의 내용으로 되는 것이므로, 그 약관의 내용이 사적자치의 영역에 속하는 채무자위험부담주의에 관한 민법 제537조의 규정에 관한 것이라고 하더라도, 사업자가 상당한 이유 없이 자신이 부담하여야 할 위험을 고객에게 이전하는 내용의 약관조항은 고객의 정당한 이익과 합리적인 기대에 반할 뿐 아니라 사적자치의 한계를 벗어나는 것이라고 할 것이고, 따라서 이러한 <u>사적자치의 한계를 벗어나는 약관조항을 무효로 한다고 하여 사적자치의 원칙에 반한다고 할 수는 없다.</u>"(대법원 2005. 2. 18. 선고 2003두3734 판결)

　사적 자치는 사법의 최고의 원칙으로 주된 적용 영역인 **계약법** 외에도 발현된다. 사적 자치는 **가족법**에서 혼인의 자유와 유언의 자유로, **소유권법**에서는 소유권행사의 자유로, **단체법**에서는 노사자치 등 단체의 자유, **민사절차법**에서는 처분권주의와 변론주의로 발현된다. 특히 ADR 등 절차 자체의 선택권을 행사하는 사적 자치로까지 진화하고 있다.

　사적 단체의 사적 자치와 관련하여 성차별적 처우 등 헌법상의 평등권을 침해하는 경우 우리 전체 법질서에 비추어 용인될 수 없는 위법행위에 해당한다는 점을 주의할 필요가 있다.

"헌법상의 기본권은 제1차적으로 개인의 자유로운 영역을 공권력의 침해로부터 보호하기 위한 방어적 권리이지만 다른 한편으로 헌법의 기본적인 결단인 객관적인 가치질서를 구체화한 것으로서, 사법을 포함한 모든 법 영역에 그 영향을 미치는 것이므로 사인간의 사적인 법률관계도 헌법상의 기본권 규정에 적합하게 규율되어야 한다. 다만 기본권 규정은 그 성질상 사법관계에 직접 적용될 수 있는 예외적인 것을 제외하고는 사법상의 일반원칙을 규정한 민법 제2조, 제103조, 제750조, 제751조 등의 내용을 형성하고 그 해석 기준이 되어 간접적으로 사법관계에 효력을 미치게 된다. 헌법 제11조는 "모든 국민은 법 앞에 평등하다. 누구든지 성별·종교 또는 사회적 신분에 의하여 정치적·경제적·사회적·문화적 생활의 모든 영역에 있어서 차별을 받지 아니한다."라고 규정하여 평등의 원칙을 선언함과 동시에 모든 국민에게 평등권을 보장하고 있다. 따라서 사적 단체를 포함하여 사회공동체 내에서 개인이 성별에 따른 불합리한 차별을 받지 아니하고 자신의 희망과 소양에 따라 다양한 사회적·경제적 활동을 영위하는 것은 그 인격권 실현의 본질적 부분에 해당하므로 평등권이라는 기본권의 침해도 민법 제750조의 일반규정을 통하여 사법상 보호되는 인격적 법익침해의 형태로 구체화되어 논하여질 수 있고, 그 위법성 인정을 위하여 반드시 사인간의 평등권 보호에 관한 별개의 입법이 있어야만 하는 것은 아니다.

사적 단체는 사적 자치의 원칙 내지 결사의 자유에 따라 그 단체의 형성과 조직, 운영을 자유롭게 할 수 있으므로, 사적 단체가 그 성격이나 목적에 비추어 그 구성원을 성별에 따라 달리 취급하는 것이 일반적으로 금지된다고 할 수는 없다. 그러나 사적 단체의 구성원에 대한 성별에 따른 차별처우가 사회공동체의 건전한 상식과 법감정에 비추어 볼 때 도저히 용인될 수 있는 한계를 벗어난 경우에는 사회질서에 위반되는 행위로서 위법한 것으로 평가할 수 있고, 위와 같은 한계를 벗어났는지 여부는 사적 단체의 성격이나 목적, 차별처우의 필요성, 차별처우에 의한 법익 침해의 양상 및 정도 등을 종합적으로 고려하여 판단하여야 한다. 특히 사적 단체의 성격이나 목적과 관련해서는, 대외적으로 그 단체가 사회공동체 내에서 순수하게 사적인 영역에서만 활동하는지 아니면 일정 부분 공공적 영역에서 활동하며 공익적 기능도 수행하는지와 대내적으로 그 단체의 구성원들에게 제공되는 구체적인 역무의 내용과 성격 등을, 차별처우의 필요성과 관련해서는 그러한 차별처우가 단체의 정체성을 유지하기 위하여 불가피한 것으로서 필요한 한도 내의 조치였는지 여부를, 차별처우에 의한 법익 침해의 양상 및 정도와 관련해서는 해당 구성원의 단체가입 목적, 이를 위한 단체 내 활동에서의 제약 정도와 기간, 그 가입목적 달성을 위한 대체적 단체의 가입 가능성 유무, 가입시 단체 내 차별처우의 존재에 대한 인식 여부, 차별처우에 대한 문제제기 기간과 이에 대한 그 단체의 대응방식 등을 우리 사회의 건전한 상식과 법감정에 비추어 합리적으로 고려하여야 한다."(대법원 2011. 1. 27. 선고 2009다19864 판결)[2]

위 판결은 서울기독교청년회(서울YMCA)가 남성 회원에게는 별다른 심사 없이 총회의결권 등을 가지는 총회원 자격을 부여하면서도 여성 회원의 경우에는 지속적인 요구에도 불구하고 원천적으로 총회원 자격심사에서 배제하여 온 것은, 우리 사회의 건전한 상식과 법감정에 비추어 용인될 수 있는 한계를 벗어나 사회질서에 위반되는 것으로서 여성 회원들의 인격적 법익을 침해하여 불법행위를 구성한다고 본 원심판단을 수긍한 사례이다.

---

[2] 본 판결의 평석으로는 김재형, 앞의 책, p.4 이하 참조.

사적 자치는 과학기술의 발달과 조응하여 다양한 모습으로 전개된다. 특히 프라이버시나 개인정보의 문제는 사적 자치의 토대를 확보하는 문제와 직접 연결된다. 권영준 교수는 프라이버시 보호와 자유의 관계에 관하여 다음과 같이 설명하고 있다.

"프라이버시가 보호되는 영역에서 사람들은 타인의 간섭과 시선 및 이를 의식한 자기 검열에서 해방된다. 프라이버시는 우리를 사회적 질식으로부터 자유롭게 한다. 이러한 해방공간에서 사람은 자기의 정체성에 따라 진정한 자아를 표출한다. 이는 비자발적인 외로움과 구별되는 자발적인 고독의 공간이다. 동거의 공간과 구별되는 은거의 공간이다. 타인의 간섭과 시선으로부터의 소극적 자유뿐만 아니라 사적 영역에서 한껏 자아를 발현할 수 있는 적극적 자유의 공간이기도 한다. 그곳에서 진정한 자기 결정과 자아 표현이 이루어진다. 이러한 자유의 공간은 신체 그 자체와 그 신체에서부터의 일정한 거리, 주거지 등 실제공간으로부터 SNS나 이메일 계정, 전자게시판 등 가상공간에 이르기까지 다양한 형태로 존재한다. 이러한 형태의 자유를 확보하는 것이야말로 프라이버시를 보호하는 이유이다. 바꾸어 말하면 프라이버시에 대한 보호 확장은 자유의 확장을, 보호 축소는 자유의 축소를 의미한다."

6.

사적 자치의 모습이 대법원과 헌법재판소 판례에서 어떠한 형태로 나타나고 있는지를 살펴보자. 판례는 꾸준히 사적 자치의 원칙을 강조하고 그 의미와 외연을 확대하는 노력을 하고 있다. 당사자가 체결한 계약에 대하여 신의칙 등 일반조항에 의한 통제를 자제하고, 강행법규나 효력규정과 충돌하는 경우에도 가능한 한 약정의 효력을 유지하려는 시도를 하고 있다. 계약 등 약정의 세계가 아닌 물권법, 가족법 등 법정주의가 지배하는 영역에서는 사적 자치의 침투가 제한적일 수밖에 없다.

(1) 사정변경의 원칙과 사적 자치

사적 자치가 계약법의 영역에서 발현되는 계약자유의 원칙은 계약준수의 원칙과 표리의 관계에 있다. 계약당사자는 스스로 자유롭게 계약을 체결하는 대신 그 계약에 구속된다. 계약의 구속력에 대한 예외가 사정변경의 원칙이다. 사정변경의 원칙은 신의칙의 분칙으로서 계약자유의 원칙의 한 계선을 설정하는 역할을 한다.

대법원은 사정변경의 원칙을 일반적으로 인정하면서도 사정변경의 원칙을 적용하여 사적 자치에 대한 제한을 정당화한 사례는 찾아보기 어렵다.

"이른바 사정변경으로 인한 계약해제는, <u>계약성립 당시 당사자가 예견할 수 없었던 현저한 사정의 변경이 발생하였고</u> <u>그러한 사정의 변경이 해제권을 취득하는 당사자에게 책임 없는 사유로 생긴 것으로서</u>, <u>계약내용대로의 구속력을 인정한다면 신의칙에 현저히 반하는 결과가 생기는 경우에 계약준수 원칙의 예외로서 인정되는 것이고</u>, 여기에서 말하는 사정이라 함은 <u>계약의 기초가 되었던 객관적인 사정</u>으로서, 일방당사자의 주관적 또는 개인적인 사정을 의미하는 것은 아니다. 또한, 계약의 성립에 기초가 되지 아니한 사정이 그 후 변경되어 일방당사자가 계약 당시 의도한 계약목적을 달성할 수 없게 됨으로써 손해를 입게 되었다 하더라도 특별한 사정이 없는 한 그 계약내용의 효력을 그대로 유지하는 것이 신의칙에 반한다고 볼 수도 없다."(대법원 2007. 3. 29. 선고 2004다31302 판결)3)

이 판결은 지방자치단체로부터 매수한 토지가 공공공지에 편입되어 매수인이 의도한 음식점 등의 건축이 불가능하게 되었더라도 이는 매매계약을 해제할 만한 사정변경에 해당하지 않고, 매수인이 의도한 주관적인 매수목적을 달성할 수 없게 되어 손해를 입었다 하더라도 매매계약을 그대로 유지하는 것이 신의칙에 반한다고 볼 수도 없다고 한 사례이다.

위와 같이 판례는 처음에는 사정변경을 이유로 한 계약의 해지에서 당사자의 귀책사유를 요구하다가 후에는 다음과 같이 당사자의 귀책사유의 부존재의 요건을 없애고 신의칙 요건 대신 "당사자의 이해에 중대한 불균형을 초래"하거나 "계약을 체결한 목적을 달성할 수 없는 경우"라는 두 가지 구체적 유형을 제시하였다.

"계약 성립의 기초가 된 사정이 현저히 변경되고 당사자가 계약의 성립 당시 이를 예견할 수 없었으며, <u>그로 인하여 계약을 그대로 유지하는 것이 당사자의 이해에 중대한 불균형을 초래하거나 계약을 체결한 목적을 달성할 수 없는 경우</u>에는 계약준수 원칙의 예외로서 사정변경을 이유로 계약을 해제하거나 해지할 수 있다. 여기에서 말하는 사정이란 당사자들에게 계약 성립의 기초가 된 사정을 가리키고, 당사자들이 계약의 기초로 삼지 않은 사정이나 어느 일방당사자가 변경에 따른 불이익이나 위험을 떠안기로 한 사정은 포함되지 않는다.
<u>경제상황 등의 변동으로 당사자에게 손해가 생기더라도 합리적인 사람의 입장에서 사정변경을 예견할 수 있었다면 사정변경을 이유로 계약을 해제할 수 없다.</u> 특히 계속적 계약에서는 계약의 체결 시와 이행 시 사이에 간극이 크기 때문에 당사자들이 예상할 수 없었던 사정변경이 발생할 가능성이 높지만, 이러한 경우에도 위 계약을 해지하려면 경제적 상황의 변화로 당사자에게 불이익이 발생했다는 것만으로는 부족하고 위에서 본 요건을 충족하여야 한다."(대법원 2017. 6. 8. 선고 2016다249557 판결)4)

판례는 계약법의 영역에서 사정변경의 원칙을 내세워 계약 당사자가 형성한 법률관계에 대한 사후적, 후견적 개입을 꺼리는 입장이다. 이른바 KIKO 통화옵션계약에 대한 판결에서 대법원의 입장이 분명히 나타난다(대법원 2013. 9. 26. 선고 2012다13637 전원합의체 판결). 사적자치의 영역에 속하는 물품공급계약에서 서로간의 합의에 기해 계약금액을 조정하지 않기로 특약을 하였다면 그 합의대로 지켜져야 하는 것이고 계약 체결 후 급격한 환율상승으로 인해 손해를 입었다는 사정만으로 신의성실 또는 사정변경의 원칙에 의해 계약금액이 증액되어야 한다고 볼 수 없다고 판시하였다(대법원 2003. 8. 22. 선고 2003다318 판결).

---

3) 본 판결의 평석으로는 김재형, 앞의 책, p.7~8 참조.
4) 본 판결의 평석으로는 권영준, 민법판례연구 Ⅰ, 박영사, 2019, p.215 참조. 이 글에서 대법원판결 선고일자가 2017. 6. 12.로 되어 있으나, 2017. 6. 8.이다.

(2) 명의신탁과 사적 자치

부동산실권리자명의등기에 관한 법률(부동산실명법)은 "명의신탁약정을 무효로 하고 명의신탁약정에 따른 등기로 이루어진 부동산물권변동은 무효"로 한다(제4조). 헌법재판소는 다음과 같이 부동산실명법의 규정이 사적 자치의 원칙 및 재산권보장의 원칙을 침해하였다고 볼 수 없다고 판시하였다.

"헌법 제119조 제1항은 사유재산제도와 사적 자치의 원칙 및 과실책임의 원칙을 기초로 하는 자유시장경제질서를 기본으로 하고 있음을 선언하고, 헌법 제10조는 국민의 행복추구권과 여기서 파생된 일반적 행동자유권 및 사적자치권을 보장하고 있는바, 사적 자치의 원칙이란 인간의 자기결정 및 자기책임의 원칙에서 유래된 기본원칙으로서, 법률관계의 형성은 고권적인 명령에 의해서가 아니라 법인격자 자신들의 의사나 행위를 통해서 이루어진다는 원칙이다. 사적 자치는 계약의 자유·소유권의 자유·결사의 자유·유언의 자유 및 영업의 자유를 그 구성요소로 하고 있으며, 그 중 계약의 자유는 사적자치가 실현되는 가장 중요한 수단으로서, 이는 계약체결의 자유·상대방선택의 자유·방식의 자유·계약의 변경 또는 해소의 자유를 포함하므로, 명의신탁약정에 있어서 그러한 계약을 체결할지, 누구와 체결할지, 그 내용과 효력은 어떻게 할지, 어떤 방식으로 계약할지, 그리고 약정된 명의신탁을 변경하거나 해소할지 등의 여부를 결정할 수 있는 자유는 기본적으로 사적 자치의 영역에 속한다고 할 것이다.

그러나 개인들은 사적·자치적 형성의 자유가 인정되는 범위 내에서 자신들의 이익추구만을 위하여 노력할 것이기 때문에, 이러한 사적자치의 원칙 내지는 사적자치권이라도 공동체의 전체질서와의 관계에서 제약을 받을 수밖에 없다.

따라서 그 본질적 부분이 훼손되지 않고 헌법상의 경제적 기본질서를 깨뜨리지 않는 한, 헌법 제37조 제2항에 규정된 국가안전보장, 질서유지 또는 공공복리를 위하여, 또한 헌법 제119조 제2항의 경제에 대한 규제와 조정의 기본원칙, 즉 "국가는 균형 있는 국민경제의 성장 및 안정과 적정한 소득의 분배를 유지하고, 시장의 지배와 경제력의 남용을 방지하며, 경제주체간의 조화를 통한 경제의 민주화를 위하여 경제에 관한 규제와 조정을 할 수 있다"는 규정에 의하여 제한받을 수도 있으며, 다만 그 제한이 계약의 자유나 소유의 자유 등을 전면적으로 부인하는 결과를 초래한다면, 이는 곧 사적자치의 본질적 내용 침해가 되어 헌법에 위반된다고 할 것이다.

헌법 제23조 제1항은 "모든 국민의 재산권은 보장된다. 그 내용과 한계는 법률로 정하여야 한다"고 규정하고, 제2항은 "재산권의 행사는 공공복리에 적합하도록 하여야 한다"고 규정함으로써, 재산권은 법률로써 규제될 수 있고 그 행사 또한 일정한 제약을 받을 수 있다는 것을 밝히고 있는바, 헌법재판소는 "입법자는 재산권의 내용을 구체적으로 형성함에 있어서 헌법상의 재산권보장과 재산권의 제한을 요청하는 공익 등 재산권의 사회적 기속성을 함께 고려하고 조정하여 양 법익이 조화와 균형을 이루도록 하여야 한다."는 견해를 밝힌 바 있고, 특히 토지에 대한 재산권과 관련하여 "토지는 원칙적으로 생산이나 대체가 불가능하여 공급이 제한되어 있고, 우리나라의 가용토지면적은 인구에 비하여 절대적으로 부족한 반면에, 모든 국민이 생산 및 생활의 기반으로서 토지의 합리적인 이용에 의존하고 있으므로, 그 사회적 기능에 있어서나 국민경제의 측면에서 다른 재산권과 같게 다룰 수 있는 성질의 것이 아니므로 공동체의 이익이 보다 강하게 관철되어야 한다."는 판단을 한 바 있다.

헌법 또한, 토지가 지닌 위와 같은 특성을 감안하여 "국가는 국민 모두의 생산 및 생활의 기반이 되는 국토의 효율적이고 균형 있는 이용·개발과 보전을 위하여 법률이 정하는 바에 의하여 그에 관한 필요한 제한과 의무를 과할 수 있다"라고 규정함으로써(제122조), 토지 재산권에 대한 광범위한 입법형성권을 부여하고 있다. 그러나 토지와 관련된 재산권을 제한하는 입법 역시 다른 기본권을 제한하는 입법과 마찬가지로 과잉금지의 원칙을 준수하여야 하며, 재산권의 본질적 내용을 침해하여서는 안 되므로 사적 소유권을 근본적으로 박탈하거나 부인하는 법률은 헌법상 허용될 수 없는 것이다.

부동산실명법이 제정됨에 따라 명의신탁약정의 효력과 그에 기한 물권변동의 효력은 계약 주체의 의사에 상관없이 법률에 의하여 정하여지게 되었으나, 사인 간에 어떠한 법률행위가 행하여지고 그 효과를 그대로 인정할 경우 헌법상의 기본원리나 공익에 근본적으로 배치되거나 실질적인 불평등을 초래할 때에 그 효력을 부인하는 예는 민법에서 반사회적 법률행위나 불공정한 법률행위를 무효로 보는 규정 등 여러 분야에서 찾을 수 있으므로, 계약 주체의 의사와 상관없이 법률이 어떠한 계약의 효력을 무효로 본다고 하여 그것이 곧 기본권의 본질적 내용을 침해한다고는 볼 수 없다.

부동산의 실권리자는 처음부터 자신의 명의로 등기를 하여 권리를 행사하면 되는 것이고, 부동산실명법 시행 전의 명의신탁자도 같은 법 제11조 제1항에 의하여 주어진 1년의 유예기간 내에 실명등기를 하면 부동산실명법에 의하여 아무런 제한을 받지 않게 된다는 점에서, 같은 법이 명의신탁을 무효로 본다고 하여 실권리자의 권리가 원천적으로 박탈되거나 봉쇄됨으로써 재산권보장이라는 헌법상 원칙이 훼손되는 것은 아니라 할 것이다.

더욱이, 부동산실명법은 명의신탁약정에 따라 행하여진 등기에 의한 물권변동도 무효로 하고 있으므로 재산권의 본질적 침해와는 더욱 거리가 있게 되는바, 만일 명의신탁약정만을 무효로 하고 그에 기한 물권변동을 유효로 본다면, 명의신탁된 부동산에 관한 권리가 언제나 명의수탁자에게 확정적으로 귀속되는 결과가 되어 명의신탁자는 그 부동산에 관한 권리를 상실하게 되고, 이러한 경우 명의신탁자는 자신의 재산을 직접적으로 박탈당하는 결과를 감수하여야 하므로 재산권의 본질적 부분을 침해하게 될 소지가 크다고 하겠으나, <u>부동산실명법은 명의신탁약정에 기한 물권변동도 원칙적으로 무효로 함으로써 등기명의신탁의 경우 명의신탁자가 부동산실명법에 대한 행정적 제재나 처벌은 별론으로 하고 그 부동산에 대한 소유권을 회복할 가능성을 열어 놓고 있으므로, 재산권의 본질적 부분을 침해하는 정도에는 이르지 않았다고 볼 것이다.</u>

다만, 계약명의신탁의 경우에는 명의신탁자가 계약의 당사자가 아니고 명의신탁도 무효가 되어 있으므로 명의신탁자는 매도인이나 수탁자에게 소유권이전을 구할 아무런 권원을 가지지 못하게 되나, 이 경우에도 부당이득의 법리에 따라 매매대금에 상당하는 금원을 반환받을 가능성은 열려 있다고 보여 지므로 이 역시 재산권의 본질적 침해가 있다고 보기는 어려운 것이다.

한편, 부동산실명법 제4조 제3항에서는 명의신탁의 무효는 제3자에게 대항할 수 없다고 규정하여, 명의신탁된 부동산이 제3자에게 이전되는 경우에는 명의신탁자가 부동산에 관한 권리를 회복할 방법이 없게 되지만, 이는 명의신탁에 기한 물권변동의 효력이 명의신탁약정의 당사자가 아닌 다른 사람의 권리와 충돌할 경우 그 제3자의 권리를 보호하고 거래의 안전을 지키기 위하여 예외를 인정한 것으로서 명의신탁의 유, 무효와 관계없이 유지될 수 있는 정당한 법리이므로, 이 점을 이유로 위 제4조 제1항, 제2항의 규정이 사적자치의 본질에 반한다거나 재산권의 본질을 침해한다고 볼 것도 아니라 할 것이다.

결국, 위와 같은 각 사정 및 부동산실명법의 입법목적 등에 비추어 보면, 명의신탁의 효력과 관련된 위 규정들은 헌법 제37조 제2항의 질서유지 또는 공공복리를 위하여 필요한 조항이라고 할 것이다."

부동산실명법은 명의신탁의 금지를 규정하면서(제3조 제1항) 또한 양도담보 즉 채무의 변제를 담보하기 위하여 채권자가 부동산에 관한 물권을 이전받는 경우에 등기신청시 채무변제를 위한 담보라는 점을 밝히도록 강제하고 있는데(제3조 제2항) 이것이 사적 자치의 원칙에 위배되는지 여부도 문제되었으나, 헌법재판소는 등기제도를 이용하는 한 진실한 원인관계를 밝히도록 하는 것은 당연한 것이라고 하여 이를 일축하였다(헌재 2012. 4. 24. 선고 2011헌바62 결정). 이에 대하여는 김종대 재판관의 다음과 같은 반대의견이 있다.

"당사자들이 채무의 변제를 담보하려고 하는 경우 채무자의 부동산에 저당권을 설정하지 않고 그 대신 채권자가 채무자로부터 부동산의 소유권을 이전받았음에도 불구하고, 당사자들이 합의하여 선택한 소유권의 이전이라는 법률적 외관과는 다르게 실질적 법률관계가 따로 있음을 전제로 소유권 이전등기를 담보의 목적으로 활용하고자 하는 자에 대하여 채권채무관계를 밝히도록 하고, 이에 위반하였다는 이유로 부동산가액의 100분의 30에 해당하는 금액의 범위에서 과징금을 부과하는 것은, 법률이 거래 당사자의 내면에 들어가 내심의 목적을 드러내도록 강제하는 것으로서 <u>계약의 내용을 자신의 자유의사로 결정할 자유, 즉 헌법 제10조의 일반적 행동자유권의 한 내용인 사적자치권(계약체결의 자유)</u>에 대한 중대한 제한이 되는 것이다."

명의신탁약정에 따라 수탁자 명의의 등기가 이루어진 경우 명의신탁자에게 수탁자에게 소유권이전등기를 구하거나 소유권이전등기의 말소를 구하는 경우 수탁자는 불법원인급여의 항변을 할 수 있는가? 일부 하급심에서 수탁자의 불법원인급여의 항변을 받아들여 명의신탁자의 청구를 배척한 예가 있으나, 대법원은 무효인 명의신탁약정에 기해 등기가 이루어졌다는 이유만으로 이를 불법원인급여로 볼 수 없다고 판시하였다. 그 효시가 되는 판결이 다음과 같은 대법원판결이다.

"부당이득의 반환청구가 금지되는 사유로 민법 제746조가 규정하는 불법원인이라 함은 그 원인되는 행위가 선량한 풍속 기타 사회질서에 위반하는 경우를 말하는 것으로서, 법률의 금지에 위반하는 경우라 할지라도 그것이 선량한 풍속 기타 사회질서에 위반하지 않는 경우에는 이에 해당하지 않는 것인바, 부동산실명법이 규정하는 명의신탁약정은 부동산에 관한 물권의 실권리자가 타인과의 사이에서 대내적으로는 실권리자가 부동산에 관한 물권을 보유하거나 보유하기로 하고 그에 관한 등기는 그 타인의 명의로 하기로 하는 약정을 말하는 것일 뿐이므로, <u>그 자체로 선량한 풍속 기타 사회질서에 위반하는 경우에 해당한다고 단정할 수 없을 뿐만 아니라</u>, 위 법률은 원칙적으로 명의신탁약정과 그 등기에 기한 물권변동만을 무효로 하고 명의신탁자가 다른 법률관계에 기하여 등기회복 등의 권리행사를 하는 것까지 금지하지는 않는 대신, 명의신탁자에 대하여 행정적 제재나 형벌을 부과함으로써 사적자치 및 재산권보장의 본질을 침해하지 않도록 규정하고 있으므로, 위 법률이 비록 부동산등기제도를 악용한 투기·탈세·탈법행위 등 반사회적 행위를 방지하는 것 등을 목적으로 제정되었다고 하더라도, 무효인 명의신탁약정에 기하여 타인 명의의 등기가 마쳐졌다는 이유만으로 그것이 당연히 불법원인급여에 해당한다고 볼 수는 없는 것이다."(대법원 2003. 11. 27. 선고 2003다41722 판결)

대법원 2019. 6. 20. 선고 2013다218156 전원합의체 판결은 "부동산실명법 규정의 문언, 내용, 체계와 입법 목적 등을 종합하면, 부동산실명법을 위반하여 무효인 명의신탁약정에 따라 명의수탁자 명의로 등기를 하였다는 이유만으로 그것이 당연히 불법원인급여에 해당한다고 단정할 수는 없다. 이는 농지법에 따른 제한을 회피하고자 명의신탁을 한 경우에도 마찬가지"라고 판시하여 종전 판례의 입장을 재확인하였다. 이에 대하여는 민법 제746조에서 규정한 불법원인급여의 의미, 부동산실명법의 입법과정과 목적, 현재 우리 사회에서 명의신탁을 바라보는 일반인의 인식, 헌법상 재산권의 내용과 한계 등을 종합하면, 부동산실명법을 위반하여 무효인 명의신탁약정에 따라 명의수탁자에게 마친 등기는 특별한 사정이 없는 한 불법원인급여에 해당한다고 보아야 한다는 대법관 5인의 반대의견이 있다.

판례가 양자 간 등기명의신탁, 제3자 간 등기명의신탁, 계약명의신탁 등 명의신탁등기유형에 따라 명의신탁자의 권리회복방법을 달리하고 있음은 주지의 사실이다.

종전부터 명의신탁의 유효성을 주장해온 분이 이영준 변호사인데, 사회질서에 반하지 않는 명의신탁까지 무효로 하는 것은 비례의 원칙에도 맞지 않으며, 모든 명의신탁이 무효라는 전제 하에서 부당한 결과를 배제하려는 대법원의 논리는 자기모순에서 헤어나지 못하고 있다고 한다. 명의수탁자 앞으로의 등기가 불법원인급여가 되지 않는다는 판시는 종래의 판례입장에 따르면 당연히 반환청구를 할 수 없는 불법원인급여가 되어야 한다는 것이다. 또 명의신탁자의 수탁자에 대한 말소등기청구권의 행사도 신의칙에 반하여 허용되지 않는 것이라고 한다. 결국 대법원의 해석은 부동산실명법 제4조를 잠탈하는 해석이고 이를 근본적으로 해결하기 위하여는 사회질서에 반하는 명의신탁만을 무효로 해석하여야 한다는 것이다(이영준, 물권법, 2009, p.179~181).

명의신탁약정 자체는 그 자체로 사회질서에 위반한다고 볼 수 없다는 대법원의 입장은 부동산실명법의 입법취지를 퇴색시키고 투명사회를 지향하는 데에 법적 장애물이 되고 있다.

(3) 토지거래허가와 사적 자치

토지거래허가제는 국토이용관리법, 국토의 계획 및 이용에 관한 법률을 거쳐 현재에는 '부동산거래신고 등에 관한 법률'(2016. 1. 9. 법률 제13797호, 2017. 1. 1. 시행)에서 포섭하고 있다. 동법 제11조 제6항은 "허가를 받지 아니하고 체결한 토지거래계약은 그 효력이 발생하지 아니한다."고 규정하고 있다.

헌법재판소는 토지거래허가제에 관하여 다음과 같이 합헌결정을 내렸다. 토지거래허가제는 사적 자치의 부정이 아니라 헌법의 명문(제122조)에 의한 재산권 제한의 한 형태라는 것이다. 또 토지거래계약의 사법적 효력을 부인하는 조항 역시 이로써 침해되는 당사자의 사적 이익과 투기적

거래를 억제하려는 공익과의 비교교량에서 공익이 훨씬 크다고 판단하였다.

"토지거래허가제는 사유재산제도의 부정이 아니라 그 제한의 한 형태이고 토지의 투기적 거래의 억제를 위하여 그 처분을 제한함은 부득이한 것이므로 재산권의 본질적인 침해가 아니며, 헌법상의 경제조항에도 위배되지 아니하고 현재의 상황에서 이러한 제한수단의 선택이 헌법상의 비례의 원칙이나 과잉금지의 원칙에 위된다고 할 수도 없다."(헌재 1989. 12. 22. 선고 88헌가13).

대법원은 토지거래거허가를 받지 아니한 거래계약의 효력에 관하여 이른바 유동적 무효설을 따름으로써 토지거래허가제 하에서 최대한의 사적 자치의 공간을 만들어내고자 하고 있다.

"토지의 소유권 등 권리를 이전 또는 설정하는 내용의 거래계약은 관할 관청의 허가를 받아야만 그 효력이 발생하고 허가를 받기 전에는 물권적 효력은 물론 채권적 효력도 발생하지 아니하여 무효라고 보아야 할 것인바, 다만 허가를 받기 전의 거래계약이 처음부터 허가를 배제하거나 잠탈하는 내용의 계약일 경우에는 확정적으로 무효로서 유효화될 여지가 없으나 이와 달리 허가받을 것을 전제로 한 거래계약(허가를 배제하거나 잠탈하는 내용의 계약이 아닌 계약은 여기에 해당하는 것으로 본다)일 경우에는 허가를 받을 때까지는 법률상 미완성의 법률행위로서 소유권 등 권리의 이전 또는 설정에 관한 거래의 효력이 전혀 발생하지 않음은 위의 **확정적 무효**의 경우와 다를 바 없지만, 일단 허가를 받으면 그 계약은 소급하여 유효한 계약이 되고 이와 달리 불허가가 된 때에는 무효로 확정되므로 허가를 받기까지는 **유동적 무효**의 상태에 있다고 보는 것이 타당하므로 허가받을 것을 전제로 한 거래계약은 허가받기 전의 상태에서는 거래계약의 채권적 효력도 전혀 발생하지 않으므로 권리의 이전 또는 설정에 관한 어떠한 내용의 이행청구도 할 수 없으나 일단 허가를 받으면 그 계약은 소급해서 유효화되므로 허가 후에 새로이 거래계약을 체결할 필요는 없다."(대법원 1991. 12. 24. 선고 90다12243 전원합의체 판결)

(4) 변호사 보수약정과 사적 자치

2015년 대법원 전원합의체 판결은 변호사와 의뢰인 사이의 형사성공보수약정은 민법 제103조에 반하여 무효라고 판시하여 변호사 보수에 대한 사적 자치의 원칙의 한계를 설정하였으나 이 판결에 대하여는 논란이 많다.

"형사사건에 관하여 체결된 성공보수약정이 가져오는 여러 가지 사회적 폐단과 부작용 등을 고려하면, 구속영장청구 기각, 보석 석방, 집행유예나 무죄 판결 등과 같이 의뢰인에게 유리한 결과를 얻어내기 위한 변호사의 변론활동이나 직무수행 그 자체는 정당하다 하더라도, 형사사건에서의 성공보수약정은 수사·재판의 결과를 금전적인 대가와 결부시킴으로써, 기본적 인권의 옹호와 사회정의의 실현을 사명으로 하는 변호사 직무의 공공성을 저해하고, 의뢰인과 일반 국민의 사법제도에 대한 신뢰를 현저히 떨어뜨릴 위험이 있으므로, 선량한 풍속 기타 사회질서에 위배되는 것으로 평가할 수 있다. 다만 선량한 풍속 기타 사회질서는 부단히 변천하는 가치관념으로서 어느 법률행위가 이에 위반되어 민법 제103조에 의하여 무효인지는 법률행위가 이루어진 때를 기준으로 판단하여야 하고, 또한 그 법률행위가 유효로 인정될 경우의 부작용, 거래자유의 보장 및 규제의 필요성, 사회적 비난의 정도, 당사자 사이의 이익균형 등 제반 사정을 종합적으로 고려하여 사회통념에 따라 합리적으로 판단하여야 한다.

그런데 그동안 대법원은 수임한 사건의 종류나 특성에 관한 구별 없이 성공보수약정이 원칙적으로 유효하다는 입장을 취해 왔고, 대한변호사협회도 1983년에 제정한 '변호사보수기준에 관한 규칙'에서 형사사건의 수임료를 착수금과 성공보수금으로 나누어 규정하였으며, 위 규칙이 폐지된 후에 권고양식으로 만들어 제공한 형사사건의 수임약정서에도 성과보수에 관한 규정을 마련하여 놓고 있었다. 이에 따라 변호사나 의뢰인은 형사사건에서의 성공보수약정이 안고 있는 문제점 내지 그 문제점이 약정의 효력에 미칠 수 있는 영향을 제대로 인식하지 못한 것이 현실이고, 그 결과 당사자 사이에 당연히 지급되어야 할 정상적인 보수까지도 성공보수의 방식으로 약정하는 경우가 많았던 것으로 보인다.

이러한 사정들을 종합하여 보면, 종래 이루어진 보수약정의 경우에는 보수약정이 성공보수라는 명목으로 되어 있다는 이유만으로 민법 제103조에 의하여 무효라고 단정하기는 어렵다. 그러나 <u>대법원이 이 판결을 통하여 형사사건에 관한 성공보수약정이 선량한 풍속 기타 사회질서에 위배되는 것으로 평가할 수 있음을 명확히 밝혔음에도 불구하고 향후에도 성공보수약정이 체결된다면 이는 민법 제103조에 의하여 무효로 보아야 한다.</u>"(대법원 2015. 7. 23. 선고 2015다200111 전원합의체 판결)

그러나 2018년 대법원 전원합의체 판결은 신의칙에 기해 변호사 약정보수를 감액하는 것은 사적 자치의 원칙에 비추어 신중하게 해야 한다고 판시하였다.

"변호사의 소송위임 사무처리 보수에 관하여 변호사와 의뢰인 사이에 약정이 있는 경우 위임사무를 완료한 변호사는 <u>원칙적으로 약정 보수액 전부를 청구할 수 있다</u>. 다만 의뢰인과의 평소 관계, 사건 수임 경위, 사건처리 경과와 난이도, 노력의 정도, 소송물 가액, 의뢰인이 승소로 인하여 얻게 된 구체적 이익, 그 밖에 변론에 나타난 여러 사정을 고려하여, 약정 보수액이 부당하게 과다하여 신의성실의 원칙이나 형평의 관념에 반한다고 볼 만한 <u>특별한 사정이 있는 경우에는 예외적으로 적당하다고 인정되는 범위 내의 보수액만을 청구할 수 있다</u>. 그런데 <u>이러한 보수 청구의 제한은 어디까지나 계약자유의 원칙에 대한 예외를 인정하는 것이므로, 법원은 그에 관한 합리적인 근거를 명확히 밝혀야 한다</u>.

이러한 법리는 대법원이 오랜 시간에 걸쳐 발전시켜 온 것으로서, 현재에도 여전히 그 타당성을 인정할 수 있다."(대법원 2018. 5. 17. 선고 2016다35833 전원합의체 판결)[5]

위 전원합의체 판결의 별개의견은 신의칙 또는 형평의 관념 등 일반 원칙에 의해 개별약정의 효력을 제한하는 것은 사적 자치의 원칙에 정면으로 반한다고 한다.

"민법은 반사회질서의 법률행위(제103조), 불공정한 법률행위(제104조) 등 법률행위의 무효사유를 개별적·구체적으로 규정하고 있다. 또한 '손해배상의 예정액이 부당히 과다한 경우에는 법원

---

[5] 본 판결의 평석으로는 권영준, 앞의 책, p.3 이하 참조.

은 적당히 감액할 수 있다'고 하는 민법 제398조 제2항과 같이 명시적으로 계약의 내용을 수정할 수 있다고 규정하는 법률 조항도 존재한다. 그러나 신의칙과 관련하여서는 민법 제2조 제1항에서 "권리의 행사와 의무의 이행은 신의에 좇아 성실히 하여야 한다."라고 규정하고, 제2항에서 "권리는 남용하지 못한다."라고 규정할 뿐 이를 법률행위의 무효사유로 규정하고 있지는 않다. 그러므로 민법 제2조의 신의칙 또는 민법에 규정되어 있지도 않은 형평의 관념은 당사자 사이에 체결된 계약을 무효로 선언할 수 있는 근거가 될 수 없다.

그럼에도 신의칙 또는 형평의 관념 등 일반 원칙에 의해 개별 약정의 효력을 제약하려고 시도하는 것은 사적 자치의 원칙, 자유민주적 기본질서, 시장경제질서 등 헌법적 가치에 정면으로 반한다."

2015년 전원합의체 판결은 형사사건의 성공보수에 관한 판결이고, 2018년 전원합의체 판결은 민사사건의 변호사보수에 관한 판결이다. 형사사건의 성공보수약정을 금지하는 2015년 판결에 대하여는 이러한 금지가 입법의 영역에 속하는 것인지, 아니면 사법부가 그러한 입법 없이도 민법 제103조에 의하여 금지할 수 있는 것인지에 관하여 논란이 있다. 2015년 판결은 사법부의 일종의 정책적 판결이다. 2018년 판결의 취지는 다음과 같은 판결에서도 확인되고 있다.

"법률행위가 성립하면 효력이 발생하는 것이 원칙이고 다만 그 법률행위의 목적이 불가능하거나 위법하거나 사회적 타당성이 없는 경우에만 효력이 제한된다. 민법의 기본 이념인 사적자치의 원칙에 비추어 의사의 합치가 있는 경우에는 그 효력을 임의로 제한할 수 없고, 제한하려면 그에 합당한 이유와 근거가 있어야만 한다."(대법원 2018. 10. 30. 선고 2014다235189 전원합의체 판결)

(5) 부동산중개 보수약정과 사적 자치

중개의뢰인이 중개업자에게 중개수수료를 이미 지급한 경우 법정수수료를 초과한 부분을 부당이득금으로 반환을 청구할 수 있는가에 관하여 대법원 전원합의체 판결은 법정한도초과 부동산중개수수료 약정의 효력을 단속규정으로 본 견해를 폐기하고 효력규정으로 보았다.

"구 부동산중개업법(2005. 7. 29. 법률 제7638호 '공인중개사의 업무 및 부동산 거래신고에 관한 법률'로 전문 개정되기 전의 것)은 부동산중개업을 건전하게 지도·육성하고 부동산중개 업무를 적절히 규율함으로써 부동산중개업자의 공신력을 높이고 공정한 부동산거래질서를 확립하여 국민의 재산권 보호에 기여함을 입법목적으로 하고 있으므로(제1조), 중개수수료의 한도를 정하는 한편 이를 초과하는 수수료를 받지 못하도록 한 같은 법 및 같은 법 시행규칙 등 관련 법령 또는 그 한도를 초과하여 받기로 한 중개수수료 약정의 효력은 이와 같은 입법목적에 맞추어 해석되어야 한다. 그 뿐 아니라, 중개업자가 구 부동산중개업법 등 관련 법령에 정한 한도를 초과하여 수수료를 받는 행위는 물론 위와 같은 금지규정 위반 행위에 의하여 얻은 중개수수료 상당의 이득을 그대로 보유하게 하는 것은 투기적·탈법적 거래를 조장하여 부동산거래질서의 공정성을 해할 우려가 있고, 또한 구 부동산중개업법 등 관련 법령의 주된 규율대상인 부동산의 거래가격이 높고 부동산중개업소의 활용도 또한 높은 실정에 비추어 부동산 중개수수료는 국민 개개인의 재산적 이해관계 및 국민생활의 편의에 미치는 영향이 매우 커 이에 대한 규제가 강하게 요청된다. 그렇다면, 앞서 본 입법목적을 달성하기 위해서는 고액의 수수료를 수령한 부동산 중개업자에게 행정적 제재나 형사적 처벌을 가하는 것만으로는 부족하고 구 부동산중개업법 등 관련 법령에 정한 한도를 초과한 중개수수료 약정에 의한 경제적 이익이 귀속되는 것을 방지하여야 할 필요가 있으므로, <u>부동산 중개수수료에 관한 위와 같은 규정들은 중개수수료 약정 중 소정의 한도를 초과하는 부분에 대한 사법상의 효력을 제한하는 이른바 강행법규에 해당하고, 따라서 구 부동산중개업법 등 관련 법령에서 정한 한도를 초과하는 부동산 중개수수료 약정은 그 한도를 초과하는 범위 내에서 무효이다.</u>"(대법원 2007. 12. 20. 선고 2005다32159 전원합의체 판결)[6]

대법원은 초과수수료를 금지하는 관련규정을 단속규정이 아니라 **효력규정**으로 해석하고 초과부분의 **일부무효** 및 부당이득반환의 법리를 적용하고 있다. 헌법재판소는 대법원판례와 보조를 같이하여 법정중개보수제도와 위반시 형사처벌 조항을 합헌으로 판시하고 있다(헌법재판소 2016. 5. 26. 선고 2015헌마248 결정). 대법원과 헌재는 부동산거래 중개에 있어서는 사적 자치의 원칙보다 부동산시장에 대한 접근기회의 보장이라는 공익적 가치를 더 중시하고 있다.

(6) 위약벌과 사적 자치

손해배상 예정액이 과다하면 법원은 이를 직권으로 감액할 수 있으나(민법 제398조 제2항), 이러한 직권 감액규정이 위약벌에도 유추적용될 수 있는지 문제된다. 다수 학설은 민법 제398조 제2항의 유추적용을 긍정하나 판례는 이를 부정한다.

"위약벌의 약정은 채무의 이행을 확보하기 위하여 정하는 것으로서 손해배상의 예정과 다르므로 손해배상의 예정에 관한 민법 제398조 제2항을 유추 적용하여 그 액을 감액할 수 없고, 다만 의무의 강제로 얻는 채권자의 이익에 비하여 약정된 벌이 과도하게 무거울 때에는 일부 또는 전부가 공서양속에 반하여 무효로 된다.

그런데 당사자가 약정한 위약벌의 액수가 과다하다는 이유로 법원이 계약의 구체적 내용에 개입하여 약정의 전부 또는 일부를 무효로 하는 것은, **사적 자치의 원칙에 대한 중대한 제약**이 될 수 있고, 스스로가 한 약정을 이행하지 않겠다며 계약의 구속력에서 이탈하고자 하는 당사자를 보호하는 결과가 될 수 있으므로, 가급적 자제하여야 한다.

이러한 견지에서, 위약벌 약정이 공서양속에 반하는지를 판단할 때에는, 당사자 일방이 독점적 지위 내지 우월한 지위를 이용하여 체결한 것인지 등 당사자의 지위, 계약의 체결 경위와 내용, 위약벌 약정을 하게 된 동기와 경위, 계약 위반 과정 등을 고려하는 등 신중을 기하여야 하고, 단순히 위약벌 액수가 많다는 이유만으로 섣불리 무효라고 판단할 일은 아니다."(대법원 2016. 1. 28. 선고 2015다239324 판결)[7]

판례는 같은 위약금 약정이라도 손해배상액 예정이면 법원의 적극적인 직권 감액대상이 되나,

---

6) 본 판결의 평석으로는 김재형, 앞의 책, p.57 이하 참조.
7) 본 판결의 평석으로는 권영준, 앞의 책, p.164 이하 참조.

위약벌이면 강력한 사적 자치의 원칙에 구속되게 된다. 대부분의 대륙법계 국가에서는 계약자유의 원칙에 따라 위약벌 약정의 유효성은 인정하되 손해배상예정과 마찬가지로 직권감액을 허용한다고 한다. 일본은 종전에 손해배상 예정액에 대한 직권감액조차 불허하다가 2020. 4. 1.부터 시행되는 개정민법에서 손해배상예정액의 감액을 불허하는 민법 제420조 제1항 후단을 삭제하였으므로 우리와 같은 문제가 생길 것으로 예상된다.

위약금에 공통적으로 요구되는 계약공정의 원리와 합리적 손해배상의 원리에 따른 위약금의 감액의 필요성과 정당성은 손해배상액 예정과 위약벌에서 달라질 이유가 없고, 위약벌에 관하여 유독 사적 자치를 강조하는 대법원의 입장은 사적 자치를 강조해야 할 영역을 잘못 고른 것이라는 권영준 교수의 지적은 타당한 것으로 생각된다.

(7) 임대차 최장존속기간과 사적 자치

구 민법은 제651조에서 임대차의 최장존속기간(20년)을 규정하고 있었다. 원고들이 피고(부천역사)에게 30년간의 임차권을 확보하기 위해 스스로 30년간의 임대료를 선납하였는데, 원고들이 20년을 초과한 임대차기간의 무효를 주장하면서 임대료반환청구의 소를 제기한 사례에서 대법원은 다음과 같이 판시하였다.

"민법 제651조 제1항은 그 입법취지가 너무 오랜 기간에 걸쳐 임차인에게 임차물의 이용을 맡겨 놓으면 임차물의 관리가 소홀하여지고 임차물의 개량이 잘 이루어지지 않아 발생할 수 있는 사회경제적인 손실을 방지하는 데에 있는 점 및 약정기간이 20년을 넘을 때는 그 기간을 20년으로 단축한다는 규정형식에 비추어 볼 때, 위 규정은 <u>개인의 의사에 의하여 그 적용을 배제할 수 없는 강행규정</u>이라고 봄이 상당하며, 민법 제651조 제1항이 민법 제652조에 포함되어 있지 않다거나, 임차물이 견고한 철근콘크리트 건물이고 임대인이 임차인으로부터 관리비를 징수하면서 임차물을 관리하고 있다거나, 민법 제651조 제1항이 제정될 당시에 비하여 현재 건축기술이 발달하여 건물이 훨씬 견고해졌다는 사유만으로 달리 해석할 것은 아니다."(대법원 2003. 8. 22. 선고 2003다19961 판결)

당사자들이 임대차계약서에서 "이 사건 임대차계약 후 30년 임대차기간의 종료 전에 원고가 계약기간을 단축시키기 위하여 20년 이상의 임대차기간을 인정하지 않는 대법원판례를 근거로 삼아 해약을 요구할 경우에는 피고는 일시불 임대료의 반환을 책임지지 않는다."고 한 약정의 해석에 관하여 대법원은 임대료 반환책임 면제약정은, 강행규정인 민법 제651조 제1항의 규정 취지에 반하는 임대차기간 약정의 무효를 주장할 수 없게 함으로써 위 조항의 적용을 배제하는 결과를 가져오므로 무효라고 판시하였다(대법원 2009. 12. 24. 선고 2009다40738,40745 판결).

위와 같은 대법원의 입장은 2013년 신촌민자역사 사건에서도 반복되었다. 이 사건의 항소심계속 중에 피고가 민법 제651조 제1항에 대하여 위헌법률심판신청을 하였으나, 항소심법원에서 기각되었고, 피고는 이에 대하여 헌법소원심판을 청구하였다. 항소심은 금반언의 원칙에 위반된다는 이유로 원고의 청구를 기각하였으나, 원고가 상고를 하였고 대법원은 원심을 파기하였다(대법원 2013. 2. 15. 선고 2011다77344 판결).

헌법재판소는 민법 제651조 제1항에 관한 헌법소원심판사건에서 위 조항에 대하여 위헌결정을 내렸고, 위 조항은 2016. 1. 16. 민법개정으로 삭제되었다. 재산법 분야에서 헌재의 위헌결정으로 삭제된 유일한 조문이다. 헌법재판소는 위 조항이 계약의 자유를 침해하는지에 대하여 다음과 같이 판시하였다.

"임대차계약을 통하여 합리적이고 효과적인 임차물 관리 및 개량방식의 설정이 가능함에도 불구하고, 임대인 또는 소유자가 임차물의 가장 적절한 관리자라는 전제하에 임대차의 존속기간을 제한함으로써 임차물 관리 및 개량의 목적을 이루고자 하는 것은 임차물의 관리소홀 및 개량미비로 인한 가치하락 방지라는 목적 달성을 위한 필요한 최소한의 수단이라고 볼 수 없다. 이 사건 법률조항은 제정 당시에 비해 현저히 변화된 현재의 사회경제적 현상을 제대로 반영하지 못하는데 그치는 것이 아니라, <u>당사자가 20년이 넘는 임대차를 원할 경우 우회적인 방법을 취할 수밖에 없게 함으로써 사적 자치에 의한 자율적 거래관계 형성을 왜곡하고 있다.</u>
토지임대차의 경우, 견고한 건물 소유 목적인지 여부에 따라 이 사건 법률조항의 적용 여부에 차이를 두는 것은, 소유건물이 견고한 건물에 해당하는지 여부가 불분명한 경우도 있어 이에 대한 분쟁이 유발될 수 있을 뿐 아니라, 건축기술이 발달된 오늘날 견고한 건물에 해당하는지 여부가 임대차존속기간 제한의 적용 여부를 결정하는 기준이 되기에는 부적절하다. 또한 지하매설물 설치를 위한 토지임대차나 목조건물과 같은 소위 비견고건물의 소유를 위한 토지임대차의 경우 이 사건 법률조항으로 인해 임대차기간이 갱신되지 않는 한 20년이 경과한 후에는 이를 제거 또는 철거해야 하는데, 이는 사회경제적으로도 손실이 아닐 수 없다. 이 사건 법률조항은 입법취지가 불명확하고, 사회경제적 효율성 측면에서 일정한 목적의 정당성이 인정된다 하더라도 <u>과잉금지원칙을 위반하여 계약의 자유를 침해한다.</u>"(헌법재판소소 2013. 12. 26. 선고 2011헌바234 결정)

헌법재판소가 이 사건 조항이 사적 자치의 원칙을 중대하게 침해하는 것으로서 대법원판례의 모순을 지적하고 결국 위 조항에 대하여 위헌이라는 사망선고를 내림으로써 법원이 헌법재판소로부터 크게 한방 먹은 사건이다. 사회경제적 상황의 변화에 대하여 누구보다 민감하게 예측하고 대응할 수 있는 당사자들의 자율을 믿지 못하고 계약당사자를 보호한다는 명분으로 법원이 후견적으로 개입하여 사적 자치를 제한하는 것이 용납될 수 없음을 선언한 것이다(김동훈, 앞의 논문, p.74).

(8) 성년후견과 사적 자치
성년후견제도는 제한능력자를 후견적으로 보호하면서도 본인의 의사와 능력을 최대한 존중하는 이념을 바탕으로 하는 제도이다. 성년후견제도는 후견주의에 입각한 제도이지만 사적 자치를 보호하기 위한 제도이기도 하다. 임의후견제도는 본인의 의사를 존중하고 자기결정권을 보장하려는 후견제도의 이념을 잘 구현하고 있다. 대법원은 법정후견과 임의후견의 관계를 다음과 같이 파악한다.

"민법 제959조의20 제1항은 "후견계약이 등기되어 있는 경우에는 가정법원은 본인의 이익을 위하여 특별히 필요할 때에만 임의후견인 또는 임의후견감독인의 청구에 의하여 성년후견, 한정후견 또는 특정후견의 심판을 할 수 있다. 이 경우 후견계약은 본인이 성년후견 또는 한정후견 개시의 심판을 받은 때 종료된다."라고 규정하고, 같은 조 제2항은 "본인이 피성년후견인, 피한정후견인 또는 피특정후견인인 경우에 가정법원은 임의후견감독인을 선임함에 있어서 종전의 성년후견, 한정후견 또는 특정후견의 종료 심판을 하여야 한다. 다만 성년후견 또는 한정후견 조치의 계속이 본인의 이익을 위하여 특별히 필요하다고 인정하면 가정법원은 임의후견감독인을 선임하지 아니한다."라고 규정하고 있다. 이와 같은 민법 규정은 <u>후견계약이 등기된 경우에는 사적자치의 원칙에 따라 본인의 의사를 존중하여 후견계약을 우선하도록 하고, 예외적으로 본인의 이익을 위하여 특별히 필요할 때에 한하여 법정후견에 의할 수 있도록 한 것</u>으로서, 민법 제959조의20 제1항에서 후견계약의 등기 시점에 특별한 제한을 두지 않고 있고, 같은 조 제2항 본문이 본인에 대해 이미 한정후견이 개시된 경우에는 임의후견감독인을 선임하면서 종전 한정후견의 종료 심판을 하도록 한 점 등에 비추어 보면, 위 제1항은 본인에 대해 한정후견개시심판 청구가 제기된 후 심판이 확정되기 전에 후견계약이 등기된 경우에도 적용이 있다고 보아야 하므로, 그와 같은 경우 가정법원은 본인의 이익을 위하여 특별히 필요하다고 인정할 때에만 한정후견개시심판을 할 수 있다.

그리고 위 규정에서 정하는 후견계약의 등기에 불구하고 한정후견 등의 심판을 할 수 있는 '<u>본인의 이익을 위하여 특별히 필요할 때</u>'란 후견계약의 내용, 후견계약에서 정한 임의후견인이 임무에 적합하지 아니한 사유가 있는지, 본인의 정신적 제약의 정도, 기타 후견계약과 본인을 둘러싼 제반 사정 등을 종합하여, 후견계약에 따른 후견이 본인의 보호에 충분하지 아니하여 법정후견에 의한 보호가 필요하다고 인정되는 경우를 말한다."(대법원 2017. 6. 1. 자 2017스515 결정)[8]

(9) 도산해지조항과 사적 자치

사적 자치가 도산절차에서 어디까지 존중되어야 하는가의 문제와 관련하여 이른바 도산해지조항의 유효성이 문제된다. 도산해지조항은 계약 당사자 일방에 관하여 도산절차가 개시되거나 도산원인 또는 이에 준하는 일정한 사실이 발생하면 계약 상대방이 그 계약을 해지할 수 있도록 하거나 당연히 해지되도록 하는 계약 조항이다. 사적 자치를 중시하느냐, 도산법의 목적을 중시하느냐에 따라 도산해지조항의 유효성 여부가 판가름될 것이다. 대법원은 도산절차에서도 사적 자치를 비교적 넓게 인정하려는 것으로 보인다.

"계약의 당사자들 사이에 채무자인 회사의 재산상태가 장래 악화될 때에 대비하여 지급정지, 회사정리절차의 개시신청, 회사정리절차의 개시와 같이 도산에 이르는 과정상의 일정한 사실이 그 회사에 발생하는 것을 당해 계약의 해지권의 발생원인으로 정하거나 또는 계약의 당연 해지사유로 정하는 특약(이하 '**도산해지조항**'이라고 한다)을 두는 경우가 있는데, 도산해지조항의 적용 결과가 정리절차개시 후 정리회사에 미치는 영향이라는 것은 당해 계약의 성질, 그 내용 및 이행 정도, 해지사유로 정한 사건의 내용 등의 여러 사정에 따라 달라질 수밖에 없<u>으므로 도산해지조항을 일반적으로 금지하는 법률이 존재하지 않는 상태에서 그와 같은 구체적인 사정을 도외시한 채 도산해지조항은 어느 경우에나 회사정리절차의 목적과 취지에 반한다고 하여 일률적으로 무효로 보는 것은 계약자유의 원칙을 심각하게 침해하는 결과를 낳을 수 있을 뿐만 아니라, 상대방 당사자가 채권자의 입장에서 채무자의 도산으로 초래될 법적 불안정에 대비할 보호가치 있는 정당한 이익</u>

---
[8] 본 결정의 평석으로는 권영준, 앞의 책, p.371 이하 참조.

을 무시하는 것이 될 수 있다. 이와 같은 사정과 아울러 구 회사정리법(2005. 3. 31. 법률 제7428호 채무자 회생 및 파산에 관한 법률 부칙 제2조로 폐지)상 관리인은 정리절차개시 당시에 존재하는 회사 재산에 대한 관리처분권을 취득하는 데 불과하므로 채무자인 회사가 사전에 지급정지 등을 정지조건으로 하여 처분한 재산에 대하여는 처음부터 관리처분권이 미치지 아니한다는 점을 생각해 보면, 도산해지조항이 구 회사정리법에서 규정한 부인권의 대상이 되거나 공서양속에 위배된다는 등의 이유로 효력이 부정되어야 할 경우를 제외하고, 도산해지조항으로 인하여 정리절차개시 후 정리회사에 영향을 미칠 수 있다는 사정만으로는 그 조항이 무효라고 할 수 없다."(대법원 2007. 9. 6. 선고 2005다38263 판결)

비교법적으로 쌍방 미이행 쌍무계약에 관한 도산해지조항을 원칙으로 무효로 보는 입장이 우세하고, 사적 자치는 도산절차가 실질적으로 개시되는 순간 한 걸음 뒤로 물러서야 할 것이고, 도산절차가 획일적이고 공정한 기준에 기초하여 집합적인 권리조정이 이루어져야 하므로 도산해지조항은 원칙적으로 무효라고 보는 타당하다는 견해가 유력하다.

(10) 기타

① 헌법은, "국가는 농지에 관하여 경자유전의 원칙이 달성될 수 있도록 노력하여야 한다."라고 하고(제121조 제1항), "농업 생산성의 제고와 농지의 합리적인 이용을 위하거나 불가피한 사정으로 발생하는 농지의 임대차와 위탁경영은 법률이 정하는 바에 의하여 인정된다."라고 규정하고 있다(제121조 제2항). 이에 따라 구 농지법(2015. 1. 20. 법률 제13022호로 개정되기 전의 것, 이하 같다)은 질병, 징집, 취학, 선거에 따른 공직취임 등 부득이한 사유로 인하여 일시적으로 농업경영에 종사하지 아니하게 된 사람이 소유하고 있는 농지를 임대하는 경우와 같이 거기에 열거된 예외사유에 해당하지 아니하는 한 농지를 임대할 수 없다고 하고(제23조), 이를 위반하여 소유 농지를 임대한 사람을 1,000만 원 이하의 벌금에 처하도록 규정하고 있다(제60조 제2호).

한편 구 농지법은 농지의 소유·이용 및 보전 등에 필요한 사항을 정함으로써 농지를 효율적으로 이용하고 관리하여 농업인의 경영 안정과 농업 생산성 향상을 바탕으로 농업 경쟁력 강화와 국민경제의 균형 있는 발전 및 국토 환경 보전에 이바지하는 것을 목적으로 한다고 하고(제1조), 나아가 농지는 국민에게 식량을 공급하고 국토 환경을 보전하는 데에 필요한 기반이며 농업과 국민경제의 조화로운 발전에 영향을 미치는 한정된 귀중한 자원이므로, 농지에 관한 권리의 행사에는 필요한 제한과 의무가 따르고, 농지는 투기의 대상이 되어서는 아니 된다고 규정하고 있다(제3조 제1항, 제2항).

이러한 구 농지법 규정과 앞에서 본 헌법 규정 등을 종합해 보면, 구 농지법이 농지임대를 원칙적으로 금지하는 취지는, 농지는 농민이 경작 목적으로 이용함으로써 농지로 보전될 수 있도록 하고, 또한 외부자본이 투기 등 목적으로 농지를 취득할 유인을 제거하여 지가를 안정시킴으로써 농민이 농지를 취득하는 것을 용이하게 하여 궁극적으로 경자유전의 원칙을 실현하려는 데에 있다. 그리고 그와 같은 입법 취지를 달성하기 위해서는 위반행위에 대하여 형사 처벌을 하는 것과 별도로 농지임대차계약의 효력 자체를 부정하여 계약 내용에 따른 경제적 이익을 실현하지는 못하도록 함이 상당하므로, 농지의 임대를 금지한 구 농지법 제23조의 규정은 강행규정이다. 따라서 구 농지법 제23조가 규정한 예외사유에 해당하지 아니함에도 이를 위반하여 농지를 임대하기로 한 임대차계약은 무효이다.

민법 제746조는 "불법의 원인으로 인하여 재산을 급여하거나 노무를 제공한 때에는 그 이익의 반환을 청구하지 못한다."라고 하여 불법원인급여에 해당하면 부당이득반환청구를 할 수 없도록 규정하고 있다. 여기서 말하는 '불법'이 있다고 하려면, 급부의 원인이 된 행위가 그 내용이나 성격 또는 목적이나 연유 등으로 볼 때 선량한 풍속 기타 사회질서에 위반될 뿐 아니라 반사회성·반윤리성·반도덕성이 현저하거나, 급부가 강행법규를 위반하여 이루어졌지만 이를 반환하게 하는 것이 오히려 규범 목적에 부합하지 아니하는 경우 등에 해당하여야 한다.

그런데 구 농지법(2015. 1. 20. 법률 제13022호로 개정되기 전의 것, 이하 같다)의 적용 대상인 농지의 임대차는, 대상이 농지라는 특수성이 있지만, 목적물을 사용·수익하게 하고 차임을 지급받기로 하는 약정이라는 점에서는 일반적인 부동산 임대차와 본질적인 차이가 없다. 이는 과거 소작의 경우 지주가 통상적인 토지 임대료 수준을 넘어 경작이익의 상당부분까지 소작료 명목으로 받아가거나 심지어 신분적 예속 관계까지 형성하였던 것과는 현저히 다르다. 즉, 오늘날의 통상적인 농지임대차는 경자유전의 원칙과 농지의 합리적인 이용 등을 위하여 특별한 규제의 대상이 되어 있기는 하지만, 특별한 사정이 없는 한 계약 내용이나 성격 자체로 반윤리성·반도덕성·반사회성이 현저하다고 단정할 수는 없다.

또한 현재 우리나라의 농지 면적과 보유 실태 및 농민 인구의 비율, 비농민이 농지를 소유하게 되는 사유의 다양성, 구 농지법의 적용 대상인 농지에는 전·답과 같은 전형적인 농토뿐 아니라 과수원과 그 부속시설의 부지 등도 포함되고, 그러한 토지는 지목과 달리 이용되는 경우도 적지 않은 사회 실정, 기타 제반 여건을 감안해 보면, 농지임대차계약을 근거로 하여 약정 차임을 청구하는 등 계약 내용의 적극적 실현을 구하는 것은 허용될 수 없다고 할 것이다. 그러나 거기에서 더 나아가 임대차 계약기간 동안 임차인이 당해 농지를 사용·수익함으로써 얻은 토지사용료 상당의 점용이익에 대하여 임대인이 부당이득반환이나 손해배상을 청구하는 것마저 배척하여 임차인으로 하여금 사실상 무상사용을 하는 반사이익을 누릴 수 있도록 하여야만 구 농지법의 규범 목적이 달성된다고 볼 것은 아니다.

따라서 농지임대차가 구 농지법에 위반되어 계약의 효력을 인정받을 수 없다고 하더라도, 임대 목적이 농지로 보전되기 어려운 용도에 제공하기 위한 것으로서 농지로서의 기능을 상실하게 하는 경우라거나 임대인이 자경할 의사가 전혀 없이 오로지 투기의 대상으로 취득한 농지를 투하자본 회수의 일환으로 임대하는 경우 등 사회통념으로 볼 때 헌법 제121조 제2항이 농지 임대의 정당한 목적으로 규정한 농업생산성의 제고 및 농지의 합리적 이용과 전혀 관련성이 없고 구 농지법의 이념에 정면으로 배치되어 반사회성이 현저하다고 볼 수 있는 특별한 사정이 있는 경우가 아니라면, 농지 임대인이 임대차기간 동안 임차인의 권원 없는 점용을 이유로 손해배상을 청구한 데 대하여 임차인이 불법원인급여의 법리를 이유로 반환을 거부할 수는 없다(대법원 2017. 3. 15. 선고 2013다79887, 79894 판결).[9]

② 채권자와 채무자 사이에 계속적인 거래관계에서 발생하는 불확정한 채무를 보증하는 이른바

---

9) 본 판결의 평석으로는 권영준, 앞의 책, p.273 이하 참조.

계속적 보증의 경우뿐만 아니라 특정채무를 보증하는 일반보증의 경우에 있어서도, 채권자의 권리행사가 신의칙에 비추어 용납할 수 없는 성질의 것인 때에는 보증인의 책임을 제한하는 것이 예외적으로 허용될 수 있을 것이나, 일단 유효하게 성립된 보증계약에 따른 책임을 신의칙과 같은 일반원칙에 의하여 제한하는 것은 자칫 잘못하면 **사적 자치의 원칙**이나 법적 안정성에 대한 중대한 위험이 될 수 있으므로 신중을 기하여 극히 예외적으로 인정하여야 한다(대법원 2004. 1. 27. 선고 2003다45410 판결).

③ 조세소송에서의 신의성실의 원칙의 적용은 조세소송절차법과 관련한 적용 및 실체법과 관련한 적용으로 나누어 볼 수 있고 조세소송의 절차법과 관련한 적용은 민사소송에서의 그것과 특별히 구분된다 할 수 없지만, 조세법률주의에 의하여 합법성의 원칙이 강하게 작용하는 조세 실체법과 관련한 적용은 사적자치의 원칙이 지배하는 사법에서보다는 제약을 받으며 합법성을 희생하여서라도 구체적 신뢰보호의 필요성이 인정되는 경우에 한하여 비로소 적용된다고 할 것이다. 더구나 납세의무자가 과세관청에 대하여 자기의 과거의 언동에 반하는 행위를 하였을 경우 받게 되는 각종 불이익처분과 과세관청의 우월적 지위와 과세처분의 적법성에 대한 입증책임은 원칙적으로 과세관청에 있는 점 등을 고려한다면, 납세의무자에 대한 신의성실의 원칙의 적용은 극히 제한적으로 인정하여야 하고 이를 확대 해석하여서는 아니된다(대법원 2001. 6. 15. 선고 2000두2952 판결).

④ 계약당사자 사이에 어떠한 <u>계약내용을 처분문서인 서면으로 작성한 경우</u>에 문언의 객관적인 의미가 명확하다면 특별한 사정이 없는 한 문언대로의 의사표시의 존재와 내용을 인정하여야 하며, 문언의 객관적 의미와 달리 해석함으로써 당사자 사이의 법률관계에 중대한 영향을 초래하게 되는 경우에는 문언의 내용을 더욱 엄격하게 해석하여야 한다. 그리고 채권자의 권리행사가 신의칙에 비추어 용납할 수 없는 것인 때에는 이를 부정하는 것이 예외적으로 허용될 수 있을 것이나, 일단 유효하게 성립한 계약상의 책임을 공평의 이념 및 신의칙과 같은 일반원칙에 의하여 제한하는 것은 자칫하면 **사적 자치의 원칙**이나 법적 안정성에 대한 중대한 위험이 될 수 있으므로 신중을 기하여 극히 예외적으로 인정하여야 한다(대법원 2015. 10. 15. 선고 2012다64253 판결).

⑤ 정부투자기관이 일방 당사자가 되는 계약(이하 '공공계약'이라 한다)은 정부투자기관이 사경제의 주체로서 상대방과 대등한 위치에서 체결하는 사법(사법)상의 계약으로서 본질적인 내용은 사인 간의 계약과 다를 바 없으므로 그에 관한 법령에 특별한 정함이 있는 경우를 제외하고는 **사적 자치**와 계약자유의 원칙 등 사법의 원리가 그대로 적용된다. 다만 공공계약의 특수성에 비추어 그 내용이 앞서 본 계약 관계 법령에 위반하거나 비례의 원칙에 반하여 계약상대방에게 지나치게 가혹한 것이거나 선량한 풍속 기타 사회질서에 반하는 결과를 초래할 것임이 분명하여 이를 무효로 하지 않으면 공공계약의 공공성과 공정성을 유지하기 어렵다고 할 만한 특별한 사정이 있는 경우에는 무효로 된다고 해석함이 상당하다(대법원 2014. 12. 24. 선고 2010다83182 판결).

⑥ 국가를 당사자로 하는 계약이나 공공기관의 운영에 관한 법률의 적용 대상인 공기업이 일방 당사자가 되는 계약(이하 편의상 '공공계약'이라 한다)은 국가 또는 공기업(이하 '국가 등'이라 한다)이

사경제의 주체로서 상대방과 대등한 지위에서 체결하는 사법상의 계약으로서 본질적인 내용은 사인 간의 계약과 다를 바가 없으므로, 법령에 특별한 정함이 있는 경우를 제외하고는 서로 대등한 입장에서 당사자의 합의에 따라 계약을 체결하여야 하고 당사자는 계약의 내용을 신의성실의 원칙에 따라 이행하여야 하는 등[구 국가를 당사자로 하는 계약에 관한 법률(2012. 12. 18. 법률 제11547호로 개정되기 전의 것, 이하 '국가계약법'이라 한다) 제5조 제1항] 사적 자치와 계약자유의 원칙을 비롯한 사법의 원리가 원칙적으로 적용된다.

한편 국가계약법상 물가의 변동으로 인한 계약금액 조정 규정은 계약상대자가 계약 당시에 예측하지 못한 물가의 변동으로 계약이행을 포기하거나 그 내용에 따른 의무를 제대로 이행하지 못하여 공공계약의 목적 달성에 지장이 초래되는 것을 막기 위한 것이다. 이와 더불어 세금을 재원으로 하는 공공계약의 특성상 계약 체결 후 일정 기간이 지난 시점에서 계약금액을 구성하는 각종 품목 또는 비목의 가격이 급격하게 상승하거나 하락한 경우 계약담당자 등으로 하여금 계약금액을 조정하는 내용을 공공계약에 반영하게 함으로써 예산 낭비를 방지하고 계약상대자에게 부당하게 이익이나 불이익을 주지 않으려는 뜻도 있다.

따라서 계약담당자 등은 위 규정의 취지에 배치되지 않는 한 개별 계약의 구체적 특성, 계약이행에 필요한 물품의 가격 추이 및 수급 상황, 환율 변동의 위험성, 정책적 필요성, 경제적 변동에 따른 위험의 합리적 분배 등을 고려하여 계약상대자와 물가변동에 따른 계약금액 조정 조항의 적용을 배제하는 합의를 할 수 있다. 계약금액을 구성하는 각종 품목 등의 가격은 상승할 수도 있지만 하락할 수도 있는데, 공공계약에서 위 조항의 적용을 배제하는 특약을 한 후 계약상대자가 이를 신뢰하고 환 헤징(hedging) 등 물가변동의 위험을 회피하려고 조치하였음에도 이후 물가 하락을 이유로 국가 등이 계약금액의 감액조정을 요구한다면 오히려 계약상대자가 예상하지 못한 손실을 입을 수 있는 점에 비추어도 그러하다.

위와 같은 공공계약의 성격, 국가계약법령상 물가변동으로 인한 계약금액 조정 규정의 내용과 입법 취지 등을 고려할 때, 위 규정은 국가 등이 사인과의 계약관계를 공정하고 합리적·효율적으로 처리할 수 있도록 계약담당자 등이 지켜야 할 사항을 규정한 데에 그칠 뿐이고, 국가 등이 계약상대자와의 합의에 기초하여 계약당사자 사이에만 효력이 있는 특수조건 등을 부가하는 것을 금지하거나 제한하는 것이라고 할 수 없으며, 사적 자치와 계약자유의 원칙상 그러한 계약 내용이나 조치의 효력을 함부로 부인할 것이 아니다.

다만 국가를 당사자로 하는 계약에 관한 법률 시행령(이하 '국가계약법 시행령'이라 한다) 제4조는 '계약담당공무원은 계약을 체결함에 있어서 국가계약법령 및 관계 법령에 규정된 계약상대자의 계약상 이익을 부당하게 제한하는 특약 또는 조건을 정하여서는 아니 된다'고 규정하고 있으므로, 공공계약에서 계약상대자의 계약상 이익을 부당하게 제한하는 특약은 효력이 없다. 여기서 어떠한 특약이 계약상대자의 계약상 이익을 부당하게 제한하는 것으로서 국가계약법 시행령 제4조에 위배되어 효력이 없다고 하기 위해서는 그 특약이 계약상대자에게 다소 불이익하다는 점만으로는 부족하고, 국가 등이 계약상대자의 정당한 이익과 합리적인 기대에 반하여 형평에 어긋나는 특약을 정함으로써 계약상대자에게 부당하게 불이익을 주었다는 점이 인정되어야 한다. 그리고 계약상대자의 계약상 이익을 부당하게 제한하는 특약인지는 그 특약에 의하여 계약상대자에게 생길 수 있는 불이익의 내용과 정도, 불이익 발생의 가능성, 전체 계약에 미치는 영향, 당사자들 사이의 계약체결과정, 관계 법령의 규정 등 모든 사정을 종합하여 판단하여야 한다(대법원 2017. 12. 21. 선고 2012다74076 전원합의체 판결).10)

⑦ 사무관리 제도는 사회생활에서의 상호부조의 이상에 터잡은 것으로서, 사무관리가 성립하기 위해서는 우선 그 사무가 타인의 사무이고 타인을 위하여 사무를 처리하는 의사, 즉 관리의 사실상의 이익을 타인에게 귀속시키려는 의사가 있어야 함은 물론 그 사무의 처리가 본인에게 불리하거나 본인의 의사에 반한다는 것이 명백하지 아니할 것을 요하는바, 특히 관리자가 본인의 사무를 관리하게 된 주된 의도나 목적이 사무관리에 따른 보수를 지급받아 자신의 경제적 이익을 추구하고자 하는 데 있는 것으로 볼 수 있는 경우에는, 위와 같은 경제적 이익의 추구라고 하는 동기 때문에 관리자가 타인의 생활관계에 지나치게 개입함으로써 사적 자치의 원칙을 훼손시키고 오히려 사회적 상호부조의 이상에도 반할 우려가 있으므로, 이러한 경우 관리자에게 사무관리에 따른 비용청구권이 있는지를 판단함에 있어서는 그 사무의 처리가 본인의 이익과 의사에 부합하는지 여부 등 사무관리 성립요건의 충족 여부에 관하여 보다 엄격하고도 신중한 판단이 이루어져야 할 것이다(대법원 2010. 1. 14. 선고 2007다55477 판결).

⑧ 종중 유사단체는 비록 그 목적이나 기능이 고유한 의미의 종중과 별다른 차이가 없다 하더라도 공동선조의 후손 중 일부에 의하여 인위적인 조직행위를 거쳐 성립된 경우에는 사적 임의단체라는 점에서 자연발생적인 종족집단인 고유한 의미의 종중과 그 성질을 달리하므로, 그러한 경우에는 사적 자치의 원칙 내지 결사의 자유에 따라 그 구성원의 자격이나 가입조건을 자유롭게 정할 수 있음이 원칙이다. 따라서 그러한 종중 유사단체의 회칙이나 규약에서 공동선조의 후손 중 남성만으로 그 구성원을 한정하고 있다 하더라도 특별한 사정이 없는 한 이는 사적 자치의 원칙 내지 결사의 자유의 보장범위에 포함되고, 위 사정만으로 그 회칙이나 규약이 양성평등 원칙을 정한 헌법 제11조 및 민법 제103조를 위반하여 무효라고 볼 수는 없다(대법원 2011. 2. 24. 선고 2009다17783 판결).

⑨ 회복불가능한 사망의 단계에 이른 후에 환자가 인간으로서의 존엄과 가치 및 행복추구권에 기초하여 자기결정권을 행사하는 것으로 인정되는 경우에는 특별한 사정이 없는 한 연명치료의 중단이 허용될 수 있다. 환자가 회복불가능한 사망의 단계에 이르렀을 경우에 대비하여 미리 의료인에게 자신의 연명치료 거부 내지 중단에 관한 의사를 밝힌 경우(이하 '사전의료지시'라 한다)에는, 비록 진료 중단 시점에서 자기결정권을 행사한 것은 아니지만 사전의료지시를 한 후 환자의 의사가 바뀌었다고 볼 만한 특별한 사정이 없는 한 사전의료지시에 의하여 자기결정권을 행사한 것으로 인정할 수 있다(대법원 2009. 5. 21. 선고 2009다17417 전원합의체 판결).11)

---

10) 본 판결의 평석으로는 권영준, 앞의 책, p.221 이하 참조.
11) 본 판결의 평석으로는 김재형, 앞의 책, p.52 이하 참조.

04 물권과 채권의 준별과 융합
- 물권과 채권 '따로국밥'인가? -

> 물권과 채권은 법의 세계에 있어서 말하자면 소재와 힘과 같은 것이다.
> 즉, 물권은 법세계의 **靜態的** 요소이고 채권은 **動態的** 요소이다.
> 채권은 자기의 **死滅**의 **萌芽**(맹아)를 자기 속에 지니고 있다.
> 다시 말하면 채권은 이행하는 즉시 그 목적을 달성하게 되는 것이다.
> 물권 특히 소유권은 영속적인 상태를 지향하고 있다. 물권은 행사됨으로써 계속 존속하는 것이다. 그 때문에 주로 물권에 기초하는 한 그것은 **靜態的** 성격을 가지지만 채권이 주요한 기초를 이루는 경우는 **動態的** 성격을 가진다.
> - Gustav Radbruch, 『RECHTSPHILOSOPHIE』

1.

청헌 김증한 교수 30주기 추모논문집인 『우리 법 70년 변화와 전망 - 사법을 중심으로-』(법문사, 2019)에 실려 있는 이상태 교수의 "물권·채권 준별론"을 읽으면서 과연 물권과 채권을 구별하는 것이 어떠한 의미가 있는 것인지를 생각해보기로 한다.

우리 민법의 편제는 총칙, 물권, 채권, 친족, 상속의 다섯 편으로 구성되어 있고, 이러한 체계를 소위 '판덱텐체계(Pandektensystem)'라고 한다. 이 체계의 특징은 재산권을 **물권**과 **채권** 두 권리로 나누어 체계적으로 준별하는 데 있다.

로마법에서는 아직 권리개념 자체가 확립되지 않았으므로 물권과 채권이 준별되고 있었다고 보기 어렵고, 중세시대에도 본래 법의 본질이 사람을 강제하고 구속하는 것이라고 생각하였기 때문에 의무에 중점이 있었지 권리에 중점이 있지 않았다. 근세에 이르러 이러한 의무의 체계를 자율적 구성원리에 바탕을 두는 권리의 체계로 전환한 것은 I. Kant였다. 그 후 Savigny가 물권과 채권이 엄격하게 분리된 판덱텐체계의 기초를 세운 후 Windscheid가 이를 일반화하였고, 독일 민법전이 판덱텐체계를 기초로 하여 제정되었다.

"샤비니는 권리를 개인의 의사가 대상을 지배할 수 있는 '힘'(Macht)이라고 정의한다(의사설). 그런데 법률관계에 있어서 의사의 지배가 미칠 수 있는 대상에는 '자연'과 '다른 사람'이 있다. 먼저 **'자연'**에 대한 관계에 있어서는 사람은 자연 전체를 지배할 수는 없고, 다만 일정한 공간적 범위 내에 있어서만 지배할 수가 있다. 외와 같이 범위가 정해진 자연이 물건이고, 이것에 대하여 물건에 대한 권리가 인정된다. 그리고 이 권리의 가장 순수하고 완전한 모습을 소유권이라 부른다. 그리고 소유권과 그때그때의 실정법에 의하여 인정된 제한물권들을 합친 것이 **'물권'**이다.

한편 **'다른 사람'**에 대한 관계에서는, 상대방의 인격 전체를 지배하는 것은 그의 자유를 무시하고 인간을 마치 소유물과 같이 지배하는 것이 되어서 오늘날에는 허용될 수 없고, 다만 상대방의 개개의 행위만을 지배할 수 있을 뿐이다. 이러한 지배를 **'채권'**이라고 한다. 그런데 물건에 대한 지배(물권)와 타인의 행위에 대한 지배(채권)는 모두 권리자의 힘이 외계를 향하여 확장되는 것이다. 그 때문에 이러한 관계를 재산관계라 하며, 이들에 관한 법제도의 총체를 **재산법**이라고 부른다."

우리 민법도 일본과 같이 물권과 채권을 엄격히 구별하는 판덱텐체계를 따르고 있다. 학설도 일반적으로 물권은 물건 자체를 그 객체로 하여, 특정한 물건을 직접적으로 지배하는 배타적 권리인 데 대하여, 채권은 채무자의 행위를 그 객체로 하여 그에 대하여 약정된 급부를 요구할 수 있는 권리로 파악한다. 이에 따라 물권을 대물권, 지배권, 절대권이라고 하고, 채권을 대인권, 청구권, 상대권이라고 하기도 한다. 절대권인 물권에는 거래 당사자나 제3자 보호를 위하여 물권법정주의가 적용되고, 상대권인 채권에는 **계약자유의 원칙**이 인정되어 채권의 종류와 내용은 당사자가 자유롭게 결정할 수 있다.

물권내용의 실현이 침해되는 경우 물권적 청구권이 인정되나, 채권은 원칙적으로 채무자에 대해서만(대내적 효력)을 갖는다(청구력, 소구력, 집행력 등). 상대권인 채권이 제3자에 대하여도 효력(대외적 효력)을 가질 수 있는지에 관하여 채권자대위권, 채권자취소권, 제3자의 채권침해 등이 문제된다.

2.

우리 민법 시행 이후 학설은 대체로 물권과 채권을 엄격히 구별하는 준별론에 따라 법률행위를 채권·채무의 발생을 목적으로 하는 **채권행위**와 물권의 변동을 목적으로 하는 **물권행위**를 구별하여 논하고 있다. 판례 역시 다음에서 보는 바와 같이 물권행위, 물권적 합의, 준물권행위라는 개념을 인정하고 있다.

"부동산의 매매로 인한 소유권이전등기청구권은 물권의 이전을 목적으로 하는 매매의 효과로서 매도인이 부담하는 재산권이전의무의 한 내용을 이루는 것이고, 매도인이 **물권행위**의 성립요건을 갖추도록 의무를 부담하는 경우에 발생하는 채권적 청구권으로 그 이행과정에 신뢰관계가 따르므로, 소유권이전등기청구권을 매수인으로부터 양도받은 양수인은 매도인이 그 양도에 대하여 동의하지 않고 있다면 매도인에 대하여 채권양도를 원인으로 하여 소유권이전등기절차의 이행을 청구할 수 없고, 따라서 매매로 인한 소유권이전등기청구권은 특별한 사정이 없는 이상 그 권리의 성질상 양도가 제한되고 그 양도에 채무자의 승낙이나 동의를 요한다고 할 것이므로 통상의 채권양도와 달리 양도인의 채무자에 대한 통지만으로는 채무자에 대한 대항력이 생기지 않으며 반드시 채무자의 동의나 승낙을 받아야 대항력이 생긴다."(대법원 2005. 3. 10. 선고 2004다67653, 67660 판결)

"동산의 매매에서 그 대금을 모두 지급할 때까지는 목적물의 소유권을 매도인이 그대로 보유하기로 하면서 목적물을 미리 매수인에게 인도하는 이른바 <u>소유권유보약정이 있는 경우</u>에, 다른 특별한 사정이 없는 한 매수인 앞으로의 소유권 이전에 관한 당사자 사이의 **물권적 합의**는 대금이 모두 지급되는 것을 정지조건으로 하여 행하여진다고 해석된다. 따라서 그 대금이 모두 지급되지 아니하고 있는 동안에는 비록 매수인이 목적물을 인도받았어도 목적물의 소유권은 위 약정대로 여전히 매도인이 이를 가지고, 대금이 모두 지급됨으로써 그 정지조건이 완성되어 별도의 의사표시 없이 바로 목적물의 소유권이 매수인에게 이전된다. 그리고 이는 매수인이 매매대금의 상당 부분을 지급하였다고 하여도 다를 바 없다. 그러므로 대금이 모두 지급되지 아니한 상태에서 매수인이 목적물을 다른 사람에게 양도하더라도, 양수인이 선의취득의 요건을 갖추거나 소유자인 소유권유보매도인이 후에 처분을 추인하는 등의 특별한 사정이 없는 한 그 양도는 목적물의 소유자가 아닌 사람이 행한 것으로서 효력이 없어서, 그 양도로써 목적물의 소유권이 매수인에게 이전되지 아니한다."(대법원 2010. 2. 11. 선고 2009다93671 판결)

"지명채권의 양도란 채권의 귀속주체가 법률행위에 의하여 변경되는 것으로서 이른바 **준물권행위** 내지 처분행위의 성질을 가지므로, 그것이 유효하기 위하여는 양도인이 채권을 처분할 수 있는 권한을 가지고 있어야 한다. 처분권한 없는 자가 지명채권을 양도한 경우 특별한 사정이 없는 한 채권양도로서 효력을 가질 수 없으므로 양수인은 채권을 취득하지 못한다."(대법원 2016. 7. 14. 선고 2015다46119 판결)

그러나 채권행위로부터 물권 자체의 변동만을 목적으로 하는 물권행위를 따로 떼어내는 것은 쉽지 않을 뿐만 아니라 부동산거래를 하는 당사자들도 매매계약을 체결하고 잔금을 받은 후 등기를 넘겨주면 그만이라고 생각하지 계약과 등기 사이에 별도로 물권행위(물권법적인 소유권이전의 합의)를 의식하여 거래를 하지는 않는다. 물권행위 개념 자체가 필요 없다는 견해도 있다.

물권행위와 채권행위의 관계에서 물권행위의 독자성과 무인성이 논의되는데, 학설은 독자성과 무인성을 긍정하는 견해와 부정하는 견해가 대립하고 있으나, 판례는 물권행위의 독자성과 무인성을 부정하는 입장이다. 물권행위의 독자성과 무인성을 부정한다면 별도로 물권행위 개념을 인정해야 할 것인지 의문이 든다.

물권·채권 준별론을 따른다면 논리적으로 물권에서 발생하는 물권적 청구권과 채권에 기하여 발생하는 채권적 청구권도 당연히 준별되어야 할 것이나, 물권적 청구권도 특정인에 대하여 행위를 청구하는 것이므로 채권 또는 채권적 청구권과 같은 성질을 가지고 있으므로 물권적 청구권에도 채권적 청구권에 관한 규정이 유추적용될 수밖에 없는 경우도 있다.

다만 대법원은 물권적 청구권은 소유권을 상실하면 그 발생의 기반이 아예 없어지게 되므로 물권적 청구권의 이행불능을 이유로 민법 제390조의 손해배상청구권을 가지지 못한 것으로 판시하여 이른바 **물권적 규율론**을 따르고 있다.

"소유자가 자신의 소유권에 기하여 실체관계에 부합하지 아니하는 등기의 명의인을 상대로 그 등기말소나 진정명의회복 등을 청구하는 경우에, 그 권리는 물권적 청구권으로서의 방해배제청구권(민법 제214조)의 성질을 가진다. 그러므로 소유자가 그 후에 소유권을 상실함으로써 이제 등기말소 등을 청구할 수 없게 되었다면, 이를 위와 같은 청구권의 실현이 객관적으로 불능이 되었다고 파악하여 등기말소 등 의무자에 대하여 그 권리의 이행불능을 이유로 민법 제390조상의 손해배상청구권을 가진다고 말할 수 없다. 위 법규정에서 정하는 채무불이행을 이유로 하는 손해배상청구권은 계약 또는 법률에 기하여 이미 성립하여 있는 채권관계에서 본래의 채권이 동일성을 유지하면서 그 내용이 확장되거나 변경된 것으로서 발생한다. 그러나 위와 같은 <u>등기말소청구권 등의 물권적 청구권은 그 권리자인 소유자가 소유권을 상실하면 이제 그 발생의 기반이 아예 없게 되어 더 이상 그 존재 자체가 인정되지 아니하는 것이다</u>. 이러한 법리는 선행소송에서 소유권보존등기의 말소등기청구가 확정되었다고 하더라도 그 청구권의 법적 성질이 채권적 청구권으로 바뀌지 아니하므로 마찬가지이다." (대법원 2012. 5. 17. 선고 2010다28604 전원합의체 판결)

위 판결은 국가 명의로 소유권보존등기가 경료된 토지의 일부 지분에 관하여 乙 등 명의의 소유권이전등기가 경료되었는데, 사정명의자의 상속인 甲이 등기말소를 구하는 소를 제기하여 국가는 甲에게 원인무효인 등기의 말소등기절차를 이행할 의무가 있고 乙 등 명의의 소유권이전등기는 등기부취득시효 완성을 이유로 유효하다는 취지의 판결이 확정되자, 甲이 국가를 상대로 손해배상을 구한 사안에서, 乙 등의 등기부취득시효 완성으로 토지에 관한 소유권을 상실한 甲이 불법행위를 이유로 <u>소유권 상실로 인한 손해배상을 청구할 수 있음은 별론</u>으로 하고, 애초 <u>국가의 등기말소의무 이행불능으로 인한 채무불이행책임을 논할 여지는 없고</u>, 또한 토지의 소유권 상실로 인한 손해배상을 구하는 甲의 청구에 대하여 당사자가 주장하지 아니한 소유권보존등기 말소등기절차 이행의무의 이행불능으로 인한 손해배상책임을 인정할 수 없음에도, 이와 달리 손해배상책임을 인정한 원심판결에 법리오해와 처분권주의 위반의 위법이 있다고 한 사례이다.

위 대법원 전원합의체 판결에서는 이른바 **채권법적 규율론**에 입각한 별개의견이 있었다.
"청구권이 발생한 기초가 되는 권리가 채권인지 아니면 물권인지와 무관하게 이미 성립한 청구권에 대하여는 그 이행불능으로 인한 전보배상을 인정하는 것이 법리적으로 불가능하지 아니하며, 이를 허용할 것인지는 법률 정책적인 결단이므로, 이미 대법원에서 이를 허용하여 채권에 못지않게 물권을 보호하는 견해를 취한 것은 구체적 타당성 면에서 옳고, 확정판결을 거쳐 기판력이 발생되어 있는 경우에는 더욱 그러하다고 보이며, 장기간 이와 같은 견해를 유지하여 온 판례들을 뒤집어 물권 내지는 물권자의 보호에서 후퇴하여야 할 이론적·실무적인 필요성이 없다. 따라서 선행소송에서 본래적 급부의무인 소유권보존등기 말소등기절차를 이행할 의무가 현존함이 확정된 경우, 그 이행불능 또는 집행불능에 따른 전보배상책임을 인정하는 것이 가능하다."

3.

이론상은 물권과 채권을 준별할 수 있어도 실제 발생하는 민사분쟁에서는 물권과 채권이 섞여서 발생하고 추상적인 물권·채권 준별론이 큰 도움이 되지 못하는 경우가 많다.

부동산 매매계약을 체결하는 경우 매매대금의 청구나 목적 부동산의 인도청구는 급부의무의 이행에 관한 것으로서 채권편에서 규율하고, 목적 부동산의 소유권이전시기는 물권변동과 관련되는 것으로서 물권편에서 규율된다. 또 금전을 빌리면서 담보부동산에 대하여 저당권을 설정하는 경우 금전채무와 저당권은 불가분리의 관계에 있지만 법률적으로는 금전을 빌리는 것은 소비대차의 채권관계로 채권편에서 규율되고, 저당권설정은 물권의 설정으로 파악되어 물권편에서 규율된다.

예컨대, 甲 소유의 X 토지 위에 乙이 권원 없이 Y 건물을 축조하여 점유하고 있는 경우 甲으로서는 Y 건물을 철거하고 X 토지를 인도받는 것만으로 자신의 권리가 완전히 확보되는 것이 아니다. 인도 시까지 甲이 X 토지를 사용, 수익하지 못해 발생한 불이익(손해)은 부당이득반환청구권이나 불법행위로 인한 손해배상청구권을 동원하여 권리구제를 받아야 한다. 물권적 청구권이 장래를 향한 청구권이라면, 부당이득이나 불법행위로 인한 청구권은 과거에 침해자가 얻은 이득을 권리자에게 반환시키거나 과거의 침해로 권리자가 입은 손해를 보전해주는 청구권이다. 같은 청구권이지만 물권적 청구권은 물권으로부터 발생하는 것이고, 부당이득이나 불법행위로 인한 청구권은 채권이다. 위 사례에서 甲은 물권법 질서의 힘을 빌려 乙을 상대로 Y 건물의 철거와 X 토지의 인도를 구하면서 동시에 차임 상당의 사용이익을 부당이득으로 반환을 청구하거나 불법점유를 이유로 하는 차임 상당의 손해배상을 불법행위를 이유로 청구해야 한다. 물권적 청구권은 물권법에, 부당이득이나 불법행위를 이유로 하는 손해배상청구권은 채권법에 규정되어 있으나 이러한 실무상의 문제를 해결하는 데 있어서는 물권과 채권 어느 하나만으로는 해결할 수 없다.

실제로 물권·채권의 이분법만으로 재산상의 법률관계를 규율하기 어려운 부분도 있다. 채권과 물권 사이에 있는 **중간적 이익**에 대한 보호의 문제이다.

고 김증한 교수에 의하여 주창된 **'물권적 기대권'**론은 물권적 합의의 구속력을 전제로 하여 인정되는 권리로 권리자는 목적물을 처분할 수 있고 또는 압류의 목적이 될 수 있는 완전한 부동산 물권에 준하는 권리라고 한다. 즉 물권적 합의가 있었고 더구나 처분자가 등기에 필요한 일체의 서류를 취득자에게 교부하여 취득자가 단독으로 등기신청을 할 수 있는 상태가 된 경우에는 부동산물권을 취득할 물권적 기대권이 인정된다는 것이다. 이에 대하여 고 곽윤직 교수에 의하여 등기를 하지 않고 있는 부동산취득자를 보호한다는 것은 등기주의를 취한 현행 민법의 입법정신에 반할 뿐만 아니라 이들을 보호할 필요도 없다는 비판이 제기되었다.

물권적 기대권을 긍정하는 견해는 그 법적 성질을 채권과 물권의 중간적인 권리이지만 오히려 물권적인 권리라고 하나, 이를 부정하는 견해는 물권적 기대권을 인정하게 되면 현행 민법의 권리체계에 반한다고 본다. 부동산이 아닌 동산의 소유권유보부매매의 경우 매수인의 법적 지위에도 물권적 기대권의 인정 여부가 문제된다.

여기서 등기를 갖추지 않은 자를 '사실상의 소유권자'로 법률상의 소유권자에 준하는 취급을 할 수 있는가? 물권행위와 부동산의 점유의 이전이 있었으나 등기를 갖추지 못한 자의 법적 지위를 어떻게 볼 것인지의 문제이다.

판례는 "일반적으로 **사실상 소유** 또는 **실질적 소유**라는 개념은 매매 등 소유권 취득의 원인이 되는 법률요건이 성립되어 소유권 취득의 실질적 요건은 모두 갖추고 있으나 그 형식적 요건인 자기 명의의 등기를 갖추고 있지 아니한 경우를 의미한다."고 하여(대법원 2000. 10. 13. 선고 98다55659 판결) '사실상의 소유 또는 실질적 소유"라는 개념을 인정하고 있다. 물권행위와 부동산의 점유의 이전이 있었으나 등기를 갖추지 못한 부동산매수인에 대하여 물권 또는 물권에 준하는 효력을 인정하고 있다. 이러한 사실상 소유권을 인정한다면 굳이 물권적 기대권을 원용할 실익이 없다.

"건물철거는 그 소유권의 종국적 처분에 해당하는 사실행위이므로 원칙으로는 그 소유자(등기명의자)에게만 그 철거처분권이 있다고 할 것이나 그 건물을 매수하여 점유하고 있는 자는 등기부상 아직 소유자로서의 등기명의가 없다 하더라도 그 권리의 범위 내에서 그 점유 중인 건물에 대하여 법률상 또는 사실상 처분을 할 수 있는 지위에 있고 그 건물이 건립되어 있어 불법으로 점유를 당하고 있는 토지소유자는 위와 같은 지위에 있는 건물점유자에게 그 철거를 구할 수 있다."(대법원 1986. 12. 23. 선고 86다카1751 판결)

"건물철거는 그 소유권의 종국적 처분에 해당하는 사실행위이므로 원칙으로는 그 소유자에게만 그 철거처분권이 있으나 미등기건물을 그 소유권의 원시취득자로부터 양도받아 점유 중에 있는 자는 비록 소유권취득등기를 하지 못하였다고 하더라도 그 권리의 범위 내에서는 점유 중인 건물을 법률상 또는 사실상 처분할 수 있는 지위에 있으므로 그 건물의 존재로 불법점유를 당하고 있는 토지소유자는 위와 같은 건물점유자에게 그 철거를 구할 수 있다."(대법원 1989. 2. 14. 선고 87다카3073 판결)

"매매계약의 이행으로 매매목적물을 인도받은 매수인은 그 물건을 사용·수익할 수 있는 지위에서 그 물건을 타인에게 적법하게 임대할 수 있으며, 이러한 지위에 있는 매수인으로부터 매매계약이 해제되기 전에 매매목적물인 주택을 임차하여 주택의 인도와 주민등록을 마침으로써 주택임대차보호법 제3조 제1항에 의한 대항요건을 갖춘 임차인은 민법 제548조 제1항 단서에 따라 계약해제로 인하여 권리를 침해받지 않는 제3자에 해당하므로 임대인의 임대권원의 바탕이 되는 계약의 해제에도 불구하고 자신의 임차권을 새로운 소유자에게 대항할 수 있다."(대법원 2008. 4. 10. 선고 2007다38908,38915 판결)

"토지의 매수인이 아직 소유권이전등기를 경료받지 아니하였다 하여도 매매계약의 이행으로 그 토지를 인도받은 때에는 매매계약의 효력으로서 이를 점·사용할 권리가 생기게 된 것으로 보아야 하고 또 매수인이 그 토지 위에 건축한 건물을 취득한 자는 그 토지에 대한 매수인의 위와 같은 점유사용권까지 아울러 취득한 것으로 봄이 상당하므로 매도인은 매매계약의 이행으로서 인도한 토지 위에 매수인이 건축한 건물을 취득한 자에 대하여 토지소유권에 기한 물권적청구권을 행사할 수 없다."(대법원 1988. 4. 25. 선고 87다카1682 판결)

"토지의 매수인이 아직 소유권이전등기를 마치지 않았더라도 매매계약의 이행으로 토지를 인도받은 때에는 매매계약의 효력으로서 이를 점유·사용할 권리가 있으므로, 매도인이 매수인에 대하여 그 점유·사용을 법률상 원인이 없는 이익이라고 하여 부당이득반환청구를 할 수는 없다. 이러한 법리는 대물변제 약정 등에 의하여 매매와 같이 부동산의 소유권을 이전받게 되는 사람이 이미 부동산을 점유·사용하고 있는 경우에도 마찬가지로 적용된다."(대법원 2016. 7. 7. 선고 2014다2662 판결)

"매수인이 목적 부동산을 인도받아 계속 점유하는 경우에는 그 소유권이전등기청구권의 소멸시효가 진행하지 않는다는 것이 당원의 확립된 판례인바(대법원 1976. 11. 6. 선고 76다148 전원합의체 판결 등 참조), 부동산의 매수인이 그 부동산을 인도받은 이상 이를 사용·수익하다가 그 부동산에 대한 보다 적극적인 권리 행사의 일환으로 다른 사람에게 그 부동산을 처분하고 그 점유를 승계하여 준 경우에도 그 이전등기청구권의 행사 여부에 관하여 그가 그 부동산을 스스로 계속 사용·수익만 하고 있는 경우와 특별히 다를 바 없으므로 위 두 어느 경우에나 이전등기청구권의 소멸시효는 마찬가지로 진행되지 않는다고 보아야 할 것이다."(대법원 1999. 3. 18. 선고 98다32175 전원합의체 판결)

위와 같이 소유권이전등기를 갖추지 못한 매수인에게 법률상 또는 사실상 처분권이 있다고 해석하는 판례의 입장에 대하여는 부동산물권변동에 관하여 형식주의를 취하고 있는 현행 민법 제186조에 반할 뿐만 아니라 이러한 매수인이 물건에 대한 사실적 지배권능인 점유·사용·수익의 권능을 가지고 있다 하더라도 채권자의 지위에서 더 높아지는 것은 아니라는 비판이 있다.

판례의 입장에서 더 나아가 사실상의 소유권이 침해된 경우에도 등기명의인을 대위하여 물권적 청구권을 행사할 필요가 없이 당사자 간에는 물론 제3자에 대하여 사실상의 소유자가 직접 방해배제를 청구할 수 있는 실익이 있다는 주장이 있으나, 이는 그야말로 민법의 형식주의에 반하고 우리 판례도 사실상 소유자의 물권적 청구권까지 인정하지는 않고 있음을 유의할 필요가 있다.

4.

물권·채권 준별론에서는 재산권을 물권과 채권 두 종류로 나누어 각 권리의 논리적 체계를 세우고 있으나, 실제의 생활관계에서는 물권과 채권이 결합되어 있는 경우도 있고, 물권·채권 간의 우선적 효력이 뒤집히는 경우도 있다. 물권과 채권의 구별은 논리필연적으로 결정되는 것은 아니고 어느 정도까지는 입법정책에 의하여 정해지는 것이므로 물권 또는 채권으로 정하면서도 예외적 취급을 하는 것이 불가피하다. 물권과 채권은 '따로국밥'이 아니다.

금전을 차용하면서 **부동산을 담보로 저당권을 설정하는 경우** 이론상은 금전을 빌리는 소비대차계약을 체결하는 행위(채권행위)와 저당권을 설정하는행위(물권행위)는 별개의 행위이다. 그러나 민법은 피담보채권과 저당권은 매우 밀접한 관계를 가지는 것으로 규정한다. 즉 저당권은 피담보채권의 존재를 전제로 하여서만 설정될 수 있고(부종성), 채권이 변제 등으로 소멸하면 저당권도 소멸한다(민법 제369조). 또 저당권은 피담보채권과 분리하여 처분하지도 못한다(수반성, 제361조). 따라 저당권부채권이 양도되기 위하여는 피담보채권의 양도행위 외에 저당권의 양도행위도 있어야 한다. 그 결과 이 때에는 채권양도에 관한 규정과 부동산물권변동에 관한 규정이 중첩적으로 적용되어 각각의 행위에 대한 요건을 모두 충족하여야 한다. 따라서 채권양도의 대항요건을 갖추었으나 저당권이전의 부기등기가 이루어지지 않은 경우와 같이 어느 한 쪽 행위의 요건만을 갖추고 있는 경우 그 법률관계의 해석이 문제된다. 판례의 입장은 다음과 같다.

"피담보채권을 저당권과 함께 양수한 자는 저당권이전의 부기등기를 마치고 저당권실행의 요건을 갖추고 있는 한 채권양도의 대항요건을 갖추고 있지 아니하더라도 경매신청을 할 수 있으며, 채무자는 경매절차의 이해관계인으로서 채권양도의 대항요건을 갖추지 못하였다는 사유를 들어 경매개시결정에 대한 이의나 즉시항고절차에서 다툴 수 있고, 이 경우는 신청채권자가 대항요건을 갖추었다는 사실을 증명하여야 할 것이나, 이러한 절차를 통하여 채권 및 근저당권의 양수인의 신청에 의하여 개시된 경매절차가 실효되지 아니한 이상 그 경매절차는 적법한 것이고, 또한 그 경매신청인은 양수채권의 변제를 받을 수도 있다."(대법원 2005. 6. 23. 선고 2004다29279 판결)

"피담보채권과 근저당권을 함께 양도하는 경우에 채권양도는 당사자 사이의 의사표시만으로 양도의 효력이 발생하지만 근저당권이전은 이전등기를 하여야 하므로 채권양도와 근저당권이전등기 사이에 어느 정도 시차가 불가피한 이상 피담보채권이 먼저 양도되어 일시적으로 피담보채권과 근저당권의 귀속이 달라진다고 하여 근저당권이 무효로 된다고 볼 수는 없으나, 위 근저당권은 그 피담보채권의 양수인에게 이전되어야 할 것에 불과하고, 근저당권의 명의인은 피담보채권을 양도하여 결국 피담보채권을 상실한 셈이므로 집행채무자로부터 변제를 받기 위하여 배당표에 자신에게 배당하는 것으로 배당표의 경정을 구할 수 있는 지위에 있다고 볼 수 없다."(대법원 2003. 10. 10. 선고 2001다77888 판결)

임차주택이 양도되는 경우 보증금반환채무가 양수인에게 승계되는 것도 양수인의 선·악에 관계없이, 양수인의 채무인수계약의 유무에 관계없이 임차인의 보증금반환채권의 효력이 임차주택의 양수인에게 확장되는 것으로 볼 수 있고, 이 경우에도 계약의 상대효 원칙에는 어긋나는 현상이 발생한다.

"주택의 임차인이 제3자에 대한 대항력을 갖춘 후 임차주택의 소유권이 양도되어 그 양수인이 임대인의 지위를 승계하는 경우에는, 임대차보증금의 반환채무도 부동산의 소유권과 결합하여 일체로서 이전하는 것이므로 양도인의 임대인으로서의 지위나 보증금반환채무는 소멸하는 것이다."(대법원 2009. 5. 28. 선고 2009다15794 판결)

전세권이 설정된 후 전세권의 존속기간 중에 전세목적물이 양도되어 소유권변동이 있는 경우, 판례는 그 양수인이 전세금반환채무를 포함하는 양도인의 전세권설정자로서의 지위를 승계받는 것을 긍정하여 결과적으로 주택임대차보호법상의 대항력을 갖춘 후 임차주택이 양도된 경우와 동일한 취급을 하고 있다.

"전세권이 성립한 후 목적물의 소유권이 이전되는 경우에 있어서 전세권 관계가 전세권자와 전세권설정자인 종전 소유자와 사이에 계속 존속되는 것인지 아니면 전세권자와 목적물의 소유권을 취득한 신 소유자와 사이에 동일한 내용으로 존속되는지에 관하여 민법에 명시적인 규정은 없으나, 전세목적물의 소유권이 이전된 경우 민법이 전세권 관계로부터 생기는 상환청구, 소멸청구, 갱신청구, 전세금증감청구, 원상회복, 매수청구 등의 법률관계의 당사자로 규정하고 있는 전세권설정자 또는 소유자는 모두 목적물의 소유권을 취득한 신 소유자로 새길 수밖에 없다고 할 것이므로, <u>전세권은 전세권자와 목적물의 소유권을 취득한 신 소유자 사이에서 계속 동일한 내용으로 존속하게 된다고 보아야 할 것이고</u>, 따라서 목적물의 신 소유자는 구 소유자와 전세권자 사이에 성립한 전세권의 내용에 따른 권리의무의 직접적인 당사자가 되어 전세권이 소멸하는 때에 전세권자에 대하여 전세권설정자의 지위에서 전세금반환의무를 부담하게 되고, 구 소유자는 전세권설정자의 지위를 상실하여 전세금반환의무를 면하게 된다고 보아야 하고, 전세권이 전세금 채권을 담보하는 담보물권적 성질을 가지고 있다고 하여도 전세권은 전세금이 존재하지 않으면 독립하여 존재할 수 없는 용익물권으로서 전세금은 전세권과 분리될 수 없는 요소이므로 전세권 관계로 생기는 위와 같은 법률관계가 신 소유자에게 이전되었다고 보는 이상, 전세금 채권 관계만이 따로 분리되어 전 소유자와 사이에 남아 있다고 할 수는 없을 것이고, 당연히 신 소유자에게 이전되었다고 보는 것이 옳다."(대법원 2000. 6. 9. 선고 99다15122 판결)

법정지상권을 취득하고 있던 건물소유자가 지상권에 관한 설정등기를 하지 않고서 다시 그 건물을 다른 사람에게 양도한 경우, 토지소유자가 지상권이전등기를 받지 않은 건물의 양수인에 대하여 건물철거를 구할 수 있는가에 관하여 이를 부정하는 판례에 의하면 물권자인 토지소유자는 건물양도에 아무런 관여를 하지 않았음에도 불구하고 법정지상권이전등기절차의 이행을 청구할 수 있는 채권을 가지고 있음에 불과한 건물양수인에 대하여 건물의 철거를 구할 수 없게 된다.

"법정지상권을 가진 건물소유자로부터 건물을 양수하면서 법정지상권까지 양도받기로 한 자는 채권자대위의 법리에 따라 전건물소유자 및 대지소유자에 대하여 차례로 지상권의 설정등기 및 이전등기절차이행을 구할 수 있다 할 것이므로 이러한 <u>법정지상권을 취득할 지위에 있는 자에 대하여 대지소유자가 소유권에 기하여 건물철거를 구함은 지상권의 부담을 용인하고 그 설정등기절차를 이행할 의무 있는 자가 그 권리자를 상대로 한 청구라 할 것이어서 신의성실의 원칙상 허용될 수 없다.</u>"(대법원 1985. 4. 9. 선고 84다카1131,1132 전원합의체판결)

5.

민법은 채권의 상대효에 대한 예외로서 일정한 요건을 갖춘 채권을 제3자에 대하여 주장할 수 있는 경우를 인정하여 채권의 효력을 강화하고 있다.

부동산물권변동을 목적으로 하는 채권적인 청구권에 대하여 **가등기제도**를 마련하여 순위보전적 효력을 인정하여 채권의 당사자 이외의 제3자에 대하여 일정한 효력을 인정하는 것은 채권의 상대효에 어긋나는 것으로 볼 수 있다.

민법은 **부동산임차권**에 대하여 일정한 요건 하에 예외적으로 제3자에 대항력을 인정하고 있으나(제621조), 주택임대차보호법과 상가건물 임대차보호법은 대항요건을 갖춘 임차인의 제3자에 대한 대항력을 부여하여 부동산임차권의 효력을 강화하고 있다. 이러한 현상에 대하여 부동산임차인에게 '준물권적' 지위가 보장되는 것으로 보고 임차권이 '물권화'되었다고 보기도 하고, 부동산임차권은 순수한 채권이라기보다는 물권에 접근된(물권화된) 채권이 되었다고 보기도 한다. 부동산임차권은 본질은 채권에 지나지 않으나, 실제의 효력에 있어서는 물권적인 것을 부분적으로 포함하는 특수한 채권으로 보거나 채권적 성질과 물권적 성질을 함께 갖고 있는 중간적 권리로 이해하는 견해도 있다.

이시윤 교수는 다음과 같이 대항력 있는 임차권이 '괴물권리'로서 임차권자에 대한 과보호이고 큰 특혜 때문에 그만큼 남용도 심각하다고 평하고 있다(이시윤, 민사집행법, 제7개정판, p.277~278).

"대항력 있는 임차권은 용익물권처럼 되고, 여기에 확정일자까지 받아두었으면 담보물권화되어 우선변제권을 갖고, 나아가 배당받지 못한 잔액보증금이 있으면 임대목적물을 유치할 수 있게 되어 유치권처럼 된다. 여기에 더하여 소액임차인의 보증금 중 일정액은 배당순위에 있어서 제1순위의 최우선특권으로 선순위저당권에도 우선한다. 단지 경매신청권을 인정하지 않을 뿐이다. 막강한 물권화로서 등기공시가 안 되어 권의 내용도 정확히 파악하기 어려운 '**괴물권리**'이기 때문에 남용도 그만큼 크다. 전세권의 경우처럼 등기비용이 드는 것도 아니고 소유권자의 동의하에 설정되는 것도 아니다. 이 막강한 대세적 권리가 일반열람의 등기공시도 하지 않는 '**은둔의 권리**'인 것이 분명한데도 경매질서혼란의 회오리를 일으키는 태풍의 눈이다."

제3자의 채권침해의 경우 대부분의 학설은 채권의 상대성을 인정하면서도 제3자에 의하여 채권의 실현이 침해 또는 방해되는 경우가 발생하는 것을 인정하고 이때에는 위법성이 있는 경우 한정적으로 불법행위가 성립한다고 본다. 판례는 제3자에 의한 채권침해가 불법행위로 인정되는 경우 그 위법성 판단기준을 마련하여 불법행위 성립요건의 법리를 확고히 하고 있다.

"일반적으로 채권에 대하여는 배타적 효력이 부인되고 채권자 상호간 및 채권자와 제3자 사이에 자유경쟁이 허용되는 것이어서 제3자에 의하여 채권이 침해되었다는 사실만으로 바로 불법행위로 되지는 않는 것이지만, 거래에 있어서의 자유경쟁의 원칙은 법질서가 허용하는 범위 내에서의 공정하고 건전한 경쟁을 전제로 하는 것이므로, <u>제3자가 채권자를 해한다는 사정을 알면서도 법규에 위반하거나 선량한 풍속 또는 사회질서에 위반하는 등 위법한 행위를 함으로써 채권자의 이익을 침해하였다면 이로써 불법행위가 성립한다고 하지 않을 수 없고</u>, 여기에서 채권침해의 위법성은 침해되는 채권의 내용, 침해행위의 태양, 침해자의 고의 내지 해의의 유무 등을 참작하여 구체적, 개별적으로 판단하되, 거래자유 보장의 필요성, 경제·사회정책적 요인을 포함한 공공의 이익, 당사자 사이의 이익균형 등을 종합적으로 고려하여야 한다."(대법원 2003. 3. 14. 선고 2000다32437 판결; 대법원 2021. 6. 30. 선고 2016다110827 판결)

부동산이중매매에서 제1매수인 보호에 관하여 학설판례는 제2매수인이 매도인의 배임행위에 적극 가담하였을 때에는 제2의 매도행위는 사회질서 위반이 되어 무효라는 입장이다.

"어떠한 부동산에 관하여 소유자가 양도의 원인이 되는 매매 기타의 계약을 하여 일단 소유권 양도의 의무를 짐에도 다시 제3자에게 매도하는 등으로 같은 부동산에 관하여 소유권 양도의 의무를 이중으로 부담하고 나아가 그 의무의 이행으로, 그러나 제1의 양도채권자에 대한 양도의무에 반하여, 소유권의 이전에 관한 등기를 그 제3자 앞으로 경료함으로써 이를 처분한 경우에, 소유자의 그러한 제2의 소유권양도의무를 발생시키는 원인이 되는 매매 등의 계약이 소유자의 위와 같은 의무위반행위를 유발시키는 계기가 된다는 것만을 이유로 이를 공서양속에 반하여 무효라고 할 것이 아님은 물론이다. 그것이 공서양속에 반한다고 하려면, 다른 특별한 사정이 없는 한 <u>상대방에게도 그러한 무효의 제재, 보다 실질적으로 말하면 나아가 그가 의도한 권리취득 자체의 좌절을 정당화할 만한 책임귀속사유가 있어야 한다</u>. 제2의 양도채권자에게 그와 같은 사유가 있는지를 판단함에 있어서는, 그가 당해 계약의 성립과 내용에 어떠한 방식으로 관여하였는지(당원의 많은 재판례가 이 문제와 관련하여 제시한 "소유자의 배임행위에 적극 가담하였는지" 여부라는 기준은 대체로 이를 의미한다)를 일차적으로 고려할 것이고, 나아가 계약에 이른 경위, 약정된 대가 등 계약내용의 상당성 또는 특수성, 그와 소유자의 인적 관계 또는 종전의 거래상태, 부동산의 종류 및 용도, 제1양도채권자의 점유 여부 및 그 기간의 장단과 같은 이용현황, 관련 법규정의 취지·내용 등과 같이 법률행위가 공서양속에 반하는지 여부의 판단에서 일반적으로 참작되는 제반 사정을 여기서도 종합적으로 살펴보아야 할 것이다. 그리고 법률행위로 인한 부동산물권변동에 등기를 요구하는 민법 제186조의 입법취지 등에 비추어 보면, 제2의 양도채권자가 소유자가 같은 부동산에 대하여 이미 다른 사람에 대하여 소유권양도의무를 지고 있음을 그 채권 발생의 원인이 되는 계약 당시에 알고 있었다는 것만으로 당연히 위와 같은 책임귀속이 정당화될 수는 없다.(대법원 2009. 9. 10. 선고 2009다23283 판결)

위 판결의 현학적 표현으로 보아 위 대법원 판결의 주심은 양창수 대법관임에 틀림없다. '권리취득 자체의 좌절을 정당화할 만한 책임귀속사유'라는 표현이 너무 추상적이나, 부동산 이중매매(양도)의 반사회성 요건을 엄격히 판단하려는 취지는 충분히 이해된다. 배임행위 적극가담의 이중매매는 절대적 무효이므로 제2매수인이 부동산을 제3자에게 이전한 경우에도 제1매수인은 등기의 말소를 구할 수 있게 되어 거래안전에 위협이 되고 과연 등기를 태만히 한 제1매수인을 과도하게 보호하는 것이 적절한지는 의문이 있다.

한편, 판례는 제1매수인은 아직 목적물의 소유권을 취득하지 못하였으므로 직접 제2매수인의 이전등기에 대한 말소를 구할 수 없고 매도인을 대위하여서만 그 말소를 구할 수 있고, 제2매수인의 등기가 원인무효로 된 경우 제2매수인으로부터 목적물을 전득한 자는 그가 선의인 때에도 등기의 공신력이 인정되지 않는 이상 보호받지 못한다고 한다.

"매도인의 매수인에 대한 배임행위에 가담하여 증여를 받아 이를 원인으로 소유권이전등기를 경료한 수증자에 대하여 <u>매수인은 매도인을 대위하여 위 등기의 말소를 청구할 수는 있으나 직접 청구할 수는 없다는</u> 것은 형식주의 아래서의 등기청구권의 성질에 비추어 당연하다."(대법원 1983. 4. 26. 선고 83다카57 판결)

"부동산의 매수인이 매도인의 배임행위에 적극 가담하여 그 매매계약이 반사회적 법률행위에 해당하는 경우에는 매매계약은 <u>절대적으로 무효이므로, 당해 부동산을 매수인으로부터 다시 취득한 제3자는 설사 매수인이 당해 부동산의 소유권을 유효하게 취득한 것으로 믿었다고 하더라도 매매계약이 유효하다고 주장할 수 없는 것이며</u>, 이러한 법리는 담보권설정계약에서도 마찬가지라 할 것이다."(대법원 2008. 3. 27. 선고 2007다82875 판결)

위와 같은 판례의 입장은 제2매수인 앞으로의 이전등기는 민법 제746조의 불법원인급여 해당하므로 매도인은 매수인에 대하여 위 등기의 말소를 구할 수 없다고 하여야 할 것이고, 그렇다면 제1매수인이 대위하여야 할 매도인의 제2매수인에 대한 등기말소청구권이 존재하지 않는 점에서 부당한 점이 있다. 판례는 이러한 이론상의 부당함을 감수하고서라도 이중매매를 무효로 한 취지를 실현하고자 한 것으로 새길 수 있다. 이에 대하여는 다음과 같은 설명이 있다(이영준, 민법총칙, 개정증보판, p.267~268).

"민법 제746조가 부당이득반환청구를 배제하는 이유는 출연을 출연자와 수취자 중 어느 일방에 머무르게 하는 것이 법질서에 반하여 현상을 고정하려는 데에 있는 것이므로, 출연이 원래 귀속되어야 할 제3자에게 자동적으로 귀속되는 경우에는 제746조의 적용이 없다. 즉 매도인과 제1매수인 사이에는 제746조가 적용될 여지가 없고 매도인과 제2매수인 사이에서만 제746조가 적용된다. 따라서 제1매수인은 매도인의 부당이득반환청구권을 대위행사하여 제2매수인을 상대로 소유권이전등기의 말소를 청구함과 동시에 매도인에게 소유권이전등기를 청구할 수 있다."

제2매수인이 매도인의 배임행위에 적극 가담한 경우 제1매수인의 채권침해로 이론구성을 하여 불법행위의 효과로서 원상회복청구권을 인정하자는 견해도 있다.

05　'피(被)'자(字) 붙은 사람들 : '피'보는 사람들

1.

　　법률의 세계에서는 '피(被)'자가 붙은 사람들이 많다. 피고, 피의자, 피고인, 피상속인, 피한정후견인, 피성년후견인, 피보험자, 피참가인, 피인지자, 피부양자 등등. 이들 '피'자 붙은 사람들은 이른바 '피' 보는 사람들이다. 이들 피 보는 사람들이 어떤 사람들인지 정확히 알아둘 필요가 있다. '피' 보는 사람들은 아니나 채권자대위소송이나 채권집행에서 피보전채권, 피대위채권, 피압류채권, 피전부채권 등 '피(被)'자가 붙은 용어들도 많다.

2.

　　우리 민법이나 일본 민법은 상속법에서 망인을 **'피상속인(被相續人)'**, 상속받는 사람을 **'상속인(相續人)'**으로 부른다. 상속이라고 하는 것이 피상속인이 사망하는 순간 피상속인의 재산상의 권리의무가 포괄적으로 상속인에게 승계되는 것을 말한다. 그런데 북한 상속법(조선민주주의인민공화국 상속법)은 우리의 피상속인을 '상속시키는 자', 상속인을 '상속받는 자'로 규정하고 있다. 북한 상속법 제7조는 "상속은 상속시키는 자의 사망에 의하여 시작된다."고 규정하고 있고, 제11조는 "상속받는 자는 상속이 시작된 때부터 상속시키는 자의 개별재산과 재산상 권리의무를 상속받는다."고 규정하고 있다. 피상속인이라는 말보다 '상속시키는 자'가 그들의 '인민'들에게 더 다가갈 수 있는 용어로 본 듯하다. 북한 상속법은 우리민법의 '상속분'을 '상속몫'으로 쓰고 있다.

　　어쨌든 피상속인이 대표적으로 피 보는 사람이다. 피상속인의 재산은 피상속인의 사망과 동시에 피상속인의 의지와 관계없이 흩어진다. 물론 피상속인의 유지(遺旨)를 실현시킬 수 있는 '유언'이라는 것이 있지만 '유류분'이라는 것 때문에 피상속인의 유지실현이 좌절되는 경우도 있다. 자고로 피상속인의 재산이라고 하는 것은 자식들에게 안 주면 맞아 죽고, 다 줘버렸다가는 굶어죽고, 조금만 주었다가는 (더 달라고) 쪼여 죽는다는 말이 있다. 피상속인이 사망 후 자식들이 상속재산을 둘러싸고 벌어지게 될 싸움을 막기 위해서는 재산은 남겨두지 말고 다 쓰고 가는 것이 현명한 일일지도 모른다. 어느 정도 연식이 된 사람들끼리 '다 쓰고 죽자'는 '쓰죽회' 모임들이 많이 생겨나고 있다.

　　피부양자는 부양자에 의하여 부양을 받는 사람이고, **피인지자**는 인지자에 의해 인지된 사람이다.

3.

뭐니 뭐니 해도 '피'자가 익숙하게 붙어 있는 말이 **'피고(被告)'**와 **'피고인(被告人)'**이다. 그런데 피고와 피고인은 같은 사람이 아니다. 원고와 피고는 민사나 가사, 행정 등 제1심 판결절차에서 쓰는 명칭이고, 제2심(항소심)에서는 **항소인**과 **피항소인**, 제3심(상고심)에서는 **상고인**과 **피상고인**, 재심절차에서는 **재심원고**와 **재심피고**라는 명칭이 된다. 강제집행절차나 가압류나 가처분 등 보전절차에서는 **'채권자'**과 **'채무자'**라는 명칭이 쓰인다. 행정심판이나 헌법소원 등 헌법재판에서는 **청구인**과 **피청구인**이라는 용어가 쓰인다. 대통령(박근혜) 탄핵심판사건(헌법재판소 2016헌나1)의 청구인은 국회(소추위원 법제사법위원회 위원장), 피청구인은 대통령 박근혜였다.

형사소송에서 원고 역할을 하는 사람이 검사이고, 검사에 의해 소추를 당하는 상대방을 **'피고인'**이라고 한다. 따라서 민사소송의 '피고'와 형사소송의 '피고인'은 엄연히 다른 사람인데 일부 언론 등에서는 피고와 피고인을 구별하지 않고 쓰는 예를 흔히 볼 수 있다. 경찰과 검찰 수사단계의 **피의자**가 기소되면 법원에서 **피고인** 신분이 되고, 형이 확정되어 복역 중일 때는 **수형자**가 된다. 수사기관에서 정식 입건되기 전에 내사 중인 사람을 **피내사자**라고도 한다.

현재 박근혜, 이명박 등 전직 대통령과 양승태, 박병대, 고영한 등 전직 대법원장과 대법관이 피고인 신분임은 주지하는 바와 같다. 우리나라 사법사상 初有의 前代未聞의 일이다. 누구나 민사소송의 피고는 될 수 있어도 형사소송의 피고인이 되기는 어려운 일인데, 회사 경영자는 배임의 올가미에 걸려 졸지에 피고인이 될 수 있고, 공무원들은 직권남용의 거미줄에 걸려 창졸간에 교도소 담장 위를 걸어가는 피고인이 될 수도 있다.

조선시대에는 소를 제기하는 자를 元告(원고), 그 상대방을 隻等(척등)이라고 했고, 이들을 합하여 元隻(원척)이라고 했다. 남에게 원수지지 말라는 뜻으로 쓰이는 '척지지 말라'는 말도 이 '隻(척)'에서 나온 말이다.

4.

예전의 한정치산자, 금치산자는 2013년부터 성년후견제도가 도입되면서 **'피한정후견인'**과 **'피성년후견인'**이 되었다. 이 용어들이 한정후견인과 성년후견인하고 섞어 쓰다 보니 '피한정후견인'과 '피성년후견인'은 아직도 익숙하지 않은 용어이다. 한정치산자와 금치산자에 대응하는 좀 더 쉬운 용어를 개발할 수 없었는지 아쉬운 대목이다.

5.

보험법에서 쓰는 용어 중에 **피보험자**, **피보험이익**이라는 것이 있다. 보험계약과 관련하여 보험자, 보험계약자, 피보험자, 보험수익자 등이 등장하는데, 생명보험과 손해보험에 따라 용어의 의미가 달라진다.

보험자는 보험업을 영위하는 보험회사를 말한다. 손해보험회사와 생명보험회사가 있다. 보험자는 보험사고가 발생했을 경우 정해진 보험금을 지급할 책임이 있다. **보험계약자**는 보험자의 계약

상대방으로서 자기 명의로 보험자와 보험계약을 체결하고 보험료를 납입할 책임을 지는 자이다. 보험계약자가 보험회사에 납입하는 것을 **보험료**, 보험회사가 보험사고발생시에 지급하는 것을 **보험금**이라고 한다. 보험금을 받기로 예정된 사람을 손해보험에서는 '**피보험자**', 인보험에서는 '**보험수익자**'라고 부른다. **피보험자**는 화재보험 등 손해보험에서 보험사고가 발생한 때에 보험금을 지급받을 자이고, 따라서 그는 반드시 보험의 목적에 관하여 법이 보호하는 일정한 이해관계 즉 **피보험이익**을 가져야 한다.

보험수익자는 생명보험 등 인보험에서 보험계약에 의하여 보험금을 지급받을 자로 지정된 자를 말한다. 보험수익자를 지정·변경할 권한은 보험계약자에게 있다. 생명보험계약을 체결할 때 '법정상속인' 등으로 수익자를 지정하는 예가 많다.

생명보험계약에서 보험계약자와 피보험자, 수익자는 한 사람일 수도 있고 여러 사람일 수도 있다. 내가 보험에 가입했는데(계약자=나), '나'에게 보험사고가 발생하여(피보험자=나) 내가 보험금을 지급받는 경우(보험수익자=나)와 같이 보험계약자, 피보험자, 보험수익자가 동일한 경우도 있고, 내가 아버지를 위해 보험계약을 체결하고(피보험자 = 아버지) 보험료는 내가 납입하고(계약자 = 나), 보험금은 어머니가 받도록 한 경우(수익자 = 어머니)와 같이 계약자와 피보험자, 수익자가 다른 경우도 있다. 내가 아이의 보험료를 내고 보험계약에 가입하고 아이가 다치는 경우 보험금은 내가 받는 형식(피보험자≠계약자=수익자)도 있다. 자동차보험과 같은 배상책임보험의 경우에는 보험료는 내가 내고 보험사고가 발생하면 보험금은 피해자가 받는 형태도 있다. 계약자와 수익자는 변경할 수 있으나, 피보험자는 절대 바꿀 수 없다. 계약자와 피보험자가 다른 경우 피보험자의 동의하에 수익자를 변경할 수 있다.

6.

채권자대위소송과 채권집행에서 쓰는 용어인 **피보전채권**, **피대위채권**, 집행채권, **피압류채권**이라는 용어도 정확히 사용할 필요가 있다.

채권자대위소송에서 채권자의 채무자에 대한 채권을 **피보전채권**(**대위채권**), 채무자의 제3채무자에 대한 채권을 **피대위채권**이라고 한다. 채권자대위소송의 소송물은 피대위채권의 존재이고, 소송담당설을 취하는 다수설과 판례는 피보전채권의 존재나 보전의 필요성 등은 모두 당사자적격에 관련된 사항으로 파악한다.

채권자대위권이나 채권자취소권은 모두 채권자의 피보전채권을 보전하기 위한 권리인데 이 피보전채권의 지위는 양자가 다르다. 채권자대위소송이나 사해행위취소소송에서 피보전채권의 부존재시 채권자대위소송의 경우에는 소를 각하하나, 사해행위취소소송의 경우에는 청구를 기각한다.

채권집행에서 채권자의 채무자에 대한 채권을 **집행채권**, 채무자의 제3채무자에 대한 채권을 **피압류채권**(전부명령에서는 **피전부채권**, 추심명령에서는 **피추심채권**)이라고 한다. '압류채권'이라는 용어가 '압류된 채권' = '피압류채권'으로 쓰이는 예도 보이는데 그때그때 그 내용과 의미를 파악할 수밖에 없다.

7.

 피고, 피항소인, 피상고인, 재심피고 외에 민사소송법에서 '피'자가 들어가는 용어로는 참가소송에서 **피참가인**이 있다. 보조참가, 독립참가가 등에서 참가인은 당해 소송에 참가하는 사람이고, 피참가인은 참가소송의 대상이 된 사람이다.

06 '가(假)' 자(字)의 세계

1.

  시중에서 그리고 법의 세계에서 '가(假)'자가 들어간 말이 많이 사용되고 있다. 법의 세계에서의 '가'자는 '가짜' '가'가 아니고 '임시'의 '일시적'인 '가'자이다. 거짓으로 꾸미는 뜻으로 '가장행위(假裝行爲)'가, '거짓으로 일컫는 성명', '가짜이름'으로 가성명(假姓名) 내지 가명(假名)이 '가짜', '거짓'의 뜻이 들어간 말로 쓰이는 예가 드물게 있으나, 법의 세계에서 쓰이는 '가(假)'자는 주로 '일시적인', '임시의' 뜻으로 쓰인다.

  시중에서 쓰이고 있는 가(假)자가 들어간 말들을 보자.
  예컨대, '가건물(假建物)'은 임시로 지은 건물이고, '가설(假設)'무대는 임시로 설치한 무대이다. 가검물(假檢物)은 병균의 유무를 검사하기 위해 임시로 거두는 환자의 배설물 따위를 말한다. 가교(假橋)는 임시로 놓은 다리이고, 가교사(假校舍)는 임시로 쓰는 교사이다. 가도(假道)는 임시로 낸 길이고, 가매장(假埋葬)은 임시로 (시체 등) 묻는 것을 말하고, 가묘(假墓)는 임시로 만들어 놓은 무덤을 말한다. 가사(假死)상태는 한동안 의식이 없어지고 호흡과 맥이 멎어 죽은 것 같이 된 상태를 말한다. 가수금(假受金)은 임시로 받아둔 돈이고, 가수요(假需要)는 물가가 오를 것을 예상하고 미리 마련해 두려는 수요를 말한다. 가예산(假豫算)은 잠정예산을 말하고, 가정(假定)은 임시로 정하는 것을 말하며, 가제(假題)는 임시로 붙인 제목을 말한다.

2.

  그러면 법의 세계에서 쓰이는 '가'자를 들춰본다. 민법 제21조는 표제를 **가주소(假住所)**로 하고 "어느 行爲에 있어서 假住所를 定한 때에는 그 行爲에 關하여는 이를 住所로 본다."고 규정하고 있다. 알기 쉬운 민법 개정안에서는 여기의 '가주소'를 모두 '임시주소'로 바꾸고 있다.

  민법전에는 나와 있지는 않으나 계약과 관련하여 **'가계약(假契約)'**, **'가계약금(假契約)金'**이라는 말도 많이 쓰인다. 가계약이란 정식계약을 맺기 이전에 임시로 맺는 계약을 말한다. 그러면 가계약과 본계약은 어떠한 차이가 있는가? 정식의 본계약을 체결하기 전에 가계약을 체결하는 경우에도 <u>가계약에서 본계약의 중요부분에 대한 합의가 이루어진 경우에는 양 당사자는 임의로 본계약 체결을 파기할 수 없다.</u>
  매매계약은 당사자 일방이 재산권을 상대방에게 이전할 것을 약정하고 상대방이 그 대금을 지급할 것을 약정하는 계약으로 매도인이 재산권을 이전하는 것과 매수인이 그 대가로서 금원을 지급하는 것에 관하여 쌍방 당사자의 합의가 이루어짐으로써 성립하는 것이다. 비록 가계약서에 잔금 지급시기가 기재되지 않았고 후에 그 정식계약서가 작성되지 않았다 하더라도, 위 가계약서 작성 당시 매매계약의 중요 사항인 매매목적물과 매매대금 등이 특정되고 중도금 지급방법에 관한 합의가 있었다면 당사자 사이에 매매계약은 성립되었다고 보게 된다(대법원 2006. 11. 24. 선고 2005다39594 판결).

나는 일반 시민들을 대상으로 한 법교육에서 가계약과 관련하여 다음과 같은 사례를 원용하여 가계약을 설명한다. 정식계약이 아닌 가계약이라고 우습게 생각해서는 안 된다. 앞으로 집값이 더 오를 것이라고 판단한 매수인들이 집주인에게 서둘러 가계약금을 송금하지만, 집주인들은 기존보다 호가를 더 높여도 되겠다는 생각에 가계약을 줄줄이 깨고 있는 극단의 상황을 어떻게 판단할 것인가?

〈사례 1〉 A는 집값이 더 오르기 전에 무리해서라도 집을 사기로 마음먹고 부동산중개업소마다 전화번호를 남기고 매물이 나왔다는 연락을 기다리고 있었다. 그렇게 기다린 A에게 부동산중개업소로부터 집을 팔겠다는 사람이 나타났다는 연락이 왔다. 그러나 A는 부동산중개업소를 통해 매도인 B가 대략 5억 원 정도를 생각하고 있다는 이야기를 듣고 예상한 금액보다 무려 5000만원이 높은 금액이라 고민에 빠졌다. 하지만 이거라도 잡지 않으면 안 되겠다고 생각한 A는 부동산중개업소와 통화한 후 중개업소가 알려준 매도인 B의 계좌에 우선 500만원을 입금하고 구체적인 매매대금 및 지급시기 등은 다음 날 만나서 정하기로 했다.

그런데 다음날 B는 부동산중개업소를 통해 500만원을 돌려주면서 아무래도 집값이 더 오를 것 같아서 매물을 거둬들여야겠으니 계약은 없었던 일로 하자는 말을 남기고 약속장소에 나타나지 않았다. A가 B를 상대로 취할 수 있는 조치가 있는가?

☞ 계약이 성립하기 위하여는 계약의 내용을 이루는 모든 사항에 관해 합의가 있을 필요까지는 없지만 적어도 본질적 사항이나 중요 사항에 관해서는 구체적으로 합의가 있어야 한다. 따라서 매매계약이라면 적어도 매매대금과 목적물이 특정돼야 계약이 성립했다고 볼 수 있는데, 사례에서는 당사자 사이에 매매대금 액수가 특정되지 않아 계약이 성립했다고 보기 어렵다. 따라서 A는 매도인 B에게 계약의 구속력을 주장할 수 없어 B로부터 가계약금 500만 원을 돌려받고 다른 매물을 찾을 수밖에 없다.

〈사례 2〉 다시 매물을 기다리던 A는 몇 주 뒤 부동산중개업소로부터 집을 팔겠다는 사람이 나타났단 연락을 받았다. A는 이전과 같은 실수를 하지 않기 위해 매도인을 만나서 매매대금을 깎아보겠다는 생각을 접고 매도인 C와 직접 통화하며 바로 매매대금을 5억 원으로 하기로 합의했다. 또 계약금은 계약서 작성 당일 매매대금의 10%, 중도금은 한 달 뒤에 남은 금액의 절반을 지급하기로 대략 정하고 정식 계약서는 다음날 작성하기로 했다.

A는 C와 통화한 당일 '가계약금' 명목으로 500만원을 C가 알려준 계좌에 입금했다. 그런데 다음날 C는 부동산중개업소를 통해 지급받은 가계약금의 2배인 1,000만원을 주며 "아무래도 집값이

더 오를 것 같아서 매물을 거둬들여야겠으니 계약은 없었던 일로 하자"는 말을 남기고 약속장소에 나타나지 않았다. C는 가계약금의 2배인 1,000만원만 A에게 주면 계약을 해제할 수 있는가?

☞ 이 사례는 위 〈사례 1〉과 달리 매매대금과 목적물, 중도금 지급 시기와 방법이 모두 특정된 상태이므로 매매계약이 성립됐다고 볼 수 있다. A가 C에게 통화 당일 지급한 500만원의 경우 당사자가 이를 '가계약금'이라 칭했다 하더라도 이는 계약 성립 이후에 주고받은 금원이어서 <u>계약금의 일부 지급</u>'이라고 보게 된다.

문제는 계약금 계약의 경우 계약금 일부 지급만으로는 계약이 성립되지 않는다는 것이 판례이므로 A가 계약금의 일부만을 지급한 상황에서 양 당사자 모두 계약금 계약에 따른 계약 해제를 주장할 수는 없다(대법원 2008. 3. 13. 선고 2007다73611 판결).

또한 대법원은 매도인이 '계약금 일부만 지급된 경우 지급받은 금원의 배액을 상환하고 매매계약을 해제할 수 있다'고 주장한 사안에서 '실제 교부받은 계약금'의 배액만을 상환해 매매계약을 해제할 수 있다면 이는 당사자가 일정한 금액을 계약금으로 정한 의사에 반하게 될 뿐 아니라, 교부받은 금원이 소액일 경우에는 사실상 계약을 자유로이 해제할 수 있어 계약의 구속력이 약화되는 결과가 돼 부당하기 때문에 계약금 일부만 지급된 경우 수령자가 매매계약을 해제할 수 있다고 하더라도 <u>해약금의 기준이 되는 금원은 '실제 교부받은 계약금'이 아니라 '약정 계약금'이라고 봄이 타당하다</u>고 판시한 사례가 있다(대법원 2015. 4. 23. 선고 2014다231378 판결).

따라서 C가 계약을 해제하기 위해 지급받은 500만원의 배액인 1,000만원만을 돌려주고는 계약금 계약에 따른 해제를 주장할 수 없고, A로부터 계약금 전액인 1,000만 원을 모두 지급받는 것을 전제로 2,000만 원을 반환해야 약정 해제권을 행사할 수 있을 뿐이다. 다만 아직 당사자 간 계약서가 작성되지 않은 상황이라 C가 자신은 A와 매매대금에 합의한 적이 없다는 등으로 계약의 불성립을 주장하거나 약정 계약금이 1,000만 원이 아닌 500만원에 불과하다고 주장할 여지가 있으므로 A의 입장에서는 C와의 통화 내용을 녹음하거나 문자로 관련 내용을 주고받아 증거를 남겨둘 필요가 있다.

〈사례 3〉 A는 앞 선 두 번의 계약 시도가 무산된 뒤 세 번째로 만난 매도인 D와는 계약 당일 계약서도 작성하고 계약금 1,000만 원도 전액을 즉시 지급했다. 그런데 계약 체결 이후 호가가 연일 오르는 상황이 되자 D는 부동산중개업소와 A에게 전화를 걸어 "그 가격에는 도저히 팔 수가 없다. 손해가 막심하다"는 등의 푸념을 늘어놓았다. 또 계약이 해제될까 두려웠던 A는 중도금 지급기일이 한 달이나 남았음에도 D의 계좌에 중도금 4,000만 원을 지급해버리고 D에게 중도금 지급이 이행됐으니 해약금 약정에 따른 계약 해제는 불가능하다고 알렸다. 뒤늦게 이를 안 D는 A를 상대로 계약금의 배액인 1,000만 원을 공탁하고 계약이 해제됐다고 주장했다. A와 D 중 누구 말이 맞는가?

☞ 민법 제565조 제1항은 계약금의 수령자가 배액을 제공하고 계약을 해제할 수 있는 기한을

'당사자 일방이 이행에 착수할 때까지'라고 규정하고 있다. 원칙적으로 D는 A가 중도금 지급기일에 중도금을 지급하기 전까지 받은 계약금의 배액인 2,000만 원을 A에게 돌려주고 계약을 해제할 수 있었다. 그러나 이제는 A가 중도금을 지급해버렸으므로 D로서는 더 이상 계약금의 배액을 제공하고 해약금 약정에 따라 계약을 해제하는 것이 불가능해진 것이다.

대법원은 "이행기 약정 있는 경우라도 당사자가 <u>채무의 이행기 이전에 이행하지 않기로 하는 특약을 하는 등</u> 특별한 사정이 없는 한 이행기 전에 이행에 착수할 수 있고, 시가 상승의 사정은 이행기 전의 이행 착수가 허용돼서는 안 될 사정이라 볼 수도 없다"고 판시한 바 있다(대법원 2006. 2. 10. 선고 2004다11599 판결).

따라서 위 사례에서 A가 중도금 지급기일 이전에 중도금을 지급한 것도 문제되지 않는다. 결국 A와 D 사이에 중도금 지급기일 이전에 중도금 지급을 할 수 없다는 특약을 하지 않은 이상, <u>A가 중도금 지급기일 이전에 중도금을 지급하는 것은 가능하고, 그 경우 D는 계약금 배액을 제공해도 계약을 해제할 수 없게 된다.</u> 결국 A의 말이 맞다.

3.

민사소송법에서 쓰이는 용어 중에 가자가 들어간 말의 대표선수는 '**가집행(假執行)**'과 '**가지급물반환**'이다. 가집행이란 미확정 재판에 대하여 미리 집행력을 부여하는 형성적 재판이다. 재산권의 청구에 관한 판결 중 이행판결의 경우에는 원칙적으로 가집행선고를 붙인다. 확인판결이나 형성판결, 등기소송 등 의사의 진술을 명하는 판결, 이혼이나 재산분할 등 비재산권의 청구, 사해행위취소소송에서 사해행위취소부분과 원상회복 중 가액배상을 구하는 청구에 관하여는 가집행을 붙이지 못한다.

그런데 재산권상의 청구임에도 불구하고 재판부가 가집행을 붙이지 않는 경우가 있는데 형사에서 실형을 선고하면서 법정구속을 하지 않는 것과 비슷하다. 그런가 하면 가집행을 붙이기에 적당하지 않을 것 같은 건물철거 판결에 가집행을 붙여버리기도 한다. 전에는 국가를 피고로 하는 사건에서 가집행을 붙이지 못하도록 되어 있었는데 이제는 피고가 사인인지 국가인지 불문하고 가집행을 붙일 수 있다.

가집행선고가 붙은 제1심 이행판결이 선고되면 피고측으로서는 우선 **항소**를 제기하면서 강제집행정지신청을 하여 **강제집행정지결정**을 받아놓아야 한다. 물론 집행정지결정을 받으려면 현금공탁을 해야 하는데 금액은 1심 판결금액에 2심 진행기간을 고려한 이자를 감안하여 정하는 것이 보통이다. 1심 패소자로서는 현금공탁의 부담은 있으나 가집행을 당하여 나중에 상소심에서 판결이 변경되어 가집행으로 지급한 돈을 돌려받는 것보다 편하다.

상급심에서 가집행선고가 실효되면 원상회복 및 손해배상의 문제가 뒤따른다. 가집행을 해서는 안 되는데 가집행으로 넘어간 금원의 반환이나 이로 인해 입은 손해를 입게 배상해야 하는 것이다. 이 원상회복은 일종의 부당이득반환이다. 가집행선고부 제1심판결에 기하여 금원을 지급하였다가 다시 항소심판결의 선고에 의해 그 가집행선고가 실효됨에 따라 금원의 수령자가 부담하게 되는 원상회복의무는 성질상 부당이득의 반환채무이지만, 이러한 원상회복의무는 <u>가집행선고의</u>

실효가 기왕에 소급하는 것이 아니기 때문에 본래부터 가집행이 없었던 것과 같은 원상으로 회복시키려는 공평의 관념에서 민사소송법이 인정한 법정채무이다(대법원 2015. 2. 26. 선고 2012다79866 판결).

가집행선고가 붙은 본안판결이 상소심에서 바뀔 경우를 대비하여 **가지급물반환신청**을 내는 경우가 많다. 이 신청은 일종의 특수반소로 상고심에서도 낼 수 있다. 가집행선고부 판결에 기한 집행의 효력은 확정적인 것이 아니고 후일 본안판결 또는 가집행선고가 취소·변경될 것을 해제조건으로 하는 것이다. 즉 가집행선고에 의하여 집행을 하였다고 하더라도 후일 본안판결의 일부 또는 전부가 실효되면 이전의 가집행선고부 판결에 기하여는 집행을 할 수 없는 것으로 확정이 되는 것이다. 따라서 가집행선고에 기하여 이미 지급받은 것이 있다면 이는 법률상 원인이 없는 것이 되므로 부당이득으로서 반환하여야 한다.

위와 같은 가지급물 반환신청은 가집행에 의하여 집행을 당한 채무자가 별도의 소를 제기하는 비용, 시간 등을 절약하고 본안의 심리 절차를 이용하여 신청의 심리를 받을 수 있는 간이한 길을 터놓은 제도로서 그 성질은 본안판결의 취소·변경을 조건으로 하는 예비적 반소에 해당한다(대법원 2011. 8. 25. 선고 2011다25145 판결).

가집행선고가 실효되고 소송절차가 종료된 이후에는 이러한 가지급물반환신청을 할 수 없고, 피고가 원고를 상대로 부당이득반환청구의 소라는 별도의 소를 제기하여야 한다.

4.

민사집행법에서 많이 쓰이는 용어 중에 **가압류(假押留)**, **가처분(假處分)**이 있다. 2002년 민사집행법을 제정하면서 가압류를 임시압류로, 가처분을 임시처분으로 바꾸자는 논의가 있었으나, 이미 관용화된 용어로 굳어졌다는 이유로 채택되지 않았다. 우리 소송실무에서 가압류와 가처분 천국이 되고 있는 실정이다.

가압류란 금전채권이나 장차 금전채권으로 될 수 있는 청구권에 관하여 후일의 강제집행을 보전하기 위하여 채무자의 재산을 압류하여 처분하지 못하도록 하는 재판을 말한다. 가압류가 집행되면 채무자는 채권자에 대한 관계에서 당해 재산의 처분이 금지되고, 채권자가 후일에 본안승소 확정판결을 받고 집행문을 받으면 가압류에서 곧바로 본압류로 이전할 수 있게 된다.

가처분은 다툼의 대상에 관한 가처분과 임시의 지위를 정하는 가처분이 있다.
다툼의 대상에 관한 가처분은 다툼의 대상(계쟁물, 특정물)에 관한 현상이 변경되면 채권자의 권리가 실행 불가능할 염려가 있을 때, 그 계쟁물에 대한 급부청구권이 집행 가능하도록 그 계쟁물의 현상을 유지하거나 보전하는 재판이다. 이는 계쟁물 자체에 대한 청구권 보전을 위해 그 현상 변경을 금지하는 것이고, 금전채권으로서는 가처분이 허용되지 않는다(현상유지를 명하는 가처분).

매매를 원인으로 한 소유권이전등기청구권을 보전하기 위하여 처분금지가처분을 하거나, 건물인도청구소송에서 채무자가 건물을 개조하거나 점유를 제3자에게 이전하지 못하도록 점유이전금지가처분을 함으로써 건물인도청구권의 집행을 보전하는 것이 그 예이다.

임시의 지위를 정하는 가처분은 본안판결이 확정되어 권리관계가 분명해질 때까지 다툼이 있는 권리관계에 대하여 임시의 지위를 정하기 위하여 필요한 조치를 하는 재판이다(현재의 위험에 대한 보전수단).

이 가처분은 보전의 필요성이 장래의 집행불능이나 곤란이 아니라 본안판결까지의 지연으로 인한 위험이다. 예컨대, 무효인 주주총회 결의에 의하여 선임된 대표이사가 그대로 직무를 수행할 경우, 그로 인하여 현저한 손해가 생길 염려가 있으면 주주총의결의 무효확인소송 이전에 그 대표이사의 직무집행을 정지시키고 그 직무대행자를 선임하는 가처분을 하는 것이 그 예이다.

5.

형사법에서 쓰이는 용어 중에 **가석방(假釋放)**, **가환부(假還付)**가 있다.

징역 또는 금고의 집행 중에 있는 자가 그 행상이 양호하여 개전의 정이 현저한 때에는 무기에 있어서는 20년, 유기에 있어서는 <u>형기의 3분의 1을 경과</u>한 후 행정처분으로 가석방을 할 수 있다(형법 제72조 제1항). 가석방의 기간은 무기형에 있어서는 10년으로 하고, 유기형에 있어서는 남은 형기로 하되, 그 기간은 10년을 초과할 수 없다(제73조의2 제1항). 가석방의 처분을 받은 후 그 처분이 실효 또는 취소되지 아니하고 가석방기간을 경과한 때에는 형의 집행을 종료한 것으로 본다(제76조 제1항).

법무부 장관 소속의 가석방심사위원회가 각 교도소로부터 전체 형기의 3분의 1을 충족한 가석방 심사대상자를 추천받아 가석방 대상자를 선정한다. 법무부가 전국 교정시설의 과밀수용 해소책으로 범죄자의 가석방을 늘리는 '임시방편 조치'에 치중해 국가형벌권의 약화를 초래하고 있다는 논란이 일고 있다. 최근 5년간 가석방 출소자는 2014년 5,394명에서 매년 증가해 2018년에는 8,693명으로 대폭 늘었다고 한다.

가환부는 증거물로 압수한 물건을 소유자, 소지자, 보관자의 청구에 의하여 잠정적으로 돌려주는 것을 말한다. 수사기관이 압수한 물품을 검사나 법원으로부터 돌려받는 절차가 환부와 가환부이다.

수사단계에서 검사는 사본을 확보한 경우 등 압수를 계속할 필요가 없다고 인정되는 압수물 및 증거에 사용할 압수물에 대하여 공소제기 전이라도 소유자, 소지자, 보관자 또는 제출인의 청구가 있는 때에는 환부 또는 가환부하여야 하고, 위 청구에 대하여 검사가 이를 거부하는 경우에는 신청인은 해당 검사의 소속 검찰청에 대응한 법원에 압수물의 환부 또는 가환부 결정을 청구할 수 있다. 위 청구에 대하여 법원이 환부 또는 가환부를 결정하면 검사는 신청인에게 압수물을 환부 또는 가환부하여야 한다(형사소송법 제218조의2).

공판단계에서 압수를 계속할 필요가 없다고 인정되는 압수물은 피고사건 종결 전이라도 결정으로 환부하여야 하고, 증거에 공할 압수물은 소유자, 소지자, 보관자 또는 제출인의 청구에 의하여 가환부할 수 있으며, 증거에만 공할 목적으로 압수한 물건으로서 그 소유자 또는 소지자가 계속 사용하여야 할 물건은 사진촬영 기타 원형보존의 조치를 취하고 신속히 가환부하도록 규정하고 있다(형사소송법 제133조).

07 매매 : 賣買인가, 買賣인가?

1.

　통상 물건을 팔고 사는 것을 **매매(賣買)**라고 하는데, 물건을 파는 것을 매도(賣渡), 물건을 사는 것을 매수(買受)라고 하고, 물건을 파는 사람을 매도인(賣渡人), 물건을 사는 사람을 매수인(買受人)이라고 한다. 경매절차에서 물건을 파는 것을 **매각(賣却)**이라고 하고 매각절차에서의 낙찰자(종래의 경락인)를 **매수인**이라고 한다. 매매계약의 매수인과 매각절차의 매수인이 같은 용어로 되어 있어 헷갈릴 소지가 있다. 부가가체세법에서는 매출(賣出), 매입(買入)이라는 용어가 쓰인다.

　매매(sale, Kauf)라고 함은 당사자 한쪽이 재산권을 상대방에게 이전하기로 약정하고, 상대방은 이에 대하여 그 대금을 지급하기로 약정함으로써 효력이 생기는 낙성(諾成), 유상, 쌍무, 불요식의 계약을 말한다(민법 제563조). 매매는 재산권의 이전을 목적으로 하며 매매의 목적인 재산권은 현재 매도인에게 귀속되어 있을 필요는 없고 장래 성립하는 것이라도 매매의 목적으로 할 수 있다. 따라서 부동산 이중매도 원칙적으로 유효하고(제2매매계약이 반사회질서 법률행위에 따라 무효가 되는 경우는 예외), 타인의 물건 또는 권리의 매매도 원칙적으로 유효하고 다만 매도인의 담보책임이 문제될 뿐이다.

2.

　그런데 여기의 매매가 당연히 賣買로 알고 있었는데 買賣라고 쓰여 있는 것도 종종 보게 된다. 물건을 팔고 사는 것인가, 아니면 사고파는 것인가? 賣買와 買賣가 똑 같은 것인가 하는 의문을 갖고 있었는데 이에 관하여 손경찬 교수가 『比較私法』 제26권 제2호(2019년 5월)에 쓴 "전통법상 부동산 매매(買賣)법리와 현행법상 부동산 매매(賣買)법리와의 비교"라는 글에서 이해의 실마리를 찾을 수 있었다.

　전통법(조선시대 및 개화기)까지는 매매를 두고 買賣로 칭하였으나, 일제 강점기 이후 매매를 賣買로 규정하게 되었고 해방 후 민법전을 제정할 때도 賣買로 규정하기에 이르렀다는 것이다. **買賣**라는 용어는 중국어 买卖[mǎi'mai]에서 기원하며 'buy'에 해당하는 买와 'sell'에 해당하는 卖가 합쳐진 단어이다. 중국의 전통법전인 大明律과 大淸律에서도 매매를 買賣로 규정하고 있고, 조선의 법전인 經國大典에서도 買賣로 규정하였다. 그런데 **賣買**는 일본어인 売買(ばいばい), 売(う)り買(か)い, 売買(ばいか)い에서 온 것으로 우리 법제에서 일제 강점기 이후 일본식 법률용어가 강제 이식되면서 賣買로 입법되었다.

부동산 買賣는 조선시대부터 개화기까지 전통법제에서 적용된 것이었으며, 부동산 賣買는 일정강점기 이후 현행법제까지 적용되는 것이다. 買賣가 賣買로 변경된 것은 1906년 통감부시대 이후부터이며 1912년 조선민사령(朝鮮民事令) 시행 이후 민사판결에서 買賣의 요건과 효과가 賣買의 요건과 효과로 대치되었다.

3.

부동산 買賣와 賣買에 관한 손 교수의 글을 요약해 본다. 買賣에서 매도인은 매득인(買得人)에게 물건의 인도와 함께 반드시 문서를 동시에 인도하여야 한다는 점에서 요식계약이었다. 전통법상의 買賣는 현행법상 매도인에 속하는 방매인(放賣人)과 매수인에 속하는 매득인(買得人)이 거래행위를 통하여 매득(買得)하고 방매(放賣)하는 것이다. 우리의 관념으로 '집을 사고판다.'라고 하지 '집을 팔고 산다.'고 하지는 않는다. 우리 전통 관념은 '사고파는' 매매(買賣)였지 '팔고 사는' 매매(賣買)가 아니었다.

買賣는 매득(買得)과 방매(放賣)를 합한 용어였으며, 買得에서 買得人은 매수하여 소유권을 취득한 당사자이다. 그러나 賣買에서 매수인은 소유권을 반드시 취득하는 것은 아니다. 賣買계약에서 재산권의 이전은 성립요건이 아니며 재산권을 이전해야 할 의무가 발생할 뿐이다. 買得에서는 채권계약과 물권행위가 구분되지 않고 동시에 행하여지는 것이 특징이었다. 매매계약이라는 채권행위와 소유권의 이전이라는 물권행위가 매득(買得)이라는 용어 하나에 동시에 함축되어 있었다. 그러므로 매매에서 이중매매(重複放賣)는 허용되지 않아 제2매매행위는 무효가 되었고, 매도인과 제2매수인은 형벌을 받았다. 또한 買賣에서는 타인의 권리매매가가 허용되지 않았다.

부동산 賣買와 買賣는 다른 제도이며 買賣는 賣買와 비교하여 볼 때 물건의 인도와 문기의 이전이 성립요건인 점에서 엄격한 요식성을 갖추어야 하였다. 買賣에서는 賣買와 달리 물권행위의 독자성이나 유무인성 등을 인정할 여지가 없다. 또한 買賣에서 매득인(買得人)이 매수계약과 동시에 소유권을 취득하게 되므로 이중매매 및 타인의 권리매매의 유효성을 인정할 수 없게 되었다. 買賣에서는 물권의 변동을 표상할 수 있는 공시제도가 없었던 반면 賣買에서는 등기 등으로 공시되는 차이가 있다. 買賣는 진정한 당사자의 권리보호를 거래의 안전보다 훨씬 중요하게 여긴 제도였으나, 賣買는 거래의 안전 역시 당사자의 권리보호와 함께 중요하게 여긴 제도라는 점에서 차이가 있다.

4.

현행법상 매매는 매매(賣買)이다. 매매는 당사자 일방이 재산권을 상대방에게 이전할 것을 약정하고 상대방이 그 대금을 지급할 것을 약정함으로써 그 효력이 생긴다(민법 제563조). 매매계약은 매도인이 재산권을 이전하는 것과 매수인이 대금을 지급하는 것에 관하여 쌍방 당사자가 합의함으로써 성립한다. 매매목적물과 대금은 반드시 계약 체결 당시에 구체적으로 특정할 필요는 없고,

이를 나중에라도 구체적으로 특정할 수 있는 방법과 기준이 정해져 있으면 충분하다. 당사자 사이에 계약을 체결하면서 일정한 사항에 관하여 장래의 합의를 유보한 경우에 당사자에게 계약에 구속되려는 의사가 있고 계약 내용을 나중에라도 구체적으로 특정할 수 있는 방법과 기준이 있다면 계약 체결 경위, 당사자의 인식, 조리, 경험칙 등에 비추어 당사자의 의사를 탐구하여 계약 내용을 정해야 한다. 매매대금의 확정을 장래에 유보하고 매매계약을 체결한 경우에도 이러한 법리가 적용된다(대법원 2020. 4. 9. 선고 2017다20371 판결).

08 초일산입과 불산입의 기간계산

1.

2020년 총선부터 선거권 연령이 만 19세에서 만 18세로 인하되었다. 개정 공직선거법(2020. 1. 14. 법률 제16864호) 제15조 제1항은 "18세 이상의 국민은 대통령 및 국회의원의 선거권이 있다."고 규정하고 있다. 그리고 선거권자와 피선거권자의 연령은 선거일 현재로 산정하도록 하고 있다(공직선거법 제17조). 논란의 소지는 있지만 어쨌든 우리나라도 이제 누구나 만 18세가 되면 공직선거 선거권이 있고, 선거운동도 할 수 있으며, 정당의 당원도 될 수 있다(정당법 제22조 제1항). 물론 대통령의 피선거권은 선거일 현재 5년 이상 국내에 거주하고 있는 40세 이상의 국민에게 있고, 국회의원과 지방의회의원 및 지방자치단체장의 피선거권은 25세 이상의 국민에게 있다(공직선거법 제16조). 만 36세의 이준석이 국민의힘 대표가 되었어도 2021년 대통령선거에는 출마하지 못한다.

지난 21대 국회의원 선거가 **2020. 4. 15.(수)**로 지정되었으므로 이 날을 기준으로 만 18세가 되면 국회의원 선거를 할 수 있었다. 민법은 기간의 기산점에 관하여 **초일불산입**을 원칙으로 하면서(민법 제157조, "기간을 일, 주, 월 또는 연으로 정한 때에는 기간의 초일은 산입하지 아니한다. 그러나 그 기간이 오전 영시로부터 시작하는 때에는 그러하지 아니하다.") 연령계산에는 출생일을 산입하도록 하고 있다(민법 제158조). 따라서 **2002. 4. 16.** 출생한 자는 초일을 산입하여 연령을 계산하면 **2020. 4. 15. 0시**부터 18세가 된다. 따라서 **2002. 4. 16. 이전에 출생한 자**는 공직선거 선거권이 있게 된다.

민법 제160조는 기간을 일, 주, 월 또는 年으로 정한 때에는 역(曆)에 의해 계산하고(제1항), 주, 월 또는 年의 처음으로부터 기간을 기산하지 아니하는 때에는 최후의 주, 월 또는 年에서 그 기산일에 해당하는 날의 전일로 기간이 만료하도록 정하고 있다(제2항). 2002. 4. 16. 출생한 자는(정확하게 0시에 출생하지 않는 한) 18년이 되는 4. 16.의 전일인 2020. 4. 15. 0시에 18세가 된다.

만 19세에서 만 18세로 선거권 연령이 인하되면서 약 14만 명이 새로 유권자가 되었다. 앞으로 이들 나이 어린(?) 18세 청소년의 표심을 살펴보는 것도 국회원이나 대통령선거의 관전 포인트가 될 것이다. 그런데 이들 만 18세는 대부분 '고3'일 터이다. 전 세계 국가의 92%가 만 16세부터 18세 사이에서 선거권을 부여하고 있고, OECD 국가 중 한국만이 만 19세에 선거권을 부여하고 있었다. 일본은 2015년 공직선거법을 개정해 투표 연령 기준을 '만 20세 이상'에서 '만 18세 이상'으로 낮췄다.

여기서 문재인 대통령의 임기가 언제까지인지 둘러싼 논란을 살펴보자. 문 대통령은 박근혜 전 대통령의 탄핵으로 인해 치러진 19대 대통령선거(2017. 5. 9.)에서 당선돼 대통령 인수위 없이 선거 다음 날인 2017. 5. 10. 중앙선거관리위원회로부터 당선증을 받고 곧바로 취임했다. 문 대통령의 5년 임기를 취임 당일 5월 10일부터로 보게 되면 2022년 5월 9일 자정이 임기만료시점이 될 것이고, 취임 다음 날인 5월 11일부터로 보게 되면 임기 만료 시점도 2022년 5월 10일 자정이 될 수가 있다.

공직선거법 제14조 제1항은 "대통령의 임기는 전임 대통령의 임기 만료일의 다음 날 0시부터 개시된다. 다만 궐위로 인한 선거에 의한 대통령의 임기는 당선이 결정된 때부터 개시된다"고 규정하고 있다. 통상적인 경우라면 전임 대통령의 임기 종료 다음 날인 0시부터 대통령의 임기가 시작된다. 반면 박 전 대통령의 탄핵으로 인해 인수위 없이 취임한 문 대통령의 경우 당선이 결정된 때부터 임기를 개시하는데, 중앙선관위는 2017. 5. 10. 오전 8시 9분 문 대통령의 당선을 확정했다. 민법상의 '초일불산입' 원칙에 따르면 문 대통령의 임기는 0시가 아닌 오전 8시 9분 시작됐기 때문에 임기 개시일도 당선이 확정된 10일이 아닌, 그 다음 날인 11일부터라는 해석이 가능하지만 문 대통령이 취임 당일 대통령 권한을 행사했기 때문에 당선이 확정된 5월 10일을 임기 시작일로 계산해야 한다는 시각이 우세하다. 이에 따르면 2022. 5. 9. 24:00가 문 대통령의 임기만료 시점이 된다. 이에 맞추어 2022년 제20대 대통령선거일도 정해져 있다.

☞ 공직선거법 제34조(선거일)
① 임기만료에 의한 선거의 선거일은 다음 각호와 같다.
　1. 대통령선거는 그 임기만료일 전 70일 이후 첫 번째 수요일
　2. 국회의원선거는 그 임기만료일 전 50일 이후 첫 번째 수요일
　3. 지방의회의원 및 지방자치단체의 장의 선거는 그 임기만료일 전 30일 이후 첫 번째 수요일
② 제1항의 규정에 의한 선거일이 국민생활과 밀접한 관련이 있는 민속절 또는 공휴일인 때와 선거일 전일이나 그 다음날이 공휴일인 때에는 그 다음 주의 수요일로 한다.

제20대 대통령선거는 문 대통령의 임기만료일 전 70일 이후 첫 번째 수요일이다. 임기만료일 전 70일은 임기만료일인 2022. 5. 9.부터 70일이 되는 2022. 2. 28.이다. 70일 이후 첫 번째 수요일은 2022. 3. 2.이고, 이 날이 삼일절 다음 날이므로 그 다음 주 수요일인 2022. 3. 9.이 제20대 대통령선거일이 된다.

2.

그런데 민법 제4조는 "사람은 19세로 성년에 이르게 된다."고 규정하여("성년이 된다."고 하면 간단한 말을 "성년에 이르게 된다."고 하여 요상한 법문이 되고 말았다) 우리 민법은 2013년 7월 1일부터 성년을 만 20세에서 만 19세로 인하하였다[법문에서 19세 등 나이는 만(滿) 19세이지 당(當) 19세가 아니다]. 한일 월드컵이 열리던 해인 2002. 4. 16. 출생한 자는 2021. 4. 15.에 만 19세로 성년이 된다. 2022년 대통령 선거권이 있는 18세는 미성년자이다. 미성년자는 제한능력자(종전의 행위무능력자)로 독자적인 행위능력이 없는데 선거권은 독자적으로 행사할 수 있도록 하고 있다.

법무부는 청소년이 성인이 되는 '성년연령'을 만 19세에서 18세로 하향 조정하는 방안을 검토하고 있다. 일본은 명치유신 이래 100년 이상을 만 20세를 성년연령으로 유지해오다가 2018년 민법 개정으로 한꺼번에 2년을 인하하여 2022년(永和 3년)부터 만 18세를 성년연령으로 조정하였다. 북한은 만 17세가 성년이고 17세에 최고인민회의 선거권도 인정한다.

	현행법상 19세 미만의 사람을 민법은 '**미성년자**', 소년법은 '**소년**'으로, 청소년보호법은 '**청소년**'으로 규정하고 있다. 그러나 청소년기본법은 9세 이상 24세 이하의 사람을 '**청소년**', 아동·청소년의 성보호에 관한 법률은 19세 미만의 사람을 '**아동·청소년**'으로, 아동복지법은 18세 미만의 사람을 '**아동**'으로, 한부모가족지원법은 18세 미만의 사람(취학 중일 경우에는 22세 미만의 사람)을 '아동'으로 본다. 입양특례법의 '아동'은 18세 미만의 사람이다. 공연법상 '**연소자**'는 18세 미만의 사람이다. 도로교통법은 13세 미만의 사람을 '**어린이**'로 보고 있다.

3.

	'가족관계의 등록 등에 관한 법률'은 출생신고는 출생 후 1개월 이내에 하여야 하고(제44조 제1항) 사망신고는 사망의 사실을 안 날부터 1개월 이내에 진단서 또는 검안서를 첨부하여 하여야 하도록 되어 있다(제84조 제1항). 이 경우의 1개월이라는 기간계산은 어떻게 하여야 하는가? 민법의 원칙에 따라 초일을 불산입해야 하는가?
	울산지방법원 박주영 부장판사가 쓴 『어떤 양형이유』라는 책에 재미있는 episode가 들어 있다. 박 판사가 변호사 시절(박 판사는 변호사를 하고 판사로 임용된 경력법관 출신이다) 둘째를 낳고 출생신고를 할 때 출생 후 1개월이 되는 마지막 날이 되어 동사무소를 찾았다. 담당직원이 하루가 지났다며 과태료 만 원을 내라고 했다. 박 판사가 초입불산입원칙에 따라 날짜를 따져봤지만 계산은 정확했고 담당자가 이 원칙을 모른다고 생각하고 점잖게 "초일은 빼셔야죠!"라고 말했다. 담당자의 상급자가 이리저리 알아보고 "하루 넘긴 게 맞답니다. 만 원 내세요."라고 했다.
	박 판사가 싸우기도 뭐하고 해서 그냥 돈을 냈더니 담당자가 "사유서도 적어 내세요."라고 했다. 사유서를 들고 망설이는 박 판사에게 민원인이 변호사인지 알 리가 없는 담당직원이 "바쁜데 뭐 합니까? 받아쓰세요. 법에 무지하여…" 박 판사는 얼굴이 화끈거렸지만 담당자가 불러주는 대로 받아 적었다. 졸지에 법에 무지한 변호사가 되어버린 박 판사가 나중에 우연히 법전을 보니 그 직원이 옳았다.
	가족관계의 등록 등에 관한 법률 제44조 제1항은 "출생의 신고는 출생 후 1개월 이내에 하여야" 하고, 같은 법 제37조 제1항은 "신고기간은 신고사건 발생일부터 기산한다."고 되어 있었다. 출생신고사건 발생일이란 출생일을 말하고 초일이 산입되도록 되어 있는 것이다. 동사무소 담당직원이 민원인이 변호사라는 사실을 몰랐기에 망정이지 변호사라는 사실을 알았다면 박 판사는 개망신을 당했을지도 모른다. "변호사가 ×도 모른다고~" 초일불산입은 만고불변의 진리가 아니다.
	변호사라고 어디 가서 함부로 법 좀 아는 척 하다가 큰 코 다칠 수 있으니 조심할지어다. 판사라고 다 아는 것도 아니다. 세상은 모르는 것 투성이다. 알면서도 모르는 척 하고 염화시중(拈華示衆)의 미소로 살아가는 것이 생활의 지혜라면 지혜일 터이다.

4.

사기업체에서 근로자의 정년(停年)을 60세로 정한 경우 만 60세가 될 때까지인가, 60세가 끝날 때까지인가? 단체협약이나 취업규칙 등으로 이에 관한 규정이 있으면 그에 따르면 될 것이나 특별한 규정이 없으면 정년제가 있는 직종의 경우 예컨대 정년 60세까지라고 함은 **60세가 도달하는 날까지**를 말한다.

정년과 가동기간은 다른 개념인데 대법원 전원합의체는 2019. 2. 21. 일반육체노동을 하는 사람 또는 육체노동을 주로 생계활동으로 하는 사람의 경험칙상 가동연한에 관하여, 대법원이 1989. 12. 26. 선고 88다카16867 전원합의체 판결 이후 **만 60세**로 보아 왔으나, 경험적 사실들의 변화에 따라 이제는 특별한 사정이 없는 한 만 60세를 넘어 **만 65세까지도** 가동할 수 있다고 보는 것이 경험칙에 합당하다고 판단하였다(대법원 2019. 2. 21. 선고 2018다248909 전원합의체 판결). 사실 요새 우리의 농촌을 보면 80을 넘은 노인들이 밭일도 하고 경운기도 몰고 육체노동에 종사하고 있는 실정이다.

2013. 5. 22. 개정된 '고용상 연령차별금지 및 고령자 고용촉진에 관한 법률'(이하 '고령자고용법') 제19조 제1항은 "사업주는 **근로자의 정년을 60세 이상**으로 정하여야 한다."라고 정하고, 같은 조 제2항은 "사업주가 제1항에도 불구하고 근로자의 정년을 60세 미만으로 정한 경우에는 정년을 60세로 정한 것으로 본다."라고 정하고 있다. 고령자고용법 제19조가 시행된 이후에는 근로자의 정년을 60세 미만이 되도록 정한 근로계약, 취업규칙이나 단체협약은 위 규정에 위반되는 범위에서 무효라고 보아야 하고, 이때의 '정년'은 **실제의 생년월일**을 기준으로 산정하여야 한다(대법원 2018. 11. 29. 선고 2018두41082 판결).[1]

현행법상 대법원장과 대법관, 헌법재판소장과 헌법재판관, 감사원장의 정년은 **70세**이고 대법관이 아닌 판사의 정년은 **65세**이다. 판사는 그 정년에 이른 날이 2월에서 7월 사이에 있는 경우에는 7월 31일에, 8월에서 다음 해 1월 사이에 있는 경우에는 다음 해 1월 31일에 각각 당연히 퇴직한다(법원조직법 제45조). 검찰총장의 정년은 **65세**, 검찰총장 외의 검사의 정년은 **63세**이다(검찰청법 제41조). 임명공증인의 정년은 2012. 2. 7.부터 **75세**이다.

공무원의 정년은 다른 법률에 특별한 규정이 있는 경우를 제외하고는 **60세**로 하고(국가공무원법 제74조 제1항), 공무원은 그 정년에 이른 날이 1월부터 6월 사이에 있으면 6월 30일에, 7월부터 12월 사이에 있으면 12월 31일에 각각 당연히 퇴직된다(국가공무원법 제74조 제1항). 대개 이 날짜 전날에 정년퇴임식을 갖고 이른바 '전관(前官)'이 된다.

그런데 **교육공무원의 정년**은 **62세**로 하고 다만, 고등교육법 제14조에 따른 교원인 교육공무원

---

[1] 가족관계등록부상 출생일자가 잘못 기재된 경우에 출생일자를 정정하려면 먼저 등록기준지 관할법원의 등록부 정정허가를 얻어야 하고, 법원의 허가를 얻은 다음에는 1개월 이내에 허가서등본을 첨부하여 시(구)·읍·면의 장에게 등록부 정정신청을 하여야 한다(가족관계의 등록 등에 관한 법률 제104조, 106조). 법원으로부터 출생일자의 정정허가를 얻으려면 당사자의 주장만으로는 불가능하고, 전문의 연령감정 등 여러 가지 자료에 의해 실제 출생일자가 가족관계등록부상의 출생일자와 다르다는 것을 증명하여야 한다.

의 정년은 **65세**로 한다(교육공무원법 제47조 제1항). 교육공무원(임기가 있는 교육공무원을 포함한다)은 그 정년에 이른 날이 3월에서 8월 사이에 있는 경우에는 8월 31일에, 9월에서 다음 해 2월 사이에 있는 경우에는 다음 해 2월 말일에 각각 당연히 퇴직한다(교육공무원법 제47조 제2항). 따라서 **대학교원**은 정년이 65세로 정년에 이른 날이 3월에서 8월 사이에 있는 경우에는 8월 31일에 당연히 퇴직한다. 학기 중에 (강의하다 말고) 중간에 퇴직하는 경우 강의의 연속성이 파괴되는 점 등을 고려하여 교육공무원의 경우 학기말을 정년퇴직일로 보도록 한 것이다.

교육공무원의 정년퇴직은 **퇴직 당일이 되는 0시부터** 바로 그 효과가 발생한다는 하급심판결이 있다. 한 초등학교의 교장으로 재직했던 A씨는 2018. 2. 28.이 정년퇴직일이었다. 그런데 이 초등학교의 배구부 전지훈련 일정이 있던 2018. 2. 26.부터 같은 달 28.까지 남교사 2명이 개인사정 등으로 학생들을 인솔할 수 없었고, A씨가 교장으로서의 책임감으로 인솔 업무를 대신 맡았다. A씨는 2. 28. 학생들과 별도로 자신의 승용차를 이용해 초등학교로 가다가 오후 3시30분쯤 마주 오던 25톤 덤프트럭과 부딪히면서 난 불로 질식해 숨지고 말았다.

A씨의 부인은 공무원연금공단에 순직유족보상금을 청구했으나, 공무원연금공단은 "A씨의 경우 2018. 2. 28. 0시에 공무원 신분이 소멸해 사고 일시인 2018. 2. 28. 오후 3시30분에는 공무원이 아닌 상태였다"며 "공무원연금법상 공무상 순직이라고 보기 어렵다"는 이유로 부지급 처분을 내렸다. 이에 A씨 부인은 "A씨 퇴직의 효과는 2018. 2. 28. 00:00가 아닌 민법 제159조에 따라 2018. 2. 28. 24:00로 보아야 한다."는 이유로 서울행정법원에 불복 소송을 냈다. 민법 제159조는 기간을 일, 주, 월 또는 연으로 정할 때 기간 말일의 종료로 기간이 만료된다고 규정돼 있다. 또 A씨 부인은 "퇴직일 이후라 하더라도 적법한 출장명령에 따라 공무를 수행한 경우 그 출장 종료일까지는 공무원 신분이 유지되는 것으로 보아야 한다."고 주장했다.

그러나 재판부는 원고의 청구를 받아들이지 않았다. 재판부는 "민법에서 규정하는 기간만료시기를 임용의 효과종료시기와 같이 볼 수는 없고, 대법원 판례와 교육공무원법 등을 보면 <u>교육공무원은 8월 31일 00:00 또는 2월 28일 00:00에 각각 공무원 신분을 상실한다고 보아야 하고,</u> A씨가 공무원 신분이 아닌 2018. 2. 28. 오후 3시30분쯤 숨진 것은 재직 중 공무로 숨진 경우에 해당한다고 볼 수 없다."고 판시했다. 정확한 퇴직시점을 인지하지 못하고 교장으로서 책임감에 충만했던 교장 선생과 그 배우자에게는 안타까운 일이지만 어쩔 수 없는 일이다. 그래서 법은 냉혹하다고 하는지도 모르겠다.

5.

임대차, 소비대차 등 이른바 '대차형 계약'에서는 반환시기 내지 변제기에 관한 약정은 그 계약의 불가결의 요소가 된다. 임대차기간을 1년, 2년으로 정한다든지, 돈을 빌려주면서 언제 갚기로 하는 것인지 변제기를 밝혀야 한다.

임대차계약을 체결하고 이삿짐을 가지고 입주하는 날이나 이삿짐을 빼서 이사 가는 날도 월세(월차임) 계산에 포함하는가? 예컨대, 甲이 집 주인 乙과 월세 100만 원, 임대차기간 1년으로 하는 다가구주택 임대차계약을 체결하고, 2020. 4. 1. 오전 10시에 이사 와서 2021. 4. 1. 오후 3시에 이삿짐을 빼서 이사를 가려고 하는데 집주인 乙은 "나간 날도 산 날이다"고 주장하며 하루 치 월세 3만 원 정도를 더 내라고 하는데 이 돈을 내야 하는가?

호텔 등 숙박업소는 하루를 묵더라도 '체크인 오후 3시, 체크아웃 오전 11시'처럼 시간까지 명확하게 명시돼 있어 별 문제가 없지만 부동산임대차계약을 할 때는 일 단위로 날짜만을 적기 때문에 다툼의 소지가 있다. 부동산 '점유'의 개념은 1시간을 점유했어도 하루를 점유한 것으로 인정된다. 아무리 아침 일찍 나간다 해도 그 날 그 집을 점유한 것이므로 이사 가는 날도 월세를 주어야 하는 것이 원칙이다. 그러나 민법상의 초일불산입 원칙으로 이사 온 날은 임차기간에 포함되지 않고 임대차계약은 2020. 4. 2.부터 2021. 4. 1.까지 1년이 된다. 따라서 甲은 2020. 4. 1. 하루치의 월세를 乙에게 줄 의무가 없다. 물론 이는 당사자 사이에 특약이 없는 경우에 맞는 이야기이고, '이사 온 날'부터 '나가는 날'까지 월세를 내기로 계약서에 규정되어 있으면 그에 따라야 한다(민법상의 기간계산은 법령, 재판상의 처분 또는 법률행위에 다른 정함이 없는 경우에 적용된다. 민법 제155조).

임대차계약을 체결하면서 임대차기간을 2020. 4. 1.부터 1년이라고만 정하면 위와 같은 다툼의 소지가 있으므로 2020. 4. 1.부터 2021. 3. 31.까지로 정확하게 특정하여 기재하는 것도 기간계산을 둘러싼 불필요한 분쟁의 소지를 없애는 하나의 방편이 될 것이다.

소비대차의 변제기에 관하여도 살펴보자. 예컨대, 甲이 2020. 4. 1. 乙에게 돈 1,000만원을 변제기 1년으로 정하여 빌려주었는데 乙이 변제기가 지나도 이 돈을 갚지 않는 경우 甲은 乙로부터 얼마를 돌려받을 수 있는가?

甲과 乙 사이에 이자약정이 없었으므로 甲은 약정이자는 청구할 수 없다. 단 상인 간에서는 금전의 소비대차를 한 때에는 대주(대여자)는 약정이 없더라도 법정이자(연 6%)를 청구할 수 있다(상법 제55조 제1항) 그러나 변제기가 경과하면 특약이 없어도 민사법정이율인 연 5%의 비율에 의한 지연손해금을 청구할 수 있다(민법 제397조). 변제기 이후의 지연손해금은 '지연이자'라고도 불리는데 정확하게는 이는 이자가 아니고 '이행지체로 인한 손해배상액'이다.

대개 채권자는 변제기 이후부터 소장부본 송달일까지는 민법이 정한 연 5%, 그 다음날부터 다 갚는 날까지는 소송촉진 등에 관한 특례법이 정한 연 12%의 지연손해금의 지급을 구하는 청구취지로 대여금청구의 소를 제기한다. 여기서 변제기는 초일불산입원칙에 따르면 2020. 4. 2.부터 2021. 4. 1.까지가 될 것이고, 2021. 4. 2. 부터 지연손해금이 발생한다.

그렇다면 이자의 약정이 있는 경우는 어떠한가? 예컨대, 甲이 2020. 4. 1. 乙에게 돈 1,000만원을 이자 연 15%, 변제기 1년으로 정하여 빌려주었는데 乙이 변제기가 지나도 이 돈을 갚지 않는 경우 甲은 乙로부터 얼마를 돌려받을 수 있는가?

민법 제600조는 "이자 있는 소비대차는 차주가 목적물의 인도를 받은 때로부터 이자를 계산"하도록 규정하고 있다. 따라서 이자부 소비대차에서는 차주(차용인)가 목적물의 인도를 받은 때(대여 당일)부터 이자를 계산한다. 위 사례에서 甲은 2020. 4. 1.부터 변제기까지 약정이율에 의한 연 15%의 이자를, 변제기 이후에도 약정이율에 의한 연 15%의 지연손해금을 구할 수 있다. 소장부본 송달 후의 지연손해금으로 소송촉진 등에 관한 특례법이 정한 연 12%의 지연손해금을 지급받을 수 있다고 하더라도 약정이율이 이를 초과하는 연 15%이므로 이자제한법에 저촉되지 않는 범위에서 약정이율에 의한 연 15%의 지연손해금의 지급을 구할 수 있다. 현재 이자제한법에 의한 제한이율은 2018. 2. 8부터 **연 24%였으나, 2021. 7. 7.부터 연 20%로 인하되었다.**[2]

다음과 같은 판례는 이를 분명히 하고 있다.
"민법 제397조 제1항은 본문에서 금전채무불이행의 손해배상액을 법정이율에 의하도록 하고, 단서에서 '그러나 법령의 제한에 위반하지 아니한 약정이율이 있으면 그 이율에 의한다.'고 정하고 있다. 민법 제397조 제1항 단서에서 약정이율이 있으면 이에 따르도록 한 것은 <u>약정이율이 법정이율보다 높은 경우</u>에 법정이율에 의한 지연손해금만으로 충분하다고 하면 채무자가 이행지체로 오히려 이익을 얻게 되는 불합리가 발생하므로, 이를 고려해서 약정이율에 의한 지연손해금을 인정한 것이다. 당사자 일방이 금전소비대차가 있음을 주장하면서 약정이율에 따른 이자의 지급을 구하는 경우, 특별한 사정이 없는 한 대여금채권의 변제기 이후의 기간에 대해서는 <u>약정이율에 따른 지연손해금을 구하는 것으로 보아야 하고</u>, 여기에는 약정이율이 인정되지 않는다고 하더라도 법정이율에 의한 지연손해금을 구하는 취지가 포함되어 있다고 볼 수 있다(대법원 2017. 9. 26. 선고 2017다22407 판결).

그렇다면 위 사례에서 변제기는 2021. 3. 31.인가, 2021. 4. 1.인가? 위 사례에서는 약정이율이 연 15%이므로 변제기가 중요하지 않으나, 약정이율이 변제기 후의 지연손해금률보다 낮은 경우에는 이행지체 시점인 지연손해금 기산일이 의미를 갖게 된다. 소비대차계약 체결일과 물건인도일이 동일한 경우와 다른 경우를 구별할 필요가 있는가? 대여일을 2020. 4. 1.로 정하여 그날 목적물을 인도한 이상, 변제기는 초일불산입원칙이 적용되는 것이 아니라 대여일인 2020. 4. 1.로부터 기산하여 1년 뒤인 2021. 3. 31. 24:00이라고 보는 것이 옳다는 견해도 있고, 이에 대하여는 초일불산입원칙을 철저하게 적용하여 변제기가 2021. 4. 1.이고 2021. 4. 2.부터 지체책임을 진다는 의견도 많다.

금원을 대여한 경우 대여한 날(차용일)부터 이자가 발생하나 처분권주의에 따라 원고가 대여일 이후의 특정한 날부터 이자를 청구하는 경우에는 원고가 청구한 범위에서 이자를 계산하고, 당사자 사이에서 변제기에 관하여 다툼이 없는 사실로 정리하기 때문에 이러한 문제가 부각되지 않고 있다. 이런 저런 문제들이 있으므로 계약서를 작성할 때 목적물의 반환시기를 언제부터 6개월, 1년으로 정할 것이 아니라 2020. 4. 1.부터 2021. 3. 31.까지로 명백히 정해두는 것이 좋겠다는 생각이 든다.

이자부 소비대차대차계약이 아닌 일반 계약의 경우 다음의 점은 다툼이 없다.
2020. 4. 1.에 계약기간을 2020. 4. 1.부터 1년으로 정한 경우 초일불산입원칙에 따라 계약기간은 2020. 4. 2.부터 2021. 4. 1.이 된다. 2020. 3. 31.에 계약기간을 2020. 4. 1.부터 1년으로 정한 경우 초일이 산입되어[기간이 2020. 4. 1. 0시부터 시작하는 경우이므로 초일 산입(민법 제15

---
[2] 이자제한법 제2조 제1항의 최고이자율에 관한 규정 일부개정 2021. 4. 6. 대통령령 제31593호(시행 2021. 7. 7.). 개정 대통령령은 개정 영 시행 이후 계약을 체결하거나 갱신하는 분부터 적용한다(부칙).

7조 단서)] 계약기간은 2020. 4. 1. ~ 2021. 3. 31.이 된다. 계약기간을 명확하게 2020. 4. 1.부터 2021. 3. 31.까지로 정했으면 별 탈 없이 계약기간은 2020. 4. 1.부터 2021. 3. 31.까지 된다.

> 기간이 만료되는 시점을 日로 정한 경우
> 만료점은 그 날 오후 12시(24:00, 다음날 00:00)
> 〈역법적 계산방법〉
> 기간을 週, 月, 年으로 정한 경우 이를 日로 환산하지 않고 曆에 따라 계산한다(月이나 年의 日數의 장단을 따지지 않는다).
> 週, 月, 年의 처음부터 계산하는 경우 그 週, 月, 年이 종료하는 때 기간 만료,
> 처음부터 계산하지 않을 경우 최후의 週, 月, 年에서 기산일에 해당하는 전일로 기간 만료.
> 오늘(수요일)부터 1주일이라고 하면 다음 주 화요일에 기간 만료.
> 오늘(3.1.)부터 1년이라고 하면 달력에 나타난 다음 해의 전날(2.28. 또는 29.)에 기간 만료.

6.

법조인들은 기일과 기간의 굴레에서 평생을 산다. 특히 변호사들은 항소기간과 상고기간, 상고이유서제출기간에 여간 신경이 쓰이지 않는다. 민사사건의 경우 원심 판결정본을 송달받은 날부터 2주내에 항소장이나 상고장을 접수하여야 하고, 대법원에서 소송기록접수통지를 받은 후 20일의 기간 내에 상고이유서를 제출하여야 한다.

기간계산은 민법상의 초일불산입 원칙에 따른다. 예컨대 2021. 7. 1. 판결정본을 송달받았다면 2일부터 14일이 되는 2021. 7. 15. 24:00가 항소만기일이 된다. 통상 수요일에 판결정본을 송달받았다면 2주 후 수요일 자정까지 항소장을 원심법원에 제출하면 된다. 법원이나 변호사 사무실에서는 이런 기일을 정확하게 챙길 수 있도록 3개월 치가 한 장으로 된 달력을 걸어놓고 이용한다. 법원에서는 밤 12시까지 소장이나 항소장 등을 당직접수하고 있다. 기간의 말일이 토요일이나 일요일이면 월요일에 기간이 만료하고, 공휴일인 경우에는 그 다음날 만료한다.

그런데 형사사건에서는 피고인이나 변호인에게 판결정본이라는 것을 송달해주지 않고, 판결에 불복하는 경우 판결선고일부터 1주일 내에 항소장을 제출해야 한다. 형사소송법상 상소의 제기기간은 재판을 <u>선고 또는 고지한 날로부터 진행되고</u>(형사소송법 제343조 제2항), 항소의 제기기간은 **7일**로 한다(형사소송법 제358조). 판결내용을 알기 위해서는 법원에 판결등본교부신청을 해야 한다. 형사판결문에는 판결정본이라는 것이 없다.

그런데 민사소송 등에서 전자소송과 전자송달 이용이 확산되면서 송달과 관련하여 자칫하다가 곤란한 처지의 상황에 빠질 수 있다.

'민사소송 등에서의 전자문서 이용 등에 관한 법률'(약칭 '전자문서이용법') 제11조는 전자적 송달은 법원사무관등이 송달할 전자문서를 전산정보처리시스템에 등재하고 그 사실을 송달받을 자에게 전자적으로 통지하는 방법으로 하며(제3항), 이 경우 <u>송달받을 자가 등재된 전자문서를 확인한</u>

때에 송달된 것으로 보되, 다만 그 등재사실을 통지한 날부터 1주 이내에 확인하지 아니하는 때에는 등재사실을 통지한 날부터 1주가 지난 날에 송달된 것으로 본다(제4항)고 규정하고 있다. 그리고 위 법률의 위임을 받아 제정된 '민사소송 등에서의 전자문서 이용 등에 관한 규칙'은 제26조 제1항에서 위 등재사실의 통지는 등록사용자가 전자소송시스템에 입력한 전자우편주소로 등재사실을 알리고, 같은 내용의 문자메시지를 전자소송시스템에 입력한 휴대전화번호로 전송하는 방법에 의하되, 다만 등록사용자의 요청에 따라 전자우편이나 문자메시지 중 하나를 전송하지 아니할 수 있다고 규정하고 있다.

따라서 이른바 전자소송의 등록사용자가 전자우편주소와 휴대전화번호를 전자소송시스템에 입력한 경우에는 등록사용자의 별다른 요청이 없는 한 반드시 전자우편과 문자메시지 양자의 방법으로 전자문서의 등재사실을 통지하여야 하고, 그 등재된 전자문서가 등록사용자의 미확인으로 송달 간주되는 시기는 전자우편과 문자메시지 양자 모두의 방법으로 등재사실이 통지된 날부터 1주가 지난 날이라고 보아야 한다(대법원 2013. 4. 26.자 2013마4003 결정).

결국 판결 선고 후 판결문을 전자문서로 전산정보처리시스템에 등재하고 그 사실을 전자적으로 통지하였지만 등록사용자가 판결문을 1주 이내에 확인하지 아니한 경우 판결문 송달의 효력이 발생하는 시기는 등재사실을 등록사용자에게 통지한 날의 다음 날부터 기산하여 7일이 지난 날의 오전 영시가 되고, 상소기간은 민법 제157조 단서에 따라 송달의 효력이 발생한 당일부터 초일을 산입해 기산하여 2주가 되는 날에 만료한다(대법원 2014. 12. 22.자 2014다229016 명령).

사안은 전자소송으로 진행된 사건에서 원고는 항소심 판결문의 전산정보처리시스템 등재사실을 2014. 9. 24. 전자우편과 휴대전화번호로 통지받았으나, 그로부터 1주 이내에 판결문을 확인하지 않았다가 2014. 10. 16.이 되어서야 상고장을 원심법원에 제출하였다. 이 경우 원심판결문의 원고에 대한 송달 효력이 발생한 시기는 전자우편 등으로 등재사실이 통지된 날의 다음 날부터 기산하여 7일이 지난 2014. 10. 2.의 오전 영시가 되고, 상고기간은 2014. 10. 2.당일부터 기산하여 14일이 되는 2014. 10. 15. 만료하게 된다. 따라서 2014. 10. 16. 제출된 이 사건 상고장은 상고기간을 도과한 것으로서 그 흠결을 보정할 수 없고, 원고의 상고는 각하될 수밖에 없다. 하루 상관으로 상고심판단을 받아볼 수 있는 기회가 날아갔다.

전자송달이 편리한 점도 있으나 이와 같이 제때 전자문서를 확인하지 아니하였다가 상소기간 등 불변기간을 놓칠 수 있으므로 각별한 주의를 요한다. 무심코 삭제한 전자메일에 이러한 법원의 전자송달이 들어있는 경우 낭패를 당할 수 있다.

7.

민사실무를 하면서 자주 접하는 **이행지체의 시기**에 관하여 민법은 상세한 규정을 두고 있다. 민법 제387조는 "채무이행의 확정한 기한이 있는 경우에는 채무자는 기한이 도래한 때로부터 지체책임이 있다. 채무이행의 불확정한 기한이 있는 경우에는 채무자는 기한이 도래함을 안 때로부터 지체책임이 있다."(제1항) "채무이행의 기한이 없는 경우에는 채무자는 이행청구를 받은 때로부터 지체책임이 있다."고 규정하고 있다.

확정기한의 경우 '기한이 도래한 때로부터'라는 말은 '기한이 도과함으로써 지체책임을 진다'는 말이다. 즉 확정기한의 다음날부터 지체책임을 지게 된다. 판례도 "채무이행의 확정기한이 있는 경우에는 그 기한이 도래한 다음날부터 이행지체의 책임을 지고, 기한의 정함이 없는 경우에는 그 이행의 청구를 받은 다음날로부터 이행지체의 책임을 진다."고 보고 있다(대법원 1988. 11. 8. 선고 88다3253 판결).

불확정기한이 있는 경우 채무자가 그 기한이 도래하였음을 안 다음날부터 지체책임을 지게 된다. 채무자가 기한의 도래를 알지 못한 경우에도 채권자로부터 이행의 최고를 받았다면 그 최고수령일 다음날부터 지체책임을 진다.

기한의 정함이 없는 경우 채권자로부터 이행청구를 받은 다음날부터 지체책임을 지게 된다. 그러나 반환시기의 약정이 없는 소비대차의 경우 최고를 받은 때로부터 상당한 기간이 경과한 다음날부터 지체책임을 진다(제603조 제2항). 실무상 기한의 정함이 없는 금전채무의 경우 채권자는 소를 제기하면서 소장부본 송달일 다음날부터 지체책임을 물어 법정 지연이자의 지급을 구하는 경우가 많다.

부당이득반환의무는 이행기한의 정함이 없는 채무이므로 그 채무자는 이행청구를 받은 때에 비로소 지체책임을 진다(대법원 2017. 3. 30. 선고 2016다253297 판결).

확정기한이 있는 채무의 경우 채권자가 이행청구를 할 수 있는 시기와 채무자가 이행지체에 빠지는 시기가 일치하나, 불확정기한 있는 채무의 경우 채권자는 그 기한이 도래한 후 언제라도 이행청구를 할 수 있으나, 채무자가 기한이 도래하였음을 안 때 비로소 이행지체가 된다. 기한이 없는 채무의 경우에는 채권자는 언제라도 이행청구를 할 수 있으나 채권자가 실제로 이행청구를 하지 아니하면 언제까지나 이행지체가 되지 않는다.

다음의 사례를 보자.

(1) 乙이 甲에게 어떠한 채무를 2021. 4. 1. 이행하기로 한 경우 乙은 언제 지체책임을 지는가?

거래의 실제에서 이행기는 특별한 의사표시가 없으면 日을 단위로 하여 정해진다. 따라서 그 이행기가 도래하였다고 하여도 그 도래한 날의 24시가 경과함으로써 비로소 이행지체가 성립한다. 乙의 채무의 이행기는 2021. 4. 1. 00:00 도래하였다. 이행기가 순간으로 정하여지지 아니하고 시간이나, 日, 週, 月 등 일정한 시간적 연장으로 정하여진 경우 시간적으로 그 기간이 경과하여야 이행지체가 성립한다. 乙은 2021. 4. 1. 24:00(4. 2. 00:00)가 경과함으로써 비로소 지체책임을 진다. 이 경우에는 甲이 이행을 최고(통지)할 필요가 없다.

(2) 甲은 乙과 X 부동산에 관한 매매계약을 체결하면서 계약금은 당일 지급받고 잔금은 2021. 4. 1. 지급받기로 약정하였다. 乙의 잔금지급채무의 이행지체책임은 언제 발생하는가?

매수인 乙의 잔금지급기한이 2021. 4. 1.로 정해진 경우 乙의 이행지체책임이 2021. 4. 1.부터 바로 발생하는 것이 아니라 매도인 甲이 위 기한 이전에 乙에게 소유권이전등기의무의 이행제공을 하지 아니하였다면 비록 매수인이 2021. 4. 1.까지 잔금지급의무를 게을리 하였다 하더라도 매수인은 지체책임을 부담하지 않는다. 甲이 2021. 4. 10. 에 자신의 의무에 관한 이행제공을 계속하면서 잔금의 지급기한을 2021. 4. 17.로 정하여 통지하였음에도 불구하고 乙이 잔금지급의무를 게을리 하였다면 乙은 2021. 4. 18.부터 이행지체책임을 진다. 이행지체를 이유로 한 계약해제의 경우에는 채무자가 쌍방채무의 '이행기일'에 자신의 채무에 대한 이행의 제공을 하여 채무자를 이행지체에 빠지게 하면 충분하나, 이행지체로 인한 지연배상을 구하는 경우에는 동시이행항변권 자체의 이행거절권능으로 인하여 채권자가 이행의 제공을 계속하여야 채무자의 이행지체 상태가 지속된다.

8.

조 바이든 미국 대통령 당선인이 2021년 1월 20일(현지시간) 제46대 대통령에 공식 취임하였다. 임기 시작은 이날 낮 12시(한국시간 21일 오전 2시)부터다. 이는 차기 대통령 임기를 0시로 정해둔 한국과는 다르다. 1933년 개정된 미국 수정헌법 20조 1항의 대통령 임기 규정에는 "(이임하는) 대통령과 부통령의 임기는 1월 20일 정오에 종료된다."고 규정하여 미국은 대통령의 임기 개시 시점을 헌법에 명문화했다. 이에 따라 자연스럽게 새 대통령 임기노 이때부터 시작된다. 이임하는 대통령이 낮 12시까지는 국가수반으로서의 헌법상의 권한을 갖는다. 미국이 이처럼 한 낮에 정권 '바통 터치'를 하는 것은 이임 대통령이 한밤중에 백악관을 비워야 하는 수고를 덜어주고, 또 심야에 대통령이 바뀔 경우 공식 취임 때까지 반나절 동안 군 통수권에 공백이 생길 수 있다는 우려도 담겼다.

우리나라의 경우 대통령의 권력이양 시점에 관하여 헌법에는 명문규정이 없고, 공직선거법 제14조 제1항에 "대통령의 임기는 전임대통령의 임기만료일의 다음날 0시부터 개시된다. 다만, 전임자의 임기가 만료된 후에 실시하는 선거와 궐위로 인한 선거에 의한 대통령의 임기는 당선이 결정된 때부터 개시된다."는 규정을 두고 있다. 예컨대 새 대통령이 20일 오전 10시 취임식을 하면 이날 0시 이미 임기를 시작한 상태에서 취임식에 참석하는 셈이다. 그러나 통상 한국 신임 대통령은 전날 사저에서 머문 뒤 취임 당일 취임식 이후 청와대로 이동해왔기 때문에 임기 개시 시점과 취임식 사이 '권력 공백'이 생길 수 있다는 지적이 나온다.3)

문재인 대통령은 공직선거법 제14조 제1항 후단에 의하여 제19대 대통령선거에서 당선이 결정된 2017. 5. 10.에 개시되었고, 헌법 제70조에 따라 대통령의 임기는 에 5년으로 하며 중임할 수 없도록 되어 있으므로 문재인 대통령 임기는 2017. 5. 10.부터 2022. 5. 9.까지가 된다. 대통령의 임기가 만료되는 때에는 임기 만료 70일 내지 40일 전에 후임자를 선거하여야 하며, 대통령이 궐위된 때 또는 대통령 당선자가 사망하거나 판결 기타의 사유로 그 자격을 상실한 때에는 60일 이내에 후임자를 선거한다(헌법 제68조).

박근혜 대통령은 2016. 12. 9. 국회에서 탄핵소추안이 가결되고 탄핵소추의결서를 받아 대통령 권한 행사가 정지됨에 따라 황교안 국무총리가 대통령권한대행을 맡게 되었으며, **2017. 3. 10. 11:21** 헌법재판소에서 탄핵소추안이 인용되어(2016헌나1) 대통령직에서 파면되었다. 헌법재판소에서 탄핵소추안이 인용된 후 약 60일이 지나 2017. 5. 9. 제19대 대통령선거에서 문재인 후보가 19대 대통령에 당선되었고, **2017. 5. 10.** 정오 국회의사당 로텐더홀에서 중앙선거관리위원회에서 대통령 당선자 선언과 동시에 대한민국 대통령 임기가 개시되었다.

---

3) 한국일보 2021. 1. 19.자

앞서 본 바와 같이 문재인 대통령의 임기만료일인 **2022. 5. 9.**에서 70일 전이 되는 **2022. 2. 28.** 이후 첫 번째 수요일은 **2022. 3. 2.**이 된다. 그러나 공직선거법 제34조 제2항에 따라 이 날이 공휴일인 3. 1.(3.1절) 다음날이므로 그 다음 주 수요일인 **2022. 3. 9.**이 제20대 대통령선거일이 된다. 따라서 **2000. 3. 10.** 출생한 자는 초일을 산입하여 연령을 계산하면 **2022. 3. 9.** 0시부터 18세가 되고, **2000. 3. 10. 이전에 출생한 자**는 대통령 선거권이 있게 된다.

09 falsa demonstratio non nocet (誤表示 無害의 원칙)

1.

"falsa demonstratio non nocet"는 '오표시 무해(誤表示 無害)'라는 뜻의 라틴어이다. '오표시 무해'란, '잘못된 표시는 해가 되지 않는다'는 뜻으로서, 구체적으로 계약 당사자 모두가 합의했다면 비록 계약서에 표시를 잘못했더라도, 애초에 계약 당사자 모두가 합의한 대로 계약이 성립하고 효력이 발생한다는 원칙이다. 이 원칙은 로마법에서 유래되어 우리 대법원 판례가 수용하였다.

내가 옛날에 법대에서 공부할 때는 이 이야기를 들어본 적이 없는 것 같은데 80년대 후반, 90년대에 들어서면서 이 이야기가 교과서와 논문에서 나타나기 시작하였고 급기야 우리 대법원에서 이를 받아들이게 되었다. falsa demonstratio non nocet가 우리 학계와 실무계에서 회자되게 만든 분은 송덕수 교수일 것이다. 송 교수는 1989년에 "착오에 관한 연구"로 박사논문을 쓰면서 법률행위 내지 의사표시 해석에 관한 새로운 지평을 연 것으로 평가할 수 있다.

2.

'오표시 무해'에 관한 대법원 판례의 태도를 살펴보자.

(1) 대법원 1993. 10. 26. 선고 93다2629, 2636 판결

〈사실〉

이 사건 X 토지에 관하여 1969. 7. 13. A 명의로 소유권이전등기가 경료되었다가 그 후 순차 B, C, D를 거쳐 1982. 12. 28. 원고 명의로 소유권이전등기가 경료되었고, 피고가 이 사건 토지상에 건물을 소유하면서 위 토지를 점유하고 있다.

원고가 X 토지를 점유하고 있는 피고를 상대로 건물의 철거 및 이 사건 토지의 인도를 구하는 소를 제기하였다. 피고는 A는 실제로는 이 사건 X 토지에 인접한 국유지인 Y 토지를 점유하고 있었는데 착오로 이 사건 X 토지에 관하여 매수신청을 하여 국가로부터 이를 불하받은 후 그 명의로 소유권이전등기를 경료하였으므로 국가의 위 토지불하는 무효라고 주장하였다.

원심은 A가 1965. 7. 30. 국가로부터 국유재산이던 이 사건 X 토지를 매수한 사실은 인정되나 A가 연고권 없는 자이면서도 착오로 매수신청을 하여 국가로부터 위 토지를 불하받은 것이라는 사실을 인정할 만한 증거가 없고, 가사 피고의 주장과 같이 목적물에 착오가 있었다거나 연고권이 없는 자에게 이 사건 X 토지가 불하된 것이라 하여도 국유재산의 매각행위는 사법상의 법률행위로서 그 매각에 관하여 우선매수권에 관한 규정이 없는 이상 연고권자의 우선권은 법률상 인정될 수 없다 할 것이라고 판단하여 피고의 주장을 배척하고 건물의 철거 및 이 사건 X 토지의 인도를 구하는 원고의 이 사건 청구를 인용하였다.

〈대법원의 판단〉 일반적으로 계약의 해석에 있어서는 형식적인 문구에만 얽매여서는 아니 되고 **쌍방당사자의 진정한 의사**가 무엇인가를 탐구하여야 하는 것이므로, 부동산의 매매계약에 있어 쌍방당사자가 모두 특정의 X 토지를 계약의 목적물로 삼았으나 그 목적물의 지번 등에 관하여 착오를 일으켜 계약을 체결함에 있어서는 계약서상 그 목적물을 X 토지와는 별개인 Y 토지로 표시하였다 하여도 위 X 토지에 관하여 이를 매매의 목적물로 한다는 쌍방당사자의 의사합치가 있은 이상 위 매매계약은 X 토지에 관하여 성립한 것으로 보아야 할 것이고 Y 토지에 관하여 매매계약이 체결된 것으로 보아서는 안 될 것이며, 만일 Y 토지에 관하여 위 매매계약을 원인으로 하여 매수인 명의로 소유권이전등기가 경료되었다면 이는 원인이 없이 경료된 것으로써 무효라고 하지 않을 수 없다.

그런데 이 사건에 있어서 피고의 주장은 반드시 명확하지는 않으나 A가 착오를 일으켜 자기가 점유하고 있던 토지가 아닌 이 사건 토지에 관하여 국가에 대하여 매수신청을 하여 이를 매수하였다는 주장 가운데에는 위 매매계약이 무효라는 것뿐만 아니라 이 사건 토지는 위 매매계약의 목적물이 아니어서 국가와 A 사이에는 이 사건 X 토지에 관한 한 매매계약이 성립하지 아니한 것이고 따라서 이 사건 토지에 관한 A 명의의 등기는 원인무효라는 취지도 포함되어 있다고 볼 여지가 있고, 또 아래에서 보는 바와 같이 기록상 이러한 주장은 상당한 근거가 있다고 판단된다.

그리고 이처럼 A가 이 사건 토지가 아닌 그에 인접한 다른 토지를 점유하고 있었다면, 위 각 토지의 소유자인 국가가 A가 점유하고 있던 토지를 제쳐놓고 피고측이 점유하고 있는 이 사건 토지를 A에게 매도한다는 것은 이례에 속하는 일로서 오히려 A가 점유하고 있던 토지를 그에게 매도할 의사로 이 사건 매매계약을 체결하였다고 봄이 경험칙에 부합할 것이다.

원심은 이 사건 X 토지가 과연 국가와 A 사이의 매매계약의 목적물이었는지의 여부를 확정하고 A로부터 원고에 이르기까지 이 사건 토지에 관하여 경료된 소유권이전등기의 효력은 어떠한지를 살펴보았어야 할 것이니 원심이 이러한 조치를 취하지 않은 채 만연히 피고의 주장을 배척하고 만 것은 법률행위의 해석 내지 매매계약의 목적물 특정에 관한 법리를 오해하고 석명의무를 게을리하여 심리를 다하지 아니한 위법을 저지른 것이라 하지 않을 수 없다(원심판결 파기환송).

(2) 대법원 1996. 8. 20. 선고 96다19581, 19598 판결

위 대법원 93다2629, 2636 판결의 입장을 그대로 따랐다.

(3) 대법원 1997. 4. 11. 선고 96다50520 판결

"처분문서인 매매계약서의 진정성립이 인정되는 경우에는 특별한 사정이 없는 한 그 내용이 되는 매매계약의 존재를 인정하여야 하고, 그 매매목적물로 표시된 토지의 지번이 계약서에 기재된 매매일자에 존재하지 않은 지번으로 밝혀졌다면, 처분문서상의 일시·장소의 기재는 보고문서의 성질을 갖는 것에 불과하므로 당사자의 주장에 따라 그 매매일자가 진실한 것인지 여부를 심리하거나 당사자가 목적물의 지번에 관하여 착오를 일으켜 계약서상 목적물을 잘못 표시하였는지 여부 등을 심리하여야 한다."

(4) 대법원 2018. 7. 26. 선고 2016다242334 판결

"일반적으로 계약을 해석할 때에는 형식적인 문구에만 얽매여서는 안 되고 쌍방당사자의 진정한 의사가 무엇인가를 탐구하여야 한다. 계약 내용이 명확하지 않은 경우 계약서의 문언이 계약해석의 출발점이지만, 당사자들 사이에 계약서의 문언과 다른 내용으로 의사가 합치된 경우에는 의사에 따라 계약이 성립한 것으로 해석하여야 한다. 계약당사자 쌍방이 모두 동일한 물건을 계약목적물로 삼았으나 계약서에는 착오로 다른 물건을 목적물로 기재한 경우 계약서에 기재된 물건이 아니라 쌍방 당사자의 의사합치가 있는 물건에 관하여 계약이 성립한 것으로 보아야 한다. 이러한 법리는 계약서를 작성하면서 계약상 지위에 관하여 당사자들의 합치된 의사와 달리 착오로 잘못 기재하였는데 계약 당사자들이 오류를 인지하지 못한 채 계약상 지위가 잘못 기재된 계약서에 그대로 기명날인이나 서명을 한 경우에도 동일하게 적용될 수 있다."

위 판결은 甲이 乙 주식회사로부터 신주인수권부사채를 인수하기로 하고, 그에 따라 乙 회사가 甲에게 부담하는 채무를 담보하기 위하여 丙 등은 연대보증을 하고 丁 등은 근질권을 설정해 주었는데, 乙 회사가 甲에게 사채원금 지급기한의 유예를 요청하자, 甲과 乙 회사가 기존의 변제기한을 유예하고 이율을 변경하는 내용의 합의서를 작성하면서 丙 등은 근질권설정자로 丁 등은 연대보증인으로 기명날인한 사안에서, 丙과 丁 등을 비롯한 합의서에 기명날인한 당사자들은 모두 인수계약 당시와 마찬가지로 원래의 연대보증인 또는 근질권설정자의 지위를 유지하는 의사로 기명날인한 것이고, 위 합의서에 따른 합의는 작성 당사자 모두 인수계약에서 정한 지위를 그대로 유지하면서 기존의 변제기한과 이율에 관한 사항만 변경하는 내용으로 유효하게 성립하였다고 판단한 사례이다.

3.

그러면 다음과 같은 기초사례를 중심으로 '오표시 무해'에 관한 계약당사자들의 법률관계를 모색해보자(송덕수, 신 민법사례연습[제5판], 박영사, 2019, p.3 이하 참조).

> **〈사례〉** 甲과 乙이 부동산의 매매계약을 체결하면서 쌍방 당사자가 모두 특정의 X 토지를 계약의 목적물로 삼았으나 그 목적물의 지번 등에 관하여 착오를 일으켜 계약을 체결함에 있어서는 계약서상 그 목적물을 X 토지와는 별개인 인접한 Y 토지로 표시하였다. 이에 따라 Y 토지에 관하여 乙 앞으로 소유권이전등기가 마쳐졌다. 그러나 甲이 乙에게 인도한 토지는 X 토지이고, 乙은 X 토지 위에 건물을 신축하여 X 토지를 점유사용하고 있다. 최근에 甲이 Y 토지를 매각하는 과정에서 위와 같은 사실을 알게 되었다. 甲과 乙의 법률관계는 어떻게 되는가?

(1) 甲과 乙 사이에 매매계약이 성립하는가? 성립한다면 매매계약은 X토지에 관하여 성립하는가, Y 토지에 관하여 성립하는가?

법률행위의 해석은 법률행위의 내용을 확정하는 것이고 법률행위의 해석은 결국 의사표시의 해석이다. 유언과 상대방이 없는 의사표시는 표의자의 의사가 더욱 존중되어야 할 것이나 상대방이 있는 의사표시의 경우 의사표시의 의미를 밝히는 해석을 하고 그래도 틈이 드러나는 경우 보충적 해석을 시도한다. 의사표시의 의미를 밝히는 해석은 당사자가 사실상 일치하여 생각된 의미를 밝히는 자연적 해석과 당사자가 사실상 일치하는 이해의 상태에 있었음을 확정할 수 없는 경우에 행해지는 규범적 해석이 있다. 해석의 단계는 〈자연적 해석 → 규범적 해석 → 보충적 해석〉으로 진행한다.

자연적 해석은 어떤 일정한 의사표시에 관하여 당사자가 사실상 일치하여 이해한 경우에는 그 의미대로 효력을 인정하여야 한다는 것이다. 표시의 문자적 의미(語意)와 상이하더라도 당사자의 의사표시의 사실상의 일치를 보호하는 것이 사적 자치에 부합하므로 사실상 일치하여 의욕된 것은 문언의 일반적 의미에 우선한다. 사실상 일치하여 의욕된 경우에 의욕과 다른 표시를 falsa demonstratio(誤表示, 그릇된 표시)라고 하는데 그릇된 표시는 해가 되지 않는다는 것을 falsa demonstratio non nocet(誤表示 無害의 원칙)라고 한다. 자연적 해석에 있어서는 표의자가 표시의 의미를 착오로 다른 의미로 이해했는가의 여부도 묻지 않는다.

규범적 해석은 표시행위의 객관적·규범적 의미를 탐구하는 것으로 규범적 해석의 방법은 의사표시의 상대방(수령자)이 적절한 주의를 베푼 경우에 이해되었어야 하는 의미를 탐구하는 것이다. 의사표시에 부수하는 제반사정, 관습, 임의규정, 신의칙 등이 규범적 해석의 표준이 된다.

보충적 해석은 법률행위가 성립되었으나 일정한 점에 관하여 규율되지 않는 경우에 그것을 관습, 임의규정, 신의칙에 의하여 보충하는 것이다.

사례의 甲과 乙의 매매계약에서 당사자 쌍방이 착오를 일으켜 실제로 합의하지 않은 Y 토지의 지번을 계약서에 기재하고 그에 따라 Y 토지에 관하여 乙 앞으로 소유권이전등기가 마쳐진 경우, 자연적 해석의 법리에 의하면 Y 토지는 잘못된 표시 내지 오표시(falsa demonstratio)에 지나지 아니하고 그것은 계약의 성립여부에 아무런 지장을 주지 못한다. 따라서 매매계약은 甲과 乙이 일치하여 의욕한 X 토지에 관하여 성립한 것이 된다.

(2) 甲과 乙 사이에 X, Y 어느 토지에 관하여 물권변동이 일어나는가?

부동산에 관한 법률행위에 의하여 물권변동이 일어나려면 〈물권행위 + 등기〉까지 갖추어야 한다(민법 제186조). 물권행위는 직접 물권의 변동을 목적으로 하는 의사표시를 요소로 하는 법률행위이다. 물권행위는 채권행위와 동시에 행해진 것으로 본다(독자성 부정). 등기는 법률행위에 의한 물권변동에 관하여 법이 요구하는 물권행위 이외의 또 하나의 요건으로 이해한다. 물권변동이 일어나려면 물권행위와 등기가 모두 유효하여야 하고 또 그것들이 내용에 있어서 부합(일치)하여야 한다.

사례의 매매계약은 X 토지에 관하여 성립하였다. 그러나 X 토지에 관하여 물권행위는 존재하나 그에 관하여 등기가 없다. 따라서 X 토지에 관하여 제186조에 의한 물권변동(소유권이전)은 일어나지 않는다.

한편, Y 토지에 관하여 乙 명의의 소유권이전등기가 마쳐졌으나 매매계약이 X 토지에 관하여 성립하였으므로 이에 관하여는 채권행위도, 물권행위도 행하여진 적이 없다. 따라서 X 토지의 매매계약을 원인으로 한 Y 토지의 소유권이전등기는 물권행위에 부합하지 않는 것으로 원인무효가 되고 역시 소유권이전은 일어나지 않는다.

결국 X 토지, Y 토지 어느 토지에 관하여도 물권변동은 일어나지 않는다.

(3) Y 토지에 관한 소유권이전등기를 경정등기의 방법으로 X 토지에 관하여 소유권이전등기를 할 수 있는가?

원래 부동산의 표시에 관한 경정등기란 등기용지의 표제부에 등기된 부동산의 물리적 현황이 객관적 사항에 합치하지 아니하고 그 등기가 착오 또는 유루로 인하여 생긴 경우에 동일성이 인정되는 범위 내에서 이를 바로잡는 것을 목적으로 하여 행하여지는 등기를 말한다(대법원 1997. 2. 25. 선고 96다51561 판결).

따라서 경정등기는 원칙적으로 기존등기와 동일성이 유지되는 범위 안에서만 행해질 수 있고, 지번의 경정등기는 허용되지 않는 것으로 본다. 사례에서 Y 토지의 등기를 X 토지의 등기로 경정등기를 하는 것은 동일성이 유지되는 등기가 아니므로 처음부터 불가능하다.

(4) 甲과 乙이 착오를 이유로 매매계약을 취소할 수 있는가?

당사자들이 그들의 의사를 잘못 표현하였지만 실제로는 의욕된 것에 관하여 일치하는 경우 또는 표의자가 객관적으로 잘못 표명한 것을 상대방이 올바르게 이해한 경우에는 실제로 의욕된 것이 당사자들에 의하여 올바르게 이해되었고 따라서 그릇된 표시에도 불구하고 표시에 표현된 것으로 본다. 이때에는 규범적 해석이 필요하지 않고 또 착오를 이유로 한 취소의 여지도 없다.

당사자가 사실상 일치하여 이해한 대로 합의가 긍정되고 그러한 내용으로 성립한 계약은 의사와 표시가 일치하는 것으로 어느 당사자에 의하여도 취소될 수 없다. 결국 사례와 같이 법률행위의 의미가 자연적 해석으로 확정되는 경우에는 민법 제109조의 착오의 문제는 생기지 않고 甲과 乙이 일치하여 의욕한 대로 X 토지에 관한 매매계약의 성립이 인정된다.

(5) 甲과 乙의 법률관계

사례에서 甲과 乙 사이에는 X 토지에 관하여 매매계약이 성립하였다. 乙은 甲에게 X 토지의 매매계약에 기한 소유권이전등기청구권을 갖는다. 乙이 X 토지를 인도받아 점유사용하고 있으므로 乙의 甲에 대한 소유권이전등기청구권이 시효소멸할 일도 없다.

乙이 X 토지를 20년간의 자주점유, 평온공연한 점유가 인정되면 乙의 X 토지에 대한 점유취득시효가 인정될 여지가 있다.

Y 토지에 관한 乙 명의의 소유권이전등기는 물권행위에 부합하지 않아 무효이므로 甲은 乙에 대하여 소유권에 기한 방해배제청구권의 행사로 乙 명의의 소유권이전등기의 말소를 구할 수 있다. 乙의 Y 토지의 사용이익에는 매매계약이라는 법률상의 원인이 존재하므로 甲은 乙에 대한 부당이득반환청구권은 발생하지 않는다. 乙이 Y 토지에 관하여 아무리 오랜 기간 등기되어 있더라도 등기부 취득시효뿐만 아니라 점유취득시효도 인정할 여지가 없다. 乙의 Y 토지에 대한 점유가 없기 때문이다.

4.

호날두 노쇼 사건이 문제된 일이 있었다. 유벤투스의 세계적인 축구선수 호날두는 2019. 7. 26. 서울월드컵경기장에서 열린 팀 K리그와의 친선경기 때 90분 내내 벤치에 앉아 있었다. 호날두가 최소 45분을 뛰어야 한다는 주최사 더 페스타와의 계약 위반이었다. 호날두가 결장하면서 많은 축구 팬들은 주최사에 항의했고 호날두는 '날강도' '날강두'라는 오명을 뒤집어썼다.

계약서에는 다음과 같이 되어 있다.

Christiano Ronaldo will pay a minimum of 45(forty-five) minutes of the match. Injury during warm-up or while playing penalty does not apply.(워밍업이나 경기 도중 부상을 제외하면 호날두가 최소 45분 이상을 출전한다.)

If Christiano Ronaldo doesn't show up and/or doesn't play the Friendly match, penalty shall apply.(호날두가 경기를 뛰지 않을 경우 페널티(위약금)이 적용된다.)

그런데 계약서의 호날두의 철자가 틀렸다. 정확한 철자가 'Cristiano'인데 계약조항에는 'Christiano'로 'h'가 잘못 들어가 표기됐다. 이를 두고 중국의 어떤 매체는 "호날두의 이름 철자가 잘못 됐기에 유벤투스가 보상할 필요가 없다"는 황당한 주장을 했고 인터넷에 일파만파로 퍼졌다. 그러나 이 주장은 '오표시 무해의 원칙'에 대한 무지의 소치이다.

이 계약서의 문제점은 호날두 출전 여부에 대한 위약금 조항을 규정하면서, 호날두 이름의 정확한 철자인 'Cristiano Ronaldo'에 'h'가 오기로 잘못 들어간 부분이다. 그러나 오표시무해의 원칙에 의하면, 더 페스타와 유벤투스는 위 선수가 사람들 모두가 알고 있는 포르투갈 마데이라 출신의 1985. 2. 5.생 축구선수 호날두라는 점은 명확하다. 계약서에서 호날두의 이름 철자 하나가 잘못됐지만 누가 보더라도 유벤투스 소속 호날두의 출전에 대한 내용임을 인지하고 있기에 계약에 아무런 문제가 없고 계약무효를 주장할 수 없다는 것은 상식 중의 상식이다.

위 경기 관람객 중 일부가 주최사인 더 페스타를 상대로 손해배상청구의 소를 제기하였다. 인천지방법원 이재욱 판사는 소액사건이지만 다음과 같이 간략한 판결이유를 썼다(인천지방법원 2020. 2. 4. 선고 2019가소490120 판결).

1. 인간은 단순히 의식주만을 충족하면서 살아가는 존재가 아니라 여가시간에 책을 읽고, 음악을 들으며, 연극, 영화, 운동경기 등을 관람하는 등의 문화생활로 정신적 즐거움도 추구하는 존재이다. 이러한 문화생활을 영위하는 것은 정신적 즐거움을 누리는 것을 본질적 목적으로 한다. 일반적으로 고객들이 문화상품을 직접 모두 경험하기 전까지는 그 내용과 감동 등을 알 수 없으므로, 고객들은 그 문화상품에 대한 설명, 광고 등을 믿고서 먼저 돈을 지불하여 구매하는데, 문화생활에 관한 계약이 불이행되었을 경우에는 그 정신적 즐거움이 주관적이라고 하더라도 그것을 누리지 못한 것에 대한 손해배상이 필요한 경우도 있다.

단순히 책에 흠집이나 오탈자 등이 있는 경우나 계속적으로 일정하게 공연·개최되는 연극, 스포츠 경기 등에서 출연자나 선수 등에게 문제가 있는 보통의 채무불이행의 경우에는 다른 책이나 다음의 연극, 경기로 교환하거나, 환불하고, 그에 따라 추가되는 필요비용 등을 손해배상하면 될 것이다. 그러나 대체 불가능한 특별한 의미가 있는 문화상품의 경우에는 정신적 즐거움을 누릴 기회를 상실당한 고통에 대하여 단순히 환불만으로는 손해배상이라고 할 수 없다.

2. 피고는 이 사건 경기에서 12년 만에 내한한 K 선수가 최소 45분 이상 경기에 실제 출전할 것을 홍보하였고, 이 사건 경기에 관한 여러 언론사들의 기사, 피고 대표이사의 인터뷰, 이 사건 경기 후 발표한 피고의 사과문, L 축구팀은 나라별 랭킹에서 30위권 밖이었다가 K 선수를 영입한 뒤 10위 내로 들어온 점 등에 비추어 이 사건 경기에서 K 선수의 중요성, 인기, 경력, L 축구팀 내에서의 지위 등은 다른 어느 선수보다 월등히 높아 원고를 포함한 많은 관객들은 단순히 L 축구팀과의 친선경기가 아니라 K 선수의 경기 모습을 직접 현장에서 보기 위해서 입장권을 구매한 것이므로, K 선수는 이 사건 경기의 주인공으로 그의 45분 이상 출전은 계약의 중요한 사항이다.

그런데 이 사건 경기는 예정시각보다 50분 지연되었고, K 선수는 경기장에 있으면서도 관중들의 연호에도 전혀 출장하지 아니하여 그의 경기 모습을 오래 기다린 수많은 관중들을 크게 실망하게 하였고, 그들의 신뢰를 현저히 훼손하였으므로, 관중들은 입장료의 환불만으로는 회복될 수 없는 정신적 고통을 입었고, 피고도 이와 같은 사정을 알았거나 알 수 있었다. 또한 이에 대하여 관중들뿐만 아니라 일반인들의 비난과 분노도 커서, 그 영향이 사회적·경제적으로도 중대하고 광범위하다. 따라서 이러한 대규모 영리적 행위에서 위와 같은 사태의 재발을 방지할 필요성도 크다.

3. 다만 피고가 고의적으로 K 선수가 출장하지 않을 것을 알면서도 허위과장 광고를 하였다고는 아직 증명되지 않았고, 이 사건 경기 후에 실망한 관중들에 대한 사과문을 발표한 점, 이 사건 경기의 입장객 수와 입장권의 가격과 그 최고가격 등 이 사건 변론에 나타난 여러 사정들을 종합하여 손해배상금으로 입장료 71,000원을 포함하여 원고들에게 각 371,000원으로 정한다.

위 판결문에 등장하는 K 선수가 호날두이고 L 축구팀이 유벤투스이다. 이탈리아 프로축구 세리에A(1부 리그) 유벤투스 FC 수비수 다니엘레 루가니(26·이탈리아)가 2020. 3. 12. 코로나 확진 판정을 받았다. 루가니가 코로나 확진자로 판명되기 사흘 전인 9일 유벤투스는 인터밀란과 원정 경기를 치렀는데, 루가니는 당시 경기에 뛰지는 않았지만, 2대0으로 승리한 뒤 라커룸에서 동료들과 단체 사진을 찍었다. 당시 라커룸엔 팀 동료 크리스티아누 호날두(포르투갈·35)도 있었다. 날강두 호날두가 코로나두가 될지도 모른다는 우려가 있었으나 코로나두는 되지 않았다.

5.

서울중앙지법 민사36단독 박현경 판사는 2020. 11. 20. 이 경기 입장권을 구매했던 강 모 씨 등 162명이 주최사인 더페스타를 상대로 낸 손해배상 청구소송에서 더페스타가 입장료 절반과 1인당 5만원의 위자료를 지급해야 한다고 판결했다. 당시 더페스타 측은 "호날두가 자신의 의사에 따라 출전하지 않은 책임을 주최사가 질 수는 없다"고 주장했으나, 재판부는 "호날두가 부상 등 부득이한 사유가 없는 한 출전한다는 게 입장권 구매계약의 내용"이라며 손해배상 책임을 인정했다.

한편, 한국프로축구연맹이 해당 경기를 주최한 더페스타를 상대로 7억5,000만원을 물어내라며 제기한 위약금청구소송에서 서울중앙지법 민사합의 26부는 2020. 12. 18. 경기 주최사가 한국프로축구연맹에 7억여 원을 배상해야 한다는 판결을 선고했다.

서울중앙지법 민사합의 14부는 2021. 6. 9. 관중 449명이 경기 주최사인 더페스타를 상대로 낸 손해배상 청구 소송에서 원고 일부 승소로 판결했다. 재판부는 "입장권 절반 값과 위자료 5만원씩을 지급하라"며 원고가 청구한 손해배상 금액 중 일부를 배상해야 한다고 판단했다. 관중들에 대한 위자료액수 5만 원에서 30만 원까지, 입장권 절반에서 전액까지 재판부마다 인정한 손해배상 액수가 다르나 주최사의 손해배상책임은 모두 인정했다.

10 로마법 맛보기

1.

옛날 세계사를 공부할 때나 법철학을 공부하면서 근대 역사학의 아버지라 불리는 랑케(Leopold von Ranke)가 "고대의 모든 역사가 로마라는 호수로 흘러들어갔고, 근대의 모든 역사가 다시 로마의 역사에서 흘러나왔다"고 했고, 이익법학의 거두(巨頭) 예링(Rudolf von Jhering)이 「로마법의 정신」이라는 책에서 로마는 세계를 힘(무력)으로, 기독교로, 법으로 세 번 지배했다고 했던 것을 기억한다. 로마를 떠난 세계사는 있을 수 없다는 이야기일 것이다.

"모든 길은 로마로 통한다."(All roads lead to Rome) "로마에 있다면 로마인의 방식으로 살라."(si fueris Romae, Romano vivito more. = When in Rome, do as the Romans do)는 말이 와전된 "로마에 가면 로마법을 따르라." "로마는 하루아침에 이루어지지 않았다"(Rome was not built in a day)는 말을 모르는 사람도 없다.

인류가 추구했던 보편적 가치와 이상이 담겨있던 로마법의 정신은 수천 년 동안 이어지면서 현재 우리의 법에도 영향을 미치고 있는데, 나는 법철학이나 법제사에서 단편적으로 로마법의 편린(片鱗) 정도만 접해보았을 뿐 로마법을 제대로 배워본 적이 없다. 로마법을 공부하기 위하여는 라틴어를 알아야 하는데 이게 보통 사람들로서는 쉽지 않은 일이다. 나는 지금까지 우리나라에서 라틴어와 로마법에 정통한 분은 서울대에서 퇴직한 최병조 교수 정도밖에는 없는 것으로 알고 있었다.

김용담 전 대법관이 쓴 「김용담 대법관의 판결 마지막 이야기」(누름돌 : 2009)에서 '학설휘찬(學說彙纂)'이라고 번역되는 〈Digesta〉에서 보는 구절들은 라틴어로 되어 있어 해독하기 어려우나 법철학을 공부할 때 접한 것들도 많았다. 라틴어는 모르지만 "Pacta sunt servanda"는 "약속은 지켜져야 한다."고 대학시절 이래 이 말을 입에 달고 살아왔다. 법을 공부한 사람치고 'in dubio pro reo'가 '의심스러운 때에는 피고인의 이익으로'를 모르는 사람도 없을 것이다. 기판력을 뜻하는 'Res Judicata'는 영미소설에서는 이 용어 그대로 쓰고 있다.

김 전 대법관이 쓴 책에 나와 있는 구절들 몇 개를 들어보자.[1]

---

[1] 인터넷에서 The Roman Law Library(http://droitromain.upmf-grenoble.fr/)를 통해 〈Digesta〉등 로마법 자료를 볼 수 있다.

"법에 종사하는 사람은 먼저 법(jus)이라는 말이 어디에서 유래한 것인지를 알아야 하는데, 그 말은 'justitia(正義)'에서 온 것이다. Celsus가 잘 표현한 것처럼, 법은 선과 형평의 기술이다."(Ulpianus D.1.1. pr;)

"정의는 각자에게 그의 것을 주는 확고부동한 의지이다."(Ulpianus D.1.1.10.)

"법의 규정은 이것이다: 정직하게 살아라. 다른 사람을 해치지 말라. 각자에게 그의 것을 주어라(Iuris praecepta sunt haec: honesta vivere, alterum non laedere, suum cuique tribure)."(Ulpianus D. 1.1.10.) - 'suum cuique'는 '각자에게 그의 몫을'이라는 뜻으로 나는 Cicero가 처음으로 이 말을 한 것으로 알고 있다. 정의(正義)를 정의(定義)하는 말 중에 이 말만큼 正義를 적확(的確)하게 정의하는 말은 없다고 생각한다.

"법률은 결국 사람의 머리에서 나오는 것이므로 완벽할 수가 없다. 절대불변의 진리로 보이는 법원칙조차도 때와 장소에 따라서는 흠투성이의 억지로 변해버리는 경우도 비일비재함을 우리는 알고 있다."(파스칼 팡세)

"재판관은 실정 법률과 정의가 충돌하더라도, 문제의 법률이 참을 수 없이 불공정한 것이거나, 또는 법 개념 속에 포함되어 있는 인간의 평등을 의식적으로 부인하는 것일 때에만, 실정법의 적용을 거부할 수 있는 것이다."(라드부르흐 공식)

"fiat justitia et pereat mundus"(하늘이 무너져도 정의를 세워라) → Let justice be done though the heavens fall. "정의를 세워라, 그러면 교만이 망한다."

"법원은 판결하는 곳이지 봉사하는 곳이 아니다."(Pierre Séguier 쎄귀에르)

김용담 전 대법관은 옛날에는 법률의 이름으로 정의를 핍박했으나 지금은 정의의 이름으로 법률을 무시하는 시대라고 진단하면서 정의꾼들에게는 항상 자기주장과 행동으로 파괴되는 정의가 없는지를 살펴볼 것을 주문하고 있는데 요즘의 민주건달들이 새겨들을만한 말이다.

한동일 교수의 「로마법 수업」(문학동네, 2019)을 통해 로마법을 맛보기로 한다. 한동일 교수는 한국인 최초, 동아시아 최초의 바티칸 대법원 로타 로마나(Rota Romana)의 변호사로 로타 로마나가 설립된 후 700년 역사상 930번째로 선서한 변호인이라고 소개하고 있다. 로타 로마나의 변호사가 되려면 라틴어를 비롯한 여러 유럽어를 유창하게 구사해야 하고, 로마법에 능통해야 한다고 한다. 라틴어로 진행되는 사법연수원 과정을 마치더라도 로타 로마나 자격시험에 합격하는 비율은 고작 5~6%에 불과하다고 한다. 한동일 교수는 2001년 로마 유학길에 올라 2003년 교황청에서 설립한 라테라노대학에서 교회법학 석사를 마치고 2004년 교회법학 박사를 최우등으로 받았다고 한다. 교회는 성령이 중요하지 법이 필요 없을 것으로 아는데 아이러니컬하게도 교회법 등 교회도 엄격한 법으로 움직이는 조직이다.

이렇게 대단한 분이 로마법의 본바닥인 로마 교황청에서 활약하지 않고 로마법을 정통으로 가르칠 곳도 마땅치 않은 한국으로 돌아와 한국인들에게 흔들리지 않는 삶을 위해 로마법의 정신을 전수하는 것 역시 대단한 일이다. 한 교수의 인물검색을 해보니 1970년 서울 출생으로만 나와 있고, 로마로 가기 전 행적은 알 수 없다. 한 교수가 쓴 「법으로 읽는 유럽사」(글항아리, 2019)도 읽어볼만한 책이다.

2.

인간은 이중적 존재이다. '인간은 참다운 사랑을 할 수 있는 유일한 동물'이지만 '그 위대한 사랑의 이름으로 더 나쁜 범죄를 저지르기도 하고', '인간은 열정을 가질 수 있는 유일한 동물'이지만 '자신의 열정 때문에 광기로 나아갈 수 있는 유일한 동물'이기도 하다. 인간이 무엇인지는 아직도 난해하기만 주제이다. 수천 년 간 지상의 모든 학문이 인간이 무엇인지 탐구해왔지만 아직도 오리무중이다.

인간의 인격성과 개별성을 의미하는 'persona'는 '배우용 가면'을 의미했는데, 가면을 쓴 인격을 뜻한다. 한편 법률용어 persona는 '사람은 누구나 얼굴이 있다'는 평등의 가치와 '모든 얼굴은 서로 다르다'는 개별성의 가치를 결합시킨 말이었다. 그런데 로마법은 누구나 평등한 존재는 아니었다. 로마법은 "모든 인간은 자유인이거나 노예"임을 선언했다. 현실적으로 평등과 다름의 가치를 인정받을 수 있는 '인간'은 오로지 '자유인'에 국한되었다. 노예는 열등한 존재였고, 인격 이전에 소유할 수 있는 재산으로 간주되어 매매나 상속, 증여의 대상이 되었다. 로마법에서는 인간은 persona 이외에도 homo라는 단어로 지칭하기도 했는데, 이 homo는 로마에서 노예의 의미로도 자주 사용됐다. homo가 persona를 잃고 종속적 존재가 되면 저절로 노예로 전락한다.

로마법은 인간사회의 불평등한 현실을 적나라하게 보여준다. 울피아누스가 이 자유인과 노예의 이분법에 반기를 들고 "시민법에서 노예는 사람이 아닌 것으로 간주된다. 그러나 자연법에선 그렇지 않다. 자연법에선 모든 사람이 평등하기 때문"이라고 역설했지만 로마법은 자연법이 아니라 현실의 모순을 고스란히 품고 있는 실정법이었다.

현실의 우리사회는 어떠한가? 정규직/비정규직, 전임교수/시간강사, 서울/지방 등 자유인/노예와 같은 신분제 사회는 아니라고 하더라도 소속이나 경제력에 따른 교묘한 이분법이 우리 사회를 지배하고 있다. 오늘날의 사회가 헌법이나 인권규범처럼 평등하고 정의로운 사회처럼 보이나 현실은 뼈저리게 불평등하고 약자는 끊임없이 강자의 눈치를 보며 살게 되어 있다. 만인에게 평등하게 희망의 사다리가 놓여있는 듯 하지만 교묘하게 차단되어 있는 갑갑한 현실을 알게 되면 진정한 정신문명은 요원한 것이지도 모른다.

"Utrum servus es an liber?" "Servusne es an liber?"
"당신은 자유인입니까? 노예입니까?" 참으로 모순된 인간의 개념이다. 나는 과연 어떠한 인간으로 살아갈 것인가?

3.

　로마법에서 자유인이라고 해서 모두 완전하고 확고부동한 자유를 누렸던 것은 아니다. 'Ius vivendi ut vult' '당신이 원하는 대로 살 수 있는 권리'가 누구에게나 다 부여된 것은 아니었다. 자유인 중에 자유인 어머니로부터 태어난 태생적 자유인(injenuus)도 있었고, 본래는 노예였으나 노예해방을 통해 자유를 얻은 피해방자(libertus)가 있었다. 로마의 자유인들은 공무담임권이 있었는데, 정무관에 오를 수 있는 권리는 injenuus에게만 주어졌다. 그리고 정무관이 되려면 반드시 군복무를 마쳐야 했다.

　로마의 자유인들은 민회에서 투표할 권리도 있었고, 로마시민은 형사재판에서 유죄판결을 받을 경우 민회에 상소할 권리로 가졌다. 신약성서에 로마시민의 상소권이 적용되는 구체적인 사례가 나온다. 로마시민권자인 사도 바울이 선교를 마치고 예루살렘으로 돌아온 뒤, 그를 배신자를 낙인 찍은 유대인 율법주의자들에게 붙잡혀 구금되는 동안 바울은 황제에게 상소했고 그 후 로마로 보내지지만, 바울과 달리 예수는 로마시민이 아니었기 때문에 십자가형을 받았다. 예수가 로마시민이었다면 예수의 십자가형은 없었을지도 모르는 일이다.

　해방노예 libertus는 태생적 자유인 injenuus에 비해 자유인이라고 해도 차별적 취급을 받았다. 한 교수는 injenuus를 금수저에, libertus를 흙수저로 태어났지만 천신만고의 노력 끝에 혹은 벼락같은 운을 만나 은수저 또는 동수저가 된 자유인으로 비유하고 있다. 현실에는 흙수저보다도 더 비참한 무수저도 있다. 해방노예는 정무관이나 민회 등 공적 임무에서 배제되었다. 해방노예는 자녀들이 로마시민권을 얻으려면 여성이 적어도 4명 이상 자식을 낳아야 했으나, injenuus는 3명만 자식을 낳아도 자녀들의 권리를 인정해주었다. 당시 질병 등으로 로마제국의 사망률이 무척 높았기 때문에 출산장려정책을 폈다. 해방노예는 본래 주인에게 공손할 의무 외에도 봉사할 의무가 있었다. 로마시대의 해방노예의 비애는 오늘날에도 돈과 권력 앞에 납작 엎드려 조용히 순종하는 사람들의 모습에서 그 잔흔을 볼 수 있다. 다만 해방노예도 주인의 유언에 따라 해방된 노예는 libertus보다 나은 특권을 가졌고, 황제의 '태생의 회복'에 의해 injenuus의 신분을 갖는 특권이 생겼다. 태생의 회복을 부여받은 해방노예는 '금반지 착용 권한'을 취득할 수 있었다. 금반지를 차고 있는 것만으로 그의 신분적 특권을 나타냈다.

　자유인이지만 엄연히 다른 신분적 차이가 있었던 로마시대 두 자유인의 모습에서 겉으로는 평등한 사회이지만 조금만 속을 들여다보면 분명히 존재하는 우리사회의 지배계급과 피지배계급 사이의 불편과 갈등의 모습을 어렵지 않게 확인할 수 있다.

　어떤 재독 철학자가 "독일어의 자유롭다(frei), 평화(Friede), 친구(Freund)와 같은 표현의 인도게르만어 어원인 'fri'는 '사랑하다'는 뜻이고, 인간은 바로 사랑과 우정의 관계 속에서 자유를 느끼는 것이다. 묶여 있지 않음으로 해서가 아니라 묶여 있음으로 해서 자유로워진다."고 했다고 하는데 나는 이와는 다른 견해를 갖고 있다. 어딘가에 묶여 있어야 느끼는 자유라면 이를 진정한 자유라고 할 수 있을까? '人間=사람사이'라는 말이 의미하는 바와 같이 인간 사이는 일정한 간격을 유지해야 인간이고, 그 간격을 유지하지 못해 인간관계가 파열음을 내고 오늘날과 같이 코로나 팬데믹(pandemic)도 확산하는 것이 아닌가? 독일어로 가장 평화로운 장소 Friedhof는 다름 아닌 묘지이다.

그러나 저러나 나는 우리 사회에서 진정한 자유인인가? 그 어느 누군가에게 갑(甲)의 지위에서 지배자로 살고 있는 것은 아닌지 생각해볼 일이다.

로마의 노예는 인간이었지만 주인이 소유권을 주장하는 물건이자 재산권이었다. 구타 유발자이자 채찍소모자들이었다. 그러나 강자가 약자에게 폭력을 행사해도 된다고 여기는 모든 곳에 역설적으로 지금도 노예제가 살아 꿈틀거린다. 노예제와 폭력의 특징은 그 어느 시대나 그럴듯한 논리로 야만을 정당화하고 그에 기생하려는 자들이 있다는 것이다. "Vis legibus inimica." "폭력은 법과 원수이다."

노예를 라틴어로 servus라 하고, 영어 service는 servus에서 파생한 라틴어 servitium에서 유래한 단어이다. 노예는 자연법에서는 인간이었으나 법률적으로 하나의 '사물'이었다. 로마에서 노예의 소유주들은 자산의 증식을 위해 노예의 동거와 출산을 장려할 수밖에 없었다. 오늘날의 출산기피현상에 대하여 인간다운 삶을 영위할 수 있는 최소한의 충족조건을 갖추지 못한 상태라면 누가 아이를 가지려고 하겠는가? 요새 젊은이들이 결혼을 기피하고 결혼을 하더라도 아이를 갖는 것을 기피하는 풍조를 불식시키려면 그들에게 삶에 대한 희망을 품을 수 있는 조건을 마련해주어야 한다. 옛날에는 누구나 자기 집을 마련할 수 있을 것이라는 희망을 갖고 직장생활을 했는데, 요새는 직장생활로 서울에서 아파트 한 채를 마련하는 것이 거의 불가능한 상황이 되고 말았다. "De cura gerenda pro vita laboriosa" "이 땅 위에서 살아가는 젊은이들의 고단한 삶에 대한 배려"가 필요하다.

로마인들이 떼인 돈 받는 방법도 노예제와 관련이 있다. 로마인들은 최초의 성문법인 '12표법'에 따라 빚을 갚지 않는 자유인을 로마 한복판을 흐르는 테베레 강 건너 노예시장에 내다 팔아서 채권자들이 그 수익금을 나눠가졌다. 당시의 로마의 법집행체제를 규정하는 공권력이 거의 없었던 공동체였고, 로마인들이 빚 문제에 대해 이토록 무서울 정도로 원시적인 방법으로 해결했던 이유는 로마인이 신의를 가장 중용한 덕목으로 여긴 무모하리만큼 무서운 원칙주의자인 것과 관련이 있다. fides, 신의가 없다는 것은 인격상실을 의미하며 사회에서 매장된 사람이라는 것을 의미했다.

로마의 노예는 참을 수 없을 정도로 고통스러운 것은 아니었고 영원히 지속되는 것도 아니었다. 교사, 의사와 같이 식솔을 여럿 거느리고 대저택에 사는 전문 노예들도 있었다. 다시 로마 인구의 80% 가량이 노예출신으로 신분해방의 길을 통해 자유인이 되었다는 기록이 있다. 신분상승의 사다리로 인해 로마는 역동적으로 발전할 수 있었다. 단순히 자연법의 평등사상이나 기독교의 정신만으로 노예제가 폐지된 것이 아니라 더 이상 노예제가 필요 없는 상황에 이르렀기 때문이다. "Servi sunt: immo homines.-Seneca" "노예들이다. 그렇더라도 인간이다." "Homines nos esse me minnerimus.-Cicero" "우리가 인간이라는 것을 기업합시다."

4.

로마법에서 **여성**을 가리키는 femina는 '여성, 암컷'의 의미로 '젖을 먹이다'라는 단어에서 유래했다고 한다. 오늘날의 '페미니즘'도 이 단어에서 나왔다. 로마의 가부장적 제도 아래에서 여성은 가부장권에 속하는 낮은 신분이었다. 로마인들의 퇴보적인 여성관은 기독교 신학에도 그대로 전달돼 가부장적 신학을 형성하는 데 일조했다. 남성 사제만이 남고 사제를 지칭하는 명사도 오직 남성명사만을 사용하게 되었다. 그럼에도 여성들이 교회를 찾은 이유는 신 앞에서 여성은 여성이기 전에 '인간'으로 대접받을 수 있다는 기대를 품을 수 있었기 때문이었다.

모든 인간 공동체의 기초 단위는 바로 **결혼**에서 시작된다. "최초의 사회는 그 자체로 결혼에 있다."-Cicero. 로마법에서 결혼의 목적은 '적출자녀의 생산'이었다. 로마법상 결혼의 원칙으로는 일부일처제, 부부간의 합의("동거가 아니라 합의가 결혼을 만든다.")와 통혼권(혼인계약을 체결할 수 있는 자격), 이족간의 혼인만 인정하는 세 가지 원칙이 있었다. 남자는 14세, 여자는 12세만 되어도 결혼할 수 있었지만, 가장의 동의가 필요했고, 로마인의 성년은 만 25세에 주어졌다.

이혼은 라틴어로 divortium 또는 repudium이라고 하는데, 이혼을 원하는 배우자의 일방통고로 이혼이 가능했다. 이혼한 여성을 liberta라고 했는데 남편이 먼저 이혼하자고 해서 해방된 여성은 재혼할 수 없었다. 또 배우자가 사망하거나 이혼한 여성에게는 10개월(후에는 1년)의 복상기간이 지나야 재혼이 가능했다. 우리 구민법에서 이혼 여성에게 재혼금지기간 6개월을 두었던 것과 비슷하다. 기독교의 출현과 함께 이혼에 일정한 제한을 두었고 정당한 이유 없이 이혼하는 사람에게는 벌금을 부과했다. 그러나 로마사회에서 이혼과 재혼은 아주 흔한 일이었고 거의 모든 가정에 부모가 다른 아이들이 있었다. 성서에서 이혼하지 말라고 한 예수의 진의는 이혼당한 후 사회적으로 고립되게 되는 여성을 보호하기 위한 것으로 추측하고 있다.

로마인에게 성(性)은 신의 선물이었으나, **간음과 간통**은 규제되었다. 로마에서는 미혼여성이나 사회적 명망을 가진 과부와의 성관계를 불법으로 간주하고 쌍방 모두를 처벌했고, 동성 간의 성행위도 처벌했다. 그러나 매춘부는 처벌하지 않았고 오히려 이들로부터 매춘세를 거뒀다. 간음한 여자는 추방되는 것 외에 재산의 1/3이 몰수되었고(간음한 남성은 1/2 몰수), 몰수된 재산은 다른 사람이 경매에서 매수하여 소유권을 취득하는 '몰수재산경락(sectio bonorum)'이 시행되었다. 오늘날의 경매제도의 원형이 이와 같은 로마법에서 유래한 것. 성서에 나오는 '간음한 여자'를 두고 예수가 했다고 하는 말, "너희 중에 누구든지 죄 없는 사람이 먼저 저 여자를 돌로 쳐라."가 의미하는 바는 무엇인가?

인류사에서 국가는 늘 인간의 허리 아래의 일까지 관장하려고 시도했지만 완벽하게 성공한 적은 거의 없었다. 로마에서 기혼여성이 배우자 외의 사람과 성관계를 맺은 경우 간통죄로 처벌했고, 미혼여성이나 독신여성(과부)의 경우는 간음죄로 처벌했다. 남편은 간통한 아내와는 반드시 이혼해야 했다. 그러나 노예여성이나 매춘부와의 성관계는 처벌하지 않는 이중적 태도를 취했다. "남편은 자신의 정조를 지키지 않으면서 아내에게 정조를 요구하는 것은 옳지 않다."는 법문과 같이 로마법은 남편과 아내가 동등하게 서로에 대한 신의를 지킬 것을 권장했다. 그러나 인간의 원초적 욕망을 법으로 규제하는 것은 한계가 있을 수밖에 없고, 우리나라는 2015년 간통죄가 형법전에서 사라졌다.

로마인에게 신생아는 '태어나는 것'이 아니라 가장의 결정에 의해 '집안에 받아들여지는 것'이었다. 출생 전 태아는 모태의 일부일 뿐 사람이 아니라고 생각했다. 피임과 유산, 자유인으로 태어난 아이를 버리는 일과 여자 노예의 아기를 죽이는 일이 빈번했으나, 기독교가 전파되면서 **낙태**가 윤리적으로 바람직하지 않고 법적으로 어긋나는 일이 되기 시작했다. 낳아도 낳지 않아도 여성은 산통을 겪는다. 낙태를 전면적으로 허용하게 되면 '가장 미약한 생명의 존중받을 권리'는 어떻게 되는 것인지? 우리의 경우 헌법재판소가 2019년 4월 형법상의 낙태죄 조항의 헌법불합치 결정을 내리면서 개정을 위해 정한 시한인 2020. 12. 31.을 지나도록 국회가 대체입법을 하지 않는 바람에 2021. 1. 1. 낙태죄의 효력이 상실됐고 낙태를 해도 처벌할 수 없는 입법공백의 상황이 이어지고 있다.

로마인의 범죄 중 눈에 띠는 것은 소환 불응은 법정모독행위로 명령불복종죄이고, 절도죄는 나의 이익을 위해 타인의 물건에 손대는 그 모든 행위로 보고 있었기 횡령까지 포함하는 개념이었다. '절도의사'(animus, affectus furandi)가 요구되므로 어떤 사람이 그 물건을 자기 것으로 착각하거나 또는 물건 소유자의 동의를 얻었다고 착각하고 취득했을 때 절도가 성립하지 않았다. 이는 소위 '불법영득의 의사'로 우리 형법해석에게까지 이어지고 있다. 타인의 평판을 부당하게 깎아내린 인격침해죄로 '탈리오의 법칙(Lex talionis)'인 '동해보복법(同害報復法)'으로 보복했다. "신체를 구타하거나, 품행을 조롱하거나, 어떠한 치욕으로 다른 사람의 인생에 상처를 입히는 것이 인격권 침해다."

로마의 형벌 중 십자가형은 그리스도에게 가해진 가장 치욕적인 형법이었고, 그 외에 맹수형, 화형, 영원히 노예로 살 것을 명하는 형벌노예, 죄인의 작은 흔적마저 싹을 지우는 기억말살형 등이 있었다. 로마법은 범죄에 대한 형벌의 집행이 잔혹할 뿐만 아니라 사람의 신분과 지위에 따라 차등적으로 법을 적용했다. "Aequalitas omnium coram lege." "법 앞에 만인은 평등하다."

5.

한 교수가 책의 마지막 부분에서 이야기하는 바와 같이 과거는 현재를 비추는 창이고, 고대 로마를 읽는 것은 오늘날에도 여전히 유의미하다. 과거를 뒤돌아보고 현재의 모든 변화를 살펴보면 미래를 예견할 수도 있다. 아무리 세상이 바뀌어도 존엄한 인간이 인간답게 살고자 하는 염원은 불변일 것이므로 미래는 현재의 리듬으로부터 크게 벗어날 수 없을 것이다. "Hominium causa ius constitutum est." "법은 사람을 위해 존재한다." 以法爲人, 사람을 위한 법이 되어야 하지 법을 위한 사람이 되어서는 안 된다.

11 계자(繼子)와 계모(繼母)

1.

　법률신문에 박동섭 변호사님이 쓴 다음과 같은 글이 보여 읽어보았다.

　"이 글에서는 판결문 전체의 독해난이도를 문제 삼으려는 것은 아니고, 판결문 문장의 문법상 구조, 단어의 선택 등을 중심으로, 몇 가지 예를 들어 잘못을 지적하려고 한다. 아무리 명문의 판결문이라고 할지라도, 우리 한글의 맞춤법에 맞지 않는 글로 써있다면 권위가 떨어진다. 판결문에서 잘못된 용어, 맞춤법에 틀린 표현을 가끔 발견하면, 눈에 거슬리고 옥에 티가 있는 것 같아 매우 안타깝다. 헌법재판소 결정문을 하나 보자. "계모와 계자 상호간에 재산의 이전을 원한다면 증여나 유증 등에 의하여 상속에 준하는 효과를 얻을 수 있으며,… 계모가 사망하는 경우 **계자를 상속권자로 규정하지 않은 것은**… 피해의 최소성 원칙에 반한다고 할 수 없다."(헌재 2009. 11. 26. 선고 2007헌마1424 전원재판부 결정)

　이 결정문에서 '계자'라는 용어를 사용하고 있으나, 계자는 '전처의 출생자'가 아니므로, 계자라고 표현하여서는 안 된다. 좀 길더라도 **'전처의 출생자'**라고 표현하여야 정확하게 그 의미를 전달할 수 있다.

　개정민법(1991년 1월 1일 시행 법률 제4199호) 부칙 제4조(모와 자기의 출생 아닌 자에 관한 경과조치)는 '이 법 시행일전에 발생한 전처의 출생자와 계모 및 그 혈족·인척사이의 친족관계와 혼인 외의 출생자와 부의 배우자 및 그 혈족·인척사이의 친족관계는 이 법 시행일부터 소멸한다.'고 규정하고 있다.

　헌재 결정문에서 말하는 '계자'는 개정민법 부칙 제4조와 결정문이 표현하려고 의도하는 '전처의 출생자'가 아니라, 아래의 설명에 따르면, 오히려 문자 그대로 '계모의 출생자'가 된다. 이는 결정문 전체의 취지와는 전혀 다르게 표현한 결과가 되고 만다.

　계자의 의미를 사전에서 어떻게 설명하고 있는가?

　계자 : 繼子/系子 ① 양자(養子) 즉, 아들이 없는 집에서 대를 잇기 위하여 동성동본의 자녀 중에서 데려다 기르는 조카뻘 되는 아들 ② 의붓자식, 즉 개가하여 온 아내나 첩이 데리고 들어온 자식 ③ 계자(季子) : 막내아들(= 맨 나중에 낳은 아들).

　결정문에서 말하는 계자를 사전에 나오는 그대로 이에 적용시키면, 전혀 다른 결론에 이르고 만다. '계모가 사망하는 경우 **계자를 상속권자로 규정하지 않은 것**'이라고 써 놓았는데, 이는 '계모가 사망하는 경우 계자(계모가 데리고 들어온 자식, 혹은 막내아들)를 상속권자로 규정하지 않은 것'이라는 말이 되는바, 입법자가 그렇게 입법한 일이 없다. 개정민법 부칙 제4조에서 말하는 전처의 출생자는 헌재 결정문에서 사용하고 있는 용어 '계자'와 동일한 것이 아님을 주의하여야 한다. 동 결정문에서는 계자라는 용어를 여러 번 사용하고 있다. 용어의 의미를 모르고 사용하였을 것이다.
부디 최고의 헌법기관인 헌법재판소에서 그 이름으로 결정문을 작성할 때, 정확한 용어를 사용하여 그 결정문을 읽는 일반 국민들에게 혼동을 일으키게 하거나 오해하게 하는 일이 없도록 하여 주시기를 간절히 바란다."[1]

2.

박 변호사가 지적하는 바와 같이 과연 헌법재판소가 '계'자를 잘못 쓴 것일까?

계모(繼母)는 의붓어머니(義母) 즉 아버지가 재혼함으로서 생긴 어머니를 말하고, 계자(繼子)는 의붓자식 즉, 전남편이나 전처가 낳은 자식을 말한다. 영어로는 계모를 stepmother, 계자를 stepson이라고 한다. 박 변호사는 계자의 의미를 사전에 따라 다음과 같이 분류하고 있다.

"계자 : 繼子/系子 ① 양자(養子) 즉, 아들이 없는 집에서 대를 잇기 위하여 동성동본의 자녀 중에서 데려다 기르는 조카뻘 되는 아들 ② 의붓자식, 즉 개가하여 온 아내나 첩이 데리고 들어온 자식 ③ 계자(季子) : 막내아들(= 맨 나중에 낳은 아들)"

그러나 ① 양자(養子)는 계자가 아님은 분명하므로 더 이상 계자와 관련시킬 일이 없고, ③ 계자(季子)도 의붓자식 繼子와는 다른 개념이므로 문제될 것이 없다. 그런데 ② 의붓자식, 즉 개가하여 온 아내나 첩이 데리고 들어온 자식은 계자가 아니라 **가봉자(加捧子)**이다.

따라서 헌법재판소가 "계모가 사망하는 경우 **계자를 상속권자로 규정하지 않은 것은**"이라고 설시한 것에 아무런 잘못이 없다. 여기서의 계자는 바로 '전처의 출생자'를 의미하는 것이지 '계모의 출생자'가 아니다. 계모의 출생자는 당연히 계자가 아니라 재혼한 부(夫)의 **친생자**이다. 헌재 결정문에 쓴 '계자'를 계모가 데리고 들어온 자식, 혹은 막내아들로 오독(誤讀)할 사람은 없을 것이다.

1990년 개정민법에 의하여 구 민법의 계모자관계는 폐지되었다. 계모자관계를 폐지한 주된 이유는 계모자관계는 아무런 혈연관계가 없음에도 당사자의 의사를 전혀 고려하지 않고 법률로써 모자관계로 의제되는데 이는 조선시대부터 내려오던 가부장적 가족제도의 산물로서 오늘날의 가족생활관계에서는 그 타당성을 인정하기 어렵다는 점, 계부자관계는 인정하지 않으면서 계모자관계만을 인정하는 것은 양성평등의 원칙에 반하는 점, 당사자가 법적인 모자관계를 원한다면 입양신고를 함으로써 친생자관계와 똑같은 효과를 얻을 수 있고, 계모와 계자 상호간에 재산의 이전을 원한다면 증여나 유증 등에 의하여 상속에 준하는 효과를 얻을 수 있는 점 등을 들고 있다.

3.

현행 민법상으로는 1991년부터 계모자관계가 법정혈족관계에서 삭제되었으므로 계모와 의붓자식 사이는 친자관계도 아니고 단지 인척(혈족의 배우자)에 불과하다. 구법에서는 계모와 계자 사이에서 법정혈족관계가 인정되었으나, 이제는 법적으로 남남이다. 적모서자(嫡母庶子)관계도 폐지되어 남남이 된지 오래다. 이제는 계모는 의붓자식에 대하여 친권을 행사하지 못하고 의붓자식은 계

---

[1] 박동섭, "판결문과 한글", 법률신문 입력 : 2019-02-21 오전 10:36:32

모의 유산을 상속하지 못한다(구민법 당시에는 의붓자식이 계모의 유산을 상속할 수 있었다). 헌법재판소는 2009. 12. 7. 계모(繼母)가 사망할 경우 계자(전처 소생의 자녀)는 상속인이 될 수 없다고 규정한 민법 조항은 헌법에 위반되지 않는다고 결정했다. 구 민법(1990년 개정 전) 제773조는 "전처의 출생자와 계모 및 그 혈족, 인척 사이의 친계와 촌수는 출생자와 동일한 것으로 본다."고 규정하여 친생자와 동일한 지위를 갖게 되는 전처의 출생자는 계모의 상속인이 될 수 있었으므로, 위 구 민법 시행 당시 계모의 모가 사망한 경우 계모가 그 전에 이미 사망하였다면 전처의 출생자가 사망한 계모의 순위에 갈음하여 대습상속을 하게 된다(대법원 2009. 10. 15. 선고 2009다42321 판결). 여기서 '전처의 출생자'가 바로 계자이다.

의붓자식이 계모를 살해한 경우 존속살해죄가 아닌 단순살인죄로 처벌된다.
구법상 법정혈족관계는 계모자(繼母子)·적모서자(嫡母庶子)관계 및 양친자(養親子)관계가 있었으나 1990년 개정법에서 계모자·적모서자관계를 폐지하여 이를 인척관계로 바꾸었고 현재 법정친자관계로는 양친자, 친양자관계만 인정된다. 종전에는 계모는 전처 소생의 자식에 대하여, 적모는 혼인외의 자식에 대하여 어머니로서 생모에 앞서서 이들에 대한 친권을 행사하였고 그 때문에 그 자식과의 이해충돌의 경우 많은 모순이 노출되었다.

다음의 사례를 살펴보자.

> 〈사례〉 부모로부터 많은 토지를 물려받은 甲녀가 乙남과 결혼하여 딸만 셋을 낳자 乙과 시어머니가 甲을 구박하면서 아들을 낳아야 된다고 하면서 丙녀와 살림을 차리고 甲이 물려받은 재산의 반을 팔아 갔고, 乙은 丙과의 사이에서 아들 丁을 낳아 친자식처럼 입적시켰다. 丁의 얼굴도 모른 채 甲의 동의도 없이 丁이 甲의 자식이 된 것이다.
> 그런데 乙의 사망 후 丁이 甲을 찾아와 행패를 부리면서 자기가 대를 이을 아들이므로 재산을 차지하겠다고 한다. 甲은 함께 고생하면서 재산을 모은 딸들에게 재산을 주고 싶고 丁에게는 한 푼도 주고 싶지 않지만 종전 법에 의하면 丁에게 당연히 상속권이 인정되었다.

여기서 甲이 서자(庶子) 丁에 대한 적모(嫡母)인데 적모서자관계는 첩제도의 잔존물로서 처의 인격에 대한 모욕이고, 계부자(繼父子)관계는 인정하지 않으면서(계모가 데리고 들어온 전남편의 자녀와 현 남편과의 사이에는 부자관계가 없다) 계모자관계만 인정하는 것은 불평등하다는 비판이 제기되어 1990년 개정법에서는 계모자관계도 폐지하게 되었다. 1990년 개정민법이 시행된 이후에는 계모자나 적모서자 사이에는 더 이상 상속권이 인정되지 아니한다.

따라서 위 사례의 경우 甲은 첩인 丙이 낳은 아들 丁에게는 전혀 상속을 해주지 않을 수 있게 되었다. 계모자·적모서자 사이에 모자관계는 발생하지 않으나 인척관계는 있으므로 상호간에 부양의무가 있고, 계모자·적모서자관계에 있는 경우 입양신고를 함으로써 친모자관계를 맺을 수 있다.

1990년 개정법에 의해 계모자·적모서자 사이에서는 친권·상속권이 발생하지 않게 된 것은 대단히 중요하다.

4.

어제 오늘의 일이 아니지만 계모(繼母)의 의붓자식(繼子) 학대가 논란이 되고 있다. 신데렐라나 백설공주, 장화홍련전이나 콩쥐팥쥐전 등에서 계모와 학대당하는 의붓딸이 주인공으로 설정될 정도로 먼 옛날부터 계모는 의붓자식에게 있어서 악의 화신으로 그려졌다. 이방원은 왕자의 난을 통해 계모(이성계의 후처) 강 씨가 낳은 이복동생을 죽이고 조선의 3대 왕 태종이 된 후 계모인 강 씨가 묻힌 정릉을 파헤쳐 묵사발을 만들어버린다. 원래 강 씨가 묻혔던 정릉은 현재의 서울 정동에 있었는데 성북구 정릉으로 옮겨졌다.

이혼이 늘고 재혼도 늘면서 아이들과 새엄마, 새아빠와 사이에 갈등이 생기는 경우가 많다. 어머니가 다른 이복(異腹)형제뿐만 아니라 아버지가 다른 동복(同腹)형제사이에서도 갈등이 잠복해 있는 경우가 많다. 계모에 대한 편견으로 계모의 의붓자식 학대가 문제가 많이 되는 듯 하지만 사실 친부모가 아동을 학대하는 경우가 훨씬 많다. 친부모든 계부모든 어떻게 나이 어린 자식을 개 패듯 때려죽일 수 있는 것인지 알다가도 모를 일이다. 아마도 인간을 빼고 자기 자식을 때려죽이는 짐승은 없을 것이다.

'아동학대범죄의 처벌 등에 관한 특례법' 제4조에 따르면 아이를 때려 숨지게 한 사람은 5년 이상의 징역 또는 무기징역에 처하게 돼 있고(아동학대치사), 제5조에 의하면 아동학대범죄를 범한 사람이 아동의 생명에 대한 위험을 발생하게 하거나 불구 또는 난치의 질병에 이르게 한 때에는 3년 이상의 징역에 처하도록 돼 있다(아동학대중상해).

계모가 전처소생인 의붓자식 즉 계자에게 부양료를 청구할 수 있는가? 서울가정법원은 계모가 전처소생에게 부양료 지급을 청구하기 위해서는 계모가 전처소생의 친부와 부부 공동생활을 하거나 적어도 그 친부가 생존해 있어야 하고, <u>친부가 사망한 경우에는 전처소생과 생계를 같이하는 경우에 한하여 그 전처소생에게 부양료지급을 청구할 수 있다</u>고 판시한 바 있다(서울가정법원 2007. 6. 29.자 2007브28 결정).

"민법 제826조 제1항에 의하면 부부는 동거하며 서로 부양하고 협조할 의무가 있고, 이에 따라 부부는 대체로 공동생활을 하고 있으므로 직계혈족의 배우자를 직계혈족과 구분하여 부양의무에 차이를 두는 것은 부양권리자나 부양의무자의 측면에서 모두 현실적으로 의미가 없다는 점(즉, 부양권리자인 직계혈족이 받는 부양은 당연히 부양권리자의 부부공동생활을 위하여 사용되고, 부양의무자인 직계혈족이 부담하는 부양은 마찬가지로 부양의무자의 부부공동생활에 부담이 되는 것이다)을 고려하여 직계혈족과 같은 범위에서 부양의무를 부담하게 한 것으로 볼 수 있다.

따라서 민법이 직계혈족의 배우자와의 관계에 있어서도 직계혈족과의 관계와 마찬가지로 직계혈족을 제외한 기타 친족에 비하여 보다 넓은 범위에서 부양의무를 인정하는 것은 직계혈족의 배우자의 경우 직계혈족과 부부 공동생활을 한다는 점에 기인한 것이라고 할 것이므로, 민법 제974조 제1호에 규정된 직계혈족의 배우자는 직계혈족과 부부공동생활을 하는 배우자로 제한하여 해석하여야 한다.

설령, 민법 제974조 제1호를 위와 같이 제한적으로 해석할 수 없다고 하더라도, 적어도 직계혈족이 사망한 경우 그 직계혈족의 생존 배우자와의 관계는 민법 제974조 제1호에 해당한다고 볼 수 없다. 왜냐하면, 민법 제974조 제1호는 "직계혈족 및 그 배우자간"이라고 규정하고 있는바, 배우자관계는 혼인의 성립에 의하여 발생하며, 당사자일방의 사망 또는 혼인의 무효·취소, 이혼으로 인하여 소멸하는 것이므로 직계혈족이 사망함으로써 직계혈족과의 배우자관계는 소멸되었기 때문이다. 물론, 민법은 부부의 일방이 사망하여도 인척관계는 바로 종료되는 것이 아니라 생존 배우자가 재혼하는 경우에 종료한다고 규정하고 있으므로 배우자인 직계혈족이 사망하여도 친족관계는 그대로 유지되고 있으나 이로 인한 부양의무는 민법 제974조 제3호에 따라 생계를 같이 하는 경우에 한하여 인정되는 것이다. 결국, 민법은 "직계혈족 및 직계인척간"이라고 규정하지 않고 "직계혈족 및 그 배우자간"이라고 규정함으로써 직계혈족의 배우자와의 관계에 있어, <u>직계혈족이 생존해 있다면 부양의무자와 부양권리자가 생계를 같이 하는지와 관계없이 부양의무를 인정하고 직계혈족이 사망하면 부양의무자와 부양권리자가 생계를 같이하는 경우에 한하여 부양의무를 인정하며 생존배우자가 재혼함으로써 인척관계가 종료되면 부양의무를 부담시키지 않는 것이다.</u>

이 사건에서 상대방의 아버지인 망 A가 사망함에 따라 청구인은 상대방의 직계혈족인 A와 부부공동생활을 하고 있지 않을 뿐만 아니라 A와의 배우자관계도 소멸되었으므로, 청구인과 상대방의 관계는 민법 제974조 제1호에 해당한다고 볼 수 없다. 따라서, 상대방은 청구인에게 민법 제974조 제1호에 기한 부양의무를 부담하지 아니한다.

또한, 청구인은 상대방의 계모로서 인척1촌에 해당하는 친족이므로 민법 제974조 제3호에 따라 청구인과 상대방이 생계를 같이하는 경우에 한하여 상대방은 청구인에게 부양의무를 부담하나, 청구인과 상대방이 생계를 같이한다고 인정할만한 아무런 자료가 없으므로, 상대방은 청구인에게 민법 제974조 제3호에 기하여도 부양의무를 부담하지 아니한다.

따라서 어느 모로 보나 상대방은 청구인에게 부양의무를 부담하지 아니한다."

자동차종합보험에서 가족운전한정특약에 가입한 경우 계모가 피보험자동차를 운전하다고 사고를 낸 경우 보험회사는 계모가 법률상의 모가 아니어서 가족운전자 특별약관에 정해진 가족의 범위에 포함되지 아니하므로 보험금지급의무가 없다고 주장할 수 있는가? 가족운전자 한정 특별약관의 용어풀이에서 '기명피보험자의 부모와 양부모, 배우자의 동거 중인 부모와 양부모, 법률상의 배우자 또는 사실혼관계에 있는 배우자, 법률상의 혼인관계 또는 사실혼 관계에서 출생한 자녀, 양자, 양녀 및 며느리'를 기명피보험자의 가족으로 풀이하여 그 범위를 상당히 넓히고 있는 점 등을 고려할 때에, 여기에서 가족의 범위는 반드시 법률상의 가족관계에 한정할 것은 아니고, 실질적인 가족공동체를 이루면서 가족윤리나 사회윤리의 지배를 받는 사실상의 가족관계의 구성원이 모두 포함된다고 보아야 하므로, <u>계모도 가족운전자 특별약관상의 모에 포함되는 것으로 본다</u>(대법원 1997. 2. 28. 선고 96다53857 판결).

5.

이혼과 재혼이 증가하면서 재혼 후 재혼한 처와 전처소생의 자를 두고 고민에 빠진 남성들이 많다. 혹시 나중에 재혼한 처와 다시 이혼하게 되는 경우 재산관계를 정리해 둘 방법이 없는가 하는 점을 많이 물어본다. 재혼하면서 이혼을 염려하는 것은 초혼인 전처와 이혼하면서 겪었던 재산분할싸움이 잠복해 있을 것이다.

　재혼한 처와 혼인신고를 하면서 부부재산약정을 맺더라도 이혼하기 전 재산분할약정은 하나마나 무효가 된다. 결혼 전 부부재산약정으로 재산분할을 이미 정해두었다고 하더라도 재산분할에 관한 그 약정은 법적인 효력이 없다. 판례가 이혼 시의 재산분할청구권은 이혼할 때 비로소 발생하는 것이므로 이혼 확정 전에 아직 발생하지도 않은 재산분할권을 미리 포기할 수 없다고 보고 있기 때문이다. 재혼한 처와의 이혼시의 위자료와 재산분할을 피하기 위해서 혼인신고를 하지 않는 경우에도 사실혼에도 법률혼과 마찬가지로 헤어질 경우 위자료와 재산분할청구권이 인정되므로 혼인신고를 하지 않았다고 해서 위 문제에서 벗어날 수도 없다. 모든 재산을 전처소생의 자식에게 재산을 물려주도록 유언을 한 경우에도 혼인신고를 한 배우자에게 유류분이 인정되고, 혼인신고를 해주지 않는다고 하더라도 배우자가 혼자 혼인신고를 할 수 있는 방법도 있다. 계자와 계모 사이가 문제되고 이리저리 재산문제로 골머리가 아프다면 재혼은 숙고하는 편이 낫다.

　앞으로 재혼가정의 주민등록표 등·초본에서 재혼 사실이 노출되지 않도록 '세대주와의 관계' 표시에 선택권이 부여된다. 이에 따라 재혼가정의 경우 당사자들의 동의만 있으면 주민등록표상 표기를 계부·계모·배우자의 자녀에서 부·모·자녀로 변경이 가능해진다.[2]

---

[2] 2021. 7. 4. 행정안전부는 이 같은 내용을 담은 '주민등록법 시행령 일부개정안'을 7. 5.부터 입법예고했다.

12 고유정 사건과 법의 거미줄
― 상속, 친권상실, 미성년후견인 지정, 유아인도 등을 중심으로 ―

1. 고유정 사건과 법적 포커스

고유정이 이혼한 전남편 강 모 씨를 엽기적인 방법으로 살해하고 사체를 유기한 혐의로 기소되어 무기징역형을 받고 대법원에서 최종 유죄가 확정되었다. 그러나 재혼한 남편의 아들을 살해한 혐의에 대하여는 대법원에서 무죄판결이 확정되었다. 제주도 조천의 조그만 마을 펜션에서 발생한 역대급 前代未聞의 사건은 이제 사람들의 뇌리에서 멀어지고 있다(이하에서는 부득이 '고유정'이라는 실명을 쓴다).

고문이 횡행하던 규문주의 시대였다면 범죄혐의자의 주리를 틀어 간단하게 시신의 행방을 알아낼 수 있었을 터인데 인권존중의 시대에 피의자나 피고인이 묵비권을 행사하며 입을 틀어막으면 달리 입을 열게 할 뾰족한 방법이 없다. 얄밉지만 피의자나 피고인의 인권을 존중하지 않으면 안 되는 시대에 형사소송법은 이와 같은 '악마'를 위한 법전의 역할에 충실할 뿐이다.

여기서 형사절차와는 별도로 법의 거미줄이 얽혀있는 민사 및 가사사건의 개요를 살펴보기로 한다.

2. 상속

우선 고유정의 살해로 사망한 강 모 씨(이하 '망인'이라 함)의 재산상의 권리의무는 사망시점에 상속인에게 포괄적으로 승계된다. 고유정과 이혼한 전 남편인 망인 사이에는 5세의 아들이 있는데 이 아들이 망인의 직계비속으로 유일한 상속인이다. 고유정은 망인과 이미 이혼 상태로 법률상 배우자가 아니므로 상속권이 없다. 망인에게 직계비속인 아들이 있는 이상 망인의 부모 등 직계존속이나 형제자매에게 상속권이 없음은 물론이다.

고유정이 망인과 이혼 후 현 남편과 재혼한 후 재혼한 남편의 아들의 질식사가 문제되고 있다. 망인의 아들은 고유정의 현 남편과 계부자(繼父子) 관계에 있고 이들 사이에는 법정혈족관계가 없다. 고유정의 현 남편이 망인의 아들을 친양자로 입양했다면 망인의 아들은 망인의 상속인이 될 수 없으나 친양자 입양사실은 없는 것으로 보인다. 고유정이 망인의 상속인이 될 수 없는 이상 더 이상 상속결격 문제도 생기지 않는다.

망인에게 재산이 없고 채무만 있는 상태라면 망인의 상속인이 한정승인이나 상속포기를 해야 하는데 망인이 미성년자이므로 법정대리인이 대리하여 포기신고가 가능하고, 미성년자는 법정대리인의 동의를 얻더라도 미성년자 본인이 자기 이름으로 포기신고는 불할 수 없다.

고유정은 망인과 이혼하면서 아들의 친권자 및 양육자를 고유정으로 지정받았으므로 고유정은 아들에 대한 이 친권의 효력으로 아들의 재산관리권한을 갖게 된다. 아들이 상속받은 망인의 유산을 망인을 살해한 고유정이 아들의 친권자의 자격으로 좌지우지할 수 있게 되는 고약한 상황이 된다. 고유정이 교도소에 수감 중이지만 자신의 대리인을 선임하여 위와 같은 권한을 위임할 수도 있다. 망인의 유족들로서는 이런 상황을 袖手傍觀할 수만은 없게 된다.

3. 친권상실

사람은 만 19세로 성년에 이르게 된다(민법 제4조). 미성년자도 권리능력은 있으나 행위능력은 없다. 미성년자와 같은 제한능력자(종전의 행위무능력자)에게는 법정대리인이 있어야 하고, 친권자가 미성년자의 법정대리인이 된다(민법 제909조). 이 사건에서는 고유정이 망인과 이혼하면서 아들의 친권자로 지정되었다.

친권은 자녀의 복리실현을 위하여 법률에 의해서 부모에게 인정된 실정법상의 의무인 동시에 권리이다. 따라서 부모는 자녀의 복리에 적합하게 친권을 행사할 의무를 부담하고 이러한 의무에 위반하여 자녀의 복리를 위태롭게 할 때에는 아동의 보호의무를 지고 있는 국가가 개입하여 필요한 조치를 취해야만 한다. 다만 부모로부터 친권을 박탈하는 친권상실선고는 법원이 취할 수 있는 가장 강력한 수단으로 함부로 발동해서는 아니 되고 그 선고에는 신중한 판단이 필요하다.

이러한 견지에서 민법은, "가정법원은 부 또는 모가 친권을 남용하여 자녀의 복리를 현저히 해치거나 해칠 우려가 있는 경우에는 그 친권의 상실 또는 일시 정지를 선고할 수 있다"고 규정하는 한편(제924조 제1항), "가정법원은 거소의 지정이나 징계, 그 밖의 신상에 관한 결정 등 특정한 사항에 관하여 친권자가 친권을 행사하는 것이 곤란하거나 부적당한 사유가 있어 자녀의 복리를 해치거나 해칠 우려가 있는 경우에는 구체적인 범위를 정하여 친권의 일부 제한을 선고할 수 있다"고 규정하고(제924조의2), "제924조에 따른 친권 상실의 선고는 같은 조에 따른 친권의 일시 정지, 제924조의2에 따른 친권의 일부 제한 또는 그 밖의 다른 조치에 의해서는 자녀의 복리를 충분히 보호할 수 없는 경우에만 할 수 있다"고 규정한다(제925조의2 제1항). 한편 아동복지법은 제18조 제1항에서 친권상실사유로 친권남용 뿐만 아니라 현저한 비행이나 아동학대, 그 밖에 친권을 행사할 수 없는 중대한 사유를 규정하고 있다.

따라서 <u>친권상실선고를 위해서는, ① 친권남용, ② 현저한 비행, ③ 아동학대, ④ 그 밖에 친권을 행사할 수 없는 중대한 사유 중 하나의 친권상실사유가 존재하고</u>, 이로 말미암아 <u>자녀의 복리를 현저히 해치거나 해칠 우려가 있어야 한다</u>. 반면에 친권자가 친권을 행사하는 것이 곤란하거나 부적당한 사유가 있지만 위에서 열거한 친권상실사유에까지 해당한다고 보기 어렵거나 친권의 일부 제한 등의 다른 조치에 의해 자녀의 복리를 충분히 보호할 수 있는 경우에는 친권 전부를 상실시키는 선고를 하여서는 아니 되고, 이러한 경우 친권상실선고의 청구에도 불구하고 법원은 친권상실선고 대신 친권의 일부 제한 등을 선고할 수 있다(대전고등법원 2018. 1. 17. 자 2017브306 결정).

민법은 친권 남용 등의 중대한 사유가 있는 때 법원이 친권 상실을 선고할 수 있다는 규정만을 두고 있었으나(민법 제924조), 2014. 10. 15. 법률 제12777호로 민법을 개정할 당시 <u>친권상실 선고</u> 외에도 <u>친권의 일시 정지</u>(민법 제924조)와 <u>친권의 일부 제한</u>(민법 제924조의2)을 선고할 수 있다는 규정을 신설하고 친권 상실 선고 등의 판단 기준도 신설하였다(민법 제925조의2).

가사소송규칙 제93조는 (마)류 가사비송사건에 대하여 가정법원이 가장 합리적인 방법으로 청구의 목적이 된 법률관계를 조정할 수 있는 내용의 심판을 하도록 하고 있고(제1항), 금전의 지급이나 물건의 인도, 기타 재산상의 의무이행을 구하는 청구에 대하여는 청구취지를 초과하여 의무의 이행을 명할 수 없다고 하면서도 자녀의 복리를 위하여 양육에 관한 사항을 정하는 경우를 제외하고 있다(제2항).

위와 같은 규정 내용과 체계 등에 비추어 친권 상실이나 제한의 경우에도 자녀의 복리를 위한 양육과 마찬가지로 가정법원이 후견적 입장에서 폭넓은 재량으로 당사자의 법률관계를 형성하고 그 이행을 명하는 것이 허용되며 당사자의 청구취지에 엄격하게 구속되지 않는다고 보아야 한다. 따라서 민법 제924조 제1항에 따른 친권 상실 청구가 있으면 가정법원은 민법 제925조의2의 판단 기준을 참작하여 친권 상실사유에는 해당하지 않지만 자녀의 복리를 위하여 친권의 일부 제한이 필요하다고 볼 경우 청구취지에 구속되지 않고 친권의 일부 제한을 선고할 수 있다(대법원 2018. 5. 25.자 2018스520 결정).

친권상실을 신청하려면 자녀의 친족(8촌 이내 혈족·4촌 이내 인척·배우자) 또는 검사가 친권상실을 청구하고 가정법원이 부모에 대해 이를 선고하는 절차를 거쳐 친권을 박탈한다. 친권상실 선고 사건은 가정법원 합의부 관할사건으로 청구인은 조정전치주의에 따라 가정법원에 조정을 먼저 신청해야 한다.

망인의 유가족들은 2019. 7. 18. 제주지법에 고유정을 상대방으로 하여 친권상실을 청구하였다. 유족 측은 "잔혹한 패륜 범죄를 저지른 자의 친권을 상실시킬 필요성이 매우 크고, 망인의 자녀 복리와 장래를 위해 하루빨리 고유정 친권이 상실되고 후견인이 선임돼야 한다"고 주장했다. 유족들은 망인이 소유하고 있는 각종 특허권 등 재산의 상속인이 아들로 돼 있는 만큼 잔혹한 범죄를 저지른 고유정이 친권을 행사하여서는 안 된다고 강조했다. 후견인으로는 망인의 남동생을 지정해 줄 것을 요구했다. 그런데 고유정은 대리인을 선임하여 아들의 친권을 포기할 수 없다는 취지의 답변서를 제출한 것으로 알려져 있다.

그러나 전 남편인 망인을 잔혹한 방법으로 살해한 혐의로 구속되어 무기징역 등 중형이 예상되는 고유정에게 아들의 친권을 행사하도록 하는 것은 어느 모로 보나 부적당함이 명백하므로 고유정의 친권은 상실되어야 함이 마땅하다. 감옥에서 무슨 놈의 친권을 행사한다는 말인가? 친권의 일시 정지나 제한도 더 이상 의미가 없다. 망인의 유족들로서는 고유정이 아들을 통하여 전 남편의 재산권을 행사할 조짐이 있으면 바로 고유정을 상대로 친권상실 본안판단이 나오기 전에 친권행사금지가처분신청을 통하여 현상을 묶어둘 필요가 있다.

제주지방법원은 2020. 10. 9. 피해자 유족이 망인과 고유정 사이에서 낳은 아들을 되찾기 위해 제기한 '친권상실' 청구를 받아들였다.

4. 미성년후견인선임

문제는 친권상실이나 제한이 아니라 망인의 아들에 대한 미성년후견인으로 누구를 선임하는가에 있다.

미성년자에 대하여 친권자가 없거나 친권자가 법률행위의 대리권 및 재산관리권을 행사할 수 없는 때에는 그 후견인을 두어야 한다(민법 제928조). 개정민법에 따라 2013. 7. 1.부터는 미성년후견인을 두어야 한다. 미성년후견인은 1인으로 되어 있다(민법 제930조). 후견인은 친권자가 유언으로 지정할 수 있고, 이러한 지정후견인이 없으면 미성년자의 직계혈족, 3촌 이내의 방계혈족의 순위로 법정후견인이 되었으나, 2013. 7. 1.부터는 유언으로 지정된 미성년후견인이 없는 경우에는 가정법원이 직권으로 또는 미성년자, 친족, 이해관계인, 검사, 지방자치단체의 장의 청구에 의하여 미성년후견인을 선임하도록 되어 있다(민법 제932조). 친권상실 등으로 미성년후견인이 없게 된 경우에도 이와 같은 방식으로 미성년후견인을 선임하고 종전과 같은 법정후견제도는 폐지되었다.

다음과 같은 사례가 있었다.

망 甲남과 乙녀 사이에 자식 A, B가 있었다. 甲은 2012. 4. 24. 乙과 협의이혼신고를 하면서 A에 대한 친권자로 어머니인 乙을, B에 대한 친권자로 아버지인 甲을 각 지정하였다. 甲은 2014. 4. 29. 사망하였다.

乙은 甲과 불화를 겪다가 B가 태어난 직후부터 별거하였고, 그때부터 할아버지인 청구인이 아이들을 양육하였다. 甲과 乙은 2010년 무렵 재결합하여 A는 직접 양육하였으나, B는 甲과 함께 지냈다. 그 후에도 甲과 乙 사이에 갈등이 발생하여 그들은 2012년 초부터 별거하였는데, 별거 이후 乙은 甲 및 아이들과 연락하거나 만나지 아니한 채 지냈으며 그 후 현재까지 할아버지인 청구인이 아이들을 양육하고 있다. 乙은 K와 재혼하여 2013. 10. 22. 혼인신고를 마치고 2014. 5. 13. 그 사이에서 아들을 출산하였다.

청구인은 아파트 경비원으로 월 약 130만원의 수입이 있고 아이들의 할머니는 전업주부이며, 청구인의 거주지는 38평의 방 3개가 딸린 아파트인데 아이들은 조부모, 고모 및 삼촌과 함께 거주 중이다. 고모는 어린이집에 재직하고 있고 삼촌은 보험회사에 근무하여 각각 일정한 수입을 가지고 있다. 초등학교에 다니는 아이들의 방과 후에는 할머니, 고모 등 함께 거주하는 친족들이 사건본인들을 돌보고 있다.

甲이 사망한 후 아이들이 망인으로부터 상속받은 채무가 적지 않아 상속포기를 해야 하는 상황인데다 초등학교에 다니는 아이들을 위한 사회복지서비스를 신청하는 데 일일이 乙의 동의를 구하여야 하는 등 청구인이 실제 양육자로서 어려움을 겪게 되자 이 사건 미성년후견인선임청구를 하였다.

乙은 이 사건에서 아이들에 대하여 적극적인 양육의지를 나타내지는 아니하였다. 실제로 가사조사 중 진행된 아이들과의 면접교섭에서 乙은 약 2년 만에 처음 보는 아이들을 대면하고도 애틋한 감정을 나타내지는 아니하고 아이들의 의사를 존중하겠다는 태도를 보였다. 乙과 면접교섭 과정에서 A는 약 1년 6개월 정도 乙과 함께 생활을 한 경험이 있어 어머니에 대한 관심을 나타냈으나 동생인 B는 별다른 의사표현을 하지 않았고 관계인에 대한 애착도 나타내지 않았다. 가사조사관은 아이들이 우선적으로 조부모와 함께 살기를 희망하면서 乙과도 지속적인 교류를 원하는 것으로 평가하였다. 가사조사 시 청구인, 아이들의 할머니, 삼촌과 乙 및 외할머니가 함께 한 자리에서 서로를 비난하며 욕설까지 하는 등 청구인 측과 乙 측의 갈등의 정도가 매우 심각하였다.

위와 같이 청구인을 포함한 아이들의 조부모가 망인과 乙의 협의이혼 이전 및 이후 적지 않은 기간 동안 아이들을 양육하였고, 특히 B는 출생 이후 줄곧 조부모가 양육하였다. 아이들이 초등학교 저학년으로 아직 어린 나이이고 乙이 사건본인들의 어머니이기는 하지만, 오랜 기간 안정적으로 형성된 양육환경을 변경하는 것은 미성년자의 복리 측면에서 바람직하지 않다.

A는 乙에게 애착을 보이고는 있으나, 현재의 양육상황이 변경되는 것을 원하지 않고 있고 B는 乙에 대하여 서먹한 감정을 가지고 있으며 애착관계가 형성되어 있지 않다. 乙도 망인과 이혼한 이후 아이들과 연락을 하거나 만나지 않았으며 적극적으로 양육하겠다는 의사를 나타내지도 않고 있는데다 이미 K와 재혼하여 그 사이에 이제 막 돌이 지난 아이를 양육하고 있다. 乙의 남편인 K가 乙이 친권자로서 아이들을 직접 양육하는 데 동의하고 있는지도 알 수 없다.

이러한 상황에서 아이들에 대한 친권자 및 양육자로 乙이 지정된다면, 갓 돌이 지난 아이를 양육하여야 하는 乙의 양육능력의 한계, 계부와의 관계 등에 비추어 그 양육환경이 아이들의 복리에 반드시 적합하다고 보기 어렵다.

청구인은 비록 많은 수입을 올리고 있지는 않지만, 일정한 수입이 있는 아이들의 고모나 삼촌이 경제적 지원을 해 줄 수 있는 상황으로 보이고, 아이들의 할머니가 전업주부로서 시간적으로 아이들과 접촉할 기회가 많다.

아이들을 양육하고 있는 청구인으로서는 친권자나 후견인이 아니어서 한부모 가정을 위한 사회복지서비스를 신청하는 데 乙의 동의를 받아야 하므로 불편이 따르고 그때마다 원만하지 않은 양측의 갈등이 유발될 소지가 크다. 이 또한 아이들의 복리에 나쁜 영향을 끼치는 요소가 된다.

먼저 B의 경우, 망인과 乙의 협의이혼 후 단독 친권자인 망인이 사망하여 친권자가 없게 되었고, 앞에서 본 사정들을 참작하면 민법 제909조의2 제3항에 따라 B의 복리를 위하여 청구인을 그 미성년후견인으로 선임하는 것이 옳다.

다음으로 A의 경우, ① 친권상실의 사유를 규정하고 있는 민법 제924조는 '친권을 행사시킬 수 없는 중대한 사유'를 그 요건 중 하나로 들고 있는데 학설은 객관적인 사정에 비추어 볼 때 친권자에게 자(子)의 적절한 보호와 교양을 기대할 수 없는 경우, 예컨대 사실상 이혼 후 아버지가 자식을 양육하다가 사망하였는데 어머니는 이미 다른 남자와 사실혼 관계에 들어가 두 아이를 낳아 양육하고 있어서 자녀들을 돌볼 수 없는 때를 그 예로 들고 있으며, 한편 단독 친권자가 친권을 행사할 수 없는 중대한 사유가 있는 경우에는 민법 제927조의2 제1항 본문에 따라 준용되는 민법 제909조의2 제3항에 의하여 법원은 미성년후견인을 선임할 수 있는데 '친권을 행사할 수 없는 중대한 사유'라는 요건은 친권상실의 경우와 동일하므로 결국 단독 친권자에게 자(子)의 적절한 보호와 교양을 기대할 수 없는 경우에는 미성년후견인을 선임할 수 있다고 해석되는 점(다만, 가족관계등록부에는 미성년자에게 친권자와 미성년후견인이 모두 등재되어 그들 사이에 권한 충돌의 문제가 발생함에도 민법 등에는 이를 조정하기 위한 아무런 규정이 없어 문제가 되나, 이는 새로 선임된 미성년후견인이 친권자를 상대로 친권상실을 청구하는 등으로 해결할 수 있다고 보인다), ② 사건본인들은 형제로서 함께 양육되는 것이 바람직한데 동생인 B의 미성년후견인으로 청구인을 선임하는 점, ③ 그 밖에 A의 의사, 나이, 학업, 양육환경, 현재 A를 양육하고 있는 청구인 등의 경제능력과 양육의사, 친권자인 乙의 생활환경과 가족관계 등 미성년자의 복리에 관한 제반 사정들을 종합하면, 乙에게 A의 적절한 보호와 교양을 기대할 수 없어 친권을 행사할 수 없는 중대한 사유가 있다고 볼 것이므로, 민법 제927조의2 제1항 제4호, 제909조의2 제3항에 따라 청구인을 A의 미성년후견인으로 선임하는 것이 상당하다(제주지방법원 2015. 6. 3. 자 2014느단513 심판).

망인의 아들에 대한 미성년후견인으로 망인의 동생이 선임될지 아니면 고유정의 부모 등이 선임될지는 아들의 건전한 성장과 원만한 복리를 위해 바람직한가의 관점에서 위에서 본 바와 같은 여러 가지 사정을 참작하여 판단하게 된다.

제주지방법원은 위에서 본바와 같이 고유정에 대한 친권상실을 선고하면서 망인의 남동생을 미성년 후견인으로 선임하였다

5. 유아인도

예컨대 망인 아들의 미성년후견인으로 망인의 동생이 지정되었음에도 불구하고 고유정의 가족들이 망인 아들을 내어주지 않는 경우 미성년후견인이 고유정의 가족들을 상대로 유아인도청구를 해야 하는 상황이 생긴다.

예전에 부인이 친권자·양육자 소송에서 이겼더라도 남편과 살겠다는 아들의 의사 결정에 반해 강제로 아이를 데려올 수는 없다는 법원의 결정이 있다. 법원은 특히 집행관을 통해 아이를 데려올 때는 일반 동산과 달리 인간의 도리에 어긋남이 없도록 세심한 주의가 필요하다면서 '아빠와 살겠다'는 6세 유치원생의 의사결정을 존중하는 결정을 내렸다.

사건 발단은 부부의 이혼이었다. 2005년 11월 혼인신고를 한 A(39·여)씨와 B(42)씨는 3년 만에 파경을 맞았다. 이들은 이혼 소송 과정에서 공동 친권자로서 6개월마다 번갈아 아이를 기르자는 조정안에 동의했다. 그런데 남편 B씨가 약속을 어기고 6개월이 지난 뒤에도 아들을 부인에게 넘기지 않아 다시 법적 다툼이 벌어졌다.

A씨는 B씨를 상대로 친권자 및 양육자 지정과 변경을 위한 소송을 냈고 법원이 2009년 12월 A씨 손을 들어줬지만, B씨는 그래도 아이를 내놓지 않았다. 법원 집행관도 2010년 3월 '아이를 A씨에게 인도하라'는 결정에 따라 아이를 데리러 갔지만, B씨가 아이를 껴안고 강제집행에 불응해 어쩔 도리가 없었다.

2년여 뒤 아이는 만 6살이 됐다. 다시 시도된 강제집행에서 아이는 '엄마와 같이 가지 않겠다'고 자신의 의사를 분명히 밝혔다. 유치원까지 직접 찾아간 집행관은 아이가 받을 정신적인 충격과 교육상 악영향을 이유로 고심 끝에 빈손으로 돌아왔다. 이어 법원은 아이를 되찾기 위한 마지막 법적 수단으로 A씨가 낸 집행에 관한 이의 신청까지 기각한 사례였다(민사집행법 요해, p.378 참조).

이혼한 부부 중 양육권자가 자녀를 돌려달라는 소송을 내 이기더라도 판결을 집행할 때 자녀가 "안 간다"는 한마디만 하면 판결은 없던 일이 되고 만다. 양육권을 가진 쪽이 아이를 데려간 전 배우자를 고소할 수 있다. 하지만 자녀가 양육권이 없는 부모와 함께 살겠다고 말하는 이상 자녀 납치 혐의로 고소를 당하더라도 집행유예나 선고유예로 선처를 받는다. 피해를 보는 사례를 막을 수 있는 방법으로 이혼소송 때 판사가 전문가와 함께 자녀의 의사를 여러 차례 확인하고, 판결이 선고되면 강제집행을 할 수 있도록 하는 법 개정안을 발의한 상태이다.

6. 관련 사건의 회고

오래 전에 변호사 현업에 종사할 당시 아래와 같은 사건을 맡아서 처리한 적이 있다. 고유정 사

건은 전 남편을 살해한 사건이나 이 사건은 현 남편을 살해한 사건인 점에서 차이가 있을 뿐 유사한 법적 문제가 도사린 사건이었다.

서울 종로구에 거주하는 A, B 부부가 있었다. A는 꽤 재력이 있는 남자였고(청계천 복개 전 평화상가에 가게도 여러 개 있었다), 이들 부부 사이에는 초등학교 6학년생인 13세의 딸 C가 있었다. 그런데 B 女가 바람이 났다. B가 情夫와 짜고 남편(A)을 살해할 계획을 세웠다. A 가족이 해수욕장에 갈 때 情夫의 지시를 받은 자들이 A를 살해하려고 했으나 목적을 달성하지 못하고, A가 성묘를 갈 때도 목적을 달성하지 못하자, B와 情夫는 강도를 위장한 살인을 공모하게 되었다.

어느 날 밤 情夫의 지시를 받은 일단의 사람들이 A 가족이 살고 있는 주택에 침입하여 강도를 위장하여 A를 살해하고 튀었다. 관할 경찰서에서 사건을 수사했지만 사건은 오리무중이었고, 뚜렷한 단서를 잡지 못하고 갈팡질팡하고 있었다. 그 사이 B는 태연스럽게도 A의 장례를 치르고 A의 재산을 정리할 준비를 착착 진행하고 있었다. 한 달쯤 시간이 흘러갔다.

그런데 세상은 비밀이 없다. 아버지(A)가 죽던 그날 밤 아버지가 죽어가는 모습을 이불 속에서 달달 떨며 보고 있던 어린 딸 C가 있었다. C가 삼촌(A의 형)에게 "삼촌! 그날 밤 이상했어!!"라고 하면서 그날 느꼈던 기분을 이야기 했다. 삼촌은 "아차!"하고 바로 경찰서에 직보했고, 어딘가 아리송하고 있던 경찰은 B를 살인혐의로 긴급체포했다. 情夫는 체포하는 순간 음독하여 자살하고 말았고, 범행에 가담한 졸개들이 살인의 공범 또는 방조범으로 전부 구속됐다(情夫는 사망으로 '공소권 없음' 불기소결정). 당시 1심인 서울형사지방법원은 B에게 사형을 선고했고, 범행에 가담한 졸개들은 형의 가담정도에 따라 각 징역형을 선고받았다.

B가 서울고등법원에 항소를 제기한 상태에서(사형이나 무기징역이 선고된 판결에 대하여는 상소포기를 할 수 없도록 되어 있다. 형사소송법 제349조 참조) 나는 A의 형의 의뢰로 이 사건을 맡아서 처리하게 되었다. 그런데 여기서 A의 유산은 직계비속인 C만이 상속하게 된다. 배우자인 B는 상속결격자가 된다. 고의로 직계존속, 피상속인, 그 배우자 또는 상속의 선순위나 동순위에 있는 자를 살해하거나 살해하려한 자는 상속결격자에 해당한다(민법 제1004조 제1호). B가 살인죄로 기소되어 1심에서 사형판결을 받은 이상 B는 당연히 상속결결자로서 상속자격이 없다.

C는 미성년자로 행위능력은 없으나 권리능력은 있기 때문에 상속인은 될 수 있다. 그러나 행위능력은 없기 때문에 상속을 받을 수 있어도 상속재산을 처분하는 등 법률행위를 함에 있어서는 법정대리인의 동의가 있어야 한다. C의 법정대리인인 父 A는 살해당해 죽었고, 母 B만이 친권자로서 법정대리인이 된다. A는 후견인 지정 유언을 해놓은 것이 없었다. 실제로 후견인지정 유언을 하는 사람은 거의 없다. B가 구속되어 서울구치소에 앉아 있지만 졸개들에게 위임장을 작성해 주고 A의 재산들을 처분해버릴 위험이 다분히 있었다. 나는 서울구치소에 수감 중인 B를 접견하여 C에 대한 친권 등 모든 것을 포기할 것을 요구하였으나 1심에서 사형선고까지 받은 C는 무슨 욕심이 그리 많은지 요지부동이었다. 나는 우선 B가 C에 대한 친권을 행사하는 것을 막아야 했다.

급한 대로 C는 어머니인 B를 상대로 서울가정법원에 '친권행사금지가처분신청'을 냈다. 나는 당시 서울가정법원의 재판장을 찾아가 사정을 설명하고 조속한 가처분결정을 해줄 것을 요청했다. 당시의 재판장이 김능환 부장판사(후일 대법관과 중앙선거관리위원회 위원장 역임한 분으로 2012년 5월의 강제징용 대법원판결의 주심대법관이었다.)였는데 참으로 세월이 많이 흘렀다. 그 부장판사가 대법관까지 마치고 변호사를 하고 있으니~ 서울가정법원은 바로 "피신청인은 신청인에 대한 친권을 행사해서는 아니 된다."는 가처분결정을 내렸고, 나는 이 가처분 결정문을 수십 통 복사하여 A의 재산이나 예금 등에 대하여 손을 대지 못하도록 관련 금융기관 등에 내용증명 등을 통하여 뿌려 놓았다. 그리고 C가 B를 상대로 제기한 친권상실선고 본안사건에서도 승소했다. 이러한 경우 살인마인 B가 아무리 어머니라도 자식에 대한 친권을 행사하는 것은 말이 안 된다.

나는 B의 친권만 상실시켜 놓으면 A의 모친(C의 친할머니)과 형(C의 삼촌)도 있어서 이들이 C의 법정후견인이 되면 아무런 문제없이 A의 유산을 정리할 수 있을 것으로 판단했는데 이게 오산이었다. 친권행사금지가처분 결정을 받을 때 김능환 부장판사가 야릇한 눈길을 보내는 것이 꺼림칙하고 이상한 느낌이 들어 A의 형에게 빨리 B의 제적등본을 떼어가지고 오도록 했다. 그런데 아뿔싸! B의 어머니(C의 외할머니)도 있었다. 민법상 후견인은 1인으로 하도록 되어 있는데, C의 후견인이 될 수 있는 사람으로 C의 친할머니와 외할머니가 있었다. 친할머니나 외할머니나 다 미성년자인 C의 직계혈족이다. 친할머니는 부계직계혈족이고, 외할머니는 모계직계혈족이다. 후견인은 1인만 두도록 되어 있는데 친할머니와 외할머니 누가 C의 후견인이 되는 것인가?

그런데 당시 민법 제935조 제1항은 직계혈족 또는 방계혈족이 수인인 때에는 최근친을 선순위로 하고, 동순위자가 수인인 때에는 연장자를 선순위로 하여 후견인이 되도록 되어 있었다(물론 이 규정은 민법일부개정으로 2013. 7. 1.부터는 삭제되었다). C의 친할머니와 외할머니가 후견인 순위에서 동순위가 되고 이 경우 결국은 연장자가 C의 후견인이 되게 되었다. 그런데 또 아뿔싸!! 제적등본상 외할머니의 나이가 친할머니보다 한 살이 더 많은 것으로 되어 있었다. 결국은 민법에 따르면 C의 외할머니가 C의 후견인이 되고 C의 외할머니가 후견인 자격으로 C가 상속받은 A의 유산을 처분해버릴 수도 있었다. 이것을 막아야 되는데 이것을 막을 방법이 마땅히 없었다.

가정법원 판사들을 찾아다니며 물어보아도 별무대책이었고, 가족법에 일가견이 있는 원로 변호사님을 찾아가 물어보아도 신통한 답을 얻을 수 없었다. 원래 교수들은 사건처리능력이 없는 것을 잘 알지만 혹시나 해서 가족법 교수들에게도 이 사건에 관해 물어보니 역시 "별 희한한 사건이 다 있군요." 정도 밖에 답이 돌아오지 않았다.

변호사배상책임보험도 들어놓은 거 없는데 이거 큰일 나게 생겼다. 변호사가 사건처리과정에서 '선관주의의무'를 다하지 아니하여 의뢰인에게 손해를 입힌 경우 손해배상문제가 뒤따른다. 전문직인 변호사라면 관련 법령과 판례 등을 예의주시하여 의뢰인에게 손해를 끼치는 일이 없어야 하는데 위임의 본지인 '선량한 관리자의 주의의무'에 걸면 걸리지 않을 것이 없다. 어쨌든 외할머니의 후견을 뺏어오지 않으면 안 되는 절박한 상황에서 나는 고심에 고심을 거듭하다가 C가 외할머니를 상대로 후견인지위(순위)확인소송이라고 하는 시험소송을 제기하였다. 가사소송법에 이런 유형의 소송이나 비송은 없다.

이런 유형의 소송이 가능한지 의문이 있으나, 법원은 일단 심리기일을 열어 피신청인인 외할머니를 소환하였고, 외할머니는 포항에서 아침 첫 고속버스를 타고 법원에 나왔다. 그런데 외할머니는 딸(B)과 달리 마음씨가 고운 분이었다. 자신은 외손녀(C)만 잘 되면 되고, 돈도 후견인도 아무 필요가 없다고 하면서 판사 앞에서 모든 것을 포기하겠다고 하였다. 이때 만일 외할머니가 외손녀는 자기가 기르겠다고 한 마디만 했다면 모든 것을 빼앗길 뻔 한 一觸卽發의 아슬아슬한 순간이었다. 만일 그때 그 외할머니가 법원에 오기 전 법률사무소에 들려 상담이라도 했다면 큰 일 날 뻔 했다. 변호사들로서는 당연히 그 외할머니에게 외손녀의 후견인을 포기하지 말도록 조언했을 것이다. 나라도 그렇게 했을 것이다. 이로써 C의 친할머니가 C의 법정후견인이 되어 A가 남긴 유산을 정리할 수 있었다.

연장자 순으로 후견인이 되고 변경의 여지가 없었던 법정후견인에 대하여는 문제가 많았다. 이리하여 2005년 개정민법 제940조는 가정법원은 피후견인의 복리를 위하여 후견인을 변경할 필요가 있다고 인정되는 경우에는 피후견인의 친족이나 검사의 청구 또는 직권에 의하여 후견인을 변경할 수 있도록 하는 **후견인변경제도**가 도입되었다. 그리고 2011. 3. 11. 개정민법 제940조는 가정법원은 피후견인의 복리를 위하여 후견인을 변경할 필요가 있다고 인정하면 직권으로 또는 피후견인, 친족, 후견감독인, 검사, 지방자치단체의 장의 청구에 의하여 후견인을 변경할 수 있는 것으로 바뀌었다. 그리고 이 개정법이 2013. 7. 1.부터 시행되고 있다.

한편 B는 서울고등법원에서 무기징역으로 감형되어 현재 지방 모 교도소에서 복역 중인 것으로 알고 있다. B가 서울고등법원에서 재판을 받을 당시 B의 가족들이 수 차례 내 사무실을 찾아와 선처를 호소했으나 그리 쉽게 선처할 사안이 아니었다. 무기징역형을 선고받은 경우에도 죽을 때까지 교도소에서 복역하는 것이 아니라 평균 25년쯤 복역하면 가석방 등으로 석방되고 있다. A와 같이 죽은 자만 억울할 뿐이다.

13 양창수 교수의 「민법연구 제10권」 片想

　대법관을 역임한 양창수 교수님(이하 '양 교수'라고 약칭함)의 「민법연구 제10권」(박영사, 2019)을 몇 달 전에 구입하고서도 학교강의 일정 등에 쫓겨 제대로 읽지 못하고 있다가 2학기 종강 후 마저 읽어보았다. 기존의 「민법연구 시리즈」가 수준 높은 판례연구나 비교법적 연구 내지 민법 제도론에 천착한 '심중'한 논문 위주로 구성되어 있는 것에 비추어 재10권은 강연 원고 등 편하게 읽을 수 있는 글들이 많다.

　양 교수는 '**점묘**'라는 말을 쓰고 있는데("김증한 교수의 생애와 학문적 **점묘**", 민법학에서 법철학은 무엇인가-개인적 **점묘**-) 다소 현학적(衒學的)인 느낌이 드는 양 교수만이 쓸 수 있는, 보통사람들에게 확 와 닿지 않는, 쉽게 만날 수 없는 용어이다. '점묘'가 한글로만 되어 있어 더욱 그렇다. 화법(畫法) 중에 '점묘법'이라고 있는데 화면의 '밝기를 만들어내는 수단으로, 색채학자 M.E.쉬브렐의 색채이론을 근거로 프랑스의 인상파 화가들이 과학을 회화에 이용한 기법'이라고 한다(두산백과). 점묘(點描)라고 하는 것은 인물이나 사물의 전체를 묘사하지 아니하고 그 작은 부분을 각각 떼어서 따로따로 묘사하는 것으로 되어 있다.

　이 책을 읽으면서 느낀 '편상(片想)' 몇 가지를 메모해 두었다. '조각달'을 뜻하는 '편월(片月, 초생달)'이나 '조각구름'을 뜻하는 '편운(片雲)'이라는 말은 있지만('편운'은 고 조병화 시인의 호이기도 하다) '조각생각' 내지 '조각느낌'을 뜻하는 '편상'이라는 말이 있는지는 모르겠다. 내가 쓰는 글은 사물의 체계적인 생각도 아니고 전체적인 생각도 아닌 단지 내가 이 책을 읽고 느낀 소회를 단편적으로 조각조각 묘사한 소묘(素描)이자 스케치일 뿐이다.

　이 책을 통해 이론과 실무를 겸비한 민법학의 대가를 먼발치에서 바라보는 것만으로도 즐겁다. 양 교수가 대법관에서 퇴직하는 바람에 대법원 민사판결 읽는 재미가 반감되었지만, 양 교수의 제자인 김재형 교수(김재형은 양 교수를 지도교수로 하여 박사학위를 받았다)가 대법관으로 들어가 양 교수의 자리를 훌륭히 메꿔주고 있다. 요새 눈에 띠는 대법원 민사판결을 읽다보면 상당수가 김재형 대법관이 주심인 사건이다. 스승과 제자가 한 나라의 대법관으로 오른다는 것은 희유(稀有)한 일이 아닐 수 없다.

〈어느 법학교수가 살아온 이야기〉

　양 교수는 1952년 제주에서 태어나 중학교부터 서울에서 학교를 다녔다(제주북초등학교를 나와 서울중학교와 서울고등학교를 나왔다). 양 교수가 제주출신이라는 인연으로 제주대 로스쿨에 몇 차례 와서 신입생들을 대상으로 특강을 해주시기도 했다. 1974년 수석으로 들어간 서울법대를 졸업하면서 제16회 사시에 합격하고 사법연수원을 마치고 육군법무관을 거쳐 1979년 서울민사지방법원 판사, 1982년 1년여의 독일유학, 부산지법 판사로 있을 때 1984년 초부터 1년간 청와대비서실 파견 근무를 마치고, 1985년부터 서울대 교수가 되어 민법을 가르쳐왔다. 2008년 대법관 임명 후 6년 재임하고 2014년 9월 한양대 로스쿨 교수로 자리를 옮겼다가 2018년 정년퇴직하였다. 많은 대법관들이 퇴직 후 고액의 연봉을 받고 대형로펌에서 둥지를 틀었으나 양 교수는 학계로 복귀하였다. 사실 대법관까지 한 분들은 이 사회의 공적 자산이라 할 만 한데 변호사업무에 종사하는 것은 보기에도 좋지 않다.

양 교수의 조부는 변호사였고, 양 교수의 부친은 제주도교육감을 역임한 교육자였다. 양 교수는 법대에서 사학과로 전과하려고 하였지만 부친의 반대로 뜻을 접었다. 대학원에서는 김증한 교수가 지도교수였는데 석사논문을 주심으로 심사한 곽윤직 교수로부터 평점 A를 받았고, 곽 교수의 권유로 판사에서 대학교수로 일터를 옮겼다.

양 교수는 로스쿨 제도의 도입과 더불어 학문 후속세대가 이어지지 못하는 것을 우려하고 있다. 이론과 실무의 융합이 아니라 따로국밥이 되는 것을 샤비니가 한 말을 빌려 경계하고 있다. "이와 같이 구분된 활동을 하면서도 모든 사람이 원래의 통일성을 항상 마음에 두어서, 어느 정도는 모든 이론가가 실천적 감각을, 모든 실무가가 이론적 감각을 자신 안에 保持하고 발전시키는 것만이 구제책이 된다. 이것이 행하여지지 않고 이론과 실천 사이의 분리가 절대적인 것이 되면, 불가피하게 이론이 공허한 유희로, 실천이 단순한 수공작업으로 퇴화할 위험이 발생한다." 적확(的確)한 지적이다.

〈우리 민법학 70년의 성과와 앞으로의 과제〉

1.

해방 후 우리의 민법전을 제정하고 시행한지 70년이 된다. 그 동안 우리의 민법학은 무에서 유를 창조해왔다고 해도 과언이 아닐 정도로 양적, 질적으로 발전해왔다. 그러나 아직도 미해결의 난제가 수두룩하게 쌓여있다. 양 교수는 민법전 제정 전의 우리 민법학과 민법전 제정 후의 민법학, 민법전의 해석론적 처리, 민법 제정 후 새로이 제기된 문제, 우리 민법학의 특수성 혹은 문제점의 순서로 우리 민법학 70년의 성과와 앞으로의 과제를 풀어내고 있다.

민법 제정 전의 번역법학과 번안법학을 논하는 자리에 등장하는 안이준(安二濬)은 나와도 일정한 관련이 있었던 분이다. 안이준은 1950년대에 일본 와카츠마 사카에(我妻榮)의 민법시리즈를 번역하여 국내에서 출판함으로써 이 나라에 민법학의 씨를 뿌린 분이다. 나는 40여 년 전 대학시절 안이준 교수님으로부터 민법총칙과 물권법을 배웠다. 물론 당시 최루탄이 학내에도 자욱하던 유신시절이라 휴교가 일상화되었고 대학 강의는 정상적으로 진행되지 못했다.

안 교수님은 유독 경상도 사투리가 강하게 배여 있었는데(경남 함안 출신이다) 강의 중에 '일응', '오미트(omit)'라는 말을 많이 쓰셨다. 조선변시 3회 출신인 안 교수님은 교수보다 변호사로 더 날린 분이셨는데 제자사랑도 각별했다. 법원청사가 서초동으로 옮겨가기 전에 학생시절에 무슨 일로 갔는지는 생각이 나지 않지만 서소문에 있는 이 분의 사무실을 찾아간 적도 있다. 내가 서소문에서 서초동으로 사무실을 옮겼을 때 안 교수님이 사무장(이 사무장은 안 교수의 30년 전 제자로 30년을 함께 일하고 있었다)과 함께 축하난을 들고 나의 사무실을 방문해주신 것이 지금도 생각난다. 안 교수님은 1995년 비교적 이른 나이인 70세에 작고하셨다.

안 교수님은 공해소송에서 '개연성이론'을 주장하여 대법원이 이 이론을 받아들이도록 한 분이기도 하다. 대법원에서 개연성이론을 받아들인 판결이 바로 대법원 1974. 12. 10. 선고 72다1774 판결이다. 한전 화력발전소에서 다량으로 누출·확산되는 아황산가스로 인하여 원고 과수원의 과실수의 결실이 감소한 데서 비롯된 손해배상사건이었고, 이 소송에서 원고 대리인을 맡았던 분이 바로 안 교수님이셨다. 대법원판결을 인용하면,

"공해로 인한 손해배상청구소송에 있어도 가해행위와 손해발생 사이에 있어야 할 인과관계의 증명에 관하여도 이른바 개연성이론이 대두되어 대소 간에 그 이론이 사실인정에 작용하고 있음을 부인할 수 없는 추세에 있다고 하겠다. 개연성이론 그 자체가 확고하게 정립되어 있다고는 할 수 없으나 결론적으로 말하면 <u>공해로 인한 불법행위에 있어서의 인과관계에 관하여 당해 행위가 없었더라면 결과가 발생하지 아니 하였으리라는 정도의 개연성이 있으면 그로써 족하다는 다시 말하면 침해행위와 손해와의 사이에 인과관계가 존재하는 상당정도의 가능성이 있다는 입증을 함으로써 족하고 가해자는 이에 대한 반증을 한 경우에만 인과관계를 부정할 수 있다</u>고 하는 것으로 이는 손해배상을 청구하는 원고에 입증책임이 있다는 종래의 입증책임 원칙을 유지하면서 다만 피해자의 입증의 범위를 완화 내지 경감하는 반면 가해자의 반증의 범위를 확대하자는 것을 그 골자로 하고 있는 것으로 이해된다. 무릇 불법행위로 인한 손해배상에 있어서 불법행위의 성립요건으로서의 인과관계는 현실로 발생한 손해를 누구에게 배상책임을 지울 것인가를 가리기 위한 개념이므로 자연과학의 분야에서 말하는 인과관계가 아니라 법관의 자유심증에 터 잡아 얻어지는 확신에 의하여 인정되는 인과관계를 말한다 할 것인데 이런 확신은 통상인이 일상생활에 있어서 그 정도의 판단을 얻을 때는 의심을 품지 않고 안심하고 행동할 것이라는 정도를 일컬어 말함이니 이런 관점에서 볼 때 개연성이론을 수긍 못할 바 아니다."

지금 보면 다소 어설프게 보이는 개연성이론에서 한 발 더 나아간 것이 '간접반증' 이론이다. 이시윤 교수는 간접반증이론을 신개연성설로 부르고 있다. 이에 관한 leading case가 수질오탁으로 바다의 김 생육에 피해를 준 진해화학사건에 관한 대법원 1984. 6. 12. 선고 81다558 판결이다. 이를 시발로 이제 환경사건에서는 간접반증이론이 확고한 자리를 잡았다.

2.

여기서 양 교수가 '민법전의 해석론적 처리'에서 언급하고 있는 몇 가지 문제 중에서 물권행위와 소멸시효의 효과에 대하여만 생각해보기로 한다.

우리 민법이 법률행위로 인한 물권변동에 관하여 의사주의를 버리고 이른바 형식주의를 택하면서 물권행위의 독자성과 무인성을 둘러싸고 학리적으로 치열한 논쟁이 전개되었음은 주지하는 바이다. 그러나 판례는 처음부터 물권행위의 독자성과 무인성을 부인해 왔고 70여 년간 이 태도는 그대로 유지되고 있다.

우리 국민들이 예컨대 부동산을 팔고 살 때 매매계약을 체결하고 대금을 받고 등기를 넘겨주면

되는 것으로 알지 매매계약 외에 물권행위나 물권적 합의, 물권계약을 의식하는 예는 거의 없을 것이다. 채권행위와 물권행위가 관념적으로는 구별된다고 하더라도 거래의 실제에서는 매매계약이라는 하나의 법률행위에 이들이 전부 포섭되고 결합되어 있지 채권발생과 물권변동이라는 각기 다른 별개의 법률요건이나 법률효과를 의식하지는 않는다. 이영준 교수는 물권행위의 독자성과 무인성을 부인하는 것은 확고한 관습법으로 되었다고 언명할 정도이다. 아예 물권행위 개념을 없애 버리자는 견해도 있다(명순구 등 고대 교수들에 의해 "물권행위 아듀!"라는 책이 나와 있다).

3.

소멸시효 완성의 효과로서 이른바 절대적 효력설과 상대적 효력설의 논쟁이 어떠한 의미가 있는지 살펴보자. 다수 학설은 우리 민법이 시효원용권에 관한 규정을 두지 않고 있다는 점에 근거하여 이른바 '절대적' 효력설에 따라 시효기간 경과로 권리가 소멸한다는 입장이다.

"<u>경매개시결정 이전에 피담보채권이 소멸됨에 따라 근저당권이 소멸된 경우</u> 그 소멸된 근저당권을 바탕으로 하여 이루어진 경매개시결정을 비롯한 일련의 절차 및 경락(매각)허가의 결정은 모두 무효이다."(대법원 1978. 10. 10. 선고 78다910 판결).

"조세에 관한 <u>소멸시효가 완성되면</u> 국가의 조세부과권과 납세의무자의 납세의무는 <u>당연히 소멸한다</u> 할 것이므로 <u>소멸시효완성 후에 부과된 부과처분은 납세의무 없는 자에 대하여 부과처분을 한 것으로서 그와 같은 하자는 중대하고 명백하여 그 처분의 효력은 당연무효</u>이다."(대법원 1985. 5. 14. 선고 83누655 판결)

그러나 시효기간 경과로 권리가 당연히 소멸한다는 실체법의 논리가 절차법에서도 그대로 타당한 것은 아니다. 그것은 민사소송법상의 변론주의 원칙상 시효이익을 받을 자가 소송상 항변으로 주장하지 않으면 안 되기 때문이다.

"민사소송절차에서 변론주의 원칙은 권리의 발생·변경·소멸이라는 법률효과 판단의 요건이 되는 주요사실에 관한 주장·증명에 적용된다. 따라서 <u>권리를 소멸시키는 소멸시효 항변은 변론주의 원칙에 따라 당사자의 주장이 있어야만 법원의 판단대상이 된다</u>. 그러나 이 경우 어떤 시효기간이 적용되는지에 관한 주장은 권리의 소멸이라는 법률효과를 발생시키는 요건을 구성하는 사실에 관한 주장이 아니라 단순히 법률의 해석이나 적용에 관한 의견을 표명한 것이다. 이러한 주장에는 변론주의가 적용되지 않으므로 법원이 당사자의 주장에 구속되지 않고 직권으로 판단할 수 있다. 당사자가 민법에 따른 소멸시효기간을 주장한 경우에도 법원은 직권으로 상법에 따른 소멸시효기간을 적용할 수 있다.(대법원 2017. 3. 22. 선고 2016다258124 판결).

예컨대, 甲이 乙에게 10년 전에 돈 1,000만 원을 빌려주었는데 그 동안 받지 못하고 있다가 10년이 훨씬 경과한 후에 乙을 상대로 1,000만의 지급을 구하는 대여금청구의 소를 제기한 경우, 乙은 소멸시효기간 10년이 경과하여 당연히 甲의 대여금채권이 소멸한 것으로 알고 시효항변을 하지 않았다면 법원은 乙로 하여금 甲에게 대여금 1,000만원의 지급을 명하게 된다. 乙이 가만히 있는데도 법원이 시효기간경과로 甲의 채권이 절대적으로 소멸했다는 이유로 甲의 청구를 기각하지 않는다. 위 판결이 확정된 후에 乙이 甲의 채권이 시효소멸 되었음을 이유로 청구이의의 소를 제기할 수도 없다. 이는 전소판결의 기판력의 시적 범위에 저촉되는 것이 된다.

절대적 소멸설이라면 시효가 완성된 권리는 누구의 원용도 기다릴 것 없이 당연히 절대적으로 소멸하므로 누구나 필요하면 그 권리의 소멸을 주장할 수 있어야 한다. 그러나 판례는 그러한 '절대적' 권리 인정에 인색한 경우가 많다. 대표적으로 채권자대위소송에서 제3채무자는 피보전채권의 시효소멸을 주장하지 못한다. 상대적 소멸설에 고유한 '시효원용권자'라는 개념을 동원하여 소멸시효를 원용할 수 있는 사람은 권리의 소멸에 의하여 직접 이익을 받는 사람에 한정된다고 판시하는 예가 많다. 이에 비추어도 소멸시효완성의 효과는 '절대적'이 아니다.

소멸시효이익을 원용할 수 있는 시효원용권자의 범위에 관하여 판시하고 있는 판례 몇 개를 들어본다.

"채권자가 채권자대위권을 행사하여 제3자에 대하여 하는 청구에 있어서, 제3채무자는 채무자가 채권자에 대하여 가지는 항변으로 대항할 수 없고, 채권의 소멸시효가 완성된 경우 이를 원용할 수 있는 자는 원칙적으로는 시효이익을 직접 받는 자뿐이고, 채권자대위소송의 제3채무자는 이를 행사할 수 없다."(대법원 2008. 1. 31. 선고 2007다64471 판결).

"타인의 채무를 담보하기 위하여 자기의 물건에 담보권을 설정한 물상보증인은 채권자에 대하여 물적 유한책임을 지고 있어 그 피담보채권의 소멸에 의하여 직접 이익을 받는 관계에 있으므로 소멸시효의 완성을 주장할 수 있다."(대법원 2018. 11. 9. 선고 2018다38782 판결).

"소멸시효를 원용할 수 있는 사람은 권리의 소멸에 의하여 직접 이익을 받는 자에 한정되는바, 사해행위취소소송의 상대방이 된 사해행위의 수익자는, 사해행위가 취소되면 사해행위에 의하여 얻은 이익을 상실하고 사해행위취소권을 행사하는 채권자의 채권이 소멸하면 그와 같은 이익의 상실을 면하는 지위에 있으므로, 그 채권의 소멸에 의하여 직접 이익을 받는 자에 해당하는 것으로 보아야 한다.(대법원 2007. 11. 29. 선고 2007다54849 판결)

"소멸시효가 완성된 경우 이를 주장할 수 있는 사람은 시효로 인하여 채무가 소멸되는 결과 직접적인 이익을 받는 사람에 한정되므로, 채무자에 대한 일반 채권자는 자기의 채권을 보전하기 위하여 필요한 한도 내에서 채무자를 대위하여 소멸시효 주장을 할 수 있을 뿐 채권자의 지위에서 독자적으로 소멸시효의 주장을 할 수 없다."(대법원 1997. 12. 26. 선고 97다22676 판결)

위에서 본 바와 같이 절대적 소멸설의 '절대적'이라는 말은 어폐(語弊)가 있다. 시효원용권자의 범위를 한정하고, 변론주의가 적용되는 절차법의 세계에서 시효항변 없이 절대적으로 권리가 소멸하는 것이 아니라면 그것은 어디서나, 누구에게나 예외 없이 적용되는 '절대적' 소멸이 아니다. 법의 세계에서 '절대'라는 말을 함부로 써서는 안 되는데 남발되는 경향이 없지 않다. 종교와 神(신)의 세계는 절대적일 수 있으나 법의 세계는 그야말로 모든 것들이 상대적인 것이다.

4.

민법 제정 후 새로이 제기된 민법 문제 중 부동산임차인 보호를 위하여 주택임대차보호법과 상가건물임대차보호법(이하 '상가임대차법'으로 약칭)이 제정되고 그 후 몇 차례의 개정을 통하여 임차인의 지위를 물권적 지위에 유사할 정도로 강화해왔음은 익히 아는 대로이다.

권리금의 회수에 관하여 "임대인은 다른 특별한 사유가 없는 한 임대차기간의 종료 3개월 전부터 그 종료시까지 종전 임차인의 주선으로 새로 임차인이 되려는 이로부터 종전 임차인이 권리금을 지급받는 것을 임대인이 신 임차인으로부터 권리금을 받는 등의 행위로 방해하여서는 안 된다(제10조의3 제1항)."라는 설명은 교정될 필요가 있다. 조문은 상가건물 임대차보호법 제10조의4 제1항이고, '임대차기간의 종료 3개월 전'이 아니라 '6개월 전'이다(2018. 10. 16. 개정).

근자에 들어 상가건물 임차인의 권리금을 둘러싼 분쟁이 대법원까지 밀려들고 있다. 몇 가지를 들어보면 우선, 대법원 2019. 5. 16. 전원합의체 판결은 상가건물 임차인이 임대인을 상대로 권리금회수 방해로 인한 손해배상 등을 청구한 사건에서, "구 상가임대차법 제10조의4의 문언과 내용, 입법취지에 비추어, 최초의 임대차기간을 포함한 전체 임대차기간이 5년을 초과하여 임차인이 같은 법 제10조에 따른 계약갱신요구권을 행사할 수 없는 경우에도 임대인은 같은 법 제10조의4 제1항에 따른 권리금 회수기회 보호의무를 부담한다."라고 판시하면서, 전체 임대차기간이 5년을 초과했다는 이유로 피고가 권리금 회수기회 보호의무를 담하지 않는다고 판단한 원심판결을 파기하였다(대법원 2019. 5. 16. 선고 2017다225312, 2017다225329 판결). 현재는 전체 임대차기간이 5년이 10년으로 연장되었다.

"임차인이 임대인에게 권리금 회수 방해로 인한 손해배상을 구하기 위해서는 원칙적으로 임차인이 신규임차인이 되려는 자를 주선하였어야 한다. 그러나 임대인이 정당한 사유 없이 임차인이 신규임차인이 되려는 자를 주선하더라도 그와 임대차계약을 체결하지 않겠다는 의사를 확정적으로 표시하였다면 이러한 경우에까지 임차인에게 신규임차인을 주선하도록 요구하는 것은 불필요한 행위를 강요하는 결과가 되어 부당하다. 이와 같은 특별한 사정이 있다면 임차인이 실제로 신규임차인을 주선하지 않았더라도 임대인의 위와 같은 거절행위는 상가임대차법 제10조의4 제1항 제4호에서 정한 거절행위에 해당한다고 보아야 한다. 따라서 임차인은 같은 조 제3항에 따라 임대인에게 권리금 회수방해로 인한 손해배상을 청구할 수 있다(대법원 2019. 7. 4. 선고 2018다284226 판결).

또 대법원은 다음과 같이 설시하면서 권리금 회수 방해를 인정하기 위하여 반드시 임차인과 신규임차인이 되려는 자 사이에 권리금계약이 미리 체결되어 있어야 하는 것은 아니라고 하고 있다(대법원 2019. 7. 10. 선고 2018다239608 판결).

"2018. 10. 16. 법률 제15791호로 개정되기 전 상가임대차법 제10조의4에 따르면, 임대인은 임대차기간이 끝나기 3개월(위 법 개정으로 '6개월'로 변경되었다) 전부터 임대차 종료 시까지 권리금을 요구하거나 정당한 사유 없이 그와 임대차계약의 체결을 거절하는 등 제1항 각 호의 어느 하나에 해당하는 행위를 함으로써, 권리금계약에 따라 임차인이 주선한 신규임차인이 되려는 자로부터 권리금을 지급받는 것을 방해하여서는 안 된다(제1항 본문). 임대인이 이를 위반하여 임차인에게 손해를 발생하게 한 때에는 그 손해를 배상할 책임이 있다. 이 경우 그 손해배상액은 신규임차인이 임차인에게 지급하기로 한 권리금과 임대차 종료 당시의 권리금 중 낮은 금액을 넘지 못한다(제3항).

여기서 권리금은 임대차 목적물인 상가건물에서 영업을 하는 자 또는 영업을 하려는 자가 영업시설·비품, 거래처, 신용, 영업상의 노하우, 상가건물의 위치에 따른 영업상의 이점 등 유형·무형의 재산적 가치의 양도 또는 이용대가로서 임대인, 임차인에게 보증금과 차임 이외에 지급하는 금전 등의 대가를 말하고(상가임대차법 제10조의3 제1항), 권리금계약은 신규임차인이 되려는 자가 임차인에게 권리금을 지급하기로 하는 계약을 말한다(제2항).

상가임대차법 제10조의3, 제10조의4의 문언과 내용, 입법취지 등을 종합하면, 임차인이 구체적인 인적사항을 제시하면서 신규임차인이 되려는 자를 임대인에게 주선하였는데, 임대인이 제10조의4 제1항에서 정한 기간에 이러한 신규임차인이 되려는 자에게 권리금을 요구하는 등 제1항 각 호의 어느 하나에 해당하는 행위를 함으로써 임차인이 신규임차인으로부터 권리금을 회수하는 것을 방해한 때에는 임대인은 임차인이 입은 손해를 배상할 책임이 있고, 이때 권리금 회수 방해를 인정하기 위하여 반드시 임차인과 신규임차인이 되려는 자 사이에 권리금계약이 미리 체결되어 있어야 하는 것은 아니다."

5.

이른바 '교과서법학'에 대한 양 교수의 진단을 간단히 요약하면 우리 민법학자들은 교과서를 쓰되, 연구는 별로 하지 않는다. 민법학자들이 그동안 그 정력의 대부분을 쏟은 교과서들은 여러 가지 면에서 대동소이하고 그 내용도 크게 다르지 않다. 학생들이 민법을 공부하는 데 적합한 진정한 의미의 '교과서'도 없다는 등의 뼈아픈 지적이다.

그나마 요새 로스쿨 학생들은 그런 교과서조차 읽지 않는다. 학원가에서 편집된 정리서 위주로 판례의 결론만 무턱대고 외우기 바쁘다. 교과서들도 총칙, 물권, 채권을 모두 한권에 묶어 페이지 쪽수가 2,000 쪽을 넘어 들고 다니기에도 무거운 책들로 학생들의 수요에 따라가고 있는 실정이다. 사실 로스쿨에서 시험대비에 몰두하는 실정에서 진정한 의미의 법학공부를 하고 있는지도 의문이 들 때가 많다.

〈김증한 교수의 생애와 학문 점묘〉

고 김증한 교수는 다 알다시피 이 나라 민법학의 초석을 놓으신 분이다. 이 분과 관련된 삶과 학문에 관하여 양 교수는 세세한 미시적 부분까지 들어가면서 이 분의 인간적 면모를 전해주고 있다. 김증한 교수와 곽윤직 교수가 학문적 앙숙(?)으로만 알고 있었는데 이 글을 통해 김증한 교수가 곽 교수를 민법 교수의 길로 이끈 멘토였음을 알게 된 것은 의외다. 김증한 교수가 약관 26세 나이에 1946년 경성제대 법문학부에서 서양법제사 강의를 하다가 미국 튤레인 대학에서 1년을 머물고 1954년 9월 귀국하여 서울대에서 민법을 담당하면서 이 과목 강의를 군에서 막 제대한 곽윤직에게 맡겼다고 한다. 김증한은 곽윤직이 서울대 법대 2학년에 재학 중일 때 김표진, 심태식과 함께 곽윤직에게 독일어를 특별히 가르쳤다는 것이다.

결국 곽윤직이 김증한으로부터 강의를 이어받은 것이 곽윤직으로 하여금 역시 이 나라 민법학의 대들보를 놓게 만든 것이다. 곽윤직 교수의 교과서를 읽다보면 학설을 소개하면서 김증한 교수의 학설을 소개할 때에는 "~ 이런 분이 있다"고 되어 있는 다른 학자들은 "~ 이런 자가 있다"고 되어 있는 것을 종종 본 적이 있는데 이는 김증한 교수에 대한 존경심의 발로였는지도 모른다. '자'는 '놈' '者'자이다.

위에서 나온 심태식(沈泰植)은 내가 대학 다닐 때 노동법 교수였다. 심 교수는 후에 총장까지 지냈다. 심 교수의 여동생의 남편이 버마 아웅산에서 산화한 고 함병춘 청와대 비서실장이었다. 심태식 교수와 곽윤직 교수와의 막역한 인연으로 곽윤직 교수로부터 채권법 명강의를 들을 수 있었다. 쩌렁쩌렁 울리는 목소리에 자기 외에는 세상 모든 사람들이 다 眼下無人이었을 정도로 민법학에는 자신감에 넘쳐 있었다.

〈이 시대 사법부의 위상과 과제〉

1.

양 교수는 6년의 대법관 경험으로부터 현재의 사법부가 놓여 있는 위상과 사법부가 해결해야 할 과제를 제시하고 있다.

대법원에 접수되는 사건 수가 폭주하고 있음은 공지의 사실이다. 2019년 사법연감에 의하면 2018년 1년 동안 대법원에 접수된 상고심 사건은 1만9156건으로 2017년보다 24.68% 늘어났다. 접수 건수로는 2017년 민사 상고심 접수가 1만5364건이었는데 2018년에는 1만9156건으로 약 4000건 가량 늘어났다.

이제 우리사회가 '소송혐오사회'인지 '소송과잉사회'인지를 논할 계제가 없이 소송과잉사회임은 두말할 여지가 없게 되었다. 우리 사회는 이제 소송천국, 고소·고발왕국에 진입했다. 이웃 간은 물론이고 부자 간, 형제 간 소송도 불사하고 있다. 우리 국민들은 배고픈 것은 참아도 배 아픈 것은 참지 못한다. 뻔히 질 사건인데도 대법원까지 가서 끝장을 보려고 한다. 어떤 신문이 표현한 것처럼 '툭'하면 소송이고, '욱'해서 소송이다. 대한민국은 '무조건 소송' 중이다.

아웅산에서 산화한 함병춘이 1960년대에 진단한 다음과 같은 글은 더 이상 현재의 우리사회와는 관계가 없는 이야기가 되고 말았다. "한국 사람에 있어서는 자신의 법적 권리를 주장하는 것은 점잖지 못하거나 '좋은' 것이 아니다. 다른 사람을 법원으로 끌어들이는 것은 사실상 그에 대하여 전쟁을 선포하는 것이다. 이는 분쟁을 해결하는 전통적인 '점잖은' 방법을 전면적으로 파탄내는 것을 의미한다."

우리 민족이 유교적 윤리에 입각한 심리적 메커니즘의 억제작용으로 소송을 꺼린다는 진단도 잘못된 것으로 보인다. 「조선의 일상 법정에 서다」라는 책을 보면 조선시대는 우리가 아는 것과는 달리 '동방예의지국'이 '동방소송지국'이었다. 조선 초기 위정자들은 송사(訟事)가 없는 무송(無訟)을 이상적으로 여겼다. 소송이 유교 공동체의 평화로운 사회질서를 해친다고 본 것이다. 하지만 실록에 기록된 소송 건수를 보면 조선은 연간 소송 건수가 적게는 666건(1400년), 많게는 1만2797건(1414년)에 이르는데 15, 16세기 인구가 600만~700만 명으로 추정되는 것을 고려하면 엄청나다. 토지, 노비, 채무에 관한 민사소송이 늘자 위정자들은 차츰 무송 대신 소송을 공정하게 처리하기에 골몰했다.

양 교수가 각주에서 인용한 자료가 2012년 자료이기는 하지만 한국과 일본, 미국을 비교하여 제소율과 법관수, 변호사수를 살펴보면 시사하는 바가 있다.

국가	제소율 (10만명당)	처리기간 (일)	법관수 (10만명당)	변호사수 (10만명당)	1인당 GDP (US $)
한국	2,627	138	5	25	24,454
일본	589	104	2	25	46,531
미국	5,132		10	395	51,450

위 표를 보면 미국이야 원래부터 소송천국이고, 일본이야 말로 소송을 꺼리는 나라임을 알 수 있다. 소송사건이 없는 일본에서 법조인들은 희망이 없다. 사건이 넘쳐나는 한국의 법조인들에게는 희망이 있다. 소송천국을 보여주는 미국의 일화로 이런 것도 있다. 어떤 도둑놈이 침입한 주택의 천장을 기어가다가 시공이 허술한 부분에서 추락하여 경찰에 붙잡혔다. 이 도둑놈은 이 주택을 시공한 건설회사를 상대로 부실시공 때문에 자신이 작업(?)을 할 수 없었다는 이유로 손해배상을 청구하는 등의 사건도 있다는 것이다.

그렇다면 소송과잉사회에 대한 우리사회의 법적 대응은 적정하게 행해지고 있는가? 우리 법원에 접수되는 민사사건의 70%는 소액사건으로 정식의 소송절차를 생략한 약식절차에 의해 사건이 처리되고 있고, 대법원에 접수되는 민사사건의 70%는 심리불속행에 의한 판결 아닌 판결에 의해 사건을 털어내고 있다.

2.

양 교수는 대법원에서의 사건 폭주에 대한 대안으로 제시되고 있는 방안 4개에 대하여 어느 것이 설득력이 있다고 생각하는지 문제만 던지고 자신의 해결방안은 내놓지 않고 있다. 대법원의 구성원으로 근무한 인연이 자산의 해결방안을 공적으로 제시하는 것이 저어되는 면이 없지 않겠지만 진중한 대법관의 경험으로 어떠한 방안이 옳은지 밝혀주었으면 좋을 텐데 아쉬운 대목이다. 다만, 후기에서 대법관 퇴임사를 원용하여 상고심의 지위와 기능에 대하여 본원적인 반성·검토를 하고 이를 바탕으로 무엇보다도 현실적인 대응책이 구체적으로 마련되기를 간절히 바라고 있을 뿐이다.

상고심 부담 해소방안으로 대법원의 대법관 수를 늘리는 방안, 상고허가제, 대법원의 2원제 구성안, 고등법원 상고부, 내지 상고법원 설치안 등이 제안되고 있다. 상고허가제는 이미 시행했다가 헌재의 위헌결정으로 좌절한 경험이 있고, 양승태 코트가 상고법원 도입을 위해 '올인'했다가 사법농단의 짙은 그림자만 남기고 좌초하고 만 사실은 현재 진행형이다.

대법원의 사건부담을 줄이는 방법은 두 가지뿐이다. 단순하게 분모인 대법관 수를 늘리거나 분자인 사건수를 줄이는 것이다. 후자를 위해서는 하급심의 강화가 선결문제이고, 전자를 위해서는 현재와 같은 방법으로는 대책이 없다는 것이다.

나는 「민사소송법 이야기」에서 이에 관한 이야기를 자세히 한 바 있지만, 헌법 제102조에서 "대법원에 대법관을 둔다. 다만 법률이 정하는 바에 의하여 대법관 아닌 법관을 둘 수 있다."는 규정을 지켜 대법원에 대법관 아닌 법관(대법원판사)을 두는 이원제 대법원구성안이 합리적이라는 견해를 밝힌 바 있다. 헌법재판소가 없는 미국과 달리 우리는 정책법원인 헌법재판소를 별도로 가지고 있으므로 대법원은 정책법원이라기보다는 국민의 권리구제기관으로 자리매김을 해야 한다.

3.

양 교수는 사회의 변화에 대한 법의 대응의 사례로 성전환의 경우와 과거사 청산을 들어 설명하고 있다.

사회의 변화에 따라 법과 판례가 바뀌어야 하는 것은 너무나 당연한 것이다. '모든 것은 변한다.'는 사실 이외에 변하지 않는 것은 아무 것도 없다. Heraclitus가 이야기한 대로 "panta rhei (만물은 流轉한다)." 대한민국 정부가 수립된 후 법률 제1호인 정부조직법을 시발로 수많은 법률이 明滅하였다. 정부 수립 70여년 만에 최근(2021. 6. 15.)에 공포된 수산업법 개정법률이 18288호다. 수많은 법률안과 개정안이 국회에 수북이 쌓여있다.

판례 역시 사회변화에 따라 바뀌고 있고 바뀔 수밖에 없다. 특히 가족관계에 관하여는 양성평등의 이념에 따라 기존의 판례들이 많이 바뀌고 있다. 종중 구성원의 자격을 성년 남자만으로 제한하는 종래의 관습법은 개인존엄과 양성평등의 법질서에 부합하지 아니하므로 이제 더 이상 법적 효력을 가질 수 없게 된 것 등이 그 예이다(대법원 2005. 7. 21. 선고 2001다1178 전원합의체 판결).

특히 성(性)에 관한 우리사회의 의식 내지 형태의 변화가 판례와 법률의 변화를 선도하고 있다. 2012년 개정형법은 강간죄의 대상을 '부녀'에서 '사람'으로 바꾸고(1995년 개정형법은 제32장의 '정조에 관한 죄'를 '강간과 추행의 죄'로 바꿨다), 강간죄를 친고죄의 대상에서 제외했고, 헌재에서 위헌결정이 있었던 혼인빙자간음죄를 삭제했다.

대법원 2013. 5. 16. 선고 2012도14788, 2012전도252 전원합의체 판결은 종전 판례를 변경하여 혼인관계가 실질적으로 유지되고 있더라도 남편이 반항을 불가능하게 하거나 현저히 곤란하게 할 정도의 폭행이나 협박을 가하여 아내를 간음한 경우 강간죄가 성립한다고 판시하였고, 2012. 12. 18. 형법상의 강간죄의 규정이 "폭행 또는 협박으로 **사람**을 강간한 자는 3년 이상의 유기징역에 처한다."로 개정됐다. 박주영 판사가 제1심에서 부부강간 피고인에 집행유예를 선고하면서 쓴 판결이유의 일부(「어떤 양형 이유」에서)를 인용해 본다.

"부부 사이의 性은 남녀가 만나 가정을 이룸과 동시에 신으로부터 부여받은 성스럽고도 신비로운 산물이다. 부부는 자유롭고 계속적인 성생활을 통해 자녀 출산과 양육, 삶의 기쁨과 행복은 물론 유한한 인생에서 피할 수 없는 슬픔과 이에 대한 위로를 공유한다. 그러므로 부부는 상호간의 이해와 협력, 사랑과 존중을 토대로 원만하고 편안한 성생활을 유지할 필요가 있다.(중략)

부부는 혼인과 동시에 동거의무를 부담하는 관계상, 특별한 사정이 없는 한 처는 남편의 성적 요구에 응할 의무가 있다. 그러나 이 경우에도 처가 자신의 성적 자기결정권을 포기하거나 이론상으로도 같은 권리가 상실된 것으로 볼 것은 아니다. 성적 자기결정권은 그 권리의 성격상 특정인에 대해 이를 포괄적으로 행사하는 것이 아니라 구체적인 경우에 매번 개별적으로 행사하는 것이기 때문이다. 처는 남편에게 성적 자기결정권의 행사를 일단 유보하거나 의사와 인격을 존중하리라는 기대와 신뢰가 자리하고 있기 때문이다.

그러므로 남편의 성적 교섭 요구는 처의 소극적인 성적 자기결정권의 행사가 시작되는 지점에서 멈춰야 한다. 이때 남편은 현안으로 대두된 갈등 해소를 위해 대화와 설득 등으로 해법을 모색해야 한다. 그래도 여의치 않은 경우에는 동거의무 불이행을 전제로 한 이혼청구의 방법으로 사태 해결을 시도해야 한다. 국가가 명백하게 불법으로 규정한 폭력적인 방법 등을 동원해 상대를 굴복시키려는 시도를 부부 사이라고 용인할 것은 아니다."

그런데 유감스럽게도 집행유예를 선고받고 나간 피고인은 1심판결 선고 후 5일 만에 스스로 목숨을 끊고 말았다.

원래 남성으로 태어난 사람이 여자로 성전환을 한 경우 이러한 성전환자는 남성인가, 여성인가? 대법원은 성전환자를 여성으로 인식하여 강간한 사안에서, 피해자가 성장기부터 남성에 대한 불일치감과 여성으로의 성귀속감을 나타냈고, 성전환 수술로 인하여 여성으로서의 신체와 외관을 갖추었으며, 수술 이후 30여 년간 개인적·사회적으로 여성으로서의 생활을 영위해 가고 있는 점 등을 고려할 때, 사회통념상 여성으로 평가되는 성전환자로서 강간죄의 객체인 '부녀'에 해당한다고 판시하였다(대법원 2009. 9. 10. 선고 2009도3580 판결). 이 판결 전에는 성전환자에 대한 강간을 강간이 아닌 강제추행죄로 처벌했다. 강간죄의 객체가 '사람'으로 바뀐 이후에는 더 이상 성전환자에 대한 강간은 논란의 여지가 없게 되었다.

대법원 2011. 9. 2. 자 2009스117 전원합의체 결정의 다수의견은 성전환자에 대하여 호적부(가족관계등록부)에 기재된 '남자'라는 성의 기재를 '여자'로 바꾸는 호적정정(가족관계등록부정정)이 일정한 요건 하에 허용됨을 밝혔다. 즉, "성전환수술에 의하여 출생 시의 성과 다른 반대의 성으로 성전환이 이미 이루어졌고, 정신과 등 의학적 측면에서도 이미 전환된 성으로 인식되고 있다면, 전환된 성으로 개인적 행동과 사회적 활동을 하는 데에까지 법이 관여할 방법은 없다. 그러나 성전환자가 혼인 중에 있거나 미성년자인 자녀가 있는 경우에는, 가족관계등록부에 기재된 성별을 정정하여, 배우자나 미성년자인 자녀의 법적 지위와 그에 대한 사회적 인식에 곤란을 초래하는 것까지 허용할 수는 없으므로, 현재 혼인 중에 있거나 미성년자인 자녀를 둔 성전환자의 성별정정은 허용되지 않는다."

위 판결의 사안은 가족관계등록부상 남성으로 등재되어 있는 甲이 乙과 혼인을 하여 미성년자인 자녀 丙을 두고 있었는데 심한 성정체성 장애 때문에 수차례 정신과 치료를 받아오다가 결국 성전환수술 등을 받았고 이에 가족관계등록부상의 성별란 정정을 신청한 사안에서, 성전환자가 혼인 중에 있거나 미성년자인 자녀가 있는 경우에는 가족관계등록부에 기재된 성별을 정정하여 배우자나 미성년자인 자녀의 법적 지위와 그에 대한 사회적 인식에 곤란을 초래하는 것까지 허용할 수는 없으므로, 현재 혼인 중에 있거나 미성년자인 자녀를 둔 성전환자의 성별정정은 허용되지 않는다고 하며, 성전환자 甲의 성별정정을 불허한 원심판단을 수긍한 사례이다.

위와 같은 다수의견에 대하여는 미성년자인 자녀가 있다는 사정을 성별정정의 독자적인 소극적 요건으로 설정할 것이 아니라는 대법관 양창수와 이인복의 반대의견과 현재 혼인 중에 있다는 사정을 성별정정의 독자적인 소극적 요건으로 보는 데에는 찬성할 수 없는 대법관 박시환, 김지형, 전수안의 반대의견이 있다. 양 교수는 마성년인 자식이 있는 경우에는 다수의견에 여전히 찬성할 수 없다고 밝히고 있다.

위 판례의 사안을 구구절절하게 각색한 배인구 변호사의 글을 보자.
"저는 고등학교 때 다른 친구들과 달리 여성 취향이라는 것을 알았습니다. 하지만 애써 씩씩하고 남자답게 행동하려고 했습니다. 물론 누나가 집에 없을 때 누나 옷을 입어본 적은 있습니다. 성적 정체성의 혼란을 극복하기 위해 나름 많이 노력했습니다. 대학에 입학하자마자 공익근무요원으로 국방의 의무도 마쳤습니다. 하지만 남자들보다 여자들이 더 편한 것은 어쩔 수 없었습니다. 다행인지 불행인지 무사히 대학을 졸업하고 취업도 한 후 결혼하고 아이도 한 명 얻었습니다. 그런데 아이에게 아빠로서 무엇을 어떻게 해야 하는지 무서웠습니다. 아이가 태어난 후 오히려 성적 정체성의 혼란이 더욱 심해졌습니다. 여러 번 정신과 치료를 받았지만, 소용없었습니다.

결국 태국에 가서 성전환수술을 했습니다. 그리고 아내와는 협의이혼을 했습니다. 아이는 엄마가 키워야 한다면서 만약 제가 키운다고 다투면 소송도 불사할 것 같은 아내의 모습을 보면서 저는 아무 말도 못 했습니다. 제가 죄인이니까요. 한 달에 한 번 아이랑 만나기로 했는데 제가 성전환 수술 후에 계속 여성호르몬제를 투약하면서 이제는 얼핏 보면 여성 같은 모습이 되니 아내는 아이랑 제가 만나는 것을 허락하지 않습니다.

아이의 정신 건강상 좋지 않다고 말하는 아내의 말이 이해되지 않는 것은 아니지만 제가 일부러 이렇게 된 것도 아니고 아주 속상합니다. 우리나라 법원도 남성에서 여성으로 성을 변경하는 결정을 해 주고 있으니 차라리 저도 여성으로 전환하는 결정을 받으면 아이의 혼란도 줄일 수 있지 않을까요. 그러면 지금 제가 아빠로 기재되어 있는 신분서류도 엄마로 바뀌게 되나요?"([중앙일보]입력 2019.10.17. 07:00)

혼인해서 자녀가 있는 상태에서 성전환수술을 받고 성별정정을 허용하게 되면 아들에게 종전에 남자였던 아빠가 여자인 아빠로 바뀌는 황당한(?) 상황이 되어 부모와 자식의 관계가 헷갈리게 되고, 정체성에 혼란을 겪게 되지 않을까? 따라서 **아직은** 이 경우까지 성별정정을 허용할 것은 아니라는 다수의견에 수긍이 간다. 자식이 미성년이든 성년이든 크게 달라지지는 않을 것이다.

대법원은 이혼에 관하여 파탄주의가 아닌 유책주의 입장을 고수하면서 '**아직은**'이라는 말을 썼는데, 이는 후에 바뀔 수도 있음을 시사한 것이다. 대법원 2015. 9. 15. 선고 2013므568 전원합의체 판결은 7 : 6의 다수의견으로 "이혼사유에 관하여 유책배우자의 이혼청구를 원칙적으로 허용하지 아니하는 종래의 대법원판례를 변경하는 것이 옳다는 주장은 그 주장이 들고 있는 여러 논거를 감안하더라도 **아직은** 받아들이기 어렵다."고 판단했다.

그런데 **이제는** 시대가 바뀌어 바꿔야 할 것들이 바뀌지 않고 남아있는 것들도 있다. 판례가 변경되어야 할 것인지, 고수되어야 할 것인지 대법원에서 **'아직은'**(끝이 아니야)과 **'이제는'**(우리가 헤어져야 할 시간)이 각축을 벌이고 있다.

부동산실명법 위반 사건이 대법원 전원합의체에 회부되고 대법정 공개변론까지 거치는 것을 보고 혹시 **이제는** 판례변경을 할 때가 되지 않았나 하고 생각했는데 대법원 전원합의체의 다수의견은 역시나 **아직은** 판례를 변경할 때가 아니라고 보고 종전 판례를 유지하고 말았다(대법원 2019. 6. 20. 선고 2013다218156 전원합의체 판결). 다수의견과 반대의견이 비등한 것도 아니고 반대의견이 4명에 불과하여 9:4로 진보를 자임하는 대법관들마저 다수의견에 가담한 것은 의외였다. 종전 판례를 유지할 것이라면 그렇지 않아도 바쁜 와중에 뭐 하러 전원합의체까지 갔는지 모르겠다. 사실 명의신탁이라는 제도가 있는 나라는 지구상에 한국밖에 없을 것이다. 우리사회가 투명사회로 가려면 부동산명의신탁을 척결하지 않고서는 요원한 일이다.

친생추정에 관한 대법원 전원합의체판결도 마찬가지다. 대법원 2019. 10. 23. 선고 2016므2510 전원합의체 판결의 다수의견은 아내가 혼인 중 임신하여 출산한 자녀라면, 유전자 검사 등을 통하여 남편과 혈연관계가 없다는 점이 밝혀졌더라도 여전히 남편의 자녀로 추정된다는 종전 판례를 유지하였고, 반대의견은 단 1명(민유숙 대법관)뿐이었다. 부부 사이의 동거의 결여뿐만 아니라 유전자형 배치의 경우에도 친생자 추정의 예외가 인정되는지, 이른바 '외관설'을 취한 82므59 전원합의체 판결의 변경 여부가 쟁점이었는데 다수의견은 **아직은** 아니라고 보았으나 반대의견은 **이제는** 바뀔 때가 되었다고 보았으나 역부족이었다.

친생자로 추정되는 자녀에 대하여는 '친생부인의 소'에 의해서만 친생자관계를 부정할 수 있고 ('친생자관계부존재확인의 소' 불가), 이 경우 친생부인의 소는 제소기간 2년의 제한이 있으므로, 반드시 '친생자가 아님을 안 날로부터 2년' 내에 소를 제기해야 한다. 만일 2년의 제소기간이 경과하였다면, 제소기간을 규정한 취지상 더 이상 친생부인의 소를 제기하는 것은 불가능하므로, (그 반사적 효과로) 설령 친생자가 아님이 명백하다 하더라도 친생자관계는 그대로 확정되게 된다.

친생자로 추정되지 않는 자녀에 대하여는 '친생자관계부존재확인의 소'에 의하여 친생자관계를 부정할 수 있고, 친생자관계부존재확인의 소는 제소기간의 제한이 없으므로, '친생자가 아님을 안 날로부터 2년'이 경과하였더라도 얼마든지 소를 제기할 수 있다. 결국 친생추정의 예외를 인정한다는 것은, 위와 같은 경우 아버지가 '친생자가 아님을 안 날로부터 2년'이 경과한 후에도 (친생부인의 소가 아닌 친생자관계부존재확인의 소를 제기함으로써) 친생자관계를 부정할 수 있게 된다는 것을 의미한다.

위 대법원 전원합의체 판결의 반대의견은 유전자 확인 기술로 친자식이 아니라고 확인된 경우까지도 민법상 '친생자 추정 원칙'이 적용된다고 제한해 버리면 '가족관계 유지'라는 입법 목적에만 치우쳐 '진실한 친자관계 확인'이라는 개인의 기본권은 전혀 고려하지 않게 된다는 지적이다.

우리나라에서 아직까지는 동성혼(同性婚)이 법적으로 받아들여지지 않고 있지만 세계 각국의 동향과 우리사회 변화의 추세는 우리나라도 금명간 동성혼을 법제화하는 시대가 도래할 것으로 예견된다. 어쩔 수 없는 일이다. 동성혼을 법제화한다고 해도 동성혼 취향의 성소수자를 보호하려고 하는 것일 뿐 동성혼을 장려하는 것은 아니다. 우리가 이미 경험한 바와 같이 동성동본금혼(同姓同本禁婚)을 폐지했다고 하여 동성동본혼인이 증가하였다는 보고는 없다.

4.

'민주화운동 관련자 명예회복 및 보상 등에 관한 법률' 등 과거사 청산에 관한 여러 법률들이 시행되면서 그로 인한 법적 갈등도 표출되고 있다. 특히 과거사 사건 관련 민사소송에서의 소멸시효의 주장이 신의칙에 위반되는지 여부에 관하여 대법원은 대부분 소멸시효의 주장이 신의칙상 허용될 수 없다는 입장을 밝혀왔다. 양 교수는 이와 같은 신의칙의 무분별한 적용에 대하여 '지금도 마음이 평온하지 못하다는 것을 솔직히 고백'하고 있다.

시효제도라는 것을 얼핏 생각하면 "빌린 돈도 일정 기간 지나면 갚지 않아도 된다"는 것이 되어 인간의 도덕률에 반하는 부도덕한 제도라고 볼 여지도 있다. 그러나 양 교수는 사비니의 말을 빌려 소멸시효는 법적 평화를 위하여 분쟁을 종식시키고자 하는 그 합리성과 정당성이 확증된 제도라고 하고 있다. 대륙법계의 여러 나라가 모두 소멸시효제도를 오히려 강화하는 방향으로, 시효기간을 대폭적으로 단축하는 내용으로(독일의 경우 2002년 개정법으로 일반소멸시효기간을 종전의 30년에서 3년으로 대폭 감축하였다) 나아갔다고 한다. 일본 역시 최근의 개정법으로 소멸시효가 인정되는 범위를 현저히 확대하고 있다.

대법원은 소멸시효 완성의 주장을 신의칙을 들어 허용하지 아니할 것인지는 매우 신중하게 판단되어야 한다는 원칙을 견지하면서 특별한 사정이 있는 경우에는 채무자가 소멸시효의 완성을 주장하는 것이 신의칙에 반하여 허용할 수 없다는 입장이다.

양 교수가 주심 대법관으로 관여하여 쓴 다음의 대법원판결에서 양 교수의 입장이 극명하게 나타나 있다.

"채무자가 소멸시효의 완성으로 인한 채무의 소멸을 주장하는 것에 대하여도 신의성실의 원칙이 적용된다고 할 것이므로, 그러한 주장을 하는 것이 신의칙 위반을 이유로 허용되지 아니할 수 있다. 그러나 실정법에 정하여진 개별 법제도의 구체적 내용에 좇아 판단되는 바를 신의칙과 같은 법원칙을 들어 말하자면 당해 법제도의 외부로부터 배제 또는 제한하는 것은 법의 해석·적용에서 구현되어야 할 기본적으로 중요한 법가치의 하나인 법적 안정성을 후퇴시킬 우려가 없지 않다. 특히 <u>법률관계에는 불명확한 부분이 필연적으로 내재하는바 그 법률관계의 주장에 일정한 시간적 한계를 설정함으로써 그에 관한 당사자 사이의 다툼을 종식시키려는 것을 취지로 하는 소멸시효 제도에 있어서는, 애초 그 제도가 누구에게나 무차별적·객관적으로 적용되는 시간의 경과가 1차적인 의미를 가지는 것으로 설계되었음을 고려하면, 위와 같은 법적 안정성의 요구는 더욱 선명하게 제기된다.</u> 따라서 소멸시효에 관하여 신의칙을 원용함에는 신중을 기할 필요가 있다.

특히 채권자에게 객관적으로 자신의 권리를 행사할 수 없는 장애사유가 있었다는 사정을 들어 그 채권에 관한 소멸시효 완성의 주장이 신의성실의 원칙에 반하여 허용되지 아니한다고 평가하는 것은 소멸시효의 기산점에 관하여 변함없이 적용되어 왔던 법률상 장애/사실상 장애의 기초적인 구분기준을 내용이 본래적으로 불명확하고 개별 사안의 고유한 요소에 열려 있는 것을 특징으로 하는 일반적인 법원칙으로서의 신의칙을 통하여 아예 무너뜨릴 위험이 있으므로 더욱 주의를 요한다."(대법원 2010. 9. 9. 선고 2008다15865 판결)

양 대법관은 "소멸시효는 객관적으로 권리가 발생하고 그 권리를 행사할 수 있는 때로부터 진행하고 그 권리를 행사할 수 없는 동안에는 진행하지 아니한다. 여기서 '권리를 행사할 수 없다'라고 함은 그 권리행사에 법률상의 장애사유, 예컨대 기간의 미도래나 조건불성취 등이 있는 경우를 말하는 것이고, 사실상 그 권리의 존부나 권리행사의 가능성을 알지 못하였거나 알지 못함에 과실이 없다고 하여도 이러한 사유는 법률상 장애사유에 해당한다고 할 수 없다. 대법원이 2004. 4. 22. 선고 2000두7735 전원합의체 판결로 임용기간이 만료된 국공립대학 교원에 대한 재임용거부처분에 대하여 이를 다툴 수 없다는 종전의 견해를 변경하였다고 하더라도, 그와 같은 대법원의 종전 견해는 국공립대학 교원에 대한 재임용거부처분이 불법행위임을 원인으로 한 손해배상청구에 대한 법률상 장애사유에 해당하지 아니한다. 국가에게 국민을 보호할 의무가 있다는 사유만으로 국가가 소멸시효의 완성을 주장하는 것 자체가 신의성실의 원칙에 반하여 권리남용에 해당한다고 할 수는 없으므로, 국가의 소멸시효 완성 주장이 신의칙에 반하고 권리남용에 해당한다고 하려면 일반 채무자의 소멸시효 완성 주장에서와 같은 특별사정이 인정되어야 한다."고 판단하면서 소멸시효에 관하여 신의칙을 원용함에는 신중을 기할 필요가 있다는 점을 방론으로 설시하였다.

그러나 대법원은 "채무자의 소멸시효에 기초한 항변권의 행사도 우리 민법의 대원칙인 신의성실의 원칙과 권리남용금지의 원칙의 지배를 받는 것"임을 전제로 하여 구체적으로
① 채무자가 시효완성 전에 채권자의 권리행사나 시효중단을 불가능 또는 현저히 곤란하게 하였거나, 그러한 조치가 불필요하다고 믿게 하는 행동을 하였거나,
② 객관적으로 채권자가 권리를 행사할 수 없는 장애사유가 있었거나, 또는
③ 일단 시효완성 후에 채무자가 시효를 원용하지 아니할 것 같은 태도를 보여 권리자로 하여금 그와 같이 신뢰하게 하였거나,
④ 채권자보호의 필요성이 크고 같은 조건의 다른 채권자가 채무의 변제를 수령하는 등의 사정이 있어 채무이행의 거절을 인정함이 현저히 부당하거나 불공평하게 되는 등의 <u>특별한 사정이 있는 경우</u>에는 채무자가 소멸시효의 완성을 주장하는 것이 신의성실의 원칙에 반하여 권리남용으로서 허용될 수 없다."고 판시하여 그 예외가 적용되는 기준을 설정하였다(대법원 2009. 8. 20. 선고 2006다22968 판결; 대법원 2016. 10. 27. 선고 2016다224183, 224190 판결 등).

양 교수는 당신은 어떻게 해서 과거사 민사사건에서 시효소멸 항변이 신의칙에 반한다는 판단을 적지 않게 내렸느냐고 묻는다면, 정부가 '진실·화해를 위한 과거사 정리 기본법'('과거사정리법')에서 정하여진 자신의 책임에 관하여 전적으로 손을 놓고 있었다는 점을 무겁게 고려하였고, 그것이 과거사 민사사건에 한해서만, 또한 그것도 일정한 사안유형에서 일정한 기간 안에 제기된 소송에서만 예외적으로 인정된다는 점을 들고 있다.

그러나 전범기업에 대한 손해배상사건이나 국가의 공권력에 의한 인권침해로 인한 손해배상사건 등 소위 '과거사' 민사사건의 아닌 경우에도 판례가 신의칙으로 소멸시효 항변을 배척하는 경우가 왕왕 있어 이는 예외적으로만 인정되는 것이 아니라 흔히 인정되고 있다는 느낌을 지울 수 없다. 신의칙에 의해 소멸시효제도는 상당 부분 형해화(形骸化)되고 있는 것은 아닌지 의문이 들 때가 많다.

다음과 같은 사례를 보자. A는 원고의 아버지인 B의 위임에 따라 1990. 11.경 이 사건 부동산을 대금 10억 1,800만 원에 매도하였다. B는 사망하기 직전 원고에게 위 매매대금 반환채권을 증여하고, 이를 A에게 통지하였다. A는 위 매매대금의 반환을 요구하는 원고에게 '매매대금 7억여 원에서 양도소득세 등을 제외하면 6억 원 정도가 남는다'고 말하면서 그 중 5억 원을 반환한 후, 1992. 12. 1. 원고와의 사이에 나머지 1억 원에 대하여 준소비대차 계약을 체결하고, 그에 관한 차용금증서를 작성하여 주었다. 원고는 B의 사망 직전에 매매대금 반환채권을 양도받아 이 사건 부동산의 매매에 관하여 잘 알지 못하였고, 일본에서만 거주하여 한국어에 미숙하고 국내 사정에도 어두웠으며, A가 이 사건 부동산의 매매에 관련된 절차 일체를 위임받아 처리한데다가 친척으로서 아버지의 장례까지 주관한 관계로, A를 전적으로 신뢰할 수밖에 없었다. 그 결과 원고는 준소비대차 계약에 따른 채권의 회수에만 매달리면서 준소비대차 계약의 대상으로 삼지 않은 나머지 채권에 관하여는 어떠한 권리행사나 조치를 취하지 못하였고, 이 사건 소 제기 당시에도 A가 원고를 속였으리라고는 생각하지 못하여 준소비대차 계약으로 인한 채권 중 미지급 금액만을 청구하였다가, 제1심에서 이 사건 부동산의 매수인인 토지공사에 사실조회를 실시하여 비로소 매매대금의 실제 액수를 알게 됨에 따라 그 차액 상당의 이 사건 채권까지 구하는 것으로 청구취지를 확장하였다.

원심은 위 사안에서 "피고가 이 사건 매매대금 액수를 기망하였다는 사정 또는 피고가 원고에게 이 사건 약정에 기하여 2,000만원을 변제하였다는 사정만으로 시효이익을 포기하였거나 시효를 원용하지 아니할 것 같은 태도를 보인 것이라거나 시효완성 전에 채권자인 원고의 권리행사나 시효중단을 불가능 또는 현저히 곤란하게 하였거나, 그러한 조치가 불필요하다고 믿게 하는 행동을 하였다고 평가할 수 없고, 오히려 원고로서는 언제든지 이 사건 토지의 매수인인 토지공사에 그 매매대금액수를 확인할 수 있었던 사정이 보일 뿐이며, 그 외 원고가 이 사건 매매액수를 정확히 몰랐고, 일본국에 거주하고 있었다는 사정은 <u>원고가 손해배상청구권을 행사할 수 없는 장애사유가 있었다거나 권리행사를 기대할 수 없는 상당한 사정이 있었다고는 보이지 아니하므로 피고가 소멸시효 완성을 이유로 채무이행을 거절하는 것이 현저히 부당하거나 불공평하게 되는 경우에 해당한다고 볼 수도 없다</u>고 할 것이어서, 피고의 소멸시효완성 주장이 신의칙에 반하는 권리남용으로서 또는 형평의 원칙상 허용될 수 없다고는 보이지 아니한다."고 판시하여 피고의 소멸시효 항변을 배척하였다.

그러나 **대법원**은 "원고가 이 사건 채권의 소멸시효기간이 경과하기까지 그에 관한 권리행사나 시효중단 조치를 취하지 못한 것은 이 사건 채권의 존재 자체를 인식하지 못하였기 때문인데, 이는 원고와 전적인 신뢰관계를 형성하고 있던 A의 위와 같은 기망행위에 따른 것으로서 채무자가 시효완성 전에 채권자의 권리행사나 시효중단을 현저히 곤란하게 한 경우에 해당하므로, A의 소멸시효 항변은 신의성실의 원칙에 반하여 권리남용으로 허용될 수 없다."고 판시하여 원심을 파기환송하였다(대법원 2009. 8. 20. 선고 2006다22968 판결).

동일한 사안을 두고 원심과 대법원이 정반대의 판단을 하고 있다. 법률심인 대법원이 원심의 사실인정에 과도하게 개입하고 있는 것은 아닌지 의문이 들기도 한다.

5.

헌법재판소는 '과거사' 사건의 내용을 이루는 중요한 사건들에 대하여는 더 이상 장기시효는 적용되지 않는다고 판단하였다. 헌법재판소 2018. 8. 30. 선고 2014헌마148 결정은 재판관 6 : 3의 의견으로, 민법 제166조 제1항, 제766조 제2항 중 과거사정리법 제2조 제1항 제3호, 제4호에 규정된 사건에 적용되는 부분은 헌법에 위반된다는 결정을 선고하였다.**[일부위헌]** 이에 대하여, 이 사건 심판청구는 심판대상조항의 단순한 포섭·적용에 관한 법원의 해석·적용이나 재판결과를 다투는 것에 불과하므로 재판소원을 금지한 헌법재판소법 제68조 제1항의 취지에 비추어 부적법하다는 재판관 3인의 반대의견이 있다.

대법원은 최근 구로동농지분배사건에서 위 헌법재판소결정의 효력범위를 분명히 밝혔다(대법원 2019. 11. 14. 선고 2018다233686 판결). 대법원은 피고(대한민국)로부터 구로 일대 농지를 분배받았던 수분배자들의 후손인 원고들이 피고를 상대로 분배 농지와 관련하여 불법행위로 인한 손해배상을 청구하는 사안에서, 원고들의 손해배상청구는 과거사정리법 제2조 제1항 제4호에서 말하는 중대한 인권침해·조작의혹사건에서 공무원의 위법한 직무집행으로 인하여 입은 재산상 손해에 대한 국가배상청구에 해당하고, 이 사건 위헌결정의 효력에 따라 원고들의 손해배상청구권에 대해서는 민법 제166조 제1항, 제766조 제2항, 구 예산회계법 제96조 제2항, 제1항에 따른 장기소멸시효가 적용되지 않는다고 판단하였다.

"국가배상법 제8조, 민법 제166조 제1항, 제766조 제1항, 제2항, 국가재정법 제96조 제2항, 제1항(구 예산회계법 제96조 제2항, 제1항)에 따르면, 국가배상청구권에 대해서는 피해자나 법정대리인이 그 손해와 가해자를 안 날(민법 제166조 제1항, 제766조 제1항에 따른 주관적 기산점)로부터 3년 또는 불법행위를 한 날(민법 제166조 제1항, 제766조 제2항에 따른 객관적 기산점)로부터 5년의 소멸시효가 적용됨이 원칙이다. 그런데 헌법재판소는 2018. 8. 30. 민법 제166조 제1항, 제766조 제2항 중 진실·화해를 위한 과거사정리 기본법(이하 '과거사정리법'이라 한다) 제2조 제1항 제3호의 '민간인 집단 희생사건', 같은 항 제4호의 '중대한 인권침해사건·조작의혹사건'에 적용되는 부분은 헌법에 위반된다는 결정을 선고하였다(헌법재판소 2014헌바148 등 결정, 이하 '이 사건 위헌결정'이라 한다).

헌법재판소 위헌결정의 효력은 위헌제청을 한 당해 사건만 아니라 위헌 결정이 있기 전에 이와 동종의 위헌 여부에 관하여 헌법재판소에 위헌여부심판제청이 되어 있거나 법원에 위헌여부심판제청신청이 되어 있는 경우의 당해 사건과 별도의 위헌제청신청 등은 하지 않았지만 당해 법률 또는 법조항이 재판의 전제가 되어 법원에 계속된 모든 일반 사건에까지 미친다(대법원 1996. 4. 26. 선고 96누1627 판결 등 참조).

따라서 이 사건 위헌결정의 효력은 과거사정리법 제2조 제1항 제3호의 '민간인 집단 희생사건'이나 같은 항 제4호의 '중대한 인권침해사건·조작의혹사건'에서 공무원의 위법한 직무집행으로 입은 손해에 대한 배상을 청구하는 소송이 위헌결정 당시까지 법원에 계속되어 있는 경우에도 미친다고 할 것이어서, 그 손해배상청구권에 대해서는 민법 제166조 제1항, 제766조 제2항에 따른 '객관적 기산점을 기준으로 하는 소멸시효'(이하 '장기소멸시효'라 한다)는 적용되지 않고, 국가에 대한 금전 급부를 목적으로 하는 권리의 소멸시효기간을 5년으로 규정한 국가재정법 제96조 제2항(구 예산회계법 제96조 제2항) 역시 이러한 객관적 기산점을 전제로 하는 경우에는 적용되지 않는다."

6.

의정부지법 민사1부는 2019. 11. 7. '스포츠계 첫 미투'로 알려진 전 테니스 선수 A가 초등학생 시절 자신을 성폭행했다며 코치 B를 상대로 낸 손해배상 청구소송(2018나214488)에서 "피고는 원고에게 1억 원을 지급하라"며 원고 일부승소판결을 선고했다(법률신문 2019. 11. 13.자 참조).

18년 전 초등학생 때 운동 코치에게 성폭행을 당한 A는 성년이 된 뒤 13세 미만 아동에 대한 성폭행 범죄의 공소시효가 2012년 폐지된 점을 이용, 먼저 형사고소를 해 유죄 판결을 이끌어낸 뒤 이를 근거로 손해배상청구소송을 냈다. 법원은 유죄 판결 선고된 때와 성폭행에 따른 외상 후 스트레스 진단(PTSD)을 받은 시점을 불법행위로 인한 손해배상청구권의 기산점으로 해석해 가해자의 소멸시효 항변을 배척했다.

A는 2001년 7월부터 2002년 8월까지 B로부터 테니스 지도를 받으면서 학교와 합숙소 등에서 4회에 걸쳐 성폭행을 당해 정신적 장애에 시달렸다. 성인이 된 A는 2016년 테니스 대회에서 우연히 B와 마주쳤고, 성폭력 피해 기억이 되살아나면서 악몽과 위장장애, 두통, 수면장애 등 이상증세를 겪었다. 그러다 그해 6월 A는 PTSD 진단을 받았고 그 다음달 B를 고소했다. B는 강간치상 혐의로 기소돼 지난해 7월 대법원에서 징역 10년형이 확정됐다.

A가 제기한 손해배상청구소송에서 B는 강간치상죄로 복역 중이어서 1심에서 무변론으로 승소판결을 받았다. 이후 B가 항소하여 소멸시효 항변을 하자 소멸시효의 기산일을 언제로 볼지가 쟁점이 됐다. A가 성폭행을 당한 날로부터 17년이나 지난 2018년 6월에야 손해배상소송을 냈기 때문에 소멸시효가 완성됐다고 볼 수도 있다.

재판부는 "민법 제766조 1항의 '손해 및 가해자를 안 날'이란 불법행위의 요건사실을 현실적이고도 구체적으로 인식했을 때를 의미하고, 2항의 '불법행위를 한 날'은 객관적·구체적으로 손해가 발생한 때, 즉 손해의 발생이 현실적인 것으로 돼 있다고 할 수 있는 때를 의미한다."고 밝히고, "A는 B에 대한 유죄판결이 선고된 때에야 비로소 불법행위의 요건사실에 대해 현실적이고도 구체적으로 인식하게 돼 손해배상청구가 가능했다."고 설명했다. 또 "A가 겪고 있던 PTSD도 최초 진단을 받은 2016년 6월에 관념적이고 부동적 상태에서 잠재하고 있던 손해가 현실화됐다고 봐야 한다"고 지적했다. 그러면서 "A가 '손해 및 가해자를 안 날'은 형사재판의 1심 판결 선고일인 2017. 10. 13.이고, '불법행위를 한 날'은 PTSD 진단을 받은 2016년 6월이라고 봐야 한다."면서 "A는 3년, 10년의 소멸시효가 각 도과하기 전인 2018년 6월 소를 제기했으므로 B의 손해배상책임이 인정된다."고 판시했다.

이 사건을 통해 성폭행 피해여성들이 겪고 있는 트라우마가 어떤 것인지를 알 수 있다. PTSD(Post-traumatic Stress Disorder, 외상 후 스트레스 장애)란 생명을 위협할 정도의 극심한 스트레스(정신적 외상)를 경험하고 나서 발생하는 심리적 반응이다.

최근에 "미성년자가 성폭력, 성추행, 성희롱, 그 밖의 성적(性的) 침해를 당한 경우에 이로 인한 손해배상청구권의 소멸시효는 그가 성년이 될 때까지는 진행되지 아니한다."는 민법 제766조 제3항이 신설되어 2020. 10. 20.부터 시행되고 있다. 위 개정규정은 이 법 시행 전에 행하여진 성적 침해로 발생하여 이 법 시행 당시 소멸시효가 완성되지 아니한 손해배상청구권에도 적용하도록 하고 있다(개정법 부칙 참조). 종전에는 미성년자가 성적(性的) 침해를 당한 경우에도 일반 손해배상청구권과 동일하게 부모 등 법정대리인이 손해 및 가해자를 안 날부터 3년이 지나거나 성적 침해가 발생한 날부터 10년이 지나면 소멸시효가 완성되어 손해배상을 청구할 수 없었으나, 개정법의 시행으로 미성년자가 성폭력, 성추행, 성희롱, 그 밖의 성적 침해를 당한 경우에는 해당 미성년자가 성년이 될 때까지 손해배상청구권의 소멸시효가 진행되지 아니하도록 하여 미성년자인 피해자가 성년이 된 후 스스로 가해자에게 손해배상을 청구할 수 있도록 보장함으로써 성적 침해를 당한 미성년자에 대한 보호를 강화하고 있다.

유명가수 김 모 씨로부터 3년 전 유흥업소에서 성폭행(강간)을 당한 피해여성(접대부로 보인다)이 김씨를 강간죄로 고소했다. 피해여성은 "가족들은 내 속도 모르고 '미운 오리 새끼' 보면서 자꾸 즐거워하고 좋아한다. 그런데 (김씨가) 날 강간할 때 입었던 배트맨 티셔츠를 입고 자꾸 TV에 나오고, TV를 돌려도 재방송이 계속 나왔다"는 것이다. 그는 "그런 장면이 괴롭고 내겐 고문이었다. 가족에게 말도 못하고 너무나 큰 정신적인 고통이었다."고 토로했다. 강간죄가 친고죄에서 사라진 이상 아무리 피해여성과 합의를 하더라도 김씨는 꼼짝없이 걸려들었다.

손버릇이 나쁜 이 세상 남자들에게 고함! 무슨 일이 있어도 여자든 남자든 타인의 몸을 함부로 (동의 없이) 만지지 말라. 타인의 몸을 자유롭게 만질 수 있는 사람은 오로지 그 타인뿐이다.

⟨민법학에서 법철학은 무엇인가?⟩

1.

"방법론에 집착하는 학문은 병든 학문이다." 양 교수는 이 말은 우리나라에서 '어느 시기까지 열렬히 숭앙된' 법철학자의 말이라고 하면서 이름을 밝히지 않았으나 그 법철학자는 상대주의 법철학자로 널리 알려진 G. Radburch이다. 어느 시기까지 열렬히 숭앙되었다면 지금은 아니라는 이야기로 들린다. 나는 최종고 교수가 번역한 G. Radburch의 「법철학」책을 통해 G. Radburch를 어렴풋하게나마 알고 있다.

2.

양 교수는 선의취득의 사례를 들어 동산의 원래의 소유자와 양수인 중 누가 억울한지의 관점에서 선의취득 제도를 접근하고 있다. 예컨대, 甲이 자기 소유의 노트북을 친구인 乙에게 잠시 쓰라고 빌려주었는데, 乙이 이것을 가져다 쓰다가 돈이 급하게 되어 이것을 丙이 운영하는 중고품 가게에 팔고서 받은 돈을 다 써 버린 경우, 甲은 丙에게 그 물건이 자기 것이니 돌려달라고 할 수 있을까?

위 사례에서 丙은 乙과의 매매로 '**선의이며 과실 없이**' 그 물건을 점유하게 되었으면 乙이 '**정당한 소유자가 아닌 때에도**' '**즉시 그 물건의 소유권을 취득한다.**'(민법 제249조). 이와 같은 丙의 권리 취득을 **선의취득**이라고 한다. **원칙**적으로 권리를 양도받으려면 양도인이 당해 권리의 보유자이어야 하는데, **예외**적으로 선의취득에 의해 권리자 아닌 사람과의 거래로도 권리를 취득할 수 있다.

"누구도 자신이 가지지 않은 것을 남에게 줄 수 없다(Nemo dat, quod non habet)." "누구도 자신이 가지는 권리 이상의 것을 남에게 줄 수 없다(Nemo plus iuris ad alium transfere, quam ipse habet)"는 로마법상의 대원칙이 우리 거래의 기초를 이루고 있다. 그러나 민법 제249조는 "양도인이 정당 소유자가 아닌 때에도 즉시 그 동산의 소유권을 취득한다."고 하여 그 예외를 인정하고 있다.

위 사례에서 아무리 丙이 선의이고 과실이 없는 경우에도 물건의 소유권을 빼앗기게 된 甲의 억울함과 물건의 소유권을 취득하지 못하여 甲에게 물건을 돌려주어야 하는 丙의 억울함 중 누가 더 억울할까?

丙이 甲에게 물건을 돌려주어야 한다면 乙로부터 丙이 매매대금으로 지급한 돈을 찾아와야 하는데 乙이 무자력이라면(乙이 甲의 물건을 丙에게 내다 팔정도라면 대개 무자력이다) 결국 丙이 최종적으로 의지가 되는 것은 자기 손 안에 있는 매매목적물 그 자체밖에 없다. 이러한 처지는 甲의 경우에도 마찬가지다. 丙의 소유권 취득한다면 甲은 乙을 상대로 손해배상이나 부당이득반환청구를 할 수밖에 없는데 乙이 무자력이라면 甲의 권리는 구제받지 못할 것이다.

사용차주인 乙이 민법 제609조 이하에서 정하는 사용대차의 법리에 쫓아 부담하는 목적물반환의무를 이행하지 못하는 책임(민법 제390조) 또는 甲의 소유권을 상실시킴으로 인한 손해배상책임(제750조)은 모두 그 내용이 손해배상의무이고, 손해배상은 원상회복이 아니라 금전으로 전보(塡補)하는 것이 원칙(제394)이다. 甲이 乙을 상대로 乙이 丙으로부터 받은 매매대금에 대하여 "법률상 원인 없이 타인의 재산으로 인하여"(제741조) 얻은 이익, 즉 부당이득으로 반환을 청구할 수 있으나, 이 역시 금전의 지급, 돈의 지급을 청구하는 채권이고 乙의 무자력이라면 역시 甲은 그의 권리를 구제받는 것이 무망한 경우가 많다.

3.

위와 같이 이해관계가 극명하게 대립하는 甲과 丙이 다 같이 억울함을 호소하는 경우 법은 두 사람의 손을 다 들어줄 수는 없고 어느 한 사람의 손을 들어줄 수밖에 없다. 이에 관한 입법자의 결단이 민법 제249조이다. 동산거래의 안전을 위하여 동산의 점유에 공신력을 부여하고, 부동산거래의 경우에는 이러한 공신력을 인정하지 않고 있다.

부동산거래에서는 아무리 양수인이 선의, 무과실로 현재 소유권자로 등기된 사람을 소유자로 믿었다 하더라도 양도인이 권리자가 아닌 경우에는 부동산의 소유권을 취득할 수 없다. 부동산거래에 있어서는 거래안전보다 진실한 권리자의 권리를 보호하는 것이 우리 민법 입법자의 결단이다. 자동차관리법이 적용되는 자동차의 소유권을 취득함에는 민법상 공시방법인 '인도'에 의할 수 없고 나아가 이를 전제로 하는 민법 제249조의 선의취득 규정은 적용되지 아니함이 원칙이다(대법원 2016. 12. 15. 선고 2016다205373 판결). 부동산등기에는 공신력이 인정되지 아니하므로, 부동산의 소유권이전등기가 不實등기인 경우 그 不實등기를 믿고 부동산을 매수하여 소유권이전등기를 경료하였다 하더라도 그 소유권을 취득한 것으로 될 수 없고, 부동산에 관한 소유권이전등기가 무효라면 이에 터잡아 이루어진 근저당권설정등기는 특별한 사정이 없는 한 무효이고(대법원 2009. 2. 26. 선고 2006다72802 판결 등 참조), 또한 민법 제249조의 선의취득은 점유인도를 물권변동의 요건으로 하는 동산의 소유권취득에 관한 규정으로서 저당권의 취득에는 적용될 수 없다(대법원 1985. 12. 24. 84다카2482 판결 등 참조).

다만 동산선의취득의 경우에도 도품이나 유실물과 같이 소유자가 자신의 의사에 기하지 않고 그 점유를 상실한 경우에는 민법 제250조, 제251조에서 소유권의 취득을 현저히 제한하고 있다. 이와 같은 도품·유실물에 관한 특례는 거래의 안전을 해하는 것으로 합리적 근거가 없는 것이라는 비판이 있다(곽윤직 교수). 미상불(未嘗不) 영미법에서는 이러한 도품·유실물에 관한 특례가 없다.

A는 2016. 1. 30. 미국의 한 인터넷 경매사이트에서 '일본 석재 거북(Japanese Hardstone Turtle)'이라는 제목의 물건을 9,500달러(약 1,000만원)에 낙찰받은 뒤 국내로 반입했다. 전문가들에게 의뢰해 보니 조선 16대 왕 인조의 계비 장렬왕후 어보(왕실 의례를 위해 제작된 도장)였다. A는 몇 달 뒤 국립고궁박물관이 유물 공개 구입 공고를 하자 2억5,000만원에 어보를 내놓았다. 하지만 심의 결과 그 물건은 도난품인 것으로 확인됐고, 박물관 측은 "2억5,000만원을 줄 수도 없고, 어보를 반환해줄 수도 없다"는 입장을 밝혔다. 해당 어보는 6·25전쟁 당시 서울의 궁궐 등에 보관돼 있던 다른 어보들과 함께 도난당한 것으로 알려졌다.

A는 국가를 상대로 소송을 제기했다. 주위적으로, 피고는 원고로부터 교부받아 점유(소관청, 국립고궁박물관)중인 '일본석재 거북(인조비 어보)'을 반환을 구하고, 예비적으로, 원고의 재산권을 침해하는 불법행위로 인한 손해배상으로 피고는 원고에게 2억5,000만 원 및 이에 대한 지연손해금의 지급을 구하였다.

서울중앙지방법원 2017. 8. 25. 선고 2017가합518187 판결은 원고의 **주위적 청구**에 관하여는 이 사건 어보는 도품에 해당하여 다음과 같이 원고가 이 사건 어보의 소유권을 취득하였음을 전제로 한 원고의 주위적 청구는 이유 없다고 판시하였다.

"이 사건 어보의 물권 취득에 관한 준거법 결정

국제사법 제1조가 '이 법은 외국적 요소가 있는 법률관계에 관하여 국제재판관할에 관한 원칙과 준거법을 정함을 목적으로 한다.'고 규정하고 있으므로, 거래 당사자의 국적·주소, 물건 소재지, 행위지, 사실발생지 등이 외국과 밀접하게 관련되어 있어 곧바로 내국법을 적용하기보다는 국제사법을 적용하여 그 준거법을 정하는 것이 더 합리적이라고 인정되는 법률관계에 대하여는 국제사법의 규정을 적용하여 준거법을 정하여야 한다(대법원 2008. 1. 31. 선고 2004다26454 판결 참조).

한편, 국제사법 제19조 제1항은 "동산 및 부동산에 관한 물권 또는 등기하여야 하는 권리는 그 목적물의 소재지법에 의한다."라고 규정하고 있고, 제2항은 "제1항에 규정된 권리의 득실변경은 그 원인된 행위 또는 사실의 완성 당시 그 목적물의 소재지법에 의한다."라고 규정하고 있다.

이 사건은 원고가 2016. 1. 30.경 미국의 인터넷 경매사이트에서 이루어진 경매에 의하여 이 사건 어보에 관한 소유권을 취득하였는지 여부가 문제되는데, 원고가 위 경매사이트에서 이 사건 어보를 낙찰받을 당시 이 사건 어보가 미국 버지니아주에 있었던 사실, 그 후 원고가 이 사건 어보를 국내로 반입한 사실을 인정할 수 있으므로, 원고가 이 사건 어보에 관한 소유권을 취득하였는지 여부에 관한 준거법은 그 원인된 행위 또는 사실의 완성 당시 그 목적물의 소재지법인 미국 버지니아주법이라고 봄이 타당하다.

버지니아주법에 의하면 도품에 관하여 선의취득이 가능한지 여부

영미법에서는 도품에 관하여 '누구도 자신이 가지지 않는 것을 양도할 수 없다(nemo dat quod non habet)'는 원칙이 지배하고 있어 도품에 대한 선의취득을 인정하고 있지 않고, 버지니아주법 또한 제8.2-403조 제1항에서 도품에 대한 선의취득을 인정하지 않고 있다.* 따라서 원고가 비록 경매 사이트에서 이 사건 어보를 낙찰받았다고 하더라도 이 사건 어보는 도품이므로, 원고는 버지니아주법에 따라 이 사건 어보에 관한 소유권을 취득하지 못하였다고 판단된다.

* 물품 매수인은 양도인이 가지고 있었던 또는 이전하는 권한을 가지고 있었던 자의 모든 권원을 취득한다. 다만, 제한된 권리의 매수인은 제한된 범위 내에서만 권리를 취득한다(A purchaser of goods acquires all title which his transferor had or had power to transfer except that a purchaser of a limited interest acquires rights only to the extent of the interest purchased.).

한편, 원고의 **예비적 청구**에 관하여는 민법 제250조, 제251조는 도품에 대하여도 선의취득을 인정하되, 원소유자가 도난당한 날로부터 2년 내에 그 물건의 반환을 청구할 수 있고, 도품이라도 양수인이 경매나 공개시장 등에서 선의로 매수한 때에는 원소유자가 그 대가를 변상하고 그 물건의 반환을 청구할 수 있도록 규정하고 있으나, 원고가 경매에 의하여 이 사건 어보를 취득하였다고 하더라도 그 소유권 취득에 관한 준거법이 버지니아주법인 이상 원고에게 다른 재산권이 인정될 여지도 없는 점, 이 사건 어보는 인조계비 장렬왕후에게 존호를 올리기 위하여 조선 왕실에서 직접 제작한 것으로서 조선 왕실의 권위를 상징하는 신물(神物)이고, 다른 일반적인 문화재보다 그 역사적 가치가 크므로 국가로서는 이를 확보하여 보존·관리하여야 할 책무를 부담하는 점 등에 비추어 보면, 원고가 이 사건 어보에 관하여 어떠한 재산권을 가진다고 볼 수 없고, 피고 산하 국립고궁박물관이 원고에게 이 사건 어보에 관한 대가를 지급하지 않은 채 그 반환을 거부하는 것이 불법행위를 구성한다고 보기 어렵다는 이유로 예비적 청구도 기각하였다.

이 사건 어보가 도품이라는 사실을 잘 알지도 못하고, 영미법에서는 도품에 대한 선의취득이 인정되지 않는다는 것을 알리가 없는 원고가 단돈 1,000만 원으로 2억 5,000만 원을 벌어볼 요량이었는데 도로(徒勞)의 헛수고가 되고 말았다.

4.

그런데 우리 판례와 실무는 동산의 경우에도 선의취득을 쉽사리 잘 인정해주지 않는 경향이 있다. 민법 제200조는 점유자가 점유물에 대하여 행사하는 권리는 적법하게 보유한 것으로 추정하고 있어서 자신이 점유하는 동산의 소유권을 양도한 사람은 그 소유권을 적법하게 보유한 것으로 추정되고, 선의의 양수인은 양도인에게 소유권이 없음을 몰랐다는 것에 대하여 무과실로 추정되어 그 증명책임이 상대방 즉 선의취득을 부정하는 소유자 측에 있다고 보는 것이 맞을 것인데, 판례는 <u>선의취득의 인정에 관건이 되는 법률요건인 '양수인의 무과실'에 관하여 그 증명책임이 선의취득을 주장하는 측에 있다</u>는 태도를 견지해오고 있다.

"동산질권을 선의취득하기 위하여는 질권자가 평온, 공연하게 선의이며 과실 없이 질권의 목적동산을 취득하여야 하고, 그 취득자의 선의, 무과실은 동산질권자가 입증하여야 한다."(대법원 1981. 12. 22. 선고 80다2910 판결)

"동산의 매매에서 그 대금을 모두 지급할 때까지는 목적물의 소유권을 매도인이 그대로 보유하기로 하면서 목적물을 미리 매수인에게 인도하는 이른바 <u>소유권유보약정이 있는 경우</u>에, 다른 특별한 사정이 없는 한 매수인 앞으로의 소유권 이전에 관한 당사자 사이의 물권적 합의는 대금이 모두 지급되는 것을 정지조건으로 하여 행하여진다고 해석된다. 따라서 그 대금이 모두 지급되지 아니하고 있는 동안에는 비록 매수인이 목적물을 인도받았어도 목적물의 소유권은 위 약정대로 여전히 매도인이 이를 가지고, 대금이 모두 지급됨으로써 그 정지조건이 완성되어 별도의 의사표시 없이 바로 목적물의 소유권이 매수인에게 이전된다. 그리고 이는 매수인이 매매대금의 상당 부분을 지급하였다고 하여도 다를 바 없다. 그러므로 <u>대금이 모두 지급되지 아니한 상태에서 매수인이 목적물을 다른 사람에게 양도하더라도, 양수인이 선의취득의 요건을 갖추거나 소유자인 소유권유보매도인이 후에 처분을 추인하는 등의 특별한 사정이 없는 한 그 양도는 목적물의 소유자가 아닌 사람이 행한 것으로서 효력이 없어서, 그 양도로써 목적물의 소유권이 매수인에게 이전되지 아니한다</u>."(대법원 2010. 2. 11. 선고 2009다93671 판결)

위 후자의 판결은 소유권유보약정이 있는 동산 매매계약의 매수인이 대금을 모두 지급하지 않은 상태에서 목적물을 다른 사람에게 양도한 사안에서, 위 목적물의 양수 당시 양도인이 매매계약의 할부금 중 일부를 원래의 매도인에게 지급하지 못하고 있음을 알았으면서, 소유권이 유보되어 있는지에 관하여 조사하는 등 <u>양수인에게 통상적으로 요구되는 양도인의 양도권원에 관한 주의의무를 다하지 아니한 과실이 있음을 이유로 선의취득이 인정되지 않는다</u>고 한 사례로 양수인에게 무과실의 증명책임을 강하게 요구하고 있다.

이와 같은 판례의 입장은 동산의 경우에도 선의취득을 쉽사리 인정하지 않겠다는 의지의 표현이다. 양 교수는 법원실무가 통상의 동산거래에서 원래의 소유자와 양수인 중 어느 한 쪽은 '억울하지 않을 수 없다'고 한다면 원래의 소유자를 보호하고 오히려 양수인으로 하여금 그 억울함을 감수하도록 하는 것이 타당하다는 어떠한 '정의감각'이 작동하는 것으로 간취하고 있다. 사실 법관의 정의감각이 과실상계 등에서 의외로 강력한 힘을 발휘하고 있는 것은 익히 알고 있는 사실이다.

〈이자 등 지급의 시기방법 등에 관한 새로운 약정과 민법 제163조 제1호의 단기소멸시효〉

1.

우리법상 시효기간은 10년의 일반 소멸시효기간 외에 1년, 2년, 3년, 5년 등 다양한 형태의 단기 소멸시효·상사소멸시효 등의 특수 소멸시효가 존재한다. 최근의 일본의 개정민법(2020. 4. 1. 시행)은 단기소멸시효를 규정하고 있던 일본민법 제169조 내지 제174조를 모두 삭제하고, 채권의 소멸시효기간을 종전의 '권리를 행사할 수 있는 때로부터 10년' 외에도, '권리를 행사할 수 있음을 안 때로부터 5년'으로 정함으로써 시효기간을 일원화하였다. 우리의 경우도 2013년 법무부의 민법개정시안에서 현행민법 제163조 및 제164조의 삭제를 제안하고 있는데 입법으로는 연결되지 아니하여 현재는 단기소멸시효제도가 존재하고 있다.

어쨌든 현행 민법 제163조는 다음과 같이 규정하고 있다.

> ☞ 제163조(3년의 단기소멸시효) 다음 각호의 채권은 3년간 행사하지 아니하면 소멸시효가 완성한다.
> 1. <u>이자, 부양료, 급료, 사용료 기타 1년 이내의 기간으로 정한 금전 또는 물건의 지급을 목적으로 한 채권</u>
> 2. 의사, 조산사, 간호사 및 약사의 치료, 근로 및 조제에 관한 채권
> 3. 도급받은 자, 기사 기타 공사의 설계 또는 감독에 종사하는 자의 공사에 관한 채권
> 4. 변호사, 변리사, 공증인, 공인회계사 및 법무사에 대한 직무상 보관한 서류의 반환을 청구하는 채권
> 5. 변호사, 변리사, 공증인, 공인회계사 및 법무사의 직무에 관한 채권
> 6. 생산자 및 상인이 판매한 생산물 및 상품의 대가
> 7. 수공업자 및 제조자의 업무에 관한 채권

문제되는 것이 제163조 제1호이다. "<u>이자, 부양료, 급료, 사용료 기타 1년 이내의 기간으로 정한 금전 또는 물건의 지급을 목적으로 한 채권</u>"은 "<u>3년간 행사하지 아니하면 소멸시효가 완성한다.</u>" 따라서 대여기간에 대한 이자의 이행기를 매월 말로 정한 것이 아니라 그 대여기간 전체에 대한 이자로서 일정한 비율로 산정한 확정적인 액수를 정한 경우(대여금 1억 원에 대한 월 1%의 이자를 합하여 변제기 1년 후 1,200만 원의 이자를 지급하기로 약정한 경우)나, 이자를 정기금으로 지급하기로 약정한 경우에도 그 기간을 1년을 넘는 기간으로 정한 경우에도 3년의 단기소멸시효에 걸릴 수 없음은 법문에 비추어 자명하다.

양 교수는 "금전소비대차의 당사자들이 대여금에 이자를 붙이기로 하고 대여금 원본의 반환기일까지 1개월마다 그 월말에 일정한 이율의 이자를 지급하기로 약정하였는데, 얼마 후 당사자들이 위의 이자에 관하여 그 반환기일까지의 이자액 전부를 원본의 반환기일에 원본과 함께 한꺼번에 지급하기로 새로 약정한 경우 제163조 제1호가 적용되던 원래의 이자채권이 새로운 약정으로 배제된다고 볼 것인지"에 관하여 우리 민법의 입법경과 제국의 입법례를 모아보고 우리 판례들을 유추하여 새로 약정된 이자채권에 대하여는 제163조 제1호가 적용되지 않는다는 결론을 끌어내고 있는데, 이의가 없다.

2.

이 기회에 민법 제163조 제1호에 관한 판례의 입장을 정리해보기로 한다. 다음과 같은 최근의 판례를 보자.

"민법 제163조 제1호는 이자, 부양료, 급료, 사용료 기타 1년 이내의 기간으로 정한 금전 또는 물건의 지급을 목적으로 한 채권은 3년간 행사하지 아니하면 소멸시효가 완성한다고 규정하고 있다. 이는 기본 권리인 정기금채권에 기하여 발생하는 지분적 채권의 소멸시효를 정한 것으로서(대법원 2001. 6. 12. 선고 99다1949 판결 등 참조), 여기서 '1년 이내의 기간으로 정한 채권'이란 1년 이내의 정기로 지급되는 채권을 말한다(대법원 2013. 7. 12. 선고 2013다20571 판결 등 참조). 그리고 채무불이행으로 인한 손해배상채권은 본래의 채권이 확장된 것이거나 본래의 채권의 내용이 변경된 것이므로 본래의 채권과 동일성을 가진다. 따라서 본래의 채권이 시효로 소멸한 때에는 손해배상채권도 함께 소멸한다.

한편 어떠한 계약상의 채무를 채무자가 이행하지 않았다고 하더라도 채권자는 여전히 해당 계약에서 정한 채권을 보유하고 있으므로, 특별한 사정이 없는 한 채무자가 그 채무를 이행하지 않고 있다고 하여 채무자가 법률상 원인 없이 이득을 얻었다고 할 수는 없고, 설령 그 채권이 시효로 소멸하게 되었다 하더라도 달리 볼 수 없다(대법원 2005. 4. 28. 선고 2005다3113 판결 등 참조)."
(대법원 2018. 2. 28. 선고 2016다45779 판결).

위 대법원판결은 원고가 피고에게 원고의 작곡저작권의 해외관리를 위임하면서 양 당사자는 피고가 해외로부터 지급받는 저작권 사용료를 매년 6월 말 및 12월 말에 정산하여 원고 65%, 피고 35%의 비율의 금액을, 100일 이내에 원고에게 지급하기로 약정한 사안에서 원고는 1년 이내의 기간인 6개월마다 저작권 사용료 분배청구권의 지분적 청구권을 가지게 되었다고 할 것이고, 이러한 청구권은 민법 제163조 제1호에서 정한 바와 같이 3년의 단기소멸시효가 적용된다고 판시한 것이다.

3.

민법 제163조 제1호가 적용되기 위한 채권에 관하여 본다.

우선 '1년 이내의 기간으로 정한 금전의 지급을 목적으로 한 채권'이란 1년 이내의 정기로 지급되는 금전채권을 말하고 변제기가 1년 이내로 정하여진 채권을 말하는 것이 아니다. 일정한 기간을 정하여 그 기간이 도래할 때마다 반복적으로 지급하기로 하는 채권, 이른바 정기금채권 중에서 그 기간이 1년 이내로 정해진 것을 말한다. 예컨대 '매월 말일에 월차임으로 100만 원을 지급하기로 약정'하였다면 월차임 100만의 지급채무가 이에 해당한다. 1개월 단위로 지급되는 집합건물의 관리비채권도 이에 해당한다(대법원 2007. 2. 22. 선고 2005다65821 판결).

예컨대, 甲이 2011. 4. 1. 乙에게 1,000만 원을 변제기 1년, 이자 월 1%로 정하여 대여하였는데, 甲이 2020. 10. 1. 乙을 상대로 대여금청구의 소를 제기한 경우, 소제기 이전 3년인 2017. 10. 1. 전에 발생한 甲의 약정이자 및 지연손해금채권은 3년의 시효기간 도과로 소멸한 것인가?

민법 제163조 제1호에서 "1년 이내의 기간으로 정한 채권"이라 함은 변제기가 1년 이내의 채권이라는 의미가 아니라 1년 이내의 정기에 지급되는 채권을 의미하는 것임은 주지하는 바와 같고, 변제기 이후의 지연손해금(지연이자 또는 연체이자)는 이행지체로 인한 손해배상이므로 단기소멸시효이 대상인 이자채권도 아니다. 따라서 위 사례에서 甲의 약정이자 및 지연손해금채권은 3년의 시효기간에 걸릴 일이 없다.

"민법 제163조 제1호 소정의 '1년 이내의 기간으로 정한 금전 또는 물건의 지급을 목적으로 하는 채권'이란 1년 이내의 정기에 지급되는 채권을 의미하는 것이지, 변제기가 1년 이내의 채권을 말하는 것이 아니므로, 이자채권이라고 하더라도 1년 이내의 정기에 지급하기로 한 것이 아닌 이상 위 규정 소정의 3년의 단기소멸시효에 걸리는 것이 아니다."(대법원 1996. 9. 20. 선고 96다25302 판결)

"금전을 차용한 차주가 약정시기에 차용금을 반환하지 못함으로 말미암아 대주가 소비대차계약에 따라 차주로부터 지급받는 지연손해금은 민법 제163조 제1호 소정의 1년 이내의 기간으로 정한 이자에 해당되지 않는다."(대법원 1991. 5. 14. 선고 91다7156 판결).

타인의 토지를 권원 없이 사용함으로 인한 차임 상당의 부당이득반환채권 역시 '사용료의 지급에 관한 채권'이 아니므로 3년의 단기시효가 적용될 수 없다(대법원 1969. 10. 28. 선고 69다1247 판결). 판례는 정수기 대여계약에 기한 월 대여료 채권은 민법 제163조 제1호에 정한 '사용료 기타 1년 이내의 기간으로 정한 금전의 지급을 목적으로 한 채권'으로서 소멸시효 기간은 3년이라고 한다(대법원 2013. 7. 12. 선고 판결).

다음으로 민법 제163조 제1호가 적용되는 것은 지분적 정기금채권이 기본적 정기금채권에 기하여 발생하는 것이어 한다. 3년의 단기시효가 적용되려면 그 채권이 '기본이 되는 정기금채권', 즉 기본적 정기금채권에 '기하여 발생한' 채권, 즉 지분적 정기금채권이어야 함은 다음과 같은 판례에서 보는 바와 같이 명백하다.

"낙찰계에서 매월 낙찰받아 계금을 받은 계원이 낼 불입금을 공제한 나머지를 균등분할한 금액을 계불입금으로 내는 것은 계주로부터 대여받은 금원에 해당하는 계금에 관한 원리금 변제의 성질을 가진다."(대법원 2017. 4. 7. 선고 2016다55462 판결) "따라서 계불입금채권은 채권관계가 일시에 발생하여 확정되고 변제방법에 있어서 매월 분할변제로 정하여진 것에 불과하여 기본이 되는 정기금채권에 기한 채권이라고 할 수 없기 때문에 3년의 소멸시효가 적용되는 채권이라고 할 수 없고, 계불입금채권을 원금부분과 이자부분으로 나누어 이자부분에 관하여만 3년의 소멸시효가 적용된다고 할 것도 아니다."(대법원 1993. 9. 10. 선고 93다21705 판결)

"이른바 금융리스에 있어서 리스료는, 리스회사가 리스이용자에게 제공하는 취득자금의 금융편의에 대한 원금의 분할변제 및 이자·비용 등의 변제의 기능을 갖는 것은 물론이거니와 그 외에도 리스회사가 리스이용자에게 제공하는 이용상의 편익을 포함하여 거래관계 전체에 대한 대가로서의 의미를 지닌다. 따라서 리스료 채권은, 그 채권관계가 일시에 발생하여 확정되고 다만 그 변제방법만이 일정 기간마다의 분할변제로 정하여진 것에 불과하기 때문에(기본적 정기금채권에 기하여 발생하는 지분적 채권이 아니다) 3년의 단기 소멸시효가 적용되는 채권이라고 할 수 없고, 한편 매회분의 리스료가 각 시점별 취득원가분할액과 그 잔존액의 이자조로 계산된 금액과를 합한 금액으로 구성되어 있다 하더라도, 이는 리스료액의 산출을 위한 계산방법에 지나지 않는 것이므로 그 중 이자부분만이 따로 3년의 단기 소멸시효에 걸린다고 할 것도 아니다."(대법원 2001. 6. 12. 선고 99다1949 판결).

4.

이자채무의 소멸시효가 완성한 후에 채무의 일부변제가 이루어진 경우 원금채무 및 이자채무의 소멸시효는 어떻게 되는가? 다음과 같은 사례에서의 대법원판결을 보자. 대법원은 원심이 시효이익을 포기한 후 다시 이자채무의 시효기간이 도과한 사실을 지적하고 있다.

피고는 1995. 6. 20. 원고에게 차용금 8,000만 원, 이자 월 1.5%, 변제기 2002. 6. 20.로 된 차용금증서를 작성해 주었다. 위 차용금 증서상의 채권 중 4,000만 원은 상인간의 물품대금 채무이어서 그 소멸시효기간이 3년이고, 나머지 4,000만 원은 상인간의 소비대차이어서 그 소멸시효기간이 상법에 정한 5년이며 이자채권의 소멸시효는 3년인데, 이 사건 소는 위 각 소멸시효기간이 경과된 후에 제기되었으므로 위 차용금증서상의 채권은 시효완성으로 인하여 모두 소멸되었다고 주장하였다.

원심은 다음과 같이 판시하고 원고의 청구를 인용하였다. "원고와 피고는 모두 시장에서 채소가게를 운영해 온 상인인 사실, 이 사건 차용금증서상의 8,000만 원 중 4,000만 원은 대여금 채권이고, 나머지 4,000만 원은 위 차용금증서를 작성하기 전에 이루어진 원, 피고 사이의 채소거래에 따른 외상대금 채권인 사실은 당사자 사이에 다툼이 없는바, 위 인정사실에 의하면 위 차용금증서상의 채권 중 대여금 채권은 상법 제47조 제2항에 의하여 보조적 상행위로 추정되는 원, 피고간의 소비대차로 인한 것이어서 그 소멸시효기간은 상법 제64조에 따라 5년이라 할 것이고, 위 차용금증서상의 채권 중 물품대금 채권은 소멸시효기간이 3년인 민법 제163조 제6호에 규정된 상인이 판매한 상품의 대가에 해당하나, 한편 이에 관하여는 원고와 피고 사이에 이 사건 차용금증서를 작성함으로써 민법 제605조의 준소비대차계약이 성립되어 소비대차의 효력이 생겼으므로 그 소멸시효기간 역시 5년이라 할 것이며, 이미 발생한 이자채권의 소멸시효기간은 민법 제163조 제1호에 의하여 3년이라 할 것이다. 나아가 소멸시효기간이 완성되었는지 여부에 관하여 살피건대, 위 차용금증서상의 채권의 변제기가 2002. 6. 20.임은 앞서 본 바와 같고, 이 사건 소가 그로부터 5년이 경과된 2011. 4. 28. 제기된 사실은 기록상 명백하나, 앞서 본 바와 같이 피고는 2007. 3. 27. 원고에게 2,500만 원을 변제함으로써 이 사건 차용금 채무를 승인하였고, 이는 이미 3년의 소멸시효가 완성된 이자채권에 대한 시효이익의 포기와 아직 소멸시효가 완성되지 아니한 나머지 원리금 및 지연손해금 채권에 대한 시효중단의 효력이 있다 할 것이며, 이 사건 소는 위 변제일로부터 5년이 경과하기 전에 제기되었으므로, 피고의 위 주장 역시 이유 없다."

대법원은 다음과 같이 판시하고 원심을 파기, 자판하였다(대법원 2013. 5. 23. 선고 2013다12464

판결).

"원금채무에 관하여는 소멸시효가 완성되지 아니하였으나 이자채무에 관하여는 소멸시효가 완성된 상태에서 채무자가 채무를 일부 변제한 때에는 그 액수에 관하여 다툼이 없는 한 그 원금채무에 관하여 묵시적으로 승인하는 한편 그 이자채무에 관하여 시효완성의 사실을 알고 그 이익을 포기한 것으로 추정되며, 채무자의 변제가 채무 전체를 소멸시키지 못하고 당사자가 변제에 충당할 채무를 지정하지 아니한 때에는 민법 제479조, 제477조에 따른 법정변제충당의 순서에 따라 충당되어야 할 것이다. 원심이, 피고가 2007. 3. 27. 원고에게 2,500만 원을 변제함으로써 이 사건 차용금증서에 기한 원금채무를 승인하는 한편 소멸시효가 완성된 이자채무에 관한 소멸시효이익을 포기하였다고 판단한 다음 위 변제금 2,500만 원을 이 사건 차용금증서에 기한 1995. 6. 20.부터 1997. 3. 19.까지의 이자채무 변제에 충당한 조치는 정당하다.

〈1995. 6. 20.부터 2002. 6. 20.까지의 이자채권에 관하여〉 채무자가 소멸시효 완성 후에 채권자에 대하여 채무 일부를 변제함으로써 그 시효의 이익을 포기한 경우에는 그때부터 새로이 소멸시효가 진행한다고 할 것이다. 피고가 2007. 3. 27. 원고에게 이 사건 차용금증서에 기한 채무 일부를 지급하여 그 차용금증서에 기한 원금채무를 승인하는 한편 이자채무에 관한 소멸시효의 이익을 포기한 것으로 볼 수 있으나, 2007. 3. 27.부터 잔존한 이자채권에 관하여 다시 소멸시효가 진행하여 민법 제163조 제1항에 따른 3년의 소멸시효기간이 이 사건 소 제기 전에 경과함으로써 시효가 재차 완성되었다고 할 것이다. 그런데도 원심은, 위 변제금 2,500만 원을 이 사건 차용금증서에 기한 1995. 6. 20.부터 1997. 3. 20.까지의 이자채무 변제에 충당한 다음, 잔존 이자채무에 관하여도 그 지급을 구하는 이 사건 소가 위 변제일인 2007. 3. 27.로부터 5년이 경과하기 전에 제기되었다는 이유로 소멸시효 항변을 배척하였다. 위와 같은 원심의 판단에는 이자채무에 관하여 소멸시효 이익을 포기한 후에 다시 진행하는 소멸시효 기간에 관한 법리를 오해함으로써 판결에 영향을 미친 위법이 있다.

〈2002. 6. 21.부터의 지연손해금채권에 관하여〉 금전채무의 이행지체로 인하여 발생하는 지연손해금은 그 성질이 손해배상금이지 이자가 아니고, 원본채권이 상행위로 인한 채권일 경우 마찬가지로 그 지연손해금도 상행위로 인한 채권으로서 5년의 소멸시효를 규정한 상법 제64조가 적용된다. 원심이, 피고가 2007. 3. 27. 원고에게 2,500만 원을 변제함으로써 이 사건 차용금증서에 기한 채무를 승인하여 아직 소멸시효가 완성되지 아니한 2002. 6. 21.부터 발생한 지연손해금채권에 대한 시효중단의 효력이 있고, 이 사건 소는 위 변제일로부터 5년이 경과하기 전에 제기되었다는 이유로 지연손해금채권에 관한 소멸시효 항변을 배척한 것은 정당하다.

피고는 원고에게 8,000만 원 및 이에 대하여 지연손해금이 발생하기 시작한 2002. 6. 21.부터 피고가 그 이행의무의 범위에 관하여 항쟁함이 상당하다고 인정되는 원심판결 선고일인 2012. 12. 28.까지는 이 사건 차용금증서에 정한 연 18%, 그 다음날부터 다 갚는 날까지는 소송촉진 등에 관한 특례법에 정한 연 20%의 각 비율로 계산한 지연손해금을 지급할 의무가 있다."

5.

민법 제163조 제1호와 관련하여 소멸시효가 완성된 차임(월세)채권을 자동채권으로 하여 임대차보증금반환채무와 상계할 수 있는지, 소멸시효가 완성된 차임채권 상당액이 임대차보증금에서 당연히 공제되는지가 문제된다.

甲은 2003. 2. 1. 乙에게 이 사건 건물을 임대차보증금 7,000만 원, 월차임 20만 원, 임대차기간 2003. 2. 1.부터 36개월로 정하여 임대하였다. 乙은 甲에게 위 임대차계약상의 임대차보증금은 전부 지급하였으나, 월차임은 전혀 지급하지 않았다.

甲은 2014. 3. 27. 내용증명우편을 통해 乙에게 월차임 연체를 이유로 계약을 해지한다는 등의 통지를 하고, 이 사건 건물의 인도를 구하는 이 사건 소를 제기하였다.

임대차계약이 해지 등으로 종료하면 임차인은 임대인으로부터 연체차임 등을 공제한 임대차보증금 잔액을 반환받음과 동시에 임대인에게 임대차목적물을 인도할 의무가 있다. 그런데 이 사건에서 甲이 임대차계약을 해지한 2014. 3. 27.로부터 역산하여 3년 이전에 발생한 연체차임은 임대차 존속 중에 이미 소멸시효가 완성되었으므로 이러한 연체차임과 임대인이 반환하여야 할 임대차보증금의 관계가 문제된다. 즉, 임대차 존속 중 차임채권의 소멸시효가 완성된 경우 임대인이 소멸시효가 완성된 차임채권을 자동채권으로 삼아 임대차보증금반환채무와 상계하거나 그 상당액을 임대차보증금으로부터 공제할 수 있는지 여부가 이 사건의 쟁점이다.

원심은 다음과 같은 이유로 소멸시효가 완성된 차임채권을 자동채권으로 삼아 임대차보증금반환채무와 상계할 수 없다고 판시하였다.

"원고가 피고에게 이 사건 임대차계약을 체결한 이후 월차임을 전혀 지급하지 아니하였음을 이유로 위 각 임대차계약을 해지하고 위 연체차임의 지급을 구하는 2014. 3. 27.자 통지를 하여 그 무렵 피고에게 위 통지가 도달하였으며, 그때로부터 6개월 내에 이 사건 소를 제기하였다. 따라서 위 2014. 3. 27.자 통지는 채무이행의 최고에 해당하므로 2011. 3. 27. 이후에 발생한 원고의 월차임 지급채권의 소멸시효는 중단되었다고 할 것이고(민법 제174조, 제168조 제1호), 2011. 3. 27. 이전에 발생한 원고의 월차임 지급채권은 위 2014. 3. 27.자 통지 및 이 사건 소제기 전 이미 3년의 소멸시효가 완성되어 소멸하였다 할 것이다. 결국 피고의 위 주장은 위 인정범위 내에서 이유 있다.

이에 대하여 원고는, 소멸시효가 완성된 채권이라도 이를 자동채권으로 하여 상계할 수 있다는 취지로 주장한다. 살피건대, 민법 제495조는 '소멸시효가 완성된 채권이 그 완성 전에 상계할 수 있었던 것이면 그 채권자는 상계할 수 있다'고 규정한다. 이는 당사자 쌍방의 채권이 상계적상에 있었던 때에는 각 당사자는 그 채권·채무관계가 이미 결제되었다고 생각하는 것이 일반적이므로 이러한 당사자의 신뢰를 보호하기 위한 조항으로서, 자동채권의 소멸시효가 완성되기 전에 수동채권과 상계적상에 있을 것을 전제로 하고, 소멸시효가 완성된 후에는 새로 발생한 채권을 수동채권으로 하여 상계할 수는 없다. 그런데 위 미지급 월차임 채권 중 일부가 시효로 소멸한 2011. 3. 27. 당시 피고의 원고에 대한 임대차보증금반환채권의 이행기가 도래했다고 볼 수는 없다. 따라서 원고의 미지급 차임채권과 피고의 임대차보증금반환채권이 상계적상에 있었음을 전제로 한 원고의 위 주장은 받아들일 수 없다.

또한 임대차보증금이 임대인에게 교부되어 있더라도 임대인은 임대차관계가 계속되고 있는 동안에는 그 임대차보증금에서 연체차임을 충당할 것인지 여부를 자유로이 선택할 수 있으므로(대법원 2005. 5. 12. 선고 2005다459, 466 판결 등 참조), 임대차계약 종료 전에는 연체차임이 공제 등의 별도의 의사표시 없이 임대차보증금에서 당연히 공제되는 것도 아니다(대법원 2013. 2. 28. 선고 2011다49608 판결 등 참조). 따라서 원고가 미지급 차임채권을 임대차보증금에서 공제한다는 의사표시를 하지 아니한 이상 이를 임대차보증금에서 공제할 수도 없다.

그러므로 피고는 원고에게 2011. 3. 27.부터 원고의 이 사건 건물의 소유권 상실일인 2014. 6. 20.까지 발생한 미지급 월차임 및 차임 상당 부당이득금으로, 7,766,666원[= 월 200,000원 × (38 + 25/30)개월, 원 미만 버림. 이하 같다]을 지급할 의무가 있고, 이는 원고가 피고에게 반환하여야 할 각 임대차보증금에서 공제되어야 하므로, 원고의 이 부분 재항변은 위 인정범위 내에서 이유 있고, 나머지 재항변은 이유 없다."

그러나 대법원은 다음과 같은 이유로 원심판결을 파기하고 환송하였다(대법원 2016. 11. 25. 선고 2016다211309 판결).

"임대인에게 임대차보증금이 교부되어 있더라도 임대인은 임대차관계가 계속되고 있는 동안에는 임대차보증금에서 연체차임을 충당할 것인지 여부를 자유로이 선택할 수 있다(대법원 2005. 5. 12. 선고 2005다459, 466 판결 등 참조). 따라서 임대차계약의 종료 전에는 공제 등의 별도의 의사표시 없이 연체차임이 임대차보증금에서 당연히 공제되는 것은 아니고(대법원 2013. 2. 28. 선고 2011다49608, 49615 판결 등 참조), 임차인도 임대차보증금의 존재를 이유로 차임의 지급을 거절할 수 없다.

한편 소멸시효는 법률행위에 의하여 이를 배제, 연장 또는 가중할 수 없다(민법 제184조 제2항). 그러므로 임대차 존속 중 차임을 연체하더라도 이는 임대차 종료 후 목적물 인도 시에 임대차보증금에서 일괄 공제하는 방식에 의하여 정산하기로 약정한 경우와 같은 특별한 사정이 없는 한 차임채권의 소멸시효는 임대차계약에서 정한 지급기일부터 진행한다고 보아야 한다.

임대차보증금은 차임의 미지급, 목적물의 멸실이나 훼손 등 임대차 관계에서 발생할 수 있는 임차인의 모든 채무를 담보하게 하고자 하는 것이므로, 차임의 지급이 연체되면 장차 임대차 관계가 종료되었을 때 임대차보증금으로 충당될 것으로 생각하는 것이 당사자의 일반적인 의사라고 할 수 있다. 이는 차임채권의 변제기가 따로 정해져 있어 임대차 존속 중 소멸시효가 진행되고 있는데도 임대인이 임대차보증금에서 연체차임을 충당하여 공제하겠다는 의사표시를 하지 않고 있었던 경우에도 마찬가지라고 할 것이다. 더욱이 임대차보증금의 액수가 차임에 비해 상당히 큰 금액인 경우가 많은 우리 사회의 실정에 비추어 보면, 차임 지급채무가 상당기간 연체되고 있음에도, 임대인이 임대차계약을 해지하지 아니하고 임차인도 연체차임에 대한 담보가 충분하다는 것에 의지하여 임대차관계를 지속하는 경우에는, 임대인과 임차인 모두 차임채권이 소멸시효와 상관없이 임대차보증금에 의하여 담보되는 것으로 신뢰하고, 나아가 장차 임대차보증금에서 충당 공제되는 것을 용인하겠다는 묵시적 의사를 가지고 있는 것이 일반적이라고 할 수 있다.

한편 민법 제495조는 '소멸시효가 완성된 채권이 그 완성 전에 상계할 수 있었던 것이면 그 채권자는 상계할 수 있다.'라고 규정하고 있다. 이는 당사자 쌍방의 채권이 상계적상에 있었던 경우에 당사자들은 그 채권·채무관계가 이미 정산되어 소멸하였다고 생각하는 것이 일반적이라는 점을 고려하여 당사자들의 신뢰를 보호하기 위한 것이다. 다만 이는 '자동채권의 소멸시효 완성 전에 양 채권이 상계적상에 이르렀을 것'을 요건으로 하는 것인데, 임대인의 임대차보증금 반환채무는 임대차계약이 종료된 때에 비로소 이행기에 도달하므로(대법원 2002. 12. 10. 선고 2002다52657 판결 등 참조), 임대차 존속 중 차임채권의 소멸시효가 완성된 경우에는 그 소멸시효 완성 전에 임대인이 임대차보증금 반환채무에 관한 기한의 이익을 실제로 포기하였다는 등의 특별한 사정이 없는 한 양 채권이 상계할 수 있는 상태에 있었다고 할 수 없다. 그러므로 그 이후에 임대인이 이미 소멸시효가 완성된 차임채권을 자동채권으로 삼아 임대차보증금 반환채무와 상계하는 것은 민법 제495조에 의하더라도 인정될 수 없다고 보아야 할 것이지만, 임대차 존속 중 차임이 연체되고 있음에도 임대차보증금에서 연체차임을 충당하지 않고 있었던 임대인의 신뢰와 차임연체 상태에서 임대차관계를 지속해 온 임차인의 묵시적 의사를 감안하면 그 연체차임은 민법 제495조의 유추적용에 의하여 임대차보증금에서 공제할 수는 있다고 봄이 타당하다."

대법원은 민법 제495조에 의하여 소멸시효가 완성된 차임채권을 자동채권으로 하여 상계할 수는 없으나, 민법 제495조의 유추적용에 의하여 임대차보증금에서 공제할 수는 있다는 입장이다. 자동채권의 소멸시효 완성 전에 상계적상에 있었다고는 볼 수 없으므로 민법 제495조에 의한 상계는 부정된다고 보는 것이 논리적이나, 당사자의 의사와 제495조의 입법취지 등에 비추어 민법 제495조의 유추적용을 통하여 소멸시효가 완성된 차임채권 상당액이 임대차보증금에서 당연히 공제된다고 보는 판례의 입장을 수긍한다.

판례는 임대차존속 중에 기한의 이익을 포기하고 임차인의 임대차보증금반환채권을 수동채권으로 하여 상계할 수 있다고 하나, 임대차 존속 중인 경우보다는 임대차종료 후에 차임상계나 공제가 문제되는 경우가 많을 것이다.

"부동산 임대차에서 수수된 임대차보증금은 차임채무, 목적물의 멸실·훼손 등으로 인한 손해배상채무 등 임대차에 따른 임차인의 모든 채무를 담보하는 것이고, 특별한 사정이 없는 한, 임대인의 임대차보증금반환채무는 장래에 실현되거나 도래할 것이 확실한 임대차계약의 종료시점에 이행기에 도달한다. 그리고 임대인으로서는 임대차보증금 없이도 부동산 임대차계약을 유지할 수 있으므로, 임대차계약이 존속 중이라도 임대차보증금반환채무에 관한 기한의 이익을 포기하고 임차인의 임대차보증금반환채권을 수동채권으로 하여 상계할 수 있고, 임대차 존속 중에 그와 같은 상계의 의사표시를 한 경우에는 임대차보증금반환채무에 관한 기한의 이익을 포기한 것으로 볼 수 있다."(대법원 2017. 3. 15. 선고 2015다252501 판결)

〈민법 제197조 제2항의 "본권에 관한 소에서 패소한 때"의 해석에 대하여〉

1.

물건의 소유자가 점유자를 상대로 소유권에 기하여 물건의 불법점유를 이유로 물건 자체의 반환(인도)청구 및 점유기간 동안의 사용이익을 부당이득으로 반환청구하는 예가 많다. 토지 소유자가 지자체 등 도로관리청을 상대로 자신의 토지를 도로로 사용함으로써 인하여 얻은 이득의 반환을 구하는 예도 많다.

판례는 그 인도청구소송에서 원고의 승소판결(피고의 패소판결)이 확정된 때 민법 제197조 제2항의 점유자의 악의의제의 소급효가 발생한다고 하는데, 만일 원고의 소유권이 소송의 진행 중에 제3자에게 이전됨으로써 결국 인도청구가 기각되는 경우에도 악의의제에서 '승소판결의 확정'이라는 요건이 관철되어야 하는가? 양 교수는 이에 관하여 민법 제197조 제2항의 연혁과 일본, 독일, 프랑스, 스위스 등의 입법례를 천착하면서 결론을 이끌어내고 있다.

이 글이 2002년 학술대회에서 발표한 글이고 그 후 대법원에서 양 교수가 주장한 견해가 수용되었다. 대법원 판례의 요체는 나의 「민사실무 요건사실과 증명책임」(2018년 개정판, p.211~213)에서 자세히 인용한 바 있다.

> 〈사례 1〉 A는 이 사건 건물을 처인 원고(甲) 명의로 취득한 다음 이를 이용하여 甲 명의로 냉장창고업을 시작하면서 그 아들인 B에게 위 사업과 관련한 실무를 담당하게 하였고, B는 위 사업을 운영하다가 위 건물 중 일부를 각 피고 乙, 피고 丙에게 임대하였다. 이에 피고 乙은 20077. 10. 9.부터, 피고 丙은 2008. 6. 1.부터 위 건물의 각 일부씩을 점유·사용하여 오던 중 위 건물이 임의경매 절차에 의하여 2010. 3. 16. 매수인인 C 명의로 소유권이전등기가 마쳐졌다. 이후 甲은 피고들의 이 사건 건물에 대한 각 점유가 B의 무권대리에 의한 임대차계약에 기인한 것으로서 원고에 대하여는 법률상 원인이 없는 것이므로 피고들은 각 해당 점유 부분을 명도 및 인도하고 그 점유 부분에 상응하는 부당이득을 반환할 의무가 있다는 주장을 하며 이 사건 소송을 제기하였다.

〈원심〉은 원고의 주장에 대하여 우선 명도 및 인도청구에 대하여는 원고가 소유권을 상실하였음을 이유로 이를 기각하고, 부당이득반환청구에 대하여는, 피고들은 민법 제197조 제1항에 의하여 선의로 점유한 것으로 추정되고 민법 제201조 제1항에 의하면, 선의의 점유자는 점유물의 과실을 취득할 권리가 있는 것인데, 피고들의 이 사건 부동산에 대한 각 해당 부분 점유가 악의의 점유임을 인정할 증거가 없다는 이유로 원고의 위 주장을 배척하였다. 그러나 〈대법원〉은 다음과 같은 이유로 원심을 파기환송하였다(대법원 2002. 11. 22. 선고 2001다6213 판결).

"민법 제201조 제1항에 의하면, 선의의 점유자는 점유물의 과실을 취득한다고 규정되어 있고, 민법 제197조 제1항에 의하면, 점유는 선의인 것으로 추정되도록 규정되어 있으나, 같은 조 제2항에는 선의의 점유자라도 본권에 관한 소에 패소한 때에는 그 소가 제기된 때로부터 악의의 점유자로 본다고 규정되어 있는바, 위 민법 제197조 제2항의 취지와 부당이득반환에 관한 민법 제749조 제2항의 취지 등에 비추어 볼 때, 여기서의 본권에 관한 소에는 소유권에 기하여 점유물의 인도나 명도를 구하는 소송은 물론 부당점유자를 상대로 점유로 인한 부당이득의 반환을 구하는 소송도 포함된다.

원고가 소유권에 기하여 피고를 상대로 부동산의 불법점유를 이유로 한 부동산반환청구 및 점유기간 동안의 부당이득반환청구를 한 경우, 부당이득반환청구에 민법 제201조 제1항, 제197조 제1항을 적용함에 있어서는, <u>비록 소유권에 기한 부동산반환청구가 변론종결 전에 소유권이 상실되었음을 이유로 배척된다고 하더라도, 법원으로서는 소유권 상실 이전 기간의 부당이득반환청구</u>

와 관련하여 원고의 소유권의 존부와 피고의 점유 권원의 유무 등을 가려서 그 청구의 당부를 판단하고, 원고의 부당이득 주장이 이유 있는 것으로 판단된다면 민법 제201조 제1항, 제197조 제1항에도 불구하고 적어도 그 소제기일부터는 피고의 점유를 악의로 의제하여 피고에 대하여 부당이득의 반환을 명하여야 한다.

그럼에도 원심은 피고들이 이 사건 부동산을 점유할 권원이 있는지 여부에 대하여는 아무런 판단을 하지 아니한 채 바로 피고들의 명시적인 주장도 없는 민법 제201조 제1항, 제197조 제1항을 적용하여 피고들의 과실수취권을 인정하였을 뿐 아니라, 위 민법 규정들의 적용에 있어서도 원고의 소유권에 기한 부당이득반환청구의 당부에 대하여 아무런 심리·판단을 하지 아니한 채 만연히 소제기일 이후의 부당이득반환에 대하여도 원고 청구기각의 판결을 하였으니, 이는 민법 제201조 제1항, 제197조 제1항, 제2항에 관한 법리를 오해하여 심리를 다하지 아니한 위법을 저지른 것이라 할 것이다."

〈사례 2〉 원고는 2010. 6. 22. 이 사건 자동차에 관하여 소유권이전등록을 마쳤다. 원고의 처 A는 2013. 10. 27. 자동차를 팔아준다는 중고자동차매매상사에 근무하던 B에게 속아 이 사건 자동차 및 차량 열쇠와 자동차등록증을 인도하였으나 인감증명, 도장, 위임장은 주지 않았다. B는 나머지 서류를 꾸며 '우리모터스'라는 상호로 자동차매매업체를 운영하던 C에게 팔았고, C는 2013. 10. 28. 이 사건 자동차에 관하여 소유권이전등록을 마친 후, C의 장인인 피고는 2014. 2. 3. 이 사건 자동차에 관하여 소유권이전등록을 마친 후 이 사건 자동차를 점유하고 있다.
뒤늦게 이 사실을 알게 된 원고는 "이 자동차 매매는 무효이므로 자동차 소유권 이전등록을 해달라"며 피고를 상대로 소송을 냈고 1심에서 승소했다. 피고는 자신은 선의의 점유자라며 항소했고, 원고는 이에 맞서 자동차 소유권이전등록 외에도 "2014. 2.부터 현재까지 무단으로 사용한 자동차에 대한 사용료로 1일당 2만5000원씩 지급하라"고 피고의 이 사건 자동차의 점유사용으로 인한 부당이득 반환 등을 구하는 청구를 추가하였다.

〈원심〉은 C 명의의 이 사건 자동차에 관한 소유권이전등록은 진정성립을 인정할 증거가 없는 자동차양도증명서에 기초하여 이루어진 것이고, 달리 원고와 C 사이에 이 사건 자동차에 관한 매매계약이 체결된 바도 없으므로, 이 사건 자동차에 관한 C 명의의 소유권이전등록 및 이에 기초하여 이루어진 피고 명의의 소유권이전등록은 모두 원인무효이고, 따라서 피고는 원고에게 진정명의회복을 원인으로 이 사건 자동차에 관하여 소유권이전등록절차를 이행하고 위 자동차를 인도할 의무가 있다고 판단하고, 이 사건 자동차의 인도집행 불능에 대비하여 대상청구를 구하는 원고의 청구를 배척하였다.

원심은, 이 사건 자동차의 소유자임을 전제로 한 원고의 이 사건 자동차인도청구 등을 받아들였으나, 사용료를 줄 필요는 없다고 판결했다. 재판부는 "점유자는 소유의 의사로 선의, 평온 및 공연하게 점유한 것으로 추정되고 점유자가 점유물에 대해 행사하는 권리는 적법하게 보유한 것으로 추정된다."며 "선의의 점유자는 점유물의 과실을 취득할 수 있는데, B씨가 고의 또는 과실로 위법하게 이 사건 자동차를 점유하고 있다거나 B씨가 악의의 점유자임을 인정할만한 증거가 없다."고 밝혔다. 그러나 〈대법원〉은 다음과 같은 이유로 원심 가운데 부당이득 반환청구 부분을 파기환송하였다(대법원 2016. 7. 29. 선고 2016다220044판결).

"대상청구권은 이행불능의 효과로서 채권자의 전보배상청구권, 계약해제권과 별도로 해석상 인정되는 권리인데, 이 사건 자동차의 인도청구는 원고가 소유자임을 전제로 한 소유물반환청구권으로서 물권적 청구권의 성질을 가지므로, 채권적 청구권의 이행불능의 효과로서 인정되는 대상청구권은 인정될 여지가 없다.

선의의 점유자는 점유물의 과실을 취득하고(민법 제201조 제1항), 점유자는 선의로 점유한 것으로 추정되지만(제197조 제1항), 선의의 점유자라도 본권에 관한 소에서 패소한 때에는 그 소가 제기된 때부터 악의의 점유자로 본다(제197조 제2항). 같은 취지에서 선의의 수익자가 패소한 때에는 그 소를 제기한 때부터 악의의 수익자로 간주되고(제749조 제2항), 악의의 수익자는 그 받은 이익에 이자를 붙여 반환하고 손해가 있으면 이를 배상하여야 한다(제748조 제2항). 여기에서 '패소한 때'라고 함은 점유자 또는 수익자가 종국판결에 의하여 패소 확정되는 것을 뜻하지만, 이는 악의의 점유자 또는 수익자로 보는 효과가 그때 발생한다는 것뿐이고 점유자 등의 패소판결이 확정되기 전에는 이를 전제로 하는 청구를 하지 못한다는 의미가 아니다. 그러므로 소유자가 점유자 등을 상대로 물건의 반환과 아울러 그 권원 없는 사용으로 얻은 이익의 반환을 청구하면서 물건의 반환청구가 인용될 것을 전제로 하여 그에 관한 소송이 계속된 때 이후의 기간에 대한 사용이익의 반환을 청구하는 것은 허용된다."

2.

차제에 민법 제197조 제2항과 민법 제749조 제2항의 관계를 살펴보자. 양 교수가 민법연구 제2권에 쓴 "본권의 소에서 패소한 점유자의 사용이익반환의무"에 관한 글을 읽어본다. 이 글은 대법원 1987. 1. 20. 선고 86다카1372 판결에 대한 판례평석이다.

〈사안〉은 다음과 같다.

원고 소유의 토지에 대한 소유권이전등기가 적법한 원인 없이 타인에게 넘어가고 그 후 여러 사람을 처쳐 1976. 12. 20. 피고(서울특별시) 앞으로 증여를 원인으로 한 소유권이전등기가 마쳐졌다. 그 이전에 피고의 등기상 전자인 A가 위 토지를 대지로 지목변경하여 여러 필지로 분할하고 이 사건 도로를 위 분할된 토지들에게 출입하는 통로로 사용하기 위하여 도로로 지목변경한 다음 피고의 허가를 얻어 거기에다 하수관을 묻고 포장을 한 것을 피고가 A로부터 기부채납을 받은 것이다.

원고는 후에 이 사실을 알고 **1979. 9. 8.** 피고를 포함한 등기명의자들을 상대로 소유권이전등기말소청구의 소를 제기하였고, 1983. 3. 20. 원고승소판결을 받아 이 판결에 기하여 원고 명의로 소유명의를 환원하였다.

원고는 **1985. 6. 12.** 피고를 상대로 1980. 7. 1.부터 1985. 6. 30.까지의 기간에 대한 이 사건 도로의 임료상당액을 구하는 부당이득반환청구의 소를 제기하였다.

〈원심〉은 이 사건 도로에 대한 피고 명의의 소유권이전등기가 원인무효라는 이유로 말소된 이상 적어도 위 소유권이전등기말소의 소가 제기된 1979. 9. 8.부터는 악의 수익자로서 권한 없이 원고 소유의 토지를 도로로 점유·사용함으로써 그 사용기간 동안 법률상 원인 없이 이 사건 도로의 미불용지로서의 임료상당액의 이익을 얻고 이로 인하여 원고에게 그 금액 상당의 손해를 가하였다고 판시하여 원고의 청구를 인용하였다.

〈대법원〉은 민법 제749조 제2항 소정의 '그 소'라 함은 부당이득을 이유로 그 반환을 구하는 소를 가리키지만 한편 민법 제197조 제2항의 규정에 의하여 토지소유권이전등기의 말소청구소송의 패소자는 승소자가 위 소송을 제기한 때로부터 위 토지에 대한 악의의 점유자로 간주된다고 판시하고 피고의 상고를 기각하였다.

"민법 제749조 제2항에 의하면, 선의의 수익자가 패소한 때에는 그 소를 제기한 때부터 악의의 수익자로 본다고 규정하고 있는바 여기에 '그 소'라 함은 부당이득을 이유로 그 반환을 구하는 소를 가리킨다 함은 소론과 같다(당원 1974.7.16. 선고 74다525 판결 참조).

그러나 민법 제197조에 의하면, 점유자는 선의로 전유한 것으로 추정되지만(동조 제1항) 선의의 점유자라도 본권에 관한 소에서 패소한 때에는 그 소가 제기된 때로부터 악의의 점유자로 본다고 규정하고 있으므로(동조 제2항) 원심이 적법히 확정한 바와 같이 원고가 이 사건 토지는 원고의 소유이고 피고명의의 소유권이전등기는 원인무효의 등기라 하여 피고를 상대로 1979. 9. 8. 이 사건 토지에 관한 피고명의의 소유권이전등기의 말소청구소송을 제기한 끝에 그 소송사건이 피고의 패소로 확정되었다면 <u>피고는 민법 제197조 제2항의 규정에 의하여 원고의 위의 소유권이전등기말소청구소송제기시인 1979. 9. 8.부터는 이 사건 토지에 대한 악의의 점유자로 간주된다</u> 할 것이니 원심이 같은 취지에서 피고에 대하여 위 말소청구소송제기 및 이후로서 원고가 구하는 1980. 7. 1.부터 이 사건 토지의 점유로 인한 부당이득의 반환을 명한 조처는 정당하고, 거기에 민법 제749조 제2항의 법리를 오해하였다거나 심리를 다하지 아니하여 판결에 영향을 미친 위법이 있다 할 수 없다."

3.

그러면 여기사 관련 민법 조항을 다시 보자.

> ☞ **민법 제197조(점유의 태양)**
> ① 점유자는 소유의 의사로 선의, 평온 및 공연하게 점유한 것으로 추정한다.
> ② <u>선의의 점유자라도 본권에 관한 소에 패소한 때에는 그 소가 제기된 때로부터 악의의 점유자로 본다.</u>
>
> ☞ **민법 제201조(점유자와 과실)**
> ① <u>선의의 점유자는 점유물의 과실을 취득한다.</u>
> ② <u>악의의 점유자는 수취한 과실을 반환하여야 하며 소비하였거나 과실로 인하여 훼손 또는 수취하지 못한 경우에는 그 과실의 대가를 보상하여야 한다.</u>
> ③ 전항의 규정은 폭력 또는 은비에 의한 점유자에 준용한다.
>
> ☞ **민법 제748조(수익자의 반환범위)**
> ① 선의의 수익자는 <u>그 받은 이익이 현존한 한도에서</u> 전조의 책임이 있다.
> ② 악의의 수익자는 <u>그 받은 이익에 이자를 붙여 반환하고 손해가 있으면 이를 배상하여야</u> 한다.

> ☞ 민법 제749조(수익자의 악의인정)
> ① 수익자가 이익을 받은 후 법률상 원인 없음을 안 때에는 그때부터 악의의 수익자로서 이익반환의 책임이 있다.
> ② 선의의 수익자가 패소한 때에는 그 소를 제기한 때부터 악의의 수익자로 본다.

민법 제201조 제1항에 따라 선의의 점유자는 그가 수취한 과실을 반환할 의무가 없다. 여기의 과실에는 천연과실 외에 법정과실도 포함된다. 점유물 **사용이익**도 반환하지 않아도 된다. 따라서 소유권에 기한 점유물 반환청구의 경우 점유자의 선의 여부는 중요하지 않으나, 점유자가 수취한 과실 내지 사용이익 반환의 경우 점유자의 선의 여부가 중요한 의미가 있다.

그런데 점유자의 선의는 추정되므로(제197조 제1항), 그 반환을 청구하는 자가 점유자의 악의를 주장·증명해야 한다. 그런데 민법 제197조 제2항은 그 예외를 인정하여 반환청구자가 본권의 소에서 승소하면(점유자가 패소하면) 그 소가 제기된 이후에 점유물의 사용이익을 포함하여 점유자가 수취한 과실의 반환을 청구할 수 있도록 하고 있다.

대법원은 위 사건에서 민법 제749조 제2항에 따라 부당이득에 있어서 수익자가 패소하면 악의 의제가 되는 소송은 부당이득반환청구소송에 한정한다고 보면서 민법 제197조 제2항을 적용으로 악의의제가 되는 시점을 이 사건 소송 이전에 있었던 소유권이전등기말소청구소송이 제기된 때인 1997. 9. 8.로 소급시키고 있다. 이에 따라 1980. 7. 1.부터의 기간에 대한 피고의 부당이득반환을 구하는 원고의 청구를 전부 인용하고 있다.

그렇다면 원고가 부당이득반환을 청구하고 있는데 법원이 부당이득에 관한 민법 제749조 제2항을 적용하지 않고 점유에 관한 규정인 민법 제201조 제2항을 적용할 수 있는가? 판례는 위 양자는 일종의 법조경합관계로 보고 피고가 원고 소유의 물건을 점유·사용한 경우에 원고가 그 사용으로 인한 부당이득반환을 청구한 경우 제201조 제1항을 우선 적용하여 피고가 선의인 점유기간에 대하여 현존이익(제748조 제1항)에 대해서조차 반환의무가 없고, 악의인 점유기간에 대해서만 그 사용이익의 반환의무가 있는 것으로 새긴다.

결국 원고가 피고를 상대로 무효인 등기의 말소를 구하는 소를 제기하여 승소판결을 받고, 나아가 피고가 그 부동산을 점유·사용하였음을 이유로 그 사용이익의 반환을 구하는 소를 제기한 경우 피고는 위 소가 제기된 때로부터의 점유기간에 대한 사용이익 전부를 반환하여야 한다. 피고는 이 소송에서 제748조 제1항에 따라 반환의 범위가 현존이익에 한정된다거나, 제201조 제1항에 따라 선의의 점유자임을 이유로 반환의무가 없다고 하는 주장은 허용되지 않는다.

4.

계약에 기하여 타인으로부터 물건을 받아 선의로 점유하다가 그 계약이 해제되거나 계약이 무효·취소된 경우의 반환문제도 정확히 알아둘 필요가 있다.

계약이 해제된 경우 선의의 점유자에 대한 제201조 제1항, 계약해제 후 원상회복에 관한 제548조, 선의의 부당이득자에 대한 제748조 제1항이 모두 적용될 여지가 있으나, 계약법의 우월성이라는 관점에서 볼 때 계약해제에 관한 제548조가 우선적으로 적용되고 그 범위 내에서 제210조나

제748조는 적용되지 않는 것으로 본다(양창수/권영준, 권리의 변동과 구제[제2판], p.454). 판례 역시 같은 입장이다.

"**계약이 해제되면** 그 효력이 소급적으로 소멸함에 따라 그 계약상 의무에 기하여 실행된 급부는 원상회복을 위하여 부당이득으로 반환되어야 한다(민법 제548조 제1항 본문, 대법원 2008. 2. 14. 선고 2006다37982 판결 등 참조). 그리고 계약해제의 효과로서 원상회복의무를 규정하는 민법 제548조 제1항 본문은 부당이득에 관한 특별규정의 성격을 가지는 것으로서, 그 이익 반환의 범위는 이익의 현존 여부나 청구인의 선의·악의를 불문하고 특단의 사유가 없는 한 받은 이익의 전부이다." (대법원 2014. 3. 13. 선고 2013다34143 판결). 위 대법원판결은 양 교수가 주심대법관으로 관여한 사건의 판결이다.

계약이 해제된 것이 아니라 무효 또는 취소된 때에는 계약해제를 규율하는 제548조가 적용될 여지가 없고, 제201조가 제748조 제1항의 특칙으로 보아 제201조가 우선적으로 적용되는 것으로 본다. 그러나 양 교수는 계약법의 보충규범으로서의 급부부당이득에 관하여 규정하는 제748조 제1항이 우선적으로 적용되는 것이 타당하다고 한다(양창수/권영준, 앞의 책, p.455 참조).

판례는 다음과 같이 판시한다.
"**매매계약이 무효인 때**의 매도인의 매매대금 반환 의무는 성질상 부당이득반환의무로서 그 반환 범위에 관하여는 민법 제748조가 적용된다 할 것이고 명문의 규정이 없는 이상 그에 관한 특칙인 민법 제548조 제2항이 당연히 유추적용 또는 준용된다고 할 수 없다."(대법원 1997. 9. 26. 선고 96다54997 판결)

"**쌍무계약이 취소된 경우** 선의의 매수인에게 민법 제201조가 적용되어 과실취득권이 인정되는 이상 선의의 매도인에게도 민법 제587조의 유추적용에 의하여 대금의 운용이익 내지 법정이자의 반환을 부정함이 형평에 맞다."(대법원 1993. 5. 14. 선고 92다45025 판결)

5.

타인 물건을 권한 없이 점유한다는 이유만으로 당연히 차임 상당의 부당이득반환청구가 허용되는 것은 아니다. 양 교수가 지적하는 바와 같이 점유와 사용은 동시에 일어나는 사태가 아니다. 타인의 토지를 무단으로 통행하는 것과 같이 점유 없는 사용도 있고, 타인의 토지에 벽을 둘러놓고 남의 출입을 막는 것과 같이 사용하지 않으면서 점유할 수도 있다.

차임 상당의 부당이득은 사용 또는 수익을 전제로 하여 인정되는 것이므로 사용 등이 없이 점유만 하는 경우에는 인정될 수 없다. 권한 없는 '점유'로 인한 부당이득이 인정되는 사례는 대부분 피고가 원고의 물건을 점유하면서 사용하는 사실관계에 대한 것이다. 이른바 침해부당이득의 경우 점유를 부당이득의 대상으로 보지 않으나, 급부부당이득의 경우 점유가 부당이득반환의 대상이 될 수 있다.

최근 대법원은 사실심의 재판 실무에서 장래의 부당이득금의 계속적·반복적 지급을 명하는 판결의 주문에 '원고의 소유권 상실일까지'라는 표시가 광범위하게 사용되고 있으나, '원고의 소유권 상실일까지'라는 기재는 이행판결의 주문 표시로서 바람직하지 않다고 판시하면서 그 이유를 다음과 같이 밝히고 있다(대법원 2019. 2. 14. 선고 2015다244432 판결).

① '원고의 소유권 상실일까지'라는 기재는 집행문 부여기관, 집행문 부여 명령권자, 집행기관의 조사·판단에 맡길 수 없고, 수소법원이 판단해야 할 사항인 소유권 변동 여부를 수소법원이 아닌 다른 기관의 판단에 맡기는 형태의 주문이다.

② '원고의 소유권 상실일까지'라는 기재는 확정된 이행판결의 집행력에 영향을 미칠 수 없는 무의미한 기재이다.

③ '원고의 소유권 상실일'은 장래의 부당이득반환의무의 '임의 이행' 여부와는 직접적인 관련이 없으므로, 이를 기재하지 않더라도 장래의 이행을 명하는 판결에 관한 법리에 어긋나지 않는다.

따라서 앞으로는 장래의 부당이득금의 계속적·반복적 지급을 명하는 장래이행의 소를 제기할 경우 청구취지는 "피고는 원고들에게 1,000만 원 및 이에 대한 소장 부본 송달 다음날부터 다 갚는 날까지 연 12%의 비율로 계산한 돈을 지급하고, 2019. 12. 2.부터 원고에 <u>이 사건 토지에 대한 피고의 점유상실일까지</u> 연 100만 원의 비율로 계산한 돈을 지급하라."는 형태가 될 것이다(종전에는 '이 사건 토지에 대한 소유권상실일 또는 피고의 점유상실일 중 먼저 도래하는 날까지'라고 기재하고 있었다). 그러나 앞서와 같은 양 교수의 논지에서 보면 단순한 '점유'상실일도 문제가 있어 보인다.

〈은행에 예입 중인 등록금 등에 대한 압류의 허용 여부〉

1.

양 교수는 사립학교를 운용하는 학교법인에 대하여 채권을 가지는 사람은 그 학교법인이 은행에 예입해 놓고 있는 입학금, 수업료 등에 대하여 압류가 허용된다는 대법원 1998. 3. 16. 선고 97마966 판결의 입장이 타당하다는 논지를 전개하고 있다. 이글은 1997년에 「대학교육」에 실렸던 글을 전재한 것인데, 20년 이상 시차가 있는 현재의 시점에서 이 글이 적실성이 있는지는 의문이다.

양 교수는 후기에서 이 글에 인용한 민사소송법의 집행관련 규정들이 민사집행법에 옮겨졌으나 별로 달라진 것이 없고 사립학교법과 동법 시행령 등이 세부에 있어서 개정되기도 하였으나 이 글의 논지와 관련된 부분은 그대로라고 밝히고 있으나, 과연 그런가?

2.

먼저 위 대법원판결의 사실관계를 본다.

A가 학교법인인 서원학원(이라 'B 법인'이라 함)에 대한 집행력있는 판결정본에 기하여 청주지방법원에 B법인이 충북은행 서원대학교 출장소에 가지고 있는 보통예금채권에 관하여 채권압류 및 추심명령을 신청하여, 위 법원이 위 예금채권에 대한 채권압류 및 추심명령을 발령하자 B법인이

이에 불복하여 항고를 제기한 사건이다. B법인은 항고이유로 이 사건 피압류·추심채권인 위 예금채권 중에는 B법인 산하 서원대학교 학생들이 입학금, 수업료, 기성회비, 학생회비 등의 명목으로 납입하여 예치된 것으로서 학교교육에 직접 사용하도록 되어 있는 금원도 포함되어 있고, 따라서 위 예금채권은 B법인의 기본재산에 해당되어 압류금지채권이므로 이 사건 압류 및 추심명령은 부당하다고 주장하였다.

대법원은 다음과 같이 판시하고 B법인의 항고를 기각한 원심을 유지하였다(대법원 1998. 3. 16. 자 97마966, 967 결정).

"사립학교법 제29조는 학교법인의 회계는 그가 설치·경영하는 학교에 속하는 회계와 법인의 업무에 속하는 회계로 구분하고(제1항), 학교의 회계에 속하는 회계는 이를 교비회계와 부속병원회계로 구분할 수 있고 각 회계의 세입·세출에 관한 사항은 대통령령으로 정하며(제2항), 학교에 속하는 회계의 예산은 학교의 장이 집행하고(제4항), 교비회계에 속하는 수입은 다른 회계에 전출하거나 대여할 수 없다(제6항)고 규정하며, 같은법 시행령 제13조는 교비회계의 세입은 학교가 학생으로부터 징수하는 입학금·수업료 등의 수입으로 하고(제1항), 교비회계의 세출은 학교운영에 필요한 인건비 및 물건비 등 학교교육에 직접 필요한 경비로 한다(제2항)고 규정하며, 또한 같은 법 제33조의 위임에 의하여 제정된 사학기관재무·회계규칙은 학교법인과 학교의 모든 수입은 각각 세입세출예산에 편입하여야 하며 이를 직접 사용하지 못하고(제6조), 학교에 속하는 회계의 세출예산은 이를 목적 외에 사용하지 못한다(제21조 제2항)고 규정하고 있는바, 이러한 법령 등은 모두 <u>사립학교의 건전한 발달을 도모할 목적으로 학교법인의 내부관계를 규율함에 불과한 단속규정일 뿐 대외관계에 있어서 강행성을 갖는 효력규정이라 볼 수 없다</u> 할 것이므로(대법원 1987. 3. 24. 선고 86다카2389 판결, 1991. 5. 20.자 91마229 결정, 1996. 12. 24.자 96마1302, 303 결정 등 참조), <u>이 사건 예금채권 중에 재항고인의 교비회계의 수입에 해당하는 입학금·수업료 등을 예치한 것으로서 학교교육에 직접 사용하도록 되어 있는 재산이 포함되어 있다고 하더라도 재항고인의 채권자가 그러한 예금채권에 대하여 압류 등의 강제집행을 하는 것이 위 법령 등에 의하여 금지되어 있다고 볼 수 없다</u>."

3.

종래 재정난에 시달리고 있던 일부 사립대학법인의 채권자들이 학교법인이 학생들의 수업료나 등록금 등을 예입한 은행예금을 압류할 수 있어서 학생들의 교육현장에서 내몰리는 상황을 타개하기 위하여 국회에서 논란이 되다가 관련법령이 개정된 바 있음은 주지하는 바이다.

위 대법원판결 선고 후 사립학교법 제28조는 종전과 같이 제1항과 제2항 이외에 1999. 1. 21. 개정되어(법률 제5683호) 제3항이 신설되었다.

☞ 사립학교법 제28조(재산의 관리 및 보호)
① 학교법인이 그 기본재산을 매도·증여·교환 또는 용도변경하거나 담보에 제공하고자 할 때 또는 의무의 부담이나 권리의 포기를 하고자 할 때에는 관할청의 허가를 받아야 한다. 다만, 대통령령이 정하는 경미한 사항은 이를 관할청에 신고하여야 한다.
② 학교교육에 직접 사용되는 학교법인의 재산 중 대통령령이 정하는 것은 이를 매도하거나 담보에 제공할 수 없다.
③ 초·중등교육법 제10조 및 고등교육법 제11조의 규정에 의한 <u>수업료 기타 납부금(입학금 또는 학교운영지원비를 말한다. 이하 같다)을 받을 권리와 이 법 제29조 제2항의 규정에 의하여 별도 계좌로 관리되는 수입에 대한 예금채권은 이를 압류하지 못한다.</u> 〈신설 1999. 1. 21., 2008. 3. 14., 2016. 5. 29.〉

다만 1999년 개정 당시에는 "수업료 기타 납부금(입학금·학교운영지원비 또는 기성회비를 말한다. 이하 같다)"으로 되어 있다가, 정체불명의 기성회비를 둘러싸고 전국의 대학들이 학생들의 부당이득반환청구소송 등 몸살을 겪다가 기성회비가 사라진 상황을 반영하여 2008년 개정시 '기성회비'를 빼고 "수업료 기타 납부금(입학금 또는 학교운영지원비를 말한다. 이하 같다)"으로 바뀌었을 뿐이다.

따라서 1999년 개정법 이후로는 수업료 기타 납부금(입학금 또는 학교운영지원비를 말한다.)을 받을 권리와 이 법 제29조 제2항의 규정에 의하여 별도 계좌로 관리되는 수입에 대한 예금채권은 압류금지채권이 되어 더 이상 압류할 수 없음은 자명하다.

따라서 이러한 개정법이 시행되고 있는 상황에서 양 교수가 들고 있는 대법원판결은 더 이상 생명력을 유지할 수 없는 것으로 본다. "입법자가 세 단어만 바꾸면 도서관의 모든 책들은 휴지가 되고 만다." '법학의 학문으로서의 무가치성'을 갈파한 율리우스 헤르만 폰 키르히만의 말이다.

4.

위 개정법 이후에 나타난 판례 몇 개만 들어본다.

대법원은 채무자인 학교법인이 그가 설립·운영하는 H고등학교의 수업료 등을 입금한 제3채무자 C농업협동조합에 대한 이 사건 예금채권이 사립학교법 제28조 제3항에 의하여 압류가 금지된 것이라는 이유로 이 사건 예금채권에 대한 채권압류 및 추심명령에 관하여 즉시항고를 하였음에 대하여 사립학교법 제29조 제2항에 의하여 별도 계좌로 관리되는 수업료 기타 납부금 수입에 대한 예금채권이 같은 법 제28조 제3항에 의한 압류금지채권에 해당한다 하더라도, 압류금지채권의 목적물이 채무자의 예금계좌에 입금된 경우 그 채권은 채무자의 당해 금융기관에 대한 예금채권으로 변하여 종전 채권과의 동일성을 상실하고, 이 사건 예금채권에는 사립학교법 제29조 제2항의 규정에 의한 수업료 기타 납부금에 해당하지 아니하는 보충수업비, 수학여행경비 등이 포함되어 있다는 이유로, 이 사건 예금채권에 대하여는 사립학교법 제28조 제3항의 규정에 의한 압류금지의 효력이 미치지 아니하여 이 사건 예금채권에 대한 채권압류 및 추심명령이 적법하다고 판단한 원심결정을 다음과 같은 이유로 파기하였다(대법원 2001. 3. 20. 자 2000마7801 결정).

"사립학교법 제29조 제2항과 제28조 3항에서는 학교법인의 각 회계의 세입·세출에 관한 사항은 대통령령으로 정하되 수업료 기타 납부금(입학금·학교운영지원비 또는 기성회비를 말한다)은 교비회계의 수입으로 하여 이를 별도 계좌로 관리하여야 하고 이와 같이 별도 계좌로 관리되는 수입에 대한 예금채권은 이를 압류하지 못한다고 되어 있으므로, 이 사건 예금이 채무자인 재항고인이 설립·운영하는 H고등학교의 수업료 기타 납부금 수입을 관리하는 별도 계좌라면 그 예금채권은 위 사립학교법 규정에 의하여 이를 압류할 수 없는데, 기록에 의하면 이 사건 예금이 위 사립학교법 규정의 '수업료 기타 납부금'에 해당하는 것으로 볼 여지가 있으며 한편, 재항고인 주장의 육성회비, 특기·적성비, 보충수업비, 수학여행경비도 압류가 금지되는 '수업료 기타 납부금'에 포함된다고 보아야 할 것이다."

대법원은 사립학교법 제28조 제1항 소정의 기본재산인 채권에 대한 압류 및 추심명령이 허용되는지 여부에 관하여 다음과 같이 판시하고 있다(대법원 2002. 9. 30. 자 2002마2209 결정).

"사립학교법 제28조 제1항에서 정한 기본재산이 관할청의 허가 없이 양도된 경우 그것이 학교법인의 의사에 기한 것이든 강제집행절차에 의한 것이든 무효가 되는 점에, 비록 추심명령으로 인하여 곧바로 채권 자체가 추심채권자에게 이전하는 것은 아니지만 추심이 완료되면 추심채권자로부터 이를 반환받는 것이 불가능한 경우가 많아 사실상 채권의 양도와 다를 바 없는 결과를 초래하여 사립학교의 재정 충실을 기하려는 사립학교법의 취지가 몰각될 위험이 있는 점, 그리고 위 법조항에 따르면 관할청의 허가가 없는 한 채권자가 사립학교의 기본재산인 채권으로 최종적인 만족을 얻는 것은 금지될 수밖에 없는데, 추심명령을 금지하지 아니한다면 채권자로서는 추심금 소송을 제기하여 승소하고서도 관할청의 허가를 받지 못하여 그 동안의 소송절차를 무위로 돌려야만 하는 결과가 될 수 있어 사회 전체적으로 보아도 소송경제에 반하는 점 등을 아울러 살펴보면, 이러한 기본재산인 채권에 대하여 압류 및 추심명령의 신청이 있는 경우, 집행법원으로서는 그 처분을 금지하는 압류명령은 발할 수 있지만, 관할청의 허가가 없는 이상 현금화(환가)를 명하는 추심명령을 발할 수는 없다고 봄이 상당할 것이고, 압류명령이 발하여진 경우에도 피압류채권이 사립학교의 기본재산임이 밝혀지고 나아가 관할청의 허가를 받을 수 없는 사정이 확실하다고 인정되거나 관할청의 불허가가 있는 경우 그 채권은 사실상 압류 적격을 상실하게 된다고 봄이 상당하다고 할 것이므로, 채무자는 그 결정에 대한 즉시항고를 하여 압류명령의 취소를 구하거나, 민사집행법 제246조 제2항에 따라 위와 같은 이유를 들어 압류명령의 전부 또는 일부의 취소를 신청할 수 있다."

5.

여기서 각급 학교들이 각 금융기관에 당해 학교 명의로 예금계좌를 계설하는 것을 어떻게 이해할 것인가? 알다시피 학교는 권리능력이나 당사자능력이 없고 당해 학교를 설치·운영하는 국가(국립), 지방자치단체(공립), 학교법인(사립학교)만이 권리능력이나 당사자능력이 있을 뿐인데 권리의무의 주체가 될 수 없는 학교가 어떻게 예금주가 될 수 있는가? 대부분의 대학들은 학내에 은행 지점이나 출장소를 두고 있고, 예금주를 학교 또는 학교장 명의로 하여 예금계좌를 개설하고 있다.

금융실명거래 및 비밀보장에 관한 법률(금융실명법) 제3조 제1항은 금융회사 등은 거래자의 실지명의('실명')로 금융거래를 하여야 한다고 규정하고 있고, 동법 시행령 제3조는 실지명의를 다음과 같이 구분하고 있다.

> 1. 개인의 경우 : 주민등록표에 기재된 성명 및 주민등록번호. 다만, 재외국민의 경우에는 여권에 기재된 성명 및 여권번호(여권이 발급되지 아니한 재외국민은 재외국민등록법에 의한 등록부에 기재된 성명 및 등록번호)
> 2. 법인(국세기본법에 의하여 법인으로 보는 법인격 없는 사단 등을 포함한다. 이하 같다)의 경우 : 법인세법에 의하여 교부받은 사업자등록증에 기재된 법인명 및 등록번호. 다만, 사업자등록증을 교부받지 아니한 법인은 법인세법에 의하여 납세번호를 부여받은 문서에 기재된 법인명 및 납세번호
> 3. 법인이 아닌 단체의 경우 : 당해 단체를 대표하는 자의 실지명의. 다만, 부가가치세법에 의하여 고유번호를 부여받거나 소득세법에 의하여 납세번호를 부여받은 단체의 경우에는 그 문서에 기재된 단체명과 고유번호 또는 납세번호
> 4. 외국인의 경우 : 출입국관리법에 의한 등록외국인기록표에 기재된 성명 및 등록번호. 다만, 외국인등록증이 발급되지 아니한 자의 경우에는 여권 또는 신분증에 기재된 성명 및 번호
> 5. 제1호 내지 제4호의 규정에 의하는 것이 곤란한 경우 : 총리령이 정하는 실지명의

위 규정에 따라 각급 학교는 당해 학교를 대표하는 자의 실명 다만 부가가치세법에 의하여 고유번호를 부여받거나 소득세법에 의하여 납세번호를 부여받은 학교의 경우에는 그 문서에 기재된 학교명과 고유번호 또는 납세번호로 예금을 할 수 있다.

〈채무자의 시효이익 포기는 그 후의 저당부동산 제3취득자에 대하여도 효력이 미치는가?〉

1.

양 교수는 대법관 퇴직 후 2015년에 발표한 글에서 적어도 1990년대 초까지 판례가 소멸시효의 완성의 효과에 대하여 이른바 절대적 소멸설을 취하여 왔으나, 그 이후 어느 사이엔가 재판실무는 상대적 소멸설로써만 이해할 수 있는 태도를 보이고 있다고 언급하고 있다. 무수히 많은 재판례에서 "소멸시효를 원용할 수 있는 사람은 그 권리의 소멸에 의하여 직접 이익을 받는 사람에 한정된다는 것"을 직접 내세우거나 전제로 판시하고 있고, 이는 소송상의 시효소멸을 주장할 수 있는 사람의 범위를 한정하는 취지가 아니라 실제적으로 권리의 소멸을 주장할 수 있는 권리(즉 시효원용권)에 관한 것으로 보는 것이 상당하다고 지적하고 있다.

그렇다면 소멸시효 완성의 효과에 관한 종래 통설의 절대적 소멸설의 도그마는 타파되어야 하지 않을까?

2.

　　채권에 대한 소멸시효가 완성하였다면 그 뒤에는 더 이상 소멸시효의 중단 문제가 생길 여지가 없다. 시효이익을 받을 채무자는 소멸시효가 완성된 후 시효이익을 포기할 수 있고, 이것은 시효완성으로 인한 법적인 이익을 받지 않겠다고 하는 의사표시이다.

　　판례는 채무자가 소멸시효 완성 후 채무를 승인하였다면 시효완성의 사실을 알고 그 이익을 포기한 것이라고 추정할 수 있을 것이나 그 시효이익의 포기는 상대적 효과가 있음에 지나지 아니하므로 저당부동산의 제3취득자에게는 효력이 없다고 한다. 다음과 같은 사례에서 대법원은 소멸시효이익 포기의 상대적 효력에 관한 입장을 분명히 밝히고 있다.

　　이 사건 부동산의 소유자인 A는 1992. 8. 25. 피고로부터 5,000만 원(이하 '이 사건 차용금채무'라 한다)을 변제기 <u>1993. 8. 25.</u>, 이자는 매월 10일자에 90만 원을 지급하기로 하여 차용하였고, 그 담보로 같은 날 피고 앞으로 이 사건 부동산에 관하여 채권최고액 6,000만 원의 근저당권설정등기(이하 '이 사건 제1근저당권설정등기'라 하고, 이에 기한 근저당권을 '이 사건 제1근저당권'이라 한다)를 마쳐주었다. A는 2004. 4. 16. 피고와 사이에 이 사건 차용금채무와는 별도로 그 때까지의 미지급이자 등을 3,000만 원으로 확정하고, 이에 관해 변제기 <u>2004. 9. 16.</u>, 이자 월 1.5%로 약정한 후 이를 담보하기 위하여 <u>2004. 4. 20.</u> 피고 앞으로 이 사건 부동산에 관하여 채권최고액 4,000만 원의 근저당권설정등기(이하 '이 사건 제2근저당권설정등기'라 하고, 이에 기한 근저당권을 '이 사건 제2근저당권'이고 한다)를 마쳐주었다.

　　원고는 <u>2013. 12. 6.</u> A로부터 이 사건 부동산 및 그 지상 4층 공동주택을 매수하여 같은 날 소유권을 취득한 후 2014년 초에 피고를 상대로 이 사건 제1근저당권설정등기 및 제2근저당권설정등기의 말소를 구하는 소를 제기하였다. 제1심판결문에는 나타나 있지 않으나, 양 교수의 글에는 A가 2011년에 피고를 상대로 위 각 채무의 변제소멸 또는 소멸시효의 완성을 이유로 하여 위 각 근저당권설정등기의 말소를 구하는 소를 제기하였다가 원고의 청구를 기각하는 원심판결에 대하여 2013. 11. 원고의 상고를 기각하는 대법원판결이 확정되었다고 한다.

　　원고의 주장 : 이 사건 차용금채무는 이미 그 소멸시효가 완성되었다. A가 피고와 사이의 2004. 4. 16.자 약정 및 그에 따른 채무의 담보를 위하여 이 사건 제2근저당권을 설정하여 줌으로써 이 사건 차용금채무의 소멸시효완성의 이익을 포기하였으나, 소멸시효이익의 포기는 상대적인 효력이 있을 뿐이므로 이 사건 부동산의 제3취득자인 원고에게는 효력이 없고, 원고는 소멸시효를 원용할 독자적인 이익이 있다. 따라서 이 사건 제1, 2근저당권은 그 피담보채권이 이미 시효로 소멸하였으므로 이를 말소하여야 한다.

　　피고의 주장 : A가 2004. 4. 20.경 이 사건 차용금채무에 대한 시효이익을 포기할 당시에는 원고는 아직 이 사건 부동산을 매수하지 않았으므로 독자적으로 시효이익을 원용할 수 있는 이해관계인에 해당하지 않아 A가 한 시효이익 포기의 효력을 부정할 수 없다.

　　제1심은 다음과 같은 이유로 원고의 청구를 기각하였다.

　　"A가 2004. 4. 16.자 약정 및 2004. 4. 20. 이 사건 제2근저당권의 설정을 통하여 이 사건 차용금채무의 시효완성이익을 포기하였다고 할 것이고 이에 관하여는 당사자 사이에 다툼이 없다.

이 사건의 쟁점은 A가 한 시효이익 포기의 효력이 사후적으로 이 사건 부동산을 취득한 원고에게도 미치는 것인지(아니면 원고는 피고에 대해 독자적으로 시효이익을 주장할 수 있는지) 여부라고 할 것이므로 이에 관하여 보건대, 시효이익의 포기는 상대적인 효과가 있을 뿐이기는 하나, 이는 어디까지나 문제된 시효이익의 포기 당시 이미 권리의 소멸에 의하여 직접 이익을 받을 수 있는 이해관계를 형성한 자들 사이에 그러하다는 것일 뿐, 시효이익의 포기 당시까지는 전혀 그러한 이해관계를 맺은 바 없다가 사후적으로 시효이익을 원용할 이해관계를 형성한 자에 대한 관계에까지 상대적인 효과가 있다는 것은 아니라고 할 것이다.

왜냐하면 당초 시효이익의 포기에 관해 상대적인 효과만을 부여하고자 하는 뜻은 이미 다수의 시효원용권자들이 존재함을 전제로 그들 사이에 각자 자신의 의사와는 무관하게 타방의 의사만으로 시효원용권을 박탈당하게 되는 부당한 결과의 발생을 방지하려는 데에 있는 것이지 사후적인 이해관계인들로 하여금 이미 이루어진 시효이익 포기의 효력을 부정할 수 있게 함으로써 시효완성을 둘러싼 법률관계를 사후적으로 불안정하게 만들자는 데에 있는 것은 아니기 때문이다(원고가 원용하고 있는 대법원 1995. 7. 11. 선고 95다12446 판결은 문제된 시효이익의 포기 시점에 이미 시효원용에 관한 이해관계를 형성하고 있는 경우에 관한 판결례로서 사안을 달리하는 이 사건에 그대로 적용하기에는 부적절하다).

그런데 원고는 A가 이 사건 차용금채무에 관한 소멸시효완성의 이익을 포기한 2004. 4. 16.에는 시효를 원용할 이해관계를 전혀 맺고 있지 않다가 이 사건 부동산을 취득한 2013. 12. 6.에 이르러서야 비로소 이 사건 차용금채무의 소멸에 관한 이해관계를 취득하였다고 할 것인바, 결국 원고는 사후적인 이해관계인에 불과하여 그 이전에 이루어진 A의 시효이익 포기의 효과를 부정할 수 없고 오히려 A의 시효이익 포기의 효력을 전제로 한 근저당권의 제한을 받는 소유권을 취득한 자에 불과하다고 할 것이다."

항소심은 제1심판결을 인용하여 원고의 항소를 기각하였고, 대법원도 제1심판결과 같은 논지로 원고의 상고를 기각하였다(대법원 2015. 6. 11. 선고 2015다200227 판결).

"소멸시효 이익의 포기는 상대적 효과가 있을 뿐이어서 다른 사람에게는 영향을 미치지 아니함이 원칙이나, 소멸시효 이익의 포기 당시에는 그 권리의 소멸에 의하여 직접 이익을 받을 수 있는 이해관계를 맺은 적이 없다가 나중에 시효이익을 이미 포기한 자와의 법률관계를 통하여 비로소 시효이익을 원용할 이해관계를 형성한 자는 이미 이루어진 시효이익 포기의 효력을 부정할 수 없다. 왜냐하면, 시효이익의 포기에 대하여 상대적인 효과만을 부여하는 이유는 그 포기 당시에 시효이익을 원용할 다수의 이해관계인이 존재하는 경우 그들의 의사와는 무관하게 채무자 등 어느 일방의 포기 의사만으로 시효이익을 원용할 권리를 박탈당하게 되는 부당한 결과의 발생을 막으려는 데 있는 것이지, 시효이익을 이미 포기한 자와의 법률관계를 통하여 비로소 시효이익을 원용할 이해관계를 형성한 자에게 이미 이루어진 시효이익 포기의 효력을 부정할 수 있게 하여 시효완성을 둘러싼 법률관계를 사후에 불안정하게 만들자는 데 있는 것은 아니기 때문이다."

3.

양 교수는 대법원의 판시에 반대하고 있다. 즉, 소멸시효 완성의 효과에 관한 상대적 소멸설을 전제로 한다면, 시효이익의 포기는 각자의 시효원용권을 포기하는 것이고, 따라서 시효의 원용이 그 권리자 각자에게 상대적인 것과 마찬가지로 그 이익의 포기도 상대적인 것이라면, 저당부동산의 제3취득자가 그 부동산을 피담보채무의 채무자가 시효이익을 원용할 권리를 가진다고 하는 이상, 자신이 가지는 권리의 포기도 일반적으로 그의 자유로운 의사에 좇아 할 수 있고, 그가 저당부동산을 다른 시효원용권자의 시효이익 포기 후에 그 자와의 법률관계를 통하여 취득하였다고 해서 이제는 그 포기에 구속되어야 할 이유가 없다고 하는 것이 자연스럽다는 것이다.

양 교수는 우리 학설은 애초부터 저당부동산 제3취득자의 시효원용권을 긍정하여 왔고, 판례도 담보가등기가 이미 경료되어 있는 부동산을 양수한 자가 그 피담보채권을 소멸시효를 원용할 수 있다고 판시한 대법원 1995. 7. 11. 선고 95다12446 판결에 의하여 이를 긍정하였다고 보아야 할 것이고, "시효이익의 포기는 상대적 효과가 있음에 지나지 아니하므로 저당부동산의 제3취득자에 효력이 없다"고 설시한 대법원 2010. 3. 11. 선고 2009다100098 판결 역시 제3취득자의 시효원용권의 독자성과 시효이익 포기의 독자성을 직결시키고 있는 점에서 대상판결의 판시에 찬성할 수 없음을 밝히고 있다.

그러나 이 사건 사안에서는 양 교수의 입장보다 대법원의 견해가 타당하다고 생각된다. 이미 채무자가 소멸시효의 이익을 포기하여 채권자의 근저당권이 존재하는 마당에 채무자로부터 그 저당부동산을 양수한 제3취득자가 그 시효이익 포기의 효력을 부정하여 그 근저당권이 피담보채무가 소멸시효완성으로 소멸하였으니 말소하라고 요구하는 것은 시효완성을 둘러싼 법률관계를 불안정하게 만들기 때문이다.

그리고 이 사건에서 A가 2011년에 피고를 상대로 위 각 채무의 변제소멸 또는 소멸시효의 완성을 이유로 하여 위 각 근저당권설정등기의 말소를 구하는 소를 제기하였다가 원고의 청구를 기각하는 판결이 확정된 후에 원고가 A로부터 저당부동산을 양수한 것이므로 원고는 위 확정판결의 변론종결 후의 승계인으로 기판력에도 저촉되어 원고의 청구가 인용될 수 없음은 당연한 것이라고 보아야 할 것이다.

산과 법[1]
- 국립공원 관련 법령의 이해 -

1. 한라산 국립공원 개요

가. 국가지정문화재 〈천연보호구역〉 지정(1966. 10. 12.)

(천연기념물 제182호)[구역면적 : 91,654㎢]

(1) 한라산 천연보호구역은 한라산을 중심으로 하여 해발 600-1300m 이상의 구역과 계곡으로 되어 있으며, 북위 33°19′15″ - 33°25′30″, 동경 126°27′59″ - 126°37′38″ 사이에 위치하고 있음.

(2) 백록담 : 동경 126°32′31″, 북위 33°21′31″(소재지 서귀포시 토평동 산15)
분화구 면적 210,230㎡

(3) 한라산 천연보호구역은 지형과 지질 및 식물·동물이 특이한 생태계를 구성하고 있고, 특히 보호가 필요한 많은 학술적 자료를 가지고 있어서 한라산 전체를 천연기념물로 지정하여 보호하고 있음.[2]

나. 〈국립공원〉 지정(1970. 3. 24.) (건설부 고시 제28호)[공원면적 : 153.332㎢]

(1) 우리나라에는 **국립공원 22개소**[전 국토면적의 6.71%(육지면적 3.96%)], 도립공원 29개소, 군립공원 27개소, 지질공원 10개소가 지정되어 있음.

> ☞ 대한민국 국립공원 지정현황
> 1. 지리산(67. 12. 29.), 2. 경주, 3. 계룡산, 4. 한려해상(이상 68. 12. 21.),
> 5. 설악산, 6. 속리산, 7. 한라산(이상 70. 3. 24.), 8. 내장산(71. 11. 17.),
> 9. 가야산(72. 10. 13.), 10. 덕유산, 11. 오대산(이상 75. 2. 1.),
> 12. 주왕산(76. 3. 30.), 13. 태안 해안(78. 10. 20.), 14. 다도해 해상(81. 12. 23.), 15. 북한산(83. 4. 2.), 16. 치악산, 17. 월악산(이상 84. 12. 31.),
> 18. 소백산(87. 12. 14.), 19. 변산 반도, 20. 월출산(이상 88. 6. 11.),
> 21. 무등산(2013. 1), 22. 태백산(2016. 8)

---

[1] 이 글은 한라산등산학교 특강 강의안이다.
[2] 제주도의 크기가 약 **6억 평**으로 2억 평의 서울의 3배 면적(남한의 면적이 300억 평 정도)이고, 제주섬은 원래 육지와 붙어있었지만 신석기 시대로 들어가기 직전인 1만 5천 년 전에 한반도와 분리되었다는 설이 정설임.

☞ **제주도 도립공원 지정현황** 1. 마라해양 2. 서귀포해양(섶섬, 문섬) 3. 성산일출해양 4. 우도해양 5. 추자해양 6. 제주곶자왈

(2) 토지소유별 공원구역 면적은 국유지 4,855.688㎢(73%), 공유지 506.173㎢(7.6%), 사유지 1,014.797㎢(15.2%), 사찰지 279.608㎢(4.2%) 계 6,656.246㎢로 조사됨.
(3) 국립공원 중 한라산은 제주특별자치도가 위탁관리하고(**세계유산본부 한라산국립공원관리소**), 나머지는 **국립공원공단**(2019. 1. 17. 국립공원관리공단에서 국립공원공단으로 기관명칭 변경)에서 관리하고 있음.
(4) 2007. 7. 1. 국립공원 입장료 폐지.
(5) 2020. 12. 31. 기준 국립공원 탐방객수는 **35,277,568 명**(코로나19 형향으로 전년 대비 790만 명 감소)
　북한산 656만 명, 한려해상 370만 명, 지리산 267만 명, 무등산 245만 명, 설악산 194만 명
　※ **한라산 699,117명**)

〈참고〉 2020년 안전사고 발생현황(**한라산 제외**) : 129명(사망 12, 부상 117)
※ 사망자 12명 : 추락사 6명, 심장돌연사 5명, 기타 1명
※ 부상자 117명 : 골절/상처 117명
※ 2019년 한라산에서 발생한 산악안전사고는 사망 5건, 골절 24건, 탈진 65건, 기타 무릎통증, 체력저하 등 1367명을 포함해 총1463건.
※ 산악사고는 12:00~15:00 사이에 집중적으로 발생.

다. 유네스코 〈제주도 생물권보전지역〉 지정(2002. 12. 16.)

(1) "제주특별자치도생물권보전지역"이라 함은 국제연합 교육과학문화기구(이하 "유네스코"라 한다)가 인간과 자연간의 조화로운 관계를 촉진하고 실험하기 위하여 설립된 유네스코 인간과 생물권계획(MAB)에 의하여 국제적으로 인정된 생태계지역을 말함.
(2) 도지사는 유네스코가 지정한 제주자치도생물권보전지역의 체계적 보전·관리를 위하여 생물권보전지역간의 협력활동과 교류에 적극 노력하고, 도 조례가 정하는 바에 따라 관리하여야 함(제주특별자치도 설치 및 국제자유도시 조성을 위한 특별법 제291조 제3항).
(3) 생물권보전지역 관리를 위한 관리전담 기구로 제주도생물권보전지역 관리센터를 설치함(제주특별자치도 생물권보전지역 관리 조례 제10조).

라. 유네스코 〈세계자연유산〉 등재[제주화산섬과 용암동굴](2007. 6. 27.)

[유산면적 : 164.401㎢(핵심지역 90.931㎢, 완충지역 73.474㎢)]
(1) 유네스코 세계유산은 '세계문화 및 자연유산 보호 협약(1972년)'에 근거하여 세계유산위원회에서 세계유산목록에 등재한 '탁월한 보편적 가치'(Outstanding Universal value, OUV)를 지닌 유산이다. 세계유산은 또다시 문화유산·자연유산·복합유산으로 나뉜다. **문화유산**은 기념물·유적·

건축물 군이고, **자연유산**은 무기적·생물학적·지질학적·자연지리학적 생성물, 멸종 위기의 동식물 서식지, **복합유산**은 문화유산 요소와 자연유산 요소 모두를 충족시키는 유산을 말한다.

(2) 2018년 5월 기준 세계유산협약 당사국은 191개국. 그 중 세계유산은 165개국에 총 1052점이 등재되어 있고, 문화유산이 814점, 자연유산이 203점, 복합유산이 35점, 위험에 처한 세계유산 55건. 세계기록유산은 110개국 349건, 인류무형문화유산 128개국 378건이 지정돼 있음.3)

※ 우리나라에 산으로 등재된 세계유산은 아직 없음. 세계문화유산으로서 '남한산성'도, 세계자연유산으로서 '제주도의 화산섬과 용암동굴'도 산이 지닌 역사적·자연적 가치에 중점을 둔 유산들임. 중국만 하더라도 현재 10개의 세계유산이 산 이름으로 등재됐음. 산 자체의 가치도 포함된 것임(태산을 비롯하여 황산, 무당산, 여산, 아미산, 무이산, 청성산, 삼청산, 오대산, 천산 등). 일본만 해도 3개의 산지 유산이 있음. '시라카미산치(白山山地)', '기이산지의 영지와 참배길'과 함께 2015년에는 '후지산, 성스러운 장소와 예술적 영감의 원천'이라는 명칭으로 세계문화유산에 등재됐음. 산 혹은 산맥 이름으로 등재된 세계유산은 전 세계적으로도 30개가 넘음.

(3) **한국의 세계유산 : 총 13건 (문화 12, 자연 1)**

★ **세계문화유산(12건)** : 석굴암·불국사, 해인사 장경판전, 종묘(1995년), 창덕궁, 수원화성(1997년), 경주역사유적지구, 고창·강화·화순 고인돌유적(2000년), 조선왕릉(2009년), 양동·하회마을(2010년), 남한산성(2014년), 백제역사유적지구(2015년), 한국의 산지승원(2018년), 한국의 서원(2019년)
★ **세계자연유산(1건) : 제주 화산섬과 용암동굴**(2007년)
★ **세계기록유산(16건)** : 훈민정음, 조선왕조실록(1997년), 직지심체요절, 승정원일기(2001년), 조선왕조 의궤, 해인사 고려대장경판과 제경판(2007년), 동의보감(2009년), 일성록(2011년), 5.18민주화운동기록물, 난중일기, 새마을운동기록물(2013년), 한국의 유교책판, KBS 특별생방송 '이산가족을 찾습니다' 기록물(2015년), 조선왕실 어보와 어책, 국채보상운동기록물, 조선통신사기록물(2017년)
★ **인류무형문화유산(20건)** : 종묘제례 및 종묘제례악(2001년), 판소리(2003년), 강릉단오제(2005년), 강강술래, 남사당놀이, 영산재, **제주칠머리영등굿**, 처용무(2009년), 가곡, 대목장, 매사냥(2010년), 줄타기, 택견, 한산모시짜기(2011년), 아리랑(2012년), 김장문화(2013년), 농악(2014년), 줄다리기(2015년), **제주해녀문화**(2016년), 씨름(2018년)

※ **산지승원**은 한반도 남쪽 지방에 위치한 7개 불교 산지 승원-통도사, 부석사, 봉정사, 법주사, 마곡사, 선암사, 대흥사-으로 이루어져 있음.

※ **한국의 서원**(9곳)이 2019년 6월 세계문화유산으로 등재됨. 강진도요지, 한양도성, 낙안읍성, 가야고분군, 설악산천연보호구역, 염전, 우포늪, 화순 운주사 석불석탑군, 남해안일대 공룡화석지 등이 세계유산 잠정등재 목록에 올라 있음.

---

3) **세계문화유산 강국들** : 이탈리아 47건, 중국 47건, 스페인 41건, 프랑스 38건, 독일 35건, 멕시코 33건, 영국 23건, 러시아 23건, 미국 21건, 일본 19건

마. 〈세계지질공원〉 인증(2010. 10. 1.)

(1) 다양한 화산지형과 지질자원을 지니고 있는 제주는 섬 전체가 세계지질공원임.

(2) 그 중에서 대표적인 지질명소는 섬 중앙에 위치한 제주의 상징인 **한라산**, 수성화산체의 대표적 연구지로 알려진 **수월봉**, 용암돔으로 대표되는 **산방산**, 제주 형성초기 수성화산활동의 역사를 간직한 **용머리해안, 주상절리**(柱狀節理 : 화산폭발 때 용암이 식으로면서 부피가 줄어 수직으로 쪼개지면서 5~6각형의 기둥형태를 띠는 것)의 형태적 학습장인 대포동 **주상절리대**, 100만년전 해양환경을 알려주는 **서귀포 패류화석층**, 퇴적층의 침식과 계곡·폭포의 형성과정을 전해주는 **천지연폭포**, 응회구의 대표적 지형이며 해뜨는 오름으로 알려진 **성산일출봉**, 거문오름·용암동굴계 가운데 유일하게 체험할 수 있는 **만장굴** 등 9개 대표명소가 있음.

※ 제주도는 유네스코 트리플 크라운을 달성한 유일한 지역임.

2. 자연공원법(1980. 1. 4. 제정, 2020. 6. 9. 개정 법률 제17425호)

가. 국립공원의 지정

(1) **"자연공원"**이란 국립공원·도립공원·군립공원 및 지질공원을 말하고(제2조 제1호), **"국립공원"**이란 우리나라의 자연생태계나 자연 및 문화경관을 대표할 만한 지역으로서 법 제4조 및 제4조의2에 따라 지정된 공원을 말함(제2조 제2호).

(2) **국립공원**은 환경부장관이 지정·관리하고, **도립공원**은 도지사 또는 특별자치도지사가, **광역시립공원**은 특별시장·광역시장·특별자치시장이 각각 지정·관리하며, 군립공원은 군수가, **시립공원**은 시장이, **구립공원**은 자치구의 구청장이 각각 지정·관리함(제4조 제1항).

(3) 국립공원 보전 등의 업무를 효율적으로 추진하기 위하여 1987. 7. 1. **국립공원관리공단**이 설립되었음(제44조)[국립공원관리업무는 건설부와 내무부를 거쳐 1998. 2. 환경부로 이관되었음]. 2019. 1. 17. **국립공원공단**으로 명칭 변경.

나. 국립공원에서의 금지행위

■ **자연공원법 제27조(금지행위)**

① 누구든지 자연공원에서 다음 각 호의 어느 하나에 해당하는 행위를 하여서는 아니 된다.
1. 자연공원의 형상을 해치거나 공원시설을 훼손하는 행위
2. 나무를 말라죽게 하는 행위
3. 야생동물을 잡기 위하여 화약류·덫·올무 또는 함정을 설치하거나 유독물·농약을 뿌리는 행위
4. 제23조 제1항 제6호에 따른 야생동물의 포획허가를 받지 아니하고 총 또는 석궁을 휴대하거나 그물을 설치하는 행위
5. 지정된 장소 밖에서의 상행위
6. 지정된 장소 밖에서의 야영행위
7. 지정된 장소 밖에서의 주차행위
8. 지정된 장소 밖에서의 <u>취사행위</u>
9. <u>지정된 장소 밖에서 흡연행위</u>
10. 대피소 등 대통령령으로 정하는 장소·시설에서 음주행위
11. 오물이나 폐기물을 함부로 버리거나 심한 악취가 나게 하는 등 다른 사람에게 혐오감을 일으키게 하는 행위
12. 그 밖에 일반인의 자연공원 이용이나 자연공원의 보전에 현저하게 지장을 주는 행위로서 대통령령으로 정하는 행위

② 공원관리청은 제1항 제5호부터 제9호까지의 규정에 따라 행위가 금지되는 장소를 지정한 경우에는 안내판을 설치하는 등의 방법으로 이를 공고하여야 한다.

☞ **자연공원법시행령 제25조(금지행위)**
① 법 제27조 제1항 제10호에서 "**대피소 등 대통령령으로 정하는 장소·시설**"이란 다음 각 호의 장소·시설을 말한다.
  1. 대피소 및 그 부대시설
  2. 탐방로, 산의 정상 지점 등 공원관리청이 안전사고 예방 등을 위하여 음주행위를 금지할 필요가 있다고 인정하여 지정하는 장소·시설
② 공원관리청은 제1항 제2호의 장소·시설을 지정한 경우에는 안내판을 설치하는 등의 방법으로 그 사실을 공고하여야 한다.
③ 법 제27조 제1항 제12호에서 "**대통령령으로 정하는 행위**"란 다음 각 호의 행위를 말한다.
  1. 공원생태계를 교란시킬 수 있는 외래동물을 자연공원에 놓아주는 행위
  2. 공원생태계를 교란시킬 수 있는 외래식물을 자연공원 내 임야에 심는 행위

■ **제28조(출입 금지 등)**
① 공원관리청은 다음 각 호의 어느 하나에 해당하는 경우에는 공원구역 중 일정한 지역을 자연공원특별보호구역 또는 임시출입통제구역으로 지정하여 일정 기간 사람의 출입 또는 차량의 통행을 금지·제한하거나, 일정한 지역을 탐방예약구간으로 지정하여 탐방객 수를 제한할 수 있다.
  1. 자연생태계와 자연경관 등 자연공원의 보호를 위한 경우
  2. 자연적 또는 인위적인 요인으로 훼손된 자연의 회복을 위한 경우
  3. 자연공원에 들어가는 자의 안전을 위한 경우
  4. <u>자연공원의 체계적인 보전관리를 위하여 필요한 경우</u>
  5. 그 밖에 공원관리청이 공익상 필요하다고 인정하는 경우
② 공원관리청은 제1항에 따라 지정한 자연공원특별보호구역에서 멸종위기종의 복원, 외래 동식물의 제거 등 필요한 조치를 할 수 있다.
③ 공원관리청은 제1항에 따라 사람의 출입 또는 차량의 통행을 금지하거나 탐방객 수를 제한하려는 경우에는 그 내용을 미리 인터넷 홈페이지에 게재하고, 안내판을 설치하는 등의 방법으로 공고하여야 한다.

※ **자연공원법시행규칙 제20조(출입제한 또는 금지의 공고)**
법 제28조 제3항에 따라 사람의 출입 또는 차량 통행을 금지하거나 탐방객 수를 제한하는 공고를 함에 있어서는 그 자연공원의 명칭·구역·목적 및 기간을 명시하여야 한다.

다. 사법경찰권

■ **제34조(사법경찰권)** 공원관리청에 근무하며 공원관리업무에 종사하는 4급부터 9급까지의 국가공무원 및 지방공무원은 관할 자연공원에서 발생하는 이 법 또는 「경범죄처벌법」에 규정된 범죄의 현행범에 관하여는 「사법경찰관리의 직무를 수행할 자와 그 직무범위에 관한 법률」에서 정하는 바에 따라 사법경찰관리의 직무를 수행한다.

☞ **사법경찰관리의 직무를 수행할 자와 그 직무범위에 관한 법률 제7조의2(국립공원공단 임직원)** 국립공원공단 또는 그 분사무소에 근무하는 임직원으로서 국립공원공단이사장의 추천에 의하여 그 근무지를 관할하는 지방검찰청검사장이 지명한 자 중 임원 및 분사무소의 장은 관할 공원구역에서 발생하는 「경범죄 처벌법」 제6조 제1항에 따른 범칙행위 중 같은 법 제3조 제1항 제11호, 제12호, 제15호, 제17호, 제19호부터 제21호까지, 제23호부터 제25호까지, 제27호부터 제29호까지, 제32호, 제36호 및 제37호에 해당하는 위반행위에 해당하는 범죄의 현행범에 관하여 사법경찰관의 직무를, 그 외의 직원은 그 범죄에 관하여 사법경찰리의 직무를 수행한다.

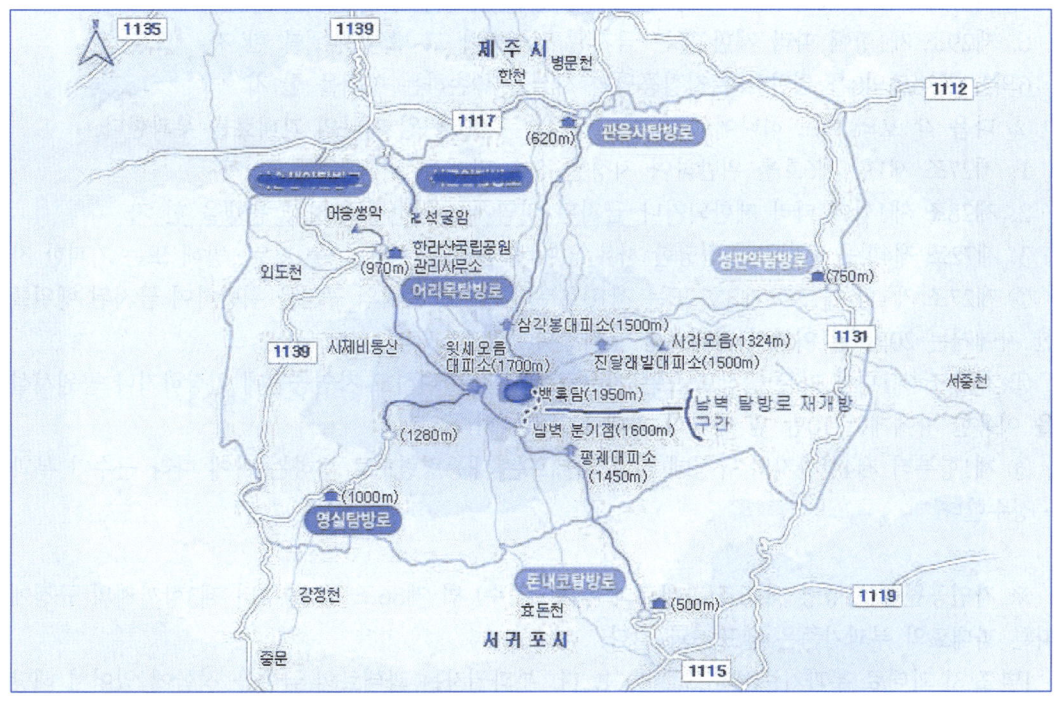

☞ **한라산 출입제한 구역**(2009. 12. 4. ~ 변경공고시까지)

탐방로	출입제한구역	거리(km)
▷ 어리목	윗세오름 → 서북벽	1.3
▷ 돈내코	남벽분기점 → 정 상	0.7
▷ 백록담 순환로	백록담 순환로(동릉일대 제외)	1.3

※ 한라산국립공원에서는 훼손이 심한 서북벽과 남벽분기점에서 정상에 대한 자연휴식년제 제도를 도입하여 탐방을 통제하면서 훼손지역에 대한 복구 및 모니터링을 실시하고 있음. 이로 인해 성판악과 관음사 탐방로에 한하여 정상탐방이 허용되고, 취사 및 야영은 관음사지구 야영장에서만 가능함.

※ 2021. 1. 1.부터 한라산 백록담으로 가는 등산로(성판악등산로와 관음사등산로)에 대하여는 사전 탐방예약제가 시행되고 있음.

라. 제재 - 과태료

■ **제86조(과태료)**
① 다음 각 호의 어느 하나에 해당하는 자에게는 **200만 원 이하의 과태료**를 부과한다.
1. 제24조의3에 따른 출입 및 조사를 정당한 사유 없이 방해하거나 거부한 자
2. 제24조의4 제1항에 따른 퇴거 등 조치명령에 따르지 아니한 자
3. 제27조 제1항 제4호를 위반하여 총 또는 석궁을 휴대하거나 그물을 설치한 자
4. 제27조 제1항 제5호를 위반하여 지정된 장소 밖에서 상행위를 한 자
5. 제27조 제1항 제9호를 위반하여 지정된 장소 밖에서 흡연행위를 한 사람
6. 제29조 제1항에 따라 제한 또는 금지된 영업이나 그 밖의 행위를 한 자
6의2. 제36조의8을 위반하여 지질공원의 시설을 훼손하는 행위를 한 자
② 다음 각 호의 어느 하나에 해당하는 자에게는 **50만 원 이하의 과태료**를 부과한다.
1. 제27조 제1항 제6호를 위반하여 지정된 장소 밖에서 야영행위를 한 자
2. 제28조 제1항에 따라 제한되거나 금지된 지역에 출입하거나 차량 통행을 한 자
3. 제72조 제4항을 위반하여 정당한 사유 없이 출입 또는 사용 등을 거부·방해 또는 기피한 자
③ 제27조 제1항 제7호·제8호 또는 제10호부터 제12호까지의 규정을 위반하여 금지된 행위를 한 자에게는 **20만 원 이하의 과태료**를 부과한다.
④ 제37조 제1항에 따른 입장료 또는 사용료를 내지 아니하고 자연공원에 입장하거나 공원시설을 이용한 자에게는 **10만 원 이하의 과태료**를 부과한다.
⑤ 제1항부터 제4항까지의 규정에 따른 과태료는 대통령령으로 정하는 바에 따라 군수가 부과·징수한다.

※ **자연공원법 시행령 제46조(과태료의 부과·징수)** 법 제86조 제1항부터 제3항까지의 규정에 따른 과태료의 부과기준은 별표 3과 같다.
[별표 3] 과태료 부과기준(제46조 관련) 1. 다. 부과권자는 과태료의 금액을 정함에 있어서 해당 위반행위의 동기와 그 결과 등을 참작하여 이를 2분의 1 범위에서 줄일 수 있다.
  ○ 지정된 장소 밖에서 흡연행위 : 1차 위반 10만 원, 2차 위반 20 만원, 3차 위반 30만원
  ○ 지정된 곳에서의 음주행위 : 1차 위반 5만 원, 2차 위반 10 만원, 3차 위반 10만원
  ○ 출입금지구역 출입 등 : 1차 위반 10만 원, 2차 위반 30 만원, 3차 위반 50만원

※ **자연공원법 시행령 제47조(국립공원 등에서의 과태료처분)**
① 공단의 이사장이나 시·도지사는 그 소속 직원이나 공무원이 국립공원 또는 도립공원 안에서 법 제86조에 따라 과태료가 부과될 위반행위를 적발한 때에는 그 위반행위가 발생한 장소를 관할하는 군수에게 그 인적사항 및 사진·비디오테이프나 그 밖의 영상기록매체 또는 무인단속장비에 의하여 촬영한 사진 등의 자료와 위반장소·위반내용 등을 기재한 서류를 갖추어 이를 통보하여야 한다.
② 제1항에 따라 위반행위를 통보받은 군수는 법 제86조에 따라 과태료를 부과·징수하여야 한다.

※ 과태료의 부과 및 징수, 질서위반행위의 재판 및 집행에 관하여는 **질서위반행위규제법** 제16조 이하에서 상세히 규정하고 있음.

3. 문화재보호법(2020. 6. 9. 개정 법률 제17409호)

가. 문화재의 정의

■ 제2조(정의)

① 이 법에서 "문화재"란 인위적이거나 자연적으로 형성된 국가적·민족적 또는 세계적 유산으로서 역사적·예술적·학술적 또는 경관적 가치가 큰 다음 각 호의 것을 말한다.
 1. 유형문화재
 2. 무형문화재
 3. 기념물
 4. 민속문화재
② 이 법에서 "지정문화재"란 다음 각 호의 것을 말한다.
 1. 국가지정문화재
 2. 시·도지정문화재
 3. 문화재자료
③ 이 법에서 "등록문화재"란 지정문화재가 아닌 문화재 중에서 다음 각 호의 것을 말한다.
 1. 국가등록문화재
 2. 시·도등록문화재
④ 이 법에서 "보호구역"이란 지상에 고정되어 있는 유형물이나 일정한 지역이 문화재로 지정된 경우에 해당 지정문화재의 점유 면적을 제외한 지역으로서 그 지정문화재를 보호하기 위하여 지정된 구역을 말한다.
⑤ 내지 ⑧ (생략)

■ 제19조(세계유산등의 등재 및 보호)

① 문화재청장은 「세계문화유산 및 자연유산의 보호에 관한 협약」, 「무형문화유산의 보호를 위한 협약」 또는 유네스코의 프로그램에 따라 국내의 우수한 문화재를 유네스코에 세계유산, 인류무형문화유산 또는 세계기록유산으로 등재 신청할 수 있다. 이 경우 등재 신청 대상 선정절차 등에 관하여는 유네스코의 규정을 참작하여 문화재청장이 정한다.
② 문화재청장은 유네스코에 세계유산, 인류무형문화유산 또는 세계기록유산으로 등재된 문화재(이하 이 조에서 "세계유산등"이라 한다)를 비롯한 인류 문화재의 보존과 문화재의 국외 선양을 위하여 적극 노력하여야 한다.
③ 국가와 지방자치단체는 세계유산등에 대하여는 등재된 날부터 국가지정문화재에 준하여 유지·관리 및 지원하여야 하며, 문화재청장은 대통령령으로 정하는 바에 따라 세계유산과 그 역사문화환경에 영향을 미칠 우려가 있는 행위를 하는 자에 대하여 세계유산과 그 역사문화환경의 보호에 필요한 조치를 할 것을 명할 수 있다.

나. 국가지정문화재의 지정

■ 제23조(보물 및 국보의 지정)
① 문화재청장은 문화재위원회의 심의를 거쳐 <u>유형문화재 중 중요한 것을</u> **보물**로 지정할 수 있다.
② 문화재청장은 제1항의 보물에 해당하는 문화재 중 <u>인류문화의 관점에서 볼 때 그 가치가 크고 유례가 드문 것</u>을 문화재위원회의 심의를 거쳐 **국보**로 지정할 수 있다.
③ 제1항과 제2항에 따른 보물과 국보의 지정기준과 절차 등에 필요한 사항은 대통령령으로 정한다.

■ 제25조(사적, 명승, 천연기념물의 지정)
① 문화재청장은 문화재위원회의 심의를 거쳐 기념물 중 중요한 것을 사적, 명승 또는 천연기념물로 지정할 수 있다.
② 제1항에 따른 사적, 명승, 천연기념물의 지정기준과 절차 등에 필요한 사항은 대통령령으로 정한다.

■ 제27조(보호물 또는 보호구역의 지정)
① 문화재청장은 제23조·제25조 또는 제26조에 따른 지정을 할 때 문화재 보호를 위하여 특히 필요하면 이를 위한 보호물 또는 보호구역을 지정할 수 있다.
② 내지 ④ (생략)

〈참고〉 제주의 문화재

※ 제주도내에는 국보로 지정된 문화재가 없음.
우리나라에는 2021. 7. 1. 현재 **국보 제1호(숭례문)**부터 336호(구례화엄사비로자나삼신불좌상)까지 지정돼 있음(제274호 귀함별황자총통은 1996. 8. 31. 국보에서 해제되어 결번임). **보물은 제1호(흥인지문)**부터 2128호(송시열초상)까지 있으나 국보 승격, 해제 등으로 중간에 빈 번호가 많음(보물 제163호 쌍봉사 대웅전은 화재로 소실되어 1984. 5. 30. 국보에서 해제되었음).[4]

※ **제주도의 보물(9)** : 제주 관덕정(322호), 탐라순력도(652-2호), 불탑사 5층석탑(1187호), 안중근 의사 유묵(569-24), 예산 김정희 종가 유물 일괄(547-2), 최익현 초상(1510호), 동여비고(1596호), 제주향교 대성전(1902호), 이익태지영록(2002호) 등.

※ **제주의 사적(7)** : 삼성혈, 제주목관아지, 항파두리 항목유적지, 고산리 선사유적, 삼양동선사유적, 추사유배지, 제주용담동유적 등

※ **제주의 천연기념물(49) : 한라산천연보호구역**, 성산일출봉천연보호구역, 마라도천연보호구역, 차귀도천연보호구역, 문섬 및 범섬 천연보호구역, 천지연난대림지대, 산방산암벽식물지대, 제주시곰솔, 산굼부리분화구, 비자림, 문주란, 용천동굴, 김녕굴/만장굴, 선흘리 거문오름, 수산리 곰솔, 연산호군락지, 대포동 주상절리대, 우도홍조단괴해빈, 신례리 및 봉개동 왕벚나무자생지, 제주조랑말 등.

※ **제주의 명승(9)** : 정방폭포(43호), 산방산(77호), 쇠소깍(78호), 외돌개, 사라오름(83호), 영실기암과 오백나한(84호), 백록담(90호), 선작지왓(91호), 방선문(92호)

※ 국가유형문화재(4) ※ 국가민속문화재(8)

※ **제주도 지정 등록문화재(24)** : 이승만 별장, 가마오름 등 일제동굴진지, 모슬봉일제군사시설, 구 제주도청, 대정여고실습실, 제주4.3수악주둔소 등

※ 천연기념물의 보호구역 : 동물·지질광물·천연보호구역·자연현상은 그 보호에 필요하다고 인정되는 구역

※ **천연기념물**은 동·식물(세계자연유산 포함), 지질·광물, 천연보호구역, 자연현상에 대하여 지정할 수 있고, **천연보호구역**은 보호할 만한 천연기념물이 풍부하거나 다양한 생물적·지구과학적·문화적·역사적·경관적 특성을 가진 대표적인 일정한 구역 등에 대하여 지정할 수 있음.

다. 문화재의 보호

■ 제35조(허가 사항)

① 국가지정문화재(국가무형문화재는 제외한다. 이하 이 조에서 같다)에 대하여 다음 각 호의 어느 하나에 해당하는 행위를 하려는 자는 대통령령으로 정하는 바에 따라 문화재청장의 허가를 받아야 하며, 허가사항을 변경하려는 경우에도 문화재청장의 허가를 받아야 한다. 다만, 국가지정문화재 보호구역에 안내판 및 경고판을 설치하는 행위 등 대통령령으로 정하는 경미한 행위에 대해서는 특별자치시장, 특별자치도지사, 시장·군수 또는 구청장의 허가(변경허가를 포함한다)를 받아야 한다. 〈개정 2021. 5. 18.〉

1. 국가지정문화재(보호물·보호구역과 천연기념물 중 죽은 것 및 제41조 제1항에 따라 수입·반입 신고된 것을 포함한다)의 현상을 변경하는 행위로서 대통령령으로 정하는 행위

2. 국가지정문화재(동산에 속하는 문화재는 제외한다)의 보존에 영향을 미칠 우려가 있는 행위로서 대통령령으로 정하는 행위

3. 국가지정문화재를 탁본 또는 영인(影印: 원본을 사진 등의 방법으로 복제하는 것)하거나 그 보존에 영향을 미칠 우려가 있는 촬영 행위로서 대통령령으로 정하는 행위

4. 명승이나 천연기념물로 지정되거나 임시지정된 구역 또는 그 보호구역에서 동물, 식물, 광물을 포획·채취하거나 이를 그 구역 밖으로 반출하는 행위

② 내지 ⑤ (생략)

■ 제39조(수출 등의 금지)

① 국보, 보물, 천연기념물 또는 국가민속문화재는 국외로 수출하거나 반출할 수 없다. 다만, 문화재의 국외 전시 등 국제적 문화교류를 목적으로 반출하되, 그 반출한 날부터 2년 이내에 다시 반입할 것을 조건으로 문화재청장의 허가를 받으면 그러하지 아니하다.

② 내지 ⑧ (생략)

라. 벌 칙

■ 제92조(손상 또는 은닉 등의 죄)

① 국가지정문화재(중요무형문화재는 제외한다)를 손상, 절취 또는 은닉하거나 그 밖의 방법으로

---

4) 문화재청은 문화재 지정번호를 60년 만에 없애기로 방침을 정했다. 1962년 시행된 문화재보호법에 의해 숭례문(남대문)이 국보 1호, 흥인지문(동대문)이 보물 1호로 지정됐다. 현재까지 국보는 348호, 보물은 2238호까지 나왔다. 문화재청은 문화재를 서열화하는 사회적 인식, 잦은 변경 요구와 논쟁을 불식하기 위해 문화재 관리번호로 운영을 개선하기로 하였다(문화일보 2021. 2. 8. 자).

그 효용을 해한 자는 3년 이상의 유기징역에 처한다.
　② 내지 ⑤ (생략)

- ■ 제99조(무허가 행위 등의 죄)
- ■ 제103조(과태료)
- ■ 제104조(과태료의 부과·징수)

4. 제주특별자치도 설치 및 국제자유도시 조성을 위한 특별법

가. 보전지역의 지정

■ 제355조(절대보전지역)
　① 도지사는 도의회의 동의를 받아 다음 각 호의 어느 하나에 해당하는 지역을 자연환경의 고유한 특성을 보호하기 위한 지역(이하 "절대보전지역"이라 한다)으로 지정할 수 있다. 이를 변경할 때에도 도의회의 동의를 받아야 한다.
　　1. 한라산·기생화산·계곡·하천·호소(湖沼)·폭포·도서·해안·연안·용암동굴 등으로서 자연경관이 뛰어난 지역
　　2. 수자원과 문화재의 보존을 위하여 필요한 지역
　　3. 야생동물의 서식지 또는 도래지
　　4. 자연림지역으로서 생태학적으로 중요한 지역
　　5. 그 밖에 자연환경의 보전을 위하여 도조례로 정하는 지역
　② 내지 ④ (생략)

■ 제356조(상대보전지역)
　① 도지사는 도의회의 동의를 받아 다음 각 호의 어느 하나에 해당하는 지역을 자연환경의 보전과 적정한 개발을 유도하기 위한 지역(이하 "상대보전지역"이라 한다)으로 지정할 수 있다. 이를 변경할 때에도 또한 같다.
　　1. 기생화산·하천·계곡·주요도로변·해안 등 생태계 또는 경관보전이 필요한 지역
　　2. 절대보전지역을 제외한 지역 중 보전할 필요가 있는 지역
　② ③ (생략)

■ 제357조(관리보전지역의 지정)
　① 도지사는 한라산국립공원, 「국토의 계획 및 이용에 관한 법률」 제6조 제1호에 따른 도시지역 및 제주자치도의 부속도서를 제외한 지역 중 지하수자원·생태계 및 경관을 보전하기 위하여 필요한 지역을 관리보전지역으로 지정할 수 있다.
　② 내지 ⑦ (생략)

나. 행위제한

■ 제358조(관리보전지역에서의 행위제한)
　① 관리보전지역에서는 다음 각 호의 행위를 제한할 수 있다. 이 경우 보전지구별·등급별 행위

제한의 구체적인 내용은 도조례로 정한다.
 1. 지하수자원보전지구에서의 다음 각 목의 행위
 가. 폐수배출시설의 설치행위
 나. 폐기물 처리시설의 설치행위
 다. 생활하수 발생시설의 설치행위
 라. 가축분뇨 배출시설의 설치행위
 마. 토지의 형질변경행위
 2. 생태계보전지구에서의 산림훼손과 토지의 형질변경행위
 3. 경관보전지구에서의 건축물의 건축, 인공 구조물과 그 밖의 시설의 설치 및 토지의 형질변경행위
 ② ③ (생략)

다. 벌 칙

■ 제473조(환경분야에 관한 벌칙)

5. 산림보호법(2019. 1. 8. 법률 제16197호)

가. 산불예방 등을 위한 금지행위

■ 제15조(입산통제구역의 지정 등)
① 특별자치시장·특별자치도지사·시장·군수·구청장 또는 지방산림청장은 산불 예방, 자연경관 유지, 자연환경 보전, 그 밖에 산림보호를 위하여 필요하면 일정한 기간을 정하여 산림의 일부 지역(「자연공원법」에 따른 공원구역은 제외한다)을 입산통제구역으로 지정하여 사람의 출입 또는 차량의 통행을 제한할 수 있다.
② 내지 ⑦ (생략)

■ 제16조(산림오염 방지 등을 위한 금지행위)
누구든지 산림에서 다음 각 호의 어느 하나에 해당하는 행위를 하여서는 아니 된다.
 1. 오물이나 쓰레기를 버리는 행위
 2. 산림의 보호·관리를 위하여 산림행정관서에서 설치한 표지를 옮기거나 더럽히거나 망가뜨리는 행위

■ 제32조(산불경보의 발령 및 조치)
① 산림청장은 「재난 및 안전관리 기본법」 제38조제1항 본문에 따라 산불재난 국가위기경보(이하 "산불경보"라 한다)를 발령할 수 있다. 이 경우 산불경보의 발령기준은 대통령령으로 정한다.
② 산림청장, 지방자치단체의 장, 산림청 소속 기관의 장 또는 국립공원공단 소속 공원사무소의 장은 산불경보가 발령되면 대통령령으로 정하는 산불경보별 조치기준에 따라 입산 통제 등 필요한 조치를 하여야 한다.

■ 제34조(산불 예방을 위한 행위 제한)
① 누구든지 산림 또는 농림축산식품부령으로 정하는 산림인접지역에서 다음 각 호의 어느 하나에 해당하는 행위를 하여서는 아니 된다.
  1. 불을 피우거나 불을 가지고 들어가는 행위
  2. <u>담배를 피우거나 담배꽁초를 버리는 행위</u>
② 제1항에도 불구하고 다음 각 호의 경우 또는 지역에서는 제1항 각 호의 행위를 할 수 있다.
  1. 산불확산을 방지하기 위하여 불이 탈 가능성이 있는 물질을 제거하는 등 대통령령으로 정하는 경우로서 농림축산식품부령으로 정하는 바에 따라 특별자치시장·특별자치도지사·시장·군수·구청장 또는 지방산림청장의 허가를 받은 경우
  2. 야영이 허가된 야영장 등 대통령령으로 정하는 지역인 경우
③ 특별자치시장·특별자치도지사·시장·군수·구청장 또는 지방산림청장은 제2항제1호에 따른 허가를 할 때 산불 예방에 필요한 조치를 할 것을 조건으로 허가할 수 있으며, 허가를 받은 자는 불을 놓기 전에 인접한 산림의 소유자·사용자 또는 관리자에게 그 사실을 알려야 한다.
④ 특별자치시장·특별자치도지사·시장·군수·구청장 또는 지방산림청장은 산불 예방을 위하여 필요하다고 인정하면 산림에 들어가는 사람이 화기, 인화 물질 및 발화 물질을 지니는 것을 금지하여야 한다.

나. 벌 칙

■ 제53조(벌칙)
① <u>산림보호구역 또는 보호수에 불을 지른 자는 7년 이상 15년 이하의 징역에 처한다.</u>
② <u>타인 소유의 산림에 불을 지른 자는 5년 이상 15년 이하의 징역에 처한다.</u>
③ <u>자기 소유의 산림에 불을 지른 자는 1년 이상 10년 이하의 징역에 처한다.</u>
④ 제3항의 경우 불이 타인의 산림에까지 번져 피해를 입혔을 때에는 2년 이상 10년 이하의 징역에 처한다.
⑤ <u>과실로 인하여 타인의 산림을 태운 자나 과실로 인하여 자기 산림을 불에 태워 공공을 위험에 빠뜨린 자는 3년 이하의 징역 또는 3천 만 원 이하의 벌금에 처한다.</u>
⑥ 제1항부터 제3항까지의 미수범은 처벌한다.

■ 제54조 (벌칙)
① 보호수를 절취하거나 산림보호구역에서 그 산물을 절취한 자는 1년 이상 10년 이하의 징역에 처한다.
② 다음 각 호의 어느 하나에 해당하는 자는 5년 이하의 징역 또는 5천만원 이하의 벌금에 처한다.
  1. 제9조 제1항을 위반하여 입목·죽의 벌채, 임산물의 굴취·채취, 입목·죽 또는 임산물을 손상하거나 말라 죽게 하는 행위, 가축의 방목, 그 밖에 대통령령으로 정하는 토지의 형질을 변경하는 행위를 한 자
  2. 제9조 제2항 제1호에 따른 허가 없이 입목·죽의 벌채, 임산물의 굴취·채취, 가축의 방목, 그 밖에 대통령령으로 정하는 토지의 형질을 변경하는 행위를 한 자

3. 제18조의3 제1항 또는 제2항을 위반하여 보호종을 벌채·굴취·채취·손상 또는 말라 죽게 하거나 그 자생지를 훼손한 자
4. 제45조의10을 위반하여 산사태취약지역에서 사방시설을 훼손하거나 사방시설을 설치·관리하는 것을 거부 또는 방해한 자
③ 내지 ⑧ (생략)

■ **제57조(과태료)**
① 제9조 제2항 제2호에 따른 신고를 하지 아니하고 숲가꾸기를 위한 벌채, 그 밖에 대통령령으로 정하는 입목·죽의 벌채, 임산물의 굴취·채취를 한 자에게는 500만 원 이하의 과태료를 부과한다.
② 제45조의8 제10항을 위반하여 위험표지를 이전하거나 훼손한 자에게는 200만 원 이하의 과태료를 부과한다.
③ 다음 각 호의 어느 하나에 해당하는 자에게는 **100만원 이하의 과태료**를 부과한다.
1. 제16조 제1호를 위반하여 산림에 오물이나 쓰레기를 버린 자
2. 제34조 제1항 제1호를 위반하여 산림이나 산림인접지역에서 불을 피우거나 불을 가지고 들어간 자(같은 조 제2항의 허가를 받은 경우는 제외한다)
④ 다음 각 호의 어느 하나에 해당하는 자에게는 **30만 원 이하의 과태료**를 부과한다.
1. 제34조 제1항 제2호를 위반하여 산림에서 담배를 피우거나 담배꽁초를 버린 자
2. 제34조 제3항을 위반하여 인접한 산림의 소유자·사용자 또는 관리자에게 알리지 아니하고 불을 놓은 자
3. 제34조 제4항의 금지명령을 위반하여 화기, 인화 물질, 발화 물질을 지니고 산에 들어간 자
⑤ 다음 각 호의 어느 하나에 해당하는 자에게는 **20만 원 이하의 과태료**를 부과한다.
1. 제15조 제3항에 따른 허가를 받지 아니하고 입산통제구역에 들어간 자
2. 제16조 제2호를 위반하여 산림행정관서에서 설치한 표지를 임의대로 옮기거나 더럽히거나 망가뜨리는 행위를 한 자
⑥ 제1항부터 제5항까지의 규정에 따른 과태료는 대통령령으로 정하는 바에 따라 산림청장, 시·도지사, 시장·군수·구청장, 지방산림청장 또는 국유림관리소장이 부과·징수한다.

6. 산지관리법 및 산림자원조성 및 관리에 관한 법률

(1) 산지관리법은 '지목이 임야인 토지', '입목, 대나무가 집단으로 생육하고 있는 토지' 등을 산지로 정의하고 있음. 산지의 입목을 제거하고 토지를 깎는 것은 산지의 형질을 변경하는 산지 전용에 해당하고 복구명령의 대상이 되거나 형사처벌될 수도 있음.
(2) 산림자원조성 및 관리에 관한 법률은 '집단적으로 자라고 있는 입목·죽과 그 토지' 등을 산림으로 정의하고, 산림 안에서의 입목의 벌채를 허가 사항으로 규정하고 있음. 허가 없이 입목 벌채를 한 경우에는 5년 이하의 징역 또는 1500만원 이하의 벌금에 처해짐. 또 산림 내 산나물·산약초 등 임산물을 산림소유자의 동의 없이 불법으로 뽑거나 채취하는 행위에 대해 최고 7년 이하의 징역 또는 2천만 원 이하의 벌금형에 처해짐.

7. 관련 판례

가. 헌법재판소 2012. 2. 23. 2010헌바99, 자연공원법 제28조 위헌소원

【주 문】

구 자연공원법(2001. 3. 28. 법률 제6450호로 개정되고, 2008. 12. 31. 법률 제9313호로 개정되기 전의 것) 제86조 제2항 제2호 중 '제28조 제1항의 규정에 의하여 금지되는 지역에 출입을 한 자'에 관한 부분은 헌법에 위반되지 아니한다.

【이 유】
1. 사건의 개요 및 심판의 대상
가. 사건의 개요

(1) 청구인은 2008. 6. 7.경 지리산국립공원 중 공원관리청에서 사람의 출입을 금지한 지역인 중봉에서 하봉 구간을 무단 산행하다가 적발되어 경상남도 산청군수로부터 50만 원의 과태료 부과처분을 받자, 이에 이의(의정부지방법원 고양지원 2008과2416)를 제기하였으나 2008. 9. 29. 위 법원으로부터 과태료 50만 원을 부과한다는 결정을 고지 받았다.

(2) 청구인은 위 결정에 불복하여 즉시항고(의정부지방법원 2009라25)를 제기하였다가 기각되자, 재항고(대법원 2009마1796)를 제기한 후 재항고의 계속 중 구 자연공원법 제28조에 대하여 위헌법률심판제청신청(대법원 2009카기460)을 하였고, 2010. 1. 19. 재항고와 위 신청이 기각되자 2010. 2. 26. 이 사건 헌법소원심판을 청구하였다.

나. 심판의 대상

청구인은 구 자연공원법(2001. 3. 28. 법률 제6450호로 개정되고, 2008. 3. 21. 법률 제8950호로 개정되기 전의 것) 제28조 제1항을 심판의 대상으로 삼고 있다. 그런데 구 자연공원법 제28조 제1항은 처벌조항인 구 자연공원법(2001. 3. 28. 법률 제6450호로 개정되고, 2008. 12. 31. 법률 제9313호로 개정되기 전의 것) 제86조 제2항 제2호의 구성요건 규정으로 당해 사건 재판의 전제가 되는 부분은 구 자연공원법 제86조 제2항 제2호 중 '제28조 제1항의 규정에 의하여 금지되는 지역에 출입을 한 자'에 관한 부분이라 할 것이므로 심판의 대상을 이 부분으로 한정함이 상당하다.

그렇다면 이 사건 심판의 대상은 구 자연공원법(2001. 3. 28. 법률 제6450호로 개정되고, 2008. 12. 31. 법률 제9313호로 개정되기 전의 것) 제86조 제2항 제2호 중 '제28조 제1항의 규정에 의하여 금지되는 지역에 출입을 한 자'에 관한 부분(이하 '이 사건 법률조항'이라 한다)이 헌법에 위반되는지 여부이고, 심판대상조항(아래 밑줄 그은 부분) 및 관련조항은 다음과 같다.

[심판대상조항]

구 자연공원법(2001. 3. 28. 법률 제6450호로 개정되고, 2008. 12. 31. 법률 제9313호로 개정되기 전의 것)
제86조(과태료) ② 다음 각 호의 1에 해당하는 자는 50만 원 이하의 과태료에 처한다.
2. 제28조 제1항의 규정에 의하여 제한되거나 금지되는 지역에 출입하거나 차량의 통행을 한 자

[관련조항]

구 자연공원법(2008. 3. 21. 법률 제8950호로 개정되기 전의 것)

제18조(용도지구) ② 제1항의 규정에 의한 용도지구에서 허용되는 행위의 기준은 다음 각 호와 같다. 다만, 자연공원안의 환경부령이 정하는 해안 및 섬 지역에서 허용되는 행위기준은 다음 각 호의 행위기준 범위 안에서 환경부령으로 달리 정할 수 있다.

1. 자연보존지구

사. 자연환경지구에서 자연보존지구로 변경된 지역 중 환경부령이 정하는 대상지역·허용기준에 따라 공원관리청과 거주민(공원구역 안에 거주하는 자로서 주민등록이 되어 있는 자를 말한다)간에 자발적 협약을 체결하여 행하는 임산물의 채취행위

2. 자연환경지구

가. 자연보존지구에서 허용되는 행위

제28조(출입금지 등) ① <u>공원관리청은 자연공원의 보호, 훼손된 자연의 회복, 자연공원에 들어가는 자의 안전과 그 밖에 공익상 필요하다고 인정하는 경우에는 자연공원 중 일정한 지역을 지정하여 일정한 기간 그 지역에 사람의 출입 또는 차량의 통행을 제한하거나 금지할 수 있다.</u>

② 공원관리청은 제1항의 규정에 의하여 출입 또는 차량통행을 제한하거나 금지하고자 하는 때에는 미리 인터넷 홈페이지에 게재하고, 안내판을 설치하는 등의 방법으로 이를 공고하여야 한다.

2. 청구인의 주장 요지

가. 이 사건 법률조항은 어떠한 예외도 인정하지 않은 채 자연공원 내 출입금지지역을 출입한 사람에 대하여 무조건 과태료를 부과하도록 규정하고 있어 비상상황에 대처하기 위하여 출입금지지역에 출입한 경우 등 그 출입에 정당한 사유가 있는 사람에게도 과태료가 부과될 뿐만 아니라 출입금지기간 또한 일정한 기간으로만 규정하고 있어 공원관리청이 출입금지기간을 영구적으로 지정하는 것도 가능하므로 과잉금지원칙에 위반하여 청구인을 포함한 공원 탐방객의 행복추구권을 침해한다.

나. 자연공원 내 출입금지지역 인근 주민의 출입금지지역에의 일상적 출입이 허용되는 것과 비교하여 볼 때 이 사건 법률조항은 청구인의 평등권을 침해한다.

3. 판 단

가. 이 사건 법률조항의 입법목적

이 사건 법률조항은 자연공원 내 출입금지지역(이하 '출입금지지역'이라 한다)에 출입을 한 자에 대하여 50만 원 이하의 과태료를 부과하도록 규정하고 있다. 이는 원시적 자연성을 갖춘 지역에 대한 공원자원 및 경관의 보존·관리나 자연생태계가 훼손된 지역의 복원을 도모하기 위하여 또는 산불이나 폭설, 태풍 등이 염려되는 위험지역에 대한 공원 탐방객의 안전을 위한 것이다(헌재 2006. 1. 26. 2005헌바18).

산불이나 폭설, 태풍 등이 염려되는 위험지역에 대한 출입금지는 소방방재청의 사전조사나 기상청의 기상예보에 따라 위험이 예상되는 기간 동안 이루어지고, <u>자연생태계의 보호와 회복을 위</u>

한 출입금지는 해당지역의 상태와 보호의 필요성, 회복에 필요한 기간 등에 따라 그 기간이 달라질 수 있다.

나. 과잉금지원칙 위배 여부

(1) 제한되는 기본권

헌법 제10조 전문은 "모든 국민은 인간으로서의 존엄과 가치를 지니며, 행복을 추구할 권리를 가진다."고 규정하여 행복추구권을 보장하고 있는바, 인간으로서의 존엄과 가치를 실현하고 행복을 추구하기 위하여서는 누구나 자유로이 의사를 결정하고 그에 기하여 자율적인 생활을 형성할 수 있어야 하므로, 행복추구권은 그의 구체적인 표현으로서 일반적인 행동자유권을 포함한다(헌재 1991. 6. 3. 89헌마204 참조). 일반적 행동자유권은 적극적으로 자유롭게 행동을 하는 것은 물론 소극적으로 행동을 하지 않을 자유도 포함되고, 가치 있는 행동만 보호영역으로 하는 것은 아닌바(헌재 2003. 10. 30. 2002헌마518 참조), 공원 탐방객이 자연공원지역을 자유롭게 출입할 자유도 헌법 제10조의 행복추구권에 근거한 일반적 행동자유권의 보호영역에 속한다고 봄이 상당하다.

그렇다면 자연공원구역 중 일정한 지역을 지정하여 사람의 출입을 금지하고, 그 위반 시 과태료를 부과하도록 규정하고 있는 이 사건 법률조항은 청구인을 포함한 공원 탐방객의 일반적 행동자유권을 제한하고 있다고 할 것이므로, 이 사건 법률조항이 헌법 제37조 제2항의 한계를 준수하였는지 여부에 관하여 살펴보기로 한다.

(2) 입법목적의 정당성 및 수단의 적합성

이 사건 법률조항은 자연공원의 보호나 훼손된 자연의 회복 또는 공원 탐방객의 안전 등을 도모하기 위하여 규정된 것이므로 그 입법목적이 정당하다. 또한 위와 같은 입법목적을 달성하기 위하여 자연공원 중 보호의 필요성이 있거나 훼손된 지역 및 위험한 지역 등에 대하여는 사람이나 차량 출입의 어느 정도 통제는 불가피하다고 할 것인바, 이 사건 법률조항은 출입금지지역에 출입한 법 위반자들에 대하여 과태료의 제재를 부과함으로써 출입금지지역에 대한 사람들의 출입을 억제하는 효과가 있으므로 수단의 적합성 또한 인정된다.

(3) 침해의 최소성

과태료의 부과 및 이의 재판 등에 관하여 규정한 질서위반행위규제법에 의하면, 고의 또는 과실이 없는 질서위반행위, 자신의 행위가 위법하지 아니한 것으로 오인하고 행한 질서위반행위는 그 오인에 정당한 이유가 있는 경우 과태료를 부과할 수 없도록 규정하고 있고(제7조, 제8조), 대법원 판례 역시 "위반자가 그 의무를 알지 못하는 것이 무리가 아니었다고 할 수 있어 그것을 정당시할 수 있는 사정이 있을 때 또는 그 의무의 이행을 당사자에게 기대하는 것이 무리라고 하는 사정이 있을 때 등 그 의무 해태를 탓할 수 없는 정당한 사유가 있는 때에는 과태료를 부과할 수 없다."고 판시하고 있다(대법원 2000. 5. 26. 선고 98두5972 판결 참조).

이와 같은 질서위반행위규제법의 규정과 대법원 판례의 취지를 감안하면 공원 탐방객의 출입금지지역에의 출입에 정당한 사유가 있는 경우에는 이 사건 법률조항에 따른 제재를 받지 않는다고 할 것이다.

또한 공원관리청에서 출입금지지역을 지정하는 경우에도 금지구역이나 기간의 제한없이 무한정 제한하는 것이 아니라 일정한 기간, 일정한 지역이라는 범위를 설정하여 제한하고, 공원관리청은 그 내용을 미리 인터넷 홈페이지에 게재하고 안내판을 설치하는 등의 사전 공고절차를 준수하여야 하며, 자연공원 중 출입이 제한되거나 금지된 지역 이외의 나머지 지역에 대하여는 특별한 제한 없이 공원 탐방객의 출입이 가능하다. 한편 이 사건 법률조항에서 제한되는 출입금지지역에 대한 시간적, 장소적 범위에 대하여 구체적인 규정을 두고 있지는 않으나, 그 범위는 출입금지 조치를 취한 사유에 따라 달라질 것이므로 이를 입법자가 일률적으로 정하기는 어렵고, 구체적, 현실적 상황에 따라 공원관리청의 판단에 따르는 것이 바람직하다고 할 수 있다.

위와 같이 공원 탐방객의 출입금지지역에의 출입에 정당한 사유가 있는 경우에는 이 사건 법률조항이 적용되지 않는 점, 공원관리청이 출입금지지역 지정 시 제한 범위를 구체적으로 정하여야 하고, 금지내용을 공고하여야 하는 점 및 출입금지지역의 시간적, 장소적 범위 설정은 구체적, 현실적 상황에 따라 공원관리청의 판단에 따르는 것이 바람직한 점 등을 고려할 때 이 사건 법률조항이 다른 입법수단이 있음에도 불구하고 공원 탐방객의 일반적 행동자유권을 더 제한하는 것이라고 할 수 없으므로 이 사건 법률조항은 침해의 최소성 원칙에 위배되지 아니한다.

(4) 법익의 균형성

이 사건 법률조항에 따라 출입금지지역에 출입한 공원 탐방객은 과태료를 부과받는 불이익을 입게 된다. 그러나 출입금지지역을 무단출입한 공원 탐방객의 실화 등으로 인한 자연공원의 훼손 실태, 한번 훼손된 자연공원은 회복이 어렵고 그 회복을 위하여 많은 비용과 장시간이 소요된다는 점을 감안할 때 이 사건 법률조항에 의하여 얻게 되는 자연공원의 보호, 훼손된 자연의 회복 또는 공원 탐방객의 안전이라는 공익이 훨씬 더 크다 할 것이므로 이 사건 법률조항은 법익의 균형성 원칙에도 위배되지 아니한다.

(5) 소결

그렇다면, 이 사건 법률조항은 과잉금지원칙에 위배하여 공원 탐방객의 일반적 행동자유권을 침해한다고 할 수 없다.

다. 평등권 침해 여부

청구인은 자연공원 탐방로 인근 주민은 출입금지지역에의 일상적인 출입이 허용되고, 과태료의 제재도 받지 않는 것과 비교할 때 이 사건 법률조항은 청구인을 포함한 공원 탐방객의 평등권을 침해한다고 주장한다.

그러나 자연공원 탐방로 인근 주민의 출입금지지역에의 일상적 출입을 허용하고 있는 법률조항은 존재하지 아니한다. 다만, 자연공원구역 안에 거주하는 자로서 주민등록이 되어 있는 주민(이하 '거주민'이라 한다)은 <u>공원관리청과의 자발적 협약이 체결된 후 그 협약에 따라 공원자원을 훼손하지 않는 범위 내에서 공원구역 내의 임산물의 채취행위가 허용되므로</u>{구 자연공원법(2007. 1. 3. 법률 제8211호로 개정되고, 2008. 3. 21. 법률 제8950호로 개정되기 전의 것) 제18조 제2항 제1호 사목, 같은 항 제2호 가목 참조}, 거주민은 임산물 채취를 위한 출입금지지역에의 출입이 허용되는 경우가 있다. 따라서 이들과 비교하여 청구인의 평등권이 침해되는지 여부를 살펴보기로 한다.

살피건대 청구인과 같은 공원 탐방객과 달리 공원구역 안에서 종전부터 거주하여 온 거주민의 생계의 수단인 임산물의 채취행위를 보호하여 줄 필요성이 있고, 거주민의 위와 같은 행위로 자연환경이 훼손될 염려도 그다지 크지 않으므로 출입금지지역이라 하더라도 공원관리청과의 자발적 협약에 따라 공원자원을 훼손하지 않는 범위 내에서 그 출입을 허용하는 것에는 충분히 합리적인 이유가 있다.

따라서 이 사건 법률조항은 청구인의 평등권을 침해하지 아니한다.

4. 결 론

그렇다면 이 사건 법률조항은 헌법에 위반되지 아니하므로, 관여 재판관 전원의 일치된 의견으로 주문과 같이 결정한다.

나. 제주의 자연석반출행위[제주지법 2007. 3. 20. 선고 2006고단1426, 1502 판결] 제주특별자치도설치및국제자유도시조성을위한특별법위반

피고인은 제주특별자치도지사의 허가를 받지 아니하고, 공소외 A, 같은 B와 공모하여,

2006. 7. 11.경 제주시 ○○○ ○○○○에 있는 피고인의 집에서, A는 피고인에게 서울에 거주하는 자신의 선배가 정원 공사에 필요한 제주 자연석을 구해달라고 하니 이를 매입하여 달라고 부탁하고, 피고인은 이를 승낙한 다음 같은 날 17. 15:00경 제주시 ○○○ ○○○○ ○○에 있는 공소외 B 소유의 축사에서, 동인이 위 축사에 보관 중인 제주특별자치도 보존자원으로 지정 고시된 제주 자연석 1,020점을 매입하고, 같은 날 16:00경 화물차 운전기사인 B로 하여금 동인이 운전하는 화물차에 위 자연석을 적재한 후 제주항 제6부두 근처에서 대기하게 하다가 같은 달 18. 제주항에서 출항하여 인천항으로 입항하는 정기여객선인 오하마나호에 위 화물차를 선적하여 제주특별자치도 밖으로 반출하고자 하였으나 경찰관에게 단속되어 그 뜻을 이루지 못하고 미수에 그친 사건에서 제주지방법원은 제주특별자치도 설치 및 국제자유도시 조성을 위한 특별법 제360조 제1항, 제358조 제4호, 제296조 제5항을 적용하여 이사건 범행과 같이 제주 자연석을 반출하려는 행위가 계속될 경우 제주도는 그 고유한 자연적 특성을 잃게 될 것이고, 그로 인한 손실은 궁극적으로 우리와 장래의 세대 모두가 입게 될 것이고, 비록 이 사건 범행이 미수에 그쳤다고는 하나, 범행수법이 전문적이고 계획적인 점, 그 반출규모가 작지 않은 점, 피고인의 거듭된 범행전력, 동종 범죄가 미치는 자연환경상의 영향 등 제반 사정을 감안하면 실형 선고가 합당하다는 이유로 징역 8월의 실형을 선고하고 압수된 제주자연석을 몰수하였다.

다. 국립공원 지리산 대원사 계곡에서 야간의 돌발적인 집중호우에 의한 수량의 증가로 야영객들이 사망한 사건[대법원 2003. 1. 10. 선고 2000다57832,57849 판결]

가. 피고 대한민국의 책임에 대하여

기록에 의하여 살펴보면, 지리산 지역의 무인자동기상관측시스템은 1998. 7. 31. 24:00경까지 이상 없이 작동하고 있다가 이 사건 사고발생 무렵 낙뢰로 인하여 고장이 난 것으로 보이므로(갑

제11호증의 1, 2, 을 제25호증의 12 참조), 기상청 소속 직원이 위 기상관측시스템을 고장난 채 방치함으로써 이 사건 사고지점에서의 집중호우를 예보하지 못하게 되었다고 볼 수 없고, 한편 기상청에서는 1998. 7. 31. 13:00경부터 11차례에 걸쳐 저기압 세력의 확장상황을 관측한 결과를 토대로 우리나라 남부지방의 일부 지역에 많은 양의 비가 내릴 가능성도 있음을 예보하고 재해대책본부 및 방송사 등에 통보하였고, 특히 같은 날 19:00를 기하여 전남 남해안, 전남 서해안지역에 호우주의보를, 같은 날 22:30을 기하여 전남 내륙, 전북, 대전 및 충남지역에 호우주의보를, 같은 날 24:00를 기하여 전남 동부내륙지방에 호우경보를, 경남 서부내륙지방에 호우주의보를 각 발령한 사실을 알 수 있으며(을 제27호증의 1 참조), 기상청이 현재 비치하고 있는 기상관측장비에 의한 관측 및 분석을 토대로 사고 지점 부근에서의 보다 더 정확한 집중호우를 예상할 수 있음에도 이를 적시에 예보하지 않았다든가 법령에서 정한 예보 또는 통보의무를 제대로 행하지 않았다고 볼 만한 자료가 없으므로, 기상청 소속 공무원의 과실을 인정하지 않은 원심의 판단은 정당하고, 거기에 원고들의 상고이유의 주장과 같은 채증법칙 위반으로 인한 사실오인 등의 위법은 없다. 이 부분 원고들의 상고이유의 주장은 받아들일 수 없다.

나. 피고 산청군의 책임에 대하여

기록에 의하면, 피고 산청군이 설치하고 관리하는 대원사계곡 지역의 자동우량경보기는 사고발생 직전인 1998. 7. 31. 21:58경과 23:21경에 경계발령을, 같은 날 23:47경에 대피발령 경보를 한 사실이 인정되고(을 제40호증 참조), 달리 피고 산청군 소속 공무원이 자동우량경보기를 관리·유지함에 있어 직무상의 의무를 위반하였다고 볼 만한 자료는 없으며, 이 사건 사고발생 직후 피고 산청군 소속 공무원들이 이 사건 사고지점으로 바로 진입하여 피해자들을 구조하지 못하였으나, 이 사건 사고는 집중호우로 인하여 계곡물이 갑자기 불어남으로써 피해자들이 미처 대피할 틈도 없이 순식간에 발생하였고, 외부에서 이 사건 사고지점으로 진입할 수 있는 2개의 다리가 침수되어 사실상 진입자체가 불가능하였으므로, 피고 산청군 소속 공무원들이 사고발생 직후 바로 사고지점으로 진입하여 피해자들을 구조하지 못한 것이 직무상의 의무위반에 해당한다고 볼 수는 없다고 할 것이어서, 이에 대한 원심의 판단은 정당하고, 거기에 원고들의 상고이유의 주장과 같은 채증법칙 위반으로 인한 사실오인 등의 위법은 없다. 이 부분 원고들의 상고이유의 주장도 받아들일 수 없다.

다. 피고 국립공원관리공단의 책임에 대하여

기록에 의하면, 피고 관리공단이 이 사건 사고를 구체적으로 예견할 수 없었던 점은 충분히 인정되나, 피고 관리공단은 자연공원법시행령2001. 9. 29. 대통령령 제17280호로 전문 개정되기 전의 것) 제10조 및 동조에 의거한 '공원관리청의 직무대행에 관한 고시'에 의하여 국립공원 구역 내의 안전관리대책에 관한 직무를 담당하고 있고, 관리구역에 입장하는 탐방객들로부터 입장료를 징수하고 있으므로, 국립공원 탐방객들의 생명·신체의 안전을 위하여 제반 조치를 취할 일반적인 의무를 부담하고 있다고 볼 수 있으며, 여름철에 이 사건 사고지점과 같이 규모가 큰 산의 계곡 옆에서 많은 인원이 야영을 하는 경우에 예상치 않은 돌발적인 집중호우로 인하여 대량의 인명피해를 초래할 수 있다는 점은 일반적으로 예상할 수 있고, 나아가 이 사건 사고지점은 취사 및 야영금지 구역일 뿐만 아니라 태풍 및 홍수로 인한 행락객들의 인명피해의 가능성이 높아 피고 산청군에 의하여 경계구역으로 설정된 곳이며, 이 사건 사고지점의 위치 및 지형상 야영장으로 이용될 가능성이 높고, 도로 바로 옆에 위치하고 있어서 도로에서 이 사건 사고지점에서 탐방객들이 야영하고 있는지 여부를 쉽게 확인할 수 있을 뿐만 아니라 피고 관리공단 지리산동부관리사무소 직원들은 이 사건 사고 전날인 1998. 7. 31.에도 차량으로 대원사계곡 일대를 순회하면서 약 5회 정도 취사 및 야영금지계도방송을 실시하여 이 사건 사고지점에서의 야영객들을 관찰할 수 있었고, 기상청에서는 1998. 7. 31. 수차례에 걸쳐 우리나라 남부지방의 산간지방에서 국지적인 호우가능성이 있음을 예보하였으며, 실제로 위 직원들이 퇴근할 무렵인 같은 날 22:00 이전부터 이 사건 사고지점 부근에 비가 내리고 있었던 점 등을 인정할 수 있으므로, 피고 관리공단 소속 직원들로서는 집중호우에 의한 계곡물의 증가로 안전사고가 발생할 가능성에 대비하여 피해자들을 퇴거시키는 등의 조치를 취하거나 기상청의 일기예보를 주시하면서 상황에 따라 피해자들에게 위험을 알리는 경고방송 내지 대피방송을 하는 등 적절한 조치를 취함으로써 피해자들의 생명·신체를 보호할 의무가 있음에도, 앞서 본 바와 같이 차량으로 취사 및 야영금지 계도방송을 실시하였을 뿐 이 사건 사고지점에서 야영 중이던 피해자들을 비롯한 탐방객들에 대하여 퇴거를 명하는 등의 조치를 취하지 아니하고 방치한 채 같은 날 22:00경 그대로 퇴근하여 이 사건 사고 발생시까지 아무런 조치를 취하지 아니함으로써 직무상 의무를 위반하였다고 볼 수 있다. 따라서 위와 같은 과실을 이유로 피고 관리공단의 책임을 인정한 원심의 판단은 정당하고, 거기에 피고 관리공단의 상고이유의 주장과 같은 채증법칙 위반으로 인한 사실오인 등의 위법은 없다.

나아가 이 사건 사고발생에 있어서의 피고 관리공단과 피해자들의 과실비율에 관하여 보면, 불법행위나 채무불이행으로 인한 손해배상 사건에서 피해자에게 손해의 발생이나 확대에 관하여 과실이 있는 경우에 그 과실상계 사유에 관한 사실인정이나 그 비율을 정하는 것은 그것이 형평의 원칙에 비추어 현저히 불합리하다고 인정되지 않는 한 사실심의 전권사항에 속한다고 할 것인바(대법원 1993. 11. 26. 선고 93다1466 판결, 대법원 2002. 7. 12. 선고 2001다44338 판결 등 참조), 원심은 이 사건 사고지점이 국립공원 내의 취사 및 야영금지구역으로 피고 관리공단이 부착한 야영금지를 알리는 수 개의 안내표지판이 있었으므로 피해자들로서도 이 사건 사고지점에서 야영이 허용되지 않음을 알 수 있었고, 특히 이 사건 사고지점은 계곡 내에 위치하고 있어서 계곡물이 조금만 불어나더라도 자신들의 생명과 신체에 중대한 위험이 발생할 수 있음을 인식할 수 있었으며, 실제로 1998. 7. 31. 오후부터 계속해서 비가 내리고 있었음에도 아무런 대비조치 없이 이 사건 사고지점에서 야영을 한 잘못이 있다는 이유로 이 사건 사고의 발생에 있어서 피해자들의 과실을 70%로 보았고, 위와 같은 원심의 판단은 형평의 원칙에 비추어 현저히 불합리하다고 볼 수 없으므로 정당한 것으로 수긍할 수 있고, 거기에 원고들의 상고이유에서 주장하는 바와 같은 과실상계에 관한 법리오해 등의 위법이 있다고 할 수 없다.

라. '수영금지' 경고판을 무시하고 국립공원 내 계곡에 들어가 수영을 하다 익사한 사건[대법원 2001. 11. 9. 선고 2001다54045 판결]

1. 원심판결 및 원심이 일부 인용한 제1심판결 이유에 의하면 원심은, 소외 망 박철순이 1999. 6. 5. 18:30경 대학교 선배, 동기들과 함께 충북 괴산군 청천면 화양리 소재 속리산국립공원 내 화양계곡으로 놀러 갔다가 19:20경 위 계곡 내에 있는 일명 무당바위 부근(이하 '이 사건 사고 장소'

라고 한다)에서 물놀이를 하던 중 수심 2.5m 정도 되는 지점에 빠져 20:20경 질식 및 저체온으로 인한 심폐정지로 사망한 사실, 피고는 '속리산관리사무소 화양동분소'를 설치하여 위 화양계곡 일대를 관리하면서 계곡 입구에 위치한 매표소에서 그 이용객들로부터 입장료를 징수하게 하였는데, 이 사건 사고 당일에는 09:00부터 18:00까지 입장료를 징수하였고, 그 날 유료 입장객은 842명이었으며 위 18:00 이후에는 입장료를 납부하지 않더라도 아무런 통제 없이 공원 안으로 들어갈 수 있었던 사실, 위 매표소로부터 계곡 쪽으로 약 600m 정도 들어가면 유료주차장과 팔각정 휴게소가 있고, 위 주차장으로부터 약 100m 정도 거리에 위 화양동분소의 관리사무소가 있으며, 거기서부터 아스팔트 도로를 따라 약 150m 정도 더 공원 안쪽으로 들어가 도로 우측 경사면으로 내려가면 이 사건 사고 장소가 나오는데, 사고 장소는 매표소 방면에서 바라볼 때 좌측에 갈대숲, 우측에 모래밭을 두고 그 가운데에 형성된 폭 8m 정도의 계곡으로, 육안으로도 그 바닥이 다 들여다보일 정도로 물이 맑아 수심이 그리 깊어 보이지 않고 실제로도 물가에서 가운데에 이르기까지 수심 50 ~ 80cm 정도로 보통 키의 성인 남자가 들어갔을 때 무릎 내지 허리춤에 이를 정도의 깊이를 유지하다가 우측 모래밭 주위에 이르러 바닥이 계단 모양의 층을 이루면서 급격히 수심이 깊어져 최고 수심이 약 2.5m에 달하는 지점(너비 4.5m, 폭 1.5 ~ 2m)이 나타나는데, 소외 망인은 물 속을 걸어서 계곡 위쪽으로 거슬러 올라갔다가 다시 아래쪽으로 걸어 내려오던 중 위 지점에서 갑자기 물 속에 빠져 밖으로 나오지 못하였던 사실, 피고는 이용객 안전 관리를 위하여 화양동분소에 구조대책본부를 설치하고 증평소방서, 괴산경찰서, 괴산소방파출소 등 유관기관과 비상연락체계를 형성하여 안전사고 발생에 대비하였는데, 사고 당시 위 증평소방서는 19:30경 사고발생 신고를 접수하고 그 직원인 소외 권순용을 파견하였고, 위 권순용은 19:36경 사고 장소에 도착하여 의사의 도움을 받아 위 박철순에게 심폐소생술을 실시하였으나 상태에 호전이 없자 19:44경 구급차를 이용하여 괴산병원으로 후송하였으나 박철순은 병원 도착 무렵에 사망한 사실, 이 사건 사고 당시 사고 장소 부근에는 피고가 국립공원 통합형상표시계획에 따라 제작한 '수영금지' 문구가 기재된 안내판(크기 가로 60cm, 세로 20cm) 1개가 설치되어 있었고, 그 외에 이용객들의 접근을 막는 차단시설이나 진입금지를 알리는 안내판은 설치되어 있지 않았으며, 사고 당일 18:00경부터 21:00경까지 사이의 화양계곡과 인근한 청주 지역의 기온은 30.7 ~ 27.1℃ 정도였고, 화양계곡이 위치한 충북 괴산군 지역의 일몰 시각은 19:44경이었던 사실을 인정한 다음, 이 사건 사고 장소는 사람들의 왕래가 빈번한 유료주차장 및 휴게소와 가까운 거리에 위치하고 있고 일정한 면적의 모래밭 등이 형성되어 있으며 특별히 진입을 차단하는 시설이 설치되어 있지 않아서 공원 입장객들이 물놀이를 하기 위하여 들어갈 수도 있다는 점을 쉽게 예상할 수 있는 곳이고, 나아가 특이한 바닥 구조로 인하여 익사사고 발생의 위험성이 높은 장소임에도 이용객들이 육안으로는 그 위험성을 쉽게 인식하기 어려운 반면 위 화양동분소의 관리사무소에서 가까운 거리에 있기 때문에 피고의 직원들로서는 이 사건 사고 장소의 형상 및 위험성에 대하여 사전에 인식하고 있었거나 인식할 수 있었을 것으로 보이며, 사고 당일은 초여름 날씨치고는 무더워서 유료 입장객만 해도 800여 명에 이를 정도로 피서를 위하여 화양계곡을 찾는 사람들이 많았고, 소외 망인 등처럼 피고 직원들의 정상 근무시간 이후에도 위 계곡에서 물놀이를 하는 사람들이 있을 것이 예상되는바, 피고로서는 이러한 모든 이용 상황을 감안하여 이용객들의 물놀이 관련 안전사고를 예방하기 위해서는 '수영금지'라는 단순한 문구가 기재된 안내판 외에 이용객들에게 이 사건 사고 장소의 특이한 지형 구조와 수심을 알리고 각별한 주의를 촉구하는 내용의 경고판을 추가로 설치하는 등 안전관리를 철저히 하여 사고를 예방할 주의의무가 있음에도 불구하고 이를 게을리 한 잘못으로 인하여 망인이 사망에 이르게 되었으므로, 피고는 이 사건 사고 장소를 포함한 위 화양계곡 일대의 유지·관리자로서 망인 및 그 가족인 원고들이 이 사건 사고로 인하여 입은 손해를 배상할 책임이 있다고 판단하였다.

2. 그러나 원심의 위와 같은 판단은 선뜻 수긍되지는 아니한다.

먼저, 국립공원이라 함은 우리나라의 풍경을 대표할 만한 수려한 자연풍경지로서 국가 차원에서 이를 보전·관리하기 위하여 자연공원법에 의하여 공원으로 지정한 곳인데, 이러한 국립공원은 자연풍경지 그대로를 보호하는 것이 가장 좋은 보전·관리 방법이므로, 비록 그 곳에 위험한 곳이 있다 하여도 특별한 사정이 없는 한 피고로서는 자연공원법 제36조의2 등에 의하여 이용자의 출입을 제한하거나 일정한 행위를 금지시킴으로써 자연풍경지를 보호하고 이용자의 안전도 도모함이 상당하다고 할 것이다(대법원 1997. 8. 29. 선고 97다19137 판결 참조).

그런데 원심이 인정한 사실관계에 의하더라도, 이 사건 사고 장소는 좌·우측에 갈대숲과 모래밭을 두고 그 가운데에 형성된 폭 8m 정도의 계곡으로, 육안으로도 그 바닥이 다 들여다보일 정도로 물이 맑아 수심이 그리 깊어 보이지 않고, 실제로도 물가에서 가운데에 이르기까지 수심 50~80cm 정도로 보통 키의 성인 남자가 들어갔을 때 무릎 내지 허리춤에 이를 정도의 깊이를 유지하지만 우측 모래밭 주위에 이르러 바닥이 계단 모양의 층을 이루면서 급격히 수심이 깊어져 최고 수심이 약 2.5m에 달하는 지점(너비 4.5m, 폭 1.5m 내지 2m)이 나타나는 곳이기는 하나 위 화양동분소는 이용자들이 그 곳에서 수영을 하지 못하도록 사고 장소 부근에 피고가 국립공원 통합형 상표시계획에 따라 제작한 '수영금지' 문구가 기재된 안내판을 설치하였다는 것인바, 사정이 이와 같다면 앞서 본 바와 같이 국립공원은 자연풍경지 그대로를 보호하는 것이 최상의 관리 방법이므로 위 계곡을 관리하는 피고로서는 그 곳이 위험하다면 이용자들을 보호하기 위하여 그 곳에서의 수영을 금지시킴으로써 족한 것이며 그것으로 이용자들의 안전을 보호하기 위하여 통상 갖추어야 할 시설을 갖추었다고 보아야 하고, 다른 특별한 사정이 없는 한 이러한 수영금지 경고판을 무시하고 그 곳에서 수영하는 이용자들을 제지하기 위하여 이 사건 사고 장소의 특이한 지형 구조와 수심을 알리고 각별한 주의를 촉구하는 내용의 경고판을 추가로 설치하여야 할 의무까지는 없다고 할 것이다.

그리고 기록에 의하면, 위 망인은 1978. 5. 7.생으로 사고 당시 나이가 만 21세 남짓 된 대학생으로 경험과 사리의 분별력을 갖춘 자로 보여지므로, 통상의 주의를 가지고 확인하였더라면 국립공원에 위치한 계곡 부근에 설치된 수영금지 안내표지판의 의미를 쉽게 알 수 있었을 것인바, 망인이 이를 무시하고 위험을 무릅쓰고 사고 장소에서 금지된 수영을 하다가 익사한 것이라면, 이는 거의 망인의 잘못으로 인하여 발생한 사고라고 볼 여지가 크다.

그럼에도 불구하고, 이 사건 사고 장소의 유지·관리에 있어서 위 원심 판시와 같은 잘못이 있다고 하여 피고에게 망인 등에 대한 손해배상책임이 있다고 판단한 원심판결에는 국립공원의 유지·관리나 손해배상책임에 관한 법리를 오해하였거나, 필요한 심리를 다하지 아니하여 판결에 영향을 미친 위법이 있다고 할 것이므로, 이 점을 지적하는 취지의 상고이유의 주장은 이유 있다.

마. 출입금지 경고판을 무시하고 국립공원 내 위험지역에 들어가 사진을 찍다 실족하여 익사한 사건
   [대법원 1997. 8. 29. 선고 97다19137 판결]

   1. 원심판결의 요지
   원심판결 이유에 의하면 원심은, 그 내세운 증거에 의하여 소외 망 장기혁은 1995. 7. 30.부터 같은 해 8. 2.경까지 위 망인 및 형제들 가족 11명과 함께 한려해상국립공원 내 거제도 해금강 일대에서 여름휴가를 보낸 후 귀가에 앞서 같은 해 8. 2. 08:00경 위 국립공원 내인 경남 거제시 남부면 갈곶리 도장포마을 소재 신선대 부근의 바닷가 바위(이하 이 사건 사고 장소라고 한다) 위에서 당시 25세인 원고 장은성과 중학생들인 위 망인의 조카 2명을 데리고 사진촬영을 하던 중 바다에 빠져 심정지, 호흡부전 등으로 사망한 사실, 위 신선대 바위의 봉우리는 그 높이가 바다 수면에서 약 10~12m이고, 바다를 향한 앞면은 경사도가 거의 수직에 가까운 절벽으로 되어 있으며, 그 앞 바다의 수심은 약 7m에 이르고 있고, 위 신선대 바위 옆에 위치한 이 사건 사고 장소는 바다 쪽으로 돌출되어 있는 평평한 바위들이 계단식으로 층을 이루고 있는 곳(일명 아리부위)의 끝부분으로 평평한 부분의 폭이 성인 2인이 나란히 서 있을 정도의 좁은 곳이며, 그 높이가 바다 수면에서 약 2m이고, 바다 쪽 앞면은 경사도가 역시 수직에 가까운 절벽이며, 그 앞바다는 위 신선대 바위와 이 사건 사고 장소 사이의 계곡 모양의 좁은 바다로 바닷물이 넓은 바다로부터 육지 쪽으로 약 20m 가량 들어오도록 되어 있어 물살이 비교적 빠른 곳인데, 위 망인은 먼저 원고 장은성과 조카 2명을 이 사건 사고 장소 위에서 바다를 배경으로 육지 쪽을 향하여 서게 하여 사진을 촬영한 다음 서로 위치를 바꾸어 자신이 바다 쪽으로 서서 원고 장은성으로 하여금 바다를 배경으로 자신의 사진을 찍게 하려고 자세를 잡는 과정에서 실족하여 바다에 빠졌고, 바다에 빠진 후 빠른 물살에 휩쓸리는 바람에 인근 바위에 머리 등을 부딪쳐 정신을 잃고 익사하게 된 사실, 피고 산하 한려해상국립공원 관리사무소 거제분소(이하 거제분소라고만 한다)는 위 신선대 바위를 찾는 관광객들로부터 입장료를 징수하며 위 신선대 바위 부근을 유지, 관리하여 왔는데, 위 신선대 바위 부근은 바다로 둘러싸여 있고 다양한 형상의 바위들로 구성되어 있어 거제도 소재 해금강 일대에서도 경치가 뛰어난 곳으로 알려져 있고, 평평한 바위들이 층을 이루고 있어 갯바위 낚시를 하기에도 좋으며, 위 신선대 바위 출입구에는 주차장과 공중화장실 시설이 설치되어 있고, 식당 및 식료품 가게, 숙박시설이 있는 4층 건물이 있으며 그 부근에는 민박업소와 횟집, 선착장 등 주변 시설이 완비되어 있어 매년 여름 휴가철이면 피서객들이나 낚시꾼들이 많이 찾는 곳인 반면 위와 같은 깊은 수심과 빠른 물살, 바다에 접한 높은 바위 등 지형으로 인하여 1994년도 여름에만 익사사고가 2건이 있는 등 매년 익사사고가 잇달아 발생하는 위험한 장소이기 때문에 위 거제분소는 위 매표소에서 위 신선대 바위에 이르는 중간 부분에 관광객들이 통행을 할 수 없도록 철조망을 설치하고 출입문을 자물쇠로 잠가 두어 자체적으로 관광객들이 위 신선대 바위 부근 가까이 접근하는 것을 일체 금지하고 있고, 위 매표소에서 위 신선대 바위에 이르는 소로를 따라 세 군데에 '이 지역은 돌풍과 파도가 심해 인명사고가 자주 발생하는 곳이니 출입을 금지한다.'라는 취지의 출입금지 경고판을 설치하였으나, <u>나아가 관광객들이 바다에 빠지지 않도록 하기 위하여 이 사건 사고 장소 등 바닷가 바위 위에 난간 등 위험 방지 시설을 설치하지는 아니하였고</u>, 다만 위 거제분소 직원들이 하루에 3회 정도 정기적으로 순찰을 돌아 위 철조망 안쪽으로 출입하는 관광객들이 있는 경우에는 위 철조망 밖으로 나가도록 통제하는 것을 원칙으로 한 사실, 그런데 이 사건 사고 무렵에는 위 매표소

부근 야영장(위 철조망 밖이다)에 관광객들이 천막 10여 동을 치고 야영을 하고 있어 그들이 위 신선대 바위에 접근할 것이 쉽게 예상되었던 반면, 위 출입문의 자물쇠가 고장나 위 출입문을 잠글 수 없는 상황이었는데도 위 거제분소는 위 출입문을 철사를 이용하여 기둥에 붙들어 매어 놓는 데 그쳐 위 출입문이 열려져 있는 상태로 방치되어 있었고, 위 거제분소 직원들로 하여금 순찰을 돌게 하거나 안전요원을 상주하게 하는 등의 방법으로 관광객들의 출입을 통제하지 아니하여(위 거제분소의 사무실은 이 사건 사고 장소로부터 차량으로 10분 거리에 위치해 있다), 이 사건 사고 당일에는 관광객들이 열려진 출입문을 통하여 위 신선대 바위로 출입하는 것이 자유로웠을 뿐 아니라 위 신선대 바위 부근에까지 접근하여 평평한 바위 위에 천막을 치고 야영을 하거나 낚시를 하고 있었고, 따라서 소외 망 장기혁의 일행 역시 아무런 통제를 받지 않고 이 사건 사고 장소에 이르러 사진을 촬영하다가 이 사건 사고를 당하게 된 사실, 한편 이 사건 사고 장소는 날씨가 안 좋을 경우에는 파도가 높게 치는 곳이기는 하나 이 사건 사고 당일에는 날씨가 맑았던 까닭에 파도의 높이가 그다지 높지 않아 파도가 이 사건 사고 장소 위에까지 이르지는 아니하였고, 위 출입금지 경고판들은 오래 전에 설치되어 낡아 있기는 하였으나 출입이 금지된 곳이라는 취지의 문구는 비교적 선명하였으며, 또한 관광객들이 쉽게 확인할 수 있는 위치에 설치되어 있어 위 망인이나 원고 장은성 등이 조금만 주의를 기울였다면 위 신선대 바위 부근이 위험하여 출입이 금지된 곳이라는 것을 알 수 있었던 사실(다만 위 출입문 위에 설치된 두 번째 출입금지 경고판은 위 출입문이 열려진 상태로 재껴져 있었기 때문에 위 매표소에서 위 신선대 바위로 향하는 방향에서는 읽을 수 없었다), 위 망인이 이 사건 사고 장소 앞바다에 빠진 후 원고 장은성 등은 즉시 소리를 쳐 그 부근의 관광객들에게 구조를 요청하였고 이에 그 부근에 있는 야영객들이나 낚시꾼들이 이 사건 사고 장소에 모여 들었으나 바닷물살이 빠른데다가 별다른 구조수단도 없어 사람들로부터 불과 3m 거리에 빠져 있는 위 망인을 구조하지 못하고 있다가 위 망인의 동생이 밧줄에 몸을 묶고 바다에 들어가 위 망인을 구출해 나오려고 하였는데 그 순간 밧줄이 끊겨 구조에 실패하고 위 망인의 동생만 밧줄을 잡고 바다 밖으로 나왔으며, 그 후 위 망인의 가족들은 위 망인이 이미 사망한 것으로 판단하고 별다른 구조방법을 강구하지 못하였고 그로부터 4시간 후 망을 단 대나무를 이용하여 위 망인의 시신을 꺼낸 사실을 각 인정한 다음, 이 사건 사고는 피고가 관광객들로부터 입장료를 징수하여 이 사건 사고 장소가 포함된 위 신선대 바위를 유지, 관리함에 있어 위 신선대 바위 부근은 바다의 수심이 깊을 뿐 아니라 특히 이 사건 사고 장소 앞 좁은 바다는 그 물살이 빠르고, 바위들이 바다에 접하여 있어 익사사고의 위험성이 높았으며 특히 이 사건 사고 당일에는 위 신선대 바위 부근에서 야영하는 관광객들이 있었으므로 위 출입문을 잠가 그들이 위 신선대 바위 부근에 접근하는 것을 일체 금지하거나 아니면 안전요원으로 하여금 순찰을 돌게 하거나 상주하게 하여 철조망 안쪽으로 들어간 관광객들이 사진을 찍기 위하여 위험한 바위 위에 나아가지 못하도록 하는 등 안전관리를 철저히 하여야 할 주의의무가 있음에도 불구하고 그러한 주의의무를 다하지 못한 잘못으로 인하여 발생하였다고 할 것이므로 피고는 이 사건 사고 장소의 유지, 관리자로서 이 사건 사고로 인한 위 장기혁 및 원고들이 입은 손해를 배상할 책임이 있다고 판단하였다.

2. 판 단

그러나 국립공원이라 함은 우리나라의 풍경을 대표할 만한 수려한 자연풍광지로서 국가차원에서 이를 보전·관리하기 위하여 자연공원법에 의하여 공원으로 지정한 곳인데, 이러한 국립공원은 자연풍경지 그대로를 보호하는 것이 가장 좋은 보전·관리 방법이므로, 비록 그 곳에 위험한 곳이 있다 하여도 피고로서는 인위적으로 난간 등과 같은 인공물을 설치하기보다는 자연공원법 제36조의2에 의하여 이용자의 출입을 제한하거나 금지시킴으로써 자연풍경지를 보호하고 국민의 안전도 도모할 수 있다 할 것이다.

원심이 인정한 사실관계에 의하면 위 신선대 부근의 바닷가 바위 부근은 바다로 둘러 싸여 있고 다양한 형상의 바위들로 구성되어 있어 거제도 소재 해금강 일대에서도 경치가 뛰어난 곳이기 때문에 국립공원으로 지정되었지만 바다를 접한 바위 부분이 거의 수직에 가까운 절벽으로 되어 있고 그 앞바다의 수심이 약 7m에 이르며 물살이 빨라 위험한 곳이기 때문에 위 거제분소는 관광객들이 그 곳에 접근하지 못하도록 위 매표소에서 위 신선대 바위에 이르는 중간 부위에 철조망을 설치하고, 위 매표소에서 위 신선대 바위에 이르는 소로를 따라 세 군데에 '이 지역은 돌풍과 파고가 심해 인명사고가 자주 발생하는 곳이니 출입을 금지한다.'라는 출입금지 경고판을 설치하였다는 것이고, 원심이 배척하지 아니한 제1심 증인 민제호의 증언에 의하면 위 거제분소는 직원들로 하여금 하루에 3회 정도 정기적으로 순찰을 돌게 하면서 출입하는 관광객들을 통제하였다는 것인바, 사정이 이와 같다면 위 신선대 바위를 유지·관리하고 있는 피고로서는 그것으로 관광객들의 안전을 보호하기 위하여 통상 갖추어야 할 출입금지 시설 등을 갖추었다고 보아야 하고, 다른 특별한 사정이 없는 한 <u>이러한 출입금지 경고판 등 출입금지 시설을 무시하고 사진을 찍기 위하여 위험한 바위로 나아가는 관광객들을 제지하기 위하여 철조망 안쪽에 안전요원을 상주시켜야 할 의무까지는 없다</u>고 할 것이다. 또한 원심은 이곳을 관리하는 피고에게 출입금지 경고판만을 설치할 것이 아니라 나아가 관광객들이 바다에 빠지지 않도록 하기 위하여 위 바닷가 바위 위에 난간 등 위험 방지 시설을 설치할 의무가 있다는 듯한 설시를 하고 있으나, 앞서 본 바와 같이 <u>국립공원은 자연풍광지 그대로를 보호하는 것이 최상의 관리 방법이므로 이곳을 관리하는 피고로서는 그 곳이 위험하다면 관광객을 보호하기 위하여 그 곳으로의 출입금지를 시킴으로써 족한 것이지 인공적으로 위험 방지 시설을 설치하여야 하는 것은 아니다</u>(만약 원심 판시와 같이 국립공원 중 위험한 곳에 모두 위험 방지 시설을 하여야 한다면 우리나라의 국립공원은 수려한 자연환경이 파괴되어 심각히 훼손될 것이 분명하다).

그리고 기록에 의하면 위 망인은 사고 당시 경험과 사리의 분별력을 갖춘 자로 보여지므로(사고 당시 나이가 만 51세 5월 남짓 되었고, 소외 경원산업관리 주식회사의 사원이었다), <u>위 망인이 통상의 주의를 가지고 확인하였더라면 소로를 따라 설치된 위 출입금지 경고판과 철조망이 쳐진 의미를 쉽게 알 수 있었음에도 이를 무시하고 위 바닷가 바위로 나아갔을 뿐만 아니라 이 사건 사고 장소의 지형이 바다에 빠질 수 있는 매우 위험한 곳이라는 점을 충분히 알았을 것임에도, 이러한 위험을 무릅쓰고 이 사건 사고 장소까지 나아가서 사진을 찍다가 실족하여 바다에 빠졌다면, 이는 전적으로 위 망인의 잘못으로 인하여 발생한 사고라고 보여진다</u>(비록 사고 당시 위 철조망 사이에 있던 출입문이 열어져 있던 상태로 방치되어 있었던 것으로 보이나, 위 신선대 바위로 통하는 소로에는 3군데에 출입금지 경고판이 설치되어 있었고 철조망까지 쳐져 있었으므로 통상인이라면 그 곳으로 출입하지 말아야 한다는 것을 충분히 인식할 수 있었다 할 것이고, 더욱이 위 출입문은 거제분소가 자물쇠로 잠가 놓은 것을 관광객들이 망가트려 놓은 것이고 위 거제분소는 직원들로 하여금 하루에 3회 정도 순찰을 돌게 하면서 관광객들을 통제하였다는 것이어서 위 출입문이 열려진 채로 방치되어 있었다는 점만 가지고 피고에게 위 망인에 대한 손해배상책임을 부담시킬 수는 없다 할 것이다).

사정이 이러함에도 원심이 이와 다르게 이 사건 장소의 유지·관리에 있어서 그 판시와 같은 잘못이 있다 하여 피고에게 위 망인에 대한 배상책임이 있다고 판단한 조치에는 국립공원의 유지·관리에 관한 법리오해나 손해배상책임에 관한 법리오해 등의 위법이 있다 할 것이고, 이는 판결 결과에 영향을 미쳤다 할 것이므로, 이 점을 지적하는 상고이유의 주장은 이유 있다 할 것이다.

바. 문화재관람료와 사찰의 불법행위[서울중앙지방법원 2012. 6. 28. 선고 2011가단386374 판결]

1. 기초사실

원고들이 2010. 10. 30. 13:25경 △△△△△리조트에 가려 하였으나, 피고 대한불교○○○ □□사(이하 '피고 □□사'라고만 한다)가 설치한 매표소 직원이 문화재구역 관람료를 요구하며 원고들이 들어가지 못하게 하였다. 그래서 원고들은 어쩔 수 없이 각 3,000원씩 납부하였으나, 피고 □□사 지역 안을 관람하지 않고 △△△△△리조트에서 사우나만 하고 돌아왔다. 그런데 △△△△△리조트로 가기 위해서는 그림처럼 □□사로 가는 도로를 이용할 수밖에 없다. 그 매표소는 애초에는 피고 □□사 근처에 있었으나, △△△△△리조트가 영업을 시작하자 △△△△△리조트에 갈 사람으로부터도 관람료를 받기 위해 매표소를 현재 위치로 이전하였다.
[인정근거 : 다툼없는 사실, 갑제1·2·3호증, 을나제3호증의 각 기재, 변론 전체의 취지]

2. 피고 □□사에 대한 청구에 관한 판단

가. 문화재보호법(2010. 2. 4. 법률 제10000호로 전부 개정되기 전의 것) 제44조의 규정
① 국가지정문화재의 소유자, 보유자 또는 관리단체는 그 문화재를 공개하는 경우 관람자로부터 관람료를 징수할 수 있다.
② 제1항에 따른 관람료는 해당 문화재의 소유자, 보유자 또는 관리단체가 정한다.

나. 피고 □□사의 손해배상 책임 발생

문화재보호법 제44조에 따르면 국가지정문화재의 소유자 등은 그 문화재의 관람자로부터 관람료를 징수할 수 있도록 규정하고 있다. 그런데 피고 □□사가 제출한 증거에 따르더라도 △△△△△리조트는 국가지정문화재가 아니고, 피고 □□사가 △△△△△리조트의 소유자 등도 아니다. 그럼에도 불구하고 매표소를 이전하면서까지 △△△△△리조트에만 가고 □□사 지역은 관람하지 않을 원고들로부터도 문화재 관람료를 징수하고, 그 관람료를 내지 않으면 △△△△△리조트에도 들어가지 못하게 막는 것은 불법행위다(피고 □□사가 매표소의 위치를 □□사 근처로 다시 옮기면 모두 해결될 문제인데도 피고 □□사는 무슨 의도에서인지 전혀 개선하지 않고 있다).
따라서 피고 □□사는 원고들에게 그 손해를 배상하여야 하는데, 피고 □□사의 불법행위로 원고들이 정신적 고통을 당하였음은 자명하므로 원고들이 지급한 관람료 각 3,000원뿐만 아니라 위자료도 지급하여야 한다. 위자료 액수는 원고들의 청구금액과 이 사건 발생 경위, 피고 □□사가 △△△△△리조트 방문자들로부터 지속적인 개선요구가 있음에도 이에 아랑곳하지 않고 계속 관람료 징수를 반복하고 있는 점 등을 참작하여 각 180,000원으로 정한다. 따라서 피고 □□사는 원고들에게 각 183,000원(위자료 180,000원+관람료 3,000원)과 이에 대하여 피고 □□사의 불법행위일인 2010. 10. 30.부터 이 사건 소장 부본 송달일인 2011. 3. 2.까지는 민법에서 정한 연 5%, 그 다음 날부터 다 갚는 날까지는 소송촉진 등에 관한 특례법에서 정한 연 20%의 각 비율로 계산한 지연

손해금을 지급하여야 한다.

　다. 피고 □□사의 주장과 판단

피고 □□사는 △△△△리조트가 입장료를 일괄징수하여 피고 □□사에게 지급하기로 양자 사이에 약정하였으므로 원고들도 관람료를 피고 □□사에게 지급하여야 한다고 주장한다. 그러나 설사 그러한 사실이 있다고 하더라도 그 약정은 약정한 당사자가 아닌 원고들에게는 아무런 효력이 없으므로 이 주장은 받아들일 수 없다.

3. 피고 대한불교○○○에 대한 청구에 관한 판단

원고들은, 피고 대한불교○○○도 □□사에서 징수한 관람료를 사용하고 있으므로 피고 □□사와 연대하여 그 손해를 배상하여야 주장하나, 원고들의 주장을 뒷받침할 만한 증거가 없으므로 이 주장은 받아들이지 아니한다.

사. 암벽등반하다 낙석에 사망… 국립공원 책임은

A씨는 2014. 3. 16. 오전 인수봉 정상에서 약 120m 아래 이른바 '오아시스 1지점'에서 휴식을 취하던 중 위에서 굴러 떨어진 낙석에 머리를 맞았다. 사고 후 경찰구조대에 의해 병원으로 후송됐으나 같은 날 끝내 숨을 거뒀다. A씨의 아내와 두 자녀는 "봄철 해빙기에는 흙이 얼었다 녹았다를 반복해 지지력이 떨어져 낙석의 위험성이 있으므로 등반을 금지시키고 등반로를 차단하거나 낙석 방지 지지대를 설치하는 등 사전조치를 해야 할 의무가 있지만 공단 측이 이를 게을리했다"며 위자료와 장례비 지급을 청구하는 소송을 냈다.

서울서부지법 민사14부(재판장 이종언 부장판사)는 2014. 11. 14. 북한산국립공원 내 인수봉에서 암벽등반을 하다가 사고로 숨진 A(56)씨의 유족들이 국립공원관리공단을 상대로 2억5000여만원을 지급하라며 제기한 손해배상 청구소송(2014가합33383)에서 원고패소 판결했다.

재판부는 판결문에서 "암벽등반은 로프에 의존해 자신의 안전을 스스로 확보해 가면서 암벽을 오르내리는 모험적이고 도전적인 스포츠의 일종으로 그 자체로 위험성을 내포하고 있다"며 "북한산국립공원에 바위가 수백 개에 이르고 그 전체가 하나의 바위 군락을 이루고 있어 위험요소를 모두 찾아낸다거나 낙석의 원인을 제거한다는 것이 사회통념상 불가능하다"고 설명했다.

재판부는 "공단 측이 국립공원 내에 대피소를 설치해 응급구조에 대한 대비도 하고 있는 점 등을 종합해 볼 때 공원을 관리하는 데 요구되는 방호조치를 다 했다고 봄이 상당하다"며 "해빙기에 공원의 등산로 또는 등반로를 차단하지 않았다는 점만으로 공단에 과실이 있다고 할 수도 없다"고 밝혔다.[법률신문 2014/11/14]

아. 스포츠클라이밍은 전문등반 아니다

2015년 8월 대학교 산악부 출신 A씨는 경기 성남시 한 인공암벽시설에서 스포츠클라이밍을 하던 중 5m 아래 바닥으로 떨어져 척추를 다쳤다. A씨는 기존 종합보험 계약을 근거로 보험금을 청구했는데, H보험사는 "동호회 활동 목적으로 전문등반을 하던 중 상해가 발생한 경우에는 면책 조항으로 인해 보험금을 지급할 의무가 없다"고 거절했다. 이에 A씨는 H보험사를 상대로 소송을 냈다.

법정 쟁점은 A씨의 스포츠클라이밍이 보험금을 지급하지 않아도 되는 '동호회 활동 목적의 전문등반'에 해당하는지 여부였다. 해당 보험약관은 전문등반을 '전문적인 등산용구를 사용하여 암벽 또는 빙벽을 오르내리거나 특수한 기술, 경험, 사전훈련을 필요로 하는 등반'이라 규정했다. H보험사는 A씨가 △산악회 대장을 맡아 세계 6대륙의 최고봉 등정 △한국산악연맹 등산아카데미 강사로 활동 △두 달간 사고가 발생한 인공암벽을 11차례 이용 등을 근거로 들었다.

재판부는 "사고가 난 등반을 전문등반으로 보기 어렵다"라면서 A씨의 손을 들어줬다. 재판부는 "해당 인공암벽을 등반하는 데 전문 장비가 필요한 것은 사실이지만, 인공암벽은 자연암벽과 달리 손으로 잡거나 발을 딛기 위한 인공 확보물과 추락했을 때 충격을 완화할 탄성매트 등 시설이 있다"면서 "비록 단독 등반은 금지돼 있지만, 초보자라도 숙련자를 동반하거나 사전에 교육을 받으면 등반할 수 있다"고 설명했다.

재판부는 "동호회 활동 목적으로 전문등반을 한다는 것은, 전문등반을 함께하는 것이 목적인 동호회에 가입하고 실제로 회원들과 등반을 하는 것"이라면서 "사고 당시 A씨가 동호회 활동 목적으로 등반했다고 인정할 자료가 없다"고 봤다. 이에 재판부는 "A씨가 사고로 척추 골절 또는 탈구 등 후유장애를 입은 사실이 인정된다"면서 "H보험사가 보험금과 의료비를 합쳐 총 4,300여만원을 지급하라"고 판결했다.[한국일보 2018.11.01.]

자. 대법원 2018. 6. 19. 선고 2017두35097 판결

1. 산업재해보상보험법 제5조 제1호, 제37조에 따른 '업무상의 재해'에 포함되는 '업무상 질병'은 근로자가 업무수행 과정에서 유해·위험 요인을 취급하거나 그에 노출되어 발생한 질병, 업무상 부상이 원인이 되어 발생한 질병, 그 밖에 업무와 관련하여 발생한 질병으로서 근로자의 업무수행 중 그 업무에 기인하여 발생한 질병을 의미하는 것이므로 업무와 사망의 원인이 된 질병 사이에 인과관계가 있어야 한다. 그러나 질병의 주된 발생원인이 업무수행과 직접적인 관계가 없더라도 적어도 업무상의 과로나 스트레스가 질병의 주된 발생원인에 겹쳐서 질병을 유발 또는 악화시켰다면 그 사이에 인과관계가 있다고 볼 수 있고, 그 인과관계는 반드시 의학적·자연과학적으로 명백히 증명하여야 하는 것은 아니며, 제반 사정을 고려할 때 업무와 질병 사이에 상당인과관계가 있다고 추단되는 경우에도 그 증명이 있다고 보아야 한다. 또한 평소에 정상적인 근무가 가능한 기초질병이나 기존 질병이 직무의 과중 등이 원인이 되어 자연적인 진행속도 이상으로 급격하게 악화된 때에도 그 증명이 있는 경우에 포함되는 것이고, 이때 업무와 질병 또는 사망과의 인과관계 유무는 보통 평균인이 아니라 당해 근로자의 건강과 신체조건을 기준으로 판단하여야 한다(대법원 2012. 4. 13. 선고 2011두30014 판결 등 참조). 여기서 말하는 업무상의 과로나 스트레스에는 근로자의 본래의 업무에서 비롯된 것뿐만 아니라 사업주가 주관하거나 사업주의 지시에 따라 참여한 행사나 행사준비에서 비롯된 과로나 스트레스도 포함된다.

2. 원심이 인용한 제1심판결 이유와 적법하게 채택한 증거들에 의하면, 다음과 같은 사실을 알 수 있다.

가. 원고의 남편인 소외인(이하 '망인'이라고 한다)은 2013. 4. 8. 주식회사 ○○○○에 입사하여 원주-강릉 철도건설 제10공구 노반 시설·기타공사 현장에서 현장소장으로 근무하던 중, 2015. 2. 28. 강원도 횡성군 둔내면에 있는 청태산(높이 약 1,194m)에서 위 회사가 개최한 '2015년 수주/안전기원 산행 행사'(이하 '이 사건 행사'라고 한다)에 참여하였다.

나. 망인이 근무하던 회사는 매년 1~2월경 한 해 동안의 공사수주 및 안전을 기원하고 단합을 도모하기 위해 산행 행사를 개최하였는데, 강원도 소재 공사현장 소장으로 근무하던 망인은 이 행사에 반드시 참석하여야 했다. 망인을 비롯한 회사의 임직원 등은 2015. 2. 28. 10:00경 청태산 자연휴양림 주차장에 집결하여 10:30경 산행을 시작한 후, 약 2km를 등산하여 1시간 20분 후 청태산 정상에 도착하였다. 그런데 망인이 11:50경 청태산 정상 표지목 근처에 이르러 갑자기 쓰러졌고, 12:45경 119구조대 헬기로 병원으로 후송되었으나, 같은 날 13:27경 사망하였다. 망인의 사망진단서상 사인은 '급성 심장사 의증'이다.

다. 이 사건 행사 당일 최고기온은 영상 3.7℃, 최저기온은 영하 9.5℃이고, 평균기온은 영하 2.2℃이었다. 한편 망인은 1972년생으로 2013. 11.경부터 2013. 12.경까지 알코올성 간질환으로 치료를 받았고, 2014. 10. 27. 실시한 건강검진 결과 망인에 대하여 '이상지질혈증, 간장질환, 고혈압 의심, 체중 감량 등'의 소견이 있었다.

라. 제1심법원의 인제대학교 부산백병원장에 대한 진료기록감정촉탁 결과는, '등산, 빠르게 걷기 등은 기존 심장질환(관상동맥질환 등)이 있는 경우 그 질환을 더욱 악화시킬 수 있고, 급성 심장사의 위험도 증가하게 되며, 겨울철 낮은 기온도 급성 심장사의 발생을 증가시킬 수 있다. 겨울철 운동이 망인의 기존 질병 악화 및 심장사 유발에 일정 부분 원인이 되었음을 완전히 배제할 수 없다'라는 취지였다.

3. 이러한 사실관계를 앞서 본 법리에 비추어 살펴보면, 다음과 같이 판단된다.

가. 망인의 사망은 이 사건 행사 도중에 일어난 것이고, 이 사건 행사는 위 회사의 지배·관리하에서 진행된 것으로 볼 수 있다.

나. 당시 최저기온이 영하 9.5℃, 평균기온이 영하 2.2℃인 추운 날씨에 1시간 20분 동안 약 2km의 거리를 등산한 것은 평소 등산을 하지 않았던 망인에게는 힘든 산행으로서 상당한 과로 또는 스트레스를 야기하였을 것으로 보인다.

다. 망인의 기초질병이나 기존 질병의 자연적인 진행 경과만으로도 급성 심장사가 발병할 가능성을 전혀 배제할 수는 없으나, 등산과 겨울철 낮은 기온이 망인의 기존 질병을 악화시켜 급성 심장사의 위험을 증가시켰을 수도 있다는 취지의 의학적 소견이 있었고, 망인에게 비만, 고지혈증, 고혈압 등의 급성 심장사의 위험인자라고 볼 수 있는 기존 질환이 있기는 하였으나 망인이 평소에 별 이상 없이 근무해 온 점 등에 비추어 보면, 이러한 기존 질환이 자연적인 진행경과만으로 급성 심장사를 일으킬 정도로 중하였다고 단정하기 어렵다.

라. 따라서 추운 날씨에 개최된 이 사건 행사에 망인이 참여함으로써 평소에 정상적인 근무가 가능한 수준인 망인의 기초질병이나 기존 질병 등이 자연적인 진행속도 이상으로 급격하게 악화되어 급성 심장질환으로 발현되었고, 그 결과 망인이 사망에 이르게 되었다고 봄이 타당하다.

4. 그럼에도 원심은 판시와 같은 사정만을 들어 망인의 업무와 사망 사이의 상당인과관계를 인정하기에 부족하다고 판단하였으므로, 이러한 원심판단에는 업무상 재해의 상당인과관계에 관한 법리를 오해하여 판결에 영향을 미친 잘못이 있다. 이를 지적하는 상고이유 주장은 이유 있다.

15 법언(法諺)의 세계

1. *Suum cuique(Justitia suum cuique distribuit)* (To each his own)
   (각자에게 그의 몫을) - Cicero

2. *Hominum causa jus constitutum est.*(법은 사람을 위해 존재한다).

3. *Fiat Justitia Ruat Caelum.*(Let justice be done, though the heavens fall)
   (하늘이 무너져도 정의를 세워라)칸트가 한 말로 알려졌지만 실제로는 고대 로마의 정치가이자 율리우스 시저의 장인이었던 피소(Piso)가 한 말이라고

4. *Jus est ars boni et aequi.*(법은 善과 衡平의 기술이다)

5. *Ex nihilo nihil fit.*(Nothing comes from nothing) (無에서 有를 낳을 수는 없다)

6. *Ubi societas ibi jus.*(Wherever there is society, there is law.)
   (사회 있는 곳에 법이 있다)

7. *Das recht ist nichts anderes als das ethische minimum.*(법은 도덕의 최소한이다)
   - G. Jellinek

8. *Ubi jus, ibi remedium.*(권리가 있는 곳에 구제가 있다)

9. *Ignorantia juris non excusat(Ignorantia legis neminem excusat)*
   (법의 무지는 용서받지 못한다)

10. *Summum ius, summa iniuria*(Law applied to its extreme is the greatest injustice) (正義의 극치는 不正義의 극치) - Cicero
    '*Much law, but little justice*'(법이 많아지면 정의는 그만큼 줄어든다)

11. *The first one plead his cause seems right, until his neighbor comes and examines him.* (송사에서 먼저 온 사람의 말이 바른 것 같으나 그의 상대방이 와서 밝히느니라) - 잠언 18:7

12. *Dura lex, sed lex*(악법도 법이다)

13. From status to contract(신분에서 계약으로)
    The movement of the progressive societies has hitherto been a movement from status to contract. - Henry Maine

14. *Pacta sunt servanda*(약속은 지켜져야 한다)

15. *Do ut Des* (네가 주기 때문에 내가 준다) 'give and take' 네가 주니까 내가 준다. 동시행의 이행상의 견련관계에서 많이 나오는 말. 'Quid pro quo'는 'what for what'(뭔가에 해당하는 뭔가)'로 누군가 뭔가를 가져오면 그에 걸맞은 뭔가를 내놓는다는 뜻

16. *Fides servanda!(Good faith must be observed)* (신의는 지켜져야 한다.)

17. *Nemo dat quod non habet*(누구도 자신이 가지지 않을 것을 줄 수 없다.)

18. *Justice delayed, is justice denied*(지연된 정의는 정의가 아니다) - W. Gladstone

19. *Qui suo iure utitur, nemimem laedit.*
    (자기의 권리를 행사하는 자는 그 누구를 해하는 것도 아니다)

20. *Nemo agit in seipsum!*(No man acts against himself. Therefore no man can be a judge in his own case.)
    (누구든지 자기 자신을 상대로 쟁송할 수 없다. 그러므로 누구도 자기 자신의 재판관이 되지 못한다)

21. *Nemo potest esse simul actor et judex*(No man can be at the same time judge and suitor.)
    (누구든지 원고인 동시에 재판관이 될 수 없다)

22. *Narra mihi factum, narro tibi jus.*(나에게 사실을 말하라. 너에게 권리를 주리라)

23. *Finis finen litibus imponit.*(소송의 목적은 소송을 없애는 데 있다)

24. *You little know what a ticklish thing it is to law.*
    (당신은 법원에 호소하는 것이 얼마나 힘 드는 것인가를 잘 모른다)

25. *Ne proedat judex ex officio.*(소 없으면 재판 없다)

26. *He who proves most recovers most.*
    (보다 좋은 증거를 세우는 자는 보다 많은 권리를 회복할 수 있다.)

27. *res ipsa loquitur* (사실 그 자체가 말한다)

28. *Man glaubt den Augen weiter den Ohren.*(사람은 귀보다 눈을 믿는다.)

29. *The necessity of proving lies with him who sues.*
    (증명책임은 소를 제기하는 자에게 있다)

30. *True identity is collected from a number of signs.*
    (진실의 정체는 여러 개의 증거에 의해 추단된다.)

31. *The hurrying of justice is the stepmother of misfortune.*
    (서두는 재판은 불행의 계모이다)

32. *Sententia facit jus, et res judicata pro veritate acc.(Judgement creates the right, and what is adjudicated is taken for truth.)*
    (판결은 권리를 창조하고, 판결된 사실은 진정한 것으로 인정된다)

33. *Conventino vincit iegem(The agreement of the parties overrides the law).*
    (당사자의 합의는 법에 우선한다)

34. *Qui tacet consentire videtur.*(He who is silent appears to consent.)
    (침묵한 자는 승낙한 자로 추정한다)

35. *A judgment ought not to be illusory, it ought to have its proper effect.*
    (재판은 허망한 것이어서는 안 되며 적당한 효과를 발휘해야 한다)

36. *Lawyers will live so long as mine and thine exist.*
    (자기의 것과 남의 것이 존재하는 한 변호사는 길이 생존한다.)

37. *Si Judicas, cognosce.(If you judge, understand.)*
    (재판을 할 때에는 그것을 이해하라.)

38. *Actus curiae neminem gravabit. An act of the court shall prejudice no man*,
　　(법원의 행위는 누구에 대하여도 편견을 가지지 않는다)

39. *In dubio pro reo*(의심스러운 때에는 피고인에게 유리하게)

40. *Soll er strafen oder schonen Muß er Menschen menschlich sehen*.
　　(인간을 벌할 수도 있고 사면할 수도 있다. 그러나 인간을 인간으로 보지 않으면 아니 된다.) - Goethe

41. *어떤 헌법도 결코 정치적인 생명보험이 될 수는 없다*. - Horst Ehmke

42. *헌법은 자유로울 수 있으나, 국민은 자유롭지 못한 결과가 있을 수 있다*.
　　- Montesquieu

43. *바다에 표류하는 조각배처럼 그 생사의 문제가 자기 스스로의 손에 달려있는 헌법은 국민의 헌법에의 의지(Wille zur Verfassung)가 없이는 도저히 그 생명력을 유지할 수가 없다*.
　　- 許 營

44. *Cogitationis poenam nemo patitur*.(누구도 사색에 대하여는 처벌받지 않는다)

45. *Better ten escape than one innocent suffer*.(열 명의 범인을 놓치더라도 한 명의 무고한 죄인을 만들면 안 된다) - 블랙스톤

46. *The life of the law has not been logic; it has been experience*.
　　(법의 생명은 논리가 아니라 경험에 있다) - Oliver Wendell Holmes, Jr.

47. **法之爲道前苦而長利**
　　(법의 도리는 처음에는 고통이 따르지만 나중에는 오래도록 이롭다) - 한비자

48. **國無常强 無常弱, 奉法者强 則國强 奉法者弱 則國弱**
　　(항상 강한 나라도 없고, 항상 약한 나라도 없다. 법을 받듦이 강하면 강한 나라가 되고, 법을 받듦이 약하면 약한 나라가 된다) - 한비자

49. *The law is like a snake. It only bites those with no shoes*.
　　(법은 뱀 같아서 신발이 없는 사람만 문다)

50. *There's one law for the rich, and another for the poor*(유전무죄 무전유죄)

51. *Steal a little, and they throw you in jail. Steal a lot, and they make you king*
(작게 훔치면 옥에 갇히지만 크게 훔치면 왕국을 차지한다)

52. *There is only one sin, only one. And that is theft. Every other sin is a variation of theft.* (세상에는 오직 하나의 죄뿐이다. 그것은 도둑질이다. 나머지 죄는 다 도둑질의 변형이다)

53. *Government is not reason, it is not eloquence, it is force! Like fire, it is a dangerous servant and a fearful master.*(정부는 이성 집단이 아니라 힘의 집단이다. 정부는 불처럼 위험한 머슴이고 무서운 주인이다) - George Washington

54. *The price of freedom is eternal vigilance.*
(자유를 지키려면 영원히 경계하고 있어야 가능하다) - T. Jefferson

55. *Every law has a loophole.*(모든 법은 빠져나갈 구멍이 있다)
Good people do not need laws to tell them to act responsibly, while bad people will find a way around the laws.(착한 사람은 법이 필요 없고 나쁜 사람은 법망을 피해간다)

56. *Law: the only game where the best players get to sit on the bench.*
(법이란 능력껏 싸워서 이기는 자의 몫이다)

57. *There is a higher court than courts of justice and that is the court of conscience. It supercedes all other courts.*
(법원보다 높은 법원은 양심의 법원) - Mahatma Gandhi

58. *Laws are always useful to those who have possessions, and harmful to those who have nothing.*(법은 소유한 사람들에게는 언제나 유용하고. 아무 것도 없는 사람들에게는 언제나 해롭다) - Jean-Jacques Rousseau

59. *A good lawyer is a bad neighbor.*(좋은 법률가는 나쁜 이웃)

60. *force majeure*(Act of God)(불가항력)

로스쿨법창오디세이

제3편

眼光紙背徹

01. 劉基天의 '自由社會'論
02. 자유주의와 개인주의의 가치
03. 왜 그들은 우리를 파괴하는가
04. 이어도는 없다!
05. 노모스의 뜨락
06. 역사의 격랑에 오늘을 묻다
    - 인간·상식·법으로 정의를 찾아 헤맨 문인구 회고록 -
07. 김훈 산문의 정제미
    - 김훈 산문집 『라면을 끓이며』(문학동네, 2015)를 읽고 -
08. 경계인을 넘어서 - 절대 자유와 절대 독립을 위한 열정 -
09. 보우(普雨)를 찾아서 - 강 준 장편소설 『붓다, 유혹하다』
10. 인조의 나라 - 주자학은 조선후기를 어떻게 망쳤나 -

01 劉基天의 '自由社會' 論

1.

옛날 법과대학에 들어가서 처음으로 접한 형법총론은 난해하기 그지없었다. 형법각론은 강간죄의 기수시기가 삽입설, 사정설, 만족설 하면서 재미있었는데 총론에는 금지착오나 불능미수, 간접정범, 공범과 신분 등등 무슨 말인지 알 수 없는 용어들이 난무하고 있었다. 70년대 형법 교과서는 劉基天 교수와 黃山德 교수의 책이 쌍벽을 이루고 있었는데, 40년도 지난 지금도 생각나는 것은 황 교수가 인간의 행위를 목적으로 파악한 목적적 행위론에 입각하고 있었던 반면에 유 교수는 인간의 무의식의 세계에서 인간의 행동이 나아간다는 입장이었다.

유 교수는 그러면서 입법론(de lege ferenda)과 해석론(de lege lata)의 구별을 강조했다. 자기가 이게 좋다고 생각하는 것을 해석론에까지 혼동시켜서 넣으면 곤란하다는 것이다. 특히 형법은 죄형법정주의의 원칙상 그 실정성, 즉 Positivität에 입각한 규범내용만이 현재 살아 있는 형법이고, 그렇지 않은 것은 입법론에 속하는 문제임을 강조하였다. 이는 다른 법학분야에서도 마찬가지일 것이다.

유기천은 자기 책에서 '자유사회(Free Society)'라는 말을 많이 하고 있었는데 이 '자유사회'가 어떤 사회인가? 그런데 근래 들어 자유주의에 관한 관심으로 이에 관한 글들을 읽다가 최근에 유기천교수기념사업출판재단에서 '유기천 전집'으로『자유사회의 법과 정의』(법문사, 2015. 10.)를 내놓은 것이 있어 이 책을 통해 유기천의 '자유사회'의 含意를 찾아보기로 한다.

유 교수는 인간의 행위에 대한 가치판단의 기준으로서 최고의 기준은 '자유사회'라고 한다. 켈젠은 모든 규범의 최상위규범을 근본규범(Grundnorm)이라고 불렀는데, 이 근본규범으로부터 헌법이 나오고, 이 헌법으로부터 법률이 나오고 그 하위규범으로 시행령, 시행규칙 등이 나오게 된다(법단계설). 유 교수는 이 근본규범이 '자유사회'라는 것이다. 현존 법질서의 최고의 규범이 '자유사회'이기 때문에 법해석에 모순이 생길 때에는 '자유사회'에 의지할 수밖에 없고, 결국 '자유'가 인간의 최고의 가치라는 것이다.

2.

유기천 교수가 1958년 8월호『사상계』에 발표한 "自由社會"의 논지는 다음과 같다.

'자유사회'는 한 이데올로기상의 개념이지만 여기서는 우리 사회의 목적적 가치(Goal value)의 개념으로 사용된다. 헤겔이 설파한 바와 같이 인류사회의 역사는 자유의 팽창사이다. 인류의 역사는 자유를 찾으려는 투쟁사였다. 이런 의미에서 자유란 정치적 의미인 소위 Liberty를 말하는 것으로 그 역사적 의미는 각각 그 발전단계에 의하여 서로 내용을 달리하고 있다. 순이론적으로는 무정부주의가 가장 이런 의미의 자유를 말하는 듯 하지만 실질적으로는 무정부주의는 폭력이 강한 개인 밑에 폭력이 약한 자가 예속됨을 뜻하며 인간생활을 하는 한 일정한 제약을 받지 않을 수 없다.

오직 근대국가는 이런 의미의 자유의 제약은 국민의 대표기관인 의회를 통해서만 가능하다는 '입법국가'의 원리를 해명하였고, 이 자유주의의 요청이 미국으로 건너가 헌법이 시민자유를 보장하는 최고규범이요, 이 최고규범의 해석은 사법권에만 속한다는 '사법국가'의 원리로 변질되었다. '자유사회'는 위와 같은 입법국가원리나 사법국가원리가 법률상으로 인정되어야 하며, 인간의 행동의 제약은 인간의 대표기관인 의회를 통해서만 가능하다는 요청은 '자유사회'의 당연한 법조직이다. 그러나 자유권의 내용도 시대와 장소에 따라 변천할 수 있으며 법이란 당해 사회의 문화의 결정물인 만큼 '문화형으로서의 자유사회'란 구상이 없이 '법률형으로서의 자유사회'만을 생각할 수 없다.

문화형으로서의 '자유사회'는 인간의 존엄성이 인정되는 사회이다. 자유는 인간주체의 속성이요 오직 행위의 주체로서만 의미를 가지고 행위의 객체로서의 면은 생각조차 할 수 없다. 인간의 존엄성 역시 도덕을 도덕으로서 가능케 하는 이 자유의 개념에서부터 온다. 그리고 이 '자유사회'는 과학의 진보가 보장된 사회가 아니면 안 된다. 논리상 어떤 자유든 선택의 가능성 없이는 생각할 수 없고, 선택의 가능성은 지식이 없이는 불가능하다. 뿐만 아니라 지식은 언론의 자유 없이는 가능하지 못하다. 그런 의미에서 언론의 자유는 자유사회의 핵심을 형성하고 있다.

'자유사회'는 擬似자유주의(Pseudo free society)와 구별하지 않으면 안 된다. 경제적 자유활동을 시인하는 사회는 '자유사회'의 본질적인 문제는 아니다. 구체적인 실정이 경제적인 평등을 기도할 필요성이 있다면 사회주의정책을 쓰는 것이 결코 '자유사회'의 이념과 모순되는 것이 아니다. 또한 '자유사회'는 서민정치(Ochlocracy)와도 구별되어야 한다. 흔히 '자유사회'를 민주주의사회를 말하고 민주주의는 다수결에 의한 정치를 의미하는 것이라고 한다면 이는 전체주의와 접근한다. 다수결에 의해 '다수의 독재'가 실현될 수 있고, 결국 서민정치로 떨어지게 된다.

'자유사회'는 최고의 목적적 가치를 개인가치에 두는 사회를 말한다. 우리가 사회생활을 함에는 일종의 제약을 받아야 함은 당연하지만 반드시 우리 개인의 무궁대한 가치생산에 제약을 받아서는 안 된다. '자유사회'에 있어 천재는 천재로서의 자기역량을 충분히 발휘할 수 있는 기구가 짜여지지 않으면 안 된다.

힐티가 행복론에서 말한 바와 같이 인간이 희구할 가치가 있는 것은 Arbeit(노동)와 Liebe(사랑)

둘이다. 이 둘 모두 자기정열을 추구하는 인간노력이지만 Liebe는 인격적 융합을 가져오는 본능적 인력인데 반하여 Arbeit는 그 '자유사회'라는 이데아를 실현시키는 사물적 노력이다. 모두 정열을 소지한 '영원의 젊음'이 있는 자라면 없을 수 없는 행복이 원천이 된다.

결국 유기천의 '자유사회'라는 것도 우리가 추구하는 자유주의, 개인주의와 별로 다르지 않다는 것을 알 수 있다.

3.

옛날 유기천 교수의 형법각론을 보면서 자유사회의 가설을 전제로 존속살해죄의 위헌성을 설파한 것이 지금도 나의 기억에 남아있다. 유 교수의 논지를 요약하면 자유사회의 가설 아래서 인간의 존엄성과 인격의 존중이 대전제로 되어 있으므로 인간은 자기의 자유를 초과하는 어떤 이유에서든지 제약을 받는 것을 인정할 수 없다는 것이다. "인간은 출생케 할 자유는 가지지만 출생하는 자유는 가지지 아니한다." 이 말은 40년이 넘은 지금도 나의 뇌리에 남아있다.

출생하게 하는 자는 자유를 가지므로 여기에 대한 제한은 자유를 근거로 한 법적 규정이어서 타당하지만, 출생한 자는 자유를 가지지 못하므로 이를 기초로 한 어떠한 제약이든지 헌법에 이른바 '신분'적인 요소에서 법의 강제성이 발생되는 것이라고 판단하지 않을 수 없다는 것이다. 그런 의미에서 직계비속에 대한 책임을 가중하는 존속살해죄의 규정은 본질적으로 헌법에 위배된다고 보지 않을 수 없다는 것이 유 교수의 논지였다. 그런데 직계비속이라는 신분은 자유로이 취득한 것이 아니므로 이를 기초로 한 차별취급은 위헌이라는 논지는 아리송하기만 했다. 간단히 평등원칙에 위배된다고 보면 간단할 것을 '출생케 할 자유'와 '출생하는 자유'가 왜 갑자기 존속살해죄의 위헌성의 논거로 튀어나오는지 이해할 수 없었다. 태어날 자유가 없었으니 태어나게 할 자유를 가진 부모를 죽인 것을 차별할 수 없다는 논리를 이해할 수 없었다.

보통살인죄는 사형, 무기 또는 5년 이상의 유지징역에 처하고, 존속살해죄는 사형 또는 무기징역에 처하던 것을 1995. 12. 29. 개정법에 의하여 존속살해죄는 사형, 무기 또는 7년 이상의 유지징역에 처하는 것으로 바뀌었다. 보통살인죄의 경우 작량감경을 통해 징역 2년 6개월에 집행유예까지 선고가 가능하지만 존속살해죄의 경우 작량감경을 하더라도 징역 3년 6개월을 선고해야 하고 집행유예가 불가능하다. 내가 보기에는 존속살해죄의 가중 처벌을 적극적으로 위헌이라고까지는 생각되지 않는다. 차라리 직계비속에 의한 직계존속 살인과 직계존속에 의한 직계비속 살인을 똑같이 보통살인죄에 비해 가중 처벌하는 것이 온당하다는 생각이 든다. 자식이 부모를 죽이는 것이나 부모가 자식을 죽이는 것이나 피차 인간 독종(毒種)들이고 이들을 보통살인죄와 똑같이 취급할 것은 아니라고 생각한다.

4.

　유기천 교수의 면모에 대하여는 내가 기존에 알고 있던 것과는 다른 면모가 있음을 알게 되었다. 호문혁 교수님이 서울대 정년퇴임에 즈음하여 제재들과 나눈 대담을 보면(서울대학교 법학 제54권 제3호) 유기천 교수가 서울대 총장을 할 당시 상당히 친정부적인 분이었고, 반정부적인 황산덕 교수 같은 분을 해임해버렸는데, 명분이 '교수회 불참'이었다는 것이다. 이런 행동으로 상당히 학생들의 비난을 받는 총장이었다는 것이다. 그 후에 총장을 하면서 생각이 완전히 바뀌어서 독재가 공산주의를 키운다는 사실을 알고 반독재, 반정부로 돌아선 것이라고 한다.

　그 즈음 학생들이 데모를 하다가 학생회장이 경찰 곤봉에 머리를 맞은 사건이 있었는제 유 교수가 이 소식을 듣고 강의실에서 "이건 미필적 고의에 의한 살인미수다!"라고 일갈하고, 얼마 후에는 "박정희 대통령이 총통제를 획책하고 있다."고 폭단신인을 하고는 미국으로 가버렸다는 것이다. 유기천 교수가 총장으로 학교행정을 해보지 않았다면 반골(?) 교수가 되지 않았을지도 모른다.

02 자유주의와 개인주의의 가치

1.

현업에서 학교로 들어오면 책 읽을 시간이 많을 것으로 알았는데 사정은 그렇지 않았다. 학교에 와보니 학교라고 하는 곳이 별로 하는 것 없이 시간만 흘러가는 곳이었다. 현업에서 학교로 옮기면서 사무실을 정리하면서 수많은 책을 버렸는데 버리지 않고 학교까지 들고 온 책이 몇 있다. 노명식 교수님이 쓴 **『자유주의의 원리와 역사, 그 비판적 연구』**(대우학술총서·인문사회과학 56)[민음사, 1991]와 이근식 교수님이 쓴 **『자유주의 사회경제사상』**(한길인문총서 3)[한길사, 1999] 등이다.

법학을 제대로 공부하기 위해서는 자유주의를 올바로 이해해야 하고 자유주의사상을 알아야 한다. 아담 스미스에 관하여는 우리나라에서 『국부론』이 김수행 교수에 의해(동아출판사, 1992), 『도덕감정론』이 박세일·민경국 교수에 의해(비봉출판사, 1996) 각 번역 출간되었고, 조 순 교수 등에 의한 아담스미스 연구서인 『아담스미스 연구』(민음사, 1989) 등이 출간되어 있다. 자유주의에 관하여는 워낙 읽을거리가 많지만 주로 이근식 교수의 『자유주의 사회경제사상』(한길사, 1999)이 읽어볼만한 책이다.

노명식 교수의 책에서 자유주의의 철학적 기반인 개인주의와 자유주의의 가치를 다이제스트 해본다.

그런데 왜 자유주의인가? 자유주의를 이해하지 않고 우리나라 법을 이해할 수 없다. 우리 헌법의 최고의 가치는 자유민주적 기본질서이고 개인의 존엄이다. 우리 민법의 최고이념은 사적자치이고, 사적 자치가 절차법에 반영된 것이 민사소송법의 당사자처분권주의와 변론주의이다. 형사법 역시 헌법의 기본원리를 형사절차에 실현하는 법률이다. 우리 법질서의 근간은 바로 자유주의와 개인주의에 근거하고 있다. 이제 그 연원을 따져보자. 자유주의와 개인주의를 철저하게 이해하지 않고 우리의 법을 이해할 수는 없다.

"사람은 태어날 때부터 자유롭지만 어디에 가나 사슬에 묶여 있다." 고등학생 정도면 다 아는 에밀 루소가 한 말이다. 이 말은 인간의 속성은 자유이지만 역사적 사회적 조건으로 말미암아 언제 어디서나 구속과 속박을 받고 있다는 말이다. 그렇다면 인간은 그 속박을 물리치고 자유를 되찾으려고 몸부림치려고 할 것임은 자명한 것이다. 자유(liberty)와 해방(liberation)은 동의어이다. 인간의 역사는 잃어버린 자유를 되찾는 과정이었다.

2.

자유주의의 철학적 기반은 개인주의이다. 자유주의와 개인주의가 어떠한 연관을 갖고 있는지 살펴보자.

[자유주의의 정의] 자유주의의 핵심적 가치는 바로 '자유'이고, 이 자유는 개인적 권리, 종교적 정치적 관용, 이성과 진보 등의 가치와 유기적으로 결합되어 있다. 자유주의의 인간관과 사회관은 바로 개인주의 인간관과 사회관이다. 자유주의의 정의를 바로 내리려면 자유주의의 제 가치를 떠받치고 있는 인간관이 어떤 인간관이며 그 인간관에 관련된 사회관이 어떤 사회관인지를 먼저 밝혀야 한다.

[자유주의와 개인주의] 자유주의의 핵심은 개인주의이다. 자유주의의 개인적 자유, 관용, 재산권 등의 관념은 바로 이 개인주의에 뿌리를 박고 있다. 개인(individual)이란 '단 한 사람'이라는 뜻이다. '단 하나'를 강조하면 그것은 한 사람이 다른 사람들과 공통된 면보다는 구별되는 면을 강조하게 된다. 따라서 어떤 일의 성취와 자아실현의 문제는 그 독자적인 개인의 책임이다. 자율이야말로 개인주의의 형이상학적 기본조건이다.

이와 같이 개인을 독자적인 존재로 보는 개인주의는 인간과 자연을 떼어서 보게 되는 태도를 취한다. 근대 자유주의 도덕론은 가치의 문제는 개인적 선택과 결단의 문제로 보게 된다. 도덕문제의 결정권을 교회나 종교에 내맡기지 않고 각 개인의 양심을 통해 직접 들려주는 신의 내적 음성을 따라야 한다는 것이다. 교회의 권위를 부정하고 한 사람 한 사람의 믿음으로써만 오직 구원이 있다고 주장하는 프로테스탄티즘은 하느님과 나와의 중개적 존재로서의 교회를 제거함으로써 개인 하나하나를 직접 하느님 앞에 서게 하였다. 신에 맞선 개인, 인간의 양심은 완전히 발가벗은 알몸이다. 여기서 양심의 자유 개념이 탄생하게 된 것이다. 그 프로테스탄티즘이 자본주의와의 긴밀한 관계 속에서 점차 세속적 방향으로 기울어짐에 따라 신의 음성은 없어지고 양심만 남게 되었을 때 양심의 자유는 개인의 도덕적 의무와 권리를 존중하는 최소한의 것이 되고 말았다. 이것이 자유주의적 윤리관의 중요한 요소가 되었다.

이와 같이 자유주의적 도덕관은 본질적으로 개인주의적이다. 개인이 자기 양심에 따라 제 뜻에 따라 가치를 선택하고 자기 자신의 도덕을 건설하지 않으면 안 된다. 자유주의에서는 개인의 책임을 부정하거나 완화하는 도덕론은 논리적으로는 물론 정치적으로도 있을 수 없다.

자연과 인간의 분리가 사실과 가치의 분리를 만들어냈듯이 사람과 사람의 분리로 개인의 경험을 진리의 궁극적 시금석으로 삼게 된다. 경험주의 사상가 몽테뉴나 데카르트는 자신의 경험이 가장 중요하다는 신념체계를 표명한 사람들이다. 데카르트는 모든 존재를 다 의심하더라도 그 의심하고 생각하는 실체로서 존재하는 자기의 존재만은 의심할 수 없었다. "나는 생각한다. 고로 나는 존재한다." 이들의 철학은 절대군주와 교회의 권위에 반기를 드는 자유주의적 개인주의에 이바지하게 된다. 로크의 경험론은 각자의 지식의 제일원천은 그 자신의 감각이라고 주장함으로써 개인주의 철학을 더 강화하였다. 베이컨 역시 마찬가지다. ― "네 자신의 경험을 믿어라. 그리고 전통적인 지혜와 통속적인 진리를 과감히 의심하여라."

이렇게 하여 양심의 자유에서 출발한 프로테스탄트적 개인주의는 이제 세속적 철학적 형태와 기반을 갖추어 가고 있었다. 사실과 가치의 구분이 개인주의와 근대과학을 연결시킨 것과 같이 개인적 경험에 대한 확신도 자유주의와 근대 과학관을 연결시켰다. 러쎌이 강조하는 바와 같이 "자유주의 사상의 본질은 그 주장하는 바가 무엇인가에 있지 않고 어떻게 주장하느냐에 있다. 즉 교조적으로 주장하지 않고 언제라도 새 증거가 나타나면 자기주장을 포기해야 한다는 생각을 갖고 하나의 시안으로서 주장한다. 과학적 사고는 실제적 영역에서의 자유주의의 사고와 지적으로 똑같다." 근대과학이 자연과 인간을 분리시킴으로써 발전하였듯이 인간과 인간을 분리시키는 개인주의 철학의 발전 속에서 그 철학을 기반으로 자유주의라는 사상운동과 이론체계가 형성되었다.

[욕망과 이성] 자유주의의 기반으로서의 개인주의에는 뭐든지 자기의 것이라는 소유의 관념이 강하게 스며들어 있다. 개인주의의 독립자족의 관념과 소유의 관념은 매우 가까운 관계에 있다. 물질적 재산이 자기 소유라는 생각은 자기 자신과 그 활동 그리고 그 노동에 대한 자기 소유권을 물질적으로 표현한 것에 불과하다.

자유주의적 인간관에 의하면 개인을 움직이게 하는 욕망은 매우 적극적 욕망이다. 욕망이 없다면 생명은 죽은 것이다. <u>개인은 자기 자신의 행복과 쾌락과 만족을 추구하는 기본적으로 이기적인 정열과 욕망에 의해 활동하고 행동한다. 욕망이 인간행동의 동기라는 인간관은 자유주의의 가장 큰 특색이다.</u> 욕망은 명백히 좋은 것이다. 이 욕망관이 바로 자유주의 경제의 전제가 되어 시장경제의 대원리가 되었다.

그렇다면 인간생활에 있어서 교육과 훈련, 문화와 관습, 역사와 유행 등이 사람들의 욕망을 자극하기도 하고 억제하기도 하고 혹은 그 욕망의 모양을 결정하기도 하는 것을 어떻게 이해하는가? 자유주의는 사람들의 숨어 있는 기본적 욕망과 행동이나 선택으로 표현된 욕망과의 차이를 인정하려고 하지 않는다.

각 개인이 자기 욕망의 가장 믿음직한 판단자가 아니라고 한다면 어떤 독재자에게 판단을 맡기게 될 위험이 있다. 이기적 욕망에 의해 활동하는 원자적이고 반사회적인 존재들이 어떻게 사회 안에서 함께 살 수 있는가? 그 개인들 사이에는 평등의 원리가 있기 때문이다. 즉 따로 떨어져 있는 개체들은 다른 개체들과 동등한 자격을 가진 개체들이라는 것이다. 이 <u>평등권과 인격존중의 원리를 무시하는 개인주의는 개인주의가 아니라 이기주의일 뿐이다.</u>

자유주의는 이기주의를 포기한 인간행동의 동기를 제시하지 못하고 있으나, 자연 자체가 이기주의의 파괴적 힘을 막아준다는 생각이 있다. 아담스미스의 "보이지 않는 손"이 바로 그것이다. 그리고 자유주의에 의하면 개인들의 욕망의 충돌이 낳을 파괴적 혼란을 방지해주는 또 하나의 방벽이 이성 또는 합리성이라고 한다. 17세기 개인적 자율을 바탕으로 한 자유주의는 만인이 만인과 대립하고 투쟁하는 자연상태의 자유주의였으나, 18세기 자유주의는 독자적인 원자들이 하나의 질서와 조화의 체계를 이루듯이 독립자족적이고 이기적인 개인들도 조화로운 전체사회를 만들 수 있다는 새 신념의 자유주의였다.

[개인과 사회] 앞서 본바와 같이 자유주의의 존재론적 핵심은 개인주의이다. 개인이 사회에 우선하고 개인이 사회보다 더 절실하다. 사회집단이 개인들보다 우월하다고 주장하면서 어떤 계획된

목표를 설정해놓고 거기 맞추어서 사회전체를 개조하려는 정신적 태도를 holism이라고 하는데 이는 비과학적일 뿐만 아니라 유토피아주의에 이론적 기반을 제공하여 결국 전체주의가 되고 만다.

개인들이 사회와 정부를 만드는 것은 개인들의 이익을 위해서이고 사회와 정부는 인간들이 발명해낸 작품이다. "우리 스스로 공화국을 만든다" - 홉스. <u>인간의 본성은 반사회적 내지 비사회적이다</u>. 자유주의자들은 아리스토텔레스와 같이 인간을 사회적 동물로 보지 않는다. <u>개인의 비사회적 이기심에 대한 이해 없이 자유주의가 왜 개인적 자유와 사생활의 원리들을 중시하는가를 이해하지 못한다</u>.

개인의 자기실현을 위해서는 자유주의적 개인주의는 필수적인 조건이 되고, 공공의 간섭을 받지 않은 무간섭의 영역에서 바로 프라이버시라는 관념이 태동된다. <u>프라이버시가 현대 자유주의자들에게 매우 중요한 이유는 개인의 최대의 행복과 성취를 기대할 수 있는 데가 사적 영역 안이기 때문이다</u>. 인간은 그 의미와 성취를 사회적 활동이나 집단적 활동에서 발견하는 존재가 아니라 자기실현의 기본조건으로서 사적 생활영역을 필수로 하는 존재라는 것이다. 사회의 기능은 오직 개인들에게 봉사하고 개인의 자율을 존중해주고 다른 사람에게 해를 주지 않는 한 제가 하고 싶은 대로 무엇이든 할 수 있는 개인의 권리에 간섭하지 않는 것이다.

자유주의자들은 정부간섭만이 아니라 집단행동도 공격한다. 집단행동은 개인의 순수한 판단을 다수의 압력이나 집단여론에 의해 짓밟아 버릴 위험이 있다. 그들이 노동조합을 의심의 눈으로 보는 이유이다. <u>자유주의는 만장일치와 체제순응을 항상 의심의 눈으로 본다</u>. 만장일치에 대한 불신은 비밀투표제가 왜 자유주의적 정치메커니즘의 중심이 되는지를 잘 설명해 준다. 비밀투표는 사회는 개인들로 구성되어 있다는 개인주의적 사회관의 발로이다.

사회는 사회의 건강과 끊임없는 진보를 위해 개인적 독창성을 발휘할 수 있는 최대한의 영역을 개인들에게 마련해줄 필요가 있다. 개인적 자유가 중요한 것은 개인들의 권리를 위해서만이 아니라 사회적 진보를 위해서이다. 여기서 사회와 역사의 진보에 기여하는 소수를 강조하는 개인의 개념은 반평등주의적이고 엘리트주의적이다. 여기에 자유주의의 개인관의 모순과 애매성이 있다. 그리고 개인과 사회의 충돌, 개인과 국가의 충돌이란 결국 여러 개인들로 구성된 집단과 집단사이의 충돌이라고 본다면 개인을 사회보다 앞세우는 잘못된 인식에 있는 것이 아닐까. 거기서 자유주의는 국가의 국민경제에 대한 간섭과 복지정책을 줄곧 방해하여 왔다. 자유주의사상에는 개인과 국가의 대립이라는 전통적인 사고가 아직까지도 남아있고 국가권력에 대한 개인주의적인 불신이 여전하다.

자유주의는 그 본질상 반집단주의이다. 그러므로 반집단주의의 성격에 변화가 불가피하게 되면 그때에는 자유주의는 그 이론도 실제도 뭔가 변화하지 않을 수 없게 될 것이다. 앞으로 그 진전과정을 눈여겨보자.

3.

자유주의의 가치로는 개인적 자유, 관용과 이성, 입헌주의와 민주주의를 들 수 있다.

[개인적 자유] 자유주의의 핵심적 가치는 개인의 자유이다. 관용의 가치는 개인적 자유의 관념

에서 필연적으로 도출되는 가치이고 입헌주의와 법치의 원칙은 개인의 자유를 보장하기 위한 제도적 원리이다. 정치의 궁극적 목적 자체가 자유의 실현이다.

자유는 자유보다 더 높은 어떤 정치적 목표에 이르는 수단이 아니라 그 자체가 최고의 정치적 목표이다. - 액튼 경

나는 각 개인이 자기 자신의 생활양식을 스스로 선택하는 평등한 자유의 확대와 보장이야말로 정치활동의 목적이라고 믿는다. - S.Hampshire

그렇다면 자유주의에서 말하는 자유는 무엇인가? 자유라는 개념이 자유주의 핵심적 가치로의 위치를 차지하게 된 것은 근세에 와서이고, 자유라는 말 자체는 일찍이 고대 그리스시대부터 존재하였다.

폴리스들이 외부로부터의 침공에서 나라를 보호하고 폴리스의 이상을 가능한 한 충분히 실현시키려는 데서 자유라는 생각이 나타나게 되었다. 그러나 그 자유는 집단적 자유로서 거기에는 아직 개인적 자유라는 관념은 없었다. 알렉산더에 의해 폴리스들이 무너지고 그리스문화가 헬레니즘문화로 융합되어 갈 때 사람들은 이제 더 폴리스의 울타리 안에 안주할 수 없게 되었다. 거기서 개인들은 개인주의적 경향으로 흐르는 한편 세계문화에 상응하는 코스모폴리터니즘으로 기울어갔다. 헬레니즘세계와 로마제국에서 그러한 경향이 두드러지게 나타나면서 독립적 존재로서의 개인을 발견한 스토아학파와 에피쿠로스학파가 인간 노력의 주요한 목적은 개인의 자아실현이라고 강조하게 되었다. 스토아철학의 개인관은 중세에 들어서도 개인의 영혼의 구원을 강조하는 기독교에 의해 종교적 승인을 받음으로써 확고한 기반을 구축할 수 있게 되었다.

기독교가 로마제국의 국교로 승인받은 때부터 교회는 로마제국의 정치조직을 본뜬 공고한 계층질서와 교회조직을 만들어 황제권에 비등하는 강력한 조직적 권력을 갖게 되면서 자유의 관념도 일반적으로 특정집단들의 특권을 방어하려는 구호에 불과한 것으로 보편적 성격을 결여하게 되었다. 이러한 중세적 자유의 개념은 15세기 말엽에 이르러 종교개혁을 통해 개신교들이 종교적 관용을 주장함으로써 신앙의 자유와 양심의 자유라는 관념을 낳게 되었다.

그리고 봉건제도의 붕괴로 성립된 절대왕권은 보편적 합리성을 지닌 국가이성의 표현이었다. 여기에 정치적 자유라는 추상적 보편적 개념이 탄생하게 되는 계기가 있었고, 인쇄기의 발명은 그 정치적 자유 안에서 표현의 자유라는 새로운 개념을 창출하였다. 인쇄술의 급속한 발전과 정보와 지식의 급속한 보급은 민주주의의 이념을 민중 속에 일깨워 주면서 표현의 자유라는 관념을 뿌리내리게 하였다.

지리상의 발견에 의한 상업자본주의의 급성장은 경제적 자유의 문제를 제기하였다. 이렇게 하여 홉스와 존로크의 시대에 이르면 어떤 권위도 침범할 수 없는 초시간적 천부의 권리의 구체적 실체로서의 개인이라는 관념이 정치사상의 기반이 되었던 것이다. 16세기 이래 서구에서는 양심의 자유, 신앙의 자유, 정치적 자유, 표현의 자유, 경제적 자유 및 시민적 제자유의 기본적 관념들이 성장하여 근대적 의미의 개인적 자유의 관념이 수립되었다.

근대적 자유가 고대나 중세의 자유와 근본적으로 다른 것은 폴리스의 자유나 특권적 집단의 자유가 아니라 개인의 자유라는 점이다. 자유의 개념을 논할 때는 최소한 '무엇으로부터의 자유'냐,

'무엇을 하기 위한 자유'냐, '누구를 위한 자유'냐를 고찰하게 되는데 자유주의적 자유의 기본적 특징은 '무엇으로부터의 자유'라는 면이다. 즉 개인이 강요당하지 않고 제약받지 않고 간섭받지 않고 압력받지 않는 조건으로서의 소극적 자유를 말한다. 불간섭의 영역이 넓어질수록 내 자유도 넓어진다.

그런데 자유주의는 자유와 능력을 매우 조심스럽게 구분한다. 자유를 실현할 수단 곧 능력이 없으면 자유란 한낱 공허한 것이 아니냐는 의혹에 대해 자유주의의 자유는 방해가 없는 상태, 곧 어떤 기회가 열려있는 상태를 긍정하면서도 그 기회를 이용할 수단 즉 능력의 문제는 교묘하게 피하는 경향이 있다. 이러한 자유의 개념은 본질적으로 소극적인 것으로서 '무엇으로부터의 자유'만을 강조하고 적극적으로 '무엇을 하기 위한 자유'는 외면하고 있는 것이다. 자유주의자의 자유는 무엇보다 국가에 의한 통제, 강제, 제약, 간섭으로부터의 자유를 의미한다.

자유주의자의 그 자유는 개인의 자유이다. 개인은 자기가 옳다고 믿는 대로 믿을 권리가 있고 그 믿음을 누구에게나 표현하고 그 믿음에 따라 행동할 권리가 있다는 것이다. 그러나 개인이 자기와 같은 생각을 하는 다른 사람들과 힘을 합하여 집단적 조직적으로 행동하기를 원할 때에는 결사의 자유, 언론출판의 자유가 필요하게 되고 이러한 집단적 성격의 자유들이 없으면 개인의 자유는 매우 제약을 받게 된다.

자유주의가 다른 가치들보다 개인의 자유를 높이 평가하는 이유는 개인의 자유는 창조성과 독창성을 자극하여 학문과 예술을 크게 향상시킨다는 점, 진리는 상반된 견해들 사이의 공개적 토론을 통해서만 얻어질 수 있는데 그러한 공개토론은 자유가 보장된 조건하에서만 가능하다는 점, 인간능력에는 한계가 있어서 현재 아무리 옳고 진실한 것으로 생각되는 것도 잘못일 수 있기 때문에 모든 진리와 지식에 대해 일단 의심해보는 것이 중요하다는 점에 있다. 일체의 진리를 일단 의심하는 자유 곧 발표의 자유가 필요하다. 그리고 모든 개인의 생명은 자기 자신의 것으로서 다른 사람에게 방해를 주지 않는 한 무엇이든지 자기 뜻대로 살고 생각하고 믿을 기본적이고 궁극적인 권리가 모든 개인에게 있다는 점이다. 개인주의는 생명도 자기 자신의 소유라고 하면서 소유를 강조하는 이유는 인간 본유의 권리를 강조하기 위해서이다.

그러나 이러한 인간관은 사람들을 혼자 내버려 두는 단순한 무간섭을 의미하는 것이 아니고 오히려 사람들이 제 능력과 제 소질을 잘 발휘할 수 있는 수단과 기회를 확실하게 해주는 적극적인 행동과 계획을 의미한다. 각 개인은 자기 이익의 최고의 재판관이고 이성은 누구나 다 보편적으로 소유하고 있다. 사람은 누구나 자립의 능력을 소유하고 있을 뿐만 아니라 자립의 권리도 소유하고 있다. 세계관, 인간관, 선악관이란 역사의 변천에 의해 사회와 문화의 차이에 따라 변화하고 달라지는 것이고, 어떤 엘리트나 종파나 정당이나 제도나 일시적인 다수파가 자기들의 형이상학적 도덕적 신념을 그걸 원치 않는 사람에게 강요할 권리가 없다.

그러나 자유가 많을수록 행복한다든가 자유야말로 자아실현의 필수적 요건이라는 자유주의의 신념이 실제생활과 일치하는 것은 아니다. 인격의 자아실현이라는 것도 혼자서 되는 것이 아니라 평생의 반려자를 비롯한 여러 종류의 사람들과 접촉을 통해서 이루어질 때가 많다. 실제 생활에서 개인주의적 자유는 분명히 한계가 있다.

자유주의는 기본적으로 공동체를 개인의 자유로운 발전에 대한 제약의 원천으로 생각한다. 자유주의자는 항상 개인적 자유야말로 인간의 존엄과 능력에 대한 존중과 인간 지식의 한계에 대한 자각 등에 모순되지 않고 양립할 수 있는 유일한 정치원리라고 주장한다.

[관용과 이성] 자유주의의 여러 가치 중 하나인 관용은 한 사회나 국가가 기피하거나 용인하지 않는 행동과 사상을 개인이나 사회나 국가가 용납해주고 간섭하지 않는 태도이다. 자유주의에 있어 관용은 개인들의 행동과 사상의 다양을 긍정할 뿐만 아니라 현대 사회의 다원적 성격을 긍정한다. 사회는 동질적인 것이 아니라 모두가 제각기 자기의 이익을 추구하는 그룹들의 모자이크이다.

이해집단들이 서로 경쟁하는 사회에서 관용이란 정확히 말하면 이해관계가 충돌하는 자들이 모두 존재할 권리와 이익추구의 권리가 있다는 것을 아낌없이 인정하는 것을 말한다. 그러나 도덕적 원리의 세계에서는 일반적 법칙으로서 타협이란 전혀 설득력이 없는 법이다. 그렇다고 관용이 도덕적 무관심 내지 도덕적 중립성을 의미하는가?

어떠한 사상이나 운동이 많은 사람의 무관심 속에 있을 때에는 틀림없이 관대한 취급을 받는다. 관용은 종교적 무관심으로 되돌아갈 때 대두한다. 그러므로 관용의 덕을 실천하기란 결코 쉬운 일이 아니다. 관용의 적은 광신이다. 자유주의에 있어 관용의 문제는 자유의 문제에 있어서처럼 합리성과 회의론에 깊게 연결되어 있고, 인간의 기본권리에 관련되어 있다.

자유주의에 있어 그 자유를 실현시키려면 국가와 사회와 개인들의 관용이 절대적 조건으로 요구된다. 자유의 원리가 인간존중의 사상에 바탕을 두고 있는 것처럼 관용도 인간존중의 사상에 바탕을 두고 있고 그 사상의 실천이 곧 관용이다.

관용 다음으로 개인적 자유에 밀접히 관련되어 있는 자유주의의 가치는 이성이다. 좁은 의미의 이성은 욕망충족의 방법을 가르치고 논리적으로 계산하는 수단으로서의 기능이고, 넓은 의미의 이성은 개인과 사회를 합리적으로 설계할 수 있게 하고 사람들에게 어떤 목표를 선택할 수 있게 하는 적극적이고 낙관적이고 보편적인 힘으로서의 이성을 말한다. 자유주의는 이 두 기능의 어느 것을 막론하고 이성을 지지하여 왔다. 보수주의가 이성과 합리주의를 불신하고 전통과 관습 및 감정을 예찬하는 데 반하여 자유주의는 전통과 권위를 항상 반대하고 기성종교에 대해 항상 맞서 싸웠다. 자유주의는 항상 이성의 편이다.

자유주의는 이성을 바탕으로 합리주의와 경험론의 철학을 수립하고 그 철학에 의해 근대과학 발전에 이바지하고 과학의 원리를 생산기술에 응용케 하여 근대산업의 혁명적 발전을 가능케 하였다. 과학과 산업의 끝없는 발전은 역사를 이성의 끝없는 진보와 향상으로 보는 진보사관을 낳게 하였다. 진보사관은 자유주의가 낳은 사관이다.

그러나 지나치게 이성의 편에 서 있는 자유주의에 대해 이성에 못지않게 중요한 상상과 예술에 관한 철학을 수립하지 못하였다는 비판을 받는다. 인간과 사회에 대한 보다 더 완전한 이해를 위해서는 합리적인 면 못지않게 정서적이고 예술적인 인간에 대한 깊은 통찰이 필요함은 두말 할 나위가 없다. 그리고 핵전쟁에 대한 공포, 환경위기로 인한 전인류적 공포는 과학과 기술에 대한 자유주의적 신뢰를 더 지탱하기 어렵게 만들고 있다. 이처럼 자유주의가 현대 산업사회에서 그 오랜 전통적 기반을 상실해가고 있는 것은 부인할 수 없다.

자유주의자들이 사람들과의 문제를 해결하는 방법의 근본태도는 감정에 호소하지 않고 이성에 호소하여 합리적인 말로 설득하려는 태도이다. 자유주의자들은 이기적인 개인의 이해관계나 그룹이나 계급의 이해관계를 보다 더 고상한 목표를 위해 희생하게끔 사람들을 설득시킬 수 있다고 믿고 있다. 만일 이성에의 호소와 설득의 시도가 실패하면 어떻게 되는가.
자유주의가 논리적으로 무정부주의와 평화주의로 흐르게 마련이나 그렇다고 자유주의가 무정부주의가 될 수 없다. 자유주의자는 감옥을 미워하지만 감옥과 투옥의 제도를 폐지하려고 하지 않는다. 자유주의자들도 설득과 토론으로는 도저히 안 되겠다고 판단되는 때에는 언제든지 강제의 방법과 무력을 사용하고 전쟁에 임했던 것이다.

[입헌주의와 민주주의] 자유나 관용이 꿈이 아니라면 그것은 법률, 관습 제도로 구체화되어야 한다. 법률과 제도는 국가를 전제로 한다. 그런데 자유주의는 전통적으로 국가를 개인의 자유에 대한 최대의 위협으로 보아 왔다. 여기서 자유주의와 국가의 긴장관계가 생긴다. 여기서 국가 내지 정부의 권력과 권위는 절대적인 것이 아니라 제한적인 것으로 될 수밖에 없다. 국가권력이 제한적이라는 기본원칙을 수립하기 위해서는 국민의 동의를 정통정부의 기반으로 하거나 국가나 정부의 자리를 헌법과 기본법의 틀 안에 제한하는 방법이 있다. 자유주의 입장에서 정부라는 것은 사회의 이익을 위해 마지못해 필요한 존재이므로 사회의 동의 내지 지지를 얻어야 한다는 것은 당연하게 된다.
국민의 동의라고는 하지만 국민의 실체가 무엇인지 명확하지 않다. 국민의 실체가 어떻든 자유주의정부는 국민에게 책임을 진다는 원칙은 정부의 권력이 제한적이라는 기본원칙을 수립할 필요가 있다. 그리고 정부권력을 제한하는 중요한 방법은 권력의 분립이었다. 국가권력을 더 제한하기 위하여 취한 조치는 법에 의한 정부의 통치이다. 이러한 여러가지 방법으로 자유주의는 법치의 원칙을 수립하였다. 이 법치의 원칙은 절대군주의 恣意的 통치의 종말을 의미하였다.

그러면 법치란 무엇인가? 법치의 의미는 법의 일관성과 不偏性이었다. 법은 어떤 신뢰성과 항구성을 지녀야 하고 개인들 사이에서도 계급들 사이에서도 공평해야 한다는 것이 절대적으로 필요했다. 자유주의는 이와 같이 자유와 관용 기타 주요한 가치들을 현실생활에서 실현시키기 위해 국가의 권력을 제한하고 개인의 자유를 안전하게 하는 원리들과 제도들을 만들었다.
그러나 자유주의의 법치론에는 애매하고 모순되는 점들이 있다. 국가와 권력을 믿지 못하겠다고 하면서도 그것을 막연히 필요악으로 받아들이고 있고, 따라서 질서 있는 사회 안에서 개인이 향유할 수 있는 자유에도 한계가 있다는 것을 받아들이고 있다.

그러면 자유주의는 민주주의를 어떻게 보고 있는가? 자유민주주의라는 말을 많이 하는데 실제로 자유주의와 민주주의는 잘 어울려 있지 않다. 둘은 마지못해 타협과 양보를 해오기는 했지만 둘 사이는 껄끄러운 관계이다. 자유주의는 절대주의를 몰아내기 위하여 입헌주의에 의한 정부권력의 제한을 주장했고, 정부권력의 제한이란 국민의 동의에 의한 정부를 의미하였던 것인데 국민동의의 개념이 교양과 재산이 있는 소수의 동의에서 국민 전체의 동의로 그 적용범위가 확대되어 갈 때 동의의 개념은 민주주의로 향해 가고 있었다. 여기서 부르조아 자유주의는 자기가 파놓은 덫에 걸리게 되었다. 국민동의권을 전제 국민으로 확대하여 보통선거를 실시하게 되면 그것은 민주주의이다. 그런데 자유주의는 민주주의를 민중의 독재 즉 전체주의로 흘러가는 것으로 보았기 때문에 민주주의를 두려워하였다.

자유주의 입장에서 볼 때 민주주의는 본질적으로 '폭도'의 통치를 의미하였다. 국민동의라는 정통성을 바탕으로 한 민주주의는 과거 어떠한 정치보다도 더 자유를 위협할 수 있는 민주주의적 독재로 향해 가고 있었던 것이다. 19세기 자유주의는 무식한 대중을 정치적 실체로 인정할 경우 정치적 사회적 혼란이 올 뿐만 아니라 민중이 정권을 장악할 경우 결국 사유재산도 위협받게 될 위험이었다. 국민에 의해 선출된 정부라고 해서 개인의 자유를 제약하지 않는다는 보장은 하나도 없었다.

민주주의에 대한 자유주의의 두려움은 민주주의는 다수파 지배의 정치가 아니라 인민주권의 원리에 의한 정치라고 할 때 더 커졌다. 그 이유는 인민이니 국민이니 하는 추상적 개념은 사회는 각각 떨어져 있는 개인들로 구성되어 있다는 자유주의의 사회관에 위배되기 때문이고, 일반의지라는 개념도 정부에게 그럴 듯한 이유를 붙여 특수한 이해관계를 짓밟을 구실을 제공할 수 있기 때문이었다. 19세기 민주주의 이론의 선구자였던 루소가 오늘날 자유주의 이론가들에 의해 호된 공격을 받는 이유가 여기에 있다. 인민주권 이론을 너무 지나치게 해석하면 전체주의로 한걸음 다가서게 된다는 비판이다. 이렇게 하여 자유주의는 민주주의의 3대 괴물을 다수의 폭정, 인민의 직접 정치참여 및 여론이라고 보았다.

그러나 민주주의도 자유의 수단이 될 수 있다. 최소한 서양세계에서 우리가 이해하고 있는 민주주의 정부의 특징은 최대한의 자유를 국민에게 보장해 주려고 하는데 있다. 민주주의의 목적이 자유의 보장에 있다면 그 민주주의가 자유주의와 사이좋게 지내지 못할 이유가 없다. 이런 민주주의가 바로 자유민주주의이다. 자유민주주의는 결국 제한된 민주주의이다. 무제한적 민주주의는 전체주의로 기울어서 개인적 자유와 사유재산 및 시장경제 등의 자유주의적 가치와 제도에 위협이 될 것이기 때문이다.

[**자유주의와 자본주의**] 자본주의는 자유주의의 제 가치 중의 하나가 아니나, 자유주의는 자본주의와 더불어 성장해왔다. 자유주의와 자본주의의 관계에 대해서는 마르크스주의와 아담 스미스 이래의 자유방임론의 상반된 두 입장이 있다. 마르크스주의 입장은 자본주의체제 아래서는 자유도 민주주의도 극히 한계가 있다는 입장이고, 하이에크나 프리드만 같은 학자들은 자본주의가 없으면 개인의 자유도 있을 수 없다는 입장이다. 경제의 힘이 개인들에게 있을 때만 개인적 자유가 보장된다고 보고 있다.

케인즈는 아담스미스와 달리 국가가 경제문제에 대해 더 적극적인 역할을 해야 한다고 강조하였다. 케인즈가 본 자본주의는 경제기구를 원만히 돌아가게 하는 원동력으로서 돈을 벌고 돈을 좋아하는 개인들의 본능에 강한 자극을 주게끔 되어있는 구조였다. 그가 자본주의를 옹호한 가장 중요한 이유는 경제생활에 있어서 개인적 자발성과 개인적 책임의 기회가 열려있는 개인주의야말로 인간의 자유와 생활의 다양성을 가장 잘 보장해준다고 생각했기 때문이다.

그런데 여기서 케인즈 이후의 현대 자본주의는 자본주의가 필연적으로 가져오는 경제적 불평등의 문제를 어떻게 해결해야 하느냐 하는 문제에 봉착하게 되었다. 현대 자유주의도 사회정의의 문제와 연결되어 있는 평등이라는 구호를 외면할 수 없게 되었다. 여기서 현대 자유주의는 자기가 요구하는 평등은 경제적 평등이 아니라 기회의 평등이라고 한다. 그렇다고 불평등의 문제는 해결되지 않는다. 모든 사람이 평등한 조건에서 인생을 출발하는 것은 아니기 때문이다.

자유주의는 사유재산이야말로 인간생활의 활동영역을 넓혀 주고 그 소유자에게 생활의 독립을 보장하여 사람답게 살 수 있는 자유를 더 많이 준다고 주장한다. 그러나 여러 채의 집과 막대한 생산수단을 소유할 수 있는 사유재산제도는 셋방에 사는 자와 피고용 노동자에게 개인적 독립을 보장해 주지 못한다.

자유주의의 철학적 핵심은 개인주의이고, 개인주의에 있어서 개인의 개념은 본질적으로 보편적이고 평등주의적이다. 개인주의의 이러한 평등주의적 성격은 실제 생활에서도 고도의 경제적 사회적 평등을 당연한 것으로 요구해야 한다. 기회의 평등은 그러한 요구의 최소한에 불과한 것임에도 현대 자유주의는 그 최소한의 요구마저 재산권과 부의 축적 및 상속에 대한 간섭이라는 이유로 외면하고 있다.

자유주의자들은 재산을 한 세대에서 다음 세대로 넘겨주는 절차를 방해할 생각이 없는 한 결과적으로 계급과 계급적 특권의 유지를 묵인하고 있다. 그러나 어떠한 자유주의자도 일찍이 요지부동의 계급구조를 옹호한 일이 없고, 자유주의는 사람들을 기본적으로 평등한 인류의 일원인 개인으로 본다. 다만 그들은 법 앞의 평등, 시민적 정치적 권리의 평등, 기회의 평등을 믿고 있을 뿐이다. 여기에 현대 자유주의자들이 계급문제에 대해 우물쭈물하는 이유가 있다. 자유주의는 항상 그 사상의 핵심이라고 주장하는 개인주의에 철저하지 못하고 있다. 자유주의만 아니라 어떤 사상이나 이론도 실제 현실에 부딪칠 때에는 그 원리에 철저할 수는 없는 것이 보통이다.

03   왜 그들은 우리를 파괴하는가

1. 진화하는 범죄의 진실

몇 해 전 서울로 가는 비행기에서 중앙일보에서 "칼 든 강도가 총 든 강도보다 위험하다"는 제목의 서평을 보았다. 이 책을 읽어볼 필요가 있겠다 싶어 금융연수원 가는 길에 마침 시간여유가 있어 광화문 교보문고에서 이창우·박미랑 지음『왜 그들은 우리를 파괴하는가』(메디치, 2016)라는 이름의 그 책을 구입했다. 저녁 제주로 돌아오는 비행기가 결항되고 다음날 제주로 돌아오는 비행기에서 이 책을 내리 읽어보았다.

우리는 범죄 속에서 살면서 범죄 없는 세상을 꿈꾸지만 역설적으로 범죄 없이 살 수 없는 세상에 살고 있다. **"범죄는 불가피하고 이롭기도 하다."** 는 프랑스 사회학자 뒤르켐의 말처럼 범죄는 옳고 그름을 판단하는 기준이 되어 사회를 유지하는 역할을 한다. 범죄가 사회를 유지하는 역할을 한다는 패러독스!

"최고의 범죄학자가 들려주는 진화하는 범죄의 진실"이라는 부제가 붙어있는 이 책은 "범죄는 어디에서 싹 트는가: 우리가 모르는 가면 속 범죄의 민낯", "범죄 앞에서 고정관념은 왜 위험한가: 상식을 뒤집는 범죄 대응", "범죄는 어떻게 진화하는가: 시대에 따라 변화하는 범죄들", "왜 범죄 피해자가 비난을 받는가: 사회적 약자의 이중위험" 등 4부로 구성돼 있다.

저자들은 범죄의 두려움과 고통에서 벗어나기 위해서는 제일 먼저 '범죄를 제대로 알아야 한다.'는 명제에서 출발해야 한다는 전제 아래 범죄에 대한 막연한 불안과 오해를 최근에 발생한 생생한 사례를 인용하면서 쉽게 풀어쓰고 있다.

이 책을 통해 범죄에 대한 상식의 허실을 공부하면서 몇 가지만 다이제스트 해보기로 한다.

2. 우리가 모르는 가면 속 범죄의 민낯

살인자는 왜 친근한 얼굴일까? 믿는 도끼에 발등 찍힌다. 우리나라 살인 피해자 10명 중 6명은 자신과 잘 아는 사람에게 피살된 경우이다. 살인 피해자 4명 중 1명은 친족에 의해 목숨을 잃은 경우이다. 가족 간의 갈등이 모든 갈등 유형 가운데 가장 광범위하게, 가장 빈번하게 발생하는 갈등현상이다. 가족 간의 갈등은 주로 감정적인 갈등이기 때문에 합리적 절차나 방법으로 해결되지 않고 결국 폭력적인 방법으로 해결되는 경우가 많다. 왜 가까운 사람끼리 서로 죽이는 걸까?

살인은 참을 수 없는 분노와 뿌리 깊은 증오가 유발하는 격정의 범죄이다. 아는 사람을 죽이는 일은 대부분 순간적인 분노를 억누르지 못해 발생한다. 다짜고짜 모르는 사람을 살해한다는 것은 이해하기 힘들다. '묻지마' 살인은 극소수 사이코패스들에게 국한된 현상이다. 살인은 어떤 범죄보다 핑계가 많다. 이런 핑계 내지 '명분'이 살인을 부추기고 자제력 부족과 이기심을 도덕적 명분으로 포장한다. 그래서 살인은 피해자의 잘못이 크다는 주장도 나온다. 전체 살인의 1/4은 피해자에 의해 유발된 살인이라는 연구결과도 있다. 엄청나고 심각한 결과에 비해 살인의 동기는 의외로 사사롭고 보잘 것 없다. 폭행과 살인 사이에 동기는 별다른 차이가 없으나 얼마나 흥분한 상태냐, 피해자의 저항이 얼마나 강하냐에 따라 결과는 하늘과 땅 차이다.

우리 사회를 떠들썩하게 만들었던 유영철, 조두순, 정남규, 김길태 등 흉악범들은 대개 불우한 환경에서 자라나 정상적인 관심이나 애정, 교육을 받지 못하고 세상에 대한 적개심이 가득했다. 이들은 모두 남성이고 피해자는 모두 여성이었다. 흉악범죄의 경우 남자들에게 범죄기회가 훨씬 많고, 범죄기회의 차이로 인해 흉악범들은 남자가 많다. 범죄 성공가능성을 높이기 위해 가능하면 만만한 대상을 고른다. 여성이 남성을 살해할 때 주로 잠자고 있을 때나 아니면 독극물을 이용하는 것도 역시 범죄의 성공가능성을 높이기 위함이다. 그렇다고 흉악범은 남성이고 피해 대상은 여성이라는 단순 도식은 성립되지 않는다. 살인범 가운데 여성 살인범이 22.6%에 이르고 살인 피해자의 46.8%가 남성이다.

강도는 합리적이다. 어두운 밤 골목길을 걸어가는데 누군가가 튀어나와 돈을 내놓으라고 협박하면서 ① 총으로 위협할 때, ② 칼로 위협할 때, ③ 아무 흉기도 없이 맨손으로 위협할 때 어느 때가 제일 안전한가? 정답은 아무 흉기도 없이 맨손으로 위협할 때가 가장 위험하다. 강도가 흉기를 드는 것은 자신의 목적을 효율적으로 달성하기 위한 지극히 합리적 행동이다. 강도는 돈을 빼앗으려는 목적이지 다치게 하거나 죽이려는 목적이 아니다. 흉기의 살상력과 사용률은 반비례한다. 밤길에 총을 들고 돈을 내놓으라는 강도에게는 돈만 주면 몸까지 다칠 가능성은 매우 적다. 강도에게 총이나 칼은 치명상을 강조하기 위함이다. 강도가 총이나 칼을 들었을 때는 안심해도 된다는 이야기(?). 맨손 강도에게 돈을 빼앗기지 않으려고 하다가 물리적 충돌이 생기고 어떤 형태로든 다치게 된다. 강도는 아무 생각 없이 총이나 칼을 들고 거리에 나서는 바보가 아니다.

그리고 강도는 아무나 털지 않고 털만한 상대만 턴다. 강도는 약한 상대를 고른다. 한국은행 본점이 강도에 털린 적이 없다. 농협 변두리 지점이나 신협, 새마을금고 등 취약한 곳만 노린다. 복잡한 시내 한복판보다 차량도주가 편리한 외곽지역을 노리는 비겁하지만 영악한 존재가 강도들이다. 그러면 합리적인 강도들이 왜 강도를 저지를까?

1992년 노벨 경제학상 수상자인 Gary Becker는 비합리적으로 보이는 강도행위 역시 수익과 비용을 계산한 최적(optimal)의 결정이라고 주장한다. 강도를 저지르는 사람들은 일단 웬만해서는 잡히지 않는다고 생각한다. 최악의 경우 잡히더라도 감수할 수 있기 때문에 강도를 저지른다. 이들은 대부분 잃을 게 없다고 생각하는 사람들이다. 마땅한 직업과 고정적인 수입이 있는 사람이 강도짓을 할 이유는 없다.

"사람은 시간을 할인(time discounting)하는 습성이 있는데 이는 사람마다 다르다." 강도를 포함한 범죄자들에게 미래의 가치는 높지 않다. 강도로 인한 비용, 즉 체포되어 처벌을 받는 것은 미래의 일이고, 강도를 저질러 얻는 수익은 돈이 얼마가 되었든 당장 생기는 수입이다. 강도들은 미래의 처벌에 큰 관심이 없다. 형량을 늘려보았자 범죄가 줄어들지 않는 이유이다. 강도가 붙잡힐 가능성이 100%라면, 그것도 빨리 체포된다면 강도억제 효과를 볼 수 있다. 결국 강도피해를 입지 않으려면 강도의 합리성을 이용하여 자신이 범죄대상으로 매력적이지도 취약하지도 않다는 점을 보여주는 것이고, 국가로서는 강도를 저지르면 반드시 최단시간 내에 잡히고 만다는 것을 보여주는 것이다.

방화범, 범인은 왜 불을 지를까? 전체 방화사건의 50% 가까이가 원한과 불만을 해소하기 위한 복수의 목적으로 벌어진다. 숭례문 방화사건도 토지보상액수에 불만을 품은 70대가 불을 질렀다. 그리고 보험금을 노리고 불을 지르는 것과 같이 전체 방화사건의 40%는 경제적 요인이다. 부도난 공장에 불을 지르고 보험금을 타 낸다. 범죄증거를 은폐하기 위해서 불을 지르기도 한다.

절도범은 내부에 있다. 백화점과 대형할인점 등 유통업체에 가장 큰 손실을 안기는 가장 큰 요인은 내부직원의 절도라는 통계가 있다. 미국의 유통업체 전체 손실액의 40% 이상의 내부직원의 절도에 의해 발생한 것으로 보고되고 있다. 이들 업체들이 검색대 설치 등 외부보안대책을 강화하지만 막상 안에서 새는 것은 제대로 막지 못하고 있다.

범죄는 저마다 가면을 쓰고 있지만 그 가면을 벗기기가 유독 어려운 곳이 있다. 군대성범죄자들과 학교, 가정폭력의 비겁한 가해자들이다. 범죄라는 것이 원래 비겁하다. 자기보다 약하거나 만만한 상대만 골라 피해를 입힌다. 조폭은 비겁함의 상징이다. 여럿이 뭉쳐 자기들보다 약한 사람을 괴롭히고 착취하는 것이 조폭의 본질이다.

'지배하지 않으면 지배당한다.'는 강박관념과 피해의식이 학교폭력과 왕따현상을 만드는 주된 범죄심리학적 요인이다. 학교폭력의 원천에는 비겁한 부모가 있다. 학교폭력을 포함한 청소년 범죄는 주로 부모의 무지 탓이다.

범죄기회와 범죄동기가 만나면 반드시 범죄가 싹튼다. 범죄충동을 억제하고 통제할 수 있는 능력이 제대로 코딩(coding)되지 않은 상태에서 범죄기회가 주어졌을 때 범죄가 발생한다.

3. 상식을 뒤집는 범죄 대응

'깨진 유리창'을 갈아 끼우면 범죄가 줄어든다. '깨진 유리창(Broken Window)이론'은 1969년 스탠포드대학의 심리학자 필립 짐바르도 교수의 실험결과에 의해 만들어진 이론이다. 자동차 두 대 중 한 대는 범죄가 잦은 뉴욕의 Bronx 지역에 번호판을 떼고 보닛을 열어뒀다. 다른 한 대는 스탠퍼드 대학이 있는 샌프란시스코 부촌 Palo Alto 지역에 깨끗한 상태로 두었다. Bronx 지역의 자동차는 곧 마을 사람들이 라디에이터와 배터리를 떼어 갔고, 몇 시간이 지나자 모든 부품이 털리고 유리창이 깨졌다. 1주일 후에는 차체가 박살나고 고철이 돼 버렸다. Palo Alto 지역에 놔둔 차는 시간이 지나도 멀쩡했다. 그러나 짐바르도 교수가 일부러 유리창을 조금 깨놓자 부촌인 Palo Alto 사람들도 자동차를 부수기 시작했다.

'깨진 유리창' 실험은 평소 법과 규칙을 잘 지키던 사람들도 주위 분위기만 조성되면 얼마든지 폭력과 범죄행위에 가담할 수 있음을 잘 보여준다. 어느 집 유리창이 깨진 채 그대로 놔두면 그 집의 다른 유치창도 깨지고 다음에는 다른 집의 유리창도 깨진다. 동네가 슬럼가 우범지대로 바뀌고 사람들은 동네를 떠난다. 집이나 자동차의 유리창을 깨는 행위, 즉 기초질서를 해치는 행위들이 별다른 조치 없이 놔두면 결국 강력범죄로 이어진다는 이야기이다. 결국 깨진 유리창을 갈아 끼우고, 쓰레기를 치우는 등 환경을 개선해야만 범죄를 줄일 수 있다. 뉴욕이 '깨진 유리창' 이론을 활용하여 치안전략이 성공을 거둔 사례이다. 1994년 뉴욕 경찰청장으로 부임한 윌리엄 브래튼은 노상방뇨, 지하철 무임승차, 낙서 등에 대한 대대적인 단속활동을 펼치고 범죄의 온상이 되기 쉬운 곳에 대한 환경개선 노력을 병행한 결과 10년도 되지 않아 살인사건이 1/3 수준으로 줄었다. '깨진 유리창'은 공동체의 협력을 요구한다. 공동체의 노력만이 범죄의 싹을 자를 수 있다.

마약의 합법화가 범죄를 줄일까? 불과 100년 전만 해도 미국에서 마약은 범죄가 아니었다. 미국 전역에서 마약을 금지한 최초의 연방규정인 '해리슨 마약 법안'이 제정된 것은 1914년이었다. 1920. 1. 1.을 기하여 발효된 금주법은 당초부터 지켜지기 어려운 법이었다. 그 바람에 밀조와 밀매가 크게 늘었고 마피아 같은 조직폭력이 전성기를 맞이하는 결과만 가져왔다. 이에 따라 시카고와 뉴욕 등 대도시에서 활개 치는 조폭들을 단속하기 위해 FBI 같은 연방수사기관이 대폭 확충되는 계기가 되었다. 1933년 금주법이 폐지되자 이미 덩치가 커진 수사기관들이 찾은 새로운 대상이 바로 마약이었다. 2차 대전 후 마약은 히피문화의 상징이 되었고, 확산된 마약문화는 범죄를 증가시키고 각종 사회문제를 일으켰다. 이에 대응하여 미국 정부는 마약수사국(DEA)을 발족시켰다. 그러나 마약과의 전쟁은 실패한 정책이 되고 말았다. 마약사범을 수감하기 시작하자 수감자 수가 폭증했고, 노동자 수가 감소했으며 이들이 전과자가 되어 다시 마약에 손을 대는 악순환에 빠져들었다.

마약과 마약류, 향정신성의약품은 구별해야 한다. 좁은 의미의 **마약**은 아편, 헤로인, 코카인 등 천연마약과 합성마약만을 가리키고, **마약류**라고 하면 필로폰(메스암페타민), 엑스타시, LSD 등의 **향정신성의약품**과 아편, 헤로인, 코카인 등의 **마약**, 그리고 대마초, 해시시 등의 **대마**를 통칭한다. 대부분의 국가에서 마약을 불법화하고 단속을 강화하다 보니 오히려 마약의 폐해를 키운다는 비판도 있다. 미국정부는 연간 마약단속으로 300억 달러를 넘는 돈을 쓰고 있는데 이 돈으로 빈곤층 감소나 교육을 위해 활용한다면 마약 수요를 훨씬 줄일 수 있을 것이라는 지적도 있다. 중독성이 강하지 않은 대마초의 합법화 및 비범죄화를 주장하는 목소리도 있다. 네델란드는 이미 대마초를 합법화했고, 미국도 오리건 주를 비롯해 몇몇 주에서 대마초를 합법화했다. 대마초는 중독성이나 의존성이 술이나 담배보다 약하다는 연구결과가 나오고 있다. 그러나 우리나라에서 마약이나 대마초의 합법화는 시기상조일 것이다.

여성범죄자, 남성보다 관대한 처벌을 받는가? 우리의 경우 여성이 남성에 비해 관대하게 처벌을 받았다. 땅콩 회항 사건에서 조모 피고인은 항소심에서 집행유예로 석방되었다. 여대생 청부살해 사건으로 무기징역을 선고받은 윤 모는 형집행정지결정을 받아 하루 입원료가 200만원이 넘는 VIP 병실에서 호화생활을 하고 수시로 외출과 외박을 다녔다.

과학수사에 환상을 심어준 〈CSI〉는 단순히 TV방송을 넘어 일반 시청자들의 생각은 물론 범죄자, 검사, 변호인, 판사의 생각도 바꾸어 놓았다. 범죄 및 과학수사 관련 드라마 시청빈도가 높은 배심원들이 실제 재판에서 과도하게 과학 증거에 의존하는 현상을 'CSI 효과'라고도 한다. 검사가 과학적 증거를 제시하지 못할 경우 배심원들이 유죄평결을 내릴 가능성이 낮다. 배심원들은 검사가 설명하는 정황보다 〈CSI〉 수준의 과학적 증거를 요구한다. 판사의 부담감도 커진다. 변호사도 'CSI효과'에서 자유로울 수 없다. 예컨대, 강간사건의 경우 검사가 과학적 증거를 제시하지 못할 경우 피의자의 강간 혐의는 무죄판결을 가능성이 높지만, 반대로 피고인의 정액, 혈액, 체모, 지문과 같은 과학적 증거가 나온다면 유죄는 말할 것도 없고 유사 사건의 평균 형량보다도 선고형이 훨씬 높아질 수 있다. 피고인을 변호해야 할 변호사로서는 최악의 상황이 올 수 있다. 범죄드라마를 시청하는 배심원들은 과학적 증거를 중요하게 생각하며 확신에 찬 평결을 내린다는 연구결과가 있다.

왜 법조인들은 배심원을 불신하는가? 배심원들이 전문적인 지식이 필요한 재판세서 해당 분야의 전문가가 의견을 제시할 경우 전문가의 의견을 비판 없이 기계적으로 수용한다(white coat syndrome). 또 배심원들이 법률 전문가가 아니기 때문에 드라마 속의 현실과 법정 내 현실을 혼동한다(페리 메이슨 신드롬). 배심원들은 브라운 밖의 변호사가 TV에서 보던 것과 다르고 무능하다고 생각한다. 그럼에도 불구하고 배심원들은 판사만큼이나 현실을 엄밀히 판단한다는 능력을 보여준다는 연구결과가 있다.

범인은 범행 장소에서 멀지 않은 곳에 있다. 범인의 주거지는 대개 범행 장소에서 반경 5km를 벗어나지 않는다. 2007년 실종된 안양 혜진·예슬 양 사건의 범인은 두 소녀의 집에서 불과 130여m 떨어진 곳에서 살고 있었고, 2007년 발생한 제주 초등학생 살해사건도 유괴된 학생의 집에서 50m 떨어진 과수원에 사는 40대 남자의 소행이었다. 이처럼 범죄가 주로 범인의 주거지 인근에서 발생하는 것은 범인이 주변 지역을 잘 알고 있기 때문이기 때문이다. 그런데 개구리 소년 사건이나 제주도 이승용 변호사 피살사건은 아무리 가까운 곳을 다 뒤져도 공소시효가 다 지나도록 오리무중으로 영구미제사건이 되고 말았다.

경찰을 더 뽑으면 범죄가 줄어들까? 경찰력의 증가가 범죄 감소에 별다른 영향을 미치지 못한다는 분석이 지배적이다. 상당수 범죄가 경찰의 존재와 상관없이 즉흥적이고 순간적인 판단에 의해 발생한다. 경찰관을 아주 많이 늘리거나 줄이지 않는 한 경찰력의 증감은 범죄 발생과 검거에 별다른 영향을 미치지 않는다.

법도 유전무죄 무전유죄? 1994년 일어난 O. J. 심슨 사건에서 심슨은 여러 정황증거와 일부 명백한 물증에도 결국 살인 혐의를 벗고 무죄판결을 받았다. 심슨의 무죄판결은 자니 카크란을 비롯한 당대 최고의 형사소송 전문 변호사들과 법과학 전문가들로 구성된 드림팀 덕분이었다. 물론 심슨은 천문학적인 엄청난 변호사 수임료를 지불해야 했다. 그러나 심슨은 이후 피살자 유족들이 낸 민사소송에서 패소해 3350만 달러를 배상하면서 결국 자신은 파산 상태에 빠져 버리고 변호사들만 돈 잔치를 벌이게 만들었다.

Jwffrey Reiman 교수는 『The rich get richer and the poor get prison.』(부자는 더욱 부유해지고, 가난한 사람은 교도소에 간다)에서 교도소에 부자는 별로 없고 가난한 사람들만 가득한 사실에 그다지 놀랄 이유가 없다고 말한다. 힘없고 줄 없고 돈 없는 사람들만 형사사법체계의 느슨한 그

물망에 걸려든다. 부자와 빈자는 범죄도 처벌도 다르다. 우리의 형사사법체계 역시 전관예우 등 돈의 힘에서 전혀 자유롭지 못하다.

4. 시대에 따라 변화하는 범죄들

범죄 영화와 드라마를 본뜬 모방범죄들. 미디어가 법죄수법의 교사역할을 하고 있다. 범죄는 사회적 현상이다. 최근에는 과거에 존재하지 않았던 신종 금융범죄들이 새로운 사회문제가 되고 있다. 피싱 사기는 voice phishing, smishing, pharming, memory hacking, Qshing, letter phishing, 몸캠 피싱 등 다양한 방식으로 진화하고 있다. 눈 뜨고 당하는 대포통장 사기도 있다. 인터넷 직거래 사기 등 사이버 공간에서의 정보통신망 이용범죄가 증가일로에 있다.

5. 사회적 약자의 이중위험

성폭력 범죄는 3명 중 1명이 초범이다. 30~40대가 40% 이상을 차지한다. 성범죄자는 사회부적응자일 것이라는 편견을 갖고 있으나 실제로는 절반이 직업이 있고, 고학력자들이다. 자신의 성적 능력을 입증하려고 하는 보상형 강간범이나 충동형 강간범(전체의 50%)에 대하여는 일단 저항하는 것이 강간대처법이고, 여성에 대해 적대적이며 분노를 느낀 후 범죄를 저지르는 공격성치환형 강간범(전체의 25~40%)의 경우에는 저항에 더 큰 폭력으로 대응하기 때문에 위험하다. 가학적 강간범(2~5%)은 잔인한 폭행이나 살인의 가능성이 높은 가장 위험한 유형이다. 그런데 당하는 입장에서는 강간범이 어떤 유형의 강간범인지 판단하기 어렵다. 강간범에 대한 저항은 신체적, 물리적 모든 저항이 실제 강간 성공 비율을 낮췄다. 그리고 빌거나 울거나 범인을 설득할 수 있다는 착각은 버리고 적극적으로 도망치라는 것이다.

성폭력 범죄의 80% 정도가 가깝게 하는 사람에 의해 발생하고 15% 가량은 친족이 저지른다. 성범죄는 대표적인 숨은 범죄(hidden crime)이다. 어느 누구도 범죄가 정확하게 몇 건이 발행하는지 알지 못한다. 성폭력 범죄의 대부분이 밤에 술 취한 상태에서 저지른 경우가 많다. 여자들뿐만 아니라 남자들도 성폭력 범죄의 사각지대에 놓여 있다. 모든 범죄는 실패확률이 아주 적다고 확신될 때 범죄는 발생한다. "권력욕구가 강하면 성욕도 강하고 성적 일탈 가능성도 높다." "권력은 가장 강력한 최음제"라는 말이 있을 정도로 케네디, 클린턴 등등.성추문으로 타락한 권력자들도 많이 본다.

04 이어도는 없다![1]

1. 이어도의 실체

　내 어렸을 때 할머니와 어머니가 힘든 밭일을 하시면서 부르는 "이어도 허라~"는 노동요를 숱하게 들으며 어린 시절을 보냈다.

　"이어도 허라 이어도 허라
　이어 이어 이어도 허라
　이어 허맨 나 눈물 난다
　이어 말은 마랑은 가라
　강남을 가난 해남을 보라
　이어도가 반이엥 해라"
　(이어도여 이어도여
　이어 이어 이어도여
　이어 하는 소리만 들어도
　나 눈물 난다
　이어 말은 말고서 가라
　강남 가는 해남길을 보면
　이어도가 반이라고 한다)

　그런데 '이어도' 소리를 들으면서도 이어도가 어디에 있는 섬이고 도대체 제주 여인들이 왜 그 '이어도'에 한이 맺힌 것인지를 알지 못했다. 그러다가 고등학교를 졸업하고 대학에 들어가서 시인 高銀이 쓴 『濟州島-그 全體像의 發見-』(일지사, 1976)이라는 책에서 "또 하나의 이어도"를 읽고서야 이어도의 실체를 가늠할 수 있었다.
　얼마 전 본가에 내려갔다가 서재에 있는 책들을 버리는 작업에 들어갔다. 버리기가 아깝다고 모아두었던 책들을 과감하게 버리기로 하였다. 변호사생활을 하면서 사두었던 두툼한 판례집과 판례공보, 법률 전문서적들을 미련 없이 고물상에 폐지 값을 받고 팔아넘겼다. 책값으로 기백만 원이 들었을 책들을 단돈 2만 5천원에 팔아넘기면서 내 젊었던 인생이 한낱 고물상의 폐지로 화하는 것을 보고 감회가 없을 수 없었다. 그런데 책장 한 귀퉁이에서 고은의 『濟州島』를 발견하였고, 40

---
[1] 이 글은 「석정 김부찬 교수의 강단여적, 법과 인간, 그리고 역사」, 학이사, 2020, p.554~559에 실린 글이다.

여년 만에 이 책을 다시 읽어보니 감회가 새로웠다.

이 책은 고은 시인이 중(승려)에서 환속하여 1964. 5.부터 1967. 5.까지 만 3년 동안 체류하였던 제주도에서의 체험을 바탕으로 쓴 글을 모은 것이다. 고은은 바다에 빠져 죽을 작정으로 목포에서 제주도로 가는 배에 올랐으나, 배에서 술을 너무 많이 마신 나머지 자살 계획은 수포로 돌아갔고, 술에 취한 채로 제주도에 내던져졌다. 선조가 삼성혈 땅구멍에서 솟아난 제주 고씨 고은은 이 3년간의 제주도 적거생활로 명예 제주도민증을 받았다. 고은은 자신의 고향의 근원인 삼성혈에 가서 소주 한 병을 퍼부어서 "고을나 할으방! 너무 취하지 맙서!"라고 말하면서 제례를 올렸다고 적고 있다.

고은에 대한 인물검색을 해보니 고은은 1933년생으로 1951 군산북중 교사, 1957 전등사 주지, 해인사 교무 및 주지대리를 거쳐 1964 금강고등공민학교를 설립한 것으로 되어 있다. 그리고 3년간의 제주도 체류기간을 뛰어넘어 1969 동화통신 부장대우를 시작으로 문인활동을 해왔고, 필생의 대작 "萬人譜(만인보)"는 고은을 노벨문학상후보의 반열로 올려놓았다. 그런 대단한 고은이 성추문으로 말년의 모습이 아름답지 못한 것이 안타깝다.

30대의 고은이 60년대의 제주도를 보고 느낀 것처럼 제주에서 태어난 사람이 아닌 타자의 입장에서 객관적으로 더 정확하게 제주를 인식하는 것을 보고 놀라게 된다. 최근에 주강현 교수가 쓴 『제주기행』이나 유홍준 교수가 쓴 『나의 문화유산답사기』 역시 마찬가지다. 제주에서 태어난 나 자신이 타자가 쓴 제주인식을 바탕으로 내가 태어난 제주땅을 이해하는 아이러니라니!

이어도는 제주도에서 중국으로 가는 고대항로에 있던 전설의 섬이다. 옛날 이곳을 지나는 배들이 난파되는 일이 많았는데 이어도는 바로 죽음의 섬이었다. 이어도로 간 사람들은 다시 제주섬으로 영영 돌아오지 못했다. 남겨진 아내는 남편이 돌아오기만을 기다리다 지친다. 그러나 새벽부터 날이 저물 때까지 빌레(돌)밭을 일구고 검질(김)을 매고 돌담을 쌓고 곡식을 맷돌에 가는 일상의 연속에서 이어도는 하나의 운율을 얻어서 남편에 대한 사랑의 슬픔과 살아가는 괴로움을 극복해가는 자기정화의 가요를 이루게 된다. 그러다가 어느덧 이어도는 남편을 삼킨 원수로부터 일하지 않아도 살 수 있는 극락의 유희로 발전하면서 자신도 남편이 편히 살고 있는 저 세상의 이어도로 하루 빨리 가기를 희구하게 되는 것이다.

이어도는 제주도 사람들의 상상의 섬이다. 그 옛날 절해고도 제주도에 사는 사람들이 마주한 궁핍과 고통의 환경은 제주사람들을 절망의 나락으로 밀어 넣었다. 그렇다면 차라리 죽음의 섬에 가서 죽어서 저 세상에 태어나기라도 바랄 수밖에 없었을 것이다. 이승에서의 지겹도록 절망적인 삶이 고달픈 심신을 달래줄 피안의 섬을 동경하게 만들었다. 제주도에서의 삶을 포기해버리는 절망에 의해 궁극의 희망을 설정한 것이 바로 이어도이다. 이어도는 토마스 모어의 '유토피아'나 도연명의 '武陵桃源'과 같은 곳이다. 기독교의 천당이나 불교의 극락세계와도 같은 곳이다. 그러나 "Utopia is no-where"라는 말과 같이 이어도는 살아서는 갈 수 없는, 현실세계에는 존재하지 않는 상상의 섬이다.

사람은 그가 살고 있는 현실을 부정함으로써 처음으로 세계를 인식하게 된다. 이어도 역시 이러한 제주도의 부정에 의해 또 하나의 제주도를 창조한 상상의 섬이다. 제주섬에서의 무의미한 단순성의 반복인 절망적인 삶은 그곳으로부터의 어떤 희구의 절정으로서의 이어도를 창조해냈다. 그러기 때문에 제주사람들에게는 이어도 소리만 들어도 눈물이 나는 감동이 나타나게 된 것이다.

이어도는 제주도에 대한 또 하나의 제주도이다. 제주사람들은 제주에서 살아남기 위해 제주도 → 이어도 → 제주도로 이어지는 자기 환원 속에서 자신들의 삶의 형이상학을 만들어냈다. 자기부정이야말로 자기긍정의 시발점이다. 이어도는 죽음의 섬이면서 바로 구원의 섬이다. 제주 사람들은 이어도가 있어 현실의 고달픈 생활을 견뎌낼 수 있었다.

유토피아나 무릉도원, 천당이나 극락세계가 현실에 존재하지 않는 것처럼 이어도도 현실로 실재하는 섬이 아니다. 이어도는 제주 사람들이 바다 멀리 상상 속에 그려놓은 이데아일 뿐이다. 그런데 문명의 개화를 받은 사람들이 그 상상의 섬을 현실 속에서 찾기 위해 분주해졌다. 사람들은 제주도 서남쪽 동지나해에 있는 해도상의 소코트라 록(Socotra Rock)으로 표시된 파랑섬(波浪島)을 찾아내어 이 암초를 이어도로 덧칠하기 시작했다.

한국정부는 2003. 6. 이 수중암초 위로 해양과학기지를 만들어 '이어도종합해양과학기지'라는 이름을 붙이면서 사람들은 혼란에 빠지기 시작했다. 사람들에게 이어도가 해양과학기지라는 현실의 실체로 다가오면서 제주사람들은 신화와 꿈을 잃어버렸다. 그만큼 제주에서의 삶은 삭막해지고 있다. 제주도에 중국자본과 사람이 흘러넘치면서 신화의 섬 제주도는 돈 냄새만 물씬 풍기는 콘크리트의 섬으로 바뀌고 있다.

2. 이어도와 국제해양법

이어도가 제주섬사람들의 상상의 섬이 아니고 이어도 해역이 인접국에게 해양학적 차원은 물론 경제적·군사적 차원에서 매우 중요한 의미를 갖는 실체로 다가온 이상 이어도는 법적 접근이 요구되는 이어도 문제가 된다. 그러면 여기서 김부찬 교수님이 최근에 펴낸 『국제해양법과 이어도 문제』(온누리디엔피, 2015. 12.)를 통해 '이어도 문제'를 해양법적 시각에서 바라보기로 한다.

한국과 중국 사이에 있는 이어도(주변수역) 관할권 및 과학기지의 운영을 둘러싸고 한국과 중국 사이에 갈등이 고조되고 있다. 이어도 상공에는 중국의 ADIZ(방공식별구역)과 일본의 ADIZ가 선포되어 있어 중국과 일본이 한국의 관할권을 배제하고 자국의 관할권을 확대하려고 하고 있다.

이어도는 만조 시나 간조 시를 막론하고 언제나 바다 밑에 잠겨있는 수중암초로서 해양법상 도서(island)로서의 법적 지위를 인정받지 못한다. 이어도는 동중국해 중앙 즉 북위 32도 07분 32초, 동경 125도 10분 58초에 위치하고 있고, 한국의 마라로로부터 서남방으로 81해리(149km), 일본의 鳥島(도리시마)로부터 서쪽으로 149해리(276km), 중국의 童島(퉁다오)로부터 북동쪽으로 133해리(245km) 떨어진 해역에 위치하고 있는 수중암초이다. 가장 얕은 곳이 해수면 아래 4.6m이며, 수심 40m를 기준으로 남북으로 약 600m, 동서로 약 750m에 이른다고 한다. 이어도는 한국(마라도)로부터의 거리가 가장 가깝다.

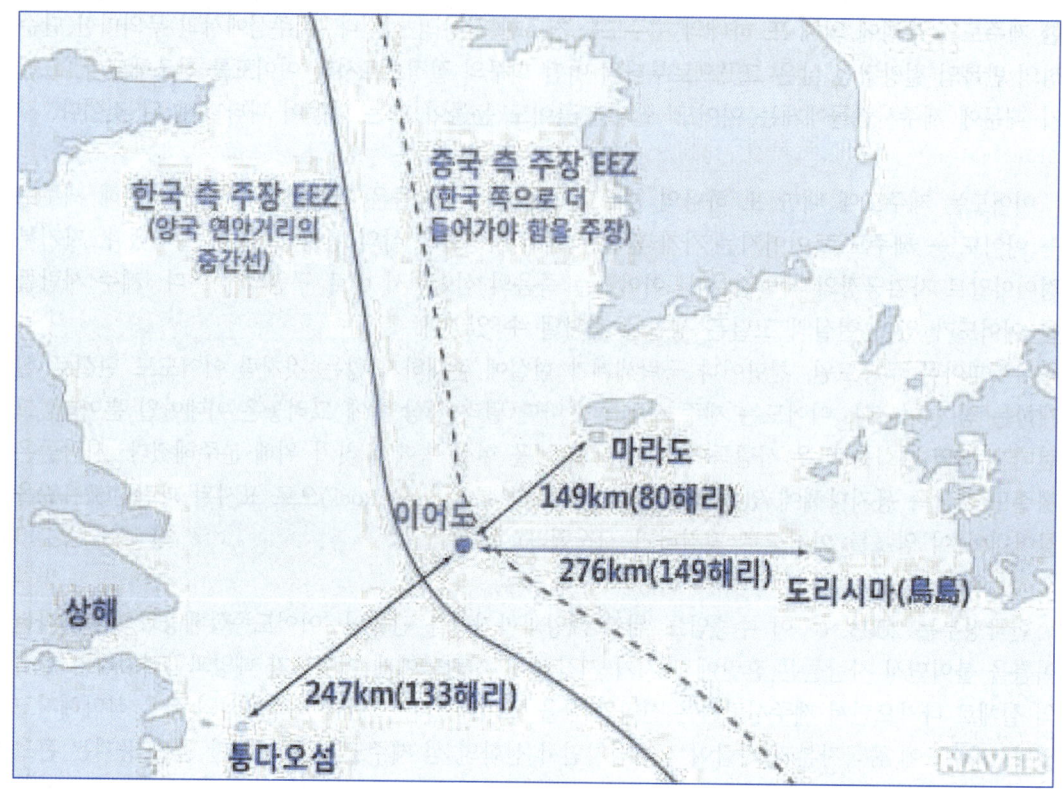
이어도 위치

 이어도는 수중암초일 뿐 해양법상 '섬'으로서의 실체가 없기 때문에 한국과 중국 사이에 '영토분쟁'이나 '영유권분쟁'이 존재하지 않는다. 다만 이어도해양과학기지가 있는 수역에 대한 해양관할권을 둘러싸고 한중간에 입장의 차이가 존재한다. 한국 정부는 이어도(주변수역)가 한국의 대륙붕이나 배타적 경제수역에 당연히 포함되는 것으로 간주하고 있으나, 중국은 이를 인정하지 않고 일종의 '분쟁수역'으로 규정하고 있다. 중국은 동북아에서의 영향력을 확대하기 위해 동중국해에 대한 해양관할권확대의 움직임을 노골화하고 있다.

 이어도는 **섬**이 아니고 만조 시에는 물에 잠기지만 간조 시에는 물 위로 솟아오르는 **간출지**도 아니다. 해양법협약상 **암석**(rocks)도 항상 수면 위에 솟아올라와 있는 규모가 작은 도서를 의미하므로 국제해도에 표기된 Socotra Rock이라는 명칭도 오해의 소지가 있는 명칭이다. 결국 이어도는 해양법상 영토의 법적 지위를 인정받을 수 있는 도서로서의 지위를 갖지 못하고 있기 때문에 이어도에 관하여 영유권을 주장하거나 이를 근거로 영해, 배타적 경제수역, 대륙붕 등 해양 관할수역을 설정하거나 해양관할권 확장을 위한 기점(base point)으로 삼으려는 시도는 아무런 법적 효력이 없게 된다.

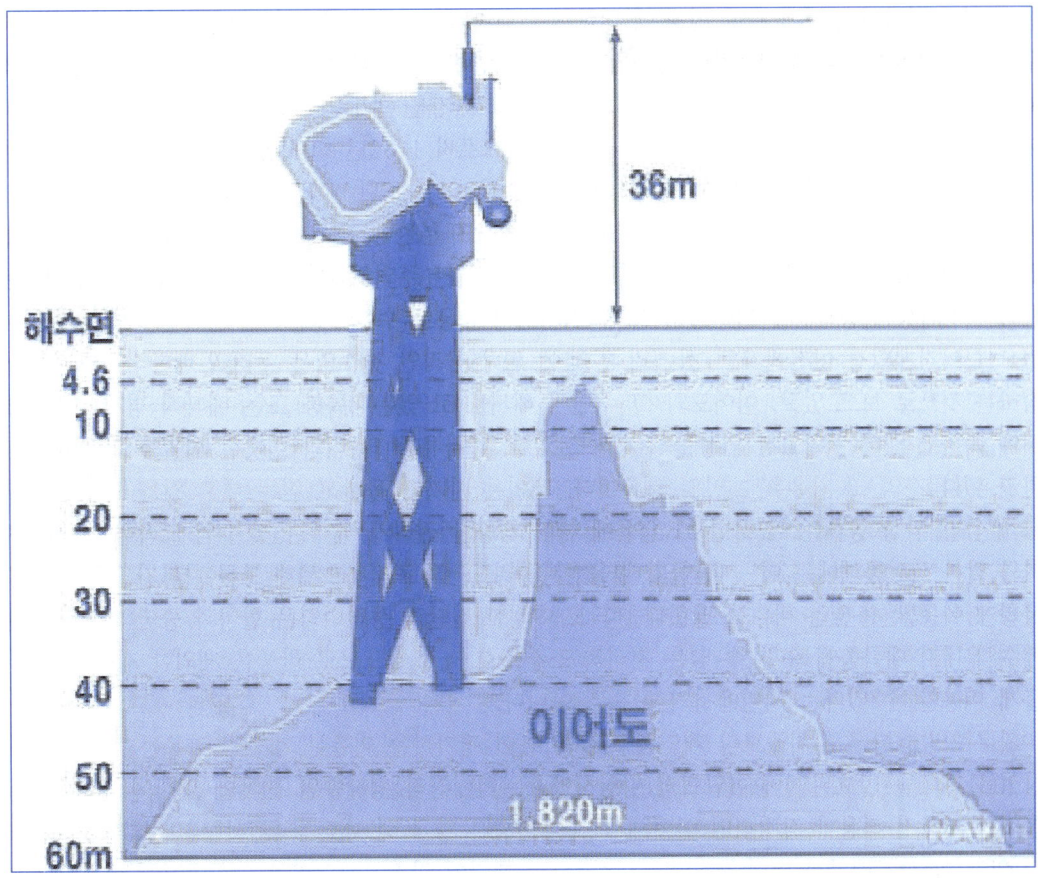

이어도 해양과학기지

   현재 이어도 정봉으로부터 남쪽으로 700m 떨어진 수심 40m 부근에 설치된 고정식 자켓 구조 형식으로 수면 위 36m로 약 400평 정도의 상부구조를 갖는 종합해양과학기지가 운용되고 있다. 이 기지에는 8명이 15일간 임시 거주할 수 있는 시설이 갖추어져 있다. 국제해양법상 인공구조물이나 인공섬에 대해서는 도서로서의 법적 지위를 인정하지 않고 있기 때문에 한국정부가 이어도에 종합해양과학기지를 건설하였다고 하여 우리 영토가 새롭게 구축되거나 이를 근거로 하여 해양관할권이 선포되거나 확정될 수 있는 것은 아니다. 이어도의 실체를 모르는 사이비 전문가들이 이어도 문제를 영유권의 관점에서 접근하는 예가 있으나, 이는 문제의 본질을 간과한 것이다.

   1996. 8. 8. 제정된 '배타적 경제수역법'(1996. 9. 10. 시행)에 의하면 배타적 경제수역의 범위는 기선으로부터 200해리의 선까지 이르는 수역 중 우리나라의 영해를 제외한 수역으로 하고, 우리나라와 대향하거나 인접하고 있는 국가 간의 배타적 경제수역의 경계는 국제법을 기초로 관계국과의 합의에 따라 획정하도록 하고 있다. 그리고 외국 또는 외국인의 경우 배타적 경제수역 내에서 권리를 행사하거나 의무를 이행하는 경우 대한민국의 권리와 의무를 적절히 고려하고 대한민국의 국내법령을 준수할 것을 요구하고 있다. 한편, '배타적 경제수역에서의 외국인 어업 등에 관

한 주권적 권리의 행사에 관한 법률'에 의하면 어업자원의 보호 또는 어업조정을 위하여 특정금지구역에서 어업활동을 금지할 수 있는 근거를 두고 있으며, 외국인이 우리나라의 배타적 경제수역에서 어업활동을 하고자 할 때는 해양수산부장관의 허가를 받도록 하고 있다.

이어도는 제주도(마라도)로부터 81해리에 위치함으로써 1952년 선포된 평화선 내측에 있고, 1970년 제정된 '해저광물자원개발법'상 제4광구에 속하며, 1996년 제정된 '배타적 경제수역법'에 의하여 설정된 배타적 경제수역의 범위에 포함될 수 있으나, 중국으로부터도 200해리 이내인 133해리에 위치하고 있어서 우리와 중국의 배타적 경제수역 관할권이 겹치고 있다. 그러나 우리 정부는 중국과의 가상의 중간선을 기준으로 할 때 이어도가 중국보다 한국 쪽에 훨씬 더 가깝게 위치하고 있으므로 경계획정 이전에라도 '등거리 원칙'에 의하면 그 주변수역은 우리의 배타적 경제수역에 속하는 것으로 보고 있고, 이어도와 그 주변의 해저도 한국의 대륙붕 또는 배타적 경제수역의 해저에 속하고 있다는 확고한 입장을 견지하고 있다. 중국 역시 우리와 비슷한 법률을 만들어 시행하고 있다.

해양법협약상 공해는 어느 한 나라의 배타적 경제수역, 영해, 내수, 군도수역에 속하지 않는 바다를 말하므로 공해에는 어느 나라의 배타적 관할권도 미치지 않고 세계 모든 나라가 공동으로 자유롭게 이용할 수 있는 바다를 말한다. 따라서 이어도 및 그 주변수역은 한국과 중국의 배타적 경제수역 내지 대륙붕에 속할 수 있는 지리적 조건을 가지고 있으므로 한중을 제외한 제3국이 자유롭게 이용할 수 있다는 의미에서의 공해는 아니다.

2001년 6월 발효된 한중어업협정은 양국에 속한 배타적 경제수역 전체에 대하여 경계획정에 합의할 때까지 적용할 잠정적인 어업체제이다. 한중은 양국 간 배타적 경제수역의 경계를 획정하지 않고 양국의 배타적 어업구역(배타적 경제수역) 중간에 잠정조치수역과 과도수역을 설정하여 이 수역에서는 배타적 경제수역제도의 적용을 일정 기간 유보하는 잠정어업체제를 수립하고 있다.

배타적 어업수역은 연안국이 어로 활동과 어족자원보호에 관한 배타적 권리를 보유하는 수역으로 이 수역에서는 각 연안국이 위반 어선에 대한 단속 및 재판관할권을 행사한다. 배타적 어업수역의 폭은 대체로 약 60해리 정도이다. 잠정조치수역은 양국이 최종적으로 배타적 경제수역의 경계를 획정할 때까지 일정기간 배타적경제수역제도의 적용을 유보하는 수역으로 양국 어선이 비교적 자유롭게 조업할 수 있는 수역이다. 이 구역에서는 자국 어선에 대해서서만 단속권 및 재판관할권을 행사할 수 있다. 과도수역은 한시적 성격의 공동어업수역으로 이 수역 내에서는 잠정조치수역에서보다 연안국의 자원관리방식이 강화되도록 하고 있었는데 지금은 각각 양국의 배타적 경제수역으로 귀속되었다.

이어도 주변수역에서는 명확한 경계를 확정하지 않은 어업협정에 따라 한중 양국이 어업 활동이 유지되는 수역으로서 양국을 제외한 제3국의 어선은 이 수역에서 관할권을 갖는 연안국의 사전허가 없이 조업을 할 수 없다. 한중어엽협정에 의해 양국의 배타적 경제수역 및 과도수역, 잠정조치수역을 제외하고는 상대방의 단속을 받지 않고 자유롭게 어업활동을 할 수 있기 때문에 이어도 주변 어장의 어족자원 관리 및 어업권에 대한 우리나라의 관할권이 약화된 것은 사실이다. 우리 정부는 이어도 및 그 주변수역이 배타적경제수역법상 우리나라의 관할권 내에 속하고 또한 그

해저는 우리의 대륙붕에 속하기 때문에 그리고 어업협정이 오로지 어업 문제에 국한하여 규정하고 있기 때문에 어업협정에도 불구하고 우리가 중국과의 협의 없이 이 수역에 해양구조물을 설치하는 것은 한국의 권리라고 주장하고 있다.

지금 세계 각처에는 영토분쟁으로 편할 날이 없다. 쿠릴열도를 둘러싼 일본과 러시아, 센가쿠열도를 둘러싼 일본과 중국, 이어도를 둘러싼 한국과 중국, 남중국해를 둘러싼 인근 국들의 분쟁들을 보노라면 예나 지금이나 땅따먹기에 여념이 없는 시대를 벗어나지 못하고 있다. 최근에 중국이 남중국해에 제멋대로 그어놓은 구단선과 인공암초들에 대하여 상설중재재판소(PCA)가 구단선의 법적 근거를 부인하고, 중국이 최근 수년간 국제사회의 비난을 무릅쓰고 건설한 인공섬에 대해서도 아무런 법적 지위를 인정하지 않았다. 그러나 PCA의 판결은 이행을 강제할 수 있는 수단이 없다.

이어도문제와 국제해양법상의 접근에 관한 인식의 지평을 넓혀준 김부찬 교수님께 감사를 드린다.

05 노모스의 뜨락

1.

서울출장 중 책방에서 양창수 교수(전 대법관)님의 『노모스의 뜨락』(박영사, 2019)이라는 책이 눈에 띄어 바로 구입하여 읽어보았다. 양창수 교수님(이하 경칭을 생략하여 '양 교수'라 함)은 다 알다시피 서울대 교수로 재직 중 대법관에 임명되어 6년의 임기를 마친 후 2016년 퇴직하여 현재 한양대 로스쿨 석좌교수로 재직 중이다. 양 교수는 학계와 대법원의 실무를 함께 경험한 흔치 않은 경력을 소유한 한국 법학계의 귀중한 자산이라 할 수 있다.

대법관 임기를 마치더라도 바로 개업을 할 수 없기 때문에 많은 퇴직 대법관들은 사법연수원이나 로스쿨의 석좌교수에 임시로 자리를 잡았다가 대형 로펌으로 슬그머니 자리를 옮기는 것이 일반적인 관행이다. 그 예외가 인하대 로스쿨에 안착한 박시환 대법관, 영남대 로스쿨 석좌교수가 된 배기원 대법관, 시골(여수) 시법원 판사가 된 박보영 전 대법관 정도가 있을 뿐이다. '김영란법'의 주인공인 김영란 전 대법관도 서강대 로스쿨 석좌교수와 국민권익위원장 등을 마치고 현재 양형위원회위원장으로 활발한 사회활동을 하면서도 변호사개업은 하지 않고 있다.

대형 로펌들의 유혹이 많겠지만 양 교수께서도 아수라 세계의 변호사 개업을 하지 말고 끝까지 학계에 남아 대법관 경험을 아우른 체계적인 민법 기본서를 저술하고 이 나라 민사법학의 든든한 버팀목이 되어주기를 바라마지 않는다.

2.

『노모스의 뜨락』은 양 교수가 이곳저곳에 써 두었던 '가벼운' 글들을 모아서(80~90년대 쓴 글들도 상당수다) 엮은 책이라 가볍게 읽어 보았다. 비슷한 책으로 『民法散考』, 『民法散策』이 있는데 이 책들은 그리 가벼운 책이 아니고 민법에 관한 深重한 사고를 요하는 상대적으로 '무거운' 책들이다.

그런데 이 책의 제목인 "노모스"가 무엇인지 일반인들이 바로 알지는 모르겠다. 이 책 어디에도 노모스가 들어간 제목의 글이나 노모스에 관한 이야기를 찾을 수 없다. 양 교수가 노모스라는 말을 서명으로 쓰면서 이에 관한 언급을 하지 않은 것은 의도적인지 아닌지 알 수가 없다. 다만 이 책 제3부가 "법의 뒤안길"로 되어 있어 이 말을 "노모스의 뜨락"으로 치환한 것이 아닌가 하는 느낌이 들 정도이다.

노모스는 고대 서양법사상에서 나오는 말이다. 고대 그리스에서는 nomos는 인간에 의하여 정립된 실정법 규범을 의미했다. 그런데 Platon 후기로부터 Aristoteles의 전 기간을 통하여 nomos에게는 모든 것의 위에 군림하는 왕자로서의 권위가 인정되었다. 그리고 스토아학파에 이르러 인간에 의하여 정립된 실정적 규범을 '테시스'(thesis)라고 부르고, 자연적으로 성립되어 있는 神的單一者, 至一한 이성에 대하여 nomos라는 명칭을 사용하였다. 이와 같이 자연적으로 성립되어 있는 것과 인간에 의하여 정립된 것으로 구별하는 입장이 바로 후세의 자연법사상에 지대한 영향을 미치게 된 것은 익히 아는 바이다.

이 책에는 양 교수가 제주에서 국민학교를 마치고 홀로 서울로 유학하여 서울중고등학교 시절을 보내고 대학시절 연극에 심취한 이야기, 독일 유학시절 이야기, 대법원에서 느낀 소감, 사법부 개혁을 위한 쓴소리 등이 실려 있다. 한 인간이 자기만의 전문분야에서 대성하여 가는 과정을 알아볼 수 있다. 양 교수는 제주출신이라는 인연으로 대법관 재직 중 제주대 로스쿨 신입생들에게 몇 차례 특강을 해 주시기도 했다.

3.

양 교수는 이 책에서도 '表見代理'를 '표현대리'가 아닌 '표견대리'로 읽어야 한다고 주장하고, '更改'는 다시 하거나 새로 한다는 것이 아니고 이미 있는 채무관계를 고친다는 것이니 '갱개'가 아니라 당연히 '경개'라고 할 것이라고 주장하고 있다. 과연 맞는 이야기인가?

양 교수는 대법관 재직 중 자신이 주심으로 있는 사건의 대법원판결에서 '표견대리'로 쓴 바 있고(대법원 2009. 2. 12. 선고 2006다23312 판결), '表見代表理事'도 '표견대표이사'로 쓴 바 있다(대법원 2011. 3. 10. 선고 2010다100339 판결). 당시 어느 재판연구관으로부터 판례공보 편집을 하면서 일반의 용법에 따라 '표견대리'를 '표현대리'로 고쳤다가 양 대법관에게 불려가 혼쭐이 났다는 이야기를 들은 적도 있다. 양 대법관이 주심인 사건의 다른 관여 대법관들이 과연 '표견대리'를 쓰고 있는지도 의문이다. 위 대법원 2010. 9. 9. 선고 2009다10003 판결의 재판장은 이홍훈 대법관이고, 관여 대법관은 김영란, 안대희 대법관이다. 그런데 이홍훈, 김영란, 안대희 대법관은 다른 사건의 판결에서는 전부 '표현대리', '표현대표이사'로 쓰고 있다. 대법원 소부 재판이라는 것이 거의 전적으로 주심 대법관이 좌지우지하고 있다는 것을 여실히 보여주고 있는 사례이다.

다수 학설이나 실무는 고 곽윤직 교수의 영향으로 '表見代理'를 '표현대리'로 읽는 것이 일반화되어 있다고 해도 과언이 아니고(여기의 뭔자는 '볼' 견이 아니라 '나타날' 현이다) 최근의 '알기 쉬운 민법개정안'에서도 전부 '표현대리'로 쓰고 있다. 양 교수가 자신의 소신에 따라 '表見代理'를 '표견대리'로 읽는 것을 탓할 바는 아니지만 그렇게 '표견대리'로 읽어야 된다고 주장한다면 자신의 교과서에서는 적어도 '표견대리'라고 써야 할 터인데 본인의 『계약법』(김재형 대법관과의 공저, 제2판)에서는 왜 '표현대리'로 쓰고 있는지(p.215 이하) 어안이 벙벙해진다. 오히려 대법원판결에서는 '표현대리'로 쓰고 자신의 저서에서는 '표견대리'로 쓰는 것이 옳지 않겠는가? 학자로서의 소신과 대법관으로서의 소신은 다르다고 보아야 하지 않을까? 학문의 세계에서는 용어를 어떻게 쓰든 그

것은 학자의 소신에 맡길 수 있는 것이지만 대국민 영향력이 지대한 대법원판결이라면 사정이 다르지 않을까?

4.

漢字 更은 '고칠' 경, '다시' 갱으로 읽는 것은 주지하는 바이다. 判決更正(민사소송법 제211조)은 판결을 다시 하는 것이 아니고 판결에 잘못된 계산이나 기재, 그밖에 이와 비슷한 잘못이 있음이 분명한 때에 직권 또는 당사자의 신청으로 판결문의 잘못된 부분을 고치는 것이므로 판결갱정이 아니라 **판결경정**이다. "被告의 更正"(민사소송법 제260조)은 원고가 피고를 잘못 지정한 것이 분명한 경우에 피고를 다시 지정하는 것이 아니라 피고를 A에서 B로 바로 고치는 것이므로 피고의 갱정이 아니라 **피고의 경정**이 된다. 민소항소심에서 제1심 변론결과를 진술하는(민사소송법 제407조) 辯論更新은 변론을 고치는 것이 아니라 다시 여는 것이므로 변론경신이 아니라 **변론갱신**이나. 형사소송에서 **공판절차의 갱신**도 마찬가지다.

그렇다면 更改를 '갱개'로 읽을 것인가, '경개'로 읽을 것인가? 更改의 의미를 따져보자. 독일민법에는 更改라는 것이 없다. 우리 민법상의 更改는 채무의 중요한 부분(요소)을 변경함으로써 신채무를 성립시키는 동시에 구채무를 소멸케 하는 유상계약이다(민법 제500조). 여기서 신·구채무 사이에는 동일성이 없는 점에서 동일성이 있는 준소비대차와 다르다. 구채권을 없애고 새로운 채권을 만드는 계약이므로 '다시 짓는다'는 뜻의 '갱개'로 읽는 것이 옳지 않을까?

대법원 종합법률정보에서 '갱개'가 들어간 판결문을 검색했더니 32건이 나오고, '경개'가 들어간 판결문을 검색했더니 64건이 나온다. 알기 쉬운 민법개정안에서는 '경개'로 쓰고 있다. 민법 교수 중에는 '경개'로 읽는 교수도 있고 '갱개'로 읽는 교수도 있다. 나는 학생들에게 변호사시험에서 표현대리나 경개가 들어있는 답안을 쓰는 경우에는 한자로 "**表見代理**", "**更改**"로 쓰고 읽는 사람이 알아서 읽도록 하면 될 것이라고 하면서 넘어가기는 하지만 속이 개운하지는 않다.

06 역사의 격랑에 오늘을 묻다
- 인간·상식·법으로 정의를 찾아 헤맨 문인구 회고록 -

1.

날씨도 무덥고 책도 손에 잡히지 않고 도서관에서 문인구 변호사님의 회고록이 눈에 들어와 이 책을 빌려다 읽어보았다. 이 책의 서문을 쓴 날이 2012년 3월로 되어 있는데, 문 변호사님은 그 후 얼마 없어 2013. 2. 5. 향년 89세로 타계하셨다. 삼가 고인의 명복을 빈다.

1994년 7월 문 변호사님이 대한변호사협회장을 마치고 한국법학원장으로 있을 때 문 변호사님을 단장으로 모시고 EU 연수를 갔을 때가 엊그제 같은데 25년 이상의 세월이 흘렀다. 그때 EU 연수단 일행 중에는 이일규 전 대법원장, 안병수 대법관, 김두현(전 대한변협회장), 황계룡(전 서울지방변호사회장), 김창식(전 교통부장관), 이영기(전 전주지검장) 변호사님, 배재식 서울대 교수, 이기수 고대 교수(후에 고대총장을 지냄), 장해창, 이성보 서울고법 판사(후에 중앙지방법원장과 국민권익위원장을 지냄), 유재필 변호사 등이 있었다.

나는 당시 EU에서 보고 느낀 것을 "EU(유럽연합) 연수기"라는 제목으로 대한변호사협회에서 발간하는 『인권과 정의』 1994년 11월호와 12월호에 게재한 바 있다. 당시 벨기에 브뤼셀에 있는 EU 집행위원회, 룩셈부르크에 있는 EU 재판소, 스트라스브르흐에 있는 유럽의회를 방문하여 연수 일정을 가졌고, 연수 후에는 동유럽과 북유럽 일대를 둘러보는 시간도 가졌다. 나는 그때 처음으로 북구의 덴마크와 스웨덴, 노르웨이, 핀란드 등을 둘러보면서 평온한 복지국가의 모습을 보고 돌아왔다.

문 변호사님에 관하여는 나의 Legal Essay 「법의 그물망」 3권에 간단한 추도의 글이 들어있는데, 이 회고록에서 문 변호사님께서 살아오신 열정의 삶을 읽을 수 있다. 문 변호사님은 왜소한 체구이지만 작고하시기 전까지도 온화한 얼굴에 호기심이 많으시고 아이디어가 넘치시던 분이었다. 벨기에 브뤼셀의 EU 집행위원회 사무국에서 강의를 듣다가 일요일 휴식시간에도 예의 호기심이 발동하여 나폴레옹의 마지막 격전지 웰링턴 전투가 벌어졌던 곳을 함께 다녀오기도 했다. 프랑스 스트라스부르흐에 있는 유럽의회에서 연수를 마치고 인근에 있는 유럽인권재판소 법정도 함께 둘러보았다. 문 변호사님이 아니면 유럽인권재판소가 그곳에 있는지도 알지 못하고 지나쳤을 것이다. 룩셈부르크에 있는 EU 재판소 법정도 둘러보고 현지 담당자로부터 설명을 듣기도 했다. 문 변호사님은 아프리카에 가셔도 현지에서는 사회분쟁을 어떻게 해결하는지 법정 모습을 꼭 찾아보는 분이셨다.

해외여행이나 연수를 가면서도 준비가 철저했다. 현지에서 만나는 분들에게 줄 선물로 합죽선 등 한국의 문화를 보여줄 수 있는 것들을 준비했고, 태극기도 몇 장 준비해 갔다가 현지 호텔이나 숙박시설에 가면 호텔 종업원으로 하여금 태극기를 게양대에 걸도록 했다.

2.

문 변호사님은 60대까지도 길에서 누군가가 길을 물어보면 그 건물이 보이는 곳까지 같이 걸어가서 알려주는 것을 수신의 길로 알았다. 광화문 4거리에서 누군가 서울시청이 어디냐고 물으면 시청이 보이는 곳까지 같이 걸어가서 일러주셨다. 최소한 목적지가 보이는 곳까지는 모르는 사람들을 안내했다. 보통 사람들로서는 귀찮아하고 쉽지 않은 일이다. 나도 이렇게까지 해보지는 않았다. 이런 사람들이 많아야 이 세상이 살맛나는 세상이 된다.

문 변호사님은 후배 법조인들에게도 판사도 좋고 검사도 좋고 변호사도 좋지만 그러기에 앞서 인간으로서의 수신을 강조했다. 인격이라고 하는 것이 어려운 일 같지만 쉬운 일이라고 하면서 판사가 법원 구내에서 누군가로부터 몇 호 법정이 어디냐고 질문을 받는다면 말로만 가르쳐주지 말고 직접 그 법정까지 데려다주라고 했고, 검찰청에서 검사에게 벌금을 어디다 내느냐고 물어보면 검사가 직접 집행과까지 그 사람을 데리고 가서 일러주도록 당부했다. 이 나라가 제대로 굴러가려면 벌금을 자진해서 내고 싶은 나라가 되도록 만들어야 한다. 이 말을 들은 법조 후배들 중 아마도 이를 실천한 판사나 검사는 거의 없을 것이다. 그만큼 보통 사람들은 수양이 덜 된 인생을 살고 있는 것이다. 나도 아직까지 그게 잘 되지 않았다. 앞으로는 문 변호사님을 생각하면서 길을 물어보는 사람이 있다면 그 사람과 찾는 곳까지 함께 가서 일러주려고 하고 있다.

문 변호사님은 시내를 걷다가 지하철 같은 곳에서 떡을 파는 학생이 있으면 떡값을 주고 떡을 사주었다. 물론 그 떡을 먹으려고 한 것은 아니고 그냥 돈을 주면 학생의 자존심이 상할까봐 떡을 사준 다음 그 떡을 다시 그 학생에게 늙은이의 선물이라고 하면서 주는 것이었다. 이런 배려 역시 쉽지 않은 일이다. 휘 지나가기에 바쁘지 떡을 사려고 하는 사람 자체가 많지 않을 것이다.

문 변호사님은 수신의 장소로 아파트나 건물에서 하루에도 몇 번씩이나 타는 엘리베이터라는 좁은 공간을 이용했다. 엘레베이터를 타더라도 마음 수양을 하면서 절대 닫힘 버튼을 누르지 않고 저절로 오르내리기를 기다리는 것이다. 뭐가 바쁜지 보통 사람들은 몇 초 기다리지 못하고 닫힘 버튼을 누르고 만다. 그만큼 수신이 어려운 것이다. 얼마 전에 엘리베이터 문이 자동으로 닫히기 전에 먼저 '닫힘' 버튼을 눌러 따라 들어오려던 사람을 다치게 한 30대 남성과 80대 할머니의 싸움으로 과실치상과 폭행으로 둘 다 전과자가 되는 사건이 있었다. 세상 도처가 배움터이다.

그리고 보면 선행을 베푸는 일이 바로 수신의 길임을 알 수 있다. 내가 아는 선배 변호사님 중에는 산으로 들어갈 때는 묵묵히 쓰레기봉투에 산길에 떨어져 있는 쓰레기를 담아 내려오시는 분이 있다. 지금 80이 넘어도 산에 갈 때는 쓰레기 비닐봉투를 들고 가고 산에서 내려올 때는 쓰레기가 가득 들어있는 비닐봉부를 들고 내려와 공원입구의 쓰레기처리장에서 처리한다. 나는 버리려고 하지는 않지만 그렇다고 허리를 굽히면서까지 등산로의 쓰레기를 담아오지는 못하고 있다. 역시 나는 아직까지도 수신과 수양이 덜 된 채 살아오고 있는 것이다.

문 변호사님의 회고록 중에 들어있는 다음과 같은 글을 읽어보면서 나에게 앞으로 주어진 시간을 어떻게 보낼 것인지 생각해 본다.

"사람은 환갑을 지나면 죽음을 생각하는 일이 생긴다. 몇 살까지 살 것인가? 어떻게 죽음을 맞이할 것인가? 죽음을 피할 수 없는 일이지만 멍청하게 맞이할 수는 없는 일이다. 나는 60세가 지나서부터는 적어도 70세까지 살기를 원했고, 70세가 지나서는 80세가 목표가 되었으나 90이 가까워오니 90세 넘어서도 살 수 있을지 모른다는 생각을 더러 한다. 연령적으로는 죽어도 별로 안타까울 일은 없는 나이지만 내가 죽음을 자연스러운 현상으로 큰 부담 없이 맞이할 준비가 되어 있는지는 의문이다."

07 김훈 산문의 정제미
- 김훈 산문집 『라면을 끓이며』(문학동네, 2015)를 읽고 -

　연말이라 억지로라도 공무원연금공단의 복지 포인트를 쓰기 위하여 등산화와 책 몇 권을 구입하였다. 요새 학생들은 교과서도 인터넷을 통해 공동구매를 하고 있어 구내서점은 썰렁하다 못해 적막강산이다. 학생들이 찾지 않는 학교의 구내서점에는 볼만한 책이 별로 없었다. 눈에 띠는 대로 김훈의 『라면을 끓이며』와 조정래 소설집인 『풀꽃도 꽃이다(1, 2)』, 주현성의 『지금 시작하는 인문학』 등을 구입하여 읽어보았다.

　김훈의 산문은 군더더기가 없는 짧고 담백한 문체로 되어 있어 글쓰기 문장교본으로도 손색이 없을 정도이다. 김훈은 컴퓨터 디지털 시대에 손의 힘으로 펜과 지우개로 원고지를 메꾸어가는 진정 아날로그 형이지만 김훈의 글은 요새 보기 드문 정제미의 정수를 보여준다. 글을 쓰다 보면 중언부언(重言復言), 동어반복(同語反覆)으로 늘어지기 일쑤인데 수식어를 절제하고 단순 명쾌하게 끊어 쓰는 김훈의 글에서 느끼는 바가 많다. 김훈의 글에는 쓸데없는 접속사가 보이지 않는다. 김훈의 글은 법전을 읽는 것처럼 찬찬히 음미하며 읽어야 글맛이 난다.

1.

　1인당 국민소득이 3만 달러를 넘어서는 시대에도 라면은 우리국민들이 가장 즐겨 찾는 먹거리다. 2013년 라면 매출액이 2조를 넘어섰고 한국인은 1년에 라면 36억 개(1인당 평균 74.1개)를 먹어치운다. 마트에서 선택할 수 없을 정도로 다종다양한 종류의 라면들이 진열되어 있는 것을 보고 놀랄 때도 있다. 나도 라면을 많이 먹었다. 특히 해외여행을 갈 때나 산행을 갈 때 빠질 수 없는 것이 라면이다. 해외여행을 하면서 느끼한 양식만 먹다가 먹는 라면 맛은 입에 생기를 불어넣는다. 라면은 물과 불만 있으면 언제 어디서나 요리가 가능한 인스턴트식품의 대명사다. 지금도 다른 요리는 할 수 있는 게 거의 없지만, 나도 라면만은 잘 끓인다고 자부하는데 김훈의 라면 조리법은 각별하다.

　"라면 포장지에는 끓는 물에 면과 분말수프를 넣고 나서 4분 30초 정도 더 끓이라고 적혀 있지만, 나는 센 불로 3분 이내에 끓여낸다. 가정에서 쓰는 도시가스로는 어렵고, 야외용 휘발유 버너의 불꽃을 최대한으로 크게 해서 끓이면 면발이 불지 않고 탱탱한 탄력을 유지한다. 면이 불으면, 국물이 투박하고 걸쭉해져서 면뿐 아니라 국물까지 망친다. 그러나 실내에서 휘발유 버너를 쓰는 일은 위험해서, 나를 따라 하면 안 된다(어린아이 조심!).
　또 물은 550㎖(3컵) 정도를 끓이라고 포장지에 되어 있지만, 나는 700㎖(4컵) 정도를 끓인다. 물이 넉넉해야 라면이 편안하게 끓는다. 수영장이 넓어야 헤엄치기 편한 것과 같다. 라면이 끓을 때, 면발이 서로 엉키지 않아야 하는데, 물이 넉넉하고 화산 터지듯 펄펄 끓어야 면발이 깊이, 또 삽시간에 익는다. 익으면서 망가지지 않는다.

라면을 끓일 때, 가장 중요한 점은 국물과 면의 조화를 이루는 일이다. 이것은 쉽지 않다. 라면 국물은 반 이상은 남기게 돼 있다. 그러나 그 국물이 면에 스며들어 맛을 결정한다. 국물의 맛은 면에 스며들어야 하고, 면의 밀가루 맛은 국물 속으로 배어나오지 않아야 한다. 이것은 고난도 기술이다. 센 불을 쓰면, 대체로 실패하지 않는다. 식성에 따라 다르겠지만, 나는 분말수프를 3분의 2만 넣는다.

나는 라면을 조리할 때 대파를 기본으로 삼고, 분말수프를 보조로 삼는다. 대파는 검지손가락만 한 것 10개 정도를 하얀 밑동만을 잘라서 세로로 길게 쪼개놓았다가 라면이 2분쯤 끓었을 때 넣는다. 처음부터 대파를 넣고 끓이면 파가 곯고 풀어져서 먹을 수가 없게 된다. 파를 넣은 다음에는 긴 나무젓가락으로 라면을 한 번 휘젓고 빨리 뚜껑을 덮어서 1분~1분 30초쯤 더 끓인다. 파는 라면 국물에 천연의 단맛과 청량감을 불어넣어주고, 그 맛을 스미게 한다. 파가 우러난 국물은 달고 쌉쌀하다. 파는 라면 맛의 공업적 질감을 순화시킨다.

그다음에는 달걀을 넣는다. 달걀은 미리 깨서 흰자와 노른자를 섞어 놓아야 한다. 불을 끄고, 끓기가 잦아들고 난 뒤에 달걀을 넣어야 한다. 끓을 때 달걀을 넣으면 달걀이 굳어져서 국물과 섞이지 않고 겉돈다. 달걀을 넣은 다음에 젓가락으로 저으면 달걀이 반쯤 익은 상태에서 국물 속으로 스민다. 이 동작을 신속히 끝내고 빨리 뚜껑을 닫아서 30초쯤 기다렸다가 먹는다. 파가 우러난 국물에 달걀이 스며들면 파의 서늘한 청량감이 달걀의 부드러움과 섞여서, 라면은 인간 가까이 다가와 덜 쓸쓸하게 먹을 만하고 견딜 만한 음식이 된다."("라면을 끓이며")

쉼표와 마침표를 자유자재로 구사하면서 "화산 터지듯 펄펄 끓어야", "파가 곯고 풀어져서", "맛의 공업적 질감" 등 용어들의 구사가 눈앞에서 라면을 조리하는 모습을 보는 것과 같은 느낌을 갖게 한다. 라면 조리의 장인이라 할만하다. 그런데 김훈이 반쯤 남기게 되는 라면 국물은 어떻게 처리하는지 모르겠다. 설마 라면국물이 아까워 다 드시지는 않겠지.

김훈이 세상을 떠난 아버지를 회고하면서 쓴 글을 보자. 상하이 임시정부에서 김구의 수발을 들면서 한 생애를 보낸 김훈의 아버지는, 그의 스승이며 등대였던 김구의 기일이 되면 효창공원 묘소에 가서 술을 마셨다.

"아버지는 자상하지 않았고 가정적이지도 않았다. 아버지는 가난했고 거칠었으며 늘 울분에 차 있었다. 아버지에게 광야란 없었다. 아버지는 그 불모한 시대의 황무지에 인간의 울분과 열정을 뿌리고 갔다. 나는 언제나 그런 아버지의 편이었다. 내가 너무 아버지 편을 들어서 늙은 어머니는 지금도 내가 못마땅하지만 어쩔 수가 없는 일이다."("광야를 달리는 말")

'불모한 시대의 황무지'라는 말이 눈에 띈다. 불모(不毛)란 '땅이 거칠고 메말라 터럭(식물)이 나거나 자라지 아니함'을 뜻하는 말인데 '불모한'이라는 말이 흔히 쓰이는 말은 아니다. '불모지'는 바로 T. S. 엘리엇의 '황무지'다. '불모한 시대' 대신 먹물 냄새가 나지 않는 표현으로 그냥 '거친 시대'라고 해도 되지 않을까? 인터넷 상에는 "불모한 싸움", "순수한 사랑이 불모한 정신적 황폐함"이라는 말들이 보이는데 당최 무슨 뜻인지 확 와 닿지 않는다.

김훈이 동해 바다를 바라보고 쓴 글은 작가의 관찰력이 보통 사람들의 관찰력과는 달라도 많이 다르다는 것을 알게 된다.

"동해의 수평선은 끝없는 일-자로 전개되어 있었다. 거기에 아침마다 해가 떠올라서 사람의 마을에 새롭고 낯선 시간들이 퍼져나갔다. 이것이 대체 어찌된 일인가, 어째서 이런 일이 있을 수 있는가. 나는 아침마다 몸과 마음이 들떠서 기댈 곳이 없었는데, 그 놀란 마음속으로 아침햇살은 사정없이 밀려들었다. 그것은 경험되지 않은 순수한 시간이었다. 바다는 수억만 년의 시간을 뒤채이면서, 이제 막 창조된 시원의 순간처럼 싱싱했고, 날마다 새로운 빛과 파도와 시간과 노을이 가득 차서 넘쳐흘렀다. 바다는 시간을 통과해 나가지만 시간의 흔적이 묻어 있지 않았다. 바다는 늘 처음 보는 바다였다. 바다는 가장 오래된 것이 가장 새로웠다. 바다는 논리나 개념이나 사유가 아직 빚어지지 않는, 언어 저 너머의 공간이었으므로, 나는 거기에 마땅히 말을 걸 수가 없었고, 바닷가에서 나는 바다로부터 밀려날 수박에 없었지만, 그 수평선 너머에서 새로운 낱말들이 태어나 바다의 새들처럼 날아오기를 기다렸다. 바다의 아침빛은 늘 어둠 속에서 잉태되었고, 빛이 다가오는 아침의 울진 바다에서는 숨을 곳이 없었다. 빛과 파도와 노을은 공간에 가득 넘치면서도 공간을 이루지 않았고, 어느 곳에도 머물지 않았다."("바다")

매일 제주바다를 보고 있는 나는 이런 글을 쓸 수가 없다. 나의 연구실에서는 날이 맑은 날에는 추자도, 여서도, 완도 일대 등 남해의 섬들이 눈에 들어온다. 어떠한 눈으로 '수억만 년의 시간을 뒤채이면서, 이제 막 창조된 시원의 순간처럼 싱싱한' 바다와 '시간을 통과해 나가지만 시간의 흔적이 묻어 있지 않은' 바다를 관찰할 수 있을까.

어선의 남루한 태극기를 보면서 '살아가는 일의 수고로움과 수고의 경건함'을 꿰뚫는 것도 마찬가지다.

"어선들의 태극기는 바닷바람에 닳고 햇빛에 바래어서 반 토막이나 3분의 1 토막만 남아 바람에 펄럭였다. 어선들의 태극기는 해풍 속에서 풍화되어갔다. 태극이 모두 없어졌고 괘만 남은 깃발도 있었다. 바람에 시달리면서 태극기는 가루가 되어 흩어졌다. 그 어선들의 반 토막 태극기는 살아가는 일의 수고로움과 수고의 경건함을 보여주었다. 남루는 경건이 드러나는 방식이며 외양이었다. 반 토막 태극기는 맹렬하게 펄럭였다. 아름다운 태극기였다. 권세 높은 관청 지붕에 높이 솟은 태극기보다 이 닳아빠진 반쪽짜리 태극기는 얼마나 순결한가. 입을 벌려서 직업적으로 애국을 말하지 않아도, 먹고사는 노동의 수고로움 속에서 애국은 저절로 해풍에 펄럭이고 있었다."("바다")

김훈은 바다에서 밤을 새우고 새벽 항구로 돌아오는 어선과 어부들을 보면서 신석기 시대 이래 이 물가에서 먹고살았던 모든 사내들에 대한 동료의식을 느낀다.

"신석기 시대 죽변항의 어로와 지금의 죽변항의 어로는 그 본질이 같다. 먹이를 던져서 더 큰 먹이를 낚는 것이다. 몸을 먹여 살리기 위해 몸을 고단하게 하는 것이다. 생선뼈를 갈아서 낚싯바늘을 만들고 돌에 날을 세워서 돌칼을 만드는 행위는 미래에 대비하는 자의 삶이다. 삶을 지속하려는 자만이 연장을 만든다."("바다")

동해에서 도시로 돌아갔다가 또 도시를 견디지 못하고 서해안으로 옮겨가 머문 작은 섬에서 본 바다의 모습을 '가득'과 '아득'으로 대비시켰다. 서해 바다의 조수간만의 물때 차이를 단순 명쾌하게 묘사했다.

"경기만의 바다는 밀물 때 가득하고 썰물 때 아득하다."("바다")

김훈은 핸드폰이 죽는 소리에서 삶의 하찮음을 간파한다.

"아, 밥벌이의 지겨움! 우리는 다들 끌어안고 울고 싶다. 배터리가 다 떨어지면 핸드폰은 꼬르륵 소리를 내며 죽는다. 핸드폰이 죽는 소리는 가볍고 하찮다. 핸드폰은 아무런 의미도 없는 유언을 남기고 죽는다. 핸드폰이 죽을 때 내는 이 꼬르륵 소리는 대선사들의 오도송(悟道頌)보다도 더 절박하게 삶의 하찮음을 일깨운다. 핸드폰이 꼬르륵 죽어버리면 나는 이 세계와 단절된다. 거리에서, 핸드폰이 꼬르륵 죽어버리면, 나는 문득 이제 그만 살고 싶어진다. 내가 이 세상과 단절되는 소리가 이처럼 사소하다니. 꼬르륵…"("밥1")

핸드폰(핸드폰은 한국식 영어이고 '휴대폰') 배터리가 떨어질 때 "배고파!" 소리를 내기도 한다. 죽는 날까지 때가 되면 반드시 먹어야 하는 것이 진저리나는 밥이다.

김훈이 단동에서 압록강 하구를 돌아보고, 통화·집안에서 고구려 초기의 유적들을 답사하면서 느낀 잡감(雜感)에서 산맥과 바다가 붙고 엉키는 모습을 다음과 같이 표현했다.

"서해는 한반도와 중국 대륙 사이에서 오목하다. 밀물 때 서해의 힘은 북진한다. 물의 시력은 북쪽으로 갈수록 강력해져서 연안에 넘치고 발해만의 후미진 구석까지 가득 찬다. 그때 바다는 부풀어서 대륙을 압박하고 고깃배들은 물의 힘에 올라타서 포구로 돌아온다. 밀물 때 강들은 하구(河口, river mouth)를 열어서 바다를 받는다. 조국의 강들은 남쪽부터 영산강, 동진강, 만경강, 금강, 한강, 대동강, 청천강 순서로 열리는데, 압록강 하구는 조차(潮差) 4미터의 힘으로 바다를 받아들여서 산골까지 바다의 기별이 닿는다. 강이 바다를 받아들이는 물리현상을 과학자들은 감조(感潮)라고 하는데, 나는 이 단어에서 산맥과 바다가 붙고 엉키는 조국산하의 관능을 느낀다. 압록강은 이 관능의 북단이다."("국경")

김훈은 선양(瀋陽)에서 단동(丹東, 원래는 安東이었는데, 모택동이 1965년 동방을 붉게 물들이는 최전선의 도시라는 뜻으로 丹東으로 바꾸었다)까지 가는 버스에서 바라본 중국대륙을 이 길을 거슬러 갔던 박지원(朴趾源, 1737~1805)의 감격을 빌어 묘사했다. 걷는 자만이 인간의 몸과 대지와의 직접적인 교감을 느낄 수 있다.

"선양에서 단동까지는 일망무제의 벌판이었다. 좌청룡도 우백호도 거기에는 없었고 시선은 지평선 속으로 녹아들었다. 박지원은 대륙을 향해서 "한바탕 통곡하기 좋은 땅"이라고, 개벽하는 신천지의 감격을 토로했다. 그의 통곡은 살아 있는 인간의 몸과 대지와의 교감을 보여주는데, 아마 그 교감과 트임은 몸으로 걸어서 대륙을 건너가는 버스 안에서는 걷는 자의 대지로부터 오는 직접성의 축복은 불가능해 보였다."("국경")

"사나운 대륙의 군대들은 모두 선양에서 발전했다. 당나라 군대, 원나라 군대, 금나라 군대, 청나라 군대와 6·25때 '항미원조전쟁'에 돌입한 모택동 군대의 주력이 모두 선양에서 발진해서 단동에서 강을 건넜고 의주로를 따라서 남쪽으로 내려왔다. 외국 군대가 물러가면 사대(事大)의 긴 대열이 그 길을 따라서 선양으로 갔다.
대열은 소리를 지르고 꽹과리를 때려서 늑대를 쫓으면서 이 길을 따라 눈 덮인 대륙을 건너갔다. 이 사대의 대열에 기어들어서, 전복과 저항, 해체와 재구성의 이념과 실천방안이 또한 흘러들어왔으므로, '길에는 주인이 없어서 그 위를 걷는 자가 주인이다'라는 선인(신경준, 1712~1781)의 옛글은 여전히 새로운데, 그 주인 없는 길이 바로 선양-단동-서울을 잇는 의주로이다."("국경")

위 글 '선양에서 발전했다'는 '선양에서 발진(發進)했다'의 오기로 보인다. 여암(旅菴) 신경준(申景濬)은 조선 영조 때 학자로 여암이 편찬한 산경표(山經表)에 의하면 우리의 산줄기를 백두산에서 지리산까지 뻗어 내린 백두대간을 척추로 하여 1정간 13정맥으로 나누고 있다. 산경표는 강과 산을 따로 떼어놓고 바라보지 않는다. "산자분수령"(山自分水嶺 : 산은 스스로 물 흐름을 나누는 산마루가 된다)이라는 말과 같이 산이 물을 가르고 있으니 물은 산을 넘어가지 못한다. 산과 강이 서로 범접하지 못하고 서로 어울리다가 바다로 흘러가서 김훈이 표현하는 바와 같이 "산맥과 바다가 붙고 엉키는 조국산하의 관능"을 연출하는 것이다. 나는 17년 전 9개월에 걸쳐 백두대간에 나의 발도장을 찍으면서 신경준의 산경표의 가르침대로 조국 산하의 유장함을 직접 보고 느꼈다. 길은 명사가 아니고 동사이다. 길은 걸어야 길이다. "길에는 주인이 없어서 그 위를 걷는 자가 주인이다."

김훈이 고구려 초기 4백여 년의 강성한 도읍지였던 집안(集安)을 답사하고 쓴 글도 보자.

"고구려 왕들의 존호는 유교적 세계관의 관념에 물들지 않아서, 삶과 마주 대하는 언어의 건강함을 보여준다. 산상왕(山上王, 11대), 중천왕(中川王, 12대), 서천왕(西川王, 13대), 봉상왕(烽上王, 14대)들은 죽어서 그 왕이 묻힌 자리의 이름을 존호로 삼아서 후세에 전했다. "11월에 왕이 돌아가시니 소수림(小獸林)에 장사 지내고 존호를 소수림왕이라고 하였다"는 대목은 내가 읽은 『삼국사기』 중에서 가장 아름다운 문장에 속한다. '작은 짐승들이 모여 사는 숲'이라는 뜻으로 봐서 아마도 국내성 왕궁에 딸린 동물원이 아닐까. 고구 왕들은 죽어서 강가에 묻히거나 산꼭대기 봉수대에 묻히거나 '작은 짐승들이 사는 숲'에 묻혀서 한줌의 흙을 국토에 보탰고, 그 묻힌 자리의 지명에 불멸의 지위를 부여했다. 고구려인들의 강토 사랑은 그처럼 구체적이고 현실적이었다. 왕들은 죽어서 자신의 존호를 국토에 포개었다.

광개토대왕(廣開土大王, 19대)의 존호는 왕의 무덤 자리가 아니라 그 생애의 자랑과 고난을 압축하고 있는데, '광개토'는 한반도의 모든 임금의 존호들 중에서 가장 사실적이고, 서사적이고, 압도적이고, 다이내믹하다. 광개토대왕은 39세에 죽었다. 그의 아들 장수왕은 97세까지 살았고 그중 78년을 왕위에 있었다. 장수왕은 장수하기도 했지만 그의 존호에서는 부왕의 요절에 대한 한이 묻어난다."("국경")

우리 대통령들은 모두 국립묘지에 묻히지 못해서 안달인데(노무현만 고향에 유택을 마련했다) DJ가 하의도에, YS가 거제도에 묻혔다면 금상첨화였을 것이다. 답답한 동작동 언덕자락보다 넓은 바다가 더 편하지 않을까. 그래야 지방이 살아난다. 그래야 우리 국토가 오그라들지 않고 넓게 펼쳐질 것이다.

김훈은 소외된 노동을 싫어한다고 하면서 못질을 하는 젊은 목수의 아름다움을 찬미하고 있다. 아이러니다.

"나는 놀기를 좋아하고 일하기를 싫어한다. 나는 일이라면 딱 질색이다. 내가 일을 싫어하는 까닭은 분명하고도 정당하다. 일은 나를 나 자신으로부터 소외시키기 때문이다. 부지런을 떨수록 나는 점점 나로부터 멀어져서, 낯선 사물이 되어 간다. 일은 내 몸을 나로부터 분리시킨다. 일이 몸에서 겉돌아서 일 따로 몸 따로가 될 때, 나는 불안하다. 나는 오랜 세월 동안 소외된 노동으로 밥을 먹었다.

못은 힘의 크기로 박는 것이 아니라, 힘의 각도로 박는다는 이치를 나는 알았다. 못대가리를 수직으로 정확히 때리지 않으면, 힘이 클수록 못은 휘어져서 일을 망친다."("목수")

김훈은 인간과 인간이 연결됨으로써 인간은 개별적 존재로서는 도저히 이해할 수 없는 일들을 수행해낼 수 있음을 어선의 선원들과 암벽등반가들에서 찾는다.

"그들의 노동은 거의 대부분 밧줄에 의해 이루어지고 있었다. 닻과 그물과 부표를 내리고 당기는 일이나 부표에 매달려 바다에 뜬 다른 밧줄을 당기는 일들이 모두 당기기에 의해 이루어지고 있었다. 하나의 밧줄에 여러 명의 선원들이 매달려 있는데, 그들은 지휘자도 없는 오케스트라처럼, 앞에서 당기는 사람과 뒤에서 당기는 사람의 손발이 척척 맞아 들어갔다."

"암벽등반가들의 자일은 톱과 세컨드를 연결시킨다. 세컨드는 톱의 뒤를 바짝 따라붙으면서 안전 위치를 확보한다. 세컨드는 톱과 아무런 말을 하지 않아도 톱의 형편을 알고 있다. 톱은 세컨드와 연결된 자일을 믿고서 비로소 길 없는 암벽 위로 길을 더듬어낼 수 있다. 자일의 톱은 뒤로 늘어져 있고, 가야 할 길은 톱의 앞으로 뻗어 있다. 뒤로 늘어진 밧줄이 톱의 앞길을 받쳐준다. 만일 톱이 추락하더라도 톱은 세컨드와의 거리만큼 추락한다. 추락하는 톱은 이미 안전 위치를 확보한 세컨드의 자일에 매달리게 되는 것이다."("줄")

김훈은 딸아이가 취직해서 첫 월급을 받고 사준 핸드폰과 용돈을 받고 진부하게 순환되는 삶의 일상성 속에서 기적과도 같은 경이를 느낀다. 무사한 하루하루의 순환이 죽는 날까지 계속되는 것이 바로 행복이다. 살아 있는 것이 바로 환희가 아니고 무엇인가.

"행복에 대한 추억은 별것 없다. 다만 나날들이 무사하기를 빈다. 무사한 날들이 쌓여서 행복이 되든지 불행이 되든지, 그저 하루하루가 별 탈 없기를 바란다. 순하게 세월이 흘러서 또 그렇게 순하게 세월이 끝나기를 바란다."("목숨 1")

"삶은 살아 있는 동안만 삶일 뿐이다. 죽어서 소멸하는 사람과 열정이 어째서 살아 있는 동안의 삶을 들볶아대는 것인지 알 수 없다. 그 사랑과 열정으로 더불어 하루하루가 무사할 수 있다는 것은 큰 복은 아니지만, 그래도 복 받은 일이다."

"다시 눈을 뜨고 이 살아 있는 동안의 시간들을 들여다보니, 거기서 꽃이 피고 나무가 자라고 누렇고 붉은 열매들이 열린다. 그리고 태어난 것들은 사라진다. 시간 속에서는 덧없는 것들만이 영원하다. 모든 강고한 것들은 무너지지만, 저녁노을이나 아침이슬은 사라지지 않는다."("목숨 1")

공감이 가는 글이다. 김훈은 장모님의 초상을 치르면서 죽음의 보편성과 생명의 절대적인 개별성에 경악했다.

"창세기 이래로, 인간은 죽음으로써 지구를 구해냈을 것이다. 다들 죽어 없어지지 않았다면, 또 다들 살 자리가 없어서 죽었을 것이다. 그래서 죽음이야말로 인간이 세계와 후손을 위해서 베푸는 가장 큰 보시이며 은혜일 것이다. 죽음은 죽은 자를 객관화시킨다. 나는 산 자들의 그 어떤 위엄도 그 죽음이 베푸는 은혜만은 못하리라고 생각한다. 그래서 산 자는 필멸이라야 마땅하다. 그러나 그렇다고는 해도 보편적 죽음이 개별적 죽음을 설명하거나 위로하지는 못한다. 소각로 바닥의 흰 뼈를 들여다보면서 나는 알았다. 인간은 보편적 죽음 속에서, 그 보편성과는 사소한 관련도 없이 혼자서 죽는 것이다. 모든 죽음은 끝끝내 개별적이다. 다들 죽지만 다들 혼자서 저 자신의 죽음을 죽어야 하는 것이다. 죽음은 보편화되지 않고 공유되지 않는다."("목숨 2")

"생명 속에는 생명을 부정하고 생명에 반역하는 또다른 생명이 서식하고 팽창한다. 이 반역은 생명현상인 것이다. 생로병사는 생, 로, 병, 사로 따로따로 떨어져 존재하는 것이 아니라, 한 덩어리로 포개져서 흘러가는 것임을 알았다. 생 속에 사가 있고 노가 있으며 병 속에 사가 있는 것이었다. 생로병사는 분리되지 않는다."

"나의 고통은 나의 생명 속에서만 유효한 실존적 고통인 것이다. 인간의 존엄은 그 개별성에 있다. 나의 병은 다른 모든 유사한 병과 다른 것이다. 그러므로 병을 치료한다는 것은 개별적 존재의 개별적 병을 치료한다는 말이 되어야 할 것이다."("목숨 2")

다들 죽지만 철저히 혼자서 죽어야 한다. 모든 죽음은 끝끝내 개별적이라는 말에 공감한다. Wir arbeiten zu Hunderten zusammen, wir lieben zu zweit, wir sterben allein.-Iwan Goll. 우리는 백 사람이 함께 일하고, 두 사람이 서로 사랑하며, 한 사람이 혼자 죽어갈 뿐이다.

2.

김훈의 글 중에는 고루하고 현학적인 표현도 곧잘 눈에 띤다.
"나는 본래 어둡고 **오활**하여, **폐구**(閉口)로 겨우 일신의 **적막**을 지탱하고 있다."

고문서에서 보는 말도 아니고 쉽게 와 닿지 않는 말이다. 도대체 이 말이 무슨 말인가? 나에게는 생소한 '오활'은 어려운 한자 '迂闊'로 되어 있고, '우활/오활(迂闊)'이라는 단어는 실정에 맞지 않아 실용의 가치가 없다는 의미라고 한다. '오활하다'는 '곧바르지 아니하고 에돌아서 실제와는 거리가 멀다', '사리에 어둡고 세상 물정을 잘 모르다', '주의가 부족하다' 등의 뜻으로 나와 있다. 폐구(閉口)는 '입을 다묾'이고, 적막(寂寞)은 '고요하고 쓸쓸함'이다. 위 말을 알기 쉽게 쓴다면 "나는 본래 세상 물정에 어두워 입을 닫고 세상일에 참견하지 않고 살고 있다."로 쓰면 되지 않을까? 대저 글을 쓰는 사람은 글을 읽는 사람에 대한 배려가 필요하다.

그리고 "잔잔한 바다에서 큰 배가 갑자기 가라앉아 **무죄한** 사람들이 떼죽음을 당한 사태"에서 '무죄한'이라는 말도 '무고한'으로 쓰는 것이 알기 쉽다. 성경에 "무죄한 자의 피를 흘리지 말라"는 말이 있으나 '무죄한'은 보통사람들이 흔히 쓰는 말이 아니다. '무죄한'이 있으면 '유죄한'도 있는가? 앞서 나온 '불모한'도 그렇고 명사에 '~한'을 덧붙여 너무 쉽게 형용사로 만들어 쓰고 있다.

"늙은이의 **춘수**(春瘦)는 어수선하다." 이 말은 또 무슨 말인가? 춘수의 춘은 봄 春, 수는 야윌 瘦이다. 몸이 여위고 마름을 수척(瘦瘠)하다고 한다. 봄이 되면 노인네들이 봄을 타서 시름시름 앓다가 몸을 야윈다는 뜻이다. 이 말은 '늙은이의 몰골이 말이 아니다'는 뜻으로 새겨진다.

그건 그렇고 김훈이 "세월호"로 쓴 글은 구구절절 옳은 말이다.

"20세기의 대형 선박은 모두 쇠로 만든다. 쇠가 어떻게 물에 뜨는가. 쇠건 바위건 나무토막이건 같은 용적의 물보다 가벼우면 뜨고, 무거우면 가라앉는다. 이 세상의 모든 배를 지칭하는 영어 보통명사는 **베슬**(vessel)인데 그릇이라는 뜻이다. 그 자체에 용적을 포함하고 있는 운송수단이라는 말이다. 수만 톤의 쇳덩어리는 베슬을 이룸으로써 가라앉으려는 중력과 띄우려는 부력이 **길항**(拮抗)하면서 물에 뜬다. … 무게중심과 부력중심이 서로를 피하고 또 달래가면서 기우는 배를 제자리로 돌려놓는데 이 양극단의 모순이 한순간의 물리현상 속에서 통합됨으로써 배는 롤링하면서 전진한다. 그러나 배가 옆으로 기울 때 이 경사각도가 모순을 통합할 수 있는 한계를 넘어가면 복원력은 순간에 소멸하고 배는 뒤집혀서 침몰한다. 배는 유(柔)로써 강(剛)을 다스리며, 유와 강의 종합으로써 **롤링**하고 **피칭**하는데, 배가 롤링과 피칭 없이 뻣뻣하게 파도를 대하면 배는 바로 깨지거나 침몰한다.

이순신 함대의 배도 그렇지만 전통적인 한선(韓船)은 연안 항해용이기 때문에 바닥이 평평해서 큰 파도를 만났을 때는 복원력이 약하다. 그래서 한선은 무거운 화물을 배 밑바닥에 싣고, 화물이 모자랄 때는 바위를 실어 무게중심을 낮춘다.

세월호는 이 모든 원리와 인류의 축적된 경험을 거꾸로 했다. 그러니 어찌 살기를 바라겠는가. 갑판에 과적을 함으로써 무게중심을 위로 끌어올렸고, 배 밑창의 평형수를 빼버려서 배의 중심을 허깨비로 만들었다. 이것이 침몰원인인가. 이것은 원인이라기보다는 침몰 그 자체다. 이것이 침몰의 원인이라고 말하는 것은 배가 뒤집히니까 가라앉았다는 말과 같다. 이것은 동어반복이다.

화물을 단단히 묶는 것을 고박(固縛)이라고 하고, 원양선원들의 전문용어로는 **래싱**(lashing)이라고 하는데, 다 같은 말이다.… 컨테이너는 선체와 밀착되어 롤링과 피칭을 함께 해야 하며, 컨테이너가 정위치를 이탈해 한쪽으로 쏠리면 그 기세로 배 전체를 끌고 쓰러져서 살길은 없어진다. 운동은 복원되지 않는다. 세월호는 등짐 지는 지게꾼만큼도 래싱을 하지 않았다. 그래서 세월호가 래싱을 엉터리로 해서 침몰했다는 말도 또 다른 동어반복이다. 비를 맞으니까 옷이 젖었고, 밥을 굶었더니 배가 고프다는 말과 같은 말이다. 세월호는 왜 기울었고 왜 뒤집혔는가."("세월호")

나는 2010년 7월 말경 교직원들과 국제학술교류행사의 일환으로 중국 상해와 항주 등을 방문한 적이 있다. 당시 학교 실습선인 '아라호'를 타고 상해를 갔다 오면서 풍랑 속에서 사라질 뻔한 아득한 경험이 있다. 1주일간의 상해와 항주, 황산 등 일정을 마치고 마지막 날 저녁 아라호에 탑승하였다. 상해를 떠나 황포강으로 내려가면서 갑판에서 그 동안의 회포를 풀고 좁은 선실로 들어가 눈을 붙였다. 그런데 새벽 2시경부터 선체가 심하게 요동치면서 폭풍우가 몰아치기 시작했다. 새벽부터 예상치 못한 태풍을 만나 배가 태풍 속에 갇혀있게 되는 돌발 상황이 발생했다. 태풍은 대만 쪽에서 발생한 것으로 아라호가 상해를 출발할 당시의 천기도에는 나타나지 않은 것이었다.

초속 20m의 강풍우에 파고는 6~7m로 몸을 지탱할 수가 없는 지경이었다. 갑판 출입구를 비롯한 모든 문들은 바로 폐쇄되었다. 선실의 기둥을 두 팔로 꽉 잡고 배가 요동치는 대로 맡겨둘 수밖에 없었다. "와장창. 와장창~" 생수통과 고정되지 않은 물품들이 날아다니고, 비상벨은 미친 듯이 "왱왱" 요란하게 울어대는데 이게 지옥인지 생시인지 구별이 되지 않았다. 누운 몸이 이리저리 굴러다녀 도저히 누워있을 수 없었다. 하루 종일 아무 것도 먹지 못한 채 선실 기둥만 부여잡고 제발 태풍이 지나가기만을 빌었다. 하루 종일 먹은 것도 없는데 배고픈 생각도 들지 않았다. 하루가 어떻게 지나가는지 모르고 저녁이 되자 파도는 더 거세졌다. 망망대해에서 태풍을 만난 1,000톤의 배는 일엽편주 장난감 종이배나 다름없었다. 배는 롤링과 피칭을 파도에 맡겨두고 하늘로 솟구쳤다가 파도 위로 내려앉는 것 같은 기분이 들었다. "설마 죽지는 않겠지" 하면서 자신을 위로하며 버티다가 급기야는 "이제 죽을 수밖에 없는 거로구나"를 느꼈을 때 가족들의 얼굴이 떠올랐다. 지금까지 살아오면서 이런 경험은 처음이었다. 대해에서 20여 시간을 파도 속에 갇혀 있다가 다음날 새벽 바다는 평온을 찾기 시작했다. 제주섬이 보이기 시작하고 오전 9시가 넘어 제주항에 입항하였다. 상해를 떠난다고 한 사람이 하루 종일 연락이 두절되자 안절부절 노심초사하던 집사람이 항구에서 기다리고 있었다.

그 옛날 장사하러, 과거보러 제주해협을 건너다가, 혹은 바다에서 고기를 잡다가 갑작스런 바람을 만나 중국, 일본, 유구(오키나와), 안남(베트남) 등으로 표류한 사람들도 많았을 것이다. 오늘날의 표류기인 『표해록(漂海錄)』을 남긴 최부(崔溥, 1454~1504)와 장한철(張漢喆, 1744~?)도 이런 사람들이다. 최부는 조선 성종 때의 사람이고, 장한철은 영조 때의 사람으로 시기만 다를 뿐이다. 최부는 제주도에 공무출장을 갔다가 부친상을 당해 배를 타고 육지로 돌아오는 길에 풍랑을 만나 중국 해안에 표류했고, 북경을 거쳐 귀국하면서 대륙에서 본 모습을 기록으로 남긴 것이 최부의 표해록이다. 제주 애월 출신의 장한철은 한양에 가서 과거를 보기 위하여 배를 탔다가 풍랑을 만났다. 장한철은 오늘날의 오키나와까지 표류했다가 돌아와 기록을 남긴 것이 장한철의 표해록이다. 장한철은 몇 년 후에 별시에 합격하여 강원도의 어느 고을 현령과 대정현감을 지냈고, 애월 한담공원에 장한철을 기리는 큰 돌비석이 세워져 있다. 애월 한담 해안로는 장한철 산책로라는 이름을 붙여 놓았다.

　그런데 세월호는 거친 풍랑 속에서 바다 밑으로 침몰한 것이 아니라 스스로 뒤집혀 가라앉은 것이다. 세월호 침몰원인이 선박 불법증축, 과적, 고박 불이행, 평형수 부족, 급변침 등이었다는 정부의 조사결과발표는 아르키메데스의 원리를 무시했기 때문에 배가 침몰했다는 것과 같은 말이다. 아직도 풍랑이 없는 연안에서 정규항로를 순항하던 배가 갑자기 뒤집혀 꽃다운 어린학생 300여명이 목숨을 잃게 된 근본원인을 밝히거나 이 사건을 계기로 안전사회를 만들려는 적극적인 정치력은 실종되었다. 사람들은 세월호 선장과 같이 이 비극으로부터 탈출하려고만 하는 정부를 더 이상 신뢰하지 못하고 있다. 더더욱 박근혜 대통령의 세월호 7시간은 오리무중 속에 온갖 추측만 난무하고 있다.

　김훈은 지금 정부는 공적 개방성을 상실하고 짜장면협회나 상가번영회처럼 사인의 이익집단 같은 모습을 국민들에게 보이고 있다고 지적했는데, 이 지적은 작금의 최순실 사태로 적확하게 현실화됐다. 우리사회에서 고통은 늘 고통을 당하는 계층에게 전가되었고 기회와 정보의 우월적 지위는 늘 강하고 러키한(lucky) 자들의 몫이었다는 지적, 그리고 참사가 터졌다 하면 몇몇 고위 관리들이 책임을 지고 물러났다고 하지만 그 말은 그 자리에서 쫓겨났다는 뜻에 불과하고 그 쫓겨남으로써 아무것도 책임지지 못한 결과가 되고 말았다는 지적은 아직도 허공을 맴돌고 있다. 도대체 무슨 책임을 졌다는 말인가.

　"나는 모든 죽음에 개별적 고통의 지위를 부여하는 것이 인간의 존엄에 값하는 일이라고 생각한다. 생명과 죽음은 추상개념이 아니다. 그것은 회복이 불가능하고 대체가 불가능한 일회적 존재의 영원한 소멸이다.
　그래서 한 개인의 횡사는 세계 전체의 무너짐과 맞먹는 것이고, 더구나 그 죽음이 국가의 폭력이나 국가의 의무 불이행으로 비롯된 것이라면 이 세계는 견딜 수 없는 곳이 되고 말 것인데, 이 개별성을 인정하지 못하는 체제가 전체주의다. 이 개별적 고통에 대한 공감이 없다면 어떤 아름다운 말도 위안이 되지 못하고 경제로 겁을 주어도 탈상은 되지 않는다."("세월호")

김훈이 지적하는 바대로 국가개조는 안전관리와 구조구난의 지휘부와 조직을 재조립하는 것이 아니라, 뉘우침의 진정성에 도달함으로써만 가능할 것이다.

김훈은 아들에게 사내의 삶은 쉽지 않다고 하면서 돈과 밥의 두려움을 마땅히 알라고 일갈하고 있다.

"사내의 생애가 무엇인고 하니, 일언이폐지해서, 돈을 벌어오는 것이다. 알겠느냐? 이 말이 너무 심하다고 생각하느냐. 그렇지 않다. 이 세상에는 돈보다 더 거룩하고 본질적인 국면이 반드시 있을 것이다. 그런데, 얘야, 돈이 없다면 돈보다 더 큰 것들이 이루어질 수 있겠느냐? **부(否)라!** 돈은 인의예지의 기초. 물적 토대가 무너지면 그 위에 세워놓은 것들이 대부분 무너진다. 이 사태는 인간의 삶의 적이다. 이것은 유물론이 아니고, 경험칙이다. 이 경험칙은 과거와 미래에 대해서 공히 유효하다. 돈 없이도 혼자서 고상하게 잘난 척하면서 살 수 있다고 생각하지 말아라. 아마 그럴 수도 있겠지만, 그러지 말아라. 추악하고 안쓰럽고 남세스럽다."

"이 세상이 우리에게 보여주는 모든 먹이 속에는 낚싯바늘이 들어 있다. 우리는 먹이를 무는 순간에 낚싯바늘을 동시에 물게 된다. 낚싯바늘을 발라내고 먹이만을 삼킬 수는 없다. 세상은 그렇게 어수룩한 곳이 아니다. 낚싯바늘을 물면 어떻게 되는가. 입천장이 꿰여서 끌려가게 된다. 이 끌려감의 비극성을 또한 알고, 그 비극과 더불어 근면해야 해는 것이 사내의 길이다. 돈과 밥의 지엄함을 알라. 그것을 알면 사내의 삶의 가장 중요한 부분을 아는 것이고, 이걸 모르면 영원한 미성년자다. 돈과 밥을 위해서, 돈과 밥으로 더불어 삶은 정당해야 한다. 알겠느냐? 그러니 돈을 벌어라. 벌어서 나한테 달라는 말이 아니다. 네가 다 써라. 난 나대로 벌겠다."("돈1")

나도 아들에게 이 말을 해주고 싶다. 그러나 "돈의 노예로 살지 말고, 돈의 주인으로 기쁘게 살아가라."는 말을 덧붙이고 싶다. '밥'이라고 하니 고은의 "밥"이라는 시가 떠오른다. "두 사람이 마주 앉아/밥을 먹는다/흔하디 흔한 것/동시에/최고의 것/가로되 사랑이더라"

"직무와 관련이 없이 먹었다는 모든 떡값이 이 나라에서는 무죄로 통한다. 떡값이란 말은 돈의 속성을 요약정리한 듯하다. 그 말은 치욕스럽다. 웬 떡들을 그리도 많이 먹는가. 떡값은 직무와 관련이 없을 경우라 하더라도 반드시 직위와 관련이 있다. **직무**는 기능이며 **직위**는 신분이다. 직무는 **용(用)**이고 직위는 **체(體)**인 것이다. 그것은 분리되지 않는다. 체가 없으면 용이 작동되지 않는다."("돈3")

우리나라의 수많은 공직자들이 '직무관련성'이 없다는 이유로 뇌물죄에서 미꾸라지처럼 빠져나가고, 이러저러한 사람들로부터 떡값을 받아먹고 있다. 직위와 관련되지 않은 직무가 있을 수 없는 점에서 직무관련성도 직위관련성으로 넓게 해석할 필요도 있다. 이른바 김영란법은 직무관련성 유무에 관계없이 일정액 이상의 돈을 받지 못하도록 하고 있는데 그 귀추를 유심히 볼 일이다.

"서민이 선이고 귀족이 악인 것도 아니다. 가난뱅이가 선이고 돈 많은 자가 악인 것도 아니다.

그 반대도 아니다. 부자가 악덕에서 헤어나기 어렵듯이 가난뱅이에게도 가난뱅이의 악덕은 있다. 또 부자의 미덕이 있듯이, 가난뱅이의 미덕도 있는 것이다. 인간은 전면적으로 선하거나 악하지 않다. … 이 사회의 가난이란 단순한 물질적 결핍이 아니다. 이 사회에서 가난이란 차별이며 모멸이다. 지금 대통령을 하겠다는 사람들이 이 서민 흉내를 내가며 표를 달라고 애걸하고 있다. 그리고 그들이 서로 '진짜 서민'이니 '가짜 서민'이니 하고 싸우는 꼴은 그야말로 천민적이고, 그 싸움 속에서 정치 전체의 천민 근성은 확산되어가고 있다. … 귀족정신을 모조리 쳐부수어야 서민의 낙원이 세워지는 것은 아니다. 지도자가 귀족의 명예심을 잃을 때 서민의 지옥은 시작된다. '서민'은 귀족의 반대말이 아니다."("서민")

사실 부자의 악덕과 가난뱅이의 악덕, 부자의 미덕과 가난뱅이의 미덕을 구별하기 어렵다. 선과 악을 이분법적으로 구별할 수 있다는 신념이 난센스이다. 인간은 천사도 아니고 악마도 아닌 어중간한 존재이다. 천민근성으로 가득 찬 부자도 있고, 귀족정신으로 충만한 서민도 있다. 그런데 우리나라에는 '돈독'(毒)이 오른 천민 귀족들이 너무나 많다.

"본래 거친 것일수록 당당한 외양을 드러내게 마련이다. 내가 사는 이 무인지경의 산골마을에서도 밤이면 강 건너 러브호텔의 불빛은 찬란하다. 러브호텔들은 그 조악한 건축양식을 조금도 부끄러워하지 않는다. … 호텔 주차장 입구에서 자동차 번호판을 가려주는 이 비닐커튼은 그 신도시의 평화를 지켜주는 보호막이다. 이 커튼을 걷어내면 가정은 거덜나고 불화는 증폭된다. 비닐커튼은 물론 위선과 허위의 장치다. 세상을 편안하게 해주는 것은 진실이 아니라 위선일 때가 많다."("러브")

우리나라에 많은 세 가지로 러브호텔과 교회와 시인을 든 시인이 있다. 밤마다 명멸하는 러브호텔과 교회의 네온사인은 성(聖)과 속(俗)이 뒤범벅이 된 욕망의 분화구인가. 이제 모텔이나 무인텔은 나그네가 쉬어가는 곳이 아니라 시도 때도 없이 교미하는 인간들이 찾아가는 욕망의 배출구이다. 모텔 주차장 입구에서 자동차번호판을 가려주는 비닐커튼이 도시의 평화를 지켜주는 보호막이라니, 이런 위선이 세상을 편안하게 해주고 있다니!

"도심을 뒤흔드는 소방차의 사이렌 소리는 다급하고도 간절하다. 질주하는 소방차의 대열을 바라보면서 나는 늘 인간과 세상에 대해서 안도감을 느낀다. 재난에 처한 인간을 향하여, 그 재난의 한복판으로 달려드는 건장한 젊은이들이 저렇게 사이렌을 울리며 달려가고 있다는 사실은 인간의 인간다움이 아직도 남아 있고, 국가의 기능이 정확하고도 아름답게 작동되고 있다는 신뢰감을 느끼게 한다. 인간만이 인간을 구할 수 있고, 인간만이 인간에게 다가갈 수 있으며, 인간만이 인간을 위로할 수 있다는 그 단순명료한 진실을 나는 질주하는 소방차를 바라보면서 확인한다."("불자동차")

김훈이 옛날 조간신문의 현장기자로서 수많은 화재현장을 취재하면서 관찰한 소방대원들의 사투를 목격하고 쓴 글에서 소방대원들이야말로 이 사회를 버티게 하는 안전판이고 인간에 대한 사랑과 신뢰를 실천하는 보살들이라고 설파하고 있다. 그런데 바다의 소방대원들인 해경은 세월호 현장에서 육지의 소방대원들과 같은 보살의 모습을 보여주지 못했다.

3.

"모든, 닿을 수 없는 것들을 사랑이라고 부른다. 모든, 품을 수 없는 것들을 사랑이라고 부른다. 모든, 만져지지 않는 것들과 불러지지 않은 것들을 사랑이라고 부른다. 모든, 건널 수 없는 것들과 모든, 다가오지 않는 것들을 기어이 사랑이라고 부른다."("바다의 기별")

결국 모든 것들이 사랑에 포섭되고 사랑으로 수렴된다. 아끼고 위하며 한없이 베푸는 일이 사랑이라면 세상에 사랑이 아닌 것은 없다. 건널 수 없는 모든 것들과 다가오지 않는 모든 것들도 기어이 사랑이라고 하고 있지 않은가. 대상에 관심을 깊이 갖고 생각을 하며 바라본다면 모든 것이 사랑이 된다. 무관심의 토양에서 사랑의 싹은 자라지 않는다.

"화장을 할 때 여자들은 거울 앞에서 무섭게 집중한다. 여자들이 얼굴에 그려넣고 싶은 것은 존재의 개별성과 개별화된 존재의 자유일 것이다. 여기까지도 쉬운 일이 아니다. 그런데 일은 여기서 끝나지 않는다. 여자들은 그 개별성과 자유를 거느리고 섹스어필까지 가야 한다. 어려운 대목이다. 이 마지막 관문을 통과해 나오면 여자들의 개별성과 자유는 억압의 세련된 양식으로 변한다. 이것이 휘발성 향료에 실려 비 내리는 거리로 번져 나온다. 이 냄새는 '그 여자'의 냄새가 아니라 '웬 여자'의 냄새다. 비에 젖은 거리에서, 한 웬 여자의 냄새가 스치고 지나가면 또다른 웬 여자의 냄새가 다가온다."("여자 1")

김훈이 여자에 대한 관심도 지극히 섬세하다. 무섭게 집중을 하고 화장을 하는 여자의 모습에서 개별성과 자유와 섹스어필, 억압의 세련된 양식까지 간취(看取)한다. 그 여자의 냄새에서 웬 여자의 냄새로 치환되는 화장품 냄새에 대한 후각(smell)도 개 코 수준이다.

"여자들은 저 익명의 여성성을 자신의 실존에만 고유한 개별적 상황으로 바꾸어놓기 위하여 수만 년의 세월을 거울 속에 집중했다. 그것은 무덤 속에서조차 단념할 수 없는 여자들의 싸움이다. 지금 이 싸움은 그다지 성공적으로 보이지 않는다. 나의 존재가 언제나 보여져야 하고 언제나 휘발되어서 밖으로 번져가야 한다면, 그런 삶의 하중을 견뎌내기란 어려울 것 같다. 언제나 휘발되어야 한다면, 그 휘발의 결과가 개별성의 자유일 수 있을까. 그러나 그런 의문은 화장을 향한 여자들의 집중된 열정 앞에서 완전히 무력하다."("여자 1")

그렇다고 여자들의 화장을 질투하지 말라. 여자들이 과연 누구를 위해 화장을 하는 것인지 생각해보라. 과연 그대의 여자가 아무에게나 막 주는, 헤픈 '웬 여자'가 되기 위하여 화장을 하는가. "보여지는 것이 아니라, 드러나는 것들의 아름다움으로 화장을 할 수는 없는 것인가."라는 김훈의 소망은 한낱 미망(迷妄)일 뿐이다.

여자들은 화장으로 자신의 존재를 증명한다. 그런데 여자가 화장을 할 때도 시기에 따라 화장의 모습이 다르다. 20대에 화장을 하면 '화장', 30대에 화장을 하면 '분장', 40대에 화장을 하면 '변장', 50대에 화장을 하면 '위장', 60대에 화장을 하면 '포장', 70대에 화장을 하면 '환장', 80대에 화장을 하면 '끝장', 90대에 화장을 하면 '송장'이 된다.

"여자들은 아무데서나 막무가내로 콤팩트를 꺼내든다. 여자들의 혼백은 거울 속으로 무섭게 집중한다. 그때 여자들은 마치 거울 밖 세상을 버리고 거울 속으로 빨려 들어갈 것만 같다. 화장을 마치고 나면 딸가닥, 콤팩트가 닫히는 금속성 소리와 함께 여자들은 거울 밖 세상으로 나온다. … 화장은 여자들의 생로병사의 일부인 모양이다. … 아름다움의 내용을 억압과 사물성이 아니라, 자유로 가득 채우는 여자가 아름답다. 그런 여자가 살아 있는 여자고, 살아가는 여자고, 삶을 영위하는 여자다."("여자 2")

여자들의 화장실은 말 그대로 화장을 하는 진짜 화장실이다. 아줌마들은 화장하면 다른 사람 눈에 다 예뻐 보일 줄 안다. '화떡녀'(화장 떡칠한 여자)가 좋을 리는 없지만, 그렇다고 '아름다움을 자유로 가득 채우는 여자'와 연애는 할 수 있어도 평생 같이 살 수 있는 남자는 많지 않을 것이다. 이러한 여자는 한 남자에 머무르지 않는다. 자유는 원래 한 곳에 뿌리박지 않는 것을 그 속성으로 한다.

"여자 젖가슴의 모든 고난은 직립보행에서 비롯된 것이다. 네발로 기어 다니는 포유류들의 젖은 아래로 늘어져서 편안하다. 이것이 무릇 모든 젖의 자연일 것이다. 두 발로 걷기 시작한 이후로, 여자들의 젖가슴은 어쩔 수 없이 전방을 향하게 됐다. 가엾은 일이다. 크고 무겁고 밀도가 높고 팽팽하고 늘어지지 않은 가슴만이 아름답다고, 남자나 여자나 모두 그렇게 세뇌돼 있다. 그러나 불행히도 크고 무거운 것들은 아래로 늘어지게 돼 있다. 늘어지려는 것을 자꾸만 끌어올리니까 부작용이 생긴다. 생명이나 자연은 인간이 거기에 의미를 부여하지 않아도 이미 스스로 본래 그러한 것처럼 아름답고 편안하다. 그러니 가슴이 좀 늘어지기로 무슨 걱정할 일이 있겠는가. … 당신들의 젖가슴은 단지 젖가슴이라는 이유만으로 이미 충분히 아름답다. 직립보행의 고난을 떠안고 있는 그 가슴을 이제 좀 편안하게 해주기 바란다."("여자 3")

직립보행으로 비롯된 여자 젖가슴의 숙명! 이제 여자들이 가슴을 편히 놔둘 때가 되었다. 여자들의 가슴을 옥죄는 브래지어의 역사는 100여년에 불과하다. 그러나 여성의 가슴을 '성적'으로 바라보는 남자들의 시선이 존재하는 한 여자들이 가슴을 편하게 놔두지 못할 것이다.

"몸을 드러낸 여자들은 도시의 여름을 긴장시킨다. 탱크톱에 핫팬츠로, 강렬하게 몸매를 드러낸 여자가 저쪽에서 걸어올 때, 더위에 늘어진 거리는 문득 성적 활기를 회복한다. 노출이 대담한 여름 여자를 볼 때마다 나는 내가 그 여자의 옷을 보고 있는지 몸을 보고 있는지 혼란에 빠진다."("여자 4")

나는 여자에 대해 일가견이 없지만 내가 본 여자 중의 으뜸은 쭉쭉 빠진 러시아 여자들이었다. 그것도 모스크바 쪽이 아닌 블라디보스톡 쪽 여자들이 이국 남자들의 성선(性腺)을 긴장시켰다. 2001년 여름 시베리아횡단 여행차 찾아간 블라디보스톡 혁명광장에서 늘씬한 미녀들이 지나는 것만을 보는 것만으로도 시간가는 줄 몰랐다. 러시아의 3대 명물이라고 하는 흑빵. 보드카, 여자 중에 단연 여자가 으뜸이었다. 블라디보스톡 미녀들의 모습을 정확하게 묘사하기는 어렵지만 조화유의 『이것이 미국 영어다』에 등장하는 "Get a load of that girl. She is an eyeful!" 정도가 아니라 "She is leggy, bosomy, curvacious, everything. She is gorgeous. Period!" 바로 그것이었다.

김훈은 아름다움의 본질에 관하여 분석적 사유를 전개하는 일은 고통스럽다고 하면서도, 미인대회의 심사기준에 따라 미녀의 벗은 몸을 주요 부위별로 논하고 있다.

"미녀의 하체는 두 다리를 모으고 섰을 때, 넓적다리 윗부분의 안쪽이 딱 붙어야 한다. 이 간단한 '기준'은 의미심장하다. 거기가 왜 딱 붙어야 하는가. 거기는, 숨을 죽이고 텔레비전을 들여다보는 억조창생의 성적 긴장이 집중되는 부위다. 이 긴장의 질감은 날카롭고 또 서늘해야 한다. 끈끈하거나 질퍽거려서는 안 된다. 그러니 거기가 딱 붙어야 한다. 앞으로 봐서도 붙어야 하고 뒤로 봐서도 붙어야 한다. 거기가 딱 붙지 않고 휑하니 벌어져서 바람이 드나든다면 판은 다 깨진다. 미녀가 성립되지 않는다. 붙어야 하지만, 너무 꽉 들러붙어도 안 된다. 살이 눌려서 군살이 찐빵처럼 옆으로 부풀어 오르면 후텁지근한 코미디가 되어버린다. 거기는 지난한 부위인 것이다. 양쪽 넓적다리 윗부분의 안쪽이 붙을 듯 떨어질 듯 닿으면서 드러내는 한 줄기 선 위에 삼엄하고도 선명한 긴장이 서려 있어야 한다. 앞에서, 그리고 뒤에서도."("여자 5")

기가 막힌 관찰력이다. 넓적다리는 엉덩관절과 무릎관절 사이로 대퇴(大腿)를 말한다. 넓적다리 윗부분이 붙어있어야 하지만 너무 꽉 들러붙으면 안 된다는 조마조마한 접경. 이 정도면 미스코리아 아니 미스유니버스 선발대회 심사위원 자격이 충분하다. 그러나 안티 미스코리아를 지향하는 여자들이 보면 곡(哭)할 정도를 여자들을 사물화하는 것이라는 비판을 받을 수 있겠다.

"하이힐은 발뒤꿈치를 쳐들어 올림으로써 미녀의 엉덩이를 뒤쪽으로 빼주고 유방을 앞쪽으로 내밀어준다. 하이힐은 전방 지향적이고 도발적인 유방의 구조역학적 토대다. 유방을 심사할 때 유방의 크기, 위치, 선 이렇게 세 가지의 관측 포인트로 분해된다. 그리고 그 분해된 미적 요소들이 다시 종합되면서 우수한 질감과 형태의 유방을 골라낸다. 유방은 작은 것을 수치로 여긴다지만 크다고 다 좋은 것은 아니다. 큰 유방은 그 풍만한 중량감을 미적으로 수습해낼 만한 선을 갖추지 어렵다. 이 선은 아래로 늘어지는 듯하면서도 위쪽으로 쳐들어 올려지는 힘을 보여야 한다. 중량을 가진 모든 것은 늘어지게 마련이므로, 유방의 고뇌는 마침내 이 '위쪽'에 있는 것이다. 유방은 전방지향적인 동시에 상방지향적이라야 하고 또 적당히 늘어져 있어야 한다. 큰 유방은 상방지향의 힘을 상실하고 축 늘어져버리기 쉬운데, 이런 유방은 미녀의 끝장이다. 그렇다고 해서 유방을 억지로 위쪽으로 몰아붙여서 드러내 보인다고 해서 될 일이 아니다. 이러면 계곡이 망가지고 오히려 점수가 깎인다. 여기도 지난한 부위이다. 여기도 고해(苦海)인 것이다."("여자 5")

김훈은 하이힐에서 유방의 전방지향성과 상방지향성을 포착하여 논의를 옮겨갔지만, 무엇보다도 하이힐은 인간문화의 뿌리인 성(性)의 자기표출이라는 사실을 간과할 수 없다. 에두아르트 푹스(Eduardt Fuchs)의 『풍속의 역사』를 보면 하이힐이 왜 생겨났는지를 알 수 있다. 루이 14세 시대 파리는 요새처럼 포장된 길도 없었고, 하수도 시설도 미비했다. 대부분의 집에서는 밤중에 생리적 요구를 해결하기 위한 요강이 필수품이었다. 파리 사람들은 아침마다 문을 열고 요강단지를 부어 버리는 일로 하루의 일과를 시작했다. 밤중에 비가 내린 날은 파리의 길바닥은 진창에다 인간의 배설물이 뒤섞인 똥오줌의 바다가 됐다. 파리의 유한마담들이 진창을 건너 사교장에 갈 수 있도록 파리의 구두방이 고안해 낸 것이 바로 굽이 높은 여자구두인 하이힐이었다.

그리고 하이힐이 생겨난 생태학적 이유도 있었다. 여성의 신체구조는 발뒤꿈치를 높이 바짝 들고 발가락으로 설수록 아랫배가 탱탱해지고 성기 주변의 근육이 탄력성을 갖게 된다. 루이 14세 당시 파리의 유한마담들의 육체를 탐닉하던 바람둥이 귀족들이 이 사실을 모를 리 없었다. 몸으로 승부하던 파리의 유한마담들이 경쟁적으로 신발의 뒤꿈치를 높이고 성기를 훈련시켰다. 하이힐의 높이가 발바닥 길이와 같은 높이로 올라갔다. 파리의 유한마담들의 섹스 향락의 상징인 하이힐이 민중 여성 사이로 급속히 확산되었다. 이 와중에 하이힐은 전 유럽여성의 필수품이 되었고, 현하 지구상의 모든 여성들의 신발은 하이힐로 대표된다. 하이힐에는 이러한 음흉한 섹스의 자기표출이 숨어있다. 옛날 동양남성들은 전족으로 여성을 섹스향락의 대상으로 삼았다는 것은 삼척동자도 다 아는 일이다.

"여자의 어깨는 수억만 개의 표정과 질감과 기후를 갖는다. 미녀의 어깨는 어떠해야 하는가. 미녀의 어깨는 완강해서도 안 되고 왜소해서도 안 된다. 미녀의 어깨는 넓어서도 안 되고 각이 져서도 안 되고 각이 무너져 내려서도 안 된다. 미녀의 어깨에는 세상에 대한 저항의 포즈가 들어 있어서는 안 된다. 미녀의 어깨는 다소곳이 흘러내리면서 사랑스러워야 한다. 사랑받기를 갈구하고 있어야 한다. 미녀의 어깨는 20도쯤으로 흘러내리는 각도를 으뜸으로 한다. 사람스러움과 우아함은 이 각도 언저리에서 완성되는 것으로 되어 있다. 사내들은 이 각도를 존중한다."("여자 5")

어깨도 하체나 유방처럼 난해하고 고해이다. 중국의 4대 미녀를 '침어낙안(沈魚落雁), 폐월수화(閉月羞花)'로 일컫는다. 호수에 얼굴을 비추니 물고기들이 헤엄치는 것을 잊고 가라앉았다는 서시(西施), 하늘을 보자 기러기가 날갯짓을 잊어 떨어졌다는 왕소군(王昭君), 보름달도 구름 뒤로 숨는다는 초선(貂蟬), 모란꽃도 부끄러워 고개를 숙인다는 양귀비(楊貴妃)다. 모든 여자들에게 중국의 4대 미녀와 같은 하체와 유방과 어깨를 요구하는 것은 남성들의 폭력이다.

이제 여자 이야기는 그만 하자.

"길은 생로병사의 모습을 닮아 있다. 진행 중인 한 시점이 모든 과정에 닿아 있고, 태어남 안에 이미 죽음과 병듦이 포함되어 있다. 길은 이곳과 저곳을 잇는 통로일 뿐 아니라 여기서부터 저기까지의 모든 구부러짐과 풍경을 거느린다. 길은 명사라기보다는 동사에 가깝다."("길")

"길은 명사라기보다는 동사에 가깝다"는 말이 그럴듯하다. 인생이란 '길(路)'에서 '길(道)'을 찾으며 가는 '길(程)'이다. '길이 끝나는 곳에서 다시 길은 시작된다.' "어느 시인은 삶의 팔 할이 바람이라지만/나는 삶의 전부를 걸으며 떠돈다"(이성선, "길" 중에서)

김훈은 마지막 글 "1975년 2월 15일의 박경리"에서 김지하가 영등포교도소에서 출감하는 날 교도소 정문 맞은편의 야트막한 언덕 위에, 웬 허름한 여인네가 포대기로 아기를 업은 채, 추위 속에서 옹크리고, 저물어가는 교도소 정문 쪽을 내려다보고 있는 모습을 목격했다. 그 여인네는 박경리였다. 그 아이는 그 아버지 김지하가 수배망을 피하여 도망 다니던 1974년 4월 19일날 태어난 김지하의 아들이었다. 김지하는 아들이 태어난 지 1주일 후에 인혁당 사건과 민청학련 사건으로 도피 중이던 흑산도에서 검거되었던 것이다. 긴급조치로 정권의 명운을 이어가던 서슬 퍼런 유신치하였다.

김훈이 신문기자 시절 박경리가 외손자인 생후 10개월 미만의 어린 것을 업고 영하 12도의 강추위 속에 바람 부는 교도소 앞 광장에 나온 모습을 보고 다음과 같은 단장(斷腸)의 글을 썼다.

"그분은 담요로 만든 방한화에 버선을 신고 있었다. 발이 몹시 시려왔던지 이따금씩 방한화를 벗고 손으로 언 발을 주물렀다. 등에 업힌 아이는 머리끝까지 온통 포대기로 감싸고 그 포대기 위를 다시 두꺼운 숄로 덮어서 아이의 모습을 볼 수는 없었다. 아이가 칭얼거릴 때마다 그 여인네는 몸을 흔들어서 아이를 얼렀다. 칭얼거리는 아이에게 그 여인네는 고개를 뒤로 돌려서 무어라고 말을 하는 것 같았는데 그 말은 나에게까지 들리지 않았다. 나는 그 여인네가 그때 아이에게 한 말을 들을 수 없어서 답답했다.

'울지 마라 느 아비 곧 나온다.' 아마 이런 말이었을까. 그 여인네가 아기를 업은 포대기는 매우 낡아 있었다. 포대기는 누빈 포대기였는데 허리 부분을 넓게 접어서 아이의 등에 힘이 걸리게 바짝 조였으며 아이의 엉덩이 밑으로 포대기끈을 여러 겹 둘렀다.

그래도 그 여인네의 야윈 몸으로부터 아이는 자꾸만 흘러내리는 것이어서 여인네는 자꾸만 몸을 추슬러 아이를 끌어올렸다. 아무도 그 여인네를 알아보는 사람은 없었고, 그 여인네는, 교도소 정문 앞에서 들끓는 그 어떤 사람과도 무관해 보였다. 그때 그 여자는 길섶에 돋아난 풀 한 포기보다도 더 무명(無名)해 보였고, 자신의 존재를 드러내 보일 아무런 이유가 없는, 어떤 자연현상처럼 보였다. 그 여자는 다만 사위의 옥바라지를 나온 한 장모였으며, 감옥에 간 사위의 핏덩이 아들을 키우는 팔자 사나운, 무력한 할머니의 모습만으로 그 교도소 앞 언덕에서 북서풍에 시달리며 등에서 칭얼대는 아기를 어르고 있었다. 그런 여인네의 모습을 훔쳐보면서, 나는 아무 것도 생각지 않기로 했다. 시대도, 긴급조치도, 국가보안법도, 무슨무슨 혐의도, 성명서들도, 군법회의도, 김지하도, 나는 아무것도 생각할 수가 없었다. 나는 다만, 그 여인네의 등에 매달린 아이가 발이 시려우면 안 될 텐데, 그런 걱정만을 했다."("1975년 2월 15일의 박경리")

1975년이면 박경리가 50세쯤이었는데(1926년생) 이때는 대하소설 『토지』 2부를 쓸 때이다. 1969년부터 1994년까지 26년간의 창작기간을 걸쳐 완성된 『토지』는 이 나라의 19세기 말에서 20세기 중반까지 우리 민족의 삶을 총체적으로 그려낸 기념비적 역작이다. 나는 『토지』 전작을 두 차례나 읽었고, 호남정맥종주를 할 당시 토지의 무대인 평사리의 최참판댁도 찾아보았다. 박경리는 2008년 5월 9일 자신이 태어난 통영 땅에 묻혔으나, 작품 활동을 하던 원주에 토지문학관이 세워졌다.

박경리가 25년에 걸쳐 쓴 "토지"는 구한말에서 일제시대와 해방에 이르기까지 60년간의 시대상황 속에서 서희를 중심으로 온갖 군상의 인간들이 펼쳐가는 인간 드라마이다. 박경리는 유방암으로 자신의 한쪽 젖가슴을 잘라내 가면서까지 혼신의 정열을 바쳐 이 소설을 썼다. 박경리가 이 소설을 쓰면서 서희 일행이 용정으로 흘러들어갔을 때 그곳의 우물을 묘사한 적이 있는데 물론 박경리가 당시 용정에 가보지도 못한 때 그 묘사한 우물이다. 그런데 후에 박경리가 용정에 가서 그 우물이 그대로 있는 것을 확인한 바 있다. 작가가 신에 들리면 이렇듯 소설의 묘사와 현실공간이 맞아떨어지는 경우가 종종 있다. 도대체 어디까지가 픽션이고, 어디까지가 넌픽션인지 종잡을 수 없게 만드는 것은 대저 작가의 역량이다. 이 소설은 이 땅에서 살고 죽어간 수많은 인물들이 삶의 무게를 버텨내며 살아간 이야기이다. 예나 지금이나 사람들은 사랑하고 상처받고 욕망의 포로가 되기도 하며 갈등하는 존재이다. 『토지』와 같은 작품을 쓸 대작가가 다시 나오기를 바란다.

박경리의 사위 김지하에 대하여 몇 자 덧붙인다. 본명이 김영일이었던 저항시인이 '지하에서 활동한다'는 의미로 '지하'라는 필명으로 스물아홉 살 때 쓴 담시 "오적(五賊)"은 1970년대라는 시대의 다른 이름이었다. 김지하는 일제에 나라를 팔아먹은 '을사오적'에 빗대 당시의 재벌, 국회의원, 고급공무원, 장성, 장차관 다섯 부류의 부패한 특권층을 오적으로 규정했다.

시대는 변해도 오적은 되살아난다. 지금 이 나라에는 '병신오적' 때문에 광화문의 촛불이 대한민국의 들불로 번지고 있다. 그런데 어찌 된 일인지 옛날 "타는 목마름으로", "오적"으로 시대를 호령했던 김지하가 '죽음의 굿판을 걷어치워라'로 우리를 어리둥절하게 하더니 2012년 11월 한 시국강연회에서 새누리당의 박근혜 후보에 대한 지지 의사를 밝혀 다른 사람은 몰라도 김지하는 그런 사람이 아닌 줄 알았던 많은 사람들이 '멘붕'에 빠졌다. 사람이란 알다가도 모를 일이다.

08 경계인을 넘어서
- 절대 자유와 절대 독립을 위한 열정 -

1.

박찬운 교수가 보내준 『경계인을 넘어서』(스마트북스, 2016)를 읽어보았다. 이 책은 내가 박 교수에게 보내준 『민사소송법 이야기』에 대한 답례 차원에서 박 교수가 내게 보내준 것이다. 박찬운 교수는 나와 사법연수원 동기생으로 한양대학교 법학전문대학원 인권법 교수로 있다가 국가인권위원회 상임위원으로 재직 중이다. 나는 이미 박 교수로부터 『국제범죄와 보편적 관할권』, 『문명과의 대화』 등을 받아 보았는데, 박 교수의 글쓰기에 대한 열정은 대단하다. 박 교수의 글쓰기는 엄청난 독서가 그 바탕이 되고 있는데, 박 교수에게 독서는 취미가 아니라 습관이고 즐거움의 원천이다.

박 교수가 자인하는 바와 같이 박 교수는 법률가들 사이에서도 매우 이질적인 사람이다. 대부분의 법률가가 현실주의자인데 반하여 그의 머릿속에는 세계가 있고 우주가 있다. 미술을 좋아하고 여행을 좋아하지만 살벌한 대한민국의 현실은 좋아하지 않는다.

박 교수는 자신이 주류도 비주류도 아니고, 이상주의자도 아니고 자유주의자도 아닌 경계인이라고 하는데, 내가 보기에는 자유롭고 독립적으로 살기 위해 발버둥치는 이상주의자이면서 현실주의자이다. 박 교수는 틈나는 대로 세계 각국을 여행하고, 세계 최고의 복지국가가 어떤 곳인지 경험하기 위해 안식년을 맞아 2012년 여름부터 1년 동안 스웨덴의 룬드 대학 라울 발렌베리 인권연구소에서 객원연구원으로 일하는 열정을 보여주기도 했다.

박 교수가 추구하는 자유정신은 미국의 저명한 법률가이자 법철학자였던 Learned Hand 판사의 다음과 같은 연설문과 일맥상통한다.

"우선 우리들이 자유를 추구한다고 할 때, 그 의미가 무엇일까요? 저는 우리들의 희망을 헌법이나 법률, 그리고 법원에 너무나 많이 의존하지 않나 우려합니다. 그런 것은 헛된 망상입니다. 제 말씀을 믿으십시오. 정말로 그런 것은 망상입니다. 자유는 사람들의 가슴에 존재하는 것입니다. 만일 그것이 거기에서 죽는다면 어떤 헌법도, 법률도, 법원도 큰 도움이 안 됩니다. 그것이 거기에서 사라진다면 어떤 헌법도, 법률도, 법원도 그것을 살릴 수 없습니다.

그럼 자유정신이란 무엇입니까? 제가 그것을 정확하게 정의할 순 없습니다. 다만, 제 믿음을 여러분들에게 말할 수 있을 뿐입니다. 자유정신이란 옳다는 것을 너무 확신하지 않는 정신입니다. 자유정신이란 다른 사람들의 마음을 이해하려는 정신입니다."

2.

박 교수는 이런 자유정신을 바탕으로 국민이기에 앞서 인간으로서 살고 싶고, 자신의 영혼이 이끄는 대로 사는 삶을 추구하고 있다. 그러면 여기서 박 교수가 꿈꾸는 독립사회와 복지국가의 모델을 생각해본다.

박 교수가 복지국가 스웨덴에서 경험한 스웨덴 사람들의 의식을 지배하는 가치는 자유와 독립이었다. 이곳에서 보호자인 부모의 가장 큰 역할은 자식이 자유롭고 독립적인 존재로 성장하도록 도와주는 일이고, 자식들도 소년기를 거쳐 청년이 되면 자신의 장래를 스스로 결정해야 한다. 결혼하여 가정을 이루면 부부는 사랑으로 연대하지만 상대방에 대하여 전적으로 의존하지 않고 부부 사이는 지극히 평등하다. 육아나 가사는 당연히 분담해야 한다.

이곳에서 이혼율이 높다는 비밀은 여기에 있다. 그들의 부부생활은 평등한 관계이기 때문에 그들이 함께 사는 이유는 사랑이다. 그것이 깨졌다고 느끼는 순간 쿨하게 이혼을 결심한다. 이혼을 한다 해도 그것이 인생을 옥죌 정도의 심각한 문제는 아니다. 다시 새로운 상대를 찾는 것이 중요하지 과거의 상대에 대한 나쁜 감정에 사로잡힐 이유가 없다. 쌍방이 경제적으로 독립되어 있고, 아이들 문제는 사회보장제도가 잘 되어 있어 크게 신경을 쓰지 않아도 되기 때문에 재산 문제나 아이들 문제 때문에 이혼해야 할 관계가 복원되는 일은 좀처럼 없다.

노인이 되어서도 자녀에게 기대지 않고 스스로의 삶을 살아간다. 이곳에서는 자식을 위해 평생을 고생하거나 연로한 부모를 위해 없는 살림을 쪼갤 걱정은 안 해도 된다. 부모는 연금으로 충분히 살아갈 수 있으니 자식이 부모의 생활비를 부담해야 할 일은 없고, 노인이 병들면 사회가 충분히 책임을 져주니 자식들이 생업을 포기할 이유가 없다.

박 교수가 진단한 스웨덴은 한마디로 개개인이 자유와 독립을 구가하는 독립사회이다. 스웨덴이 이런 독립사회를 가능케 하는 원동력은 사람들의 물질적 기초를 만들어주는 복지제도에 있다. 이 복지제도는 어떤 상황에서도 사회는 나를 버리지 않는다는 믿음에 있다.

이에 반해 대한민국은 독립사회가 아니고 철저히 의존사회이다. 자식은 부모에게 절대적으로 의존하고 부모는 돈을 준만큼 자식의 삶에 간섭한다. 부부관계도 의존이 지나치다. 부모가 노인이 되면 이제는 부모가 자식에게 의존해야 한다. 가난한 이는 부자에게 의존한다. 교수와 학생이 밥을 같이 먹으러 가면 당연히 교수가 밥값을 낸다. 우리 사회 구성원들이 스스로 자유로운 개인이 되지 못하는 가장 큰 원인은 물질적 토대의 취약함에 있다.

스웨덴이 독립사회를 이루게 된 동기는 강력한 복제제도로 무장된 사회민주주의였다. 복지라는 물질적 토대가 모든 사회구성원이 독립된 존재가 될 수 있는 길을 만들어 주었다. 스웨덴의 사례에서 비로소 사람들은 건전한 복지사회에서 독립된 존재로서 자유를 누릴 수 있음을 알 수 있다. 그러나 이 복지사회는 정치가 끌고 갈 수밖에 없고, 신뢰의 정치를 만들지 못하면 복지사회는 영원히 공염불이라는 박 교수의 진단은 적확하다. 사회적 연대가 이루어지지 않으면 복지국가는 결코 이룰 수 없는 꿈이다. 복지국가로 성공하지 위하여는 얼음 같은 개인주의를 녹여주는 따뜻한 집단문화가 필요하다. 공동체에 대한 끊임없는 애정이 전제되지 않고서는 내가 버는 돈의 절반을 세금으로 내놓을 수는 없는 일이다.

3.

그렇다면 대한민국에서 스웨덴식 복지국가가 가능할까?

나는 1994년 여름 한국법학원에서 주관하는 EU 현지연수를 다녀온 적이 있다. 당시 연수단 단장은 문인구 한국법학원장(전 대한변협회장, 작고)이었고, 이일규 전 대법원장(작고), 안병수 전 대법관(작고), 배재식 서울대 교수(작고), 이기수 고대 교수(후에 고대총장을 지냄), 이성보 판사(서울중앙지방법원장과 국민권익위원장을 지냄) 등이 함께 참가했다. 그때 벨기에 브뤼셀 EU 집행위원회 사무국에서 강의를 듣고, 룩셈부르크에 있는 EU법원과 스트라스부르에 있는 유럽의회를 방문하여 연수를 받고, 독일과 덴마크, 핀란드, 스웨덴, 노르웨이 등 북구사회를 둘러본 일이 있다.

나는 그때의 EU연수기를 대한변호사협회지인 『인권과 정의』 1994년 11월, 12월호에 게재했는데, 그 중 스웨덴의 복지국가 관련 이야기만 다시 들추어 본다. 25년 전 이야기다.

"이 나라는 요람에서 무덤까지 모든 것을 국가가 마련해 준다. 놀아도 실업수당이 우리 돈으로 70~80만 원이 나오고, 기본 식생활비 30만 원과 학비보조금도 70만 원 정도가 나오며, 아기를 낳을 때마다 육아보조금이 나오고 무상교육이 완비되어 있어 삶을 평균적으로 비슷하게 누리는 나라. 그러나 이런 복지의 틀을 유지하기 위한 재원은 국민의 세금으로 충당할 수밖에 없다. 통상 소득의 30%(고소득층은 70%까지)를 소득세로 내고 25%의 부가세를 내야 한다. 예컨대, 한 달 수입이 300만 원이나 500만 원이나 세금을 뺀 가용소득은 비슷하게 된다. 그럼에도 불구하고 열심히 일하려고 하는지 이해할 수 없다. 확실히 스칸디나비아 국가들에서는 미국사회에서와 같은 활기와 역동성은 없어 보인다. 모든 것이 평온하고 모든 것이 틀대로 잘 맞춰져 있는 느낌이다. 산하가 모두 부드럽다. 인간의 이기심에 불을 지피고 각자의 개성이 최고도로 발휘될 때에만 사회가 발전하는 것으로 알고 있는데, 이곳은 사람들은 이기심도 없는지 궁금하다. 이런 상황에서 이들 나라들이 어떻게 해서 20,000불 이상의 국민소득을 올리고 평균적인 삶의 질을 유지하고 있는지 의문스럽다. 인간의 본성이 애초에 우리와는 다른 것인가?"

우리나라 사람들은 자기가 버는 것의 반 이상을 세금으로 내라고 하면 힘들게 돈을 벌지 않을 것이다. 사촌이 땅을 사도 배가 아프고, 배고픈 것은 참아도 배 아픈 것은 참지 못하는 덕성을 가진 국민들에게 과연 스웨덴식 복지국가가 가능할지는 의문이다. 기독교 정신으로 공동체에 대한 애정과 연대의식이 전제되지 않은 복지국가는 가능하지 않을 것이다. 북구의 기독교와 달리 우리의 기독교는 서울의 대형교회들에서 보는 바와 같이 물욕에 찌든 모습만 보일 뿐이다.

여기서 '선별적 복지'와 '보편적 복지' 논쟁을 살펴보자. 예컨대, 미국에서는 개인의 가치를 중시하고 국가의 역할을 되도록 낮춘다. 미국에서도 의무교육제도가 있으나 거기에 들어가는 비용은 모두 국가가 부담한다는 생각을 하지 않는다. 교육도 기본적으로 개인이 결정할 문제이므로 거기에 들어가는 비용도 원칙적으로 개인이 부담해야 하는 것이고, 다만 국가의 최소한의 역할 즉 빈자에 대한 구제는 국가의 고유의무라고 생각한다. 배고픈 사람에게 식권을 지급하고 사회적으로 돈을 많이 벌어 기부할 것을 장려한다. 그래서 각 학교는 그 기부금으로 돈 없는 학생들에게 장학금을 지급하는 것이다. 이것이 선별적 복지시스템의 한 예이다. 오래 전에 미국 백악관 주위를 둘러보니 곳곳에 거지(homeless)들이 많았고, 밥차들이 돌아다니며 이들에게 밥을 나누어주고 있는 모습을 보고 미국이라는 나라에 대하여 고개를 갸우뚱 한 일이 있다.

그런데 스웨덴을 비롯한 유럽의 복지국가에서는 국가의 역할을 강조한다. 이곳의 복지국가에서는 교육과 건강 문제는 완전히 국가와 사회가 책임져야 한다고 생각한다. 무상의료, 무상교육이 그것이다. 이들 나라는 그 비용을 모두 세금으로 충당한다. 따라서 국민들은 소득수준에 따라 고율의 세금을 내는 것을 당연하게 생각한다. 복지제도의 이용에서는 빈부의 차이를 무시한다. 보편적 복지의 원칙에 따라 부자들도 당연히 많은 세금을 냈으니 자신도 그 복지제도를 이용할 수 있다고 생각한다. 이들 나라에서는 학교에서의 무상급식 문제는 더 이상 생기지 않는다. 그것은 당연히 국가가 책임지는 것이고 빈부의 차이로 차별할 수가 없는 것이다. 스웨덴이나 북구에서는 미국에서 많이 보았던 거지들은 보지 못했다.

그렇다면 우리 사회가 지향해야 할 복지는 선별적 복지인가 보편적 복지인가? 이에 대해 우리 국민들 사이에 consensus가 형성돼 있지 못하고 갈팡질팡 갈 길을 찾지 못하고 있다. 우리도 어차피 복지국가로 갈 수밖에 없다. 우리나라 2021년 예산 555조원 중 200조원 가까이가 보건·복지·고용 예산이다. 그러나 유럽식 보편적 복지가 이상적이기는 하지만 사회적 연대로서의 시민의식과 덕성이 거의 없는 우리 국민들을 이 방향으로 이끌고 가야할 힘은 당연히 정치적 역량에 기대할 수밖에 없다.

박 교수가 지적하는 시민적 덕성에서 시사하는 바가 있다. 박 교수는 스웨덴의 한 축제현장에서 시민정신의 한계를 본 것이다. 세계 최고의 시민정신으로 무장된 사람들이라도 흥겹게 노는 상황에서 마냥 쓰레기를 들고 다닐 수는 없는 일이고 쓰레기통이 보이지 않자 그들도 누구나 할 것 없이 아무 곳에서나 쓰레기를 버렸고 공원 전체는 쓰레기장이 되었다는 것이다. 이것을 시민정신의 부재라고 몰아 부칠 수 없다. 정부나 공무원들이 할 일은 쓰레기통을 만들고, 사람들이 손쉽게 쓰레기를 버릴 수 있는 환경을 만들어 주는 일이다. 정부는 시민들이 공공성의 덕성을 발휘할 수 있도록 그 환경을 만들어 주는 일이라는 박 교수의 지적은 옳다.

앞으로도 계속 품격사회를 꿈꾸는 박찬운의 세상읽기를 통해 우리 사회의 비전을 제시해주기를 바란다.

09 보우(普雨)를 찾아서[1]
– 강 준 장편소설 『붓다, 유혹하다』

1.

내가 지금껏 보우(普雨)를 아는 것은 보우가 조선조 명종 당시 문정황후의 기둥서방으로 온갖 불사에 관여하면서 유림들과 마찰을 빚다가 제주에 유배를 와서 제주목사 변협에게 맞아죽었다는 사실 정도이다. 그런데 서울 강남구 삼성동 봉은사에서 보우선사를 기리는 비와 동상을 보았고, 조천으로 가는 길의 원형 돔이 있는 정체불명(?)의 '평화불탑사리사'라는 절간에서 보우대사 순교비가 서 있는 것을 본 일이 있다. 내가 아는 보우와 달리 보우가 그리 대단한 사람이었던가 하는 막연한 감정밖에 없었는데, 강용준 선배가 강 준이라는 필명으로 발표한 소설 『붓다, 유혹하다』(문학의식, 2015)에서 보우라는 한 인간의 체취를 느껴볼 수 있었다.

2.

보우라는 사람을 알기 위해서는 조선조 중종대부터 명종대까지의 정치상황을 일견할 필요가 있다. 나는 2003년경 남한쪽에 있는 조성왕릉을 전부 답사하면서 조선시대의 정치상황을 반추해본 바 있다. 조당시 중종의 능인 정릉과 문정왕후의 능인 태릉, 명종의 능인 강릉 등을 둘러보다 보니 보우라는 이름이 있었다. 조선 11대 왕 중종은 세 명의 정실부인을 두고 있었는데 첫째 부인인 단경왕후 신씨(연산군의 부인 신씨의 조카)가 중종반정으로 폐서인되자, 장경황후 윤씨를 왕비로 맞아들였으나, 장경왕후가 인종을 낳고 산후병으로 6일 만에 25세 나이로 죽고, 그 뒤를 이어 중종의 셋째 부인으로 문정왕후 윤씨가 왕비가 된다. 단경왕후의 능은 온릉이고, 장경왕후의 능은 서삼릉의 희릉이며, 문정왕후의 능이 바로 태릉이다. 이 여인들의 지아비인 중종은 선정릉의 정릉(靖陵)에 외로이 잠들어 있다. 태조 이성계의 계비 강씨가 묻혀있는 또 다른 정릉(貞陵)이 있다.

문정왕후 윤씨는 장경왕후 윤씨가 죽은 뒤 1517년 왕비로 책봉되어 경원대군(명종) 등 1남 4녀를 낳았다. 1545년 7월 인종이 왕위에 오른 지 단명으로 9개월 만에 죽자 문정왕후의 아들인 경원대군(명종)이 12세의 나이로 조선 제13대 왕으로 즉위하면서 문정왕후 윤씨는 8년의 수렴청정과 명종이 친정을 한 이후까지 20년간 한 나라의 국정을 농단한 여장부였다. 명종은 문정왕후가 중종과 혼인한 지 수태불공 등 각고 끝에 17년 만에 35세의 나이에 낳은 아들이다. 장경왕후가 낳은 이복형인 인종과 열아홉 터울이다. 오늘도 그러하거늘 그 옛날에 여자가 중늙은이로 불려지는 35세에 아이를 낳는 것은 대단한 일이었다. 이 아들을 매개로 문정왕후는 권력과 영화를 누린다.

---
[1] 경희회보, 2018년 제18호에 실린 글임.

질투심이 강하고 누구에게든 지고서는 못사는 성질의 문정왕후가 자신이 낳은 아들을 왕위에 올려놓으려고 한 것은 지극히 당연한 것이었고, 인종은 생모는 아니나 자신을 키워준 계모 문정왕후에게 효성이 지극했고 꼼짝 못하는 존재였다. 만일 인종이 결단성이 있는 인물이었다면 과감하게 이복동생인 경원대군을 제거할 수도 있었을 것이고, 문정왕후의 전횡을 막을 수도 있었을 것이다. 문정왕후에 관한 흥미진진한 이야기는 예전에 방영된 TV 드라마 "여인천하"를 통해 잘 알려지기도 했다. 전인화가 표독스러운 문정왕후 역을 맡았고, 이덕화가 문정왕후의 동생인 윤원형의 역을, 강수연이 정난정의 역을 맡아 열연을 했고 한동안 시중의 화재거리였다. 윤원형의 첩 정난정은 서녀출신으로 윤원형의 첩들을 몰아낸 후 정실부인마저 죽이고 자신의 뜻대로 정경부인의 반열에 오른다. 실로 당시는 문정왕후와 정난정의 '여인천하'의 시대였다.

윤원형은 문정왕후가 낳은 경원대군을 세자로 책봉하기 위하여 인종의 외숙인 윤임과 대결을 벌인다. 장경왕후나 문정왕후는 모두 파평 윤씨 가문의 딸들인데 장경왕후의 아들 인종의 외숙인 윤임은 세자 인종의 안위를 지키기 위해, 문정왕후의 아들 경원대군의 외숙인 윤원형은 경원대군을 세자로 만들기 위해 같은 가문끼리 서로 지키고 빼앗기 위해 목숨을 건 조선목장의 대혈투가 벌어진다. 그 과정에서 중종이 죽고 세자인 인종이 즉위하면서 장경왕후 윤씨의 오빠인 윤임이 영수인 이른바 '대윤(大尹)'이 세를 장악한 것으로 보였으나, 인종이 즉위 후 9개월 만에 죽자 문정왕후의 아들인 경원대군이 명종으로 즉위하면서 문정왕후의 동생인 윤원형이 영수로 있는 이른바 '소윤(小尹)'이 승리한다.

문정왕후는 대윤의 영수 윤임을 제거하고(을사사화) 국정을 좌지우지하는 조선 최고의 여성독재자가 된다. 명종은 말만 왕이었지 허수아비였다. 문정왕후는 명종이 열두 살 때 섭정을 시작하여 스무 살 때 수렴청정을 거두었으나 그녀는 여전히 실력자였다. 왕인 명종의 종아리까지 때릴 정도였다. 일국의 군주가 어머니에게 대들지도 못하고 후원에 앉아 눈물만을 흘렸다고 하여 '눈물의 왕'이라는 소리까지 들어야 했다. 이 시절에 정치적 옥사와 국고의 탕진으로 백성들의 삶은 어려워지고, 양주의 백정이던 임꺽정이 활약할 수 있는 기반이기도 했다. 이 시기는 문정왕후와 윤원형 일파와 난정을 삼각축으로 권력을 사유화함으로써 백성들만 도탄에 빠진 시기였다. 그들은 권력의 '욕망이라는 이름의 전차'를 타고 질주하고 있었다. 그러나 욕망이라는 이름의 전차는 탈선하기 쉽다.

문정왕후는 불교에 심취하여 도첩제를 부활하고 불교의 양대 종파인 선종과 교종을 부활시키기도 하는데 이는 봉은사 주지 보우의 영향이었다. 문정왕후는 보우와 기둥서방이라는 말이 나돌 정도로 그와 교유를 맺고 그의 말을 듣고 서삼릉의 장경왕후 능 옆에 묻혀있던 지아비인 중종의 능까지 현재의 서울 삼성동 정릉(靖陵)으로 이장하지만 명종 20년 죽음을 맞는다. 문정왕후는 지아비인 중종과 같이 묻히기를 원했으나 정릉이 아닌 태릉에 그녀의 유택이 마련되었다. 문정왕후가 죽자 윤원형과 정난정도 날개 없는 새가 되었고, 난정은 자살로, 윤원형은 화병으로 죽는다. 제주도로 귀양을 갔던 보우도 제주목사에 의해 죽게 된다. 날개 잃은 권력은 단숨에 추락하게 되어 있다. 이것은 예나 지금이나 마찬가지다.

문정왕후는 권력을 자신의 개인의 영달을 위해서만 악용함으로써 백성들의 원한을 한 몸에 받았던 인물이다. 조선왕조실록에서는 문정왕후의 탐욕만 기록하고 있을 뿐 그녀를 예우하는 흔적이 없는 것을 보면 그녀는 자신의 아들 명종을 인종과 같이 무능한 왕으로 만든 최악의 인물이었음에 틀림없다. 명종은 문정왕후가 죽고서야 기를 펴고 보우와 윤원형을 제거하고 사림파를 중용하는 등 개혁정치를 펴지만 후사가 없이 34세의 나이에 죽는다. 명종은 외아들 순회세자를 잃은 지 2년 뒤에 어머니인 문정왕후를 잃고, 다시 2년 후에 명종 자신도 죽는다.

3.

소설은 위와 같은 조선 중기의 정치상황을 배경으로 500년 전의 조선조를 넘나들면서 화자인 나(김도훈)와 보우의 이야기를 씨줄과 날줄로 엮은 이야기이다. 나와 실연의 여인 지안의 관계를 소설적 기법을 빌어 보우와 이연의 관계로 설정하여 대치시켰다. 보우가 남긴 600여 수의 시문 중에서 골라 소설 요소요소에 배치했고, 보우와 동명이인인 고려말엽 태고 보우대사까지 등장시켜 불교세계의 내면을 맛보게 한다. 이 소설의 무대는 보우를 찾아 제주를 시발로 하여 경기도 양평 용문사와 춘천 청평사, 서울 봉은사로 퍼져나간다.

소설은 보우가 제주에 귀양 와서 적거지인 도노미오름(봉성리 어도오름)에서 첫사랑 아연을 매개로 봉은사에서 조우했던 변협이 제주목사로 부임하게 된 것을 알고 자신의 운명을 예감하면서 시작한다. 소설 속의 나는 학위논문 심사에서 퇴짜를 맞고 지도교수로부터 허응당집(虛應堂集)이라는 문집을 받았는데, 마침 대학문학동아리에서 만난 추자도 출신 지안과의 이별이 겹치면서 숙명적으로 허응당집의 주인인 보우라는 인간을 만나게 된다. 지안은 사라봉에서 중이 되겠노라고 하면서 이별을 통보하고 사라졌다.

보우는 15세에 용문사 지행스님과 금강산 마하연에서 삭발수계를 하고 무술법난의 아비규환의 현장을 목격한 후 불교를 중흥하고 평화로운 세상을 염원하게 된다. 지금 자신이 나서지 않으면 억불숭유의 광풍 속에서 불법이 영원히 끊어질 것이라는 위기감을 느끼고 낙산사 수륙대제를 통해 인연이 된 실력자 문정왕후와 연결고리를 맺는다. 보우는 문정왕후를 통해 봉은사 주지의 교지를 받아들인다. 봉은사 주지로 취임한 보우가 문정왕후를 알현하고 유도와 불교에 대한 생각이 일치하게 됨을 알게 되었고, 문정왕후는 세상에 알려진 것처럼 권력욕에 불타는 표독스런 여인이 아니라 지식과 덕망을 겸비한 인자로운 여인으로 그려진다. 보우는 문정왕후로부터 정릉 천장을 부탁받고 승과 및 도첩제 부활, 유생의 절간출입금지를 밀어붙이기로 의기투합한다.

봉은사로 돌아온 보우가 만난 어디선가 본 듯한 여인은 옛날의 아련한 추억의 아연이었다. 출생을 모르는 보우가 '용(蓉)'이라는 이름으로 용문사에 맡겨져 자랄 당시 조부 49재 때 용문사로 따라온 아연을 운명처럼 만났다. 용이와 아연은 황순원의 '소나기'에 나오는 소년과 소녀와 같이 잠시 불꽃 튀는 순수한 사랑에 빠졌는데 아연이 떠난 후 용이는 그 상실감에서 허우적거렸다. 보우가 된 용이가 꿈속에도 그리던 아연을 봉은사에서 상봉하게 된 것은 또 다른 운명이었다. 흐르는 세월 속에 아연은 혼인했다가 소박을 맞은 청상이었다. 종일품 판선종사(판사)의 지위까지 오른 보우가 그를 시기하는 자들에 의해 봉변을 당한 후 아연과 진한 밀회의 시간을 가지며 열락에 빠진다. "아연이 보우의 다리 위로 가달을 걸치더니 가슴을 몸에 대고 쪽 미끄러지며 올라왔다."(다리는 뭐고 가달은 뭔지?)

　보우는 억불숭유의 조정대신들과 유림들의 온갖 박해를 견뎌가며 승과를 부활하여 서산대사 휴정과 사명당 유정을 발굴하고 조선 불교의 맥을 잇게 한다. 타락한 중들을 퇴출시키기 위한 정화운동을 하면서 보우는 잿밥에 눈이 먼 중들로부터도 모함을 당한다.
　나는 보우에 관한 논문을 쓰기 위해 보우가 어린 시절을 보냈다는 용문사를 찾아가 하룻밤 템플스테이를 하면서 원명스님으로부터 불교에 관한 이야기를 들으며 불교의 세계로 빠져 들어가기 시작했다. 지안이 떠났다는 사실이 실감나지 않았다. 지안의 소식을 들어볼 요량으로 추자도를 찾아갔으나 지안이 엄마가 무당이었고 지안도 신기가 있다는 말을 듣고 지안이 나와 결혼할 수 없다고 말한 이유를 알 것도 같았다. 지안과의 여행을 끝내야 했다. 지안이 속세를 등진 이유를 알기 위해 불교에 관한 책을 구입하여 읽어보았다. 봉은사를 찾아가서도 무엇 때문에 질시하고 고생하며 아파하는지를 알 수 없었다. 서울시내에서 지갑을 잃고 마땅히 갈 데도 없고 서울역 노숙자들과 같은 노숙자가 된 자신의 처지가 느껴지는 짠한 감동을 받았다. 꿈속에서 보우대사를 만났다. 스님은 숲 속에 길이 수많은 길이 있는데 왜 길이 없냐고 호통을 치는 소리에 눈을 뜨니 지금까지 보지 못했던 길이 빛을 내며 열려있었다.

　문정왕후가 8년간의 수렴청정을 거두자 숨을 죽이고 있던 유림세력들이 보우의 치죄를 탄원하는 상소가 빗발친다. 보우는 아연의 시동생을 자처하는 변협의 협박을 받고 수모를 당한다. 변협으로부터 해남 현감으로 있는 자신을 한양으로 불러주도록 한마디만 넣어달라는 요구를 받고 거절하자 보우에게 해를 미치는 것을 두려워한 아연은 보우와 하직하고 알 수 없는 길을 떠난다. 아연은 변협을 피해 용문사로 숨어 들어갔다가 결국은 자진하고 만다. 보우는 봉은사 주지를 서산대사에게 맡기고 청평사 주지로 떠난다. 청평사에서 만난 율곡 이이와 불교와 유교에 대한 대화를 나누었는데 이이가 '논요승보우소(論妖僧普雨疎)'를 올려 보우를 탄핵할 줄은 미처 상상하지도 못했다.

　문정왕후의 부탁으로 정릉 천장을 마치고 회암사 중수 후 대비가 훙서하자 대비는 뜻대로 정릉에 묻히지 못하고 태릉에 묻혔다. 보우는 왕후의 죽음과 함께 자신의 일도 이제 끝났다고 생각했다. 절대 권력이 사라지자 배불의 물길은 급류가 되었고 결국 보우는 쫓기는 몸이 되었다. 보우는 제주섬으로 귀양을 가게 되는데 거기에는 찰거머리 같은 변협이 목사가 되어 기다리고 있었으니 아연과의 인연이 변협과의 악연이 되는 순환의 고리가 기가 막힐 뿐이다.

　나는 운명에 순응하며 살기 위해 속세와 연을 끊기로 하고 제주에서 모친과 동생과 이별하고 완도행 배에서 묘령의 여인을 만났다. 그 여인 미주가 운명처럼 서울로 가는 열차 옆자리에 자리를 잡고 있었다. 이심전심 서로 통하는 것이 있어 서울에 도착해 미주의 집에서 그녀의 거친 숨소리와 함께 나와 미주는 진한 열락의 세계에 빠져들었다. 그런데 정신이 바짝 드는 보우대사의 호통

소리에 정신을 차리고 청평사로 들어가 행자생활부터 시작했다. 삭발식을 하고 머리카락을 자를 때 나도 모르게 눈물이 나왔다. 보우대사의 지난했던 생애에 절로 머리가 숙여졌다. 봉은사에서 열리는 보우 스님 법회에 참석하고 많은 도반들을 만났다. 꿈속에서 만난 보우가 일갈했다. "네가 할 일은 나를 좇는 일이 아니라 중생들이 업을 끊고 육도윤회에서 벗어나도록 구제하는 일이야."

다시 봉은사에 들어서서 비각 앞을 지나는데 비석을 바라보는 여인과 얼굴을 마주치는 순간 그 여인은 지안이었다. 지안은 "스님도 전생이 업이 많았던가 봅니다. 성불하십시오"라는 말을 남기고 다시 사라졌다.

나는 출가해서 알게 되었다. 인연이란 억지로 만들 수 있는 것도 아니고 중이 되었다고 번뇌와 망상에서 완전히 벗어난 것은 아니라는 사실을 알았다. 번뇌와 망상은 마음에서 만들어진 것이고 마음을 다스릴 줄 알면 이미 부처를 만나고 있다는 사실을 알았다. 운명을 거부하지 않고 사랑하면 고행 속에서도 참 자유와 평화를 느낄 수 있다는 것도 알았다. 보우 대사와 같이 나도 내 운명을 사랑한다.

이 소설을 통해 불교 종파, 불교의 내세관, 4선3명, 해탈, 열반, 사제, 팔정도, 12연기, 49재, 지옥 10구역, 대웅전, 극락전, 대적광전, 지장전, 관음전 등 절간 구조, 범종루의 4물(범종, 목어, 은판, 법고) 등 불교와 사찰에 관한 상식도 많이 얻을 수 있다.

4.

이 소설을 읽고 이 소설을 영화화하면 괜찮겠다는 생각이 들었다. 소설 속의 나와 지안, 미주, 보우와 아연, 문정왕후와 변협 등 극적 요소를 갖춘 인물들이 500년을 넘나들면서 벌이는 애증의 관계가 시공을 초월한 불교의 길로 안내할 수 있는 불교입문의 모티브가 될 수 있겠다는 생각이다. 아름다운 제주의 풍광과 청평사, 금강산의 배경화면과 서울 도심의 봉은사와 방황하는 서울역의 현대판 인간시장들도 좋은 그림이 될 것이다.

강용준 선배는 최근에 역시 강 준이라는 필명으로 동북아 역사전쟁을 소재로 『사우다드』(문학나무, 2017)라는 소설을 펴냈는데 사우다드(Saudade)는 '도달할 수 없는 것에 대한 그리움'이라는 뜻의 포르투갈어이다. 인생 후반기에 노익장을 과시하며 희곡에서 소설로 장르를 넘나들며 왕성한 필력을 발휘하고 계시는 강용준 선배님의 건승을 기원한다.

인조의 나라
– 주자학은 조선후기를 어떻게 망쳤나 –

1. 한 재야사학자의 출현을 환영함

대간거사라는 닉을 쓰고 있는 김형진 변호사님이 여러 해 전에 본업인 변호사업을 멀리하고 주말에는 오지팀을 이끄는 산행대장으로 활약하면서 마포의 한 우거에서 쌓은 내공으로 「**인조의 나라-주자학은 조선후기를 어떻게 망쳤나-**」라는 역저를 냈다(새로운 사람들 2020). 도대체 변호사 일도 안하고 무엇을 하는지 의아해 했는데(그저 먹고 살만 하니까 자유롭게 보고 싶은 책이나 보는 정도로만 알았다) 그 동안 이런 내공을 쌓고 있었는지 몰랐다. 참고문헌으로 든 엄청난 자료와 단행본, 논문들을 섭렵하고 오지에서 받은 기를 더하여 대단한 책을 펴냈다. 재야사학을 이끌고 있는 이덕일이나 이이화 선생도 혀를 내두를 정도가 아닌가 싶다. 김 변호사님으로부터 이 책을 받고 학기말에 맞추어 읽어보았다.

김 변호사님과는 내가 변호사 시절부터 교류를 해왔고, 산에도 같이 많이 다녔다. 김 변호사님은 내가 2004년 백두대간을 종주하기 이전에 이미 부인과 중학생 아들을 동반하고 백두대간을 종주한 이력이 있고, 대한민국의 산이란 산을 다 훑었다고 해도 과언이 아닐 정도로 열혈 산꾼이기도 하다.

이 책은 김 변호사가 수많은 자료를 섭렵한 후 조선후기 역사의 시발점을 인조에서 찾고 주자학이 망친 조선을 어떻게 극복할 것인지를 논리정연하게 설파하고 있다. 조선이 Marx 이념에 기반을 두고 성사시킨 러시아 사회주의 혁명보다 300년 이상 앞서 사상을 현실에 적용한 첫 사례라고 한 진단은 적확(的確)하면서도 참신한 지적이다. 어느 다른 강단사학자가 이런 지적을 한 바 없는 것으로 알고 있다. 조선은 공산주의 출현 전까지 이데올로기를 가지고 현실을 개조하고, 존재를 사상에 맞추려고 시도한 유일무이한 국가라는 것이다.

고답적인 강단사학자들 저리가라 할 정도의 한 재야사학자의 출현을 환영한다. 몰라서 그렇지 강호무림에는 자신을 드러내지 않는 내공이 깊은 고수들이 많다. 인생도처 유상수(人生到處 有上手)다.

우리 역사 특히 조선의 역사에 대하여는 누구나 어느 정도 관심을 가지고 있다. 그 이유는 아무리 우리나라가 대한민국 민주공화국으로 정체가 바뀌어도 500년 조선의 역사가 현재의 우리의 삶에 상당 부분 영향을 미치고 있음을 부인할 수 없기 때문이다. "역사는 과거와 현재와의 끊임없는 대화"라고 하는 E. H. Carr를 들먹이지 않더라도 역사적 사실은 과거에 머무르지 않고 각자의 관점에 따라 부단히 재해석되고 재평가된다. 과거를 현재의 잣대로 재단하는 오류의 위험이 있다 해도 현재의 시각에서 역사를 재해석하는 것은 불가피하다. 500년 조선의 역사를 바라보는 스펙트럼도 논자에 따라 다양할 수밖에 없다는 소이이다.

그런데 조선 역사 특히 조선후기역사를 '주자학의 나라', '신하의 나라', '송시열의 나라', '노론의 나라'라는 말을 많이 하는데, 왜 하필 '인조의 나라'인가? 나는 조선역사에 가장 무능하고 형편없는 왕이 선조와 인조, 고종이라고 보고 있다.

저자는 조선후기가 인조로부터 시작되었고 조선후기를 규정한 사회구조의 원형이 구축된 시기가 바로 인조대라고 보고 있다. 조선후기는 모두 인조의 자손이 왕위에 올랐으며 이들은 모두 직·간접적으로 인조가 남긴 정치적 유산, 가령 차남인 효종이 아니라 적장자인 소현세자가 등극했더라면 일어나지 않았을 예송논쟁 같은 소모적 정쟁에서 벗어나지 못했다고 진단하고 있다.

물론 인조대부터 조선후기가 구축되었다고 볼 수 있지만 좀 더 길게 보면 그 맹아(萌芽)는 이미 선조대부터 자라고 있었다. 주자학 종법 세계에서 명종 사후 선조가 최초로 서자출신 왕으로 비정상적 계승자가 되면서 조선은 어긋나기 시작하였다. 저자가 진단한 것처럼 조선전기 관학파들이 설계하였던 국가체제는 임진란 시기에 이르러 균열과 붕괴의 조짐이 나타난다. 이미 선조대에 대북, 소북 분당이 시작되었고, 광해군이 특정 정파나 개인에 의지하여 정국을 운용하다 고립을 자초하면서 인조반정이라는 쿠데타를 몰고 왔다.

저자는 명이 임진란에 참전한 후유증으로 결국 망하고(명에서 청으로 교체), 조선을 침략한 일본도 나라가 바뀌었는데(도쿠가와 막부 수립) 왜 전쟁에서 참화를 겪은 조선은 살아남아 오래 건재한 이유로 조선시대 사대부 집권층을 대신할만한 대체세력이 아예 존재하지 않았던 데서 찾고 있다. 조선에 근대적 의미의 시민이 생겨날 토양 자체가 애초에 없었다. 저자는 당시 동북아에서 유독 조선만이 서점이 없었고, 지식시장의 부재가 민간의 창의성이 발아할 틈을 주지 않았다는 점도 지적하고 있다.

나는 조선역사에서 붕당이나 당쟁이 서구식 정당정치로 발전하지 못한 점이 아쉽고, 조선이라는 시대적 상황이나 지정학적 위치에서 내재적 발전의 씨앗을 찾을 수 없는지 아쉬워하고 있다.

이 기회에 조선 후기 역사를 다시 일침하고 이 책을 다이제스트하면서 조선후기가 그렇게 흘러갈 수밖에 없는 사정들을 공부해보기로 한다.

2. 임진왜란 이후 조선 후기 소묘

선조시대부터 효종대까지의 조선역사의 흐름을 개관해보자. 내가 2003년경 조선왕릉들을 답사하면서 그 왕릉 주인들과 관련된 이야기를 써둔 것들이 있는데 선조 이후 효종대까지의 이야기만 추려본다.

선조는 중종과 창빈 안씨 사이에서 태어난 덕흥군의 셋째 아들(하성군)이다. 선조는 후궁의 아들로 처음으로 조선의 왕이 된 사람이다. 선조시까지 정비가 아닌 후궁 소생으로 왕이 된 경우는 없었다. 왕이 후사를 남기지 못했을 경우 왕족 중에서 왕위를 계승하면 그 왕의 생부를 대원군에 봉하는데 선조의 생부인 덕흥도 덕흥대원군으로 추존되었다. 조선역사상 덕흥군을 포함한 3명의 대원군이 있는데 덕흥대원군과 철종의 생부인 전계대원군, 고종의 생부인 흥선대원군이 그들이다.

중종과 문정왕후의 아들인 명종이 후사 없이 34세 나이에 죽자 16세의 하성군(선조)이 조선 제14대 왕으로 즉위했다. 선조는 명종의 3년상이 끝날 때까지 혼인을 할 수 없었다. 명종의 비인 인순왕후 심씨가 의인왕후 박씨를 왕비로 책봉했으나 박씨는 아이를 낳지 못하고 선조의 마음은 후궁인 공빈 김씨에게 기울어져 공빈 김씨와의 사이에 아들 **임해군**과 **광해군**을 낳는다. 그러나 공빈 김씨는 광해군을 낳고 5년 만에 27세의 나이로 병으로 죽는다. 선조의 정실부인 의인왕후 박씨는 선조의 후궁들이 낳은 아이들을 자신이 아이처럼 잘 돌보는 후덕한 여인이었다.

선조의 정실부인 의인왕후 박씨가 아들을 낳지 못하자 후궁들은 선조의 승은을 입어 아들 낳기 경쟁체제에 돌입했으나 이미 공빈 김씨가 낳은 임해군, 광해군 중 장자인 임해군이 세자가 되어야 하는 것이 순서였다. 그러나 임해군은 성질이 광폭해 광해군을 세자로 미는 중신들이 많았다. 그러나 명나라에서는 장자인 임해군이 있다는 이유로 광해군의 세자책봉을 승인하는 고명을 내리지 않고 있었다. 그런데 선조의 다른 후궁 인빈 김씨가 **의안군**과 **신성군**을 낳으면서 후계구도는 복잡해진다. 의인왕후 박씨가 아들만 낳았다면 일어나지 않았을 복잡한 문제가 세자책봉을 둘러싸고 혼미를 거듭한다.

당시 사림들은 삼사의 관리를 뽑을 수 있는 이조전랑 자리(요새의 청와대 인사수석 비슷한 자리)를 둘러싸고 동인과 서인이 치열한 각축을 벌이는데 1589년의 정여립 모반사건으로 동인이 실각하고 서인이 정권을 잡는다. 그런데 동인들은 세자책봉 문제를 계기로 반전을 노린다. 서인의 영수 정철은 공빈 김씨의 2남 광해군을 세자로 찍고 있었으나, 동인의 영수 이산해는 인빈 김씨의 2남 신성군을 제자로 책봉하려고 한다. 그런데 정철이 동인의 꼬임에 빠져 선조에게 광해군을 세자로 지목했다가 진주로 유배되고 서인의 세력은 약화된다. 당시로서는 신하가 함부로 민감한 세자문제를 언급하는 것 자체가 불충이 된다.

그러나 정철이 강계로 유배지를 옮겨간 동안 임진란이 발생하고 신성군은 피란 도중 죽고 선조는 현실을 쫓아 광해군을 세자로 세울 수밖에 없었다. 선조는 임진란에 피란을 가면서도 아이를 낳지 못하는 정실부인 박씨는 챙기지 않고 후궁 인빈김씨만 데리고 다녔다. 아들을 낳지 못하여 마음고생이 말이 아니었던 의인왕후 박씨는 46세 나이로 죽는다. 조선시대 왕비나 일반 백성이나 여자가 아들을 낳지 못하면 그야말로 별 볼 일 없는 존재였다.

선조의 정비 의인왕후 박씨가 죽은 후 계비로 맞아들인 여인이 인목왕후 김씨이다. 김씨는 19세 나이에 50세의 중늙은이 선조와 혼인을 하는데 이들 사이에서 **영창대군**이 태어난다. 이때 광해군의 나이가 28세였으니 광해군은 자기보다 9살이나 어린 새어머니를 맞아야 했다. 시어머니 인목왕후 김씨는 며느리인 세자빈 유씨(광해군의 부인)보다도 열한 살이나 어렸다. 조정은 광해군을 지지하는 대북세력과 영창군을 지지하는 소북세력으로 갈라졌다. 세자인 광해군은 서자출신인데다 명나라의 고명도 받지 못한 처지이나, 영창대군은 적자출신인데서 파란은 시작된다. 원래 嫡子인 원량(元良)이 후계순위 0순위가 된다. 이제 선조는 적출인 영창대군만 끼고 돌고 광해군은 안중에도 없었다. 조정은 광해군을 지지하는 대북세력과 영창군을 지지하는 소북세력으로 갈라졌다.

그런데 선조가 어린 영창대군을 남기고 59세로 죽는 바람에 상황은 반전되고 인목왕후도 광해군을 즉위시키지 않을 수 없게 된다. 광해군 즉위 후 영창대군을 추대하려던 소북일파는 몰락하고 광해군을 지지하던 대북정권은 영창대군을 제거하기 위하여 인목왕후의 친정집을 쑥대밭으로 만들고 영창대군도 폐서인되어 강화도에서 죽음을 맞는다. 광해군은 설움 속의 나날을 보내고 있던 인목왕후 김씨에게 대비라는 존호를 폐하고 서궁(현재의 덕수궁)으로 유폐시켜버린다. 이는 조선 역사상 자식이 어머니를 폐위시킨 유일한 사건이다.

서궁에 유폐된 인목왕후는 한과 복수심에 이를 갈고 있다가 인조반정으로 광해군에 대한 복수의 화살을 겨눈다. 인목왕후는 대비의 위호는 찾았으나 서인들의 뜻에 밀려 결국 광해군을 죽이지는 못하고 강화도로 유배를 보내는 것으로 낙착이 되고 만다. 광해군은 유배생활 18년만인 1641년 제주도에서 67세의 나이로 죽는다.

선조의 즉위기간은 1567년 7월부터 1608년 2월까지 40년 17개월이고, 8명의 부인에게서 14남 11녀의 자녀를 둔다. 선조는 재위기간 중 이이와 이황을 등용하는 등 성리학의 발전에 기여한 면도 있으나 임진왜란과 정유재란의 참화를 겪은 군주로서 비난받아 마땅한 지위에 있는 왕이었다.

선조는 임진왜란이 일어나기 전인 1590년 왜놈들의 동태가 수상하여 통신사 黃允吉과 부사 金誠一을 일본에 파견하여 일본의 내부 상황을 살펴오게 했으나 다음해 돌아온 그들의 보고는 상반된 것이었다. 황윤길은 서인이었고 김성일은 동인이었다. 황윤길은 귀국보고에서 전운이 임박했다고 보고했으나 김성일은 걱정할 일이 못된다고 보고하는 바람에 세력이 우세했던 동인의 의도대로 국방대책을 제대로 세우지 못하고 선조 25년(1592년) 임진왜란이라는 미증유의 치욕을 당하고 선조는 의주로 피란(실제로는 도망)가는 형국에 처한다. 그리고 1597년의 정유재란을 거치면서 조선은 그야말로 만신창이가 된다.

광해군의 재위기간은 1608년 2월부터 1623년 3월까지 15년 1개월이고, 정비 1명에게서 1남(폐세자 질)을, 9명의 후궁에게서 1녀를 두었는데 폐세자 질은 광해군이 폐위되면서 함께 폐위되었다. 광해군의 아들은 강화도에 유배 중 탈출하다가 붙잡혀 사약을 받고 죽었고, 질의 부인은 자살하였다. 딸은 광해군 폐위 후 서인으로 전락했다.

친어머니는 아니라 할지라도 아버지의 부인 인목왕후는 엄연히 어머니인데 광해군이 어머니(인목대비)를 서궁(덕수궁)에 유폐하고 이복동생이며 적자인 영창대군을 蒸殺(연기로 쪄 죽임)한 폐모살제(廢母殺弟)는 인조반정의 빌미를 제공하였다. 동생을 죽인 일이야 항용 있을 수 있는 일이라 하더라도(태종이 왕자의 난으로 이복동생들을 죽인 예 등) 유교국가에서 자식이 어머니(인목대비)를 유폐시키는 패륜은 있을 수 없는 일이었다.

광해군 15년(1623년) 3월 12일 이귀, 김자점, 이괄 등 서인들의 봉기로 인조반정이라는 쿠테타가 성공한다. 중종반정과 더불어 인조반정은 신하들에 의해 왕이 교체된 쿠데타였. 서궁에 유폐되어 있던 인목대비의 허락을 얻어 능양군(인조)이 보위를 이어받는다. 반정의 성공이 피비린내 나는 숙청과 보복으로 점철되는 것은 보나마나 뻔한 이야기.

조선왕조에서 타의에 의해 왕권을 내놓은 사람은 연산군과 광해군 둘뿐이다. 그렇게 쫓겨나면 묘호도 대왕이 아닌 군(君)으로 강등되어 위패도 종묘에 봉인되지 못한다. 실록도 그냥 일기(日記)로 불리게 된다. 조선왕조실록 중에서 연산군과 광해군의 실록은 '연산군일기', '광해군일기'로 되어 있다.

인조반정세력들은 광해군의 패륜을 들어 광해군을 형편없는 군주라고 몰아붙이지만 광해군은 임란 및 정유재란 후 피폐해진 민초들의 삶을 재생하고 전후 복구사업을 위해 선혜청을 설치하고 경기도에 대동법을 실시하는 등 여느 군주 못지않은 치적을 쌓았다. 허 준으로 하여금 동의보감을 편찬하게 한 것도 광해군이다. 특히 외교면에서 주변국가에 대한 정확한 정보를 바탕으로 이중적인 실리외교 내지 중립외교를 통해 조선의 안위를 지킨 군주였다는 평가가 많다.

　광해군은 즉위 후 후금의 동정을 상세히 알아보고 이에 대한 대비를 철저히 하였다. 조선의 상전으로 받드는 나라 명나라는 이미 기력이 쇠해지고 있었다. 광해군 9년(1617년) 만주족(여진족)의 영웅 누루하치는 명나라를 치겠다는 사실을 알려왔고, 명나라에서는 조선에 원병을 요청하였다. 임진왜란 때 조선을 도와준 명의 요청을 거부하기도 어려운 입장이고, 후금의 막강한 세력을 무시할 수도 없는 입장이었다. 두 강적 사이에 낀 조선으로서는 난감한 일이 아닐 수 없었다.

　주변 정세를 정확히 읽고 있었던 광해군은 강홍립을 도원수로 명하고 1만명의 원병을 파견하기로 하였다. 광해군은 명나라가 패망하고 금나라가 중원을 지배할 것으로 믿었고 이 예견은 적중하였다. 광해군은 강홍립에게 대의명분상 어쩔 수 없이 출병하지만 후금을 적대시해서는 안 되고 형세를 보아가면서 향배를 정하라는 밀지를 내린다. 강홍립은 이러한 밀지에 따라 자신들의 만부득이한 사정을 강조하면서 후금국에 투항하였다. 이러한 광해군의 실리외교에 힘입어 광해군의 집권기간에는 명이나 후금 어느 쪽과도 불미한 마찰이 없었다.

　그러나 광해군을 축출한 반정세력들은 광해군의 외교노선을 의리를 모르는 오랑캐의 소행이라고까지 매도하다가 정묘호란과 병자호란이라는 치욕을 자초하지 않았던가? 사실상 병자호란은 임진란 이상으로 조선으로서는 일대 굴욕이고 재앙이었다. 인조가 남한산성에 갇혀서 청나라에 당한 굴욕을 어떻게 설명해야 하는가? 이로써 조선은 명나라와 손을 끊고 청나라에 복속하는 결과를 가져오고 이러한 관계는 1895년 청일전쟁에서 청나라가 일본에 패할 때까지 계속되었다.

　광해군 15년(1623년) 3월 12일 이귀, 김자점, 김류, 이괄 등 서인들의 봉기로 인조반정이라는 쿠데타가 성공한다. 반정세력들은 광해군 및 대북파를 몰아내고 서궁에 유폐되어 있던 인목대비의 허락을 얻어 능양군(인조)을 왕으로 옹립한다. 인조반정이라는 쿠데타로 왕위에 오른 능양군이 바로 인조다. 광해군에 의하여 서궁에 유폐되었던 인목대비는 인조반정으로 조정의 최고 어른이 된다.

　반정이라고 함은 요새말로 성공한 쿠데타를 의미한다. 인조반정이란 이름만 반정이지 서인들의 쿠데타였다. 광해군 대신 왕이 된 인조가 정치를 바로 잡고 민생을 더 보살핀 흔적은 없다. 인조는 시대의 흐름과 거스른 친명반청정책으로 정묘호란과 병자호란을 촉발하여 마침내 이 나라의 역사에 삼전도의 굴욕이라는 씻을 수 없는 굴욕을 당하였다. 인조반정은 고질적 당쟁이 불러온 권력투쟁 이상도 이하도 아니었다.

　광해군의 외교정책을 보면서 현재의 이 나라의 상황은 어떠한가를 다시 생각해본다. 명분과 실리는 외교정책의 영원한 딜레마이기도 하지만 광해군 당시에 조선이 처한 현실과 현재의 이 나라가 처한 현실이 자꾸 비교가 되면서 이런저런 생각들이 머리를 감돈다. 광해군묘를 둘러보면서 승자의 기록이라는 기존의 조선왕조실록에 의해 광해군과 그의 시대를 재단하지 말고 현재의 관점에서 광해군을 재평가할 가치는 충분할 것이라는 생각이 들었다.

　조선 제14대 왕 선조는 재위 40여 년 동안 8명의 자녀에게서 14남 11녀의 자녀를 두었다. 조선 역사상 부인을 제일 많이 둔 왕은 태종과 성종이 12명으로 제일 많았고 다음이 선조이다. 선조의 정비 의인왕후는 자식이 없었고, 계비 인목왕후가 영창대군을, 공빈 김씨가 임해군과 광해군을, 인빈 김씨가 의안군, 신성군, 정원군(인조의 아버지인 원종), 의창군을 낳았다. 정원군은 선조의 다섯째 아들로 인빈 김씨의 소생이다. 정원군은 임진왜란때 부왕을 모신 공으로 호성공신(扈聖功臣)에 봉해졌고, 죽은 후 양주 곡촌리에 묻혀졌던 것을 인조반정으로 그의 아들 능양군(인조)이 광해군의 뒤를 이어 조선의 제16대 왕으로 즉위하자 김포로 묘를 옮기고 이귀의 주청에 따라 왕으로 추존되어 묘호를 원종으로, 능호를 장릉으로 정했다.

조선역사상 추존왕은 원종 이외에도 덕종(세조와 정희왕후 사이의 아들인 의경세자 = 성종의 아버지), 진종(영조와 정빈 이씨 사이의 아들인 효장세자 = 정조의 양아버지), 장조(영조와 영빈 이씨 사이의 장헌〈사도〉세자 = 정조의 아버지), 문조(순조와 순원왕후 사이의 아들인 익종〈효명세자〉= 헌종의 아버지)가 있다. 덕종의 능은 서삼릉의 경릉, 진종의 능은 파주 공순영릉의 영릉, 장조의 능은 융건릉의 융릉, 문조의 능은 동구릉의 수릉이다.

원종은 아들인 능양군이 인조로 즉위함에 추존되었을 뿐 별다른 치적도 없고 기억나는 일화도 없다. 아들이 왕위에 오르지 않았으면 다른 (대)군들과 마찬가지로 잊혀질 인물이었는데 아들이 인조반정으로 즉위하면서 뜻하지 않게 왕으로 추존되어 지금까지 잘 모셔지고 있는 것뿐이다. 쉽게 말하면 아들 잘 만나 출세한 사람이라고나 할까.

인조와 인렬왕후 사이에 소현세자, 효종, 인평대군, 용성대군 등 4남이 있다. 인렬왕후가 1653년 42세의 나이로 죽자 3년 뒤에 15세의 장렬왕후 조씨가 44세인 인조와 가례를 올리고 왕비가 된다. 장렬왕후 조씨가 26세가 되던 해에 인조가 죽었고, 그 후 아들(효종), 손자(현종), 증손자(숙종)가 차례로 왕위에 오르면서 장렬왕후 조씨는 왕비에서 대비-왕대비-대왕대비 등으로 지체가 올랐다. 그런 이유로 효종, 현종이 죽은 뒤에 그녀의 복상문제가 당쟁의 주요 화두가 되면서 정국을 회오리치게 만든다. 장렬왕후 조씨의 능은 동구릉의 휘릉(徽陵)이다.

인조의 재위기간은 1623년 2월부터 1649년 5월까지 26년 5개월이고, 인렬왕후와 장렬왕후 두 명의 정비가 있고, 적자 4남과 서자 2명이 있다.

쿠데타나 혁명이 성공하면 쿠데타 세력끼리 쟁취한 권력을 쪼개갖기 위한 쟁투가 벌어지고 견제와 분열이 생기는 것은 권력의 본초적인 생리다. 그런데 권력은 나누어 가질 수 없는 것, 그 나누어 가질 수 없는 권력을 쪼개어 나누어 가지기 위하여 피비린내 나는 쟁투를 벌이는 것이다. 인조반정의 경우에도 공신책봉을 둘러싸고 쿠데타의 주체세력인 김류와 이괄의 반목과 대립은 소위 '이괄의 난'을 불러왔고, 도성으로 진입한 이괄의 반군을 피해 인조는 공주로 피난을 가야하는 지경이 된다. 그러나 이괄 역시 자신의 수하에 의해 목숨을 잃고 인조는 환도하였으나 흉흉한 민심은 달랠 길이 없었다. 중국 대륙은 명청교체기로 주변정세에 대한 확고한 인식과 대응이 필요함에도 불구하고 그저 쓰러져가는 明에만 집착하는 안이한 대처로 丁卯胡亂이라는 화근을 자초한다.

인조가 후금을 배척하고 명나라 군대를 은연히 원조하므로 인조 5년(1627년) 후금 태종은 3만의 군대를 이끌고 배후를 위협하는 조선을 치게 되는 정묘호란을 불러온다. 인조는 이때 다시 강화도로 몽진을 한다. 말이 몽진이지 비겁하고 한심한 도망이었다.

그렇게도 斥和論이라는 명분에만 매달리다 인조 14년(1636년) 전대미문의 丙子胡亂으로 인조는 남한산성으로 다시 몽진 아닌 도망을 간다. 병자호란 때 청나라 군사가 쳐들어오자 인조는 남한산성으로 피난을 가면서 먼 길을 달리다 보니 다리오금이 아프므로 "아이구 내 오금이야"라고 한탄한 곳이 오금골이 되었고, 현재의 송파구 오금동이 바로 그곳이라는 구라가 전해져 온다.

인조는 45일 만에 항복하고, 삼전도 수항단 아래에서 청 태종에게 세 번 절하고 아홉 번 머리를 박는 삼배구고두(三拜九叩頭)의 치욕적인 수모를 당하며 항복한다. 청나라는 이날의 승리를 오래 간직하기 위하여 조선 조정으로 하여금 비석을 세우기를 강요하여 세운 것이 '삼전도비'이다. 두 왕자인 소현세자와 봉림대군과 신하들 그리고 수많은 백성들이 청나라에 볼모로 잡혀갔다. 인조의 외교적 무지(無知) 무능(無能) 무책(無策) 무모(無謀)가 백성을 환난의 골짜기로 집어넣었다.

인조를 이어 왕이 될 소현세자도 빈궁 강씨와 함께 청나라에 잡혀가 9년 동안이나 인질생활을 한다. 소현세자는 심양에서 북경으로 갔다가 아담 샬 등과 교유하면서 서양문물에 심취한다. 25세에 청나라로 인질로 잡혀가 볼모생활을 마치고 43세의 나이로 고국에 돌아온 소현세자는 명청교체기의 주변정세를 정확하게 파악하고 있었으며, 개명과 진보사상으로 몽매한 조선을 일깨울 훌륭한 자질을 갖고 있었다.

그러나 속이 좁고 의심이 많은 인조는 새로운 문물을 받아들이려는 소현세자를 극도로 미워하여 죽음에 이르게 한다. 그리고 소현세자의 아들(석철)이 있음에도 불구하고 둘째 아들인 봉림대군을 세자로 책봉하고, 당연히 세자가 되어야 할 친손자(석철)를 제주도로 유배보냄과 동시에 맏며느리인 소현세자빈 강씨를 사사하는 지경에 이르게 된다.

인조는 55세의 나이로 죽고, 재위 27년 동안 한 나라를 환란을 점철케 한 참으로 옹졸한 군주였다. 인조는 처음부터 왕의 자질이 없었던 왕이었는데 인조반정으로 뜻하지 않게 왕위에 오르다 보니 죄 없는 백성들만 녹아나는 힘든 삶을 살았다. 인조는 국제정세와 민심을 제대로 읽지 못하여 나라를 환란에 빠뜨리고 도망이나 다니는 한심한 왕이었고, 조선 왕조 몇째 안가는 최악의 군주였다.

역사에 가정은 없다지만 만약에 소현세자가 친아버지 인조에게 죽임을 당하지 않고 조선의 왕위를 이었다면 어쩌면 소현세자는 정조 이상으로 조선의 근대와 르네상스를 가져올 수 있는 훌륭한 군주가 되었을지도 모른다. 조선역사를 보면서 제일 아쉬운 때가 소현세자가 아버지에게 죽임을 당한 것과 정조의 개혁정치가 만개하지 못하고 중도에 좌절한 것이다.

3. 인조반정과 인조의 유산

그러면 인조의 나라를 읽어가면서 저자의 글을 음미하고 조선 후반기를 반추해보기로 한다.

인조(능양군)의 아버지 정원군은 선조와 인빈김씨 사이에 태어난 선조의 5남이다. 인조가 왕이 되면서 부랑아에서 졸지에 추존왕(원종)이 되었고 김포의 장릉(章陵)에 거대한 유택이 마련돼 있다. 정원군과 정원군이 원종으로 추존됨에 따라 인헌왕후가 된 구씨 사이에 능양군, 능원대군, 능창대군이 있다. 광해군은 즉위 후 정원군의 집터를 빼앗아 궁궐을 지었다고 하는데 이 궁궐이 조선 5대궁궐 중 하나인 경희궁이다. 광해군의 박해로 멸문의 위기에 처한 인조가 목숨을 걸고 불만세력들을 규합하여 광해군을 몰아내는데 앞장선 것이 바로 인조반정이다.

반정 성공으로 인조가 왕이 된 후 서인들이 정권을 장악했고, 인조는 이들 반정공신들 중심으로 정국을 이끌어갈 수밖에 없었다. 특히 이이의 제자 김장생이 막강한 영향력을 행사했는데 그의 제자의 대표선수가 송시열이다. 저자는 인조라는 인물과 김류, 이귀, 심기원, 김자점 등 반정공신들의 면면을 자세히 고찰하고 있다.

인조와 정비 인렬왕후 한씨 사이에 소현세자와 뒤에 효종이 되는 봉림대군이 있다. 한씨가 죽은 후 인조의 계비가 된 여인이 장렬왕후 조씨. 15세에 인조의 계비가 되었으나 인조에게 버림받다시피 살다가 인조가 죽고 효종이 즉위하자 자의대비가 되었다. 그녀보다 어린 계자인 효종이 죽자 효종에 대한 복상문제로 예송논쟁이 벌어졌음은 주지하는 바이다.

인조의 총애를 받던 소용 조씨는 장렬왕후 조씨를 인조와 별거시킬 정도로 투기가 심했는데, 소현세자빈 강씨와도 불화가 심해 인조로 하여금 소현세자를 급기야 죽게까지 만들고, 세자빈 강씨 역시 소용 조씨의 모함에 폐서인되고 사약을 받게 만든다. 인조는 적자승계의 원칙을 버리고 원손(소현세자의 아들로 인조의 직계손자)이 아닌 둘째 아들 봉림대군을 왕세자로 책봉한다. 조씨는 어떻게 인조를 구워삶았는지 종4품 숙원에서 정4품 소원, 정3품 소용, 정2품 소의에 오르고 인조가 죽기 전 종1품 귀인으로 진봉되기까지 후궁인 자신의 지체를 수직 상승시켜 놓았다. 그러나 인조가 죽고 효종 즉위 후 효종을 무고했다는 죄목으로 사사된다. 대저 장희빈도 그렇고 귀인 조씨도 역시 "추락하는 것은 날개가 있다."

인조는 집권기간 27년 내내 반정공신인 서인들과 함께 崇用山林(산림을 우대한다는 뜻)과 國婚勿失(왕비를 서인 가문 중에서 낸다는 뜻)을 원칙으로 삼았다. 산림은 연산군 이래 각종 사화로 신진사림이 피해를 입게 되자 재야에서 학문적 권위를 바탕으로 현실정치에 막대한 영향을 미친 재야인사들을 말하는데, 효종, 현종대의 송시열, 숙종초의 허목, 윤휴 등이 산림의 대표적 인물이다. 숙종대의 송시열은 왕을 능가하는 권위로 정치판을 좌지우지했다. 인조가 초치한 김장생 등 산림들은 인조에게 임금의 수양을 강조하여 성인군주가 될 것을 강조함으로써 실질적으로 왕권을 제약하는 요인으로 등장했다. 인조는 반정으로 인한 정통성 부족을 이들을 통해 메꾸기를 바랐다.

인조의 권력기반이 합법적 정당성이 없는 공신세력이었고 대개 이들이 서인이었으므로 공신파에 이끌려 정치를 이끌어갈 수밖에 없었고, 공신파들은 이른바 '공론'을 내세워 인조를 압박했다. 공론은 국가를 이끄는 당대의 올바른 견해를 말하는데 무엇이 공론인지, 누가 공론을 대표하는지에 관해 치열한 다툼이 생길 수밖에 없다. 정묘호란에서 병자호란에 이르는 약 10년간 조선정치의 공론은 척화(斥和)였고, 척화가 공론이라는 이유만으로 다른 의견은 발붙일 새가 없었다. 나라가 망하기 직전에도 척화론자는 당당했고 주화론자는 죄인취급을 받았다.

인조 집권 후 1년 만에 믿었던 공신 이괄의 반란에 인조는 도성을 비우고 공주로 피난을 가면서 조선 역사상 모반 때문에 왕이 도성을 비운 유일한 사례가 되었다. 광해군 때 제주목사를 지내기도 했던 이괄은 실질적으로 군사를 이끌고 반정에 참여했으나, 무관이라는 이유로 차별취급을 받았다. 평안도 영변에서 평안병사 겸 부원수로 있던 이괄이 역모 혐의로 고변되면서 관서병력을 이끌고 우발적 반란을 일으켜 서울에 입성한 것이 이괄의 난이다. 그러나 3일 만에 이괄은 토벌군에 패하고 부하장수에게 살해된다. 이 난으로 서울지역에 군사력을 집중하게 되면서 관서지방의 방어가 약화되었고 결국 정묘호란과 병자호란 때 조선이 후금의 침입에 제대로 대응하지 못하는 결과를 가져왔다.

이후 인조는 왕권수호 및 보전에 집착을 보이고 자신의 허약한 정통성을 보강하기 위하여 부친인 원종 추숭에 매달리고 마침내는 청의 인질에서 돌아온 소현세자와 세자빈 강씨를 사지로 몰아넣게 된다. 인조가 작고한 생부 정원군을 원종으로 추숭하면서 어느 정도 권위를 찾았을지는 모르나 정묘호란에서 병자호란까지 이어지는 10여년의 추숭 논란으로 국력을 소진함으로써 결국 청의 침입에 속수무책으로 당할 수밖에 없는 지경이 되고 말았다.

저자는 병자호란 이후의 왕들은 모두 인조의 직계 자손인 점을 들면서 인조시대는 조선 후반기를 규정하는 역할을 하고 있다는 점을 지적하고 있다. 이 시대는 산림과 붕당, 서원을 바탕으로 해서 성리학과 예론, 대명의리와 조선중화론이 국민의식 속에 깊이 뿌리내린 시기이고, 그 후 조선 멸망에 이르기까지 250여 년간의 국가 정향성의 근간이 인조시대로부터 비롯되었다고 진단하고 있다. 조선 후기가 자해적, 자폐적 세계관에 매몰되게 된 모태는 인조로부터 뿌리내리게 되었다는 것이다.

저자는 임진왜란을 초래한 선조와 병자호란을 불러들인 인조에게 세종보다 높은 조(祖)를 묘호로 부여하고 더구나 임진왜란 때 앞장서서 도망가 나라를 결판 낸 왕에게 베풀 선(宣)을 주어 선조(宣祖), 그리고 아들, 며느리, 손자를 죽음으로 몰고 간 왕에게 어질 인(仁)자를 붙여 인조(仁祖)라고 한 것은 조상들이 후손에게 보여줄 수 있는 최고의 블랙 코미디라고 질타하고 있다.

그러나 선조도 처음에는 묘호가 선종(宣宗)이었으나 후에 선조로 바뀐 것이고, 조선왕조실록도 선조실록이 아니라 선종실록(宣宗實錄)으로 돼 있었다. 정조는 처음에는 묘호가 정종(正宗)이었다가 후에 정조(正祖)로 바뀌었다. 공이 있는 임금을 조(祖)라 하고 덕이 있는 임금을 종(宗)이라고 한다는데 사실상 종(宗)이나 조(祖)나 큰 의미는 없어 보인다. 조선을 건국한 이성계가 태조(太祖) 묘호를 받았기 때문에 조선에서 왕 노릇 제대로 한 이방원에게 또 같은 태조 대신 태종(太宗)이라는 묘호를 내렸을 수 있고, 수양대군이 세조(世祖)라는 묘호를 받았기 때문에 조선역사상 불세출의 성군인 충녕에게 세종(世宗)이라는 묘호를 내렸을 수도 있다. 중종의 뒤를 이은 왕에게 이미 인종(仁宗)이라는 묘호가 내려졌기 때문에 거듭 인종을 쓸 수도 없었을 것이다. 인종은 조선 역사상 가장 짧은 기간(9개월) 왕위에 있던 인물이고, 그 후임으로 중종과 문정왕후의 아들이 명종(明宗)으로 왕위를 잇는다.

4. 병자호란과 척화

병자호란은 이미 예견되고 있었음에도 인조는 이를 대비하지 못했다. 아니 대비할 생각이 없었다. 3사(사헌부, 사간원, 홍문관)의 대간들의 공론은 절대적인 것이었다. 원래 대간제도는 왕의 독주를 견제하기 위해 필요한 제도였으나, 3사의 인사권을 이조전랑에게 부여한 후 변질되기 시작하였다. 이조전랑은 인사권을 통해 자파 인사를 3사에 배치함으로써 3사의 언론권을 장악하게 된다. 당쟁의 시발인 동서분당이 이조전랑의 자리를 둘러싼 다툼 때문이었다. 결국 공론은 특정계파의 당론에 지나지 않게 된다. 갈수록 융통성 없고 엄격한 성리학적 가치관을 앞세워 이 공론이 특정 인물이나 계파를 탄핵하는데 동원되었다. 결국 대간제도는 국가의 장래를 고민하는 실용적 인간이 아닌 현실감각이 없고 비타협적이며 똥고집으로 충만한 인물들만 만들어냈다.

인조 5년(1627년) 1월 후금이 조선을 침공한 정묘호란이 발발했다. 조선군은 무력했고 인조가 강화도로 피난가고 전쟁발발 50일 만에 조선이 후금을 형으로 섬길 것을 주요 내용으로 하는 정묘조약을 맺고 전쟁이 끝났다. 전쟁이 끝났어도 조선은 병자호란이 일어날 때까지 10년간 원종추승문제에 매달릴 뿐 후금에 대한 아무런 대책도 세우지 않았다.

　　1636년 4월 홍타이지가 국호를 후금에서 청으로 바꾸고 조선은 청과의 전쟁을 피할 수 없는 상황이 되었다. 그러나 인조와 대신들은 명에 대한 절대적 사대와 존숭 이외의 다른 길이나 방도는 없었다. 이들에게 중요한 것은 대명의리와 같은 추상적 개념이었지 도성방어나 군사력 등에 관한 현실개념은 없었다. 그냥 앉아서 청을 맞아들일 수밖에 없는 상황이 도래했다. 1636년 청태종 홍타이지가 12만 여명의 대군을 이끌고 압록강을 건너 10일 만에 파죽지세로 서울에 당도했다. 홍타이지는 조선을 친정한 최초의 외국 군주가 되었다. 인조가 남한산성으로 도망가 50일을 버텼다 하더라도 전세에는 아무런 영향이 없었고, 결국 삼전도의 삼배구고도의 예를 행하고 항복함으로써 병자호란의 대미를 장식했다. 군사현실에 대한 냉정한 진단도 없이 무조건적 척화의 공론만이 난무했다. 그 결과가 어떠했으리라는 것은 이미 다 알고 있는바 그대로다. 불쌍한 조선 백성 60만명이 포로로 끌려갔고, '환향녀', '화냥년', '호로새끼'라는 말도 이때 생겼다.

　　척화파들이 목숨을 걸고 지키려고 했던 상대가 조선이나 조선국왕이 아니라 쓰러져가는 명과 명 황제였다. 어떻게 조선의 지식인들이 백성의 안녕과는 상관없이 주자학의 절의론과 화이론에만 매달렸는지 알 수 없는 일이다. 척화파들이 죽기를 각오하고 싸우자고 하면서도 자신들이 직접 싸우겠다는 것도 아니었다. 요새도 이런 사람들 많이 보지만 실천력은 없고 말만 번지르한 한심한 족속들이었다. 이제 조선은 완전히 주자학의 세계에 빠져들었고, 주자가례가 모든 생활의 금과옥조가 되는 주자학의 고향인 중국보다 더 중국화가 되고 말았다. 저자가 이야기 하는 대로 개방적이던 남녀관계는 경직되고, 여성의 개가가 금지되면서 정절이 강조되었으며 장자상속이 자리를 잡는 등 관례, 혼례, 상례, 제례가 등 모든 면에서 중국화가 완성되었다. 이제 인간을 위한 이데올로기가 아니라 인간은 주자학이라는 이념에 봉사하는 존재에 이르고 말았다. 주자학이 떠받든 조선중화론은 조선이라는 나라의 국가적 자폐증의 원인이자 결과물이었다.

5. 소현세자와 효종

　　소현세자는 인조가 왕이 되면서 대군이 되었다가 인조 3년 13세 때 세자로 책봉되었다. 그는 삼전도의 굴욕으로 25세 때 청의 인질이 되어 심양에서 8년 간 머무르다가 33세 때 귀국했으나, 귀국 2달 만에 의문의 죽음을 맞는다. 세자에 대하여 의심이 많은 인조가 세자를 독살한 혐의가 짙다. 세자빈 강씨 역시 소의 조씨의 모함으로 사사된다. 소현세자가 죽지 않았다면 소현세자가 중국에 머무는 동안 전수받은 서양문물로 잠자고 있던 조선을 깨울 수 있지 않았을까 하는 기대감이 많은 것이 사실이다.

　　저자는 조선은 왕권이 미약하여 군왕이라도 신하와 양반계층의 의사를 거스르며 자신의 의지를 밀어붙일 절대권력이 부족한 나라였기 때문에 임금 한 사람이 바뀐다고 조선 전체가 바뀌었을 것이라는 가정은 침소봉대의 가능성이 크다고 적고 있다. 소현세자와 함께 끌려가 동일한 인질체험을 한 봉림대군(효종)이 즉위 후 그다지 개혁적 면모를 보여주지 못하고 북벌이라고 하는 허황된 목표에 매달렸으며, 송시열 등 산림세력의 발호를 막아내지 못한 점을 들어 존대주의를 금과옥조로 받드는 나라에서 소현세자가 등극했다고 하여 역사의 수레바퀴를 다른 방향으로 굴릴 수 있었을지 궁금하다는 것이다. 이 부분 진단은 앞서 조선과 같은 전제군주 하에서는 국왕이 이니셔티브를 쥐고 전면에 나서는 것이 아래로부터 시작되는 보텀업(bottom up) 방식보다 실패확률이 적었을 것이라는 점에서 소현세자의 죽음을 아쉬워하는 대목과 다소 어긋난다.

조선은 양란을 겪으면서 조선중화론에 갇혔다. 조선주자학은 더 이상 문물정비의 추진력을 잃고 절차와 예법을 따지는 예학중심으로 바뀌고 말았다. 저자는 조선이 중화프레임에 갇힌 것은 외부에서 강요된 것이 아니라 자발적으로 만들어낸 이데올로기라고 진단하고 있다. 서인의 힘으로 반정에 성공한 인조시대 이후 조선멸망에 이르기까지 서인 중심의 사실상 일당독재의 시대였다. 조선은 김장생, 김집, 송시열로 이어지는 기호-노론세력이 설정한 방향으로 흘러가도록 굳어졌다. 소현세자와 동일한 체험을 한 효종은 더 이상 진취적 인물이 아니었다. 신하의 나라 조선에서 국왕이 자신의 뜻을 펼치기는 힘든 구조였다. 김집, 송준길, 송시열은 숭명배청의 주자학 근본주의자였고 군비확장 등 효종이 추구하려는 노선과 마찰을 빚었다. 국가의 재정상황도 엉망이었다.

효종 집권 10년은 송시열의 시대였다. 주자학 절대주의자였던 송시열은 첫 관직에 나간 인조 11년부터 사약을 받고 죽은 숙종 15년까지 인조, 효종, 현종, 숙종에 이르기까지 왕을 무시할 수 있는 권위로 조선 후기 정치판을 좌지우지했다. 왕과 독대를 할 수 있는 유일한 인물이었다.

6. 조선과 주자학

조선의 주자학은 선조시대를 지나면서 후진적 봉건체제로 고착되고 고리타분한 예학과 실천적 내용이 없는 절의론으로 내려앉았다. 조선 지배세력의 이해관계와 주자학이 제시하는 세계관은 일치했다. 유학자들이 당파를 갈라 치열하게 싸웠어도 그것은 같은 계급 내의 헤게모니 싸움이었고, 일반 백성의 안위와는 관계가 없는 것이었다. 농민의 이동성 억제의 방편으로 성리학이 상업을 적대시하다 보니 고립적 폐쇄주의에 함몰됐고 모든 것을 당연한 것으로 받아들이는 숙명적 분위기를 면치 못했다.

명이 병자호란 후 8년 만에 사라지고 청이 들어서도 조선의 지식인들은 사라진 명에만 매달렸다. 명이 사라진 상황에서도 송시열의 주장대로 절대 崇明의 조선중화론에 따라 화양동에 만동묘까지 세운다. 맹목적 주자학 세계관이 불변의 가치로 자리 잡고 있었다. 조선은 명을 이상화하여 상상속의 중국과 현실의 중국과 혼동하고 아무리 재조지은(再造之恩)의 은혜를 입었다고 할지라도 이해할 수 없을 정도로 명이 맹목적인 숭배의 대상이었다.

양반 사대부는 더 이상 얻어낼 것이 없는 완벽한 정치 경제 사회적 독점 환경이 만들어지자 현실에 안주하게 되었다. 예의 중시는 사회변동을 원치 않는 현실고착의 의도에서 자생됐다. 예가 강조될수록 사회의 보수성은 짙어질 수밖에 없다. 각자 정해진 위치와 행동규칙을 벗어나는 것은 예와 부합되지 않는 것이다. 주자학적 질서는 민을 통제하고 수탈하는데 안성맞춤의 이데올로기였다.

서로 대척점에 있던 김상헌과 최명길은 상반된 평가를 받아왔다. 김상헌의 명분과 의리가 최명길의 현실론을 압도한다. 절의를 지키는 것이 강토를 보전하고 나라를 구하는 것보다 중요했다. 송시열은 조선 후기 300년 이상 최명길이 폄하되도록 하는데 결정적 기여를 했다.

송시열은 공자의 춘추와 주자의 의리에 기반을 두고 현실정치를 주무른 교조주의자였다. 송시열의 춘추대의는 일체의 비판과 대안을 배제한 도덕의 최고기준이었다. 실리보다 명분을 따지는 성리학에 기반을 둔 극단적 윤리주의는 모든 것을 도덕에 예속시켜 도덕 있는 자가 능력 있는 자보다 우대받는 문화를 형성했다. 조선은 더 이상 질적 변화나 성장을 할 수 없는 정체사회가 되고 말았다.

7. 조선의 극복

김상헌이나 송시열로 대표되는 조선 사대부들은 공맹의 도에서 벗어나기보다는 차라리 국가를 포기하는 것이 낫나는 사상에 물들어 있었다. 이는 조선 말기 위정척사운동의 정신세계에도 연결된다. 주자학의 세계를 수호하자는 위정(衛正)과 주자학 이외의 모든 사상을 배척하자는 척사(斥邪)는 전통적 사회체제 고수를 목적으로 했기 때문에 이들은 개화망국론을 주장했다. 이런 정신세계를 기반으로 하고 있던 의병의 한계도 분명했다.

저자는 억지와 공교로운 해석을 통해 사대부들을 이해하려고 노력하기보다 절의를 최우선 가치로 놓는 사대부들에 의해 국가 관념이 왜곡됐고, 그렇게 불구화된 국가 이념 하에서 국익 개념도 기형화됐음을 인정해야 한다고 주장하고 있다.

저자는 한반도의 지정학적 위치는 불변의 상수로서 숙명 같은 요소이고 시대와 상황, 조건 변동에 따라 척화론과 주화론은 자주와 동맹과 같은 다른 명칭과 다른 포장으로 우리에게 선택을 강요할 때 거기에 답한 준비가 돼 있어야 지적하고 있는데 공감이 가는 말이다.

성리학 이외의 다른 세계관을 받아들일 수 없는 세상에서 모든 시비는 너와 나 가운데 누가 옳으냐의 이분법으로 해결되고 다른 고려는 없다. 이러한 세상에서 실용이나 실리는 발붙일 곳이 없다. 모든 일을 이와 같은 흑백 진영논리로 진단하는 성향은 현재까지 이어지고 있다. 저자는 척화론이 시대를 내려가며 타락한 패거리 문화로 귀착되고 국가는 나락으로 떨어졌다고 진단하고 있다. 지나친 정의가 화가 되는 것처럼, 반성 없는 정의는 순식간에 악마나 괴물로 변신할 수 있다. 삶의 모든 영역에 정의를 들이대는 습관은 오히려 삶을 황폐하게 만들 수 있다는 지적이다. 사물을 관찰하고 판단함에 있어서 이해득실과 유용성을 살피고 측정하는 대신 옳은지 그른지를 먼저 따진다면 우리는 아직 명분 중시의 가치관, 성리학의 우울한 그림자에서 벗어난 것이 아니라고 질타하고 있다.

저자는 정통 주자학을 다음과 같이 설명하고 있다. 주자가 상정한 인간은 맑고 순정한 인간-선(善) 자체의 인간이었다. 인간에게 측은지심(惻隱之心), 수오지심(羞惡之心), 사양지심(辭讓之心), 시비지심(是非之心)의 사단(四端)이 있고, 이것이 현실에서 실현되면 인의예지(仁義禮智)라는 덕으로 나타난다. 인간이 덕으로 무장하면 사회는 저절로 질서와 조화를 찾게 될 것이다.

주자학은 이를 위해 먼저 우주관, 세계관을 구축했는데, 천체만물의 본체인 우주(天)에는 **명(命)**이라는 윤리적 성격의 절대 진리가 있고, 인간의 마음속에는 우주에 있는 명이라는 절대선 구조가 그대로 들어있는데 이것이 **성(性)**이다. 우주와 인간은 같은 바탕과 성질을 가진 존재이니 인간은 마땅히 우주의 명을 실현하기 위해 노력해야 한다. 인간은 "착하라!"는 하늘의 명에 따르고 복종할 의무가 있다는 것이다. 한편 인간과 자연은 물질로 이루어져 있는데 이를 **기**(氣)라고 한다.

결국 세상은 **기**와 **명** 또는 **성**으로 이루어져 있는데 명 또는 성이 기라는 물질세계를 구성하는 근원적 이치라는 점을 부각하기 위해 특별히 **리**(理)라고 칭한다. 리는 기에 내재해 있으니 결국 **성즉리**(性卽理)가 된다. 주자의 요체는 누구나 **기**로 이루어진 오욕칠정의 불순물의 덩어리를 제거하고 순수하고 맑고 완전무결한 **리**를 회복하기 위해 노력해야 한다는 데 있다. 주자는 모든 사물의 이치를 끝까지 파고 들어가면 앎에 이른다(格物致知)고 하였다. 천리에 돌아간 인간은 공자처럼 마음먹은 대로 행해도 법도를 어긴 것이 없는 경지에 이르게 된다(從心所欲不踰矩).

주자학은 이와 같이 박제된 모습으로 수백 년을 이어왔다. 그러나 인욕은 없앨 수 없는 것이고 욕망이야말로 인간을 인갑답게 만드는 필요조건이다. 욕망 없는 인간은 한탄 자동인형에 지나지 않는다. 가치 있는 인간의 행위는 욕망을 통제하려는 자발적 의지와 선택에 따라 선을 행한데 있기 때문이지 타인의 강요에 의해 덕행을 한 것에 있는 것이 아니다. 인간의 자유를 기반으로 하지 않은 도덕적 행동은 아무런 가치가 없다. 자유는 선택이요, 결정이며, 책임이다. 자유는 인간완성의 전제이자 목표가 된다.

저자는 도덕철학으로서의 유학은 인간에 대한 증진된 과학지식을 참고 선의 의지를 고양하고, 자율을 기초로 선을 행하도록 도덕론을 정비하고 인간에게 굴레를 씌우는 봉건적 예론을 배척하고 평등하고 자유로운 개성과 창의성을 복돋는 신개념 사회관계론을 지향해야 함을 역설하고 있다.

8. 아직도 인조시대?

인조의 나라, 송시열의 나라가 변함없이 이어지는 작금의 현실에 책을 놓고도 답답한 마음은 가시지 않는다. 역사에서 교훈을 얻는다고 하지만 연목구어(緣木求魚)에 불과한 것인가?

조국사태, 박원순 사건에서 보는 바와 같이 옳고 그름으로 세상을 보는 것이 아니라 내편, 네편으로 나누어 흑백 진영논리가 활개 치는 현실을 보노라면 인조시대의 유전자, 주자학의 DNA가 대한민국에서도 여전히 살아 우리를 옥죄고 있는 것 같아 씁쓸할 뿐이다.

로 스 쿨 법 창 오 디 세 이

제**4**편

살며 생각하며

01. Homo Viator – 나는 떠돈다. 고로 나는 존재한다 –
02. 남상(濫觴)과 나비효과와 초(超)연결사회
03. 법조 출신 정치인들의 말로(末路)
04. 동아합동법률사무소의 인연들
05. 左(왼쪽), 右(오른쪽)의 우열 – 좌배석과 우배석 –
06. 추상(追想) 독일어 명문
07. 우리말 맞춤법과 띄어쓰기의 어려움
08. 人不知而不慍 不亦君子乎 – 남들이 나를 알아주지 않아도 –
09. Carpe diem
10. Sein zum Tode : Memento mori – 죽음도 삶의 일부분이다 –
11. 묘비명 연습
12. 망상(妄想) 생전장례식

Homo Viator
– 나는 떠돈다. 고로 나는 존재한다 –

1.

내가 학교로 일터를 옮기면서 심심해서 만든 카페 이름이 Homo Viator이다. 이 카페에는 나의 학교생활 전반이 담겨있다. 각종 강의자료는 물론 온갖 법률정보, 산과 여행, 문화유적, 독서 등 나의 관심을 끄는 수많은 글과 사진들이 들어있다. 학교를 나와서도 이 카페를 계속 유지할지는 모르나 아 카페에는 나의 인생 2모작 작황이 망라되어 있어 쉽사리 없애지는 못할 것이다.

내가 오막살이(카페)이름으로 '호모 비아토르(Homo Viator)'라는 요상한(?) 이름을 쓰고 있는데 '호모'라는 말의 뉘앙스에서 묘한 감을 잡는 사람들이 있다. homo는 원래 '같은' 이라는 뜻을 포함하고 있는 경우가 있고, 이 말은 동성애를 뜻하는 'homosexuality'의 줄임말로, 남자 동성애자를 의미하는 말로 받아들여지고 있다. 그러나 대개 남성 동성애자는 게이(gay), 여성동성애자는 레즈비언(lesbian)이라는 말이 많이 쓰이고 있다.

우리나라에서는 결혼이라고 하면 남녀간의 異性結合으로 알고 있고 아직 同性結婚이 별로 없으나, 외국 특히 유럽의 경우에는 동성결혼이 늘고 있고 이 동성결혼을 규율하는 법들도 많이 만들어지고 있다. 동성애에 대한 혐오와 그로 인한 차별을 일컫는 말이 호모포비아(homophobia)이다.

2.

그건 그렇고 '호모(Homo)'는 '인간'이라는 뜻의 라틴어이다. 각종 인간 유형이 호모라는 말에 붙어 회자되고 있는데 인류의 역사와 더불어 변천하는 인간유형 몇 가지만 살펴보기로 한다.

지구상의 최초의 인류는 **호모 이렉투스**(Homo Erectus/직립인간)였고, **호모 하빌루스**(Homo Habilus/손을 쓰는 인간)였다. 인간이 만물의 영장으로 일컬어진 것은 바로 두 발로 설 수 있고, 두 손을 쓸 수 있기 때문이었다.

다윈의 '진화론'을 들춰낼 필요도 없이 인간의 진화는 바로 두 손을 쓸 수 있었기 때문에 가능한 것이었다. 인간의 조상이 누구인지에 관하여 말이 많지만 원래는 침팬지류였을 것이다. 그런데 인류의 조상으로 추정되는 침팬지(원숭이)의 뇌의 용적은 예나 지금이나 600cc로 크게 변함이 없지만 유인원(類人猿)인 네안데르탈인이나 크로마뇽인 등의 뇌의 용적은 원숭이와 마찬가지로 600cc였다가 현생 인류는 1,500cc정도로 커졌다. 그만큼 뇌(머리)를 많이 쓰고 진화의 원동력이 되었다는 이야기다. 칸트나 아인슈타인은 뇌의 용적이 2,000cc라고 하는 것을 보면 '대가리(머리)'가 큰 사람이 머리가 좋다는 속설이 타당성을 가지고 있음을 알 수 있다.

사람의 두 손으로 불을 다루고 도구를 만들어 사용하면서 인류문명은 시작되었다. 인간이 다른 동물들처럼 네 발로 기어 다니는 존재였다면 인간도 다른 하등 동물과 별로 다르지 않았을 것이다. 직립인간의 직립보행의 대가로 인간은 치질, 허리통증, 척추질환 등을 선물로 얻었다. 이러한 질환은 네 발로 걷는 동물에게는 나타나지 않는다.

두 손을 쓰게 된 인간이 집단을 형성하고 부족을 형성하면서 고대사회에서 **호모 에로티쿠스**(Homo Eroticus/성애인)가 되었고, **호모 루덴스**(Homo Ludens/놀이하는 인간)가 되었다. 섹스를 즐길 줄 아는 인간의 性能力이 다른 동물에 비하여 탁월하다는 것은 잘 아는 사실이다. 인간은 다른 동물과 달리 암수의 차이가 크지 않다. 오로지 인간만이 서로 마주 보고 性愛(섹스)를 할 수 있는 성행위의 남녀평등성, 동물처럼 발정주기라는 것이 없어 언제든지 수태태세를 갖추고 있는 여성, 암컷이 오르가즘을 느끼는 유일한 동물이 바로 인간이라는 점 등이 다른 동물들과 다른 인간의 성능력이다.

오래 전에 아프리카를 여행하다가 마사이족들이 사는 어떤 토속마을에 들어가 보니 남자들이 나이 40도 되기 전에 할아버지 모습들을 하고 있어서 도대체 그 연유가 무엇인가 생각해보았더니 그것은 바로 섹스 때문이었다. 밤이면 전기도 들어오지 않고 캄캄한 움막에서 섹스 이외에 달리 특별히 할 일도 없고 그 아프리카 사람들의 유일한 스포츠는 바로 섹스였던 것이다. 그곳의 남자들은 여자들을 보통 10여명은 거느리고 있었고, 매일 부인을 바꿔가며 이 집 저 집 돌아가며 그 짓들을 하다 보니 골골하지 않을 남자가 어디 있겠는가.

인간은 섹스뿐만 아니라 슬슬 놀이를 즐기게 되었다. 호모 루덴스(Homo Ludens)는 놀이하는 인간, 유희의 인간이다. 네덜란드의 역사문화학자 요한 하위징아(Johan Huizinga, 1872~1945)는 모든 문화현상의 기원은 놀이에 있고, 인간은 놀이를 통해 역사적으로 문화를 발전시켜왔다고 진단한다. 음악·미술·무용·연극·스포츠 그리고 문학은 놀이의 변형이다. 지금도 세계 각국에서 벌어지는 축제문화라는 것도 결국 인간이 호모 루덴스임을 보여주는 것이다. 호모 루덴스가 역사 속에 늘 존재해왔던 인간의 모습이라면, 그것의 특정한 형태로서의 '**호모 스포르티부스**'(Homo sportivus)는 현대 사회의 '스포츠하는 인간'이다.

3.

중세 봉건시대에 들어서면서 인간은 **호모 아베우**(Homo Aveu/고백하는 인간)가 된다. 중세를 암흑시대(dark ages)로 부르는 것은 종교 앞에 무력한 인간이었고 종교가 모든 것을 지배했기 때문이었다. 당시 교회는 절대적으로 죄를 범하는 일이 없고, 죄는 오로지 개인만이 범하는 것으로 간주되었다. 이 때 인간은 오로지 하느님 앞에 고백하는 인간일 수밖에 없었다. '**호모 스피리투알리스**'(Homo Spritualis)는 영적인 인간이고, '**호모 디비나**'(Homo Divina)는 '신적인 인간'이고, '**호모 릴리기오수스**'(Homo Religiosus)는 '종교적 인간'이다. 〈이기적 유전자〉〈만들어진 신〉의 작가 리처드 도킨스는 "누군가 망상에 시달리면 정신이상이라고 하고, 다수가 망상에 시달리면 종교"라고 했다.

르네상스와 종교개혁으로 중세가 무너지고 근대로 이행한다. 세계사가 근대로 이행하고 17세기 접어들면서 인간은 **호모 사피엔스**(Homo Sapiens/생각하는 인간)가 된다. "나는 생각한다. 고로 나는 존재한다!"는 데카르트의 말을 빌릴 것도 없이 생각하는 인간은 바로 이성적인 인간이다. 이제는 하느님의 말씀이 아닌 인간의 이성이 세계를 지배하게 되었다.

18세기에 들어서면서 인간은 **호모 에코노미쿠스**(Homo Economicus/경제적 인간)가 된다. 이제 인간은 순전히 경제적 계산에만 의거하여 행동하는 인간이 되었다. 개인적 이익을 유일한 행동동기로 삼는 이러한 인간유형은 18세기 이후의 영국의 고전적 자유주의 경제학이 바탕으로 삼는 인간관이기도 하다. 아담 스미스의 "보이지 않는 손"도 이런 호모 에코노미쿠스를 전제로 한다. 원래 이기적 존재인 인간은 그냥 놔두면 스스로의 경제적 이익을 극대화하기 위해 합리적인 판단을 내리는 존재라는 것을 바탕에 깔고 있다. 그러나 인간이 여러 가지 요인에 의하여 비합리적 의사결정을 하는 것도 사실이다. 인간이라는 게 그렇게 단순하지가 않다.

산업혁명이 일어나고 19세기에 들어서면서 인간은 **호모 파베르**(Homo Faber/노동하는 인간)이 된다. 인간의 다수는 자신의 몸뚱이, 노동 외에 팔아먹을 것이 없는 노동자가 된다. 자본가와 노동자가 대립하는 시대가 되고 마르크스(K. Marx)가 설칠 수 있는 공간이 마련된다. 사회는 부익부(富益富) 빈익빈(貧益貧)으로 양극화가 심화된다. 빵빵 부풀어 오른 풍선처럼 언제 터질지 모르는 위기상황으로 치닫는다.

드디어 20세기로 들어서고 세계공황은 전쟁으로 탈출로를 찾으며 인간은 Homo Politicus(**호모 폴리티쿠스**/권력적 인간)가 된다. 히틀러와 같은 권력의지에 충만한 인간들이 세상을 지배하기 시작한다. 모택동이 중국대륙을 통일한 것도, 김일성家가 북한을 요지경으로 통치하는 것도 지배욕으로 충만한 권력의지 때문이다. 박정희도 혁명을 통한 열의로 권력의지를 발산했다. 국회의원선거와 하찮은 지방의회의원선거만 보더라도 어쩌면 권력에의 욕망과 초연한 인간들은 없어 보인다. 이문열의 "우리들의 일그러진 영웅"을 보면 권력은 인간본성에 내재하고 있음을 알 수 있다. 권력의 허망함을 아는지 모르는지 지금도 헛되고 헛된 권력의 주위를 넘나드는 부나방 같은 존재들이 많다.

4.

이제 우리들이 살고 있는 21세기는 어떠한 유형의 인간들이 똬리를 틀고 있는가? **호모 쥬리티카**(Homo Juritica/법률인)도 있을 것이고, **호모 팔락스**(Homo Fallax/속이는 인간)도 있을 것이다. 인지과학자인 데이비드 리빙스턴 스미스에 의하면 인간은 하루 200번 거짓말하는 상습 거짓말쟁이라고 한다. 거짓말에는 의도하지 않은 거짓말도 있고 선의의 거짓말(죽음을 앞둔 사람에게 오래 살 수 있다는 등)도 있다. 거짓말이 인간의 진화에 유리했다는 이야기도 있다. 인간은 'Homo scientificus'(탐구하는 존재)이며, 'Homo replicus'(따라하는 존재)이고, 'Homo empathicus'(공감하는 존재)이면서, 'Homo convergenicus'(융합하는 존재)이다.

소비를 미덕으로 아는 **호모 소비우스**(Homo Sobius/소비하는 인간)도 있고, **호모 나랜스**(Homo Narrans/이야기 하는 사람)도 있다. 인간은 재화를 소비하기도 하지만 자신의 몸뚱이를 소비해 가면서 소진해간다. 미국의 영문학자 존 닐에 의하면 인간은 이야기하려는 본능이 있고 이야기를 통해 사회를 이해한다고 한다.

인간들 모두 개성이 강하고 모래알처럼 흩어지는 세상 같지만 한편으로는 **호모 레시프로쿠스**(Homo Reciprocus/상호 의존하는 인간)도 있고, **호모 심비우스**(Homo Symbious/공생하는 인간)도 있다. 인간은 원래 인간이라는 말이 의미하는 바와 같이(人間=사람사이) 필연적으로 공생적 존재이다. 나와 가족과 사회, 국가가 상호 의존하면서 공생해간다.

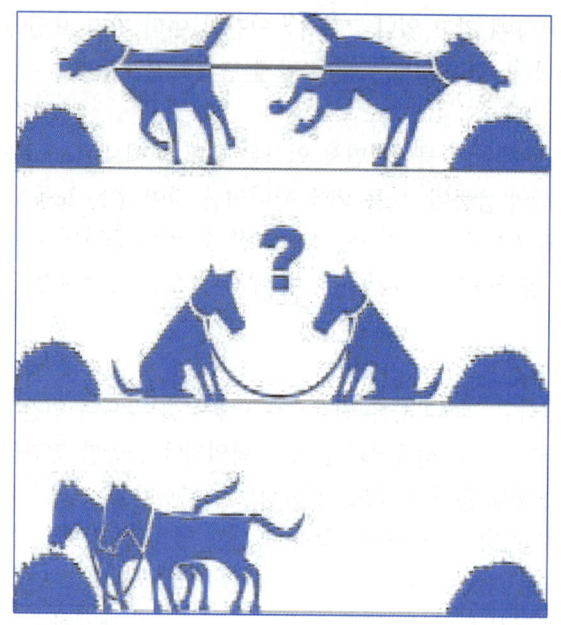

하나의 끈으로 연결된 두 마리 말이 각자 먹을 것을 향해 반대 방향으로 가려다가(위) 실패한 후(가운데) 함께 같은 방향에서 먹고 있다(아래).

'**호모 데우스**(Homo Deus)'의 '데우스(Deus)'는 신(God)을 뜻한다. 즉, 신이 된 인간이다. 유발 하라리는 인류가 기아와 역병, 전쟁의 위협, 노화와 죽음을 극복하고 신으로 업그레이드되는 호모 데우스의 시대를 예견하고 있다. 그러나 호모 사피엔스의 다음 행선지가 호모 데우스가 될지는 여전히 불투명하다.

'**호모 여의도쿠스**'(Homo Yeouidocus)도 있다. 전문가나 괜찮은 사람들도 여의도로 가면 이상하게 변하는 것을 조롱하는 말이다. 이들은 멀쩡하게 있다가도 카메라만 들이대면 투사로 변한다. 전문가보다 '선동가'의 말이 더 잘 먹히는 곳이 국회이고, 정치적 언어로 지지자들을 자극해야만 언론의 스포트라이트를 받는다. 이런 환경에 잘 적응하는 자만이 호모 여의도쿠스로 살아남는다.

우리들의 현 시대는 이른바 '**호모 스마트포누스**'(Homo smartphonus) 똑똑한 바보 시대이기도 하다. 손가락으로 터치만 하면 아니 말로 한 마디만 하면 스마트폰에서 필요한 정보를 편하게 쉽게 빨리 얻을 수 있다 보니 머리 아프게 애써 머리를 쓰려고 하지 않는다. 그 결과 많은 사람들이 깜빡깜빡하는 '디지털 치매(digital dementia)'에 걸려 두뇌가 퇴화하고 있다. 아날로그 시대보다 오히려 기억력과 계산능력이 떨어지는 호모 스마트포누스는 피할 수 없는 현상이 되었다. 잠잘 때도 머리맡에 스마트폰이 있어야 하고 화장실에 갈 때도 휴지는 없어도 스마트폰이 있어야 살아가는 시대가 되었다. 휴대전화가 없으면 불안을 느낄 정도로 항상 휴대전화를 지니고 다녀야 하는 현대인이 '**호모 텔레포니쿠스**'(Homo telephonicus)이다.

그리고 이제 시대는 바야흐로 '**호모 헌드레도(Homo Hundred)**'의 시대이다. 유엔은 2009년 발표한 '세계인구고령화' 보고서에서 100년 이상 살고 있는 사람들을 '호모 헌드레드'로 지칭했다. 일본에서는 '센테나리안(Centenarian · 100세인)'이라고 부른다. 일본의 100세인이 2018년에는 6만 9785명이고, 한국은 2018년 기준 100세 이상 인구 1만 8738명이다. 100년 이상 사는 사람의 성격적 특성으로는 외향적, 개방적인 성격, 성실성 등이 꼽혔다. 호기심이 많아 새로운 것을 잘 받아들이고, 다양한 사람들과 사귀는 이들이 오래 산다는 것이다. 또 건강에 좋다고 알려진 식습관과 운동을 꾸준히 이어가는 성실성을 지닌 이들이 많다고 하니 100세 인생을 살려고 하는 사람은 이에 관심을 갖기 바란다.

5.

이문열의 장편소설 '**호모 엑세쿠탄스**'(Homo Executans)가 있다(민음사, 2006). Homo Executans는 '처형하는 인간'이다. 이문열은 원래 '집행하다, 처형하다'의 뜻을 가진 라틴어동사는 엑세쿠오르(exsequor)이고 그 분사형은 엑세쿠엔스(exsequens)쯤 될 것인데, 여기에 't'음이 첨가돼 이미 영어화한 엑세큐트(execute)를 어간으로 쓰고 있고, 분사형도 살짝 비틀어 엑세쿠텐스(executens)가 되어야 할 것을 엑세쿠탄스(executans)로 바꾸어 놓은 것이라고 한다. 이문열은 처형하는 인간이 또 하나의 인간의 속성이라는 이야기이다.

신들은 고통과 번민의 땅에 태어나고, 그런 점에서 이 땅은 신들이 태어나기 좋은 곳이다. 그러나 한편 그 신들을 처형하기 위해 호모 엑세쿠탄스들이 집중적으로 파견돼야 할 곳이 바로 이 땅이고, 이 땅은 바로 처형의 에너지가 가장 격렬하게 작동하는 곳이라는 것이다. 이문열은 작품 속의 화자를 통해 "인간은 언제부터인가 초월적인 존재들을 처형해 왔다. 용과 마녀, 악마 등 악신(惡神) 퇴치의 신화, 다른 한편으로는 예수 그리스도와 같은 거룩한 신성(神性)의 몸을 입고 이 땅에 온 존재들—오르마즈드(아후라마즈다)의 예언자로 만족했던 조로아스터로부터 아프리카 오지 원주민의 목각으로 남은 이름 모를 부족신(部族神)까지 아우른다."고 밝히고, 이는 수난과 박해의 역사가 그것을 방증한다고 말한다. 인류 역사에서 그런 역할을 해 온 인간들이 바로 '호모 엑세쿠탄스'라는 이야기이다.

이문열이 인간의 속성으로 파악하고 있는 호모 엑세쿠탄스는 토마스 홉스의 '만인의 만인에 대한 투쟁'을 연상케 한다. 홉스가 보기에 사람들은 사람들에 대해 늑대이고, 서로를 죽일 수 있는 능력 면에서는 평등했다. 이런 혼란에서 인간을 해방시켜줄 단 하나의 절대적 존재인 '리바이어던'이 요청된다. 원래 성경 욥기에 등장하는 무시무시한 괴물인 리바이어던이 홉스에 의해 국가의 다른 이름으로 불리기 시작한 것이다. 사람들은 계약을 통해 절대적 권리를 갖는 리바이어던을 탄생시킨 것이다.

6.

그러나 뭐니 뭐니 해도 이 시대를 징표하는 인간은 바로 **호모 비아토르**(Homo Viator/떠도는 인간)이고 **호모 노마드**(Homo Nomad/유목하는 인간)이다. 이제 인간의 보편적 삶의 양식은 바로 떠도는 데 있다. 1980년대 앨빈 토플러는 '제3의 물결'을 이야기했고, 1990년대 리프킨은 '노동의 종말'을 이야기했다. 2000년대 자크 아탈리는 "인류의 노마드화"를 선언했다. 지금 전 세계 지구상에는 10억 명이 자동차나 트럭으로 이동 중에 있고, 매순간 100만 명 이상이 공중에 떠 있는 세계에 살고 있다. 물론 요즘에는 코로나 사태로 떠도는 것이 잠시 주춤해있지만 백신이 개발되면 인간들은 또 영락없이 지구상을 떠돌 것이다.

내가 호모 비아토르(Homo Viator)를 내 오막살이 집 이름으로 쓴 것은 이 말이 이 시대의 특징을 가장 잘 보여주는 인간상이고, 나 역시 '떠도는 인간'이기 때문이다. 짐을 줄이고 가볍게 떠나자. 짐도 줄이고, 몸무게도 줄이고, 책도 줄이자. 5년 이내에 들쳐보지 않은 책들은 더 이상 볼 일이 없다. 농경족인 한민족과는 어울리지 않는 말일지 모르지만 현대는 유목의 시대이다. 언제든지 가볍게 싸고 떠날 수 있는 준비를 하자.

가히 21세기는 노마드의 세계이다. 유목민적 삶과 자유가 바로 노마디즘이다. 제자리에 앉아서도 특정한 가치와 삶의 방식에 붙박이지 않고 끊임없이 탈주선을 그리는 사유의 여행이다. 프랑스 사회학자 자크 아탈리는 "21세기는 디지털 장비로 무장하고 지구를 떠도는 디지털 노마드(Nomad)의 시대"로 규정했다. 노마디즘은 주어진 가치체계와 코드에서 벗어나 새로운 영역으로 계속 옮겨다니는 노마드의 존재 사유방식을 말한다. 그러나 떠도는 자유는 안정된 궤도를 벗어나는 데서 오는 결핍을 견디며 홀로 서야 한다는 점에서 고달픈 여행일 수도 있다.

그렇지만 유목 또는 노마드는 꽤 매력적인 것이다. 이곳저곳 미지의 곳을 찾아 떠도는 방랑자의 즐거움을 누려보자는 의미에서 '호모 비아토르'라는 닉 내지 필명을 쓰게 된 것이다. 코로나 사태가 언제까지 진행될지 모르지만 학교를 그만 두면 잠시 "나는 떠돈다. 고로 나는 존재"하는 Homo Viator, 떠도는 인간의 매력과 마력에 빠져볼 생각이다.

02 남상(濫觴)과 나비효과와 초(超)연결사회[1]

1.

'넘칠' 남(濫) '잔' 상(觴)으로 이루어진 '남상(濫觴)'이라는 말은 '겨우 술잔에 넘칠 정도로 적은 물'이란 뜻이다. '남상'은 '사물의 시초나 근원'을 이르는 말로 荀子(순자)의 子道篇(자도편)에 나오는 말이다. 昔者 江出於岷山 其始出也 其源可以濫觴(원래 양쯔강은 민산에서 시작되는데, 그것이 시작될 때의 물은 겨우 술잔을 띄울 만하였다).

공자에게는 자로(子路)라는 제자가 있었는데 어느 날 자로는 아주 화려한 옷차림으로 공자 앞에 나타났다. 이 모습을 보고 있던 공자는 다음과 같이 말하였다. "지금 우리 앞을 흐르는 양자강은 무척 깊고 커서 아무리 큰 배라도 마음대로 다닐 수 있는 큰 강이 되지만 양자강의 시작인 민산 골짜기의 물은 겨우 술잔 하나를 띄울 수 있는 하찮은 개울로 시작 되었으나 흐르면서 강줄기가 모이고 합해져서 물도 많아지고 물살도 세어져 큰 배를 타지 않고는 건널 수 없는 큰 강이 된 것을 아느냐?"고 물었다. 이 말을 들은 자로는 너무 부끄러워서 곧바로 집으로 뛰어가 허름한 옷으로 갈아입고 다시 왔다는 이야기에서 비롯한 말로 모든 일의 시초는 하찮은 것에서부터 시작한다는 말이다.

어쨌든 모든 일의 시초나 근원은 하찮은 것에서 시작한다는 말은 만고의 진리이다. 사람 됨됨이도 마찬가지다. '세살 버릇 여든까지 간다.'거나 '될성부른 나무는 떡잎부터 알아본다.'는 속담도 '남상'의 의미를 담고 있다.

2.

'나비효과(butterfly effect)'는 바로 '남상'의 현대적 자화상이다. 나비효과는 "아마존 밀림 지역에서 한 마리 나비의 날갯짓이 미국 텍사스 주에서 토네이도를 발생시킬 수 있다."는 미국의 기상학자 에드워드 N. 로렌츠의 이론이다.

2018년은 제1차 세계대전 종전 100주년이다. 1914년 7월 28일 시작해 1918년 11월 11일까지 4년 4개월간 진행된 1차 대전은 인류가 겪은 가장 큰 참극 중의 하나였다. 1914년 6월 28일 사라예보에서 울린 총성이 전 세계를 뒤흔든 제1차 세계대전의 서곡이었다. 오스트리아·헝가리 제국의 황위 계승자인 프란츠 페르디난트가 19세의 세르비아계 보스니아 청년 가브릴로 프린치프에 의해 암살된 사건이 미증유의 세계대전 발발의 도화선이 되리라고는 당시는 상상할 수도 없었다. 1차 대전의 종전은 바로 6,000만 명의 목숨을 앗아간 2차 대전 발발의 씨앗을 잉태하고 있었다.

---

[1] 이 글은 제주지방변호사회 회보 제2호(2019년)에 게재된 글임.

1930년대 미국과 세계를 Chaos로 빠뜨린 대공황은 미국의 어느 시골 은행의 부도로부터 시작되었다.

3.

우리는 지금 사람과 사람, 사람과 사물, 온라인과 오프라인이 일대일 또는 일대 다수, 다수 대 다수의 그물망(network)로 연결된 초연결사회(hyper-connected society)에 살고 있다. 우리와 무관하게 보이는 듯한 지구촌 구석구석의 하찮은 분쟁이 우리사회에 심각한 영향을 주어 우리를 곤혹스럽게 한다. 아프리카 구석의 잘 알지도 못하고 있던 나라 예멘이라는 나라의 난민이 하필 제주까지 몰려올 줄 누가 상상할 수 있었겠는가?

사이버 세계에는 국경이 없다. 현재의 중앙집권화된 경제시스템이 블록체인기술을 활용하여 탈중앙화된 P2P 경제시스템으로 전환되는 과정에 있다. 세계는 이미 블록(Blok)이 쇠사슬(Chain)처럼 연결된 초연결사회를 지향하고 있다. 초연결사회에서는 지구촌 곳곳의 매우 작은 변화가 상상할 수 없는 큰 변화를 몰고 올 수 있다. 사람 사는 세상의 인과관계의 연결고리는 촘촘히 얽혀져 있어 이 인과의 고리에서 빠져나갈 수 없다.

사람이 태어나고 죽을 때는 혼자일지 몰라도, 아무리 혼밥과 혼술, 혼커, 혼영을 즐기며 혼집(원룸)에서 혼자가 익숙한 삶을 산다고 해도 살아있는 동안에는 여러 가지 관계망 속에서 살아야 하고 스마트폰, 인터넷 등 디지털로 연결된 촘촘한 그물망을 벗어날 수 없다. 이 나라에서 법조인과 관련된 나비효과로 보이는 몇 가지 사례를 되돌아보면서 일그러진 우리 사회의 자화상을 되짚어 보기로 하자.

4.

박근혜 대통령이 탄핵되고 문재인 정부가 들어서게 된 단초는 미래라이프대학 설립을 반대한 이대생들의 시위에서 촉발되었다. 이대는 교육부의 재정지원사업인 직장인을 상대로 한 평생교육단과대학(미래라이프대)을 추진하고 있었는데 학생들은 자신들의 의견은 듣지도 않고 학교가 장삿속만 채우는 정책을 밀어붙이고 있다는 이유로 본관 점거 농성을 시작했다. 이 사태의 이면에는 이대생들이 공순이들과 함께 놀 수 없다는 우월의식이 잠재하고 있었다는 시각이 있다. 이 과정에서 교수, 교직원들이 건물에 갇혀 있었고, 급기야 학교 측 요청으로 경찰력이 투입돼 10여명이 다치는 불상사가 발생했다.

이 과정에서 최순실의 딸 정유라의 특혜입학 문제가 수면 위로 떠오르기 시작했고, 최순실과는 일면식도 없다고 우기던 최경희 총장의 말이 거짓으로 들통 나고 최순실 쓰나미는 세월호 참사와 뒤엉키면서 박근혜 정부를 뒤엎고 말았다. 이대생들의 미래라이프대학 관련 시위가 시작되지 않았다면 박근혜 탄핵이라는 미증유의 사태는 발생하지 않았을지도 모른다. '이대생 나비효과'가 박근혜 정부 몰락과 촛불민심에 힘입어 문재인 정부 탄생이라는 대사변을 몰고 왔다. 이대생 나비효과로 원세훈 사건으로 고검을 전전하면서 절치부심하던 윤석열이 일약 서울중앙지검장이 되었고, 대법관 경험도 없는 김명수 춘천지방법원장이 사법부의 수장인 대법원장으로 임명되었다. 박근혜로서는 헌재의 탄핵심판 전에 명예롭게(?) 사퇴했어야 했는데 헌재에서 탄핵이 기각될 것이라는 어설픈 보좌진들의 안이한 대처로 세상물정 모르고 청와대 관저에 주로 머무르던 박근혜는 서울구치소에 갇히는 영어의 몸이 되고 말았다.

'오세훈 나비효과'로 대한민국의 보수는 서서히 몰락했다. 오세훈 서울시장은 나름의 신념으로 2011년 8월 '서울특별시 무상급식 주민투표'를 밀어붙였다. 오세훈은 최종 투표율이 개표요건 33.3%에 못 미치자 약속대로 서울시장직에서 사퇴했고, 오세훈이나 한나라당은 이 사태가 몰고 올 정국의 파장을 예상하지 못했다. 오세훈 나비효과로 진보진영의 박원순이 보궐선거에서 서울시장을 꿰찼고, 그 이후 내리 3선을 구가하면서 호시탐탐 대권가도를 넘보고 있다가 비서실 여직원의 미투를 이겨내지 못하고 북한산 숙정문 일대에서 극단적인 선택으로 생을 마감했다.

세상에 공짜는 없고 무상급식 재원도 결국 국민의 세금에서는 나오는 것이므로 '무상'급식이라는 말에 어폐가 있지만 이제 초등학교, 중학교를 넘어 고등학교까지 무상급식의 시대로 들어서는 보편적 복지를 지향하는 시대의 흐름을 오세훈은 읽지 못했다. 야인으로 떠돌며 절치부심하던 오세훈은 박원순에게 넘겨주었던 자리로 다시 되돌아왔다.

'태 모씨 나비효과'가 누리꾼들에게 회자된 일이 있었다. 1975년 가수 태씨가 현대건설 사장 조모 씨의 부인인 김모 씨와 간통한 혐의로 구속될 당시 태씨는 21세, 김씨는 47세였다. 돈이 많은 김씨는 태씨와 만날 때마다 100만 원의 용돈을 주었다고 하여 세상을 놀라게도 했는데 당시 쌀 한가마(80㎏)가 5천원 남짓하던 시대였다. 2020년 연말 현재 쌀 한 가마니(80㎏)의 가격이 22만 원인 점에 비추어 보면 당시의 5천원은 현재의 3~4천만 원에 버금가는 큰돈이다. 태씨는 조 사장과 김씨가 협의이혼을 하고 고소가 취소된 뒤에야 풀려날 수 있었다. 이 사건 뒤 조씨는 현대건설 사장 자리에서 물러나고, 이명박 부사장이 사장으로 승진하게 된다. 태씨는 이 사건으로 미국으로 건너갔다가 돌아와 재기에 성공하고 가수협회장까지 된다. 태씨의 가수협회장 취임식장에는 이명박 대통령의 축하화환이 한 자리를 차지하고 있었다.

MB가 그 후 승승장구하게 되면서 이런 이유로 2010년께 인터넷에는 태씨 간통 사건 덕분에 MB가 청와대를 차지했다는, '태씨 나비효과'가 누리꾼들 사이에서 화제가 되었다. 태씨 나비효과로 MB가 국회의원, 서울시장을 거쳐 청와대까지 잘 나가기는 했는데 청와대를 나와 영어의 몸이 되는 추락효과는 예상하지 못했다. MB의 4대강 사업으로 태씨 나비의 날갯짓이 30년 뒤 한반도 강바닥이 작살나고 국고가 거덜 나는 나비효과가 되고 말았다.

5.

최유정 변호사가 정운호와 수임료 문제로 싸우지 않고 수임료의 일부를 돌려주었다면 자신이 구속되는 일도 없었을 것이고 잘 나가던 홍만표 변호사와 김수천 부장판사가 최유정 나비효과로 그 유탄을 맞지도 않았을지도 모른다.

100억 원대 해외원정 상습도박 혐의로 1심에서 징역 1년의 실형을 선고받은 네이처리퍼블릭 전 대표 정운호는 2심에서 부장판사 출신 최유정 변호사를 선임하고 보석 또는 집행유예 조건으로 50억 원을 줬다. 법원 내 진보성향 판사 모임으로 알려진 '우리법연구회'에서 활동하기도 했고, 2014년 2월 전주지법 군산지원 부장판사를 끝으로 변호사로 개업했던 최유정은 돈 욕심을 주체하지 못해 결국 파국의 나락으로 떨어지고 말았다. 최유정은 처음부터 정운호에게 '보석허가'를 조건으로 50억 원을 요구했고, 처음에 정운호는 20억 원을 수표 등으로 지급하고 30억 원을 은행의 에스크로(escrow) 계좌에 맡겨놓았다. 약속한 조건 이행 시 돈을 인출할 권한을 넘겨받아 인출할 수 있도록 임시 보관해주는 금융 서비스다. 대단한 사건도 아닌 사건에서 변호사 수임료로 50억 원을 받는다는 것은 보통 변호사들로서는 상상할 수도 없는 일이다.

　　최유정은 보석 결정 전에 이 30억 원을 받아내기 위해 재판부가 바뀔 때마다 재판부와의 친분을 과시하며 정운호로부터 30억 원을 받았다가 돌려준 모양이다. 그런데 최종적으로 보석 신청이 기각되고 2심에서도 실형이 선고되자 정운호는 최유정과 수임료 반환을 두고 다투게 되었고 이게 대형 법조비리사건의 도화선이 되고 말았다. 정운호는 최유정이 받아간 20억 원 중 10억 원을 돌려달라고 했으나 이를 강하게 항의하는 최유정을 밀치면서 구치소 폭행사건이 발생했고, 최유정의 고소장을 접수받은 강남경찰서 관계자가 이 사실을 언론에 알리면서 일은 커지고 말았다.

　　정운호는 자신을 둘러싼 법조 비리 사건 수사 과정에서 횡령·배임 혐의가 추가로 드러났고, 8개월간 수감 생활을 끝내고서 또 구속됐다. 그리고 정운호로부터 재판 관련 청탁과 함께 1억 7,000여만 원의 금품을 받은 혐의로 인천지법 김수천 부장판사도 구속됐고, 양승태 대법원장은 대국민 사과를 하게 되는 등 일파만파로 사건은 번졌다. 최유정이 정운호로부터 받은 돈 중 13억여 원은 검찰이 압수한 최유정의 대여금고 2곳에서 고스란히 발견됐고 모두 압수되었다. 대여금고에 놓지 못했던 돈 2억 원은 성균관대 수원캠퍼스 사물함에서 발견되어 범죄수익금으로 몰수되었다. 그 돈은 최유정이 구속되기 직전에 옛 남편에게 맡아달라고 부탁한 돈 중 대여금고에 넣지 못한 2억 원이었다. 잘 나가던 홍만표 변호사는 정운호로부터 각종 부정청탁과 함께 2억 원을 수수했다는 등의 혐의로 징역 2년을 선고받았다.

　　대법원은 2018. 10. 25. 재상고심에서 재판부와 교제하거나 청탁한다는 명목으로 100억 원대의 수임료를 받아 법조비리 사건인 이른바 '정운호 게이트'에 연루된 최유정 피고인에 대하여 징역 5년 6월 및 추징액 43억 1,250만 원을 선고한 원심을 확정하였다. 국세청은 2018. 12. 5. 올해의 신규 고액·상습체납자명단에 69억여 원의 종합소득세를 체납한 최유정을 포함하여 발표하였다. 최유정은 이미 2017. 3. 11. 공무원과의 교제 등의 명목으로 변호사의 보수를 수수하였고, 조세범처벌법을 위반한 혐의로 대한변호사협회로부터 제명처분을 받았다. 영구제명이 아니므로 최유정이 형 집행을 마치고 5년이 지나면 변호사자격을 회복할 수 있는 길은 있으나 이미 만신창이가 된 상태에서 법조인으로서의 정상적인 복귀는 쉽지 않을 것이다.

6.

2018년 사법부를 만신창이로 만들어 놓은 사법농단사건의 단초는 이탄희 판사의 어찌 보면 사소한 '항명사태'에서 출발하였다. 제주지방법원판사로 근무하던 이 판사는 2016년 2월 정기인사에서 법원행정처 기획조정심의관으로 발령받고, 법관 뒷조사 문건 작성 및 국제인권법연구회 와해 정책 추진 지시에 반발, 사직서를 제출하였다. 이 판사의 사직서는 반려됐지만 이 판사는 법원행정처에 남기를 거부하고 원 소속인 수원지법 안양지원으로 돌아갔다. 그러나 이탄희 나비효과는 대한민국 사법사에 전무후무한 사법농단의 회오리바람을 일으키며 일파만파로 사법부를 침몰시키고 있는 현재진행형 사건임은 주지하는바 그대로다. 이탄희는 여당 국회의원이 되어 사법농단 판사들의 탄핵을 주도하고 있다.

나비효과는 원래 대기현상과 관련한 용어였지만 사소한 사건 하나가 상상할 수 없는 커다란 효과를 가져 올 수 있다는 의미로 여기저기서 폭넓게 사용되고 있다.

03 법조 출신 정치인들의 말로(末路)

1.

요새 법조인들의 정계진출이 활발하다. 변호사들의 천국 미국의 경우 역대 대통령 44명 중 25명이 변호사 출신이고, 상하원 의원의 절반 가까이를 변호사들이 차지하고 있다. 우리나라의 경우에도 변호사의 국회 진출이 갈수록 늘고 있다.

지난 2020. 4. 15. 치러진 제21대 총선에서 모두 117명의 법조인 출신 후보가 출마해 지역구 42명과 비례대표 4명 등 총 **46명**이 국회의원에 당선했다. 전체 국회의원 300명 가운데 15.33%에 해당한다. 앞서 20대 총선에서는 126명(비례대표 6명 포함)이 출마해 지역구 46명과 비례대표 3명 등 모두 49명의 당선자를 배출한 바 있다.

21대 국회 법조인 출신 당선자 중에는 법원이나 검찰 재직 경력이 없는 순수 재야 변호사 출신이 20명(43.5%)으로 가장 많았다. 검사 출신도 15명(32.6%), 판사 출신은 8명(17.4%)이었고, 군법무관 출신은 2명, 경찰 출신은 1명이 당선됐다. 개원 12년째를 맞은 로스쿨 1기 출신 첫 국회의원도 2명이 탄생했다. 법조인 출신 당선자들의 평균 연령은 53.3세이고, 최고령 당선자는 66세인 홍준표 전 자유한국당 대표이고, 최연소 당선자는 경기 의왕과천에서 당선된 민주당 이소영(41기) 변호사로 35세이다. 여성 법조인 출신 당선자는 모두 10명이다.

요새 정당으로 들어가는 법조인들 중에는 '영입'인지 '제 발로 기어서 들어간 것'인지 논란이 되는 법조인들도 있다. 사법농단 파동의 중심인물인 이탄희, 최기상, 이수진 등이 판사 옷을 벗자마자 정당에 입당하여 국회에 진출하면서 법조계를 중심으로 전·현직 판사의 정치권행이 판결의 공정성을 훼손하는 것은 물론 '사법의 정치화, 정치의 사법화'를 심화시킨다는 우려도 나온다. 사법개혁의 주체임을 자임했던 자들이 법복을 들고 다니며 정치를 하려는 모습으로 비춰져 사법개혁의 순수성을 의심받게 된다는 비판도 제기된다.

2.

그런데 법조 출신 정치인들의 말로가 아름답지 못한 경우가 많아서 안타까울 때가 있다. 우리나라에서 법조인 출신 대통령으로 노무현에 이어 문재인이 대통령을 하고 있다. 우리사회의 비주류로서, 이단자로서 질풍노도와 같은 삶을 살아왔던 노무현 변호사가 법조인 출신으로 처음으로 일국의 대통령까지 되었지만 결국은 부엉이 바위에서 뛰어내려 생을 마감했다.

너무 많은 사람들에게 신세를 졌다.
나로 말미암아 여러 사람이 받은 고통이 너무 크다.

앞으로 받을 고통도 헤아릴 수가 없다.
여생도 남에게 짐이 될 일 밖에 없다.
건강이 좋지 않아서 아무 것도 할 수가 없다.
책을 읽을 수도 글을 쓸 수도 없다.
너무 슬퍼하지 마라.
삶과 죽음이 모두 자연의 한 조각 아니겠는가?
미안해하지 마라.
누구도 원망하지 마라.
운명이다.
화장해라.
그리고 집 가까운 곳에 아주 작은 비석 하나만 남겨라.
오래된 생각이다.

노무현 전 대통령이 '담담체'로 남긴 유서이다. 봉하마을 사저의 컴퓨터 바탕화면에 '나로 말미암아 여러 사람의 고통이 너무 크다'라는 파일명으로 저장돼 있었다. 저장 시간은 2009년 5월 23일 오전 5시21분이었다. 그리고 몇 시간 후 노무현은 부엉이 바위에서 뛰어내렸다. 무엇이 일국의 대통령까지 지낸 그를 죽음으로 내몰았을까? 아마도 검찰수사가 진행되면서 자신에게 과해지는 모욕과 창피를 견뎌내기 어려웠을 것이다. 오로지 도덕성 하나로 버텨왔고, 자신을 지탱해온 자존감이 여지없이 무너져 내리는 데 대한 오욕과 회환을 견뎌내지 못했을 것이다.

노무현은 대통령을 지내기는 했지만 우리사회의 비주류로서, 이단자로서 질풍노도와 같은 삶을 살아왔다. 옛날 대학시절 고시잡지인 '고시계'에서 노무현의 사법시험 합격기를 읽은 적이 있다(수기 제목은 "과정도 하나의 직업이었다"). 인터넷에 당시의 그의 합격기가 떠돌고 있다. 노무현은 상고 졸업자로서 독학으로 1975년 제17회 사법시험에 합격하고 사법연수원을 7기로 수료했는데, 김능환, 안대희 전 대법관, 전효숙, 김종대, 조대현 전 헌법재판관, 정상명 전 검찰총장, 안상수 전 한나라당 대표 등이 동기였다. 노무현은 연수원 수료 후 몇 달간의 대전지법 판사생활을 집어치우고 부산으로 내려가 변호사를 하면서 그리고 부림사건 변호를 맡으면서 노무현은 세상을 보는 눈을 달리하게 되었다. 그냥 평범한 변호사였다면 국회의원은 몰라도 대통령은 될 수 없었을 것이다.
5공 정권에 대항하여 대우조선 사건 때에는 제3자개입금지로 구속까지 되었고, YS에 의해 통일민주당 국회의원 후보로 출마하여 5공의 핵심인 허삼수를 무너뜨리며 정계에 입문한다. 그리고 5공 청문회에서 전두환을 향한 매서운 질타로 세인들의 뇌리에 노무현은 깊이 각인되었다. 그 후로도 사사건건 노무현은 트러블메이커였다.
YS의 3당 합당에 반대하고 YS와 결별하면서 시련이 닥친다. 서울에서 보궐선거에 당선된 적은 있으나 정치적 고향인 부산에서조차 국회의원선거나 부산시장 선거에 내리 고배를 마신다. 그러나 이 때 지역주의 타파를 명분으로 외친 외로운 함성은 그의 정치적 자산이 되었고 결국에는 대세론에 젖어있던 이회창을 제치고 대통령까지 된다. 노무현이 한국의 대통령으로 될 수 있었다는 것은 그만큼 한국이 역동적인 나라라는 것을 역설적으로 증명하는 것이 아닐까?

대통령이 되어서도 바람 잘 날이 없었다. "대통령 못해 먹겠다", "그 놈의 헌법" 등 절제되지 않은 언어구사는 물론 탄핵사태와 열린우리당 창당과 분당 등 그의 한마디 한마디는 바로 정계를 뒤흔드는 뇌관이었다. 그러나 그는 자신에게 불리한 상황을 일거에 반전시키는 승부사적 기질을 유감없이 발휘하였다. 어찌 보면 그는 불운의 대통령이 아니라 행운의 대통령이었다.

비판자들이 노무현의 장인이 빨갱이라고 몰아치자, "얼굴 한번 보지 못한 장인이 빨갱이라고 사랑하는 마누라를 버리라는 말입니까?"라는 한 마디 말로 상황을 반전시키고 비판자들의 입을 다물게 만들었고, 빨갱이라는 말은 사라지고 말았다. 스스로 탄핵사태를 자초했지만 국회의원선거에서 이를 열린우리당 압승으로 반전시키는, 어느 정치공학가도 상상할 수 없는 기막힌 드라마를 연출하기도 했다. 노무현이 북한을 방문하여 김정일과 회담을 하면서 김정일이 노무현에게 하루 더 평양에서 머물고 가시라고 말을 꺼내자 노무현이 머뭇거리는 것을 보고 김정일이 일국의 대통령이 그런 것 하나 마음대로 결정하지 못하느냐고 했을 때, 노무현이 "대통령은 국가의 큰일들을 결정하고 소소한 일들은 아래에서 결정하는 것이니 밑에 있는 사람들과 상의해봐야 하겠다."고 하자 김정일도 더 이상 할 말을 잊었다. 상황을 압도하고 반전시키는 촌철살인(寸鐵殺人)의 한 마디는 노무현의 트레이드마크였다.

그러한 승부사적 기질이 그의 자살에도 내재된 것이 아니었을까? 아무리 봐도 시시각각 측근들과 가족들을 향해 조여 오는 상황은 더 이상 노무현으로서도 헤쳐나갈 엄두가 나지 않았을 것이다. 이러한 상황을 타개할 방법은 오로지 자신의 죽음으로만 해결되고 반전될 수 있을 것이라는 믿음을 갖게 되었을지도 모른다. 아침 이른 새벽에 컴퓨터에 유서를 써놓고 뒷산을 오르면서 63년 살아온 인생이 주마등처럼 스쳐갔을 것이다. 마지막 순간에는 생애 마지막으로 담배 한 대도 피우고 싶었을 것이다. 그리고 경호관으로부터 마지막 담배 한 대를 얻어 피웠다. 그리고 몸을 날렸다.

未嘗不(아닌 게 아니라) 노무현의 자살은 정국의 상황을 반전시키는 폭탄이 되고 말았다. 포괄적 뇌물죄로 노무현을 기소하려던 검찰은 피의자의 사망을 이유로 "공소권없음" 불기소처분을 할 수밖에 없었고, 노무현의 처자식 등 참고인들은 형사적으로 해방될 수밖에 없는 상황이 되었다. 노무현이 검찰에 출두하고 조사를 받을 때만 하더라도 사람들은 구속영장을 청구하느니 불구속기소하느니 노무현의 뇌물범죄에 대하여는 비난조가 강했으나, 노무현의 죽음 이후에는 동정론도 가세하고 무리한 검찰수사가 노무현을 죽음에 이르게 한 것으로 비난의 화살이 검찰로 모아지는 형국이 되고 말았다. 급기야 수사를 지휘한 검찰총장은 스스로 옷을 벗었고, 수사주체였던 대검 이인규 중수부장은 문재인 대통령 당선 후 외국을 떠도는 도망자(?)의 신세가 되고 말았다. 당시 대검 중수부 과장으로 노무현을 조사했던 우병우는 박근혜 정부 청와대 민정수석이 되었다가 정권이 바뀌면서 적폐세력이 되어 영어(囹圄)의 몸이 되고 말았다. 당시 노무현의 대검 출두와 조사에 참여했던 문재인 변호사가 거만했던 우병우의 모습을 보고 검찰개혁의 칼을 갈았을지도 모른다.

노무현은 까딱했으면 법정에 서서 온갖 수모를 당할 뻔한 자신의 처지를 죽음으로 반전시키고 말았다. 그러면서도 노무현이 죽음을 앞두고 쓴 유서는 차라리 담백한 어조를 담고 있다. 억울하다느니 할 말이 많다든지 하는 등의 구차한 이야기는 없다. 평소의 그의 언행과는 어울리지 않는 절제된 언어를 구사하고 있다.

유서에 나오는 "삶과 죽음이 모두 자연의 한 조각 아니겠는가?"라는 말에서 생을 초탈하고 달관한 모습까지 보이기도 한다. "生死一如", 삶과 죽음은 동전의 앞뒷면과 같은 것이다. 자연의 한 부분으로 태어났다가 결국 자연으로 돌아가는 우리들의 삶이고 보면 어느 누구의 삶도 비슷할 것이다.

삼가 노무현 전 대통령의 명복을 빈다.

3.

노무현의 죽음은 노무현의 평생동지 문재인을 대통령으로 만드는 불씨가 되었다. 문재인은 노무현 정부 청와대 민정수석과 비서실장을 하면서도 정치는 자신의 성미에 맞지 않는다고 하면서 정치와 담을 쌓고 살았는데 노무현의 죽음이 문재인을 대한민국의 정치판으로 불러냈고, 박근혜 대통령 탄핵사태를 거치면서 급기야 2017. 5. 9. 제19대 대통령 보궐선거에서 제19대 대한민국 대통령에 당선되었다.

내가 대학 들어갔을 때 문재인은 4학년이었다. 대학 1학년과 4학년은 군에서 이등병과 병장과 같이 감히 쳐다볼 수도 없는 관계라 당시 내가 문 선배에게 말을 붙일 처지가 못 되었다. 당시는 유신의 절정기이었고, 대학은 신학기가 시작되자마자 유신반대 시위로 계엄과 최루탄이 난무하던 험악한 시절이었다. 당시 총학생회 회장은 강삼재(후에 20대에 국회의원이 되기 시작하여 YS정부 당시 여당 사무총장을 지냄)였고, 문재인은 총무부장이었는데 시위 당시 강삼재가 정장차림으로 교시탑 앞에 버티고 서 있었던 모습이 멋있게 느껴지기도 했다.

문재인 선배는 시위로 구속되고 군에 강제징집 당하여 특전사에 들어갔는데 당시 특전사령관이 정병주 소장이었고, 문 선배가 배속된 제1공수여단 여단장이 전두환 준장, 대대장이 장세동이었다. 정병주 장군은 부하인 전두환 일당의 12·12 하극상에 반대하다가 군복을 벗고 자살로 생을 마감했다. 전두환은 1공수여단장에서 청와대 경호실 작전차장보를 거쳐 소장으로 진급, 1사단장을 지내고 보안사령관 재직 중에 10·26사태를 맞아 12·12로 정권을 가로채 5공의 권력자가 된 것은 익히 아는 대로다. 장세동은 청와대 경호실장과 안기부장을 지낸 전두환의 오른팔이었다.

문재인 선배가 제대한 이후 고시공부를 하다가 10·26 사태로 박정희 대통령이 서거하자 복학하여 신축 기숙사인 삼의원에 들어왔을 때 나는 처음으로 문 선배의 얼굴을 볼 수 있었다. 당시 기숙사 문재인 선배 방 앞에는 밤늦게까지 신발들이 가득했고, 방 안에서는 뜨거운 시국토론이 벌어지곤 했던 것을 기억한다. 그 토론은 문재인 선배가 다수의 공격을 받는 형태로 진행되었다. 절대권력자였던 박정희 사후 권력의 진공상태에서 군부세력과 민주화세력은 일촉즉발의 긴장상태를 유지하던 때이다. 당시 문 선배가 자신은 역사에 관심이 많아 사학공부를 하고 싶었는데 역사라는 것이 거대한 흐름 내지 물줄기 속에 개인들을 매몰시키는 비정한 학문이라는 생각이 들어 개개인의 개성과 주체성을 따지는 법학공부를 하게 되었다는 말을 했던 것이 오래된 일이지만 지금도 내 기억에 남아 있다.

1980년 서울의 봄 당시 문재인 선배는 다시 구속되어 청량리경찰서 유치장에 수감되어 있다가 제22회 사법시험 2차 합격소식을 들었다. 당시 청량리경찰서장이 소주를 사들고 문 선배의 사시 합격을 축하하러 유치장을 찾아갔다는 확인되지 않은 이야기가 나돌았다. 문 선배는 시위전력으로 사시 3차에 떨어질 상황에서 총동문회의 노력으로 3차시험에 최종합격하고 사법연수원에 입소하였다. 당시 김점곤 경영행정대학원장의 힘이 크게 작용한 것으로 들었다. 김점곤 교수는 육사 1기 출신으로 박정희의 선배로 6.25전쟁 당시 평양으로 제일 먼저 진격한 연대장이었다.

문재인이 대통령이 되기 전 쓴 "운명"이라는 책에는 문재인이 사법연수원 12기를 차석으로 수료했으나(박원순 전 서울시장 등이 동기다), 시위 전력 때문에 판사 임관이 어려워 대학에서 민사소송법을 가르친 김용철 법원행정처장(후일 대법원장 역임)을 찾아갔더니 김용철 행정처장이 문재인에게 검사로 임관했다가 판사로 전관하도록 권유했다는 이야기가 나온다. 문재인은 판사임용이 좌절되자 미련없이 고향 부산으로 내려가 노무현 변호사를 운명적으로 만나면서 문재인의 '운명' 같은 인생이 시작되었고, 급기야 대한민국의 대통령까지 되는 드라마틱한 인생을 연출하게 된 것이다.

문재인은 성격이 정치할 사람이 아니라고 다들 이야기 했고 노무현 대통령 비서실장을 할 때까지도 정치와는 거리를 두었는데, 시대는 그를 대통령으로 만들었다. 일국의 대통령은 되고 싶어서 되는 것이 아니라 시대가 만들어주어야 한다.

문재인 대통령은 대통령이 되기 전까지 원칙주의자이고 깨끗한 사람이라는 평가가 많았다. 박근혜 대통령이 세월호 사태로 허우적거리다 탄핵의 늪에 빠진 것처럼 문재인 대통령이 조국 사태와 공수처, 부동산 사태로 허우적거리다가 난파하는 것은 아닌지 우려스러웠는데 우려가 현실화하고 있다. 국회 다수당의 위력으로 모든 절차과정을 생략하고 설익은 정책들을 일거에 밀어붙이는 모습에 국민들이 실망하고 있다. '순자'의 왕제(王制) 편에 나오는 '水則載舟 水則覆舟'라는 말처럼 백성이라는 물은 군주라는 배를 싣기도 하지만 배를 단숨에 엎어버리기도 한다. 취임 초기의 80%에 육박하는 지지도는 반토막으로 떨어진지 오래다. 선출된 지도자에 의하여 파괴되는 민주주의를 보는 것 같아 안타까울 뿐이다.

임기가 얼마 남지 않았지만 부디 문재인 선배께서 초심으로 돌아가 대한민국의 대통령으로 험로 앞에 놓인 대한민국을 정의와 통합의 정신으로 잘 리드해주기를 간절히 바란다. 문재인 선배에게 임보의 "우리들의 대통령"과 같은 멋진 대통령이 되기를 기원했는데 부동산 문제, 조국사태 등으로 앞날이 밝아 보이지 않는다.

> 수많은 경호원들을 대동하고 비상등을 번쩍이며
> 리무진으로 대로를 질주하는 대신
> 혼자서 조용히 자전거를 타고 한적한 골목길을 즐겨 오르내리는
> 맑은 명주 두루마기를 받쳐 입고 낭랑히 연두교서를 읽기도 하고,
> 고운 마고자 차림으로 외국의 국빈들을 맞기도 하는
> 더러는 호텔이나 별장에 들었다가도 아무도 몰래
> 어느 소년 가장의 작은 골방을 찾아 하룻밤 묵어가기도 하는

말 많은 의회의 건물보다는 시민들의 문화관을 먼저 짓고,
우람한 경기장보다도 도서관을 더 크게 세우는
가난한 시인들의 시집도 즐겨 읽고,
가끔은 화랑에 나가 팔리지 않은 그림도 더러 사주는
발명으로 세상을 밝히는 사람들,
좋은 상품으로 나라를 기름지게 하는 사람들의 모임에 나가서는
육자배기 한 가락쯤 신명나게 뽑아대기도 하는
정의로운 사람들에게는 양처럼 부드럽고 불의의 정상배들에겐 범처럼 무서운
야당의 무리들마저 당수보다 더 흠모하고,
모든 종파의 신앙인들도 그들의 교주보다 당신을 더 받드는
정상들이 모이는 국제회장에서는 어려운 관계의 수뇌들까지도
서로 손을 맞잡게 하여 세계의 환호를 불러일으키는
어느 날 청와대의 콩크리트 담장들이 헐리고 개나리가 심어지자
세상의 담장이란 담장들은 다 따라 무너져 내리기도 하는
더더욱 재미있는 것은
당신이 수제비를 좋아하자, 농부들이 다투어 밀을 재배하는 바람에 글쎄,
이 나라가 세계에서 가장 질 좋은 밀 생산국이 되기도 하는
어떠한 중대 담화나 긴급 유시가 없어도
지혜로워진 백성들이 정직과 근면으로 당신을 따르는
다스리지 않음으로 다스리는
자연과 생명을 소중히 여기는
그리고 아, 동강난 이 땅의 비원을 사랑으로 성취할
그러한 우리들의 대통령
당신은 지금 어디쯤 오고 있는가?

4.

　대법관 출신으로 대쪽 이미지를 갖고 있던 이회창이 국무총리가 되어 YS와 대립각을 세우며 결국은 두 번씩이나 대통령후보로 거의 대통령 일보 직전까지 갔다가 아들의 병역문제로 DJ와 노무현에게 거푸 고배를 마시고 충청을 기반으로 정치적 입지를 노렸으나, 이제 나이도 그렇고 정치의 세계에서는 잊혀진 사람이 되고 있다. 대쪽 이미지의 이회창은 한번은 DJP에 당하고 다른 한번은 노무현에게 당했다. 선거는 1등만 있을 뿐 2등은 의미가 없다. 대통령 선거든 국회의원 선거든 선거에서 2등은 고스톱에서 2등과 같이 아무 쓸모가 없다. 2등은 금세 사람들의 뇌리에서 사라진다.

　내가 대학 다닐 때 이회창이 영등포지원(현 서울남부지법)장으로 재직할 당시 민사모의재판 재판장으로 이 분의 지도를 받은 바 있다. 당시 모의재판을 준비하면서 문래동의 영등포지원장실로 몇 번 찾아가 지도를 받은 바 있는데, 그 분의 눈에서 불꽃이 튀는 듯한 강렬한 인상을 받았던 기억이 있다. 그때 모의재판 재판장은 이회창 영등포지원장, 우배석은 양승태 판사(후일 대법원장), 좌배

석은 박일환 판사(후일 대법관)였다.
　이회창 당시 영등포지원장은 대법원 기조실장을 거쳐 40세 나이에 대법원판사가 되었고, 후일 대법관, 중앙선관위원장, 감사원장을 거쳐 국무총리를 거쳐 두 번씩이나 유력한 대통령후보가 되었다가 '경기고-서울대' 중심의 엘리트주의에 거부감을 가진 국민들에 의해 그의 마지막 꿈이 좌절되고 말았다.

　대법관-감사원장 출신의 김황식이 이명박 정부 아래서 국무총리를 지냈고, 대법관을 지낸 김석수가 DJ 정부에서 국무총리를 지냈다. 또 법조인 출신으로 DJP 정부에서 국무총리를 지낸 이한동이 있다. 사법연수원 13기 출신의 황교안이 박근혜 정부에서 법무부장관으로 있다가 통진당의 위헌정당 해산을 이끈 공로를 인정받아 일약 국무총리가 되었다. 황교안 총리는 박근혜의 탄핵으로 대통령권한대행까지 하고 정권이 바뀐 후 자유한국당(미래통합당) 대표까지 지내고 종로 총선에 출마했다가 낙마함으로써 정치행보가 불투명해졌다. 그러나 황교안은 국무총리로 박근혜의 국정농단에 일정 부분 책임이 있는 자로 자숙해야 할 사람이다. 박근혜 정부 초대 총리를 지냈던 정홍원도 마찬가지다. 정홍원은 사시 14회 출신으로 법무연수원장을 거쳐 법률구조공단 이사장을 지내고 새누리당공직자후보추천위원장을 지낸 인연으로 일약 박근혜 정부의 초대 국무총리를 지냈다.

5.

　대통령이나 국무총리급은 아니더라도 이에 버금가는 법조인 출신 정치인들로 사람들의 입에 많이 오르내린 사람들의 면면을 보자.
　우선 국회의장을 지낸 박희태의 꼴이 말이 아니다. 원주 근교의 한 골프장에서 한 젊은 여성 캐디의 신체 일부(?)를 만지는 등 성추행했다는 혐의로 불구속 기소되어 1심에 이어 항소심에서도 징역형의 집행유예판결을 받았다. 재판을 받고 나오는 박희태의 얼굴이 옛날의 재기 넘치던 모습의 얼굴이 아니었다. 박희태는 고시 사법과 13회 출신으로 부산고검 검사장까지 지낸 후 제13대, 14대 국회의원을 거쳐 며칠 동안의 법무부장관도 지내고 제15대에서 제18대 국회의원까지 지낸 6선 국회의원으로 한나라당 대표와 국회의장까지 지낸 법조와 정계의 원로이다. 현재까지 법조인 출신 중 유일한 국회의장 경력을 가졌다. 특히 박희태는 한창 때 여당 대변인으로 야당 대변인이었던 박상천과의 촌철살인의 코멘트 대결로 유명했다.
　박희태는 검찰의 폭탄주 문화의 선구자였다. 박희태가 춘천지검장을 할 때인 80년대 초 관내 기관장이나 군사령부, 군단, 사단의 군부대 지휘관들은 박희태가 제조해주는 폭탄주에 다 나가 떨어졌다는 말이 있을 정도였다.
　어쨌든 법조출신으로 국회의장까지 진출한 보기 힘든 경력의 소유자였음에도 불구하고 박희태는 말년에 캐디 한 번 잘못 건드려 피고인 신분으로 재판이나 받으러 다니고 인생의 대 망신살이 뻗치고 말았다.
　사법연수원 14기로 검사 출신의 홍반장 홍준표의 꼴도 말이 아니다. 6공의 황태자 박철언을 잡아넣은 '모래시계' 검사의 후광으로 비교적 젊은 나이에 제15대에서 18대까지 국회의원을 지내고 한나라당 대표최고의원까지 지냈다. 홍준표는 경남지사로 있으면서도 무상급식 파동과 진주의료원 폐원 등으로 논란의 중심에서 대권을 꿈꾸다가 제19대 대통령선거에 출마하여 선전을 했으나,

그의 거친 입과 품격을 잃은 행동으로 신뢰를 많이 잃었다. 류여해와의 주막집 주모 논쟁은 점입가경이었다. 미래통합당의 공천을 받지 못하고 현재 21대 국회 무소속 국회의원으로 있다가 국민의 힘에 입당하여 정치적 입지를 노리고 있으나 그를 바라보는 세상은 만만치 않다.

홍준표가 성완종으로부터 불법정치자금 1억 원을 받은 혐의로 재판을 받으면서도 재판을 받는 태도가 영 건방지다는 지적을 받았다. "정치를 오래하다 보니까, 이런 참소도 다 당한다."고 하고, 기자들의 질문에 노기를 띠면서 "그런 질문은 하지 마라. 아주 불쾌한 질문이다. 받은 사실도 없고 성완종이 누군지도 모른다."고 거칠게 대하다가 망신을 당했다. 홍준표가 쓴 '참소(讒訴)'라는 말은 '남을 헐뜯어서 죄가 있는 것처럼 꾸며 윗사람에게 고하여 바친다'는 말로 사극에 많이 나오는 말이다. 홍준표 자신이 검사나 정치를 하면서 애꿎은 사람을 참소하게 하지는 않았는지 반성할 일이다.

위에서 언급된 박철언의 말로 역시 아름답지 못하다. 사시 8회 출신 검사로 노태우의 부인 김옥숙 여사의 고종사촌 동생인가의 인연으로 6공 시절 황태자 소리를 들으면서 국회의원에 체육청소년부장관 등으로 기고만장하던 박철언도 YS의 등장과 함께 슬롯머신 사건으로 홍준표 검사에 의해 구속되어 영어의 몸이 되었다. 5공 초기 박철언이 대법원장 후보자 면접을 보았다는 말이 떠돌 정도로 그의 위세가 대단했다. YS의 해외순방에 수행이 아닌 동행이라고 뻐기다가 YS의 미움을 샀다. 그러나 권력은 부나방 같은 것, 박철언이 1년 6개월 형을 받고 만기출소일 두 달 전에 가석방되는 날 측근에게 한 다음과 같은이야기 가 회자된다. "시큼한 깍두기 국물을 부은 설렁탕 한 그릇 먹고, 뜨거운 물에 몸 좀 푹 담근 다음 불 꺼진 방에서 푹 한번 자고 싶다." 박철언은 어떤 돈의 관리를 맡겼던 무용과 교수와의 송사와 비자금 조성 혐의 등으로 주목을 받았고, 역시 박철언의 말기 인생행로도 별로 아름답지 못하다.

보온상수 안상수는 또 어떤가. 박종철 사건 주임검사 출신으로 홍준표와 같이 제15대에서 18대 국회의원을 지내고 한나라당 대표최고의원을 지낸 후 엉뚱하게 격과 한창 떨어진 기초자치단체인 창원시장이 되어 도의원으로부터 계란이나 맞는 처지가 되고 말았다. 집권당 대표까지 지낸 분이 광역시도 아닌 기초자치단체의 시장에 출마한 것도 꼴불견이었다. 안상수는 한나라당 대표시절 발생한 연평도 포격현장에서 검게 그을린 보온병을 들고 "이게 포탄입니다. 포탄!"이라고 하는 바람에 '보온상수'라는 아름답지 못한 별명을 얻었다.

사시 21회 출신으로 젊은 나이에 노동부장관과 경기지사를 지낸 이인제는 한때 대통령 후보로 500여 만 표를 얻어 이회창의 낙마를 돕고 DJ의 대통령당선에 크게 기여하였지만 그 후의 역정은 별로 아름답지 못하다. 한때 영어의 몸이 되었고, 이 당 저 당 왔다 갔다 하다가 지금은 노추(老醜)의 모습뿐 정치인으로 성공했다고는 보기 어렵다.

6.

여비서와의 성추행 혐의를 받던 박원순 전 서울시장의 최후의 모습은 사람들을 아연케 한다. 박원순은 사시 22회 출신으로 문재인 대통령과 동기이다. 참여연대 등 시민운동 명망가로 무상급식

주민투표로 오세훈이 자리를 내놓은 서울시장 보궐선거에 출마하여 당선된 이래 내리 3선을 함으로써 조선시대 이래 한성판윤을 거쳐 현재의 서울시장에 이르기까지 10년간의 최장수 서울시장이었다. 박원순은 호시탐탐 대권을 노리면서 21대 국회에는 그의 추종자를 많이 진출시켰는데 예상치 못한 여비서 성추행 사건으로 그의 꿈은 허망하게 물거품이 되고 말았고, 무책임한 극단적 선택으로 죽어서도 아름답지 못한 모습으로 국민들에게 각인되고 말았다. 서울시장 자리를 내놓고 절치부심하던 오세훈이 보궐선거에서 다시 서울시장에 당선되어 그의 큰 꿈이 이루어질지는 두고 볼 일이다.

경기지사 이재명은 28회 사시 출신으로 성남시장을 거쳐 경기지사를 하면서 '기본소득'을 주창하면서 유력한 대권후보로 부상했다. 그러나 형 등 가족과의 불화와 그의 선동가적 기질이 대권으로 이어지는 징검다리가 될지는 의문이고, 국회의원 경력이 없고 민주당 골수 문빠들이 이재명을 호의적으로 볼지 의문이라 앞으로의 대권가도는 두고 볼 일이다. 박정희 시대 이후 국회의원 경력이 없이 대통령이 된 인물은 없다. 노무현, 문재인도 다 국회의원으로 국정경험을 쌓았다. 이재명이 각종 사회현안에 관하여 치고 빠지기를 하면서 오락가락 말 바꾸기를 한 것도 엄청난 마이너스 요인으로 작용할 것이다.

전국 광역자치단체장 중 법조인 출신으로 이재명 경기지사와 송철호 울산시장 외에 원희룡 제주지사가 있다. 원희룡은 대입학력고사 전국 수석에다 34회 사법시험 수석합격자 출신으로 유명세를 탔다. 서울 양천 3선 국회의원 출신의 원희룡이 고향 제주로 내려오면서 박근혜의 국정농단 사건에서 비켜나 있었던 것은 어쩌면 행운이었다. 중앙 정계에 그냥 남아있었다면 남경필 경기지사와 비슷한 처지가 됐을지도 모른다. 원희룡은 최근 인물난을 겪고 있는 야당에서 잠룡으로 인정받기 위해 스타일도 바꾸고 SNS를 통하여 부쩍 자기 존재감을 부각시키는데 애를 쓰고 있다. 그러나 제주 지역사회에서 자기사람 심기 등 인사문제와 신공항 문제 등으로 지역사회의 우호적 여론이 뒷받침해주지 않는 상황에서 대권을 향한 그의 꿈이 이루어질지는 의문이다. 지자체장이 대권후보가 되기 위하여는 그 지역사회의 절대적 지지가 뒷받침되지 않으면 안 된다.

미국에는 주지사 출신 대통령이 많다. 조지 W 부시 전 대통령이 텍사스 주지사 출신이고, 그 이전의 빌 클린턴 전 대통령은 아칸소 주지사 출신이다. 로널드 레이건 전 대통령은 캘리포니아 주지사 출신이고, 지미 카터 전 대통령은 조지아 주지사 출신이다. 그러나 유감스럽게도 우리나라는 이명박 서울시장을 제외하고 지자체장 출신의 대통령이 없다. 서울시장과 다른 지자체장은 체급이 달라도 한참 다르다.

정치 경험이 없이 차기 대권주자의 반열에 오른 윤석열 전 검찰총장과 최재형 감사원장의 행로도 주목된다. 그러나 아수라(阿修羅) 정치의 세계로 발을 들여놓은 순간 세인들의 무자비한 검증대에 올라서야 하고 그것을 극복할만한 권력의지와 국정철학이 있는지는 두고 볼 일이다. 그러나 평생 과거에 매달리는 법조인의 속성상 미래를 만들어가야 하는 정치의 세계에 적합한 인물인지는 의문이 들 때가 많다. 2020년 3. 9. 제22대 대선을 앞두고 윤석열, 이재명, 최재형, 홍준표, 추미애, 원희룡, 황교안 등 묘하게 법조인 출신들이 대통령 후보군을 형성하고 있어 노무현, 문재인에 이어 다시 법조인 출신 대통령이 배출될만한 상황이다. 그러나 승자는 한 사람뿐 나머지는 어떻게 될지 아무도 모른다.

지금까지 법조 출신 정치인들의 어두운 면만 보았지만 부디 법조인 출신 정치인들이 우리나라 정치질서의 선진화에 기여할 수 있기를 바라마지 않는다.
그리고 보니 정치는 허업(虛業)이라는 JP의 말이 진리다. 그런데 왜 많은 사람들이 헛되고 헛된 정치의 세계로 몰려드는가? 나는 내 뜻대로 편안하게 산다. 대통령도 부럽지 않고 국회의원도 부럽지 않다.

벼슬을 저마다 하면 농부할 이 뉘 있으며
의원이 병 고치면 북망산이 저러하랴
아이야 잔 가득 부어라 내 뜻대로 하리라
- 김창업(1658-1721) 병와가곡집

04 동아합동법률사무소의 인연들

1.

나는 변호사생활의 대부분을 동아합동법률사무소와 함께 했다. 내가 동아합동법률사무소의 원로 변호사님들과 변호사생활을 하게 된 특별한 인연이 있다. 잠시 변호사 현업을 접어두고 학교로 일터를 옮긴 후 이재성 변호사님의 사무실에서 제주로 보낼 책들을 정리하다가 불현듯 잊고 지내던 분의 자서전을 발견하고 깜짝 놀랐다. 박철우 변호사님의 자제분인 박태균(현 서울대 국제대학원 원장), 박태완 형제가 엮어서 펴낸 「짧은, 그러나 짧지 않았던 나의 생」(책과 함께, 2009)이라는 책이었다. 박철우 변호사님이 돌아가시기 전에 자신의 일생을 회고하면서 써두신 글들을 모은 책이다. 박 변호사님이 1999년 12월 29일 돌아가시면서 박 변호사님의 이야기는 중단되고 말았다.

그러고 보니 박철우 변호사님께서 돌아가신지 20년이 훌쩍 넘었다는 사실이 나를 아연케 한다. 1999년 박철우 변호사님은 비교적 젊은 나이인 62세에 이 세상을 떠나셨다. 그럭저럭 세상을 살다보니 이제 내가 바로 그 나이를 넘어서 살고 있다. 그 동안 무심하게 살아온 내 자신이 한 없이 부끄럽다. 돌이켜보면 박 변호사님과의 인연은 나의 변호사 생활에서 떼 놓으려고 해도 떼놓을 수 없는 나의 인생의 한 페이지였다.

나와 박철우 변호사님과의 인연은 1985년 사법연수원에 들어가면서부터 맺어졌다. 나는 일이 뜻대로 풀리지 아니하여 우리 나이로 27살, 비교적 늦은 나이에 강원도 고성군 진부령에서 군 복무 중인 1983년, 제25회 사법시험에 합격하고 1년 더 복무 후에 1984년 12월 육군 5대장성인 병장으로 제대하자마자 결혼도 하고 1985년 3월 사법연수원 16기 연수생이 되었다. 사법시험 동기로 치면 사법연수원 15기가 되어야 할 것이나 남은 군복무 1년을 마치다 보니 주로 제26회 사법시험합격자들로 구성된 사법연수원 16기가 되었다. 당시의 동기생들 중 오세훈 전 서울시장도 있었고, 전 대법관인 박보영(현 여수시 법원 판사)과 헌법재판관을 역임한 이정미도 있었다. 현 대법관이 노태악도 연수원 동기생이다. 검찰로 간 동기생 중에는 법무부장관을 지낸 김현웅과 검찰총장을 지낸 김수남도 있다.

주지하다시피 사법연수원 교육은 주로 판결문을 쓰는 연습을 하는 민·형사재판실무와 공소장과 불기소장을 쓰는 검찰실무 위주로 이루어지고 있었고, 민·형사변호사실무의 비중은 미미했다. 국어, 일본어 시간도 있었고, 법조윤리와 국제거래법 등 다양한 전문과목들도 있었지만 거의 무시되는 과목들이었다. 변호사실무 교육을 담당하는 분들도 전임교수들이 아닌 현직 변호사들이 강사로 출강하고 있었다.

1985년 당시 서초동 사법연수원(현 서울중앙지방법원 경매법원 및 소액법정)에서는 50명씩 6개 반으로 나누어 강의가 이루어졌는데 나는 3반에 소속되어 민사재판실무는 이용우 부장판사(후에 서울중앙지방법원장과 대법관을 지냄), 형사재판실무는 김오섭 부장판사(후에 서울고등법원 부장판사를 지냄), 검찰실무는 최명선 부장검사(후에 대검차장을 지냄), 민사변호사실무는 임동진 변호사님(남산합동 대표), 형사변호사실무는 박철우 변호사님(동아합동)으로부터 실무교육 및 연수를 받았다.

박철우 변호사님은 1938년생으로 당시 50이 되기 전이었는데 빈틈이 없으시고 허투루 시간을 보내는 분이 아니었다. 깐깐하고 매사에 정열이 넘치는 분이었다. 강의시간 시작과 끝이 시계처럼 정확했다. 나는 박 변호사님에 대한 좋은 인상을 갖고 박 변호사님의 강의를 들었는데 1년차 사법연수원에서의 실무교육을 마치고 2년차에 들어서면 법원 6개월, 검찰 4개월, 변호사사무실 2개월간의 실무수습을 받아야 했다.

그런데 남부지청의 검찰실무와 남부지원에서의 법원실무를 마치고 바로 박철우 변호사님께서 근무 중인 동아합동법률사무소에서 변호사 실무수습을 받게 되었다. 서울지방변호사회에서 무작위로 지도변호사를 배치받아 연수원 강의를 나오셨던 박 변호사님을 다시 만나게 된 것이 운명이라면 운명이었다. 1986년이다. 당시는 동아합동법률사무소가 남대문 상공회의소 회관 3층에 있었다. 당시 옆방에는 이회창 변호사님(대법관, 국무총리를 거쳐 대통령에 두 번 출마했으나 낙선함)이 계셨다. 이회창 변호사님과는 대학시절에 민사모의재판의 재판장으로 모셨던 기억이 있고, 이 변호사님도 나를 기억하고 있었다.

통상 변호사 사무실에서의 실무수습이라고 하는 것이 처음 부임하는 날과 떠나는 날 지도변호사님과 밥 한 끼 먹고 나머지는 알아서 공부하는 시간인데(나도 후에 사법연수생들의 지도변호사로서 이외 비슷하게 후배 변호사들을 지도했다) 박 변호사님은 달랐다. 변호사실에 변호사시보용 책상을 들여놓고 실제의 소송사건의 소장, 준비서면, 변론요지서, 상고이유서, 증인신문사항 등을 직접 작성하도록 시키시는 것이었다. 박 변호사님은 법정의 변론기일이나 현장검증 시에도 직접 시보를 데리고 다니면서 변호사로서 알아두어야 할 것을 세심히 지도해주셨다.

남들이 노는 2개월 동안 나는 변호사로 익혀야 할 기본적인 실무를 확실하게 익혀가고 있었다. 내가 쓴 법률서면들은 박 변호사님께 가면 이리저리 고치고 짜깁기가 되고 누더기가 되어 돌아왔다. 사법연수원을 마칠 즈음이었지만 가압류·가처분사건이나 양도소득세 등 세금부과처분취소소송, 직무집행정지가처분 등은 도통 뭐가 뭔지 알 수 없었다. 책도 찾고 판례도 뒤지고 정신이 없었다. 박 변호사님은 내가 있으나마나 한 1개 변호사시보였지만 동아합동의 구성원 변호사들인 원로 변호사님들과의 식사시간에도 반드시 함께 하도록 배려를 해주셨다. 2개월간의 변호사실무를 찐득하게 배우고 연수원으로 복귀할 즈음 박 변호사님께서는 변호사도 해볼 만한 직업이 될 것이라고 하시면서 연수원을 마치면 함께 일해보자고 하셨다.

1987년 초 연수원을 수료하자마자 나는 동아합동을 찾아 자연스럽게 박 변호사님 방에서 일도 배우고 사건도 처리하는 초짜 변호사가 되었다. 이때는 동아합동의 구성원 변호사는 아니고 박 변호사님으로부터 월급을 받는 이른바 고용변호사에 불과했다. 기존의 사건은 복대리위임장을 내고 신건들은 박 변호사님과 공동대리인이 되었다. 전국의 법원이라는 법원 웬만한 곳은 다 다녀보았다. 박 변호사님 밑에서 1년간 정신없이 하드 트레이닝을 마치니 웬만한 사건을 처리할 수 있으리라는 자신감이 생겼다.

2.

1988년 2월 나는 동아합동을 나와 서소문 명지빌딩 8층에 사법연수원 동기인 이전오 변호사(현 성대 법전원 교수)와 함께 공동법률사무소를 열었다. 서소문에서 변호사를 하는 동안 서초동으로 법원이 옮겨가면서 동아합동은 서초동에 빌딩을 신축하여 이전하였고, 이전오 변호사와 나도 동아합동 인근의 요셉빌딩 3층으로 사무실을 이전하였다. 마침 동아합동에서는 이재성 변호사가 대법관에서 복귀하였고, 빌딩 사무실 두 곳이 비어 있어 기존의 8명의 구성원 변호사 외에 2명의 구성원을 영입하게 되었다. 이에 따라 김동환 변호사님의 아들인 김시현 변호사와 박철우 변호사의 추천을 받은 내가 1993년 10월 법무부장관의 인가를 받아 정식으로 동아합동법률사무소의 구성원 변호사가 되었다. 이때부터 2007년 3월 학교로 일터를 옮기기까지 14년여 동안 내 인생 중반기의 귀중한 시간을 동아합동과 함께 보냈다.

당시 동아합동에는 대표변호사로 대법관에서 복귀한 이재성 변호사님과 박병기, 김동환, 김종표, 이규효, 황계룡, 인정헌, 박철우 변호사님 등 기존 변호사 외에 젊은 김시현 변호사와 내가 들어가 10명의 변호사로 구성되었다. 우리는 각자 자신의 업무를 하다가 점심시간에는 다른 특별한 약속이 없으면 사무실 동네에서 점심을 같이 먹었고, 대표변호사 방에서 티타임을 하면서 법조계 이야기나 세상 돌아가는 이야기를 나누었는데 이 자리에서 참으로 재미있는 이야기들을 많이 들었다.

이재성 변호사님은 내가 존경하는 원로 법조인 중의 한 사람으로 해방 후 평북 운산에서 월남하여 경찰전문학교를 졸업하고 6.25때 지리산 공비토벌 소대장으로 근무한 후 충남 서산 경찰지서 주임으로 근무하면서 무사독학으로 8회 고시 사법과에 합격한 입지전적 인물이다. 고등법원 판사까지 지내고 변호사로 개업하여 일을 하다가 1988년에 전주지방법원 판사로 있을 때 원장이던 이일규 원장이 대법원장이 되면서 대법관으로 제청되어 대법관까지 지내신 분이다.

이 대법관님은 정식 법과대학을 나오지는 않았지만 독학으로 민사소송법과 민사집행법 관련 숱한 논문과 평석집, 주석서 등 저술로 민사법의 대가 반열에 오르신 분이다. 내가 처음으로 시보로 서소문의 동아합동 사무실로 갔을 때 단아한 모습으로 원고지를 메꾸고 계시던 이재성 변호사님의 온화한 모습을 잊을 수 없다. 술, 담배, 골프는 손도 대지 않으시고 건강관리는 비가 오나 눈이 오나 매일 아침 일찍 일어나 한 두 시간 올림픽공원을 산책하는 일이었다. 80이 넘은 연세에도 이빨 하나 상하지 않았고, 한번은 서울지방변호사회에서 주관하는 등산 및 야유회를 마치고 단체로 목욕탕에 갔는데 수증기로 잘 보이지는 않았으나 머리만 허옇고 젊은이처럼 탱탱한 체격의 인물이 누구인가 했더니 바로 이 대법관님이었다.

이재성 대법관님이 1960년대 광주고등법원 판사로 근무하던 중 제주지방법원으로 파견되어 잠시 제주지방법원에서 재판을 한 적이 있는데, 사건기록에 쓰여 있는 사건명이 '절간인도'로 되어 있는 것을 보고 사찰분쟁사건인 줄 알았는데 알고 보니 '빼떼기'로 불리던 절간고구마 인도사건이었다는 일화를 들려주신 적이 있다. 옛날 제주에서는 주농이 보리와 '감저'라고 불리던 고구마였는데(감자는 제주어로 '지슬') 이 고구마를 썰어서 말린 후 찌게 되면 녹말이 찐득찐득한 맛있는 간식거리가 되었고, 주정원료로도 사용되었다.

이재성 대법관님에 관하여는 나의 Legal Essay 「법의 그물망」 제1권에 간단히 쓴 바가 있지만 법조인으로서 삶의 정도를 걷는 표본으로 삼을만한 분이시다. 이 대법관님은 당신이 소장하고 있던 각종 국내외 법률서적과 법률실무자료 등을 내가 근무하고 있는 제주대학교 법학전문대학원에 기증하고 싶다는 의사를 전해 듣고 그 책들을 정리해서 제주로 가져왔으나, 요새 젊은 변호사들은 「判例時報」 등 일본책의 도움 없이도 참고할 만한 국내 자료들이 많기 때문에 이런 책들이 별로 소용이 되지 않는다.

이 대법관님은 회고록 「彼岸」에서 다음과 같은 말씀을 하신다.
"내가 순경으로 시작해서 판사가 되고 변호사가 된 것은 누구처럼 투철한 신념이 있어서도 아니고 또한 그 길만이 나의 길이라고 택한 결과도 아니다. 그저 나의 앞날에 희망이 있을 것이라는 믿음을 버리지 않고 항상 처해있는 자리에서 최선의 노력을 다하는 자세로 살아왔을 뿐인데 운이 좋아 고등고시도 합격하고 판사도 되고 또 사정에 의해 변호사가 되었다가도 말년에는 대법관자리까지 오를 수 있었다. 나의 생활신조를 한마디로 표현하면 '희망을 가지고 꾸준히 노력하라'는 것이다. 희망은 높지 않은 곳에 두고 노력은 중단 없이 계속하라. 인생이란 일엽편주에 몸을 싣고 고해를 건너는 것과 같은 것이므로 당장은 눈앞에 보이지 않지만 저 앞에 피안이 있다는 믿음을 가지고 꾸준히 노를 저어 나가는 사람만이 대망의 피안에 올라갈 수 있다고 믿는다."

3.

동아합동의 구성원이셨던 박병기 변호사님은 평북 출신으로 고시 사법과 7회에 합격한 후 서울고등법원 판사를 지내고 1969년부터 변호사 업무를 하시다가 내가 학교로 온 이후인 2018년 8월 별세하셨다.

이규효 변호사님은 경남 고성 출신으로 제10회 고시 사법, 행정 양과에 합격한 후 행정관료로 건설부차관, 경남지사, 내무부차관, 건설부장관 등을 역임하고 1988년부터 동아합동에 합류하였으나 변호사 업무는 거의 하지 않고 책만 주로 읽으셨던 것으로 기억한다. 역사인물 다이제스트 책도 냈다. 2018년 4월 별세하셨다.

황계룡 변호사님은 고시 10회 출신으로 서울지방변호사회회장을 지내셨고, 아들도 변호사이다. 김종표 변호사님은 평북 박천 출신으로 황계룡 변호사, 이규효 변호사와 함께 고시 10회 동기이다. 영어에 능통하여 미8군 등의 고문을 하면서 미군 및 외국인 사건을 많이 맡았다.

인정헌 변호사님은 제4회 사시 출신으로 검사 퇴직 후 변호사 업무에 종사하였는데 의료사건에 일가견이 있어 서울시내 대형병원들의 고문변호사로 의료소송사건을 많이 맡았다. 내가 학교로 오기 전 2004년 10월에 작고하셨다.

김동환 변호사님은 고시 사법과 7회 출신으로 판사를 몇 년 하고 변호사로 소비자보호단체협의회장, 언론중재위원, 약관심사자문위원장, 방송광고심의위원장 등 활발한 사회활동을 하신 분이다. 큰아들인 김시현 변호사(사법연수원 14기)가 아버지 뒤를 잇고 있으며 작은 아들(사법연수원 19기)은 서울고등법원 부장판사로 있다. 김시현은 사시 24회 차석을 했음에도 재조로 나가지 않고 아버지와 함께 변호사의 길을 걷고 있다. 김동환 변호사님의 처남이 제주 법환출신 고 강대헌 변호사였고(이 집안도 법조인 가족), 김시현 변호사의 장인은 경제부총리와 국회의원 등을 지낸 서강학파 이승윤 교수이다(얼마 전 작고). 김시현 변호사의 딸도 서울대 법전원을 나와 변호사시험에 합격하여 할아버지부터 손녀까지 생존하는 3대 법조인 가족이 되는 드문 기록을 세웠다.

05 左(왼쪽), 右(오른쪽)의 우열
- 좌배석과 우배석 -

1.

　민사든 형사든 행정이든 하급심 합의부는 재판장인 부장판사와 좌, 우 배석판사 3명으로 구성된다. 통상 재판장이 주심인 사건을 '가'주심, 우배석이 주심인 사건을 '나'주심, 좌배석이 주심인 사건을 '다'주심으로 부른다. 소송기록 표지의 우측 재판부 주심 란에 '가, 나, 다'로 표기되어 있다. 하급심 합의부에는 우배석이 좌배석보다 서열이 높고 상석이다. 13명의 대법원 전원합의체에서는 중간의 대법원장을 중심으로 우, 좌, 우, 좌의 순서로 좌우에 각 6명씩의 대법관들이 서열에 따른 배치가 이루어진다.

〈합의부 법정〉 법대는 우배석-재판장(부장판사)-좌배석의 배열, 당사자는 법대를 바라보고 좌측이 원고석, 우측이 피고석

대법원 전원합의체 법정

요새는 지방법원이나 고등법원 합의부의 경우 경력대등재판부라고 하여 비슷한 경력의 법관들을 배치하는 경우도 있다. 그런데 개성들이 강하고 자존심이 센 판사들이 합의부를 구성해봐야 결국 자기가 맡은 주심사건 위주로만 사건처리를 하지 다른 사람 주심사건까지 실질적으로 합의하면서 재판할지는 미지수다.

초임판사들은 처음 합의부의 좌배석으로 재판장인 부장판사 밑에서 거의 도제식 교육을 받으며 판결문 작성 등 판사의 업무를 익힌다. 좌배석에서 2~3년 경력을 쌓으면 우배석이 되고 배석판사로서 5년 내지 7년차 경력이 되면 단독판사가 될 수 있다. 전에는 우배석이 실비 관리와 밥 먹을 장소 등을 정하는 총무 역할을 맡았는데 요새는 말석인 좌배석이 밥총무를 맡는 경우도 있다. 서초동에서 점심시간에 연차가 되 보이는 가운데 부장판사를 두고 세 사람이 횡대로 줄을 지어 가는 무리가 있으면 거의 합의부 판사들인 경우가 많다.

2.

이와 같은 좌우배석의 배치는 우리의 전통 용어법과는 달리 서양식이다. 서양에서는 오른쪽을 왼쪽보다 높게 친다. 오른쪽은 말 그대로 right(옳은)다. 물론 그들을 보는 사람들의 입장에서 보면 왼쪽이 상석이다. 왕이나 여왕은 오른쪽에 서고 배우자는 왼쪽에 선다(정면에서 보면 반대). 레이디 퍼스트 문화에서 여자는 오른쪽에 서고, 남자는 왼쪽에 선다.

그런데 동양식에서는 위와 같은 좌우의 우열이 바뀐다. 우리말에도 좌우라고 쓰지 우좌라고 쓰지 않는 것처럼 우리들에게는 왼쪽(정면에서 보면 우측)이 높은 자리다.

인간이 삶을 영위하는 공간 중 살아있는 사람의 집을 '양택(陽宅)', 죽은 자의 집을 '음택(陰宅)'이라고 한다. 양택과 음택의 경우 왼쪽과 오른쪽의 우선순위는 정반대가 된다. 궁궐이나 서원, 사찰 등 살아 있는 사람의 공간인 양택에서는 왼쪽이 오른쪽보다 서열이 높고, 이를 '**좌상우하**(左上右下)'라고 한다. 그러나 종묘나 사당, 왕릉 등 죽은 자의 공간인 음택(陰宅)에서는 이 원칙은 정반대가 되어 '**우상좌하**(右上左下)' 즉, 오른쪽이 왼쪽보다 서열이 높게 된다.

보통 '左上右下'의 원칙에 의하여 좌측이 우측보다 상석이므로 당연히 3정승 중 좌의정이 우의정 보다 서열이 높은 사람이다. 궁궐 내에서 가장 핵심적인 공간은 정전 구역이다. 경복궁에서 정전은 '근정전'이고, 청덕국의 정전은 인정전이며, 창경궁의 정전은 명정전이고, 덕수궁의 정전은 중화전이다. 이들 정전 앞의 넓은 공간을 '조정(朝庭)'이라 불렀는데 '조회를 하는 마당'이라는 뜻이다. '조정대신'이란 말은 바로 이 곳 조정 마당에 설 수 있는 신분을 뜻한다. 그러한 신분에는 문반과 무반이 있었고 이들을 흔히 '양반(兩班)'이라 불렀다. 신하들의 좌석 배정 기준은 근정전 등 정전 용상에 좌정해 남쪽을 바라보는 국왕이 되고, 국왕을 기준으로 왼쪽(동쪽) 품계석 쪽은 문반이, 오른쪽(서쪽) 품계석 쪽은 무반이 자리를 잡는다. 이때 문반은 무반보다 더 높은 지위가 된다.

그런데 사람이 살아있을 때는 좌상우하(左上右下)가 되고, 죽으면 우상좌우(右上左右)로 바뀌는 것이 동양적 사고이다. 남녀의 위치도 마찬가지다. 비문(碑文)이나 지방(紙榜)의 차례가 우상좌우(右上左下), 즉 오른쪽(서쪽)은 남자, 왼쪽(동쪽)은 여자가 된다. 동양에서 사람이 죽었을 때의 좌우의 우열은 서양식 좌우의 우열과 같다.

왕릉에서 좌우 우선순위는 묘의 주인이 잠들어 있는 봉분에서 정자각 혹은 홍살문 쪽으로 바라보는 방향이 바로 좌우의 기준이 된다. 그러므로 봉분에 서서 정면을 보았을 때 쌍릉인 경우 오른

쪽(右上)이 왕의 무덤이 된다. 태종과 태종의 비인 민비가 잠들어 있는 헌릉의 경우 봉분 앞에서 보면 좌측이 태종의 능이고, 우측이 민비의 능이다.

　조선에서 가장 장수한 왕인 영조는 첫째 부인인 정성왕후가 잠들어 있는 서오릉 홍릉의 부인 옆에서 잠들기를 원했다. 영조는 정성왕후 사후에 51세 연하의 처녀(정순왕후)와 새장가를 간다. 정순왕후는 15세의 나이에 66세의 영조의 왕비가 되는데 영조의 아들인 사도세자와 세자빈 혜경궁 홍씨보다도 10세나 어렸다. 아들 며느리보다도 10년이 연하인 시어머니가 들어온 것이다. 궁합(?)이 잘 맞지 않았는지 영조와 정순왕후 사이에도 역시 자식이 없었다. 정성왕후가 자식도 없이 죽은 후 홍릉에 묻히고 영조가 왕후릉의 오른쪽에 묻히기를 원하여 공간을 남겨두었지만 묻히는 것은 뜻대로 되지 않고 영조는 구리 동구릉의 원릉에 정순왕후와 함께 묻혀 있다. 지금도 홍릉의 우측(홍살문이나 정자각에서 바라보았을 때는 좌측)에는 영조의 자리가 빈자리 그대로 있다.

〈서오릉 내 홍릉〉 홍살문에서 보면 좌측에 영조의 자리가 비어 있고, 우측에 정성왕후의 봉분이 보인다.

　제주도 산담 안의 쌍묘를 보면 망자를 기준으로 해서 남자는 우(서쪽), 여자는 좌(동쪽)에 묻히는 것도 왕릉과 마찬가지다. 또 합장묘도 마찬가지로 이 원칙이 적용되는데, 곧 망자가 누운 머리 위치를 기준으로 해서, 남자는 오른쪽(서쪽)에, 여자는 왼쪽(동쪽)에 시신을 누이는 것은 우상좌하(右上左下)의 원칙 때문이다.

06 추상(追想) 독일어 명문

1.

옛날 내가 사법시험을 볼 때에는 1차 시험 과목으로 민법, 헌법, 형법 등 3법과 문화사, 경제학 등 5과목이 필수였고, 외국어 포함 선택과목 3과목 등 8과목이 되었다. 나는 선택과목으로 국제사법과 법철학을 선택하였고, 외국어로 처음에 영어를 선택하였다가 도저히 고득점을 받을 수 없어 전략적으로 독일어로 바꿨다. 고등학교 다닐 때는 참으로 영어공부가 재미있었는데 영어라는 것이 참으로 밑 빠진 독에 물붓기식으로 생각만큼 점수가 늘지 않았다. 그런데 독일어는 몇 달 공부했더니 90점 이상 맞을 수 있었고 그 후 사법시험에서 외국어 때문에 고민하지는 않았다.

당시 독일어를 독학하면서 일본사람 關口存南이 지은 〈獨逸語大講座〉(3권으로 되어 있었음)를 우리말로 번역한 책을 보았는데 외국어 책을 혼자 공부할 수 있도록 그렇게 재미있게 쓸 수 있는 것이 신기할 정도로(중고등학교 다닐 때 공부한 안현필 선생이 쓴 「영어실력기초」와 비슷한 독일어 책이었음) 철학, 문학을 아우르는 명문들이 이 책에 많이 들어 있었다. 인간에게 자유의지가 있는지에 관한 신칸트학파의 "Als-Ob의 철학"은 지금도 나의 뇌리에 남아있다.

40여년이 지난 지금도 이 책에서 외우고 있는 독일어 문장이 몇 있다.

(1) Es irrt der Mensch, solange er strebt.(노력하는 자 방황한다)
젊은 시절 방황하면서 Goethe의 〈파우스트〉에 나오는 이 말에 위안을 많이 삼았다. 하루를 고통과 절망 속에서 보내면서 그것은 바로 노력하고 있다는 증거라고 나 자신을 위로했다. 이 말은 내 젊은 시절을 징표 하는 언어였다.

(2) Man muß stark sein, um gut sein zu können.(선량할 수 있기 위하여 강하지 않으면 안 된다)
나폴레옹이 한 이 말은 젊은 시절 나태해지는 나를 깨우는 비수였다. 정신적이든, 육체적이든 힘이 있고 강해야 선량해질 수 있다. 힘이 없는 자, 나약한 자는 선량해질 수가 없다. 개인이나 나라나 마찬가지다. 우선 힘을 기르고 강해져야 한다. 간디도 "약한 자는 남을 용서하지 못한다. 용서는 강한 자의 속성"이라고 했다.

그 외에 옛 책에서 몇 가지를 다시 꺼내본다.

(3) Der Mensch ist der Sklave der Gewohnheit.(인간은 관습의 노예이다)
역사법학파가 보는 인간상이다. 인간은 관습 내지 습관의 굴레에서 벗어나기 힘들다는 말이다.

(4) Vor dem Gesetz alle Menschen gleich.(법률 앞에는 만인이 다 평등하다)
All men are equal before the law. 지당한 말씀이나 현실 세계에서 유전무죄, 무전유죄라는 말이 나돈다.

(5) Es ist besser, zwanzig Schuldige freizulassen, als einen Unschuldigen hinzuopfern.(한 사람의 죄 없는 사람을 희생시키는 것보다 스무 사람의 죄 있는 사람을 놓아주는 편이 낫다)
Friedrich der Große가 한 유명한 말. 열 명의 죄인을 놓치더라도 한 사람의 죄 없는 사람을 벌하지 말라는 말.

(6) Über dem Einzelnen stecht der Staat, über dem Staate aber steht der Mensch!(개인 위에는 국가가 있다. 그러나 국가 위에는 인간이 있다)
국가도 침범할 수 없는 '인간으로서의 존엄과 가치'

(7) Es ist nichts Neues unter ser Sonne.(태양 밑에 새로운 것은 없다)
저작권 운운 하지만 따지고 보면 옛것에 이것저것 붙여놓은 것에 불과하고 새로운 것은 없다. 새로운 창작물이라고 하는 것은 허구다.

(8) Lebe an jedem Tage so, als ob es dein letzter sei.(매일 매일 그것이 너희 최후의 날인 것처럼 살아라)
내가 헛되이 보낸 오늘 하루는 어제 죽어간 이들이 그토록 바라던 내일이다.
단 하루면 인간적인 모든 것을 멸망시킬 수 있고 다시 소생시킬 수도 있다. - 소포클레스

(9) Das menschliche Leben ist eine lange Komödie mit einem kurzen, tragischen Schluß.(인생은 짧고 비극적인 종말을 가진 긴 희극이다)
인생이라는 연극이 희극인지 비극인지는 사람마다 다를 수 있다. 희극으로 사는 인생도 있고, 비극으로 사는 인생도 있다.

(10) Gott gibt den Menschen Zähne, aber kein Brot.(신은 인간에게 이〈齒〉를 주었으나 빵을 주지 않는다)
신이 인간에게 빵을 주는 것은 아니고 빵을 씹을 '이'만 주었다. 누가 빵을 입에 넣어주는 것은 아니고 빵은 스스로 찾아서 먹어야 한다.

(11) Was du heute tun kannst, mußt du heute tun.(오늘 할 수 있는 일은 오늘 하지 않으면 안 된다)

그날 일은 그 날 해치워야지 다음날로 미루다 보면 시간을 지배하지 못하고 시간에 쫓기는 삶을 살게 된다.

(12) Erlaubte Sünde reizt nicht mehr.(허용된 죄악은 이미 매력이 없다)
금단의 열매는 따 먹고 싶다. 간통도 죄가 되었을 때 짜릿하지 처벌의 대상에서 제외된 지금 별 매력이 없다는 이야기인가?

(13) Was man zweifeln tut, glückt selten.(의심하면서 하는 일은 잘 되는 일이 드물다)
확신을 갖고 일을 해야 일이 된다. 확신이 없는 사람은 절대 노력하지 못한다. 확신에 찬 사람만이 시간 가는 줄 모르고 일에 몰두한다.

(14) Der Mensch weiß, daß er einst sterben wird. Er denkt aber: Ich werde doch nicht sterben!(인간은, 그가 언젠가는 죽으리라는 것을 알고 있다. 그러나 그는, 나는 설마 죽지는 않으리라, 고 생각하고 있다)
사람은 누구나 예외 없이 다 죽는다. 사람들은 하찮은 겨우살이는 준비하면서도 죽음은 준비하지 않는다.

(15) Wer leicht vertraut, wird leicht betrogen.(쉽게 믿는 자는 쉽게 속는다)
사기를 잘 당하는 사람은 대개 쉽게 잘 믿는 자들이다. 보이스피싱에 쉽게 넘어가는 사람들을 보노라면 이해가 안 되는 때가 있다.

(16) Wem Gott ein Amt gibt, dem gibt er auch den Verstand.(하느님은 직무를 준 자에게 지혜도 준다)
자리가 사람을 만든다. 누구나 그 자리에 앉혀 놓으면 그에게 주어진 일을 하게 되어 있다.

(17) Es ist schwer, das Glück in uns selbst zu finden, und es ist unmöglich, es anderswo außer uns zu entdecken.(행복을 우리 자신 속에서 발견하는 일은 어려운 일이고, 그것을 우리 자신 이외의 딴 곳에서 발견하는 일은 불가능한 일이다)
어렵지만 우리 자신 속에서 행복을 발견해야 한다는 이야기.

2.

나는 루돌프 폰 예링의 『Der Kampf ums Recht(권리를 위한 투쟁)』을 심재우 교수가 번역한 책으로 읽어보았다. 이 책은 박영문고의 문고판으로 1977년에 간행된 것인데 책 겉표지에 사법시험을 준비할 당시인 1980년 3월 30일에 이 책을 구입한 것으로 메모가 되어 있다. 당시에는 사법시험 1차에 선택으로 법철학과목이 있었다. 40여년 만에 이 책을 다시 읽어보는 소회가 남다르다.
다 알다시피 예링은 소위 '이익법학파'의 거두로 『권리를 위한 투쟁』 이외에도 『로마법의 정신』, 『법에 있어서의 목적』 등 다수의 법철학 및 법사학 책을 쓴 대학자이다. 법학을 공부한 사람치고 예링의 이름을 들어보지 않은 사람은 없을 것이다. 예링은 '법의 목적은 평화이지만 그 수단은 투쟁'에 있다고 한다. 그 투쟁은 불법에 대한 저항에 있으며 그것 없이는 법의 생명은 죽어 버리고 만다는 것이다.

그는 인간의 실존조건으로서의 권리는 공짜로 주어지는 것이 아니라 투쟁에 의해 비로소 쟁취되어진다는 것을 설파하고 있다. 예링의 이 책을 정독하노라면 문장 하나하나가 법격언이라 할 수 있을 정도로 명문인데 그 중 몇 개의 문장을 추려보기로 한다.

(1) Im Kampf soll Du Dein Recht finden!(투쟁 가운데서 너는 너의 권리를 발견하여야 한다)
법의 목적으로서의 평화와 법의 수단으로서의 투쟁, 이 양자는 법의 개념 가운데 똑같이 주어져 있어 법개념과는 분리될 수가 없다. 불법에 맞서는 투쟁이나 저항이 없다면 법은 자기 자신을 포기하는 것과 다를 바 없다.

권리는 결코 논리적인 개념이 아니고 도리어 힘의 개념이다. 따라서 정의란 한 손에는 저울을 들고서 바른 것(das Recht)을 재고, 다른 손에는 칼을 들고서 바른 것을 주장하는 것이라 할 수 있다. 저울 없는 칼은 赤裸裸한 폭력이고, 칼 없는 저울은 법의 무기력이다. 이 양 요소는 상호 관련되어 있어서 완전한 법상태는 정의가 칼을 쓰는 힘과 저울을 다루는 기술이 합일되어 있는 곳에서만 누려진다.

법은 자기 자식을 잡아먹는 사탄이다. 법은 자기 자신의 과거를 털어냄으로써만 젊어질 수 있다. 법이념은 영원히 생성되는 것이고 따라서 이미 생성되어진 것은 새로이 생성되는 것에 자리를 양보하지 않으면 안 된다.

법의 탄생은 인간의 탄생과 마찬가지로 격렬한 진통을 예외없이 수반하고 있었다. 공짜로 얻어진 법이란 황새가 날라온 아이와 똑같은 입장에 서 있다. 왜냐하면 황새가 날라온 것은 여우나 콘도르새가 다시 빼앗아 갈 수 있기 때문이다. 그러나 아이를 낳은 어머니로부터 여우나 콘도르새가 그 아이를 빼앗아 갈 수 없다. 법이 이 세상에 태어나기 위해 필요로 하는 투쟁이란 결코 신의 저주가 아니라 신의 축복이라는 것을.

법익침해자로 하여금 소송을 제기하게끔 만드는 것은 단순한 금전적 이해관계가 아니라 도리어 당한 불법에 대한 도덕적인 고통이다. 소송이란 법익침해자에 대해서는 단순한 이해관계의 문제로부터 성격의 문제로 전환된다.

불법에 대한 저항은 권리자의 자기 자신에 대한 의무이다. 왜냐하면 저항은 도덕적인 자기보본의 명령이기 때문이다. 또한 그것은 공동체에 대한 의무이다. 왜냐하면 저항은 권리를 관철시키기 위해서는 보편적인 것이 되지 않으면 안 되기 때문이다.

(2) Der Kampf um's Recht ist eine Pflicht der Berechtigten gegen sich selbst(권리를 위한 투쟁은 권리자의 자기 자신에 대한 의무이다).
자기의 실존에 대한 주장은 생명 있는 모든 피조물의 최고의 법칙이다. 인간에게 있어서는 신체적인 생존만이 문제되어 있는 것이 아니고 도리어 그의 도덕적인 실존이 문제되어 있다. 인간은 그 권리 가운데서 자기의 도덕적인 실존조건을 소유하고 방어한다.

공산주의는 소유권이념이 완전히 길을 잃은 진흙탕 속에서만 번창하는 것이며, 소유권이념이 꽉 박혀 있는 곳에서는 공산주의는 찾아볼 수 없다.

인간이 그의 권리를 침해당했을 때 느끼는 통증은 그 권리가 우선 개인으로서의 그 권리자에게 무엇을 의미하는가, 그 다음에 인간사회에 대해서는 무엇을 의미하는가에 관한 참을 수 없는 본능적인 자기고백을 내포하고 있다. 권리의 힘은 마치 사랑의 힘이 감정에 뿌리박고 있듯이 감정에 뿌리박고 있다. 권리침해는 법감정으로 하여금 말을 하지 않을 수 없게 하고, 진실을 밝혀내어 그 힘을 드러내게 하는 고통스러운 물음인 것이다.

구체적인 권리는 추상적인 법으로부터 단지 생명과 힘을 얻는 것이 아니라 도리어 추상적인 법에게 생명과 힘을 돌려준다. 법의 본질은 실천적인 실현이다. 객관적인 또는 추상적인 법과 주관적인 또는 구체적인 권리와의 관계는 심장으로부터 피가 흘러나와서 심장으로 흘러 들어가는 혈액순환과도 같은 것이다.

안토니오의 몸에서 한 파운드의 살을 베어내기 위해 샤일록을 법정 앞으로 이끌어 낸 것은 증오와 복수심이었지만 셰익스피어가 샤일록으로 하여금 지껄이게 한 한 말은 그 뿐만 아니라 모든 다른 사람의 입에서도 진실이다. 한 파운드의 살을 두고 셰익스피어는 샤일록으로 하여금 이렇게 말하게 한다.

"내가 요구하는 한 파운드의 살코기는 비싼 값을 치루고 산 내 것이라네. 내는 그것을 가져야겠네. 너희들이 내 요구를 거절한다면 너희들의 법률의 꼴은 무엇인가! 베니스의 법은 무용지물이리.
- 나는 법률을 요구하네.
- 나는 여기 내 채권증서에 입각해 그것을 요구하네."

(3) Ich fordere das Gesets!(나는 법률을 요구한다)

시인은 이 네 마디 말로써 주관적 의미의 권리와 객관적 의미의 법과의 진정한 관계 및 권리를 위한 투쟁의 의미를 지금까지 어떠한 법철학자도 적절하게 표현할 수 없었던 모습으로 표현해주고 있다. 이 말로써 사건은 단번에 샤일록의 권리청구에서 베니스의 법의 문제로 되어 버렸다. 왜냐하면 샤일록의 권리와 베니스의 법은 하나이며, 그의 권리가 무너지면 베니스의 법 자체도 무너지기 때문이다. 그리고 샤일록이 비열한 기지에 의해 그의 권리를 공허하게 만든 판결의 중압에 못 이겨 결국 패망한 것이라면 샤일록에게는 베니스의 법이 왜곡되어 있었다는 감정, 그리고 거기에서 곤욕을 치루고 있는 것은 한 사람의 유태인인 샤일록이 아니라 중세의 대표적인 유대인 상 내지는 헛되이 법을 향해 외쳤던 사회적 천민계급의 상이었다는 감정을 그 누가 억제할 수 있을 것인가?

샤일록은 사실 그의 권리를 사기당했다. 그 채권증서는 공서양속에 반하는 것을 내용으로 하고 있기 때문에 그 자체가 무효라는 것을 근거로 법관이 그것을 거절했어야만 했는데 그렇게 하지 않고 그 현명한 다니엘이 그 증서에 효력을 준 것은 육체로부터 한 파운드의 고기를 잘라낼 권리를 주면서 피는 한 방울도 흘려서는 안 된다는 조건을 붙였을 때 그것은 가련한 핑계이며 한심스러운 법률왜곡자의 간계일 따름이었다.

샤일록의 모습은 하인리하 폰 크라이스트의 소설에서 미카엘 콜하우스가 "내가 이렇게 짓밟혀야 한다면 차라리 한 사람의 인간이기 보다는 개가 되고 싶다." 또 "내게 법률의 보호를 거절하는 자는 나를 황야의 야만인들에게로 추방하는 자이고 그리고 내게 자신을 보호할 몽둥이를 손에 쥐

어주는 자이다."라는 결심을 확고히 한다.

사법살인(Justizmord)은 법이 받아서 마땅한 대죄이다. 법률의 수호자와 감시자가 법률의 살인자로 표변하는 것은 마치 환자를 독살하는 의사나 피후견인을 교살하는 후견인과도 같은 것이다.

자유로운 공기가 불꽃을 활활 타오르게 하는 것과 같이 법강정을 타오르게 하는 것은 실행의 자유이다. 그러므로 법감정에 대하여 실행의 자유를 막고 위축시키는 것은 법감정을 질식시키는 것과 마찬가지이다.

투쟁은 법의 영원한 작용이다. "너의 얼굴에 땀을 흘리고 너는 너의 빵을 먹을 지어다"라는 명제와 같이 진리로써 "투쟁 가운데서 너는 너의 권리를 찾을 지어다."라는 명제가 대응하고 있다. 권리가 투쟁자세를 포기하는 순간부터 권리는 이미 권리임을 스스로 포기한다.

"현자의 마지막 결론이란 자유와 생명을 날마다 쟁취하는 자만이, 그것을 누릴 권리가 있다 함일세."

3.

라드부르흐(GUSTAV RADBRUCH)의 RECHTPHILOSOPHIE(법철학)(최종고 역, 삼영사, 1976)에서 법격언 몇 개를 골라본다.

(1) 이념을 회피하는 자는 결국 개념도 파악할 수 없다. - 괴테

(2) 복종이 명령자를 만든다. -스피노자

(3) 이 세상에서 나를 가장 놀라게 하는 것을 아는가?
그것은 물리적인 힘의 무력함이다.
이 세상에는 칼과 정신, 이 두 가지만 존재한다.
긴 눈으로 본다면, 칼에 승리하는 것은 언제나 정신이다. - 러시아 원정 후 나폴레옹

(4) 너는 내려진 판결이 어떠한 힘도 가지지 아니하고,
개개인에 의하여 무효로 인정되고 철회되면서도
국가가 존립하고, 파괴되지 않으리라고 생각하는가! - Alsberg

(5) 장미가 자기 자신을 치장할 때 정원도 단장한다. - Ruckert

(6) Wir arbeiten zu Hunderten zuzammen, wir lieben zu zweit, wir sterben allein(우리는 백사람이 함께 일하고 두 사람이 함께 사랑하면 한 사람이 홀로 죽어간다). - Iwan Goll

(7) 자기편에서 권리라고 느끼는 자는 끝까지 밀고 나가지 않으면 아니 된다. 정중한 권리란 존재하지 않는다. -괴테

(8) 풍토의 변천에 의하여 성질이 변하지 않는 정의도 부정의도 없다.
극에서 3도 떠나면 전법률학이 무너진다.
한 줄의 자오선이 진리를 결정하고 몇 년의 세월이 소유를 결정한다.
근본법규는 변한다. 법은 그 시대를 가진다.
강과 산맥이 경계를 짓는 정의!
피레네 이쪽에서의 진리가 저 쪽에서는 오류이다! - Pascal

(9) 인간을 벌할 수도 있고 사면할 수도 있다.
그러나 인간을 인간으로 보지 않으면 아니 된다. - 괴테

(10) 내려지는 판결이 아무런 힘도 갖지 못하고 개인에 의해서 무효화되고 철폐될 때, 국가가 참으로 파괴되지 않고 유지할 수 있으리라 생각하는가? - Sokrates

(11) 아무도 타인에 대하여 공정할 수 있을 만큼 고고하게 설 수는 없다.
— Marie v. Ebner-Eschenbach

(12) 사람의 *存在*를 규정하는 것은 사람의 *意識*이 아니라 반대로 사람의 *意識*을 규정하는 것은 사람의 *存在*이다. - Kautsky

(13) 인간의 마음에 간식하고 있는 것 가운데 법 또는 국왕이 개입할 수 있고, 치료할 수 있는 부분이 얼마나 작은가! - Dr. Johnson

(14) 그렇다. 악한 *思想*이다! 우리는 새가 우리 위를 날아가는 것을 막을 수 없다. 그러나, 우리의 머리에 집을 짓는 것을 막을 수는 있다. - Luther

(15) 사상이 부딪쳐 왔다. 그에 대하여 나는 죄가 없다. 나는 살아있는 한 사상과 싸울 것이며 지치지 않을 것이다. - Otto Ludwig

(16) 당신은 지금까지 하나의 사상을 끝까지 생각하면서 모순에 부딪치지 않은 때가 있었는가?
- Ibsen

(17) 죽음을 두려워하지 않는 자를 강제할 수는 없다. - Seneca

(18) 전통적인 *制服*을 몸에 걸치고 *法律學*은 말한다 : 법은 붉다. 그 명령은 우리 젊은이의 피 속에 살지 않으면 안 된다. 오직 논리만 가지고 따진다면 법은 빈곤하게 된다. - Karl Heinsheimer

4.

황산덕(黃山德) 교수의 『法哲學講義』(방문사, 1975)에서 골라본 Legal Maxims 몇 개.

(1) 태양은 날마다 새롭다. - Herackleitos
(2) 동일한 강물에 두 번 발을 들여놓을 수 없다. - Herackleitos
(3) 어떠한 것도 변화하지 않는다. - Parmenides
(4) 만물의 척도는 인간이다. - Protagoras
(5) 정의는 강자의 이익 이외의 아무 것도 아니다. - Thrasymachos
(6) 정의는 각자에 그의 권리를 주는 항상불변하는 의지다. - Ulpianus
(7) Suum cuique(각자에 그의 것을) - Cicero
(8) 권력은 잡은 자는 누구든지 그것을 남용하여 그 극한에까지 가고야 만다는 것은 오랜 경험이 가르치는 바이다. - 몽테스키외
(9) 운명은 응하는 자를 안내하고 불응하는 자를 끌고 간다. - Seneca
(10) 법학은 2,000년 이상의 장구한 역사를 가지고 있으면서도 아직 "법이란 무엇인가"라는 가장 기본적인 문제조차 해결하지 못하고 있다.
　　비행기·기차·자동차 등을 탈 줄을 모르면,
　　우리는 목적지까지 도보로 걸어가야 한다.
　　이 때의 비행기 등은 우리가 목적지를 향하여 나아감에 있어서
　　그때그때에 이용하는 하나의 도구에 지나지 않는다.
　　그리고 우리가 말하는 「法」도 사실은 이러한 도구 이외에 아무 것도 아니다.
　　다시 말하면, 우리가 사회생활 속에서 자기가 목적한 바를 향하여 나아감에 있어서
　　남으로부터 부당하게 방해를 받지 않도록 자신을 방어하기 위하여
　　적시에 이용하는 일종의 「武器」가 되는 것이 다름 아닌 法이다.
　　그러므로 실정법규를 잘 활용할 줄 알면,
　　우리는 억울하게 취급되지 않고 편히 살 수가 있다.
　　이것이 「法」에 관하여 우리가 말할 수 있는 전부다.
　　- 자동차의 본질을 문제 삼지 않고서도 우리는 자동차를 타고 다닌다.
　　그리고 자동차에 관하여 우리로서 할 수 있는 일은,
　　또는 해야 할 일은 성능이 더 좋은 자동차를 제작하고 수시로 수리를 하며,
　　그리고 필요에 따라 그 차에 탑승하는 것이다.
　　이것이 자동차에 관하여 우리로서 말할 수 있는 전부다.
　　그리고 法에 있어서도 이 점은 마찬가지다.

07 우리말 맞춤법과 띄어쓰기의 어려움

1.

변호사는 평생 말과 글로 먹고 사는 직업이다. 변호사뿐만 아니라 판사, 검사도 판결문이나 공소장을 직접 입력하는 시대에는 맞춤법에 맞는 정확한 글쓰기가 요구된다. 맞춤법, 띄어쓰기, 외래어 표기법의 오류는 글을 쓰는 사람의 내심의 의사와 표시행위가 일치하지 않는 오자(誤字), 탈자(脫字) 등의 경우와는 달리 글을 쓴 사람의 지적 수준을 의심케 한다. 그런데 컴퓨터 자판을 두드리다 보면 이런 오류는 글을 쓴 본인의 눈에는 잘 들어오지 않는다. "The devil is in the details." (악마는 항상 사소한 곳에 있다) 사소하고 대수롭지 않은 부분에도 신경을 쓰지 않으면 안 된다.

연인 사이에 애정도 식게 만드는 것이 맞춤법이다. 연인의 애정을 식게 하는 맞춤법 실수 1위는? 어느 설문기관이 2012년에 20~30대 미혼남녀 1,249명(남 640명, 여 609명)을 대상으로 '맞춤법과 호감도의 상관관계'에 대해 설문조사를 시행한 결과, 애인이라도 도저히 참을 수 없는 맞춤법 실수에 대해 남성의 21.3%, 여성의 25.5%가 '병이 **낫다**'를 '낳다'라고 표기했을 때를 1위로 꼽았다.

그러면 **소장인가, 솟장인가**? 사이시옷을 받쳐 적는 조건은 우선 순우리말로 된 합성어이거나 순우리말과 한자어로 된 합성어로서 앞말이 모음으로 끝나야 한다.
- ☞ 뒷말의 첫소리가 된소리로 나는 경우→ 나뭇가지[나무까지], 머릿기름[머리끼름], 귓병[귀뼝], 전셋집[전세찝]. 바다+가=바닷가[바다까], 차+잔=찻잔[차짠]
- ☞ 뒷말의 첫소리 'ㄴ, ㅁ' 앞에서 'ㄴ' 소리가 덧나는 경우 → 잇몸[인몸], 제삿날[제산날]
- ☞ 뒷말의 첫소리 모음 앞에서 'ㄴ ㄴ'이 덧나는 경우 → 깻잎[깬닙], 베갯잇[베갠닏], 예삿일[예:산닐], 훗일[훈:닐], 뒤+일=뒷일[뒫:닐]
- ☞ '한자어와 한자어'로 이루어진 합성어는 사이시옷을 붙이지 않지만 두 음절로 된 한자어 6개, 즉 **곳간**(庫間), **셋방**(貰房), **숫자**(數字), **찻간**(車間), **툇간**(退間), **횟수**(回數)는 예외.

따라서 '**전셋값**'의 경우도 한자어로 된 '전세(傳貰)'와 순우리말 '값'이 만나 뒷말이 된소리인 [전세깝]으로 발음되기 때문에 사이시옷을 넣는다. '전셋집' 또한 한자어와 순우리말이 만나 [전세찝]으로 소리 나므로 사이시옷을 덧붙여야 한다. 그러나 '**전세가**(專貰價)'는 각 음절이 모두 한자어로 이루어져 있기 때문에 사이시옷을 넣지 않는다.

세방이 아니라 셋방, 전세집이 아니라 전셋집, 전셋방이 아니라 전세방, 등교길이 아니라 등굣

길. 결국 소장(訴狀)은 '솟장'이 아니라 '소장', 소가(訴價)는 '솟가'가 아니라 '소가'. '소송목적의 값'을 축약하여 '소값'이라고 할 때 '소값'인가 '솟값'인가?

변호사가 법원에 소장을 접수했다는 말을 하는데, 이는 소장을 제출했다고 바루어야 한다. 접수는 법원이 하는 것이지 변호사가 하는 것이 아니다.

2.

우선 비슷하면서 뜻이 다른 용어 몇 가지를 살펴보자.

(1) 신문(訊問)과 심문(審問) : 국어사전에서는 '신문'은 '알고 있는 사실을 캐어물음', '심문'은 '자세히 따져서 물음'이라고 정의해 둘의 차이가 모호하나 법률용어로는 확연히 구분되는 용어이다. 증인신문, 유도신문, 대질신문, 반대신문, 격리신문 등 **'신문'**은 피의자나 증인 등을 불러 이미 알고 있는 내용을 직접 캐어묻는 행위를 말한다. 검사나 사법경찰관이 피의자를 불러놓고 죄를 지었는지 그렇지 않은지 조사하는 행위는 신문이고 심문이 아니다. 판사나 변호사가 형사공판절차에서 피고인을 신문하는 것이지 심문하는 것이 아니다.

'심문'은 법원이 당사자나 참고인 등에게 말(구술)이나 서면으로 개별적으로 진술할 기회를 주는 것을 의미한다. 임의적 변론기일이나 가압류, 가처분 등 보전처분절차에서 심문기일을 열고 심문조서를 작성한다. 법원에는 심문실은 있으나 신문실은 없다. '법적심문청구권'에서 심문은 hearing을 의미한다. 내 얘기를 들어달라고 요구할 수 있는 권리라는 뜻이다.

(2) 기망(欺罔)과 기만(欺瞞) : '기망'은 '속임'이란 뜻으로 형법 제347조 제1항의 사기죄에서 "사람을 기망하여 재물의 교부를 받거나 재산상의 이익을 취득한 자는 10년 이하의 징역 또는 2,000만 원 이하의 벌금에 처한다."에서 쓰고, **'기만'**은 법률용어가 아니고 일상생활에서 '속임'의 뜻으로 사용하는 한자어이다. '표준국어대사전'에서는 '기망'과 '기만'을 동의어로 처리하면서 '기만'에서만 뜻풀이를 하였다.

(3) 합의(合意)와 합의(合議), 협의(協議) : '합의'에는 '합의(合意)'와 '합의(合議)'가 있다. **'합의(合意)'**는 '모을 합(合)'에 '뜻 의(意)'를 써 '의견을 합하다', 즉, 서로 의견이 일치함을 나타낸다. '합의(合意)'에는 서로 다른 의견을 하나의 의견으로 이끌어낸다는 전제가 숨어 있다. **'합의(合議)'**는 '의논할 의(議)'를 써 '합해서 의논함', 즉 두 사람 이상이 한자리에 모여 의논한다는 뜻을 가지고 있다. '합의(合意)'가 일치된 '결론'을 이끌어내는 데 방점이 찍혀 있다면, '합의(合議)'는 두 사람 이상이 모여서 의논한다는 '과정'에 초점이 있다. 그러므로 합의금(合意金)이나 합의서(合意書)의 경우에는 '합의(合意)'가, 합의기관(合議機關)이나 합의체(合議體)의 경우에는 '합의(合議)'가 쓰인다.

'협의(協議)'는 여러 사람이 모여 의논하는 '과정'에 포인트가 있다. '협의'는 '화합할 협(協)'에 '의논할 의(議)'가 만나 이루어진 단어이다. 따라서 여러 사람이 모여 서로 의논한다는 의미를 갖는다. '합의(合議)'가 의견이 다른 사람들이 모여 의논하는 것이라면, '협의'는 같은 목적을 지닌 사람들이 모여 의논하는 것이란 점이 다르다. '합의'와 '협의' 한 글자를 놓고 노사가 끈질긴 신경전과

줄다리기를 하는 예를 볼 수 있다. 사용자는 협의를 요구하고 노조는 합의를 고집한다.

(4) 경신과 갱신 : '경신'과 '갱신'은 둘 다 '**更新**'이라는 한자를 쓰다 보니 경신인지 갱신인지 혼동하는 예가 있다. '更'을 '**고칠 경**'과 '**다시 갱**'의 의미에 따라 읽으면 된다. 기록경신이고 기록갱신이 아니며, 비자갱신이지 비자경신이 아니다. 判決更正은 '**판결경정**'이지 판결갱정이 아니며, 辯論更新은 '**변론갱신**'이지 변론경신이 아니다. 公判節次更新도 '**공판절차갱신**'이지 공판절차경신이 아님은 그 의미에 비추어 명백하다. 契約更新을 계약조항을 고치는 것이라면 계약경신이 될 것이고, 계약을 다시 맺는 것이라면 계약갱신이 될 것이나, 주택 및 상가건물 임대차보호법에서는 '**계약갱신**'으로 쓰고 있다. 민법 제500조의 更改는 구채무를 고치거나 변경하는 수준이 아니라 구채권을 없애고 새로운 채권을 만드는 계약이므로(신구채무의 동일성이 인정되는 준소비대차와 구별된다) 본래의 뜻에 따라 읽으면 '갱개'가 맞을 것이나 '**경개**'로 읽는 경우가 통례이며, 알기 쉬운 민법개정안에서도 '경개'로 쓰고 있다.

(5) 중임과 연임, 유임 : '**중임(重任)**'은 임기가 끝나거나 임기 중에 개편이 있을 때 거듭 그 자리에 임용하는 것을 말하고, '**연임(連任)**'은 원래 정해진 임기를 다 마친 뒤에 다시 계속해 그 직위에 머무르는 것을 말하며, '**유임(留任)**'은 개편이나 임기 만료 때 그 자리나 직위에 그대로 머물러 있는 것을 의미한다.

헌법 제70조는 "대통령의 임기는 5년으로 하며, 중임할 수 없다." 헌법 제105조 제2항은 "대법관의 임기는 6년으로 하며, 법률이 정하는 바에 의하여 연임할 수 있다." 헌법 제112조 제1항은 "헌법재판소 재판관의 임기는 6년으로 하며, 법률이 정하는 바에 의하여 연임할 수 있다."고 규정하여, 대통령은 어떠한 방식으로든 두 번 할 수 없으나(5년 단임), 대법관과 헌재재판관은 두 번 연달아 연임할 수 있다. 지장자치단체장과 교육감은 4년 임기에 3회 중임이 가능하다(최장 12년). 국회의원, 지방의회의원(교육의원 포함)은 연임이나 중임제한 규정이 없다. 이들에게도 3선 정도로 중임제한 규정을 둘 필요가 있다. JP, YS는 국회의원 9선의 대기록을 가지고 있다.[1]

3.

글을 쓰다보면 참으로 띄어쓰기가 어렵다. "띄어쓰기는 붙여 쓰고 붙여 쓰기는 띄어 쓴다. 띄어 쓰는 것은 띄어 쓰지만, 띄어쓰기는 띄어 쓰지 않는다." 여기서 '붙여 쓰기'도 '띄어쓰기'와 같이 붙여 쓰는 것이 맞다.

소외(訴外)는 '소외 회사'와 같이 원칙적으로 띄어 쓰나, '소외인'은 복합명사로서 띄어 쓴다. '원고', '피고'는 띄어 씀을 원칙으로 하나, '소송대리인'과 결합할 때에는 붙여 쓸 수 있다. '원고 명의' '피고 회사' '원고 소송대리인/원고소송대리인)' '원고등'은 원고가 여러 명인 경우[복수를 나타

---

[1] 러시아 뿌찐(우리는 푸틴이라고 발음하지만 러시아 현지에서는 뿌찐이라고 발음하고 있었음. 피터를 빼쩨르, 페트로부르크를 빼쩨르부르크로, 예카테리나를 예까쩨리나 등으로)은 3선 연임을 금지하는 러시아 헌법을 교묘하게 피하기 위하여 4년씩 2회 연임하고 메드베데프 대통령 밑에서 4년간 실세 총리로 상왕노릇을 한 후 2012년 대선을 통해 임기가 6년으로 늘어난 대통령으로 돌아왔고, 2018년 3월 대선에서 또 다시 당선되어 2024년까지 6년 임기까지 마치고 나면 장장 24년 동안 러시아를 통치하게 된다. 그때 가면 어떻게 될지 두고 볼 일이다.

내는 '등(等)'은 접미사이다], '원고 등'은 원고 말고도 피고며 참가인이며 관련 당사자가 많은 경우 [여러 가지를 열거하는 뜻을 나타내는 '등'은 의존명사이다]를 의미하고, '원고등'을 '원고들'로 쓰는 것이 우리말의 본뜻에 부합한다. '원고들 소송대리인'

'제(諸)', '제반(諸般)'은 관형사로 띄어 써야 하고 접두사처럼 붙여 써서는 안 된다. '제 문제', '제 비용', '제반 문제', '제반 사정'

'없이'는 부사로서 '사고 없이', '예고 없이'처럼 앞말과 띄어 써야 한다. 그런데 '관계없이', '상관없이', '끊임없이', '변함없이' 등은 하나의 단어로 인정받아 표준국어대사전에 등재된 어휘이므로 붙여 써야 한다.

'시(時)'는 어떤 일이나 현상이 일어날 때나 경우를 뜻하는 의존명사로서 앞말과 띄어 쓴다. '주택 내 다른 도로와의 연결로 이용 시 도로점용허가를 취소한다.' 여기서도 '비상시', '평상시'와 같은 단어는 표준국어대사전에 등재된 한 단어로 붙여 써야 한다.

성(姓)과 이름, 성과 호(號), 성과 자(字)는 붙여 쓰고, 이에 덧붙이는 호칭어, 관직명 등은 띄어 쓴다. 이순신(성과 이름), 이퇴계(성과 호), 이태백(李太白)(성과 자), 이승만 박사(성과 호칭어), 김 장관(성과 관직명), '오창수 씨'(호칭어)를 우리말 성에만 붙일 때는 '오씨'로 붙여 써야 한다.

숫자에 '-여(餘)'자가 붙으면 붙여 쓸 수 없고 '10여 년'과 같이 반드시 띄어 써야 한다. 10여년 (×)

중국어나 일본어와 같이 문자 표기 시 띄어쓰기를 하지 않는 언어도 있는 있으나, 영어를 비롯한 대부분의 유럽 언어는 반드시 단어와 단어 사이를 띄어 쓰고 있다, 원래 한글에서는 띄어쓰기가 없었다가 1933년에 발표된 한글 맞춤법 통일안에서 띄어쓰기 규정이 생겼다. 몇 가지 사례를 보자.

(1) 그밖에/그 밖에 : '-밖에'가 '오직 그것뿐임'을 뜻하면 조사이므로 앞의 명사에 붙여 써야 하고, '-밖에'가 '바깥, 범위나 한계를 넘어선 부분'을 뜻하면 '밖(명사) + 에(조사)'이기 때문에 앞 명사와 띄어 써야 한다.
☞ 눈물 밖에 없다. ⇒ 눈물밖에 없다.
☞ 집밖에도 꽃이 있다. ⇒ 집 밖에도 꽃이 있다.

(2) 그동안 / 그 동안 : '동안'은 홀로 쓰이기도 하지만, 일부 단어와 결합하여 한 단어로 의미가 굳어진 말이므로, '그 동안'을 **'그동안'**으로 붙여 써야 한다.
☞ 그 동안 모은 돈으로 가게를 차렸다. ⇒ 그동안 모은 돈으로 가게를 차렸다.

(3) 만큼 / -만큼 : 의존 명사 '만큼'의 경우 띄어 쓰나, 조사 '-만큼'의 경우 붙여 쓴다.
☞ 아는만큼 보인다. ⇒ 아는 만큼 보인다.
☞ 나도 당신 만큼은 할 수 있다. ⇒ 나도 당신만큼은 할 수 있다.

(4) 다음날 / 다음 날 : '정하여지지 않은 미래의 어떤 날'을 가리킬 때는 '다음날'로 쓰고, 오늘

의 다음인 '내일'처럼 정해진 날을 기준으로 바로 뒤에 오는 날을 가리키는 경우에는 '다음 날'을 쓴다.
- ☞ 우리가 다시 만날 다음 날을 기약하며 ⇒ 우리가 다시 만날 다음날을 기약하며
- ☞ 피고는 원고에게 ~ 2020. 2. 1.까지는 연 5%, 다음날부터 다 갚는 날까지는 ~을 지급하라. ⇒ 2020. 2. 1.까지는 연 5%, 다음 날부터 다 갚는 날까지는

(5) 되다 / -되다 : '되다'는 원칙적으로 자동사로서 앞말과 띄어 쓰고, -되다(접미사)는 '-하다'가 붙을 수 있는 일부 서술형 명사 뒤에 붙어 '피동'의 뜻을 더하고 동사를 만든다.
- ☞ 증언의 신빙성이 문제된다. ⇒ 증언의 신빙성이 문제 된다.
- ☞ 현실화 되다. ⇒ 현실화되다.

(6) 이유 있다 / 없다 : '이유 없다' '이유 있다'의 모두 띄어 쓴다.
- ☞ 원고의 주장은 이유없다. ⇒ 원고의 주장은 이유 없다.
- ☞ 원고의 피고에 대한 청구는 이유없어 기각하며 ⇒ 원고의 피고에 대한 청구는 이유 없어 기각하며

(7) 이날자 / 이날짜 : '날짜'를 나타내는 말 '자(字)'는 "오늘 자 신문에 뭐 특별한 거라도 났어?" "그거 지난 6월 25일 자 신문에 난 거야"처럼 앞말과 띄어 쓰는 것이 어법에 맞는다.
- ☞ 사장은 남은 직원 70명에게 이날자로 해고를 통보했다. → 사장은 남은 직원 70명에게 이날 자로 해고를 통보했다."

'이날'은 '바로 앞에서 얘기한 날'이란 뜻이고, '날짜'는 '어느 날이라고 정한 날'이란 뜻이다. '이날'이란 단어도 있고 '날짜'도 있으나 '이날짜'라는 단어는 없다. '이날 자로'로 적거나 '이 날짜로'(이때의 '이'는 '바로 앞에서 이야기한 대상을 가리킬 때 쓰는 말'로 관형사다)로 쓴다.

(8) 율/률(率) : '율/률(率)'은 '비율'의 뜻을 더하는 접미사로, 앞말에 따라 '율'과 '률'로 달리 쓰인다. 첫째, 앞말에 받침이 없는 경우엔 '율'로 쓴다. '이자율/이자률'의 경우 앞말이 '이자'의 'ㅏ'(모음)로 끝나므로 '이자율'이 바른 표현이다. 둘째, 앞말이 'ㄴ' 받침으로 끝날 때도 '율'로 쓴다. '환율, 출산율, 생존율, 생산율' 등이 이에 해당한다. 마지막으로, 앞말의 받침이 'ㄴ'을 제외한 자음으로 끝나면 '률'을 사용한다. '물가상승률, 수익률'은 각각 앞말의 받침이 'ㅇ' 'ㄱ'(자음)으로 끝났으므로 '률'을 붙여야 한다. 이는 '率' 뿐만 아니라 '律(법 율/률)' '列(벌일 열/렬)' '裂(찢을 열/렬)' '烈(세찰 열/렬)' '劣(못할 열/렬)'의 경우에도 마찬가지다.

(9) 매다/메다 : '매다'는 끈이나 줄 등의 두 끝을 서로 마주 걸고 잡아당겨 잘 풀어지지 않게 마디를 만들다는 뜻의 동사다. "운동화 끈을 매어라" "옷고름과 대님 매는 법을 모른다" "넥타이를 고쳐 매었다" "허리띠를 안 매면 바지가 흘러내린다"처럼 쓰인다. 안전띠나 어깨띠도 '매다'를 사용한다. 끈을 몸에 두르거나 감아 풀어지지 않게 하는 것이므로 "조수석 절반은 안전띠 안 매는 것으로 나타나" "어깨띠를 매고 있는 선거 후보들"과 같이 쓰는 게 바르다.

어깨에 걸치거나 올려놓는 것, 비유적으로 어떤 책임을 지거나 임무를 맡는 것을 이를 때는 동사 '메다'를 사용한다. "전시장은 책가방을 멘 학생들로 발 디딜 틈이 없었다" "소방관들은 왜 멜빵을 멜까" "총을 메고 행군하기가 녹록지 않다" "모두 제 과오인 만큼 총대를 메고 사죄하겠다" "젊은이는 나라의 장래를 메고 나갈 사람이다"와 같이 쓰인다. 배낭을 매는 것(結)이 아니라 메는 것(擔)이다. "오늘도 나는 가리 배낭을 메고"('킬리만자로의 표범' 중에서)

(10) 왠/웬 : 대부분은 '웬'이 맞고, '왠'으로 써야 하는 경우는 '왠지('왜' + '-인지')' 밖에 없다. '웬'은 '어떠한' 또는 '어찌 된'이라는 뜻을 가진 관형사로서 단독으로도 쓰이고, 합성어를 이루어 '웬일, 웬걸, 웬만큼, 웬만치, 웬만하다, 웬셈' 등의 단어를 이루기도 한다. 이 경우 띄어쓰기 실수도 잦은데 합성어는 꼭 붙여 써야 한다.
  ☞ 이게 왠 떡이냐(×) / 이게 웬 떡이냐(○)
  ☞ 이런 이른 시간에 왠일이니?(×) / 웬일이니?(○) / 웬 일이니?(×)
  ☞ 왠일인지 그의 낯빛이 어두웠다(×) / 웬일인지 그의 낯빛이 어두웠다(○)
  ☞ 왠만해선 그들을 막을 수 없다(×) / 웬만해선 그들을 막을 수 없다(○)

(11) 금세/금새 : '얼마 되지 않는 짧은 시간 안에'를 의미하는 '금세'는, '금시'(今時)와 조사 '에'가 결합한 '금시에'가 줄어든 것이다. 본래 뜻은 '지금' 또는 '현재'에 더 가까웠음을 알 수 있다.
  ☞ 금세 다녀올 터이니 기다리고 있거라.

(12) 되/돼 : '되'는 '되다' 동사의 어간이고, '돼'는 '되어'가 줄어든 말이다. 제대로 썼는지 확인하는 요령은 의외로 쉬운데, '되다' 대신 '하다' 동사를 넣어 본다. 즉 '되' 대신 '하', '돼' 대신 '해'를 넣어 어색하지 않은지 확인하면 거의 틀림없다.
  ☞ 안 되면 → 안 하면(○) / 안 돼면 → 안 해면(×)
  ☞ 안 될 것입니다 → 안 할 것입니다(○)
  ☞ 안 됄 것입니다 → 안 핼 것입니다(×)
    다만 단독으로 쓰일 때에는 무조건 '돼'가 된다.
  ☞ 나 이거 가져도 돼?
  ☞ 안 돼.

(13) 맞히다/맞추다 : '맞히다'는 동사 '맞다'의 사동사이다. 국어사전을 보면 '맞다'는 ① 문제의 답이 틀리지 아니하다. ② 쏘거나 던지거나 한 물체가 어떤 물체에 닿다. ③ 자연현상에 따라 내리는 눈이나 비 따위의 닿음을 받다. ④ 침이나 주사 따위로 치료를 받다 등의 뜻이 있다. 동사 '맞추다'는 ① 서로 떨어져 있는 부분을 제자리에 맞게 대어 붙이다. ② 주로 '보다'와 함께 쓰여 둘 이상의 일정한 대상을 나란히 놓고 비교하여 살피다. ③ 서로 어긋남이 없이 조화를 이루다. ④ 어떤 기준이나 정도에 어긋나지 아니하게 하다 일정한 수량이 되게 하다. ⑤ 다른 어떤 대상에 닿게 하다 등의 뜻이 있다. "답안지는 맞추어 보고, 정답은 맞히는 것이다."
  ☞ 그는 마지막 퀴즈의 정답을 맞혀/맞춰 우승에 이르렀다.(맞혀 ○)

☞ 그 아이에게 미리 예방접종을 맞혔다/맞췄다.(맞혔다 ○)

(14) 아니하다 / 아니 하다 / 아니 되다 : '아니하다'는 동사 '않다'의 본말로 붙여 쓰거나, 보조동사(보조형용사)로 동사(형용사) 뒤에서 '-지 아니하다'의 구성으로 쓰여 앞말이 뜻하는 행동(상태)을 부정하는 말로 붙여 쓴다.

☞ 원고는 부동산을 매수하였으나 소유권이전등기절차를 마치지 아니하였다.

'아니 하다'는 동사 '하다'에 부정이나 반대의 뜻을 나타내는 부사 '아니'가 붙어 사용되는 경우로 반드시 띄어 써야 한다.

☞ 그는 컴퓨터 게임을 아니 한다.

'아니 되다'는 '아니'라는 부사와 '되다'라는 동사가 결합한 형태로 '되다'의 부정 '되지 않다'의 의미로 사용한다. 이런 경우 '아니'의 줄임말을 사용하여 '안 되다'로 사용할 수 있다. 한편 '아니되다'는 표준국어대사전에 등재되지 않은 어휘이므로 붙여 쓰는 것이 허용되지 않는다.

☞ 다음 각 호의 행위를 하여서는 아니 된다.

〈참고〉 법률약칭명
① 가등기담보 등에 관한 법률 ⇨ **가등기담보법**(○), 가담법(×)
② 소송촉진 등에 관한 특례법 ⇨ **소송촉진법**(○), 소촉법(×)
③ 도시 및 주거환경정비법 ⇨ **도시정비법**(○), 도정법(×)
④ 자동차손해배상보장법 ⇨ **자동차손배법**(○), 자배법(×)
⑤ 금융산업의 구조개선에 관한 법률 ⇨ **금융산업구조개선법**(○), 자배법(×)
⑥ 채무자 회생 및 파산에 관한 법률 ⇨ **채무자회생법**
⑦ 폭력행위 등 처벌에 관한 법률 ⇨ **폭력행위처벌법**(○), 폭처법(×)
⑧ 특정범죄 가중처벌 등에 관한 법률 ⇨ **특정범죄가중법**(○), 특가법(×)
⑨ 특정경제범죄 가중처벌 등에 관한 특례법 ⇨ **특정경제범죄법**(○), 특경법(×)
⑩ 성폭력범죄의 처벌 등에 관한 특례법 ⇨ **성폭력처벌법**(○), 성폭법(×)
⑪ 아동·청소년의 성보호에 관한 법률 ⇨ **청소년성보호법**(○), 아청법(×)
⑫ 공장 및 광업재단 저당법 ⇨ **공장저당법**
⑬ 부패방지 및 국민권익위원회의 설치와 운영에 관한 법률 ⇨ **부패방지권익위법**(2008. 2. 법률을 제정하면서 위원회의 부패방지 기능을 강조하기 위하여 당초 제안한 법률안 명칭에는 없었던 부패방지를 여야 합의로 추가한 점을 참작)
⑭ 도시공원 및 녹지 등에 관한 법률 ⇨ **공원녹지법**(도시공원과 녹지는 별개의 개념이고, 당초 '도시공원법'으로 제정되었다가 2005년 전부 개정된 연혁을 참작)
⑮ 측량·수로조사 및 지적에 관한 법률 ⇨ **측량수로지적법**(주된 내용을 결정하기 어렵고, 당초 '측량법', '수로업무법', '지적법'으로 별도 제정되었다가 2009년 통합된 연혁을 참작)
⑯ 공익사업을 위한 토지 등의 취득 및 보상에 관한 법률 ⇨ **토지보상법**(현재 판결문 등에서는 '공익사업법'이라는 약칭이 더 많이 쓰이고 있으나, 법의 주된 내용이 공익사업 수행을 위한 협의 또는 수용에 따른 토지 취득 및 보상에 관한 것이라는 점을 참작)
⑰ 국민의 형사재판 참여에 관한 법률 ⇨ **국민참여재판법**

⑱ 집회 및 시위에 관한 법률 ⇨ **집시법**
⑲ 특별검사의 임명 등에 관한 법률 ⇨ **특검법**
⑳ 국제연합 평화유지활동 참여에 관한 법률 ⇨ **유엔평화유지활동법**
㉑ 후천성면역결핍증 예방법 ⇨ **에이즈예방법**
㉒ 유네스코 활동에 관한 법률 ⇨ **유네스코법**
㉓ 자유무역협정의 이행을 위한 관세법의 특례에 관한 법률 ⇨ FTA관세법(×), 자유무역협정관세법(O)
㉔ '대한민국과 아메리카합중국 간의 상호방위조약 제4조에 의한 시설과 구역 및 대한민국에서의 합중국 군대의 지위에 관한 협정의 시행에 따른 국가 및 지방자치단체의 재산의 관리와 처분에 관한 법률'(81자) ⇨ **'미군공여재산법'**
㉕ '2011대구세계육상선수권대회, 2013충주세계조정선수권대회, 2014인천아시아경기대회, 2014인천장애인아시아경기대회 및 2015광주하계유니버시아드대회 지원법'(82자) ⇨ **'국제대회지원법'**

08 人不知而不慍 不亦君子乎
- 남들이 나를 알아주지 않아도 -

1. "人不知而不慍 不亦君子乎"

"남이 나를 알아주지 않아도 성내지 않으니 역시 군자가 아닌가?"

나는 공자의 論語 學而篇 모두(冒頭)에 나오는 이 말을 좋아한다. 여기서 '人'은 한자말에서는 그냥 '사람'을 뜻하는 것이 아니라 '타인/남'을 뜻한다. "自欺欺人"(자기를 속이고 남을 속인다)의 '人'도 역시 '남'을 가리킨다.

이 말은 원래 중·고등학생 정도면 누구나 아는 "子曰 學而時習之면 不亦說乎아 有朋이 自遠方來하면 不亦樂乎아"에 붙어있는 구절이다. '배우고 때로 익히면 역시 즐겁지 아니한가, 벗이 있어 멀리서 찾아오니 역시 기쁘지 아니한가.' 이 구절은 고등학교시절부터 달달 외어온 말이다.

人不知而不慍 不亦君子乎.

군자는 남이 몰라주어도 속상해 화를 내지 않는다. 남이 몰라준다고 화를 내는 것은 소인배나 할 짓이다. 남이 뭐라 하든 묵묵히 자신의 자리를 지키는 것이 군자의 도리이다. 나도 젊었을 때에는 남을 의식하고 남이 알아주기를 바랐던 때가 있었다. 그러나 산을 수십 년째 타고 오르고 자연과 벗하면서 나의 삶에 대한 태도는 바뀌기 시작했다. 산에서 보고 느끼는 세상사는 내가 온전히 알고 있던 세상사가 아니었다.

바위틈에 뿌리를 박고 고고히 푸르름을 발산하고 있는 소나무도, 사람들이 무심코 밟고 지나가는 들판의 잡초도 남이 알아주든 말든 꿋꿋하게 자신의 자리를 지키면서 자신의 소임을 다하고 있었다.

논어의 깊은 뜻이 어디에 있는지 잘 모르지만 산에서 만나는 나무 한 그루, 들판에서 채이는 잡초 한 이파리에서 내가 가는 길을 알 수 있었다. 그 자연의 모습들이 너무 아름다웠다. 그 모습을 보고 내가 그 동안 허명(虛名)에 들떠 살고 있던 세계가 전부가 아니었음을 알게 되었다.

나도 남이 나를 알아주지 않아도 속상해 할 것이 없음을 알게 되었다. 각자가 자신의 자리만 지키며 살면 될 뿐이라는 사실도 알게 되었다. 세상사의 모든 불화의 근원은 자신의 자리를 지키지 못하는데 있음을 알게 되었다.

2. "君子 和而不同 小人 同而不和"

"군자는 화합하지만 동화되지 않고, 소인은 동화되지만 화합하지 않는다."

내가 "和而不同(화이부동)"이라는 말을 처음 접한 것은 40여 년 전 대학에 들어갔을 때였다. 당시 캠퍼스 내에 여러 개의 다양한 모습의 바위들을 쌓아놓고 인공폭포도 만들어 바위 마다 고전과 역사에서 따온 의미 있는 이름들을 붙여두고 있었는데 어떤 바위의 이름이 "화동암(和同岩)"으로 되어 있었다. 그 때 和同岩이라는 바위를 보면서도 和同의 뜻을 알지 못하고 있었는데 1학년 국어시간에 한문 교수님으로부터 논어의 子路편에 나오는 和而不同을 약하여 和同岩으로 명명한 것이라는 설명을 들었다. 和而不同은 남들과 화합하지만 부화뇌동하지 않고 자신의 개성을 지킨다는 뜻이다.

그러고 보니 바위들마다 절묘하게 어우러져 자연의 멋진 모습을 보여주고 있지만 바위 하나하나가 나름대로의 멋과 기품을 뽐내고 있었다. 오케스트라에 있어서 모든 연주자의 악기가 어우러져 장엄한 교향악의 소리를 내지만 각 개별 악기의 개성과 역할을 무시해서는 훌륭한 연주곡이 탄생될 수 없는 것과 같다. 和而不同은 우리 인간들도 서로 어울리고 화합하여야 하지만 각자의 개성과 다양성을 존중해야 한다는 공존의 논리를 담고 있다. 획일주의와 전체주의를 배격하고 개인의 개성신장의 자유를 강조하는 자유주의의 원리도 바로 和而不同의 원리와 상통한다.

그러면 논자들은 논어의 자로편에 나오는 위 구절을 어떻게 해석하고 있는지를 살펴보자.

논어를 우리말로 쉽게 풀어쓴 윤재근 교수는 『인간관계의 철학 論語』 2권(모르면 모른다고 하는 것이 곧 아는 것이다)에서 君子 和而不同 小人 同而不和를 다음과 같이 해석하고 있다. "군자는 어울리지만 같은 것끼리 몰리지 않는다. 그러나 소인은 어울릴 줄을 모르고 같은 것끼리 패를 짓는다."

윤 교수는 서로 어울리는 것이 和이고, 물과 기름처럼 서로 같은 것끼리만 합쳐져 무리를 이루려고 하는 것을 同이라 하고 同은 내 편과 네 편으로 갈라놓는다. 소인은 파당을 지을 줄 알지만 화합할 줄을 모른다는 의미로 해석하고 있다.

서지문 교수는 『영어로 배우는 논어 2』에서 군자는 화합하되 뇌동하지 않고 소인은 뇌동하되 화합하지 않는다는 뜻으로 새긴다. 군자는 남과의 관계에서 포용적이지만 원칙이나 주관이 없이 남의 기분이나 주장에 맞장구치지 않는다는 의미로 해석하고 있다.

신영복 교수는 『나의 동양고전 독법 강의』에서 다음과 같이 풀이하고 있다. "군자는 다양성을 인정하고 지배하려고 하지 않으며, 소인은 지배하려고 하며 공존하지 못한다." 신 교수는 논어의 和同論에서 화의 논리는 다양성을 인정하는 관용의 논리이면서 나아가 공존과 평화의 원리이나, 동의 논리는 지배, 흡수, 합병의 논리로 파악하면서 화의 원리로 우리의 통일과정을 이끌어가는 노력을 할 것을 주문하고 있다.

논자들마다 和而不同을 읽고 풀이하는 뉘앙스가 조금씩 다르다. 그러나 단순하게 남들과 화합하지만 동화되지는 않는다는 뜻으로 새겨도 별 무리가 없다고 생각한다. 남들과 어울리지만 몰개성하지 않고 자신의 개성과 주체성은 지킨다는 뜻이다. 차별은 부정하고 차이는 인정하는 논리이다. 사람은 남들과 어울려 사회를 만들고 일정한 사회적 목표를 향하여 조직과 질서로 자신들을 얽어매지만 그렇다고 개인의 개성과 인격을 무시하는 체제는 용납할 수 없다. 남들과 어울려야 한다고 남들과 똑같이 행동하는 것도 있을 수 없다. 그렇다고 각자만의 독불장군식 행동은 화의 논리와 조화를 이루지 않으면 안 된다. 화(和)와 동(同)을 대립개념으로 파악하여 화는 선의 논리이고 동은 악의 논리로 상호배타적 개념으로 볼 것이 아니라 화와 동을 조화와 상호존중의 논리로 파악하여야 하지 않을까? 화합하지만 동화되어 섞이지 않는 和而不同의 논리는 자연계뿐만 아니라 인간세계의 존재논리이다.

和同이라면 논어의 和而不同말고도 老子에 나오는 **和光同塵**이라는 말도 있다. 和光이란 자기의 지혜를 깊이 감추고 나타내지 않는 것을 말하고, 同塵은 세상에 따라 세속에 섞이는 것을 말한다. 결국 和光同塵은 자기의 재능을 숨기고 세속에 묻히는 것이다. 이 세상에는 화광동진의 풍류 속에 살아가는 江湖武林의 고수들이 많다. 이 사람들은 남이 알아주지 않는다고 속상해하거나 성내지 않는 사람들이다.

3. "心不可不虛 虛則義理來居 心不可不實 實則物慾不入"

"마음은 비워두지 않으면 안 되나니 그래야만 의리가 와서 살고,
마음은 채워두지 않으면 안 되나니 그래야만 물욕이 들어오지 못하느니라."

내가 30여 년 전 서소문에서 변호사개업을 할 당시 서울고등검찰청 검사장이시던 김양균(金亮均) 검사장님(후에 헌법재판관을 지냄)으로부터 개업축하기념으로 金毅石 화백이 그린 동양화 1점을 선물로 받았는데 그 동양화의 좌측면은 다음과 같이 되어 있다.

김 검사장님은 직접 나의 사무실을 방문하여 위 구절의 뜻을 적은 봉투를 전해주셨는데 다음은 김 검사장님이 직접 채근담(採根譚)의 위 구절을 우리말로 풀이한 것이다.

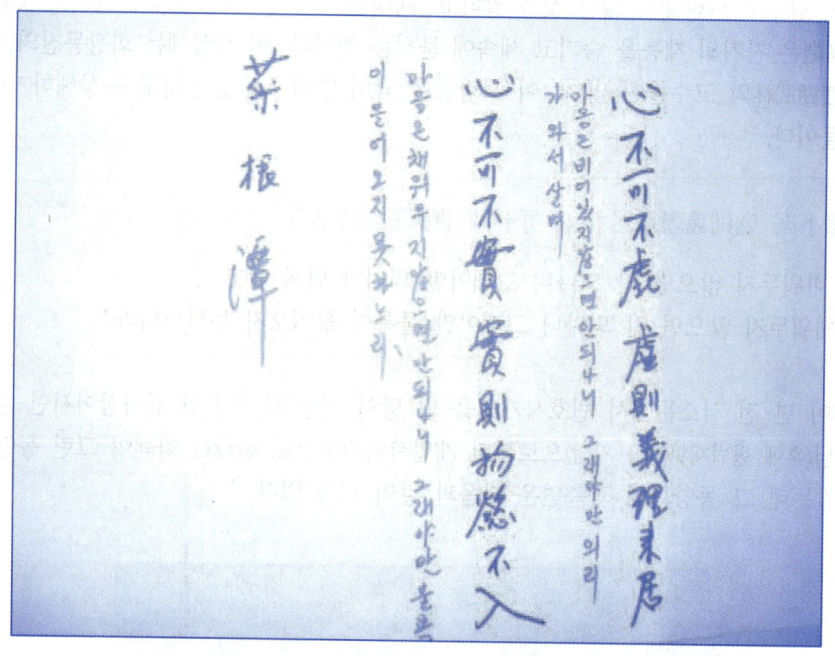

洪自誠이라는 사람이 엮은 것으로 알려진 채근담은 수양과 처세를 위한 격언이 담긴 책으로 욕심을 버리고 깨끗하게 살라는 교훈을 담고 있다. 책의 이름은 '人常咬得菜根 則百事可人做'(사람이 항상 나물뿌리를 씹어 먹으면 모든 일을 할 수 있다)라고 한 송나라 유학자 王革의 말에서 따온 것이라고 한다. 채근담은 전집 225장, 후집 134장 총 359장의 청담으로 이루어져 있다. 위 구절은 전집 제75장의 글이다.

그러면 마음을 비워야 의리와 들어와 살고, 마음을 채워야 물욕이 들어오지 못한다니 대체 마음을 비워야 하는 것인가, 채워야 하는 것인가? 비우고 채워야 하는 것이 상호 모순되는 것인가? 나 나름대로 채근담의 위 구절을 생각해본다.

위 글에서 **虛**는 편견이나 독선, 아집에서 벗어나고 외부의 유혹에서 자유로운 상태를 말한다. **義理**는 조폭들이 쓰는 그런 의리가 아니라 정**의**와 진**리**를 뜻하는 인간존재의 참모습을 뜻하는 것으로 새긴다. 따라서 사람의 마음은 비워두어야 정의와 진리가 들어와 산다는 의미 즉 독선과 아집, 편견에서 벗어나야만 참존재가 될 수 있다는 말이다.

위 글에서 **實**은 사람이 전심전력을 다하여 삶을 충실하게 만든 상태를 의미한다. 세파의 유혹에서 벗어나 자신을 충실하게 가꾼 사람에게는 물욕이 들어오지 못한다는 뜻이다. 물욕이란 단순한 재물에 대한 욕심만을 뜻하는 것이 아니라 온갖 **虛名**을 다 포함한다. 허명에 들뜨지 않고 확고한 삶에의 자세를 가진 자에게 무슨 다른 욕심이 있을 수 있겠는가?

위에서 보는 바와 같이 허와 실은 서로 배격하는 개념이 아니다. 편견이나 독선에서 벗어나 마음을 비운 상태와 확고한 삶의 정신으로 무장된 상태는 동전의 앞뒷면과 같은 것이다. 자유라는 것도 마음을 채웠을 때 얻어지는 것이다. 채근담의 구절을 읽을 때에는 행간의 의미를 잘 포착하지 않으면 아리송해진다.

내가 좋아하는 말 중의 하나인 **"텅 빈 충만함"**도 마찬가지다. 텅 비어있음으로 인해 내면의 충만함을 느낄 수 있다. 고적한 산길이나 산사에서 느끼는 텅 빈 마음에서 오히려 내면의 꽉 찬 충만함과 희열을 느낄 수 있다.

4. "窮卽變, 變卽通, 通卽久"

"궁하면 변하고, 변하면 통하고, 통하면 오래간다."

'窮卽通' 즉 '궁하면 통한다'는 말은 '窮卽變, 變卽通, 通卽久'의 약어로 아무리 어려운 일이 닥치더라도 최선을 다하면 길이 열린다는 뜻이다. 어려움을 앞에 두고 그냥 내팽개쳐도 길이 통한다는 뜻은 절대 아니다. 인생사 암중모색하다 보면 어디론가 길은 뚫리게 되어 있다는 것이 주역(周易)이 가르치는 궁즉통이다.

궁즉통의 원리는 우주의 변화법칙인 주역의 원리로 '궁(窮)'자가 '곤궁하다'는 뜻이 아니라 '궁구하다', '다하다'의 뜻으로 '최선을 다함'을 뜻한다. 이는 곧 '최선을 다해 노력해야 변화가 생기고, 변화가 생겨야 비로소 길이 열리며, 그러한 노력의 결과라야만 오래도록 지속된다.'는 우주자연의 근본법칙을 표현한 것이다. 궁즉통의 키워드는 '變'이다. 통하기 위해서는 변해야 한다.

나는 살아오면서 궁즉통의 원리를 실감할 때가 많았다. 내일에는 도저히 이룰 수 없을 듯이 보이던 일도 내일이 오늘이 되면 아무 일이 없듯이 변하고 해결되는 경우가 많았다. 재판기일을 앞두고 속만 끙끙 앓으며 속을 태우다가 별 탈 없이 재판기일이 지나가는 경우도 많았고, 기일 내 제출이 어려울 것만 같았던 재판서류나 상고이유서도 만기 전날에 밤을 새면서도 써지는 경우가 많았다. 최선을 다했으니 변화가 올 것이고 변화가 오면 비로소 길이 열릴 것으로 믿는다. 盡人事待天命이다.

사실 지나고 나면 아무 일도 아닐 것인데 전전긍긍(戰戰兢兢)할 수밖에 없는 것이 인생살이의 이치이다. 최선을 다하면 어떤 방식으로든 길은 열린다. 그런 믿음으로 산다. 그래야 편하다.

5. "夫爲人子者 出必告 反必面 所遊 必有常"

"무릇 사람의 자식 된 자는 집을 나갈 때 반드시 부모님께 고하고, 돌아와서는 반드시 부모님 얼굴을 대하고 인사를 드리며, 밖에 돌아다닐 때에는 목적지가 일정해야 한다.

내가 '出必告 反必面'이라는 말을 처음 들은 것은 30여 년 전 대학시절이다. 그 때 상법을 담당하시던 老교수님이 계셨는데 머리는 백설이 쌓인 산봉우리처럼 백발이 성성한 모습으로 인생사에 대한 말씀을 많이 하신 것으로 기억한다. 상법상의 선하증권이니 뭐니 하는 소리는 어렴풋하게 멀리 사라졌지만 그 분이 자주 하신 말씀 중에 예기(禮記)에 나오는 '出必告 反必面'은 지금도 나의 뇌리에 남아있다. 그 분이 젊은 학생들에게 나이든 할머니들이 좌판을 벌이고 시금치나 채소 등을 파는 시장바닥을 찾아가 살아있는 삶의 현장을 살피고 인생을 배울 것을 강조한 것도 기억이 난다. 사실 시장바닥을 둘러보노라면 치열한 삶의 각축(角逐)을 보고 느낄 수 있다. 老교수님은 또 이상은 머리 안에서 이 세상 어디로나 주유할 수 있지만 현실은 발을 딛고 있는 이 땅을 떠날 수 없다는 말도 했다. 젊은이들이 이상에 들떠 현실을 무시하지 말라는 가르침이었다.

'出必告 反必面'은 집을 나설 때는 반드시 부모님께 아뢰고, 또 들어와서는 반드시 얼굴을 보이라는 뜻이다. 이 말은 "집을 나설 때에는 반드시 부모님께 나간다고 알리고, 돌아올 때에는 부모님 얼굴을 대하고 다녀왔다는 인사를 해야 된다"는 초등학교 수준의 도덕적 훈화 정도라 크게 감동을 느낄만한 구절은 아니지만 이 간단한 구절에 부모와 자식 간을 잇는 기본적 연결고리가 들어있다. 夫爲人子者의 夫는 사내나 지아비(남편)을 말하는 것이 아니라 어조사에 불과한 한자어이고, 反必面의 反은 돌아올 '返'과 같은 뜻이다. '出必告 反必面'을 '出告反面'으로 약해서 부르기도 한다.

論語 이인편(里仁篇)에 나오는 "父母在, 不遠遊, 遊必有方"(어버이가 살아계실 때에는 가급적이면 멀리 나다니지 말 것이며 나갈 때에는 반드시 행선지를 알려드려야 한다)이라는 말도 같은 뜻이다. 물론 공자가 살았던 시대의 논리를 지구촌사회에 그대로 적용하는 것은 문제가 있지만 부모와 자식이라는 기본적인 인륜은 내팽개칠 수 없다. 아주 단순한 것이지만 出必告 反必面 하나면 자식이 부모에 대한 기본적인 도리는 하는 것인데도 이마저도 지키지 못하는 나 자신이 한없이 부끄럽다.

6. "知之者 不如好之者 好之者 不如樂之者"

"알기만 하는 사람은 좋아하는 사람만 못하고, 좋아하는 사람은 즐기는 사람만 못하다."

논어 雍也篇(옹야편)에 나오는 이 말도 내가 좋아하는 말이다. 여기서 '之'자는 '도'를 말한다고 알려져 있지만 이를 무시하더라도 이 구절의 전체적인 뜻은 와 닿는다. "아는 것은 좋아하는 것만 못하고 좋아하는 것은 즐기는 것만 못하다." 자신의 얄팍한 지식만 믿고 살지 말고 지식을 추구함에 즐거움이 있어야 한다는 뜻으로도 새길 수 있다.

이 말은 거꾸로 '즐기기 위해서는 좋아해야 하고, 좋아하기 위해서는 알아야 한다'는 역설로도 읽을 수 있다. 아무 것도 모르면서 좋아할 수 없고, 좋아하지 않으면서 즐길 수는 없는 노릇이다. 공부나 취미나 다 마찬가지다. 공부를 제대로 하기 위해서는 많이 알아야 할 뿐만 아니라 공부하는 것이 좋아야 하고 결국은 공부를 즐겨하지 않으면 제대로 된 공부를 할 수 없다. 마지못해 하는 공부로 정해진 일정한 목적에는 달성할 수 있을지는 몰라도 진정한 자기공부는 할 수 없다.

세상에서 복을 많이 받은 사람은 자기의 직업을 즐길 줄 아는 사람이다. 어쩔 수 없이, 마지못해 선택한 직업에서 흥이 있을 수 없다. 직업의 귀천여부나 보수의 다과 여부를 떠나 자신의 직업에 대해 좋아하고 즐길 수 있다면 더 바랄 것이 없을 것이다. 따라서 자신의 척도로 다른 사람의 직업에 대해 호불호를 말할 수 없는 것이다. 과연 나는 내가 좋아하고 즐길 수 있는 직업이나 직종에 종사하고 있는가?

어쩌면 이 세상에 태어나 언젠가는 돌아가야 할 세상이다. 즐거움이 없는 세상을 어떻게 살 것인가? 그러나 세상사는 즐거움만 주지 않는다. 온갖 고뇌와 슬픔, 희로애락(喜怒哀樂)이 씨줄과 날줄로 얽혀있는 것이 세상사이다. 그렇지만 세상을 염세적이 아니라 낙관적으로 살 수 있는 지혜가 필요하다. 잃어버린 즐거움을 찾아야 한다.

"知之者 不如好之者 好之者 不如樂之者"는 산에 대해서도 같은 말을 할 수 있을 것이다. 산에 대해서 많이 안다고 해봐야 산을 좋아하는 것만 못하고 산을 좋아하는 것도 산을 타고 즐기는 것만 못하다. 물론 산을 잘 알고, 좋아하고, 즐길 수 있는 3박자를 고루 갖춘다면 더 말할 나위가 없겠지만…

7. "隨處作主 立處皆眞"

"如大器者 直要不受人惑
隨處作主 立處皆眞
境來回換不得" - 臨濟義玄 선사(867적)

"큰 그릇이라면 다른 사람의 유혹을 받지 않고
어디를 가나 주인이 된다면 서 있는 바로 그 자리가 참다운 삶이 된다.
어떤 경계가 다가온다 하여도 흔들리지 않을 것이다."

'隨處作主 立處皆眞'도 내가 오래 전부터 마음에 담아두고 있는 말인데 이 말은 '머무는 곳마다 주인공이 되라, 서 있는 그 곳이 바로 진리의 자리다.'라는 뜻이다. 이 말은 임제선사의 말로 전해지고 있다. 허상 세계의 객이 아닌, 실상 세계의 주인이 되란 이야기다. 隨處(어디를 가나) 作主(주인이 된다면) 立處(서 있는 곳마다) 皆眞(모두 참된 것이다). 어디에 가든 주체적으로 살고, 어디서나 주인 노릇을 하라는 것이다. 타율이 아닌 자율의 삶을 살고, 내가 살고 있는 현재의 공간에서 나 자신이 주인이 되어야 한다는 뜻이다.

어느 곳에서도 주체적 인간으로 살 수 있다면 무엇을 하든 그 하는 일과 그 있는 자리가 모두 나의 진실한 진리의 삶이다. 어떤 일이라도 주체적 역할을 할 때 그 일은 곧 온전한 내 일이 되고, 온전한 나의 삶이 된다. 이것이 철저히 살고 철저히 죽는 전기생 전기사(全機生 全機死)의 삶이다. 남이 시켜서 마지못해 하는 일에 무슨 생기가 넘칠 것이며, 의무감으로 어쩔 수 없이 하는 일에 무슨 흥이 생길 수 있겠는가?

隨處作主 立處皆眞에 대하여는 다음과 같은 해석이 그럴 듯하다.
"어디에 가건 지금 있는 그곳이 바로 진리의 자리다.
그러므로 현재의 위치가 아닌, 지금과는 다른 상황에 처해 있기를 바라고 꿈꾸지 말라.
지금 있는 이 자리가 어떤 상황이든 만족하고 행복하라.
자신이 가고 싶은 곳에 초점을 맞추는 대신,
현재 자신이 있는 곳에 초점을 맞추어 행복을 누리라.
자신이 갖고 있지 않은 것에 초점을 맞추어 언제나 배고픈 아귀가 되지 말고,
자신이 갖고 있는 것에 초점을 맞추어 만족하고 넉넉하게 부자로 살아라."

위와 같은 임제선사의 말을 마음에 두고 있었음에도 불구하고 지금까지 나 자신이 주체적으로

나의 삶을 살아왔는가를 생각하면 회의적이다. 타율과 타성에 젖어 배가 고파서 밥을 먹은 것이 아니라 밥시간이 되어서 밥을 먹어왔다. 하루하루 흘러가는 시간의 굴레 속에서 주체적인 나의 모습을 상실하고 자율이 아닌 타율의 삶을 살아왔다.

이제 나에게 주어진 시간이 얼마나 남았는지는 알 수 없으나, 남의 눈치나 보며 타율에 얽매여 살 시간이 없다. 하고 싶은 일을 하며 주체적으로 오늘을 살자. 이리저리 쓸데없이 끌려 다니지 말자. 과거는 이미 흘러갔고, 내일이 어떻게 될지는 아무도 알 수 없다. 내가 서 있는 오늘만이 참이다. 주어진 오늘의 시간에 살 수밖에 없다.

Seize the day, put no trust in tomorrow.(오늘을 잡아라, 내일을 믿지 말라)
- Horace(65 B.C. - 8 B.C.)

8. "花開半 酒微醉"

"花看半開 酒飮微醺
此中大有佳趣
若至爛漫酕醄 便成惡更矣
履盈滿者 宜思之"   - 採根譚

"꽃은 반쯤 피었을 때 보고 술은 조금 취하도록 마셔라.
무한히 아름다운 멋은 바로 그곳에 있다.
활짝 핀 꽃은 곧 시들어 버리고 술에 흠뻑 취하게 되면 추하게 되니
무엇이든 가득 차서 절정에 이른 사람은 마땅히 이를 생각하여야 하리라."

※ 微醺(미훈) = 微醉(미취) : 술이 조금 취함
※ 爛漫(난만) : 꽃이 활짝 피어 화려한 상태
※ 酕醄(모도) : 술에 만취됨
※ 盈滿(영만) : 가득하게 차다

花開半 酒微醉(화개반 주미취)는 "꽃은 반쯤 피었을 때가 보기 좋고, 술은 약간 취했을 때가 기분이 좋다"라는 뜻이다. 나는 이 말을 황대권의 「야생초편지」에서 읽고 참으로 좋은 말이라고 생각했었다. 그 책에서 默內雷(묵내뢰)라는 글도 있었던 것으로 기억한다. "겉으론 침묵을 지키고 있지만 속으로 우뢰와 같다"는 말이다. 오리가 물 위에서 미동도 않고 떠 있는 것 같지만 물속으로는 엄청난 자맥질을 하고 있다는 뜻의 비유로 볼 수 있다.

花開半 酒微醉의 원전은 채근담에 있다. 채근담에 나오는 花看半開 酒飮微醺(화간반개 주음미훈)은 "꽃은 반쯤 피었을 때 보고, 술은 조금 취하도록 마셔라."는 말이다. 요새 들판에서 들꽃들을 보거나 나무의 봄꽃들을 보노라면 꽃망울을 터뜨리는 모습이 그렇게 아름다울 수가 없다. 이미 만개하여버린 꽃들보다 반쯤 핀 꽃이 아름다운 것은 무슨 연유일까? 채근담은 이미 활짝 피어버린 꽃은

곧 시들어버리기 때문이라고 하고 있다. 꽃망울을 터뜨리며 반쯤 핀 꽃도 이내 만개하여 시들어버릴 것은 불문가지이지만 반쯤 핀 꽃에서 절정을 향하여 치닫는 젊음과 청춘의 약동을 보기 때문일 것이다. 꽃이 지더라도, 사람이 늙더라도 추해지지 않으면 얼마나 좋을까?

술도 마찬가지다. 술도 적당히 취해야 기분이 좋은 법이지, 과음이 지나치면 폭음이 되고, 만취가 되어 급기야 酩酊狀態(명정상태)에 이르게 되면 아니 마신 것만 못한 경우가 많다. 그러나 술의 속성상 조금만 취하도록 마시기는 쉽지 않다. 술은 원래 술술 마시다 보면 사람이 술을 마시기 시작했으나 술이 술을 마시고 술이 사람을 마시는 경지에 이르고 만다. 그리고 어떤 때에는 왕창 취하게 마시고 싶은 때도 있다. 술이 취한 상태를 이용하여 '반무의식적 상태'를 자초하려고 하는 경우도 있다. 형법에서 심신상실을 이야기 할 때 나오는 이른바 '원인에 있어서 자유로운 행위'(actio libera in causa)가 바로 그것이다.

그러나 채근담이 이야기하는 것처럼 술은 절제할 수 있을 때가 미덕이 된다. 술에 흠뻑 취하게 되면 본인은 좋을지 몰라도 다른 사람이 보기에는 추하게 보일 수밖에 없다. 역시 "꽃은 반쯤 피었을 때가 보기 좋고, 술은 약간 취했을 때가 기분이 좋다"는 채근담의 말은 진리다

9. "愛之欲其生"

"子張問 崇德辨惑
子曰 主忠信 徙義 崇德也
愛之欲其生 惡之欲其死
旣欲其生 又欲其死 是惑也 - 論語 '顏淵編'
"자장(子張)이 덕을 높이고 미혹을 분별하는 것에 대하여 묻자
공자는 "충과 신을 주로 하여 의에 옮기는 것이 덕을 높이는 것이다"라고 하셨다.
좋아하면 그가 살기를 바라고, 미워하면 그가 죽기를 바라니
이미 그것이 살기를 바랐다가 역시 그것이 죽기를 바라는 것이 미혹함이니라."

논어의 顏淵編(안연편)에 나오는 愛之欲其生(애지욕기생)은 고 장영희 교수가 『문학의 숲을 거닐다』(샘터, 2005)에서 동서고금의 작가들의 사랑에 관한 메시지를 열거한 후 다음과 같은 말을 이어가면서 인구에 회자되는 유명한 사랑의 정의가 되었다.

"뭐니뭐니해도 내가 이제껏 본 사랑에 관한 말 중 압권은 〈논어(12권 10장)〉에 나오는 '애지욕기생 愛之欲其生', 즉 '누군가를 사랑한다는 것은 그 사람이 살게끔 하는 것이다.'라는 말이다. 겉으로 보기에 단순하지만 사랑의 모든 것을 품고 있는 말이다. 여기서 '산다'는 것은 물론 사람답게 제대로 평화와 행복을 누리는 삶을 의미하지만, 생명을 지키는 것과도 무관하지 않다. 사랑하는 일은 남의 생명을 지켜주는 일이고, 그리고 사랑하는 사람들을 위해 내 생명을 지키는 일이 기본 조건이다."

去頭截尾(거두절미)하고 '愛之欲其生'만을 두고 본다면 장영희 교수의 해석을 나무랄 수는 없다. 그러나 논어 안연편에는 나오는 '愛之欲其生'을 전체적 맥락에서 바라본다면 愛之欲其生은 결코 사랑을 정의하는 말이 아니다. 공자는 논어 안연편 제12장에서 '仁'이란 '진리'요. '길'이라고 말하고,

'克己復禮'가 '인'이라고 말한다. 공자는 안연편에서 '仁'을 이야기하고 있지 사랑을 이야기하고 있지는 않다. 이는 愛之欲其生의 對句인 惡之欲其死(오지욕기사)를 보아도 알 수 있다. 愛之欲其生 惡之欲其死는 좋아하면 그가 살기를 바라고, 미워하면 그가 죽기를 바란다는 뜻이다. 살기를 바랐다가 죽기를 바라는 것이 바로 迷惑함이다.

논어에서 사랑을 정의하는 말은 논어 위정편에 나오는 '思無邪'(사무사)라는 말이다. 대부분 이 말을 "생각(마음)에는 사악함이 없다."는 뜻으로 새기고 있으나, 생각에 사악함이 없다는 것으로 해석한다면 이 말이 善意를 말하는 것인지, 무슨 말인지 알 수가 없다. 思無邪를 요새말로 풀이하면 "사랑은 거짓이 없는 것이다."라는 뜻이다. 거짓이 있다면 그것은 사랑이 아니다. 생각에 사악함이 없는 것이 아니다. 여기서 思는 바로 사랑이다. 사량(思量)에서 '사랑'이라는 말이 나온 것이다. 사무치게 그립고 생각나는 것이 바로 사랑이다. 어쨌든 치열하게 주어진 삶을 살다 간 장영희 교수를 애도하며 장영희 교수가 『문학의 숲을 거닐다』에서 들어둔 작가들의 사랑의 메시지를 다시 읽어보자.

  □ Love means never having to say you re sorry. - Erich Segal, 러브스토리
    사랑은 미안 하다는 말을 하지 않는 것.
  □ 사랑에는 두려움이 없다. - 요한 4장 18절
  □ 삶의 무게와 고통에서 자유롭게 해 주는 한마디의 말, 그것은 사람이다. - 소포클레스
  □ 죽음보다 더 강한 것은 이성이 아니라 사랑이다. - 토마스 만
  □ 사랑에는 늘 약간의 광기가 있다. 그러나 광기에는 늘 약간의 이성이 존재한다. - 니체
  □ 사랑은 마주보는 것이 아니라 함께 같은 방향을 보는 것이다. - 생텍쥐베리
  □ 누군가를 사랑한다는 것은 우리의 인생과업 중에 가장 어려운 마지막 시험이다. 다른 모든 일은 그 준비 작업에 불과하다. - 라이너 마리아 릴케
  □ 사랑을 치유하기 위한 유일한 방법은 더 많이 사랑하는 것이다. - 타고르
  □ 사랑은 눈으로 보지 않고 마음으로 본다. - 셰익스피어
  □ 사랑 없는 삶. 사랑하는 사람들이 없는 삶은 그림자 쇼에 불과 하다. - 괴테
  □ 삶에 있어 최상의 행복은 우리가 사랑받고 있다는 확신이다. - 빅토르 위고
  □ 사랑으로 얻은 고통은 자기 스스로만 고칠 수 있다. - 마르셀 프루스트
  □ 성숙하지 못한 사랑은 "내가 당신을 필요로 해서 당신을 사랑합니다."라고 말하지만, 성숙한 사랑은 "내가 당신을 사랑해서 당신을 필요로 합니다."라고 말한다. - 에리히 프롬

10. "人間三樂"

閉門閱會心書, 開門迎會心客,
出門尋會心境, 此乃人間三樂 - 申欽(1566~1628)

"문을 닫고 마음에 드는 책을 읽는 것,
문을 열고 마음에 맞는 손님을 맞이하는 것,
문을 나서서 마음에 끌리는 곳을 찾아가는 것,

이것이 바로 인생의 세 가지 즐거움이다."

맹자의 '君子三樂'(군자삼락)도 있고, '人間三樂'(인간삼락)도 있다. 옛날에 快食(쾌식), 快便(쾌변), 快眠(쾌면) 즉, 잘 먹고, 잘 싸고, 잘 자는 것이 인생의 세 가지 즐거움, '人生三樂'(인생삼락)이라는 이야기도 있다. 맹자의 군자삼락은 부모가 다 살아계시고 형제가 무고한 것, 하늘을 우러러 부끄럼이 없고 굽어보아도 사람들에게 부끄럼이 없는 것, 천하의 영재를 얻어 교육하는 것의 세 가지 즐거움이다.

신흠의 글에서 '會心'(회심)은 '마음에 들다'는 뜻이다. 문을 닫고 마음에 드는 책을 읽고, 문을 열고 마음에 드는 손님을 맞으며, 문을 열고 마음에 드는 곳을 찾아가는 것이 인간의 세 가지 즐거움이다.

학교에 오면 책을 많이 읽을 수 있을 줄 알았는데 실상 학교에 와서 책을 읽지 못했다. 학생들을 가르치기 위한 책이야 어쩔 수 없이 읽지만 인간수련을 위한 책들은 물론 소설책 하나 제대로 읽지 못하고 세월을 보냈다. 바쁜 변호사시절보다 널널한 학교에서 더 책을 읽지 못한 것은 아이러니다. 학교라는 동네가 전공영역끼리 꽉 막힌 동네고 선생들도 자기만의 성을 쌓고 사는 사람들이다. 제주라는 지역적 한계로 우리나라 곳곳의 가고 깊은 곳을 마음대로 가지 못하는 아쉬움도 많았다.

학교를 떠나게 되면 고향 언덕 자락에 집 한 채 짓고, 책도 읽고 손님도 맞으며, 끌리는 곳을 찾아 집을 나서는 일, 현재의 내가 그려보는 인생 3모작의 로망이다.

09 Carpe diem

1.

"Carpe diem"은 로마의 서정시인 호라티우스가 쓴 '송가 4번'에서 탄생했다. 영어로는 "Seize the Day", 직역하면 '오늘을 붙잡아라.'라는 말이다. 영화 "죽은 시인의 사회"를 통해 우리나라에도 널리 알려진 문구이다. 원문은 '카르페 디엠, 쾀 미니뭄 크레둘라 포스테로(Carpe diem, quam minimum credula postero)', '오늘을 붙잡아라, 내일이라는 말은 최소한만 믿고'로 번역된다. "지나간 과거에 얽매이지 말고 아직 오지 않은 미래를 걱정하지 말며 현재에 충실하라."는 뜻이다. 한동안 'YOLO(You Only Live Once)'라는 말이 많이 떠돌았으나, 생각 없이 '욜로' 잘못하다가는 '골로' 간다.

"**뜨겁고 진하며 강하게!**"라는 말도 내가 애용하는 말이다. 미지근하고, 흐릿하며 힘없이 사는 모습은 나의 성미에 맞지 않았다.

2.

나는 책이나 신문 등을 읽다가 "Carpe diem"이나 "뜨겁고 진하며 강하게!"와 같이 좋은 글이나 말이 있으면 메모했다가 강의를 할 때 이를 원용하여 많이 써 먹는다. 그 몇몇 개를 들어본다.

(1) 삶의 자세에 관하여

흙처럼 **진실**하게! **꽃**처럼 **아름답**게!! **별**처럼 **성실**하게!!!

세상이 너를 버렸다고 생각하지 마라.
세상은 너를 가진 적이 없다.

인생은 고릴라와 레슬링 하는 것과 비슷하다.
당신이 지쳤다고 끝나는 것이 아니라
고릴라가 지쳐야 끝난다. - 로버트 스트라우스(미국 배우)

Life is not fair; get used to it!
인생이란 결코 공평하지 않다. 이 사실에 익숙해져라. - 빌 게이츠

不要怕 不要悔
미래를 두려워하지 말고 과거를 후회하지 말라!
젊었을 때에는 두려워하지 말고 나이가 들어서는 후회하지 말라.

웃어라, 온 세상이 너와 함께 웃을 것이다.
울어라, 너 혼자 울 것이다. - 엘라 휠러 위콕스(미국시인)

Stay hungry. Stay foolish. - 스티브 잡스
계속 갈망하라. 여전히 우직하게

Your time is limited, so don't waste it living someone else's life. - 스티브 잡스
여러분의 삶은 영원하지 않습니다. 그러니 낭비하지 마십시오.

Either you run the day or the day runs you. - Jim Roh
하루를 지배하든지 지배를 당하든지 그것은 당신에게 달려 있다.

목적이 없는 공부는 지루하고, 목적이 분명한 공부는 고달프다.

배움은 세상의 모든 마침표를 물음표로 바꾸는데서 시작한다.

You're Not Late! You're Not Early.

Experience never gets old.
경험은 결코 늙지 않는다.

Knowledge speaks, but wisdom listens.
지식은 입을 열지만, 지혜는 귀를 연다.

머리로 아는 지식에는 한계가 있다.
똑똑해지고 싶다면 책을 덮고 거리로 나가라.
깨닫고 싶다면 생각을 멈추고 자전거에 올라타라.
어리석음에서 벗어나고 싶다면 검색하는 손짓을 그치고 가뿐 숨을 몰아쉬며 달려라.
뜨거운 호흡이 교차하는 문밖으로 나가 그대의 몸으로 부딪쳐라.
인생의 지혜는, 더 이상 갈 수 없을 만큼 고통스러운 곳에서 빛난다.
'여기가 끝이다' 싶을 때 그대의 아픈 근육이 내지르는 소리에 귀를 기울여보도록.
- 명로진 『행복한 수업』

We have two ears and one mouth so that we can listen twice as much as we speak.
인간의 귀는 둘인데 입은 하나인 이유는 말하는 것만큼의 두 배를 들을 수 있기 때문이다.

동트기 전에 일어나라.
기록하기를 좋아하라, 쉬지 말고 기록해라, 생각이 떠오르면 수시로 기록해라.
기억은 흐려지고 생각은 사라진다.
머리를 믿지 말고 손을 믿어라. - 다산

써야 생각한다. 짧은 글이라도 매일 써라. 그래야 생각하게 된다.
글쓰기는 생각의 근력을 키우는 일이다.
종이 글이 SNS 글보다 이해·기억 효과가 40% 이상 높다.

逐鹿者 不顧兎 사슴을 쫓는 자는 토끼새끼를 쳐다보지 않는다.
확고한 인생목표를 정하고 일로매진하는 사람은
사소한 유혹이나 일에 벗어나야 큰일을 할 수 있다.
나무를 잘 키우기 위해서는 과감하게 잔가지를 잘라주어야 한다.

바꾸지 않기로 고집하면 아무 것도 바뀌지 않는다.
'목표'를 잃는 것 보다 '기준'을 잃는 것이 더 큰 위기다.
인생의 방황은 목표를 잃었기 때문이 아니라 기준을 잃었기 때문이다.
인생의 진정한 목적은 무한한 성장이 아니라 끝없는 '성숙'이다.

세상을 바꾸는데 **냉철한 머리**보다는 **따뜻한 가슴**이,
따뜻한 가슴보다는 **실천하는 발**이 중요하다.
인생의 가장 먼 여행은 머리에서 가슴까지의 여행이라고 합니다.
냉철한 머리보다 따뜻한 가슴이 그만큼 더 어렵기 때문입니다.
그러나 또 하나의 가장 먼 여행이 있습니다.
가슴에서 발까지의 여행입니다.
발은 실천입니다, 현장이며 숲입니다. - 신영복, "처음처럼" 중에서

오늘이 아무리 힘들고 버거워도 포기하지 말고 버티며 견뎌라
버텨라, 견뎌라, 내일은 온다. 오늘 포기하면 무너진다.

If you're going through hell, keep going. - Churchill
지금 고통스럽다면 계속 견뎌라.

Every second counts!
한순간도 소홀히 하지 말라!

갈까 말까 할 때는 가라!
살까 말까 할 때는 사지마라!
먹을까 말까 할 때는 먹지마라!
줄까 말까 할 때는 주라!
말할까 말까 할 때는 말하지 마라!

우리는 다른 사람과 같아지기 위해
삶의 3/4을 빼앗기고 있다. - 쇼펜하우어

힘은 언제나 자기 안에 있다.
그래서 힘을 내라고 하지
"내 힘을 받아라."고 하지 않는 것이다.

If you want to change the world, Start by making your bed!

우리는 각자 삶의 오너드라이버. 핸들 놓지 말 것.
삶에 있어 원하는 곳까지 데려다주는 '택시드라이버'는 없다.
삶의 목적지까지 자기 스스로 몰고 가는 '오너드라이버'다. - 김영훈의 "생각줍기"에서

자신이 될 것이라는 확신이 없는 사람은
절대 3만 5천장을 그리지 못한다.
1만 장쯤 그려서 평범한 만화가가 되거나
하루에 10장이나 겨우 그리다가 연필을 꺾는다.
확신이 없는 사람은 절대 노력하지 못한다.
확신이 없는 사람이 자신의 열정을 다 소진하는 경우는 없다.
그들에게 밤샘 작업은 글자 그대로 고통일 뿐이다.
반면에 확신에 찬 사람들에게 밤샘 작업은 최고의 즐거움이다.
그들이 밤을 새자고 작정하는 게 아니다.
시간 가는 줄 모르고 즐거워 몰두하다 보니 날이 밝아오는 것이다.
- 이현세, "인생이란 나를 믿고 가는 것이다"

(2) 인간에 관하여

사람은 있는 그대로일 때 가장 솔직하지 못하다.
가면을 주면 그는 진실을 말할 것이다. - 오스카와일드

인간은 완전한 기회만 갖추어진다면 살인 정도의 일은 밥 먹듯 해치울 수 있는 존재이다.
일기 쓸 때도 남들 볼까 보아 거짓을 섞는다.

소금 3%가 바닷물을 썩지 않게 하듯이
우리 마음 안에 3%의 고운 마음씨가 우리의 삶을 지탱하고 있다.
돕는다는 것은 우산을 들어주는 것이 아니라 함께 비를 맞는 것이다.

판결은 번복될 수 있지만 선입견은 번복될 수 없다.

한번 떠난 사람은 돌아와도 한번 떠난 사랑은 돌아오지 않는다.

과거에 집착하느라 현재를 소홀히 하고 미래를 생각하지 못하는 것
상자 속 사과도 좁은 공간에 너무 붙어 있으면 썩는다.
짐이 많을수록 오히려 여행은 무겁고 힘들어진다.
무소유는 아무 것도 가지지 않는 것이 아니라 필요하지 않는 것을 가지지 않는 것이다.

조각이란 뭔가를 덧붙이는 작업이 아니라 필요 없는 것들을 덜어내는 작업의 연속이다.
- 미켈란젤로

소유하는 것이 아니라 점유하다가 갈 뿐이다.

권력은 불과 같아서
너무 멀면 춥고 너무 가까우면 타 죽는다.

소나무가 늘 푸른 것은 끊임없이 잎을 바꾸기 때문이다.

남들이 당신을 어떻게 생각할까 너무 걱정하지 말라.
그들은 그렇게 당신에 대해 많이 생각하지 않는다. - 엘레노어 루즈벨트

집을 청소하지 않고 그대로 놔두면 반드시 먼지가 쌓이게 되어 있습니다.
가을에 낙엽을 쓸고 돌아서면 그 순간 다시 잎이 떨어집니다.
마음도 마찬가지겠지요. 깨끗이 닦았다고 생각한 순간부터 더러움이 쌓이기 시작합니다.
과거에 대한 집착이나 미래에 대한 불안으로 가득 찬 마음은
'지금'이라는 순간으로부터 점점 멀어집니다.
그래서 승려들은 바닥을 닦는 데 전력을 다합니다.
청소는 바로 '지금'에 집중하는 수행인 셈입니다. - 마츠모토 케이스케 『청소 시~작!』

(3) 삶과 죽음에 관하여

죽음에 대해 모르는 3가지 : 언제, 어디서, 어떻게 죽을지 모른다!
죽음에 대해 아는 3가지 : 누구나 죽고, 혼자 죽고, 죽는 순서가 없다!

삶은 연기된 죽음에 불과하다. - 쇼펜하우어
태어난 순간 죽음은 시작된다. - F. 베이컨

인간의 말년은 쓸쓸한 게 당연한 일이다.
미래의 경쟁력은 외로움을 즐기는 힘!

無錢長壽 有病長壽 無業長壽 獨居長壽
오래 사는 건 축복이지만
돈 없고, 병들고, 할 일 없이 혼자 오래 사는 것은 불행한 일이다.

'Amor Fati' - "Love your fate", which is in fact your life. - F. Nietzshe

'c'est la vie'(세라비)! 그것이 인생이다!

'Que sera, sera,' 'Whatever Will Be Will Be'

Life would be tragic if it weren't funny. - 스티븐 호킹
인생이 재미없다면 그것은 비극!

Wish not so much to live long as to live well. - 밴저민 프랭클린
오래 살기를 바라기보다 잘 살기를 바라라.

The life that is not examined is not worth living. - 소크라테스
시험받지 않는 삶은 살 가치가 없다.

인생 후반기를 젊게 살려면
1. 한 번 뿐인 인생 즐기며 살아가라. 즐겁게 살면 80도 청춘이다.
2. 아픔도 감사하라. 감사하는 마음이 노화를 정지시킨다.
3. 누가 뭐란다고 속상해하지 말라. 속이 상하면 겉(피부)도 상한다.
4. 욕심을 절반만 줄여라. 노화도 절반으로 줄어든다.
5. 나만 옳다는 생각을 버려라. 나도 옳고 남도 옳다.
6. 과욕 과로 과식 과음 과속 과체중은 죽음에 이르는 병이다. 부족한듯 살아가라.
7. 순수한 마음의 주인이 되라. 아이들은 결코 늙지 않는다.

8. 걱정해서 해결될 문제만 걱정하라. 해결될 수 없는 문제와는 씨름하지 말라.
9. 스트레스를 두려워말라. 즐길 줄 아는 사람에게는 그것도 오락이다.
10. 뜨겁게 사랑하라. 기쁨에너지가 젊음을 꽃피운다.

남아 있는 시간을 위한 10가지 비밀
1. GIVING(베풀어라) 수의에는 주머니가 없다. 많이 주고 베풀고 가라.
2. RELATING(대인관계에 관심을 기울여라) 인생 후반기에 같이 놀 수 있는 친구가 있어야 한다.
3. EXERCISING(운동해라) 틈나는 대로 움직이고 걷고 뛰어라.
   건강이야말로 최고의 미덕이다.
   자기 몸은 자기가 지켜야 한다. 추한 모습을 남에게 보이지 말라.
4. APPRECIATING(감사해라) 오늘 하루하루가 다시 올 수 없는 소중한 시간이다.
   오늘 내가 살아있다는 것은 선물이고 환희이다.
5. TRYING OUT(도전해라) 새로운 것을 배워라. 세상에는 모르는 것투성이다.
6. DIRECTION(목표를 설정해라) 인생은 도전의 연속이다.
   한반도 둘레길과 국가숲길 순례, 세계문화유산 답사 등등.
   죽기 전에 해볼 만한 것들이 너무 많다.
7. RESILIENCE(회복력을 가져라)
   인생의 가장 큰 영광은 한 번도 쓰러지지 않는 것이 아니라 쓰러질 때마다 일어나는 것이다.
8. EMOTION (긍정적으로 생각해라) 모든 것에 열정을 갖고 긍정적으로 바라보라.
9. ACCEPTANCE (자신을 받아들여라) 단점이 없는 사람은 없다.
    나의 몸에 병이 없기를 바라지 말라.
10. MEANING (삶의 가치 있는 의미를 찾아라) 좀 더 의미 있는 사회활동에 참여해 보라.

(4) 행복에 관하여

보통 인생의 의미를 행복이라고 생각한다.
그런데 행복하지 않다면 어떻게 하겠는가?
불행하면 인생의 의미도 사라지는가?
행복은 예측할 수 없고 쉽게 사라진다. 노력한다고 얻을 수 있는 것도 아니다.
그래서 목표로 삼을 수 없다. 행복이 삶의 목적이라면, 불행해졌을 때 인생은 바로 실패한 것이 되어 버린다. -조던 피터슨

행복피로사회! 행복을 좇으면 좇을수록 더 불행해진다.
젊은이는 주식과 가상화폐만 이야기 하고 중년들은 집값 이야기만 한다.
행복에 매달리는 것은 불행에 이르는 지름길이다.

행복을 의미하는 영어 단어 'happiness'(해피니스)는 'happening'(해프닝)에서 파생되었다.
느닷없이 벌어지는 상황에서 행복이 온다.

불행은 언젠가 내가 소홀히 보낸 시간들이 나에게 가하는 복수다. - 나폴레옹
행복과 건강은 스스로 만드는 제품이다!
죽음의 노예가 되지 말고 죽음에 맞서 정면 돌파하라!
시계를 되돌릴 수는 없다. 그러나 시계의 태엽을 다시 감을 수는 있다.

실패를 겁내지 않는 실패할 수 있는 용기가 필요하다.
백패스에 주력하는 인생에서 행복이라는 골은 자주 터지지 않는다.

피할 수 없으면 즐겨라! 설레지 않으면 버려라!

절제는 욕망의 제거가 아니라 욕망의 지배이다!

얼굴은 얼이 사는 집(마음의 거울)이다. 얼굴이 펴지면 인생이 편다.

부부란 3개월 사랑하고 3년을 싸우고 30년을 참고 기다리는 것

배우자 = 인생을 살면서 서로에게 배우는 사람.
적자생존 = 적자를 보는 사람이 살아남는다. 적어야 생존한다.

수학을 좀 못해도, 상식이 좀 없어도, 사는 데 별 지장이 없다.
그러나 웃음이 없는 삶은 견디기 힘들다.
더구나 '웃기고자' 하는 것에는 항상 선의가 숨어 있다.
타인에게 기쁨을 주고자 하는 선의.
나는 아이가 높은 자리에서 '당최 웃을 일이 없다' 불평하는 사람이 되기보다는
낮은 자리에서도 유머 감각을 잃지 않는 어른으로 자라주기를 바란다.
자신과 주변인의 행복을 살피는 건강한 사람으로. - 오소희, 『엄마, 내가 행복을 줄게』

'쓸모없는 일' 속에는 참으로 가치 있는 것들이 많습니다.
사랑하는 사람과 나누는 잡담, 놀이, 취미, 기도, 산책, 휴식 같은 것들이지요.
일본의 환경운동가 쓰지 신이치는 오히려 인생은 이런 잡일들의 집적이며,
쓸데없는 시간 낭비라고 여기는 일들이 실은 삶의 보람이며
우리에게 깊은 만족감을 준다고 역설합니다.
친구를 사귀는 데도 시간이 필요하고 아이를 기르는 데도 시간이 필요하며,
작은 화분을 가꾸는 데도 시간이 필요합니다. - 원영, 『인생아, 웃어라』

취미가 중요한 것은 좋아하는 일을 하면 기쁨을 느끼고 행복해지기 때문이다.
한국인들은 취미생활이 몇 가지로 제한돼 있고 그나마 즐기는 경우가 많지 않다.

일만 열심히 해서 일이 취미인 사람이 정년이 되어 회사를 그만두면 마음이 허탈해지고 할 일이 없어 집에만 틀어박혀 있는 경우가 많다. 그러다 보니 마음에 공허감이 오고 금방 늙어버리는 경우를 보아왔다.

- 이정한, 『돈키호테 희망을 쏘다』

(5) 인생길에 관하여

천국에 들어가려면 다음 두 가지 질문에 답해야 한다.
하나는 "인생에서 기쁨을 찾았는가?"
다른 하나는 "당신의 인생이 다른 사람을 기쁘게 해주었는가?"

아무리 어려운 길이라도
나 이전에 누군가는
이 길을 지나갔을 것이고
아무리 가파른 길이라도
나 이전에 누군가는
이 길을 통과했을 것이다.
아무도 걸어가 본 적이 없는
그런 길은 없다. - 베도르시안

생각하는 대로 살지 않으면
사는 대로 생각하게 된다. - Paul Valery

不欺自心(불기자심) - 성철 스님
'자기 마음을 속이지 마라'

獨處毋自欺(독처무자기)'
'홀로 있는 곳에서도 자신을 속이지 마라'

혼자 살자니 외롭고 함께 살자니 괴로운 인생의 딜레마

인생에 정답은 없지만 해답은 있다.

나를 흔드는 사람은 아무도 없다.
다만 내가 흔들릴 뿐이다.
나를 힘들게 하는 사람은 아무도 없다.
다만 내가 스스로 힘들어할 뿐이다.
나를 붙잡는 사람은 아무도 없다.

다만 내가 붙잡고 있을 뿐이다.
나를 괴롭게 하는 사람은 아무도 없다.
다만 내가 괴로워할 뿐이다.
모든 것은 나로부터 시작되어
나에게 되돌아온다. - 이시현, '프라다 가방을 든 노숙자' 중 -

사는 힘도 힘이지만 죽음으로 가는 힘도 힘이다.

인생 질주하며 되돌아 볼 때
'남'이 보이면 이겨도 진 게임이고
'자신'이 보이면 져도
이긴 게임이다. - 김영훈의 "생각줍기"에서

放下着 着得去
비워야 새롭게 채울 수 있다.

인간의 몸에는 여섯 개의 소용되는 부분이 있다.
그 중에서 셋은 지배할 수 없지만
또 다른 셋은 자신의 힘으로 마음대로 할 수 있는 부분이다.
지배할 수 없는 세 가지는 **눈**과 **귀**와 **코**이고
자신의 의지대로 할 수 있는 세 가지는 **입**과 **손**과 **발**이다.

우리는 보고 싶은 것만 볼 수 없고,
듣고 싶은 말만 골라 들을 수도 없고,
맡고 싶은 냄새만 선택해 맡을 수도 없다.

그러나 우리는 의지에 따라
좋은 말만 할 수 있고
좋은 것만 잡을 수 있고
원하는 곳으로만 갈 수 있다.

부처·불법·승려의 삼보(三寶)를 지칭하는 복전(福田)은 신도들에게 복을 내리고 베푸는 기틀이 된다. 말 그대로 '복의 밭'이다. 밭에서 짓는 농사에서 공짜로 얻는 것은 단 하나도 없다. 땅을 갈고 일구고 고르며 매야 하는 밭일에서 불로소득은 없다. 복전도 마찬가지다. 복을 위해 애쓰고 노력해야만 복이라는 수확을 거둘 수 있기 때문이다. 그래서 복은 얻는 것이 아니라 짓는 것이다."
- 김열규, "복(福)은 스스로 짓는 것" 중에서.

It ain't over till it's over.
끝날 때까지는 끝난 게 아니다.

Dum Spiro Spero.
숨 쉬는 동안 나는 희망한다.

(6) 과거, 현재, 미래에 관하여

Do not dwell in the past,
do not dream of the future,
concentrate the mind on the present moment.
과거에 살지 말고 미래를 꿈꾸지도 말라, 지금 이 순간에 충실 하라

과거를 아쉬워하지 않으니 아름답고,
현재를 붙잡으려 하지 않으니 자유롭고,
미래를 두려워하지 않으니 새롭다.

어제는 부도수표(a canceled check),
내일은 약속어음(a promissory note).
오늘만이 유일한 현금(the only cash)이다.

Yesterday is history, Tomorrow is a mystery, and Today is a gift;
that's why we call it - the Present.
어제는 역사이고, 내일은 미스테리, 그리고 오늘은 선물이다.
그렇기에 우리는 현재(present)를 선물(present)이라고 말한다.

과거는 해석에 따라 바뀐다.
미래는 결정에 따라 바뀐다.
현재는 지금 행동하기에 따라 바뀐다.

莫把昨日當今日, 昨日只能爲昨日.
어제를 오늘로 여기지 말라. 어제는 그저 어제일 뿐일지니.

Today is the tomorrow you worried about yesterday.
오늘은 우리가 어제 그토록 걱정했던 내일이 아니던가.

"미래에 골몰하느라 현재를 소홀히 하다가,
결국에는 현재도 미래도 놓쳐 버린다.

영원히 죽지 않을 듯 살다가 살아 보지도 못한 것처럼 죽어 간다."

"모순이다. 어렸을 땐 어른이 되고 싶어 안달하다가도,
막상 어른이 되어서는 잃어버린 유년을 그리워한다.

돈을 버느라 건강 따위는 안중에도 없다가도,
훗날 건강을 되찾는 데 전 재산을 투자한다." - 흐르는 강물처럼(파울루 코엘류)

10 Sein zum Tode : Memento mori
- 죽음도 삶의 일부분이다[1] -

1.

　사람은 예외 없이 누구나 언젠가는 다 죽는다. 죽음만큼 확실한 것은 없다. 그런데 사람들은 겨우살이를 준비하면서도 죽음은 준비하지 않는다(톨스토이). 사람이 죽게 되면 그 죽음의 법적 뒤처리 문제가 남는데 그것이 바로 상속이다. 삼성이나 한진 등 재벌가뿐만 아니라 시중의 장삼이사(張三李四)들도 망인의 유산 내지는 상속재산을 둘러싸고 서로 싸우고 반목하는 경우를 종종 보게 된다.

　재산이 많건 적건 관계없이 상속은 이제 모든 사람의 관심사가 되었다. 상속은 TV 드라마에나 나오는 남의 일만이 아니다. 그만큼 상속에 대한 합리적 사고가 필요한 때이다. 바람직한 노후설계를 위하여 상속법과 유언법은 어쩌면 우리가 살아가면서 갖추고 있어야 할 최소한의 생활의 지혜일지도 모른다. 상속분쟁을 피하거나 최소화하기 위하여 누구나 상속법에 대한 기본지식을 갖추고 있어야 하는 시대에 살고 있다.

　사회의 일각에서는 '유산남기지 않기' 운동을 벌이기도 하지만 재산이든 부채든 보통 사람들은 주어진 인생을 살다가 가면서 뭔가 흔적을 남기고 간다. 상속에 대한 준비가 없으면 평생 고생하며 일구어놓은 재산이 자기의 의지와 상관없이 엉뚱한 곳으로 흘러가거나 흩어져버릴 수가 있다. 사후에 자식들이 유산을 놓고 싸우는 모습을 보지 않기 위하여도 유언을 적극적으로 활용할 필요도 있다.

　재산이 많건 적건 상속은 이제 모든 사람의 관심사가 되었다. 상속은 TV 드라마에나 나오는 남의 일만이 아니다. 그만큼 상속에 대한 합리적 사고가 필요한 때이다. 바람직한 노후설계를 위하여 상속법과 유언법은 어쩌면 우리가 살아가면서 갖추고 있어야 할 최소한의 생활의 지혜라고 할 수 있다. 상속분쟁을 피하거나 최소화하기 위하여 상속법에 대한 기본지식을 갖추고 있어야 한다.

2.

　생자필멸(生者必滅), 사람은 예외 없이 누구나 언젠가는 다 죽는다. 병으로 죽거나, 늙어서 죽거나, 재해나 사고로 죽거나 죽을 때는 모든 것을 다 남기고 간다. 수의(壽衣)에는 주머니가 없다. 사

---

[1] 이 글은 본인의 저서 「상속과 유언」, 도서출판 학연, 2014. 머리말과 Epilogue 부분에서 발췌한 것이다.

람이 죽게 되면 그 죽음의 법적 뒤처리 문제가 남는데 그것이 바로 상속이다.

사람들은 '죽음'을 자기와 상관없는 것으로 터부시하고 죽음에 대하여 이야기를 꺼내는 깃 자체를 꺼려하지만 삶의 주위를 배회하는 것이 죽음이고, 실상 삶과 죽음은 동전의 앞뒷면과 같은 것이다. 우리들의 삶은 'Sein zum Tode'(죽음을 향해 치닫고 있는 존재)이다. 불원간에 마주할 죽음을 대비하며 현재를 살 필요가 있다. 알고 보면 인생은 그리 길지가 않다.

삼성이나 한진 등 재벌가뿐만 아니라 시중의 장삼이사(張三李四)들도 유산 내지는 상속재산을 둘러싸고 서로 적이 되고 앙숙이 되어 골육상쟁(骨肉相爭)을 하는 경우를 종종 본다. 원로 영화배우고 황정순씨의 수십억 유산을 둘러싼 자식들의 싸움이 보도되기도 했다. 형제자매도 부모가 살아있을 때 형제자매이지 부모가 돌아가시면 옆집 사는 사람과 별반 다르지 않다는 것을 알게 되는 경우가 있다. 형제자매간의 갈등에는 부모가 남긴 상속재산을 둘러싼 응어리가 잠복해있는 경우가 많다. 상속싸움은 우리나라에만 있는 것이 아니다. 미국의 흑인 인권운동가 마르틴 루터 킹 목사의 자녀들의 상속싸움으로 인권운동에 목숨을 바친 아버지를 부끄럽게 만들고 있다는 보도도 있었다.

아내가 남편의 갑작스러운 사망 소식에 충격을 받았다가 자식들이 상속요구를 하면서 더 충격을 받는 경우도 있다. 평생 사회물정을 모르고 전업주부로 살아온 아내에게 남겨진 것은 남편 명의의 집 한 채가 전부이지만, 자식들이 재산상속을 요구하면서 이 집을 팔고나면 전셋집은 물론이고 생활비도 마련할 길도 없어 막막한 상황이 되기도 한다.

지난 2011년 서울 서초구에 사는 조모(61) 씨는 형(77)을 상대로 "형이 돌아가신 아버지로부터 재산을 더 많이 받았다"며 소송을 제기했다. 재판부가 "상속 개시 후 10년이 지나 시효가 소멸했다"며 원고 패소판결을 내렸으나 판결보다 이목을 끌었던 것은 146만원이라는 청구 액수였다. 일상화된 상속분쟁은 액수뿐 아니라 상대 역시 가리지 않는다. 형제간 유산 다툼뿐 아니라 부모를 상대로 한 상속 소송도 심심치 않게 볼 수 있다. 고령화 사회를 맞아 노후를 걱정하는 부모 세대와 상속을 당연시 여기는 자녀 세대 간 갈등이 관련 소송으로 이어지고 있다는 분석도 있다.

이혼과 재혼이 증가하면서 계모(새엄마)와 전처소생의 자식들이 상속재산을 놓고 다툼을 벌이는 예도 늘고 있다. 우리나라 혼인신고 건수의 25%(1/4)는 재혼이다. 자식을 낳지 않거나 하나만 낳으면 상속문제로 머리를 싸매지 않아도 될지도 모른다. 그러나 자식이 없으면 상속인이 부모나 형제자매, 4촌 이내의 방계혈족까지 이어질 수 있으므로 어차피 상속의 굴레에서 벗어날 수 없다. 아무것도 남기지 않으면 편안히 갈 수도 있을 것 같은데 한세상을 살다보면 재산이든 부채든 뭔가 흔적을 남기지 않을 수 없다. 혹은 자식에게 교육이니 뭐니 하며 '올인'하여 다 퍼주고 노후에 자식들에게 버림을 받는 상속 빈곤층도 늘고 있다. 그런가 하면 빚만 잔뜩 남겨놓고 죽는 바람에 자식들이 부채를 물려받아 덤터기를 쓰고 고통을 받는 자식들도 있다. 상속은 부모 재산을 물려받는 아름답기만 한 것이 아니라 부모의 빚까지 떠안아야 하는 추악하고 일그러진 모습으로 나타나기도 한다. 이런 저런 문제들은 상속제도가 존재하는 한 피할 수 없는 인간들의 숙명일지도 모른다.

3.

　법률적 의미의 유언을 많이 듣는 사람들이 공증인이라면 통속적 의미의 유언을 제일 많이 듣는 사람들은 어떤 사람들일까? 죽음을 앞둔 사람들로부터 인생의 오욕과 회한을 제일 많이 듣는 사람들은 누구일까? 사람들은 의사들을 떠올리겠지만 의사들은 환자들과 거의 기계적인 대화를 나누고 죽음을 앞둔 사람들과 진솔한 대화를 나누지 못한다. 장병(長病)에 효자 없다고 1년, 2년 병석에 드러누워 있으면 가족들도 지쳐간다. 아마도 말기암 환자를 간호하는 직종인 호스피스들이 죽음을 목전에 둔 사람들로부터 인생의 오욕과 회한, 우리가 통속적으로 말하는 유언을 제일 많이 듣는 사람들이 아닐까 생각한다.

　이들을 통해 들어보니 사람들은 죽음으로 가는 일련의 과정을 거친다고 한다. 보통 사람들이 정밀검진에서 암 진단을 받고 주변을 정리하라는 말을 듣게 되면 대부분 '부정'한다고 한다. 자신은 건강에는 자신하며 살아왔고, 술, 담배도 하지 않고 운동도 열심히 하고 있는데 무슨 놈의 암이냐고 그럴 리 없다고 부정한다는 것이다. 한국 병원을 믿을 수 없다고 하고는 미국 앤더슨병원에서 검진을 받아도 암 진단이 확진되면 그때부터는 '분노'한다고 한다. 자기같이 인생을 열심히 살아온 사람은 빨리 가고 저 사기꾼 같은 자식들은 오래 살고, 세상에 대한 적의와 분노를 표출한다고 한다.

　그러나 항암의 고통은 다가오고 머리털은 슬슬 빠져가고 그때부터는 "좌절"한다고 한다. 이제는 자기 힘으로는 어쩔 수 없는 상황에 처하면서 좌절할 수밖에 없다. 결국 삶에의 희망을 잃고 "체념"할 수밖에 없고, 죽음을 받아들일 수밖에 없는 "수용"의 단계를 거치면, 기존에 종교를 가진 사람들은 더 종교에 심취하고 평생 교회 한번 가보지 않은 사람이 하느님을 찾는 "승화"의 단계를 거쳐 눈을 감는다고 한다.

　이와 같이 부정 → 분노 → 좌절 → 체념 → 수용 → 승화의 과정에서 편안하게 눈을 감는 사람도 있고, 우락부락 악을 쓰다가 가는 사람도 있다는 것이다.
　호스피스들을 통해 이렇게 죽음을 앞둔 사람들이 무슨 말을 제일 많이 하는가를 조사해봤더니 표현은 다양했지만 세 가지만 들어보면 다음과 같은 이야기들이었다.

　첫째, 이렇게 내일 모래 간다고 하니 마누라가 불쌍해서 미치겠다는 것이었다. 불쌍한 자식들을 놔두고 가는 것이 못내 원망스럽다는 것이다. 이럴 줄 알았으면 배우자나 가족들, 주위 사람들에게 좀 더 "잘해줄 걸" 잘해주지 못한 것이 제일 원통하다는 것이다.
　둘째로 많이 한 이야기가 이렇게 죽는 줄 알았다면 다 "줘버릴 걸" 주지 못했다는 것이다. 다 가지고 갈 줄 알았는데 수의에는 주머니가 없다는 사실을 그때야 알았다는 것이다. 사위자식 사업한다고 할 때 몇 푼 주어버릴 걸, 여기저기 달라는 곳에 좀 주어버릴 걸, 주지 못한 것이 한스럽다는 것이다.
　셋째로 많이 한 이야기는 좀 의외였는데 이렇게 갈 줄 알았으면 놀기라도 막 "놀 걸" 제대로 놀아 보지도 못하고 간다는 것이 너무 억울하다는 것이다. 돌이켜보면 인생 60이나 70, 아무 것도 아닌데 해외여행 한 번 가보지 못하고, 하고 싶은 것 해보지도 못하고 눈을 감는 것이 너무 미련이 많이 남고 억울하다는 것이다.

이들의 이야기를 반추해보면 결국 주위사람들에게 '잘 해주고', '많이 베풀고', '잘 놀며' 사는 것이 우리들 인생삼락(三樂)이 아닐까 생각해본다. 'Memento Mori(죽음을 기억하라)!'는 지금 우리가 '어떻게 살아야 할 것인가'를 일깨워주는 살아있는 메시지다.

우리가 살아가는 데 있어 웰빙(well-being) 못지않게 웰다잉(well-dying)도 중요하지 않을까? 죽음도 삶의 일부분이라는 엄연한 사실을 받아들이고 오늘이 내 인생의 마지막 날인 것처럼 최선을 다해 사는 것이 바로 웰다잉이다. 마지못해 수동적으로 죽음을 맞는 것이 아니라 긍정적으로 죽음을 받아들이고 죽음에 대한 대비가 필요하다. 상속과 유언에 대한 합리적 사고가 편안하게 죽음에 다가 갈 수 있도록 하는 웰다잉의 씨앗이 되기를 바란다.

11 묘비명 연습

1.

　묘비명(墓碑銘, Epitaph))은 그 사람이 살아온 삶의 총체이자 기억이다. 밀란 쿤데라는 묘비명이란 '존재와 망각의 환승역'이라고 했다. 매장방식이 전통적인 매장에서 납골묘 등으로 바뀌면서 전통적인 묘비명을 만나기 어려운 환경이 되고 있지만 묘비명을 보노라면 이 세상을 살고 간 한 사람의 생의 '마지막 축약'(The Final Condensation)을 보는 감회가 없을 수 없다.

　이 묘비명은 사후 남아있는 사람이 새겨놓는 것보다 묘비의 주인이 직접 써놓는 것이 의미가 있을 것이다. 언제 닥칠지 모르는 죽음을 준비하며 나답게 살고 나답게 죽을 수 있도록 나도 나의 묘비명을 생각해보고 있다. 묘비명을 통해 자신의 삶을 반추할 수 있다.

　세상에 죽음만큼 확실한 것은 없다. 알고 보면 우리들의 삶은 'Sein zum Tode'(죽음을 향한 존재)이다. "삶은 연기된 죽음에 불과하고"(쇼펜하우어), "태어난 순간 죽음은 시작된다."(F. 베이컨). 그런데 사람들은 겨우살이를 준비하면서도 죽음은 준비하지 않는다. **Memento Mori** - '죽음을 기억하라.' 죽음은 고향으로 돌아가는 것이다. 두려울 것도 싫어할 것도 없다.'(莊子)

2.

　우선 묘비명을 소재로 하거나 주제로 한 시 몇 편을 보자

*많이 보고 싶겠지만
조금만 참자*

　단순하면서도 짧고 쉬운 나태주 시인의 "묘비명"이다. 나태주 시인은 묘비명에서 "나 보고 싶어서 왔지. 조금만 참어. 너도 나처럼 죽을 것이다."라는 언질을 주고 있다. 인생을 잘살라는 메시지를 보여주고 있다.

*단 한 줄의 시는커녕
단 한 권의 소설도 읽은 바 없이
그는 한평생을 행복하게 살며
많은 돈을 벌었고
높은 자리에 올라*

이처럼 훌륭한 비석을 남겼다
그리고 어느 유명한 문인이
그를 기리는 묘비명을 여기에 썼다
비록 이 세상이 잿더미가 된다 해도
불의 뜨거움 굳굳이 견디며
이 묘비는 살아남아
귀중한 사료가 될 것이니
역사는 도대체 무엇을 기록하며
시인은 어디에 무엇을 남길 것이냐

김광규 시인의 "묘비명"이다. 한평생 돈을 많이 번 졸부를 위해 유명한 문인이 거창한 묘비명을 써주는 세태를 풍자한 시다.

꿈의 귀향
어머니의 심부름으로 이 세상 나왔다가
이제 어머니의 심부름 다 마치고
어머님께 돌아왔습니다.

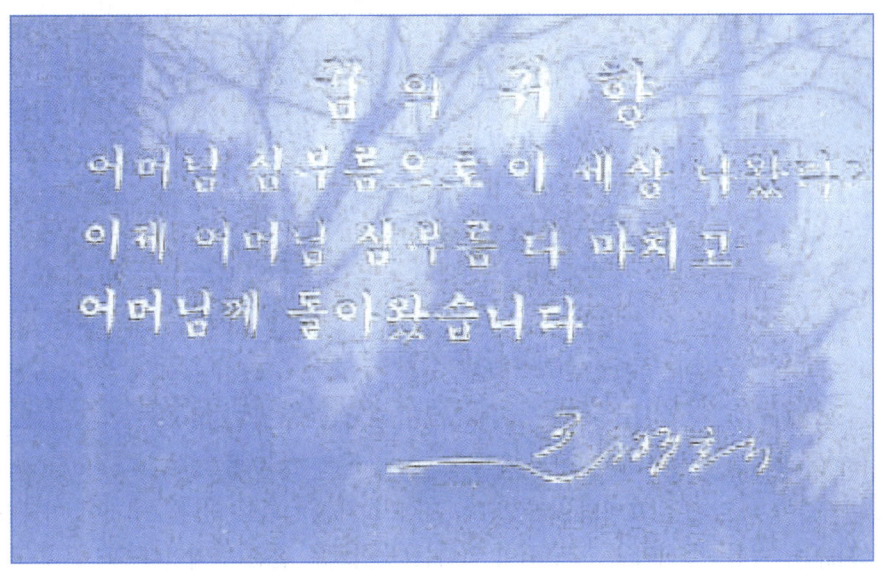

편운 조병화의 묘비명이다. 시를 쉽게 쓰는 시인답게 조병화의 묘소에 바로 이 묘비명이 서 있다. 시인의 묘소는 어머니의 심부름을 받고 이 세상 나왔다가 어머니 심부름 마치고 돌아온 꿈의 귀향이다. 죽음은 악이나 벌이 아니라 오랜 여행 끝 귀향이다.

*세상 바깥을 궁금해 하다
세상 안의 것을 다 놓친 자
여기에 잠들다.*

박찬일의 "묘비명연습"이다. 세상 바깥을 궁금해 하면서 떠돌다 결국 세상을 놓친 것이 인생이다. 인생이 뭐 그리 대단한 것이 아니다. 아쿠타가와(茶川 ; あくたかわ)는 '인생은 보들레르 시구 한 줄만도 못하다'고 했고, 시인 안도현은 '인생을 간단하게 정의하면 짬뽕 국물을 숟가락으로 함께 떠먹는 일과 같은 것'이라고 했는데 사람이 산다고 하는 것이 그리 대단한 것이 아니다.

3.

외국 유명 인사들의 묘비명을 보자.

*"I knew if I stayed around long enough,
something like this would happen."*

독설가로 유명한 Bernard Shaw(1856-1950)의 묘비명이다. 영국 극작가로서 1925년 노벨 문학상을 수상한 버나드 쇼가 죽기 전에 미리 써놓은 묘지명으로 **"우물쭈물하다가 나 이렇게 될 줄 알았다."**고 번역되어 위트 있는 묘비명으로 인구(人口)에 회자(膾炙)되고 있다. "이것이 미국영어다"로 유명한 조화유는 '우물쭈물하다'는 결단력이 없다는 뜻이므로 잘된 번역이라 할 수 없고, 정확한 번역은 "오래 살다 보면 이런 일이 생길 줄 알았다."가 정확한 번역이라고 한다. 그러나 'stayed around long enough'의 의미에서 '우물쭈물하면서 오래 살다 보니'의 의미가 함축되어 있으므로 잘못된 번역이라고 탓할 수는 없다. 사람들은 대개 '우물쭈물' '어영부영' 살다보면 다 그렇게 간다.

한 여배우가 버나드 쇼에게 농담으로 "제가 만일 선생님과 결혼한다면 선생님의 두뇌와 저의 미모를 닮은 아이가 태어나겠지요?"라고 하자 버나드 쇼가 "당신의 두뇌와 내 몸을 닮은 아이가 나오면 어쩌지요?"라고 응수했다는 위트는 유명하다.

"Pardon me for not getting up."

1954년에 노벨 문학상을 수상한 어니스트 헤밍웨이(Ernest M. Hemingway, 1899. 7. 21.~1961. 7. 2.)의 묘비명으로 **"일어나지 못해 미안 하이~!!"**

헤밍웨이 작품에서 위트나 유머를 별로 보지 못했는데 묘비명은 위트가 있다. 일어나서 방문객을 맞아주어야 하는데 땅 속에 드러누워 있어서 일어나지 못해서 미안하다는 말로 망자가 살아있는 것 같은 느낌을 주는 묘비명이다. 조화유는 이 묘비명의 주인이 헤밍웨이가 아니라고 한다.

"GOOD FREND FOR JESUS SAKE FORBEARE
TO DIGG THE DUST ENCLOSED HEARE
BLESTE BE YE MAN T(HAT) Y SPARES THES STONES,
AND CURST BE HE T(HAT)Y MOVES MY BONES"

"벗들이여! 제발 부탁컨대
여기 묻힌 것을 파지 말아다오.
이것을 그대로 두는 자는 축복받고
내 뼈를 옮기는 자는 저주받을 지어다."

영국의 대문호 셰익스피어 William Shakespeare(1564. 4. 23. ~ 1616. 4. 23.)가 52세의 나이로 죽고 어느 공동묘지에 묻혔는데 셰익스피어 자신이 쓴 묘비명이다. 이 묘비병은 서로 사이가 좋지 않았던 아내 앤과의 합장을 거부하는 의미를 담은 것이라는 이야기가 있다.

"나는 아무 것도 바라지 않는다. 나는 아무 것도 두려워하지 않는다. 나는 자유다"

『그리스인 조르바』의 니코스 카잔차키스(Nikos Kazantzakis, 1883. 2. 18. ~ 1957. 10. 26.)의 묘비명. 이제 죽었는데 무엇을 바랄 것이고 두려워할 것이 뭐가 있는가? 죽어서야 비로소 자유를 얻는다. "나는 어제 일어난 일은 생각하지 않는다. 내일 일어날 일을 자문하지도 않는다. 내가 중요한 것은 오늘, 이 순간에 일어나는 일이다." 그리스인 조르바에 나오는 말이다.

"Arrigo Beyle, Milanese,
Scrisse, Amo, Visse."

"아르리고 베일레. 밀라노 사람.
썼노라, 사랑했노라, 살았노라"

『적과 흑』의 스탕달(Stendhal/Marie Henri Beyle, 1783. 1. 23. ~ 1842. 3. 23.)의 묘비명이다. 그는 사실은 이탈리아 사람이 아니고 그레노불 태생이지만 평생 이탈리아를 사랑했기 때문에 밀라노 사람이라고 묘비에서도 속이고 있다고 한다. "썼노라, 사랑했노라, 살았노라"고 하는 세 개의 이탈리아어에서 그의 정열적인 삶을 유추할 수 있다.

"Cast a cold Eye
On life, on Death.
Horseman, pass by!"

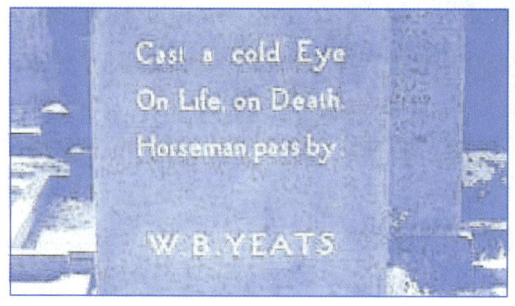

"삶과 죽음에
차가운 눈길을 던져라.
마부여, 지나가거라!"

1923년 노벨문학상을 수상한 아일랜드의 문호 예이츠(W.B. Yeats, 1865-1939)의 묘비명이다. "여기서 얼쩡거리지 말고 빨리 가서 자네 볼일이나 보세"

"Life is a jest, and all things show it;
I thought so once, but now I know it."

"인생은 농담. 만사가 그것을 나타내준다.
나 일찍이 그렇게 생각하였으나 지금은 그것을 안다."

『거지 오페라(The Beggar's Opera)』로 유명한 존 게이(1685~1732)의 묘비명이다. 인생은 알고 보면 농담에 불과한 것!

"Here lies one whose name was writ in water."(여기 물로 이름을 쓴 사람이 누워있노라.)
영국 낭만주의 시인 존 키츠(John Keats, 1795. 10. 31. ~ 1821. 2. 23.)의 묘비명이다. 그의 묘비에는 이 비문 이외에는 이름도 없다. 물로 쓴 이름이기 때문이다. 물처럼 흘러가는 것이 인생이다. "아름다운 것은 영원한 기쁨이다."

MARGARET MARSH MITCHELL.
BORN ATLANTA, GA
NOV.8.1900
DIED ATLANTA, GA
AUG.16.1949

1900년 11월 8일 조지아주 애틀랜타에서 태어나
1949년 8월 16일 조지아주 애틀랜타에서 작고하다.

『바람과 함께 사라지다』의 마가렛 미첼(Margaret Mitchell, 1900. 11. 8. ~ 1949. 8. 16.)의 묘비명은 군더더기가 없다. 삶은 태어나서 죽는 것! "After all, tomorrow is another day."

"Sleep after toyle, port after stormie seas,
Ease after war, death after life does greatly please."

"수고가 끝난 후의 수면, 폭풍우 치는 바다를 항해한 후의 항구,
전쟁이 끝난 후의 안락, 삶 다음의 죽음은 기쁨을 주는 것이다"

『암흑의 핵심』의 조셉 콘래드(Joseph Conrad)의 묘비명이다. 죽음은 안식을 주는 것!

"If cannibals should ever catch me, I hope they will say;
We have eaten Dr. Schweitzer.
And he was good to the end… And the end was not bad."

만약 식인종이 나를 잡으면 나는 그들이 다음과 같이 말해주길 바란다.
우리는 슈바이처 박사를 먹었어.

그는 끝까지 맛이 좋았어.
그리고 그의 끝도 나쁘지는 않았어.

슈바이처 (Albert Schweitzer)의 묘비명. he was good to the end는 '맛이 끝까지 좋았다'라는 뜻과 (자기가 음식이 되어줌으로써) '그 양반은 끝까지 우리에게 잘 해 주었다'는 이중의 뜻을 가지고 있다. 마지막 부분도 '마지막 맛이 괜찮았다'와 '그의 생애의 끝도 그만하면 나쁘지 않았다'는 이중의 뜻을 느끼게 한다.

"Fatal Error Occurred."
Think different(다르게 생각하라)

스티브잡스(Steve Jobs, 1955. 2. 24. ~ 2011. 10. 5.)의 묘비명이다. 나 또래의 사람인데 너무 빨리 갔구나. What is the most expensive bed in the world? - "Sick bed"(이 세상에서 제일 비싼 침대가 무슨 침대일까? "병들어 누워있는 침대이다") "You can employ someone to drive the car for you, make money for you but you cannot have someone to bear the sickness for you."(너는 네 차를 운전해줄 사람을 고용할 수 있고, 돈을 벌어줄 사람을 구할 수도 있다. 하지만 너 대신 아파줄 사람을 구할 수 없을 것이다.)

"I told you I was sick!"

"내가 몸이 아프다고 그랬잖아!" - 영국 코미디언 스파이크 밀리건

"불려갔음." - 시인 에밀리 디킨슨 (1830~1886)

"I'll be right back." (곧 돌아오겠습니다) - 쟈니 카아슨

"Don't try." (애쓰지 마라) - Charles Bukowski

*"Go away-I'm asleep(*저리 가 나 잠 들었어) - John Hackett(1934-1983)

4.

우리나라 사람들의 묘지명을 보자.

"비상(非常)한 재주를 가졌으나, 비상한 시대를 만나, 비상한 공(功)을 세우지 못하고, 비상한 죽음을 맞이하였도다."

풍운아 김옥균의 묘비명이다. 김옥균의 일생을 너무나 극적으로 표현하고 있는 이 묘비명은 일본 아오야마에 있는데 유길준이 쓴 것으로 알려져 있다.

"에이, 괜히 왔다 간다" - 걸레스님 중광스님(1934~2002)의 묘비명.

"야훼는 나의 목자, 아쉬울 것 없노라" - 김수환 추기경

"이 놈들 너희들 내가 뒤졌나 안 뒤졌나 그거 보러 왔지?" - 이상재

"사무사(思無邪·한 치의 허물 없는 생각)를 인생의 도리로 삼고 한평생 어기지 않았으며 무항산이무항심(無恒産而無恒心·생활이 안정되지 않으면 바른 마음을 견지하기 어렵다)을 치국(治國)의 근본으로 삼아 국리민복(國利民福)과 국태민안(國泰民安)을 구현하기 위하여 헌신진력하였거늘 만년에 이르러 연구십이지팔십구비(年九十而知 八十九非·나이 90에 생각해 보니 89세까지가 모두 헛된 인생이었구나)라고 탄(嘆)하며 수다(數多·숱한)한 물음에는 소이부답(笑而不答·별다른 말 없이 그저 웃다)하던 자- 내조의 덕을 베풀어 준 영세반려(永世伴侶)와 함께 이곳에 누웠노라."

'정치는 허업(虛業)'이라는 JP(1926~2018)의 묘비명. "세상에 추한 게 타다 남은 나무토막. 완전히 연소해 재가 됐으니 이제 떠난다." "인생은 짧다. 시시하게 굴지 마라." 등 '몽리'꾼이면서 세상의 온갖 권세를 다 즐기고 간 JP가 남긴 말들이 많다.

5.

그러면 내가 생각하는 묘비명은 무엇인가? 내가 묻힐 묏자리는 이미 정해져 있고, 영정사진과 수의도 준비해두었다. 인생 6학년이라고 하지만 앞으로 살아갈 날이 많아 남아 있어 묘비명은 어떻게 바뀔지 모르지만 지금 생각나는 것들로는 다음과 같은 것들이 있다.

"잘 놀다 갑니다."
"여기서 술 한 잔 먹고 가라",
"떠돌다 머문 영혼"
"세상 바깥을 궁금해 하다 세상 안의 것을 다 놓친 자 여기에 잠들다"
"내 발길 마지막 머문 곳 여기"
"세상을 떠돌다 이곳으로 돌아오다"
"나 잠 깨우지 마시오."
"이 다음은 당신 차례"
"매우 편안하다"
"결국은 이곳인 것을"
"할 말이 없소!"
"다시 구질구질한 세상으로 돌아가고 싶지 않다"

[명사들의 최후의 메시지]

- **소크라테스** : "여보게, 크리톤. 아스클레피오스에게 닭 한 마리를 빚졌네. 자네가 대신 갚아주게."
- **공자** : "하늘이 무슨 말을 하던가? 사시가 운행되고 만물이 생장하지만, 하늘이 무슨 말을 하던가?"
- **붓다** : "그대들에게 간곡하게 말한다. 모든 형성된 것들은 무너지게 마련이다. 부지런히 정진하여라."
- **예수** : "아버지, 제 영혼을 아버지 손에 맡깁니다." (누가복음 23장46절)
  "이제 다 이루어졌다."(요한복음 19장30절)
- **교황 요한 바오로 2세(1920~2005)** : "나는 행복합니다. 그대들도 행복하시오. 울지 말고 함께 기쁘게 기도합시다."
- **마더 테레사 수녀** : "인생이란 낯선 여인숙에서의 하룻밤과 같다."

- **서산대사** : 자신의 모습을 그린 영정을 보면서 "80년 전에는 저것이 나이더니, 80년 뒤에는 내가 저것이구나!"
- **범해(梵海·1820~1896) 선사**(조선 후기에 '동사열전(東師列傳)'을 저술) : "헛된 한 생각이 빚은 73년 생애, 창밖의 벌처럼 떠든 것도 부질없어라. 문득 저 언덕에 올라가면서, 아! 바다 위에 뜬 물거품임을 알았네."
- **효봉(曉峰·1888~1966) 스님** : "내가 말한 모든 법, 그거 다 군더더기. 오늘 일을 묻는가, 달이 일천강(一千江)에 비치리."
- **구산(九山·1909~1983) 스님** : "온 산의 단풍이 봄의 꽃보다 붉으니, 삼라만상이 큰 기틀을 온통 들어냈도다. 삶도 공하고, 죽음도 또한 공하니 부처의 해인삼매 중에 미소 지으며 가노라"
- **숭산(崇山) 스님** : "걱정 말아라. 만고광명(萬古光明)이요, 청산유수(靑山流水)니라"
- **법정 스님** : "내가 떠나는 경우 내 이름으로 번거롭고 부질없는 검은 의식을 행하지 말고, 사리를 찾으려고 하지도 말며, 관과 수의를 마련하지 말고, 편리하고 이웃에 방해되지 않는 곳에서 지체없이 평소의 승복을 입은 상태로 다비하여 주기 바란다"
- **시인 하이네(1856년 폴)** : "하느님은 날 용서하실 거야. 용서하는 게 그 분의 일이니까"
- **유한양행 창업자 유일한** : "대학까지 졸업시켰으니 자립해서 살아가거라. 아내는 딸 재라가 그 노후를 잘 돌보아주기 바란다."
- **박수근 화백** : "천당이 가까운 줄 알았는데 멀어 멀어"
- **테너 카루소** : "여보, 숨이 안 쉬어져"
- **작곡가 베토벤** : "하늘에선 나도 들을 수 있을 거야"
- **볼테르** : "하느님의 이름으로, 제발 편히 죽게 날 좀 내버려둬요"

12 망상(妄想) 생전장례식

1.

　요새 장례식장의 풍경이 가관이고 요지경이다. 고인에 대한 추모의 장이라기보다는 살아있는 사람들의 떠들고 마시고 시끌벅적 조의금 전달장소로 바뀐 지 오래다. 장례식이라는 것이 죽은 사람을 위한 의식이 아니라 남은 사람들이 벌이는 난장판 쇼(show) 같다는 생각이 든다. 그래서 "정승집 개가 죽으면 상가가 문전성시지만, 정작 정승이 죽고 나면 상가가 텅 빈다"는 염량세태(炎凉世態)가 생겼는지도 모른다. 장례식장의 모습을 볼 때마다 과연 이런 장례식을 해야 하나 하는 의문이 든다.

　어차피 세상에 소풍놀이 나왔다가 돌아가는 게 삶의 이치라면 장례식 모습은 달라져야 할 것이고 그런 의미에서 나는 생전장례식을 생각하고 있다. 언제까지 살 수 있을지 모르지만 암이나 교통사고가 아니라면 80~90까지는 대충 살 수 있을 것이다. 따라서 80 후반기에 사지와 정신이 멀쩡할 때 날을 잡아 마지막으로 보고 싶은 사람들을 초대하여 생전장례식을 치루고 싶다. 사람은 걸을 수 있어야 사람이고 걷지 못하고 화장실도 가지 못하면 사람으로서의 기능은 다한 것이다. 생전장례식을 치룬 후로는 편안하게 나만의 시간을 가지다가 이 세상을 하직하게 되면 자식 등 직계가족만 참석하여 내가 드러눕고 싶은 묘지에 묻도록 할 생각이다.

　나는 이런 생각의 일단을 자식들에게 이미 밝혀놓았다. 영정사진도 준비해놓았고, 내가 드러누울 묘지의 묘터도 이미 정해져 있다. 묘터 주위에는 내가 좋아하는 꽃과 나무도 심어둘 생각이다. 상조회사에 가입하여 불입금도 매달 넣고 있다. 아직 묘비명은 써놓지 못했지만 이것도 생각하고 있다. 이제부터는 '더하기'의 삶이 아니고 '뺄셈'의 삶이다. 몸무게도 줄이고 쓰레기 같은 책도 줄이고 내 주위를 정리하고 남겨놓은 것이 없어야 편안하게 미련 없이 이 세상을 떠날 수 있다. 나의 생전장례식이 그저 헛된 망상(妄想)으로 끝나지 않기를 바라고 있다.

　그러나 알 수 없는 일이다. 아무리 자식들에게 사후 장례에 관한 유언을 한다고 하더라도 이는 **법률효과를 발생시키는 민법상의 유언도 아니고 자식들이 그대로 따를 법적 의무는 없기 때문이**다. 살아있을 때 하는 생전장례식은 나의 의지대로 할 수 있을 터이지만 사후에 또 장례식을 할지 말지는 오로지 남아있는 사람들의 몫이다.

2.

　죽음이란 익은 과일이 떨어지는 것처럼 자연스러운 현상이다. 내 죽음을 내가 보며 가는 것이다. 죽음을 알아야 살아있는 시간을 살아있는 것처럼 살 수 있다. 인생에서 가장 편한 때가 60대 후반 정년퇴직 후라고 한다. 100세를 넘어도 젊은이 못지않게 정력적으로 사시는 김형석 교수의 장수 키워드는 '미리미리', '조심조심'이고, 인생에서 가장 보람 있는 나이 60~75세라고 한다. 이때는 무엇에 얽매일 일도 없고 자기가 하기 싫은 것은 하지 않아도 된다. 젊었을 때는 하기 싫어도 해야 할 일들이 많았는데 이제 그 일들이 없어졌다. 내가 하고 싶은 일만 하면 된다. 하루는 저녁이 여유로워야 하고, 1년은 겨울이 여유로워야 하며, 일생은 노년이 여유로워야 한다.

　비행기나 선박이 위기에 처했을 때 짐을 바다에 버려 무게를 줄여야 한다. 비상시에는 사람의 생명을 제외한 모든 물건을 버린다. 과거에 집착하느라 현재를 소홀히 하고 미래를 생각하지 못하는 것은 불행한 일이다. 상자 속 사과도 좁은 공간에 너무 붙어 있으면 썩는다. 짐이 많을수록 오히려 여행은 무겁고 힘들어진다. 무소유는 아무 것도 가지지 않는 것이 아니라 필요하지 않는 것을 가지지 않는 것이다.

　"버리는 것이 있어야 얻는 것이 있고, 내려놓는 것이 있어야 거두는 것이 있다. 손으로 모래를 쥔다고 생각해 보라. 힘을 주어 꼭 움켜쥘수록 모래는 더욱 빠르게 흘러내린다. 적당한 힘을 주어야 잘 쥘 수 있다. 우리의 삶도 마찬가지다. 어떤 것을 꼭 붙잡고 내려놓지 않으면 영원히 다른 것을 얻을 수 없다. 때때로 마음을 다스려 어떤 것은 버리고 어떤 것은 남겨야 한다. 그래야 올바른 삶을 살 수 있다." - 장옌『어른의 공식』

　즐겁고 지혜롭게 나이 들려면 SMART하게 즉, S(Simple)M(Moving)A(Artistic)R(Relax)T(Together)하게 살면 된다. 생활을 단순화하고(Simple), 많이 움직이고(Moving), 이성보다는 꽃도 보고 음악도 듣고 감성적이며(Artistic), 힘을 빼고 편안하게(Relax), 함께 놀(Together) 벗이 있어야 한다. 우울한 사람은 과거에 살고, 불안한 사람은 미래에 살며, 편안한 사람은 현재에 산다고 한다. 어느 정도 인생을 산 사람이면 아옹다옹 살아봐야 다 헛되고 부질없는 일임을 다 알게 된다. 오늘 내가 살아 있다는 것 자체가 선물이고 환희이고 축복이다.

　尹善道의 孤山遺稿 중에는 다음과 같은 시조가 있다.

슬프나 즐거우나 옳다 하나 외다 하나
내 몸의 해올 일만 닦고 닦을 뿐이언정
그 밖의 여나믄 일이야 분별할 줄 있으랴.

　위 시조에서 '외다'는 '그르다'의 옛말이고, '분별하다'는 '염려하다, 근심하다'의 옛말이다. 정민 교수는 위 시조를 다음과 같이 풀이하고 있다.

"슬플 때도 즐거울 때도 내 갈 길만 가겠다. 잘한다고 칭찬해도 우쭐대지 않겠다.
 잘못이라 야단해도 흔들리지 않겠다. 잔머리 굴리지 않고 주판알 튕기지 않겠다.
 내 할 일, 내 갈 길이 바쁘니, 남의 일로 발목을 붙들리지 않겠다.
 제 앞가림도 못하면서, 남 흠이나 보고 흉이나 잡는 짓은 하지 않겠다.
 공연한 시비에 말려 마음 부산할 일은 짓지 않겠다. 나는 내 할 일만 하겠다."

스티브 잡스는 날마다 자신에게 이 질문을 던졌다고 한다. "내가 내일 죽는다면, 나는 지금 무엇을 할 것인가?"

박경리 선생과 박완서 선생은 죽음을 앞두고 다시 젊어지지 않고 싶다고 했는데 동감이다.

다시 젊어지지 않고 싶다.
모진 세월 가고
아아~ 편안하다.
늙어서 이렇게 편한 것을
버리고 갈 것만 남아서 홀가분하다.

- 박경리(1926~2008)

다시 젊어지고 싶지 않다.
하고 싶지 않은 것을
안 할 수 있는 자유가
얼마나 좋은데
젊음과 바꾸겠는가.
다시 태어나고 싶지 않다.
살아오면서 볼 꼴, 못 볼 꼴
충분히 봤다.
한 번 본 거 두 번 보고 싶지 않다.
한 겹 두 겹 책임을 벗고
가벼워지는 느낌을
음미하면서 살아가고 싶다.

- 박완서(1931~2011)

나이 들어서 좋은 점 말이야.
날이 갈수록 나빠지는 눈 대신 갖게 된 거.
그렇지, 바로 마음의 눈이야.

이걸 지혜라고 해도 좋고, 분별력이라고 해도 좋고,
철이 있다, 없다 할 때 그 철이라고 해도 좋아.

한마디로 세상을 보는 눈이
밝아졌단 말이야.

- 양순자의 《인생 9단》 중에서 -

3.

어차피 인생은 여행이다. 하루에서 또 다른 하루로 떠나가는 여행이다. "죽음을 준비하는 사람은 반드시 삶을 어떻게 살아야 하는지 알게 됩니다. 세계는 모든 것이 대립적이지요. 사는 것만을 생각한다면 삶 자체가 지지부진하게 펼쳐지는 것처럼 보입니다. 삶이 재미없지요. 그런데 여기에 딱 죽음이 관계되면 탄성이 생기고 삶이 긴장합니다. 그 탄성이 우리네 삶을 의미 있게 만들고 거기에 생기도 넣어줍니다." - 최철주 『이별서약』 지당한 말씀이다.

생전장례식 부고장은 초청장이고, 조문객은 초청객이다. 어떤 사람이 생전장례식을 앞두고 보낸 부고장 아닌 초청장을 원용하여 투박하지만 나의 생전장례식 초청장을 써보았다. 이 초청장은 초고이고 앞으로 계속 수정되고 보완될 것이다.

안녕하십니까?
이 세상 소풍놀이 나왔던 한 소풍객이 마지막 인사를 드립니다.
고인이 되어 치루는 장례가 아니라 살아있을 때 마지막으로 살아오면서 생각이 나는 분들과 함께 작별인사를 나누고자 합니다.
두 발로 걸을 수 있고, 서로 손을 잡고 웃을 수 있을 때 헤어짐의 인사를 나누고 싶습니다.
저로 인해 마음의 고통을 겪으신 분들께 화해와 용서의 시간을 갖고 싶습니다.
저에게 도움과 즐거움을 주신 분들께 감사의 인사를 전하고 싶습니다.

제 인생의 능동적인 마침표를 찍고 싶어 이 초청장을 보냅니다.
마지막으로 즐겁게 웃고 떠들 수 있는 시간이 되기를 바랍니다.
좋은 시도 읊어 주시고 즐거운 노래도 불러주십시오.
하고 싶은 말씀도 해주십시오.

조의금은 필요 없습니다.
행여 조의금을 준비하시더라도 그 돈은 이 세상의 어려운 사람을 위해 써주십시오.
마지막으로 부족하지만 제가 마련한 음식을 정성껏 대접하겠습니다.
감사합니다.

오창수

[학력]
경희대학교 법과대학 및 동 대학원 졸업(법학석사)
경희대학교 대학원 박사과정 수료

[주요경력]
제25회 사법시험 합격, 제16기 사법연수원 수료
서울지방변호사회 소속 변호사(동아합동법률사무소)
대한변호사협회 법제위원, 서울지방경찰청 행정심판위원
경희대학교 법과대학 및 숙명여대, 한국금융연수원 강사
변호사시험 및 모의시험 출제 및 채점위원
제주특별자치도 및 제주특별자치도교육청 행정심판위원 및 소청심사위원
한국법학교수회 부회장
현재 제주대학교 법학전문대학원 교수

[저 서]
『민사소송과 기판력』(행인출판사, 2021)
『민사실무 핵심 요건사실』(도서출판 학연, 2020)
『민사집행법 요해(제2판)』(도서출판 학연, 2020)
『민사소송법 이야기 ① ②』(행인출판사, 2019)
『민사소송법 요해(2018 개정판)』(도서출판 학연, 2018)
『민사실무 요건사실과 증명책임(2018 개정판)』(제주대학교출판부, 2017)
『상속과 유언』(도서출판 학연, 2015)
『민사실무의 주요 쟁점』(한국학술정보, 2012)
『로스쿨 민사소송법 -사례와 판례-』(한국학술정보, 2011)
『로스쿨 민사집행법 -이론과 실무-』(한국학술정보, 2011) 외

[개인홈페이지] http://cafe.naver.com/homoviator

로스쿨 法窓 오디세이

2021년 07월 12일 발행

저   자 : 오 창 수
발 행 인 : 이 인 규
발 행 처 : 행인출판사
주   소 : 서울시 관악구 신림로29길 8, 112동 405호
전   화 : 02-887-4203
팩   스 : 02-6008-1800
출판등록 : 2018.02.22. 제2018-6호
홈페이지 : www.baracademy.co.kr / e-mail : baracademy@hanmail.net

정가 : 32,000원   ISBN : 979-11-91804-01-0(03360)

저자와 협의하여 인지를 생략함

* 파본은 구입하신 서점에서 바꿔드립니다
* 본 서는 저작권법에 의하여 보호를 받는 저작물이므로 무단 전재와 복제를 금합니다.

ⓒ 오창수, 2021, Printed in Seoul, Korea.